2015년에 무역실무 제4개정판을 출간하였으나, 대외무역법·관세법·외국환거래법 등의 개정, 무역금융취급절차 및 세칙·무역보험관련규정의 개정 등 무역관련 법령 및 제도가 변경됨에 따라, 또한 독자들의 성원에 힘입어 그 개정이 불가피하게 되었다.

이 책 및 그 개정판은 지난 25여년 동안 대학 및 일선기관에서 무역실무, 무역계약, 무역관습, 무역법규(대외무역법, 관세법, 외국환거래법), 무역결제(신용장), 국제운송, 해상보험, 상사중재, 전자무역 등 무역실무 전분야에 걸쳐 강의한 경험을 통하여 느낀 점들과 강의자료를 체계적으로 보완·정리한 것이며 그 동안의 필자의 저서인 대외무역법, 관세법, 외국환거래법, 국내 및 국제거래조건의 사용을 위한 ICC규칙(Incoterms 2010), 화환신용장통일규칙(UCP 600) 등의 국내외 무역관련법규의 계속적인 개정작업의 결과가 반영되었으며 국제운송물류론, 사이버무역, 신용장분쟁사례, 무역결제론 등의 무역실무관련 필자의 저서를 토대로 집필된 것이다.

이 책의 제5개정판은 대외무역법, 관세법, 외국환거래법, UCP 600, Incoterms® 2010, ISBP 745(2013년 개정) 등 무역실무와 관련된 국내외 법규 및 규칙의 최근개정을 반영하고 무역실무상 또는 무역관련법규에서 각각 다르게 사용되거나 동의어로서 사용되는 용어를 영문과 함께 표기함으로써 명확하게 정의하였으며 무역관련법규의 개정에 따라 폐지, 신설 또는 변경된 용어를 정확히 사용함으로써 독자들의 혼동과 오해를 줄이고자 노력하였으며 아울러 이 책에서 구체적으로 설명하지 못한 부분에 대한 근거자료의 제시를 위하여 관련법규의 출처를 명확히 명기하였다. 또한, 이 책은 무역실무의 거래절차에 따라 그 내용을 작성하되 그 절차에 따른 법리를 분석하고 이해의 명확화를 위하여 그림 및 도표를 많이 사용하였다는 점을 특징으로 들 수 있다. 그리고 최근에 도입된 전자무역의 관행도 기존의 무역방식과 관련하여 추가로 설명하였다.

필자는 누구든지 무역실무를 쉽게 이해하고 접근할 수 있는 무역실무의 지침서를 제공하겠다는 마음으로 집필을 시작하였지만 당초의 의도와 달리 부족한 점이 많을 것으로 생각한다.

　이 책의 제5개정판의 출간 이후에도 부족한 부분을 계속해서 보완해 나갈 것이며 무역관련법규의 개정 및 제도의 변화를 즉시 수용하여 반영할 것을 약속하는 바이다. 아무쪼록 이 개정판이 대학의 무역 및 국제통상학과 학생들뿐만 아니라 일선의 무역실무가에게 조금이라도 도움이 되어 무역실무(무역상무)분야의 학문적 발전과 무역거래의 원활한 진행에 일조할 수 있기를 희망하는 바이다.

　그 동안 학문발전에 아낌없는 조언과 많은 질책을 해 주신 필자의 지도교수이며 건국대학교의 국제무역학과를 정년퇴임하신 최의목 교수님과 학부과정의 무역실무 및 신용장과목을 시작으로 대학원 석·박사과정에 이르기까지 무역실무분야의 학문발전에 영향을 주시고 건국대학교를 정년퇴임하신 김용복 교수님께도 깊이 감사드리며 아울러 이 책을 기꺼이 출판해 주신 한올출판사 임순재 사장님 그리고 편집부 관계자 여러분께도 깊이 감사드리는 바이다.

2019년 2월
저자 전순환

c·o·n·t·e·n·t·s

chapter 6

무역계약의 기본조건 • 147

수출입승인, 요건확인 및 물품의 확보 • 365

국제물품운송 • 429

chapter 11 물품의 하역과 운송서류 • 489

chapter 12 무역관련보험 • 531

chapter 13 관세와 수출입물품의 통관 • 573

chapter 14 환어음과 무역결제서류에 의한 대금 회수 • 637

chapter 15 무역계약의 종료와 상사중재 • 683

부록 Incoterms® 2010

Chapter
01

Trade Business

무역실무의 기초

제1절 무역의 의의와 대상

Ⅰ. 무역의 의의

무역은 상이한 국가 간에 물품을 대상으로 이루어지는 국제상거래(international commerce)를 말한다. 즉, 무역은 물품이 국경을 넘어서 이동하는 국제경제거래를 의미하며, 관점에 따라 국제무역(international trade), 세계무역(world trade), 외국무역 또는 대외무역(foreign trade), 해외무역(overseas trade)이라고도 한다. 법률적으로는 무역을 국제물품매매(International Sale of Goods)라고 하는데, 이것은 비엔나협약의 영문명(United Nations Convention on Contracts for the International Sale of Goods, 1980; CISG)에 명백하게 나타난다.

● 무역의 정의

광의의 무역	협의의 무역
서로 다른 국가 간에 행해지는 물품(goods), 서비스(service), 자본(capital), 노동(labor), 기술(technical) 등의 국제적 이동	물품의 국제적 이동에 수반되는 매매거래형태인 물품의 수출입 즉, 국제물품매매(international Sale of Goods)

무역은 광의의 무역과 협의의 무역으로 구분하여 살펴볼 수 있다. 광의의 무역은 서로 다른 국가 간에 행해지는 물품(goods), 서비스(service), 자본(capital), 노동(labor), 기술(technical) 등의 국제적 이동을 말하고, 협의의 무역은 물품의 수출입으로서, 물품의 국제적 이동에 수반되는 매매거래형태를 말한다. 일반적으로 무역이란 주로 협

의의 무역을 말한다. 따라서 무역은 다른 국가 간에 이루어지는 물품의 교환이나 매매와 같은 상거래를 의미하는 것으로서, 동일한 국가 내에서 이루어지는 상거래는 무역이라고 하지 않는다.

한편, 「대외무역법」 제2조에서는 "무역이란 물품 등(물품과 대통령령이 정하는 용역 또는 전자적 형태의 무체물)의 수출·수입을 말한다"고 규정하고 있으며, 수출과 수입에 대하여는 각각 다음과 같이 규정하고 있다.[1]

1. 수출의 정의

수출(export)이란 통상 매매의 목적물인 물품 등을 외국에 매각하는 것, 즉 국내거주자가 외국의 거래상대방에게 물품 등을 공급하고 그에 상응하는 경제적 대가를 수취하는 것으로서, 대외무역법령에서는 수출의 정의를 다음과 같이 규정하고 있다.

① 매매·교환·임대차·사용대차·증여 등을 원인으로 국내에서 외국으로 물품을 이동하는 것(우리나라 선박에 의하여 외국에서 채취 또는 포획한 광물 또는 수산물을 외국에 매도하는 것을 포함).

② 유상으로 외국에서 외국으로 물품을 인도하는 것으로서 산업통상자원부장관이 정하여 고시하는 기준에 해당하는 중계무역에 따른 수출, 외국인도수출, 무환수출

③ "거주자"의 "비거주자"에 대한 용역의 제공

④ 거주자의 비거주자에 대한 전자적 형태의 무체물을 정보통신망을 통한 전송 그 밖에 산업통상자원부장관이 정하여 고시하는 방법으로 인도하는 것, 즉 컴퓨터 등 정보처리능력을 가진 장치에 저장한 상태로 반출한 후 인도하는 것

2. 수입의 정의

수입(import)이란 매매의 목적물인 물품 등을 외국으로부터 구매하는 것, 즉 국내거주자가 외국으로부터 물품 등을 수령하고 그에 상응하는 경제적 가치를 제공하는 것으로서 대외무역법령에서는 수입의 정의를 다음과 같이 규정하고 있다.

① 매매·교환·임대차·사용대차·증여 등을 원인으로 외국으로부터 국내로 물품을 이동하는 것.

② 유상으로 외국에서 외국으로 물품을 인수하는 것으로서 산업통상자원부장관이 정하여 고시하는 기준에 해당하는 중계무역에 따른 수입, 외국인수수입, 무환수입

③ "비거주자"의 "거주자"에 대한 용역의 제공

---

1) 대외무역법시행령 제2조, 대외무역관리규정 제2조의 제3호.

④ "비거주자"의 "거주자"에 대한 전자적 형태의 무체물을 정보통신망을 통한 전송 그 밖에 산업통상자원부장관이 정하여 고시하는 방법으로 인도하는 것, 즉 컴퓨터 등 정보처리능력을 가진 장치에 저장한 상태로 반입한 후 인수하는 것

II. 무역의 대상과 특성

1. 무역의 대상

무역거래의 대상은 협의의 무역거래에서는 물품으로 한정될 수 있지만, 광의의 무역거래에서는 물품 이외에 서비스, 자본, 기술 등이 포함된다.

(1) 물품

물품거래(transaction of goods)는 무역거래의 대부분을 차지하는 것으로서, 원료(raw materials), 제조품(manufactured goods) 및 식료품(food stuffs) 등의 거래를 말하며, 물품을 대상으로 하는 거래를 유형무역(visible trade)이라고도 한다. 여기에서, 무역거래의 대상 또는 매매의 목적물인 물품[2]에 대한 정의를 살펴보면 다음의 표와 같다.

참고로 대외무역법령에서는 무역의 대상에는 "물품등"이 해당된다고 정의하면서, "물품등"에는 물품(goods), 용역(service) 및 전자적 형태의 무체물이 포함되며, 용역에는 아래에서 설명하는 용역과 기술을 포함하는 것으로 규정하고 있다.

---

2) 무역거래의 대상이 되는 물품(goods)은 각각의 상황에 따라 상품(merchandise), 제품(products), 화물 또는 적화(cargo) 등으로 표현되고 있다.

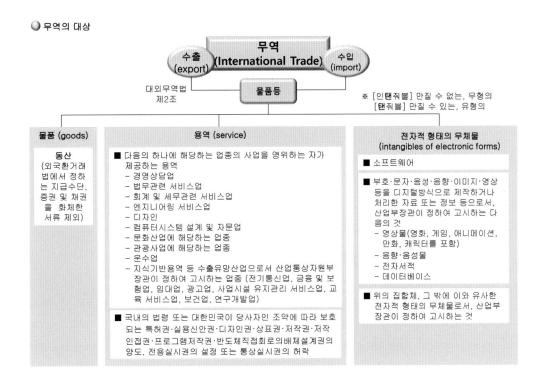

● 무역의 대상

무역 (International Trade)
수출 (export) / 수입 (import)

대외무역법 제2조 → 물품등

※ [인탠져블] 만질 수 없는, 무형의
[탠져블] 만질 수 있는, 유형의

물품 (goods)	용역 (service)	전자적 형태의 무체물 (intangibles of electronic forms)
동산 (외국환거래법에서 정하는 지급수단, 증권 및 채권을 화체한 서류 제외)	■ 다음의 하나에 해당하는 업종의 사업을 영위하는 자가 제공하는 용역 - 경영상담업 - 법무관련 서비스업 - 회계 및 세무관련 서비스업 - 엔지니어링 서비스업 - 디자인 - 컴퓨터시스템 설계 및 자문업 - 문화산업에 해당하는 업종 - 관광사업에 해당하는 업종 - 운수업 - 지식기반용역 등 수출유망산업으로서 산업통상자원부장관이 정하여 고시하는 업종 (전기통신업, 금융 및 보험업, 임대업, 광고업, 사업시설 유지관리 서비스업, 교육 서비스업, 보건업, 연구개발업) ■ 국내의 법령 또는 대한민국이 당사자인 조약에 따라 보호되는 특허권·실용신안권·디자인권·상표권·저작권·저작인접권·프로그램저작권·반도체직접회로의배체설계권의 양도, 전용실시권의 설정 또는 통상실시권의 허락	■ 소프트웨어 ■ 부호·문자·음성·음향·이미지·영상 등을 디지털방식으로 제작하거나 처리한 자료 또는 정보 등으로서, 산업부장관이 정하여 고시하는 다음의 것 - 영상물(영화, 게임, 애니메이션, 만화, 캐릭터를 포함) - 음향·음성물 - 전자서적 - 데이터베이스 ■ 위의 집합체, 그 밖에 이와 유사한 전자적 형태의 무체물로서, 산업부장관이 정하여 고시하는 것

(2) 용역

무역거래의 대상인 서비스, 즉 용역(service)이란 유체물인 물품거래와는 달리 상대방에게 유상으로 제공되는 노무 등으로서, 물품을 외국에 운송하는 운송서비스의 제공에 대가로 지급되는 운임(freight), 운송중의 물품을 보험에 부보하는 보험서비스의 제공에 대한 대가로 지급되는 보험료(insurance premium) 등을 의미한다. 용역은 건설수출과 같이 단독으로 무역거래의 대상이 될 수도 있지만, 운송, 보험 등과 같이 물품거래에 수반하여 발생하는 경우가 많으며, 용역의 제공은 눈에 보이지 않는 무역이기 때문에 이를 무형무역(invisible trade) 또는 무역외거래라고도 한다.

(3) 기술

상대방과의 기술제휴계약에 따라 제공되는 기술, 즉 그 제공한 기술의 대가를 받게 되는 특허권(patent license)·실용신안권(utility model license)·디자인권(design license)·상표권(brand license) 등과 같은 공업소유권(industrial property rights)이나 노하우(know-how) 뿐만 아니라 저작권·광업권 및 어업권 등의 무형재산권도 무역거래의 대상이 된다. 참고로 우리나라 「대외무역법」에서는 기술을 용역의 범위에 포함시키고 있다.

⑷ 자본

자본거래는 단기자본 또는 장기자본이 국제적으로 이동하는 것으로서, 물품의 매매나 서비스의 제공과는 직접적인 관계없이 외국에 자본을 대여해 주거나 투자를 한 후에 이자·배당금 등을 받는 행위 등의 자본거래도 무역거래의 대상이 된다.

2. 무역의 특성

무역거래는 국내거래와 비교해 볼 때, 개별경제적·국민경제적·세계경제적 이외에도 다음과 같은 특성을 가지고 있다.

① 산업연관성 무역은 ㉮ 원자재 또는 완제품을 수입 또는 수출함으로써 산업의 원료 및 물품을 국내에서 외국으로 또는 외국에서 국내로 확산시키는 배분기능, ㉯ 교역의 확대에 따른 고용촉진의 기능, ㉰ 각국이 자국에게 가장 유리한 물품만을 특화하여 생산하는 국제분업(international division of labor)을 통하여 물품을 교환함으로써 상호 간의 이익이 증대되어 국민경제의 발전과 후생수준을 상승시키게 된다.

② 국가에 의한 관리 대부분의 국가들은 자국의 경제발전을 위하여 대외무역을 관리하거나 통제한다. 특히, 개발도상국의 경우에는 자국의 국제수지개선 및 국내산업보호를 위하여 수출을 진흥하고 수입을 제한하는 등의 무역정책을 채택하여 대외무역을 관리하고 있다.

③ 교섭의 복잡성 무역거래는 국내상거래와 달리, 언어, 법률, 제도, 문화, 교육, 관습 등의 제반환경이 상이한 국가 간에 이루어짐으로써 거래당사자 간의 거래교섭이 매우 복잡하다.

④ 위험성 무역거래는 다음의 그림과 같이 각종 위험이 발생할 가능성이 매우 높다.

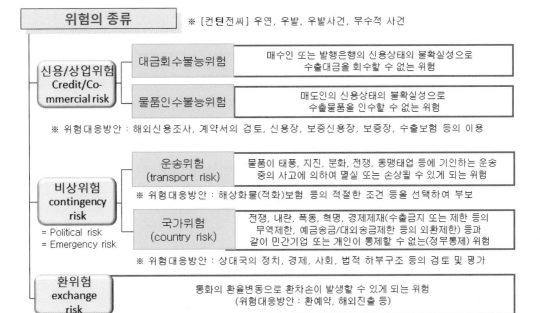

⑤ 각종 보조수단의 활용 무역은 운송, 보험, 금융 등의 각종 보조수단을 필요로 한다. 무역거래에 있어서 수출업자가 수입업자에게 물품을 인도하기 위해서는 수출지에서 수입지까지 해상운송·항공운송·육상운송·복합운송·컨테이너운송 등의 국제운송이 필요하게 되고, 원거리의 국제운송 중에 발생할 수 있는 각종 위험을 커버하기 위하여 해상보험에 부보할 필요가 있으며, 수출업자와 수입업자 간의 대금결제를 원활히 하기 위해서는 신용도가 높은 금융기관을 이용할 필요가 있다. 이와 같이 무역거래를 이행함에 있어서는 운송, 보험, 금융 등의 각종 보조수단의 활용이 필수적이라 할 수 있다.

⑥ 다수의 종속계약의 수반 국제물품매매를 이행하기 위하여 체결하는 국제물품매매계약(무역계약)하에서 매도인은 물품을 인도해야 하고, 매수인은 대금을 지급해야 한다. 매도인은 물품인도의무를 이행하기 위하여 운송인과 운송계약을 체결하여야 하고, 운송중인 물품의 멸실 또는 손상위험을 커버하기 위해서는 보험계약을 체결하여야 한다. 반면, 매수인은 물품대금을 지급하기 위하여 거래은행과 금융계약 또는 환계약을 체결하여야 한다. 이와 같이 국제무역에 있어서 주계약인 국제물품매매계약을 이행하기 위해서는 운송계약, 보험계약, 환계약 등의 종속계약의 체결이 수반되어야 한다.

⑦ 국제상관습을 수용한 통일규칙의 적용 무역은 언어, 관습, 법률, 제도 등이 다른 국가 사이에 이루어지기 때문에 여러 가지 분쟁을 야기시킬 수 있으며, 분쟁이 발생되었을 때에는 준거법의 적용문제가 발생한다. 이에 따라 국제상업회의소(International Chamber of Commerce; ICC), 국제법협회(International Law Association; ILA) 및 유엔국제무역법위원회(United Nations Commission on International Trade Law; UNCITRAL) 등의 여러 국제기구들은 명시계약을 보완하기 위하여 그 동안 무역거래에서 보편화된 상관습을 수용하여 통일규칙을 제정하고 이를 당사자들이 합의하여 사용할 수 있도록 권고하고 있다. 따라서 오늘날 대부분의 무역거래질서는 이러한 국제통일규칙에 의하여 유지된다.

⑧ 해상의존성 해상운송은 육상운송, 항공운송 등의 다른 운송방식에 비해 저렴한 운임으로 대량운송이 가능하다는 장점이 있기 때문에, 국제무역의 대상이 되는 물품의 운송에 있어서는 해상운송을 가장 많이 이용하고 있는 실정이다.

⑨ 불특정물품 및 선물거래 무역의 대상이 되는 물품은 계약체결당시에 현존하는 현물 또는 계약체결 후 제조하거나 취득할 선물이다. 그러나 무역거래에서는 계약을 체결할 당시에 특정되어 있지 않은 불특정물품 또는 선물을 그 거래의 대상으로 한다.

제2절 무역의 형태

현재 국가 간에 빈번히 이루어지는 무역거래를 유사한 성격끼리 묶어서 설명하면 다음과 같다.

분 류		형 태	
거래 관점	객관적관점	국제무역(international trade) ↔ 내국무역(domestic or home trade)	
		세계무역(world trade)	
	주관적관점	외국/대외무역(foreign trade), 해외무역(overseas trade), 식민지무역(colonial trade)	
거래 주체	담당주체	민간무역(private trade); 사무역	
		공공무역(public trade); 공무역, 공공기관무역	국영무역(state trade), 정부무역(government trade), 정부베 이스무역(government basis trade)
	국가 간섭정도	자유무역(free trade), 보호무역(protective trade), 관리무역(controlled trade), 협정무역 (trade by agreement)	
	당사국관계	남북무역(south-north trade), 동서무역(east-west trade), 남남무역(south-south trade)	
거래 대상	물품형태	유형무역(visible trade); 가시적 무역 ↔ 무형무역(invisible trade); 미가시적 무역	
	물품생산단계	수평무역(horizontal trade); 산업내무역; 경쟁적 무역; 수평적 국제분업	
		수직무역(vertical trade); 산업간무역; 보완적 무역; 수직적 국제분업	
	기타 특수형태	기술수출(export of techniques), 해외건설수출(construction exporting), 플랜트수출(plant export), 현지조립방식(knock-down method)수출, 각서무역(memorandum trade), 관광무역(sight-seeing trade), 개발수입(develop-and-import scheme), 덤핑수출	
거래 방향 및 방법	물품운송경로 및 방법	육상무역(overland trade), 해상무역(ocean or marine trade), 항공무역(air trade), 연안무역 (coasting trade)	
	물품이동방향	수출무역(export trade), 수입무역(import trade)	
	거래이행방법	능동무역(active trade), 수동무역(passive trade)	
	물품생산방식	위탁가공무역(improvement trade on consignment)* 또는 수동적 가공무역(passive improvement trade)	
		수탁가공무역(improvement trade on trust)* 또는 능동적 가공무역(active improvement trade)	유환수탁가공무역 무환수탁가공무역
		보세가공무역(bonded processing & trading)	
	물품판매방식	수·위탁판매무역	위탁판매수출(consignment sale trade)*, 수탁판매수입(import on consignment)*
		보세창고거래(bonded warehouse transaction; BWT), CTS(central terminal station)거래	
	물품판매여부	개인수입(Private Import), 소량수입, 병행수입(gray import)	
	물품임대차방식	임대수출*, 임차수입*	
	물품매매형태	직접무역(direct trade)	
		간접무역 (indirect trade)	중계무역(intermediary trade)*, 중개무역(merchandising trade), 스위치무역(switch trade), 우회무역(round-about trade), 통과무역(transit or passing trade)
	물품수출입 균형/연계	삼각무역(triangular trade), 다각무역(multilateral trade)	
		링크무역(link trade, link system, export-import link system)	
		연계무역 (counter-trade)*	물물교환(barter trade)*, 구상무역(compensation trade)*, 대응구매(counter purchase)*, 제품환매(buy back)*
		기타	선구매(advance purchase), 절충교역거래(off-set trade), 산업협력(industrial cooperation)
	물품인수도 장소	외국인도수출*, 외국인수수입*	
	환개입여부	유환수출입, 무환수출입*	
	대가교환여부	유상수출입, 무상수출입	
	공정성/적법성	공정무역(fair trade), 불공정무역(unfair trade), 밀무역(smuggling trade)	
	자사상표부착여 부	상표수출(brand export)	
		주문자상표부착방식수출 (OEM)	해외조달 현지판매(local sourcing local sales; LSLS)
			해외조달 3국판매(foreign sourcing foreign sales; FSFS)
		주문자개발생산(ODM)방식의 수출; 주문자설계생산방식의 수출	
	정보통신망 이용여부	전통무역(conventional trade)	
		전자 또는 사이버무역 (electronic or cyber trade)	EDI무역(EDI trade), 인터넷무역(internet trade)

주: * 표시는 「대외무역법」상의 특정거래형태의 수출입에 해당되는 거래임

Ⅰ. 거래의 관점에 따른 분류

1. 객관적 관점

무역은 객관적 관점에 따라 다음과 같이 구분된다.

객관적 관점	
국제무역(International Trade)	일정한 지역내의 다수의 국가간에 이루어지는 무역
◈ 참고로, 내국무역(domestic trade)은 국내에 있는 외국인에게 물품을 판매하고 그 대가를 외화로 받는 경우의 무역임.	
세계무역(World Trade)	세계전체의 국가간에 이루어지는 무역

① 국제무역(international trade)은 여러 국가의 입장에서 객관적으로 본 것으로서, 일정한 지역내의 다수의 국가 간에 이루어지는 무역을 말한다. 일반적으로 무역이라고 하면 이 국제무역을 의미한다. 참고로, 내국무역(home or domestic trade)은 일국을 중심으로 물품이 국경을 통과하는 국제무역과 달리, 물품이 일국 내에서 이동하는 경우로서, 국내에 있는 외국인에게 물품을 판매하고 그 대가를 외화로 받는 경우의 무역을 말한다. 국내에 있는 외국인에게 물품을 판매하고 그 대가를 자국화로 받는 경우는 국내상거래(domestic commerce)가 된다.

② 세계무역(world trade) : 세계전체의 입장에서 객관적으로 본 것으로서, 세계전체의 국가 사이에 이루어지는 무역을 말한다. 즉, 세계무역은 국가 간의 무역이라는 점에서는 국제무역과 개념상의 차이가 없지만, 세계무역은 국가 간의 무역이 세계전체로 확대될 때 사용되는 표현이다.

2. 주관적 관점

무역은 주관적 관점에 따라 다음과 같이 구분된다.

주관적 관점	
외국(대외)무역 [Foreign Trade]	자국의 입장을 기준으로 다른 여러 국가와 이루어지는 무역, 해외무역(overseas trade)이라고도 함
식민지무역 (Colonial Trade)	- 본국과 식민지(속국)간에 이루어지는 무역, - 자국의 입장을 기준으로 정치적으로 독립되지 못한 식민지와 이루어지는 무역

※ [컬로우니얼] 식민지의, 식민지품의, 식민지주민; <생태, 동물> 군체를 이루는

① 외국 또는 대외무역(foreign trade) 한 국가의 입장에서 주관적으로 본 것으로서, 자국의 입장을 기준으로 다른 여러 국가와 이루어지는 무역을 말한다. 예를 들면, 우리나라가 다른 여러 국가와 무역을 이행하는 경우 우리나라의 입장을 기준으로 볼 때 대외무역으로 표현되며, 이러한 의미에서 우리나라는 외국무역을 관리하는 법률을「대외무역법」(foreign trade act)이라고 명명하고 있다. 우리나라가 미국, 일본 등의 특정국가와 무역을 이행할 경우에는 대미무역, 대일무역 등으로 표현된다.

② 해외무역(overseas trade) 외국무역과 거의 동일한 의미로서, 한 국가내에서 이루어지는 내국무역(domestic trade) 또는 국내상거래(domestic commerce)와 구별하여 사용되기도 한다.

③ 식민지무역(colonial trade) 본국과 식민지(속국)간에 이루어지는 무역으로서, 자국의 입장을 기준으로 정치적으로 독립되지 못한 식민지와 이루어지는 무역을 말한다. 이와 대비되는 개념으로서 무역의 상대국이 정치적으로 독립된 외국일 경우 외국무역(foreign trade)이라고 한다. 식민지무역의 경우, 본국은 식민지에 대하여 일방적으로 불공정한 무역을 행하는 경우가 많다.

II. 거래의 주체에 따른 분류

1. 담당주체

무역은 담당주체에 따라 다음과 같이 구분된다.

① 민간무역(private trade) 무역거래의 주체가 민간업자가 되는 무역으로서, 민간기업이 상대국의 무역회사와 직접 무역계약을 체결하고 거래하는 것을 말한다. 이

는 공익성을 가지고 있는 국영무역과 달리 영리를 목적으로 하며, 오늘날 가장 일반적으로 행하여지고 있는 무역형태로서, 사무역이라고도 한다.

② 공공무역(public corporation trade) 무역거래의 주체가 공공기관이 되는 무역으로서, 공공기관이 출자하거나 직접 무역공사를 설립하여 무역경영의 주체가 되는 것을 말한다. 이를 공공기관무역 또는 공무역이라고도 한다. 공공무역은 국영무역과 정부무역으로 구분된다.

  ㉮ 국영무역(state trade): 무역거래의 주체가 러시아, 동구권 국가 등과 같은 사회주의 국가의 정부기관이 되는 무역으로서, 국가의 계획경제와 통제에 의하여 정부기관이 수행하는 무역을 말한다.

  ㉯ 정부무역(government trade): 무역거래의 주체가 자본주의 국가의 정부기관이 되는 무역으로서, 실제거래에서는 민간업자를 개입시켜 영위하되, 비영리를 목적으로 한다.

2. 국가의 간섭정도

무역은 국가의 간섭정도에 따라 다음과 같이 구분된다.

국가의 간섭 정도	
자유무역 (Free Trade)	국가가 무역거래에 대하여 어떠한 관리, 간섭 또는 통제를 행하지 않고 무역업자의 자유에 맡기는 것
보호무역 (Protective Trade)	국가가 자국의 국내산업을 보호하기 위하여 관세 및 비관세수단(외환관리, 수입수량제한, 통상법 발동)으로 무역에 대하여 직간접적으로 관리, 간섭, 통제를 행하는 무역제도
관리무역 (Controlled Trade)	국가가 수출입허가제, 수출입링크제 등의 행정적 관리를 통하여 무역의 전부 또는 일부에 대하여 직접적으로 간섭하여 그 통제하에 관리하는 무역
협정무역 (Trade by agreement)	국가 상호간에 무역을 증진시키거나 무역의 균형을 유지하기 위하여 무역거래에 관한 협정을 체결하고 이 협정을 준수하여 체결하는 무역

협정 방식		
	무역협정(trade agreement)	수출입물품의 수량이나 종류를 결정하는 협정
	지급협정(payment agreement)	수출입결제방식을 결정하는 협정
	호혜통상협정(reciprocal trade agreement)	각국 상호간에 관세율의 혜택을 부여하는 협정
	상품협정(commodity agreement)	주요 상품의 공급국과 수요국간의 관계를 원활히 하기 위한 협정

※ [리씨프러컬] 상호의, 서로의; 호혜적인; 상호교환의, 답례의, 보답의; 상반되는, 서로 보완되는; 늑mutual[뮤추얼]
[커마더리] 상품, 산물; 1차 산품, 원자재; 일용품, 생활필수품

① 자유무역(free trade) 국가가 무역거래에 대하여 어떠한 관리, 간섭 또는 통제를 행하지 않고 무역업자의 자유에 맡겨두는 무역제도를 말한다.

② 보호무역(protective trade)   자유무역과 달리 국가가 자국의 국내산업을 보호하기 위하여 관세 및 비관세 수단(외환관리, 수입수량제한, 통상법 발동)으로 무역에 대하여 직·간접적으로 관리, 간섭 또는 통제를 행하는 무역제도를 말한다.

③ 관리무역(controlled trade)   국가가 수출입허가제, 수출입링크제 등의 행정적 관리를 통하여 무역거래의 전부 또는 일부에 대하여 직접적으로 간섭하여 그 통제하에 관리하는 무역을 말한다. 즉, 국가가 수출입의 금액, 내용, 품목, 결제시기 및 방법 등을 행정적 관리를 통하여 규제하는 것을 말한다.

④ 협정무역(trade by agreement)   국가 상호간에 무역을 증진시키거나 또는 무역의 균형을 유지하기 위하여 무역거래에 관한 협정을 체결하고 이 협정을 준수하여 거래하는 무역을 말한다.

3. 당사국의 관계

무역은 거래당사국의 관계, 즉 지리적 위치를 기준으로 남북무역, 동서무역 및 남남무역으로 구분된다.

거래당사국의 관계	
남북무역 (South-north Trade)	남반구의 후진국(동남아·중근동·아프리카·중남미)과 북반구의 선진국 간의 무역
남남무역 (South-south Trade)	남반구의 후진국 또는 개발도상국 상호 간의 무역
동서무역 (East-west Trade)	유럽을 중심으로 동쪽의 사회주의 국가와 서쪽의 자본주의 국가 간의 무역

(적도 기준)

① 남북무역(south-north trade)   적도를 기준으로 남반구에 위치하고 있는 동남아·중근동·아프리카·중남미 등의 후진국과 북반구에 위치하고 있는 선진국간의 무역을 말한다.

② 동서무역(east-west trade)   유럽을 중심으로 동쪽에 위치하고 있는 사회주의 국가와 서쪽에 위치하고 있는 자본주의 국가 간의 무역을 말한다.

③ 남남무역(south-south trade)   적도를 기준으로 남반구에 위치하고 있는 후진국 또는 개발도상국 상호간의 무역을 말한다.

III. 거래의 대상에 따른 분류

1. 물품의 형태

무역은 수출입물품의 형태를 눈으로 볼 수 있는지의 여부에 따라 유형무역과 무형무역으로 구분된다.

물품의 형태	
유형무역 (Visible Trade)	눈으로 볼 수 있는 물품(유형재)만을 거래하는 무역 [**상품무역(merchandise trade)** 또는 **가시적 무역**이라고도 함]
무형무역 (Invisible Trade)	눈으로 볼 수 없는 용역, 전자적 형태의 무체물, 기술, 노동, 자본 등의 생산요소 를 거래하는 것 [**서비스무역(service trade)** 또는 **미가시적 무역**이라고도 함]

※ [멀췸다이쓰] 〈집합적〉 상품, (특히) 제품, 물품: (상점의) 재고품: 매매하다, 거래하다, 장사하다

① 유형무역(visible trade) 협의의 무역대상이 되는 물품만을 거래하는 무역으로서, 상품이 그 대상이 된다는 의미에서 상품무역(merchandise trade)이라고도 하며, 눈으로 볼 수 있는 형태를 가지고 있다는 의미에서 가시적 무역이라고도 한다.

② 무형무역(invisible trade) 물품이외에 주로 광의의 무역대상이 되는 자본, 노동, 기술, 용역 등의 생산요소를 거래하는 것을 말한다. 이러한 생산요소는 형태가 없어서 눈으로 볼 수 없기 때문에 세관에서의 수출입통관절차를 거치지 않고 수출입할 수 있다는 특징을 가지고 있으며, 국제수지표상에는 무역외수지항목을 구성한다. 여기에 해당되는 것은 정보통신망을 통하여 전송되는 전자적 형태의 무체물, 운임, 보험료, 여행이나 투자수익, 각종 수수료, 광고선전비 및 특허권사용료 등이다. 이것은 눈으로 볼 수 있는 형태가 없다는 의미에서 미가시적 무역이라고도 한다. 세계무역기구(WTO)는 이를 외국법인과의 법률, 금융, 컨설팅 등의 전문비즈니스 서비스의 거래를 포함하여 서비스무역(Service Trade)이라고 한다.

2. 물품의 생산단계

무역은 상품의 생산단계에 따라 수직무역과 수평무역으로 구분된다. 참고로, 기업내 무역이란 기업의 해외진출에 따른 기업내 거래를 말한다.

① 수직무역(vertical trade) 1차 산품과 공산품간의 무역과 같이 생산단계가 서로 상이한 물품 간에 이루어지는 무역을 말하는 것으로서, 이를 산업간무역, 보완적

무역 또는 수직적 국제분업이라고도 한다. 산업간무역(inter-industry trade)은 한국이 칠레에 공산품을 수출하고 칠레로부터 농산물을 수입하는 것과 같이 상이한 산업부문의 물품이 수출되고 수입되는 무역을 말한다. 전통적인 비교우위의 원리에 따라 전체 후생을 높이기 위하여 제조업에 상대적인 경쟁력이 있는 한국과 농업에 상대적인 경쟁력이 있는 칠레가 무역을 하는 경우, 한국은 제조업에 특화하여 칠레에 공산품을 수출하고 칠레는 농업에 특화하여 한국에 농산물을 수출하는 것을 말한다.

물품의 생산단계	※ [별(띠껄)] 수직의, 직립한, 세로의; 정상의, 천장의; 수직적인, 수직을 이루고 있는 [호-러잔틀] 수평적인, 대등한, 동종의; 수평인, 가로의; 수평선, 수평면, 수평방향
수직무역 (Vertical Trade)	생산단계가 서로 상이한 물품간에 이루어지는 무역 (예: 1차 산품과 공산품간의 무역)
※ 산업간 무역(Inter-industry trade), 보완적 무역 또는 수직적 국제분업이라고도 함]	
수평무역 (Horizontal Trade)	생산단계가 동일하거나 유사한 물품간에 이루어지는 무역 (예: 1차 산품간의 무역, 공산품간의 무역)
※ 산업내 무역(Intra-industry trade), 경쟁적 무역 또는 수평적 국제분업이라고도 함	

② 수평무역(horizontal trade) 1차 산품 간의 무역 또는 공산품 간의 무역과 같이 생산단계가 동일하거나 유사한 물품 간에 이루어지는 무역을 말하는 것으로서, 이를 산업내무역, 경쟁적 무역 또는 수평적 국제분업이라고도 한다. 산업내무역(intra-industry trade)은 한국이 미국에 농산물은 물론 자동차도 수출하고 미국으로부터 자동차는 물론 농산물을 수입하는 것과 같이 동일한 산업부문의 물품의 수출입이 동시에 일어나는 무역을 말한다. 산업내무역이 행해지는 것은 모든 제품을 큰 규모의 공장에서만 생산하는 경우 규모의 비효율이 발생할 뿐만 아니라 자국의 제품에 없는 기능이나 디자인을 선호하는 소비자가 해외의 제품을 구매하기를 원하는 것과 같이 소비의 다양성을 추구하기 때문이다. 최근 급속히 증가하고 있는 산업내무역은 수평적 산업내무역(horizontal intra- industry trade)과 수직적 산업내무역(vertical intra-industry trade)으로 구분되는데, 수평적 산업내무역은 동일한 산업 내에서 품질은 유사하지만 제품의 속성(디자인, 기능 등)에서 차이가 있는 물품 간에 이루어지는 무역을 말하고, 수직적 산업내무역은 동일한 산업 내에서 품질과 제품의 속성 둘 다에서 차이가 있는 물품 간에 이루어지는 무역을 말한다.

3. 기타 특수형태

무역은 기타 특수한 형태에 따라 다음과 같이 구분될 수 있다.

기타 특수형태	
기술수출 (Export of techniques)	외국에 지적재산권을 양도하거나 제조기술 및 경영 기술을 제공하는 것 (기술의 국제적 이전)
해외건설수출 (Construction export)	고속도로, 항만시설 등의 사회간접자본의 사업에 대한 기업의 해외진출형태 (토목공사가 대부분임)
플랜트수출 (Plant export)	각종 상품을 제조·가공하는데 필요한 기계·장치 등의 하드웨어와 그 설치에 필요한 엔지니어링·노우하우·건설시공 등의 소프트웨어가 결합된 생산단위 체의 종합수출

※ "플랜트수출"이란 다음의 하나에 해당하는 것임(대외무역법 제22조)
- FOB가격으로 미화 50만달러 상당액 이상인 설비로 행하는 수출
- 일괄수주방식에 의한 수출(turnkey contract exports) : 산업설비·기술용역 및 시공을 포괄적으

현지조립방식수출 (Knock-down method)	조립생산능력을 갖춘 거래처에 부품·반제품을 수출하여 실수요지에서 제품을 완성하게 하는 거래방식

※ 이는 완전현지조립방식(complete knock-down method; CKD)과
　　부분현지조립방식(semi knock-down method; SKD)으로 구분됨

각서무역 (Memorandum trade)	국교정상화가 이루어지지 않은 두 국가간에 준정부 베이스에서 각서교환으로 이루어지는 무역
관광무역 (Sight-seeing trade)	관광에 의한 외화유입과 유출(외국으로부터 관광객을 유치하여 외화를 획득 하거나, 또는 국내관광객이 해외관광을 함으로써 외화를 유출시키는 경우 등)
개발수입 (Develop-and-import scheme)	부존자원이 빈약한 수입국이 자원보유국에 진출하여 자본·기술을 투입, 개발한 자원을 수입하는 것

① 기술수출(export of techniques)　물품이 아닌 기술의 국제적 이전이라는 관점에서, 외국에 지식재산권을 양도하거나 제조기술 및 경영기술을 제공하는 것을 말한다.

② 해외건설수출(construction exporting)　기업이 고속도로, 대수로, 댐, 항만시설, 통신시설, 공업시설 등의 사회간접자본의 건설을 위하여 해외에 진출하는 토목공사 중심의 사업을 말한다.

③ 플랜트수출(plant export)　일반적으로 각종 상품을 제조·가공하는데 필요한 기계·장치 등의 하드웨어와 그 설치에 필요한 엔지니어링·노우하우·건설시공 등의 소프트웨어가 결합된 생산단위체의 종합수출을 말한다.[3] 이러한 플랜트수출이란 용어는 원래 산업설비촉진법을 제정하는 과정에서 플랜트(plant)란 외래어를 산업설비라고 해석하여 산업설비수출을 플랜트수출과 동의어로 사용하게 되면서 일반화되었다.[4]

---

3) 강이수, 대외무역법, 무역경영사, 1993, p.258.
4) 대외무역법 제32조에서는 "플랜트수출이란 ① 본선인도(FOB)가격으로 미화 50만달러 상당액 이상인 설비의 수출, ② 일괄수주방식에 따른 수출(산업설비·기술용역 및 시공을 포괄적으로

④ 현지조립방식(knock-down method)의 수출은 완제품을 수출하는 것이 아니라 조립 생산능력을 갖춘 거래처에 부품이나 반제품을 수출하여 실수요지에서 제품을 완성하도록 하는 거래방식으로서, 다음과 같이 구분된다.

⑦ 완전현지조립방식(complete knock-down method; CKD): 부품 전체를 그대로 수출하여 실수요지에서 조립하여 완제품을 만드는 방식을 말한다.

⑭ 부분현지조립방식(semi knock-down method; SKD): 일부는 부품으로 수출하고 일부는 상대국에서 생산한 부품으로 조립하게 하여 완제품을 만드는 방식을 말한다.

⑤ 각서무역(memorandum trade) 국교정상화가 이루어져 있지 않은 두 국가사이에 준정부 베이스에서 각서교환으로 이루어지는 무역을 말한다.

⑥ 관광무역(sight-seeing trade; tourist trade) 국제수지상 보이지 않은 항목으로 구성되는 무형무역으로서, 외국으로부터 다수의 관광객을 유치함으로써 외화를 획득하거나 또는 국내의 관광객이 해외관광을 함으로써 외화를 유출시키는 경우와 같이 관광에 따른 외화의 유입과 유출을 총칭한 것을 말한다.

⑦ 개발수입(develop-and-import scheme) 주로 부존자원이 빈약한 수입국이 자원보유국에 진출하여 자본과 기술을 투입하여 개발한 자원을 수입하는 것을 말한다. 수입국으로서는 자원을 비교적 저렴하게 안정적으로 확보할 수 있으며, 자원보유국으로서는 고용의 증가, 기술의 전수, 수출의 증가 등의 이익을 가지게 된다.

⑧ 덤핑(부당염매)수출(dumping export) 수출국의 국내시장가격보다 더 낮은 가격으로 물품을 수출하는 것을 말한다.

IV. 거래방향 및 방법에 따른 분류

1. 물품의 운송경로 및 방법

무역은 물품의 운송경로 및 방법에 따라 다음과 같이 구분된다.

행하는 수출)을 말한다"고 규정하고 있다. 대외무역법은 2010년 4월 5일 개정시에 "산업설비수출"을 "플랜트수출"이라는 용어로 변경하였다.

물품의 운송경로 및 방법	※ [오우버랜드] 육상으로, 육로로; 육상의, 육로의
	[매러타임] 바다의, 해사의, 해양의, 항해의, 해운의; 연해의, 해변에 사는; 선원다운
육상무역 (Overland Trade)	트레일러, 철도 등의 육상운송수단에 의하여 물품이 운송되는 경우의 무역 (주로 유럽국가간의 무역)
해양(원양)무역 [Ocean/maritime Trade]	선박이라는 해상운송수단에 의하여 물품이 운송되는 경우의 무역 (장점 : 저렴한 운임, 대량운송)
항공무역 (Air Trade)	항공기라는 항공운송수단에 의하여 물품이 운송되는 경우의 무역 (대상 : 고가품, 신속을 요하는 물품)
하천무역 (River Trade)	선박이라는 운송수단에 의하여 물품이 운송되는 경우의 무역 (해상이 아닌 강, 운하, 호수 등의 하천)
연안무역 (Coasting Trade)	일국의 영역내의 무역, 즉 동일한 국가의 2항구간의 무역 (예: 미 본토와 하와이간의 무역)

① 육상무역(overland trade) 트레일러, 철도 등의 육상운송수단에 의하여 물품이 운송되는 경우의 무역으로서, 유럽국가들간의 무역에서와 같이 수출지점과 수입지점이 육상으로 연결된 내륙국가들간에 주로 이루어진다.

② 해양무역(원양무역; ocean trade, maritime trade) 선박이라는 해상운송수단에 의하여 물품이 운송되는 경우의 무역을 말한다.

③ 항공무역(air trade) 항공기라는 항공운송수단에 의하여 물품이 운송되는 경우의 무역을 말한다.

④ 하천무역(river trade) 선박이라는 운송수단에 의하여 물품이 운송되는 경우로서, 그 운송경로가 바다가 아닌 강, 운하, 호수 등의 하천일 경우의 무역을 말한다.

⑤ 연안무역(coasting trade) 일국의 영역내의 무역으로서, 미본토와 하와이간의 무역과 같이 동일한 국가의 2항구간의 해상무역을 말한다.

2. 물품의 이동방향

무역은 물품의 이동방향에 따라 다음과 같이 구분된다.

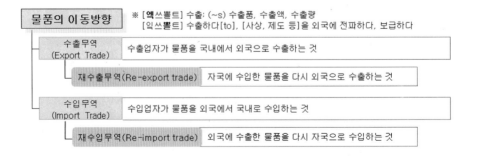

① 수출무역(export trade) 수출업자가 물품을 국내에서 외국으로 수출하는 경우의 무역을 말한다.

② 수입무역(import trade) 수입업자가 물품을 외국에서 국내로 수입하는 경우의 무역을 말한다.

3. 거래의 이행방법

무역은 외국상관의 매개여부에 따라 다음과 같이 구분된다.

거래의 이행방법	※ [세]를먼트] 확정, 결정; 결말이 남; 조정; 정주, 안정; 정착; 거류지; 청산, 결제; 양도
능동무역 (Active Trade)	수출업자가 직접 외국의 수입업자와 거래하는 것
수동무역 (Passive Trade)	수출업자가 자국 내에 주재하는 외국상관 또는 상사의 매개를 통하여 외국의 수입업자와 거래하는 것

※ 상관무역 또는 거류지무역(settlement trade)이라고도 함

① 능동무역(active trade) 수출업자가 직접 외국의 수입업자와 거래하는 것을 말한다.

② 수동무역(passive trade) 상관무역 또는 거류지무역(settlement trade)이라고도 하는 것으로서, 수출업자가 자국 내에 주재하는 외국상관 또는 상사의 매개를 통하여 외국의 수입업자와 거래하는 것을 말한다.

4. 물품의 생산방식

가공무역(Improvement Trade; Processing Deal)은 위탁가공무역과 수탁가공무역으로 구분된다. 한편, 가공무역과 달리 통상의 매매거래의 범주에 속하는 중계가공무역[5]도 있다.

---

5) 중계가공무역은 가공무역과 달리 통상의 매매거래의 범주에 속하는 것으로서, 어떤 국가의 업자가 해외로부터 원재료를 수입한 후 이를 가공하여 얻은 제품을 제3국에 수출하는 경우를 말한다. 예를 들면, 한국의 업자가 호주로부터 수입한 밀을 밀가루로 가공하여 일본에 수출하는 경우를 말한다.

물품의 생산방식	
위탁가공무역 [역위탁/수동적 가공무역]	가공임을 지급하는 조건으로 외국에서 가공(제조, 조립, 재생, 개조 포함)할 원료의 전부 또는 일부를 거래상대방에 수출하거나 외국에서 조달하여 이를 가공한 후 가공물품을 수입하거나 외국으로 인도하는 수출입을 의미, 외국의 저렴한 노동력 또는 고도기술을 이용하기 위하여 주로 활용됨
수탁가공무역 [순위탁/능동적 가공무역]	가득액을 영수하기 위해 원자재의 전부나 일부를 거래상대방의 위탁에 의하여 수입하여 이를 가공한 후 위탁자 또는 그가 지정하는 자에게 가공물품을 수출하는 수출입(다만, 원자재의 전부가 국내에서 조달되는 경우 수탁가공무역이 아님)
보세가공무역 (Bonded processing and trading)	외국에서 수입된 원자재나 반제품을 수입통관미필상태로 가공설비가 설치된 국내의 보세구역에서 가공하거나 제품화한 후 다시 외국으로 수출하는 것
중계가공무역	어떤 국가의 업자가 해외로부터 원재료를 수입한 후 이를 가공하여 얻은 제품을 제3국에 수출하는 것

※ 가공무역은 원자재의 조달방법에 따라, 유환과 무환수탁가공무역으로 구분되며,
　그 이행방법에 따라, 일반가공무역과 보세가공무역으로 구분된다.

① 위탁가공무역　가공임을 지급하는 조건으로 외국에서 가공(제조, 조립, 재생, 개조를 포함한다)할 원료의 전부 또는 일부를 거래상대방에게 수출하거나 외국에서 조달하여 이를 가공한 후 가공물품등을 수입하거나 외국으로 인도하는 수출입을 말한다.[6] 이는 외국에 가공을 위탁하는 경우로서, 역위탁가공무역(Inverse Processing Deal Trade), 수동적 가공무역(passive improvement trade) 또는 가공수입무역(Improvement Trade for Import; Processing Deal for Import)이라고도 하며, 종전의 대외무역법령에서는 이를 "위탁가공무역방식에 의한 수출입"이라고 하였었다.

② 수탁가공무역　가득액을 영수하기 위하여 원자재의 전부 또는 일부를 거래 상대방의 위탁에 의하여 수입하여 이를 가공한 후 위탁자 또는 그가 지정하는 자에게 가공물품등을 수출하는 수출입을 말한다. 다만, 위탁자가 지정하는 자가 국내에 있음으로써 보세공장 및 수출자유지역에서 가공한 물품등을 외국으로 수출할 수 없는 경우 관세법에 따른 수탁자의 수출·반출과 위탁자가 지정한 자의 수입·반입·사용은 이를 「대외무역법」에 따른 수출·수입으로 본다.[7] 이는 외국으로부터 가공을 위탁받는 경우로서, 순위탁가공무역(Processing Deal Trade), 능동적 가공무역(active improvement trade) 또는 가공수출무역(Improvement Trade for Export; Processing Deal for Export)이라고도 하며, 종전의 대외무역법령에서는 이를 "수탁가공무역방식에 의한 수출입"이라고 하였었다.[8]

---

6) 대외무역관리규정 제2조 제6호
7) 대외무역관리규정 제2조 제7호.
8) 통과적 가공무역(Transit Improvement Trade)은 수탁가공무역에 있어서 그 가공된 제품이 위탁국(원재료제공국) 이외의 제3국으로 인도되는 경우를 의미하고 있지만, 우리나라 대외무역법상의 수탁가공무역은 통과적 가공무역을 포함하고 있는 개념이다.

③ 보세가공무역(bonded processing & trading) : 외국으로부터 들여온 원자재나 반제품을 수입통관미필 상태로 가공설비가 설치된 국내의 보세구역에서 가공하거나 제품화한 후 다시 외국으로 수출하는 것을 말한다.

5. 물품의 판매방식

(1) 수위탁판매무역

물품의 판매방식	
위탁판매수출	물품을 무환으로 수출하여 당해 물품이 판매된 범위 안에서 대금을 결제하는 계약에 의한 수출
수탁판매수입	물품을 무환으로 수입하여 당해 물품이 판매된 범위 안에서 대금을 결제하는 계약에 의한 수입
보세창고거래 (Bonded warehouse Transaction; BWT)	수출업자가 본인의 책임하에 수입국내의 관리인을 지정하고, 사전에 매매계약이 체결되지 않은 채 물품을 수입국내 보세창고에 무환으로 입고한 후 현지에서 매매계약이 성립되어 판매하는 것
CTS방식 (Central Terminal Station)	수출업자가 교역상대국의 인가를 받아 해외에 현지법인을 설립하여 그 법인 앞으로 물품을 위탁·수출, 즉 그 법인이 자신의 명의로 수입하여 현지에서 직접 판매하고 판매된 범위내에서 대금결제하는 거래

(가) 위탁판매수출

"위탁판매수출"이란 물품등을 무환으로 수출하여 해당 물품이 판매된 범위안에서 대금을 결제하는 계약에 따른 수출을 말한다.[9] 종전의 대외무역법령에서는 이를 "위탁판매방식에 따른 수출"이라고 하였었다. 즉, 위탁판매수출은 물품등을 무환으로 수출하여 해당 물품이 판매된 범위내에서 대금을 결제하고 판매잔량을 수출국으로 송부하는 방식의 수출을 말한다.

(나) 수탁판매수입

"수탁판매수입"이란 물품등을 무환으로 수입하여 해당 물품이 판매된 범위안에서 대금을 결제하는 계약에 따른 수입을 말한다.[10] 종전의 대외무역법령에서는 이를 "수탁판매방식에 의한 수입"이라고 하였었다. 즉, 수탁판매수입은 물품등을 외국에서 무환으로 수입하여 해당물품이 판매된 범위내에서 수입대금을 결제하고 일정기간후 판매잔량은 재수출하는 조건의 거래방식을 말한다.

(2) 보세창고거래

보세창고거래(BWT; Bonded Warehouse Transaction)방식은 수출업자가 본인의 책임

---

9) 대외무역관리규정 제2조 제4호.
10) 대외무역관리규정 제2조 제5호.

하에 수입국내에 관리인(지사 또는 별도의 제3대리인)을 지정하고, 사전에 매매계약이 체결되지 않은 채 물품을 수입국내 보세창고에 무환으로 입고한 후 현지에서 매매계약이 성립되어 판매하는 일종의 위탁판매방식의 거래를 말한다.

(3) CTS방식

CTS(Central Terminal Station)방식은 수출업자가 교역상대국의 인가를 받아 해외에 현지법인을 설립하여 그 법인 앞으로 물품을 위탁·수출, 즉 그 법인이 자신의 명의로 수입하여 현지에서 직접 판매하고 판매된 범위내에서 대금을 결제하는 거래를 말한다. 이는 해외시장개척을 위해 주로 이용된다. 우리나라는 네덜란드의 로테르담(Rotterdam)에 CTS(central Terminal Station) 시설을 운영하고 있다.

6. 물품의 판매여부

(1) 개인수입

개인수입(Private Import)은 개인이 스스로 사용하기 위하여 자신이 원하는 상품을 외국으로부터 구매(수입)하는 것으로서, 주로 통신판매의 방법으로 외국으로부터 상품을 구매한다. 이것은 개인이 외국의 통신판매회사, 백화점, 소매점 등 통신판매를 행하는 곳에 구매하려는 상품분야를 명기하여 통신판매용 카탈로그를 청구하고, 수취된 카탈로그에서 구매하려는 상품명 및 수량을 명기하여 견적을 의뢰함으로써 우편소포 또는 특송(국제택배)에 의하여 상품을 인도받게 된다. 대금지급은 견적에 의하여 송금하거나 신용카드를 사용하여 지급한다.

개인수입 중 해외직구는 해외 인터넷쇼핑사이트에서 물품을 직접 구매하는 것으로서, 직거래, 배송대행, 구매대행 등으로 구분된다. 직거래는 해외 쇼핑몰에 직접 주문하여 배송받는 것으로서 별도의 수수료가 없는 반면 교환이나 환불이 까다롭다. 배송대행은 주문은 해외 쇼핑몰에 직접 하지만 배송은 현지 배송업체를 이용하는 것을 말하고, 구매대행은 배송업체를 이용하여 해외 쇼핑몰에 주문과 배송하는 것을 말한다. 배송대행과 구매대행은 수수료를 내지만 국내 대행업체를 이용하는 경우에는 우리나라 전자상거래법에 의하여 보호된다. 관세청은 100달러 이하의 소액 해외직구의 경우에는 통관절차를 간소화하고 있는데, 이는 수입업자의 독점으로 비싸게 판매되는 수입품의 가격을 인하함으로써 소비자의 피해를 줄이기 위한 것이다. 즉, 관세청은 100달러 이하의 소액 해외직구의 경우에는 관세청에 목록만 제출하면 세관에 신고가 된 것으로 간주하는 목록통관제도를 운용하고 있다.

물품의 판매여부		
개인수입 (Private import)		개인이 스스로 사용하기 위하여 자신이 원하는 상품을 외국으로부터 구매(수입) 하는 것 [주로 통신판매의 방법으로 외국으로부터 상품을 구매함]
	해외직구	해외 인터넷쇼핑사이트에서 물품을 직접 구매하는 것
	직거래	해외 쇼핑몰에 직접 주문하여 배송받는 것[수수료가 없지만 교환, 환불 불편]
	배송대행	주문은 해외 쇼핑몰에 직접 하지만 배송은 현지 배송업체를 이용하는 것
	구매대행	배송업체를 이용하여 해외 쇼핑몰에 주문과 배송하는 것
소량수입		개인, 소매업자, 도매업자 등이 국내에서 소비자 등의 제3자에게 판매할 목적 으로 직접 해외로부터 소량의 상품을 수입하는 것
병행수입 (Parallel/gray import)		국내 독점판매권을 갖고 있는 공식 수입업자가 물품을 수입하고 있음에도, 독점 판매권을 갖고 있지 않는 일반 수입업자가 이와 동일한 물품을 다른 유통경로를 통하여 물품을 수입하는 것

(2) 소량수입

소량수입은 개인, 소매업자, 도매업자 등이 국내에서 소비자 등의 제3자에게 판매할 목적으로 직접 해외로부터 소량의 상품을 수입하는 것을 말한다. 이것은 판매가 목적이기 때문에 개인수입에 비하여 수입하는 수량도 당연히 많지만, 그것이 소량인 경우에는 개인수입의 방법과 동일한 절차에 의하여 수입할 수 있다.

(3) 병행수입

병행수입(parallel import; gray import)이란 독점수입권자에 의해 해당 외국상품이 수입되는 경우 제3자가 다른 유통경로를 통하여 진정상품을 국내 독점수입권자의 허락 없이 수입하는 것을 말하며, 독점수입권자 및 그 판매업자의 "불공정거래행위(수입이 허용되는 진정상품을 다른 유통경로를 통하여 국내에 수입하여 판매하는 병행수입업자의 행위를 부당하게 저해하는 행위)"는 "병행수입에 있어서의 불공정거래행위의 유형고시"에 따라 규제된다.[11] 즉, 병행수입은 국내 독점 판매권을 갖고 있는 공식 수입업자가 물품을 수입하고 있음에도, 독점 판매권을 갖고 있지 않는 일반 수입업자가 이와 동일한 물품을 다른 유통경로를 통하여 물품을 수입하는 것으로서, "병행수입에 있

---

11) 병행수입에 있어서의 불공정거래행위의 유형 고시 제2조 제3항, 제3조 및 제4조; 참고로, "진정 상품"이란 상표가 외국에서 적법하게 사용할 수 있는 권리가 있는 자에 의하여 부착되어 배포된 상품을 말하고, "독점수입권자"란 ① 외국상표권자와 국내상표권자가 동일인이거나 계열회사관계(주식 또는 지분의 30%이상을 소유하면서 최다출자자인 경우)이거나, 수입대리점관계에 있는 자, 또는 ② 외국상표권자와 ①의 관계에 있는 자로부터 전용사용권을 설정받은 자를 말한다; 동 고시 제2조 제3항.

어서의 불공정거래행위의 유형고시"는 진정상품을 수입하여 국내에서 판매하는 병행수입업자의 판매행위를 부당하게 저해하는 "독점수입권자의 부당한 병행수입 저지행위"를 규제대상으로 한다. 1995년 11월부터 도입된 제도로서, 인위적으로 커다란 내외가격차가 설정되어 있는 동일한 종류의 물품에 대하여는 수입 공산품의 가격 인하를 유도하고, 국내 독과점 방지 및 시장경제 활성화를 위하여, 우리나라는 일정한 기준하에 진정상품을 수입하는 경우에는 권리를 침해하는 것으로 보지 않는 것으로 해석하여 일부 예외규정을 두고 병행수입을 허용하고 있다.

7. 물품의 임대차방식

(1) 임대수출

"임대수출"이란 임대(사용대차를 포함)계약에 의하여 물품 등을 수출하여 일정기간 후 다시 수입하거나 그 기간의 만료 전 또는 만료 후 해당 물품 등의 소유권을 이전하는 수출을 말한다.[12] 종전의 대외무역법령에서는 이를 "임대방식에 의한 수출"이라고 하였었다.

물품의 임대차방식	임대차수출입
임대수출	임대(사용대차 포함)계약에 의하여 물품을 수출하여 일정기간 후 다시 수입하거나 그 기간의 만료 전 또는 만료 후 당해 물품의 소유권을 이전하는 수출
임차수입	임차(사용대차 포함)계약에 의하여 물품을 수입하여 일정기간 후 다시 수출하거나 그 기간의 만료 전 또는 만료 후 당해 물품의 소유권을 이전받는 수입

(2) 임차수입

"임차수입"이란 임차(사용대차 포함)계약에 의하여 물품등을 수입하여 일정기간 후 다시 수출하거나 그 기간의 만료전 또는 만료후 해당 물품의 소유권을 이전받는 수입을 말한다[13]. 종전의 대외무역법령에서는 이를 "임차방식에 의한 수입"이라고 하였었다.

8. 물품의 매매형태

무역은 수출업자와 수입업자 이외의 제3자(제3국의 무역업자)의 개입여부에 따라 직접무역(direct trade)과 간접무역(indirect trade)으로 구분된다. 수입의 경우를 예를 들면, 수입업자가 수입대리점을 경유하여 행하는 것을 간접무역, 자사가 직접 행하는 것을 직접무역이라고 한다.

---

12) 대외무역관리규정 제2조 제8호.
13) 대외무역관리규정 제2조 제9호.

물품의 매매형태	제3자의 개입여부

직접무역(Direct or bilateral Trade): 무역업자가 직접 거래상대방과 수출, 수입하는 것

간접무역(Indirect Trade): 무역업자가 그 대리점 또는 제3자를 경유하여 거래 상대방과 수출 또는 수입하는 것

- **중계무역(Intermediate Trade)**: 수출할 목적으로 물품을 수입하여 원상태를 변경시키지 않은 상태로 수출하여 수입대금과 지급액과의 차액(중계수수료)을 취하는 거래
  ※ 중계무역시 국내반입의 허용장소는 보세구역, 보세구역외장치허가장소, 자유무역지역임

- **중개무역(Merchandising Trade)**: 수출입 양당사자간의 거래물품이 제3국의 중개업자의 중개로 거래되는 경우에 제3국의 입장에서 본 거래형태로서, 대금결제는 수출입당사자간에 행해지고 중개인이 수수료를 취득하는 거래
  ※ 중계무역과 중개무역의 구분은 물품의 인도방법(물품이 중계지를 경유하는지 여부)을 기준으로 하는 것이 아니라 중간상이 계약의 당사자인지 여부에 의하여 구분된다.

- **스위치무역(Switch Trade)**: 수출업자와 수입업자간에 직접 매매계약이 체결되고 물품도 수출국에서 수입국으로 직접 이동되는데 대금결제는 제3국의 무역업자를 개입시켜 행하거나 또는 제3국의 결제통화나 계정을 사용하는 거래

- **우회무역(Round-about Trade)**: 수출업자가 상대국의 무역통제(외환통제, 수입금지 등)를 회피하기 위하여 무역통제를 받지 않는 제3국을 통하여 수출하는 경우의 무역

- **통과무역(Passing/Transit Trade)**: 물품이 수출국으로부터 수입국에 직접 송부되지 않고 제3국을 통과하여 수입국에 송부되는 경우에 제3국의 입장에서 본 것임

(1) 직접무역

직접무역(direct or bilateral trade): 수출국과 수입국의 거래당사자가 직접 매매계약을 체결하고 행하는 것으로서, 수출국과 수입국의 거래당사자 이외의 제3자가 개입하지 않는 무역을 말한다. 여기에는 직(접)수출(direct export)과 직(접)수입(direct import)이 있다.

(2) 간접무역

간접무역(indirect trade): 제3국의 무역업자(수출국과 수입국의 거래당사자 이외의 제3자)를 통하여 이루어지는 무역을 말한다. 그 형태로는 중계무역, 중개무역, 스위치무역, 우회무역, 통과무역 등이 있다.

(가) 중계무역

"중계무역(Intermediate Trade)"이란 수출할 것을 목적으로 물품등을 수입하여 "보세구역"(관세법 제154조) 및 보세구역외장치의 허가를 받은 장소(관세법 제156조) 또는 "자유무역지역"(자유무역지역의 지정등에 관한 법률 제4조) 이외의 국내에 반입하지 아니하고 수출하는 수출입을 말한다.[14] 즉, 수출할 목적으로 물품등을 수입하고 원상태를 변경시키지 않은 상태로 수출하여 수입대금과 지급액과의 차액, 즉 중계수수료(FOB-CIF에 해당하는 가득액)를 취하는 거래를 말한다.

이 거래방식은 중계국상품의 공급능력에 한계가 있는 경우 부족한 상품을 제3국으로

---

14) 대외무역관리규정 제2조 제11호. 참고로, 일본에서는 우리나라 대외무역법상의 중계무역을 중개무역이라고 표기하고 있음에 유의하여야 한다.

부터 수입하여 수출함으로써 지속적인 해외시장을 확보할 수 있지만, 최종수입국이 최초수출국으로부터의 수입을 제한하고 있는 경우에는 최종수입국의 무역정책에 혼란을 야기하여 중계국의 일반 수출에 악영향을 미칠 수도 있다는 사실을 간과해서는 안된다.

(나) 중개무역

중개무역(merchandising trade)이란 수출입 양당사자 간의 거래물품이 제3국의 중개업자의 중개로 거래되는 경우에 제3국의 입장에서 본 무역형태로서, 대금결제는 수출입 양당사자 간에 행해지고 중개인이 수수료를 취득하는 거래를 말한다. 중계무역인 경우에는 중간상인이 매매차익을 목적으로 계약의 당사자로서, 중개무역의 경우에는 중간상인이 중개수수료를 목적으로 최종수입업자나 최초수출업자의 대리인으로서 수출입거래에 개입하게 된다. 중계무역과 중개무역의 구분은 물품의 인도방법, 즉 물품이 중계지를 경유하는지 여부를 기준으로 하는 것이 아니라 중간상이 계약의 당사자인지의 여부에 의한다.

(다) 스위치무역

스위치무역(switch trade)이란 수출업자와 수입업자간에 직접 매매계약이 체결되고 물품도 수출국에서 수입국으로 직접 이동되는데, 대금결제는 제3국의 무역업자(Switcher)를 개입시켜 행하거나 제3국의 결제통화나 계정을 사용하는 거래를 말한다. 이 경우 제3국에서 결제를 위하여 개입된 자를 Switcher라고 하며, Switcher는 거래가 성사되는 경우 수수료(Switch Commission)를 받는다.

스위치무역은 외환관리상의 편의나 금융수단의 채용을 필요로 하는 경우에 주로 이용된다. 즉, 수입국이 특정거래에서 수입물품의 대금을 특정외화로 지급해야 하지만 해당 특정외화의 여유가 없기 때문에 해당 특정외화를 갖고 있는 제3국을 개입시켜 물품대금을 지급하려는 경우, 또는 무역수지불균형에 따라 제3국의 결제통화 또는 계정을 사용·전환하여 지급하는 경우에도 행해질 수 있다.

(라) 우회무역

우회무역(round-about trade)이란 수출업자가 상대국의 무역통제를 회피하기 위하여 무역통제를 받지 않는 제3국을 통하여 수출하는 경우의 무역을 말한다. 예를 들면, 수출업자의 수출물품에 대하여 상대국이 외환통제를 심하게 하거나 수입을 금지하는 경우에 수출업자는 상대국의 무역통제를 회피하기 위하여 무역통제를 받지 않는 제3국을 통하여 수출물품을 수출하게 된다.

(마) 통과무역

통과무역(Passing or Transit Trade)이란 물품이 수출국으로부터 수입국에 직접 송부되지 않고 제3국을 통과하여 수입국에 송부되는 경우에 제3국(통과국)의 입장에서 본 것으로서, 물품이 수출국으로부터 수출될 때 수입국을 미리 정하여 제3국을 통과하는 것이다. 반면, 중계무역은 수출국으로부터 수출될 때 수입국이 미리 결정되는 경우도 있지만 실제 수입국이 결정되지 않은 채 중계항에서 양륙된 후에 최종목적지가 정해지는 경우도 있다.

9. 물품의 수출입균형 및 연계

무역은 무역균형의 달성에 있어서 2개국간, 3개국간, 또는 4개국 이상간의 무역균형의 달성여부에 따라 연계무역, 삼각무역, 다각무역으로 구분되며, 이들과 유사한 것으로서 링크무역이 있다.

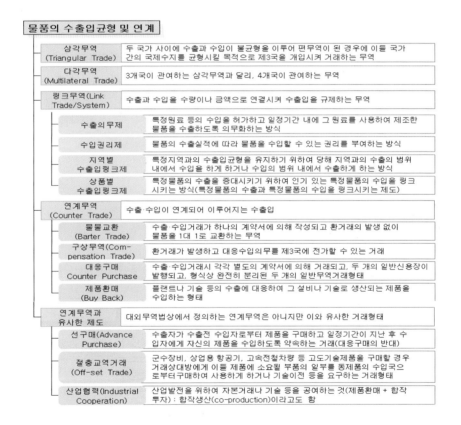

물품의 수출입균형 및 연계

삼각무역 (Triangular Trade)	두 국가 사이에 수출과 수입이 불균형을 이루어 편무역이 된 경우에 이들 국가 간의 국제수지를 균형시킬 목적으로 제3국을 개입시켜 거래하는 무역
다각무역 (Multilateral Trade)	3개국이 관여하는 삼각무역과 달리, 4개국이 관여하는 무역
링크무역(Link Trade/System)	수출과 수입을 수량이나 금액으로 연결시켜 수출입을 규제하는 무역
수출의무제	특정원료 등의 수입을 허가하고 일정기간 내에 그 원료를 사용하여 제조한 물품을 수출하도록 의무화하는 방식
수입권리제	물품의 수출실적에 따라 물품을 수입할 수 있는 권리를 부여하는 방식
지역별 수출입링크제	특정지역과의 수출입균형을 유지하기 위하여 당해 지역과의 수출의 범위 내에서 수입을 하게 하거나 수입의 범위 내에서 수출하게 하는 방식
상품별 수출입링크제	특정물품의 수출을 증대시키기 위하여 인기 있는 특정물품의 수입을 링크시키는 방식(특정물품의 수출과 특정물품의 수입을 링크시키는 제도)
연계무역 (Counter Trade)	수출·수입이 연계되어 이루어지는 수출입
물물교환 (Barter Trade)	수출·수입거래가 하나의 계약서에 의해 작성되고 환거래의 발생 없이 물품을 1대 1로 교환하는 무역
구상무역(Compensation Trade)	환거래가 발생하고 대응수입의무를 제3국에 전가할 수 있는 거래
대응구매 Counter Purchase	수출·수입거래시 각각 별도의 계약서에 의해 거래되고, 두 개의 일반신용장이 발행되고, 형식상 완전히 분리된 두 개의 일반무역거래형태
제품환매 (Buy Back)	플랜트나 기술 등의 수출에 대응하여 그 설비나 기술로 생산되는 제품을 수입하는 형태
연계무역과 유사한 제도	대외무역법상에서 정의하는 연계무역은 아니지만 이와 유사한 거래형태
선구매(Advance Purchase)	수출자가 수출전 수입자로부터 제품을 구매하고 일정기간이 지난 후 수입자에게 자신의 제품을 수입하도록 약속하는 거래(대응구매의 반대)
절충교역거래 (Off-set Trade)	군수장비, 상업용 항공기, 고속전철차량 등 고도기술제품을 구매할 경우 거래상대방에게 이들 제품에 소요될 부품의 일부를 동제품의 수입국으로부터 구매하여 사용하게 하거나 기술이전 등을 요구하는 거래형태
산업협력(Industrial Cooperation)	산업발전을 위하여 자본거래나 기술 등을 공여하는 것(제품환매 + 합작투자) : 합작생산(co-production)이라고도 함

(1) 삼각무역과 다각무역

(가) 삼각무역

삼각무역(triangular trade)이란 두 국가 사이에 수출 또는 수입이 불균형을 이루어 편무역이 되었을 경우에 이들 국가 간의 국제수지를 균형시킬 목적으로 제3국을 개입시켜 거래하는 무역을 말한다. 즉, 두 국가 간의 직접 거래에 장해가 발생한 때에 삼각형의 형태로 거래하는 것을 말한다. 예들 들면, 한국의 A사가 VTR을 중국에 판매하는 전제조건으로서 중국의 B사로부터 TV를 구매한 후 이를 일본의 C사에 판매한다. 물품의 이동에 대하여는, VTR이 한국에서 중국으로 이동되고, TV가 중국에서 일본으로 이동된다. 대금결제에 대하여는, 한국의 A사가 일본의 C사로부터 TV대금을 영수한 후 중국의 B사에 TV대금을 지급하고, 수출한 VTR대금을 중국의 B사로부터 영수한다.

● 삼각무역

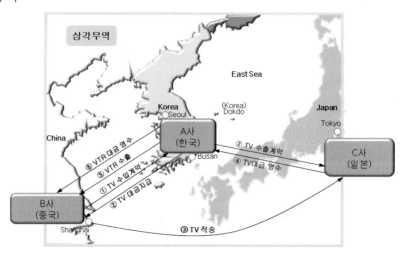

● 다각무역(사각무역의 예)

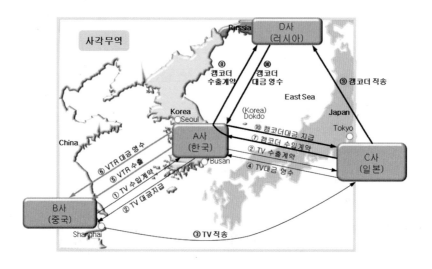

28

(나) 다각무역

다각무역 또는 다국간무역(Multilateral Trade)은 3개국이 관여하는 삼각무역과 달리, 4개국 이상이 관여하는 거래를 말한다.

예를 들면, 한국의 A사가 VTR을 중국에 판매하는 전제조건으로서 중국의 B사로부터 TV를 구매한 후 이를 일본의 C사에 판매하며, 일본의 C사에 TV를 판매하는 전제조건으로서 일본의 C사로부터 캠코더를 구매한후 이를 러시아의 D사에 판매한다. 물품의 이동에 대하여는, VTR이 한국에서 중국으로 이동되고, TV가 중국에서 일본으로 이동되고, 캠코더가 일본에서 러시아로 이동된다. 대금결제에 대하여는, 한국의 A사가 일본의 C사로부터 TV대금을 영수한 후 중국의 B사에 TV대금을 지급하고, 수출한 VTR대금을 중국의 B사로부터 영수한다. 또한, 한국의 A사는 러시아의 D사로부터 캠코더대금을 영수한 후 일본의 C사에 캠코더대금을 지급한다.

(2) 링크무역

링크무역(link trade; link system)은 수출과 수입을 수량이나 금액으로 연결시켜 수출입을 규제하는 무역으로서, 수출입링크제(export-import link system)라고도 한다. 링크무역은 수출입의 연결방식에 따라 수출의무제와 수입권리제로 구분되고, 이외에도 지역별 수출입링크제와 상품별 수출입링크제로 구분된다.

● 링크무역의 종류

종 류	내 용
수출의무제	특정원료 등의 수입을 허가하고 일정기간 내에 그 원료를 사용하여 제조한 물품을 수출하도록 의무화하는 방식
수입권리제	물품의 수출실적에 따라 물품을 수입할 수 있는 권리를 부여하는 방식
지역별 수출입링크제	특정지역과의 수출입균형을 유지하기 위하여 해당 지역과의 수출의 범위 내에서 수입을 하게 하거나 수입의 범위 내에서 수출하게 하는 방식
상품별 수출입링크제	특정물품의 수출과 특정물품의 수입을 링크시키는 제도로서, 특정물품의 수출을 증대시키기 위하여 인기 있는 특정물품의 수입을 링크시키는 방식

(3) 연계무역

"연계무역(counter trade)"이란 물물교환(Barter trade), 구상무역(Compensation trade), 대응구매(Counter purchase), 제품환매(Buy Back)의 형태에 의하여 수출·수입이 연계되어 이루어지는 수출입을 말한다.[15] 즉, 동일한 거래당사자 간에 수출과 수입이 연계된 무역거래로서 거래당사국간의 수출입의 균형을 유지하거나 통상협력의 수단으로 이용될 수 있다.

① 물물교환(Barter trade) 수출·수입거래가 하나의 계약서에 의해 작성되고 환거래의 발생없이 물품을 1대1로 교환하는 무역을 말한다. 종전의 대외무역법령에서는 이를 "무환구상무역"이라고 하였었다.

② 구상무역(Compensation trade) 환거래가 발생하고 대응수입의무를 제3국에 전가할 수 있는 거래를 말한다. 종전의 대외무역법령에서는 이를 "유환구상무역"이라고 하였었다. 이는 원칙적으로 수출·수입거래를 하나의 계약서에 의해 작성하고, Back to Back L/C, Tomas L/C, Escrow L/C 등 특수신용장을 사용하여 거래하고, 대응수입이행기간은 통상 3년 이내이다. 한편 수입의무를 제3국으로 전가시키는 경우의 구상무역을 삼각구상무역(Triangular compensation trade)이라 한다.

③ 대응구매(Counter purchase) 한 건의 거래가 이루어질 때 수출액의 일정비율에 상당하는 물품을 일정기간내에 대응수입해야 한다는 점에서는 구상무역과 비슷하나 사실상 독립된 두 개의 거래라는 점에서는 구상무역과 다르다. 이것은 수출·수입거래시 각각 별도의 계약서에 의해 거래되고, 두 개의 일반신용장이 발행되고, 형식상 완전히 분리된 두 개의 일반무역거래(two-way trade)의 형태이고, 환거래가 발생하여 상호간에 합의된 통화로 결제되고, 대응수입의무를 제3국으로 전가시킬 수 있다.

④ 제품환매(Buy Back) 플랜트(plant)나 기술 등의 수출에 대응하여 그 설비나 기술로 생산되는 제품을 수입하는 형태로서, 플랜트나 기술을 수출한 수출업자는 제공한 플랜트나 기술에서 직접 파생되는 제품 또는 이를 이용하여 생산된 제품으로 수출대금을 회수한다. 이 거래방식은 단순한 간이 생산기기의 수출에 따른 제품환매에서 첨단기술의 이전을 수반하는 거래에까지 그 범위가 광범위하다. 이 중에서 특히 기술이전을 수반하는 형태를 산업협력(Industrial Cooperation)이라고 한다.

(4) 기타

연계무역과 유사한 거래형태로서 선구매, 절충교역거래, 산업협력 등이 있다.

① 선구매(Advance purchase) 대응구매와 정반대의 거래형태로서, 수출업자가 수출하기 전에 수입업자로부터 미리 제품을 구매하고 일정기간이 지난 후 수입업자

---

15) 대외무역관리규정 제2조 제10호.

로 하여금 수출업자의 제품을 수입하도록 약속하는 거래형태를 말한다.

② 절충교역거래(Off set trade) 　대응구매의 변형된 형태로서 방위산업분야나 항공기 산업에서 주로 이용된다. 이는 군수장비, 상업용 항공기, 고속전철차량 등 고도 기술 제품을 구매할 경우에 거래상대방에게 이들 제품에 소요될 부품의 일부를 동제품의 수입국으로부터 구매하여 사용하게 하거나 기술이전 등을 요구하는 거래형태를 말한다.

③ 산업협력(industrial cooperation) 　산업의 발전을 위하여 자본거래나 기술 등을 공여하는 것으로서, 합작생산(co-production)이라고도 하며, 제품환매(buy back)와 합작투자(joint venture)의 방식으로 이루어진다. 제품환매는 플랜트(plant)나 기술 등의 수출에 대응하여 그 설비나 기술로 생산되는 제품을 수입하는 형태를 말하고, 합작투자는 일방적인 자본재수출이 아닌 자본참여, 판매망제공 등으로 수출업자와 수입업자가 합작하여 생산한 제품을 수입업자가 수입하는 것을 말한다.

10. 물품의 인수도 장소

외국에서 물품을 인수하는지 또는 인도하는지의 여부에 따라 외국인도수출과 외국인수수입으로 구분된다.

물품의 인수도 장소	
외국인수수입	수입대금을 국내에서 지급되지만 수입물품은 외국에서 인수하는 수입
외국인도수출	수출대금은 국내에서 영수하지만 국내에서 통관되지 아니한 수출물품을 외국으로 인도하는 수출

① 외국인수수입 　수입대금은 국내에서 지급되지만 수입물품등은 외국에서 인수하는 수입을 말한다.[16] 종전의 대외무역법령에서는 이를 "제3국 도착수입", "외국인수방식에 의한 수입"이라고 하였었다. 플랜트수출, 해외건설, 해외투자, 위탁가공무역 등에 필요한 기재·자재 및 원자재를 외국에서 수입할 필요가 있을 때 운송시간과 경비를 절감하기 위하여 수입대금은 국내에서 지급하고 물품은 해외현장으로 직접 송부되는 경우에 이용되는 거래방식이다.

② 외국인도수출 　수출대금은 국내에서 영수하지만 국내에서 통관되지 아니한 수출물품등을 외국으로 인도하는 수출을 말한다.[17] 종전의 대외무역법령에서는 이를

---

16) 대외무역관리규정 제2조 제12호.

"현지인도방식에 의한 수출"이라고 하였었다. 일반거래형태로 해외에서 기자재나 선박을 국내로 반입한 후 다시 수출절차를 밟는다면 시간이나 경비의 지출이 예상되므로, 소요되는 시간이나 경비를 절감하기 위하여 인정되는 거래형태이다.

11. 환의 개입여부

무역은 환의 개입여부에 따라 다음과 같이 구분된다.

환의 개입여부	
유환수출입	외국환거래가 수반되는 물품의 수출입
무환수출입	외국환거래가 수반되지 아니하는 물품의 수출입

① 유환수출입　외국환거래가 수반되는 물품등의 수출·수입으로서, 대부분의 무역거래는 외국환거래를 수반하게 된다.

② 무환수출입　외국환거래가 수반되지 아니하는 물품등의 수출·수입을 말한다.[18] 즉, 무환수출입은 외국환거래가 수반되지 아니하는 물품등의 수출입 또는 대금결제가 수반되지 아니하고 물품등의 이동만 이루어지는 거래를 의미하며, 여기에는 대가를 지급하지 아니하는 물품등의 수출·수입인 무상수출입도 해당된다. 무환수출입은 증여, 상속, 유증 등의 무상무환과 위·수탁판매무역, 위·수탁가공무역시 원자재 수출입, 임대차수출입, 무환상계결제(연계무역중 물물교환) 등의 유상무환으로 구분된다.

12. 대가의 교환여부

무역은 대가의 교환여부에 따라, 대가를 수반하는 물품의 수출·수입인 유상수출입과 대가를 수반하지 않는 물품의 수출·수입인 무상수출입으로 구분된다.

대가의 교환여부	
유상수출입	대가를 수반하는 물품의 수출입
무상수출입	대가를 수반하지 않는 물품의 수출입

---

17) 대외무역관리규정 제2조 제13호.
18) 대외무역관리규정 제2조 제14호.

13. 공정성 및 적법성 여부

무역은 공정성의 여부에 따라, 공정한 수출입행위에 의하여 이루어지는 공정무역(fair trade)과 불공정수출입행위를 행하는 불공정무역(unfair trade)으로 구분되며, 대부분의 국가들은 불공정수출입행위를 행하지 못하도록 규제하고 있다.

또한, 밀무역(smuggling trade)은 적법한 절차에 의하지 아니하고 물품을 수출하거나 또는 수입하는 것을 말한다.

공정성 및 적법성 여부	※ [쓰머글] ~을 밀수입하다, 밀수출하다; ~을 밀함시키다; ~을 몰래 가지고 들어오다 밀수입하다, 밀수출하다; 밀입국하다, 밀출국하다
공정무역 (Fair Trade)	공정한 수출입행위에 의하여 이루어지는 무역
불공정무역 (Unfair Trade)	불공정수출입행위를 행하는 무역

※ **불공정수출입행위**: 지적재산권침해물품의 수입·판매, 수출·제조
　　　　　　　　　원산지의 허위·오인표시, 손상·변경물품 등의 수출입
　　　　　　　　　품질허위 또는 과장표시물품의 수출입행위 등

밀무역 (Smuggling Trade)	적법한 절차에 의하지 않고 물품을 수출입하는 것

14. 자사상표의 부착여부

(1) 상표수출

상표수출(brand export)은 제조업자가 독자적으로 개발한 제품에 자사의 상표를 부착하여 수출하는 것을 말한다.

자사상표의 부착여부	
상표수출 (Brand export)	제조업자가 독자적으로 개발한 제품에 자사의 상표를 부착하여 수출하는 것
주문자상표부착수출 (OEM)	외국의 주문자(수입업자)로부터 제품의 생산을 의뢰받아 생산된 제품에 주문자가 지정한 상표를 부착하여 수출하는 방식
주문자개발생산수출 (ODM)	제조업자가 제조, 연구개발, 설계, 디자인까지 담당 하여 생산한 제품을 주문자(판매망을 갖춘 외국의 유통업자)에게 수출하는 것

(2) 주문자상표부착(OEM)방식의 수출

주문자상표부착(original equipment manufacturing; OEM)방식은 주문생산, 위탁생산 또는 하청생산의 일종으로서, 제조업자(수탁자)가 자신이 생산한 물품에 국내 또는 외

국의 주문자(생산위탁자)의 상표를 부착하여 그 주문자에게 공급하는 것으로서, 주문자(생산위탁자)가 지정하는 사양, 디자인에 의하여 제품을 공급할 뿐만 아니라 취급설명서나 포장상자까지 준비하여 공급하는 것도 행해지고 있다. 주문자의 입장에서는 스스로 생산설비를 가지고 있지 않더라도 자신의 설계대로 물품을 조달할 수 있고, 수탁자(제조업자)의 입장에서는 자사상표에 의한 판매력이 약한 경우라 하더라도 상대방의 판매력을 이용하여 대량생산에 의하여 생산가동률을 높일 수 있다.

이 방식은 국내거래뿐만 아니라 무역거래에서도 널리 이용되고 있는 것으로서, 주문자가 외국에 있는 경우, 즉 무역거래에 행해지는 것을 주문자상표부착방식의 수출이라고 한다. OEM방식에 의한 수출은 수출지향적이지만 해외 마케팅 능력이 부족한 수출국들이 주로 사용한다.

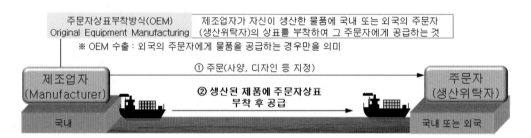

한편, 주문자상표부착방식(OEM)은 주문자의 관점에서 외국의 제조업자가 생산한 제품을 자사 상표로 공급받아 국내에 판매하거나 외국에 수출하는 방식으로도 볼 수 있다. 이는 판매 또는 수출지역에 따라 "해외조달 현지판매(Foreign sourcing local sales; FSLS)"방식과 "해외조달 제3국판매(foreign sourcing foreign sales; FSFS)"방식으로 구분된다. 해외조달 현지판매방식은 주문자가 외국의 제조업자에 의하여 생산된 제품을 자사 상표로 공급받아 자국에서 판매하는 것이고, 해외조달 제3국판매방식은 주문자가 외국의 제조업자에 의하여 생산된 제품을 자사 상표로 공급받아 다른 외국에 수출하는 것을 말한다.

(3) 주문자개발생산(ODM)방식의 수출

주문자개발생산 또는 주문자설계생산(original development manufacturing; original design manufacturing; ODM)방식의 수출은 개발력 및 생산기술을 갖추고 있지만 제조업자가 제조뿐만 아니라 연구개발, 설계, 디자인까지 담당하여 생산한 제품을 주문자(판매망을 갖춘 외국의 유통업자)에게 수출하는 것으로서, 첨단기술은 갖추고 있지만 브랜드파워가 없는 정보통신업체에 의하여 주로 이용되고 있다. 이는 자체개발주문생산 또는 자체설계주문생산이라고도 불리워진다.

ODM방식은 주문자(유통업자)가 요구하는 기술수준에 맞도록 제조업자가 자사의 기술력을 바탕으로 제품을 자체적으로 개발하여 납품하기 때문에 공급가에 개발비도 추가할 수 있어 부가가치가 높으며, 부품을 구매하는 경우에도 제조업자가 주도적으로 참여할 수 있어 원가를 절감할 수 있다. 반면, OEM방식은 주문자의 설계도에 따라 제조업자가 제품을 단순생산하는 방식이기 때문에 제품 값을 제대로 받지 못할 뿐만 아니라 주문자의 하청생산을 벗어날 수 없다.

15. 정보통신망 이용여부

(1) 전통무역

전통무역(conventional trade)은 새롭게 등장한 전자 또는 사이버무역과 구별하기 위하여 사용되는 개념으로서, 컴퓨터 등 정보처리능력을 가진 장치나 정보통신망을 이용하지 않는 기존의 off-line상의 무역거래를 총칭하는 것이라고 정의할 수 있다.

정보통신망 이용여부

전통무역 (Conventional Trade)	기존의 off-line상의 무역거래를 총칭(Off-line무역)
전자무역 (Electronic Trade)	무역의 전부 또는 일부가 컴퓨터등 정보처리능력을 가진 장치와 정보통신망을 이용하여 이루어지는 것(On-line무역)

(2) 전자(사이버)무역

사이버무역, 전자무역, 인터넷무역 등의 용어는 혼용되어 사용되고 있는 실정이다. 이러한 상황하에서 사이버무역이 학계나 언론계에서 널리 사용되고 있는 용어라고 한다면, 전자무역은 사이버무역의 법적인 표현이라고 할 수 있다. 전자 또는 사이버무역에는 인터넷무역과 EDI방식의 무역자동화가 포함되는 것으로 정의될 수 있다.

① 전자무역(electronic trade) 무역의 전부 또는 일부가 전자무역문서에 의하여 처리되는 거래를 말한다.[19] 전자무역은 물품 및 전자적 형태의 무체물의 수출입을 전부 포함하고 있는 넓은 의미의 개념이다. 따라서, 전자적 형태의 무체물은 당연히 전자무역에 해당되지만, 물품의 거래에서 있어서 거래알선, 계약체결 등과 같이 무역거래과정상의 일부분이 컴퓨터 등의 정보통신망을 이용하는 경우에도

---

19) 전자무역촉진에 관한 법률 제2조 제1호.

전자무역에 해당된다. 전자무역이라는 용어에 대해서는 전자제품의 무역과 혼동되기 쉽다는 이유로 사용을 회피하는 경우도 있다.

② 사이버무역(cyber trade) 인터넷이나 EDI방식의 무역자동화망 등의 제반 정보통신 네트워크를 통해 국제간에 물품과 서비스를 매매하는 것으로서, 무역거래의 전 과정 중에서 물품의 물리적 인도를 제외한 모든 업무를 사이버공간에서 수행하는 무역거래을 말한다. 사이버무역은 수출입정보교환에서부터 가격협상, 제품선적에 이르기까지 수출입업무에 수반되는 무역업무와 비즈니스의 모든 과정을 온라인 공간에서 처리해 "서류없는 무역"을 도모하는 것이다.

③ 인터넷무역(internet trade) 불특정 다수를 대상으로 완전히 개방된 인터넷을 통해서 수행되는 무역거래를 의미하기 때문에, 현재 모든 무역업무가 인터넷만으로 처리되는 것은 불가능하므로 인터넷무역은 사이버무역의 하위개념이라고 할 수 있다. 따라서 인터넷망이 아닌 폐쇄통신망으로 무역서류를 주고받는 무역자동화는 사이버무역에 해당하지만 인터넷무역은 아니다.

④ EDI무역(EDI trade) 개방형의 인터넷이 아닌 무역업무자동화시스템과 같은 폐쇄형의 EDI를 사용하여 이루어지는 무역거래를 의미한다.

무역관리제도

무역관리제도  Chapter 02

제1절 무역관리의 법규

I. 무역관리의 의의 및 법규

1. 무역관리의 개념

무역관리(trade control)란 국가가 제도·기구 또는 법규에 의하여 무역거래에 대한 간섭·통제 또는 규제를 가하는 것으로서, 어느 나라를 막론하고 무역에 대한 최소한의 규제와 지원을 하기 위하여 각종 법규 및 제도로 이를 뒷받침하고 있다. 즉, 무역업무는 국민경제와 국민의 소비생활, 자국의 국제경쟁력 등에 막대한 영향을 미치므로 대부분의 국가는 물품의 수출과 수입, 결제방법, 거래형태, 수출입업자의 자격요건, 수입에 따른 국내산업보호 등과 연계시켜 자국내의 수출입절차를 규정하고 이러한 절차를 준수하도록 통제·관리함으로써 수출입거래의 질서를 유지하고 국민경제의 발전을 도모하고자 하는 것이다.

2. 무역관리의 수단

한 국가는 일반적으로 법 또는 기구에 의하여 무역을 관리하고 있다. 따라서 무역을 관리하는 수단으로는 법에 의한 무역관리와 기구에 의한 무역관리로 구분될 수 있다. 법에 의한 무역관리는 다음의 II에서, 기구에 의한 무역관리는 III에서 각각 살펴보기로 한다.

II. 무역관리의 법규

1. 무역관리법규의 체계

우리나라는 수출입의 단계마다 해당되는 각종 법규에 의하여 제한과 금지 또는 우대조치를 취하기 위하여 「대외무역법」, 「외국환거래법」, 「관세법」 등의 무역관리의 3대 기본법규를 제정·시행하고 있다. 즉, 수출입절차는 기본적으로 물품의 이동과정과 이에 따른 대가의 지급 및 영수로 대별할 수 있는 바, 물품의 이동에 대하여는 「관세법」으로, 수출입대금의 결제방법 등에 대하여는 「외국환거래법」으로 관리하고 있으며, 물품의 이동과 대금결제를 총괄하는 수출입기본질서에 대하여는 「대외무역법」으로 관리하고 있다.

● 무역관리법규의 체계

무역관리	국가가 제도·기구 또는 법규에 의하여 무역거래에 대한 간섭·통제 또는 규제를 가하는 것

무역관계법	대외무역법	물품등의 이동과 대금결제를 총괄하는 수출입기본질서의 관리
	관세법	물품의 이동의 관리
	외국환거래법	수출입대금의 결제방법 등의 관리

기타 무역관계법규
무역보험법, 자유무역지역의 지정 및 운영 등에 관한 법률, 외국인투자촉진법, 중재법, 전자무역촉진에 관한 법률, 불공정무역행위조사 및 산업피해구제에 관한 법률, 무역거래기반조성에 관한 법률……,

무역관련 61개 개별법 (2019년 현재)
약사법, 마약류관리에 관한 법률, 화장품법, 식품위생법, 검역법, 화학물질 관리법, 화학물질의 등록 및 평가 등에 관한 법률, 양곡관리법, 비료관리법, 농약관리법, 가축전염병예방법, 식물방역법, 종자산업법, 축산법, 품질경영및공산품안전관리법, 전기용품안전관리법, 계량에관한법률, 석유및석유대체연료사업법, 원자력안전법, 전파법, 야생생물 보호 및 관리에 관한 법률, 폐기물의 국가간 이동 및 그 처리에 관한 법률, 대기환경보전법, 소음·진동관리법, 자동차관리법, 산업안전보건법, 오존층보호를 위한 특정물질의 제조규정 등에 관한 법률, 건설기계관리법, 먹는물관리법, 자원의 절약과 재활용촉진에 관한 법률, 화학무기·생물무기의 금지와 특정화학물질·생물작용제 등의 제조·수출입 규제 등에 관한 법률, 축산물 위생관리법, 건강기능식품에 관한 법률, 농수산물품질관리법, 방위사업법, 수산업법, 고압가스안전관리법, 영화 및 비디오물의 진흥에 관한 법률, 게임산업진흥에 관한 법률, 음악산업진흥에 관한 법률, 하수도법, 주세법, 지방세법, 총포·도검·화약류 등의 안전관리에 관한 법률, 출판및인쇄진흥법, 의료기기법, 인체조직안전및관리등에 관한 법률, 수산생물질병 관리법, 사료관리법, 생물다양성 보전 및 이용에 관한 법률, 폐기물 관리법, 전기·전자제품 및 자동차의 자원순환에관한 법률, 액화석유의 안전관리 및 사업법, 목재의 지속가능한 이용에 관한 법률, 농수산생명자원의 보존·관리 및 이용에 관한 법률, 기타 특정물품의 수출입절차 또는 요령을 정한 법률 및 국제협약, 수입식품안전관리 특별법, 어린이제품안전특별법, 위생용품 관리법, 에너지이용 합리화법, 잔류성유기오염물질 관리법

2. 대외무역법에 의한 관리

「대외무역법」은 수출입거래를 관리하는 기본법으로써 무역거래법이 1967년 1월부터 시행되어 오다가 폐지되고, 1986년 12월에 새로이 「대외무역법」이 제정되었는데 급변하는 대내외 무역환경 및 개방체제에 능동적으로 대응하고 민간주도의 자율성 제고와 질서있는 수출로 대외신용을 제고시키고자 하는 것이 제정취지라 할 수 있다.

이러한 「대외무역법」은 1986년에 기존의 법규인 무역거래법을 대체하는 법률로 제정된 이후 여러 차례의 개정을 거쳤으며, 1987년에 공표된 「대외무역법 시행령」과 1987년에 고시된 대외무역관리규정은 많은 개정을 거쳐 현재에 이르고 있다.

「대외무역법」 제1조에서는 "대외무역을 진흥하고 공정한 거래질서를 확립하여 국제수지의 균형과 통상의 확대를 도모함으로써 국민경제의 발전에 이바지함을 목적으로 한다"고 규정하고 있다. 이러한 「대외무역법」은 ① 수출입관리를 위한 기본법, ② 국제성 및 무역에 관한 규제 최소화, ③ 무역 및 통상에 관한 진흥법, ④ 무역에 관한 통합법, ⑤ 위임법적 성격을 가지고 있다.

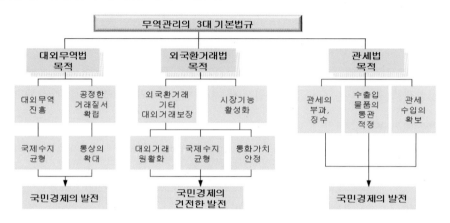

3. 외국환거래법에 의한 관리

「외국환거래법」은 우리 경제에 필요한 외자를 원활히 유치할 수 있도록 외국인의 국내투자환경을 개선하고 금융기관과 기업의 국내외 외환거래를 단계적으로 전면 자유화함으로써 국가경쟁력을 강화하는 한편, 이에 따른 부작용을 최소화하기 위하여 외자를 취급하는 금융기관에 대한 건전성 감독을 강화하고, 평상시 외자유출입 현황의 지속적인 동향점검과 국내외 경제현황의 급격한 변동시에 효과적으로 대처할 수 있는 각종 안전장치를 강화하기 위하여 1998년 9월 16일자로 법률 제5,550호로 제정되었다.

「외국환거래법」은 종전의 외국환관리법을 폐지와 동시에 1999년 4월 1일부터 시행되었다.

「외국환거래법」 제1조에서는 "외국환과 그 거래 기타 대외거래의 자유를 보장하고 시장기능을 활성화하여 대외거래의 원활화 및 국제수지의 균형과 통화가치의 안정을 도모함으로써 국민경제의 건전한 발전에 이바지함을 목적으로 한다"고 규정하고 있다. 이러한 「외국환거래법」은 ① 원칙자유·예외규제(Negative Sysetm), ② 위임입법주의, ③ 속인주의, ④ 속지주의, ⑤ 국제주의라는 성격을 가지고 있다.

4. 관세법에 의한 관리

「관세법」은 수출입물품에 대한 관세징수 및 통관관리를 규제하는 법이다. 이 법은 1949년에 제정된 이후 여러 차례 개정되었다.

「관세법」 제1조에서는 "관세의 부과·징수 및 수출입물품의 통관을 적정하게 하여 국민경제의 발전에 기여하고 관세수입의 확보를 기함을 목적으로 한다"고 규정하고 있다. 「관세법」의 내용은 관세의 부과·징수 및 수출입물품의 통관 등에 관하여 적정을 기하도록 규정하고 있다. 이러한 「관세법」은 ① 조세법적 특성, ② 통관법적 특성, ③ 형사법적 특성을 가지고 있다.

5. 기타 무역관계법규에 의한 관리

우리나라의 대외무역관리는 「대외무역법」, 「외국환거래법」 및 「관세법」의 3대 기본법 이외에도 「무역보험법」, 「자유무역의 지정 및 운영 등에 관한 법률」, 「외국인투자촉진법」, 「중재법」, 「전자무역촉진에 관한 법률」, 「무역거래기반조성에 관한 법률」, 「불공정무역행위조사 및 산업피해구제에 관한 법률」, 「산업디자인진흥법」, 「수출용원재료에 대한 관세등 환급에 관한 특례법」 등의 무역과 관련된 기타 법규에 의해 관리되고 있으며, 특별법에 수출입규제에 관한 규정이 있을 경우에는 그 특별법 규정이 무역에 관한 일반법인 「대외무역법」 보다 우선적으로 적용된다.

III. 무역관리의 기구

1. 주무중앙행정기관

대외무역관리는 국가행정기관을 통하여 이루어지며, 중앙행정기관을 통한 중앙집권적 관리라는 점이 특징이다. 이는 무역이 국민경제에 막대한 영향을 미치고 있으므로 무역정책의 일환으로서 중앙행정기관에 의한 통일적인 관리가 요청되기 때문이다.

우리나라의 대외무역관리에 관한 주무기관은 산업통상자원부(Ministry of Trade, Industry and Energy)이다. 대통령령으로 제정·공포된 산업통상자원부직제에서 산업통상자원부는 상업·무역·공업·통상, 통상교섭 및 통상교섭에 관한 총괄·조정, 외국인 투자, 산업기술 연구개발정책 및 에너지·지하자원에 관한 사무를 관장하도록 규정함으로써 산업통상자원부장관이 무역행정을 담당하는 중앙행정기관의 장이 된다. 따라서 산업통상자원부에는 운영지원과·무역투자실·산업정책실·산업기반실·통상정책국·통상협력국·통상교섭실 및 에너지자원실 등을 두어 각각 업무를 수행하고 있다.

한편, 무역행정에 관한 주무 중앙행정관청인 산업통상자원부장관에 대하여 협조중앙행정관청, 즉 2013년 3월의 정부조직개편에 따른 명칭으로서, 기획재정부장관(Minister of Strategy and Finance, 외자도입·외환), 외교부장관(Minister of Foreign Affairs, 조약체결 등), 행정안전부장관(Minister of Interior and Safety, 총포화약류 등), 농림축산식품부장관(Minister of Agriculture, Food and Rural Affairs, 양곡·비료·농약 등), 보건복지부장관(Minister of Health and Welfare, 독물 및 극물·마약 등), 국토교통부장관(Minister of Land, Infrastructure and Transport, 건설장비 등) 및 문화체육관광부장관(Minister of Culture, Sports and Tourism, 문화재 등) 등이 있는데, 이들 행정기관은 각기 소관사무에 관한 특별법을 관장하여 운영하고 있다.

2. 산업통상자원부장관의 권한위임·위탁에 의한 무역관리기구

「대외무역법」은 수출입행정의 신속화와 효율적인 운영을 꾀하기 위하여 무역에 대한 주무행정기관인 산업통상자원부장관이 수출입과 관련된 권한의 일부를 다음의 표와 같이 각 관리기관에 위임 또는 위탁하여 관리하도록 규정하고 있다.

주무기관		위임·위탁에 따른 기관	위임·위탁의 내용
산업통상자원부	위임	국가기술표준원장	- 외화획득용원료·기재(목재가구 제외)
		시·도지사	- 외화획득용원료·기재의 사용목적 변경승인 - 원산지표시 관련업무 - 외화획득이행기간의 연장
		자유무역지역관리원장	- 시·도지사에게 위임된 권한중 자유무역지역관리원의 관할구역안의 입주업체
	위탁	물품등을 관장하는 관계중앙행정기관의 장	- 외화획득용 원료·기재 관련 규정 - 전략물자수입증명서의 발급 - 수출입질서유지를 위한 조정명령
		국립산림과학원장	- 목재가구에 대한 외화획득용원료·기재의 기준소요량의 결정
		세관장	- 수출입승인면제의 확인 - 원산지표시 관련업무
		한국무역협회	- 전문무역상사의 지정 및 지정의 취소 - 무역업고유번호의 부여 및 관리 - 수출입거래에 관한 정보의 수집, 분석
		한국소프트웨어산업협회	- 전자적 형태의 무체물의 수출입확인
		한국선주협회	- 해운업의 용역의 수출입확인
		한국관광협회중앙회 및 업종별 관광협회	- 관광사업의 용역의 수출입 확인
		관세청장	- 원산지표시 관련업무
		관계행정기관 또는 단체의 장	- 수출입승인대상물품등
		한국기계산업진흥회	- 플랜트수출승인 관련업무
		한국수출입은행	- 한국기계산업진흥회에 위탁한 권한 중 연불금융지원
		대한상사중재원	- 무역분쟁 관련업무
		대한상공회의소	- 원산지증명서 발급업무
		- 외국환은행장 - 전자무역기반사업자	- 구매확인서의 발급 및 사후관리
		전략물자관리원	- 전략물자의 판정 및 통보

제**2**절 무역의 주체 및 물품 등의 관리

Ⅰ. 무역주체의 관리

1. 무역거래자의 의의

(1) 무역거래자의 의의

「대외무역법」 제2조 제3호에서는 "무역거래자란 수출 또는 수입을 하는 자, 외국의 수입자 또는 수출자의 위임을 받은 자 및 수출·수입을 위임하는 자 등 물품등의 수출수입행위의 전부 또는 일부를 위임하거나 행하는 자를 말한다"고 규정하고 있다.

여기에서, 수출 또는 수입을 하는 자는 무역업자를 말하고, 외국의 수입자 또는 수출자의 위임을 받은 자는 무역대리업자(무역대리점)를 말한다.

(1) 무역업자

무역업자는 수출 또는 수입을 하는 자를 말한다. 즉, 영리를 목적으로 수출과 수입행위를 계속적으로 반복하여 행하는 것으로서 자기 명의로 자기책임하에 수출입업무를 영위하는 자를 말한다.

(2) 무역대리업자

종전의 대외무역법령에 따르면, "무역대리업"이란 외국의 수출업자 또는 수입업자의 위임을 받은 자(외국의 수출업자 또는 수입업자의 지사 또는 대리점을 포함한다)가 국내에서 수출물품을 구매하거나 수입물품을 수입함에 있어서 그 계약의 체결과 이에 부대되는 행위를 업으로 영위하는 것을 말한다.[1] 이러한 무역대리업, 즉 무역대리점은 구매대리점(Buying Agent)과 판매대리점(Selling Agent)으로 구분된다.

① 구매대리점　해외의 수입업자의 위임을 받아 해외의 수입업자의 명의와 계산으로 구매계약(국내의 입장에서는 수출계약)을 체결한 후 국내에서 물품을 구매하는 자를 말한다.

---

1) 종전의 대외무역법령에서는 무역대리업을 갑류무역대리업(offer agent, offer상, export agent, 또는 commission agent)과 을류무역대리업(buying office 또는 buying agent)으로 구분하였었지만, 이러한 명칭과 구분은 현재 폐지되었다.

② 판매대리점 해외의 수출업자의 위임을 받아 해외의 수출업자의 명의와 계산으로 판매계약(국내의 입장에서는 수입계약)을 체결하는 자를 말한다.

③ 지급보증대리점 매수인으로부터 지급보증수수료(Del Credere commission)[2]를 받고, 매수인이 대금을 지급하지 않은 경우 대금지급의무를 부담하는 자를 말한다.

⑶ 무역대행업자

무역대행업자는 무역업자가 대행위탁자와의 "대행계약"에 따라 일정한 수수료를 받고서 자기명의로 거래하는 것을 말한다. 무역대행업자는 자기명의로 거래한다는 점에서 무역대리업자와 구별된다. 따라서 무역대행업자는 「대외무역법」 및 금융(은행거래)상 무역업자로서의 책임을 부담한다.

한편, 수출입을 위임 또는 위탁한 자도 무역거래자에 포함되어 ① 특허권 등을 침해하거나, ② 원산지를 허위로 표시하거나, ③ 품질을 허위로 표시하거나, ④ 고의로 클레임을 야기하는 등 수출입질서를 저해한 경우 과징금을 부과하는 등의 조치를 취할 수 있다.

구 분		내 용
무역업자		- 자기명의로 자기책임하에 물품의 수출과 수입을 업으로 영위하는 것을 말한다. - 상품의 소유권이전을 전제로 한다는 의미에서 무역대리업과 구분된다. - 대행수출, 대행수입의 위탁자는 무역업의 범주에 포함되지 않는다.
무역대리업자 (무역대리점)	판매대리점	외국의 수출업자의 위임을 받은 자가 국내에서 수입계약의 체결과 이들에 부대되는 행위를 업으로 영위하는 것으로서 계약대리권만 행사한다.
	구매대리점	외국의 수입업자의 위임을 받은 자가 국내에서 수출품의 구매와 이들에 부대되는 행위를 업으로 영위하는 것으로서 계약대리권만 행사한다.
		- 자기명의로 소유권 이전을 전제로 한 수출입을 할 수 없다는 점에서 "무역업"과 구분된다. - 물품매도확약서발행 및 수출품의 구매알선, 시장조사 등으로 영업범위가 한정된다는 점에서 무역중개업과 구분된다.
무역대행업자	무역 대행의 위탁자	무역업자에게 그 무역업자의 명의로 수출입을 대행하여 줄 것을 위임 또는 위탁하는 자를 말한다.
	무역 대행업자	무역대행위탁자와의 대행계약에 따라 일정한 수수료를 받고서 자기명의로 거래하는 무역업자를 말한다.
무역상사	종합무역상사	2009년 대외무역법 개정시 폐지
	전문무역상사	신시장 개척, 신제품 발굴 및 중소기업·중견기업의 수출확대를 목적으로 무역거래자 중에서 산업부장관이 지정(2014년 시행)

---

2) [델 크레이더리] 매수인지급보증의

(4) 전문무역상사

전문무역상사는 산업통상자원부장관이 신시장 개척, 신제품 발굴 및 중소기업·중견기업의 수출확대를 위하여 수출 실적 및 중소기업제품 수출비중 등을 고려하여 무역거래자 중에서 지정한 자를 말한다.

2. 무역업고유번호제도

2000년 1월 1일부터 규제완화의 차원에서 무역업 및 무역대리업 신고제를 폐지하고 무역업 신고제 대신에 무역통계작성을 목적으로 무역업고유번호를 부여하도록 개정하였다. 따라서 무역업을 영위하려는 자는 한국무역협회에 무역업고유번호의 부여를 신청함으로써 고유번호를 부여받게 된다.

무역업고유번호를 부여하는 이유는 무역업신고제가 폐지되는 경우에 발생될 수 있는 문제로서, ① 지금까지 무역업 신고번호를 기초로 한 각종 무역통계의 작성이 사실상 곤란하여 기존통계와의 연속성이 사라진다는 점, ② 쿼터관리, 수출실적 확인 등과 같은 업체별 통계관리 및 서비스 제공이 불가능하게 된다는 점, ③ 업종별·산업별 무역통계의 작성곤란으로 산업피해조사, 통상마찰대응 등 무역 및 산업정책의 수립에 애로가 발생한다는 점 등을 들 수 있다.

무역업고유번호신청서

APPLICATION FOR TRADE BUSINESS CODE

		처리기간 (Handling Time)	
		즉 시 (Immediately)	

① 상 호 (Name of Company)			
② 주 소 (Address)			
③	전화번호 (Phone Number)		④ 이메일주소 (E-mail Address)	
	팩스번호 (Fax Number)		⑤ 사업자등록번호 (Business Registry Number)	
⑥ 대표자 성명 (Name of Rep.)			

「대외무역법 시행령」제21조 제1항 및 대외무역관리규정 제24조에 따라 무역업고유번호를 위와 같이 신청합니다.

I hereby apply for the above-mentioned trade business code in accordance with Article 3-5-1 of the Foreign Trade Management Regulation.

신청일 : 년 월 일
Date of Application Year Month Day
신청인 :　　　　　(서명)
Applicant　　　　Signature

사단법인 한국무역협회 회장
Chairman of Korea International Trade Association

유의사항 : 상호, 대표자, 주소, 전화번호 등 변동사항이 발생하는 경우 변동일로부터 20일 이내에 통보하거나 무역업데이타베이스에 수정입력하여야 함.

● 수출입의 원칙과 제한

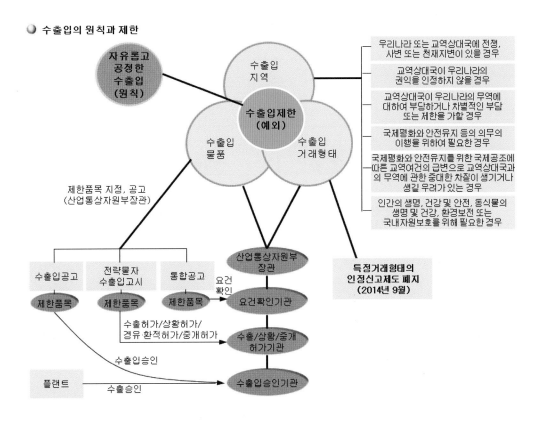

1. 수출입물품의 관리

「대외무역법」 제10조에서는 "물품등의 수출입과 이에 따른 대금을 받거나 또는 지급하는 것(collection and payment fo the price)은 대외무역법의 목적의 범위에서 자유롭게 이루어져야 한다"고 규정함으로써 원칙적으로는 물품의 수출입은 제한받지 않고 자유롭게 이행될 수 있지만, 예외적으로는 수출입승인, 수출허가 및 요건확인 등을 받아야만 수출입이 가능하도록 되어 있는 물품이 있다. 즉, 수출입공고에 의하여 제한되는 수출입승인대상물품, 전략물자수출입고시에 따라 제한되는 플랜트, 플랜트의 수출승인, 통합공고에 따라 제한되는 요건확인대상물품 등은 승인, 허가 및 요건확인을 받아야만 수출입이 가능하게 된다. 전략물자의 수출허가 또는 플랜트의 수출승인을 받은 경우에는 일반수출입승인을 받을 필요가 없으며, 통합공고에 따른 요건확인물품은 일반수출입승인과는 별도로 요건확인을 받아야 한다.

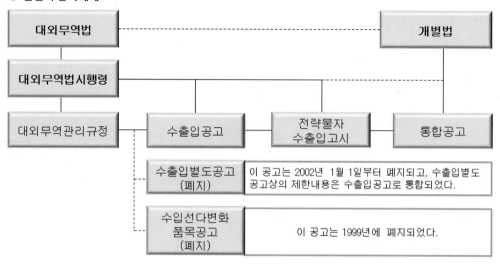

● 물품의 관리체계

```
┌─────────────┐                                    ┌─────────────┐
│   대외무역법  │ - - - - - - - - - - - - - - - - - - │    개별법    │
└─────────────┘                                    └─────────────┘
       │
┌─────────────┐
│대외무역법시행령│───────────────┬───────────────┐
└─────────────┘               │               │
       │                      │               │
┌─────────────┐  ┌─────────┐  ┌─────────┐  ┌─────────┐
│대외무역관리규정│─│ 수출입공고 │  │ 전략물자 │  │  통합공고 │
└─────────────┘  └─────────┘  │수출입고시│  └─────────┘
       │                      └─────────┘
```

┌──────────────┬──┐
│ 수출입별도공고 │ 이 공고는 2002년 1월 1일부터 폐지되고, 수출입별도 │
│   (폐지)   │ 공고상의 제한내용은 수출입공고로 통합되었다.   │
└──────────────┴──┘

┌──────────────┬──┐
│ 수입선다변화 │   │
│   품목공고   │   이 공고는 1999년에 폐지되었다.   │
│   (폐지)   │   │
└──────────────┴──┘

2. 수출입거래형태의 관리

「대외무역법」에서는 수출입의 거래형태 중에서 별도의 관리가 필요한 거래형태를 특정거래형태라고 하고, 이에 대하여 수출입의 인정요건을 규정하여 관리하고 있었으나, 2014년 9월 대외무역관리규정의 개정시에 특정거래형태의 인정신고제도를 폐지함으로써 거래형태에 제한은 사라지게 되었다.

참고로, 특정거래형태(Specific Form of Transactions)의 수출입이란 산업통상자원부장관이 물품등의 수출 또는 수입이 원활(facilitate)히 이루어질 수 있도록 해당 거래의 전부 또는 일부가 ① 수출 또는 수입의 제한(법 제11조)을 회피할 우려가 있는 거래, ② 산업보호에 지장을 초래할 우려가 있는 거래, ③ 외국에서 외국으로 물품등의 이동이 있고, 그 대금의 지급이나 영수가 국내에서 이루어지는 거래로서 대금 결제 상황의 확인이 곤란하다고 인정되는 거래, ④ 대금 결제 없이 물품등의 이동만 이루어지는 거래로서, 산업통상자원부장관이 정하여 고시하는 기준에 해당하는 ㉮ 위탁판매수출, ㉯ 수탁판매수입, ㉰ 위탁가공무역, ㉱ 수탁가공무역, ㉲ 임대수출, ㉳ 임차수입, ㉴ 연계무역, ㉵ 중계무역, ㉶ 외국인수수입, ㉷ 외국인도수출, ㉸ 무환수출입의 11가지 거래형태를 말한다.

3. 수출입지역의 관리

수출입은 원칙적으로 지역의 제한 없이 세계 어느 국가와도 할 수 있다. 그러나 예외적으로,「대외무역법」제5조에서는 ① 우리나라 또는 교역상대국(우리나라의 무역상대국)에 전쟁·사변 또는 천재·지변이 있을 때, ② 교역상대국이 조약과 일반적으로 승인된 국제법규에서 정한 우리나라의 권익을 부인할 때, ③ 교역상대국이 우리나라의 무역에 대하여 부당하거나 차별적인 부담 또는 제한을 가할 때, ④ 헌법에 의하여 체결·공포된 무역에 관한 조약과 일반적으로 승인된 국제법규에선 정한 국제평화와 안전유지 등의 의무의 이행을 위하여 필요할 때, ⑤ 국제평화와 안전유지를 위한 국제공조에 따른 교역 여건의 급변으로 교역상대국과의 무역에 관한 중대한 차질이 생기거나 생길 우려가 있을 때, ⑥ 인간의 생명·건강 및 안전, 동물·식물의 생명 및 건강, 환경보전 또는 국내자원보호를 위하여 필요할 때에는 물품등의 수출·수입을 제한하거나 금지할 수 있다고 규정하고 있다. 또한, 전략물자수출입고시에 의해서도 수출지역이 제한 또는 금지되는 경우가 있다.

4. 수출입질서의 관리

(1) 불공정무역행위의 금지

「불공정무역행위 조사 및 산업피해구제에 관한 법률」제4조 및 제40조에서는 "누구든지 ① 지적재산권침해물품등을 수입·판매하거나 또는 수출을 목적으로 국내에서 제조하는 행위, ② 원산지표시와 관련된 규정을 위반한 물품을 수출입하는 행위, ③ 기타 수출입질서를 저해할 우려가 있는 행위 등 불공정무역행위를 하여서는 아니된다"고 규정하고 있으며, 이 규정을 위반할 때에는 "3년 이하의 징역 또는 3천만원 이하의 벌금에 처한다"고 규정하고 있다.

(2) 수출입물품등의 가격조작의 금지

「대외무역법」제43조 및 제53조에서는 "무역거래자는 외화도피의 목적으로 물품등의 수출 또는 수입 가격을 조작하여서는 아니된다"고 규정하고 있으며, 이 규정을 위반할 때에는 "5년 이하의 징역 또는 수출·수입하는 물품등의 가격의 3배에 해당하는 금액 이하의 벌금에 처한다"고 규정하고 있다.

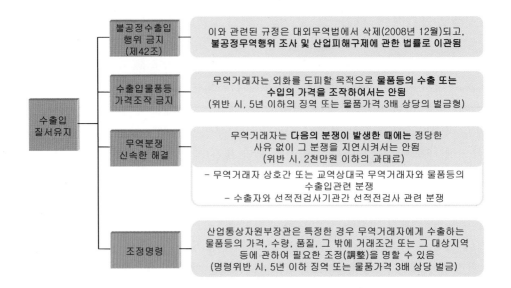

수출입 질서유지	불공정수출입 행위 금지 (제42조)	이와 관련된 규정은 대외무역법에서 삭제(2008년 12월)되고, **불공정무역행위 조사 및 산업피해구제에 관한 법률로 이관됨**
	수출입물품등 가격조작 금지	무역거래자는 외화를 도피할 목적으로 **물품등의 수출 또는 수입의 가격을 조작하여서는 안됨** (위반 시, 5년 이하의 징역 또는 물품가격 3배 상당의 벌금형)
	무역분쟁 신속한 해결	무역거래자는 **다음의 분쟁이 발생한 때에는** 정당한 사유 없이 그 분쟁을 지연시켜서는 안됨 (위반 시, 2천만원 이하의 과태료) – 무역거래자 상호간 또는 교역상대국 무역거래자와 물품등의 수출입관련 분쟁 – 수출자와 선적전검사기관간 선적전검사 관련 분쟁
	조정명령	산업통상자원부장관은 특정한 경우 무역거래자에게 수출하는 물품등의 가격, 수량, 품질, 그 밖에 거래조건 또는 그 대상지역 등에 관하여 필요한 조정(調整)을 명할 수 있음 (명령위반 시, 5년 이하 징역 또는 물품가격 3배 상당 벌금)

(3) 무역분쟁해결의 지연금지

「대외무역법」제44조 및 제59조에서는 "무역거래자는 그 상호 간이나 교역상대국의 무역거래자와 물품등의 수출·수입과 관련하여 분쟁이 발생한 경우에는 정당한 사유 없이 그 분쟁의 해결을 지연시켜서는 아니 되며, 산업통상자원부장관은 물품등의 수출·수입과 관련하여 분쟁이 발생한 때에는 무역거래자에게 분쟁의 해결에 관한 의견을 진술하게 하거나 그 분쟁에 관련되는 서류의 제출을 요구할 수 있다"고 규정하고 있으며, 이 규정을 위반할 때에는 "2천만원 이하의 과태료에 처한다"고 규정하고 있다.

제3절 전자무역의 관리

Ⅰ. 무역자동화의 관리

1. 무역자동화의 의의

1990년대 들어서면서 기존의 종이서류에 의존하던 무역거래가 종이없는 무역거래(paperless trade)로 이행됨에 따라 EDI에 의한 무역자동화의 실행을 촉진하기 위한 근거

규정을 마련하기에 이르렀다. 이에 따라 「무역업무자동화촉진에 관한 법률」은 1991년 12월 31일에 법률 제4479호로 제정되고, 1992년 7월 1일부터 시행되었으며, 2005년 12월 23일에 「전자무역 촉진에 관한 법률」로 그 명칭을 변경하였다. 이 법률 제1조에서는 "전자무역의 기반을 조성하고 그 활용을 촉진하여 무역절차의 간소화와 무역정보의 신속한 유통을 실현하고 무역업무의 처리시간 및 비용을 절감함으로써 산업의 국제경쟁력을 높이고 국민경제의 발전에 이바지함을 목적으로 한다"고 규정하고 있다.

2. 무역자동화를 위한 EDI

EDI(Electronic Data Interchange; 전자문서교환)[3]란 무역자동화에 적용되는 정보통신수단의 하나로서, 거래당사자의 일방이 거래상대방에게 전달할 각종 종이서류를 인편이나 우편에 의존하지 않고, 당사자 간에 서로 합의한 표준화된 전자문서(Electronic documents)[4]를 데이터 통신망을 통해 컴퓨터와 컴퓨터간에 교환하여 데이터의 재입력 과정 없이 즉시 업무를 처리할 수 있는 정보처리기술을 의미한다. 즉, 무역업무를 컴퓨터 등 정보처리능력을 가진 장치(컴퓨터)간에 전기통신설비를 이용하여 전자문서로 전송, 처리 또는 보관하는 방식을 말한다.

무역업무의 자동화는 행위의 목적이고, EDI는 그 목적을 달성하기 위한 수단을 의미하므로 무역자동화가 곧 EDI라는 등식은 성립되지 않는다.

3. EDI의 구성요소

EDI 시스템은 크게 EDI 표준(EDI Standard), 거래약정(Interchange Agreement; IA), EDI 사용자시스템(EDI user system) 및 EDI 서비스 제공업자(EDI server) 등으로 구성된다.

---

3) 전자문서교환이란 전자자료교환이라고도 하지만, 「무역업무자동화촉진에 관한 법률」에서 전자문서교환이라는 용어를 사용함으로써 전자문서교환이라는 명칭으로 공식화되었다.
4) 전자문서란 컴퓨터 간에 전송 등이 되거나 출력된 전자서명을 포함한 전자자료를 말한다.

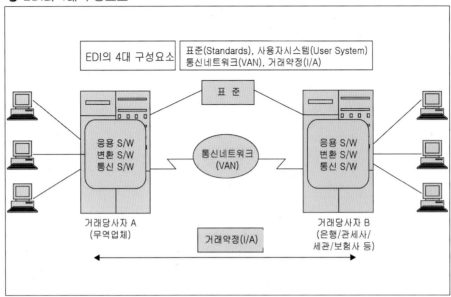

● EDI의 4대 구성요소

EDI의 4대 구성요소 | 표준(Standards), 사용자시스템(User System)
통신네트워크(VAN), 거래약정(I/A)

표준

응용 S/W
변환 S/W
통신 S/W

통신네트워크
(VAN)

응용 S/W
변환 S/W
통신 S/W

거래당사자 A
(무역업체)

거래당사자 B
(은행/관세사/
세관/보험사 등)

거래약정(I/A)

① EDI 표준(EDI Standard) EDI 시스템을 도입한 거래당사자 간의 컴퓨터 공통언어로서, EDI 사용자간에 교환되는 전자문서의 내용과 구조, 통신방법, 거래방법 등에 관한 일체의 규칙과 지침을 말한다. 즉, EDI표준이란 EDI 사용자가 동의하고 따라야만 하는 EDI통신에 있어서의 표준이 되는 양식(format)과 구문(syntax)을 정의한 규칙을 말한다.

② 거래약정(Interchange Agreement; IA) 거래당사자가 EDI로 업무를 처리하기 위하여 필요한 제반사항에 대하여 사전에 체결하는 약정으로서, 이러한 약정에는 전자문서 및 표준에 대한 합의, 사용자, 수신자 및 발신자의 확정, EDI 서비스 제공업자 및 데이터 통신망에 대한 합의, 서비스 이용수수료와 비용분담 및 송수신시간에 대한 합의, 분쟁 및 사고 발생시 해결해야 할 최종결정권자 등의 합의가 포함된다.

③ EDI 사용자시스템(EDI user system) 거래당사자 간에 데이터 통신망을 통해 전자문서를 송수신하기 위하여, 사용자가 갖추어야 할 PC, Host Computer 등의 Hardware, 응용 S/W, 변환 S/W, 통신 S/W 등의 Software 및 Modem 등의 통신장비를 말한다.

④ EDI 서비스 제공업자(EDI server) 무역과 관련한 당사자들이 전자문서를 송수신하는 통신방법, 통신시간, 통신속도 등이 상이하므로 이를 통합·관리하여 중간에

서 중계해주고, 분쟁이 발생할 경우 이를 해결하는 Third Party, 즉 무역자동화지정사업자(VAN; Value Added Network)[5]를 의미한다. 현재 무역자동화업무의 지정사업자로 지정 받은 업체는 (주)한국무역정보통신(KTNET)과 ㈜데이콤이다.

II. 전자무역의 관리

1. 전자무역의 촉진

무역거래의 상당부분이 컴퓨터 등 정보통신망을 통하여 이루어짐에 따라 국가 간 전자무역시장의 선점이 향후 대외무역진흥의 성패를 좌우하게 된다는 인식아래, 산업통상자원부는 전자무역을 촉진하기 위한 근거규정을 마련하였다. 이에 따라 2001년에 시행된 개정 「대외무역법」에서는 산업통상자원부장관이 전자무역종합시책의 수립 및 활성화 업무를 추진하고 전자무역을 수행하는 기관 및 단체에 대하여 필요한 지원을 할 수 있도록 하는 규정을 신설하였다. 그러나 「대외무역법」에 신설되었던 내용은 2006년에 삭제되고, 전자무역에 관한 규정은 「전자무역촉진에 관한 법률」로 이관되었다.

2. 전자무역기반사업자 및 전자무역전문서비스업자

(1) 전자무역기반사업자

전자무역기반사업자는 「전기통신사업법」 제2조 제8호에 따른 전기통신사업자로서 자본금·인력·기술력 등 대통령령이 정하는 기준에 적합한 자 중에서 산업통상자원부장관에 의하여 지정될 수 있으며, 다음의 업무 또는 사업을 수행할 수 있다.[6]
① 전자무역기반시설의 운영업무
② 전자무역기반시설과 외국의 전자무역망 간의 연계업무
③ 제12조 제1항에 따른 무역 관련 업무의 전자무역기반시설을 통한 중계·보관 및 증명 등의 업무

---

5) 단순한 데이터의 전송 이외에 정보의 축적, 가공 및 변환처리 등을 통해 부가가치서비스를 제공하는 정보통신망을 말한다.
6) 「전자무역촉진에 관한 법률」 제6조. 한편, 「전자무역촉진에 관한 법률 시행령」 제7조에 따라 (주)한국무역정보통신이 2007년 1월에 전자무역기반사업자로 지정되었다.

④ 전자무역문서의 중계사업

⑤ 위의 ②에 따른 연계를 활용한 사업

⑥ 전자무역기반시설을 활용한 전자무역서비스 관련 사업

⑦ 전자무역문서의 표준화에 관한 연구사업

⑧ 전자무역문서 및 무역화물유통정보 등 무역관련정보(이하 "무역정보"라 한다)를 체계적으로 처리·보관하여 검색 등에 활용할 수 있는 집합체(이하 "데이터베이스"라 한다)의 제작·보급과 이를 활용한 사업

⑨ 무역업자 및 무역유관기관에 대한 전자무역문서 중계 등에 관련된 기술의 보급 및 보급한 기술에 대한 사후관리사업

⑩ 그 밖에 전자무역의 촉진을 위한 교육·홍보 등 대통령령이 정하는 사업

(2) 전자무역전문서비스업자

전자무역전문서비스업자는 무역업자의 전자무역을 효율적으로 지원하고 이를 확산시키기 위하여 다음 각 호의 사업을 하는 자로서, 자본금·인력 등 대통령령이 정하는 등록요건을 갖추어 산업통상자원부장관에게 전자무역전문서비스업자로 등록한 자를 말한다.[7]

① 정보통신망을 통한 무역거래의 알선 및 대행사업

② 정보통신망을 통한 무역업자의 해외마케팅 지원사업

③ 전자무역문서의 중계사업

④ 제6조 제2항 제2호에 따른 연계를 활용한 사업

⑤ 전자무역기반시설을 활용한 전자무역서비스 관련 사업

⑥ 전자무역문서 및 무역정보의 데이터베이스 제작·보급 및 이를 활용한 사업

⑦ 그 밖에 전자무역의 촉진을 위한 사업으로서 대통령령이 정하는 사업

3. 전자무역과 국제무역규칙

전자무역을 수용하고 있는 국제무역규칙들을 살펴보면 다음과 같다.

---

7) 「전자무역촉진에 관한 법률」 제22조.

규 칙	내 용
UNCID(1987년)	The Uniform Rules of Conduct for Interchange of Trade Data by Teletransmission (전송에 의한 무역자료교환의 취급통일규칙): ICC 1987년 제정
	전자자료교환(EDI)에 의하여 행해지는 거래를 용이하게 하기 위한 행위규범으로서, EDIFACT, 기타 EDI시스템을 이용해서 취급을 행하는 당사자에게 공통의 기반을 제공함.
전자선화증권에 관한 CMI통일규칙	CMI Uniform Rules for Electronic Bill of Lading: CMI 1990년 제정
	정보전송의 신속화를 행하기 위해 종이선화증권을 발행하는 대신 선화증권의 정보를 전자데이터통신수단에 의해 전송하는 경우의 당사자의 권리와 의무를 규정함.
전자상거래모델법	UNCITRAL Model Law on Electronic Commerce(전자상거래에 관한 UNCITRAL 모델법): UNCITRAL 1996년 제정
	EDI, 전자우편 등에 의하여 발생하는 전자문서의 경우 일정한 조건이 충족되면 법률적으로 종이문서와 동일하게 취급되어야 함을 규정한 것으로서, 전자상거래에 따른 법적 장애와 불명확성을 제거한다는 취지하에서 제정됨.
INCOTERMS 2010	International Rules for the Interpretation of Trade Terms(정형거래조건의 해석에 관한 국제규칙): ICC 1936년 제정, 2010년 최근개정
	당사자가 전자적으로 통신할 것에 합의하고 있는 경우 종이에 의한 서류가 전자적 메시지로 대체될 수 있음을 규정함.
신용장통일규칙 (UCP 600)	Uniform Customs and Practice for Documentary Credit(화환신용장에 관한 통일규칙 및 관례): ICC 제정, 2007년 최근개정(2007년 7월 시행)
	종이서류의 송부없이 거래하는 EDI방식의 신용장에도 적용될 수 있도록 합의함으로써 EDI 또는 SWIFT방식으로 신용장거래를 행할 경우 전신약어로 신용장통일규칙의 준거문언을 삽입한다면 동규칙을 적용할 수 있도록 규정함.
eUCP Version 1.1	Supplement to the Uniform Customs and Practice for Documentary Credits for Electronic Presentation(전자제시를 위한 화환신용장에 관한 통일규칙 및 관례의 보충판: ICC 2007년 7월 시행
	신용장거래하에서 전자기록의 제시를 수용하기 위하여 전자기록만이 제시되거나 전자기록과 종이서류가 혼합되어 제시되는 경우 동규칙이 적용될 수 있음을 규정함.
Bolero 서비스	Bill of Lading Electronic Registry Organization(선화증권 전자등록기구): Bolero International Ltd. 1999년 상용서비스 개시
	전자선화증권의 모든 관련당사자에게 종이선화증권을 사용하여 거래한 경우와 같은 권리와 의무를 부과하는 것을 목적으로 시작하여 현재는 모든 선적서류의 전자화를 추진하고 있음.

수출입절차

수출입절차  Chapter 03

제 1 절 수출절차

Ⅰ. 수출절차의 의의

수출절차는 수출업자가 수출이 허용된 물품에 대하여 거래선 발굴을 위한 해외시장조사 단계로부터 청약과 승낙에 의하여 수출계약을 체결하고, 필요한 경우「대외무역법」및 기타 개별법에 따른 수출승인과 수출요건확인을 받고「관세법」에 의한 세관의 통관절차를 거쳐 물품을 인도하고 물품의 대금을 회수하는 것과 같이 한 건의 수출거래가 종료될 때까지 거쳐야 하는 일련의 행정적·법규적 거래과정을 말한다.

수출절차는 일반적으로 수출계약의 체결, 수출신용장의 수취, 필요한 경우 수출승인 및 요건확인, 수출물품의 확보·포장·화인 등의 수출물품의 정비, 운송 및 보험계약의 체결, 수출물품의 통관, 수출품품의 선적, 수출대금의 회수, 관세환급 및 사후관리 등의 여러 절차를 거치게 된다.

이러한 수출 또는 수입과 관련된 제반 절차는 물품의 수출입에 관한 기본사항을 관리하는「대외무역법」, 수출대금결제와 관련된 사항을 관리하는「외국환거래법」, 수출물품의 통관을 관리하는「관세법」, 수출에 소요되는 자금지원을 규정하고 있는 무역금융규정 등의 국내의 무역관련법규와 국제상관습을 적용하고 있는 인코팀즈, 신용장통일규칙 등의 일련의 국제규칙과 유기적으로 관련되어 있다. 따라서 수출업자는 수출에 따른 제반 애로사항을 극복하기 위하여 수출절차의 각 단계별로 가장 적합한 국내의 무역관련법규와 국제상관습을 선택하여야 할 것이다.

● 신용장방식에 의한 수출절차

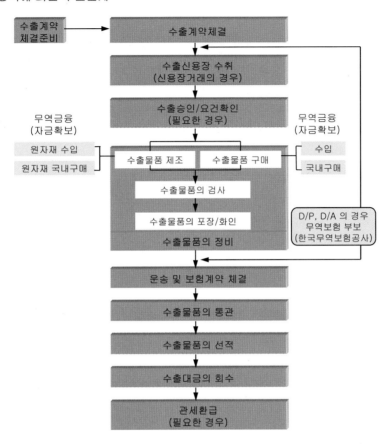

II. 수출절차

1. 수출계약의 체결준비

수출업자는 어떤 물품을 어떤 국가의 어떤 수입업자에게 수출할 것인지를 결정하여야 한다. 즉, 수출업자는 수출하려는 물품이 국내 무역관련법령에 의하여 수출이 허용되는지 여부를 확인한 다음, 해외시장조사 및 거래시장의 물색을 통하여 발굴된 거래선에 거래제의를 하고 그 거래선으로부터 조회(Inquiry)가 있다면 상호간의 신용상태를 조사하고 조사결과 신용상태가 양호한 경우 수출계약을 체결할 준비를 한다.

첫째, 수출하려는 물품이 「대외무역법」에 따른 수출입공고·전략물자수출입고시·통합공고(개별법에 따른 제한)나 「관세법」 등에 의하여 수출이 금지 또는 제한되는

지 여부를 확인하여야 한다.

둘째, 수출업자는 해당 국가의 정치, 경제, 사회, 교육, 문화, 인구, 소득수준, 구매력, 소비자 기호, 교통, 통신, 기후, 지리적 여건, 상관습, 언어, 법률, 수출규제, 외환사정, 통화 안정성, 관세 등의 제반 여건에 대한 해외시장조사(overseas market research)를 통하여 수출대상국가(목적시장)를 선정한다.

셋째, 해외시장조사에 의하여 특정한 목적시장이 결정되면, 수출업자는 무역업자명부, 해외광고매체, 국내외 공공기관, 직접출장, 전시회 및 이벤트, 무역관련 웹사이트 등을 통하여 잠재력이 있는 유능한 거래선을 발굴한다.

넷째, 발굴된 다수의 거래처에 거래권유장(circular letter)을 발송하고, 거래권유장을 수취한 상대방이 거래를 하려는 의사표시인 조회(inquiry)를 해오면, 이에 대하여 거래조회에 대한 회신을 하고 상호간의 신용조사를 행하게 된다.

2. 수출계약의 체결

수출업자는 수출계약을 체결하기 위하여 거래선에게 청약(offer)을 행하고 이에 거래선으로부터 승낙(acceptance)이 있다면 수출계약이 성립되는 것이다. 여기에서, 수출계약이란 수출업자가 외국의 수입업자에게 물품을 인도할 것을 약정하고, 이에 상응하여 수입업자가 물품의 인수대금을 지급할 것을 약정하는 것을 말한다.

즉, 수출업자가 계약의 목적물인 물품의 종류, 품질, 수량, 가격, 인도, 대금결제, 포장, 화인, 불가항력, 클레임제기기한, 준거법 등의 계약조건이 포함된 청약의 의사표시를 구두, 서면 또는 기타의 방법으로 수입업자에게 행하고, 수입업자가 이를 승낙하면 계약이 성립하게 되며, 양 당사자는 계약성립에 대한 증거로서 합의된 사항이 기재된 매매계약서(Sales Contract)를 작성하여 상호 서명한 후 각각 1부씩 보관하는 것이 일반적이다. 매매계약은 반드시 문서로 작성할 필요는 없지만, 계약내용에 대한 상호 확인 및 발생할 수도 있는 후일의 분쟁을 위하여 상호 교환하여 보관해 두는 것이 바람직할 것이다.

3. 수출신용장의 수취

매매계약이 성립하면 매매당사자는 계약조건에 일치하는 각자의 의무를 이행하여야 한다. 즉, 매매계약의 지급조건(terms of payment)이 신용장방식인 경우에는, 수입업자는 자신의 거래은행에 외국환거래약정서와 신용장발행신청서를 제출하여 그 은행으로 하여금 신용장을 발행하도록 의뢰하고, 그 의뢰를 받은 발행은행이 신용장을 발행하여 수출국에 소재하는 발행은행의 본·지점 또는 환거래은행으로 하여금 신용장을 통지하도록 의뢰하여 통지은행이 수출업자에게 신용장 내도사실을 통지하면 수출업자는 수출신용장을 수취하게 된다. 이 경우, 수출업자는 신용장의 진위여부, 발행은행의 신용상태, 이행 불가능한 특수조건의 유무, 신용장상의 조항과 매매계약서의 내용과의 일치여부 등을 확인하고, 일치하지 않는 사항이 있다면 수입업자를 통하여 발행은행에게 신용장의 조건변경(amendment)을 요구하여야 한다.

한편, 매매계약의 지급조건이 무신용장방식인 D/P나 D/A계약서에 의한 추심거래인 경우에는, 작성·보관하고 있는 D/P나 D/A계약서에 근거하여 약정된 기일내에 물품을 인도할 수 있도록 모든 업무를 진행하여야 한다. 따라서, D/P나 D/A거래인 경우에는 신용장이 없기 때문에 수출업자는 신용장의 내도를 기다릴 필요 없이 곧바로 다음 단계로 진행한다.

4. 수출승인 및 요건확인

물품의 수출은 원칙적으로 자유롭게 이루어지기 때문에 대부분의 물품은 수출승인(export lincence; E/L)이나 요건확인을 받지 않고 수출할 수 있다. 그러나 특정한 물품의 경우에는 예외적으로 수출에 제한을 받는다. 즉, 「대외무역법」 또는 기타 개별법 등의 실정법상의 제한이 있는 특정 물품의 경우 수출업자는 수출이 가능하게 되도록 하는 승인 및/또는 요건확인의 절차를 거쳐 그 제한을 해제하여야만 수출할 수 있게 된다. 따라서, 우리나라에서는 대외무역법령상의 수출입공고에서 수출이 제한되는 품목에 해당하는 경우에는 수출승인기관으로부터 수출승인[1]을 받아야 하고, 개별법에 따른 통합공고상에서 수출이 제한되는 품목인 경우에는 요건확인기관으로부터 요건확인을 받아야만 수출할 수 있다. 한편, 수출이 금지되는 품목에 해당되는 경우에는 어떠한 경우에도 수출할 수 없게 된다.

5. 수출물품의 정비

(1) 수출물품 및 자금의 확보

수출업자는 매매계약상의 물품인도기일(선적기일) 또는 신용장상의 선적기일내에

---

1) 전략물자수출입고시에서 수출이 제한되는 물품은 전략물자수출허가 또는 상황허가를, 플랜트는 플랜트수출승인을 받아야 되며, 수출입공고에서 수출이 제한되는 물품은 수출승인을 받아야 한다. 전략물자수출허가나 플랜트수출승인을 받은 경우에는 수출승인을 받은 것으로 본다.

물품을 인도(선적)하기 위해서는 수출물품을 확보하여야 한다.

수출물품(완제품)을 확보하는 방법에는 ① 수출업자가 제조업자로서 수출물품을 자신의 공장에서 직접 제조·생산하는 방법, ② 수출업자가 수출물품을 국내에서 구매하거나 또는 외국으로부터 수입하는 방법, ③ 수출업자가 국내 또는 외국의 제조업자에게 가공임을 지급하고 제조·가공을 위탁하여 생산된 물품을 입수하는 방법 등이 있다. 그리고 수출업자가 수출물품을 제조·생산하기 위해서는 해당 물품의 생산에 필요한 원료를 확보하여야 되는데, 원료를 확보하는 방법에는 ① 국내에서 전부 구매하는 방법과 ② 외국에서 전부 수입하는 방법, ③ 일부는 국내에서 구매하고 일부는 외국에서 수입하는 방법이 있다.

수출물품의 제조·생산에 필요한 원료(외화획득용 원료) 또는 수출용 완제품(외화획득용 제품)은 내국신용장 또는 구매확인서[2]에 의하여 국내에서 구매할 수 있으며, 양도가능신용장을 이용하거나 수입신용장을 발행하여 해외로부터 구매할 수도 있다. 외화획득용 원료를 외국에서 구매하는 경우에는 내수용으로 수입하는 것과 달리 수입부담금의 면제, 연지급수입 대상품목 및 연지급기간 차등적용, 수입통관시 원산지표시의 면제 및 무역금융규정에 따른 수입자금의 지원, 관세환급 등의 금융·세제상의 우대조치를 부여하고 있다.

한편, 수출업자는 수출물품의 제조·생산에 필요한 자금이나 수출물품의 구매에 필요한 자금을 무역금융을 통하여 외국환은행[3]으로부터 조달할 수 있는데, 무역금융에는 생산자금, 원자재자금, 완제품구매자금 등이 있다. 생산자금은 국내에서 수출용 완제품 또는 원자재를 제조·가공하거나 개발하는 데 소요되는 자금을, 원자재자금은 수출용 원자재를 해외로부터 수입하거나 내국신용장에 의하여 구매하는 데 소요되는 자금을, 완제품구매자금은 국내에서 생산된 수출용 완제품을 내국신용장에 의하여 구매하는 데 소요되는 자금을 말한다.

(2) 수출물품의 검사

수출국에서 행해지는 수출물품의 검사에는 ① 매도인에 의한 자체검사, ② 매수인의 요구에 의한 검사, ③ 수출국당국의 명령에 의한 검사나 수입국당국의 명령에 의한 검사(선적전검사)와 같은 강제검사가 있는데, 수출업자는 매매계약의 내용이나 당사국의 명령에 따라 검사가 필요하다면 그 물품의 검사를 이행하여야 한다.

즉, 수출물품의 생산이 완료되면, 수출업자는 수출물품의 대외성가 및 품질향상 뿐

---

2) 종전에는 구매승인서라고 하였으나, 현재는 그 명칭을 구매확인서로 변경하여 사용하고 있다.
3) 외국환은행은 외국환업무를 취급하는 은행을 말한다.

만 아니라 매매계약에 일치하는 물품을 인도하기 위하여 수출물품이 매매계약에서 요구하는 품질 및 수량수준에 일치하는지 여부를 검사하여야 한다. 수출물품이 매매계약에서 요구하는 품질 및 수량수준과 불일치하는 경우 수출업자는 품질 및 수량조건의 위반으로 인하여 대금지급을 받지 못할 수 있는 상황에 처하게 된다. 따라서, 수출업자는 매매계약의 위반으로 인하여 대금지급을 받지 못하는 상황을 회피하기 위하여 자체적으로 수출물품을 검사할 필요가 있다.[4]

한편, 수출물품의 검사와 관련하여, 일부 수입국 중에서는 선적전검사(Pre-shipment Inspection; PSI)라고 하여 자국으로 수입되는 물품에 대하여 선적전에 SGS나 GESCO와 같은 공인된 민간의 국제검사기관에 의하여 검사받을 것을 요구하는 경우가 있다. 이 경우, 수입국당국의 명령에 의한 선적전검사비용은 인코텀즈(Incoterms)의 모든 조건의 규정에 따라 매수인이 부담하게 된다.

(3) 수출물품의 포장 및 화인

수출업자는 수입업자에게 수출물품을 인도할 때까지의 물품의 멸실 또는 손상을 방지하기 위하여 포장을 하고 그 포장에 적절한 화인을 표시하여야 한다. 즉, 수출업자는 매매계약에서 포장과 화인에 대하여 합의가 있는 경우에는 그에 따라 포장과 화인을 하여야 하고, 매매매계약에서 특별한 합의가 없는 경우에는 운송방식 및 운송거리 등을 감안하여 해당 물품의 거래에 통상적인 방법으로 포장을 하고 적절한 화인을 표시하여야 한다.

여기에서, 포장(packing)은 상품의 운송, 보관, 거래, 사용 등에 있어 적절한 재료 및 용기 등을 이용하여 그 가치와 상태를 유지하기 위하여 이에 따른 기술을 사용하여 물품을 보호한 상태로서, 외부로부터의 내용물을 보호하기 위한 목적의 운송용포장(transportation packing)과 상품의 외형을 미화시켜 소비자로 하여금 구매의욕을 불러일으키기 위한 목적의 상업용포장으로 구분된다. 또한, 화인(shipping mark; cargo mark)은 화물의 적성에 맞는 적절한 포장을 한 후, 외장에 기입하는 특정의 기호, 번호, 목적지, 취급주의 문언 등의 각종 표식을 말한다.

---

4) 우리나라의 경우, 종전에는 「수출검사법」(「수출품품질향상에 관한 법률」로 명칭변경)에 의하여 검사대상으로 지정된 물품의 경우에는 수출검사의 합격을 받아야만 수출이 가능하였지만, 「수출검사법」과 「수출품질향상에 관한 법률」이 폐지됨으로써 이들 법률에 의한 강제검사는 존재하지 않게 되었다. 이들 법률의 폐지는 우리나라 수출물품의 품질이 전반적으로 우수해지면서 강제검사의 필요성이 없어진 것에 기인한다고 볼 수 있다.

6. 수출물품의 운송 및 보험계약체결

수출물품의 검사, 포장 및 화인이 완료되면, 운송계약체결의무가 별도로 약정되어 있지 않는 한, 매매계약에 합의된 정형거래조건(trade terms)에 따라 FCA나 FOB의 경우에는 수입업자가, CFR, CIF, CPT 또는 CIP 등의 경우에는 수출업자가 수출물품의 운송을 위하여 운송인과 운송계약을 체결하여야 한다. 즉, 수출업자는 CFR이나 CIF 등의 경우에 수출물품의 운송을 위하여 운송인을 물색하고, 물품의 인도시기(선적시기)에 맞추어 운항일정과 운임을 고려하여 운송조건을 결정한 다음, 운송인에게 선적요청서(shipping request; S/R)를 작성하여 제출하거나 또는 구두·전화, 기타의 방법으로 물품운송을 신청하면, 운송인이 이를 승낙(booking)함으로써 운송계약이 성립된다. 통상적으로 개품의 해상운송계약에 있어서는 운송계약서는 작성되지 않고, 운송계약 성립의 추정적 증거인 선하증권(Bill of Lading; B/L)이 운송계약의 이행과정에서 발행된다. 또한, 수출업자는 수입업자가 물품을 인수하는데 필요한 조치를 취할 수 있도록 물품의 인도사실을 수입업자에게 통지하여야 한다.

한편, 물품운송의 위험을 커버하기 위한 보험계약체결의무가 별도로 약정되어 있지 않는 한, 매매계약에 합의된 정형거래조건(trade terms)에 따라 FCA, FOB, CFR 또는 CPT 등의 경우에는 수입업자가 자신의 위험에 대하여 자신의 비용으로 보험계약을 체결할 수 있지만, CIF나 CIP의 경우 수출업자는 수입업자를 위하여 보험을 부보해야 하기 때문에 물품의 운송 중의 위험을 담보하기 위하여 보험자와 수출물품에 대하여 해상화물보험(해상적화보험; marine cargo insurance)계약을 체결하여야 한다. 즉, 수출업자는 운송물품의 보험부보를 위하여 보험자를 물색하고, 물품의 성질과 담보 및 면책위험 등을 고려하여 부보조건을 결정한 다음, 보험자에게 화물(적화)보험청약서를 작성하여 제출하거나 또는 구두·전화, 기타의 방법으로 보험부보를 신청하면, 보험자가 이를 승낙함으로써 화물(적화)보험계약이 성립된다.

이외에도, D/P나 D/A 등의 추심결제방식과 같은 무신용장결제방식의 경우에 있어서는, 수출업자는 수출거래에 수반되는 각종 위험 중에서 ① 수입업자의 계약파기, 파산, 대금지급지연 또는 거절 등의 신용위험과 ② 수입국에서의 전쟁, 내란, 또는 환거래 제한 등의 비상위험 등과 같은 불가항력적인 위험으로 수출대금을 제대로 회수할 수 없는 경우에 대비하여 자기 자신을 위하여 무역보험에 부보할 수 있다. 무역보험은 무역보험법에 의하여 한국무역보험공사가 운영하고 있는 수출진흥을 도모하기 위한 비영리정책보험으로서, 수출업자가 보험료를 납부하고 무역보험에 부보하였다면 수입업자의 지급불능이나 수입국의 환거래 제한 등으로 인하여 수입업자로부터 대금지급을 받지 못하더라도 무역보험공사로부터 계약금액의 90% 정도의 손해보상을 받을 수 있게 된다.

7. 수출물품의 통관

수출물품의 검사, 포장 및 화인이 완료되면, 수출업자는 지정된 선박 또는 항공기에 수출물품을 선적 또는 기적하기 전에 「관세법」에 따른 수출통관을 이행하여야 한다.

수출통관절차는 외국에 물품을 수출할 때 반드시 이행하여야 하는 법적 절차로서, 수출신고인이 수출하려는 물품을 세관에 수출신고한 후 신고수리를 받아 물품을 외국무역선(기)에 적재하기까지의 일련의 절차를 말한다. 즉, 수출업자는 물품을 자신의 공장이나 창고 등에 장치5)한 후 직접 또는 관세사(통관취급법인 또는 관세법인 포함)에게 의뢰하여 세관에 수출신고(Export Declaration; E/D)를 하고, 필요한 경우 세관의 물품검사를 받아 수출신고필증6)을 교부받음으로써 수출통관이 완료된다. 세관은 수출통관절차를 통하여 수출신고내용과 실제로 수출물품을 대조·확인함으로써 관련 법령에 따른 수출요건의 이행여부를 확인할 수 있게 된다.

즉, 수출신고는 수출업자 또는 관세사가 전자문서로 작성된 신고자료를 통관시스템에 전송하면, 관세청의 통관시스템은 자동수리대상인 경우에는 그 즉시 수출신고필증을 발급하지만, 즉시수리대상인 경우에는 서류제출을 통지하고, 검사후 수리대상인 경우에는 물품검사를 통지하게 된다. 서류제출 또는 검사후 수리대상인 경우에는, 수출업자 또는 관세사는 서류를 제출하고 통관요건심사(서류심사) 또는 물품검사를 받은 후 수출신고필증을 발급받게 된다.

8. 수출물품의 선적

수출신고필증을 받아 수출통관이 완료된 물품은 내륙의 운송7)을 통하여 항구로 이동되어 본선에 적재된다. 재래화물과 컨테이너화물은 각각 그 선적절차가 약간 다르다.

재래화물인 경우에는, 수출업자가 본선에 물품을 적재하고 본선의 일등항해사로부터 발급받은 본선수취증(mate's receipt)을 육상의 선박회사에 제출하여 이와 상환으로 선적선화증권(on board or shipped B/L)을 교부받지만, 컨테이너화물인 경우에는, CY 또는 CFS에서 컨테이너화물을 인도하고 그 운영인(operator)으로부터 발급받은 부두수령증(dock receipt; D/R)을 육상의 선박회사에 제출하여 이와 상환으로 컨테이너선화증권(received B/L) 또는 복합운송서류(multimodal transport document; MTD)을 교부받는다.

---

5) 1993년까지는 물품을 보세구역에 반입하는 것을 의무화하였으나, 1994년 1월부터는 이를 폐지함으로써 물품을 편리한 장소에 두고 수출신고가 가능하게 되었다.
6) 수출신고필증 또는 수입신고필증은 종전에는 수출면장 또는 수입면장이라고 하였다.
7) 이 경우, 행해지는 운송은 보세운송이 아니다. 보세구역장치 의무가 폐지된 후부터 보세운송이 필요없게 되었다.

컨테이너선화증권은 수취선화증권(received B/L)이지만 신용장거래에서 수리된다.

9. 수출대금의 회수

수출업자는 수출물품의 선적을 완료한 후, 거래은행에 대하여 화환어음(documentary bill of exchange)의 매입(negotiation) 또는 추심(collection)을 의뢰함으로써 수출대금을 회수한다.

즉, 신용장방식인 경우에는 자신의 거래은행에 통상적으로 환어음과 신용장상에 요구된 서류를 구비하여 화환어음의 매입(negotiation)을 의뢰하고 이들 서류가 신용장조건에 일치할 경우 매입은행으로부터 수출매입대금을 회수한다. 그러나, D/P나 D/A 등의 추심방식의 경우에는 은행과의 약정에 따라 추심전 매입도 가능하지만, 통상적으로 환어음과 계약서상에 요구된 서류를 구비하여 거래은행을 통하여 화환어음의 추심(collection)을 의뢰하여 수출대금을 회수한다.

여기에서, 환어음(bill of exchange 또는 draft)은 어음작성자(발행인)가 제3자(지급인)에 대하여 어음에 기재된 일정한 금액을 일정한 기일에 어음상의 권리자(수취인 또는 지시인)에게 지급할 것을 위탁하는 유가증권이고, "선적서류(shipping documents)는 환어음, 서류의 송부를 증명하는 전송보고서 및 특송화물수령증, 우편수령증 또는 우송증명서를 제외한 신용장에 의하여 요구된 모든 서류를 말한다"[8], 즉 선적서류는 상업송장(commercial invoice), 선화증권·항공운송서류·복합운송서류 등의 운송서류(transport document), 보험서류(insurance document), 포장명세서(packing list), 원산지증명서(certicate of origin) 등의 서류를 말한다.

10. 관세환급

수출업자가 수출물품의 제조·가공에 필요한 원료를 외국에서 수입하여 조달한 경우에는 그 원료를 수입할 때 납부하였던 관세를 되돌려 받기 위하여 세관에 관세환급을 신청하게 된다. 즉, 수출업자는 수출물품의 제조·가공에 필요한 원료를 외국에서 수입하여 조달한 경우 수출물품에 사용된 원료의 품명과 규격 및 수량을 자율소요량계산서[9]에 의하여 산정하고 이 소요량에 의하여 수입원료에 대한 세액을 산출하여 세관에 관세환급을 신청하면, 세관이 이를 확인하고 관세환급금을 지급하여 준다.

---

8) ISBP 745(국제표준은행관행) A19항.
9) 종전에는 소요량증명서와 소요량계산서가 사용되었었다. 그러나 현재는 자율소요량계산서만이 사용되고 있다.

제2절 수입절차

Ⅰ. 수입절차의 의의

● 신용장방식에 의한 수입절차

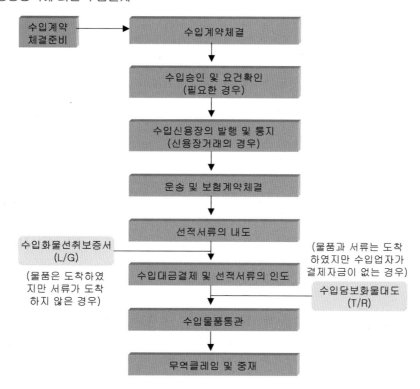

수입절차는 수입업자가 수입이 허용된 물품에 대하여 해외의 거래선을 선정하여 청약과 승낙에 의하여 수입계약을 체결하고, 필요한 경우 「대외무역법」 및 기타 개별법에 따른 수입승인과 수입요건확인을 받은 다음, 자신의 거래은행으로 하여금 수입신용장을 수출업자에게 발행하도록 하고, 물품을 선적한 해외의 수출업자로부터 수입환어음 및 선적서류가 매입은행을 통하여 발행은행에 송달된 후 발행은행으로부터 수입업자에게 선적서류의 내도통지를 받으면 수입업자는 수입대금을 결제하고 선적서류를 인도받아 「관세법」에 따른 세관의 수입통관절차를 거쳐 물품을 수령하는 것과 같이 한 건의 수입거래가 종료될 때까지 거쳐야 하는 일련의 행정적·법규적 거래과정을 말한다.

수입절차는 일반적으로 수입계약의 체결, 필요한 경우 수입승인 및 요건확인, 수입신용장의 발행, 선적서류내도 및 대금결제, 수입물품의 통관, 사후관리 등의 여러 절차를 거치게 된다.

II. 수입절차

1. 수입계약의 체결준비

수입업자는 어떤 물품을 어떤 국가의 어떤 수출업자로부터 수입하여 국내시장에 어떻게 판매할 것인지를 고려하여야 한다. 즉, 수입업자는 수입하려는 물품이 국내 무역관련법령에 의하여 수입이 허용되는지 여부를 확인한 다음, 국내의 판로나 판매형태를 결정하고, 해외시장조사 및 거래시장의 물색을 통하여 자국시장에 맞는 물품을 공급할 수출업자를 발굴한 후, 그 거래선에 거래제의를 하고 그 거래선으로부터 조회가 있다면 상호간의 신용상태를 조사하고 신용상태가 양호한 경우 수입계약을 체결할 준비를 한다.

첫째, 수입하려는 물품이 「대외무역법」에 따른 수출입공고·통합공고(개별법에 따른 제한)나 「관세법」 등에 의하여 수입이 금지 또는 제한되는지 여부를 확인하여야 한다.

둘째, 수입업자는 해당 국가의 정치, 경제, 사회, 교육, 문화, 인구, 소득수준, 구매력, 소비자 기호, 교통, 통신, 기후, 지리적 여건, 상관습, 언어, 법률, 외환사정, 통화안정성, 관세 등의 제반 여건에 대한 해외시장조사(overseas market research)를 통하여 수입대상국가(목적시장)를 선정한다.

셋째, 해외시장조사에 의하여 특정한 목적시장이 결정되면, 수입업자는 무역업자명부, 해외광고매체, 국내외 공공기관, 직접출장 및 전시회 및 이벤트, 무역관련 웹사이트 등을 통하여 잠재력이 있는 유능한 거래선을 발굴한다.

넷째, 발굴된 다수의 거래처에 거래권유장(circular letter)을 발송하고, 거래권유장을 수취한 상대방이 거래를 하려는 의사표시인 조회(inquiry)를 해오면, 이에 대하여 거래조회에 대한 회신을 하고 상호간의 신용조사를 행하게 된다.

2. 수입계약의 체결

수입업자는 수입계약을 체결하기 위하여 거래선에 구매청약(buying offer)을 행하고 이에 거래선(수출업자)으로부터 승낙(acceptance)이 있는 경우, 또는 수입업자가 거래선에 구매주문(purchase order)을 행하고 이에 거래선으로부터 주문승낙(acknowledgement)이 있는 경우에는 수입계약이 성립되는 것이다. 일반적으로 수입계약은 수입업자의 요청에 의하여 수출업자가 매도 또는 판매청약(selling offer)을 행하고 이에 수입업자가 승낙하면 계약이 성립되는 것으로서, 수입업자의 입장에서 보면 수입계약이 된다. 여기에서 수입계약이란 수출업자가 외국의 수입업자에게 물품을 인도할 것을 약정하고, 이에 상응하여 수입업자가 물품의 수입대금을 지급할 것을 약정하는 것을 말한다.

즉, 수입업자가 계약의 목적물인 물품의 종류, 품질, 수량, 가격, 인도, 대금결제, 포장, 화인, 불가항력, 클레임제기기한, 준거법 등의 계약조건이 포함된 청약의 의사표시를 구두, 서면 또는 기타의 방법으로 수출업자에게 행하고, 수출업자가 이를 승낙하면 계약이 성립하게 되며, 양 당사자는 계약성립에 대한 증거로서 합의된 사항이 기재된 매매계약서(Sales Contract)를 작성하여 상호 서명한 후 각각 1부씩 보관하는 것이 일반적이다. 매매계약은 반드시 문서로 작성할 필요는 없지만, 계약내용에 대한 상호 확인 및 발생할 수도 있는 후일의 분쟁을 위하여 상호 교환하여 보관해 두는 것이 바람직할 것이다.

3. 수입승인 및 요건확인(필요한 경우)

물품의 수입은 원칙적으로 자유롭게 이루어지기 때문에 대부분의 물품은 수입승인(import lincence; I/L)이나 요건확인을 받지 않고 수출할 수 있다. 그러나 특정한 물품의 경우에는 예외적으로 수입에 제한을 받는다. 즉,「대외무역법」또는 기타 개별법 등의 실정법상의 제한이 있는 특정 물품의 경우 수입업자는 수입이 가능하게 되도록 하는 승인 및/또는 요건확인의 절차를 거쳐 그 제한을 해제하여야만 수입할 수 있게 된다. 따라서, 우리나라에서는 대외무역법령상의 수출입공고에서 수입이 제한되는 품목에 해당하는 경우에는 수입승인기관으로부터 수입승인을 받아야 하고, 개별법에 따른 통합공고상에서 수입이 제한되는 품목인 경우에는 세관에 수입신고하기 전까지 요건확인기관으로부터 요건확인을 받아야만 수입할 수 있다. 한편, 수입이 금지되는 품목에 해당되는 경우에는 어떠한 경우에도 수입할 수 없게 된다.

4. 수입신용장의 발행 및 통지

대금결제방법을 신용장방식으로 정한 경우, 수입업자는 자신의 거래은행에 신용장발행을 의뢰한다. 즉, 수입업자는 수입거래약정을 체결[10]하기 위한 외국환거래약정서와 신용장발행을 위한 신용장발행신청서를 작성하여 자신의 거래은행(발행은행)에 제출하면, 발행은행은 발행의뢰인의 신용상태 및 담보능력, 신용장의 기재내용 등을 종합적으로 분석한 후 충분한 담보를 확보하고서 신용장을 발행하며, 발행은행은 수출업자의 거래은행(통지은행) 앞으로 SWIFT, 전신(telex) 또는 우편(mail)방식으로 신속히 통지하게 된다. 이 중에서 대부분의 신용장발행은 SWIFT(Society for Worldwide International Financial Telecommunication; 세계은행간금융통신협회)에 의해 행해지고 있다.

수입신용장이 발행되면, 수입업자는 발행의뢰인(applicant), 수출업자는 수익자(beneficiary)로 불리게 되며, 신용장거래에 관한 국제규칙으로는 1933년 국제상업회의소(International Chamber of Commerce; ICC)가 제정하고 2007년에 제6차 개정된 "화환신용장에 관한 통일규칙 및 관례(Uniform Customs and Practice for Documentary Credits, 2007 Revision, ICC Publication No. 600; 신용장통일규칙(UCP 600)이라고 약칭함)"가 있다.

5. 수입물품의 운송 및 보험계약체결

신용장의 발행신청에 의하여 신용장이 수출업자에게 발행된 후, 수입업자는 운송계약체결의무가 별도로 약정되어 있지 않는 한, 매매계약에 합의된 정형거래조건(trade terms)에 따라 FCA나 FOB의 경우에는 수입업자가 수입물품의 운송을 위하여 운송인과 운송계약을 체결하여야 한다. 즉, 수입업자는 FCA나 FOB 등의 경우에 수입물품의 운송을 위하여 운송인을 물색하고, 물품의 인도시기(선적시기)에 맞추어 운항일정과 운임을 고려하여 운송조건을 결정한 다음, 운송인에게 선적요청서(shipping request; S/R)를 작성하여 제출하거나 또는 구두·전화, 기타의 방법으로 물품운송을 신청하면, 운송인이 이를 승낙(booking)함으로써 운송계약이 성립된다. 통상적으로 개품의 해상운송계약에 있어서는 운송계약서는 작성되지 않고, 운송계약성립의 추정적 증거인 선화증권(Bill of Lading; B/L)이 운송계약의 이행과정에서 발행된다. 또한, 수입업자는 운송계약을 체결한 후 본선명, 선적지점 및 필요한 인도시기 등에 대하여 수출업자에게 충분히 통지하여야 한다.

한편, 물품운송의 위험을 커버하기 위한 보험계약체결의무가 별도로 약정되어 있지 않는 한, 매매계약에 합의된 정형거래조건(trade terms)에 따라 FCA, FOB, CFR 또는 CPT 등의 경우에는 수입업자가 자신의 위험에 대하여 자신의 비용으로 보험계약을

---

10) 신용장방식, 추심(D/P, D/A)방식, 보증신용장에 의한 수입거래 등은 수입거래약정이 필요하지만, 송금방식의 수입거래는 수입거래약정이 필요 없다.

체결하는 것이므로 반드시 보험계약을 체결해야 할 의무는 없지만, 일반적으로 수입업자는 물품의 운송중의 위험을 담보하기 위하여 보험자와 수입물품에 대하여 해상화물보험(해상적화보험; marine cargo insurance)계약을 체결한다. 즉, 수입업자는 운송물품의 보험부보를 위하여 보험자를 물색하고, 물품의 성질과 담보 및 면책위험 등을 고려하여 부보조건을 결정한 다음, 보험자에게 화물(적화)보험청약서를 작성하여 제출하거나 또는 구두·전화, 기타의 방법으로 보험부보를 신청하면, 보험자가 이를 승낙함으로써 화물(적화)보험계약이 성립된다.

6. 선적서류의 내도

신용장을 수령한 수출업자(수익자)가 신용장의 조건대로 물품을 인도 또는 선적완료 한 후 신용장상의 요구서류와 환어음의 매입을 거래은행에 의뢰하고, 거래은행인 매입은행이 제시된 서류가 신용장조건과 일치할 경우 이를 매입하여 수입국의 발행은행 앞으로 송부하면, 발행은행은 수입업자(발행의뢰인)에게 신용장조건과 일치하는 선적서류의 도착사실을 신속하게 통지한다.

그러나 수입물품은 목적항에 도착해 있으나 선적서류가 도착하지 않은 경우, 즉 선적서류보다도 수입물품이 목적항에 먼저 도착한 경우에는, 수입업자는 발행은행으로부터 발급받은 수입화물선취보증서(letter of guarantee; L/G)를 선박회사에 제시하고 수입물품을 인수한 후, 추후 도착한 선화증권을 선박회사에 제시하고 수입화물선취보증서를 회수하게 된다. 즉, 수입화물선취보증서는 선적서류가 도착하기 전에 물품을 인도함으로써 발생하는 모든 책임은 물론 추후 선화증권 원본이 도착하면 이를 운송인에게 인도할 것을 발행은행이 보증하는 것이기 때문에 선박회사는 이 보증서를 믿고 수입업자에게 물품을 인도해 주는 것이다. 수입업자가 발행은행으로부터 L/G를 발급받은 경우에는 추후 신용장조건과 일치하지 않은 서류가 도착하더라도, 수입업자는 발행은행에게 대금을 결제하여야 한다.

한편, 은행은 추심결제(D/P, D/A)방식으로 도착된 선적서류에 대하여도 수입업자에게 도착사실을 통지하여야 하며, 이러한 추심거래에 관한 국제규칙으로는 1956년 국제상업회의소(ICC)가 제정하고 1995년에 제3차 개정된 "추심에 관한 통일규칙(Uniform Rules for Collection, 1995 Revision, ICC Publication No. 522; URC 522이라고 약칭함)"이 있다.

7. 수입대금결제 및 선적서류의 인도

수입업자(발행의뢰인)는 발행은행의 선적서류 도착일 다음날로부터 제5은행영업일 이내에 수입대금을 결제하고 선적서류를 인도받는다.

한편, 물품과 선적서류는 도착하였더라도 수입업자가 자금부족으로 수입대금을 결제하지 못하는 경우에는, 수입업자는 대금결제전이라도 수입담보화물대도(trust receipt; T/R)를 통하여 선적서류를 인도받은 후 물품을 인수할 수 있다. 즉, 수입담보화물대도는 은행이 소유권을 보유하면서 수입업자에 대하여는 환어음대금을 결제하기 전에 물품을 처분할 수 있도록 하고 그 물품의 판매대금으로 우선적으로 수입대금을 결제하도록 하는 대출행위이다.

한편, 추심결제(D/P, D/A)방식의 경우에는, 지급인(수입업자)이 어떤 조치(지급 또는 지급거절)를 취해야 하는 정확한 기한을 추심지시서에서 명시하여야 하기 때문에, 추심은행은 추심지시서의 기한 이내에 추심지시서에 따라 지급인에게 추심금액을 인수하게 하거나 결제하도록 한다.

8. 수입물품의 통관

선적서류를 교부받은 수입업자는 운송인에게 선화증권(선화증권이 발행된 경우)을 제시하고 수입물품을 인수하여 보세구역에 반입한 후,「관세법」에 따른 수입통관을 이행하여야 한다.

수입통관절차는 외국으로부터 물품을 수입할 때 반드시 이행하여야 하는 법적 절차로서, 수입신고인이 수입하려는 물품을 세관에 수입신고한 후 신고수리를 받아 물품을 보세구역으로부터 반출하기까지의 일련의 절차를 말한다. 즉, 수입업자는 수입항에 도착한 물품을 보세구역 또는 보세구역외 장치장소에 장치[11]한 후, 직접 또는 관세사(통관취급법인 또는 관세법인 포함)에게 의뢰하여 세관에 수입신고(Import Declaration; I/D)를 하고, 필요한 경우 세관의 물품검사를 받아 관세를 납부하고 수입신고필증을 교부받아 이를 보세구역에 제시하고 보세구역으로부터 물품을 반출하게 된다. 세관은 수입통관절차를 통하여 수입신고내용과 실제로 수입물품을 대조·확인함으로써 관련 법령에 따른 수입요건의 이행여부를 확인할 수 있게 된다.

즉, 수입신고는 신고시기에 따라 출항전, 입항전, 보세구역도착전 및 보세구역장치후 신고 등이 있는데, 수입신고는 수입업자 또는 관세사가 전자문서로 작성된 신고자료를 통관시스템에 전송하면, 관세청의 통관시스템은 서류제출 및 검사생략대상인 경우에는 접수통보하고 서류심사한 후 수입신고수리를 통보하게 된다. 그러나, 관세청의 통관시스템은 서류제출대상 또는 물품검사대상인 경우에는 그 사실을 통지하고

---

11) 수출물품의 경우에는 물품을 편리한 장소에 두고 수출신고할 수 있지만, 수입물품의 경우에는 물품을 보세구역에 장치한 후 수입신고하는 것을 원칙으로 하고 있다.

이에 신고인이 서류를 제출하면 서류심사 및/또는 물품검사를 한 후 수입신고수리를 통보하게 된다. 수입신고수리를 통보받은 신고인은 수입신고수리된 날부터 15일 이내에 국고수납은행에 관세를 납부한 후 발급받은 수입신고필증을 보세구역에 제출하고 물품을 반출한다.

9. 무역클레임 및 중재

클레임(business claim)은 계약당사자의 일방이 계약내용에 따른 이행을 하지 않은 경우에 손해를 입은 당사자가 위반당사자에 대하여 손해배상을 청구하는 것으로서, 품질불량(inferior quality)·품질상위(different quality)·변질·변색(discoloration) 등의 품질에 관한 클레임, 수량의 감소(diminution)·감량(light weight)·부족(short weight) 등의 수량에 관한 클레임, 포장불량(wrong packing)·화인누락(no mark) 등의 포장 및 화인에 관한 클레임, 지연선적(delayed shipment)·부적(non-delivery) 등의 선적에 관한 클레임, 환적(transhipment)·취급불량(bad handling)·분실(missing)·도난(pilferage)·파손(Breakage) 등의 운송에 관한 클레임, 부보태만(negligence in effecting insurance) 등의 보험에 관한 클레임, 대금미지급(non-payment)·부정송장(error in invoice) 등의 결제에 관한 클레임 등이 있다.

무역클레임의 해결방법으로는 화해(amicable settlement) 또는 협상(Negotiation) → 알선(Mediation) → 조정(Conciliation) → 중재(Arbitration) 또는 소송(Litigation)의 순으로 이루어지게 되지만, 가장 최선의 방법은 분쟁발생의 예방이라고 할 수 있다. 이 중에서 무역거래에서 가장 대표적인 분쟁해결방법은 중재라고 할 수 있다.

● 수출입절차

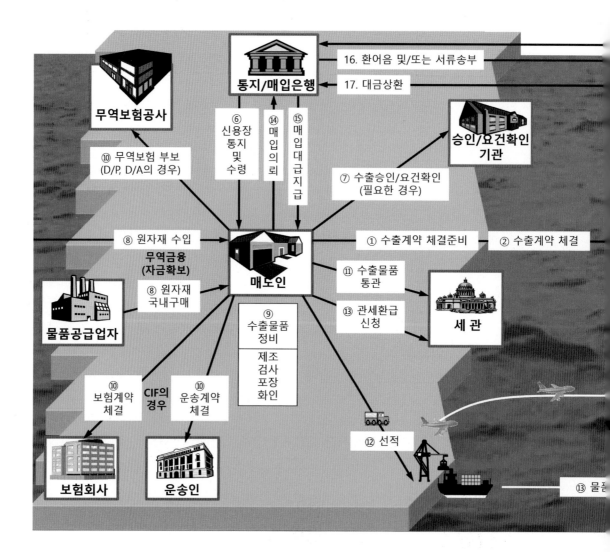

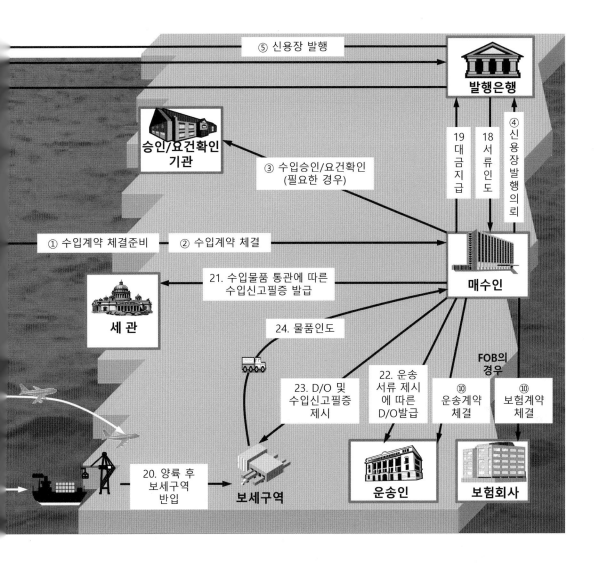

⑤ 신용장 발행

발행은행

승인/요건확인
기관

③ 수입승인/요건확인
(필요한 경우)

19 대금지급
18 서류인도
④ 신용장발행의뢰

① 수입계약 체결준비   ② 수입계약 체결

매수인

21. 수입물품 통관에 따른
수입신고필증 발급

세 관

24. 물품인도

23. D/O 및
수입신고필증
제시

22. 운송
서류 제시
에 따른
D/O발급

⑩ 운송계약
체결

FOB의
경우

⑩ 보험계약
체결

20. 양륙 후
보세구역
반입

보세구역

운송인

보험회사

무역거래의 교섭

무역거래의 교섭  Chapter 04

제1절 무역거래의 교섭과정

무역거래는 크게 1단계(해외시장조사단계), 2단계(예비교섭단계) 및 3단계(계약성립단계)로 구분할 수 있다. 1단계는 해외시장조사단계로서 거래를 체결할 해외시장에 대한 조사를 하는 단계이고, 2단계는 예비교섭단계로서 선정된 거래처와 거래교섭을 하는 단계이고, 3단계는 계약성립단계로서 일방의 당사자가 청약을 하고 이에 대하여 상대방이 승낙함으로써 계약이 성립하게 되는 단계를 말한다.

① **해외시장조사단계** 먼저 어떤 물품을 취급할 것인지를 고려하여 취급하려는 물품을 선정한 후, 그 물품이 어느 시장에서 어느 만큼 판매 또는 구매될 수 있는 가능성이 있는지에 관하여 해외시장조사를 수행하게 된다.

② **거래교섭단계** 해외시장조사를 거쳐 목적시장이 결정되면, 목적시장의 어느 거래처와 거래를 수행할 것인지에 대하여 다수의 거래처를 선정하고, 선정된 다수의 거래처에 거래권유장(circular letter)을 발송한다. 거래권유장을 수취한 상대방이 거래를 하려는 의사표시인 조회(inquiry)를 해오면 이에 대하여 거래조회에 대한 회신을 하고 상호간의 신용조사가 행해진다.

③ **계약의 성립단계** 거래상대방의 신용을 조사한 결과 신용이 양호하다고 판단되면

계약을 성립시킬 목적으로 거래상대방에게 청약(offer)의 의사표시를 하고, 이 청약에 따라 거래상대방이 승낙(acceptance)을 해오면 계약이 성립하게 된다. 한편, 청약과 승낙의 과정을 거치지 아니하고 거래상대방이 주문(order)을 해오는 경우, 매도인이 이 주문에 따라 주문승낙(acknowledgement of order)을 한다면 계약이 성립하게 된다. 청약과 승낙에 의하거나 또는 주문과 주문승낙에 의하여 계약이 성립되는 경우, 통상적으로 계약서를 작성하게 되는데, 매도인은 계약의 주요내용을 상세히 기재한 매도계약서(sales note)를 2통 작성·서명하여 매수인에게 송부하고, 매수인은 이들 매도계약서에 각각 서명을 한 후 그 중의 한통을 매도인에게 반송한다. 이로써 매도인과 매수인은 매매계약서를 각각 1통씩 보관하고 있게 된다.

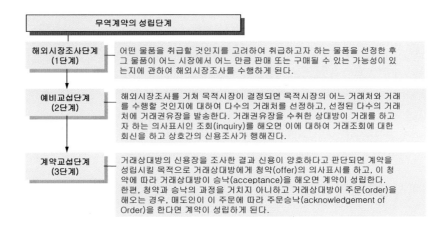

제2절 해외시장조사 및 거래선발굴

Ⅰ. 해외시장조사

1. 해외시장조사의 의의

해외시장조사(overseas market research)는 수출입거래의 최초 단계로서, 무역업체가 외국시장에서 무역거래를 개설함에 있어서 자기가 취급하는 상품이 세계의 어느 시장에서 가장 많이 소비되고 있는가, 어느 시장을 통하여 가장 유리하게 공급할 수 있는가 등 특정시장에서 특정물품의 판매 또는 구매가능성(selling feasibility or buying feasibility)을 측정하고 해당 물품의 매매에 필요한 각종 정보를 수집하는 것을 말한다. 즉, 정치, 경제, 문화, 사회, 풍토, 기후, 언어 등 목적시장의 일반적인 환경을 조사한 다음 상관습, 무역관리제도, 시장특성, 유통경로, 경쟁대상, 거래처 등 해당 상품과 관련된 정보를 조사하는 것을 말한다.

해외시장조사는 해외시장조사의 목적, 해외시장조사 계획의 수립, 인터넷을 이용한 자료의 수집, 수집된 자료의 분석 등의 순으로 행해지며, 그 조사의 내용은 다음의 표와 같다.

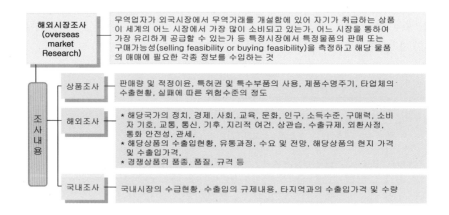

2. 해외시장조사의 방법

(1) 무역통계자료를 이용한 조사

거래대상물품의 수요예측을 위해서는 문헌에 의한 간접적인 방법으로 각종 수출입통계자료를 이용하여 수출입동향을 조사하는 것이다. 주로 활용되는 통계자료로는 UN 무역통계연보(Yearbook of International Statistics), IMF 발간연보(International Financial Statistics), 관세청의 무역통계연보 등의 국별 수출입통계자료, OECD, IBRD 등의 일반 경제통계자료 등이 있다. 이러한 자료는 대한무역투자진흥공사, 한국무역협회, 대한상공회의소 등에서 이용할 수 있다.

(2) 무역유관기관을 통한 조사

실제로 시장조사를 하기 위해서는 대한무역투자진흥공사의 해외무역관이나 전문조사기관에 의뢰하여 조사할 수 있다. 특히, 시장조사에 필요한 기초자료는 대한무역투자진흥공사(KOTRA)나 한국무역협회(KITA)의 자료실에 비치된 무역통계, 지역별 시장동향자료, 국별 수출입업자 총람 등을 이용하여 개괄적인 시장정보를 조사할 수 있다.

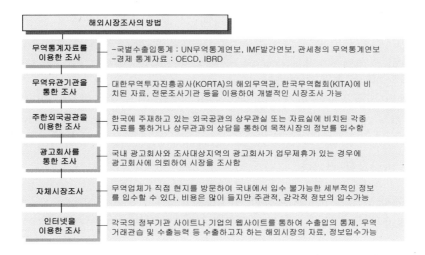

해외시장조사의 방법	
무역통계자료를 이용한 조사	-국별수출입통계 : UN무역통계연보, IMF발간연보, 관세청의 무역통계연보 -경제 통계자료 : OECD, IBRD
무역유관기관을 통한 조사	대한무역투자진흥공사(KORTA)의 해외무역관, 한국무역협회(KITA)에 비치된 자료, 전문조사기관 등을 이용하여 개별적인 시장조사 가능
주한외국공관을 이용한 조사	한국에 주재하고 있는 외국공관의 상무관실 또는 자료실에 비치된 각종 자료를 통하거나 상무관과의 상담을 통하여 목적시장의 정보를 입수함
광고회사를 통한 조사	국내 광고회사와 조사대상지역의 광고회사가 업무제휴가 있는 경우에 광고회사에 의뢰하여 시장을 조사함
자체시장조사	무역업체가 직접 현지를 방문하여 국내에서 입수 불가능한 세부적인 정보를 입수할 수 있다. 비용은 많이 들지만 주관적, 감각적 정보의 입수가능
인터넷을 이용한 조사	각국의 정부기관 사이트나 기업의 웹사이트를 통하여 수출입의 통제, 무역거래관습 및 수출능력 등 수출하고자 하는 해외시장의 자료, 정보입수가능

(3) 주한외국공관을 이용한 조사

한국에 주재하고 있는 외국공관의 상무관실 또는 자료실에 비치된 각종 자료를 통하거나 또는 상무관과의 상담을 통하여 목적시장에 대한 정보를 입수할 수 있다.

(4) 광고회사를 통한 조사

국내 광고회사와 조사대상지역의 광고회사가 업무제휴가 있는 경우에 국내광고회사에 의뢰하여 시장조사를 할 수 있다. 국내 광고회사와 조사대상지역의 광고회사간의 업무제휴는 주로 미국, 일본 등 선진국에 국한되어 있으므로 아프리카, 중동, 중남미 등에 대한 시장조사는 현실적으로 불가능하다.

(5) 자체시장조사

무역업체가 직접 현지를 방문하여 국내에서 입수 불가능한 세부적인 시장정보를 입수할 수 있다. 현지를 방문하는 경우에는 먼저 우리나라 대사관이나 영사관 또는 대한무역투자진흥공사의 현지 무역관을 방문하여 협조를 의뢰하는 것이 바람직하다. 현지를 직접 방문하여 시장조사를 하는 경우에는 그 비용이 가장 많이 들지만, 주관적이고 감각적인 시장정보를 얻을 수 있다.

(6) 인터넷을 이용한 조사

해외마케팅의 가장 주요한 성공요인은 해외시장조사를 통한 정확한 시장정보를 파악하는 것이므로 수출입의 통제, 무역거래관습 및 수출능력 등 수출하려는 해외시장의 각종 자료와 정보는 각국의 정부기관 사이트나 기업의 웹사이트를 통하여 입수할 수 있다. 이외에도, 검색엔진 또는 무역거래알선 사이트를 이용하여 시장조사를 할 수 있다.

㈎ 검색엔진을 이용한 시장조사

무역업체가 시장조사를 하기 위해서는 주요 검색엔진을 통하여 검색어를 사용하여 자사가 원하는 정보를 얻을 수 있다. 검색엔진의 수는 다양하며, 검색엔진마다 다른 특징을 가지고 있기 때문에 사용자들은 사용하기 편리한 것을 선택하여 시장조사를 하는 것이 바람직할 것이다.

㈏ 무역거래알선 사이트를 이용한 시장조사

무역거래알선 사이트는 인터넷상에서 무역거래를 중개나 알선해 주는 인터넷 사이트를 말한다. 즉, 무역거래알선 사이트는 최소한의 시간과 경비로 세계 각국의 무역업체에게 거래선의 검색, 자사 상품의 홍보, 상품 카탈로그의 등록, 수출입상담, 무역정보의 제공 등 토털 솔루션(total solution)을 제공해 줌으로써 거래선 발굴에 도움을 주는 웹사이트를 말한다.

이러한 무역거래알선 사이트는 주요 기능으로는 오퍼등록, 검색기능, 홈페이지 작성, 카탈로그 작성 등의 서비스를 제공하는 것이다. 즉, 무역거래알선 사이트들은 거래선 발굴을 위하여 자신의 청약(Offer)을 등록하고, 거래상대방이 등록한 청약(Offer)을 열람 또는 검색한 후 전자우편으로 거래조건을 상담하는 전자적 중개기능을 담당하고 있다. 무역사이트의 수출입게시판은 검색과 포스팅(청약등록) 기능으로 구분되어 있으며, 판매청약(offer to sell)과 구매청약(offer to buy)으로 구분되어 있다. 최근 업종별 전문포털(vertical portal)이 나타나면서 업종별 수출입게시판으로 다양화되고 있는 추세이다. 국내외 무역거래알선 사이트의 수출입게시판은 기업의 수출입 청약을 실시간으로 검색·등록하고 조회(Inquiry)를 통해 해외의 신규 아이템이나 거래상대방을 용이하게 발굴함으로써 시간과 비용을 최소화할 수 있지만, 청약이 노출될 위험이 크다.

국내외의 업체디렉토리를 제공하는 무역거래알선 사이트의 수출입게시판을 이용하여 해당 품목의 거래상대방(수출입업자)에 대한 정보를 검색할 수 있다. 인터넷상의 수많은 웹사이트 중에서 사용자가 원하는 해외 또는 국내기업에 대한 정보를 얻기 위해서는 자신의 교역상대국이나 국내외 주요 무역거래알선 사이트를 주기적으로 방문하여 관련 정보를 확보해 둘 필요가 있다.

대표적인 무역사이트로서는 우리나라의 경우에는 한국무역협회(KITA)의 EC21, 대한무역투자진흥공사(KOTRA)의 KOBO, 한국무역정보통신(KTNET)의 ECKOREA 등이 있으며, 해외의 경우에는 미국의 Digilead, IEBB, 유럽의 Swissinfo, 중국의 Alibaba 등 Yellowpage 사이트가 운영되고 있다.

II. 거래선 발굴

1. 거래선 발굴의 의의

시장조사에 의하여 특정한 목적시장이 결정되면, 목적시장에서 잠재력이 있는 유능한 거래선을 발굴하여 거래관계를 확립하여야 한다.

거래선 발굴이란 목적시장에서 잠재적인 판매 또는 구매가능성을 보유하고 있는 고객이나 유망한 거래선을 선정하는 것으로서, 기존의 무역거래에 있어서는 무역업자명부, 해외광고매체, 국내외 공공기관, 직접출장, 전시나 이벤트 등을 통하여 거래선을 발굴해 왔다. 그러나 전자무역에 있어서는 무역관련 웹사이트를 검색함으로써 보다 저렴하고 효율적으로 거래선을 발굴할 수 있게 되었다.

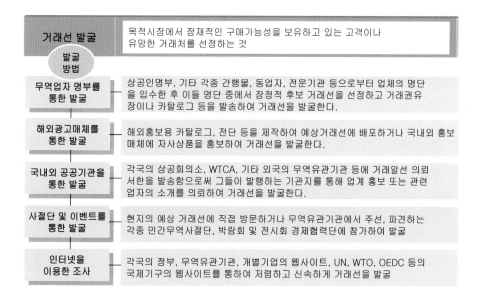

2. 거래선 발굴방법

(1) 무역업자 명부를 통한 발굴

해당품목을 취급하는 업체의 명단은 세계적인 상공인명부(trade directory)나 기타 각종 간행물 등을 통하여 입수할 수 있으며, 동업자 또는 전문기관을 통하여 입수할 수 있다. 이렇게 입수된 업체의 명단 중에서 잠정적인 후보 거래선을 선정한 다음 이들 업체에게 거래권유장(circular letter)이나 해외홍보용 카탈로그(catalog), 전단(leaflet) 등을 발송하여 거래선을 발굴한다.

(2) 해외광고매체를 통한 발굴

해외홍보용 카탈로그(catalog)나 전단(leaflet)을 제작하여 예상거래선에 배포하거나 국내외 해외홍보매체에 자사상품을 홍보하여 거래선을 발굴할 수 있다. 광고매체를 선정할 때는 광고매체의 성격, 배포부수, 배포지역, 독자층 등을 신중히 분석하여야 한다. 해외홍보용 카탈로그(catalog) 및 전단(leaflet)을 제작할 때에는 국내배포용과는 달리 사전에 세심한 계획아래 종합광고대행회사나 자질이 있는 광고기획사 등 전문가를 활용하여 영문이나 대상지역 언어로 제작한다. 특히, 구매자의 구매력을 자극하기 위해서는 취급상품의 정확한 규격, 용도, 재질 등 상품에 관한 정보를 중심으로 홍보물을 제작하여야 한다.

(3) 국내외 공공기관을 통한 발굴

각국의 상업회의소, WTCA(world trade center association; 세계무역센터협회) 및 그 체인, 기타 외국의 무역유관기관 등에 거래알선 의뢰서한을 발송함으로써 그들이 발행하는 기관지를 통해 업계홍보 또는 관련업자의 소개를 의뢰하여 거래선을 발굴할 수 있다.

한편, 한국무역협회의 거래알선 서비스, 세계각국에 현지 무역관을 운영하고 있는 대한무역투자진흥공사, 국제상업회의소(ICC: international chamber of commerce)에 가입되어 있는 대한상공회의소, 우리나라 재외공관, 기타 국내의 무역유관기관에 의뢰하여 거래선을 발굴할 수 있다.

(4) 각종 사절단 및 이벤트를 통한 발굴

현지의 예상 거래선에 직접 방문하거나 무역유관기관에서 주선·파견하는 각종 민간무역사절단, 박람회 및 전시회 경제협력사절단에 참가하여 거래선을 발굴할 수 있다. 이러한 방법은 현지에서 직접 거래상대방과 상담할 수 있기 때문에 가장 효과적인 방법이지만 비용이나 시간면에서 부담이 된다. 국내에서 현지의 예상 거래선에 대한 거래권유장(circular letter)의 발송 등 사전 준비를 끝낸 후에 현지의 이벤트에 참여하여 거래선을 발굴할 수 있다.

(5) 인터넷을 통한 거래선 발굴

전자무역에서는 각국 정부, 무역유관기관, 개별기업의 웹사이트, UN·WTO·OECD 등의 국제기구의 웹사이트를 통하여 저렴하고 신속하게 거래선을 발굴할 수 있다. 즉, 인터넷을 이용하여 거래선을 발굴하는 방법으로는 소극적인 방법과 적극적인 방법으로 구분할 수 있다. 소극적인 방법으로는 웹사이트를 구축하여 각종 검색엔진에 등록하고 무역거래알선 사이트나 무역관련 사이트 등에 게재(posting)하는 방법, 무역 관련 뉴스그룹이나 메일링리스트에 가입하여 자사제품을 홍보하는 방법 등이 있다. 적극적인 방법으로는 웹사이트의 검색을 통하여 자사제품의 구매를 원하는 잠재고객을 찾는 방법, 유명 웹사이트에 배너광고를 통하여 자사를 홍보하는 방법, 웹사이트 상의 무역박람회나 전시회 등에 스폰서로 참여하는 방법 등이 있다.

제3절 거래제의와 조회 및 신용조사

I. 거래제의와 조회

1. 거래제의(business proposal)

(1) 거래제의의 개념

거래제의(business proposal) 또는 거래의 권유는 해외시장조사에 의하여 선정된 목적 시장의 거래상대방에 대한 신용조사가 끝난 후 가장 적절하다고 판단된 업체에게 거래를 희망하는 내용의 서신인 거래권유장(circular letter) 또는 회람장을 보내게 되는 것을 말한다.

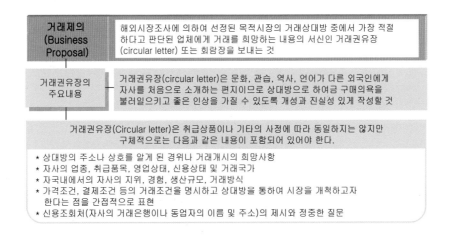

거래제의
(Business
Proposal)
해외시장조사에 의하여 선정된 목적시장의 거래상대방 중에서 가장 적절 하다고 판단된 업체에게 거래를 희망하는 내용의 서신인 거래권유장 (circular letter) 또는 회람장을 보내는 것

거래권유장의
주요내용
거래권유장(circular letter)은 문화, 관습, 역사, 언어가 다른 외국인에게 자사를 처음으로 소개하는 편지이므로 상대방으로 하여금 구매의욕을 불러일으키고 좋은 인상을 가질 수 있도록 개성과 진실성 있게 작성할 것

거래권유장(Circular letter)은 취급상품이나 기타의 사정에 따라 동일하지는 않지만 구체적으로는 다음과 같은 내용이 포함되어 있어야 한다.

* 상대방의 주소나 상호를 알게 된 경위나 거래개시의 희망사항
* 자사의 업종, 취급품목, 영업상태, 신용상태 및 거래국가
* 자국내에서의 자사의 지위, 경험, 생산규모, 거래방식
* 가격조건, 결제조건 등의 거래조건을 명시하고 상대방을 통하여 시장을 개척하고자 한다는 점을 간접적으로 표현
* 신용조회처(자사의 거래은행이나 동업자의 이름 및 주소)의 제시와 정중한 질문

● 가격표

NIPPON TRADING CO., LTD.
TOKYO

Telex No. J38614
E-mail Address FORCE@nifty.com
P.O.BOX No. 200, Tokyo

To Messrs. New York Trading Co., Inc.
New York

Tokyo Feb. 20___

PRICE LIST

No. F-223

Terms:　　　　　　　　　　Samples Sent　　　　　　　by Airmail

Code Word	Sample No.	Description	CIF New York in U.S. $
			Per 100 lbs.
		Agar Agar (20...Crop)	
ZAMBO	K234	Kobe No.1	$ 88.80
ZAMBP	K235	Kobe No.2	$ 70.00
ZAMBE	K236	Kobe No.3	$ 50.00

Shipment: Within 30 days after receiving L/C
Packing: Net 100 lbs.
per bale in gunny or hessian cloth with iron hoop
Measurement: 0.2265M3 per bale.
Payment: An irrevocable L/C available by sight draft to be opened in our favor.
Remarks: Subject to our confirmation
-E.&O.E

N.B. The above prices are all subject to market fluctuations.

주 : E.&O.E는 Errors and Omissions are excepted(오류 및 탈락은 제외된다)의 약어로서, 법률상 효력을 가지지 않지만, 가격표(Price List)나 송장(Invoice)에는 관습적으로 하단에 기재하는 것이 많다.
자료: 浜谷源藏, 最新貿易實務, 同文館, 2003, p.102.

거래제의를 할 때에는 거래권유장에 가격표(Price List; 정가표), 시황보고서(Market Report), 시가표(Price Current), 견본(Sample), 해외홍보용 카탈로그(catalog), 전단(leaflet) 등을 첨부하여 발송함으로써 거래상대방의 주의를 환기시키는 경우도 있다.

가격표(Price List)에는 품명, 가격, 선적일 뿐만 아니라, 각 품명 개개에 Code Word (암호문자) 및 품목번호(견본번호; Sample No.)를 기재된다. 가격표나 카탈로그, 광고 등은 법률상 청약이 아니므로 오해나 분쟁의 발생을 방지하기 위하여 "Above prices are subject to market fluctuations(가격은 시황에 따라 변경된다)", "Subject to change without notice(가격은 통지없이 변경된다)", "Subject to our confirmation(당사의 확인을 조건으로 한다)", "For your information(귀사의 정보를 위하여)" 등의 문구를 기재한다.

시가표(Price Current)는 비교적 시세변동이 심한 물품에 대하여 작성되는 시세표로서, 작성당시의 대강의 시세를 표시하는 것을 말한다. 이것은 매도인의 판매가격을 나타내는 것이 아니기 때문에 매도인을 구속하지 않는다.

시황보고서(Market Report)는 거래상대방이 참고할 수 있도록 물품재고량, 시세, 시황의 예측 등 시장전반의 중요사항을 거래상대방에게 알려주는 것이다.

⑵ 거래권유장의 주요내용

거래권유장(circular letter)은 문화, 관습, 역사, 언어가 다른 외국인에게 자사를 처음으로 소개하는 편지이므로 상대방으로 하여금 구매의욕을 불러 일으키고 좋은 인상을 가질 수 있도록 개성과 진실성이 있는 내용으로 작성되어야 한다. 거래권유장은 취급상품이나 기타의 사정에 따라 동일하지는 않지만 구체적으로 다음과 같은 내용이 포함되어 있어야 한다.

① 상대방의 주소나 상호를 알게 된 경위나 거래개시의 희망사항
② 자사의 업종, 취급품목, 영업상태, 신용상태 및 거래국가
③ 자국내에서의 자사의 지위, 경험, 생산규모, 거래방식
④ 가격조건, 결제조건 등의 거래조건을 명시하고 상대방을 통하여 시장을 개척하고자 한다는 점을 간접적으로 표현
⑤ 신용조회처(자사의 거래은행이나 동업자의 이름 및 주소)의 제시와 정중한 질문

⑶ 거래권유장 작성시 유의사항

실무자는 거래권유장을 작성할 때 다음과 같은 사항에 유의하여야 한다.
① 문장은 간결하고 명료하게 그리고 정중하게 작성하고, 부정적인 표현의 문장은 가능한 한 사용하지 않는다.
② 상대회사를 통해서 해당시장을 개척하고자 한다는 점을 강조한다.

③ 회사규모를 표현할 경우에는 연간 생산량이나 매출액(미화) 등을 구체적으로 표시하고, 자국내에서 규모가 가장 크다는 등의 과장된 표현은 사용하지 않는다.

④ 자사제품에 대한 품질의 우수성과 경쟁적인 가격을 제시할 수 있다는 점을 강조한다.

⑤ 처음부터 청약(offer)이나 견품을 보내지 않고, 상대방이 관심을 나타낼 경우에는 즉시 송부한다.

⑥ 거래관계의 성립은 상호이익을 전제로 한다는 점을 강조한다.

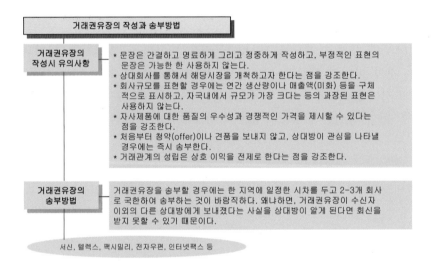

거래권유장의 작성과 송부방법

거래권유장의 작성시 유의사항
- ★ 문장은 간결하고 명료하게 그리고 정중하게 작성하고, 부정적인 표현의 문장은 가능한 한 사용하지 않는다.
- ★ 상대회사를 통해서 해당시장을 개척하고자 한다는 점을 강조한다.
- ★ 회사규모를 표현할 경우에는 연간 생산량이나 매출액(미화) 등을 구체적으로 표시하고, 자국내에서 규모가 가장 크다는 등의 과장된 표현은 사용하지 않는다.
- ★ 자사제품에 대한 품질의 우수성과 경쟁적인 가격을 제시할 수 있다는 점을 강조한다.
- ★ 처음부터 청약(offer)이나 견품을 보내지 않고, 상대방이 관심을 나타낼 경우에는 즉시 송부한다.
- ★ 거래관계의 성립은 상호 이익을 전제로 한다는 점을 강조한다.

거래권유장의 송부방법
거래권유장을 송부할 경우에는 한 지역에 일정한 시차를 두고 2-3개 회사로 국한하여 송부하는 것이 바람직하다. 왜냐하면, 거래권유장이 수신자 이외의 다른 상대방에게 보내졌다는 사실을 상대방이 알게 된다면 회신을 받지 못할 수 있기 때문이다.

서신, 텔렉스, 팩시밀리, 전자우편, 인터넷팩스 등

(4) 송부방법

거래권유장을 송부할 경우에는 한 지역에 일정한 시차를 두고 2-3개 회사로 국한하여 송부하는 것이 바람직하다. 왜냐하면, 거래권유장이 수신자 이외의 다른 상대방에게 보내졌다는 사실을 상대방이 알게 된다면 회신을 받지 못할 수 있기 때문이다.

기존의 무역거래에서는 거래처를 선정한 후 일반적으로 서신을 사용하거나, 경우에 따라서는 텔렉스(telex), 팩시밀리(facsimile) 등을 사용하여 거래권유장을 송부하여 왔다. 그러나 전자무역의 경우에는 거래권유장을 전자우편(e-mail)이나 인터넷팩스 등을 이용함으로써 저렴하고 신속하게 발송할 수 있다. 전자우편이나 인터넷팩스를 이용하여 거래권유장을 발송하는 경우에는 자사의 홈페이지나 전자우편주소를 거래상대방에게 알려주는 것이 신뢰감을 줄 수 있으며, 거래상대방으로부터도 전자우편이나 인터넷팩스로 신속하게 조회(Inquiry)를 받을 수 있게 된다. 따라서 전자무역에 있어서는 자사 이름의 홈페이지나 전자우편 주소를 가지고 있는 것이 바람직하다.

2. 거래조회(Business Inquiry)

⑴ 거래조회

⑺ 거래조회의 개념

거래조회(business or trade inquiry)[1]는 해외거래처 선정시 상대방의 신용을 조회하는 신용조회(credit inquiry)와 구별되는 것으로서, 거래제의를 받은 상대방이 물품의 가격, 품질, 수량, 선적 등의 거래조건에 대하여 문의하는 것을 말한다. 거래조회는 계약체결전의 예비적인 거래교섭의 과정(course of dealings) 중에서 거래교섭의 출발점이 되는 수입업자의 물품수입에 관한 최초의 의사표시를 말한다.

거래조회는 일반거래조건의 협정이나 청약을 위한 당사자 간의 거래조건에 대한 의사를 타진하는 최초의 거래교섭의 과정이기 때문에 정가표나 견본의 송부를 의뢰하는 하거나, 청약을 제시하도록 권유하는 것이다.

⑷ 거래조회장의 주요내용

거래제의를 받은 당사자는 거래조회장을 보내기 전에 상대방을 신뢰할 수 있는지 여부를 먼저 조사하여야 한다. 신용조사의 결과 상대방을 신뢰할 수 있다고 판단되면 거래조회장을 작성하여 상대방에게 송부한다. 이 거래조회장에는 거래상대방으로 하여금 수출입 희망상품에 대하여 상품의 명칭 및 품질, 상품의 수량, 가격조건, 결제조건, 선적조건, 포장조건 등을 구체적으로 제시하도록 요구하는 내용이 기재되어야 하며, 경우에 따라서는 카탈로그, 가격표 또는 견본을 요구하는 내용을 기재하는 경우도 있다.

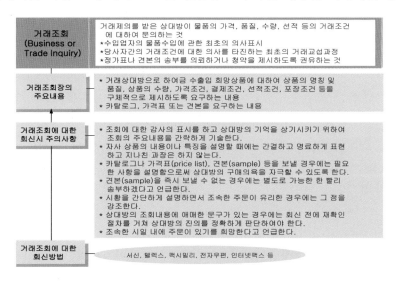

---

1) trade inquiry를 거래문의, 무역조회 또는 상품조회라고 번역하는 학자도 있다.

(2) 거래조회에 대한 회신

(가) 거래조회에 대한 회신시 유의사항

거래조회를 받은 당사자는 청약을 제시하기 전에 조회사항에 대하여 신속하게 회신하여야 한다. 거래당사자는 거래조회에 대한 회신을 할 때에는 다음과 같은 점에 유의하여 작성하여야 한다.

① 조회에 대한 감사의 표시를 하고 상대방의 기억을 상기시키기 위하여 조회의 주요내용을 간략하게 기술한다.

② 자사 상품의 내용이나 특징을 설명할 때에는 간결하고 명료하게 표현하고 지나친 과장은 하지 않는다.

③ 카탈로그(catalog)나 가격표(price list), 견본(sample) 등을 보낼 경우에는 필요한 사항을 설명함으로써 상대방의 구매의욕을 자극할 수 있도록 한다.

④ 견본(sample)을 즉시 보낼 수 없는 경우에는 별도로 가능한 한 빨리 송부하겠다고 언급한다.

⑤ 시황을 간단하게 설명하면서 조속한 주문이 유리한 경우에는 그 점을 강조한다.

⑥ 상대방의 조회내용에 애매한 문구가 있는 경우에는 회신 전에 재확인 절차를 거쳐 상대방의 진의를 정확하게 판단하여야 한다.

⑦ 조속한 시일 내에 주문이 있기를 희망한다고 언급한다.

(나) 거래조회에 대한 회신방법

기존의 무역거래에서는 상대방의 거래조회에 대하여 우편이나 텔렉스(telex) 또는 팩시밀리(facsimile)로 즉시 회신한다. 그러나 전자무역의 경우에는 전자우편(e-mail)이나 인터넷팩스 등을 이용하여 거래조회에 대한 회신을 신속하게 발송한다.

II. 신용조사

1. 신용조사의 의의

(1) 신용조사의 개념

당사자 간의 신뢰관계가 형성되어야만 무역거래가 이루어지므로, 무역계약을 체결하기 전에 거래상대방의 신용을 반드시 조사하여야 한다. 신용조사(credit inquiry)는 거래상대방의 계약의무의 이행능력을 사전에 조사하여 장래의 의무이행에 대한 확실성을 측정하는 것이다. 따라서 거래상대방의 신용상태를 확인하는 것은 향후 거래의 가능성을 판단함과 동시에 위험요소를 사전에 예방한다는 점에서 무역거래의 가장 기본적이고 중요한 사항이라 하겠다.

무역거래에 있어서는 지급은행의 지급거절에 의한 부도위험 또는 전쟁이나 천재지변에 의한 의무불이행 등의 비상위험 이외에도, 매수인의 파산, 부정, 불법행위 등에 의해 지급불능이나 매도인의 물품인도의무의 불이행 등의 신용위험이 존재하고 있다. 만약 신용상태(credit standing)가 불량한 거래상대방과 거래를 한 경우에는 물품인도의 불이행, 물품인수의 불이행, 대금지급의 거절 등의 의무불이행 사태가 발생할 수 있다. 또한 세계시장에는 처음부터 거래할 의사가 없으면서 교묘하게 견본만을 청구하는 sample merchant가 있으며, 고의적으로 클레임을 제기하여 이득을 취하는 claim merchant라고 하는 상인이 있다는 사실에 주의하여야 한다. 특히, 전자무역의 경우에는 사이버공간의 익명성을 이용하여 유령회사가 고액의 견본(Sample)을 요구하거나, 견본비용이나 대금의 선납후에 거래상대방의 소식이 없는 경우 등의 무역사기가 발생하고 있다.

따라서 무역업자는 스스로 해외거래처에 대한 정확한 정보와 거래상대방의 신용을 파악한 후에 무역거래를 하는 것이 필요하고 사설 사이트보다 공신력 있는 사이트를 이용하는 것이 바람직할 것이다.

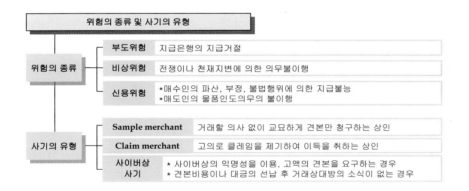

(2) 신용조사의 요건

신용조사의 내용에 필수적으로 포함되어야 하는 것에는 보통 거래상대방의 거래성격(Character), 자본금(Capital) 및 거래능력(Capacity) 등을 들 수 있다. 이를 신용도 측정요소(reliability or credit factors)로서 「Three C's」라고 하고, 거래통화(Currency), 거래국가(Country), 기업환경(Condition; 업종의 성장성, 경제상황 등의 객관적인 제조건), 담보능력(Collateral) 중에서 2가지를 포함하여 5C's라고 하는 바, 그 구체적인 내용을 살펴보면 다음과 같다.[2]

● 신용조사의 내용

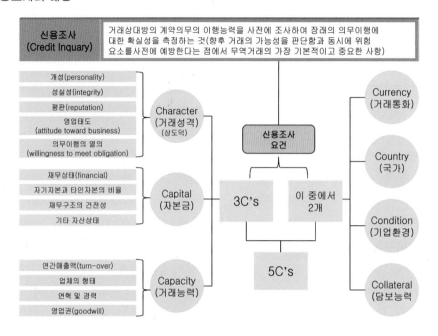

(가) Character(거래성격)

거래성격으로는 해당업체의 개성(personality), 성실성(integrity), 정직성(honesty), 평판(reputation), 공정한 거래(fair dealing), 영업태도(attitude toward business) 및 의무이행의 열의(willingness to meet obligation) 등 계약이행에 대한 도의심에 관련된 내용이 주된 요소로 된다.

(나) Capital(자본금)

자본금으로는 해당업체의 재무상태(financial condition or standing), 즉 수권자본(authorized capital)과 납입자본(paid-up capital), 자기자본과 타인자본의 비율, 재무구조의 건전성 여부, 기타 자산상태 등 대금지급능력과 직결되는 내용이 주된 요소로 된다.

(다) Capacity(거래능력)

거래능력으로는 해당업체의 연간 매출액(turnover), 영업이익(operating profit), 이익

---

2) 구체적인 신용조사의 내용은 설립년월일, 거래은행 및 거래년월일, 거래량, 자본금, 종업원수, 업계의 지위(규모), 영업자의 이력, 수익력, 영업방침, 영업내용, 영업의 성장력과 장래성, 거래은행과 결제상황, 업계내 및 거래처의 평판 등이다.

률(profitability ratio), 업체의 형태(개인상사, 회사형태, 공개여부 등), 연혁, 경력 및 영업권(goodwill) 등의 영업능력(business ability)에 관한 내용이 주된 요소로 된다.

(3) 신용조사방법

신용조사는 일반적으로 거래은행이나 국제적인 금융기관을 통한 은행조회(bank reference), 상대국 거래처를 통한 동업자조회(trade reference)를 이용하는 예가 많으며 상공회의소 등을 이용하기도 한다. 또한, 신용조사는 미국의 "Dun & Bradstreet Inc"나 영국의 "Bradstreet British Ltd", 독일의 "Auskunft W Schimmelpfung", 일본의 "Tokyo Mercantile Agency" 등의 세계적으로 유명한 상업흥신소(mercantile or credit agencies, credit bureaux)등 전문적인 신용조사 기관을 이용하기도 한다.

우리나라에서는 신용조사를 위하여 통상적으로 대한무역투자진흥공사, 한국무역보험공사, 한국신용보증기금 등을 많이 이용하고 있다. 이들 기관들은 인터넷상에서 신용조사서비스를 제공하고 있기 때문에 인터넷상에서 신용조사를 신청하거나, 유료 웹사이트를 통하여 거래상대방의 신용을 조사하여야 한다.

신용조사의 방법	
은행조회 (Bank reference)	해당 업체의 거래은행에 신용조회를 의뢰하여 신용을 조사하는 방법
동업자조회 (Trade reference)	거래하려는 상대방의 동업자에게 의뢰하여 신용을 조사하는 방법
※ 은행조회나 동업자조회는 상대방이 자신의 주거래은행이나 동업자를 신용조회처로 제시해 오는 것으로서, 자신에게 불리한 보고를 하는 자를 신용조회처로 제시하지 않을 것이기 때문에 신뢰성에 문제가 있을 수 있다.	
상대국의 상공회의소	거래하려는 상대방 국가의 상공인들이 회원으로 가입하고 있는 상공회의소에 의뢰하여 신용을 조사하는 방법
상업흥신소 (Credit agencies)	세계적으로 유명한 상업흥신소에 의뢰하여 신용을 조사하는 방법 미국의 "Dun & Bradstreet Inc", 영국의 "Bradstreet British Ltd", 독일의 "Auskunft W Schimmelpfung", 일본의 "Tokyo Mercantile Agency"
국내신용조회기관	대한무역투자진흥공사, 한국무역보험공사, 한국신용보증기금 등의 국내 신용조회기관에 의하여 신용을 조사하는 방법

Chapter

05

무역계약

무역계약  Chapter 05

제 1 절 무역계약의 기초

Ⅰ. 무역계약의 개요

1. 무역계약의 의의

(1) 무역계약의 개념

무역계약(trade contract)은 서로 다른 국가영역 내에 영업소를 가진 매매당사자 간에 체결되는 국제물품매매계약(contracts for the international sale of goods)으로서, 매도인(seller)은 매수인(buyer)에게 물품을 인도(물품의 소유권 이전)하기로 약정하고, 매수인은 이를 수령하고 그 대금을 지급할 것을 약정하는 계약을 말한다. 따라서 매도인의 의무는 매매계약의 조건에 따라 물품을 인도하는 것이고, 매수인의 의무는 물품을 인수하고 물품대금을 지급하는 것이다. 이것은 매도인의 관점에서는 수출계약(export contract), 매수인의 관점에서는 수입계약(import contract)이 된다.

무역계약은 주로 물품을 그 대상으로 하기 때문에 국제물품매매계약이라고 하지만, 최근에는 국제거래의 대상이 물품뿐만 아니라 기술, 서비스, 자본, 해외건설, 플랜트 등으로

다양화되고 있기 때문에 광의의 무역계약에는 판매점계약, 대리점계약, 차관계약, 국제라이센스계약, 국제합작투자계약, 건설공사계약 및 플랜트수출계약 등이 포함되고 있다.

(2) 전자무역계약

전자무역계약(electronic trade contract)이란 매도인과 매수인의 의사표시가 전자적 방식으로 행해짐으로써 성립하는 국제물품매매계약을 말한다. 즉, 전자무역계약은 전자무역거래를 성립시킬 목적으로 당사자가 컴퓨터 등의 정보처리장치와 같은 전자화된 수단에 의하여 성립되는 법률행위를 말한다. 전자무역계약은 사이버스페이스 (cyber space)에서 이루어지는 무역계약 뿐만 아니라 전자매체에 의하여 이루어지는 무역계약은 모두 포함되는 것으로 해석되어야 할 것이다. 따라서, 전자무역계약은 컴퓨터 네트워크나 인터넷 상에서 계약당사자의 청약의 의사표시와 승낙의 의사표시의 합치로 성립하게 된다.

기존의 무역계약은 무역거래의 사전교섭과정이나 청약과 승낙의 의사표시를 할 때, 전화, 팩시밀리, 텔렉스, 우편, 전보 등의 통신매체를 이용하여 구두나 서면으로 행하였다. 이와 달리, 전자무역계약은 이러한 의사표시를 EDI, 전자우편, 인터넷 팩스 등의 전자적 통신매체를 이용하여 사이버공간에서 전자적 형태로 행하는 것이다.

2. 무역계약과 종속계약

무역계약은 협의로는 국제물품매매계약을 의미하는 것으로서 이를 주계약이라 한다면, 물품의 수출과 수입에 수반되는 운송계약, 보험계약, 환계약 등의 모든 계약을 종속계약이라고 한다.

● 무역계약과 종속계약의 관계

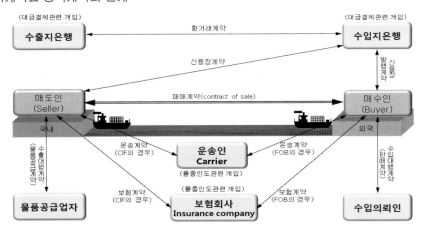

3. 무역계약의 대상

무역계약의 대상은 주로 동산인 물품(goods)이며, 토지·건물 등의 부동산, 또는 주식·어음 등의 유가증권은 무역거래의 대상이 될 수 없다.

물품은 현물(existing goods)과 선물(future goods)[1], 특정물(specific goods)과 불특정물(unascertained goods)로 구분되며, 무역계약의 대상이 되는 물품은 주로 동산인 불특정물의 선물이다.

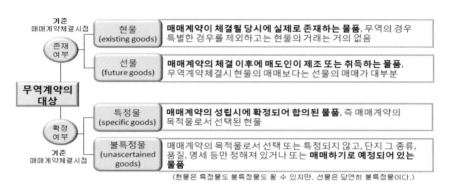

II. 무역계약의 종류

1. 개별계약

개별계약(case by case contract)은 특정 물품을 거래할 때마다 거래단위별로 일일이 구체적인 거래조건에 대하여 합의하는 방식으로 체결되는 계약을 말한다. 즉, 계약의 양당사자는 거래의 매 건별로 거래조건에 대하여 합의하고, 매도인의 물품인도와 매수인의 대금지급이 완료되면 계약은 종료되어 양당사자는 더 이상의 계약조건에 구애받지 않는다. 이것은 고정거래선이 아닌 경우의 거래에 이용되고, 물품매도확약서(offer sheet; 청약서), 매도인이 작성하는 매도계약서(sales note)나 주문확인서(confirmation of order), 매수인이 작성하는 구매계약서(purchase note)나 구매주문서(purchase order) 등이 이 범주에 해당된다.

---

1) SGA 제5조 (1)항: 무역계약의 목적이 되는 물품은 매도인이 소유 또는 점유하는 현물이거나 매매계약이 체결된 후 매도인이 제조 또는 취득할 물품, 즉 선물이 될 수 있다(The goods which form the subject of a contract of sale may be either existing goods, owned or possessed by the seller, or goods to be manufactured or acquired by him after the making of the contract of sale, in this Act called future goods).

개별계약의 경우에는 주로 매도인이 무역계약서 2부를 작성·서명하여 매수인에게 송부하고, 매수인이 동 계약서의 기재사항에 이의가 없다면 이 2부의 계약서에 서명한 후 1부는 자신이 보관하고 나머지 1부는 매도인에게 반송하는 방법으로 체결된다.

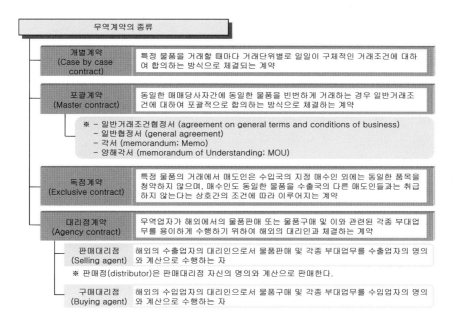

2. 포괄계약

포괄계약(master contract; 기본계약; 장기계약)은 동일한 매매당사자 간에 동일한 물품을 빈번하게 거래하는 경우 일반거래조건에 대해 포괄적으로 합의하는 방식으로 체결하는 계약을 말한다. 즉, 매매당사자 간에 동일한 물품을 빈번하게 거래하는 경우 매번 거래조건에 대하여 합의하고 문서화하는 것은 불편하고 번거롭기 때문에 매매당사자는 일반거래조건에 대한 계약서(일반거래조건협정서)를 작성해 놓고 필요할 때마다 발주에 의하여 선적을 해주는 방식의 포괄계약을 체결하게 된다. 즉, 매매당사자는 기본적이고 공통적인 사항(일반거래조건)을 합의하여 포괄계약을 체결한 후 가변적이고 구체적인 사항(개별거래조건)은 거래할 때마다 개별적으로 합의하여 개별계약서를 작성한다. 포괄계약의 내용과 개별계약의 내용이 모순될 경우에는 개별계약의 내용이 우선된다.

이 계약은 일반거래조건협정서(agreement on general terms & conditions of business), 일반협정서(general agreement), 각서(Memorandum; Memo) 또는 양해각서(Memorandum of Understanding; MOU) 등으로 칭해지고 있다.

3. 독점계약

독점계약(exclusive contract)은 특정 물품의 거래에서 수출업자는 수입국의 지정 수입업자 외에는 동일한 물품을 청약하지 않으며, 수입업자도 동일한 물품을 수출국의 다른 업자들과는 취급하지 않는다는 상호간의 조건에 따라 이루어지는 계약을 말한다. 이는 주로 수출입을 전문으로 하는 특정상사간의 매매로 국한시키는 독점판매계약이다. 계약당사자는 독점계약서를 작성·교환할 때 계약서상에 계약의 유효기간, 계약의 연장조건 등 거래의 제조건을 명시해야 한다.

독점계약을 체결하는 경우, 계약당사자는 통상적으로 계약관계를 안정적으로 유지하기 위하여 일반 계약에 비해 까다로운 의무를 부담한다.

4. 대리점계약

무역거래는 수출업자와 수입업자가 자신의 명의와 계산으로 본인으로서 직접 교섭하는 것이 일반적이지만, ① 수출업자가 해외의 매수인과 직접 교섭하지 않고 중개인(판매대리점)을 경유하여 판매하거나(판매대리점을 통한 수출), ② 수입업자가 해외의 기업(구매대리점)에 수입상품의 구매를 위탁하고, 그 수탁자가 이에 기초하여 구매한 물품을 수입하는 것(구매대리점에 의한 수입)이 있다. 즉, 대리점계약(agency agreement)에는 판매대리점계약(selling agency agreement)과 구매대리점계약(buying agency agreement)이 있다.[2]

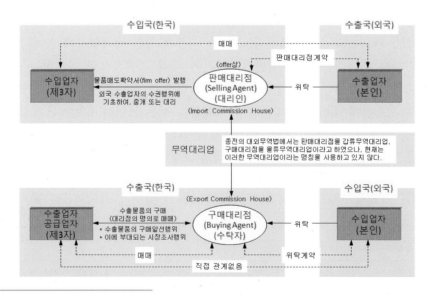

---

2) 종전의 대외무역법에서는 판매대리점을 갑류무역대리업, 구매대리점을 을류무역대리업이라고 하였으나, 현재는 이러한 무역대리업이라는 명칭을 사용하고 있지 않다.

(1) 판매대리점계약

판매대리점계약(Selling Agency Agreement)[3]은 수출업자가 해외에서의 물품판매 및 각종 부대업무를 용이하게 수행하기 위하여 해외의 대리인과 계약을 체결하는 것을 말한다. 판매업자의 관점에서 본다면, 이는 수입국내의 물품판매업자가 해외의 수출업자를 대신하여 수입국내에서 물품판매 및 각종 부대업무를 수행하기로 해외의 수출업자와 판매위탁계약을 체결하는 것을 말한다. 즉, 판매대리점은 해외의 수출업자의 대리인으로서 수출업자(본인; Principal)의 명의와 계산으로(in the name and account), 고객(수입업자)으로부터 주문을 받아 자신을 통하여 수출업자와 수입업자가 직접 계약을 체결하도록 서비스를 제공하고 이에 대하여 수수료를 수취한다.

(2) 구매대리점계약

구매대리점계약(Buying Agency Agreement)은 수입업자가 해외에서의 물품구매 및 각종 부대업무를 용이하게 수행하기 위하여 해외의 대리인과 계약을 체결하는 것을 말한다. 구매업자의 관점에서 본다면, 이는 수출국내의 물품구매업자가 해외의 수입업자를 대신하여 수출국내에서의 물품의 구매 및 각종 부대업무를 수행하기로 해외의 수입업자와 구매위탁(indent)계약을 체결하는 것을 말한다. 즉, 구매대리점은 해외의 수입업자로부터 받은 위탁(구매위탁; 매입위탁, Indent)에 기초하여 물품을 구매하고 이를 선적한 후 그 서비스에 대한 보수로서 매입액에 대한 X%의 구매수수료(Buying Commission)를 받게 된다. 구매대리점이 그 수탁상품을 수출국내의 공급업자로부터 구매할 때에는 해외위탁자(수입업자)의 명의를 표시하지 않고 자신의 명의로 구매하고 대금도 자신이 지급한다. 수출국내의 공급업자가 해외로 수출되는 것을 알고 있더라도 누구에게 수출되는지를 알 수 없고, 알 필요도 없다. 수출국내의 공급업자와 해외위탁자 간에는 직접적인 관계가 없다.[4]

---

3) 판매대리점(Selling Agent)과 판매점(Distributor)을 구별하자면, 판매대리점의 경우에는 수출업자를 중개 또는 대리함으로써 판매대리점 자신의 명의와 계산으로 구매하지 않지만, 판매점의 경우에는 판매점 자신이 본인으로서 자신의 명의와 계산으로 구매하여 판매하는 것이다. 협정서도 대리점의 경우에는 Agency Agreement이고, 판매점의 경우에는 Distributorship Agreement(Sales Agreement)가 교환된다.

4) 구매대리점이 해외의 수입업자에게 물품을 선적할 때 작성하는 송장을 구매위탁송장 또는 매입위탁송장(Indent Invoice; 구매위탁송장)이라 한다. 즉, 구매위탁송장 또는 매입위탁송장은 수출국내의 구매대리점이 해외의 수입업자로부터 받은 위탁(구매위탁, Indent)에 기초하여 공급업자로부터 물품을 구매하고 이를 선적한 후 공급업자로부터의 구매원가, 인수비, 포장비, 운송비, 보험료, 구매수수료 등을 명기하고 작성한 송장을 말한다.

III. 무역계약의 당사자

　무역계약의 당사자는 매도인과 매수인이다. 매도인(seller)은 물품을 매각하거나 매각하기로 합의한 자를 말한다.[5] 매수인(buyer)은 물품을 매입하거나 매입하기로 합의한 자를 말한다.

　매도인과 매수인이 자신의 명의와 계산으로 직접 거래를 하는 경우에는 본인에 해당된다. 본인(Principal)이란 자신의 명의와 계산(위험)으로(in the name and account) 거래하고, 그 손익은 모두 자신에게 귀속하는 자를 말하고, 반면 대리인(agent)은 본인(Principal)으로부터 특정영업, 영업의 일부 또는 특정행위에 대한 대리권을 부여받은 자로서, 본인(매도인 또는 매수인)을 위하여 본인의 명의와 계산으로 행위를 하고 그 제공하는 서비스의 보수로서 본인으로부터 수수료(commission)를 수취하는 자를 말한다. 이 무역계약의 당사자는 다음의 표와 같이 각각의 거래관계에 따라 다양한 명칭으로 사용되고 있다.

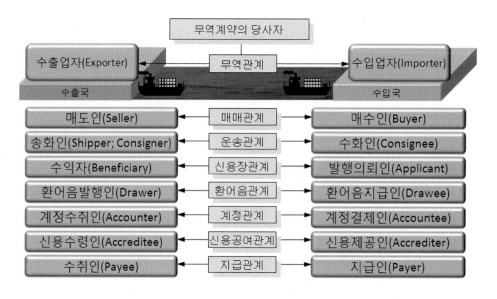

　참고로, 계정결제인(Accountee)이란 환어음의 경우, 환어음의 대금을 최종적으로 지급하는 자를 말한다. 신용장거래에서는 발행은행이 수익자(수출업자)에게 신용장대금을 지급하지만, 이러한 발행은행의 대금지급은 발행의뢰인(수입업자)의 요청에 따른 것이므로, 발행의뢰인이 발행은행에게 이러한 대금을 최종적으로 지급하는 계정결제인이 된다.

---

5) 영국물품매매법 제61조.

Ⅳ. 무역계약의 법적 성격

1. 합의계약(consensual contract)

합의계약(consensual contract; 낙성계약)은 당사자의 일방에 의해서 행해진 청약에 대하여 상대방이 승낙함으로써 성립하는 계약을 말한다. 즉, 합의계약은 당사자의 합의 이외에 물품의 인도나 소유권의 이전 등과 같은 법률사실이 있어야만 계약이 성립하는 요물계약[6]과 달리, 계약당사자의 합의만으로 계약이 성립된다. 무역계약은 물품을 일정한 조건으로 판매하겠다는 매도인의 청약의 의사표시에 대하여 매수인이 이를 구매하겠다는 승낙의 의사표시를 함으로써 성립하는 합의계약이다.

2. 유상계약(remunerative contract; onerous contract)

유상계약(remunerative contract; onerous contract)은 계약당사자가 상호 대가관계[7]에 있는 급부를 할 것을 목적으로 성립되는 계약이다. 유상계약은 일방의 당사자의 경제적인 출연에 대하여 상대방이 이에 대응하는 급부를 제공하지 않는 무상계약[8]과 달리, 계약당사자가 상호 대가적 관계에 있는 급부를 할 것을 목적으로 하는 계약이다. 이것은 채무이행의 측면에서 본 것으로서, 매도인의 물품의 인도에 대하여 매수인은 금전 또는 물품으로 반대급부를 이행해야 한다는 것이다. 무역계약은 매도인의 물품인도에 대하여 매수인의 대금지급이라는 상호 대가관계를 원칙으로 하는 유상계약이다.

3. 쌍무계약(bilateral contract)

쌍무계약(bilateral contract)은 계약의 성립에 의하여 당사자의 쌍방이 상호 채무를 부담하게 되는 계약을 말한다. 쌍무계약은 당사자의 일방만이 채무를 부담하는 편무계

---

6) 소비대차, 사용대차가 요물계약에 속한다.
7) 대가는 객관적으로 등가임을 의미하는 것이 아니라 당사자의 주관적 판단에 의하여 서로 상당하는 것이면 충분하다.
8) 무상계약(gratuitous contract; nude contract)은 계약에 따른 대가가 수반되지 않는 계약으로서, 증여와 사용대차가 이에 속한다.

약)과 달리, 계약당사자의 쌍방이 채무를 부담하는 계약이다. 무역계약은 그 계약의 성립과 동시에 매도인이 물품인도의무를 부담하고 매수인이 대금지급의무를 부담하는 쌍무계약이다. 즉, 무역계약은 그 계약의 성립과 동시에 매도인은 매수인에 대하여 대금지급청구권을 가지게 되고, 매수인은 매도인에 대하여 물품인도청구권을 가지게 된다.

쌍무계약은 계약의 효과로서 발생하는 채무만을 대상으로 하여 그 채무가 서로 대가적 의미를 지니는지 여부를 기준으로 구분한다. 쌍무계약은 채무자체가 상호적인지 여부에 관한 것이라면, 유상계약은 채무의 내용이 대가가 있는지 여부에 관한 것이다. 그러므로 쌍무계약은 모두 유상계약이지만, 반대로 유상계약은 반드시 쌍무계약이라고 볼 수 없다.

4. 불요식계약(informal contract)

불요식계약(informal contract)은 서면(writing)이나 구두(oral)에 의한 명시계약(express contract) 또는 관행이나 관습에 의한 묵시계약(implied contract)에 의해 성립되는 계약을 말한다. 즉, 불요식계약은 요식행위를 필요로 하는 요식계약(formal contract)과 달리, 계약체결방식에 있어서 구두, 서면, 일부구두, 일부서면 중의 어느 것에 의해서도 성립되는 계약이다. 무역계약은 별도의 계약서의 작성 등 계약의 특별한 형식을 필요로 하지 않는 불요식계약이다.

V. 무역계약의 적용법규

1. 계약자유의 원칙

계약자유의 원칙(doctrine of liberty of contract; doctrine of freedom of contract) 또는 당사자자치의 원칙(사적자치의 원칙)은 개인의 계약관계는 계약당사자의 자유로운 의

---

9) 편무계약(unilateral contract)은 계약당사자의 일방이 채무를 부담하거나, 쌍방이 채무를 부담하나 대가가 수반되지 않는 계약으로서, 편무계약은 대부분이 무상계약이다.

사에 기초하여 자율적으로 결정될 수 있고 국가는 간섭하지 않는다는 원칙을 말한다. 즉, 계약당사자가 자신의 의사에 따라 자유롭게 계약을 체결하고 법도 그러한 자유의 결과를 존중한다는 원칙을 말한다. 계약당사자는 계약체결의 자유, 계약내용 결정의 자유, 계약상대방 선택의 자유, 계약방식의 자유(형식의 자유)를 가진다. 그러나, 계약자유의 원칙은 임의규정보다는 우선하지만, 강행규정이나 공서양속에 반할 수 없다.

여기에서, 임의규정(default rules)은 당사자의 합의(agreement of the parties)에 의하여 변경(modify)될 수 있는 규정을 말하고, 강행규정(mandatory rules)은 당사자의 의사 여하에 불구하고 강제적으로 적용되는 규정으로서, 계약당사자가 계약을 무효로 하거나 변경하려고 하더라도 강제적으로 적용되는 규정을 말한다.

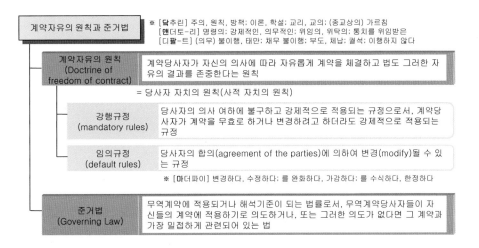

2. 준거법

준거법(governing law; applicable law; proper law)은 계약에 적용되거나 해석기준이 되는 법률로서, 계약당사자들이 자신들의 계약에 적용하기로 의도한 국가의 법, 또는 그러한 의도가 없다면 그 계약과 가장 밀접하게 관련되어 있는 국가의 법을 말한다. 계약 내용 및 그 이행에 관하여 분쟁이 발생한 경우, 특정 국가 내에서 계약이 체결되고 이행되는 국내거래에서는 속지주의나 속인주의와 같은 원칙에 의하여 그 국가의 법률이 강제로 적용되기 때문에 준거법에 관한 문제가 발생하지 않지만, 2개국 이상의 거래당사자 간에 계약이 체결되고 2개국 이상에 걸쳐 계약이 이행되는 국제거래에서는 특정 국가의 법률을 강제적으로 적용시킬 수 없기 때문에 어느 나라의 법률에 따라 분쟁을 해결할 것인지와 같은 준거법의 문제가 발생하게 된다.

따라서, 준거법의 지정을 필요로 하는 무역계약의 경우에는 계약당사자가 계약자유의 원칙(당사자 자치의 원칙)에 따라 그 계약의 일부로서 준거법을 자유롭게 지정할 수 있다. 무역계약의 체결 시에 지정하는 준거법은 계약당사자의 합의에 의하여 수출국이나 수입국의 법률 중에서 지정될 수 있으며, 계약당사자가 서로 자국의 법률을 준거법으로 지정하겠다고 주장하는 경우에는 악의적 의도가 없는 한[10] 제3국의 법률을 지정할 수도 있다.[11]

이와 같이 계약당사자가 무역계약의 체결 시에 준거법을 지정한 경우에는 그 지정된 준거법에 따라 분쟁을 해결하면 되지만, 계약당사자가 준거법을 지정하지 않은 경우에는 준거법이 법원에 의하여 임의로 선정된다. 우리나라 국제사법 제26조 제1항에서는 "당사자가 준거법을 선택하지 아니한 경우에 계약은 그 계약과 가장 밀접한 관련이 있는 국가의 법에 의한다"고 규정하고 있다.

● 무역계약 관련법규

구 분	주 체	명 칭
국제조약	로마사법국제협회 (UNIDROIT)	국제물품매매에 관한 통일법 (ULIS, 1972)
		국제물품매매의 계약체결에 관한 통일법 (ULF, 1964)
		국제물품매매의 계약효력에 관한 규칙의 통일법(1972)
	UN국제무역법위원회 (UNCITRAL)	무역계약에서 효력시효에 관한 협약 (LPIS, 1974)
		국제물품매매계약에 관한 UN협약 (UNCISG; 비엔나협약, 1988년 1월 1일 발효)
		국제물품에 적용되는 법에 관한 헤이그협약(LAIS)
국내법	한국	민법, 상법
	미국	통일상법전(Uniform Commercial Code, UCC)
	영국	물품매매법(Sale of Goods Acts; SGA, 1979)
국제상관습법	국제사법통일을 위한 국제협회(UNIDROIT)	국제상사계약에 관한 UNIDROIT원칙(1994년 제정)
	국제상업회의소(ICC)	국내 및 국제정형거래조건의 사용을 위한 ICC규칙 (Incoterms 2010)

---

10) 어떤 물품의 매매가 수출국과 수입국에서는 불법이지만 그 물품의 매매를 합법으로 인정하고 있는 제3국의 법률을 준거법으로 지정하면서 그 거래를 합법적인 것이라고 주장하는 것은 공서양속(공공질서나 미풍양속)에 반하는 것이므로 인정되지 않을 수 있다. 이는 공서양속에 반하지 않아야 한다는 계약자유의 원칙에 따라 제한되는 경우이다.

11) 한국 국제사법 제25조 제1항 및 제2항에서는 "계약은 당사자가 명시적 또는 묵시적으로 선택한 법에 의한다. 다만, 묵시적인 선택은 계약내용 그 밖에 모든 사정으로부터 합리적으로 인정할 수 있는 경우에 한하며, 당사자는 계약의 일부에 관하여도 준거법을 선택할 수 있다"고 규정하고 있다.

VI. 무역계약의 성립요건

무역거래에서 무역계약이 유효하게 성립되어 법적 구속력을 갖기 위해서는 몇 가지 요건이 충족되어야 한다. 즉, 당사자는 계약을 성립시키기로 합의해야 하고, 약인이 수취되거나 약속되어야 하고, 당사자가 계약능력을 가지고 있어야 하고, 계약은 합법적으로 성립되어야 한다. 이러한 요건이 갖추어진 경우에는 계약당사자 일방이 계약위반(breach of contract)을 한다면 의무의 이행을 강제하거나 손해배상을 청구할 수 있는 것이다.

1. 의사표시의 합치

무역계약이 유효하게 성립되기 위해서는 계약당사자 일방의 청약(offer)에 대하여 상대방의 승낙(acceptance)에 의한 합의(agreement)가 있어야 한다. 합의는 계약성립을 위한 본질적인 요소로서, 당사자는 계약의 조건에 합의해야 하고, 동일한 거래에 대한 상호간의 동의를 서로에게 표시해야 한다. 통상적으로 합의는 청약과 승낙에 의해서 입증된다. 일방의 당사자가 다른 당사자에게 특정거래를 청약하고, 다른 당사자는 그 거래를 승낙한다.

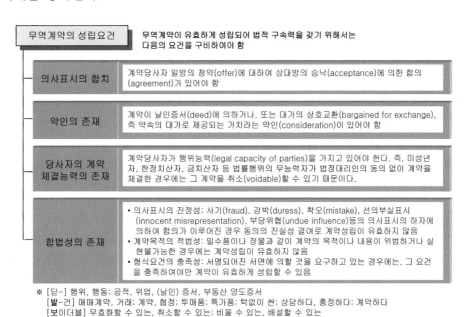

무역계약의 성립요건	무역계약이 유효하게 성립되어 법적 구속력을 갖기 위해서는 다음의 요건을 구비하여야 함
의사표시의 합치	계약당사자 일방의 청약(offer)에 대하여 상대방의 승낙(acceptance)에 의한 합의 (agreement)가 있어야 함
약인의 존재	계약이 날인증서(deed)에 의하거나, 또는 대가의 상호교환(bargained for exchange), 즉 약속의 대가로 제공되는 가치라는 약인(consideration)이 있어야 함
당사자의 계약 체결능력의 존재	계약당사자가 행위능력(legal capacity of parties)을 가지고 있어야 한다. 즉, 미성년자, 한정치산자, 금치산자 등 법률행위의 무능력자가 법정대리인의 동의 없이 계약을 체결한 경우에는 그 계약을 취소(voidable)할 수 있기 때문이다.
합법성의 존재	• 의사표시의 진정성: 사기(fraud), 강박(duress), 착오(mistake), 선의부실표시 (innocent misrepresentation), 부당위협(undue influence)등의 의사표시의 하자에 의하여 합의가 이루어진 경우 동의의 진실성 결여로 계약성립이 유효하지 않음 • 계약목적의 적법성: 밀수품이나 장물과 같이 계약의 목적이나 내용이 위법하거나 실현불가능한 경우에는 계약성립이 유효하지 않음 • 형식요건의 충족성: 서명되진 서면에 의할 것을 요구하고 있는 경우에는, 그 요건을 충족하여야만 계약이 유효하게 성립할 수 있음

※ [딛-] 행위, 행동; 공적, 위업, (날인) 증서, 부동산 양도증서
　[바-건] 매매계약, 거래; 계약, 협정; 투매품; 특가품; 턱없이 싼; 상담하다, 흥정하다; 계약하다
　[보이더블] 무효화할 수 있는, 취소할 수 있는; 비울 수 있는, 배설할 수 있는
　[커패써리] 수용력, 수용인원, 정원; 포용력; 생산능력; 자격, 능력; 용량; 최대한의, 만원의
　[프랕-] 사기, 사기 행위, 기만적 언행
　[듀어레쓰] 구속, 감금, (불법적인) 강요, 협박, 강제
　[이너쎈트] 순결한, 청순한; 죄없는, 결백한; 악의가 없는; 해가 없는; 결백한 사람; 죄없는 사람
　[인플루언쓰] 영향, 감화; 세력, 권력, 위세; ~에 영향을 주다; ~을 좌우하다, 움직이다; ~을 촉구하다

2. 약인의 존재

무역계약이 유효하게 성립되기 위해서는 당사자 간의 합의 이외에도, 계약이 날인증서(deed)에 의하거나, 또는 대가의 상호교환(bargained for exchange), 즉 약속의 대가로 제공되는 가치라는 약인(consideration)이 있어야 한다. 매매계약당사자의 합의만으로 계약이 성립하는 한국법과 달리 영미법에서는 계약당사자의 합의 이외에 약인을 필요로 한다. 즉, 증여계약과 같이 대가관계가 없는 것은 현실적으로 인도가 완료되지 않는 한 그 구속력이 인정되지 않는다.

무역거래에서는 영미법상의 약인이론이 문제될 수 있지만 실제의 무역계약에서 약인이론에 의하여 어떤 채무가 무효화되는 것은 어렵다고 볼 수 있다. 왜냐하면, 통상적으로 계약서상에는 "in consideration of mutual covenants and promises herein set forth, it is agreed as follows"라는 문언이 삽입됨으로써 약인문제가 해결될 수 있는 것이다.

3. 당사자의 계약체결능력의 존재

무역계약이 유효하게 성립되기 위해서는 계약당사자가 행위능력(legal capacity of parties)을 가지고 있어야 한다. 즉, 미성년자, 한정치산자, 금치산자 등 법률행위의 무능력자가 법정대리인의 동의 없이 계약을 체결한 경우에는 그 계약을 취소할 수 있기 때문에 (voidable contract), 계약당사자가 행위능력이 있어야만 계약이 유효하게 성립할 수 있다.

4. 합법성의 존재

무역계약이 유효하게 성립되기 위해서는 그 계약의 성립과정이나 내용에 하자가 없어야 한다. 예를 들면, 사기(fraud)·강박(duress)·착오(mistake)·선의부실표시(innocent misrepresentation)·부당위협(undue influence) 등 의사표시의 하자에 의해 계약이 성립하는 경우, 계약의 목적이나 내용이 위법하거나 실현 불가능한 경우, 서면(writing)을 요구하는 계약이 서면의 형식적인 요건을 충족하지 못한 경우 등에는 계약이 유효하게 성립할 수 없다.

VII. 무역계약의 성립절차

무역계약은 매도인의 청약(selling offer)에 대하여 매수인이 승낙하거나, 또는 매수인의 청약(buying offer)에 대하여 매도인이 승낙하거나, 또는 매수인의 구매주문

(purchase order)에 대하여 매도인이 주문승낙(acknowledgement of order)을 하는 경우에도 성립된다고 할 수 있다.

1. 청약과 승낙에 의한 계약성립

무역계약은 통상적으로 당사자의 일방이 계약의 청약(offer)을 행하고, 다른 당사자가 그것을 승낙(acceptance) 함으로써 계약이 성립한다. 계약은 예외적인 경우를 제외하고 반드시 최종적으로 하나의 청약과 하나의 승낙에 의해서 성립한다. 일반적으로 청약이나 승낙의 어느 것이 없는 경우에는 계약은 성립하지 않는다. 청약이 없는 경우에는 승낙은 존재할 수 없기 때문에, 계약은 성립하지 않고, 승낙이 없는 경우에는 청약만으로는 계약은 성립하지 않는다.

즉, 무역계약은 청약자의 원청약(original offer)에 대하여 수차례의 반대청약(counter offer)을 거치고 상대방의 최종적·무조건적인 승낙이 있으면 그 계약은 성립된다.

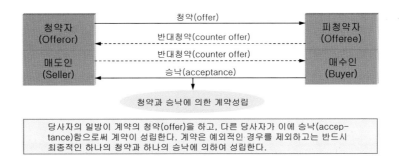

2. 주문과 주문승낙에 의한 계약성립

통상적으로 매도인이 청약하고 매수인이 이를 승낙함으로써 계약이 성립하지만 양당사자 간에 거래가 빈번한 경우 매수인이 먼저 구매주문(purchase order)을 하는 경우도 있는데, 이러한 매수인의 주문에 대하여 매도인이 승낙하는 것을 주문승낙이라고 한다. 주문(order)은 매수인이 물품의 내역과 거래조건을 명기하여 구매의사를 표시하는 것으로서 구매청약과 동일한 성격을 가지는 것이다. 매도인이 매수인의 주문에 대하여 승낙의 의사표시로서 매수인에게 매도계약서(sales note)를 송부하는 경우 이 매도계약서가 바로 주문승낙서(acknowledgement of order)에 해당되고, 매수인이 매도계약서의 내용을 확인하고 그 내용대로 구매계약서(purchase note)를 작성하여 송부하게 된다.

참고로, 매수인은 매도인의 거래권유장(circular letter)을 보고 난 후 또는 계속적인 거래관계에 있을 때에는 청약 없이 구매주문(purchase order)을 하는 경우도 있으며, 청약과 승낙에 의하여 계약이 성립한 후에 매수인이 매도인에게 구매주문(purchase order)를 하거나, 주문 없이 매매계약서를 작성하거나, 또는 매매계약서를 작성하지 않고 신용장을 발행하는 경우도 있다. 또한, 매수인이 매도인에게 미리 block order를 주는 경우도 있는데, 이 block order는 매도인으로 하여금 매수인의 예상되는 주문수량에 대비하여 원자재 확보 등 생산준비를 할 수 있도록 미리 주문수량을 알려주는 것으로서, 실질적인 주문이 아니라 주문수량의 예약이라고 할 수 있다.

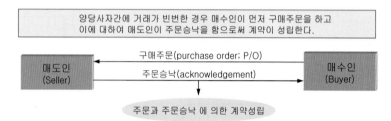

※ 주문(order)은 매수인이 물품의 내역과 거래조건을 명기하여 구매의사를 표시하는 것으로서 구매청약과 동일한 성격을 가진다.
※ [펄쳐쓰] ~을 사다, 구입하다; ~을 살 수 있다; ~을 얻다; ~을 취득하다; 구입, 구매, 매입
　　[액날리쥐먼트] 승인, 시인; 감사, 사례; 접수통지, 수령통지, 영수증; <법률> 승인, 승인서

제2절 청약과 승낙

Ⅰ. 청약

1. 청약의 의의

(1) 청약의 개념

청약(offer)은 청약자(offeror)가 피청약자(offeree)[12]와 일정한 조건으로 계약을 체결하고 싶다는 취지의 의사표시로서, 계약내용을 성립시킬 목적으로 구두, 서면, 또는 행동으로 하는 법적 구속력 있는 의사표시를 말한다. 이러한 청약은 청약자의 청약에 대하여 피청약자가 무조건적으로 승낙(acceptance)하면 즉시 매매계약이 성립되어 청약자를 구속하게

---

12) 청약자(offerer)는 청약을 행하는 자이고, 피청약자(offeree)는 청약을 받는 자를 말한다.

될 것이라는 명시적 또는 묵시적 의사표시를 말한다. 청약의 내용에는 상품의 품질이나 사양 등의 설명, 가격, 수량, 물품인도(선적)시기, 지급조건 등의 거래조건이 포함된다.

한편, 종전의 우리나라 대외무역법령에서는 서면에 의해 행해진 확정청약을 물품매도확약서(firm offer sheet)라고 규정하였다. 또한, 청약의 의사표시를 서면으로 행하는 경우에는 "We offer …"(당사는 …을 청약한다)와 같은 방법으로 행해진다.

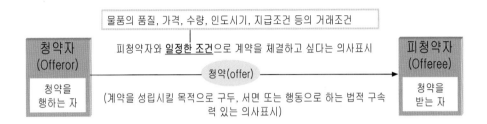

(2) 청약의 유인

청약의 유인(invitation to offer, invitation to treat)은 상대방으로 하여금 자기에게 청약을 하도록 유도하는 것으로서, 청약의 준비행위나 예비교섭(preliminary negotiation)에 불과하다. 따라서 상대방이 이를 수락하더라도 계약이 성립되는 것이 아니라 유인한 측으로부터 승낙의 표시가 있어야 비로소 계약이 성립하는 것이다. 즉, 청약의 유인은 상대방으로 하여금 청약을 하도록 유인하는 일방적인 의사표시이므로 계약은 청약의 유인(예비교섭) → 청약 → 승낙의 순서를 거쳐서 성립한다.

청약의 유인을 청약과 구별하는 것은 개별적 상황에 따라 다르지만, 거래권유장(circular letter), 확인조건부청약(sub-con offer), 신문·TV·라디오방송에 의한 광고(advertisement), 정찰부 상품진열, 견적서(quotation), 카탈로그(catalogue), 가격표(price list), 사이버쇼핑몰(cyber shopping mall) 등과 같이 다수의 일반대중을 상대하고 있는 경우와 경매(auction)나 입찰(tender), 의사확인장(letter of intent)[13] 등의 경우 등은 청약의 유인에 해당된다. 그러나, 자판기를 설치하고 운영하는 것은 청약에 해당된다. 이는 불특정인에 대한 청약으로서, 사용자가 동전을 투입함으로써 계약이 성립한다. 따라서 사용자가 동전을 투입하였다는 것은 이미 계약이 성립한 것이므로 동전의 투입 후에 물품이 인도되지 않는다는 것은 계약불이행이 된다. 자판기에 반환단추가 설치되었다는 것은 아무런 손해배상의무없이 계약의 해제권을 인정한 것이므로 사용자는 반환단추를 사용하여 투입한 동전을 반환받음으로써 계약을 해제할 수 있다.

---

13) 의사확인장(letter of intent)은 정식 계약이 체결되기 전이나 주문이 행해지기 전에 당사자 간의 합의사항을 기재한 서장으로서 양해각서(MOU)와 구매의향서의 성격을 가지며, 그 법적 구속력은 없다.

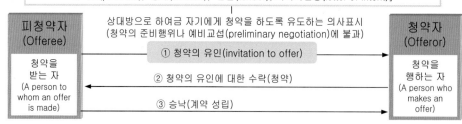

다음과 같이 다수의 일반대중을 상대하는 있는 경우 :
[거래권유장(circular letter), 확인조건부청약(sub-con offer), 신문·TV,·라디오 방송에 의한 광고(advertisement), 정찰부 상품진열, 견적서(quotation), 카탈로그(catalogue), 가격표(price list), 경매(auction), 입찰(tender), 의사확인장(letter of intent)]

| 피청약자 (Offeree) | 상대방으로 하여금 자기에게 청약을 하도록 유도하는 의사표시 (청약의 준비행위나 예비교섭(preliminary negotiation)에 불과) | 청약자 (Offeror) |

청약을 받는 자 (A person to whom an offer is made)

① 청약의 유인(invitation to offer)

② 청약의 유인에 대한 수락(청약)

③ 승낙(계약 성립)

청약을 행하는 자 (A person who makes an offer)

※ [써-큘럴] 원의, 원형의; 빙빙 도는, 원을 그리는; 일주하는; 순회의; 회람의; 순환의; 에둘러 말하는; 회람장, 안내장
　[애드벌타이즈먼트] 광고, 선전; (인쇄물에 의한) 고지, 통지
　[쿠오우테이션] 인용, 인용어; 시세, 시가, 거래가격; 견적; <증권> 상장
　[캐럴라-그] 장서목록, 도서목록; 목록; 일람, 열람; 대학편람; ~의 목록을 만들다; ~을 목록에 수록하다; 목록에 오르다
　[옥-션] 경매, 공매; 경매의; ~을 경매하다; 경매에 부치다
　[텐덜] 부드러운, 연한; ~을 제출하다; 입찰하다; 제출, 제공, 제의, 신청; 입찰; 감시인, 간호인; 보급선
　[인텐트] 의도된 것, 목적, 계획, 의향, 의도; 의사, 고의; 확고하게 향해진, 열의가 있는; 전념하는, 몰두하는

2. 청약의 종류

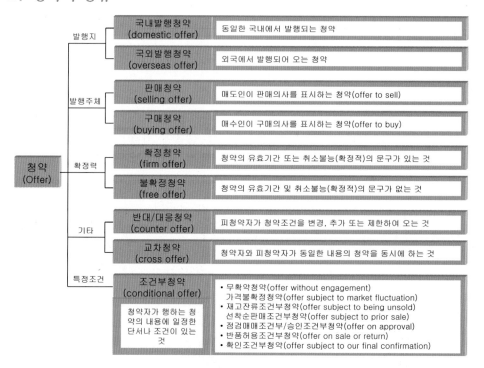

(1) 발행지에 따른 분류

청약은 발행지에 따라 국내발행청약(domestic offer)과 국외발행청약(overseas offer)

으로 구분되는데, 국내발행청약은 동일한 국내에서 발행되는 청약을 말하고, 국외발행청약은 외국에서 발행되어 오는 청약을 말한다. 예를 들면, 외국의 수출업자의 국내지사 또는 대리점이 외국의 수출업자를 대신하여 국내의 수입업자에게 발행하는 물품매도확약서(offer sheet)는 국내발행청약에 해당된다.

(2) 발행주체에 따른 분류

(가) 판매청약

판매청약(selling offer; offer to sell; 매도청약)은 매도인인 청약자(offeror)가 매수인인 피청약자(offeree)에게 판매조건과 함께 판매의사를 표시하는 청약을 말한다. 무역거래에서 청약이라고 하면 통상적으로 판매청약을 의미한다.

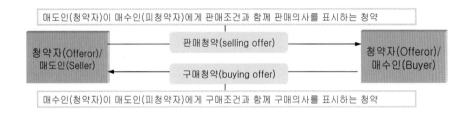

(나) 구매청약

구매청약(buying offer; offer to buy; 매수청약; 매입청약)은 매수인인 청약자(offeror)가 매도인인 피청약자(offeree)에게 구매조건과 함께 구매의사를 표시하는 청약을 말한다.

(3) 확정력의 유무에 따른 분류

(가) 확정청약

확정청약(firm offer; 기한부청약; 기한조건부청약)은 청약자가 청약의 내용에 청약의 효력존속기간(유효기간; validity of offer), 즉 승낙의 기간을 명시하거나 확정적(취소불능)이라는 문구를 명시한 것으로서 확정적이라는 문구는 있지만 그 유효기간이 명시되지 않은 경우에는 합리적인 기간(reasonable time; 상당한 기간) 내에는 취소되지 않을 것이라는 것을 확약하고 있는 것을 말한다. 따라서 피청약자가 그 유효기간내에 승낙한다면 청약의 내용대로 계약은 성립한다.

유효기간이 정해져 있는 확정청약의 경우라도, 영미법에서는 철회가능하다는 원칙을 확립하고 있으나, 대륙법이나 비엔나협약에서는 그 기간내에 철회할 수 없다고 규정하고 있다. 영미법계의 국가에서는 확정청약이라 하더라도 철회될 수 있기 때문에 피청약자가 청약을 수취하고 그 내용에 만족한다면 그 유효기간에 여유가 있더라도 가능한 한 신속하게 승낙하여야 한다(확정청약의 경우에 철회가능여부에 대한 상세한 설명은 후술하는 "청약의 철회" 부분을 참조할 것).

유효기간이 정해져 있는 확정청약을 표현하는 문언의 예를 살펴보면 다음과 같다. 청약의 유효기간을 정하는 방법에 있어서 ②의 경우는 승낙의 의사표시가 청약자에게 도달했을 때 계약이 성립하는 조건인 착신일기한부의 경우이다.

① This offer is valid until the end of May(이 청약은 5월말일까지 유효하다).

② We offer you firm subject to your acceptance reaching us by December 15, 2013 as follows(당사는 2013년 12월 15일까지 귀사의 승낙이 당사에 도착하는 것을 조건으로 귀사에게 확정적으로 청약한다).

③ We offer you firm the following items subject to your reply reaching here by 5 p.m. May 20, our time(당사는 여기 시간으로 5월 20일 오후 5시까지 귀사의 회답이 도착하는 것을 조건으로 다음의 품목에 대하여 확정적으로 청약합니다).

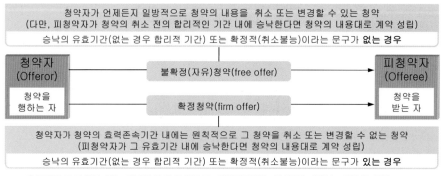

※ 유효기간이 정해져 있는 확정청약의 경우라도, 영미법에서는 철회가능하다는 원칙을 확립하고 있으나, 대륙법이나 비엔나협약에서는 그 기간 내에 철회할 수 없다고 규정하고 있다.

(나) 불확정청약

불확정청약(free offer; 자유청약)은 승낙회답의 유효기간을 명시하지 않거나 확정적(취소불능)이라는 문구가 없는 것으로서, 청약자가 언제든지 일방적으로 청약의 내용을 철회 또는 취소할 수 있는 것을 말한다. 이 경우 청약이 취소되기 전에 피청약자가 합리적인 기간내에 승낙하면 계약은 성립된다.

We offer you the following goods on the terms and conditions mentioned hereunder(당사는 다음에 언급된 조건으로 다음의 물품을 귀사에게 청약한다).

⑷ 교차청약과 반대청약

⑺ 교차청약

교차청약(cross offer)은 청약자와 피청약자가 서로 동일한 내용의 청약을 동시에 한 것을 말한다. 한국 민법 제533조에서는 "당사자 간에 동일한 내용의 청약이 상호 교차되는 경우에는 양 청약이 상대방에 도달한 때에 계약이 성립한다"고 규정함으로써 교착청약에 의한 계약의 성립을 인정하고 있지만, 영미법은 어느 쪽의 청약도 상대방에 의하여 승낙되지 않았다는 이유로 교차청약에 의한 계약의 성립을 인정하고 있지 않다.

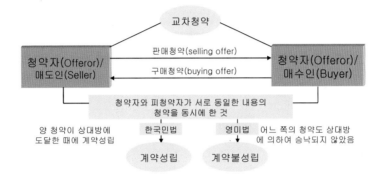

⑷ 반대청약

반대청약(counter offer; 대응청약)은 청약자의 청약에 대하여 피청약자가 그 조건을 변경, 추가, 제한 등 새로운 조건을 제의해 오는 것으로서, 원청약(original offer)에 대한 거절(rejection)임과 동시에 피청약자의 새로운 청약(new offer)을 의미한다. 이것은 피청약자가 청약자의 입장으로 되어 새로운 청약을 하는 것을 말한다. 실제의 상담에서는 청약과 반대청약을 반복하면서 상호 양보하고, 타협하면서 합의하여 계약을 성립시키게 된다.

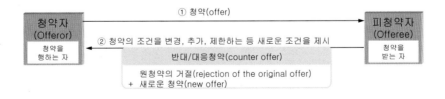

반대청약은 승낙이 아니라 새로운 청약이므로 계약을 성립시킬 수 없다. 그러나 피청약자의 반대청약에 대하여 청약자가 승낙한다면 계약은 성립된다.

⑸ 조건부청약

조건부청약(conditional offer)은 청약의 내용에 일정한 단서나 조건[14]이 있는 것으로서, 그러한 조건이 충족되는 경우 청약이 유효하게 되는 것을 말한다. 조건부청약 중에서, 무확약청약은 불확정청약(자유청약), 점검매매조건부청약 및 반품허용조건부청약은 확정청약, 확인조건부청약은 청약이 아니라 청약의 유인에 해당된다.

㈎ 무확약청약

무확약청약(offer without engagement) 또는 가격불확정청약(시황변동조건부청약; offer subject to market fluctuation)은 시황변동(market fluctuation)에 따라 사전통지 없이 제시가격이 언제든지 변경될 수 있다는 조건이 있는 청약으로서, 가격변동이 격심한 물품의 경우에 주로 사용된다. 이것은 청약자의 마음대로 조건을 변경할 수 있기 때문에 불확정청약에 해당된다. 무확약청약을 표현하는 문언의 예를 살펴보면 다음과 같다.

① The prices we have offered are quoted subject to market fluctuation(당사가 청약한 가격은 시황변동조건부로 견적되었다).

㈏ 선착순판매조건부청약

선착순판매조건부청약(offer subject to prior sale) 또는 재고잔류조건부청약(offer subject to being unsold)은 피청약자의 승낙의 의사표시가 청약자에게 도달했을 때 해당물품의 재고가 있어야만 계약이 성립된다는 조건이 있는 청약으로서, 한정된 수량의 재고품을 신속히 처분하기 위하여 다수의 거래상대방에게 동시에 청약하는 경우에 주로 사용된다. 즉, 한정된 수량의 재고품을 다수의 거래상대방에게 청약한 경우에 다수의 피청약자가 모두 승낙한다면 수량이 부족하게 되어 청약자는 계약불이행의 사태에 직면할 수 있기 때문에 이러한 조건을 붙여 청약을 하게 된다. 선착순판매조건부청약을 표현하는 문언의 예를 살펴보면 다음과 같다.

① We offer subject to being unsold(당사는 재고잔류조건부로 청약한다).

② This offer is made subject to the goods being available when the order is received (이 청약은 주문이 수취되었을 때 이용가능한 물품을 조건으로 행해진다).

---

14) 여기에서 조건이란 계약을 성립시키는 조건이 아니라, 청약을 유효하게 하는 조건을 의미한다.

● 조건부청약의 종류

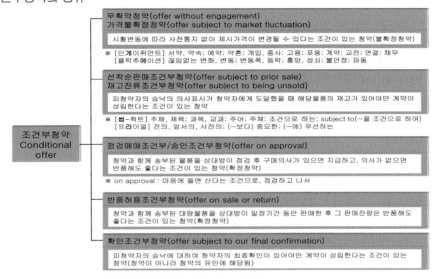

무확약청약(offer without engagement)
가격불확정청약(offer subject to market fluctuation)
시황변동에 따라 사전통지 없이 제시가격이 변경될 수 있다는 조건이 있는 청약(불확정청약)

※ [인게이쥐먼트] 서약, 약속; 예약; 약혼; 개입, 종사; 고용; 포용; 계약; 교전; 연결; 채무
[플럭추에이션] 끊임없는 변화, 변동, 변동폭, 등락; 흥망, 성쇠; 불안정; 파동

선착순판매조건부청약(offer subject to prior sale)
재고잔류조건부청약(offer subject to being unsold)
피청약자의 승낙의 의사표시가 청약자에게 도달했을 때 해당물품의 재고가 있어야만 계약이
성립한다는 조건이 있는 청약

※ [썹-젝트] 주제, 제목; 과목, 교과; 주어; 주체; 조건으로 하는; subject to(~을 조건으로 하여)
[프라이얼] 전의, 앞서의, 사전의; (~보다) 중요한; (~에) 우선하는

점검매매조건부/승인조건부청약(offer on approval)
청약과 함께 송부된 물품을 상대방이 점검 후 구매의사가 있으면 지급하고, 의사가 없으면
반품해도 좋다는 조건이 있는 청약(확정청약)

※ on approval : 마음에 들면 산다는 조건으로, 점검하고 나서

반품허용조건부청약(offer on sale or return)
청약과 함께 송부된 대량물품을 상대방이 일정기간 동안 판매한 후 그 판매잔량은 반품해도
좋다는 조건이 있는 청약(확정청약)

확인조건부청약(offer subject to our final confirmation)
피청약자의 승낙에 대하여 청약자의 최종확인이 있어야만 계약이 성립한다는 조건이 있는
청약(청약이 아니라 청약의 유인에 해당됨)

조건부청약
Conditional
offer

㈐ 점검매매조건부청약

점검매매조건부청약(offer on approval; 승인조건부청약)은 청약과 함께 송부된 물품을 상대방(피청약자)이 점검해 보고 구매의사가 있으면 그 대금을 지급하고 그렇지 않으면 일정기간 내에 반품해도 좋다는 조건이 있는 청약으로서, 신제품의 해외시장 개척시에 주로 사용된다. 청약의 상대방인 피청약자가 물품을 점검해 보고 구매의사가 있어서 대금을 지급하는 것은 승낙의 의사표시임과 동시에 대금지급의무의 이행으로 보아야 한다.

㈑ 반품허용조건부청약

반품허용조건부청약(offer on sale or return)은 청약과 함께 송부된 대량의 물품을 상대방(피청약자)이 일정기간 동안 판매한 후 그 판매잔량은 반품해도 좋다는 조건이 있는 청약을 말한다. 이 청약은 확정청약(firm offer)의 일종으로서, 서적, 잡화류 등의 위탁판매에 주로 이용된다.

반품허용조건부청약(offer on sale or return)은 송부된 물품을 일정기간 판매 후 남은 잔량을 반품할 것을 조건인 반면, 점검매매조건부청약(승인조건부청약, offer on approval)은 송부된 물품을 점검해 본 후 만족하지 않는다면 승낙하지 하지 않고 반품할 수 있다는 조건이 있는 것이다.

㈒ 확인조건부청약

확인조건부청약(offer subject to our final confirmation; Sub-Con offer)은 피청약자의

승낙이 있더라도 계약이 성립하는 것이 아니라 승낙에 대한 "청약자의 최종확인이 있어야만 계약이 성립한다는 조건(subject to our final confirmation)"이 있는 청약으로서, 법적 의미에서는 청약이 아니라 청약의 유인(invitation to offer)에 해당된다.

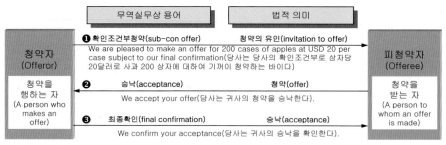

※ [인버테이션] 초대, 초청, 안내; 초대장; 꾐, 유인, 유혹; 제안, 권장, 권유

3. 청약의 통지방법

청약은 구두(oral) 또는 서면(writing)으로 통지할 수 있는데, 기존의 무역거래에서는 대면(face to face), 전화, 가입전신(telex), 모사전송(fax), 전보(telegram), 우편(mail) 등의 방법으로 청약의 의사를 표시하였다. 그러나 최근에는 컴퓨터 등의 정보통신망의 발달에 따라 EDI, 전자우편(E-mail), 인터넷폰(Internet phone)이나 인터넷팩스(Internet Fax) 등의 전자적 매체도 자주 활용된다.

4. 청약의 효력발생시기

일반적으로 청약의 효력발생시기는 청약의 내용이 피청약자에게 도달한 때에 그 효력이 발생한다는 도달주의(receipt rule)를 채택하고 있다. 왜냐하면, 피청약자는 청약자가 청약을 하였다는 사실을 인지한 경우에만 그 청약에 근거하여 어떠한 행동을 취할 수 있기 때문이다. 즉, 비엔나협약 제15조 제1항에서는 "청약은 피청약자에게 도달한 때에 효력이 생긴다"고 규정하고 있으며, 한국 민법 제111조 제1항에서도 "상대방 있는 의사표시는 그 통지가 상대방에게 도달한 때로부터 그 효력이 생긴다"고 규정하고 있다. 따라서 청약이 피청약자에게 도달하지 않거나 늦게 도착하여 생기는 불이익은 청약자 자신이 부담하여야 한다.

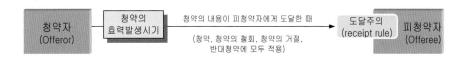

참고로, 청약뿐만 아니라, 청약의 철회, 청약의 거절, 반대청약 등도 모두 이들의 의사표시가 상대방에게 도달한 때에 그 효력이 발생한다는 도달주의를 채택하고 있다.

5. 청약의 연장

청약의 연장(Extension of offer; Extension of validity of offer)은 청약자가 청약의 유효기간 내에 상대방의 요청 등에 의하여 청약의 유효기간을 연장하는 것을 말한다.

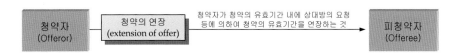

6. 청약의 효력소멸

피청약자에 의한 승낙(acceptance)의 의사표시가 있는 경우에는 계약이 성립함과 동시에 청약의 효력은 소멸한다.

또한, 청약은 청약자가 청약을 철회하는 경우(청약의 취소), 피청약자가 청약을 거절하는 경우, 청약의 유효기간이 경과하는 경우, 청약자가 사망하거나 행위능력을 상실하는 경우, 청약내용의 이행불능(후발적 위법) 등에는 그 효력이 소멸된다.

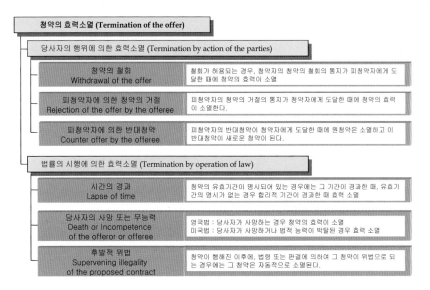

(1) 청약의 철회

청약의 철회(withdrawal of the offer)는 청약자가 일방적으로 청약의 효력을 소멸시키고자 하는 의사표시로서, 청약의 효력이 발생한 후 그 철회가 허용되는 경우에는 그 철회의 통지가 상대방에게 도달한 때에 청약의 효력은 소멸한다.[15]

청약의 철회가능여부에 대하여 대륙법과 영미법은 정면으로 대립하고 있다. 즉, 유효기간이 정해져 있는 확정청약의 경우에, 대륙법에서는 어떠한 경우에도 유효기간 내에는 철회할 수 없다고 규정하고 있는 반면, 영미법에서는 특정한 경우를 제외하고는 그 유효기간 내에 철회할 수 있다는 것이다.

유효기간이 정해져 있는 청약을 확정청약(firm offer)이라고 하고, 여기에서 "firm"이라는 용어는 "기간 또는 철회불능"을 의미하는 것으로 이해되고 있다. 따라서, 한국민법 제528조에서는 "계약의 청약은 이를 철회하지 못하며, 승낙의 기간을 정한 계약의 청약은 청약자가 그 기간내에 승낙의 통지를 받지 못할 때는 그 효력을 잃는다"고 규정하고 있다.

또한, 비엔나협약도 한국민법과 동일하게 확정청약의 경우에는 철회불능임을 규정하고 있다. 즉, 비엔나협약 제16조 제1항에서는 "계약이 체결될 때까지는 피청약자가 승낙을 발송하기 전에 피청약자에게 취소통지가 도달한다면 청약은 취소될 수 있다"고 규정함으로써, 청약은 계약이 체결될 때까지는 철회할 수 있다는 것을 일반원칙으로 하고 있다. 그러나 제2항에서는 "① 승낙을 위한 확정된 기간을 표시하고 있거나 기타의 방법에 의해 청약이 취소불능이라는 것을 표시하고 있는 경우, 또는 ② 피청약자가 청약을 취소불능이라고 믿는 것이 합리적이고, 피청약자가 청약을 신뢰하고 행동한 경우에는, 청약은 취소될 수 없다"고 규정함으로써, 확정청약의 경우에는 철회불능임을 규정하고 있다.

---

15) 청약의 취소(Revocation of the offer)는 청약을 철회하는 청약자의 행위(offeror's act of withdrawing an offer), 즉 청약자에 의한 청약의 철회(withdrawal of an offer by an offeror)를 말한다; Roger LeRoy Miller and Gaylord A. Jentz, Business Law Today, 8th Edition, South-Western Cengage Learning, 2010, p.260.

● 확정청약의 철회가능성

청약의 철회 (withdrawal of the offer)	- 청약자가 일방적으로 청약의 효력을 소멸시키고자 하는 의사표시 - 청약의 효력이 발생한 후, 그 철회가 허용되는 경우에는 그 철회의 통지가 상대방에게 도달한 때에 청약의 효력은 소멸한다.

※ [위주라-일] 물러나기, 물러나게 하기; 회수, 철수: (예금의) 인출: (약속의) 취소, 철회: (마약의) 사용 중지

	확정청약 (firm offer)		불확정청약 (free offer)
	원칙(철회불능)	예외	원칙(철회가능)
대륙법계 (한국, 일본, 독일)	철회불능	없음	철회가능 (승낙되기 전까지)
비엔나협약	철회불능	없음	
영국법	• 청약이 날인증서(deed)로 되어 있는 경우 • 피청약자가 이미 약인(consideration)을 제공한 경우	기타의 경우 철회가능	
미국법 (통일상법전)	• 청약이 서명된 문서로 되어 있는 경우 • 청약이 상인에 의하여 발행된 경우 • 청약의 유효기간이 3개월을 초과하지 않는 경우 • 청약자가 제공한 청약에 유효기간이 명시되어 있다면 그 부분에 청약자가 별도서명하고 있는 경우	기타의 경우 철회가능	

결론적으로, 유효기간이 있거나 또는 취소불능이라는 문언이 있는 확정청약의 경우에는, 우리나라와 같은 대륙법계와 비엔나협약에서는 어떠한 경우에도 철회가 불가능한 것으로 되어 있지만, 영미법에서는 일부 특정한 경우(청약이 날인증서 또는 서명된 문서이거나, 3개월 이내의 유효기간 등을 명시하고 있는 경우)를 제외하고는 철회가 가능하도록 되어 있다. 일반적으로 영미법에서는 확정청약이라도 철회가 가능한 것으로 되어 있지만 대부분의 청약이 서명이나 날인증서로 되어 있고 상인에 의하여 발행되고 유효기간도 3개월을 초과하지 않는다는 점을 고려한다면 확정청약의 경우 철회가 불가능한 것으로 해석될 수 있다.

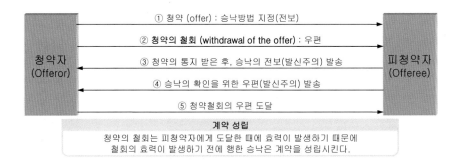

청약자
(Offeror) ── 피청약자
(Offeree)

① 청약 (offer) : 승낙방법 지정(전보)
② 청약의 철회 (withdrawal of the offer) : 우편
③ 청약의 통지 받은 후, 승낙의 전보(발신주의) 발송
④ 승낙의 확인을 위한 우편(발신주의) 발송
⑤ 청약철회의 우편 도달

계약 성립
청약의 철회는 피청약자에게 도달한 때에 효력이 발생하기 때문에
철회의 효력이 발생하기 전에 행한 승낙은 계약을 성립시킨다.

(2) 청약의 거절

청약은 피청약자의 거절(rejection)에 의하여 그 효력이 소멸된다. 거절에 의하여 효력이 소멸된 청약은 그 후 피청약자가 마음이 바뀌어 청약의 유효기간 내에 원청약의

내용대로 승낙하더라도 청약자의 동의가 없는 한 청약은 부활되지 않는다.

거절의 통지는 청약자에게 도달한 때에 그 효력이 발생하기 때문에 거절의 통지가 청약자에게 도달한 때에 청약의 효력은 소멸된다. 따라서, 일단 거절한 후 원청약의 승낙을 의도한 피청약자가 승낙의 통지를 거절의 통지보다 빨리 청약자에게 도달시킬 수 있다면 계약을 성립시킬 수 있다.

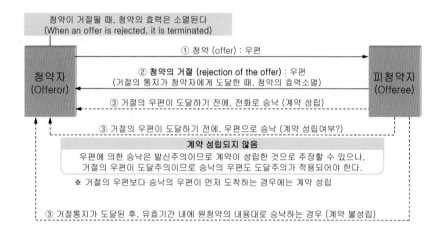

(3) 반대청약

반대청약(counter offer)은 청약자의 청약에 대하여 피청약자가 청약의 내용을 변경하거나 추가하여 새로운 조건을 제의해 오는 것으로서, 이것은 승낙이 아니라 청약의 거절이다. 즉, 반대청약은 원청약의 거절(rejection of original offer)임과 동시에 새로운 청약(new offer)이라는 법적 성질을 가지고 있기 때문에 반대청약이 청약자에게 도달한 때에 원청약의 효력은 소멸되고, 이 새로운 청약(반대청약)은 효력이 발생된다.

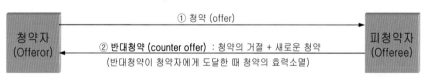

※ [카운털] 계산대; 반대로, 반대 방향으로; 반대의; 한쪽의; 철회하는; ~에 반대하다; 반대; 반대 문서; 되받아치기

(4) 시간의 경과

청약은 청약자가 정한 유효기간이 경과하면 그 효력이 소멸한다. 청약에 유효기간(승낙기간)이 명시되어 있는 경우에는 그 기간이 경과하였을 때, 청약에 유효기간이 명시되어 있지 않는 경우에는 합리적인 기간(reasonable time)이 경과하였을 때, 청약

의 효력은 소멸된다.

비엔나협약에서는 합리적인 기간에 대하여 아무런 규정이 없지만, 영미법 및 대륙법에서는 "합리적인 기간이란 물품의 성질, 거래의 관습, 청약이 행해진 환경 등에 의하여 결정되어야 하는 사실문제(question of fact)로서, 그러한 사건이 재판에 회부되었을 때 법원이 결정할 문제이다"라고 해석하고 있다. 예를 들면, 부패하기 쉽거나 가격변동이 심한 물품의 경우에는 합리적인 기간은 비교적 단기간으로 해석될 수 있을 것이지만, 합리적인 기간이 어느 정도의 기간인지에 대한 명확한 법적 근거가 없기 때문에 확정청약의 경우에는 유효기간을 명시하는 것이 분쟁의 발생을 방지할 수 있을 것이다.

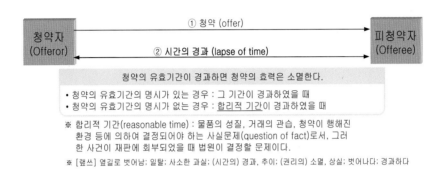

(5) 당사자의 사망

청약은 청약자나 피청약자의 사망 또는 무능력(death or Incompetence of the offeror or offeree)에 의하여 그 효력이 소멸한다. 그러나 청약이 승낙된 후에 당사자의 일방이 사망하는 경우에는 청약은 승낙에 의한 합의로 계약이 성립되었으므로 청약의 효력에는 아무런 영향을 미치지 않는다.

즉, 비엔나협약은 이에 관한 명시적인 규정이 없지만, 영국법에서는 청약자나 피청약자가 사망하였을 때 청약의 효력이 소멸하고, 미국법에서는 청약이 취소불능이 아닌 한, 피청약자의 승낙의 권한은 청약자나 피청약자가 사망하거나 또는 계약을 체결할 수 있는 법적 능력(legal capacity)이 박탈되었을 때 소멸한다고 규정하고 있다. 즉, 청약이 취소불능인 경우에는 청약자가 사망한 때 그 청약은 종료되지 않지만, 취소가능인 경우에는 일방의 당사자가 상대방의 사망 또는 무능력을 통지받았는지 여부에 관계없이 종료된다.

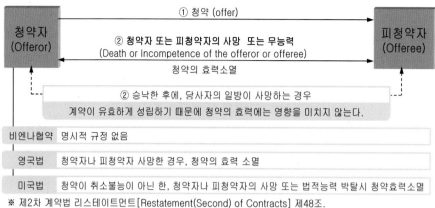

영국법 | 청약자나 피청약자 사망한 경우, 청약의 효력 소멸

미국법 | 청약이 취소불능이 아닌 한, 청약자나 피청약자의 사망 또는 법적능력 박탈시 청약효력소멸

※ 제2차 계약법 리스테이트먼트[Restatement(Second) of Contracts] 제48조.
If the offer is irrevocable, it is not terminated when the offeror dies.
(청약이 취소불능인 경우, 청약자가 사망한 때, 청약은 종료되지 않는다)

※ [인캄퍼던쓰] 무능, 부적격; <법률> 무능력, 무자격; <병리> (기능) 부전

(6) 후발적 위법

청약이 행해진 후 계약의 이행이 위법이 되는 경우에는 그 청약의 효력은 소멸된다. 예를 들면, 알코올 음료 판매하기 위한 청약을 행한 후 그 청약에 대한 승낙이 행해지기 전에 알코올 음료의 판매행위를 금지하는 법률이 제정되어 알코올 음료의 판매가 위법이 되는 경우에는 그 청약의 효력은 소멸된다. 청약이 승낙된 후에 법령이 제정되는 경우에는 계약은 유효하게 성립하지만, 그 계약은 여전히 시행될 수 없다.

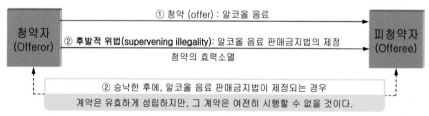

※ [쑤뻘빈-] 부수하여 일어나다, 잇따라 일어나다, 결과로서 일어나다; ~에 이어서[부수하여] 일어나다
[일리-걜러리] 불법, 위법, 비합법; 불법행위, 위법행위

● 청약서(Offer Sheet)

JOONGBU TRADING CO., LTD.

ROOM NO. 505 GANA BUDG. 25-1, DADONG, JOONG-GU, SEOUL, KOREA,
C.P.O BOX NO. 8484, TEL: 82-2-234-5000, FAX: 82-2-234-5000

OFFER SHEET

Messrs. ABC Inc.

Our Ref.   EP050515AB
Date.   May 15, 2013.

Dear Sirs
We are pleased to offer you as follows:

Supplier	: Joongbu Trading Co., Ltd.
Origin	: Republic of Korea
Packing	: Export Standard Packing
Shipment	: Within 30 days after receipt of Letter of Credit
Destination	: New York, U.S.A.
Inspection	: Seller's inspection to be final
Payment	: By an irrevocable L/C at sight in our favor
Validity	: By the end of May, 2013
Remarks	:

H.S.	Item No.	Description	Quantity	Unit Price	Amount
	MK-13445	Computer	1,000	FOB Busan USD 800	USD 800,000

We are looking forward to your kind order for the above offer.

Yours Very Truly,

JOONGBU TRADE CO., LTD.

S. H. Jeon

Managing Director

II. 승낙

1. 승낙의 의의

(1) 승낙의 개념

승낙(acceptance)은 피청약자가 청약자의 청약에 응하여 계약을 성립시킬 목적으로 청약자에게 행하는 의사표시를 말한다. 승낙의 의사표시는 구두, 서면 또는 행위 등에 의하여 행해질 수 있다.

승낙 (acceptance)	피청약자(offeree)가 청약자(offeror)의 청약에 응하여 계약을 성립시킬 목적으로 청약자에게 행하는 의사표시

요건

- 승낙의 내용은 청약의 내용과 완전하게 일치해야 한다 (Mirror Image Rule; 경상의 원칙)
- 승낙은 절대적(absolute), 최종적(final), 무조건(unconditional)이어야 한다.
- 승낙은 청약의 유효기간 내에 행해져야 한다.
- 승낙의 방법이 지정되어 있는 경우 그 방법에 따라 청약자에게 통지되어야 한다.
- 청약이 특정인에게 행해진 경우, 그 당사자만이 승낙하여야 한다.

(2) 승낙의 요건

승낙의 의사표시가 계약을 성립시키기 위해서는 다음의 요건을 충족하여야 한다.
① 승낙의 내용은 청약의 내용과 완전하게 일치해야 한다.[16]
② 승낙은 절대적(absolute), 최종적(final), 무조건(unconditional)이어야 한다.
③ 승낙은 청약의 유효기간 내에 행해져야 한다.
④ 승낙의 방법이 지정되어 있는 경우에는 그 방법에 따라 청약자에게 통지되어야 한다.
⑤ 청약이 특정인에게 행해진 경우에는 그 당사자만이 승낙하여야 한다.

이와 같이, 계약이 성립하기 위해서는 청약이 무조건, 절대적으로 승낙될 필요가 있다. 즉, 청약의 모든 조건에 동의할 필요가 있는 것이다. 조금이라도 동의하지 않는 부분이 있다면 승낙한 것으로 되지 않는다.

---

16) 경상의 원칙(Mirror Image Rule)은 계약을 성립시키기 위해서는 청약의 조건(실상)과 승낙의 조건(경상)이 거울에 투영되어 나오는 것과 같이 일치하여야 한다는 것을 말한다.

2. 승낙의 종류

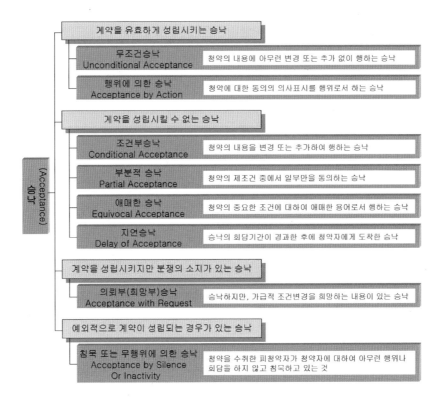

(1) 무조건승낙

무조건승낙(Unconditional Acceptance) 또는 명확한 승낙(Unequivocal Acceptance)은 피청약자가 청약의 내용을 변경 또는 추가하지 않고 청약의 내용대로 승낙하는 것을 말한다.

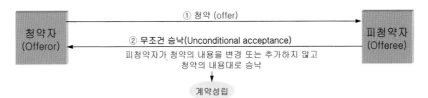

(2) 행위에 의한 승낙

행위에 의한 승낙(acceptance by action)은 피청약자가 청약에 대한 동의의 의사표시를 행위로 하는 것으로서, 그 행위가 이행되는 순간에 승낙은 효력을 발생하게 된다.

예를 들면, 행위에 의한 승낙은 매도인의 판매청약에 대하여 매수인이 아무런 통지없이 대금을 지급하는 행위, 또는 매수인의 구매청약에 대하여 매도인이 아무런 통지없이 물품을 선적하는 행위 등을 말한다.

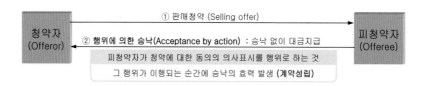

(3) 조건부승낙

조건부승낙(Conditional Acceptance)은 피청약자가 청약에 조건을 붙여 승낙하는 것, 즉 청약의 내용에 변경·추가를 행하여 승낙하는 것이며, 추가조건부청약은 어떤 조건을 추가하여 승낙하는 것을 말한다. 이러한 조건부승낙이 청약의 조건을 실질적으로 변경하는 경우에는 이 조건부승낙은 승낙이 아니라 반대청약(Counter offer)의 일종이기 때문에 계약은 성립되지 않는다.

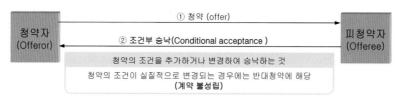

예) "Accepted provided shipment by June 15.(6월 15일까지 선적조건으로 승낙함)"

(4) 부분적 승낙

부분적 승낙(partial acceptance)는 청약의 제조건 중에서 일부분만을 승낙하는 것으로서, 승낙이 아니라 반대청약의 일종이다.

비엔나협약 제19조 제1항에서는 "청약에 대하여 승낙을 의도하고 있으나 추가, 제한 또는 기타의 변경을 포함하고 있는 청약에 대한 회답은 청약의 거절이며, 반대청약이 된다"고 규정하고 있지만, 제19조 제2항에서는 "승낙을 의도하고 있는 청약에 대한 회답은 추가적 또는 다른 조건을 포함하고 있더라도 청약의 조건을 실질적으로 변경하고 있지 않는 한 청약자가 부당한 지체없이 그 불일치에 대하여 구두로 반대하거나 또는 반대의 취지를 통지하지 않는 한 승낙이 된다. 청약자가 그러한 반대를 하지 않는 경우에는 계약의 조건은 승낙에 포함된 변경을 가진 청약의 조건이 된다"고 규정하고 있다.

따라서, 조건부승낙의 경우에는 청약의 조건이 실질적으로 변경된다면 청약의 거절이 되어 승낙이 될 수 없으나, 청약의 조건이 실질적으로 변경되지 않는 사소한 조건변경이나 추가는 계약이 성립할 수도 있다. 이러한 상황에 비추어 볼 때, 무역실무에서는 사소한 조건변경이나 추가가 행해지는 경우라 하더라도 실질적인 변경인지의 여부에 관계없이 서로 합의하여 결정하는 것이 분쟁의 발생을 방지할 수 있는 최선의 방법이 될 것이다.

※ [팔-셜] 일부분의, 부분적인, 불완전한; 부속의; 구성요소의; 불공평한, 편파적인; 좋아하는, 편애하는

(5) 애매한 승낙

애매한 승낙(equivocal acceptance)은 청약의 중요한 조건에 대하여 합리적으로 이해되지 않는 애매한 용어를 사용하여 승낙하는 것으로서, 이것은 양당사자 간에 불완전한 합의가 있는 것으로 해석되기 때문에 계약을 성립시키지 않는다. 동의의 암시만을 제시한 회답은 애매한 승낙에 해당되어 계약을 유효하게 성립시키는 승낙으로 볼 수 없다.

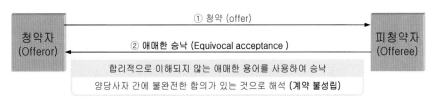

※ [이쿠이버컬] (태도, 결과, 상황 등이) 분명하지 않은, 미적지근한, 불확실한; 의심스러운; (말, 진술 등이) 애매한

(6) 지연승낙

지연승낙(delay of acceptance)은 승낙의 의사표시가 승낙의 회답기간이 경과한 후에 도착한 경우를 말한다. 예를 들면, "화요일 정오까지 승낙이 도착하는 것을 조건으로 하는 청약(We offer subject to your reply reaching us by Tuesday noon this week)"에 대하여 승낙이 목요일(Thursday)에 도착한 경우를 들 수 있다. 승낙의 회답기간이 경과한 후에 도착한 지연승낙의 경우에는 이미 청약의 효력이 소멸된 후에 승낙이 도착한 것이므로 이 지연승낙은 청약으로 되어 계약을 성립시킬 수 없다.

지정한 기간 내에 승낙의 통지가 없는 경우는 우편 상의 사고로 지연된 경우 또는 피청약자가 처음부터 늦게 승낙의 통지를 발송한 경우를 들 수 있다. 우편 상의 사고로 늦게 도착한 경우에는, 청약자가 피청약자의 승낙이 유효기간 이후에 도착하였으므로 그 승낙을 받지 않겠다는 회답의 통지를 하여야 한다. 왜냐하면 청약자가 이러한 지연승낙에 대한 거절의 통지를 태만히 한 경우 피청약자의 승낙은 지연되지 않은 것으로 간주되어 계약이 성립되기 때문이다. 또한 피청약자가 승낙의 의사표시를 처음부터 늦게 발송한 경우에는, 청약의 효력은 상실되지만, 원청약자가 계약을 성립시키려는 경우에는 지체 없이 승낙을 인정한다는 취지의 통지를 행할 필요가 있다. 계약의 성립을 원하지 않는 경우에는 그대로 방치해도 무방하지만, 후일의 분쟁에 대비하여 계약불성립의 통지를 발송하는 것이 바람직하다.

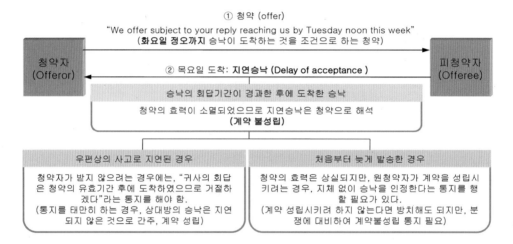

(7) 의뢰부승낙

의뢰부승낙(희망부승낙; acceptance with request; acceptance accompanied by request)은 피청약자가 청약을 승낙하지만 청약의 내용에 희망사항을 기재하여 승낙하는 것, 즉 가능하다면 조건을 변경해 주었으면 한다는 내용을 기재하여 승낙하는 것을 말한다. 예를 들면, "Accepted. Preferably June Shipment(승낙한다. 가급적이면 6월 선적을 희망한다)"라고 승낙하는 경우로서, 법적으로는 계약을 유효하게 성립시키는 승낙에 해당될 수 있지만 실무적으로는 의뢰사항에 진지하게 대응하여야 한다. 따라서, 실현이 불가능한 경우에는 청약자는 그 취지를 피청약자에게 통지하여 확실히 거절하여야 한다. 그렇지 않으면 분쟁이 발생할 수 있다.

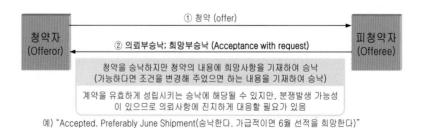

⑻ 침묵 또는 무행위에 의한 승낙

침묵 또는 무행위에 의한 승낙(acceptance by silence or inactivity)은 청약을 수취한 피청약자가 아무런 행위나 회답을 하지 않고 침묵하고 있는 것으로서, 각국의 계약법은 일반원칙으로서 침묵을 승낙으로 인정하지 않는다.[17] 왜냐하면, 청약을 수취한 피청약자가 아무런 회답을 하고 있지 않음에도 불구하고 계약이 성립하게 되고 피청약자가 그 계약에 구속된다고 하는 것은 불합리하기 때문이다. 예를 들면, 청약에 "If we do not receive your rejection of this offer within 15 days, we shall consider our offer accepted(만일 당사가 15일 이내에 이 청약에 대한 귀사의 청약의 거절을 수취하지 않는다면, 당사는 당사의 청약이 승낙된 것으로 본다)"라고 명기되어 있더라도, 피청약자의 침묵은 계약을 성립시키지 않는다.

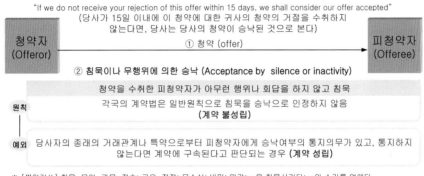

그러나 침묵을 승낙으로 보더라도 지장이 없는 경우 등과 같이 특별한 사정이 있는 경우에는 침묵을 승낙으로 인정하여 계약은 성립한다. 즉, 당사자의 종래의 거래관계나 특약으로부터 피청약자에게 승낙여부의 통지의무가 있고 통지하지 않는다면 계약에 구속된다고 판단되는 경우에는 예외적으로 침묵에 의하여 계약이 성립한다. 따라서, 침묵이 승낙으로 될 수 있는 예외적인 상황의 경우에는 실무적으로는 계약성립여부에 대한 분쟁이 발생할 소지가 많기 때문에 청약자는 회답을 하지 않는 피청약자에 대하여는 승낙여부를 확인하고, 피청약자는 청약자로부터의 청약에 대하여 오해가 없도록 승낙여부를 확실히 회답하여야 할 것이다.

---

17) 비엔나협약 제18조 제1항 후단에서는 "침묵 또는 무행위는 그 자체로는 승낙이 아니다"라고 규정하고 있다.

3. 승낙의 방법

승낙은 청약과 마찬가지로 구두(oral), 서면(writing) 또는 행위(action)에 의하여 행할 수 있다. 기존의 무역거래에서는 대면, 전화, 텔렉스, 전보, 우편 등의 방법을 주로 활용하고, 전자무역에서는 EDI, 전자우편(E-mail), 인터넷폰(Internet phone)이나 인터넷팩스(Internet Fax) 등의 전자적 매체를 주로 활용하여 승낙하게 된다. 이외에도 온라인거래에서 전형적으로 이루어지는 것으로서, 마우스를 사용하여 화면상의 버튼을 클릭하거나, 기호나 코드를 입력하는 경우, 내용물을 다운로드 하는 경우 등도 승낙의 방법이 될 수 있을 것이다.

청약에 승낙의 방법이 명시적으로 지정되어 있는 경우에는 그 지정된 방법을 따라야 한다. 예를 들면, 청약자가 청약을 하면서 승낙은 EDI로 통지해 줄 것을 요청하였는데 피청약자가 전자우편으로 승낙의 통지를 하였다면, 지정된 방법 이외의 방법으로 승낙하였으므로 문제가 발생할 수 있다. "This offer is open for your acceptance by fax on or before July 15, 2013(이 청약은 2013년 7월 15일 또는 그 이전에 모사전송에 의한 귀사의 승낙에 대하여 유효하다)"와 같은 문언은 승낙의 방법을 명시적으로 지정하고 있는 청약의 문언이다.

반면, 청약에 승낙의 방법이 명시적으로 지정되어 있지 않은 경우에는 합리적으로 방법으로 승낙하면 된다. 즉, 승낙의 방법이 지정되어 있지 않았을 때, 청약이 우편으로 행해진 경우에는 우편으로, 텔렉스로 행해진 경우에는 텔렉스로, 전보로 행해진 경우에는 전보로, EDI로 행해진 경우에는 EDI로, 전자우편으로 행해진 경우에는 전자우편으로 각각 승낙하면 된다. 즉, 승낙의 방법이 지정되어 있지 않은 청약에 대한 승낙은 관습적으로 가능한 한 빠른 방법이나 주의의 상황에 따라 합리적인 방법으로 또는 청약에서 행해진 방법으로 행하면 될 것이다.

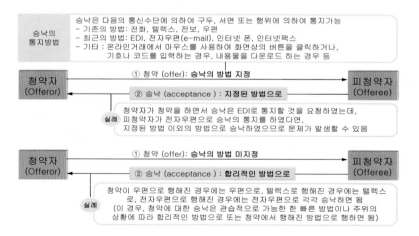

4. 승낙의 시기와 효력발생시기

(1) 승낙의 시기

승낙은 청약에 명시된 기간 내에 청약자에 의하여 수령되어야 한다. 특정기간이 정해져 있지 않는 경우 승낙은 합리적인 기간 내에 수령되어야 한다. 청약이 구두인 경우, 승낙은 그 상황이 별도로 표시하고 있지 않는 한, 즉시 행해져야 한다.[18]

(2) 승낙의 효력발생시기

㈎ 승낙의 효력발생시기의 분류

계약은 청약(offer)의 의사표시와 승낙(acceptance)의 의사표시의 합치에 의하여 성립하며, 계약의 성립시기는 승낙의 효력이 어느 시점에 발생했는가에 따라 달라진다. 즉, 피청약자(offeree)가 승낙의 의사표시를 청약자(offeror)에게 발송한 때부터 그 의사표시가 청약자에게 도달되기까지의 과정 중에서 어느 시점을 그 효력의 발생으로 볼 것인가의 문제이다.

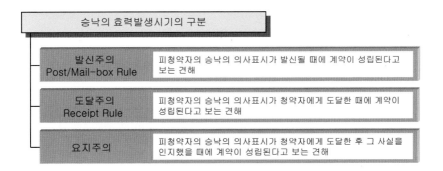

㈏ 승낙의 효력발생시기

전통적으로 승낙의 의사표시에 의한 계약의 성립시기에 대해서는 어떠한 법체계에 있어서도 그 의사표시가 청약자에게 도달한 때에 계약의 성립을 인정하는 도달주의를 원칙으로 하고 있다. 그러나 예외적으로 통지의 방법에 따라서 원칙과 달리 발신주의를 채택하는 경우가 있다. 즉, 계약의 조기성립 또는 법률관계의 조기 확정을 중시하여 피청약자가 승낙의 의사표시를 발신한 때에 계약의 성립을 인정하는 발신주의가 채택되고 있는 경우도 있다.

승낙의 효력발생시점에 대하여 각국의 법률적 견해를 살펴보면, 영미법과 대륙법계

---

18) 국제물품매매계약에 관한 UN협약(비엔나협약) 제18조 제2항.

에서는 승낙의 일반원칙으로서 도달주의를 채택하고 있으며, 특별한 경우에 한하여 예외적으로 발신주의를 인정하고 있다.[19] 즉, 영미법, 일본법 및 한국 민법에서는 대화자간의 계약은 도달주의, 격지자간의 계약[20]은 발신주의를 채택하여 대화자간의 계약과 격지자간의 계약을 구분하여 규정하고 있다.[21]

승낙의 의사표시의 효력발생시기

통신수단 \ 준거법		한국법	일본법	영국법	미국법	독일법/비엔나협약
의사표시의 일반원칙		도달주의	도달주의	도달주의	도달주의	도달주의
승낙의 의사표시 (대화자간)	대면	도달주의	도달주의	도달주의	도달주의	도달주의
	전화	도달주의	도달주의	도달주의	발신주의	도달주의
	텔렉스	도달주의	도달주의	도달주의	발신주의	도달주의
	EDI	도달주의	도달주의	도달주의	도달주의	도달주의
격지자간	우편	발신주의	발신주의	발신주의	발신주의	도달주의
	전보	발신주의	발신주의	발신주의	발신주의	도달주의

승낙의 효력발생시기의 상이한 해석의 해결책

청약을 할 때마다, 승낙의 의사표시의 효력발생시점을 당사자 간에 확인해 두는 방법
(계약서 등에 명기하는 방법)

청약을 할 때마다, 승낙의 회답이 도착하는 기한을 명시하는 방법
("승낙은 몇월 며칠까지 당사에 도착하는 것을 조건으로 한다"라고 명기하는 방법)

실무적으로, 상대방이 어느 국가에 소재하고 있고, 그 국가의 법률이 어떻게 해석되고 있는지를 걱정하지 않기 위한 방법으로는, 청약을 할 때마다 ① 승낙의 의사표시의 효력발생시점을 당사자 간에 확인해 두는 방법(계약서 등에 명기하는 방법), 또는 그 때마다 ② 승낙의 회답이 도착하는 기한을 명시하는 방법("승낙은 몇월 며칠까지 당사에 도착하는 것을 조건으로 한다"라고 명기하는 방법)이 있다.

---

19) 이탈리아, 이집트 등에서는 요지주의가 채택되기도 한다.
20) 대화, 전화, telex 등 발신과 동시에 상대방에게 도달하는 통신수단을 동시적 통신수단(means of instantaneous communication)이라고 하고, 이러한 통신수단에 의한 의사표시를 대화자간의 의사표시라고 한다. 반면, 전보나 우편 등 발신 후 상대방에게 도달하기까지 시간이 걸리는 통신수단에 의한 의사표시를 격지자간의 의사표시라고 한다.
21) 미국의 제2차 계약법 리스테이트먼트와 판례에서는 대화자간의 계약에 대하여 발신주의를 채택한 경우도 있다; St. Paul, American Law Institute, Restatement of the Law, Second Contract, 2nd ed., 1981, §63-64.

제3절 무역계약서의 작성과 서식의 논쟁

Ⅰ. 무역계약서의 작성

1. 무역계약서의 필요성

무역계약은 별도의 형식을 필요로 하지 않는 불요식계약이므로 청약과 승낙의 합치된 의사표시만으로도 계약이 성립한다. 이와 같이 청약과 승낙에 의한 의사표시의 합치로 계약이 성립되었다 하더라도, 후일의 분쟁이 야기될 경우에 거래사실의 확인, 책임소재의 명확화, 또는 분쟁의 예방이나 신속한 해결을 위하여 매도인과 매수인은 구체적인 거래조건을 명기한 매매계약서(Contract sheet)를 작성하고 각각의 서명을 행한 후 각각 1부씩 보관하고 있는 것이 보통이다. 만일 계약서의 기재사항 중에 승낙할 수 없는 부분이 있다면 상대방과 교섭하여 합의를 얻은 다음, 정정 또는 삭제하고 이에 서명한 후 반송하는 것이 중요하다.

이 매매계약서는 매매물품의 종류, 계약조건 등에 의하여 그 기재내용이 다르며, 매도인과 매수인 중 누가 이를 작성하는지에 따라 그 입장이 다르기 때문에 기재사항이나 표현방법에도 차이가 있기 마련이다. 그러나 매매계약서는 계약이행의 증거로서 당사자의 권리·의무를 규정하고 있는 것이기 때문에 무역거래에 있어서 가장 중요하며, 최대한의 주의를 기울여 작성하여야 한다.

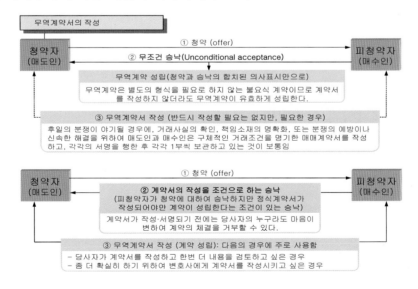

2. 무역계약서의 작성을 조건으로 하는 승낙

청약자의 청약에 대하여 피청약자가 구두, 우편, 텔렉스, 전자우편 등 어떤 방법으로든 청약의 내용대로만 승낙한다면 계약은 성립되며, 계약서가 작성되지 않더라도 법적 구속력에는 변함이 없다. 왜냐하면, 계약서를 작성하는 것은 단순히 당사자가 청약과 승낙에 의하여 합의한 계약내용을 확인하는 의미에 불과하기 때문이다. 그러나 청약자의 청약에 대하여 피청약자가 "계약서의 작성을 조건으로" 승낙하는 경우에는 그 해석이 약간 다르게 된다.

계약서의 작성을 조건으로 하는 승낙(acceptance subject to contract)이란 피청약자가 청약에 대하여 승낙하지만 정식계약서가 작성되어야만 계약이 성립한다는 조건이 있는 승낙을 말한다. 이러한 승낙은 당사자가 계약서를 작성하고 한번 더 내용을 검토하고 싶은 경우, 또는 좀 더 확실히 하기 위하여 변호사에게 계약서를 작성시키고 싶은 경우에 주로 사용되는 것으로서, 양당사자에 의하여 정식계약서가 작성되고 서명되면 비로소 계약이 성립한다.[22]

즉, 당사자가 합의한 내용을 메모하고 서명하더라도 정식계약서가 작성되고 이에 서명될 때까지는 법적 구속력이 없기 때문에 당사자의 누구라도 마음이 변하여 계약의 체결을 거부할 수 있다. 따라서, 실무적으로는 청약자가 계약서의 작성을 조건으로 하는 승낙을 수령한 때에는 계약서에 서명이 완료될 때까지는 정식계약으로 취급하여서는 안된다. 실무상으로는 계약서를 교환할 때까지 어떠한 경우에도 계약에 구속되고 싶지 않은 경우에는 그 취지를 다음의 문언과 같이 보다 명확하게 표현하여야만 안전하게 될 수 있다.[23]

"It must be understood that no agreement enforceable at law is made or intended to be created until the exchange of contracts has taken place(계약서가 교환되기까지는 법적으로 강행가능한 합의가 성립되거나 행해진 것으로 의도된 것은 아니라고 이해되어야 한다)"

3. 무역계약서의 작성방법

무역거래에서는 물품매도확약서(firm offer sheet), 매도계약서(Sales Note; Confirmation of

---

22) 1924년 영국의 Chillingworth 대 Esche사건에서, C와 D가 말의 매매에 대한 합의를 기록한 문서에 서명하였지만, 계약은 C의 변호사에 의하여 준비되는 정식계약서에 의하는 것이 조건으로 되어 있었다. C의 변호사는 계약서를 작성하고, D의 변호사도 O.K.하였지만, D는 서명을 거절하였다. C는 화가나서, 계약은 성립하였다고 주장하고 소송을 제기하였지만, 법원은 정식계약서의 서명까지는 계약은 존재하지 않는다고 판결하였다.

23) 新堀聰, 現代貿易賣買, 同文館, 2003, pp.59-60.

Order), 구매계약서(Purchase Note; Order Sheet)[24] 등의 매매계약서(contract sheet)가 주로 사용된다. 매매계약서는 작성주체에 따라 매도계약서와 구매계약서로 구분되는데, 매도계약서는 매도인이 작성하는 것이고, 구매계약서는 매수인이 작성하는 것이다.

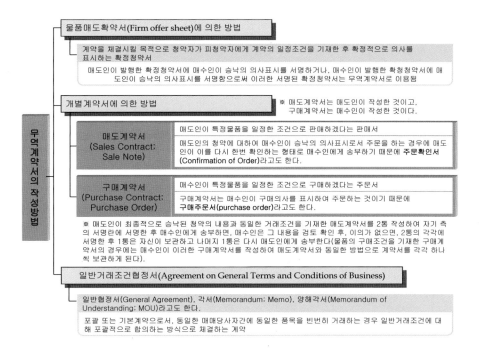

(1) 물품매도확약서에 의한 방법

물품매도확약서(Firm Offer Sheet)는 계약을 체결시킬 목적으로 청약자가 피청약자에게 계약의 일정조건을 기재한 후 확정적으로 의사를 표시하는 확정청약서를 말한다. 이러한 물품매도확약서(확정청약서)에는 거래조건이 기재되어 있기 때문에 별도의 계약서를 작성할 필요 없이 그대로 계약서로 이용할 수 있다. 즉, 매도인에 의하여 발행된 확정청약서에 매수인이 승낙의 의사표시의 서명을 하거나 또는 매수인에 의하여 발행된 확정청약서에 매도인이 승낙의 의사표시의 서명을 함으로써 이러한 서명된 확정청약서는 무역계약서로 이용된다. 이 경우에도 매도인과 매수인은 2통을 작성하여 각각 1통씩 보관한다.

한편, 매수인에 의하여 발행된 주문서(order sheet)에 매도인이 승낙의 의사표시의 서명을 행한 경우, 이러한 서명된 주문서는 무역계약서로 이용된다.

---

24) 매수인이 작성하는 "Purchase Note" 또는 "Order Sheet"를 각각 구매확약서 또는 주문서, 매도인이 작성하는 "Sales Note" 또는 "Confirmation of Order"를 각각 매도확약서 또는 주문확인서(주문청서)라고 번역하기도 한다.

⑵ 개별계약서에 의한 방법

⑺ 매도계약서에 의한 방법

매도계약서(Sales Contract; Sales Note)는 매도인이 특정물품을 일정한 거래조건으로 판매하겠다는 판매서이다. 매도계약서는 매도인의 청약에 대하여 매수인이 승낙의 의사표시로서 주문을 하는 경우에 매도인이 이를 다시 한번 확인하는 형태로 매수인에게 송부하기 때문에 주문확인서(Confirmation of Order)라고도 한다. 즉, 매도인은 최종적으로 승낙된 청약의 내용과 동일한 거래조건을 기재한 매도계약서를 2통 작성하여 자기측의 서명란에 서명한 후 매수인에게 송부하면, 매수인은 그 내용을 검토·확인한 후 이의가 없으면 2통의 각각에 서명한 후 1통은 자신이 보관하고 나머지 1통은 다시 매도인에게 송부한다.

⑻ 구매계약서에 의한 방법

구매계약서(Purchase Contract; Purchase Note)는 매수인이 특정물품을 일정한 조건으로 구매하겠다는 주문서이다. 구매계약서는 매수인이 구매의사를 표시하여 주문하는 것이기 때문에 구매주문서(Purchase Order)라고도 한다. 즉, 매수인이 물품의 구매조건을 기재한 구매계약서를 2통 작성하여 자기측의 서명란에 서명한 후 매도인에게 송부하면, 매도인은 그 내용을 검토·확인한 후 이의가 없으면 2통의 각각에 서명한 후 1통은 자신이 보관하고 나머지 1통은 다시 매수인에게 송부한다.

⑶ 일반거래조건협정서

일반거래조건협정서(Agreement on General Terms and Conditions of Business)는 포괄 또는 기본계약으로서, 동일한 매매당사자 간에 동일한 품목을 빈번하게 거래하는 경우 일반거래조건에 대해 포괄적으로 합의하는 방식으로 체결하는 계약을 말한다. 즉, 매도인과 매수인이 한 장소에 모여 모든 매매조건에 대하여 구체적인 합의를 한 후 이를 2통 작성하여 양당사자가 서명한 후 각각 한 통씩 보관하는 계약서로서 일반협정서(General Agreement), 각서(Memorandum; Memo) 또는 양해각서(Memorandum of Understanding; MOU)라고도 한다.

4. 개별계약서의 주요기재내용

무역거래에서 사용되는 매매계약서의 형식과 기재내용은 거래상품의 성질이나 거래의 상황 또는 이를 작성하는 회사에 따라 다르지만, 일반적으로 다음과 같이 표면약관과 이면약관으로 구분되어 기재된다.

(1) 표면약관

표면약관은 거래시마다 결정하여야 할 사항을 계약서의 표면에 기재한 약관으로서, 타자조항 또는 개별조항(특약조항)이라고도 한다.

표면약관에는 통상적으로 서두(Letterhead), 계약서의 명칭, 계약성립의 확인문언, 주요거래조건 및 기타 거래조건, 표면약관과 이면약관과의 관계, 매도인과 매수인의 서명란의 순서로 기재된다.[25]

첫째, 서두(Letterhead)에는 회사명과 주소, 텔렉스번호 등이 인쇄되어 있다.

둘째, 서두(Letterhead)의 다음에는 매도계약서(Sales Contract) 또는 구매계약서(Purchase Contract)라는 계약서의 명칭이 기재된다.

셋째, 계약서명칭의 아래에는 이 계약서가 매매의 확인을 위한 확인서(confirmation)라는 취지를 기재하고 있는 계약성립의 확인문언(계약의 성립사실의 확인)이 기재된다. 즉, 무역거래에 있어서는 통상적으로 계약은 전화, 텔렉스, 우편, 전자우편 등에 의하여 이미 성립되었으며, 이 계약서가 이미 성립한 계약의 확인서에 불과하다는 것을 다음과 같이 표시하고 있는 것이다.

넷째, 계약성립확인문언의 아래에는 매매당사자(seller and buyer), 상품명(commodity), 품질(quality), 수량(quantity), 가격(price), 지급조건(terms of payment), 선적시기(time of shipment), 목적지(desination), 포장(packing), 중량의 결정방법(weighing), 화인(marking), 보험(insurance), 검사(inspection), 제조자명(manufacturer), 영사사증료(consular fee) 등의 주요거래조건 및 기타 거래조건이 기재된다.

다섯째, 주요거래조건의 다음에는 통상적으로 표면약관과 이면약관과의 관계를 설명한 문언이 인쇄되어 있다. 즉, 이면약관과 표면약관(특약조항)이 모순되는 경우에는 표면약관이 우선한다는 내용이 인쇄되어 있다.

참고로, 계약서상의 표면약관과 이면약관이 모순하는 경우에는 표면약관이 우선해서 적용되며, 계약서의 조항이 수기, 타자, 인쇄로 되어 있는 경우에는 수기, 타자, 인쇄의 순서로 적용된다. 타자된 조항은 수기로 선이 그어짐으로써 무효로 될 수 있고, 수기로 행간에 기입됨으로써 수정될 수 있다.

여섯째, 표면약관의 맨 하단에는 매도인과 매수인이 서명하는 란이 있고, "Please sign and return one copy(서명해서 1통을 반송하기 바람)"이라고 기재된다.

---

25) 新堀聰, 現代貿易賣買, 同文館, 2003, pp.60-65.

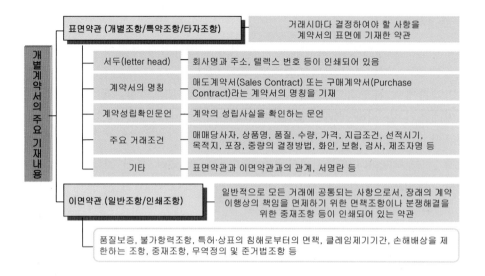

표면약관 (개별조항/특약조항/타자조항)

거래시마다 결정하여야 할 사항을
계약서의 표면에 기재한 약관

개별계약서의 주요 기재내용

서두(letter head)

회사명과 주소, 텔렉스 번호 등이 인쇄되어 있음

계약서의 명칭

매도계약서(Sales Contract) 또는 구매계약서(Purchase Contract)라는 계약서의 명칭을 기재

계약성립확인문언

계약의 성립사실을 확인하는 문언

주요 거래조건

매매당사자, 상품명, 품질, 수량, 가격, 지급조건, 선적시기, 목적지, 포장, 중량의 결정방법, 화인, 보험, 검사, 제조자명 등

기타

표면약관과 이면약관과의 관계, 서명란 등

이면약관 (일반조항/인쇄조항)

일반적으로 모든 거래에 공통되는 사항으로서, 장래의 계약 이행상의 책임을 면제하기 위한 면책조항이나 분쟁해결을 위한 중재조항 등이 인쇄되어 있는 약관

품질보증, 불가항력조항, 특허·상표의 침해로부터의 면책, 클레임제기기간, 손해배상을 제한하는 조항, 중재조항, 무역정의 및 준거법조항 등

⑵ 이면약관

이면약관은 일반적으로 모든 거래에 공통되는 사항으로서, 장래의 계약이행상의 책임을 면제하기 위한 면책조항이나 분쟁해결을 위한 중재조항 등이 인쇄되어 있는 것이 보통이다. 이것은 대부분의 경우, 매도인 또는 매수인이 계약서를 작성하기 전에 일방적으로 계약서의 이면에 삽입되는 것으로서, 일반조항 또는 계약서의 이면에 인쇄되어 있기 때문에 인쇄조항이라고도 한다.

이면약관에는 품질보증(warranty), 불가항력조항(force majeure clause), 특허·상표의 침해로부터의 면책(non-responsibility for infringement of patents and trade marks), 클레임 제기기간(time-limit for claiming), 손해배상액을 제한하는 조항(clause limiting the amount of damages), 중재조항(arbitration clause), 무역정의 및 준거법조항(trade definitions and governing law) 등이 기재된다.

5. 일반거래조건협정서의 주요기재내용

일반거래조건협정서는 이는 후일의 분쟁에 대비하기 위하여 각각 보관되며, 그 내용은 대부분 관습화되고 고정적인 내용으로 되어 있다. 그 내용을 살펴보면 다음과 같다.

● 일반거래조건협정서의 내용

구 분	내 용
거래형태	다음의 3가지 거래형태 중 어느 것인지 명시 ① 본인 대 본인거래(business as principal to principal) ② 본인 대 대리인거래(business as principal to agent) ③ 대리인 대 대리인거래(business as agent to agent)
계약의 기본조건	① 품질(quality) ② 수량(quantity) ③ 가격(prices) ④ 대금지급(payment) ⑤ 선적(shipment) 및 지연선적(delayed shipment) ⑥ 포장(packing) ⑦ 보험(insurance) 등
거래절차	① 청약(offer)과 승낙(acceptance)의 시기와 방법 ② 주문(order) ③ 선적통지(shipping advice) 등
클레임처리방법	① 클레임의 제기기한 및 방법 ② 클레임의 해결방법과 발생비용 부담방법 등
기타 필요사항	① 불가항력조항(force majeure clause) ② 준거법조항(governing law clause)

● 일반거래조건협정서

Agreement on General Terms and Conditions of Business
(일반거래조건협정서)

This Agreement entered into between Joongbu Trading Co., Ltd., Seoul, Korea, (hereinafter called the Sellers) and ABC Inc., New York, N.Y., U.S.A.(hereinafter called the Buyers), witnesses as follows;

「한국 서울특별시의 중부무역주식회사(이하 매도인이라 한다)와 미국 뉴욕의 ABC사(이하 매수인이라 칭함)간에 체결된 본 협정서는 다음의 사항을 증명한다.」

1. Business : Both Sellers and Buyers act as Principals and not as Agents.

「거래 : 매도인과 매수인의 쌍방은 본인으로서 거래하는 것이지, 대리인으로서 거래하는 것은 아니다.」

2. Goods : Goods in business, their unit to be quoted, and their mode of packing shall be stated in the attached list.

「물품 : 거래물품, 제시단위 및 포장형태를 별표에 기재한다.」

3. Quotations and Offers : Unless otherwise specified in e-mail, fax or letters, all quotations and offers submitted by either party to this Agreement shall be in U.S. Dollars on the basis of C.I.F. New York.

「견적 및 청약 : 전자우편, 모사전송(fax) 또는 서신에 별도의 명시가 없는 한, 본 협정 당사자에 의하여 제시된 모든 견적 및 청약은 뉴욕항 CIF(운임보험료포함)조건에 기초하는 미달러로 한다.」

4. Firm Offers : All firm offers shall be subject to a reply reaching Sellers within the period stated in respective telexes. When "immediate reply" is used it shall mean that a reply is to be received by seller within three days from and including the day of the dispatch of a firm offer. In either case, however, sundays and all official Bank holidays are excepted.

　「확정청약 : 확정청약은 가가의 전신에 명기된 기간 내에 매도인에게 도착하는 회답을 조건으로 한다. "즉시회답"이라는 용어가 사용될 때에는 회답이 확정청약의 발송일을 포함하는 3일 이내에 매도인에게 수신되는 것을 말한다. 그러나 어떠한 경우에도, 일요일 및 은행휴업일은 제외된다.」

5. Orders : Any business closed by e-mail, fax shall be confirmed in writing without delay, and orders thus confirmed shall not be cancelled unless by mutual consent.

　「주문 : 전자우편, 모사전송에 의하여 체결된 거래는 지체 없이 서면에 의하여 확인되는 것으로 하고, 이렇게 확인된 주문은 당사자 쌍방의 동의에 의하지 않는 한 취소될 수 없는 것으로 한다.」

6. Payment : Drafts shall be drawn under irrevocable Letter of Credit at sight, document attached, for the full invoice amount.

　「대금지급 : 환어음은 취소불능신용장에 의거하여 일람출급으로 하고 선적서류를 첨부하고, 송장금액의 전액에 대하여 발행되는 것으로 한다.」

7. Credit : Irrevocable Letter of Credit shall be issued in favor of the sellers immediately upon confirmation of sale. Credit shall be made available twenty-one(21) days beyond the contracted time of shipment.

　「신용장 : 매매를 확인하는 즉시 매도인을 수익자로 하여 취소불능신용장을 발행하여야 한다. 신용장은 그 유효기간을 약정된 선적기일보다 21일간 길게 하는 것으로 한다.」

8. Shipment : All goods sold in accordance with this Agreement shall be shipped within the stipulated time. The date of Bill of Lading shall be taken as conclusive proof of the date of shipment. Unless expressly agreed upon, the port of shipment shall be at the Sellers' option.

　「선적 : 본 협정에 따라 매매되는 물품은 모두 약정된 기간 내에 선적되어야 한다. 선화증권의 일자는 선적일의 확정적 증거로서 간주된다. 별도의 약정이 없는 한, 선적항은 매도인의 자유선택에 의하는 것으로 한다.」

9. Marine Insurance : All shipments shall be covered ICC(A) for a sum equal to the amount of the invoice plus ten(10) percent, if no other conditions are particularly agreed upon. All policies shall be made out in U.S. Dollars and payable in New York.

　「해상보험 : 특히 다른 조건이 약정되지 않는 한, 모든 적송품은 송장금액에 10%를 가산한 것과 동일한 금액에 대하여 ICC(A) 조건의 보험을 부보하는 것으로 한다. 모든 보험증권은 미 달러로, 그리고 보험금은 뉴욕에서 지급되도록 작성한다.」

10. Quality : The Sellers shall guarantee all shipment to confirm to samples, types, or descriptions, with regard to quality and condition.

　「품질 : 매도인은 모든 적송품이 품질 및 상태에 관하여 견본, 규격 또는 설명과 일치한다는 것을 보증한다.」

11. Damage in transit : Sellers shall ship all goods in good condition, and the Buyers shall assume all risks of damage, deterioration, or breakage during transportation.

　「운송중의 손상 : 매도인은 모든 물품을 양호한 상태로 선적하고, 매수인은 운송중의 손상, 변질, 또는 파손에 관한 모든 위험을 부담하는 것으로 한다.」

12. Claims : Claims, if any, shall be submitted by e-mail, fax within fourteen(14) days after arrival of goods at destination. Certificates by recognized surveyors shall be sent by mail without delay. All claims which can not be amicably settled between Sellers and Buyers shall be submitted to Arbitration in Seoul. The arbitrators board shall consist of two members, one to be nominated by Sellers and one by the Buyers, and should they be unable to agree the decision of an umpire selected by the arbitrators shall be final, and the losing party shall bear expenses thereto.

「클레임 : 클레임은 있는 경우에는 물품이 목적지에 도착한 후 14일 이내에 전자우편, 모사전송에 의하여 제시되어야 한다. 공인검사인의 증명서는 지체 없이 우편으로 우송되어야 한다. 매도인과 매수인간에서 화해로서 해결될 수 없는 모든 클레임은 서울에서 중재에 회부되고, 그 중재위원회는 매도인과 매수인 각각 1명이 지명한 2명의 중재인으로 구성되고, 양중재인의 의견이 일치하지 않을 때에는 중재인이 선정한 의장중재인의 결정을 최종적인 것으로 하고, 패소자는 그 중재비용을 부담하는 것으로 한다.」

13. Force Majeure : Sellers shall not be responsible for the delay of shipment in all cases of force majeure, including mobilization, war, riots, civil commotion, hostilities, blockade, requisition of vessels, prohibition of export, fires, floods, earthquakes, tempests, and any other contingencies, which prevent shipment within the stipulated period. In the event of any of the aforesaid causes arising, documents proving its occurrence or existence shall be sent by Sellers to Buyers without delay.

「불가항력 : 매도인은 약정기간 내에 선적을 방해하는 동원, 전쟁, 소요, 폭동, 적대행위, 항만봉쇄, 선박징발, 수출금지, 화재, 홍수, 지진, 폭풍, 기타 우발적 사고 등을 포함하는 불가항력에 기인하는 선적지연에 대하여는 책임을 부담하지 않는다. 전기의 제요인이 발생한 경우에는 매도인은 이것의 발생 또는 존재를 증명하는 서류를 지체 없이 매수인에게 송부하여야 한다.」

14. Delayed Shipment : In all cases of force majeure provided in the Article 13, the period of shipment stipulated shall be extended for a period of twenty-one(21) days. In case shipment within the extended period should still be prevented by a continuance of the causes mentioned in the Article 13 or the consequences of any of them, it shall be at the Buyers' option either to allow the shipment of late goods or to cancel the order by giving Sellers the notice of cancellation by telex.

「선적지연 : 본 협정서 제13조에 규정된 불가항력일 경우에는 약정된 선적기간을 21일간 연장하는 것으로 한다. 연장된 기간내의 선적이 제13조에 명시된 제요인의 계속 또는 그 결과에 따라 여전히 방해되고 있을 경우에는 지연물품의 선적을 용인하거나, 또는 매도인에게 전신으로 해약의 통지를 행함으로써 주문을 취소하는 것은 매수인의 자유선택으로 한다.」

15. Shipping Notice : Shipment effected against the contract of sale shall be immediately telexed.

「선적통지 : 매매계약에 대하여 행한 선적은 즉시 전신으로 통지한다.」

16. Shipping Samples : In case shipping samples be required, Sellers shall send them to Buyers by air mail prior to shipment.

「선적견본 : 선적견본이 요구되는 경우에는, 매도인은 이를 선적 전에 항공우편으로 매수인에게 송부하는 것으로 한다.」

17. Marking : All shipment shall be marked as arranged otherwise.

「화인 : 모든 적송품에는 별도로 약정한 대로 화인을 표시한다.」

18. Expenses : Both parties shall bear all their expenses relating to communication, traveling and other incidental expenses.

「비용 : 매도인과 매수인은 각자가 지출한 통신, 교통 기타 부대비용을 각각 부담으로 하는 것으로 한다.」

19. Trade Term : Unless specially stated, the trade terms under this contract shall be governed and interpreted by the latest Incoterms.(Incoterms 2010)

「정형거래조건 : 특별히 명기되지 않는 한, 이 계약에 따른 정형거래조건은 인코텀즈 최신판(Incoterms 2010)에 의하여 적용되고 해석된다.」

20. Governing Law : This Agreement shall be governed as to matters including validity, construction and performance under and by United Nations Convention on Contract for the International Sale of Good 1980.

「준거법 : 이 계약서는 유효기간, 해석, 이행을 포함하는 사항에 관하여 1980년 국제물품매매계약에 관한 UN협약에 의하여 적용된다.」

In witness whereof, Joongbu Trading Co., Ltd., has hereunto set their hand on the 1st day of May. 20xx, at Seoul, and ABC Inc., has hereto set their hand on the 5th day of June. 20xx, at New York. This Agreement shall be valid on and from the 1st of July 20xx, and any of the Articles in this Agreement shall not be changed or modified unless by mutual consent.

「상기 사항의 증거로서 서울에 있는 중부무역주식회사는 20xx년 5월 1일에 서명하고 또 뉴욕에 있는 ABC사는 20xx년 6월 5일에 서명하였다. 본 협정서는 20xx년 7월 1일부터 효력을 발생하며 본 협정서의 모든 조항은 당사자 쌍방의 동의가 없는 한 변경 혹은 수정되지 아니한다.」

(Buyers) ABC Inc.   (Sellers)   Joongbu Trading Co., Ltd.

        (signed)   (signed)

        President   President

II. 서식의 논쟁

서식의 논쟁(서식의 전쟁; Battle of the Forms)은 계약당사자가 계약서의 이면약관에 자신에게 유리한 조항을 일방적으로 인쇄하여 상대방에게 송부하고 서로 자신의 계약서를 정식계약서로 사용하겠다고 주장함으로써 상대방의 서식을 거부하고 자신의 서식으로 서명을 요구하게 되는 것을 말한다.

일반적으로 매수인은 구매계약서(Purchase Contract; Purchase Note) 또는 구매주문서(Purchase Order)라는 계약서의 서식을, 매도인은 매도계약서(Sales Contract; Sales Note) 또는 주문확인서(Confirmation of Order)라는 계약서의 서식을 가지고 있다.

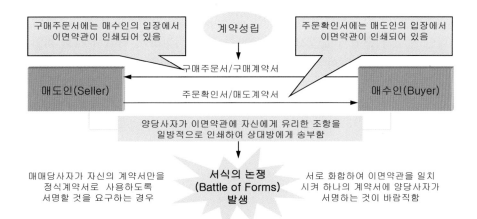

계약이 성립하는 경우에는, 매도인의 입장에서는, 즉시 주문확인서에 필요사항을 기재하고 서명하여 매수인에게 정부본 2통을 송부한다. 매수인이 그 내용을 확인하고 서명하여 그 중 1통을 반송한다면, 양자가 합의하고 서명한 계약서가 완성한다. 그러나 매도인의 주문확인서에는 일반적으로 매도인의 입장에서 이면약관이 인쇄되어 있다. 매수인이 매도인의 주문확인서에 서명한다고 하는 것은 그 이면약관을 포함하여 합의하였다는 것으로 되는 것이다. 이면약관에 합의할 수 없다면, 정정을 요구하여야 하지만, 상대방도 간단히 정정에 응하지 않는다. 반면, 매수인의 입장에서는, 계약이 성립한다면, 매도인이 주문확인서를 송부해 오는 것보다도 빨리 자신에게 적합한 이면약관을 인쇄한 구매주문서를 매도인에게 송부하고, 매도인의 서명을 요구하게 된다.

이와 같이, 계약의 양당사자가 이면약관에 자신에게 유리한 조항을 일방적으로 인쇄함으로써 다음과 같은 서식의 논쟁(Battle of the Forms)이 발생할 수 있다.

첫째, 품질보증, 클레임제기기간에 관한 조항 등 양서식의 조항이 전부 대립하고 있는 경우, 양 서식은 일치하지 않는 것으로 된다.

둘째, 손해배상액을 제한하는 조항 등 어떤 서식이 일방적으로 어떤 조항을 주장하고, 이에 대하여 다른 서식은 아무런 언급도 하지 않는 경우, 특별한 사정이 없는 한, 상대방의 조항을 묵시적으로 승낙한 것은 아니기 때문에 양서식은 일치하지 않는 것으로 된다.

이러한 경우, 주요한 거래조건은 일치하고 있기 때문에 당사자는 계약의 성립을 확신하고 행동하는 것이 보통이다. 실제로는 바람직하지는 않지만 양자의 조건의 차이는 그대로 두고, 합의된 부분은 계약이 성립하였다고 하여 거래를 실행하는 경우도 많이 있다. 그러나, 양당사자가 서로 자신의 요구를 주장한다면 계약은 성립하지 않는다. 이 경우, 당사자의 일방의 서식을 우선시키는 것은 형평의 원칙에 어긋나며, 서식의 논쟁에 대한 만족스러운 해결책이 없는 실정이다. 따라서, 실무적으로는 당사자는 이러한 사태가 후일의 분쟁으로 발생하는 것을 회피하기 위하여 서로 화합하여 이면약관을 일치시켜 하나의 계약서에 양당사자가 서명하는 것이 바람직할 것이다.

Chapter 06

Trade Business

무역계약의 기본조건

무역계약의 기본조건

무역계약의 기본조건(terms or conditions)은 무역계약시에 필수적으로 약정해야 하는 사항으로서, ① 품질조건(terms of quality), ② 수량조건(terms of quantity), ③ 가격조건(terms of price), ④ 선적조건(terms of shipment), ⑤ 대금지급조건(terms of payment), ⑥ 보험조건(terms of insurance), ⑦ 포장 및 화인조건(terms of packing and shipping marks), ⑧ 분쟁해결조건(terms of disputes) 등이 있다. 따라서, 계약당사자가 이들 조건을 이행하지 못하는 경우에는 다른 당사자는 계약을 해제하거나 손해배상을 청구할 수 있다.

● 무역계약의 기본조건

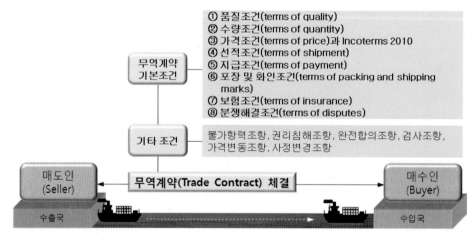

제 1절 품질조건(terms of quality)

품질조건(terms of quality)은 거래대상물품의 품질과 관련된 사항을 약정하는 조건으로서, 무역계약시에 계약당사자는 ① 품질결정의 방법 ② 품질결정의 시기 ③ 품질의 증명방법 등을 약정하여야 한다.

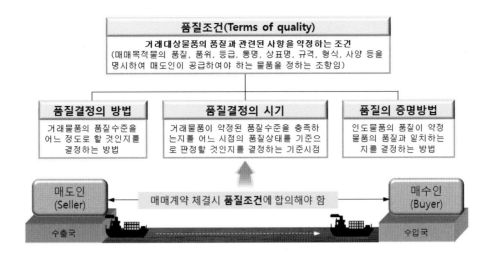

I. 품질결정의 방법

물품의 품질[1]을 결정하는 방법, 즉 무역거래의 대상이 되는 물품의 품질수준을 어느 정도로 할 것인가를 결정하는 방법은 다음과 같다.

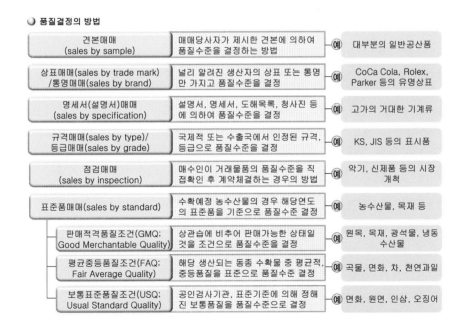

🔵 품질결정의 방법

견본매매 (sales by sample)	매매당사자가 제시한 견본에 의하여 품질수준을 결정하는 방법	예	대부분의 일반공산품
상표매매(sales by trade mark) /통명매매(sales by brand)	널리 알려진 생산자의 상표 또는 통명만 가지고 품질수준을 결정	예	CoCa Cola, Rolex, Parker 등의 유명상표
명세서(설명서)매매 (sales by specification)	설명서, 명세서, 도해목록, 청사진 등에 의하여 품질수준을 결정	예	고가의 거대한 기계류
규격매매(sales by type)/ 등급매매(sales by grade)	국제적 또는 수출국에서 인정된 규격, 등급으로 품질수준을 결정	예	KS, JIS 등의 표시품
점검매매 (sales by inspection)	매수인이 거래물품의 품질수준을 직접확인 후 계약체결하는 경우의 방법	예	악기, 신제품 등의 시장 개척
표준품매매(sales by standard)	수확예정 농수산물의 경우 해당연도의 표준품을 기준으로 품질수준 결정	예	농수산물, 목재 등
판매적격품질조건(GMQ; Good Merchantable Quality)	상관습에 비추어 판매가능한 상태일 것을 조건으로 품질수준을 결정	예	원목, 목재, 광석물, 냉동 수산물
평균중등질조건(FAQ; Fair Average Quality)	해당 생산되는 동종 수확물 중 평균적, 중등품질을 표준으로 품질수준 결정	예	곡물, 면화, 차, 천연과일
보통표준품질조건(USQ; Usual Standard Quality)	공인검사기관, 표준기준에 의해 정해진 보통품질을 품질수준으로 결정	예	면화, 원면, 인삼, 오징어

---

1) 품질(quality)은 한마디로 정의하기는 어렵지만, 일반적으로 과학적인 요소인 물품고유의 본질, 성질, 상태를 말한다고 할 수 있다.

1. 견본매매(sales by sample)

견본매매(sales by sample)는 매매당사자가 제시한 견본(sample)에 의하여 거래물품의 품질수준을 결정하는 방법을 말한다. 이 방법은 주로 공장에서 대량 생산되는 공산품을 대상으로 하며, 견본에 의하지 않고는 품질의 판단이 어려운 경우, 간단히 송부할 수 있는 물품 또는 저가제품의 경우, 입찰 또는 상대방 국가의 시장에 의하여 견본제출을 필요로 하는 경우 등에 주로 이용되고 있으며, 오늘날의 무역거래에서 가장 널리 이용되고 있는 방법이다.

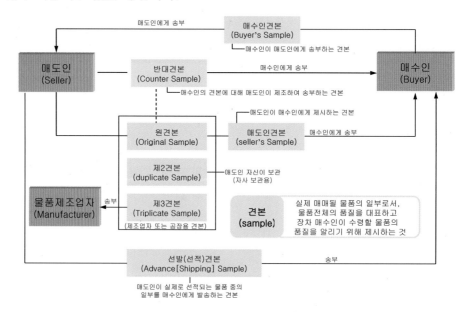

견본(sample)은 실제 매매될 물품의 일부로서, 물품전체의 품질을 대표하고 장차 매수인이 수령할 물품의 품질을 알리기 위하여 제시하는 것을 말한다. 견본은 이를 제시하는 자에 따라 매도인견본(seller's sample)과 매수인견본(buyer's sample)으로 구분되는데, 매도인견본은 후일의 분쟁을 피하기 위하여 통상적으로 원견본(original sample), 제2견본(duplicate, reference, keep sample), 제3견본(triplicate sample) 등과 같이 3개 이상의 견본으로 만들어진다.

견본으로 품질을 결정하는 견본매매에서는 특히 다음의 사항에 유의하여야 한다.

첫째, 당사자는 신중하게 견본을 작성, 송부 및 보관하여야 한다. 즉, 견본의 종류가 많은 경우에는 견본번호(sample number)를 붙여서 견본대장(sample book)에 송부일자, 상대방의 성명 등을 기재하여야 하고, 상대방으로부터 견본을 송부받은 경우에는 그 동일품 및 일부분을 사본견본(copy sample)으로 보관하여야 한다.

둘째, 매도인이 견본을 제시하는 경우에는, 동일한 품질의 물품을 인도하지 못할 수도 있기 때문에 자신이 만든 최상품 중에서 견본을 선택하기 보다는 보통의 평균적 (fair and average) 품질의 견본을 선택하여 제시하는 것이 바람직할 것이다.

셋째, 매매계약시에 "Quality to be fully equal to the sample(견본과 완전히 일치하는 품질)"과 같은 엄격한 표현보다는 "Quality to be similar to the sample(견본과 유사한 품질)" 등과 같은 완곡한 표현을 사용하는 것이 후일의 마켓클레임(Market Claim)[2]이나 계획적인(의도적인) 클레임[3]을 예방할 수 있다. 엄격한 표현은 규격품, 세계적으로 유명한 브랜드 상품, 유명한 제조업자의 대량생산물품 등과 같이 엄격한 제조공정을 거쳐 규격을 균등하게 생산할 수 있는 물품의 경우에 한정하여 사용되어야 할 것이다.

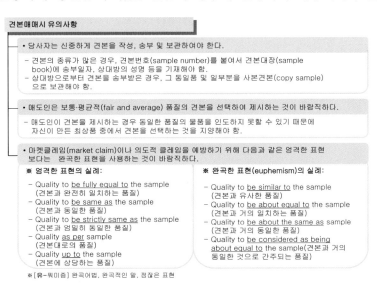

견본매매시 유의사항

- 당사자는 신중하게 견본을 작성, 송부 및 보관하여야 한다.
  - 견본의 종류가 많은 경우, 견본번호(sample number)를 붙여서 견본대장(sample book)에 송부일자, 상대방의 성명 등을 기재해야 함.
  - 상대방으로부터 견본을 송부받은 경우, 그 동일품 및 일부분을 사본견본(copy sample)으로 보관해야 함.

- 매도인은 보통·평균적(fair and average) 품질의 견본을 선택하여 제시하는 것이 바람직하다.
  - 매도인이 견본을 제시하는 경우 동일한 품질의 물품을 인도하지 못할 수 있기 때문에 자신이 만든 최상품 중에서 견본을 선택하는 것을 지양해야 함.

- 마켓클레임(market claim)이나 의도적 클레임을 예방하기 위해 다음과 같은 엄격한 표현 보다는 완곡한 표현을 사용하는 것이 바람직하다.

  ※ 엄격한 표현의 실례:
  - Quality to be fully equal to the sample (견본과 완전히 일치하는 품질)
  - Quality to be same as the sample (견본과 동일한 품질)
  - Quality to be strictly same as the sample (견본과 엄밀히 동일한 품질)
  - Quality as per sample (견본대로의 품질)
  - Quality up to the sample (견본에 상당하는 품질)

  ※ 완곡한 표현(euphemism)의 실례:
  - Quality to be similar to the sample (견본과 유사한 품질)
  - Quality to be about equal to the sample (견본과 거의 일치하는 품질)
  - Quality to be about the same as sample (견본과 거의 동일한 품질)
  - Quality to be considered as being about equal to the sample(견본과 거의 동일한 것으로 간주되는 품질)

※ [유-퍼미즘] 완곡어법, 완곡적인 말, 점잖은 표현

2. 상표매매(sales by trade mark or brand)

상표매매(sales by trade mark) 또는 통명매매(sales by brand)는 견본을 제시할 필요 없이 세계적으로 널리 알려진 생산업자의 상표(trade mark) 또는 통명(brand)만을 가지고 품질수준을 결정하는 방법을 말한다. 청량음료의 코카콜라(Coca Cola), 손목시계의 오메가(Omega)·로렉스(Rolex), 만년필의 파커(Parker) 등과 같은 유명상표의 제품은 그 상표 자체만으로도 품질을 인정받게 되기 때문에 상표만을 가지고 품질수준을 결정할 수 있는 것이다.

---

2) 마켓클레임(Market Claim)은 시장상황이 좋지 않은 경우 사소한 하자를 이유로 매수인으로부터 받게 되는 부당한 클레임을 말한다.
3) 계획적 또는 의도적 클레임은 매매당사자의 고의에 의한 클레임으로서, 주로 신용도가 낮은 악질적인 당사자가 그 상대방으로 하여금 계약이행에 지장을 일으키도록 교묘한 술책을 사용하여 제기하는 클레임을 말한다.

3. 명세서매매

명세서매매(sales by specification) 또는 설명서매매(sales by description)는 견본제시가 불가능한 선박, 철도차량, 발전기, 공작기계, 의료기구 등 고가의 거대한 기계류의 경우에 상품의 재료, 구조, 성능, 규격, 치수 등을 상세히 설명한 설명서(description)나 명세서(specification of dimensions), 도해목록(illustarated catalogue), 설계도(design) 또는 청사진(blueprint) 등에 의하여 품질수준을 결정하는 방법이다.

4. 규격매매(sales by type or grade)

규격매매(sales by type) 또는 등급매매(sales by grade)는 국제적으로 정해져 있거나 수출국의 공적규정으로 인정되어 있는 규격이나 등급으로 거래물품의 품질수준을 결정하는 방법을 말한다. 공산품의 경우에는 국제표준화기구(ISO), 우리나라의 KS, 일본의 JIS, 영국의 BS 등의 규정을 이용하여 품질수준을 결정하게 된다.

5. 점검매매(sales by inspection)

점검매매(현품매매, 실현매매, sales by inspection)는 매수인이 거래물품의 품질수준을 직접 확인한 후 매매계약을 체결하는 경우의 품질결정방법이다. 이 방법은 매수인이 현품을 직접 확인·점검하는 방식을 취하는 것이므로, ① 수출국에 상주하는 매수인의 대리인이 거래물품의 품질수준을 직접 확인한 후 매매계약을 체결하는 경우, ② 매수인이 수입국의 보세창고에서 거래물품의 품질수준을 직접 확인한 후 매매계약을 체결하는 보세창고도거래(bonded warehouse transaction; BWT), ③ 수입국에 상주하는 매도인의 대리인에 의하여 제시되는 물품에 대하여 매수인이 그 품질수준을 확인한 후 매매계약을 체결하는 현품인도지급(cash on delivery; COD), ④ 점검매매조건부청약(승인조건부청약, offer on approval), 반품허용조건부청약(offer on sale or return) 등에 주로 이용된다.

6. 표준품매매(sales by standard)

표준품매매(sales by standard)는 일정한 규격이나 유명한 상표가 없고 견본제시가 불가능한 수확예정의 농산물이나 수산물의 경우에 해당연도의 표준품(standard)[4]을 기준으로 거래물품의 품질수준을 결정하는 방법이다. 즉, 농산물이나 수산물 등의 천연산물은 종류는 같지만 이질적인 여러 상품들이 혼합되어 한가지 종류의 상품을 이루고 있기 때문에 등급(grade)을 정하여 거래하는 것이 일반적이며, 선물거래에 주로 사용된다.

표준품매매에는 다음의 세 가지가 있다.

① 판매적격품질조건(Good Merchantable Quality; GMQ) 물품 내부의 부패나 기타의 잠재하자를 외관상으로 확인하기 어려운 원목, 목재, 냉동수산물, 광석류 등의 경우에, 수입지에서 매수인에게 인도된 물품이 해당 물품과 상관습에 비추어 판매가능한 상태일 것을 조건으로 거래물품의 품질수준을 결정하는 방법이다.

② 평균중등품질조건(Fair Average Quality; FAQ) 선적지에서 해당 연도에 생산되는 동종의 수확물 가운데 평균적이며 중등의 품질을 표준으로 하여 거래물품의 품질수준을 결정하는 방법이다. 이 방법은 곡물, 면화, 차, 천연과일 등의 농산물거래의 품질을 결정할 때 주로 이용된다.

③ 보통표준품질조건(Usual Standard Quality; USQ) 공인검사기관 또는 공인표준기준에 의해서 정해진 보통품질을 표준품의 품질수준으로 결정하는 방법이다. 이 조건은 미국의 면화판매에서 시작되었으며, 주로 원면거래에 이용된다. 우리나라의 경우, 인삼, 오징어 등의 수출시 해당 수출조합이나 정부지정기관 등에서 1등급, 2등급 등으로 품질을 판정한다.

II. 품질의 결정시기

품질의 결정시기는 물품이 장거리 운송됨으로써 선적시의 품질과 양육시의 품질이 다를 수 있으므로 거래물품이 약정된 품질수준을 충족하는지의 여부를 어느 시점의 품질상태를 기준으로 판정할 것인지를 결정하는 기준시점을 말한다.

이러한 품질의 결정시기는 품질의 검사시기에 따라 선적품질조건(shipped quality terms)과 양륙품질조건(landed quality terms)으로 구분되며, 곡물류의 거래에 널리 이용되고 있는 TQ(tale quale)는 선적품질조건, RT(rye terms)는 양륙품질조건, SD(sea damaged)는 조건부선적품질조건(선적품질조건과 양륙품질조건을 절충한 조건)의 대표적인 예이다.

---

4) 표준품(stansard)은 농산물이나 수산물 등의 천연산물과 같이, 동종이지만 이질적인 여러 상품들이 혼합되어 한가지 종류의 상품을 형성하는 경우 그 상품을 품질을 대표하는 상품의 소량을 의미한다.

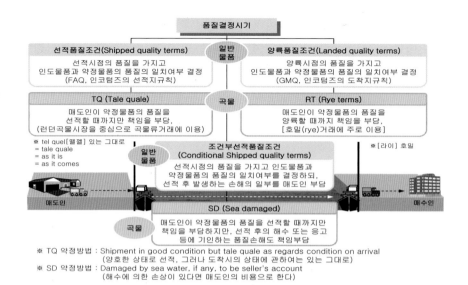

1. 선적품질조건(shipped quality terms)

선적품질조건(shipped quality terms)은 인도물품의 품질이 약정한 품질과 일치하는지의 여부를 선적시점(time of shipment)의 품질에 의하여 결정하는 방법으로서 일반 공산품 등에 주로 이용되고 있다. 따라서 이 조건에서는 매도인에 의하여 인도된 물품의 품질이 선적시점에서 약정된 품질과 일치하면 그 후의 변질에 대하여는 매도인은 책임을 부담하지 않는다.

선적품질조건의 대표적인 예로는 런던곡물시장을 중심으로 확립되어 곡물류의 거래에 흔히 이용되고 있는 TQ가 있다. TQ(tale quale, tel quel)는 매도인이 약정한 물품의 품질을 선적할 때까지만 책임을 부담하고 운송중의 물품의 변질에 대하여는 아무런 책임을 부담하지 않는 조건이다. TQ는 불어의 "tel quel(뗄껠; 있는 그대로)"에서 유래한 것으로서, 영어로는 "있는 그대로"라는 의미의 "as it is" 또는 "as it comes"이다. TQ로 약정할 때에는 "Shipment in good condition but tale quale as regards condition on arrival(양호한 상태로 선적, 그러나 도착시의 상태에 관하여는 있는 그대로)" 등과 같이 약정한다.

선적지인도규칙(EXW, FCA, CPT, CIP, FAS, FOB, CFR, CIF)과 FAQ조건은 선적품질조건에 해당된다.

2. 양륙품질조건(landed quality terms)

양륙품질조건(landed quality terms)은 인도물품의 품질이 약정한 품질과 일치하는지의 여부를 도착지의 양륙시점의 품질에 의하여 결정하는 방법을 말한다. 따라서 이 조건에서는 매도인에 의하여 인도된 물품의 품질이 도착지의 양륙시점에서 약정된 품질과 일치하여야 하기 때문에 매도인은 운송중의 물품의 변질에 대하여 책임을 부담하여야 한다.

양륙품질조건의 대표적인 예로는 호밀(rye)거래에 주로 이용되고 있는 RT가 있다. RT(rye terms)는 매도인이 약정한 물품의 품질을 양륙할 때까지 책임을 부담하는 조건을 말한다.

양륙지인도규칙(DAT, DAP, DDP)과 GMQ조건은 양륙품질조건에 해당된다.

3. 조건부선적품질조건

조건부선적품질조건(conditional shipped quality terms)은 인도물품의 품질이 약정한 품질과 일치하는지의 여부를 선적시점의 품질에 의하여 결정하되 선적 이후에 발생하는 일부 손해에 대하여 매도인이 추가적으로 부담할 것을 조건으로 약정하는 것을 말한다.

조건부선적품질조건의 대표적인 예로는 SD가 있다. SD(sea damaged)는 원칙적으로 매도인이 약정한 물품의 품질을 선적할 때까지만 책임을 부담하고 양륙시에는 책임을 부담하지 않는 선적품질조건이지만 선적 이후의 해상운송중에 발생하는 해수(seawater) 또는 응고(condensation) 등에 기인하는 품질손해에 대하여 추가적으로 매도인이 책임을 부담하는 것으로서, 선적품질조건과 양륙품질조건을 절충한 조건이다. SD(sea damaged)조건으로 무역계약을 체결하려는 경우에는 통상적으로 무역계약서에 "Damaged by sea water, if any, to be seller's account(해수에 의한 손상이 있다면 매도인의 비용으로 한다)" 또는 "All sweeping and damaged by sea water or condensation[5] to be rejected(해수에 의한 모든 유실과 손상 또는 응고는 거절된다)"라는 문언이 명기된다.

III. 품질의 증명방법

품질의 증명방법은 인도물품의 품질이 약정한 품질과 일치하는지의 여부를 증명하는 방법을 말한다. 즉, 품질의 일치증명을 입증할 책임이 있는 당사자는 인도물품이 선적시 또는 도착시에 약정한 품질과 일치한다는 것을 증명하기 위하여 검사기관으로부터 검사나 증명을 받아야 한다. 당사자는 약정된 물품의 품질이 불량할 경우, 매

---

5) [칸덴쎄이션] 응축, 압축, 냉축

수인의 괜한 트집을 방지하기 위하여는 매수인으로 하여금 국제적으로 공인된 검사기관으로부터 그러한 품질불량을 증명받을 수 있도록 약정해 두는 것이 바람직하며, 약정된 물품의 품질이 검사기관에 의하여 불량으로 증명되어 매수인이 정당하게 물품의 인수를 거절한 경우에는, 그 불량품을 반송해 오는 것보다는 불량품의 가격을 조정하거나 위탁품으로서 처분하는 방법을 강구하여야 한다.

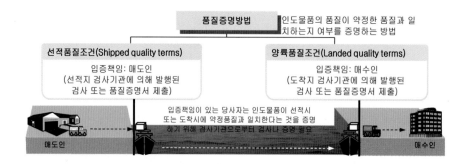

품질의 결정방법은 매매계약시에 매매당사자 간에 누가 검사할 것인지를 미리 합의하여야 하지만, 원칙적으로 다음과 같이 품질의 결정시기와 직결된다고 할 수 있다.

선적품질조건에서는 품질의 일치증명을 입증할 책임은 매도인에게 있다. 따라서, 매도인은 미리 매수인의 동의를 받아 정해진 선적지에서 객관적이고 권위 있는 검사기관(감정인; surveyor)으로부터 검사를 받은 후 검사증명서(certificate of inspection) 또는 품질증명서(certificate of quality)를 발급 받아 매수인에게 제공함으로써 인도물품의 품질이 약정한 품질과 일치한다는 것을 입증해야 한다.

양륙품질조건에서는 물품의 품질수준의 미달 또는 운송 중의 변질에 대하여 입증할 책임은 매수인에게 있다. 따라서, 매수인은 물품의 도착시에 품질수준의 미달 또는 운송중의 변질 등에 대하여 객관적이고 권위 있는 검사기관(surveyor)으로부터 감정을 받은 후 발급 받은 감정보고서(surveyor's report)에 의하여 사실을 증명하고 매도인에게 손해배상을 청구할 수 있다.

제2절 수량조건(terms of quantity)

수량조건(terms of quantity)은 거래대상물품의 수량과 관련된 사항을 약정하는 조건으로서, 무역계약시에 계약당사자는 ① 수량단위, 계량방법(중량측정방법), 수량표현방법 및 정산가격기준의 결정 등 수량결정의 방법, ② 수량결정의 시기 ③ 검량기관, 검량기한(양륙중량조건의 경우) 등의 수량의 증명방법 등을 약정하여야 한다.

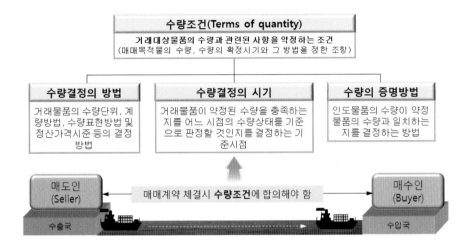

Ⅰ. 수량의 결정방법

1. 수량의 결정단위

● 수량결정방법

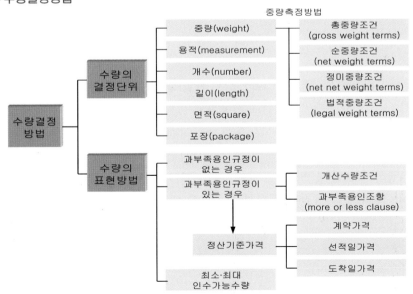

수량(quantity)을 결정하는 수량단위는 중량(weight), 용적(measurement), 개수(piece), 길이(length), 면적(square), 포장(package) 등으로 구분된다. 이러한 수량단위는 물품의 성질과 각국의 계산기준에 따라 차이가 있으므로 매매계약체결시에 명확하게 합의하여야 한다.

(1) 중량(weight)

중량(무게, weight)은 무게를 나타내는 단위로서, 킬로그램(Kilogram; kg), 파운드(Pound; Lb), 톤(Ton) 등을 그 단위로 사용하고 있다. 이 중에서 가장 많이 사용되고 있는 톤(Ton)에는 L/T(Long ton = 1,016kg), S/T(Short ton = 907.2kg), M/T(Metric ton = 1,000kg)의 3가지 종류가 있으므로 당사자는 매매계약체결시에 어떤 톤(Ton)으로 할 것인지를 결정하여야 한다. 또한, 동일한 톤(Ton)이라 하더라도 중량을 표시하는 중량톤(Weight ton; W/T)인지 용적을 표시하는 용적톤(Measurement ton; M/T)인지를 구별하여야 한다.

(2) 용적(measurement)

용적(부피, measurement)은 주로 액체나 목재 등의 측정기준으로 사용되는 단위로

158

서, 목재에는 입방미터(Cubic Meter; m³; CBM)·입방피트(Cubic Feet; cft)·Super feet(sf)를 사용하고, 석유 등의 액체화물에는 배럴(Barrel)·갤런(Gallon; gal)·쿼트(Quart; qt)·리터(Liter; lit)·파인트(Pint)를 사용하고, 곡물에는 부셸(Bushel) 등의 용적단위가 사용되고 있다.

용적 (measurement)	단　　　위
목재 단위	·Cubic Meter(m³; CBM) : 1 CBM = 1,000 kilos ·Cubic Feet(cft; 입방 피트) ·Super feet(sf) = 1 square foot(평방 피트) × 1 inch
액체화물 단위	·Barrel = 31.5 gallons(미); 36 gallons(영) = 42 gallons(미); 35 gallons(영)[석유] ·Gallon(gal) = American gallon(wine gallon) = 4.456 liters = 4 quarts 　　　　　　　 = English gallon(imperial gallon) = 3.785 liters = 4 quarts ·Quart(qt) = 1/4 gallon = 2 pints = 0.95 liter(미); 1.14 liter(영) ·Liter(lit) = 1,000cc ·Pint = 0.47 liter(미); 0.57 liter(영)
건량 단위(곡물)	·Bushel = 8 gallons = 35 liters(미); 36 liters(영)
선박 등	·Measurement ton(용적톤, M/T) = 1 CBM(m³) = 40 입방 피트(cft) = 480 sf(super feet)

(3) 개수(number)

개수(number)는 주로 잡화, 기계류 등의 측정기준으로 사용되는 단위로서, 일반상품에는 1개(piece; PCs)·1대(set), 연필과 양말 등에는 타스(dozen =12개), 핀이나 조화 등의 값싼 제품에는 Gross(12타스 = 12개 × 12개 =144개)·Small gross(10타스 = 12개 ×10개 = 120개), Great gross(12 Gross = 12개 × 12개 × 12개 = 1,728개) 등의 개수단위가 사용되고 있다.

(4) 길이(length)

길이(length)는 주로 섬유류, 전선, 강관 등의 측정기준으로 사용되는 단위로서, 미터(meter), 야드(yard; yd), 인치(inch), 피트(feet; ft) 등이 길이단위로 사용되고 있다.

(5) 면적(square)

면적(square)은 주로 유리, 합판, 타일 등의 측정기준으로 사용되는 단위로서, 평방피트(Square foot; Sft)가 면적단위로 사용되고 있다.

(6) 포장(package)

포장(package)은 주로 면화(cotton, 목화), 양모(wool, 양털), 소맥분(wheat flour, 밀가

루), 시멘트, 비료, 유류, 통조림 등의 측정기준으로 사용되는 단위로서, 상자(Case), 곤포(Bale)[6], 포대(Bag), 마대(Sack), 깡통(Can), 나무통(Keg), 통(Cask), 드럼통(Drum), 다발(Bundle), 사리(Coil) 등이 포장단위로 사용되고 있다. 또한, 컨테이너에 의한 포장의 경우에는 TEU(twenty foot equivalent unit = 33 cbm's), FEU(forty foot equivalent unit = 67.3 cbm's), HC(forty foot high cube container = 76 cbm's)[7] 등의 포장단위가 사용되고 있다.

2. 중량의 측정방법

중량을 측정하는 방법(계량방법)에는 측정시 포장의 중량(무게)을 포함하는지의 여부에 따라 다음과 같이 구분된다.

① 총중량조건(총량조건; gross weight terms) 물품(ware)과 모든 포장재료(tare)를 모두 합하여 중량을 측정하는 것, 즉 물품의 순수 자체 중량, 개장, 내장(내부충전물) 및 외장의 중량을 모두 합하여 중량을 측정하는 조건을 말한다. 이 조건은 소맥분(wheat flour, 밀가루), 면화(cotton, 목화) 등의 특수물품의 경우에만 채택된다.

② 순중량조건(순량조건; net weight terms) 물품의 순중량(총중량에서 내장과 외장의 중량을 공제한 중량)으로 중량을 측정하는 조건을 말한다. 이 조건은 비누, 화장품 등과 같이 소매될 때 포장된 채로 판매되는 물품에 가장 일반적으로 이용된다.

③ 정미중량조건(자중조건; 순순중량조건; net net weight terms) 물품의 정미중량(총중량에서 개장, 내장 및 외장을 제외한 물품내용물만의 순수한 중량)으로 중량을 측정하는 조건을 말한다. 이 조건은 물품을 구성하는 내용물의 순수한 중량만을 의미하는 것으로서 예를 들면 음료의 경우 병을 제외한 순수한 음료의 중량만을 의미한다.

④ 법적중량조건(legal weight terms) 물품의 외장인 포대의 중량은 공제하지만 물품의 소매시에 포장되어 있는 중량을 포함하여 중량을 측정하는 조건을 말한다. 예를 들면, 참치통조림의 법적중량조건은 캔(can)의 중량과 그 내용물의 중량을 포함한 것을 말한다.

---

6) 면화, 건초 등의 농산물(agricultural products)이나 종이 등을 끈이나 밧줄로 묶은 더미, 뭉치, 꾸러미 또는 가마니를 말한다. 예를 들면, "a bale of cotton(면화 1곤포)", "a bale of hay(건초 1곤포)", "wool bale(양모 곤포)" 등과 같이 사용한다.
7) 1 TEU는 20 피트 컨테이너 1개를, 1 FEU는 40 피트 컨테이너 1개를, 1 HC는 40 피트 하이큐브 컨테이너 1개를 말한다.

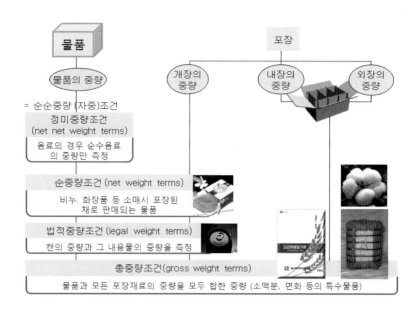

3. 수량의 표현방법

수량의 표현방법은 거래물품의 성질에 따라 수량을 어떤 방법으로 표현할 것인지를 결정하는 방법으로서, 과부족용인조항이 있는 경우와 과부족용인조항이 없는 경우로 구분된다.

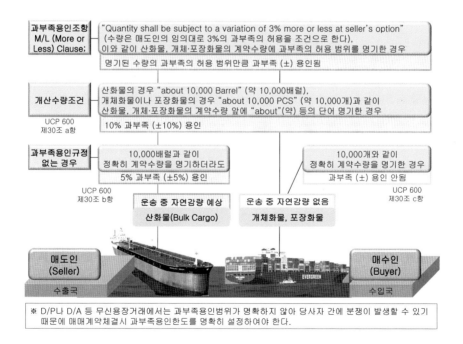

(1) 과부족용인규정이 있는 경우

장기간의 운송도중 감량이 예상되거나 정확한 계약수량을 선적하기 곤란한 화물, 예를 들면 곡물, 광산물, 휘발성이 강한 유류 등과 같은 산화물(bulk cargo)의 경우에는 약간의 과부족(surplus or deficiency)을 용인하는 것이 일반적이다. 즉, 과부족용인조항, 개산수량조건 등의 과부족용인규정은 산화물(bulk cargo)의 경우에 많이 이용되고 있지만, 개체화물이나 포장화물과 같이 개수로 셀 수 있는 화물도 그 대상으로 할 수 있다.

(개) 수량과부족용인조항

수량과부족용인조항(more or less clause; M/L clause)은 계약물품의 수량에 대하여 일정한 과부족의 한도를 정하여 수량을 결정하는 조건으로서, 인도수량에 신축성(flexibility)을 부여하는 수량조건을 말한다. 즉, 과부족용인조항은 수량과부족의 허용범위를 명확하게 하기 위하여 "약"과 같은 막연한 용어를 회피하고, 다음과 같이 그 용인수량의 한도 및 과부족 선택권자를 명시하는 것을 말한다.

① "7% more of less at seller's option(매도인의 임의대로 7%의 과부족)"

② "Quantity shall be subject to a variation of 3% more or less at seller's option(수량은 매도인으로 임의대로 3%의 과부족의 허용을 조건으로 한다)"

③ "Seller has the option of delivering 6% more or less on the contract quantity(매도인은 계약 수량에 관한 6%의 과부족 수량을 인도할 선택권을 가진다)"

④ "Seller has the option of shipping 5% more or less on the contract quantity, such as surplus or deficiency(매도인은 초과 또는 부족과 같은 계약 수량에 관한 5%의 과부족 수량을 선적할 선택권을 가진다)"

(나) 개산수량조건

개산수량조건(approximate quantity terms)은 과부족용인조항을 설정하지 않고 계약물품의 수량 앞에 "약"이나 "대략"에 해당하는 "about", "circa", "approximately", "around", "some" 등의 표현을 추가하여 수량을 결정하는 조건으로서 인도수량에 신축성(flexibility)을 부여하는 수량조건을 말한다.

신용장거래에서는 약(about)이나 대략(approximately)이라는 단어를 사용하여 수량을 표현할 경우 신용장통일규칙(UCP 600) 제30조 a항에 따라 10%의 수량과부족이 허용되지만 금액 또는 단가의 과부족은 허용되지 않는다. 참고로, 약(about)이나 대략(approximately)이라는 단어를 사용하여 금액 또는 단가를 표현하는 개산금액조건의 경우에는 10%의 금액 또는 단가의 과부족은 허용되지만 수량의 과부족은 허용되지 않는다. 따라서 신용장통일규칙 제30조 a항에 의하면, 약(about)이나 대략(approximately)이라는 단어가 수량, 금액 또는 단가와 관련하여 사용된 경우, 수량에만 "약"이라는 단어가 있다면 수량에만, 금액에만 "약"이라는 단어가 있는 경우에는 금액에만, 단가에만 "약"이라는 단어가 있는 경우에는 단가에만 각각 10%의 과부족이 허용된다.

한편, 무신용장거래에서는 어느 정도의 과부족을 허용할 것인지에 대하여 국가 또는 관습의 차이로 인하여 당사자 간에 분쟁이 야기될 수 있으므로 당사자는 개별계약서에 수량을 명백하게 합의하거나 또는 과부족용인한도를 일반거래조건협정서(General Agreement)에 포괄적으로 명시해 두어야 한다.

㈐ 정산기준가격

정산기준가격은 수량의 과부족이 허용되는 경우에 그 과부족분에 대하여 단가(unit price)를 결정하는 기준이 되는 가격을 말한다. 정산기준가격에는 계약가격(contract price), 선적일가격(day of shipment price) 및 도착일가격(day of arrival price)이 있다.

당사자는 수량의 과부족이 허용되는 경우, 그 과부족분을 정산하기 위하여 계약가격(contract price), 선적일가격(day of shipment price) 및 도착일가격(day of arrival price) 중에서 어느 하나를 선택하여 매매계약체결시에 표시해 두어야 분쟁을 방지할 수 있다. 따라서, 정산기준가격에 대하여 당사자 간에 합의가 있는 경우에는 그 합의한 가격을 기준에 따르고, 당사자 간에 합의가 없는 경우에는 계약가격(contract price)에 의하여 정산하는 것이 상관습이다.

㈑ 과부족의 선택권자

정기선에 적재되는 일반화물의 경우에는 그 과부족은 통상적으로 "seller's option(매도인의 선택)"으로 하지만, 용선계약에 의한 대량화물의 경우에는 용선계약서에는 본선의 적재량에 대하여 "10% more or less at owner's option(10%의 과부족은 선주의 임의로 한다)" 또는 "10% more or less at ship's option(10%의 과부족은 본선의 임의로 한다)"와 같이 과부족분에 대한 재량권이 본선에 의하는 것이 보통이다. 매매계약상의 과부족에 대하여 매도인과 매수인 중에서 누가 선택권을 가지는지를 규정함에 있어서는 매매계약상 운송계약의 체결의무가 누구에게 있는지를 고려하여야 한다.

과부족용인조항에서 과부족의 선택권자는 통상적으로 운송계약의 체결의무가 누구에게 귀속되느냐에 따라 결정된다. 즉, CIF규칙에서는 "seller's option(매도인의 선택)"으로, FOB규칙에서는 "buyer's option(매수인의 선택)" 또는 "ship's option(본선의 선택)"으로 하는 것을 원칙으로 한다. 다만, FOB규칙에서 운송계약의 체결의무를 매도인이 부담하는 운송특약부 FOB조건에서는 "seller's option(매도인의 선택)"으로 해야 할 것이다.

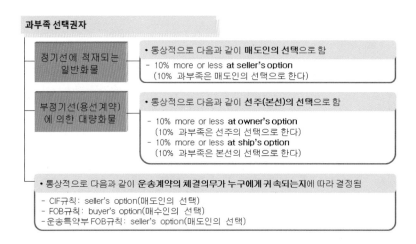

(2) 과부족용인규정이 없는 경우

과부족용인규정이 없는 경우란 계약물품의 수량 앞에 "과부족(±)의 허용범위"나 "약" 또는 "대략"이라는 표현 없이 정확한 수량을 표시하여 수량을 결정하는 것을 말한다.

산화물(bulk cargo)의 경우에는 운송중의 감량이 예상되어 표시된 수량 그대로를 정확하게 인도한다는 것은 기술적으로 거의 불가능하므로, 계약물품의 수량 앞에 "과부족의 허용범위"나 "약" 또는 "대략"이라는 표현 없이 정확한 수량을 표현하여 약정하더라도 신용장통일규칙 제30조 b항에 따라 수량은 5%의 과부족이 인정되지만 어음발행총액은 신용장금액을 초과하는 것이 허용되지 않는다.

그러나, 포장단위(packing units)나 개개의 품목(individual items)과 같이 개수로 수량을 표시할 수 있는 물품의 경우에는 계약물품의 수량을 정확히 표시하여 그대로 인도할 수 있기 때문에 계약수량대로 물품을 인도하지 않는다면 계약불이행이 된다. 즉, 신용장통일규칙 제30조 c항에 따라 개체 또는 포장화물로서 물품개수를 정확히 명기하고 있는 경우에는, 분할선적을 금지하고 있더라도, 신용장상의 수량을 전부 선적하고 물품단가도 감액되어서는 안되지만, 어음발행총액은 신용장금액의 5% 범위내에서 감액하여 발행되는 것이 허용된다.

한편, D/P나 D/A 등의 무신용장거래에서는 별도의 합의가 없는 한 과부족을 인정하지 않으므로 과부족한도를 명확하게 설정하여 향후의 분쟁을 예방하여야 한다.

(3) 최소·최대인수가능수량

최소인수가능수량(minimum quantity acceptable)은 계약체결시에 수량을 명확히 약정하지 않고 인수가능한 최소한의 수량을 약정하는 방법을 말한다. 이는 계약수량이 최소생산단위를 충족시킬 수 없는 소량의 주문인 경우에는 상품의 단가가 상승하게 되어 수출채산성이 악화될 뿐만 아니라 운임도 최저운임이 적용되어 운임이 상승하게 되기 때문에 매도인은 예기하지 않은 손실을 입을 수가 있다. 따라서 매매계약체결시에는 최소인수가능수량을 명시하여 약정할 필요가 있다.

최대인수가능수량(maximum quantity acceptable)은 계약체결시에 수량을 명확히 약정하지 않고 1회당 인수가능한 최대한의 수량을 약정하는 방법을 말한다. 이는 대량생산이 불가능한 수공예품 등과 같이 계약수량이 공장의 생산능력을 초과하는 수량인 경우에는 수주하더라도 약속대로 물품을 인도할 수 없게 된다. 따라서 계약체결시에는 최대인수가능수량을 명시하여 약정할 필요가 있다.

최소 및 최대인수가능수량

최소인수가능수량 Minimum quantity acceptable	계약체결시에 약정되는 인수가능한 최소한의 수량으로서, 계약수량이 최소생산단위를 충족시킬 수 없는 소량의 주문의 경우에 이를 명시하여 약정함

실례

1. Acceptable Minimum Order: 20 mts/type, 30 mts/ctn, cost-surcharge & freight-surcharge applicable if lower than minimum (승낙가능한 최소주문수량: 타입당 20톤, 컨테이너 당 30톤, 최소주문 이하인 경우에는 비용 할증 및 운임 할증이 적용될 수 있음)
2. Recommended Minimum Order: 35 mts/type for satisfied quality control & color matching (권장최소주문수량: 만족스러운 품질 및 색상의 일치를 위하여 타입당 35톤)

A Company shall purchase a minimum quantity of products from B Company in any contract year. The minimum requirements are set forth in Exhibit C ("Minimum Requirements"). [A사는 B사로부터 어느 계약년도에도 최소수량의 제품을 구매하여야 한다. 최소요건은 별첨 C('minimum requirements') 에 기술되어 있다]

The minimum quantity per one shipment is 1 FCL of 20ft container between 10 to 20 tons net depending on the type of packages. [1회 선적 당 최소수량은 포장의 유형에 따라 10에서 20톤 사이의 20피트 컨테이너의 하나의 만재화물(FCL)이다]

최대인수가능수량 Maximum quantity acceptable	계약체결시에 약정되는 인수가능한 최대한의 수량으로서, 계약수량이 공장의 생산능력을 초과하는 수량인 경우에 이를 명시하여 약정함

● 수량의 표현방법

수량표현방법	명시방법	대상화물	해 석		비 고
과부족 용인조항 (M/L clause)	계약서에 과부족 (±) 범위를 명시 (예: X% more or less)	포장화물 개체화물 산화물	모든 거래	명시된 수량의 X%의 과부족(±) 을 인정	
개산수량조건 (approximate quantity terms)	계약수량 앞에 "약"이라고 명시 (about, approximately)	포장화물 개체화물 산화물	신용장거래 (UCP 600 제30조 a항)	10%의 수량과부 족을 허용	금액 또는 단가의 과부 족은 허용되지 않음
					금액 또는 단가 앞에만 "약"이라고 명시하는 경 우, 금액 또는 단가에만 10%의 과부족을 허용
			기타 거래	과부족의 허용 범위 불명확	
과부족용인규 정이 없는 경우	계약수량을 정확 하게 명시	산화물	신용장거래 (UCP 600 제30조 b항)	5%의 수량과부 족을 허용	어음발행금액이 신용 장금액을 초과하지 않 을 것
			기타 거래	과부족의 허용 범위 불명확	
		포장화물 개체화물	신용장거래 (UCP 600 제30조 c항)	수량과부족 불허 (즉, 정확히 계약 수량과 단가대로 인도)	어음발행총액은 신용장 금액의 -5% 이내 감액허 용(분할선적 허용 여 부 관계 없음)
			기타 거래	과부족의 허용 범위 불명확	

결론적으로, 다음의 표에서 보는 바와 같이, 무신용장거래에서는 수량과부족용인과 관련하여 아무런 규정이 없다. 반면, 신용장거래에서는 과부족용인규정이 있는 경우에는 산화물뿐만 아니라, 개수로 셀 수 있는 포장화물이나 개개의 품목 등 모든 물품에 대하여 과부족을 인정하여, "약"이라는 표현이 있는 개산수량조건의 경우에는 10%의 과부족을, 과부족의 허용범위가 명확하게 표현된 수량과부족용인조항의 경우에는 명시된 과부족의 허용범위 내에서 수량의 과부족을 허용하고 있다. 그러나, 과부족용인규정이 없는 경우에는 산화물의 경우에만 5%의 과부족을 인정하고 포장화물이나 개체화물에 대하여는 과부족을 인정하지 않고 있다.

II. 수량의 결정시기

수량의 결정시기는 물품이 장거리 운송됨으로써 선적시의 수량과 양륙시의 수량이 다를 수 있으므로 거래물품이 약정된 수량을 충족하는지의 여부를 어느 시점의 수량 상태를 기준으로 판정할 것인지를 결정하는 기준시점을 말한다. 당사자는 물품의 수량을 검사하는 기준시점을 명확하게 약정하지 않는다면, 분쟁이 발생될 수 있으므로 그 기준시점을 선적시(선적수량조건)로 할 것인지 양륙시(양륙수량조건)로 할 것인지를 명확히 약정할 필요가 있다.

● 수량결정시기 및 입증책임

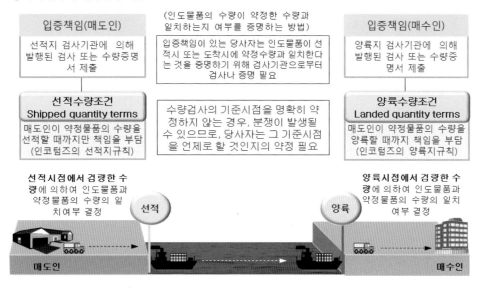

1. 선적수량조건

선적수량조건(shipped quantity terms)은 인도물품의 수량이 약정한 수량과 일치하는지의 여부를 선적시점(time of shipment)에서 검량한 수량에 의하여 결정하는 방법으로서 선적시의 수량을 최종적인 것으로 하는 조건이며, 일반공산품 등에 주로 이용되고 있다. 따라서 이 조건에서는 매도인에 의하여 인도된 물품의 수량이 약정된 수량과 일치하면 운송 중에 어떠한 감량이 발생하더라도 매도인은 그 책임을 부담하지 않는다.

당사자 간에 별도의 합의가 없는 한, 선적지인도규칙에 해당하는 E, F, C그룹의 정형거래조건(EXW, FCA, FAS, FOB, CFR, CIF, CPT, CIP)은 원칙적으로 선적수량조건에 해당된다고 할 수 있다.

2. 양륙수량조건

양륙수량조건(landed quantity terms)은 인도물품의 수량이 약정한 수량과 일치하는지의 여부를 도착지의 양륙시점에서 검량한 수량에 의하여 결정하는 방법으로서 운송중의 감량이 발생하기 쉬운 산화물(bulk cargo)에 주로 이용된다. 따라서 이 조건에서는 매도인에 의하여 인도된 물품의 수량이 도착지의 양륙시점에서 약정된 수량과 일치하여야 하기 때문에 매도인은 운송중의 물품의 감량에 대하여 책임을 부담하여야 한다.

당사자 간에 별도의 합의가 없는 한, 도착지인도규칙(delivered rules)에 해당하는 D그룹의 정형거래조건(DAT, DAP, DDP)은 원칙적으로 양륙수량조건이라 할 수 있다.

III. 수량의 증명방법

수량의 증명방법은 인도물품의 수량이 약정한 수량과 일치하는지의 여부를 증명하는 방법을 말한다. 즉, 수량의 일치증명을 입증할 책임이 있는 당사자는 인도물품이 선적시 또는 도착시에 약정한 수량과 일치한다는 것을 증명하기 위하여 검사기관으로부터 검사나 증명을 받아야 한다.

선적수량조건에서는 수량의 일치증명을 입증할 책임은 매도인에게 있으며, 양륙수량조건에서는 물품의 운송중의 감량에 대하여 입증할 책임은 매수인에게 있다.

제3절 가격조건(terms of price)

가격조건(terms of price)은 거래대상물품의 가격[8]과 관련된 사항을 약정하는 조건으로서, 무역계약시에 계약당사자는 ① 가격의 산정근거, ② 거래가격의 구성요소 등을 고려하여 가격조건을 약정하여야 한다.

---

8) 가격은 시장에서의 물품의 교환가치(exchange value)를 화폐가치로 표시한 것을 말한다.

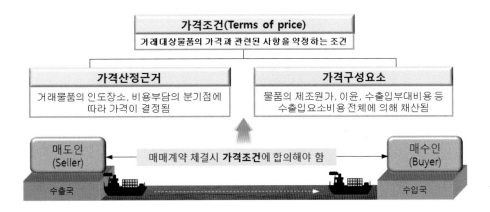

Ⅰ. 거래가격의 산정근거

무역거래에서 물품의 가격을 산정하는 경우에는, ① 매도인이 그 물품을 어느 장소에서 매수인에게 인도할 것인지의 여부(수출지에서 인도할 것인지, 수입지에서 인도할 것인지의 여부 등), ② 매도인이 어느 장소까지 비용을 부담할 것인지의 여부(수출항까지의 비용인지, 수입항까지의 비용인지의 여부 등) 등에 따라 가격이 다르다. 따라서, 무역거래에서 가격의 산정근거로서 가격조건을 표시함에 있어서는 FOB, CIF 등의 정형거래조건(trade terms)을 사용한다. 이들 정형거래조건은 기본적으로는 그 가격의 구성요소뿐만 아니라 계약물품에 대한 계약당사자의 위험부담의 분기점(division of risk) 및 소유권이전의 시점도 나타내고 있다.

이러한 정형거래조건은 무역거래에서 많이 사용되어 왔지만, 그 해석에 있어서는 국가 또는 당사자 간에 각기 다르게 해석함으로써 분쟁을 야기하게 되는 경우가 있었다. 이러한 해석상의 문제를 해결하고 그 통일성을 도모할 필요성이 제기됨에 따라 국제적인 해석기준의 제공이 행해졌는데, 대표적인 것으로는 "인코텀즈(INCOTERMS)", "개정미국무역정의(Revised American Foreign Trade Definitions, 1941, 1990개정)" 및 "CIF계약에 관한 와르소-옥스포드규칙(Warsaw-Oxford Rules for CIF Contract, 1970)"이 있다.

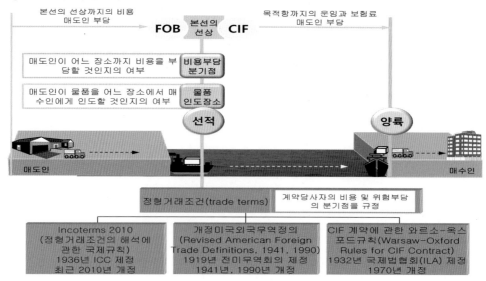

● 거래가격의 산정근거

본선의 선상까지의 비용
매도인 부담

FOB 본선의 선상 **CIF**

목적항까지의 운임과 보험료
매도인 부담

매도인이 어느 장소까지 비용을 부담할 것인지의 여부 → 비용부담 분기점

매도인이 물품을 어느 장소에서 매수인에게 인도할 것인지의 여부 → 물품 인도장소

선적   양륙

매도인   매수인

정형거래조건(trade terms) → 계약당사자의 비용 및 위험부담의 분기점을 규정

| Incoterms 2010 (정형거래조건의 해석에 관한 국제규칙) 1936년 ICC 제정 최근 2010년 개정 | 개정미국외국무역정의 (Revised American Foreign Trade Definitions, 1941, 1990) 1919년 전미무역회의 제정 1941년, 1990년 개정 | CIF 계약에 관한 와르소-옥스포드규칙(Warsaw-Oxford Rules for CIF Contract) 1932년 국제법협회(ILA) 제정 1970년 개정 |

이 중에서, 매매계약의 산출근거 및 매매당사자의 권리와 의무 등의 법률관계를 규정하고 있을 뿐만 아니라 국제적으로 가장 널리 사용되는 것이 인코텀즈이다. 인코텀즈의 11가지 규칙 중에서 어느 규칙으로 계약을 체결하는지에 따라 가격산정이 다르게 나타나지만, 인코텀즈는 당사자 간에 합의가 있을 때에만 그 계약에 적용되는 임의규정이기 때문에 계약체결시에는 인코텀즈 2010에 따른다는 준거문언을 명시적으로 삽입해야 한다. 인코텀즈 2010에 대하여는 제7장에서 상세하게 다루기로 한다.

II. 가격의 구성요소

수출입단가(unit price)는 물품의 제조원가, 이윤, 수출입부대비용 등 수출입요소비용 전체에 의하여 채산(estimation)된다. 즉, 물품의 수출입에서 소요되는 비용에는 제조원가(Manufacturing cost), 포장비(packing charges), 희망이익(expected profit), 각종검사 및 증명료와 인허가비용, 수출국내에서의 내륙운송비(inland freight), 창고비(godown rent) 또는 보관료(storage), 수출통관비용(cost of export clearance) 및 수출관세(export duties), 선적비용(shipping charges) 및 적부비용(stowing charges), 해상운임(ocean freight), 보험료(insurance premium), 양륙비용(unloading charges), 항구세와 부두세(사용료), 수입통관비용(cost of import clearance) 및 수입관세(import duties), 수입국내에서의 창고료와 보관료 및 각종 행정비용, 수입국내에서의 내륙운송비(inland freight), 그밖에 수출입에 수반되는 이자, 환비용(cost of exchange), 수수료(commission), 통신비용(cable or telex charges) 등을 포함한 각종 영업비용 또는 잡비(petty expense) 등이 있다.

수출입물품의 단가는 매도인이 부담하는 것이 어느 정도이고, 매수인이 부담하는 것이 어느 정도인지의 여부에 따라 달라지게 되는데, 매도인과 매수인 중에서 누가 어느 정도를 부담하게 되는지는 인코텀즈의 정형거래조건에 의하여 결정되므로, "INCOTERMS 2010"에 따른 규칙별 매매가격에 대한 원가구성요소를 살펴보면 다음과 같다.

● INCOTERMS 2010의 규칙별 원가구성요소

			E그룹	F그룹			C그룹				D그룹		
			EXW	FCA	FAS	FOB	CFR	CIF	CPT	CIP	DAT	DAP	DDP
생산원가		제조원가	○	○	○	○	○	○	○	○	○	○	○
		이익	○	○	○	○	○	○	○	○	○	○	○
		포장비	○	○	○	○	○	○	○	○	○	○	○
		검사비	○	○	○	○	○	○	○	○	○	○	○
부대비용	수출지	내륙운송비		○	○	○	○	○	○	○	○	○	○
		최초운송인 인도비용		○	○	○	○	○	○	○	○	○	○
		수출통관 제비용		○	○	○	○	○	○	○	○	○	○
		수출제세 공과금		○	○	○	○	○	○	○	○	○	○
		수출항 부선사용료		△	○	○	○	○	○	○	○	○	○
		운송서류 제공비용		○		○	○	○	○	○	○	○	○
		수출항 본선적재비용				○	○	○	○	○	○	○	○
	운송	해상운임					○	○	○	○	○	○	○
		화물(적화)보험료						○		○			
	수입지	수입항 양륙비					◆	◆	◆	◆	○	◇◆	◇◆
		수입관세											○
		수입통관 제비용											○
		수입제세 공과금											○
		수입지 내륙운송비							△	△		●	●

주: 1) ○표시는 매도인 부담비용, 공란은 매수인 부담비용
    2) △표시는 필요에 따라 매도인 부담비용
    3) ◆표시는 정기선 운송시 운임에 양륙비가 포함된 경우(매도인 부담비용)
    4) ◇표시는 항구가 목적지(인도장소)일 경우에는 매수인이 부담하고, 항구를 통과한 후 그 밖의 장소가 목적지일 경우의 수입항 양륙비는 매도인이 부담한다.
    5) ● 표시는 항구 또는 공항이 목적지(인도장소)일 경우에는 매수인이 부담하고, 항구 또는 공항을 통과한 후 그 밖의 장소가 목적지일 경우에는 매도인이 부담한다.

제4절 선적조건(terms of shipment)

무역거래에서 매도인이 자신의 물품인도의무를 이행하기 위해서는 당사자 간에 인도조건(terms of delivery)에 대한 약정, 즉 인도시기(time of delivery), 인도장소(place of delivery), 인도방법(method of delivery)의 세 가지 요소에 대한 약정이 필요하다.

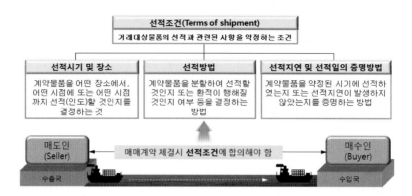

아래에서 살펴보는 것처럼, 대부분의 경우에 물품의 인도(delivery)는 선적(shipment)과 동일한 의미로 해석될 수 있다.[9] 이러한 경우, 선적조건에 대한 약정사항으로서, ① 선적시기(time of shipment), ② 분할선적(partial shipment), 환적(transhipment)의 허용여부 등과 관련된 선적방법(method of delivery), ③ 선적지연(late shipment) 및 선적불이행(non-shipment), 선적일(date of shipment)의 증명 등에 대한 약정방법을 살펴본다.

○ 선적시기 및 방법, 선적지연 및 선적일의 증명

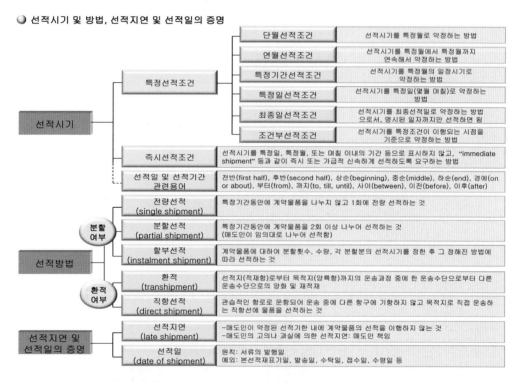

---

9) 인코텀즈 2010의 규칙 중에서 선적지에서 물품이 인도되는 F규칙(FCA, FAS, FOB) 및 C규칙(CRF, CIF, CPT, CIP)과 같은 선적지인도규칙으로 계약을 체결하는 경우에는 인도조건(terms of delivery)을 선적조건(terms of shipment)으로 표현하더라도 무방하지만, 양륙지인도규칙인 D규칙(DAT, DAP, DDP)으로 계약을 체결하는 경우에는 인도조건을 선적조건으로 표현할 수 없다.

Ⅰ. 물품인도와 선적의 관계

1. 물품인도와 선적의 개념

대부분의 물품은 해상으로 운송되고 있었기 때문에 선적(shipment)은 원래 해상운송에 있어서 계약물품을 특정선박에 인도한다는 의미만을 가지고 있었다. 그러나 오늘날의 물품운송은 항공운송이나 복합운송, 기타의 운송도 많이 이용되고 있기 때문에, UCP 500 제46조 a항10)에 의하면, 선적이라는 표현은 해상운송뿐만 아니라 육상운송, 항공운송, 복합운송, 우편, 특송업자에 의한 운송에까지 광범위하게 사용되고 있다.

선적 (shipment)	원래 해상운송에서 계약물품을 특정선박에 인도(적재)한다는 의미만 있었지만, 현재는 육상, 해상, 복합운송, 우편 및 특송업자에 의한 운송을 모두 포함함)	
※ 인도(delivery) : 특정인이 타인에게 행하는 자발적인 점유의 이전		
선적 (shipment) UCP 500 제46조 a항 (UCP 600에서는 삭제됨)	본선적재 (loading on board)	선박에의 적재
	발송(dispatch)	트럭·철도 등에 의한 발송
	운송을 위한 수취(인수) (accepted for carriage)	항공기에 의한 운송을 위한 수취(인수)
	우편수령일 (date of post receipt)	우편에 의한 수령일
	접수일 (date of post receipt)	특송업자/속달업자 등의 특송(국제택배운송)에 의한 집화일자
	수탁(taking in charge)	복합운송인이 일정한 운송수단에 적재할 예정으로 물품을 수취하여 보관하고 있는 상태(복합운송의 경우에만 사용)

따라서 선적지(적출지)인도규칙에서 물품의 인도는 본선적재, 항공 또는 육상운송인에의 인도 등을 의미하고 있고, UCP 500에서는 이러한 의미를 모두 선적으로 본다고 해석하고 있으므로 물품의 인도는 선적이라고 해석할 수 있다. 그러나 양륙지인도규칙에서는 물품의 인도를 선적이라고 할 수 없다.

2. 인도장소와 선적장소의 관계

인도장소(place of delivery)는 계약물품을 어떤 장소에서 인도할 것인지의 문제로서, 당사자가 인코텀즈(Incoterms) 2010의 규칙 중의 하나를 선택함으로써 이에 적합한 인도장소를 약정하게 된다. 인도장소는 물품에 대한 위험 및 비용부담의 분기점을 나타내는 장소를 의미하는 것이므로 무역거래에서는 중요한 요소로 작용된다.11)

---

10) UCP 600에서는 이 조항의 내용을 각각의 운송서류조항에서 규정하고 있기 때문에 이 조항을 삭제하였다.
11) 인도는 물품인도장소, 즉 물품이동이 개시되는 장소인가 종료되는 장소인가에 따라 선적지

즉, 선적지인도규칙의 경우에는 매도인의 영업소, 공항, 항구, 화물터미널, 철도역 등과 같이 선적지의 특정장소가 인도장소로 지정될 수 있으며, 이러한 인도장소를 선적장소라 할 수 있다. 반면, 양륙지인도규칙의 경우에는 매수인의 영업소, 공항, 항구, 화물터미널, 철도역 등과 같은 양륙지의 특정장소가 지정될 수 있지만, 이러한 인도장소를 선적장소라 할 수 없다.

참고로, "CIF Long beach"와 같이 목적항이 표기되는 C규칙의 경우, 인도장소를 정확히 표현하고 싶다면 "CIF Long beach from Busan"과 같이 약정하여야 하여야 한다.

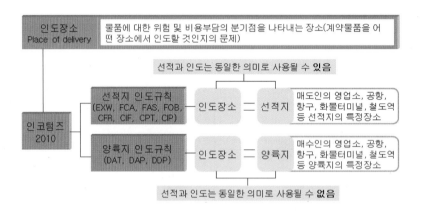

3. 인도방법과 선적방법의 관계

인도방법은 현실적 인도(actual delivery)에 의할 것인지 서류에 의한 상징적 인도(symbolic delivery)에 의할 것인지의 문제로서, 소유권이전이 결부되어 있다. 즉, 현실적 인도(현물인도)는 물품이 인도될 때 소유권이 이전하지만, 상징적 인도(서류인도)는 물품의 인도와 관계없이 서류가 인도될 때 소유권이 이전하는 것이다. 당사자는 인코텀즈(Incoterms) 2010의 규칙 중의 하나를 선택함으로써 인도방법을 약정하게 된다. FOB규칙은 현실적 인도규칙이며, CFR이나 CIF규칙은 상징적 인도규칙을 의미하고 있다.

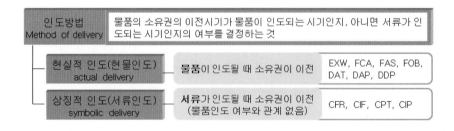

(적출지)인도와 양륙지인도로 구분되는데, 선적지 인도는 물품이 선적지(수출국)에서 인도되는 것이고, 양륙지인도는 양륙지(수입국)에서 인도되는 것을 의미한다.

4. 인도시기와 선적시기의 관계

　인도시기(Time of Delivery)는 계약물품을 언제 인도할 것인지의 문제로서, 일반적으로 소유권이전의 효력발생시기를 의미하는 것이다. 이러한 인도시기는 물품에 대한 위험 및 비용부담의 분기점을 나타내는 시간을 의미하는 것이므로 무역거래에서는 중요한 요소로 작용된다. 즉, 인도시기는 매매계약상 물품의 인도가 행해지는 시기를 의미하기 때문에, CIF 등과 같은 선적지인도규칙에서는 선적시기(Time of Shipment)를 의미하고, DAP 등과 같은 양륙지인도규칙에서는 본선의 목적항도착시기를 의미한다.

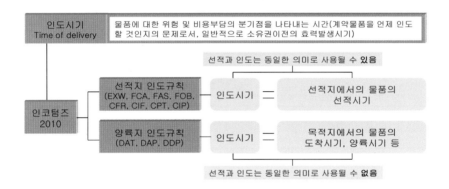

II. 선적시기의 결정방법

1. 특정선적조건

　특정선적조건은 선적시기를 일정한 기간 또는 일자로 약정하는 방법으로서, 다음과 같이 구분된다.

특정선적조건	선적시기를 일정한 기간 또는 일자로 약정하는 방법

단월선적조건: 선적시기를 특정월로 약정하는 방법(해당 월의 1일부터 말일까지)
- "May shipment(5월 선적)", 또는 "Shipment during May(5월 동안의 선적)"
- Shipment shall be made during May, 2015(선적은 2015년 5월 동안 행해져야 함)

연월선적조건: 선적시기를 어떤 특정월에서 다른 특정월까지 연속해서 약정하는 방법
(어떤 특정월의 1일부터 다른 특정월의 말일까지의 기간)
- May-July shipment(5월-7월 선적)
- Shipment shall be made from May to June 2015(선적은 2015년 5월부터 6월까지 행해져야 함)

특정기간선적조건: 선적시기를 특정월의 전반(first half), 후반(second half), 상순(beginning),
중순(middle), 하순(end), 경에(on or about) 등으로 약정하는 방법
- Shipment shall be made at the end of May 2015(선적은 2015년 5월말에 행해져야 함)
- Shipment shall be made on or about May 10, 2015(선적은 2015년 5월 10일경에 행해져야 함)

특정일선적조건: 선적시기를 특정일(몇월 며칠)로 약정하는 방법
- Shipment must be made on May 10, 2015(선적은 2015년 5월 10일에 행해져야 함)

최종일선적조건: 선적시기를 최종선적일로 약정하는 방법(명시된 일자까지만 선적하면 됨)
- Shipment must be made not later than May 10, 2015
(선적은 2015년 5월 10일보다 늦지 않게 행해져야 함)

조건부선적조건: 선적시기를 특정조건이 이행되는 시점을 기준으로 약정하는 방법
- Shipment: Within two months after receipt of L/C(선적: 신용장수령 후 2개월 이내)

① 단월선적조건 선적시기를 특정월로 약정하는 방법으로서, 선적시기는 해당월의 1일부터 말일까지의 기간이다. 이 조건은 "May shipment(5월 선적)", "Shipment during May(5월 동안의 선적)", "Shipment shall be made during May, 2015(선적은 2015년 5월 동안에 행해져야 한다)" 등의 방법으로 정한다. 이와 같이 선적시기를 특정일로 정하지 않는 것은 무역거래에서는 배선 등의 제한을 받기 때문이다.

② 연월선적조건(month after month shipping terms) 선적시기를 어떤 특정월에서 다른 특정월까지 연속해서 약정하는 방법으로서, 선적시기는 어떤 특정월의 1일부터 연속되는 특정월의 말일까지의 기간이다. 이 조건은 "May-July Shipment(5월-7월 선적)", "Shipment shall be made from May to June 2015(선적은 5월부터 6월까지 행해져야 한다)" 등의 방법으로 정한다.

③ 특정기간선적조건 선적시기를 특정월의 전반(first half), 후반(second half), 상순(beginning), 중순(middle), 하순(end), ~경(on or about) 등으로 약정하는 방법이다. 이 조건은 "Shipment shall be made at the first half[second half] of May, 2015(선적은 2015년 5월 전반[후반]에 행해져야 한다)", "Shipment: on or before May 20, 2015(선적: 2015년 5월 20일 전)" 등의 방법으로 약정한다.

④ 특정일선적조건 선적시기를 특정일(몇월 몇일)로 약정하는 방법으로서, "Shipment

must be made on May 10, 2015(선적은 2015년 5월 10일에 행해져야 한다)" 등의 방법으로 약정한다.

⑤ 최종일선적조건 선적시기를 최종선적일(latest shipping date)로 약정하는 방법으로서, 명시된 일자까지만 선적하면 된다. 이 방법은 가장 많이 사용되는 방법으로서, "Shipment shall be made not later than May 10, 2015(선적은 2015년 5월 10일보다 늦지 않게 행해져야 한다)" 등의 방법으로 약정한다.

⑥ 조건부선적조건 선적시기를 특정조건이 이행되는 시점을 기준으로 약정하는 방법, 즉 특정일을 기준으로 기간을 한정하는 방법을 말한다. 이 조건은 "Shipment within 90 days from this contract(이 계약으로부터 90일 이내 선적)", "Shipment subject to ship's space being available(선복획득을 조건으로 하는 선적)"[12], "Shipment: Within two months after receipt of L/C(선적: 신용장수령 후 2개월 이내)", "Shipment during June, subject to seller's receipt of L/C by May 10, 2015(2015년 5월 10일까지 매도인의 신용장수령을 조건으로 6월 동안의 선적)", "Shipment within[not later than] 15 days after the date of L/C issuance(신용장 발행일 후 15일 이내[보다 늦지 않게] 선적)", "Shipment within one month after receiving your L/C[or T/T](귀사의 신용장[또는 전신] 수령 후 1개월 이내 선적)", "Shipment by the end of May after receipt of sample before May 15(5월 15일 전 견본 수령 후 5월 하순까지 선적)", "Shipment during march, April subject to approval of export license(수출허가의 승인을 조건으로 3월, 4월동안 선적)" 등의 방법으로 약정한다. 그러나 신용장수령을 조건으로 하는 경우에는 신용장의 수령이 통지은행의 신용장 통지일자인지 수익자의 수령일자인지가 불명확할 수 있다.

2. 즉시선적조건

즉시선적조건은 선적시기를 특정 월이나 특정 일, 또는 며칠 이내의 기간 등으로 명확하게 표시하지 않고, "immediate shipment", "prompt shipment", "quick shipment", "as soon as possible shipment", "as early as possible shipment", "at once shipment", "without delay shipment" 등의 표현을 사용하여 즉시 또는 가급적 신속하게 선적하도록 요구하는 방법이다. 이는 명확한 시간적 한계가 없으므로 선적시기에 대한 약정이 없는 것으로 간주한다.

---

12) 매도인이 선복을 획득하지 못하여 약정시기에 선적하지 못하였더라도 매도인은 책임을 부담하지 않는다.

이러한 표현의 사용은 각국의 해석이 달라 분쟁을 초래할 수 있을 뿐만 아니라, 신용장통일규칙(UCP 600) 제3조 제7문에서도 "신속히(prompt)", "즉시(immediately)", "가능한 한 빨리(as soon as possible)" 등의 표현은 선적기일의 애매성(ambiguous)으로 인한 분쟁을 회피하기 위하여 무시하도록 규정하고 있다. 그러나 "Prompt shipment means shipment within two weeks after receipt of L/C(즉시선적은 L/C수령 후 2주 이내의 선적을 말한다)"와 같이 약정하는 경우에는, 즉시선적조건을 사용하면서도 분쟁을 회피할 수 있다.

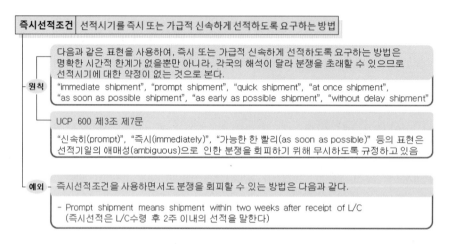

3. 선적일 및 기간에 관한 표현

선적일 및 선적기간과 관련하여, 신용장통일규칙(UCP 600) 제3조 제8문에서 제12문까지의 규정에 따라, 특정월의 "전반(first half)"은 1일부터 15일까지, "후반(second half)"은 16일부터 말일까지, "상순(beginning)"은 특정월의 1일부터 10일까지, "중순(middle)"은 11일부터 20일까지, "하순(end)"은 21일부터 말일까지, "~경(on or about)" 또는 이와 유사한 표현은 명기된 일자의 5일전부터 5일후까지의 기간으로서, 이들 일자는 모두 그 양끝의 일자를 포함하는 것으로 해석된다. 또한, "~부터(from)", "~까지(to, until, till)" 및 "~사이(between)"라는 단어는 기재된 일자를 포함하고, "~이전(before)" 및 "~이후(after)"의 단어는 기재된 일자를 제외한다. 다만, "~부터(from)" 및 "~이후(after)"라는 단어는 환어음의 만기일을 결정하기 위하여 사용된 경우에는 언급된 해당 일자를 제외한다.

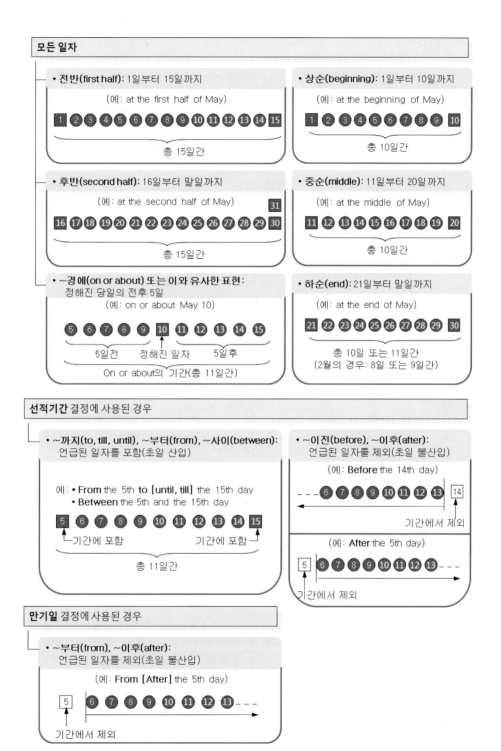

III. 선적방법

1. 전량선적과 분할선적

(1) 전량선적

전량선적(Single Shipment; Complete Shipment; Full Shipment)은 특정기간동안에 계약물품을 2회 이상으로 나누지 않고 1회에 전량 선적하는 것으로서, 분할선적을 금지하는 경우에는 1회에 전량 선적하여야 한다.

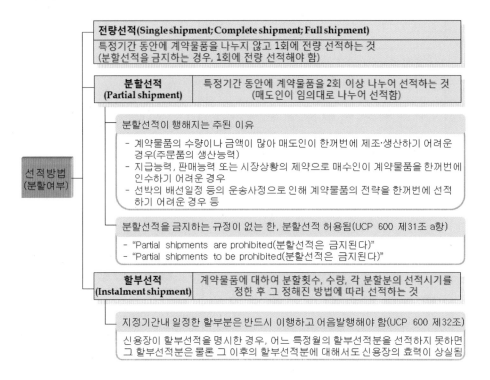

(2) 분할선적과 할부선적

계약물품을 2회 이상으로 나누어서 선적하는 방법에는 분할선적(partial shipment)과 할부선적(instalment shipment)이 있다. 이들 용어는 동의어로서 혼용되기도 하지만 그 의미는 명확하게 구분되고 있다. 또한, 분할선적에 관한 조건은 분할선적의 허용, 분할선적의 금지, 분할선적의 무지시, 할부선적의 지시 등이 있을 수 있다.

(개) 분할선적

분할선적(partial shipment; part shipment)은 특정기간동안에 계약물품을 1회에 전량

선적하지 않고 2회 이상으로 나누어서 선적하는 것을 말한다. 이는 ① 계약물품의 수량이나 금액이 많아 매도인이 한꺼번에 제조·생산하여 제공하기 어려운 경우(주문품의 생산능력), ② 지급능력, 판매능력[13] 또는 시장상황의 제약으로 매수인이 계약물품의 전량을 한꺼번에 인수하기 어려운 경우, ③ 선박의 배선일정 등의 운송사정으로 인하여 계약물품의 전량을 한꺼번에 선적하기 어려운 경우 등에 주로 이루어진다.

분할선적을 허용하는 경우에는 "Partial shipments are allowed(분할선적은 허용된다)"라고 표시하고 그 분할 횟수와 분할수량을 약정할 수 있으며, 분할선적을 금지하는 경우에는 "Partial shipments are prohibited 또는 Partial shipments to be prohibited(분할선적은 금지된다)"라고 표시한다. 그러나 신용장통일규칙(UCP 600) 제31조 a항에 따라, 분할선적을 금지하는 규정이 없는 한, 분할선적은 허용된다.

한편, UCP 600 제31조 b항에 따라, 동일한 목적지로 운항하는 동일한 운송수단(means of conveyance)[14]에 동일한 운송을 위하여 분할선적하는 경우에는 물품의 집화장소가 상이하여 여러 횟수에 걸쳐 각각 다른 장소에서 선적함으로써 선적일 및 선적장소가 다른 2조 이상의 상이한 운송서류가 발행되더라도 이를 분할선적으로 보지 않는다.[15] 그러나, 동일한 운송방식에서 2 이상의 운송수단이 동일한 일자에 동일한 목적지를 향하여 출항하는 경우에는 이를 분할선적으로 본다. 왜냐하면, 물품이 2척 이상의 선박에 나누어 선적된 후 이들 선박이 동일한 일자에 출항하더라도 운송상황에 따라 서로 다른 일자에 목적지에 도착할 수도 있기 때문이라고 생각된다. 또한, UCP 600 제31조 c항에 따라, 특송업자 또는 우편서비스의 경우에는 동일한 장소, 일자 그리고 동일한 목적지를 위하여 물품이 2이상으로 나누어서 발송되고 특송화물수령증(courier receipts), 우편수령증(post receipts) 또는 우송증명서(certificates of posting)가 복수로 발행되더라도, 복수로 발행된 각각의 서류상에 기재된 물품의 발송일자가 동일한 일자로 스탬프 또는 서명된 것으로 보인다면, 이를 분할선적으로 보지 않는다.[16]

---

13) 매수인이 매월의 판매능력 이상의 물품을 수취하는 경우에는 재고나 보관비용이 많이 든다.

14) "운송수단(means of conveyance)"이라는 용어는 선박, 항공기, 트럭 등과 같은 단일의 운송수단(single vehicle)의 의미를 가지고 있고, "운송방식(mode of transport)"이라는 용어는 해상운송, 항공운송, 도로운송 등과 같은 운송의 형태/성질(type/nature of the transport)을 의미한다 (Gary Collyer & Ron Katz, Collected Opinions 1995-2001, Publication No. 632, ICC Publishing S.A., 2002, R 240, Ref 241, p.398)

15) 예를 들면, 물품을 인천공장 및 부산공장에서 분담하여 제조하여 미국으로 수출하는 경우에, 동일한 항해의 동일한 선박에 인천항에서 200개 및 부산항에서 200개를 일정한 시차를 두고 각각 선적하고 선적일 및 그 장소가 서로 다른 2이상의 운송서류가 발행되더라도, 이들 각각의 운송서류가 동일한 목적지를 표시하고 있는 한, 목적항에서 400개를 모아서 수취할 수 있기 때문에 분할선적이 아니라 1회의 선적인 일괄선적(one shipment)으로 처리된다.

16) 전순환, 신용장통일규칙(UCP 600), 한올출판사, 2007, pp.297-299.

(나) 할부선적

할부선적(instalment shipment)은 계약물품의 분할회수, 수량, 각 분할분의 선적시기 등을 상호 협의하에 구체적으로 정한 후 정해진 방법에 따라 선적하는 것으로서, "May and June shipment equally divided(5월과 6월의 선적은 균등하게 분할된다)" 등과 같이 약정한다. 즉, 할부선적은 특정기간동안에 계약물품을 1회에 전량 선적하지 않고 2회 이상으로 나누어서 선적한다는 점에서는 분할선적과 동일하지만, 지정된 기간내에 일정한 할부선적분을 반드시 이행하고 어음을 발행하여야 한다는 점에서는 분할선적과 다르며, 분할선적은 수출업자가 임의대로 나누어 선적한다는 점에서 할부선적과 다르다.

즉, 신용장이 일정기간과 일정수량을 지정한 할부선적을 명시하고 있는 경우에는, 예를 들면, 미화 1,000만 달러의 신용장을 1월부터 10월까지 10개월로 나누어 매월 미화 100만 달러씩 선적하기로 약정한 경우에, 수출업자가 1월부터 4월까지의 할부선적분에 대한 선적은 이행하였지만 5월 할부선적분을 선적하지 못하였다면, 5월 할부선적분은 물론 그 이후의 할부선적분(즉, 6월에서 10월까지의 나머지 할부선적분)에 대하여는 신용장의 효력이 상실된다.

2. 환적과 직항선적

(1) 환적

환적(transhipment)이란 적재항(선적지)으로부터 양륙항(목적지)까지의 운송과정 중에 한 운송수단으로부터의 양화(unloading) 및 다른 운송수단으로의 재적재(reloading)를 말한다. 환적이 이들 2항구간에 발생하지 않는 경우에는, 양화 및 재적재는 환적으로 보지 않는다. 즉, 환적은 선적지(항)에서 선적된 물품을 목적지(항)로 운송되는 도중에 한 운송수단으로부터 다른 운송수단에 옮겨 싣는 것으로서, 이적이라고도 한다. 환적을 허용하는 경우에는 "Transhipments are allowed(환적은 허용된다)"라고 표시하고, 환적항을 지정하려는 경우에는 "Transshipments at Busan port are permitted(부산항에서의 환적은 허용된다)"라고 표시해야 한다. 그러나, 신용장통일규칙에서는 "Transhipments are prohibited(환적은 금지된다)", "Transhipments are not allowed(환적은 허용되지 않는다)", "Direct shipment is essential(직항선적은 필수적이다)"와 같은 환적금지의 특약이 없는 한 원칙적으로 환적을 허용한다는 입장을 취하고 있다.

그러나 예외적으로 신용장에서 환적을 금지하더라도, 전운송이 동일한 운송서류에 의하여 커버되는 한(최초의 운송인이 발행한 한통의 운송서류가 전항로를 커버하는 경우), 각각의 운송방식별로 환적이 허용되는 경우를 살펴보면 다음과 같다. 즉, 다음의 운송의 경우에는 신용장에서 환적을 금지하더라도 "환적이 행해질 것임(transhipments will take place)" 또는 "환적이 행해질 수 있음(transhipments may take place)"이라고 명시된 복합운송서류, 선화증권, 해상화물운송장, 항공화물운송장, 도로·철도 또는 내륙수로운송서류는 수리된다.[17]

① **복합운송의 경우** 복합운송은 그 특성상 환적이 필연적이기 때문에 환적금지의 규정이 있더라도 환적이 허용된다.

② **해상운송의 경우** 컨테이너, 트레일러 및/또는 래쉬선에 선적된 경우에는 환적금지의 규정이 있더라도 이를 환적으로 보지 않는다. 이는 컨테이너선박이 대부분 대형선박이어서 실제로는 선적항에서 양륙항까지 직송하거나 feeder선을 이용하는 사례가 많은데 운송업계에서는 이것을 환적으로 간주하지 않는다는 관행을 반영[18]한 것이며, 물품을 적재한 부선을 그대로 적재하는 래쉬선에 의한 선적은 환적하더라도 물품의 멸실 또는 손상이 발생할 가능성이 거의 없어 환적으로 간주하지 않는다는 관행을 반영한 것이다. 트레일러에 의한 환적의 예를 들면, 일본에서 평택항으로 들어오는 삼성전자의 반도체의 경우에는 반도체는 진동이 없어야 하기 때문에 반도체를 적재한 차량이 시속 60km이상으로 달릴 수 없으며, 선박에 적재된 채로 국내로 수입된 후 빈차량상태로 되돌아 가고, 부산항에서 일본으로 수출하는 활어의 경우에는 환적하는 과정에서 많은 활어가 폐사되기 때문에 활어를 적재한 차량을 선박에 적재하여 일본까지 운송하고 차량은 다시 부산항으로 되돌아 온다.

③ **항공운송의 경우** 항공운송은 그 특성상 환적이 일어날 가능성이 높기 때문에 환적금지의 규정이 있더라도 환적이 허용된다. 이는 스페인 마드리드로부터 미국 텍사스의 휴스턴까지의 운항의 경우 이베리아항공이 뉴욕까지 운항한 후 뉴욕에서 환적하여 다른 항공운송인으로 하여금 휴스턴까지 운항하도록 충분히 요구할 수 있을 것 같다는 관행을 반영한 것이다.

④ **도로, 철도 또는 내륙수로운송의 경우** 도로 또는 철도운송의 경우 그 특성상 동일한 운송방식 내에서 환적이 일어날 가능성이 있기 때문에 환적금지의 규정이 있더라도 환적이 허용된다. 왜냐하면, 트럭운송의 경우 수입국당국이 수출국으로부터 물품을 운송하는 트럭의 입국을 금지하면서 수입국의 허가를 받은 운송인의 트럭에 재적하도록 요구할 수 있으며, 철도운송의 경우 두 국가간의 철도궤간이 맞지 않아 국경교차지점에서 다른 철도차량으로 재적재되어야 한다고 요구할 수

---

17) UCP 600 제19조 c항(복합운송서류), 제20조 c항(선화증권), 제21조 c항(해상화물운송장), 제23조 c항(항공운송서류) 및 제24조 e항(도로·철도 또는 내륙수로운송서류).
18) 전순환, 신용장통일규칙(UCP 600), 한올출판사, 2007.1, p.197.

있는 관행을 반영한 것이다.

참고로, 용선계약선화증권의 경우에는 환적의 개념이나 그 허용여부 등 환적관련조항이 전혀 규정되어 있지 않다. 용선계약에 따라 행해지는 용선운송의 경우에는 적재항에서 양륙항까지 다른 선박에 환적되지 않고 용선된 선박에 의하여 그대로 운송된다. 왜냐하면, 양륙항까지 운송 중에 다른 선박에 환적하기 위해서는 또 다른 용선계약을 체결해야 하기 때문에 용선운송의 경우 현실적으로 환적이 발생하지 않는다.[19]

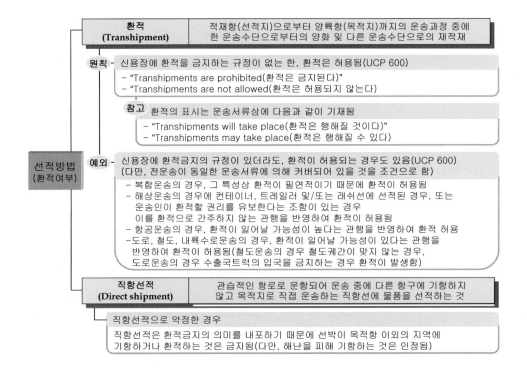

환적 (Transhipment): 적재항(선적지)으로부터 양륙항(목적지)까지의 운송과정 중에 한 운송수단으로부터의 양화 및 다른 운송수단으로의 재적재

선적방법 (환적여부)

원칙 - 신용장에 환적을 금지하는 규정이 없는 한, 환적은 허용됨(UCP 600)
 - "Transhipments are prohibited(환적은 금지된다)"
 - "Transhipments are not allowed(환적은 허용되지 않는다)"

참고 환적의 표시는 운송서류상에 다음과 같이 기재됨
 - "Transhipments will take place(환적은 행해질 것이다)"
 - "Transhipments may take place(환적은 행해질 수 있다)"

예외 - 신용장에 환적금지의 규정이 있더라도, 환적이 허용되는 경우도 있음(UCP 600)
(다만, 전운송이 동일한 운송서류에 의해 커버되어 있을 것을 조건으로 함)
 - 복합운송의 경우, 그 특성상 환적이 필연적이기 때문에 환적이 허용됨
 - 해상운송의 경우에 컨테이너, 트레일러 및/또는 래쉬선에 선적된 경우, 또는 운송인이 환적할 권리를 유보한다는 조항이 있는 경우 이를 환적으로 간주하지 않는 관행을 반영하여 환적이 허용됨
 - 항공운송의 경우, 환적이 일어날 가능성이 높다는 관행을 반영하여 환적 허용
 - 도로, 철도, 내륙수로운송의 경우, 환적이 일어날 가능성이 있다는 관행을 반영하여 환적 허용됨(철도운송의 경우 철도게간이 맞지 않는 경우, 도로운송의 경우 수출국트럭의 입국을 금지하는 경우 환적이 발생함)

직항선적 (Direct shipment): 관습적인 항로로 운항되어 운송 중에 다른 항구에 기항하지 않고 목적지로 직접 운송하는 직항선에 물품을 선적하는 것

직항선적으로 약정한 경우
직항선적은 환적금지의 의미를 내포하기 때문에 선박이 목적항 이외의 지역에 기항하거나 환적하는 것은 금지됨(다만, 해난을 피해 기항하는 것은 인정됨)

(2) 직항선적

직항선적(direct shipment; direct vessel)은 관습적인 항로(customary route)로 운항되어 운송 중에 다른 항구에 기항하지 않고 목적지로 직접 운송하는 직항선에 물품을 선적하는 것을 말한다. 직항선적은 환적금지의 의미를 내포하고 있는 것으로 보기 때문에, 직항선적으로 약정한 경우에는, 타지역을 경유하는 선박이나 환적을 전제로 하는 선박에 적재하는 것, 또는 선박이 목적항 이외의 지역의 항구에 기항하는 것이 금지되고 환적도 금지되는 것으로 본다. 그러나 선박이 해난을 당하여 피난항에 기항하는 것은 인정된다.

---

19) 전순환, 신용장통일규칙(UCP 500), 한올출판사. 2006.5, p.261.

Ⅳ. 선적지연과 선적일의 증명

1. 선적지연

선적지연(late shipment; delayed shipment)은 매도인이 약정된 선적기한 내에 계약물품의 선적을 이행하지 않는 것으로서, 매도인의 고의나 과실에 의한 선적지연의 경우에는 명백한 계약위반이므로 매도인이 책임을 부담하여야 한다.

그러나 천재지변(acts of God), 전쟁(war), 동맹파업(strikes) 등의 불가항력(force majeure)에 의한 선적지연의 경우에는 매도인의 귀책사유가 아니므로 영미법에서는 계약의 목적달성불능(frustration of contract)으로 간주하여 매도인은 면책되지만, 이를 명확하게 하기 위하여 계약서상에 불가항력조항(force majeure clause)[20]을 삽입해 두는 것이 바람직하다.

2. 선적일의 증명

선적일의 증명(evidence of date of shipment)은 매도인이 자신의 선적(인도)의무를 약정된 선적시기에 이행하였는지 또는 선적지연이 발생하지는 않았는지의 여부에 대하여 증명하는 것을 말한다. 무신용장거래에서는 일반거래조건협정서(general agreement)나 매매계약서(sale contract)에 선적일의 증명방법을 명확하게 합의해 두어야 하는데, 통상적으로 운송서류의 발행일을 기준으로 합의한다. 예를 들면, 계약서에는 "The date of bill of lading shall be final as the date of shipment(선화증권의 일자는 선적일자로서 최종적이다)", "The date of bill of lading shall be taken as conclusive proof of the day of the shipment(선화증권의 일자는 선적일의 추정적 증거로서 취급된다)" 등으로 표현된다. 그러나 신용장거래에서 운송서류가 발행되는 경우의 선적일의 증명방법을 살펴보면 다음의 표와 같다.

---

20) [퓨러쓰뜨레이션] 좌절, 실패, 계약목적의 달성불능; [폴쓰 마줴] 불가항력

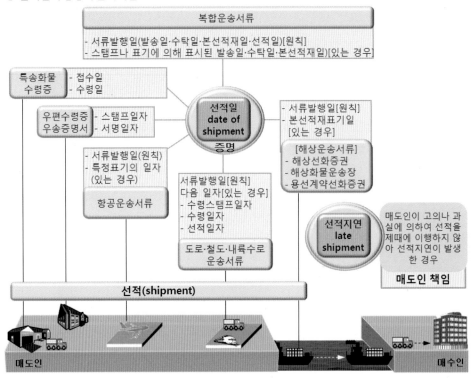

제5절 대금지급조건(terms of payment)

대금지급조건(terms of payment)은 거래대상물품의 대금지급과 관련된 사항을 약정하는 조건으로서, 매도인은 수출물품의 인도 전에 물품대금을 가능한 한 일찍 영수하고자 할 것이고, 매수인은 수입물품을 인수한 후에 대금을 지급하려는 경향이 있다. 무역계약시에 계약당사자는 ① 대금지급시기, ② 대금지급방법(수단) ③ 대금지급장소, ④ 대금지급통화(표시통화·결제통화) 등을 약정하여야 한다.

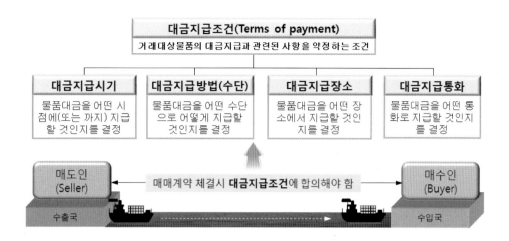

대금지급조건(Terms of payment)

거래대상물품의 대금지급과 관련된 사항을 약정하는 조건

대금지급시기	대금지급방법(수단)	대금지급장소	대금지급통화
물품대금을 어떤 시점에(또는 까지) 지급할 것인지를 결정	물품대금을 어떤 수단으로 어떻게 지급할 것인지를 결정	물품대금을 어떤 장소에서 지급할 것인지를 결정	물품대금을 어떤 통화로 지급할 것인지를 결정

매매계약 체결시 **대금지급조건**에 합의해야 함

매도인(Seller) / 수출국
매수인(Buyer) / 수입국

Ⅰ. 대금지급시기에 따른 구분

◯ 대금지급시기에 따른 구분(물품의 선적시기에 따른 구분)

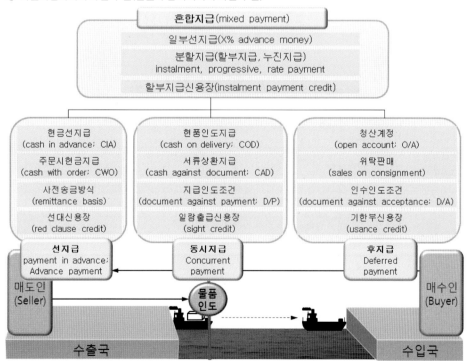

혼합지급(mixed payment)

일부선지급(X% advance money)

분할지급(할부지급, 누진지급)
instalment, progressive, rate payment

할부지급신용장(instalment payment credit)

현금선지급 (cash in advance; CIA)	현품인도지급 (cash on delivery; COD)	청산계정 (open account; O/A)
주문시현금지급 (cash with order; CWO)	서류상환지급 (cash against document; CAD)	위탁판매 (sales on consignment)
사전송금방식 (remittance basis)	지급인도조건 (document against payment; D/P)	인수인도조건 (document against acceptance; D/A)
선대신용장 (red clause credit)	일람출급신용장 (sight credit)	기한부신용장 (usance credit)

선지급
payment in advance;
Advance payment

동시지급
Concurrent
payment

후지급
Deferred
payment

매도인(Seller) / 수출국
물품인도
매수인(Buyer) / 수입국

1. 선지급

선지급(payment in advance; advance payment)은 물품이 인도되기 전에 미리 대금을 지급하는 방식으로서, 이 방식은 매도인에게는 유리한 조건이지만 매수인에게는 불리한 지급조건이기 때문에 소량의 매매, 견본의 매매, 매수인의 신용이 빈약한 경우, 특별주문시 등에 사용되고 있다.

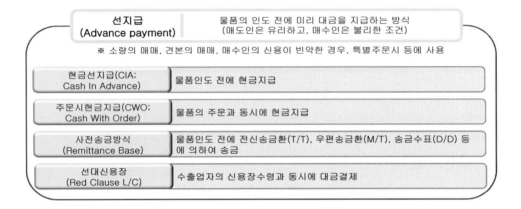

2. 동시지급

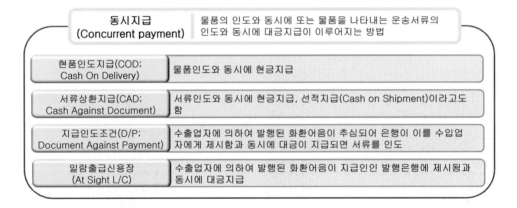

동시지급(concurrent payment)은 물품의 인도 또는 물품을 화체한 운송서류의 인도와 동시에 대금지급이 이루어지는 방법을 말한다. 동시지급에는 현품인도지급(COD)과 서류상환지급(CAD)이 있는데, 이들을 통칭하여 대금상환도방식이라고 하고, 종전의 「대외무역법」에서는 대금교환도조건이라고 하였었다. 또한, 일람출급신용장과 지급인도조건(D/P)도 동시지급방식에 해당된다.

188

3. 후지급

후지급(연지급; deferred payment)은 물품이 인도되거나 선적서류가 인도된 후 일정기간이 경과하여 지급이 이루어지는 대금결제방법으로서, 대표적인 것으로는 외상판매(sales on credit)가 있다. 청산계정(open account; O/A), 위탁판매(sales on consignment), 기한부신용장, 인수인도조건(D/A) 등도 여기에 해당되며, 그 지급기간에 따라 단기연지급과 중장기연지급으로 구분할 수 있다. 이 방식은 지급이 늦어지는 경우도 있으며, 매수인에게는 유리하지만 매도인에게는 불리하기 때문에, 매수인의 신용이 매우 높은 경우 또는 본·지점간의 위탁판매 등에 사용된다. 따라서, 이 방식은 그룹기업간의 결제협정 등과 같이 특별한 경우가 아닌 한, 무역거래에서는 그다지 일반적이지 않다.

후지급 (Deferred payment)	물품 또는 선적서류의 인도 후 일정기간이 경과하여 대금지급이 이루어지는 방법 [매수인은 유리, 매도인은 불리]
※ 매수인의 신용이 매우 높은 경우, 본·지점간의 위탁판매 등에 주로 이용	
청산계정(O/A; Open Account)	빈번히 이루어지는 물품거래마다 대금결제하지 않고 이를 장부에 기입해 두었다가 일정기간에 서로 상쇄하고 남는 차액만을 청산하여 결제
위탁판매 (Sales on Consignment)	물품을 무환으로 수출하여 해당 물품이 판매된 범위 안에서 대금지급
인수인도조건(D/A; Document Against Acceptance)	수출업자에 의하여 발행된 화환어음이 추심되어 은행이 이를 수입업자에게 제시하면 수입업자가 이를 인수함과 동시에 서류가 인도되고 어음만기일에 대금지급
기한부신용장 (Usance L/C)	수출업자에 의하여 발행된 화환어음이 지급인인 발행은행에 제시되면 이를 인수함과 동시에 서류가 인도되고 어음만기일에 대금지급
단기연지급	물품의 인도 또는 운송서류의 인도 후 1년 이내에 대금결제가 이루어지는 것으로서, 기한부신용장과 D/A조건이 이에 해당됨
중장기연지급	물품의 인도 또는 운송서류의 인도 후 1년 초과 10년 이내(때로는 20년)에 대금결제가 이루어지는 것으로서, 대금회수기간이 길고 금액이 큰 산업설비, 선박 등에 이용

4. 혼합지급

혼합지급(mixed payment)은 선지급, 동시지급 및 후지급방식을 혼합한 것으로서, 지급시기가 혼합된 지급방식을 말한다. 혼합지급의 경우에는 "Payment terms: - 30% down payment by T/T, Balance 70% by L/C(지급조건: 30% 계약금은 T/T로, 잔액 70%는 L/C로)" 등과 같이 표현된다.

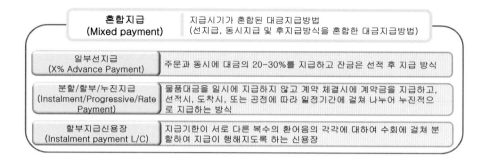

혼합지급 (Mixed payment)	지급시기가 혼합된 대금지급방법 (선지급, 동시지급 및 후지급방식을 혼합한 대금지급방법)
일부선지급 (X% Advance Payment)	주문과 동시에 대금의 20~30%를 지급하고 잔금은 선적 후 지급 방식
분할/할부/누진지급 (Instalment/Progressive/Rate Payment)	물품대금을 일시에 지급하지 않고 계약 체결시에 계약금을 지급하고, 선적시, 도착시, 또는 공정에 따라 일정기간에 걸쳐 나누어 누진적으 로 지급하는 방식
할부지급신용장 (Instalment payment L/C)	지급기한이 서로 다른 복수의 환어음의 각각에 대하여 수회에 걸쳐 분 할하여 지급이 행해지도록 하는 신용장

II. 대금지급방법(수단)에 따른 구분

○ 대금지급방법에 따른 구분

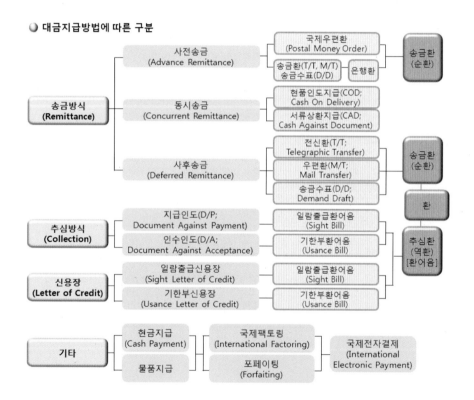

1. 현금 또는 물품에 의한 결제

현금 또는 물품결제방식은 매수인이 수입대금을 현금으로 지급하거나 또는 물품으로 지급하는 것을 말한다.

① 현금지급(cash payment)조건　수출입대금을 어음의 발행 없이 현금(cash)으로 지급하는 방법으로서, 현금선지급(cash in advance; CIA), 주문시현금지급(CWO; cash with order), 현품인도지급(Cash on Delivery; COD), 서류상환지급(Cash against Documents; CAD), 어음의 발행 없이 현금으로 결제하는 수취증상환지급신용장(payment on receipt L/C) 등이 있다.

② 물품지급조건　매수인이 수입물품의 대가로서 화폐를 가지고 대금을 지급하는 것이 아니라 다른 물품을 제공하는 것을 말한다. 즉, 물품결제방식은 매매당사자가 물품과 물품을 서로 교환하는 물품교환(barter trade)을 의미한다. 우리나라 「대외무역법」상 연계무역에는 물물교환, 구상무역, 제품환매가 있으나, 물물교환만이 환의 개입이 없기 때문에 물품지급조건이라고 할 수 있다.

2. 환어음에 의한 결제

환어음은 추심환에 해당되는 것으로서, 신용장방식과 추심결제방식에 사용된다.[21]

① 신용장(letter of credit)　"은행의 조건부 지급확약서"(conditional bank undertaking of payment)로서, 매수인(발행의뢰인)의 거래은행(신용장발행은행)이 매도인(수익자)에 의하여 제시된 환어음 및/또는 서류가 신용장의 제조건에 일치하는 것을 조건으로 매도인(수익자)에게 대금지급을 이행할 것을 확약하는 증서를 말한다.

② 추심결제방식　은행의 지급보증 없이 매수인의 신용만을 믿고 매매계약을 근거로 화환서류에 대하여 대금을 추심하는 방식으로서, 지급인도조건(documents against payment; D/P)과 인수인도조건(documents against Acceptance; D/A)으로 구분된다.

　㉮ 지급인도조건(D/P): 매도인이 일람출급환어음(at sight draft)을 발행하여 선적서류와 함께 거래은행을 통하여 추심은행에 제시하면, 추심은행이 이를 매수인에게 제시하여 대금지급을 받음과 동시에 선적서류를 인도하는 방식을 말한다.

　㉯ 인수인도조건(D/A): 매도인이 기한부환어음(usance draft)을 발행하여 선적서류와 함께 거래은행을 통하여 추심은행에 제시하면, 추심은행이 이를 매수인에게 제시하고, 매수인이 그 어음을 인수[22]하면 선적서류를 인도하는 방식을 말한다.

---

21) 외국환은 여러 가지 종류로 구분되는데, 이 중에서 중요한 것은 송금환(순환)과 추심환(역환)이다. 외국환은 대외지급수단, 외화증권 및 외화채권을 의미하며, 대외지급수단에는 신용장, 환어음, 전신에 의한 지급지시, 우편에 의한 지급지시, 수표 등이 있다. 추심환에 해당되는 환어음은 신용장방식과 추심결제방식에 사용되며, 송금환에 해당되는 전신에 의한 지급지시(전신송금; T/T), 우편에 의한 지급지시(우편송금; M/T) 및 수표(송금수표; D/D)는 송금방식에 사용되는 지급수단이다.

22) 어음의 인수는 어음의 만기일에 지급인이 어음대금을 지급하겠다는 약속으로서, 지급인이 환어음의 배면에 "Accepted"라는 표시와 함께 서명함으로써 이루어진다.

3. 송금결제방식

송금(remittance)방식은 매수인이 매도인에게 은행을 통하여 송금환이나 송금수표의 형태로 대금을 송금하여 주는 방식으로서, 송금시기에 따라 사전송금방식, 동시지급방식 및 사후송금방식으로 구분되고, 어떤 송금수단을 사용하는지 여부에 따라 전신송금환(telegraphic transfer; telecommunicated transfer; T/T)[23], 우편송금환(mail transfer; M/T) 및 송금수표(demand draft; D/D)로 구분된다. 여기에서, 송금환이란 매수인의 거래은행이 수취인(매도인)에게 일정한 금액을 지급하도록 수취인(매도인)의 장소에 있는 자신의 환거래은행에게 위탁하는 지급지시서(payment order)로서, 전신송금환은 지급지시가 전신으로 통지되는 것이고, 우편송금환은 지급지시서가 우편으로 송부되는 것을 말한다.

① 사전송금방식　매도인이 계약물품을 선적하기 전에 매수인이 대금을 송금하는 것으로서, 매도인의 입장에서는 유리하지만 매수인의 입장에서는 자금부담이나 물품인수불능의 위험에 노출된다. 사전송금방식은 "By T/T in advanced"와 같이 약정된다.

② 사후송금방식　매도인이 계약물품을 선적한 후에 매수인이 대금을 송금하는 것으로서, 매수인의 입장에서는 유리하지만 매도인의 입장에서는 대금회수불능의 위험에 노출된다. 사후송금의 경우에는 "T/T 30 days after B/L(B/L 발행일 후 30일에 전신송금)" 등과 같이 표현된다.

③ 동시지급방식　계약물품 또는 서류를 인도할 때 송금하는 방법으로서, 수입지에서 현품과 수입대금을 교환하는 현품인도지급(cash on delivery; COD)과 수출지에서 선적서류와 상환으로 대금지급이 이루어지는 서류상환지급(cash against document; CAD)이 있다.

4. 특수방식에 의한 결제

기타 특수방식에 의한 결제방법은 다음과 같다.

① 국제팩토링(international factoring)　대리인에 속하는 팩토링회사(factor)가 수출업자와 수입업자 사이에 개입하여 수입업자에 대한 신용조사 및 신용위험의 인수, 수출업자에 대한 금융제공, 대금회수, 기타 업무처리의 대행 등의 서비스를 제공하는 것으로서, 수출업자에게는 수출대금의 지급을 보증하고 수입업자에게는 신용을 공여하는 무신용장방식의 새로운 무역거래기법이다.

---

23) 송금환의 경우, 지급지시를 전자적으로 행하는 방법에는 "SWIFT Transfer"에 의한 방법도 있다. SWIFT는 "Society for Worldwide Interbank Financial Telecommunication(세계은행간금융전산협회)"의 약어이다.

② 포페이팅(Forfaiting)　　현금을 대가로 채권을 포기 또는 양도한다는 프랑스어의 "forfait(포기하다)"에서 유래된 용어로서, 포페이터(forfaitor)가 물품이나 서비스의 연불수출거래에 따른 환어음 또는 약속어음을 수출업자 또는 이전의 소지인에게 상환청구권[24]을 행사하지 않는 조건(without recourse)으로 고정이자율로 할인·매입하는 수출무역금융의 한 형태를 말한다.

5. 국제전자결제

국제전자결제(International Electronic Payment)는 매수인이 무역의 대상인 물품, 용역 또는 전자적 형태의 무체물의 대가를 전자적인 수단을 통하여 지급(payment)하거나 결제(settlement)하는 것을 말한다. 국제무역에 이용될 수 있는 전자결제방식의 유형에는 전자수표(Electronic Check), 전자자금이체(Electronic Fund Transfers), 무역카드(TradeCard) 및 전자신용장(Electronic Letter of Credit) 등이 있으며, 이외에도 기업과 소비자간(B2C)거래의 소액결제에 주로 활용되는 신용카드(Credit Card), 직불카드(Debit Card), 전자화폐(Electronic Money) 등이 있다.

● 대금지급방법 및 지급시기의 비교

대금결제방법		대금결제시기			
		선지급	동시지급	후지급	혼합지급
현금결제		• 현금선지급(CIA) • 주문시현금지급 　(CWO)	• 현금인도지급 　(COD) • 서류상환지급 　(CAD)		
물품결제	물물교환				
환어음	신용장	선대신용장 (red clause L/C)	일람출급신용장 (at sight L/C)	기한부신용장 (usance L/C)	할부지급신용장
	추심방식		지급인도조건 (D/P)	인수인도조건 (D/A)	
송금환	• 전신환(T/T) • 우편환(M/T) • 송금수표(D/D)	사전송금방식	• 현금인도지급 　(COD) • 서류상환지급 　(CAD)	사후송금방식	
기타			• 외상판매 • 위탁판매 • 청산계정	• 일부선지급 • 분할지급 　(누진지급)	
특수결제 방식	팩토링(factoring), 포페이팅(forfaiting), 인카소(INKASO), 유네스코쿠폰(UNESCO Coupon), 에스크로(escrow), 국제금융리스(international financial lease)				
전자결제	전자수표(electronic check), 전자자금이체(electronic fund transfers), 무역카드(TradeCard), 전자신용장(electronic L/C), 신용카드(credit card), 직불카드(debit card), 전자화폐(electronic money)				

---

24) 상환청구권 또는 소구권(The Right of Recourse)이란 약속어음 또는 환어음의 지급인이 만기에 어음금액의 지급을 이행하지 않을 경우에, 어음의 최종소지인이 그 어음의 작성이나 유통에 관여한 자, 즉 환어음의 발행인, 환어음이나 약속어음의 배서인 등에 대하여 어음금액 기타의 비용의 변제를 구하는 것을 말한다.

III. 대금지급통화

물품의 수출입대금을 지급하기 위해서는 국제적으로 통용되는 화폐가 필요하게 된다. 즉, 대금지급을 위하여 사용되는 통화(currency)는 국가마다 고유의 통화를 사용하고 있기 때문에 매매계약의 당사자는 무역계약의 체결시에 어느 나라의 통화를 사용하여 지급할 것인지를 명확하게 약정해 두어야 한다. 지급통화의 약정(표시)방법으로는 ① 수출국 통화로 지급하는 방법, ② 수입국 통화로 지급하는 방법 ③ 제3국 통화로 지급하는 방법이 있는데, 당사자가 지급통화를 결정할 때에는 통화의 안정성(stability) · 교환성(convertibility) · 유동성(liquidity) 뿐만 아니라 통화의 사용제한[25], 당사자의 이해관계 등을 고려하여야 한다. 즉, 지급통화를 자국통화로 약정할 경우에는 환율변동에 따른 환위험(exchange risk)을 회피할 수 있지만, 상대국 통화나 제3국 통화로 약정할 경우에는 환위험이 수반되며, 안정성 등이 결여된 통화를 사용하는 경우에도 환위험에 노출된다는 것에 유의하여야 한다.

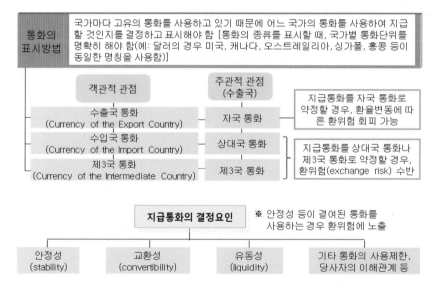

한편, 통화의 종류는 동일한 명칭이면서 통화가치가 다른 것이 있다. 예를 들면, 달러(Dollar)라고만 표시한 경우에는 달러를 사용하는 국가가 미국 뿐만 아니라 캐나다, 오스트레일리아, 싱가폴, 홍콩 등 여러 국가가 있고, 그 대외가치도 서로 달라 가격채

---

25) 우리나라 외국환거래법령에서는, 지급 및 영수통화의 사용에 대한 제한규정이 없으므로 어느 국가의 통화로도 매매계약을 체결할 수 있다. 즉, 종전에는 지정영수통화와 지정지급통화로만 거래하도록 하는 정상결제방법이 사용되었으나, 이 제도는 OECD가입 등 우리나라의 경제여건의 변화 등을 감안하여 1996년에 폐지되었기 때문에 현재는 결제통화에 아무런 제한이 없다.

산시에 문제가 발생한다. 따라서 미국달러는 U.S. $ 또는 USD, 캐나다달러는 C. $, 오스트레일리아달러는 A. $, 싱가폴달러는 S. $, 그리고 홍콩달러는 H.K. $ 와 같이 국가별 통화단위를 명확히 표시하여야 한다.

제6절 보험조건(terms of insurance)

보험조건(terms of insurance)은 물품의 운송에 수반하여 발생하는 우발적 사고에 대하여 보험자로부터 손해보상을 받기 위하여 누가 어떠한 조건으로 보험에 부보하여야 하는지를 약정하는 조건으로서, 무역계약체결시 계약당사자는 보험부보의 의무를 결정하기 위하여 인코텀즈의 거래조건을 선택한 후, 필요한 경우 보험부보조건을 약정할 수 있다. 즉, 매도인이 매수인을 위하여 보험을 부보하는 경우에만 계약당사자는 보험부보조건에 대하여 약정한다.

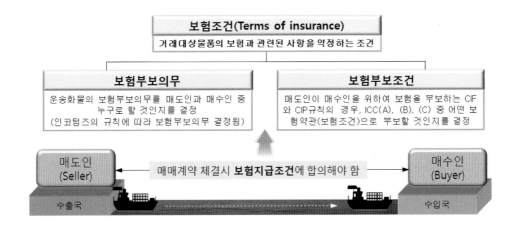

본 절에서는 계약의 기본조건으로서 보험조건과 관련하여 약정하여야 하는 보험부보의 의무 및 보험부보의 조건을 중심으로 살펴보고, 보험제도에 대한 자세한 내용은 제12장에서 구체적으로 설명하기로 한다.

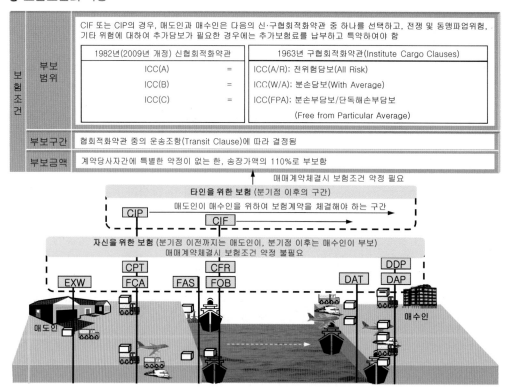

Ⅰ. 보험부보의무

　물품을 해외로 운송할 때에는, 해상운송의 경우에는 해상화물보험(해상적화보험; Marine Cargo Insurance)에, 항공운송의 경우에는 항공화물보험(항공적화보험; Air Cargo Insurance)에 부보하고, 그 물품의 운송 중에 발생하는 우발적인 사고에 기인하여 손해를 입었을 때 이를 보험회사로부터 손해보상을 받을 수 있는 조치를 강구하여야 한다.

　우선, 계약당사자가 운송물품을 보험에 부보하고자 약정할 때에는 보험부보의무가 매도인과 매수인 중 누구에게 있는지, 즉 보험계약자(Applicant)와 피보험자(Assured)[26]를 누구로 할 것인지의 여부를 결정하여야 한다. 보험부보의무의 약정은 인코텀즈의 거래규칙 중 어떤 거래규칙을 선택하는지에 따라 달라진다.

　계약당사자가 인코텀즈상 CIF와 CIP규칙을 제외한 나머지 규칙, 즉 EXW, FCA, FAS,

---

26) 보험자(Assurer; Underwriter)는 보험사고발생시 보험금을 지급할 의무가 있는 자, 보험계약자(Applicant; policy holder)는 보험자에게 보험료를 지급하고 보험계약을 체결하는 자, 피보험자(Assured; Insured)는 보험사고발생시 보험금의 지급을 받을 권리가 있는 자를 말한다.

FOB, CFR, CPT, DAT, DAP, DDP 등과 같은 계약규칙을 선택한 경우에는, 매도인 또는 매수인은 각각 자기 자신을 위하여 보험에 부보하여야 한다. 이 경우, 매도인 또는 매수인은 보험에 부보할 의무가 있는 것은 아니다. 왜냐하면, 의무라고 하는 것은 상대방을 위하여 어떤 행위를 해야 하는 것을 의미하므로 자기 자신을 위하여 보험에 부보해야 하는 것은 의무가 아니기 때문이다. 따라서, 이러한 규칙으로 매매계약을 체결한 경우에는 매도인 또는 매수인은 자신의 판단에 따라 보험계약의 체결여부를 결정할 것이므로 보험계약을 체결하지 않더라도 계약상대방에 대하여는 아무런 문제가 발생하지 않는다.

그러나, 계약당사자가 CIF 또는 CIP규칙으로 매매계약을 체결하는 경우에는, 매도인은 매수인을 위하여 보험계약을 체결하여야 한다. 따라서, 이러한 규칙하에서 매도인이 매수인을 위하여 보험에 부보하지 않은 경우에는 매도인은 계약위반의 책임을 부담하여야 한다.

CIF규칙에서는 원칙적으로 매도인은 매수인의 위험부담으로 되는 선적이후부터의 구간에 대하여 매수인을 피보험자로 하여 해상보험에 부보하여야 하는 것이지만, 실무적으로 매도인은 자신의 위험부담으로 되는 선적이전까지의 구간 및 매수인의 위험으로 되는 선적이후의 구간을 합한 구간에 대하여 자신을 피보험자로 하여 보험에 부보한다. 이 경우, 매도인이 보험증권의 이면에 배서하여 매수인에게 인도함으로써 보험상의 권리가 매수인에게 양도되기 때문에 매수인은 선적이후의 구간에 대한 위험에 대하여 보험 상의 보호를 받을 수 있게 되는 것이다.

II. 보험부보조건

매도인이 매수인을 위하여 해상보험 또는 운송보험에 부보하여야 하는 CIF 또는 CIP규칙에서는 매도인이 어떤 보험약관에 의하여 부보하는지에 따라 보험료(insurance premium)가 각각 상이하게 되어 매도인의 비용부담도 달라지게 되기 때문에 매매계약체결시에 계약당사자는 보험약관에 대한 구체적인 사항을 약정하여야 한다. 즉, 계약당사자는 보험조건(Conditions of Insurance)에 관한 약정, 즉 담보위험과 면책위험의 범위, 보험기간(Duration of Insurance or Coverage)[27], 보험금액(Insured Amount) 등을 어떻게 할 것인지의 여부를 약정하여야 한다.

---

27) 보험기간(duration of insurance)은 화물보험자(적화보험자)의 책임이 개시한 때부터 종료할 때까지의 기간을 말한다. 해상, 육상 등의 각종 운송수단에 의한 운송을 전제로 하는 화물보험(적화보험)에 있어서 보험기간은 화물(적화)이 보험증권에 기재된 발송지의 창고를 출발한 때부터(시기), 보험증권에 기재된 목적지에서 화물이 최종창고·보관장소에 반입될 때까지(종기)로 하는 것을 원칙으로 하고 있다. 따라서 화물보험증권(적화보험증권)에는 보험기간이 몇월 몇일에서 몇월 몇일까지의 형태로 명시된 것은 없다.

현재 해상화물보험(해상적화보험; marine cargo insurance)에서 실무적으로 사용되고 있는 것으로는 "런던보험업자협회(The Institute of London Underwriters)"가 제정한 협회화물약관(협회적화약관; Institute Cargo Clauses; ICC)이 있다. 협회화물약관에는 1962년에 제정된 구협회화물약관과 이를 개정한 1982년의 신협회화물약관이 있다. 1982년 신협회화물약관은 2009년에 다시 개정되었다. 구협회화물약관에는 A/R(All Risks; 전위험담보), WA(With Average; 분손담보) 및 FPA(Free from Particular Average; 분손부담보; 단독해손부담보)라는 기본약관과 기타 추가약관(additional or marginal clauses)이 있으며, 신협회화물약관에는 5개의 해상운송용 약관과 3개의 항공운송용 약관이 있는데, 해상운송용 약관에는 ICC(A), ICC(B) 및 ICC(C)라는 기본약관이외에, 협회전쟁약관(Institute War Clauses(Cargo)) 및 협회동맹파업약관(Institute Strikes Clause(Cargo)) 등의 추가약관이 있다. ICC(A)는 A/R, ICC(B)는 W/A, ICC(C)는 FPA와 유사하다. 현재 실무에서는 1982년 1월 1일부터 시행되고 2009년에 개정된 신협회화물약관(ICC(A), ICC(B) 및 ICC(C))의 사용이 확대되고 있는 실정이지만, 아직까지도 구협회화물약관(FPA, WA 및 A/R)이 신협회화물약관과 병행하여 사용되고 있다.

따라서 계약당사자가 CIF 또는 CIP규칙으로 매매계약을 체결할 경우에는 부보범위와 보험료 등을 고려하여 계약물품에 가장 적합한 형태의 보험조건을 선정해야 한다. 즉, 계약당사자는 구협회화물약관의 A/R, W/A, FPA와 신협회화물약관의 ICC(A), ICC(B), ICC(C) 중에서 하나를 선택하고, 이에 추가하여 전쟁위험이나 동맹파업위험도 담보하고자 할 때에는 협회전쟁약관(Institute War Clauses(Cargo))이나 협회동맹파업약관(Institute Strikes Clause(Cargo))도 부보할 수 있도록 약정하여야 한다. 그러나, 계약당사자가 CIF 또는 CIP규칙으로 매매계약을 체결하면서 보험조건에 관한 약정을 하지 않은 경우에는, 매도인은 인코텀즈 2010의 규정에 따라 송장가액의 110%의 금액으로 최소담보(minimum cover)조건인 ICC(C) 또는 이와 유사한 약관인 ICC(FPA)로 부보하면 된다.

제7절 포장 및 화인조건(terms of packing and shipping marks)

포장 및 화인조건(terms of packing and shipping marks)은 물품의 변질이나 멸실 및 손상을 방지하기 위하여 어느 정도로 물품을 포장하고 화인을 표시하여야 하는지를 약정하는 것으로서, 곡물류나 광물류 등의 산화물(Bulk Cargo), 또는 자동차나 선박 등의 비포장개체화물(Unpacked Individual Items)을 제외하고는, 계약당사자는 매매계약체결시에

① 포장단위의 선정, ② 포장의 방법 및 ③ 화인의 표시방법 등에 대하여 약정하여야 한다.

Ⅰ. 포장단위의 선정

1. 포장의 의의

포장(packing)이란 물품의 운송, 보관, 거래, 사용, 판매 등에 있어 적절한 재료 및 용기 등을 이용하여 그 가치와 상태를 유지하기 위해 이에 따른 기술을 사용하여 물품을 보호한 상태를 말한다. 포장과 관련하여, package는 물품이 포장된 상태 또는 그 대상을 말하고, packaging은 물품이 포장된 상태가 되기까지의 시공행위를 말한다.

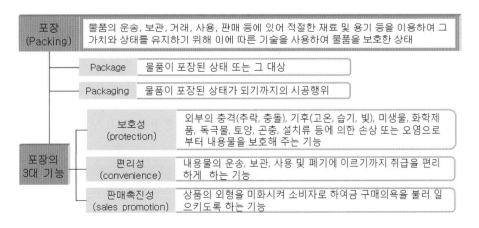

포장의 3대 기능은 보호성, 편리성, 판매촉진성이다. 보호성(protection)은 외부의 충격(추락, 충돌, 진동 등), 기후(고온, 습기, 공기 중의 빛이나 가스 등), 미생물, 화학제품, 독극물, 토양, 곤충, 설치류 등에 의한 손상 또는 오염으로부터 내용물을 보호해 주는 기능이고, 편리성(convenience)은 내용물의 운송, 보관, 사용 및 폐기에 이르기까지 취급을 편리하게 하는 기능이고, 판매촉진성(sales promotion)은 상품의 외형을 미화시켜 소비자로 하여금 구매의욕을 불러 일으키도록 하는 기능을 말한다.

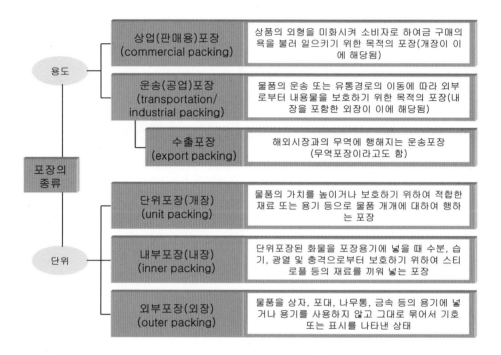

한편, 수출포장(export packing)은 해외시장과의 무역에 있어서 행해지는 운송포장으로서 무역포장이라고도 한다. 이 수출포장은 국내시장을 위한 포장과 달리 해외의 목적지까지 각종 운송수단에 의한 장거리의 운송, 장기간의 보관, 수 차례의 하역을 수반하고 이에 따른 장해나 위험도가 높기 때문에 이를 견딜 수 있는 안전성과 취급의 편의성을 고려하여 합리적, 경제적인 적정포장을 행하는 것이 중요하다. 또한 관습이나 법률·제도가 다른 수입업자가 대상이 되기 때문에 그 국가의 관계법령에 합치하고 수입업자의 요구에 부응하는 상태로 물품을 운송할 수 있도록 포장할 필요가 있다. 예를 들면, "Packing to be export standard packing and a compliance certificate to this effect must accompany the original documents.(포장은 수출표준포장으로 행해져야 하며, 이러한 취지의 일치증명은 원본 서류를 수반하여야 한다)"와 같이 수출포장을 요구하는 문언이 신용장에서 요구된다.

2. 포장재 및 포장단위의 선정

물품의 수량을 측정하기 위하여는 어느 정도의 포장의 무게를 포함할 것인지 하는 포장단위의 문제가 발생하기 때문에, 매매계약체결시에 계약당사자는 물품의 성질, 운송수단과 거리, 환적여부, 포장장비와 운임, 기후조건, 포장비 및 운임, 당사국의 포장과 관련된 규정이나 상관습 등을 고려하여 과대포장(over packing)이 되지 않도록 포장재료와 포장단위를 미리 약정하여야 한다.

특히 무역거래에서 사용되는 수출물품의 포장에 있어서, 포장재료는 내항성, 경제성, 식별성[28] 등의 요건이 구비될 수 있도록 적절하게 선택되어야 하며, 포장의 단위는 다량의 물품을 무리하게 하나의 포장단위로 집적시키거나 지나치게 소량의 포장단위로 포장하여서는 안된다. 따라서 계약당사자 간에 포장조건에 대한 별도의 약정이 없는 한, 매도인의 임의판단에 의하여 포장이 행해지지만, 분쟁의 예방을 위하여 포장재료나 포장단위에 대하여 계약당사자 간에 미리 약정해 두는 것이 바람직할 것이다. 매매계약체결시에 계약당사자 간에 약정되는 포장 및 화인조건의 실례는 다음과 같다.

> Packing and Marking: 12 pieces shall be packed in a small cardboard box on which the words, "made in Singapore", Description of the article, Size and Article No. shall be stamped with.

II. 포장방법

수출물품의 포장은 물품의 성질과 종류에 따라 종이 또는 나무상자, 곤포(bale), 포대(bag), 나무통(barrel 등), 특수용기 등의 용기포장과 두루마리(coil, roll), 물레(reel), 다발등의 무용기포장, 곡물이나 광물과 같은 산화물의 무포장 등이 있다. 따라서 매매계약체결시 계약당사자는 다음의 표에 있는 포장의 종류별로 물품의 종류나 성질에 적합한 포장방법을 선택하여 약정하여야 한다.

---

28) 내항성은 오랜 항해에 충분히 견딜 수 있을 정도로 포장하는 것이고, 경제성은 포장자체의 비용부담이나 포장의 무게로 인한 운임부담을 최소화할 수 있도록 포장하는 것이고, 식별성은 목적지까지의 정확한 인도를 위하여 다른 상품과 구별될 수 있도록 포장하는 것이다.

● 화물포장의 종류

대분류		소분류	대상화물
화물포장	상자포장 (case goods)	- 나무상자(Case; C/-, C/s) - 나무상자(Wooden Box; Bx) - 나무상자(Chest; Cst) - 나무상자(Half chest; H/C) - 차상자(Tea chest; Cst) - 나무상자(Crate; Crt) - 조립상자(Skeleton case; C/-, C/s) - 합판상자(Plywood case; C/-, C/s) - 종이상자(Carton; C/-, C/s)	식료품, 일반잡화, 홍차, 고가의 기계류, 부품, 무기류, 탄약 등
	곤포포장 (Bale)	- 보통곤포(Bale; Bl) - 압축곤포(Pressed Bale) - 밀짚곤포(Straw Mat Bale; 가마니)	면화, 양모, 종이, 양탄자, 쌀 등
	포대포장 (Bag)	- 마포대(Gunny bag; Bg) - 목면포대(Sack; Sk) - 종이포대(Paper bag; Bg)	시멘트, 석회, 비료, 커피, 미곡, 소맥, 밀가루, 소금, 분말 약품 등
	통포장	- 대형나무통(Hogshead; Hghd; 63갤런이상) - 대형나무통(Barrel; Brl; 36갤런) - 중형나무통(Cask; Csk) - 소형나무통(Keg; Kg; 5-10갤런) - 나무물통(Tub)	맥주, 포도주, 간장, 염료, 담배, 못 등
	특수용기 포장	- 양철통(Tin, Can; Cn) - 상자입양철통(Can in case; C/-, C/s) - 원통형용기(Drum; Dr; 드럼통) - 병(Bottle; Btl) - 대형유리병(Carboy; Cby) - 대형유리병(Demijohn; Dmjn) - 사기병(Jar) - 바구니(Basket; Bkt)	석유, 페인트, 기름, 염색, 화공약품, 산류 등
	무용기포장	- 두루마리(Coil; Cl) (Roll; Rl) - 물레(Reel; 얼레) - 다발(Bundle; Bdl)	전선, 철사, 철근, 신문지 등
	기 타	- Cage(새장) - Kernel(개집) - Pen(동물우리)	산동물

III. 화인의 표시방법

화인(Shipping Marks; Cargo Marks)은 화물의 적성에 맞는 적절한 포장을 한 후, 운송인이나 수화인 등이 정확하고 편리하게 화물을 취급할 수 있도록 화물의 외장에 기입하는 송화인, 수화인, 원산지국명, 화물번호(화번), 개수, 목적지, 취급상의 주의 등과 같은 각종 표식을 말한다. 즉, 화인은 선적할 화물을 안전하게 취급하거나, 양륙된 화물중에서 선화증권이나 송장과 대조하여 수화인에게 용이하게 화물을 인도하는 등 취급화물 및 기타화물을 용이하게 식별하기 위하여 외장에 표시하는 것이므로, 포장화물이 완전하더라도 화인이 명확하지 않다면 완전포장이라 할 수 없다.

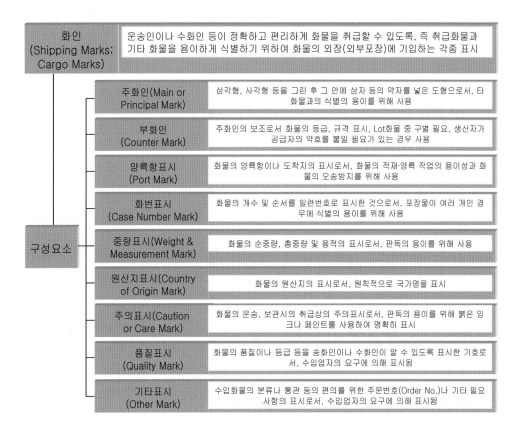

화인은 다음과 같은 각종 표시(mark)를 모두 표시하는 것이 아니라, 필수적으로 표시해야 하는 주화인(Main Mark), 양륙항표시(Port Mark) 및 화번(Case Number)을 제외하고는 매수인의 별도의 요청이 없다면 매도인이 임의로 화인을 표시한다. 즉, 매도인은 매매계약체결시에 매수인으로부터 화인의 표시방법에 대하여 별도의 요청이 있는 경우에는 그 요청에 따라 화인을 표시하여야 한다.

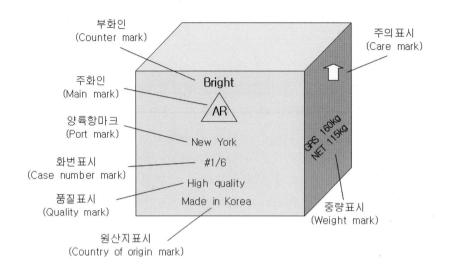

① 주화인(Main Mark, Principal Mark) 타화물과 식별을 용이하게 하기 위해 포장외면에 삼각형(triangle), 사각형(square) 등을 그린 후 그 안에 상호 등의 약자를 넣는 도형으로서, 일반적으로 송화인이나 수화인을 표시하는 특정한 기호에 대표문자를 넣어 만들거나 상표를 그대로 사용한다. 삼각형 등의 도형이 없이 문자나 숫자만의 주화인도 있으나, 주화인은 크고 명확하게 표시해야 한다.

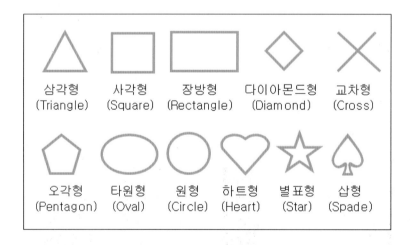

② 부화인(Counter Mark, Sub Mark) 주화인의 보조로서, 주화인만으로 타화물과의 구별이 어려운 경우, 화물의 등급이나 규격을 표기해야 하는 경우, Lot의 화물중 구별을 할 필요가 있을 경우, 생산자 또는 공급자의 약호를 붙여야 하는 경우에 표시한다.

③ 양륙항표시(Port Mark) 화물의 적재(loading)나 양륙(unloading; discharging)작업을 용이하게 하고 화물이 오송되지 않도록 화물이 도착되는 양륙항이나 목적지를

표기한다. 참고로, 양륙항표시(Port Mark)가 누락된 것을 무인화물(NM Cargo; No Mark Cargo)이라고 한다.

④ 화번(Case Number) 포장물이 여러 개인 경우, 각 화물을 송장(invoice)이나 적화목록(Manifest) 또는 기타 운송서류(Transport Documents)와 대조하여 식별·확인하기 위하여 화물의 개수 및 순서를 일련번호로 기재한다.

⑤ 중량표시(Weight & Measurement Mark) 운임계산, 통관, 하역작업 등을 용이하게 할 수 있도록 화물의 순중량(net weight), 총중량(gross weight) 및 용적(measurement)을 표기한다.

⑥ 원산지표시(Country of Origin Mark) 화물의 원산지를 국가명으로 표기한다.

⑦ 주의표시(Caution Mark; Care Mark) 화물의 운송, 보관시 취급상의 주의을 필요로 하는 경우에 취급자가 용이하게 판독할 수 있도록 붉은 잉크나 페인트를 사용하여 명료하게 표시한다.

표 시		내 용
	Fragile(깨지기 쉬움, 충격주의) handle with care(취급주의)	깨지기 쉬운 물품이므로 충격을 주지 않도록 지시하는 표시
	Keep upright (똑바로 세울 것)	물품의 상하의 방향을 지시하는 표시 (this side up, right way up, do not tilt)
	Keep dry (수분 주의)	습기 또는 물에 젖지 않도록 지시하는 표시
	Use no hook (갈고리 사용금지)	구멍이 나는 것을 방지하기 위하여 갈고리(hock)를 사용하지 못하도록 지시하는 표시
	Sling here (밧줄 거는 곳)	들어올릴 수 있도록 밧줄을 거는 위치를 지시하는 표시
	Heavy weight this end (무거운 위치)	중심이 기울어져 있는 물품의 무거운 쪽을 지시하는 표시
	Do not drop (낙하엄금)	넘어지기 쉬운 물품인 것을 지시하는 표시
	Center of balance (무게중심위치)	물품의 무게가 평형을 이루는 위치를 지시하는 표시

⑧ 품질표시(Quality Mark) 화물의 품질수준이나 등급, 공인검사기관의 품질검사합격 등을 송화인이나 수화인이 알 수 있도록 표시하는 기호로서, 매수인의 요구에 따라 표시한다.

⑨ 기타표시 매수인의 요구에 의해 수입화물의 분류나 통관 등의 편의를 위한 주문번호(Order No.)인 지시표시(Attention Mark)나 기타 필요사항을 표기한다.

제8절 분쟁해결조건(terms of dispute settlement)

　　분쟁해결조건(terms of dispute settlement)은 계약당사자의 일방 또는 쌍방에 의한 계약불이행 또는 사기 등으로 분쟁이 발생할 경우에 이러한 무역분쟁을 어떠한 방법으로 해결할 것인지를 약정하는 것으로서, 계약당사자는 매매계약체결시에 무역분쟁을 신속하고 경제적으로 해결하기 위하여 ① 중재조항, ② 재판관할조항, ③ 준거법조항 등에 대하여 미리 약정하여야 한다. 즉, 계약당사자 간에 분쟁이 발생한 경우, 어느 나라의 법률을 따를 것인지(준거법), 어느 나라에서 분쟁을 해결할 것인지(재판관할조항), 어떤 방법으로 분쟁을 해결할 것인지(알선, 조정, 중재, 소송 등)를 미리 약정하여야 한다.

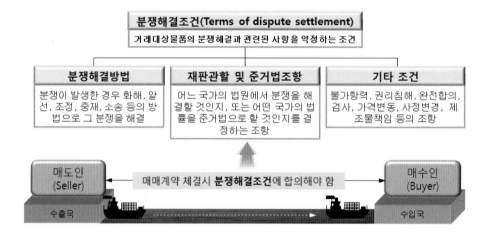

Ⅰ. 분쟁해결방법과 중재조항

1. 분쟁해결방법

　　무역거래에 있어서 분쟁해결의 최선의 방법은 분쟁발생의 예방(prevention of legal disputes)이다. 그러나 분쟁이 발생한 경우에는 당사자 간에 해결하거나 또는 제3자의 개입을 통하여 그 분쟁을 해결할 수 있다. 매매당사자 간의 분쟁해결방법으로서는 ① 일방의 당사자가 상대방에 대한 손해배상청구권을 포기하는 경우와 ② 당사자 간에 직접 교섭하여 우호적으로 해결하는 방법(협상)을 들 수 있다. 이와 같이 분쟁이 발생한 경우에는 당사자 간에 해결하는 것이 가장 바람직하다.

그러나, 분쟁이 당사자 간에 화해로서 원만하게 해결되지 않는 경우(예를 들면, 쌍방의 주장이 대립되거나, 쌍방 또는 일방의 감정이 악화되어 냉정한 판단을 할 수 없거나, 또는 상대방이 무성의한 경우 등)에 주로 사용되는 중립적인 제3자에 의한 해결방법으로서는, ① 제3자가 당사자의 대립하는 주장을 듣고, 당사자에게 화해를 권고하거나(알선) 또는 해결안을 제시하는 것(조정)과, ② 단순한 해결안이 아니라 당사자를 구속하는 판단을 행하는 것(소송 또는 중재)이 있다. 화해를 권고하거나 또는 해결안을 제시하는 경우(알선 또는 조정의 경우)에는, 제3자가 해결안을 제시하더라도 그 해결안을 당사자가 수용하지 않는다면 분쟁은 해결되지 않는다. 이에 대하여 당사자를 구속하는 판단을 행하는 경우(소송 또는 중재)에는, 제3자의 판단에 따르지 않는 당사자에 대하여는 그 내용을 강제할 수 있다.

이와 같이, 분쟁해결의 최종적인 방법으로 이용되는 것에는 소송이 있지만, 소송은 급격히 증대되는 전문적이고 기술적인 분야의 모든 분쟁을 수용하는데 한계가 있기 때문에 중재에 의한 분쟁해결방법을 보편적으로 사용하고 있다.

중재는 당사자 간의 합의에 의하여 사인간의 분쟁을 법원의 판결에 의하지 아니하고 제3자인 중재인을 선임하여 그 분쟁을 중재인의 판정에 맡기고 그 판정에 양당사자가 절대 복종함으로써 최종적으로 분쟁을 해결하는 방법으로서, 그 판정(award)은 법정 구속력이 있다. 따라서, 중재는 ① 당사자 간에 중재합의가 있어야 하고, ② 중재인의 판정에 절대 복종하여야 하며, ③ 그 판정의 효력은 당사자 간에는 법원의 확정판결과 동일하므로 강제성을 가지며, ④ 뉴욕협약(New York Convention, 1958)에 가입한 국가 간에는 그 집행을 보장하고 승인하기 때문에 그 효력이 외국에까지 미칠 수 있다. 이외에도, 중재는 소송과 달리 단심제이므로 분쟁이 신속히 해결될 수 있고, 비용이 경감될 수 있으며, 무역전문가로 구성된 중재인의 판정으로 합리적인 분쟁해결이 기대되고, 중재심리가 공개되지 않기 때문에 당사자의 비밀이 보장될 수 있다는 장점이 있다.

2. 중재조항

중재조항(arbitration clause)은 계약당사자 간에 장래 발생할 수 있는 분쟁의 전부 또는 일부를 사인에 의하여 행하여지는 중재(arbitration)에 의하여 해결하도록 하는 당사자 간의 서면합의로서, 중재의 대상이 되는 분쟁이 발생하기 전에 미리 매매계약서 상에 중재에 붙일 사항, 중재기관, 중재장소, 판정의 기준이 될 준거법(applicable law), 중재절차 등에 대한 당사자 간의 합의를 기재한 조항을 말한다.

즉, 중재조항은 분쟁이 발생하기 전에 미리 장래에 발생할 분쟁을 중재에 의하여 해결하기로 합의하는 사전중재합의(사전중재계약)로서, 중재신청을 하기 위해서는 이러한 사전중재합의인 중재조항이 있거나, 분쟁이 발생한 후에 합의하는 사후중재합의(사후중재계약)가 있어야만 중재신청이 가능하게 된다. 그러나 분쟁이 발생한 후에는 불리하다고 판단하는 당사자가 중재합의 자체를 기피하여 분쟁해결을 지연시킬 수 있기 때문에 매매계약서상에 다음과 같은 내용의 중재조항(arbitration clause)을 삽입함으로써 중재합의를 미리 체결해 두는 것이 바람직할 것이다.

[대한상사중재원의 표준중재조항(standard arbitration clause)]

"Arbitration: All disputes, controversies, or differences which may arise between the parties, out of or in relation to or in connection with this contract, or for the breach thereof, shall be finally settled by arbitration in Seoul, Korea in accordance with the Commercial Arbitration Rules of the Korean Commercial Arbitration Board and under the Laws of Korea, The award rendered by the arbitrator(s) shall be final and binding upon both parties concerned(중재: 이 계약으로부터 또는 이 계약과 관련하여 또는 이 계약의 불이행으로 말미암아 당사자 간에 발생하는 모든 분쟁, 논쟁 또는 의견차이는 대한민국 서울특별시에서 대한상사중재원의 상사중재규칙 및 대한민국법에 따라 중재인에 의하여 최종결의로 해결한다. 중재인(들)에 의하여 내려지는 판정은 최종적인 것으로 당사자 쌍방에 대하여 구속력을 가진다.)."

II. 재판관할조항 및 준거법조항

재판관할조항(jurisdiction clause)은 소송을 제기할 관할법원에 대한 당사자 간의 합의를 기재한 조항으로서, 분쟁의 해결을 중재에 의하지 않고 법원의 판결에 따르기로 하거나 뉴욕협약에 가입되어 있지 않거나 또는 계약 중에 중재조항을 규정하지 않는 등의 사유로 중재합의가 이루어지지 않은 경우, 또는 중재조항이 있더라도 중재에 회부할 범위외의 사항의 경우에 있어서 소송을 제기할 법원을 당사자 간에 미리 약정한 조항을 말한다.

한편, 준거법조항(governing law clause)은 무역계약의 성립, 이행 및 해석이 어느 국가의 법률에 따라 행하여지는지에 대하여 당사자 간에 합의한 조항을 말한다. 준거법을 미리 지정하는 이유는 계약서를 아무리 상세히 작성한다 하더라도 해석상 전혀 의문이 없도록 한다는 것은 사실상 어려울 뿐만 아니라, 국가별로 법제의 해석기준이 상이하기 때문에 계약당사자는 매매계약체결시 어느 국가의 법률을 준거법으로 할 것인지를 명확히 합의하여야 한다.

Ⅲ. 기타 조건

1. 불가항력조항

불가항력조항(force majeure clause)은 합의된 범위내에서 불가항력 또는 이와 유사한 사유가 발생함으로써 계약당사자가 약정된 계약을 이행하지 못하게 되는 경우 이러한 계약불이행에 대하여 당사자의 면책을 규정하고 있는 조항을 말한다. 예를 들면, 매도인이 불가항력[29]의 사태로 인하여 적기에 선적을 이행하지 못하게 된 경우에는 상업회의소 또는 수출국 주재 수입국영사관으로부터 불가항력의 증명을 받음으로써 선적을 유예받거나 선적의무를 면제받을 수 있다.

2. 권리침해조항

권리침해조항(infringement clause)은 매도인이 특허권·실용신안권·디자인권·상표권 등의 지적재산권 등의 내용에 대한 사전정보 없이 매수인의 주문에 의하여 물품을 제조함으로써 발생할 수 있는 지적재산권의 침해와 관련된 모든 책임으로부터 매도인을 면책으로 하는 면책조항으로서, 매수인이 이와 관련된 책임을 부담하겠다고 하는 조항을 말한다. 즉, 이 조항이 있는 경우에는 매수인은 제3자로부터 지적재산권의 침해를 받았다는 이유로 매도인에게 클레임을 제기할 수 없다. 따라서, 미국 등의 선진국에 물품을 수출하는 경우에는 이 조항을 계약서에 삽입시킴으로써 매도인은 권리침해와 관련된 책임을 면할 수 있다.

---

29) 불가항력(force majeure)이란 당사자가 통상적으로 필요로 되는 주의를 기울인다 하더라도 그 발생을 방지하거나 통제할 수 없는 제반 사건으로서, 낙뢰·폭풍우·지진 등 천재지변(Act of God)에 의한 자연적인 사태, 동맹파업(strike)·공장폐쇄(lockout)·내란(insurrection)·폭동(riot)·소요(civil commotion)·전쟁(war)·정부간섭 등 인위적인 사태, 생산기계의 고장·운송수단의 부족·원재료의 부족 등의 돌발적인 사태(contingency)를 포함하는 것으로 해석되고 있다.

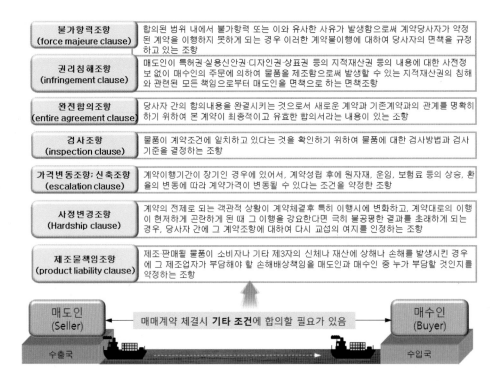

불가항력조항 (force majeure clause)	합의된 범위 내에서 불가항력 또는 이와 유사한 사유가 발생함으로써 계약당사자가 약정된 계약을 이행하지 못하게 되는 경우 이러한 계약불이행에 대하여 당사자의 면책을 규정하고 있는 조항
권리침해조항 (infringement clause)	매도인이 특허권·실용신안권·디자인권·상표권 등의 지적재산권 등의 내용에 대한 사전정보 없이 매수인의 주문에 의하여 물품을 제조함으로써 발생할 수 있는 지적재산권의 침해와 관련된 모든 책임으로부터 매도인을 면책으로 하는 면책조항
완전합의조항 (entire agreement clause)	당사자 간의 합의내용을 완결시키는 것으로서 새로운 계약과 기존계약과의 관계를 명확히 하기 위하여 본 계약이 최종적이고 유효한 합의서라는 내용이 있는 조항
검사조항 (inspection clause)	물품이 계약조건에 일치하고 있다는 것을 확인하기 위하여 물품에 대한 검사방법과 검사기준을 결정하는 조항
가격변동조항; 신축조항 (escalation clause)	계약이행기간이 장기인 경우에 있어서, 계약성립 후에 원자재, 운임, 보험료 등의 상승, 환율의 변동에 따라 계약가격이 변동될 수 있다는 조건을 약정한 조항
사정변경조항 (Hardship clause)	계약의 전제로 되는 객관적 상황이 계약체결후 특히 이행시에 변화하고, 계약대로의 이행이 현저하게 곤란하게 된 때 그 이행을 강요한다면 극히 불공평한 결과를 초래하게 되는 경우, 당사자 간에 그 계약조항에 대하여 다시 교섭의 여지를 인정하는 조항
제조물책임조항 (product liability clause)	제조·판매될 물품이 소비자나 기타 제3자의 신체나 재산에 상해나 손해를 발생시킨 경우에 그 제조업자가 부담해야 할 손해배상책임을 매도인과 매수인 중 누가 부담할 것인지를 약정하는 조항

매도인
(Seller)

매매계약 체결시 **기타 조건**에 합의할 필요가 있음

매수인
(Buyer)

수출국   수입국

3. 완전합의조항

완전합의조항(entire agreement clause)은 당사자 간의 합의내용을 완결시키는 것으로서 새로운 계약과 기존계약과의 관계를 명확히 하기 위하여 본 계약이 최종적이고 유효한 합의서라는 내용이 있으며, 이 계약의 목적과 관련된 제안서, 회의록, 의향서, 양해각서, 가계약, 이면계약 등 이전의 각종 문서들을 모두 무효화시킨다는 내용을 포함하고 있는 조항을 말한다.

4. 검사조항

검사조항(inspection clause)은 물품이 계약조건에 일치하고 있다는 것을 확인하기 위하여 물품에 대한 검사방법과 검사기준을 결정하는 조항으로서, "Manufacturer's inspection certificate shall be one of the necessary documents required in the L/C to be issued"등과 같이 검사기관, 검사장소, 검사시기, 검사비용의 부담 여부 등을 구체적으로 약정하여야 한다.

5. 가격변동조항

가격변동조항(신축조항, escalation clause)은 계약이행기간이 장기인 경우에 있어서, 계약성립 후에 원자재, 운임, 보험료 등의 상승, 환율의 변동에 따라 계약가격이 변동될 수 있다는 조건을 약정한 조항을 말한다. 이것은 객관적인 통계 등을 기준으로 하지만 사항의 성질상 합의에 도달하지 못하는 경우도 많다.

6. 사정변경조항

사정변경조항(Hardship clause)은 계약의 전제로 되는 객관적 상황이 계약체결후 특히 이행시에 변화하고, 계약대로의 이행이 현저하게 곤란하게 되었을 때 그 이행을 강요한다면 극히 불공평한 결과를 초래하게 되는 경우, 당사자 간에 그 계약조항에 대하여 다시 교섭의 여지를 인정하는 조항을 말한다.

7. 제조물책임조항

제조물책임조항(product liability clause)은 제조·판매될 물품이 소비자나 기타 제3자의 신체 또는 재산에 상해 또는 손해를 발생시킨 경우에 그 제조업자가 부담해야 할 손해배상책임을 매도인과 매수인 중 누가 부담할 것이지를 약정하는 조항을 말한다.

무역계약과 정형거래조건

무역계약과 정형거래조건

Chapter 07

제 1 절 무역계약과 무역관습

Ⅰ. 무역관습의 변화와 통일화

상관습은 상업에 종사하는 사람들이 오랜 시일에 걸친 상습적 행위에 의하여 널리 승인되어 준수하려고 하는 거래양식을 말하며, 이 상관습이 무역거래에 사용될 때, "국제상거래관습" 또는 "무역거래관습"이라고 한다.

국제무역에 있어서 상관행은 오랜 시간을 거치는 동안 몇 가지의 공통된 계약형태로 형성·발전되어 왔으며, 국제무역계약의 국제성에 따르는 불확실성의 문제를 해소시켜 주는 해석기준을 제공하게 된다. 무역거래에서는 오랜 거래관행에 의하여 국제적으로 인정된 FOB, CIF 등의 약어로 표기된 정형화된 거래규칙들이 사용되어 왔다. 그러나, 이들 거래규칙들이 국가나 지역에 따라 각기 다른 상관습과 실정법에 적용된다면 일관성과 통일성이 결여될 수 있기 때문에 무역업자들이 임의적으로 채택하여 사용할 수 있는 정형화된 거래규칙들에 대한 통일된 국제규칙의 제정이 불가피하게 되었다.

Ⅱ. 정형거래조건에 관한 국제규칙

정형거래조건(Trade Terms)[1]은 매도인으로부터 매수인으로의 물품이전의 시기, 장소 및 방법 등을 기술하고 있는 국제매매계약의 핵심요소로서, 매도인으로부터 매수인으로의 물품의 운송과 수출입통관에 관하여 당사자가 무엇을 해야 하는지를 표시

---

1) "Trade Terms"를 번역할 때, "Trade"를 "무역"으로 해석함으로써 무역조건, 정형무역조건, 정형무역거래조건 등으로 해석하는 경우도 있지만, "Trade"를 "거래"로 해석함으로써 정형화된 거래조건이라는 의미에서 "정형거래조건"으로 해석하는 것이 일반적이라고 생각된다.

하고, 당사자 간의 비용과 위험의 분담을 설명하고 있는 표준거래조건을 의미한다.

정형화된 거래규칙과 관련하여, 국제법협회(International Law Association; ILA)가 제정한 CIF계약에 관한 Warsaw-Oxford규칙(Warsaw-Oxford Rules for CIF Contract; WORCC, 1932), 전미국무역회의(National Foreign Trade Convention)가 채택한 개정미국무역정의 (Revised American Foreign Trade Definitions; RAFTD, 1941) 등이 있으며, 또한, 역사성과 현실의 활용면에서 당사자 간의 해석기준에 가장 많이 채용되는 대표적인 국제상거래규칙인 Incoterms(International Rules for the Interpretation of Trade Terms; 정형거래조건의 해석에 관한 국제규칙)가 있다.

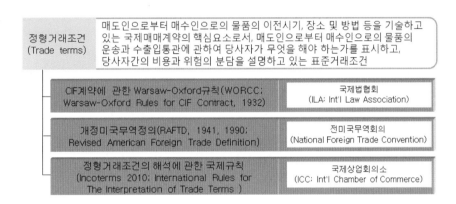

1. CIF계약에 관한 Warsaw-Oxford규칙

CIF계약에 관한 Warsaw-Oxford규칙(Warsaw-Oxford Rules for CIF Contract; WORCC, 1932)은 CIF 계약에서 당사자의 권리와 의무만을 규정하고 있는 규칙으로서, 국제법협회(International Law Association; ILA)가 제정하였으며, 서문과 함께 21개조로 구성되어 있다. 이 규칙은 1932년 개정 규칙이 채택된 이래 그 내용이 오래되어 현재는 거의 이용되지 않고 있다.

2. 개정미국무역정의

개정미국무역정의(Revised American Foreign Trade Definitions; RAFTD, 1941)는 FOB조건에 대한 해석을 통일하기 위한 규칙을 말한다. 전미국무역회의(National Foreign Trade Convention)가 전미국수입업자협회(National Council of American Importers Inc.)와 미국상업회의소의 대표로 구성된 합동위원회의 개정작업의 성과를 "1941년 개정미국무역정의"로서 채택하였다.

FOB조건 중의 "Board"에 대한 해석과 관련하여, 영국은 섬나라의 특성상 중추적인 운송수단이 해상운송이므로 "Board"를 본선의 Board만을 의미하는 것으로 해석한 반면, 미국은 대륙국가의 특성상 다양한 운송수단을 사용하고 있었기 때문에 "Board"를 선박뿐만 아니라 항공기, 철도, 화물자동차 등의 Board도 포함하는 것으로 해석하였다. 즉, 미국은 지리적 특수성으로 인하여 FOB 형태의 거래조건이 다양한 형태로 발달하게 되었으며, 다양한 형태의 FOB조건에 대한 해석을 통일할 필요성이 존재하였다. 이에 전미국무역협회는 영국식 FOB와는 별도의 FOB를 제정할 필요성에 따라, 1919년에는 수출가격조건의 정의를 채택하였고, 그 후 1941년에는 개정미국무역정의를 채택하였다.

이러한 개정미국무역정의(Revised American Foreign Trade Definitions; RAFTD)는 ① EXW(point of origin), ② F.O.B., ③ F.A.S., ④ CFR, ⑤ C.I.F., ⑥ DEQ Delivered으로 구분되며, 이 중에서 F.O.B.는 다음과 같이 다시 6가지로 세분된다.

㉮ F.O.B.(named inland carrier at named inland point of departure): 지정 국내출발지점에서 지정 국내운송인 인도조건으로서, 매도인이 미국 국내의 지정된 출발지점에서 지정된 국내운송인에게 물품을 인도할 때 비용과 위험이 매도인으로부터 매수인에게 이전되는 조건이다.

㉯ F.O.B.(named inland carrier at named inland point of departure): Freight Prepaid To(named point of exportation): 지정 국내출발지점에서 운임을 포함한 지정 국내운송인 인도조건으로서, 매도인이 지정된 국내출발지점에서 운임을 포함하여 지정된 국내운송인에게 인도할 때 비용과 위험이 매도인으로부터 매수인에게 이전되는 조건이다. 이 조건은 ㉮의 조건에 운임이 포함된 조건이다.

㉰ F.O.B.(named inland carrier at named inland point of departure): Freight Allowed To(named point of exportation): 지정 국내출발지점에서 운임을 공제한 지정 국내운송인 인도조건으로서, 매도인이 지정된 국내출발점에서 운임을 공제하고 지정된 국내운송인에게 인도할 때 비용과 위험이 매도인으로부터 매수인에게 이전되는 조건이다. 이 조건은 ㉮의 조건에 운임을 공제한 조건이다.

㉱ F.O.B.(named inland carrier at named point of exportation): 지정 국내수출지점에서 지정 국내운송인 인도조건으로서, 매도인이 수출선적항의 역이나 컨테이너 터미널 등에서 지정된 국내운송인에게 물품을 인도할 때 비용과 위험이 매도인으로부터 매수인에게 이전되는 조건이다.

㉲ F.O.B. Vessel(named port of shipment): 본선인도조건으로서, 매도인이 본선의 갑판 위에 물품을 놓아둔 때 비용과 위험이 매도인으로부터 매수인에게 이전되는 조건이다.

㉳ F.O.B.(named inland point in country of importation): 수입국의 지정 국내지점 인도조건으로서, 매도인이 수입국의 지정된 지점에서 물품을 인도할 때 비용과 위

험이 매도인으로부터 매수인에게 이전되는 조건이다.

Incoterms 2010	개정미국무역정의(RAFTD; Revised American Foreign Trade Definition, 1990) 미국의 독자적인 정형거래조건(1919년 제정, 1941년 및 1990년 개정) [UCC에 포함되어 왔었지만, 2004년 UCC 개정 시에 삭제됨]
EXW	Ⅰ. EXW(Ex Works – named place) : 공장인도(지정 장소) "Ex Factory", "Ex Mill", "Ex Mine", "Ex Plantation", "Ex Warehouse", etc. (named point of origin)
FCA	Ⅱ-A. F.O.B.(named inland carrier at named inland point of departure) F.O.B.(지정 국내출발지점에서 지정 국내운송인)
	Ⅱ-B. F.O.B.(named inland carrier at named inland point of departure) Freight Prepaid To (named point of exportation) F.O.B.(지정 국내출발지점에서 지정 국내운송인) (지정 수출지점)까지 운임선지급
	Ⅱ-C. F.O.B.(named inland carrier at named inland point of departure) Freight Allowed To (named point) F.O.B.(지정 국내출발지점에서 지정 국내운송인) (지정 지점)까지 운임 공제
	Ⅱ-D. F.O.B.(named inland carrier at named point of exportation) F.O.B.(지정 수출지점에서 지정 국내운송인)
	※ B와 D의 차이점: 매도인의 비용부담은 동일하지만, 위험부담이 다르다 　　　　　　　매도인의 위험부담(B는 출발지의 운송인, D는 수출지의 운송인까지)
FOB	Ⅱ-E. F.O.B. vessel(named port of shipment) : 본선인도(지정 선적항)
	※ B~E : 수출통관의무: 매수인
DDP	Ⅱ-F. F.O.B.(named inland point in country of importation) F.O.B.(수입국의 지정 국내지점)
	※ F : 수출 및 수입통관의무: 매도인
FAS	Ⅲ. F.A.S. vessel(named port of shipment) : 선측인도(지정 선적항)
CFR/CPT	Ⅳ. CFR(named point of destination) : 운임포함(지정 목적지점)
CIF/CIP	Ⅴ. C.I.F.(named point of destination) : 운임보험료포함(지정 목적지점)
DAT	Ⅵ. DEQ Delivered [Ex Quay (Duty Paid)] : 부두인도(관세지급)

※ RAFTD의 DEQ의 수입통관의무: 매도인

개정 미국무역정의 상의 거래조건은 조문화되어 미국통일상법전(Uniform Commercial Code; UCC)에 임의규정으로서 포함[2]되어 왔었지만, 미국국제거래협의회(the United States Council for International Business; USCIB)[3]가 2004년 9월에 전면개정의 일부분으로서 통일상법전(UCC)[4]에서 "선적 및 인도조건(2-319조에서부터 2-324조까지; FOB, FAS, CIF, CFR, Ex Ship)"을 삭제하였다. 이러한 통일상법전 제2편(물품매매에 대한 모델법)의 개정은 루이지애나를 제외한 미국의 법률에 포함되며, 각주의 의회가 채택하도록 기대될 수 있다. 그러나 지금까지 어떠한 주도 이 갱신된 미국통일상법전을 채택하지 않았다. 일부 미국의 거래업자는 이전의 UCC조건에 명확히 합의함으로써

---

2) 미국통일상법전(Uniform Commercial Code; UCC) 제2-319조에서는 FOB 및 FAS규칙을, 제2-320조 및 제2-321조에서는 CIF 및 C&F규칙을, 제2-322조에서는 Ex Ship규칙을 각각 규정하고 있었다.

3) 미국국제거래협의회(USCIB)는 미국통일상법전(UCC)을 감독하는 기구이다.

4) 통일상법전(UCC)은 민법이나 상법이 주마다 다른 미국 내에서의 상거래를 원활히 하기 위하여 미국법률협회(American Law Institute; ALI)와 미국법조협회(American Bar Association; ABA)에 의하여 조직된 통일주법위원전국회의(National Conference of Commissioners on Uniform State Laws, NCCUSL)에 의하여 1952년에 발표되었으며, 주로 동산의 거래에 대하여 규정하고 있다. 2004년 개정은 미국법률협회(ALI)와 통일주법위원회전국회의(NCCUSL)가 2004년 2월 19일에 완성하였다.

UCC를 계속하여 사용할 수 있으며, 대부분은 삭제된 UCC 대신에 인코텀즈 2010 규칙를 사용할 것이다. 왜냐하면, 인코텀즈 2010 규칙은 현재 미국에서 사용되고 있는 모든 국내거래조건[5] 대신에 사용될 수 있도록 승인되었기 때문이다.

미국통일상법전(UCC)에서 이러한 거래조건의 삭제는 인코텀즈의 세계적인 사용을 증가시키는데 공헌하였다. 즉, 인코텀즈 2010 규칙에서는 국제거래에만 적용해 오던 인코텀즈 상의 모든 규칙을 국내 및 국제거래에 모두 사용할 수 있도록 개정함에 따라 인코텀즈 2010의 모든 규칙은 미국 국내거래에서도 사용가능하게 되었다.

3. 인코텀즈(Incoterms)

인코텀즈(Incoterms)는 국제상업회의소에 의하여 제정된 "정형거래조건의 해석에 관한 국제규칙"의 약어로서, 1936년에 제정된 이래, 그 당시의 국제무역관행과 일치시키기 위하여 1953년, 1967년, 1976년, 1980년, 1990년, 2000년, 2010년의 7회에 걸쳐 개정되었으며, 현재 전세계적으로 가장 널리 이용되고 있다.

제2절 인코텀즈 2010

Ⅰ. 인코텀즈의 의의

인코텀즈(Incoterms)[6]는 국제상거래조건(International Commercial Terms)을 의미하는 것으로서, "In"과 "Co"에 "Terms"가 합성되어 만들어진 약어이며, 그 공식명칭은 정형거래조건의 해석에 관한 국제규칙(International Rules for the Interpretation of Trade Terms)이었지만 2010년에 국내 및 국제정형거래조건의 사용을 위한 ICC규칙(ICC rules for the use of domestic and international trade terms)으로 변경되었다. 인코텀즈는 운송계약의 조건이 아니라 매매계약의 조건이며, 강제력을 지닌 국제협약이 아니라 당사자(매도인과

---

5) 참고로, 통일상법전은 국제거래에 적용하는 것을 의미하지는 않았지만 캐나다로 수입되는 물품과 관련된 대부분의 서류에는 인코텀즈 대신에 미국통일상법전이 표시되어 있다. 예를 들면, 물품이 미국에서 캐나다행 트럭에 적재되었을 때 선적서류 상에 FOB로 표시하였다. 이는 해상운송에만 사용되고 있는 인코텀즈 2010의 FOB와 다르다.

6) Incoterms는 국내 및 국제정형거래조건의 사용을 위한 ICC규칙의 약칭으로 사용되고 있지만, 때때로 이 규칙의 특정한 거래규칙(예를 들면, FOB, CIF규칙 등)을 지칭하는 경우에도 사용되고 있다.

매수인)간의 명시적인 합의에 의하여만 채택되고 적용된다는 것에 유의하여야 한다.

인코텀즈는 파리에 본부를 두고 있는 국제상업회의소에 의하여, 계약당사자들이 각 국가 간의 상이한 무역관행을 인식하지 못하고 있기 때문에 야기될 수 있는 시간 및 금전상의 낭비를 초래하는 오해, 분쟁 및 법정소송 등의 문제를 해소하기 위해 제정되었다.

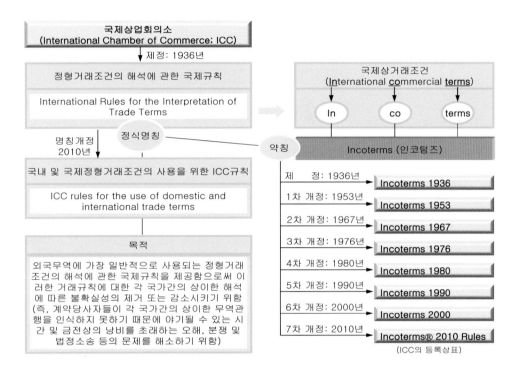

II. 인코텀즈 2010

1. 인코텀즈 2010의 탄생

국제상업회의소(ICC)는 2010년 9월 27일 파리의 본부에서 인코텀즈 2010 규칙(Incoterms 2010 Rules)를 발표하였다. 이 2010년판 인코텀즈는 2011년 1월 1일부터 실시되었다.

2. 인코텀즈 2010의 구성

인코텀즈 2010은 서문(Introduction)과 11개의 거래조건(Trade Terms)으로 구성되어 있으며, 각각의 거래조건은 전문과 당사자의 의무로 구성되어 있다.

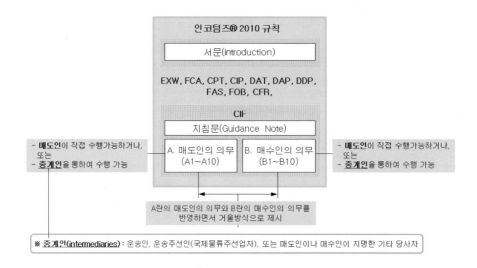

(1) 서문의 구성

인코텀즈 2010의 서문(Introduction)은 이 규칙의 일부분이 아니며, 인코텀즈® 2010 규칙의 사용 및 해석에 관한 종합적인 정보를 제공하는 것에 불과하다. 서문은 다음과 같이 구성되어 있다.

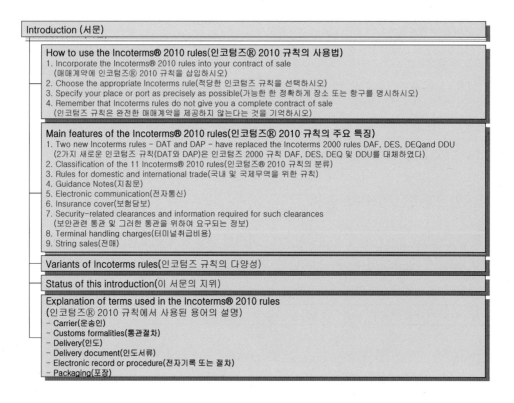

⑵ 거래규칙의 구성

인코텀즈 2010의 거래조건의 구성은 11가지 규칙으로서, "모든 운송방식을 위한 규칙"과 "해상 및 내륙수로운송방식을 위한 규칙"의 2개 그룹으로 구분된다.

참고로, 다음의 표는 이해의 편의를 위하여 인코텀즈 2000 상의 E, F, C, D의 4개 그룹으로 분류된 방식과 인코텀즈 2010 상의 "모든 운송방식을 위한 규칙"과 "해상 및 내륙수로운송방식을 위한 규칙"의 2개 그룹으로 분류된 방식을 혼합하여 작성한 것이다.

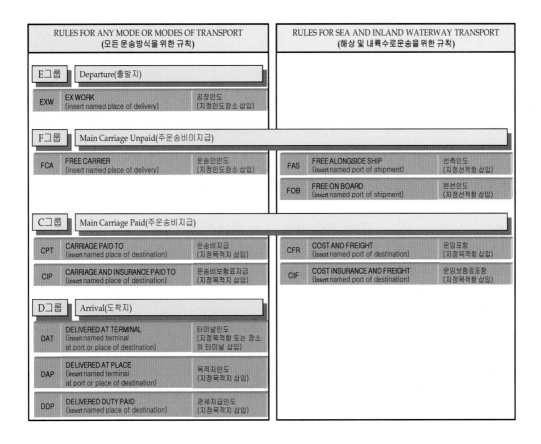

⑶ 거래규칙별 구성

인코텀즈 2010에서는 2000과 마찬가지로, 지침(Guide)의 역할을 하는 지침문(Guidance Note)를 규정하고 있으며, 또한 당사자 각각의 의무를 10개 항목의 표제로 분류하여 서로 대칭되도록 규정함으로써, 매도인측의 각 표제는 동일한 사항에 관하여 매수인의 입장을 거울처럼 비추고 있다. 인코텀즈 2010에서는 인코텀즈 2000과 동일하게 매도인의 의무(A1~A10)는 짝수 쪽, 매수인의 의무(B1~B10)는 홀수 쪽에 설명함으로써 매도인과 매수인의 의무를 대칭적으로 이해할 수 있도록 규정하였다.

● 매도인과 매수인 의무의 대조

	THE SELLER'S OBLIGATIONS(매도인의 의무)		THE BUYER'S OBLIGATIONS(매수인의 의무)
A1	General obligations of the seller (매도인의 일반의무)	B1	General obligations of the buyer (매수인의 일반의무)
A2	Licences, authorizations, security clearances and other formalities (허가, 인가, 보안통관 및 기타 절차)	B2	Licences, authorizations, security clearances and other formalities (허가, 인가, 보안통관 및 기타 절차)
A3	Contracts of carriage and insurance (운송 및 보험계약) a) Contracts of carriage(운송계약) b) Contracts of insurance(보험계약)	B3	Contracts of carriage and insurance (운송 및 보험계약) a) Contracts of carriage(운송계약) b) Contracts of insurance(보험계약)
A4	Delivery(인도)	B4	Taking delivery(인수)
A5	Transfer of risks(위험의 이전)	B5	Transfer of risks(위험의 이전)
A6	Allocation of costs(비용의 분배)	B6	Allocation of costs(비용의 분배)
A7	Notices to the buyer(매수인에 대한 통지)	B7	Notices to the seller(매도인에 대한 통지)
A8	Delivery document(인도서류)	B8	Proof of delivery(인도의 증거)
A9	Checking – packaging – marking (검사·포장·화인)	B9	Inspection of goods (물품의 검사)
A10	Assistance with information and related costs (정보에 따른 협조 및 관련 비용)	B10	Assistance with information and related costs (정보에 따른 협조 및 관련 비용)

3. 인코텀즈 2010의 주요 개정내용

인코텀즈 2010에서는 다음과 같은 내용의 변경이 행해졌다.[7]

(1) DAT와 DAP의 신설

Incoterms 규칙은 Incoterms 2000 규칙의 13개의 규칙(EXW, FOB, FAS, FOB, CFR, CIF, CPT, CIP, DAF, DES, DEQ, DDU, DDP)에서 11개의 규칙(EXW, FOB, FAS, FOB, CFR, CIF, CPT, CIP, DAT, DAP, DDP)으로 축소되었다. 즉, Incoterms 2000 규칙으로서 해상 운송규칙인 DES와 DEQ, 모든 운송방식에 사용될 수 있는 규칙인 DAF와 DDU가 DAT(터미널인도)와 DAP(목적지인도)로 대체되었다.

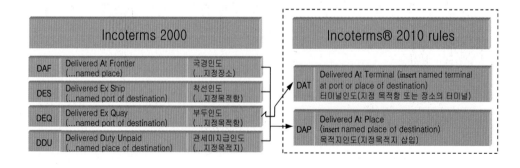

---

7) 전순환, Incoterms 2010의 주요 개정내용에 관한 연구, 「무역연구」, 한국무역연구원, 2010.12. 참조.

(2) 분류방식의 변경

Incoterms 2010 규칙은 규칙의 첫 글자 순서에 따라 분류하던 종전의 Incoterms 2000과 달리, 현대의 상거래 현실을 반영하여 운송수단에 따라 분류하는 방식으로 변경하였다. 예를 들면, FOB규칙이 모든 인도지점을 표시하기 위하여 'FOB Factory', 'FOB Plant', 'FOB seller's works' 등과 같이 잘못 사용되고 있는 점을 감안하여 이러한 혼동을 회피하기 위하여 FOB규칙은 해상 또는 내륙수로운송에만 사용되는 규칙이라는 점을 강조할 필요가 있다는 점을 부각시켰다. 이에 따라 Incoterms 2000은 '출발지'규칙으로서 E그룹에 해당되는 EXW규칙, '주운송비미지급(Main Carriage Unpaid)'규칙으로서 F그룹에 해당되는 FCA·FAS 및 FOB규칙, '주운송비지급(Main Carriage Paid)'규칙으로서 C그룹에 해당되는 CFR·CIF·CPT·CIP규칙, '도착지(Arrival)'규칙으로서 D그룹에 해당되는 DAF·DES·DEQ·DDU·DDP규칙의 분류방식을 채택하였지만, Incoterms 2010 규칙규칙은 '모든 운송방식을 위한 규칙(RULES FOR ANY MODE OR MODES OF TRANSPORT)'과 '해상 및 내륙수로운송을 위한 규칙(RULES FOR SEA AND INLAND WATERWAY TRANSPORT)'의 분류방식으로 변경하고, '모든 운송방식을 위한 규칙(RULES FOR ANY MODE OR MODES OF TRANSPORT)'으로서 EXW, FCA, CPT, CIP, DAT, DAP 및 DDP의 7개의 규칙, 그리고 '해상 및 내륙수로운송을 위한 규칙(RULES FOR SEA AND INLAND WATERWAY TRANSPORT)'으로서 FAS, FOB, CFR 및 CIF의 4개의 규칙을 규정하고 있다.

● Incoterms 2010 규칙의 분류방식

인코텀즈® 2010 규칙 (Incoterms® 2010 rules)		
모든 운송방식을 위한 규칙 (RULES FOR ANY MODE OR MODES OF TRANSPORT)		
EXW	EX WORK (insert named place of delivery)	공장인도 (지정인도장소 삽입)
FCA	FREE CARRIER (insert named place of delivery)	운송인인도 (지정인도장소 삽입)
CPT	CARRIAGE PAID TO (insert named place of destination)	운송비지급 (지정목적지 삽입)
CIP	CARRIAGE AND INSURANCE PAID TO (insert named place of destination)	운송비보험료지급 (지정목적지 삽입)
DAT	DELIVERED AT TERMINAL (insert named terminal at port or place of destination)	터미널인도 (지정목적항 또는 장소의 터미널 삽입)
DAP	DELIVERED AT PLACE (insert named terminal at port or place of destination)	목적지인도 (지정목적지 삽입)
DDP	DELIVERED DUTY PAID (insert named place of destination)	관세지급인도 (지정목적지 삽입)
해상 및 내륙수로운송을 위한 규칙 (RULES FOR SEA AND INLAND WATERWAY TRANSPORT)		
FAS	FREE ALONGSIDE SHIP (insert named port of shipment)	선측인도 (지정선적항 삽입)
FOB	FREE ON BOARD (insert named port of shipment)	본선인도 (지정선적항 삽입)
CFR	COST AND FREIGHT (insert named port of destination)	운임포함 (지정목적항 삽입)
CIF	COST INSURANCE AND FREIGHT (insert named port of destination)	운임보험료포함 (지정목적항 삽입)

(3) 본선의 난간(ship's rail)의 삭제

Incoterms 2010 규칙은 Incoterms 2000의 FOB CFR 및 CIF규칙하에서 위험의 분기점 인 '본선의 난간(ship's rail)'을 삭제하고 위험을 분기점을 '본선의 갑판상에(on board the vessel)' 있을 때로 규정하였다. 즉, FOB CFR 및 CIF규칙의 경우, Incoterms 2000에서 는 선적항에서 물품이 '본선의 난간(ship's rail)'을 통과한 때 위험이 매도인으로부터 매수인에게 이전한다고 규정하고 있었지만, Incoterms 2010 규칙에서는 선적항에서 물 품이 매수인이 지명한 '본선의 선상에(on board the vessel)' 있을 때 위험이 매도인으 로부터 매수인에게 이전한다고 규정하고 있다.

(4) 서문의 간소화

서문(Introduction)과 관련하여, Incoterms 2010 규칙은 Incoterms 2000의 규정을 삭제 하거나 변경하고, 새로운 규정을 신설함으로써 그 규정이 Incoterms 2000에 비하여 상 당히 간소화되었다.

(5) 터미널처리비용(THC)의 명확화

Incoterms® 2010 규칙은 매수인이 이중으로 지급하는 상황을 회피하기 위하여 관련 Incoterms 규칙의 A6/B6조에서 그러한 비용을 명확히 분배하고 있다. 즉, CPT, CIP, CFR 및 CIF의 A6에서는 "매도인은 운송계약으로 인하여 발생하는 운임 및 기타 모든 비용을 지급하여야 한다"고 규정하고 있으며, DAT, DAP 및 DDP의 A6에서는 "매도인 은 운송계약으로 인하여 발생하는 비용에 추가하여, DAT의 경우 합의된 목적항 또는 목적지의 지정된 터미널에서, DAP와 DDP의 경우 지정된 목적지의 합의된 지점에서 물품이 매수인에게 인도될 때까지 물품에 관한 모든 비용을 지급하여야 한다"고 규정 하고 있다. 이와 같이, CPT, CIP, CFR, CIF, DAT, DAP 및 DDP규칙의 A6에서는 운송계 약으로 인하여 발생하는 운임 및 기타 모든 비용을 매도인이 지급하는 것으로 한다고 규정하고 있으며, 이러한 운임에는 터미널취급비용(THC)이 포함되어 있기 때문에 터 미널취급비용은 매도인의 부담으로 된다는 것이 명확히 규정되어 있다. 한편, EXW, FCA, FAS 및 FOB규칙에서는 매수인이 목적지까지 운송비를 지급하고 운송계약을 체 결하기 때문에 매수인이 터미널취급비용을 이중으로 지급할 문제는 발생하지 않는다.

(6) 2009년 개정 협회적화약관의 반영

Incoterms 2010 규칙은 2009년 개정 협회화물(적화)약관 Institute Cargo Clauses)을 반 영한 최초의 개정판이다. 1982년의 신협회화물(적화)약관이 2009년에 LMA/IUA에 의하여 개정됨으로써 Incoterms 2010 규칙은 2009년 개정 협회화물(적화)약관(Institute Cargo Clauses)을 반영하였을 뿐만 아니라, 각각의 규칙의 매도인의 의무(A)와 매수인의 의무(B)에서 보험계약 관련 규정인 A3 b)/B3 b)에서 보험에 관한 정보제공의무를 규정하였다. 이러한 보험정보제공의무에 관한 규정은 Incoterms 2000의 각각의 규칙의 매도인의 의무(A10)와 매수인의 의무(B10)에 규정되어 있던 것이 이동하여 온 것이다.

(7) 보안통관의 요구반영

Incoterms 2010 규칙은 2001년 9월 11일에 발생한 미국의 911 테러사건을 계기로 관심이 고조된 보안문제를 통관의무에 반영하였다. 즉, 물품 고유의 성질이 아닌 이유로 물품이 생명 또는 재산을 위협하지 아니한다는 사실을 검증하기 위하여 보안통관이 필요하게 되었다. 이에 따라, Incoterms® 2010 규칙은 A2/B2의 표제를 종전의 "허가, 인가 및 절차(Licences, authorizations and formalities)"에서 "허가, 인가, 보안통관 및 기타 절차(Licences, authorizations, security clearances and other formalities)"로 변경하였다. 또한, Incoterms® 2010 규칙은 EXW A2에서만 "매도인의 보안통관과 관련된 정보제공의무"를 신설하였고, 모든 규칙의 A10에서는 "매도인의 보안관련 정보의 제공의무 또는 보안관련 정보의 취득을 위한 협조제공의무"를, 모든 규칙의 B10에서는 "매수인의 보안관련 정보의 제공의무 또는 보안관련 정보의 취득을 위한 협조제공의무"를 규정함으로써 매수인과 매도인 간의 의무를 분배하고 있다.

(8) 전자통신의 반영

Incoterms 2010 규칙은 Incoterms 2000의 A1~A10 및 B1~B10에 각각 규정되어 있었던 종이서류와 동등한 전자메시지를 제시할 수 있다는 규정을 삭제하고, 각 규칙의 A1과 B1에 "A1~A10(또는 B1~B10)에서 언급된 모든 서류는 당사자 간에 합의가 있거나 또는 관습인 경우, 동등한 전자기록 또는 절차일 수 있다"고 규정하고 있다.

즉, Incoterms 2000에서는 EDI메시지에 의하여 대체될 수 있는 서류를 명시하였다. 즉, Incoterms 2000의 A1조에서는 상업송장의 경우 EDI메시지에 의하여 대체될 수 있다고 규정하였으며, A8조와 B8조에서는 인도증명서류 또는 운송서류의 경우 매도인과 매수인이 합의하였다면 EDI메시지에 의하여 대체될 수 있다고 규정하였다. 따라서 Incoterms 2000에서는 EDI메시지로 대체될 수 있는 서류로서 상업송장과 인도증명서류 또는 운송서류를 명시하였다. 그러나 Incoterms® 2010 규칙의 A1/B1조에서는 "당사자 간에 합의되거나 또는 관습적인 경우(if agreed between the parties or customary)", A1~A10 및 B1~B10에 언급된 모든 서류는 동등한 전자기록 또는 절차일 수 있다고 규정하고 있다. 따라서 Incoterms® 2010 규칙에서는 당사자 간에 서류를 전자통신수단으로 제공하기로 합의하거나 관습적인 경우, 전자통신수단에 의한 전자기록 또는 절차는 종이서류와 동일한 효과를 부여받는다. 이러한 공식을 도입한 것은 Incoterms® 2010 규칙이 시행되는 동안에 새로운 전자절차의 전개를 촉진하기 위한 것이다.

⑼ 연속매매(string sale)의 신설

Incoterms 2010 규칙은 FOB, CFR 및 CIF규칙과 같이 전매가 발생할 수 있는 경우를 설명하기 위하여 연속매매(string sale)에 관한 규정을 서문에 신설하였다. 즉, 제품 (manufactured goods)의 매매가 아니라 1차산품(commodities)의 매매에 주로 적용되는 FOB, CFR 및 CIF규칙의 경우에는, 화물(cargo)[8]은 본선에 선적된 후에 운송도중에 여러 차례 매각되는 것이 자주 발생한다. 이와 같이 '전매선을 따라(down a string)' 운송 도중에 물품이 매각되는 경우에는, 물품은 '전매선상의(in the string)' 최초의 매도인에 의하여 이미 선적되었기 때문에 운송도중의 '전매선의 도중에 있는 매도인(seller in the middle of the string)'은 물품을 '선적(ship)'할 수 없게 된다. 따라서, 전매선의 도중에 있는 매도인이 자신의 매수인에 대한 물품인도의무를 이행한다는 것은 물품을 선적(ship)하는 것이 아니라 최초의 매도인에 의하여 선적된 물품을 그 자신의 매수인에게 조달(procure)하는 것을 말한다. 이와 같이 최초의 매도인으로부터 물품을 구매한 매수인이 본선의 갑판상에 선적된 물품을 매도인의 입장으로서 다시 다른 매수인에게 매각하는 상황(전매; string sale; resale)을 명확히 반영하기 위하여, Incoterms® 2010 규칙의 FOB, CFR 및 CIF규칙에서는 매도인의 물품인도의무로서 "선적된 물품을 조달할 의무(obligation to procure goods shipped)"를 추가함으로써, "물품을 선적할 의무 (obligation to ship goods)" 또는 "선적된 물품을 조달할 의무(obligation to procure goods shipped)"를 포함하고 있다.

⑽ 국내거래에의 적용가능성 신설

Incoterms 2010 규칙은 유럽연합 등의 무역블럭에서 상이한 국가 간의 국경절차가 중요하지 않게 됨에 따라 전통적으로 물품이 국경을 넘어서 이전하는 국제매매계약에 적용되는 Incoterm 2000과 달리, 국제매매계약뿐만 아니라 국내매매계약에도 적용될 수 있도록 공식적으로 인정하기에 이르렀다. 그 결과, Incoterms 2010 규칙은 그 부제를 "국내 및 국제거래조건의 사용을 위한 ICC규칙(ICC rules for the use of domestic and international trade terms)"이라고 명명하게 되었다. 결과적으로, Incoterms 2010 규

---

8) 화물(cargo)이란 운송의 대상이 되는 물품을 말한다.

칙은 수출입절차를 따를 의무가 있는 수많은 장소에서 Incoterms 2010 규칙을 적용하기 위하여 "적용할 수 있는 경우에는(where applicable)"이라는 문언을 명기하고 있다.

국제매매계약에만 적용되던 Incoterms 규칙이 국내매매계약에도 적용될 수 있는 방향으로 이동하기에 적절한 시기가 되었다고 ICC가 설득된 이유는 다음의 두 가지 발전에 기인한다. 첫째는 통상적으로 무역업자가 Incoterms 규칙을 순수하게 국내매매계약을 위하여 사용하고 있다는 점이고, 둘째는 미국이 자국의 국내거래에 사용되는 통일상법전(UCC)에서 선적 및 인도조건을 폐지하였을 뿐만 아니라 자국의 국내거래에 Incoterms 규칙을 의욕적으로 사용하려고 한다는 점이다.

⑪ 양륙비용의 부담의무의 명확화

Incoterms 2010 규칙은 DAP와 DDP규칙의 경우, 양륙비용을 원칙적으로 매수인이 부담하지만, 운송계약에서 매도인의 부담으로 되어 있다면 매도인이 부담하게 한다는 규정을 신설하였다. 즉, 양륙비용을 매도인이 부담하고 싶지 않은 경우에는, DAT 대신에 DAP를 사용해야 하지만 그렇다고 하더라도, DAP규칙에 따른 운송계약에서 양륙비용이 매도인의 부담으로 되어 있다면 양륙비용 측면에서는 DAT규칙과 DAP규칙이 다를 바가 없다. DAT규칙의 경우에는 양륙비용이 매도인의 부담이기 때문에 매도인이 용선운송계약을 체결한다면 정기선조건(liner terms)으로 체결하는 것이 바람직할 것이다. 참고로, Incoterms 2010 규칙의 CPT, CIP, CFR 및 CIF규칙에서 운송계약에 따라 양륙비의 부담자가 달라질 수 있다는 규정은 Incoterms 2000과 다르지 않다.

⑫ 기타 개정내용

① 규칙에 적합한 개정

Incoterms 2010 규칙은 그 규정의 내용을 법률이나 규칙에서 사용하는 표현방식으로 변경하였다. 예를 들면, Incoterms 2010 규칙은 Incoterms 2000의 "의무 없음"이라는 표현을 "매도인은 매수인에 대하여 운송계약을 체결할 의무가 없다"와 같이 변경하였으며, 긴 문장을 표현할 때 점(·)을 사용하던 것을 a), b), c) 등과 같이 법률이나 규칙 조항의 나열방식으로 변경하였다. 또한, Incoterms 2010 규칙은 위험의 이전 및 비용분배와 관련하여, 원칙과 예외를 구분하지 않고 나열하고 있는 Incoterms 2000과 달리, 원칙적인 분기점을 규정하고 예외적인 사항을 따로 규정하는 방식으로 그 표현방식을 변경하였다.

② 규칙이라는 용어의 사용

Incoterms 2000의 13개 규칙인 EXW, FCA, FAS, FOB, CFR, CIF, CPT, CIP, DAF, DES,

DEQ, DDU 및 DDP조건은 '조건(terms)'이라고 명명하였으나, Incoterms 2010 규칙에서는 EXW, FCA, CPT, CIP, DAT, DAP, DDP, FCA, FOB, CFR, CIF규칙을 '조건(terms)'이라고 하지 않고 '규칙(rule)'이라는 표현으로 개정하였다.

③ 인도장소 및 일자에 관한 권고사항 신설

Incoterms 2010 규칙은 인도장소와 관련하여, 예를 들면 Incoterms 2000의 '지정된 목적지에서'와 같은 표현을 '지정된 목적지 내(있는 경우) 합의된 물품의 수취지점'과 같이 명확히 표현하고 있으며, 인도일자와 관련하여, Incoterms 2000의 '그 일자에'와 같은 표현을 '합의된 일자에'로, Incoterms 2000의 '확정된 기간'을 '합의된 기간' 등과 같이 표현하고 있다.

④ "의무 없음"이라는 규정의 삭제 및 재량권 부여

Incoterms 2010 규칙은 Incoterms 2000의 서문상의 '의무 없음'이라는 규정을 삭제하는 대신 각 규칙의 조항에서 의무의 유무를 구체적으로 규정하고 있다. Incoterms 2000에서는 당사자의 의무는 상대방을 위한 의무일 때 의무라고 규정하고 있었기 때문에 상대방을 위한 것이 아니라 자신을 위한 것일 때에는 의무가 없는 것으로 규정하였었다. 그러나, Incoterms 2010 규칙에서는 각각의 규칙에서 의무인지 아니면 재량인지를 명확히 규정하고 있다. 예를 들면, Incoterms 2010 규칙의 DAT와 DDP를 제외한 나머지 모든 규칙하에서는, 매수인의 수입통관은 의무가 아니라 재량(It is up to the buyer to obtain…등으로 표현)이라고 규정하고 있다.

⑤ 인도방법에 따른 용어의 상이한 사용

Incoterms 2010 규칙은 CPT, CIP, CFR 및 CIF와 같은 상징적 인도규칙에서는 물품의 인도를 "in accordance with A4"와 같이 표현하고, 나머지 현실적 인도규칙에서는 "as envisaged in A4"라고 표현하고 있다.

4. 인코텀즈 2010의 적용상의 한계점

인코텀즈 2010은 국제무역에서 가장 일상적으로 사용되는 합리적인 관습이지만, 매매당사자 간의 권리와 의무만을 규정하고 있을 뿐, 국제적인 통일법이나 조약과 같이 강제력이 없다.

따라서 무역거래 당사자는 인코텀즈 2010의 규칙을 사용함에 있어서 실무적용상 다음과 같은 한계점이 있음을 유의하여야 한다.

(1) 강제적용의 미규정

인코텀즈의 규정은 국제적인 통일법이나 조약과 같이 강제력을 갖지 못하고 당사자 간의 합의에 따라 적용되는 임의규정이라는 사실에 유의하여야 한다.

따라서 당사자가 인코텀즈 2010을 적용하기 위해서는 매매계약서에 "Unless otherwise stated, the Trade Terms under this contract is governed and interpreted by the Incoterms 2010"이라는 준거문언을 기재하여야 한다.

(2) 소유권이전과 계약위반책임의 미규정

인코텀즈는 매매계약과 관련한 당사자의 의무만을 규정하고 있기 때문에 운송, 보험 및 금융계약에는 적용되지 않는다. 즉, 인코텀즈는 매매계약당사자의 권리와 의무만을 규정하고 있을 뿐, 청약과 승낙에 의한 계약의 성립, 소유권이전의 시기, 당사자의 계약능력이나 착오에 의한 계약의 유효성, 당사자의 계약위반에 대한 구제 등에 대해서는 전혀 언급하고 있지 않다는 사실에 유의하여야 한다.

(3) 인코텀즈의 변형에 대한 미규정

인코텀즈의 규칙이 제공하고 있는 것 이상으로 정확성을 요구하기 위해서는 당사자가 인코텀즈의 규칙에 단어를 추가함으로써 인코텀즈에 변형이 행해지는 경우, 예를 들면 "FOB stowed" 또는 "EXW loaded"라고 하는 일반적인 표현이 사용되는 경우, 인코텀즈는 추가된 의무가 비용에만 관련된 것인지, 아니면 비용과 위험의 모두에 관련된 것인지에 대한 명확한 해답을 제공하고 있지 않다.

(4) 운송방식에 적합한 거래규칙의 사용

인코텀즈의 규칙은 해상운송, 복합운송 및 기타 운송에 적합한 거래규칙으로 구성되어 있기 때문에 이를 구분하여 각각의 운송방식에 적합한 거래규칙을 사용하여야 한다.

(5) 물품인도 후의 추가비용의 부담

인코텀즈의 운임지급인도규칙(C 규칙)은 매도인이 선적지에서 물품을 선적 또는 발송함으로써 모든 위험과 비용은 매수인에게 인도되지만, 매도인이 목적지까지의 운송 및/또는 보험계약을 체결함으로써, 비용면에서 목적지까지의 운임 및/또는 보험료만을 추가로 부담하는 것이다. 따라서 매수인은 물품인도 후에 발생하는 모든 위험과 추가비용을 부담하여야 한다는 것에 유의하여야 한다.

제3절 인코텀즈 2010의 거래규칙별 당사자의 의무

Ⅰ. 전운송방식용규칙

1. 공장인도(EXW)규칙

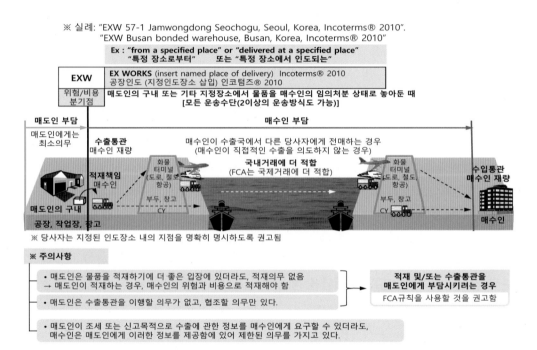

※ 실례: "EXW 57-1 Jamwongdong Seochogu, Seoul, Korea, Incoterms® 2010".
"EXW Busan bonded warehouse, Busan, Korea, Incoterms® 2010"

Ex : "from a specified place" or "delivered at a specified place"
"특정 장소로부터"   또는 "특정 장소에서 인도되는"

EXW	**EX WORKS** (insert named place of delivery) Incoterms® 2010 공장인도 (지정인도장소 삽입) 인코텀즈® 2010
위험/비용 분기점	매도인의 구내 또는 기타 지정장소에서 물품을 매수인의 임의처분 상태로 놓아둔 때 [모든 운송수단(2이상의 운송방식도 가능)]

매도인 부담 — 매수인 부담

매도인에게는 최소의무

수출통관 매수인 재량

적재책임 매수인

화물 터미널 (도로, 철도 항공)

매수인이 수출국에서 다른 당사자에게 전매하는 경우
(매수인이 직접적인 수출을 의도하지 않는 경우)

국내거래에 더 적합
(FCA는 국제거래에 더 적합)

부두, 창고 CY

화물 터미널 (도로, 철도 항공)

수입통관 매수인 재량

매도인의 구내

공장, 작업장, 창고

부두, 창고 CY

매수인

※ 당사자는 지정된 인도장소 내의 지점을 명확히 명시하도록 권고됨

※ 주의사항

- 매도인은 물품을 적재하기에 더 좋은 입장에 있더라도, 적재의무 없음
→ 매도인이 적재하는 경우, 매수인의 위험과 비용으로 적재해야 함

- 매도인은 수출통관을 이행할 의무가 없고, 협조할 의무만 있다.

**적재 및/또는 수출통관을
매도인에게 부담시키려는 경우**
FCA규칙을 사용할 것을 권고함

- 매도인이 조세 또는 신고목적으로 수출에 관한 정보를 매수인에게 요구할 수 있더라도,
매수인은 매도인에게 이러한 정보를 제공함에 있어 제한된 의무를 가지고 있다.

"공장인도(EXW)"는 한 가지 운송방식뿐만 아니라 두 가지 이상의 어떠한 운송방식에도 사용이 가능한 규칙이다. 즉, 철도운송, 도로운송, 항공운송, 해상운송, 내륙수로운송 등 단일운송방식에도 사용할 수 있으며, 이러한 단일운송방식을 결합한 복합운송의 경우에도 사용할 수 있다. 또한 이 규칙은 국내거래에 더 적합한 규칙이다(FCA는 통상적으로 국제거래에 더 적합하다). 즉, 이 규칙은 매수인이 수출국에서 다른 당사자에게 전매(resale)하는 경우 등 매수인이 직접적인 수출을 의도하지 않는 경우에 주로 사용되기 때문에, 매수인이 수출을 의도하는 경우에는 FCA(FCA seller's premises)를 사용하는 것이 보다 합리적이다.

"공장인도(EXW)"란 매도인이 자신의 구내 또는 기타 지정된 장소(공장, 작업장, 창

고 등)에서 물품을 매수인의 임의처분상태로 놓아둘 때 매도인의 물품인도의무가 완료되는 규칙으로서, 매도인은 매수인의 수취용 차량에의 물품적재 및 수출물품의 통관(수출통관이 적용될 수 있는 경우에도)을 이행할 필요가 없다. 이 규칙은 매도인의 의무가 최대이고 매수인의 의무가 최소인 DDP규칙과 달리, 매도인으로서는 최소한의 의무를 가지는 규칙[9]으로서, 이를 구체적으로 설명하면 다음과 같다.

첫째, "EXW"의 정식명칭인 "EX WORKS"에서, "EX"는 '특정장소로부터(from a specified place)' 또는 '특정장소에서 인도되는(delivered at a specified place)'이라는 의미를 가지고 있으며, "WORKS"는 라틴어의 'Loco', 영어의 'spot' 등 현장을 의미하는 것으로서 공장, 작업장, 창고, 영업소 등을 의미한다. 이때, 창고는 육상에 있는 지정장소로서 해상에 있는 창고나 부선은 제외된다.

둘째, 물품의 인도장소는 '매도인의 구내(seller's premises)' 또는 '공장(works), 작업장(factory), 창고(warehouse) 등 기타 지정된 장소'를 말한다.

셋째, '매수인의 임의처분상태'란 매수인이 매도인으로부터 물품의 인도를 수취하여 자신의 마음대로 처분하는데 아무런 방해를 받지 않는 상태를 말한다. 따라서 매도인의 구내 등에서 물품이 매수인의 임의처분상태로 놓여진 이후에는 매수인이 물품의 소유권을 가지기 때문에 매수인은 매도인의 구내에서 자신이 수배한 운송수단에 물품을 적재한 후 이를 이동시켜야 한다.

넷째, 매도인이 자신의 구내에서 매수인의 수취용 차량에 물품을 적재하는 것이 더 편리할 수 있더라도 매도인은 매수인에 대하여 매수인의 수취용 차량에 물품을 적재할 의무가 없다. 즉, 매도인이 자신의 구내에서 매수인의 수취용 차량에 물품을 적재함으로써 매수인에게 협조하는 것이 상당히 일관된 관행이라 하더라도 물품의 적재에 따른 위험과 비용은 여전히 매수인의 부담이라는 것을 유의하여야 한다. 따라서, 매도인이 물품을 적재하기에 보다 좋은 입장에 있는 경우에는 FCA를 사용하는 것이 더 적당하다. 왜냐하면, FCA규칙은 매도인의 구내에서 매도인의 위험과 비용으로 매수인의 수취용 차량에 물품을 적재할 의무를 매도인에게 부담시키는 규칙이기 때문이다.

다섯째, EXW는 주로 국내거래에 더 적합한 규칙이지만, 만일 매수인이 매도인의 국가(국내)로부터 다른 국가(외국)로 물품을 수출하기 위하여 매도인으로부터 물품을 구매한 경우에는, 매수인이 매도인에게 수출을 이행하도록 요구할 수 있다. 그렇다고 하더라도, 매도인은 수출통관의 이행에 따른 협조만 제공할 의무만 있을 뿐 수출통관을 수배(organize)할 의무가 없다는 것을 유의하여야 한다. 따라서, 매수인은 자신이 직접 또는 간접적으로 수출통관을 받을 수 없다면 EXW를 사용하지 않아야 한다. 매

---

9) EXW는 Incoterms 2010 규칙의 11개 규칙 중에서 매도인의 의무가 최소인 규칙이다.

수인이 직접 또는 간접적으로 수출통관을 받을 수 없는 경우에는 FCA를 사용하는 것이 적합할 것이다.

여섯째, 매도인이 조세 또는 신고 등의 목적으로 물품의 수출에 관한 정보를 필요로 할 수 있더라도, 매수인은 이러한 물품의 수출에 관한 모든 정보를 매도인에게 제공할 의무는 없다는 것을 유의하여야 한다. 즉, 매도인에 대한 매수인의 정보제공의무는 한정되어 있다.

2. 운송인인도(FCA)규칙

※ 실례: "FCA 57-1 Jamwongdong Seochogu, Seoul, Korea, Incoterms® 2010".
"FCA Incheon Airport, Incheon, Korea, Incoterms® 2010".
"FCA Busan Port, Busan, Korea, Incoterms® 2010".
"FCA Yangsan Terminal, Yangsan, Korea, Incoterms® 2010".

Free : "Free from all charges and responsibility"
모든 비용과 책임으로부터 벗어남

FCA
위험/비용 분기점

Free **Carrier** (insert named place of delivery) Incoterms® 2010
운송인인도 (지정인도장소 삽입) 인코텀즈® 2010
매도인의 구내 또는 기타 지정된 장소에서 매수인에 의해 지명된 운송인 또는 기타의 자에게 물품을 인도한 때
[모든 운송수단(2이상의 운송방식도 가능)]

컨테이너화물에 적용되는 규칙

매도인 부담 / 매수인 부담

① 매도인 구내
수입통관 매수인 재량
CY
화물터미널 (도로, 철도, 항공)
도로,철도, 항공화물 터미널
② CY
수출통관 매도인 의무
선적지
② 기타 장소
Container Cargo
NORASIA
목적지
매수인

"운송인인도(FCA)"는 한 가지 운송방식뿐만 아니라 두 가지 이상의 어떠한 운송방식에도 사용이 가능한 규칙이다. 즉, 철도운송, 도로운송, 항공운송, 해상운송, 내륙수로운송 등 단일운송방식에도 사용할 수 있으며, 이러한 단일운송방식을 결합한 복합운송의 경우에도 사용할 수 있다.

"운송인인도(FCA)"란 매도인이 자신의 구내 또는 기타 지정된 장소에서 매수인이 지명한 운송인 또는 기타의 자에게 물품을 인도할 때 매도인의 물품인도의무가 완료되는 규칙을 말한다. 이 규칙은 위험이 지정된 인도장소 내의 지점에서 매도인으로부터 매수인에게 이전되기 때문에 매매계약의 당사자인 매도인과 매수인은 가능한 한 그 지점을 명확히 하도록 권고된다. 이 규칙을 구체적으로 설명하면 다음과 같다.

첫째, "FCA"의 정식명칭인 "FREE CARRIER"에서 "Free"는 "모든 비용과 책임으로부터

벗어난다(Free from all charges and responsibility)"는 의미로서 매도인의 물품인도의무가 끝난다는 것을 말하며, "Carrier(운송인)"10)은 운송계약을 체결하는 해상운송인, 항공운송인, 육상운송인(도로운송인, 철도운송인) 또는 복합운송인을 말한다. 이러한 운송인(Carrier)의 의미에는 운송인인지를 불문하고 매수인이 지명한 자는 모두 포함될 수 있다. 매도인이 물품을 인도해야 하는 상대방은 반드시 운송인일 필요는 없다. 즉, 매도인은 운송인이 아니더라도 매수인이 지명한 자에게 물품을 인도한다면 자신의 물품인도의무를 이행한 것으로 간주된다.

둘째, 물품의 인도장소는 '매도인의 구내(seller's premises)' 또는 '항구(port)의 CY/CFS, 항공화물터미널(air cargo terminal), 도로화물터미널(road cargo terminal), 철도화물터미널(rail cargo terminal) 등 기타 지정된 장소'를 말한다. 물품의 인도장소는 적재·양륙의 의무에 영향을 미친다. 물품의 인도장소가 '매도인의 구내'인 경우에는 매도인은 매수인이 제공한 운송수단 위에 물품을 적재할 의무가 있지만, 인도장소가 매도인의 구내가 아닌 기타 장소인 경우에는 매도인은 양륙준비가 된 자신의 운송수단 위에 매수인이 지명한 운송인 또는 기타의 자의 임의처분상태로 물품을 놓아두기만 하면 된다. 즉, 인도장소가 기타 장소인 경우에는 매도인은 자신의 운송수단으로부터 양륙할 의무가 없기 때문에 물품의 양륙은 매수인이 지명한 운송인 또는 기타의 자가 양륙하여야 한다.

셋째, 당사자에 의하여 지정된 물품의 인도장소가 매도인의 구내(seller's premises)인 경우에는, 당사자는 매도인의 구내의 주소를 특정하여야 하고, 기타 장소인 경우에는, 다른 특정 인도장소를 특정하여야 한다.

넷째, 수출입통관이 적용될 수 있는 경우에는, 수출통관을 이행하는 것은 매도인의 의무이지만, 수입통관(수입통관의 이행, 수입관세의 지급 또는 수입통관절차의 수행)을 이행하는 것은 매도인의 의무가 아니다. 즉, 매도인이 수입통관을 이행할 의무가 없기 때문에, 매수인은 자신의 재량으로 수입통관(수입통관의 이행, 수입관세의 지급 또는 수입통관절차의 수행)을 이행한다.

---

10) Incoterms 2010 규칙 서문(Introduction)에서는 "인코텀즈® 2010 규칙에 있어서, 운송인은 운송이 계약되는 당사자이다(For the purposes of the Incoterms® 2010 rules, the carrier is the party with whom carriage is contracted)"라고 규정하고 있다.

● EXW규칙과 FCA규칙의 비교

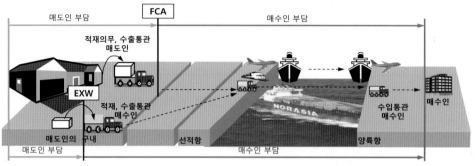

구분	EXW Seller's premises	FCA Seller's premises
인도장소	매도인의 구내 (Seller's premises)	매도인의 구내 (Seller's premises)
인도방법	매도인은 자신의 구내에서 물품을 매수인의 임의처분상태로 놓아둠 (매수인의 수취용 차량에 **적재의무는 매도인에게 없음; 매수인 재량**)	매도인은 자신의 구내에서 매수인이 지명한 운송인 또는 기타의 자에게 물품인도 (매수인의 수취용 차량에 **적재의무는 매도인에게 있음**)
수출통관	**수출통관의무 매도인에게 없음(매수인 재량)**	**수출통관의무 매도인에게 있음**
화물	모든 화물	컨테이너화물

3. 운송비지급(CPT)규칙

※ 실례: "CPT John F. Kennedy Airport, NY, USA Incoterms® 2010".
　　　　"CPT Long Beach Port, CA, USA Incoterms® 2010".
　　　　"CPT Chicago Terminal, IL, USA Incoterms® 2010".
　　　　"CPT 1105 Dogwood Circle, Blue Bell, PA, USA Incoterms® 2010".

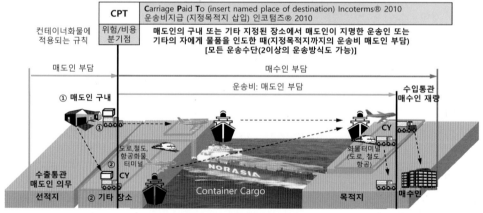

"운송비지급(CPT)"은 한 가지 운송방식뿐만 아니라 두 가지 이상의 어떠한 운송방식에도 사용이 가능한 규칙이다. 즉, 철도운송, 도로운송, 항공운송, 해상운송, 내륙수로운송 등 단일운송방식에도 사용할 수 있으며, 이러한 단일운송방식을 결합한 복합

234

운송의 경우에도 사용할 수 있다.

"운송비지급(CPT)"이란 매도인이 합의된 장소(당사자 간에 합의된 경우)에서 매도인이 지명한 운송인 또는 기타의 자에게 물품을 인도할 때 매도인의 물품인도의무가 완료되지만, 매도인이 지정된 목적지까지 물품을 운송하기 위하여 필요한 운송계약을 체결하고 운송비용을 지급해야 하는 규칙을 말한다. 즉, CPT규칙에서 매도인의 물품인도의무는 CIP, CFR 또는 CIF규칙과 마찬가지로, 물품이 목적지에 도착할 때가 아니라 매도인이 운송인에게 물품을 인도할 때 완료된다. 이 규칙을 구체적으로 설명하면 다음과 같다.

첫째, "CPT"의 정식명칭인 "CARRIAGE PAID TO"에서 "Carriage"는 해상운송, 항공운송, 도로운송, 철도운송 및 항공운송 등의 운송비용을 말하며, "Paid to"는 '(목적지)까지 지급된다는 것'을 말한다.

둘째, 물품의 인도장소는 매도인과 매수인이 합의한 경우에는 그 합의된 장소로서 '매도인의 구내(seller's premises)' 또는 항구(port)의 CY/CFS, 항공화물터미널(air cargo terminal), 도로화물터미널(road cargo terminal), 철도화물터미널(rail cargo terminal) 등의 장소가 될 것이다. 따라서 매도인은 합의된 장소에서 자신이 지명한 운송인 또는 기타의 자에게 물품을 인도하여야 한다. 여기에서, "Carrier(운송인)"[11]은 FCA 및 CIP규칙에서와 마찬가지로 운송계약을 체결하는 해상운송인, 항공운송인, 육상운송인(도로운송인, 철도운송인) 또는 복합운송인을 말한다. 이러한 운송인(Carrier)의 의미에는 운송인인지를 불문하고 매도인이 지명한 자는 모두 포함될 수 있다. 매도인이 물품을 인도해야 하는 상대방은 반드시 운송인일 필요는 없다. 즉, 매도인은 운송인이 아니더라도 자신이 지명한 자에게 물품을 인도한다면 자신의 물품인도의무를 이행한 것으로 간주된다.

셋째, CPT규칙에서 매도인의 물품인도의무는 CIP, CFR 또는 CIF규칙과 마찬가지로, 물품이 목적지에 도착할 때가 아니라 매도인이 운송인에게 물품을 인도할 때 완료된다. 즉, 이 규칙은 위험의 분기점(위험이 이전하는 장소)과 비용의 분기점(비용이 이전하는 장소)이 서로 다르기 때문에 두 가지 분기점이 존재하게 된다. 즉, 매도인이 당사자 간에 합의된 장소에서 운송인 또는 기타의 자에게 물품을 인도할 때 위험은 매도인으로부터 매수인에게 이전하지만, 위험이 이전된 후에도 매도인은 합의된 목적지까지의 운송비용을 여전히 부담하여야 한다.

넷째, 당사자는 인도장소(위험이 매수인에게 이전하는 경우)와 매도인이 운송계약을 체결하여야 하는 지정된 목적지를 모두 계약에서 가능한 한 정확히 특정하도록 권고된다. 물품의 특정 인도지점이 당사자에 의하여 합의되지 있지 않고 합의된 목적지

---

11) Incoterms 2010 규칙 서문(Introduction)에서는 "인코텀즈® 2010 규칙에 있어서, 운송인은 운송이 계약되는 당사자이다(For the purposes of the Incoterms® 2010 rules, the carrier is the party with whom carriage is contracted)"라고 규정하고 있다.

까지 운송을 위하여 수명의 운송인이 사용되는 경우, 그 인도지점은 매도인이 전적으로 선택할 수 있다. 물품의 특정 인도지점이 매도인에 의하여 선택됨으로써 매수인이 통제할 수 없다고 하더라도 매도인이 자신이 선택한 그 인도지점에서 최초의 운송인에게 물품을 인도할 때 위험은 이전된다. 당사자는 해양항구 또는 공항 등과 같이 특정 인도지점보다 나중의 단계에서 위험을 이전시키려는 경우에는 이러한 취지를 매매계약에 명시하여야 한다.

다섯째, 이 규칙은 합의된 목적지 내의 특정 지점까지 매도인이 비용을 부담하기 때문에 당사자가 합의된 목적지 내의 특정 지점을 가능한 한 합의하도록 권고하는 것은 물론 매도인이 그 지점까지 운송계약을 수배하도록 권고하고 있다.

여섯째, 지정된 목적지에서의 양륙비용의 부담은 운송계약에 따라 달라질 수 있다. 운송계약에서 양륙비용이 매도인의 부담으로 되어 있는 경우에는, 당사자 간에 별도의 합의가 없는 한, 매도인은 그러한 양륙비용을 부담하여야 하고, 운송계약에서 양륙비용이 매도인의 부담으로 되어 있지 않은 경우에는 매수인이 그러한 양륙비용을 부담하여야 한다.

일곱째, 수출입통관이 적용될 수 있는 경우에는, 수출통관을 이행하는 것은 매도인의 의무이지만, 수입통관(수입통관의 이행, 수입관세의 지급 또는 수입통관절차의 수행)을 이행하는 것은 매도인의 의무가 아니다. 즉, 매도인이 수입통관을 이행할 의무가 없기 때문에, 매수인은 자신의 재량으로 수입통관(수입통관의 이행, 수입관세의 지급 또는 수입통관절차의 수행)을 이행한다.

● FCA규칙과 CPT규칙의 비교

구분	위험이전	비용이전
FCA Place of shipment	선적지의 모든 장소 (매도인 구내, 또는 기타 장소)	선적지의 모든 장소 (매도인 구내, 또는 기타 장소)
CPT Place of destination	FCA와 동일	원칙적으로 선적지의 모든 장소에서 이전하지만, 목적지까지의 운송비만 매도인이 부담 [목적지에서의 양륙비용은 운송비에 포함되어 있는 경우에만 매도인 부담]

4. 운송비보험료지급(CIP)규칙

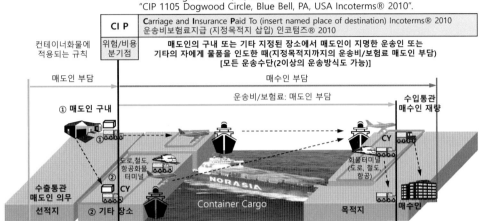

"운송비보험료지급(CIP)"은 한 가지 운송방식뿐만 아니라 두 가지 이상의 어떠한 운송방식에도 사용이 가능한 규칙이다. 즉, 철도운송, 도로운송, 항공운송, 해상운송, 내륙수로운송 등 단일운송방식에도 사용할 수 있으며, 이러한 단일운송방식을 결합한 복합운송의 경우에도 사용할 수 있다.

"운송비보험료지급(CIP)"이란 매도인이 합의된 장소(당사자 간에 합의된 경우)에서 매도인이 지명한 운송인 또는 기타의 자에게 물품을 인도할 때 매도인의 물품인도의무가 완료되지만, 매도인이 지정된 목적지까지 물품을 운송하기 위하여 필요한 운송계약을 체결하고 운송비용을 지급하고 운송 중의 물품의 멸실 또는 손상에 대한 매수인의 위험에 대하여 보험계약을 체결하고 보험료를 지급하여야 하는 규칙을 말한다. 즉, CIP규칙에서 매도인의 물품인도의무는 CPT, CFR 또는 CIF규칙과 마찬가지로, 물품이 목적지에 도착할 때가 아니라 매도인이 운송인에게 물품을 인도할 때 완료된다. 이 규칙을 구체적으로 설명하면 다음과 같다.

첫째, "CIP"의 정식명칭인 "CARRIAGE AND INSURANCE PAID TO"에서 "Carriage"는 해상운송, 항공운송, 도로운송, 철도운송 및 항공운송 등의 운송비용을 말하며, "Insurance"는 운송 중의 물품의 멸실 또는 손상의 위험을 담보하기 위한 보험료를 말하며, "Paid to"는 '(목적지)까지 지급된다는 것'을 말한다.

둘째, 물품의 인도장소는 매도인과 매수인이 합의한 경우에는 그 합의된 장소로서 '매도인의 구내(seller's premises)' 또는 '항구(port)의 CY/CFS, 항공화물터미널(air cargo terminal), 도로화물터미널(road cargo terminal), 철도화물터미널(rail cargo terminal) 등의 장소가 될 것이다. 따라서 매도인은 합의된 장소에서 자신이 지명한 운송인 또는 기타의 자에게 물품을 인도하여야 한다. 여기에서, "Carrier(운송인)"[12]은 FCA 및 CPT규칙에서와 마찬가지로 운송계약을 체결하는 해상운송인, 항공운송인, 육상운송인(도로운송인, 철도운송인) 또는 복합운송인을 말한다. 이러한 운송인(Carrier)의 의미에는 운송인인지를 불문하고 매도인이 지명한 자는 모두 포함될 수 있다. 매도인이 물품을 인도해야 하는 상대방은 반드시 운송인일 필요는 없다. 즉, 매도인은 운송인이 아니더라도 자신이 지명한 자에게 물품을 인도한다면 자신의 물품인도의무를 이행한 것으로 간주된다.

셋째, CIP규칙에서 매도인의 물품인도의무는 CPT, CFR 또는 CIF규칙과 마찬가지로, 물품이 목적지에 도착할 때가 아니라 매도인이 운송인에게 물품을 인도할 때 완료된다. 즉, 이 규칙은 위험의 분기점(위험이 이전하는 장소)과 비용의 분기점(비용이 이전하는 장소)이 서로 다르기 때문에 두 가지 분기점이 존재하게 된다. 즉, 매도인이 당사자 간에 합의된 장소에서 운송인 또는 기타의 자에게 물품을 인도할 때 위험은 매도인으로부터 매수인에게 이전하지만, 위험이 이전된 후에도 매도인은 합의된 목적지까지의 운송비용과 보험료를 여전히 부담하여야 한다.

넷째, 물품의 멸실 또는 손상의 위험은 물품이 운송인에게 인도된 때에 매도인으로부터 매수인에게 이전하였기 때문에 목적지까지의 운송 도중의 물품의 멸실 또는 손상의 위험은 매수인이 부담하여야 한다. 이러한 운송 중의 물품의 멸실 또는 손상에 대한 위험이 매수인의 부담이라고 하더라도 이 규칙하에서 매도인은 이러한 운송 중의 위험에 대하여 보험계약을 체결하고 보험료를 지급하여야 한다. 이때 매도인의 보험취득의무는 최소담보로만 한정된다. 따라서, 매수인이 추가보험을 필요로 하는 경우에는, 매수인은 매도인에게 추가보험을 취득해 줄 것을 매매계약 등에서 명시적으로 합의하거나 또는 매수인 자신이 직접 추가보험약정을 체결하여야 한다.

다섯째, 당사자는 인도장소(위험이 매수인에게 이전하는 경우)와 매도인이 운송계약을 체결하여야 하는 지정된 목적지를 모두 계약에서 가능한 한 정확히 특정하도록 권고된다. 물품의 특정 인도지점이 당사자에 의하여 합의되어 있지 않고 합의된 목적지까지 운송을 위하여 수명의 운송인이 사용되는 경우, 그 인도지점은 매도인이 전적으로 선택할 수 있다. 물품의 특정 인도지점이 매도인에 의하여 선택됨으로써 매수인이 통제할 수 없다고 하더라도 매도인이 자신이 선택한 그 인도지점에서 최초의 운송인에게 물품을 인도할 때 위험은 이전된다. 당사자는 해양항구 또는 공항 등과 같이 특정 인도지점보다 나중의 단계에서 위험을 이전시키려는 경우에는 이러한 취지를

---

12) Incoterms 2010 규칙 서문(Introduction)에서는 "인코텀즈® 2010 규칙에 있어서, 운송인은 운송이 계약되는 당사자이다(For the purposes of the Incoterms® 2010 rules, the carrier is the party with whom carriage is contracted)"라고 규정하고 있다.

매매계약에 명시하여야 한다.

여섯째, 이 규칙은 합의된 목적지 내의 특정 지점까지 매도인이 비용을 부담하기 때문에 당사자가 합의된 목적지 내의 특정 지점을 가능한 한 합의하도록 권고하는 것은 물론 매도인이 그 지점까지 운송계약을 수배하도록 권고하고 있다.

일곱째, 지정된 목적지에서의 양륙비용의 부담은 운송계약에 따라 달라질 수 있다. 운송계약에서 양륙비용이 매도인의 부담으로 되어 있는 경우에는, 당사자 간에 별도의 합의가 없는 한, 매도인은 그러한 양륙비용을 부담하여야 하고, 운송계약에서 양륙비용이 매도인의 부담으로 되어 있지 않은 경우에는 매수인이 그러한 양륙비용을 부담하여야 한다.

여덟째, 수출입통관이 적용될 수 있는 경우에는, 수출통관을 이행하는 것은 매도인의 의무이지만, 수입통관(수입통관의 이행, 수입관세의 지급 또는 수입통관절차의 수행)을 이행하는 것은 매도인의 의무가 아니다. 즉, 매도인이 수입통관을 이행할 의무가 없기 때문에, 매수인은 자신의 재량으로 수입통관(수입통관의 이행, 수입관세의 지급 또는 수입통관절차의 수행)을 이행한다.

● FCA규칙, CPT규칙과 CIP규칙의 비교

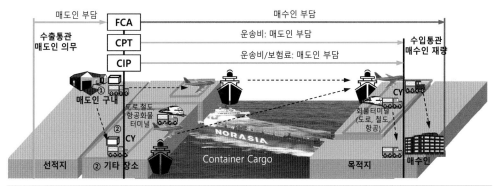

구분	위험이전	비용이전
FCA Place of shipment	선적지의 모든 장소 (매도인 구내, 또는 기타 장소)	선적지의 모든 장소 (매도인 구내, 또는 기타 장소)
CPT Place of destination	FCA와 동일	원칙적으로 선적지의 모든 장소에서 이전하지만, 목적지까지의 운송비만 매도인이 부담 [목적지에서의 양륙비용은 운송비에 포함되어 있는 경우에만 매도인 부담]
CIP Place of destination	FCA와 동일	원칙적으로 선적지의 모든 장소에서 이전하지만, 목적지까지의 운송비와 보험료만 매도인이 부담[목적지에서의 양륙비용은 운송비에 포함되어 있는 경우에만 매도인 부담]

5. 터미널인도(DAT)규칙

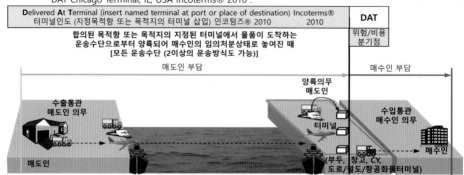

※ 실례: "DAT John F. Kennedy Airport, NY, USA Incoterms® 2010".
　　　"DAT Long Beach Port, CA, USA Incoterms® 2010".
　　　"DAT Chicago Terminal, IL, USA Incoterms® 2010".

"터미널인도(DAT)"는 한 가지 운송방식뿐만 아니라 두 가지 이상의 어떠한 운송방식에도 사용이 가능한 규칙이다. 즉, 철도운송, 도로운송, 항공운송, 해상운송, 내륙수로운송 등 단일운송방식에도 사용할 수 있으며, 이러한 단일운송방식을 결합한 복합운송의 경우에도 사용할 수 있다.

"터미널인도(DAT)"란 매도인이 지정된 목적지 또는 목적항의 지정된 터미널에서 도착된 운송수단으로부터 물품을 양륙한 후 매수인의 임의처분상태로 놓아둘 때 매도인의 물품인도의무가 완료되는 규칙으로서, 지정된 목적항 또는 목적지의 터미널까지 물품을 운송하고 양륙하는데 관련된 모든 위험은 매도인이 부담한다. 이를 구체적으로 설명하면 다음과 같다.

첫째, "DAT"의 정식명칭인 "DELIVERED AT TERMINAL"에서 "Delivered"는 물품이 인도되는 것을 말하며, "At Terminal"은 목적지의 터미널이 물품의 인도장소라는 것을 말한다.

둘째, 물품의 인도장소는 매도인과 매수인의 합의에 의하여 지정된 목적지 또는 목적항의 지정된 터미널로서, 터미널(Terminal)이란 부두(quay), 창고(warehouse), 컨테이너장치장(CY), 도로화물터미널(road cargo terminal), 철도화물터미널(rail cargo terminal), 항공화물터미널(air cargo terminal) 등과 같은 모든 장소를 포함한다.

셋째, 지정된 목적항 또는 목적지의 터미널까지 물품을 운송하고 양륙할 때까지의 모든 위험은 매도인이 부담하고, 양륙된 이후의 모든 위험은 매수인이 부담한다. 즉, 터미널에 도착한 운송수단으로부터 물품을 양륙하는 것은 매도인의 의무이다.

넷째, '매수인의 임의처분상태'란 매수인이 매도인으로부터 물품의 인도를 수취하여 자신의 마음대로 처분하는데 아무런 방해를 받지 않는 상태를 말한다. 따라서 지정된 목적지 또는 목적항의 터미널에 도착한 운송수단으로부터 물품이 양륙된 후 그 물품이 매수인의 임의처분상태로 놓여진 이후에는 매수인이 물품의 소유권을 가지기 때문에 매수인은 터미널에서 자신이 수배한 운송수단에 물품을 적재한 후 이를 다른 장소로 이동시켜야 한다.

다섯째, 이 규칙은 합의된 목적항 또는 목적지의 터미널 내의 특정지점까지 매도인이 위험을 부담하기 때문에 당사자가 가능한 한 터미널을 명확히 명시하고, 가능하다면 합의된 목적항 또는 목적지에서의 터미널 내의 특정지점까지도 명확히 명시하도록 권고하는 것은 물론 매도인이 그 지점까지 물품이 정확히 운송될 수 있도록 이에 합치하는 운송계약을 체결하도록 권고하고 있다.

여섯째, 매도인은 지정된 목적항 또는 목적지의 터미널까지만 위험과 비용을 부담하기 때문에 그 터미널에서 다른 장소까지 물품을 운송하고 취급하는데 관련된 위험과 비용은 매수인이 부담하여야 한다. 따라서, 그 터미널에서 다른 장소까지 물품을 운송하고 취급하는데 관련된 위험과 비용을 매도인에게 부담시키려는 경우에는, DAP 또는 DDP규칙을 사용하여야 한다.

일곱째, 수출입통관이 적용될 수 있는 경우에는, 수출통관을 이행하는 것은 매도인의 의무이지만, 수입통관(수입통관의 이행, 수입관세의 지급 또는 수입통관절차의 수행)을 이행하는 것은 매도인의 의무가 아니다. 즉, 매도인이 수입통관을 이행할 의무가 없기 때문에, 매수인은 자신의 재량으로 수입통관(수입통관의 이행, 수입관세의 지급 또는 수입통관절차의 수행)을 이행한다.

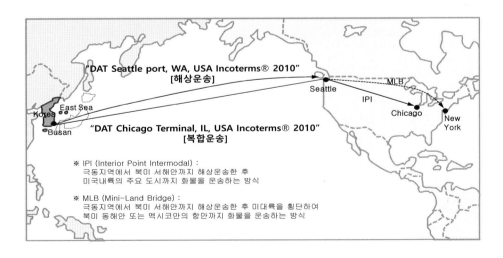

참고로, DAT규칙에서 해상운송하는 경우와 복합운송하는 경우로 구분하여 살펴보면 다음과 같다.

첫째, 해상운송에 있어서 당사자가 "DAT Seattle port"와 같이 합의하는 경우에는, 매도인의 물품인도의무는 "시애틀항의 지정된 터미널에 도착한 선박으로부터 물품을 일단 양륙한 후 매수인의 임의처분상태로 놓아둘 때"까지이다. 따라서, 매도인은 물품의 양륙비용까지 포함하여 시애틀항의 지정된 터미널까지 해상운송계약을 체결하여야 한다.[13]

둘째, 한국에서 MLB 또는 IPI서비스에 의한 복합운송에 있어서 당사자가 "DAT Chicago Terminal"과 같이 합의하는 경우에는, 매도인의 물품인도의무는 "시카고 터미널에 도착한 화차로부터 물품을 일단 양륙한 후 매수인의 임의처분상태로 놓아둘 때"까지이다. 따라서 매도인은 물품의 양륙비용까지 포함하여 시카고 터미널까지 복합운송계약을 체결하여야 한다.[14]

6. 목적지인도(DAP)규칙

"목적지인도(DAP)"는 한 가지 운송방식뿐만 아니라 두 가지 이상의 어떠한 운송방식에도 사용이 가능한 규칙이다. 즉, 철도운송, 도로운송, 항공운송, 해상운송, 내륙수로운송 등 단일운송방식에도 사용할 수 있으며, 이러한 단일운송방식을 결합한 복합운송의 경우에도 사용할 수 있다.

"목적지인도(DAP)"란 매도인이 지정된 목적지에서 양륙할 준비가 되어 있는 물품을 도착된 운송수단위에 매수인의 임의처분상태로 놓아둘 때 매도인의 물품인도의무가

---

13) "DAT Seattle port"와 같이 합의하는 경우에는 Incoterms 2000의 해상운송에만 적용되었던 "DEQ Seattle port"와 같다고 볼 수 있다.

14) "DAT Chicago Terminal"과 같이 합의하는 경우에는 Incoterms 2000의 복합운송에 적용되었던 "DDU Chicago Terminal"과 다르다. 왜냐하면, "DAT Chicago Terminal"에서는 매도인이 시카고 터미널에 도착한 화차로부터 물품을 양륙할 의무가 있지만, "DDU Chicago Terminal"에서는 매도인이 시카고 터미널에 도착한 화차로부터 물품을 양륙할 의무가 없기 때문이다.

완료되는 규칙으로서, 그 지정된 장소까지 물품을 운송하는데 관련된 모든 위험은 매도인이 부담한다. 이를 구체적으로 설명하면 다음과 같다.

첫째, "DAP"의 정식명칭인 "DELIVERED AT PLACE"에서 "Delivered"는 물품이 인도되는 것을 말하며, "At Place"는 목적지의 모든 장소가 인도장소라는 것을 말한다.

둘째, 물품의 인도장소는 매도인과 매수인의 합의에 의하여 지정된 목적지로서, 부두(quay) · 창고(warehouse) · 컨테이너장치장(CY) · 도로화물터미널(road cargo terminal) · 철도화물터미널(rail cargo terminal) · 항공화물터미널(air cargo terminal) 등의 터미널(Terminal)뿐만 아니라, 매수인의 영업소 또는 구내(buyer's place of business or premises), 기타 장소 등 목적지의 모든 장소가 될 수 있다.

셋째, '매수인의 임의처분상태'란 매수인이 매도인으로부터 물품의 인도를 수취하여 자신의 마음대로 처분하는데 아무런 방해를 받지 않는 상태를 말한다. 따라서 지정된 목적지에 도착한 양륙준비가 되어 있는 운송수단위에 물품이 매수인의 임의처분상태로 놓여진 이후에는 매수인이 물품의 소유권을 가지기 때문에, 매수인은 터미널에서 그 운송수단으로부터 물품을 양륙한 후 자신이 수배한 운송수단에 물품을 적재한 후 이를 다른 장소로 이동시켜야 한다.

넷째, 지정된 목적지까지 물품을 운송하는데 관련된 모든 위험은 매도인이 부담하고, 지정된 목적지에 도착한 운송수단으로부터 물품을 양륙하는 것은 매수인이 부담한다. 즉, 목적지에 도착한 운송수단으로부터 물품을 양륙하는 것은 매수인의 의무이다. 따라서, 목적지의 합의된 물품의 인도장소가 ① 목적지 또는 목적항의 터미널인 경우에는, 터미널에 도착한 운송수단으로부터 물품을 양륙하는데 관련된 위험과 비용뿐만 아니라 그 터미널에서 다른 장소까지 물품을 운송하고 취급하는데 관련된 위험과 비용은 모두 매수인의 부담이 되고, ② 목적지 또는 목적항의 터미널로부터 떨어져 있는 다른 장소인 경우에는, 목적지의 터미널에 도착한 운송수단으로부터 물품을 양륙한 후 터미널로부터 떨어져 있는 합의된 물품의 인도장소까지 물품을 운송하고 취급하는데 관련된 위험과 비용은 매도인의 부담이 된다. 합의된 물품의 인도장소가 어디인지에 관계없이 그 합의된 인도장소에 도착한 운송수단으로부터 물품을 양륙하는 것은 매수인의 부담이다.

다섯째, 이 규칙은 합의된 목적지의 내의 지점까지 매도인이 위험을 부담하기 때문에 당사자가 가능한 한 그 목적지 내의 지점을 명확히 명시하도록 권고하는 것은 물론 매도인이 그 지점까지 물품이 정확히 운송될 수 있도록 이에 합치하는 운송계약을 체결하도록 권고하고 있다.

여섯째, 이 규칙하에서 목적지에 도착한 운송수단으로부터 물품을 양륙하는 것은 매수인의 의무라고 하더라도, 매도인이 자신이 체결한 운송계약에서 양륙에 관련된 비용을 부담하였다면, 당사자 간에 별도의 합의가 없는 한, 매수인으로부터 양륙에 관련된 비용을 회복할 권리가 없다. 즉, 매도인이 체결한 운송계약하에서 양륙에 관련된 비용이 운임에 포함되어 있는 경우에는, 양륙에 관련된 위험은 여전히 매수인이 부담하는 것으로 되더라도, 양륙에 관련된 비용은 당사자간에 별도의 합의가 없는 한 매도인이 부담하는 것으로 된다. 따라서, 목적지의 물품의 인도장소가 터미널인 경우로서 운송계약에서 양륙에 관련된 비용을 매도인이 부담하게 되는 경우라면, 매도인으로서는 DAP규칙보다는 양륙에 관한 위험과 비용을 모두 매도인이 부담하는 DAT규칙을 사용하는 것이 보다 합리적일 것이다.

일곱째, 수출입통관이 적용될 수 있는 경우에는, 수출통관을 이행하는 것은 매도인의 의무이지만, 수입통관(수입통관의 이행, 수입관세의 지급 또는 수입통관절차의 수행)을 이행하는 것은 매도인의 의무가 아니다. 즉, 매도인이 수입통관을 이행할 의무가 없기 때문에, 매수인은 자신의 재량으로 수입통관(수입통관의 이행, 수입관세의 지급 또는 수입통관절차의 수행)을 이행한다. 따라서 당사자가 수입통관(수입통관의 이행, 수입관세의 지급 또는 수입통관절차의 수행)을 매도인에게 이행시키려는 경우에는 수출통관뿐만 아니라 수입통관까지도 매도인이 이행하여야 하는 DDP규칙을 사용하여야 한다.

● DAT규칙과 DAP규칙의 비교

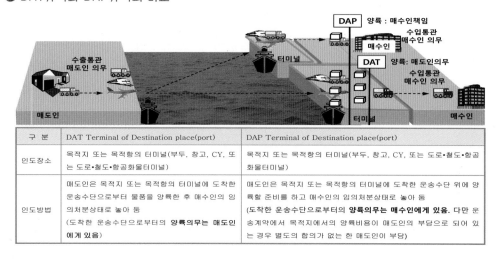

구 분	DAT Terminal of Destination place(port)	DAP Terminal of Destination place(port)
인도장소	목적지 또는 목적항의 터미널(부두, 창고, CY, 또는 도로·철도·항공화물터미널)	목적지 또는 목적항의 터미널(부두, 창고, CY, 또는 도로·철도·항공화물터미널)
인도방법	매도인은 목적지 또는 목적항의 터미널에 도착한 운송수단으로부터 물품을 양륙한 후 매수인의 임의처분상태로 놓아 둠 (도착한 운송수단으로부터의 **양륙의무는 매도인**에게 있음)	매도인은 목적지 또는 목적항의 터미널에 도착한 운송수단 위에 양륙할 준비를 하고 매수인의 임의처분상태로 놓아 둠 (도착한 운송수단으로부터의 **양륙의무는 매수인**에게 있음. 다만 운송계약에서 목적지에서의 양륙비용이 매도인의 부담으로 되어 있는 경우 별도의 합의가 없는 한 매도인이 부담)

참고로, DAP규칙에서 해상운송하는 경우와 복합운송하는 경우로 구분하여 살펴보면 다음과 같다.

첫째, 해상운송에 있어서 재래선에 의한 운송의 경우에는 당사자가 "DAP Seattle port"와 같이 합의하는 것은 합리적일 수 있다.[15] 왜냐하면, 매도인의 물품인도의무는 "시애틀항에 도착한 양륙준비가 된 본선상에서 물품을 매수인의 임의처분상태로 놓아둘 때"까지이며, 운송인의 책임도 "시애틀항에 도착한 본선상에서 물품을 수화인에게 인도할 때"까지이기 때문이다. 그러나 컨테이너선에 의한 운송의 경우에는 당사자가 "DAP Seattle port"와 같이 합의하는 것은 합리적이지 않을 수 있다. 왜냐하면, 매도인의 물품인도의무는 "시애틀항에 도착한 양륙준비가 된 본선상에서 물품을 매수인의 임의처분상태로 놓아둘 때"까지이지만, 운송인의 책임은 "시애틀항에 도착한 본선 위에 물품을 양륙한 후 수화인에게 인도할 때"까지이기 때문이다. 따라서 컨테이너선에 의한 운송의 경우에는 매도인은 운송계약을 체결할 때 양륙비용까지도 부담하여야 하며, 이렇게 부담된 양륙비용은 매수인으로부터 보상받을 수 없기 때문에 컨테이너선에 의한 운송의 경우에는 매도인이 양륙비용을 부담하는 "DAT Seattle port"와 같이 합의하는 것이 보다 합리적일 것이다.

시애틀항에서 인도하는 경우	
DAT Seattle port (시애틀항의 본선양륙 후 인도)	DAP Seattle port (시애틀항의 본선상에서 인도)
재래선의 경우: Incoterms 2000의 DEQ에 해당함	재래선의 경우: Incoterms 2000의 DES에 해당함
컨테이너선의 경우: CY에서 인도	컨테이너선의 경우: 적합하지 않음

둘째, 한국에서 MLB 또는 IPI서비스에 의한 복합운송에 있어서 당사자가 "DAP Chicago Terminal"과 같이 합의하는 경우에는, 매도인의 물품인도의무는 "시카고 터미널에 도착한 화차 위에 물품을 매수인의 임의처분상태로 놓아둘 때"까지이다. 따라서, 매도인은 물품의 양륙비용을 제외하고 시카고 터미널까지 복합운송계약을 체결하여야 한다. 매도인이 운송계약에서 시카고 터미널에 도착하는 화차로부터의 양륙비용을 부담한 경우에는 그 양륙비용은 매수인으로부터 보상받을 수 없다. 매도인이 체결하는 운송계약에서 양륙비용을 매도인이 부담하게 된다면 "DAT Chicago Terminal"과 같이 합의하는 것이 보다 합리적일 것이다.[16]

시카고 터미널에서 인도하는 경우	
DAT Chicago Terminal (시카고 터미널의 화차양륙 후 인도)	DAP Chicago Terminal (시카코 터미널의 화차상에서 인도)
Incoterms 2000의 DAF, DES, DEQ 및 DDU에 해당하지 않음(신설 규정임)	Incoterms 2000의 DDU에 해당함

---

15) "DAP Seattle port"와 같이 합의하는 경우에는 Incoterms 2000의 해상운송에만 적용되었던 "DES Seattle port"와 같다고 볼 수 있다.

16) "DAP Chicago Terminal"과 같이 합의하는 경우에는 Incoterms 2000의 복합운송에 적용되었던 "DDU Chicago Terminal"과 동일하다. 왜냐하면, "DAP Chicago Terminal" 및 "DDU Chicago Terminal"에서는 매도인이 시카고 터미널에 도착한 화차로부터 물품을 양륙할 의무가 없기 때문이다.

7. 관세지급인도(DDP)규칙

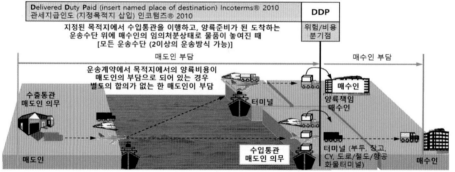

　"관세지급인도(DDP)"는 한 가지 운송방식뿐만 아니라 두 가지 이상의 어떠한 운송 방식에도 사용이 가능한 규칙이다. 즉, 철도운송, 도로운송, 항공운송, 해상운송, 내륙 수로운송 등 단일운송방식에도 사용할 수 있으며, 이러한 단일운송방식을 결합한 복 합운송의 경우에도 사용할 수 있다.

　"관세지급인도(DDP)"란 매도인이 지정된 목적지에서 양륙할 준비가 되어 있는 물 품을 도착된 운송수단위에 수입통관을 이행하고 매수인의 임의처분상태로 놓아둘 때 매도인의 물품인도의무가 완료되는 규칙으로서, 목적지까지 물품을 운송하는데 관련 된 모든 비용과 위험은 매도인이 부담하고, 매도인은 수출통관(수출통관의 이행, 수 출관세의 지급, 수출통관절차의 수행)뿐만 아니라 수입통관(수입통관의 이행, 수입관 세의 지급, 수입통관절차의 이행)까지도 이행하여야 한다. 이 규칙은 매도인으로서는 최대한의 의무를 가지는 규칙17)으로서, 이를 구체적으로 설명하면 다음과 같다.

첫째, "DDP"의 정식명칭인 "DELIVERED DUTY PAID"에서 "Delivered"는 물품이 인도되는 것을 말하며, "Duty paid"는 수입관세가 지급되는 것을 말한다.

둘째, 물품의 인도장소는 매도인과 매수인의 합의에 의하여 지정된 목적지로서, 부두(quay)·창고(warehouse)·컨테이너장치장(CY)·도로화물터미널(road cargo terminal)·철도화물터미널(rail cargo terminal)·항공화물터미널(air cargo terminal) 등의 터미널(Terminal)뿐만 아니라, 매수인의 영업소 또는 구내(buyer's place of business or premises), 기타 장소 등 목적지의 모든 장소가 될 수 있다.

셋째, '매수인의 임의처분상태'란 매수인이 매도인으로부터 물품의 인도를 수취하여 자신의 마음대로 처분하는데 아무런 방해를 받지 않는 상태를 말한다. 따라서 지정된 목적지에 도착한 양륙준비가 되어 있는 운송수단위에 수입통관이 이행된 물품이 매수인의 임의처분상태로 놓여진 이후에는 매수인이 물품의 소유권을 가지기 때문에, 매수인은 터미널에서 그 운송수단으로부터 물품을 양륙한 후 자신이 수배한 운송수단에 물품을 적재한 후 이를 다른 장소로 이동시켜야 한다.

넷째, 지정된 목적지까지 물품을 운송하는데 관련된 모든 위험은 매도인이 부담하고, 지정된 목적지에 도착한 운송수단으로부터 물품을 양륙하는 것은 매수인이 부담한다. 즉, 목적지에 도착한 운송수단으로부터 물품을 양륙하는 것은 매수인의 의무이다. 따라서, 목적지의 합의된 물품의 인도장소가 ① 목적지 또는 목적항의 터미널인 경우에는, 터미널에 도착한 운송수단으로부터 물품을 양륙하는데 관련된 위험과 비용뿐만 아니라 그 터미널에서 다른 장소까지 물품을 운송하고 취급하는데 관련된 위험과 비용은 모두 매수인의 부담이 되고, ② 목적지 또는 목적항의 터미널로부터 떨어져 있는 다른 장소인 경우에는, 목적지의 터미널에 도착한 운송수단으로부터 물품을 양륙한 후 터미널로부터 떨어져 있는 합의된 물품의 인도장소까지 물품을 운송하고 취급하는데 관련된 위험과 비용은 매도인의 부담이 된다. 합의된 물품의 인도장소가 어디인지에 관계없이 그 합의된 인도장소에 도착한 운송수단으로부터 물품을 양륙하는 것은 매수인의 부담이다.

다섯째, 이 규칙은 합의된 목적지의 내의 지점까지 매도인이 위험을 부담하기 때문에 당사자가 가능한 한 그 목적지 내의 지점을 명확히 명시하도록 권고하는 것은 물론 매도인이 그 지점까지 물품이 정확히 운송될 수 있도록 이에 합치하는 운송계약을 체결하도록 권고하고 있다.

여섯째, 이 규칙하에서 목적지에 도착한 운송수단으로부터 물품을 양륙하는 것은

---

17) DDP는 Incoterms 2010 규칙의 11개 규칙 중에서 매도인의 의무가 최대인 규칙이다.

매수인의 의무라고 하더라도, 매도인이 자신이 체결한 운송계약에서 양륙에 관련된 비용을 부담하였다면, 당사자 간에 별도의 합의가 없는 한, 매수인으로부터 양륙에 관련된 비용을 회복할 권리가 없다. 즉, 매도인이 체결한 운송계약하에서 양륙에 관련된 비용이 운임에 포함되어 있는 경우에는, 양륙에 관련된 위험은 여전히 매수인이 부담하는 것으로 되더라도, 양륙에 관련된 비용은 당사자간에 별도의 합의가 없는 한 매도인이 부담하는 것으로 된다.

일곱째, 수출입통관이 적용될 수 있는 경우에는, 수출 및 수입통관(수출·수입통관의 이행, 수출·수입관세의 지급 또는 수출·수입통관절차의 수행)을 이행하는 것은 모두 매도인의 의무이다. 따라서, 이 규칙에서는 매도인이 직접 또는 간접적으로 수입통관을 받을 수 없는 상황이라면 당사자가 DDP규칙을 사용하지 않도록 권고하고 있으며, 당사자가 수입통관(수입통관의 이행, 수입관세의 지급 또는 수입통관절차의 수행)을 매수인에게 이행시키려는 경우에는 수입통관을 매수인이 이행하여야 하는 DAP규칙을 사용하여야 한다고 규정하고 있다.

여덟째, 매도인은 매매계약에서 별도의 명시적인 합의가 없는 한, 수입시에 지급되어야 하는 모든 부가가치세(VAT) 또는 기타 조세를 부담하여야 한다.

● DAP규칙과 DDP규칙의 비교

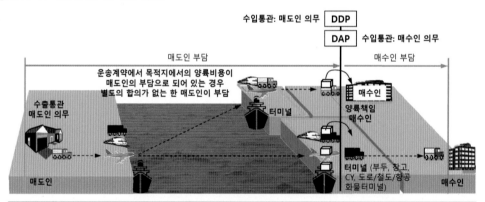

구분	DAP Place of destination	DDP Place of destination
위험 및 비용 이전	매도인은 목적지에 도착한 운송수단 위에 물품을 양륙할 준비를 하고 매수인의 임의처분상태로 놓아 둠 (운송수단으로부터의 양륙의무는 매수인에게 있지만, 운송계약에서 목적지에서의 양륙비용이 매도인의 부담으로 되어 있는 경우 별도의 합의가 없는 한 매도인이 부담) [DAP의 경우 수입통관의무가 매수인에게 있고, DDP의 경우 수입통관의무(수입시의 관세, 부가가치세 또는 기타 조세 부담)가 매도인에게 있다는 점에 차이가 있음]	
수출통관	매도인 의무	매도인 의무
수입통관	매수인 의무	매도인 의무
선적전 검사비용	수출국당국의 명령에 의한 선적전검사: 매도인 수입국당국의 명령에 의한 선적전검사: 매수인	수출국당국에 의한 선적전검사: 매도인 수입국당국에 의한 선적전검사: 매도인

참고로, DDP규칙에서 해상운송하는 경우와 복합운송하는 경우로 구분하여 살펴보면 다음과 같다.

첫째, 해상운송에 있어서 재래선에 의한 운송의 경우에는 당사자가 "DDP Seattle port"와 같이 합의하는 것은 합리적일 수 있다.[18] 왜냐하면, 매도인의 물품인도의무는 "시애틀항에 도착한 양륙준비가 된 본선상에서 수입통관을 이행한 후 물품을 매수인의 임의처분상태로 놓아둘 때"까지이며, 운송인의 책임도 "시애틀항에 도착한 본선상에서 물품을 수화인에게 인도할 때"까지이기 때문이다. 그러나, 컨테이너선에 의한 운송의 경우에는 당사자가 "DAP Seattle port"와 같이 합의하는 것은 합리적이지 않을 수 있다. 왜냐하면, 매도인의 물품인도의무는 "시애틀항에 도착한 양륙준비가 된 본선상에서 수입통관을 이행한 후 물품을 매수인의 임의처분상태로 놓아둘 때"까지이지만, 운송인의 책임은 "시애틀항에 도착한 본선상에서 물품을 양륙한 후 수화인에게 인도할 때"까지이기 때문이다. 따라서 컨테이너선에 의한 운송의 경우에는 매도인은 운송계약을 체결할 때 양륙비용까지도 부담하여야 하며, 이렇게 부담된 양륙비용은 매수인으로부터 보상받을 수 없기 때문에 컨테이너선에 의한 운송의 경우에는 매도인이 양륙비용을 부담하는 "DAT Seattle port"와 같이 합의하는 것이 보다 합리적일 것이다.

시애틀항에서 인도하는 경우	
DAP Seattle port (시애틀항의 본선상에서 인도)	DDP Seattle port (시애틀항의 본선상에서 수입통관 후 인도)
재래선의 경우: Incoterms 2000의 DES에 해당함	재래선의 경우: Incoterms 2000의 DES에 매도인이 수입통관을 이행한 것에 해당함
컨테이너선의 경우: 적합하지 않음	컨테이너선의 경우: 적합하지 않음

둘째, 한국에서 MLB 또는 IPI서비스에 의한 복합운송에 있어서 당사자가 "DDP Chicago Terminal"과 같이 합의하는 경우에는, 매도인의 물품인도의무는 "시카고 터미널에 도착한 화차 상에서 수입통관을 이행한 후 물품을 매수인의 임의처분상태로 놓아둘 때"까지이다. 따라서, 매도인은 물품의 양륙비용을 제외하고 시카고 터미널까지 복합운송계약을 체결하여야 한다. 매도인이 운송계약에서 시카고 터미널에 도착하는 화차로부터의 양륙비용을 부담한 경우에는 그 양륙비용은 매수인으로부터 보상받을 수 없다. 이 규칙은 매도인에게 수입통관의무가 있다는 것을 제외하고는 DAP와 동일하며, Incoterms 2000의 DDP규칙과 동일하다.

---

18) "DDP Seattle port"와 같이 합의하는 경우에는 Incoterms 2000의 해상운송에만 적용되었던 "DES Seattle port"에 수입통관의무를 추가한 규칙에 해당한다고 볼 수 있다.

II. 해상운송전용규칙

1. 선측인도(FAS)규칙

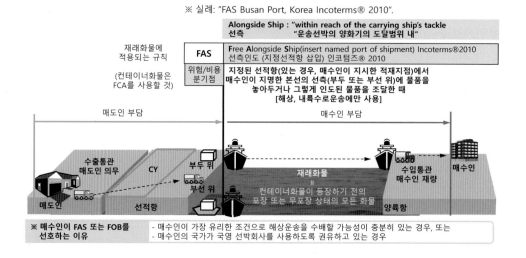

"선측인도(FAS)"는 해상 또는 내륙수로운송에만 사용할 수 있는 해상전용규칙이다. "선측인도(FAS)"란 매도인이 지정된 선적항에서 매수인이 지명한 선측(부두 또는 부선)에 물품을 놓아둘 때 매도인의 물품인도의무가 완료되는 규칙으로서, 물품이 선측에 있을 때 물품의 멸실 또는 손상의 위험은 매도인으로부터 매수인에게 이전하고, 물품이 선측에 놓여진 시점부터 매수인은 모든 비용을 부담한다. 이를 구체적으로 설명하면 다음과 같다.

첫째, "FAS"의 정식명칭인 "FREE ALONGSIDE SHIP"에서 "Free"는 "모든 비용과 책임으로부터 벗어난다(Free from all charges and responsibility)"는 의미로서 매도인의 물품 인도의무가 끝난다는 것을 말하며, "Alongside Ship(선측)"은 "운송선박의 양화기의 도달범위 내(within reach of the carrying ship's tackle)"라는 의미로서, 본선이 내항의 부두에 접안하고 있는 경우에는 "부두 상(on the quay)", 본선이 외항에 정박하고 있는 경우에는 매도인이 제공한 부선 상(on the lighter)이 된다.

둘째, 물품의 인도장소는 매도인과 매수인이 합의하여 지정한 선적항(적재지점을 합의한 경우에는 선적항의 적재지점)에서 매수인이 지명한 선박의 측면(부두 또는 부선)을 말한다.

셋째, 이 규칙은 지정된 선적항의 적재지점까지의 비용과 위험이 매도인의 부담이고 이들 비용과 이와 관련된 취급비용이 항구의 관습에 따라 다를 수 있기 때문에 매매계약의 당사자인 매도인과 매수인은 가능한 한 그 적재지점을 명확히 하도록 권고된다.

넷째, 1차산품(commodity)의 무역에서 일반적인 사슬에 따른 복수의 매매('연속매매')의 경우에는, 매도인이 매수인에게 물품을 인도하면, 물품을 인도받은 매수인이 그 물품을 다시 다른 매수인에게 판매하고, 다른 매수인이 또 다른 매수인에게 판매하는 것과 같은 거래가 연속적으로 이루어진다. 이러한 상황에서, 매도인이 물품의 인도를 위하여 선측에 물품을 놓아둔 때 물품의 멸실 또는 손상의 위험은 매도인으로부터 매수인에게 이전하고, 선적을 위하여 선측에 놓여짐으로써 이미 그렇게 인도된 물품을 수취한 매수인이 다시 다른 매수인에게 물품을 판매하는 경우에는 그 매수인은 매도인의 입장으로서 다른 매수인에게 물품을 조달한 때 물품의 멸실 또는 손상의 위험이 그 매수인(매도인의 입장)으로부터 다른 매수인에게 이전한다. 여기에서 조달이라는 용어는 1차산품 무역에서 일반적인 사슬에 따른 복수의 매매('연속매매')를 위하여 사용된다.

다섯째, 이 규칙은 컨테이너화물에 적용되는 것이 아니라 재래화물[19]에 적용되는 규칙이다. 컨테이너화물의 경우에는 전형적으로 매도인은 선측이 아니라 터미널에서 운송인에게 물품을 인도한다. 따라서, 컨테이너화물의 경우에는 당사자가 FAS규칙을 사용하는 것은 적합하지 않기 때문에 FCA규칙을 사용하여야 한다. FAS규칙은 원맥, 원목 및 원면 등과 같이 선적비용이 많이 소요되는 대량의 산화물에 주로 이용되는 규칙으로서, 원목을 묶어 선적항의 본선의 선측에 붙여 놓고 선적하던 북유럽의 목재

---

19) 재래화물은 컨테이너에 적입되지 않은 모든 화물로서, 컨테이너가 아닌 다른 형태로 포장되어 운송되거나 또는 원유·곡물·광석 등의 산화물(bulk cargo)과 같이 무포장 상태로 운송되는 화물을 말한다. 즉, 재래화물은 컨테이너화물이 등장하기 전의 포장 또는 무포장상태의 모든 화물을 말한다.

매매에서 유래되었다.

여섯째, 수출입통관이 적용될 수 있는 경우에는, 수출통관을 이행하는 것은 매도인의 의무이지만, 수입통관(수입통관의 이행, 수입관세의 지급 또는 수입통관절차의 수행)을 이행하는 것은 매도인의 의무가 아니다. 즉, 매도인이 수입통관을 이행할 의무가 없기 때문에, 매수인은 자신의 재량으로 수입통관(수입통관의 이행, 수입관세의 지급 또는 수입통관절차의 수행)을 이행한다.

● FCA규칙과 FAS규칙의 비교

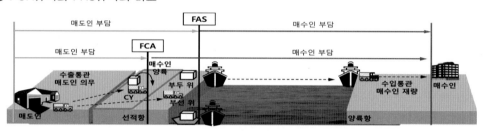

구분	FCA Port of shipment	FAS Port of shipment
인도장소	선적항의 CY	선적항의 본선의 양화기가 도달할 수 있는 **부두 또는 부선 위**
적용물품	컨테이너물품	재래물품
인도방법	-매도인은 선적항의 CY에서 매수인이 지명하거나 또는 매수인의 요청에 따라 자신이 선택한 운송인 또는 기타의 자(선사의 대리인인 CY의 운영인)에게 물품을 인도 -매도인은 도착한 운송차량으로부터 양륙 의무 없음	-매도인은 선적항에 도착한 운송차량으로부터 물품을 양륙한 후 부두 위 또는 부선 위에 그 항구의 관습적인 방법으로 물품을 놓아 둠 -매도인은 매수인이 지명하거나 매수인의 요청에 따라 자신이 선택한 본선에 적재할 의무 없음

2. 본선인도(FOB)규칙

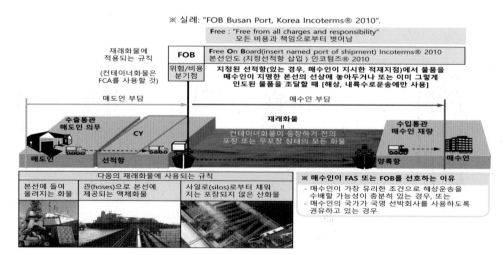

"본선인도(FOB)"는 해상 또는 내륙수로운송에만 사용할 수 있는 해상전용규칙이다. "본선인도(FOB)"란 매도인이 지정된 선적항에서 매수인이 지명한 본선의 선상에서 물품을 인도하거나 또는 이미 그렇게 인도된 물품을 조달할 때 매도인의 물품인도의 무가 완료되는 규칙으로서, 물품이 본선의 선상에 있을 때 물품의 멸실 또는 손상의 위험은 매도인으로부터 매수인에게 이전하고, 매수인은 물품이 본선의 선상에 놓여진 순간부터 모든 비용을 부담한다. 이를 구체적으로 설명하면 다음과 같다.

첫째, "FOB"의 정식명칭인 "FREE ON BOARD"에서 "Free"는 "모든 비용과 책임으로부터 벗어난다(Free from all charges and responsibility)"는 의미로서 매도인의 물품인도의무가 끝난다는 것을 말하며, "On Board(선상)"는 "매수인이 지명한 본선의 선상(on board the vessel nominated by the buyer)"이라는 의미로서, 선적항에 입항한 본선의 선상을 말한다.

둘째, 물품의 인도장소는 매도인과 매수인이 합의하여 지정한 선적항(매수인이 지시한 적재지점이 있는 경우에는 선적항의 적재지점)에서 매수인이 지명한 본선의 선상을 말한다.

셋째, 1차산품(commodity)의 무역에서 일반적인 사슬에 따른 복수의 매매('연속매매')의 경우에는, 매도인이 매수인에게 물품을 인도하면, 물품을 인도받은 매수인이 그 물품을 다시 다른 매수인에게 판매하고, 다른 매수인이 또 다른 매수인에게 판매하는 것과 같은 거래가 연속적으로 이루어진다. 이러한 상황에서, 매도인이 물품의 인도를 위하여 본선의 선상에 물품을 놓아둔 때 물품의 멸실 또는 손상의 위험은 매도인으로부터 매수인에게 이전하고, 물품이 본선의 선상에 놓여짐으로써 이미 그렇게 인도된 물품을 수취한 매수인이 다시 다른 매수인에게 물품을 판매하는 경우에는 그 매수인은 매도인의 입장으로서 다른 매수인에게 물품을 조달한 때 물품의 멸실 또는 손상의 위험이 그 매수인(매도인의 입장)으로부터 다른 매수인에게 이전한다. 여기에서 조달이라는 용어는 1차산품 무역에서 일반적인 사슬에 따른 복수의 매매('연속매매')를 위하여 사용된다.

넷째, 이 규칙은 컨테이너화물에 적용되는 것이 아니라 재래화물[20]에 적용되는 규칙이다. 컨테이너화물의 경우에는 전형적으로 매도인은 선측이 아니라 터미널에서 운송인에게 물품을 인도한다. 즉, 물품이 본선의 선상보다 더 빠른 장소인 터미널에서 운송인에게 인도되는 컨테이너화물의 경우에는 당사자가 FOB규칙을 사용하는 것은 적합하지 않기 때문에 FCA규칙을 사용하여야 한다.

다섯째, 수출입통관이 적용될 수 있는 경우에는, 수출통관을 이행하는 것은 매도인의 의무이지만, 수입통관(수입통관의 이행, 수입관세의 지급 또는 수입통관절차의 수행)을 이행하는 것은 매도인의 의무가 아니다. 즉, 매도인이 수입통관을 이행할 의무

---

20) 재래화물은 컨테이너에 적입되지 않은 모든 화물로서, 컨테이너가 아닌 다른 형태로 포장되어 운송되거나 또는 원유·곡물·광석 등의 산화물(bulk cargo)과 같이 무포장 상태로 운송되는 화물을 말한다. 즉, 재래화물은 컨테이너화물이 등장하기 전의 포장 또는 무포장상태의 모든 화물을 말한다.

가 없기 때문에, 매수인은 자신의 재량으로 수입통관(수입통관의 이행, 수입관세의 지급 또는 수입통관절차의 수행)을 이행한다.

● FCA규칙과 FOB규칙의 비교

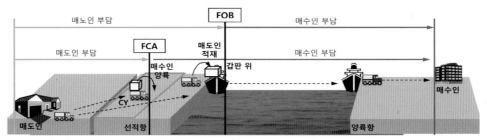

구분	FCA Port of shipment	FOB Port of shipment
인도장소	선적항의 CY	선적항의 본선의 **선상(on board)**
적용물품	컨테이너물품	재래물품
인도방법	-매도인은 선적항의 CY에서 매수인이 지명하거나 또는 매수인의 요청에 따라 자신이 선택한 운송인 또는 기타의 자(선사의 대리인인 CY의 운영인)에게 물품을 인도 -매도인은 도착한 운송차량으로부터 양륙의무 없음	-매도인은 선적항에서 매수인이 지명하거나 또는 매수인의 요청에 따라 자신이 선택한 본선의 선상에 그 항구의 관습적인 방법으로 물품을 놓아 둠 - 매도인은 본선의 선상에 적재할 의무 있음

3. 운임포함(CFR)규칙

"운임포함(CFR)"은 해상 또는 내륙수로운송에만 사용할 수 있는 해상전용규칙이다.

"운임포함(CFR)"이란 매도인이 선적항에서 자신이 지명한 본선의 선상에서 물품을 인도하거나 또는 이미 그렇게 인도된 물품을 조달할 때 매도인의 물품인도의무가 완료되는 규칙으로서, 물품이 본선의 선상에 있을 때 물품의 멸실 또는 손상의 위험은 매도인으로부터 매수인에게 이전하지만, 매도인이 지정된 목적항까지 물품을 운송하기 위하여 필요한 운송계약을 체결하고 운임을 지급해야 하는 규칙을 말한다. 즉, CFR규칙에서 매도인의 물품인도의무는 CPT, CIP 또는 CIF규칙과 마찬가지로, 물품이 목적지에 도착할 때가 아니라 매도인이 본선의 선상에서 물품을 인도할 때 완료된다. 이 규칙을 구체적으로 설명하면 다음과 같다.

첫째, "CFR"의 정식명칭인 "COST AND FREIGHT"에서 "Cost(비용)"는 "수출원가(export cost)"를 의미하는 것으로서 FOB가격을 말하며, "Freight(운임)"는 "해상운송비용(ocean carriage)"을 말한다. 즉, "FOB비용"에 "지정된 목적항까지의 해상운임이라는 비용"이 포함되는 것을 말한다.

둘째, 물품의 인도장소는 매도인과 매수인이 합의하여 지정한 선적항(선적항에서 합의된 인도지점이 있는 경우에는 그 인도지점)에서 매도인이 지명한 본선의 선상을 말한다.

셋째, CFR규칙에서 매도인의 물품인도의무는 CPT, CIP 또는 CIF규칙과 마찬가지로, 물품이 목적항에 도착할 때가 아니라 매도인이 본선의 선상에서 물품을 인도할 때 완료된다. 즉, 이 규칙은 위험의 분기점(위험이 이전하는 장소)과 비용의 분기점(비용이 이전하는 장소)이 서로 다르기 때문에 두 가지 분기점이 존재하게 된다. 즉, 매도인이 본선의 선상에서 물품을 인도할 때 위험은 매도인으로부터 매수인에게 이전하지만, 위험이 이전된 후에도 매도인은 합의된 목적항까지의 운임을 여전히 부담하여야 한다. 따라서, 매도인이 운송계약을 체결하여야 하는 목적항은 계약에서 항상 명시될 것이기 때문에 별다른 문제가 없을 것이지만, 물품의 멸실 또는 손상의 위험이 이전하는 선적항은 계약에서 명시되지 않을 수 있다. 그러므로, 이 규칙은 선적항이 매수인에게 특정이익을 주는 장소인 경우에는 당사자가 계약에서 가능한 한 명확히 선적항을 명시할 것을 권고하고 있다.

넷째, 이 규칙은 합의된 목적항 내의 특정 지점까지 매도인이 비용을 부담하기 때문에 당사자가 합의된 목적항 내의 특정 지점을 가능한 한 합의하도록 권고하는 것은 물론 매도인이 그 지점까지 운송계약을 수배하도록 권고하고 있다.

다섯째, 지정된 목적항에서의 양륙비용의 부담은 운송계약에 따라 달라질 수 있다. 운송계약에서 양륙비용이 매도인의 부담으로 되어 있는 경우에는, 당사자 간에 별도의 합의가 없는 한, 매도인은 그러한 양륙비용을 부담하여야 하고, 운송계약에서 양

류비용이 매도인의 부담으로 되어 있지 않은 경우에는 매수인이 그러한 양륙비용을 부담하여야 한다.

여섯째, 1차산품(commodity)의 무역에서 일반적인 사슬에 따른 복수의 매매('연속매매')의 경우에는, 매도인이 매수인에게 물품을 인도하면, 물품을 인도받은 매수인이 그 물품을 다시 다른 매수인에게 판매하고, 다른 매수인이 또 다른 매수인에게 판매하는 것과 같은 거래가 연속적으로 이루어진다. 이러한 상황에서, 매도인이 물품의 인도를 위하여 본선의 선상에 물품을 놓아둔 때 물품의 멸실 또는 손상의 위험은 매도인으로부터 매수인에게 이전하고, 물품이 본선의 선상에 놓여짐으로써 이미 그렇게 인도된 물품을 수취한 매수인이 다시 다른 매수인에게 물품을 판매하는 경우에는 그 매수인은 매도인의 입장으로서 다른 매수인에게 물품을 조달한 때 물품의 멸실 또는 손상의 위험이 그 매수인(매도인의 입장)으로부터 다른 매수인에게 이전한다. 여기에서 조달이라는 용어는 1차산품 무역에서 일반적인 사슬에 따른 복수의 매매('연속매매')를 위하여 사용된다.

일곱째, 이 규칙은 컨테이너화물에 적용되는 것이 아니라 재래화물[21]에 적용되는 규칙이다. 컨테이너화물의 경우에는 전형적으로 매도인은 선측이 아니라 터미널에서 운송인에게 물품을 인도한다. 즉, 물품이 본선의 선상보다 더 빠른 장소인 터미널에서 운송인에게 인도되는 컨테이너화물의 경우에는 당사자가 CFR규칙을 사용하는 것은 적합하지 않기 때문에 CPT규칙을 사용하여야 한다.

여덟째, 수출입통관이 적용될 수 있는 경우에는, 수출통관을 이행하는 것은 매도인의 의무이지만, 수입통관(수입통관의 이행, 수입관세의 지급 또는 수입통관절차의 수행)을 이행하는 것은 매도인의 의무가 아니다. 즉, 매도인이 수입통관을 이행할 의무가 없기 때문에, 매수인은 자신의 재량으로 수입통관(수입통관의 이행, 수입관세의 지급 또는 수입통관절차의 수행)을 이행한다.

---

21) 재래화물은 컨테이너에 적입되지 않은 모든 화물로서, 컨테이너가 아닌 다른 형태로 포장되어 운송되거나 또는 원유·곡물·광석 등의 산화물(bulk cargo)과 같이 무포장 상태로 운송되는 화물을 말한다. 즉, 재래화물은 컨테이너화물이 등장하기 전의 포장 또는 무포장상태의 모든 화물을 말한다.

● FOB규칙과 CFR규칙의 비교

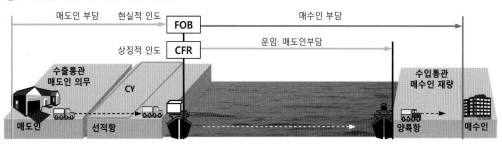

구분	위험이전	비용이전	운송 계약	소유권 이전	인도 방법
FOB Port of shipment	선적항의 **본선의 선상** (on board the vessel)	선적항의 **본선의 선상** (on board the vessel)	매수인 의무	선적시	현실적
CFR Port of Destination	FOB와 동일	원칙적으로 선적항의 본선의 선상(on board the vessel)에서 이전하지만, **목적 항까지의 운임만 매도인이 추가로 부담** [목적항에서의 양륙비용은 운임에 포함된 경우에만 매도인 부담]	매도인 의무	선적 서류 제공시	상징적

4. 운임보험료포함(CIF)규칙

※ 실례: "CIF Long Beach Port, CA USA Incoterms® 2010".

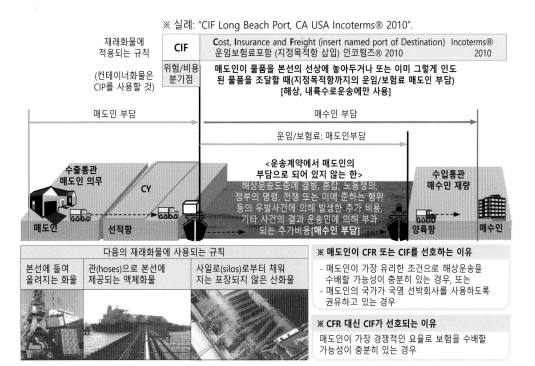

"운임보험료포함(CIF)"은 해상 또는 내륙수로운송에만 사용할 수 있는 해상전용규칙이다. "운임보험료포함(CIF)"이란 매도인이 선적항에서 자신이 지명한 본선의 선상에서 물품을 인도하거나 또는 이미 그렇게 인도된 물품을 조달할 때 매도인의 물품인도의무가 완료되는 규칙으로서, 물품이 본선의 선상에 있을 때 물품의 멸실 또는 손상의 위험은 매도인으로부터 매수인에게 이전하지만, 매도인이 지정된 목적항까지 물품을 운송하기 위하여 필요한 운송계약을 체결하고 운임을 지급해야 할 뿐만 아니라 지정된 목적항까지의 운송 중의 물품의 멸실 또는 손상의 위험에 대하여 보험계약을 체결하고 보험료를 지급해야 하는 규칙을 말한다. 즉, CIF규칙에서 매도인의 물품인도의무는 CPT, CIP 또는 CIF규칙과 마찬가지로, 물품이 목적지에 도착할 때가 아니라 매도인이 본선의 선상에서 물품을 인도할 때 완료된다. 이 규칙을 구체적으로 설명하면 다음과 같다.

첫째, "CIF"의 정식명칭인 "COST, INSURANCE AND FREIGHT"에서 "Cost(비용)"는 "수출원가(export cost)"를 의미하는 것으로서 FOB가격을 말하며, "Insurance"는 "보험료(insurance premium)"를 말하며, "Freight(운임)"는 "해상운송비용(ocean carriage)"을 말한다. 즉, "FOB비용"에 "지정된 목적항까지의 해상운임이라는 비용"과 "지정된 목적항까지의 해상보험료라는 비용"이 포함되는 것을 말한다.

둘째, 물품의 인도장소는 매도인과 매수인이 합의하여 지정한 선적항(선적항에서 합의된 인도지점이 있는 경우에는 그 인도지점)에서 매도인이 지명한 본선의 선상을 말한다.

셋째, CFR규칙에서 매도인의 물품인도의무는 CPT, CIP 또는 CIF규칙과 마찬가지로, 물품이 목적항에 도착할 때가 아니라 매도인이 본선의 선상에서 물품을 인도할 때 완료된다. 즉, 이 규칙은 위험의 분기점(위험이 이전하는 장소)과 비용의 분기점(비용이 이전하는 장소)이 서로 다르기 때문에 두 가지 분기점이 존재하게 된다. 즉, 매도인이 본선의 선상에서 물품을 인도할 때 위험은 매도인으로부터 매수인에게 이전하지만, 위험이 이전된 후에도 매도인은 합의된 목적항까지의 운임을 여전히 부담하여야 한다. 따라서, 매도인이 운송계약을 체결하여야 하는 목적항은 계약에서 항상 명시될 것이기 때문에 별다른 문제가 없을 것이지만, 물품의 멸실 또는 손상의 위험이 이전하는 선적항은 계약에서 명시되지 않을 수 있다. 그러므로, 이 규칙은 선적항이 매수인에게 특정이익을 주는 장소인 경우에는 당사자가 계약에서 가능한 한 명확히 선적항을 명시할 것을 권고하고 있다.

넷째, 이 규칙은 합의된 목적항 내의 특정 지점까지 매도인이 비용을 부담하기 때문에 당사자가 합의된 목적항 내의 특정 지점을 가능한 한 합의하도록 권고하는 것은 물론 매도인이 그 지점까지 운송계약을 수배하도록 권고하고 있다.

다섯째, 지정된 목적항에서의 양륙비용의 부담은 운송계약에 따라 달라질 수 있다.

운송계약에서 양륙비용이 매도인의 부담으로 되어 있는 경우에는, 당사자 간에 별도의 합의가 없는 한, 매도인은 그러한 양륙비용을 부담하여야 하고, 운송계약에서 양륙비용이 매도인의 부담으로 되어 있지 않은 경우에는 매수인이 그러한 양륙비용을 부담하여야 한다.

여섯째, 물품의 멸실 또는 손상의 위험은 매도인이 본선의 선상에서 물품을 인도할 때에 매도인으로부터 매수인에게 이전하였기 때문에 목적항까지의 운송 도중의 물품의 멸실 또는 손상의 위험은 매수인이 부담하여야 한다. 이러한 운송 중의 물품의 멸실 또는 손상에 대한 위험이 매수인의 부담이라고 하더라도 이 규칙하에서 매도인은 이러한 운송 중의 위험에 대하여 보험계약을 체결하고 보험료를 지급하여야 한다. 이 때 매도인의 보험취득의무는 최소담보로만 한정된다. 따라서 매수인이 추가보험을 필요로 하는 경우에는, 매수인은 매도인에게 추가보험을 취득해 줄 것을 매매계약 등에서 명시적으로 합의하거나 또는 매수인 자신이 직접 추가보험약정을 체결하여야 한다.

일곱째, 1차산품(commodity)의 무역에서 일반적인 사슬에 따른 복수의 매매('연속매매')의 경우에는, 매도인이 매수인에게 물품을 인도하면, 물품을 인도받은 매수인이 그 물품을 다시 다른 매수인에게 판매하고, 다른 매수인이 또 다른 매수인에게 판매하는 것과 같은 거래가 연속적으로 이루어진다. 이러한 상황에서, 매도인이 물품의 인도를 위하여 본선의 선상에 물품을 놓아둔 때 물품의 멸실 또는 손상의 위험은 매도인으로부터 매수인에게 이전하고, 물품이 본선의 선상에 놓여짐으로써 이미 그렇게 인도된 물품을 수취한 매수인이 다시 다른 매수인에게 물품을 판매하는 경우에는 그 매수인은 매도인의 입장으로서 다른 매수인에게 물품을 조달한 때 물품의 멸실 또는 손상의 위험이 그 매수인(매도인의 입장)으로부터 다른 매수인에게 이전한다. 여기에서 조달이라는 용어는 1차산품 무역에서 일반적인 사슬에 따른 복수의 매매('연속매매')를 위하여 사용된다.

여덟째, 이 규칙은 컨테이너화물에 적용되는 것이 아니라 재래화물22)에 적용되는 규칙이다. 컨테이너화물의 경우에는 전형적으로 매도인은 선측이 아니라 터미널에서 운송인에게 물품을 인도한다. 즉, 물품이 본선의 선상보다 더 빠른 장소인 터미널에서 운송인에게 인도되는 컨테이너화물의 경우에는 당사자가 CFR규칙을 사용하는 것은 적합하지 않기 때문에 CPT규칙을 사용하여야 한다.

아홉째, 수출입통관이 적용될 수 있는 경우에는, 수출통관을 이행하는 것은 매도인

---

22) 재래화물은 컨테이너에 적입되지 않은 모든 화물로서, 컨테이너가 아닌 다른 형태로 포장되어 운송되거나 또는 원유·곡물·광석 등의 산화물(bulk cargo)과 같이 무포장 상태로 운송되는 화물을 말한다. 즉, 재래화물은 컨테이너화물이 등장하기 전의 포장 또는 무포장상태의 모든 화물을 말한다.

의 의무이지만, 수입통관(수입통관의 이행, 수입관세의 지급 또는 수입통관절차의 수행)을 이행하는 것은 매도인의 의무가 아니다. 즉, 매도인이 수입통관을 이행할 의무가 없기 때문에, 매수인은 자신의 재량으로 수입통관(수입통관의 이행, 수입관세의 지급 또는 수입통관절차의 수행)을 이행한다.

● FOB규칙, CFR규칙과 CIF규칙의 비교

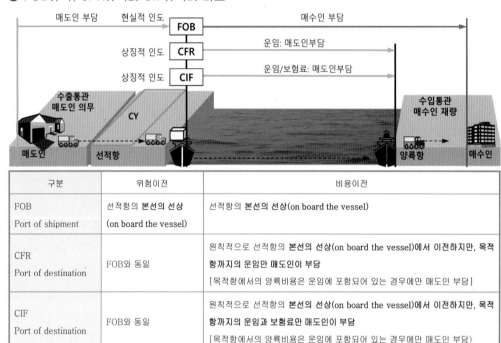

구분	위험이전	비용이전
FOB Port of shipment	선적항의 **본선의 선상** (on board the vessel)	선적항의 **본선의 선상**(on board the vessel)
CFR Port of destination	FOB와 동일	원칙적으로 선적항의 **본선의 선상**(on board the vessel)에서 이전하지만, **목적항까지의 운임만 매도인이 부담** [목적항에서의 양륙비용은 운임에 포함되어 있는 경우에만 매도인 부담]
CIF Port of destination	FOB와 동일	원칙적으로 선적항의 **본선의 선상**(on board the vessel)에서 이전하지만, **목적항까지의 운임과 보험료만 매도인이 부담** [목적항에서의 양륙비용은 운임에 포함되어 있는 경우에만 매도인 부담)

한편, CIF규칙은 매도인이 목적항까지 운송계약과 보험계약을 체결하고 운임 및 보험료를 부담한다는 점에서 "DAP Port of destination"규칙과 유사하므로 이와 비교해서 보면 쉽게 이해할 수 있을 것이다.

CIF규칙은 매도인이 선적항에서 자신이 지명한 본선의 선상에서 물품을 인도하거나 또는 이미 그렇게 인도된 물품을 조달할 때 위험이 이전하는 선적지인도규칙인 반면, "DAP port of destination"규칙은 매도인이 지정된 목적항에서 양륙할 준비가 되어 있는 물품을 도착된 운송수단위에 매수인의 임의처분상태로 놓아둘 때 위험이 이전하는 도착지인도규칙이다. 즉, CIF규칙에서는 선적항에서 물품의 위험이 이전하고 목적항까지의 운임과 보험료의 비용을 매도인이 추가적으로 부담하는 규칙이므로 선적항에서 목적항까지 해상을 이용하여 매도인이 운송계약을 체결해야 할 의무가 있다. 반면, "DAP port of destination"규칙에서는 물품의 위험 및 비용의 이전 시점이 지정된 목적항이며, 매도인은 그 목적항까지 운송계약을 체결해야 할 의무가 있다. 즉, CIF규칙에서는 선적항에서 목적항까지만 운송계약을 체결하는 것이므로 해상 또는 내륙수로운송에만 사용할 수 있도록 규정하고 있다. 그러나 "DAP port of destination"규칙에서는 어떤 장소에서 선적을 하든 관계없이 목적항까지 운송계약을 체결하여 물품을 인도하면 매도인의 인도의무는 완료된다. 따라서 "DAP port of destination"규칙하에서 매도인은 목적항까지 해상운송만을 이용하거나 아니면 해상과 다른 운송수단을 결합하여 일관해서 운송하는 복합운송방식을 이용하거나를 불문한다. 그렇다 하더라도 목적항까지는 최종적으로 해상으로 운송되어야 한다.

● CIF조건과 DAP조건의 비교

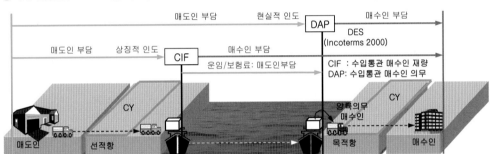

구분	CIF Port of destination	DAP Port of destination
인도장소	선적항의 본선의 선상	양륙항의 본선의 선상
인도규칙	선적지인도규칙	양륙지인도규칙
인도방법	상징적 인도	현실적인도
목적항까지의비용부담	매도인은 목적항까지 운송계약체결하고 운임만 부담함	매도인은 목적항까지 운송계약을 체결하고 운임을 포함한 기타 일체의 비용을 부담함
목적항까지의위험부담	매수인(매도인은 보험료를 지급하고 보험계약만 체결할 의무가 있음)	매도인(매도인은 자신을 위한 보험이므로 보험계약체결은 의무가 아니라 재량임)

또한 "DAP port of destination"규칙과 CIF규칙의 차이점은 피보험이익의 귀속성과 담보범위에 관한 문제로서, CIF규칙의 경우에는 매도인은 매수인을 위하여 보험에 부보하기 때문에 매수인에게 피보험이익이 귀속됨은 물론 최소한의 담보범위로 부보하는 것을 원칙으로 하지만, "DAP port of destination"규칙의 경우에는 매도인이 자신의 이익을 위하여 보험에 부보하기 때문에 피보험이익은 매도인 자신에게 귀속되며 그 담보범위는 매도인이 임의로 선택할 수 있다. 그리고 소유권이전에 관한 문제로서, CIF규칙은 서류에 의한 상징적 인도(symbolic delivery)의 방법에 의하지만, "DAP port of destination"규칙은 현실적 인도(actual delivery)의 방법에 의한다.

신용장

제1절 신용장의 의의

I. 신용장의 정의

신용장(Letter of Credit: L/C)은 그 명칭이나 기술에 관계없이 취소불능이며 일치하는 제시를 지급이행할 발행은행의 확약을 구성하는 모든 약정을 말한다.[1] 이는 매수인 (발행의뢰인)의 거래은행(신용장발행은행)이 매도인(수익자)에 의하여 제시된 서류가 신용장의 제조건, 신용장통일규칙 및 국제표준은행관행의 적용 가능한 규정에 일치하는 것을 조건으로 매도인(수익자)에게 대금지급을 이행할 것을 확약하는 증서를 말한다. 즉, 신용장은 매수인(발행의뢰인)의 의뢰에 의하여 발행의뢰인의 거래은행(발행은행)이 매도인을 수익자로 하여 발행하고, 그것에 기재된 일정조건에 따라 그 발행은행이 지급이행(지급, 연지급 또는 인수)하거나, 또는 발행은행이 지정하는 은행 앞으로 발행된 일정금액의 어음의 매입(Negotiation)을 확약하는 증서(Instrument)이다.

간단히 말하면, 신용장은 매수인을 대신하여 은행이 대금지급을 약속하는 증서로서, 매수인의 거래은행이 수익자(매도인)에 대하여 자신이 제시한 어떤 조건이 성취된다면 지급하기로 약속하고, 그 조건이 성취되지 않는다면 지급하지 않겠다고 하는 "취소불능의 조건부지급확약서"이다. 이러한 신용장은 ① 발행은행이 지급이행을 확약 또는 보증하고, ② 발행은행의 지급보증은 취소불능의 조건부지급확약(conditional irrevocable undertaking)이며, ③ 은행에 의하여 발행된다는 성질을 가지고 있다.

---

1) 신용장통일규칙(UCP 600) 제2조 제8문.

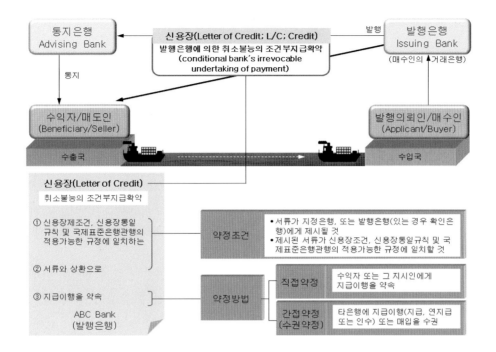

II. 신용장의 기능과 효용

1. 신용장의 기능

(1) 위험의 회피기능

(가) 신용위험의 회피기능

신용장은 그 발행을 의뢰하는 수입업자(발행의뢰인)의 신용과는 관계없이 충분한 자산과 확실한 신용을 가지고 있는 은행이 대금지급을 약정하는 것이기 때문에, 수출업자의 대금회수불능위험, 즉 수입업자의 부도 또는 파산에 의한 대금지급불능, 또는 자금부족 등에 의한 대금지급거절과 같은 신용위험(credit risk)을 배제함으로써 수출업자에게 확실하고 안전하게 대금지급을 보장하는 기능을 가지고 있다.

(나) 환결제위험의 회피기능

수입국의 외환사정의 급격한 악화로 수입제한조치 또는 외환제한조치 등에 의하여 대외지급이 불가능하게 되는 환위험이 발생하더라도, 이미 발행된 취소불능신용장에 대하여는 경과조치를 인정하는 것이 국제무역거래의 통례이기 때문에, 신용장은 일단 발행되어 수출업자에게 통지된 경우에는 수입업자의 대금지급능력과 관계없이 발생하는 환결제위험을 배제함으로써 수출업자에게 확실하고 안전하게 대금지급을 보장하는 기능을 가지고 있다.

(2) 금융수혜기능

신용장은 수출업자 및 수입업자에게 금융상의 혜택을 부여하는 기능을 가지고 있다. 수출업자로서는 발행은행에 의하여 자금의 전대(선대)가 허용되는 전대신용장을 이용함으로써 물품을 선적하기 전에 수출물품의 생산이나 가공에 필요한 자금을 은행으로부터 융자받을 수 있다. 또한, 수출업자로서는 물품을 선적한 경우에는 수입업자의 대금지급 전이라도 그 즉시 환어음을 발행하여 자신의 거래은행에 이를 매입하도록 의뢰함으로써 수출대금(매입대금)을 즉시 회수할 수 있기 때문에 금융상의 혜택을 받는 것과 동일한 효과를 가질 수 있게 된다.

한편, 수입업자로서는 자신의 신용이나 자금이 부족하더라도 일단 신용장이 발행되면 발행은행이 수입대금을 지급하기로 약정하는 것이기 때문에 물품이 선적되기 전에 미리 수입대금을 지급할 필요가 없을 뿐만 아니라, 물품이 선적된 경우에도 수익자의 환어음이 수입업자에게 제시될 때까지 상당한 기간동안 유예될 수 있으며, 기한부신용장의 경우에는 물품을 인수하여 수입지에서 매각한 후 그 매각대금으로 수입대금을 결제할 수 있기 때문에 금융상의 혜택을 받는 것과 동일한 효과를 가질 수 있게 된다.

(3) 무역거래의 확정에 따른 국제무역촉진기능

신용장은 수출업자의 대금회수 및 수입업자의 물품수령을 보장함으로써 무역거래를 확정시켜 국제무역을 촉진하는 기능을 가지고 있다. 신용장이 취소불능의 형태로 발행된 경우에는 발행은행과 수익자의 합의가 있을 때에만 그 취소나 조건변경이 가능하기 때문에, 수출업자로서는 신용장의 조건대로 이행하기만 한다면 대금지급을 받을 수 있는 보장이 있으며, 수입업자로서도 수출업자가 대금지급을 받기 위하여 계약기간 내에 물품을 선적할 것이므로 물품의 수령을 확신할 수 있을 것이다. 따라서 신용장이 발행된다면, 수출업자나 수입업자는 각각 상대방의 무역거래의 이행에 대한 확신을 가질 수 있기 때문에 국제무역이 촉진될 수 있다.

2. 신용장의 효용

(1) 수출업자의 이점

첫째, 대금회수가 확실하게 보장되기 때문에 안심하고 거래에 임할 수 있다.
둘째, 거래내용이 확정되므로 수출이행이 용이하다.

셋째, 매입대금의 즉시 회수에 따라 수출대금을 조기에 회수할 수 있다.

넷째, 신용장을 담보로 제조대금을 용이하게 융자받을 수 있다.

다섯째, 수입국의 외환시장 악화에 따른 대외지급중지 등의 환결제위험을 회피할 수 있다.

(2) 수입업자의 이점

첫째, 수입업자는 은행의 신용을 이용하여 자기의 신용을 현저히 강화할 수 있기 때문에 유리한 조건으로 계약을 체결할 수 있다.

둘째, 수입업자는 수출업자가 계약조건대로 이행할 것이라고 확신할 수 있다.

셋째, 신용장상에 최종 선적기일(shipping date)과 유효기일(expiry date)이 명시되어 있기 때문에 계약물품의 인도시기를 예상할 수 있다.

넷째, 수입업자는 발행은행으로부터 수입담보화물대도(Trust Receipt; T/R)에 의한 신용을 공여받음으로써 금융상의 혜택을 받을 수 있다.

다섯째, 물품이 도착한 후 대금지급을 함으로써 금융상 유리하다.

제2절 신용장의 당사자와 거래과정

Ⅰ. 신용장의 당사자

신용장거래에 있어서 당사자(parties) 또는 관계당사자(parties concerned)는 신용장거래에 관계되는 모든 당사자, 즉 매매당사자 및 은행들을 총칭하는 것으로서, 기본당사자와 기타 당사자로 구분된다. 여기에서 기본당사자는 발행은행, 확인은행(있는 경우) 및 수익자이고, 화환신용장을 원활하게 하는 기타 당사자(other parties)는 발행의뢰인, 통지은행, 지정된 지급은행·매입은행·인수은행 및 양도은행(있는 경우) 등이다.[2] 발행의뢰인은 매매계약의 당사자이지만 신용장의 기본 당사자는 아니다.

---

2) Charles del Busto, ICC Guide to Documentary Credit Operations for the UCP 500, ICC PUBLISHING S.A., 1994, p.24.

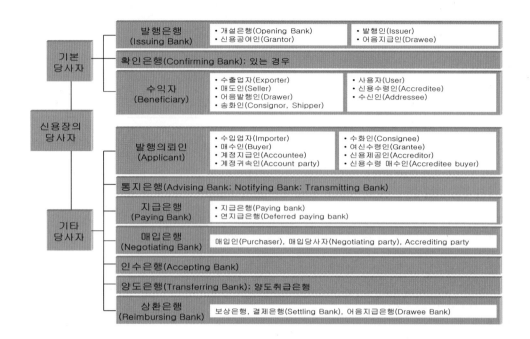

1. 기본 당사자

기본 당사자는 신용장의 발행, 조건변경 또는 취소에 관계되는 자로서 발행은행, 확인은행(있는 경우) 및 수익자를 말한다.

① 발행은행(Issuing Bank)　발행의뢰인의 요청에 따르거나 또는 그 자신을 위하여 신용장을 발행하는 은행[3]으로서, 개설은행(Opening Bank)이라고도 한다. 즉, 이는 신용장발행의뢰인(수입업자)의 요청과 지시에 따라 수익자(수출업자) 앞으로 신용장을 발행하고 그 수익자가 발행하는 환어음 및/또는 수익자가 제시하는 서류에 대하여 대금지급을 확약하는 은행을 말한다.

② 확인은행(Confirming Bank)　발행은행의 수권 또는 요청에 따라 신용장에 확인을 추가하는 은행을 말한다.[4] 이는 발행은행의 수권이나 요청에 따라 제3의 은행이 신용장에 의해 발행된 환어음의 지급, 인수, 또는 매입을 추가로 확약하는 은행으로서, 발행은행과 동일한 지위를 갖게 되는 은행을 말한다. 확인은행은 통상적으로 수출업자와 동일한 국가에 위치하고 있다.

③ 수익자(Beneficiary)　그 자신을 수익자로 하여 신용장을 발행받는 당사자를 말한

---

3) 신용장통일규칙(UCP 600) 제2조 제10문; 한편, "issue", "open", "establish" 등의 단어는 신용장을 발행한다는 의미를 가지고 있다.
4) 신용장통일규칙(UCP 600) 제2조 제7문.

다.[5] 이는 발행은행으로부터 신용장을 수취하여 신용장조건에 따른 권한과 이익을 얻는 자로서, 매매계약상의 매도인인 수출업자를 말한다. 이는 신용장조건에 일치하는 서류를 제공할 의무를 부담하고 발행은행 또는 확인은행에 신용장에 의한 확약의 이행을 청구하는 자를 말한다.

2. 기타 당사자

기타 당사자(other parties)는 신용장거래가 원활하게 이루어질 수 있도록 역할을 담당하는 자를 말한다. 기타당사자의 지위는 주로 발행은행과 어떠한 약정을 맺었느냐에 따라 정해지게 되며, 하나의 은행이 복수의 역할을 담당하는 경우가 대부분이다.

① 발행의뢰인(Applicant)　신용장이 발행되도록 요청하는 당사자를 말한다.[6] 이는 매매계약의 조건에 따라 통상적으로 수입지(또는 다른 제3국)에 있는 자신의 거래은행에게 신용장의 발행을 신청하는 자로서, 매수인인 수입업자를 말한다. 발행의뢰인은 원칙적으로 수입업자에 해당하는 것이지만, 매수인의 거래처인 제3자가 발행의뢰인이 되는 경우가 있다.

② 통지은행(advising bank; notifying bank; transmitting bank)　발행은행의 요청에 따라 신용장을 통지하는 은행을 말한다.[7] 이는 통상적으로 수익자의 소재지에 있는 발행은행의 본·지점이나 환거래은행(correspondence bank)으로서, 발행은행의 위탁을 받아 수익자에게 신용장의 발행사실과 그 내용을 단순히 통지해 주는 은행을 말한다.

③ 지급은행(Paying bank)　발행은행의 본·지점이나 예치환거래은행(depository correspondence bank)으로서, 신용장에서 요구된 서류와 상환으로 전액을 지급하거나 수익자가 자기 앞으로 발행한 환어음의 액면가액을 할인함이 없이 전부 지급하는 은행을 말한다. 지급은행은 그 지급행위에 대하여 통지은행과 마찬가지로 아무런 책임 없이 단순히 대금을 지급해 주는 역할만을 수행하고 있다.[8]

④ 매입은행(Negotiating bank)　수익자가 발행은행을 지급인으로 하여 발행한 환어음을 매입하는 은행을 말한다. 이 경우 매입은행은 수익자가 제시한 선적서류가 신용장조건과 일치하는지의 여부를 점검한 후 신용장조건과 일치하는 경우에만 환어음을 매입하게 된다. 매입은행은 통상적으로 수출지에 있는 수익자의 거래

---

5) 신용장통일규칙(UCP 600) 제2조 제4문.
6) 신용장통일규칙(UCP 600) 제2조 제2문.
7) 신용장통일규칙(UCP 600) 제2조 제1문.
8) 참고로, 지정은행(Nominated Bank)은 UCP 600 제2조 제12문에서는 "신용장이 사용될 수 있는 은행 또는 은행에서 사용될 수 있는 신용장의 경우에는 모든 은행을 말한다"고 규정하고 있다. 즉, 이는 신용장에 의하여 발행된 어음을 매입, 인수, 지급할 것을 발행은행으로부터 위탁받은 은행을 말한다.

은행이 되며, 특히, 지정이 없는 자유매입신용장의 경우에는 수출업자의 거래은행이나 통지은행이 매입은행이 된다.[9]

⑤ 인수은행(Accepting bank) 수익자가 발행한 기한부환어음(usance bill)을 인수(acceptance)한 후, 어음의 만기일에 그 어음금액을 지급하는 은행을 말한다. 인수은행은 수익자가 제시한 기한부 환어음의 표면에 인수표시를 한 경우에는 해당 어음의 만기일에 대금지급을 거절할 수 없으며, 인수은행은 어음의 만기일이 지급은행이 된다.

⑥ 양도은행(Transferring Bank) 신용장을 양도하는 지정은행, 또는 모든 은행에서 사용될 수 있는 신용장에 있어서, 발행은행에 의하여 양도하도록 특별히 수권되고 그 신용장을 양도하는 은행을 말하며, 발행은행은 양도은행일 수 있다.[10] 이는 양도업무를 수행하는 은행으로서, 원수익자(first beneficiary)의 요청에 따라 제2수익자(second beneficiary)에게 신용장의 양도통지를 행하는 은행을 말한다. 즉, 양도가능신용장하에서 원수익자의 요청에 따라 제2수익자 앞으로 신용장을 양도하고 이에 따라 지급, 인수 또는 매입을 행하는 은행을 말한다. 양도은행은 양도가능신용장을 받은 원수익자의 요청에 따라 제3자(제2수익자; second beneficiary)에게 신용장을 양도할 수 있으며, 신용장의 양도를 취급한다는 의미에서 이를 양도취급은행이라고 번역하는 경우도 있다.

⑦ 상환은행(Reimbursing bank; 보상은행) 신용장의 결제통화가 수출입국가 이외의 제3국 통화인 경우에 발행은행의 지시에 따라 매입은행에게 신용장대금을 결제하는 수출입국가 이외의 제3국에 소재하는 은행을 말한다. 즉, 상환은행은 신용장에 의한 어음의 매입, 인수, 지급을 행한 은행에게 발행은행으로부터 위탁을 받아 발행은행을 대신하여 상환청구에 응하는 은행을 말한다.

지급이행 (Honour)	일람지급 (Payment at sight)	서류가 제시되었을 때 신용장 금액을 액면가액 그대로 주는 행위
	연지급 (Deferred payment)	연지급확약의무를 부담하고, 만기일에 대금을 주는 행위
	인수후 지급 (Payment after Acceptance)	수익자발행의 환어음의 만기일에 대금을 주겠다고 약속(인수)하고, 만기일에 대금을 주는 행위
매입 (Negotiation)		소정기간의 이자 및 수수료를 받고 환어음 및/또는 서류를 구매하는 행위
상환 (Reimbursement)		발행은행을 대신하여 환어음 및/또는 서류를 매입한 매입은행에게 대금을 결제하는 행위

---

9) 참고로, 재매입은행(renegotiating bank)은 매입은행에서 매입한 환어음을 다시 매입하는 은행을 말한다.
10) 신용장통일규칙(UCP 600) 제38조 b항.

II. 신용장의 거래과정

신용장거래의 메카니즘을 살펴보면 다음과 같다.

① 수출업자와 수입업자는 대금결제방법으로서 신용장에 의하여 대금지급이 이루어지도록 물품매매계약을 체결한다.

② 수입업자는 자신의 거래은행(발행은행)으로 하여금 수출업자를 신용장의 수익자로 하여 신용장을 발행해 줄 것을 의뢰한다.

③ 발행은행은 신용장을 발행하여 통지은행에 송부한다. 즉, 발행을 의뢰받은 수입업자의 거래은행(발행은행)은 수입업자(발행의뢰인)의 지시에 따라 수익자 앞으로 신용장을 발행한다.

④ 통지은행은 서명감(signature books) 또는 테스트키(test codes)를 사용하여 신용장의 외관상의 진정성(certification)을 확인한 후에 수출업자(수익자)에게 통지한다.

⑤ 신용장을 수취한 수출업자는 신용장이 매매계약조건과 일치하는지, 신용장에 명시된 서류를 제시할 수 있는지, 신용장조건이 이행될 수 있는지의 여부를 확인한다.

⑥ 수출업자는 물품을 선적하고 신용장에서 요구된 모든 서류(상업송장, 운송서류(예: 선화증권), 보험서류(예: 보험증권) 등)를 수집하여야 한다. 우선, 수출업자는 보험회사에 보험을 부보하고 보험증권을 발급받는다.

⑦ 수출업자는 운송인(선박회사)에 선적의뢰후 물품을 인도하고 선화증권을 발급받는다.

⑧ 수출업자는 신용장에서 제시하도록 요구된 모든 선적서류를 화환어음에 첨부하여 통상적으로 통지은행에 제시하고 화환어음의 매입을 의뢰한다.

⑨ 통지은행은 수출업자에 의하여 제시된 서류가 신용장조건과 일치하는지의 여부를 심사한 후 신용장조건과 일치하는 경우에는 수출업자의 화환어음을 매입하고 수출업자에게 매입대금을 지급한다.

⑩ 매입은행은 매입한 환어음과 선적서류를 신용장의 지시에 따라 통상적으로 발행은행에 송부하여 대금지급을 요청한다. 경우에 따라서는 상환은행(reimbursing bank)에게 화환어음의 상환을 청구하고, 서류는 발행은행에 송부하도록 하는 지시가 있는 경우에는 이에 따른다.

⑪ 발행은행은 제시된 서류가 신용장조건과 일치하는지의 여부를 심사하고, 일치하는 경우에는 대금을 지급한다.

⑫ 발행은행은 매입은행으로부터 도착된 환어음과 선적서류를 수입업자에게 통지한다.

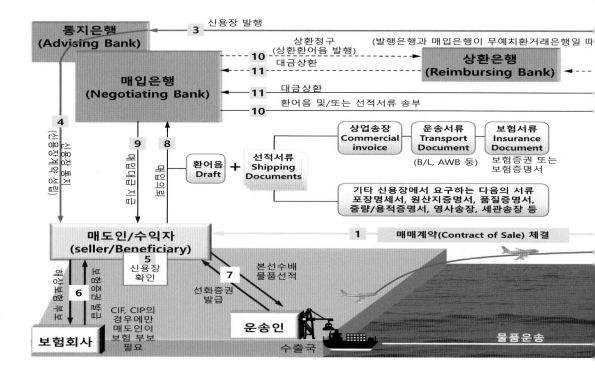

⑬ 수입업자는 발행은행으로부터 제시된 환어음이 일람출급환어음(sight bill)인 경우에는 발행은행에 그 환어음의 대금을 지급하고, 기한부환어음(usance bill)인 경우에는 그 환어음을 인수한 후에, 발행은행으로부터 선적서류를 인도받는다. 만일 일람출급환어음의 경우에 수입업자가 발행은행에 대금을 지급하지 않고 선적서류를 먼저 인도받고자 한다면, 수입업자는 수입화물대도(trust receipt; T/R)를 발행은행에 제공하고 선적서류를 인도받을 수 있다.

⑭ 운송인(선박회사)는 물품이 도착한 경우 수입업자에게 물품도착사실을 통지한다.

⑮ 수입업자는 운송인에게 선화증권을 제시하고 물품을 수령한다. 만일 물품은 이미 도착하였으나 선적서류가 도착하지 않아 선화증권을 제시할 수 없는 경우에는, 수입업자는 발행은행으로부터 수입화물선취보증서(letter of guarantee; L/G)를 발급받아 운송인에게 제시하고 물품을 수령할 수 있다. 수입업자는 물품을 수령하는 경우에는 그 물품이 계약과 일치하는지의 여부를 검사하고 물품이 매

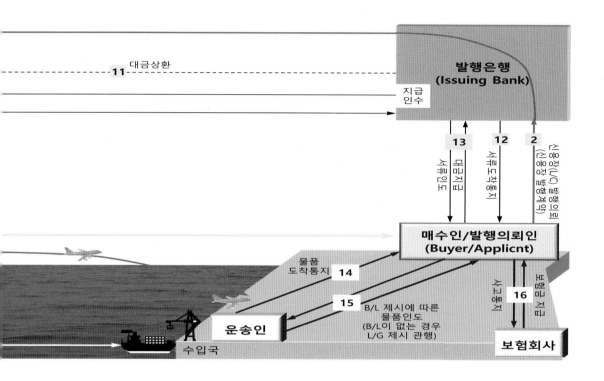

매계약과 불일치한 경우에는 수출업자에게 클레임을 제기한다.

한편, 물품이 운송중에 멸실 또는 손상된 경우에는 수입업자는 보험회사에 보험사고의 통지와 함께 보험증권을 제시하고 보험회사로부터 보험금을 지급받는다.

제3절 신용장거래의 특성

Ⅰ. 신용장의 독립추상성

1. 신용장의 독립성의 원칙

신용장의 독립성의 원칙(Principle of autonomy of the credit)이란 신용장은 매매계약에 근거하여 발행되지만 일단 신용장이 발행되면 그 매매계약과는 독립된 별도의 법률관계가 형성된다는 것을 말한다. 즉, 취소불능신용장은 상업신용장인지 보증신용장인지를 불문하고 그것이 발행되는 근거가 된 수익자와 신용장발행의뢰인간의 거래, 발행의뢰인과 발행은행간의 신용장발행에 관한 거래와는 별개의 독립된 계약이라고 하는 것을 말한다. 구체적으로는 신용장은 수익자와 발행의뢰인간의 매매계약, 융자계약 등의 계약, 그리고 발행의뢰인과 발행은행간의 신용장발행에 관한 계약과는 별개의 독립된 존재로 되는 것이다.[11]

하지만, 매매계약서와 신용장조건이 일치하지 않는 경우, 무리하게 신용장조건에 합치시켜 서류를 작성한다면, 나중에 매수인으로부터 손해배상의 청구를 받을 염려가 있다.

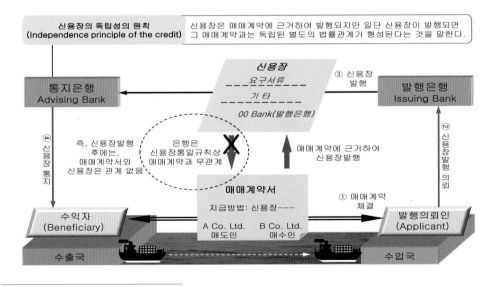

---

11) 新堀聰, 現代貿易賣買, 同文館, 2001, p.243.

2. 신용장의 추상성의 원칙

신용장의 추상성의 원칙(Principle of abstraction of the credit)이란 신용장의 모든 관계당사자는 계약물품과는 아무런 관계없이 계약물품을 상징하는 서류에 의하여 거래한다는 것을 말한다. 즉, 은행은 매매계약에서 언급된 물품과 신용장조건이 불일치하거나 또는 물품이 인도되지 않은 경우에도 신용장에서 요구하는 서류만을 가지고 대금지급여부를 판단한다는 것이다. 신용장의 추상성의 원칙이 있기 때문에 신용장거래를 물품거래가 아닌 "서류에 의한 거래"라고 하는 것이다.

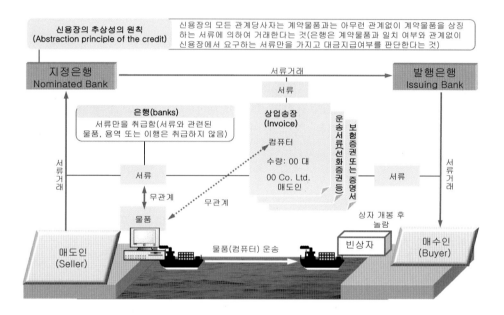

II. 서류심사와 관련된 원칙

1. 엄밀일치의 원칙과 상당일치의 원칙

수익자는 문면상 신용장조건과 일치하는 서류를 제시하여야 하고, 이에 대하여 은행은 제시된 서류가 문면상 신용장조건과 일치하는지, 이들 서류 상호간에 모순되지 않고 일관성을 갖추고 있는지를 심사하고 수리여부를 결정함에 있어서 어떤 기준과 어느 정도의 주의를 기울여야 하는지가 논란의 대상이 된다. 지금까지 이러한 서류와 신용장조건과의 일치성에 대한 논쟁을 해결함에 있어서 전통적으로 법원의 법률적 원칙으로 적용되어 온 것은 엄밀일치의 원칙(doctrine of strict compliance)과 상당일치의 원칙(doctrine of substantial compliance)이다. 즉, 서류심사에 대하여는 엄밀일치의 원칙(doctrine of strict compliance)과 상당일치의 원칙(doctrine of substantial compliance)이라는 두 가지 적용원칙이 대립되고 있다. 즉, 서류수리와 관련된 신용장거래분쟁에서 많은 판례들은 신용장조건과 엄밀일치의 원칙적용 또는 상당일치의 원칙적용에 있어서 대립되고 있는 실정이다.12)

(1) 엄밀일치의 원칙

엄밀일치의 원칙(doctrine of strict compliance)은 은행에 제시된 모든 서류가 신용장조건과 문면상 엄밀히 일치하여야만 그 제시된 서류를 수리한다는 원칙을 말한다. 즉, 엄밀일치의 원칙은 제시된 서류와 신용장조건과의 일치성 여부에 관한 심사는 오로지 서류의 문면상의 일치여부를 기준으로 판단하는 것으로서, 은행은 제시된 서류가 신용장조건과 문면상 일치하지 않는다면 그 서류를 수리거절할 수 있다는 것이다. 이와 같이, 신용장거래에서 엄밀일치의 원칙이 준수되어야 하는 이유는 신용장거래는 매매계약 등의 근거계약과는 별개의 거래라고 하는 독립성의 원칙과 서류거래라고 하는 추상성원칙에 있다.

(2) 상당일치의 원칙

상당일치의 원칙(실질일치의 원칙, doctrine of substantial compliance)은 엄밀일치의 원칙을 다소 완화한 것으로서, 은행에 제시된 서류가 신용장조건과 문면상 엄밀히 일치하지 않더라도 그것이 실제적으로 신용장거래의 근본을 흔드는 중대한 사항이 아닌 사소한 것인 경우에는 수리되어야 한다는 원칙을 말한다. 즉, 상당일치의 원칙은 제시된 서류와 신용장조건간에 형식적인 불일치가 존재하더라도 실질적인 의미에서 제시된 서류에 의하여 신용장조건의 목적을 달성할 수 있는 경우에는 그러한 불일치를 이유로 은행이 지급을 거절할 수 없다는 원칙을 말한다.

2. 국제표준은행관행

국제표준은행관행(international standard banking practice)은 "결코 독단적이지 않고, 태만하지 않고, 부정직하지 않고, 가장 정직하고, 숙련되고 예견가능한 관행을 구현하는 규범을 말한다"라고 국제상업회의소 은행위원회의 개정이유에 대한 주석에서 정의하고 있다.

국제표준은행관행은 문면상 일치여부를 판단하는 주요 원칙, 즉 일치하는 제시13)에

---

12) Stanly F. Farra and Henry, Landau, Latter of Credit, The Business Lawyer, Vol.40, May 1985, p.1177.
13) UCP 600 제2조 제5문에서는 "일치하는 제시(complying presentation)란 신용장의 제조건, 신용

대한 판단기준으로 사용되는 국제표준은행관행은 2002년에 제정된 ISBP(International Stansard Banking Practice for the Examination of Documents under UCP)[14]라는 간행물뿐만 아니라, 이 간행물에 포함되지 않은 기타 포괄적인 의미의 국제표준은행관행도 포함된다.

참고로, ISBP[15]는 UCP 500 제13조 a항에 따라 국제표준은행관행을 정리한 결과물로서, ICC 은행위원회는 2002년 10월에 ISBP(국제표준은행관행)를 제정하고 2003년 1월부터 시행하였다. 현행의 ISBP는 UCP 600에 따라 2007년 7월 1일의 개정에 이어 2013년 4월 17일에 개정되어 시행된 ISBP 745로서, 이 ISBP는 "화환신용장에 의한 서류심사에 관한 국제표준은행관행(International Standard Banking Practice for the Examination of Documents under documentary credits)"의 약칭으로서, 보편적으로 사용되고 있는 화환신용장에 관한 ICC의 규칙인 UCP에 대한 실무상의 보완서(practical complement)이다. UCP가 계속적으로 개정되는 경우 ISBP도 그 개정이 불가피하게 된다.

제4절 신용장의 종류

상업신용장(commercial credit)은 국가 간의 물품이나 용역(service)에 따른 대금결제에 사용되는 신용장을 말한다. 상업신용장은 무역대금의 결제에 이용된다는 점에서 무역신용장(trade credit)이라고도 한다. 무역거래에 사용되는 상업신용장은 다음과 같이 구분된다.

Ⅰ. 일반신용장

1. 요구서류유무, 어음지급인, 사용자 등에 따른 분류

신용장은 요구서류의 유무에 따라 다음과 같이 구분된다.
① 화환신용장(documentary credit)   선적서류가 수반되는 것으로서, 선적서류의 제시

장통일규칙 및 국제표준은행관행의 적용가능한 규정에 따른 제시를 말한다"고 규정하고 있다.

14) ISBP는 현재 2013년 개정판(ISBP 745-2013 Revision)이 적용되고 있다.

15) ICC, *International Standard Banking Practice*(ISBP), Pub. No.645, 2003.1, p.3; ISBP를 국제표준은행관습이라 번역하는 경우도 있으며, ICC 일본국내위원회의 자료에 의하면 국제표준은행실무라고 번역되어 있다.

와 상환으로 대금지급을 확약하는 신용장을 말한다.

② 무화환신용장(clean credit; 무담보신용장)　선적서류가 수반되지 않는 것으로서, 발행은행이 수익자에 의하여 발행된 환어음만으로 대금지급을 확약하는 신용장을 말한다. 이것은 환어음에 대한 담보의 기능을 하는 선화증권 등의 선적서류가 첨부되지 않는다는 의미에서 무담보신용장이라고도 한다.

또한, 신용장은 어음지급인에 따라 다음과 같이 구분된다.

① 은행신용장(banker's credit; bank credit)　신용장상에서 환어음의 지급인을 발행은행, 확인은행, 기타 지정은행 등의 은행으로 하여 발행된 신용장을 말한다.

② 고객신용장(customer's credit)　신용장상에 환어음의 지급인을 은행이 아닌 발행의뢰인(고객)으로 하여 발행된 신용장을 말한다. 이 신용장은 현재는 사용되지 않는다.

그리고 신용장은 사용자에 따라 다음과 같이 구분된다.

① 수출신용장(export credit)　신용장을 받는 수출업자의 입장에서 본 신용장을 말한다.

② 수입신용장(import credit)　신용장을 발행하도록 신청하는 수입업자의 입장에서 본 신용장을 말한다.

2. 취소가능 여부에 따른 분류

신용장은 신용장의 취소 또는 조건변경에 수익자(수출업자)의 동의가 필요하지 여부에 따라 다음과 같이 구분된다.

(1) 취소가능신용장

취소가능신용장(revocable credit)은 발행은행이 신용장을 발행한 후 수익자에게 미리 통지하지 않고 일방적으로 그 조건을 변경하거나 취소할 수 있는 신용장으로서, 신용장상에 "취소가능(revocable)"이라는 문구가 있는 경우에만 취소가능신용장이 된다. 그러나 UCP 600 제2조 제8문에서는 "신용장(Credit)은 그 명칭이나 기술에 관계없이 취소불능이며 일치하는 제시를 지급이행할 발행은행의 확약을 구성하는 모든 약정을 말한다"고 규정함으로써 신용장은 취소가능이 아니라 "취소불능(irrevocable)"이라는 것을 명확히 하였다.

(2) 취소불능신용장(irrevocable credit)

취소불능신용장(irrevocable credit)은 발행은행이 일단 신용장을 발행하여 수익자에게 통지하였다면 신용장유효기일 이내에는 발행은행, 확인은행(있는 경우) 및 수익자 전원의 합의 없이는 조건을 변경(amend)하거나 취소(cancel)할 수 없는 신용장을 말한다. 즉, 취소불능신용장은 수익자, 발행은행 등 관계당사자 전원의 동의 없이는 취소 또는 조건변경될 수 없다. 신용장상에 "취소불능(irrevocable)"이라는 문구가 있는 경우, 또는 "취소가능(revocable)"이라는 명시적인 문언이 없는 경우, 모든 신용장은 취소불능신용장으로 취급된다.

참고로, UCP 500에서는 발행은행이 신용장을 일방적으로 취소 또는 조건변경을 할 수 있는 취소가능신용장의 발행도 가능하였지만, UCP 600에서는 신용장은 그 명칭이나 기술에 관계없이 취소불능이라고 정의함으로써 취소불능의 형태로만 발행된다고 규정하고 있다. 이러한 맥락에서, 발행된 신용장에 그 신용장이 "취소불능(irrevocable)"이라고 표시하고 있지 않더라도 당연히 취소불능이다. 이것은 신용장의 대부분이 취소불능의 형태로 발행되는 것이 현실일 뿐만 아니라 수익자를 보호할 수 없는 취소가능신용장의 사용은 실무상 극히 불만족스럽다는 취지를 반영한 것으로 생각된다. 따라서 발행은행이 신용장을 일방적으로 취소 또는 조건변경할 수 있는 취소가능신용장은 신용장으로서 인정되지 않게 되었다.[16] 한편, UCP 600 제38조에서는 분할양도된 신용장의 조건이 변경된 경우에는 이를 승낙한 양수인에게는 변경된 신용장이, 이를 거절한 양수인에게는 원신용장의 조건이 그대로 적용된다고 규정하고 있다.

(3) 조건부 취소불능신용장(conditional irrevocable credit)

조건부 취소불능신용장(conditional irrevocable credit)은 신용장상에 특별한 조건이 포함되어 있는 신용장으로서, 취소불능신용장으로 볼 수 없는 신용장을 말한다. 즉, 취소불능신용장이라 하더라도, 신용장의 "추가지시(additional conditions)"란에 해당 신용장의 이행이 발행은행이나 발행의뢰인의 일방적인 행위에 의하여 좌우될 수 있다는 내용이 포함되어 있는 경우에는 수입업자의 의도에 따라 수출업자의 자유가 속박될 수 있기 때문에 취소불능신용장이라고 볼 수 없다.

3. 확인유무에 따른 분류

신용장은 제3의 은행의 확인의 유무에 따라 다음과 같이 구분된다.

① 확인신용장(confirmed credit) 발행은행 이외의 제3의 은행(확인은행)이 발행은행의 요청에 따라 발행은행의 지급확약과는 별도로 수익자가 발행하는 환어음의 지급·인수·매입을 추가적으로 확약하고 있는 신용장을 말한다. 즉, 확인신용장

---

16) 전순환, 신용장통일규칙-UCP 600-, 한올출판사, 2007.1, p.63.

은 신용장의 모든 조건이 충족되는 경우 확인은행이 신용장에 의하여 수익자에게 지급해야 하는 발행은행의 확약에 자신의 확약을 추가한 것으로서, 확인은행의 확인은 발행은행의 지급확약을 보증하는 것이 아니라 발행은행과는 별개의 독립된 지급확약이다.

② 무확인신용장(unconfirmed credit) 확인신용장과 달리 발행은행 이외의 제3의 은행이 지급확약을 추가함이 없이 발행은행만 지급을 확약하고 있는 신용장을 말한다.

4. 사용방법에 따른 분류

신용장통일규칙(UCP 600) 제6조 b항에서는 신용장을 그 사용방법에 따라 일람지급신용장, 연지급신용장, 인수신용장 및 매입신용장으로 구분하고 있다. 즉, ① 일람지급신용장은 신용장에서 요구하는 서류와 상환으로 즉시 지급이 이루어지는 신용장이고, ② 연지급신용장은 신용장에서 요구하는 서류가 제시된 후 장래의 일정기일(만기일)에 지급이 이루어지는 신용장이다. ③ 인수신용장은 신용장에 의한 기한부환어음이 지급인에게 제시되는 경우 지급인이 이를 인수하고 그 환어음의 만기일에 지급이 이루어지는 신용장이고, ④ 매입신용장은 환어음 및/또는 서류가 지급인에게 제시되기 전에 제3의 은행에 의하여 매입이 이루어질 수 있도록 허용된 신용장을 말한다.

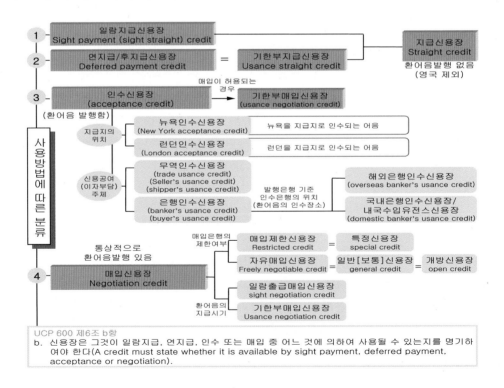

UCP 600 제6조 b항
b. 신용장은 그것이 일람지급, 연지급, 인수 또는 매입 중 어느 것에 의하여 사용될 수 있는지를 명기하여야 한다(A credit must state whether it is available by sight payment, deferred payment, acceptance or negotiation).

(1) 지급신용장

지급신용장(straight credit; payment credit)은 발행은행이 신용장에 의하여 발행된 환어음의 매입허용여부에 대하여는 명시하지 않고 신용장조건에 일치하는 서류가 신용장발행은행 또는 그가 지정하는 은행에 제시되면 지급할 것을 확약하고 있는 신용장을 말한다. 즉, 지급신용장은 지급은행이 특정되어 있으며, 반드시 어음의 발행을 조건으로 하지 않는 것으로서, 신용장에 의한 환어음의 매입여부에 대하여는 명시하지 않고 단지 수익자가 발행은행이나 발행은행이 지정하는 은행에 직접 서류를 제시하면 지급할 것을 확약하고 있는 신용장을 말한다. 이러한 지급신용장은 그 지급시기에 따라 일람지급신용장(sight payment credit; sight straight credit)과 연지급신용장(deferred payment credit; usance straight credit=기한부지급신용장)으로 구분된다.

① 일람지급신용장(sight payment credit) 환어음의 발행 없이 선적서류의 제시에 의하여 즉시 지급되는 신용장으로서, 환어음의 발행지시가 없는 무어음 신용장이다.

② 연지급신용장(deferred payment credit) 기한부환어음의 발행을 요구하지 않고 서류의 제시만을 요구하는 신용장으로서, 환어음 없이 서류의 제시 후 일정기간이 경과한 경우(신용장조건에 따른 지급기일, 예를 들면 180 days after B/L date)에 대금지급이 이루어지는 신용장을 말한다. 이는 환어음의 발행지시가 없는 무어음 신용장으로서, 환어음에 과세되는 국가에서 채용된다. 후지급신용장 또는 기한부지급신용장이라고도 한다.

(2) 인수신용장

인수신용장(acceptance credit)은 발행은행 또는 발행은행에 의하여 지정된 인수은행(발행은행의 예치환거래은행)이 기한부환어음을 인수하고 그 어음의 만기일에 지급할 것을 약속하는 신용장을 말한다. 기한부환어음을 인수한 인수은행은 어음의 만기일에 지급은행이 된다.[17]

인수신용장은 기한부어음의 최종지급지가 어느 장소에 위치하고 있는지의 여부에 따라 뉴욕인수신용장과 런던인수신용장으로 구분된다.

① 뉴욕인수신용장(New York acceptance credit) 뉴욕을 최종지급지로 인수되는 어음을 조건으로 하여 발행되는 신용장, 즉 대금결제가 뉴욕에서 행해지는 신용장을 말한다.

② 런던인수신용장(London acceptance credit) 런던을 최종지급지로 인수되는 어음을

---

17) 신용장이 발행은행에 의한 인수를 규정하고 있는 경우에는 발행은행이 기일에 지급하고, 신용장이 지정은행에 의한 인수를 규정하고 있는 경우에는, 지급은행이 지급을 거절할 때 발행은행이 인수한다.

조건으로 하여 발행되는 신용장, 즉 대금결제가 런던의 은행에서 행해지는 신용장을 말한다.

또한, 인수신용장은 신용공여(이자부담)[18]의 주체가 누가 되는지의 여부에 따라 다음과 같이 구분된다.

① 무역인수신용장(trade usance credit; seller[shipper]'s usance credit)　어음기간동안의 이자를 매도인이 부담(매도인이 신용공여)하는 것, 즉 "매도인(Seller)"인 "송화인(Shipper)"이 "Usance"기간의 여신을 발행의뢰인에게 공여하는 신용장을 말한다.

② 은행인수신용장(banker's usance credit)　어음인수의 주체인 "어음인수은행(accepting bank)"이 "Usance"기간의 여신을 공여하는 신용장을 말한다. 이것은 환어음의 인수장소에 따라, 발행은행의 해외 환거래은행이 어음인수의 주체가 되는 해외은행인수신용장(overseas banker's usance credit; overseas B/U)과 수입지 국내의 발행은행이 어음인수의 주체가 되는 국내은행인수신용장(domestic banker's usance credit; domestic B/U; 내국수입유전스신용장=domestic import usance credit)으로 구분된다.

(3) 매입신용장

매입신용장(negotiation credit)은 발행은행이 수익자 이외의 제3자에 의한 환어음 및/또는 서류의 매입을 허용하여 환어음의 발행인(수익자) 및 환어음의 선의의 소지인(bona-fide holder)에게도 지급을 확약하고 있는 신용장을 말한다.[19] 이는 특정은행이 지정되어 있는지 여부에 따라 다음과 같이 구분된다.

① 매입제한신용장(restricted credit; 특정신용장=special credit)　신용장상에 환어음의 매입은행을 특정은행으로 지정하거나 한정한 신용장을 말한다. 이것은 매입은행이 특별히 지정되어 있다는 의미에서 특정신용장(special credit)이라고도 한다.

② 자유매입신용장(freely negotiable credit)　신용장상에 환어음의 매입은행을 지정하거나 제한하지 않아 어떠한 은행도 자유롭게 매입할 수 있는 신용장을 말한다. 이것은 매입은행이 지정되거나 제한되지 않고 개방되어 있다는 의미에서 개방신용장(open credit) 또는 비제한신용장(Non-restricted credit), 가장 보편적인 형태의 신용장이라는 의미에서 일반 또는 보통신용장(general credit)이라고도 한다.

---

18) 신용공여란 지급을 일정기간동안 유예하여 주는 것을 말한다.

19) 현행의 UCP 600 제2조 제11문에서는 "매입(Negotiation)이란 수익자에게 대금을 선지급하거나 또는 선지급하기로 약정함으로써, 일치하는 제시에 따른 환어음(지정은행이 아닌 은행을 지급인으로 하여 발행된) 및/또는 서류의 지정은행에 의한 구매를 말한다"고 규정함으로써, 서류가 첨부된 화환어음의 매입뿐만 아니라, 환어음을 발행하지 않는 서류만의 매입도 매입으로 보고 있다.

5. 대금지급시기에 따른 분류

신용장은 지급기일의 만기일을 결정하는 방법에 따라 일람출급신용장, 기한부신용장 및 할부지급신용장으로 구분된다.

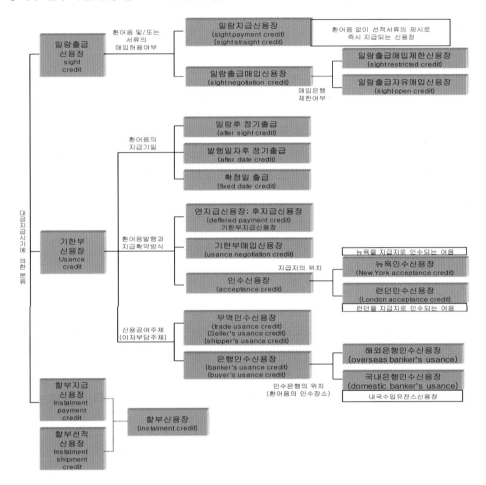

(1) 일람출급신용장(sight credit)

일람출급신용장(sight credit; 일람불신용장)은 신용장에 의한 일람출급환어음(sight draft) 및/또는 서류가 지급인(drawee)에게 제시되는 즉시 지급이 이루어지는 신용장을 말한다. 즉, 화환어음이 제시되거나 또는 환어음 없이 서류만이 지급인에게 제시되는 즉시(제5은행영업일 이내)[20] 지급이 행해진다면 이것은 일람출급신용장이라고 한다.

---

20) UCP 600 제14조 b항에서는 서류심사기간을 종전의 "제7은행영업일"에서 "제5은행영업일"로 변경하였다.

일람출급신용장은 환어음 및/또는 서류의 매입을 허용하느냐에 따라 신용장상에 지급은행이 지정되어 있는 경우(일람지급신용장)와 환어음의 매입을 허용하는 경우(일람출급매입신용장)로 구분된다.

(2) 기한부신용장(usance credit)

기한부신용장(usance or term credit)은 신용장에 의한 기한부환어음(usance draft) 및/또는 서류가 지급인(drawee)에게 제시된 후 일정기간이 경과되는 경우(만기일)에 지급이 이루어지는 신용장을 말한다.

기한부신용장은 어음의 지급기일에 따라, ① 환어음이 인수를 위하여 제시된 날로부터 일정기간이 경과한 후에 지급되는 일람후 정기출급(after sight), ② 환어음 또는 선화증권이 발행된 날로부터 일정기간이 경과한 후에 지급되는 발행일자후 정기출급(at xx days after date of draft; at xx days after date of B/L), ③ 환어음상에 확정된 날에 지급되는 확정일출급(fixed date credit; credit payable on a fixed date)으로 구분된다.

또한, 기한부신용장은 어음발행과 지급확약방식에 따라 다음과 같이 구분된다.

① 연지급신용장(deferred payment credit) 환어음의 발행 없이 서류의 제시 후 일정기간이 경과한 경우에 대금지급이 이루어지는 신용장으로서, 환어음의 발행지시가 없는 무어음 신용장이다. 후지급신용장 또는 기한부지급신용장이라고도 한다.

② 기한부매입신용장(usance negotiation credit) 발행은행이 신용장에 의한 기한부환어음의 매입을 허용하고 이를 매입한 매입은행에게 환어음의 만기일에 대금을 지급하는 신용장을 말한다.

③ 인수신용장(acceptance credit) 발행은행 또는 발행은행에 의하여 지정된 인수은행(발행은행의 예치환거래은행)이 기한부환어음을 인수하고 그 어음의 만기일에 지급할 것을 약속하는 신용장을 말한다. 기한부환어음을 인수한 인수은행은 어음의 만기일에 지급은행이 된다.

(3) 할부신용장(instalment credit)

할부신용장은 다음과 같이 구분된다.

① 할부지급신용장(instalment payment credit; payment by instalment credit) 지급기간이 서로 다른 복수의 환어음의 각각에 대하여 지급이 이루어지도록 하는 신용장을 말한다. 즉, 수입업자가 선적서류를 인도받을 때 대금의 일부를 착수금으로 지급하고 잔액은 일정기간별로 나누어 상환하도록 약정된 신용장을 말한다.

② 할부선적신용장(instalment shipment credit) 일정한 기간내에 수회에 걸쳐서 주기적

으로 정해진 수량을 할부선적하도록 명시한 신용장을 말한다.[21]

6. 상환청구권유무에 따른 분류

신용장은 상환청구권의 유무에 따라 다음과 같이 구분된다.

① 상환청구가능신용장(with Recourse L/C)　수익자에 의하여 발행된 환어음을 매입한 은행(매입은행) 또는 그 선의의 소지인(bona fide holder)이나 배서인(endorser)이 그 환어음의 지급인인 발행은행으로부터 어떠한 사유에 의하든 대금지급을 받지 못하는 경우에 그 환어음의 발행인인 수익자에게 환어음금액을 상환청구(소구)할 수 있도록 허용하고 있는 신용장을 말한다. 신용장상에 "상환청구가능(with recourse)"이라는 명시적인 문언이 있거나 또는 아무런 명시가 없는 경우에는 상환청구가능신용장으로 간주된다.

② 상환청구불능신용장(without recourse L/C)　상환청구신용장과 달리, 그 환어음의 발행인인 수익자에게 환어음금액을 상환청구(소구)할 수 없도록 하고 있는 신용장을 말한다. 신용장상에 "상환청구불능(without recourse)"이라는 명시적인 문언이 있는 경우에만 상환청구불능신용장으로 간주된다. 우리나라의 경우에는 어음법 제9조에 의하여 모든 어음에 대하여는 상환청구가 가능한 것으로 되어 있기 때문에 상환청구불능신용장의 경우에도 상환청구가 가능하게 된다.

7. 양도허용여부에 따른 분류

신용장은 양도허용여부에 따라 다음과 같이 구분된다.

① 양도가능신용장(transferable credit)　"양도가능(transferable)"이라고 특별히 명기하고 있는 신용장을 말한다. 양도가능신용장은 수익자("제1수익자")의 요청에 의하여 전부 또는 일부가 다른 수익자("제2수익자")에게 사용될 수 있도록 될 수 있다.[22] 이는 제1수익자(first beneficiary)가 신용장금액의 전부 또는 일부를 제3자(하나 또는 그 이상의 제2수익자)에게 양도할 수 있도록 허용하고 그들이 신용장대금의

---

21) 분할선적이 허용되는 신용장과 할부선적을 조건으로 하는 신용장을 혼동하지 않도록 유의하여야 한다. 참고로, 하나의 계약에 의하여 요구된 물량을 2 이상으로 나누어 선적하는 방식에는 분할선적과 할부선적이 있다. 분할선적(partial shipment)은 수출업자가 물품의 수량을 임의대로 나누어 선적하는 것을 말하고, 할부선적(instalment shipment; shipment by instalments)은 분할회수, 수량, 각 분할분의 선적시기 등을 상호협의하에 구체적으로 정한 후 정해진 방법에 따라 선적하는 것을 말한다. 이는 거액거래이거나 수입업자의 판매계획이나 시황에 따라 채택된다.
22) 신용장통일규칙(UCP 600) 제38조 b항.

청구권을 갖도록 되어 있는 신용장을 말한다. 신용장상에 "양도가능(transferable)"이라는 명시적인 문언이 있는 경우에만 양도가능신용장이 된다.

② 양도불능신용장(non-transferable credit) 제1수익자(first beneficiary)가 신용장금액의 전부 또는 일부를 제3자(하나 또는 그 이상의 제2수익자)에게 양도할 수 없는 신용장을 말한다. 신용장상에 "양도가능(transferable)"이라는 명시적인 문언이 없는 경우에는 양도불능신용장이 된다.

8. 대금상환방법에 따른 분류

신용장은 대금상환방법에 따라 다음과 같이 구분된다.

① 단순신용장(Simple L/C) 또는 차기조건신용장(Debit L/C) 수출지의 매입은행이 발행은행의 당좌계정(current account)을 가지고 있는 예치환거래은행(depository correspondent bank)인 경우, 매입은행이 환어음 및 서류의 매입시에 매입대금을 발행은행의 계정에서 차기하여 수익자에게 지급함으로써 대금상환절차가 단순하게 되는 신용장을 말한다.

② 상환신용장(reimbursement L/C; 보상신용장) 수출지의 매입은행이 발행은행의 당좌계정(current account)을 가지고 있지 않는 무예치환거래은행(non-depository correspondent bank)인 경우, 발행은행이 자신의 당좌계정을 가진 예치환거래은행을 상환은행으로 지정하여 매입은행으로 하여금 이 상환은행(결제은행) 앞으로 환어음을 송부하게 하고 대금상환을 청구하도록 하는 신용장을 말한다.

③ 송금신용장(remittance L/C) 수출지의 매입은행이 발행은행의 당좌계정(current account)을 가지고 있지 않는 무예치환거래은행(non-depository correspondent bank)인 경우, 매입은행이 자신과 예치환거래관계 있는 상환은행을 지정하여 발행은행 앞으로 환어음에 선적서류를 첨부하여 송부하면 발행은행이 지정된 상환은행으로 하여금 매입은행에게 대금을 지급하도록 지시하는 신용장을 말한다.

9. 발행 및 송부방법에 따른 분류

신용장은 발행 및 송부방법에 따라 다음과 같이 구분된다.

① 우편신용장(mail credit) 발행은행이 신용장을 발행하여 수익자 소재지의 통지은행에게 우편을 이용하여 송부하는 신용장을 말한다.

② 전송신용장(teletransmitted credit) 발행은행이 신용장을 발행하여 수익자 소재지의 통지은행에게 전신(cable), 가입전신(telex), 모사전송(facsimile), 또는 스위프트(SWIFT)를 이용하여 전송하는 신용장을 말한다.

10. 상환지급지시에 따른 분류

신용장은 상환지급지시에 따라 다음과 같이 구분된다.

① 현금신용장(Cash Credit) 발행은행이 발행의뢰인의 요청에 의하여 수출국에 있는 자신의 본·지점 또는 예치환거래은행에 미리 수입자금을 송부하여 이를 예치해 두고(예탁계정), 이 자금을 담보로 수익자가 수출국에 있는 그 은행을 지급인으로 하는 일람출급환어음을 발행하는 것을 인정하고 그 환어음을 현금으로 지급한다고 확약하는 신용장을 말한다.

② 수령증상환지급신용장(Payment on Receipt Credit) 수출업자가 선적서류에 수령증을 첨부하여 수출지의 지정은행에 제출하면 지급되는 것을 조건으로 한 신용장을 말한다. 이 경우, 수출업자는 어음을 발행할 필요가 없고, 수출지에서 지급을 행한 은행이 수입업자 앞으로 어음을 발행하고 발행은행을 통하여 이를 추심하는 것이고, 따라서, 수출업자는 어음상의 책임은 일체 부담하지 않는 것이다. 현행의 신용장통일규칙에서도 환어음의 발행을 전제로 하지 않는 신용장이 있기 때문에 이 경우에는 금전의 수령서와 상환으로 신용장에 기초하여 지급이 행해지지만, 일반적인 것은 아니다.23)

③ 서류상환지급신용장(payment against document credit) 발행은행이 수출지에 있는 자신의 본·지점 또는 환거래은행(지급은행)으로 하여금 수익자에 의하여 제시된 서류와 상환으로 지급하도록 위탁하는 신용장을 말한다. 이 신용장하에서 지급은행은 수익자에 의하여 서명된 수령증이 아니라 수익자에 의하여 제시된 서류와 상환으로 대금을 지급한다.

11. 국내양도여부에 따른 분류

신용장은 국내양도여부에 따라 다음과 같이 구분된다.

① 원신용장(Original Credit; Master Credit; Prime Credit; Backing Credit) 발행의뢰인의 요청에 의하여 발행은행이 수익자에게 최초로 발행한 신용장, 즉 수익자가 해외에서 수령한 최초의 신용장을 발한다.

② 대응신용장(Back to Back Credit; 견질신용장) 수출업자가 해외로부터 수취한 원신용장(original credit; master credit)의 지급확약을 담보로, 수출업자의 거래은행이 물품공급업자를 수익자로 하여 발행하는 제2의 신용장을 말한다.24)

---

23) 浜谷 源藏, 最新貿易實務, 同文館出版, 2003.11, p.70.

24) 여기에서, "back"이라는 용어는 해외로부터 수취한 신용장이 담보되었다(backed)는 의미로 사

II. 특수신용장

1. 회전신용장(Revolving L/C)

회전신용장(Revolving Credit; Self-continuing Credit; 순환신용장)은 신용장금액이 일정기간 자동적으로 갱신되어 반복적으로 사용될 수 있는 신용장을 말한다. 신용장은 기재된 특정물품의 인도에 대하여 개별적으로 발행되는 것이 원칙이지만, 당사자 간에 동일한 물품을 상당기간 계속반복적으로 거래를 행하는 경우에 매회의 거래마다 신용장을 발행하는 것은 발행수수료나 담보제공 등의 비용부담은 물론 그 절차가 번잡하게 된다. 따라서 회전신용장은 주로 발행수수료나 비용을 절약하기 위하여 신용장금액이 일정기간 자동적으로 갱신되어 반복적으로 사용될 수 있도록 한 것이다.

2. 보증신용장(Standby Credit)

보증신용장(Standby Credit)은 무역거래에 사용되는 신용장이 아니라 현지대출은행의 대출에 대한 채무를 보증할 목적 등[25]으로 발행되는 것으로서, 선적서류를 필요로 하지 않기 때문에 클린신용장(Clean Credit)의 일종이다.

예를 들면, 해외의 지점 등이 현지은행으로부터 차입시 해외에서의 신용이 없어 차입이 원활하지 않은 경우에 본사의 의뢰에 의하여 발행은행이 발행하는 것을 말한다. 보증신용장은 차입금이 예정대로 결제되지 않을 때마다, 수익자가 신용장에 정해진 대로 채무불이행을 선언하는 서류를 제시한다면, 발행은행은 보증한 금액을 지급하여야 하는 신용장이다. 이 경우, 발행의뢰인은 은행에 대하여 상환하여야 한다. 차입금이 예정대로 결제된다면, 보증신용장은 사용되지 않은 상태로 임무를 종료하게 된다. 결과적으로 보증신용장은 "사용되지 않을 것"이 요구되는 신용장이다.

3. 전대신용장(Advance Payment Credit)

전대신용장(Advance Payment Credit; Red Clause Credit; Packing Credit; Anticipatory Credit)은 발행은행이 수익자인 수출업자에게 수출대금의 선지급(물품의 제조·집화자금의 전대)을 허용한다는 취지의 문언이 있는 신용장으로서, 발행은행은 수출업자에게 수출

용된 것이며, 구상무역에서 사용되는 동시발행신용장(Back to Back Credit)과는 구별된다.
25) T/T 후지급의 경우에는, 수입업자의 결제불이행을 커버하기 위하여 수입업자의 거래은행에서 보증신용장을 발행하는 경우도 있다.

전대를 행한 대출은행에 대하여 전대대금을 보증하는 것이다. 이 신용장은 발행은행이 대금의 선지급을 허용한다는 의미에서 전대 또는 선대신용장, 수익자인 수출업자가 대금의 선지급을 받는다는 의미에서 선수금신용장, 선지급수권조항(전대를 허용한다는 문언)이 적색으로 인쇄되어 있다는 기원에서 적색신용장(red clause credit)[26], 전대자금으로 수출물품을 집화·포장한다는 의미에서 포장신용장(packing credit)이라고 한다.

4. 구상무역 신용장(Compensation Trade L/C)

구상무역에 사용되는 신용장은 다음과 같다.

① 동시발행신용장(Back to Back L/C)   수출입의 거래당사자중 일방이 일정액의 수입신용장을 발행하는 경우에 그 신용장은 거래상대방이 동액의 수입신용장을 동시에 발행할 경우에만 유효하다는 조건이 있는 신용장을 말한다.

② 토마스신용장(Tomas L/C)   수출입 쌍방이 동시에 동액의 신용장을 발행하는 것이 아니라 한쪽은 신용장을 발행하고 상대방은 일정기간 후에 동액의 신용장을 발행하겠다는 일종의 보증서를 발행해야만 그 신용장이 유효하게 된다는 조건을 기재한 신용장을 말한다.

③ 기탁신용장(Escrow Credit)   수입업자의 거래은행이 수입신용장을 발행하는 경우에 그 신용장에 의하여 발행되는 환어음의 대금을 수익자에게 직접 지급하지 않은 채 수입지의 기탁신용장 발행은행(또는 매입은행, 제3국의 환거래은행 등)의 수익자 명의의 기탁계정(Escrow account)[27]에 기탁하여 두었다가 그 수익자가 원신용장 발행국으로부터 수입하는 물품의 대금결제에만 그 기탁예금을 사용하도록 하는 조건을 기재하여 발행하는 신용장을 말한다.

---

26) UCP 400에서 Red clause조항을 삭제하였기 때문에 전대신용장을 적색신용장(Red clause credit)이라고 부를 수 있는 근거는 사라졌지만, 과거의 오랜 관행에 따라 요즈음에도 그대로 사용하고 있는 것이다.

27) 에스크로우(escrow)는 "제3자기탁"의 의미로서, 일정한 조건이 충족되는 경우에 기탁된 금액을 타인에게 양도할 것을 의뢰하는 일종의 신탁행위를 말한다. 매도인의 소재지의 은행에 매수인이 지급대금을 예금해 두고, 매수인이 매도인의 물품을 거래하는 경우에 그 예금으로부터 대금을 지급하는 방법을 말한다.

제5절 신용장관련규칙 및 신용장내용

I. 신용장관련규칙

1. 신용장통일규칙

(1) 신용장통일규칙의 의의

신용장통일규칙(UCP)은 국제상업회의소(ICC)[28]가 화환신용장의 형식, 용어, 해석의 기준과 신용장업무의 취급절차 등을 규정한 국제규범으로서, 그 정식명칭은 "화환신용장에 관한 통일규칙 및 관례(Uniform Customs and Practice for Documentary Credits; UCP)"이며, 이를 "화환신용장통일규칙" 또는 "신용장통일규칙"이라고 약칭하기도 한다.

즉, 신용장통일규칙의 목적은 신용장거래에 있어서 당사자의 권리·의무 및 용어의 해석을 명확히 하여, 국제간의 신용장거래가 원활하게 행해지도록 하는 것이다. 또한, 이것은 ICC라고 하는 민간단체가 작성한 규칙이지만, 대부분 국가의 은행에서 채택하고 있어 국제통일관습으로서 적용되고 있다.

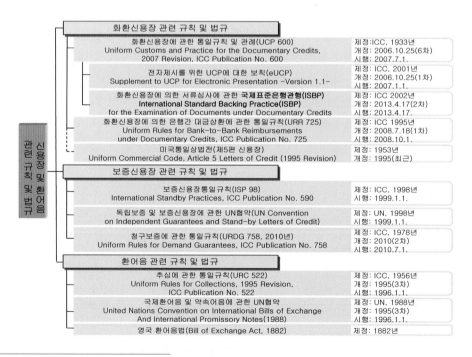

---

28) 국제상업회의소(International Chamber of Commerce; ICC)의 주된 활동목적은 세계무역의 원활화와 확대에 있다.

한편, 화환신용장통일규칙은 원칙적으로 화환신용장에 적용되는 규칙으로서 보증신용장에도 적용될 수 있지만, 보증목적에 적합하지 않는 규칙이다. 따라서, 보증목적에 적합한 규칙 및 법규로는 ① 보증신용장 통일규칙(ISP 98), ② 독립보증 및 보증신용장에 관한 UN협약 ③ 청구보증에 관한 통일규칙(URDG) 등이 있다.

첫째, 보증신용장통일규칙(International Standby Practices; ISP 98)은 미국의 국제은행법률 및 관행협회(Institute of International Banking Law & Practice)가 1998년 제정하고 ICC(국제상업회의소)가 발행(ICC Publication No. 590)한 것으로서, 1991년 1월 1일에 시행되었다. 이는 보증신용장의 준거규칙으로서 미국에서 널리 활용되고 있다.

둘째, 독립보증 및 보증신용장에 관한 UN협약(UN Convention on Independent Guarantees and Stand-by Letters of Credit)은 1995년 12월 11일에 채택된 후 2000년 1월 1일에 발효되었다.

셋째, 청구보증에 관한 통일규칙(Uniform Rules for Demand Guarantees, ICC Publication No. 758, 2010; URDG 758)은 ICC(국제상업회의소)에 의하여 1978년에 제정되고, 1992년과 2010년에 개정되어 2010년 7월 1일에 시행되었다.[29]

참고로, 환어음에 관련된 규칙인 추심에 관한 통일규칙(Uniform Rules for Collections; URC 522)은 국제상업회의소(ICC)가 1956년에 최초로 제정한 규칙으로서, 1967년, 1978년 및 1996년의 3회에 걸쳐 개정되어 사용되고 있다. 이는 은행을 통하여 행해지는 수표·어음에 의한 대금추심에 대하여 관계당사자의 의무와 책임, 추심의무의 명확화를 규정한 것으로서, 지시명시의 의무와 은행의 면책사항에 대하여는 특히 유의할 필요가 있다.

① 지시명시의 의무 추심의뢰는 법률상 위임계약이기 때문에 추심의뢰인(수출업자)은 지급인과 지급인의 주소, D/P와 D/A의 구별, 추심대래인의 권한 등의 추심지시를 명시할 의무가 있다.

---

29) 보증(guarantee)은 일반적으로 부종성을 가지는 것으로서, 기본계약상의 주채무자가 자신의 의무를 이행하지 못하였을 때 보증인이 2차적으로 책임을 부담하기 때문에 만일 채권자가 보증인에게 보증채무의 이행을 청구하였다면, 채권자는 보증인에게 주채무의 불이행 존재여부를 입증하는 서류를 제시할 필요가 있다. 이와 같이 부종성을 가지는 보증(accessory guarantee)의 경우에는 보증인은 주채무자가 가지는 원인계약상의 항변을 원용하는 것이 가능하다. 반면, 독립보증(independent guarantee)은 부종성을 가지지 않는 것으로서, 보증서의 모든 조건에 일치하는 서류가 제시된다면 보증인이 지급을 이행하겠다는 1차적이고 독립적인 확약이다. 따라서, 독립보증의 경우에는 보증인은 그 근거계약으로부터 발생하는 항변을 원용할 수 없으며, 보증수혜자가 지급을 요구할 수 있는 권리는 보증조항에 의해서만 결정된다. 이러한 독립보증에는 청구보증, 제3자로부터의 서류의 제출을 지급조건으로 하는 보증, 중재판정 또는 법원 판결의 제출을 지급조건으로 하는 보증이 있다. 여기에서, 청구보증(요구불보증; first demand guarantee; demand guarantee)은 청구가 있는 즉시 지급되어야 하는 것으로서, 무조건보증(unconditional guarantee)이라고도 한다. 즉, 청구보증은 지급청구서 및 기타 보증서에 명시된 서류가 보증조건에 일치하여 제시되면, 계약의 이행 여부와 관계없이(채무자의 불이행에 관한 증거의 제시가 없더라도) 보증인(보증서 발행은행)이 즉시 보증수혜자(수익자)에게 지급할 것을 확약한 보증으로서, 보증서에서 요구된 서류의 제시가 있는 경우에만 청구할 수 있으며(서류거래성), 원인계약상의 채무로부터 독립하여 이에 구속되지 않는다(독립성)는 성질을 가지고 있다.

② 은행의 면책사항　은행은 선의로 행동하고, 상당한 주의를 기울여야 하지만, ㉮ 은행의 서류점검의무의 한계, ㉯ 불완전 또는 애매한 지시로부터 발생하는 추심업무의 지연, ㉰ 타은행서비스를 이용하는 경우 의뢰인의 부담과 위험으로 행하는 통신의 지연·문서훼손(mutilation)·오류, 불가항력, ㉱ 서명의 진정성 및 서명권한 등의 면책사항이 있다.

(2) 신용장통일규칙의 적용

신용장통일규칙은 조약도 법률도 아닌 임의규정의 성격을 가지고 있는 것으로서, Incoterms(정형거래조건의 해석에 관한 국제규칙)와 동일하다. 즉, 계약당사자가 이 규칙을 임의로 선택하였을 경우에만 적용되는 임의규정이기 때문에 신용장통일규칙(UCP)이 신용장거래의 해석기준으로서 적용되기 위해서는 신용장당사자는 신용장상에 반드시 이 규칙(UCP)을 적용한다는 문언(준거문언)을 명기하여야 하는데, 그 준거문언은 통상적으로 다음과 같다.

"Unless otherwise expressly stated herein, this credit is subject to the Uniform Customs and Practice for Documentary Credits(2007 Revision), International Chamber of Commerce Publication No. 600(별도의 명시가 없는 한, 이 신용장은 화환신용장통일규칙 및 관례(2007년 개정), 국제상업회의소 간행물번호 제600호에 따른다)."

이와 같이 이 신용장통일규칙에 따라 발행되었다는 것을 표시하는 준거문언이 개개의 신용장상에 삽입되어 있는 경우에는, 신용장통일규칙은 그 신용장(보증신용장을 포함하는 화환신용장)에 적용되며, 신용장에 명시적으로 수정되거나 또는 배제되지 아니하는 한, 이 규칙은 모든 관계당사자를 구속한다.[30] 따라서, 신용장통일규칙의 준거문언이 삽입되어 있는 경우에도, 거래당사자가 신용장통일규칙 중 일부를 수정 또는 배제하거나 이와 다른 내용을 신용장상에 특약으로 규정한다면 그러한 내용이 신용장통일규칙보다 우선 적용된다.

(3) 신용장통일규칙의 제정과 개정

무역거래의 대금결제에서 중요한 역할을 담당하고 있는 신용장이 은행에 의하여 그 취급이나 어구의 해석이 상이한 경우에는 불필요한 오해와 분쟁이 발생하게 되고, 이러한 분쟁에 따른 법정제소는 많은 시간과 비용을 수반하게 될 것이다. 이러한 마찰을 해소하기 위하여, 신용장통일규칙은 국제상업회의소(ICC)에 의하여 1933년에 제정된 후, 전시 중의 중단을 제외하고는 1951년, 1962년, 1974년, 1983년(UCP 400), 1993

---

30) UCP 600 제1조.

년(UCP 500), 2007년(UCP 600)에 각각 개정됨으로써 거의 10년마다 개정되어 온 것이다. 현행의 신용장통일규칙은 2007년 7월 1일부터 시행되는 제6차 개정신용장통일규칙으로서, 그 정식명칭은 "화환신용장에 관한 통일규칙 및 관례(Uniform Customs and Practice for Documentary Credits, ICC Publication No. 600; UCP 600)"이다.

이러한 신용장통일규칙은 국제무역에 있어서 운송수단과 통신수단의 변화(복합운송의 발달 등), 정보처리기술의 발달(컴퓨터에 의한 선적서류의 작성 등) 등에 대응하기 위하여, 거의 10년마다 개정이 행해지고 있다.

영국, 영연방제국, 미국의 은행은 이 통일규칙을 채용하고 있지 않았지만, 51년의 개정후에 미국의 은행이, 62년의 개정후에 영국 및 영연방제국의 은행이 채용하고, 그 이후 국제상거래에 있어서 세계적인 법규범으로서 기능하고 있다.[31]

2. eUCP

(1) eUCP의 의의

"eUCP"는 "전자제시를 위한 화환신용장에 관한 통일규칙 및 관례의 보칙(Supplement to the Uniform Customs and Practice for Documentary Credits for Electronic Presentation)"의 약칭으로서, ICC 은행위원회(Banking Commission)가 UCP와 종이기반 신용장의 전자적 등가물의 처리를 연결하기 위하여 2001년 11월에 제정하고 2002년 4월에 발효되었다. 이것은 eUCP 1.0판(Version 1.0)이며, 제1차 개정으로서 2007년 7월 1일에 시행된 eUCP는 1.1판(Version 1.1)이다. eUCP는 전자기록이 아닌 종이서류에만 적용되는 UCP를 보충하기 위한 것으로서, 디지털형식의 전자서류의 제시와 서류불일치에 관한 비용과 불확실성을 감소시키기 위한 자동화된 점검과정을 목표로 하고 있으며,[32] 전자신용장과 관련된 거래당사자의 책임과 의무를 규정하고 있는 것이다.

(2) eUCP의 적용범위

eUCP는 전자기록이 단독으로 제시되는 경우뿐만 아니라 전자기록이 종이서류와 혼합되어 제시되는 경우를 수용할 목적으로 UCP를 보충하려는 것이다.[33] 따라서, eUCP

---

31) 高桑昭, 國際商取引法, 有斐閣, 2003, p.169.
32) http://www.mantissa.co.uk/support/newtrade.com
33) eUCP라고 하는 새로운 보충판은 전자신용장에 대한 경향을 고려하면서, 신용장거래에서 일부 또는 전부의 전자제시가 있는 상황에 적용된다(http://www.iccwbo.org/home/conferences/e-ucp/intro.asp); 일부에서는 전자기록만으로 제시되는 경우만을 규율하도록 하자는 의견이 있었으나, 종이서류와 전자기록을 혼합하여 제시하도록 허용하는 것이 전자기록만에 의한 제시를 촉진하고, 또한 신용장의 일부 조건들이 전자기록만으로는 만족될 수 없는 현재의 상황을 수용할 수 있을 것이라는 것

가 UCP에 대한 보충판으로서 적용되기 위해서는 당사자가 eUCP를 적용하기로 합의하고 그 준거문언을 신용장에 명시하여야 한다.

또한, 신용장이 eUCP에 적용되기 위해서는 신용장의 본문에 "eUCP Version 1.1"[34]과 같이 eUCP의 적용에 대한 당사자 간의 준거문언의 삽입과 eUCP의 적용가능한 판을 표시하여야 한다. 만약 신용장에 그 판이 명시되지 않은 경우에는, 신용장이 발행된 일자에 시행되고 있는 판이 적용되거나, 또는 수익자가 승낙한 조건변경이 eUCP를 적용하도록 되어 있는 경우 그 조건변경일자에 시행되고 있는 판이 적용되도록 규정하고 있다. 또한, eUCP를 사용하려는 당사자는 신용장에 명시적으로 eUCP의 적용을 삽입해야 하지만, eUCP를 적용하는 신용장은 UCP의 명시적인 삽입 없이도 UCP에 적용된다.[35] 왜냐하면, eUCP를 준거하도록 명시된 eUCP 신용장은 UCP를 대체하는 것이 아니라 UCP에 대한 보충규정이므로, UCP가 적용된다는 준거문언을 명시적으로 삽입하지 않더라도 당연히 적용되는 것으로 보기 때문이다. eUCP 신용장하에서 전자기록만이 제시되거나 전자기록이 종이서류와 혼합되어 제시되는 경우에는 eUCP와 UCP가 함께 적용될 수 있고, 종이서류만이 제시되거나 종이서류만을 허용하고 있는 경우에는 UCP만이 적용된다.

3. ISBP

(1) ISBP의 의의

"ISBP"는 ICC 은행위원회에 의하여 2002년 10월에 제정되고 1차 개정을 거쳐 2007년 7월 1일부터 시행되고 2차 개정을 거쳐 2013년 4월 17일에 승인 및 시행된 "화환신용장에 의한 서류심사에 관한 국제표준은행관행(International Standard Banking Practice for the Examination of Documents under documentary credits)"의 약칭으로서, 보편적으로 사용되고 있는 화환신용장에 관한 ICC의 규칙인 UCP에 대한 실무상의 보완서(practical complement)이다.[36] 이 ISBP는 UCP 600과 일치시키기 위하여 1차 및 2차 개정이 행해졌으며, 2차 개정판은 2013년 4월 17일부터 시행되었다.

이 ISBP는 UCP규칙이 일상에 어떻게 적용되어야 하는지를 명시적으로 상세하게 설명하는 것으로서, 서류를 취급하는 은행의 실무자들에게 성문화된 국제표준은행관행

이 작업반의 대체적인 시각임에 따라 종이서류와 혼합하여 제시되는 경우를 포함하고 있다(김영훈, 전자적 제시를 위한 ICC규칙(eUCP)에 대한 연구, 상사법연구, 제21권 제1호, 2002, p.539).

34) 여기에서 Version 1.1은 작성된 순서에 따라 일련번호를 붙여 놓은 것이다. 따라서 이 보충판의 최초의 작성은 Version 1.0이며, 2007년 개정판은 Version 1.1이다.

35) http://www.iccwbo.org/home/news_archives/2001/eucp.asp

36) ICC, *International Standard Banking Practice* (*ISBP*), Pub. No.645, 2003.1, p.3; ISBP를 국제표준은행관습이라 번역하는 경우도 있으며, ICC 일본국내위원회의 자료에 의하면 국제표준은행실무라고 번역되어 있다.

을 제공하여 불일치로 거절되는 서류의 수를 현저히 감소시키고자 하는 것이다. 즉, 신용장제도에 있어서 많은 해석의 차이로 야기되는 서류거절에 대하여 ISBP는 국제표준은행관행의 적용에 있어서 전세계적으로 통일화된 특정 해석규범을 제공하고 일관성을 개선하는 것이다.

(2) ISBP의 적용범위

ISBP는 UCP를 변경하는 것이 아니라 UCP규칙이 일상에 어떻게 적용되어야 하는지를 명시적으로 상세하게 설명하는 것이며, 그 자체로서 UCP규칙에 표명된 일반원칙과 화환신용장 실무가의 일상업무간에 필연적으로 발생하는 공백을 충족시키고 있다. 즉, ISBP는 UCP를 변경하는 것이 아니라 UCP의 일상적인 운용을 원활하게 하는 것으로서, 소위 보충규정(gap-filling)의 성질을 지니고 있다. 또한, 이미 UCP 자체에 국제적표준은행관행이 언급되어 있기 때문에 이 ISBP를 원용한다는 취지를 신용장의 관련서류에 명시할 필요는 없는 것이다.[37]

ISBP는 UCP에 명시된 관행이 서류를 취급하는 실무가(documentary practitioners)에 의하여 어떻게 적용되어야 하는지를 설명하고 있으며, 일부 국가의 법이 ISBP에 명기된 것과 다른 관행을 강요할 수 있다는 것이 인정되고 있다. 그렇다고 하더라도, 합의된 관행에 따라야 할 요건이 UCP에 묵시되어 있기 때문에, 화환신용장의 조건에 이 출판물(ISBP)을 삽입하는 것은 저지되어야 한다.[38] 이는 ISBP가 해당 국가의 강행규정에 저촉되지 아니하는 한, 신용장에 이를 삽입하지 않더라도 UCP와 함께 신용장거래의 일상업무에 널리 사용될 것이라는 것이다. 즉, ISBP는 신용장거래의 국제표준관행으로서, 신용장에 준거조항을 삽입함으로써 적용되는 것도 아니며, 국가가 이를 채택하여 적용하는 강행규정도 아니다. ISBP는 서류심사자가 이를 업무에 적용함으로써 자신의 서류심사관행을 전세계의 다른 심사자에 의하여 준수되는 관행과 일치시킬 수 있으며, 그 결과 최초의 제시시에 불일치(discrepancies)로 거절되는 서류의 수를 현저히 감소시킬 것이다.

II. 신용장의 내용

1. 신용장의 내용구성

각 은행은 국제상업회의소(ICC)에 의하여 권고된 "화환신용장발행을 위한 표준양식

---

37) 전순환, 국제표준은행관행에 있어서 일반원칙상의 제문제점, 상품학연구, 제23권 제2호, 한국상품학회, 2005.8, pp.208-209.
38) ICC, *International Standard Banking Practice*(*ISBP*), Pub. No.645, 2003.1.

(Standard Form for Issuing of Documentary Credit)"[39]에 근거하여 자행의 실정에 알맞게 다소 융통성 있게 발행하고 있다.

신용장의 기재사항	

"★" 표시는 필수기재사항임

(1) 신용장 자체 에 관한 사항	• 총쪽수(27 Sequence of Total)★ • 화환신용장의 종류(40A Form of Documentary Credit)★ • 화환신용장번호(20 Documentary Credit Number)★ • 발행일(31C Date of Issue) • 적용규칙(40E Applicable Rules)★ • 유효기일 및 장소(31D Date and place of Expiry)★ • 발행의뢰인(50 Applicant) • 수익자(59 Beneficiary)★ • 통화, 금액(32B Current Code, Amount)★ • 신용장금액의 과부족허용비율(39A Percentage Credit Amount Tolerance) • 최대 신용장금액(39B Maximum Credit Amount) • 추가금액(39C Additional Amount Covered)
(2) 환어음 에 관한 사항	• 신용장의 사용방법(41a Available With... By)★ • 환어음지급기일(42C Draft at) • 환어음지급인(42a Drawee) • 혼합지급명세(42M Mixed Payment Details) • 연지급명세(42P Deferred Payment Details)
(3) 운송 에 관한 사항	• 분할선적(43P Partial Shipment) • 환적(43T Transhipment) • 수탁지/발송지/수령지(44A Place of Taking in Charge/Dispatch from.../Place of Receipt) • 적재항/출발공항(44E Port of Loading/Airport of Departure) • 양륙항/목적공항(44F Port of Discharge/Airport of Destination) • 최종목적지/…까지 운송을 위하여/인도지(44B Place of Final Destination/For Transportation to.../Place of Delivery) • 최종선적일(44C Latest Date of Shipment) • 선적기일(44D Shipment Period)
(4) 물품명세 에 관한 사항	• 물품 및/또는 용역의 명세(45A Description of Goods and/or Services)
(5) 요구서류 에 관한 사항 46A Documents Required	• 상업송장(commercial invoice) • 운송서류(선화증권, 해상화물운송장, 항공화물운송장, 복합운송서류 등) • 보험서류(insurance document) • 포장명세서(packing list) • 원산지증명서(certificate of origin) • 검사증명서(inspection certificate) • 선적전검사증명서(Pre-shipment Inspection Certificate) • 품질 및 수량증명서(Certificate of quality and quantity) • 품질증명서(Certificate of quality) • 중량 및 용적증명서(certificate of weight and measurement) • 포장 및 중량명세서(Packing list and weight memo) • 위생증명서(Certificate of Health) • 식물위생증명서(Certificate of phytosanitary) • 훈증증명서(Certificate of fumigation) • 분석증명서(Certificate of analysis) • 수익자증명서(Beneficiary's certificate)
(6) 추가조건 에 관한사항 47A Additional Conditions	서류의 기재사항, 서류송부방법, 운송서류의 수리요건, 보험부보의 지시사항, 환어음 지시사항, 기한부환어음의 이자부담자의 지정, 매입은행의 지정, 신용장양도의 허용, 특정선박편의 지정, 불일치수수료, 상환청구방법, 준거문언, 수량 및 금액의 과부족인조항, 은행비용의 부담 등
(7) 그 밖의 기재사항	• 비용(71B Charge) • 제시기일(48 Period for Presentation) • 확인지시(49 Confirmation Instructions)★ • 상환은행(53a Reimbursement Bank) • 지급/인수/매입은행에 대한 지시(78 Paying/Accepting/Negotiating Bank) • 통지은행(57a Advised Though Bank) • 수신자에 대한 송신자의 정보(Sender to Receiver Information)

---

39) ICC Brochure No.268, 1970.

ADVICE OF IRREVOCABLE DOCUMENTARY CREDIT 취소불능화환신용장의 통지

:Issuing Bank : Wells Fargo Bank, Seatlte, WA, USA
　발행은행 : 웰스파고은행, 시애틀, 워싱턴, 미국

Gentleman:
At the request of the issuing bank, and without any engagement or responsibility on our part, we are pleased to inform you that we have received the following AUTHENTICATED teletransmission dated 2013.05.15 발행은행의 요청에 따라, 당행 측의 어떠한 확약이나 책임 없이, 당행은 당행이 다음의 2013년 5월 15일자 인증된 전송을 받았다는 것을 기꺼이 통지하는 바입니다.

::MT700 ISSUE OF A DOCUMENTARY CREDIT
　　화환신용장의 발행

:27 Sequence of Total : 1/1
　　일련번호 : 1/1
:40A Form of Documentary credit : IRREVOCABLE
　　화환신용장의 종류 : 취소불능
:20 Documentary Credit Number : 123456789
　　화환신용장번호 : 123456789
:31C Date of Issue : 2013.05.15
　　발행일자 : 2013년 5월 15일
:40E Applicable Rules : UCP latest version
　　적용규칙 : 화환신용장통일규칙(UCP) 최신판
:31D Date and place of Expiry : 130730 in Seoul
　　유효기일 및 장소 : 2013년 7월 30일, 서울

　　　발행의뢰인　　　　　　　　　　　　　　수익자
:50 Applicant : ABC COMPANY　　　　　　:59 Beneficiary : Joongbu A.B.
　PO Box 123, YAKIMA,　　　　　　　　　133-3 SEONGSAN-DONG,
　WASHINGTON, U.S.A　　　　　　　　　　MAPO-GU, SEOUL, KOREA
:32B Currency Code, Amount : USD 31500
　　통화 및 금액 : 31,500 미달러
:39B Maximum Credit Amount : NOT EXCEEDING
　　신용장 금액의 한도 : 초과금지
:41D Available with....by... : SHBKKRSE BY ACCEPTANCE
…에 의하여 사용가능(사용가능은행 및 방법) : 인수에 의하여 SHBKKRSE(신한은행)에서
:42C Draft at : 30 DAYS AFTER B/L DATE for full invoice amount
　　환어음 : 송장금액의 전액으로 선화증권 발행일 후 30일 출급
:42A Drawee : SHBKKRSE
　　환어음지급인 : SHRKKRSE(신한은행)
:43P Partial Shipment : NOT ALLOWED　분할선적 : 불허
:43T Transshipment : NOT ALLOWED　환적 : 불허
:44A: Place of Taking in Charge/Dispatch from…./Place of Receipt… : BUSAN, Korea
　　~로부터 수탁/발송지/수령지 : 부산, 한국
:44B: Place of Final Destination/For Transportation to/Place of Delivery : Seattle, Washington
　　최종목적지/…까지 운송을 위하여/인도지 : 시애틀, 워싱턴,
:44C: Latest Date of Shipment : 2013.07.21
　　최종선적일 : 2013년 7월 21일
: 45A Description of goods and/or Services : 물품 및/또는 용역의 명세
　+ 400,000 bottles of beer 맥주 400,000병
　+ CIF SEATTLE, WASHINGTON, USA (INCOTERMS 2010) CIF 시애틀, 워싱턴, 미국(인코텀즈 2010)
: 46A Documents Required
　　요구 서류
　+Signed Commercial Invoice in Sevenfold　서명된 상업송장 7통
　+2/3 clean on board ocean bills of lading marked freight prepaid consigned to the order of beneficiaries and endorsed in blank, marked notify applicant with full name and address, dated not later than 21 July 2013. 수익자의 지시식으로 탁송되고 운임선지급이 표시되고, 백지배서되고, 발행의뢰인의 명의와 주소가 착화통지처로 표시되고, 2013년 7월 21일보다 늦지 않게 일자가 기입된 무고장선적해양선화증권 3통 중 2통
　+copy certificate of origin showing goods of Korean origin
　한국원산지의 물품을 표시하는 원산지증명서 사본
　+copy consular invoice mentioning import registration number 123
　수입등록번호 제123호를 표시하는 영사송장 사본
　+1/2 insurance policy for 110 percent of invoice value, covering all risks and war risks and srcc as per institute cargo clauses, including warehouse to warehouse clause
　창고간조항을 포함하는 협회화물약관에 따라 전위험과 전쟁위험 및 SRCC를 담보하는 송장가액의 110%로 부보된 보험증명서 2통 중 1통
　+packing list in 4 copies 포장명세서 4통
　+copy of airmail letter addressed to the applicant showing that one original of all documents have been sent directly to them within three days after bill of lading date.
　모든 서류의 1통의 원본이 선화증권의 발행일 후 3일 이내에 발행의뢰인에게 직접 송부되었다고 표시하여 발행의뢰인에게 송부된 항공우편 사본)
: 47A Additional Conditions 추가조건
　Drafts are to be marked as drawn under this documentary credit
　환어음은 이 화환신용장하에서 발행된 것으로 표기되어야 한다

```
:71B Charges 비용
 All charges are for account of the beneficiary except commission related to the acceptance of
 the draft.모든 비용은 환어음의 인수와 관련된 수수료를 제외하고는 수익자의 부담이다

:48 Period for Presentation제시기일
 Documents must be presented within 10 days after bill of lading date
 서류는 선화증권 발행일 후 10일 이내에 제시되어야 한다.
:49 Confirmation Instruction  :  CONFIRM
             확인지시 : 확인
:53A Reimbursement Bank  :  Wells Fargo Bank, Seattle, Washington, USA
            상환은행 : 미국 워싱턴 시애틀 소재의 웰스파고은행

:78 Instruction to The Paying /Accepting/Negotiating Bank 지급/인수/매입은행에 대한 지시
 + We authorize you to reimburse on ourselves by sending drafts and documents .
    당행은 귀행이 환어음과 서류를 송부함으로써 당행을 지급인으로 하여 상환하도록 수권한다.

 +All documents must be forwarded to us in one lot.
    모든 서류는 1세트로 당행에 송부되어야 한다.
 +Presentation of document(s) that are not in compliance with the applicable anti-boycott,
    anti-money laundering, anti-terrorism, anti-drug trafficking and economic sanctions laws
    and regulations is not acceptable. Applicable laws vary depending on the transaction and
    may include United Nations, United States and/or local laws.
    적용가능한 불매방지,자금세탁방지, 테러방지, 마약밀매방지 및 경제제재법령에 일치하지 않는 서류의 제시는 수리될 수 없다.
    준거법은 거래마다 다르고, 국제연합, 미국 및/또는 국내법을 포함할 수 있다.
 :57A: Advised Through Bank :  Shinhan Bank, Seoul, Korea
            통지은행 : 한국 서울소재 신한은행

Trailer : CHK:0BC9557AC053
담당자 코드:
```

2. 신용장의 기재사항

(1) 신용장 자체에 관한 사항

① 총쪽수(Sequence of Total)

:27 Sequence of Total : 1/1   쪽수 : 1/1

필수기재사항인 총 쪽수는 신용장이 발행된 총 쪽수를 의미하는 것으로서, 예를 들면 3쪽으로 발행된 경우에는 1쪽은 1/3로, 2쪽은 2/3로, 3쪽은 3/3으로 기재된다.

② 화환신용장의 종류(Form of Documentary Credit)

:40A Form of Documentary Credit : Irrevocable   화환신용장의 종류 : 취소불능

필수기재사항인 화환신용장의 종류는 대부분이 "Irrevocable(취소불능)"으로 기재되지만, "revocable(취소가능)", "Irrevocable Transferable(취소불능양도가능)", "Revocable Transferable(취소가능양도가능)", "Irrevocable Standby(취소불능보증)", "Revocable Standby(취소가능보증)", "IRREVOC TRANS STANDBY(취소불능양도가능보증)" 등과 같이 기재될 수도 있다. "취소불능(Irrevocable)" 또는 "취소가능(Revocable)"의 문언이 없더라도, UCP 600의 규정에 따라 취소불능신용장으로 간주된다. 취소불능신용장은 신용장의

관계당사자 전원의 합의가 있는 경우에만 신용장의 취소나 조건변경이 가능하게 된다.

③ 화환신용장번호(Documentary Credit Number)

> :20 Documentary Credit Number : M42Y50910NU1234   화환신용장번호 : M42Y50910NU1234

필수기재사항인 화환신용장번호(Documentary Credit Number)는 발행은행의 참조번호(Issuing bank's reference number)로서, 다음과 같은 번호기재요령에 따라 발행은행이 부여한 신용장의 고유번호이며, 환어음이나 서류에도 그대로 표시된다.

신용장번호는 한국은행이 정하는 "수출입승인서 및 신용장 등의 번호기재요강"에 따라, 발행등록시 전산처리로 자동채번된다.

종류별		수입용도		수입결제방법	
대상	기호	수입용도	기호	수입용도	기호
수출승인번호	E	일반내수용 (수출산업용 시설기재 포함)	N	일람출급 L/C	S
수출신용장통지번호	A	수출용원자재	E	기한부 L/C (내국수입유전스포함)	U
내국신용장번호	L	정부용	G	기타L/C(분할지급수입,연계무역포함)	D
수출입승인서번호	C	가공무역용	B	D/P방식	P
수입승인번호	I	군납용원자재	A	D/A방식	A
수입신용장번호	M	기타 외화획득(중계무역 포함)	S	송금방식 (사후송금방식 포함)	R
구매확인서번호	R	특수거래 (임차수입, 연계무역, 외국인수수입 등)	X	무상거래 (임차수입 포함)	N

④ 발행일(Date of Issue)

> :31C Date of Issue : 130601   발행일 : 2013년 6월 1일

임의기재사항인 발행일(Date of Issue)은 신용장이 발행된 일자가 기재되어 있는 것으로서, 발행은행의 지급확약개시일을 말한다.

⑤ 적용규칙(Applicable Rules)

> :40E Applicable Rules : UCP Latest Version   적용규칙 : 신용장통일규칙(UCP) 최신판

필수기재사항인 적용규칙(Applicable Rules)은 신용장분쟁과 관련된 해석기준으로서 통상적으로 신용장통일규칙(UCP)이 적용된다. 즉, 신용장상에는 당사자의 합의내용을 모두 기재할 수 없기 때문에 합의되지 않은 사항에 의하여 분쟁이 발생한 경우에는 그 해석기준이 필요하게 된다. 이러한 해석기준으로 적용되는 신용장통일규칙(UCP)은 10년 주기로 개정될 뿐만 아니라 임의규칙이기 때문에 신용장상에는 현행의 신용장통일규칙이 적용되도록 "UCP Latest Version(UCP 최신판)"과 같이 기재된다. 참고로, UCP의 최신판은 "Uniform Customs and Practice for Documentary Credits(2007 Revision), International Chamber of Commerce, Publication No.600[국제상업회의소 간행물번호 제600호에 의한 화환신용장통일규칙(2007년 개정)]"이다.

⑥ 유효기일 및 장소(Date and Place of Expiry)

:31D Date and Place of Expiry : 130811 in your country   유효기일 및 장소 : 2013년 8월 11일 귀국가

필수기재사항인 유효기일 및 장소(Date and Place of Expiry)는 일람지급(sight payment), 연지급(deferred payment), 인수(acceptance) 또는 매입(negotiation) 등을 위하여 환어음 및/또는 서류가 제시되어야 할 최종기일과 제시장소를 말한다. 즉, 신용장의 유효기일(Expiry Date)은 은행이 환어음의 매입이나 지급을 완료해야 하는 최종기일이 아니라, 수익자가 신용장을 사용할 수 있는 최종기일로서, 수익자가 환어음 및/또는 선적서류를 은행에 제시해야 하는 최종기일을 말한다. 따라서, 수익자는 그 명시된 일자의 은행마감시간 전에만 환어음 및/또는 선적서류를 제시하면 되고, 유효기일이 "for one month(1개월 동안)"와 같이 막연하게 표시된 경우에는 신용장 발행일을 기산일로 해석한다.

한편, 신용장의 유효기일이 은행의 휴업일(UCP 600 제36조의 불가항력 등 은행이 통제할 수 없는 사유로 인한 휴업은 제외함)에 해당하는 경우에는, 그 유효기일은 UCP 600 제29조 a항에 따라 그러한 은행의 최초의 다음 은행영업일까지 연장된다. 이 경우 연장된 날에 지급된 환어음이나 서류에는 "UCP 600 제29조 a항에 따라 연장된 기한내에 제시되었음"이라는 문언이 기재된다. 즉, 신용장의 유효기일이나 제시를 위한 최종일이 통상의 은행휴업일에 해당하는 경우에는, 그 명시된 신용장의 유효기일 또는 서류제시를 위한 최종일은 그러한 은행의 최초의 다음 영업일까지 자동연장되지만, 제36조의 불가항력 등 은행이 통제할 수 없는 사유로 업무가 중단되어 휴업되는 경우에는 적용되지 않는다.

⑦ 발행의뢰인(Applicant)

:50 Applicant : BestTrade Inc.,
발행의뢰인 :1105 Dogwood Circle,
Blue Bell, PA 19422, U.S.A.

베스트레이드사
1105번지 독우드 서클
블루벨시, 펜실베니아, 미국, 우편번호(19422)

필수기재사항인 발행의뢰인(Applicant)은 신용장의 발행을 의뢰하는 수입업자로서, 통상적으로 발행의뢰인의 상호와 주소가 기재된다.

⑧ 수익자(beneficiary)

:59 Beneficiary : Joongbu Trading Co., Ltd.
수익자 :   3F Hanal B/D 133-3 Seongsan-Dong
             Seoul, 121-849, Korea

중부무역주식회사
한올빌딩 3층 133번지 성산동
서울, 한국, 우편번호(121-849)

필수기재사항인 수익자(Beneficiary)는 신용장을 수령하는 수신자(addressee)로서, 통상적으로 수익자의 상호와 주소가 기재된다. 특히, 신용장의 본문 중에 기재되어 있는 "We hereby issue this irrevocable documentary credit in your favour...(당행은 이에 귀사를 수익자로 하는 취소불능화환신용장을 발행한다" 등에서와 같이 "your" 또는 "you"는 모두 수익자를 의미한다(다만, 신용장상의 "은행에 대한 지시란"에 기재되어 있는 "you"는 은행을 의미한다).

⑨ 신용장의 통화 및 금액(Current Code, Amount)

:32B Current Code, Amount : USD 234,000   통화코드, 금액 : 미화 234,000달러

필수기재사항인 신용장의 통화 및 금액(Current Code, Amount)은 발행은행이 수익자에게 실제로 지급하는 통화의 금액이 아니라 지급할 수 있는 통화의 최대의 사용한도금액(available amount of credit)이며, 수익자의 환어음발행금액을 기준으로 실제 지급되는 금액으로서, 통화는 문자(in words)로 기재되고, 금액은 숫자(in figures)로 기재된다. 이 금액은 수익자의 어음발행한도를 의미하기 때문에 매매계약에 일치하는 통화와 금액을 기재한다.

⑩ 신용장금액의 과부족허용비율(Percentage Credit Amount Tolerance)

:39A Percentage Credit Amount Tolerance : 10/10
신용장금액의 과부족허용비율 : ±10%(10%의 과부족 허용)

임의기재사항인 신용장금액의 과부족허용비율(Percentage Credit Amount Tolerance)은 신용장금액의 과부족이 허용되는 비율로서, 과부족이 허용되는 경우에는 과부족의 허용비율이 이 란에 "10/10", "03.03" 등과 같이 기재되지만, 과부족을 허용하지 않는 경우에는 이 란에 "00/00"과 같이 기재되거나 또는 이 란 자체가 기재되지 않는다. 또한, 이 금액 앞에 "about(약)", "approximately(대략)"이라는 단어가 사용된 경우에는 UCP 600 제30조 a항에 따라 10%를 초과하지 않는 범위내에서의 과부족(±)을 인정한다. 또한, "about(약)" 등의 표현이 없는 경우에도, 신용장상에 수량과부족의 금지조항이 없고, 포장단위 또는 개개의 품목의 개수로 수량을 명시하는 물품이 아닌 경우에

는, 즉 산화물의 경우에는 수량과부족의 금지조항이 없다면, UCP 600 제30조 b항에 따라 어음발행금액은 신용장금액을 초과하지 않는 범위 내에서 5%의 부족이 허용된다.

참고로, 39A의 신용장과부족허용비율(Percentage Credit Amount Tolerance)이 사용된 경우에는 39B의 최대 신용장금액(Maximum Credit Amount)이 사용되어서는 아니되며, 39B의 최대신용장금액이 사용된 경우에는 39A의 신용장금액의 과부족허용비율이 사용되어서는 아니된다.

⑪ 최대 신용장금액(Maximum Credit Amount)

:39B Maximum Credit Amount : Not Exceeding　　　최대 신용장금액 : 초과금지

임의기재사항인 최대 신용장금액(Maximum Credit Amount)은 발행은행이 지급할 수 있는 금액의 최대 한도액으로서, "Not Exceeding(초과금지)"과 같이 기재하여 신용장의 금액을 제한한다.

⑫ 추가금액(Additional Amount Covered)

임의기재사항인 추가금액(Additional Amount Covered)란에는 신용장의 조건하에서 수익자에게 이용될 수 있는 운임비용, 보험비용, 이자 등과 같은 모든 추가금액이 기재된다.

(2) 환어음에 관한 사항

⑬ 신용장의 사용방법(Available With...by)

신용장의 사용방법(Available With...by)은 필수기재사항으로서, UCP 600 제6조 b항에서는 "신용장은 그것이 일람지급, 연지급, 인수 또는 매입 중 어느 것에 의하여 사용될 수 있는지를 명기하여야 한다"고 규정하고 있다. 따라서, 신용장에는 일람지급(by sight payment), 연지급(by deferred payment), 인수(by acceptance), 매입(by negotiation) 또는 "혼합지급(by mixed payment)" 중 하나가 표시되어 있다.

여기에서 "Available With...by..."는 "Available with (00 Bank) by (sight payment, deferred payment, acceptance, negotiation)[(일람지급, 연지급, 인수, 매입)에 의하여 (00 은행)에서 사용가능]"의 의미로서, "with" 다음에는 신용장이 사용되는 은행을 "00 Bank", "Advising Bank(통지은행)", "Issuing Bank(발행은행)", "Reimbursement Bank(상환은행)", "Any Bank(모든 은행)", "Any Bank in(00소재 모든 은행)" 등과 같이 표시하고, "by" 다음에는 일람지급, 연지급, 인수, 매입 중에서 하나를 선택하여 "by negotiation" 등과 같이 표시한다. 은행식별코드(BIC)가 명시될 경우에는 신용장이 사용가능하도록 요구되는 은행을 위한 SWIFT BIC8 또는 BIC11이어야 하며, "Any Bank in"의 경우에는

주소는 국가, 도시 등을 명시하도록 사용될 수 있다.

㉮ 일람지급(Sight payment)

```
:41a  Available With … by… : CHASUS33XXX (지급은행의 은행인식코드)
      사용가능은행 및 방법   JPMORGAN CHASE BANK, N.A.
                          4 NEW YORK PLAZAFLOOR 15
                          NEW YORK, NY

                          By Payment 지급에 의하여

:42C Draft at : 환어음기일
:42a Drawee : 환어음지급인      (지급신용장의 경우 기재되지 않음: 환어음이 제시되지 않기 때문임)
```

수익자가 지급은행에 서류를 제시하였을 때 지급은행이 즉시 지급하는 일람지급신용장의 경우에는, "사용가능은행 및 방법(Available with...by...)"란에 그 사용방법으로서 "by payment(지급에 의하여)"라는 문언이 표시되어 있고, 사용가능은행으로서의 지급은행의 표시는 "SWIFT의 은행인식코드(BIC)", "Issuing bank(발행은행)", "Ourselves(당행)", "Any Bank(모든 은행)" 등과 같이 표시된다. 즉, 지급은행은 발행은행의 해외지점이나 환거래은행 또는 발행은행 자신이 될 수 있다.

한편, 일람지급신용장의 경우, "42C 환어음기일(Draft at)" 및 "42A Drawee(환어음지급인)"란에는 아무런 표시가 없다. 왜냐하면, 일람지급신용장은 선의의 제3자에게 대급지급을 확약하지 않고 수익자에게만 대급지급을 확약하고 환어음이 제시될 필요 없이 일람출급에 준하여 지급되기 때문이다.

㉯ 연지급(Deferred payment)

```
:41a  Available With … by… : SCBLKRSE (지급은행의 은행인식코드)
      사용가능은행 및 방법   STANDARD CHARTERED BANK KOREA LIMITED SEOUL

                          BY DEF PAYMENT 연지급에 의하여

:42P Deferred Payment Details : AT 90 DAYS FROM B/L DATE
                    연지급 명세 : 선하증권(B/L)의 발행일로부터 90일

:42C Draft at : 환어음기일
:42a Drawee : 환어음지급인      (지급신용장의 경우 기재되지 않음: 환어음이 제시되지 않기 때문임)
```

수익자가 연지급은행에 서류를 제시하였을 때 연지급은행이 즉시 지급하지 않고 일정기간이 경과한 후에 지급하는 연지급신용장의 경우에는, "사용가능은행 및 방법(Available with...by...)"란에 그 사용방법으로서 "by deferred payment(연지급에 의하여)"라는 문언이 표시되어 있고, 사용가능은행으로서의 연지급은행의 표시는 "SWIFT의 은행인식코드(BIC)", "Issuing bank(발행은행)", "Ourselves(당행)", "Any Bank(모든 은행)" 등과 같이 표시된다. 즉, 연지급은행은 발행은행의 해외지점이나 환거래은행 또

는 발행은행 자신이 될 수 있다.

한편, 연지급신용장의 경우, "42C 환어음기일(Draft at)" 및 "42A Drawee(환어음지급인)"란에는 아무런 표시가 없다. 왜냐하면, 연지급신용장은 선의의 제3자에게 대금지급을 확약하지 않고 수익자에게만 대금지급을 확약하고 환어음이 제시될 필요 없이 기한부환어음에 준하여 지급되기 때문이다.

하지만, 연지급신용장의 경우에는 필수기재사항으로 되는 "42P Deferred Payment Details(연지급명세)"란에는 지급일자 또는 그 지급방법이 "At 90 Days from B/L Date (선화증권 발행일로부터 90일출급)" 등과 같이 기재된다.

　㉡ 인수(Acceptance)

```
:41a  Available with by name, address : Advising Bank      통지은행
               사용가능은행 및 방법       By Acceptance      인수에 의하여
:42C Draft at : 30 days after sight
      환어음기일 : 일람후 30일 출급
:42a Drawee : BOFAUS3N
      환어음지급인BANK OF AMERICA, NEW YORK, NY10015, U.S.A.미국 뉴욕, 뉴욕시 소재 미국은행
```

수익자가 인수은행에 기한부환어음 및/또는 서류를 제시하였을 때 인수은행이 즉시 지급하지 않고 일정기간이 경과한 환어음의 만기일에 지급하는 인수신용장의 경우에는, "사용가능은행 및 방법(Available with...by...)"란에 그 사용방법으로서 "by acceptance(인수에 의하여)"라는 문언이 표시되어 있고, 사용가능은행으로서의 인수은행의 표시는 "SWIFT의 "Issuing bank(발행은행)", "Ourselves(당행)", "Any Bank(모든 은행)" 등과 같이 표시된다. 즉, 인수은행은 발행은행의 해외지점이나 환거래은행 또는 발행은행 자신이 될 수 있다.

한편, 인수신용장의 경우에는, 필수기재사항으로 되는 "42C 환어음기일(Draft at)"란에는 "60 days after B/L date(B/L 발행일 후 60일 출급)" 등과 같이 기한부환어음의 문언이 표시된다. 또한 인수신용장의 경우에는, 필수기재사항으로 되는 "42A Drawee(환어음지급인)"란에는 인수은행이 표시되며, 수익자의 환어음을 인수한 은행이 환어음의 만기일에는 지급은행이 된다. "42A Drawee(환어음지급인)"은 "By Deferred Payment" 또는 "By Mixed Payment"가 아닌 경우에만 사용된다.

　㉢ 매입(Negotiation)

```
:41a  Available With … by… : Available with advising bank by negotiation
               사용가능은행 및 방법 : 매입에 의하여 통지은행에서 사용가능함
:42C Draft at : At sight for full invoice amount
      환어음기일 : 송장금액의 전액으로 일람출급
:42a Drawee : The Commercial Bank of Chicago, Ltd., Chicago, Illinois, USA
      환어음지급인 : 미국 일리노이스 시카고 소재 시카고상업은행
```

수익자가 매입은행에 기한부환어음 및/또는 서류를 제시하였을 때 매입은행이 그 환어음 및/또는 서류를 매입하고 매입대금을 지급하는 매입신용장의 경우에는, "사용 가능은행 및 방법(Available with...by...)"란에 그 사용방법으로서 "by negotiation(매입에 의하여)"라는 문언이 표시되어 있고, 사용가능은행으로서의 매입은행의 표시는 "특정은행의 SWIFT의 은행인식코드(BIC)", "Any Bank(모든 은행)" 등과 같이 표시된다. 특정은행이 표시된 경우에는 그 특정은행에서만 매입이 허용되는 매입제한신용장이 되는 것이고, "Any Bank(모든 은행)"와 같이 표시된 경우에는 어느 은행에서도 매입이 가능한 자유매입신용장이 된다.

한편, 매입신용장의 경우, "42C 환어음기일(Draft at)"란에는 "At Sight(일람출급)" 등의 일람출급환어음의 문언 또는 "60 days after B/L date(B/L 발행일 후 60일 출급)" 등의 기한부환어음의 문언이 표시되고, "42A Drawee(환어음지급인)"란에는 통상적으로 발행은행이 표시된다.

참고로, 인수 및 매입신용장상의 환어음의 지급인은 발행은행 또는 지정은행이 되며, UCP 600 제6조 c항에서는 "발행의뢰인을 지급인으로 하여 발행된 환어음에 의하여 사용될 수 있는 신용장은 발행되어서는 아니된다"고 규정하고 있다. 또한, 환어음 금액은 신용장금액을 금액을 초과할 수 없으며, 환어음금액은 환어음의 지급기일 다음에 "for 100% of invoice value(송장금액의 100%로)" 또는는 "for full invoice value(송장금액의 전액으로)"와 같이 기재된다.

ⓑ 혼합지급(Mixed Payment)

혼합지급에 의하여 사용될 수 있는 화환신용장에서는 "사용가능은행 및 방법 (Available with...by...)"란에 그 사용방법으로서 "by Mixed Payment(혼합지급에 의하여)" 또는 "by negotiation/by deferred payment(매입에 의하여/연지급에 의하여)", "by 20% sight/by 80% deferred payment" 등과 같이 기재되며, 사용가능은행으로서의 은행의 표시는 "with any Bank/with the Issuing Bank(모든 은행에서/발행은행에서)", "특정은행의 SWIFT의 은행인식코드(BIC)" 등과 같이 기재된다.

한편, 혼합지급신용장의 경우에는, 필수기재사항으로 되는 "42M 혼합지급명세 (Mixed Payment Details)"란에는 지급일자, 금액 및/또는 이들의 결정방법이 기재되는데, 예를 들면 할부의 만기일이 "Sight(일람출급)", "After Draft Date(환어음 발행일 후)"와 "After Shipment Date(선적일 후)" 중의 하나가 사용되어 기재되어야 하기 때문에 "At xx days after sight(일람출급)", "60 days after sight(일람 후 60일 출급)", "60 days after B/L date(B/L 발행일 후 60일 출급)" 등과 같이 기재된다.

⑭ 혼합지급의 명세(Mixed Payment Details)

```
:41a  Available With… : With Any Bank / With The Issuing Bank
        사용가능은행 :   모든 은행에서        발행은행에서
               by… : By Negotiation / By Deferred Payment
                     매입에 의하여        연지급에 의하여

:42M Mixed Payment Details : At Sight  일람출급
      혼합지급 명세    See Field 47A 47A 참조

:42P Deferred Payment Details : See Field 47A
           연지급 명세 : 47A 참조

:42C Draft at : 환어음기일
:42a Drawee : 환어음지급인  (지급신용장의 경우 기재되지 않음: 환어음이 제시되지 않기 때문임)

:47A Additional Conditions : 추가조건
The amount of the L/C …% of the Supply value plus interest at the rate of …..% p.a. as per the
following schedule, payable in …. consecutive half-yearly instalments due at 6, 12, 18, 24, 30,
36, 42, 48, 54 and 60 months respectively from the date of B/L:
```

Item	Principal	Interest	Total	Due Date

혼합지급의 경우에만 필수기재사항으로 되는 혼합지급의 명세(Mixed Payment Details)란에는 혼합지급에 필요한 지급일자, 금액, 방법 등이 기재되며, 전대신용장의 경우에 주로 사용된다.

⑮ 연지급명세(Deferred Payment Details)

```
:42P Deferred Payment Details :                          연지급명세 :
     Payment At 90 Days From Transport Documents Date   운송서류의 발행일로부터 90일 출급으로 지급
```

연지급신용장의 경우에만 필수기재사항으로 되는 연지급명세(Deferred Payment Details)란에는 연지급에 필요한 지급일자 또는 그 결정방법이 "At 90 Days from B/L Date(선화증권 발행일로부터 90일출급)" 등과 같이 기재된다.

(3) 운송에 관한 사항

운송에 관한 사항에는 분할선적 및 환적, 선적지, 최종목적지 및 선적기일 등이 포함되어야 한다.

⑯ 분할선적(Partial Shipment)

```
:43P Partial Shipments : Not Allowed          분할선적 : 금지
```

임의기재사항인 분할선적(Partial Shipment)은 물품의 선적을 2회 이상 나누어서 선적하는 것으로서, 분할선적이 허용되는 경우에는 "allowed(허용)", "permitted(허용)",

"authorized(인정)" 등으로 기재되고, 금지되는 경우에는 "not allowed(허용되지 않음)", "not permitted(허용되지 않음)", "prohibited(금지)" 등으로 기재된다. 신용장상에 분할선적에 대하여 아무런 명시가 없는 경우에는 분할선적이 허용되는 것으로 본다.[40] 따라서, 분할선적을 금지하기 위하여는 신용장상에 "Partial Shipment not allowed(분할선적은 허용되지 않는다)", "Partial Shipment not permitted(분할선적은 허용되지 않는다)", "Partial Shipment prohibited(분할선적은 금지된다)" 등의 문언이 기재되어야 한다.

참고로, 분할선적(Partial Shipments)과 환적(Transhipment)의 경우, SWIFT에서는 추천된 코드명인 "Allowed(허용-)"과 "Not Allowed(금지)" 중의 하나를 사용하여 기재하도록 권고하고 있다.

⑰ 환적(Transhipment)

:43T Transhipment : Not Allowed   환적 : 금지

임의기재사항인 환적(Transhipment)은 적재항(선적지)으로부터 양륙항(목적지)까지의 운송과정 중에 한 운송수단으로부터 다른 운송수단으로 양화(unloading) 및 재적재(reloading)를 말하는 것으로서, 환적이 허용되는 경우에는 "allowed(허용)", "permitted(허용)", "authorized(인정)" 등으로 기재되고, 금지되는 경우에는 "not allowed(허용되지 않음)", "not permitted(허용되지 않음)", "prohibited(금지)" 등으로 기재된다. 환적의 경우에도 분할선적의 경우와 같이 신용장상에 별도의 금지문언이 없으면 환적이 허용되는 것으로 본다. 따라서, 환적을 금지하기 위하여는 신용장상에 "Transhipment not allowed(환적은 허용되지 않는다)", "Transhipment not permitted(환적은 허용되지 않는다)", "Transhipment prohibited(환적은 금지된다)", "Direct Shipment(직항선적)" 등의 문언이 기재되어야 한다.

⑱ 선적지(Place of Shipment)

선적지는 물품이 선적되는 장소로서, 선적지는 다음과 같이 기재된다.

㉠ 수탁지/발송지/수령지(Place of Taking in Charge/Dispatch from.../Place of Receipt)

:44A Place of Taking in Charge/Dispatch from.../Place of Receipt : Any Korean Port
    수탁지   /   발송지   /   수령지   : 모든 한국항

임의기재사항인 "수탁지/발송지/수령지(Place of Taking in Charge/Dispatch from.../Place of Receipt)"는 운송서류상에 표시되어야 하는 수탁지, 발송지 또는 수령지로서, 육상을 포함하는 복합운송서류를 요구하는 경우에 수령지가 기재된다. 즉, 복합운송

---

40) UCP 600 제31조 a항.

서류의 경우에는 수탁지(Place of Taking in Charge)가, ② 도로·철도 또는 내륙수로운송서류, 특송 또는 속달업자의 서류의 경우에는 수령지(Place of Receipt)가, ③ 항공운송서류 등의 경우에는 발송지(Place of Dispatch from...)가 기재된다. 선적(shipment)이라는 용어에는 본선적재(loading on board), 발송(dispatch), 수탁(taking in charge) 등의 의미가 포함되어 있는 것으로 해석된다.

예를 들면, 수탁지가 XYZ화물운송터미널이고 선적항이 부산항인 경우에는, "수탁지/발송지/수령지(Place of Taking in Charge/Dispatch from.../Place of Receipt)"란에는 "XYZ Cargo Transport Terminal"로 기재되고, "적재항/출발공항(Port of Loading/Airport of Destination)"란에는 "Busan port"가 기재된다.

㉔ 적재항/출발공항(Port of Loading/Airport of Departure)

```
:44E Port of Loading/Airport of Departure : Any S. Korean port
       적재항   /    출발공항      : 모든 한국항
```

임의기재사항인 "적재항/출발공항(Port of Loading/Airport of Departure)"은 운송서류상에 표시되어야 하는 적재항 또는 출발공항으로서, 해상운송의 경우에는 적재항(Port of Loading)이 기재되고, 항공운송의 경우에는 출발공항(Airport of Departure)이 기재된다.

⑲ 목적지(Place of Destination)

목적지는 물품이 도착되는 장소로서, 목적지는 다음과 같이 기재된다.

㉠ 양륙항/목적공항(Port of Discharge/Airport of Destination)

```
:44F Port of Discharge/Airport of Destination : Shanghai Port, China
       양륙항   /    목적공항      : 상하이항, 중국
```

임의기재사항인 "양륙항/목적공항(Port of Discharge/Airport of Destination)"은 운송서류상에 표시되어야 하는 양륙항 또는 목적공항으로서, 물품이 양륙되어야 하는 항구 또는 도착되어야 하는 공항이 기재된다.

㉡ 최종목적지/...까지 운송을 위하여/인도지(Place of Final Destination/For Tranportation to.../Place of Delivery)

```
:44B Place of Destination/For Transportation to···/Place of Delivery : PORT OF BALTIMORE, MD
      목적지     /  ···까지 운송을 위하여  /   인도지      : 발티모어항, 메릴랜드주
```

임의기재사항인 "최종목적지/...까지 운송을 위하여/인도지(Place of Final Destination/For Tranportation to.../Place of Delivery)"는 운송서류상에 표시되어야 하는 최종목적지 또

는 인도지로서, 육상을 포함하는 복합운송서류가 요구되는 경우에 최종목적지가 양륙항(port of discharge)과 구별되어 기재된다. 예를 들면, 해상운송의 경우에는 "for transportation to Tokyo, Japan", "for transportation to Tokyo Airport", "for transportation to XYZ Cargo Transport Terminal" 등으로 기재된다.

⑳ 최종선적일(Latest Date of Shipment)

:44C Latest Date of Shipment : 131015 　　　최종선적일 : 2013년 10월 15일

임의기재사항인 "최종선적일(Latest Date of Shipment)"은 본선적재/발송/수탁(Loading on Board/Dispatch/Taking in charge)을 위한 최종일자로서, "131015"와 같이 YYMMDD (연월일)의 방식으로 기재된다.

㉑ 선적기일(Shipment Period)

:44D Shipment Period : 131015 　　　선적기일 : 2013년 10월 15일

임의기재사항인 선적기일(Shipment Period)은 물품이 본선적재/발송/수탁(Loading on Board/Dispatch/Taking in charge)되어야 하는 기간으로서, "131015" 등과 같이 YYMMDD(연월일)의 방식으로 기재되며, "44C의 최종선적일(Latest Date of Shipment)" 이 기재된 경우에는, 44D의 선적기일(Shipment Period)은 기재되어서는 안된다.

예를 들면 "not later than July 20, 2005(2005년 7월 20일보다 늦지 않게)" 또는 "on or before July 20, 2013(2013년 7월 20일에 또는 그 이전에)"와 같이 기재되면, 수익자(매도인)는 2013년 7월 20일까지는 물품을 본선적재, 발송 또는 수탁을 완료하여야 한다는 것이다. 만일 7월 20일이 선적을 위한 최종일인 선적기일로서 은행휴업일에 해당되는 경우에는 자동 연장되지 않기 때문에 그 기재된 일자까지는 반드시 선적을 완료하여야 한다.[41]. 이것은 일요일이나 축제일 등의 경우에도 운송인이 하역업무를 이행하고 있는 관행을 반영한 것이다.

선적기일과 관련하여, "신속한(prompt)", "즉시(immediately)", "가능한 한 빨리(as soon as possible)" 등과 같은 표현은 사용되어서는 안되며, "on or about(~경에)" 또는 이와 유사한 표현이 사용되는 경우에는, 은행은 양끝의 일자를 포함하여 명시된 일자 이전의 5일부터 그 이후의 5일까지의 기간 동안에 선적이 이행되어야 하는 것으로 이를 해석한다.[42] 또한, "까지(to)", "까지(until)", "까지(till)", "부터(from)" 및 "사이(between)"라는 단어는 해당 일자를 포함하는 것으로 해석되지만, "이전(before)" 및

---

41) UCP 600 제29조 c항.
42) UCP 600 제3조 제7문 및 제8문.

"이후(after)"라는 단어는 해당 일자를 포함하지 않는 것으로 해석된다. 특정월의 "전반(first half)", "후반(second half)"이라는 용어는 각각 해당 개월의 1일부터 15일까지, 그리고 16일부터 말일까지로 하고, 양끝의 일자를 포함하는 것으로 해석된다. 특정월의 "상순(beginning)", "중순(middle)", "하순(end)"이라는 용어는 각각 해당 개월의 1일부터 10일까지, 11일부터 20일까지, 그리고 21일부터 말일까지로 하고, 양끝의 일자를 포함하는 것으로 해석된다.[43]

(4) 물품명세에 관한 사항

㉒ 물품 및/또는 용역의 명세(Description of Goods and/or Services)

```
:45A Description of Goods and/or Services :    물품 및/또는 용역의 명세
 Contract No. ABC12-015 50,000PCS of Bottle Case for "BAKAS"
 CIF Seattle Port Incoterms 2010
```

임의기재사항인 물품 및/또는 용역의 명세(Description of Goods and/or Services)은 계약물품의 품명(commodity name), 수량(quantity), 단가(unit price), 상품명세(commodity description), 가격조건(price terms), 원산지(country of origin) 등으로서, 매매계약서의 번호나 계약일자 등과 기재되는 경우도 있다. 이 란에는 구매주문서의 명세가 반복될 수 있고, 제품명세(Product details; line item)는 구매주문서에 따라 반복될 수 있다.

UCP 600 제4조 b항에서는 근거계약의 사본, 견적송장 등의 서류를 신용장의 필수부분으로서 포함시키려는 시도에 관한 발행의뢰인의 지시를 배제함으로써 신용장 또는 이와 관련된 조건변경서에 지나치게 과도한 명세가 삽입되지 않도록 하여야 한다고 규정하고 있기 때문에 물품명세는 간결하게 기재되는 것이 바람직하다.

(5) 요구서류에 관한 사항

임의기재사항인 신용장상의 요구서류는 통상적으로 상업송장, 운송서류, 보험서류, 기타 서류의 순서대로 기재된다. 여기에서, 보험서류는 CIF 또는 CIP규칙의 경우에만 요구되며, 기타 요구서류에는 포장명세서(Packing List), 원산지증명서(Certificate of Origin), 영사송장(Consular Invoice), 검사증명서(Inspection Certificate), 세관송장(Customs Invoice) 등이 있다.

㉓ 상업송장(commercial invoice)

```
:46A Documents Required                          요구서류
 +Signed Commercial Invoice in three copies.     서명된 상업송장 3통
```

---

43) UCP 600 제3조 제9문, 제11문 및 제12문.

상업송장(commercial invoice)은 수익자에 의하여 발행되며 물품의 명세서, 가격계산서 및 대금청구서의 역할을 하는 서류로서, 신용장에서는 상업송장을 필수서류의 하나로서 요구하고 있다. 신용장에 의하여 허용된 금액을 초과한 금액으로 발행된 상업송장은 수리될 수는 있지만, 신용장에 의하여 허용된 금액을 초과한 금액으로 지급이행 또는 매입되어서는 안되며, 상업송장상의 물품, 용역 또는 이행의 명세는 신용장에 보이는 것과 일치하여야 한다.[44]

신용장이 상업송장상에 어떠한 내용의 명시를 요구하는 경우에는 상업송장상에 그 지시사항대로 기재된다.

㉔ 운송서류(transport document)

운송서류(transport document)는 운송인이 화주와 운송계약을 체결하고 물품을 본선 적재, 발송 또는 수탁하였음을 증명하기 위하여 발급하는 서류로서, 운송방식이나 운송수단의 종류에 따라 다양하다.

신용장통일규칙에서는 운송방식이나 운송수단에 따라 운송서류를 해상선화증권(ocean bill of lading), 비유통성 해상화물운송장(non-negotiable sea waybill), 용선계약선화증권(charter party bill of lading), 복합운송서류(multimodal transport document), 항공운송서류(air waybill), 도로·철도 또는 내륙수로 운송서류(road, rail or inland waterway transport documents), 특송업자수령증 및 우편수령증(courier and post receipt) 등으로 구분하여 수리요건을 규정하고 있다.

㉮ 복합운송서류(Multimodal Transport Document)

:46A Documents Required 요구서류
+Full set Multimodal Transport Document and One N.N. copy made out to order of shipper blank endorsed marked freight collect and notify applicant indicating this Credit number.
전통의 복합운송서류 및 비유통성(Non-negotiable) 사본. 이는 송하인 지시식으로 작성되고, 백지배서되고 운임후지급 및 착화통지처 발행의뢰인으로 표시되어야 하며, 이 신용장번호를 표시하고 있어야 한다.

복합운송서류(복합운송증권, Multimodal or Combined Transport Document)는 복합운송인이 운송계약 및 운송하여야 하는 물품을 자신의 관리하에 둔 것을 증명하고 동계약의 조건에 따라 물품을 인도한다는 취지의 약속을 증명하는 서류로서, 위와 같이 기재된다. 여기에서 "N.N."은 Non-negotiable의 약자이다.

㉯ 선화증권(Bill of Lading)

:46A Documents Required 요구서류
+Full set of Clean On Board Ocean Bills of Lading made out to the order of shipper and Blank endorsed marked "Freight Prepaid" and "Notify Applicant".무고장 본선적재 해양선화증권 전통. 이는 송하인의 지시식으로 작성되고 백지배서되어야 하고, "운임선지급" 과 "착화통지처 발행의뢰인" 이 표시되어야 함

---

44) UCP 600 제18조 b항 및 c항.

선화증권(Bill of Lading)은 운송인이 물품의 수취 또는 선적을 증명함과 동시에 목적지에서 이 증권과 상환으로 물품을 인도할 것을 확약하고 그 물품의 운송조건을 기재한 물권적 유가증권으로서, 신용장의 문언을 살펴보면 다음과 같다.

첫째, "Full Set"은 전통을 의미한다. 선화증권은 통상 3통을 1조로 하여 발행된다. 각 선화증권은 독립적 효력을 갖고 있기 때문에 은행은 담보권을 확보하기 위하여 신용장조건으로 선화증권의 원본 전통(발행된 통수 전부)을 요구한다.

둘째, "Clean On Board B/L"은 무고장·선적 선화증권을 의미한다. 화물이 수량이나 포장에 결함이 없이 외관상 양호한 상태로 적재되었음을 나타내는 것으로서, 무고장·선적선화증권을 발급받았다는 것은 매도인이 계약과 일치하는 물품을 인도했음을 증명할 수 있는 것이다. 즉, 매도인은 매매계약상의 자신의 물품인도의무를 수행한 경우에만 대금지급을 받을 수 있다.

셋째, "Ocean B/L"은 해양선화증권을 의미한다. 매도인은 외국에 있는 매수인과 거래하는 것이므로 물품을 해상으로 운송하고자 하는 경우에는 국내항구간 또는 내륙운송시에 발행되는 선화증권이 아니라 대양을 항해하는 선박이 발행한 선화증권을 사용하여야 한다.

넷째, "Made out to the order of shipper"는 화물의 수취인을 의미한다. 수화인의 표시방법으로서 "order of shipper"로 기재된 것은 지시식 선화증권임을 의미한다. 이는 "order of" 다음에 기재되어 있는 송화인(shipper)이 지시하는 자가 곧 선적화물을 수취할 수 있음을 의미한다. "oredr of" 다음에 "Shinhan Bank"와 같이 특정은행이 기재된 경우에는 은행지시식 선화증권으로서 그 은행이 지시하는 자가 곧 선적화물을 수취할 수 있음을 의미한다. 무역에서는 통상적으로 운송도중에 화물의 전매나 유통을 목적으로 기명식이 아닌 유통성의 지시식 선화증권이 발행된다.

다섯째, "Blank endorsement"는 백지배서된 것을 의미한다. 백지배서란 피배서인이 백지(명기되지 않음)로 되어 있는 상태로 배서인이 배서하는 방식으로서, 예를 들면 송화인지시식의 경우, 송화인(배서인 또는 양도인)이 선화증권을 양도받을 은행(매입은행 등)을 명기하지 않고 선화증권에 "배서[증권의 뒷면(배면)에 서명]"하는 것을 말한다.

여섯째, "Freight Prepaid"는 운임선지급을 의미한다. CFR이나 CIF규칙인 경우에는 매도인이 운임을 지급해야 하기 때문에 운임을 먼저 지급했다는 의미의 "Freight Paid" 또는 "Freight Prepaid"로 표시하여 발행되고, FOB규칙인 경우에는 매수인이 운임을 지급해야 하기 때문에 운임은 나중에 지급될 것이라는 의미의 "Freight Collect(운임후지급)"로 표시하여 발행된다.

일곱째, "Notify Applicant"는 화물도착통지처(Notify)로서 발행의뢰인(Applicant)을 의

미한다. 화물이 목적항에 도착한 경우 운송인이 화물도착통지(Arrival notice)를 보낼 상대방을 가리킨다. 화물도착통지처는 주로 신용장 발행의뢰인인 수입업자 또는 그 대리인이 된다. "Notify Accountee"로 표시되는 경우, 화물도착통지처로서 계정결제인 (Accountee)을 의미하는데, 이는 신용장대금을 최종적으로 지급하는 발행의뢰인을 말한다.

㉓ 항공화물운송장(Air Waybill)

:46A Documents Required 요구서류
+Air Waybills consigned to Hana Bank marked Freight Collect and Notify Applicant.
운임후지급 및 착화통지처 발행의뢰인으로 표시된 하나은행에 탁송된 항공화물운송장

항공화물운송장(Air waybill; Air Consignment Note)은 화물이 항공운송에 있어서 항공운송인의 청구에 의하여 송화인이 작성·교부하는 항공운송화물에 관한 사항을 기재한 서류로서, 위와 같이 기재된다.

㉕ 보험서류(insurance document)

:46A Documents Required 요구서류
+Insurance policy in duplicate for 110% CIP value covering Institute Cargo Clauses (A),
Institute War and Strike Clauses, evidencing that claims are payable in India.
CIP가격의 110%의 금액으로 협회화물약관(A), 협회전쟁 및 동맹파업약관을 부보하고 있고, 보험금이 인도에서 지급될 수 있다는 것을 입증하는 보험증권 2통

보험서류(insurance documents)는 물품이 운송되는 도중에 해난이나 기타의 위험으로 인하여 입게 될 손해에 대하여 화주에 의하여 부보된 보험에 대하여 보험자가 발급하는 증거서류를 말한다. 신용장거래에서는 해상적화보험의 성립을 증명하는 서류를 총칭하여 보험서류라고 한다. 신용장거래에서 수리가능한 보험서류로는 보험증권 (Insurance Policy)과 보험증명서(Insurance Certificate)가 있는데, 보험증권은 확정보험에서 사용되는 것이고, 보험증명서는 포괄예정보험에서 사용되는 것이다. 한편, 보험중개인(brokers)이 발행하는 보험승낙서(Cover Note)는 보험서류로서 적당하지 않기 때문에 신용장거래에서 수리될 수 없다.

신용장에서 보험서류가 요구되는 것은 매도인이 보험서류를 제시할 의무가 발생하는 CIF 또는 CIP조건으로 매매계약을 체결한 경우로서, 보험증권을 요구하고 있는 신용장상의 문언은 위와 같다.

㉖ 포장명세서(packing list)

:46A Documents Required 요구서류
+Packing list in three copies. 포장명세서 3통

포장명세서(packing list)는 상업송장의 보충서류로서, 수출업자가 포장된 물품의 순

중량(net weight), 총중량(gorss weight), 용적(measurement), 포장의 형태·내용명세·개수·기호, 화인(shipping marks) 등을 기재하여 작성한 서류를 말한다. 포장명세서는 선적물품의 명세 및 포장과 관련하여 각 규격별, 단위별로 구체적으로 명기하고 있으며, 대금관련사항이 명기되어 있지 않다는 점을 제외하고는 상업송장과 별다른 차이점이 없다. 포장명세서를 요구하고 있는 신용장의 문언은 위와 같다.

㉗ 원산지증명서(certificated of origin)

:46A Documents Required　　요구서류
+Certificate of Origin in duplicate　원산지증명서 2통

원산지증명서(Certificate of Origin; C/O)란 수입통관 또는 수출대금의 결제시 구비서류의 하나로서 당해 물품이 당해국에서 생산, 제조 또는 가공되었다는 사실을 증명하는 서류로서, 신용장상에는 위와 같은 문언으로 기재된다.

㉘ 검사증명서(Certificate of Inspection)

:46A Documents Required　　요구서류
+Inspection certificate in duplicate　검사증명서 2통

검사증명서(Certificate of Inspection ; Inspection Certificate)는 수출물품이 매매계약이나 수출입국이 미리 정하고 있는 품질조건이나 규격에 합치하고 있다는 것을 수출국의 공적 검사기관이 검사하고 발행하는 것으로서, 수입업자의 요구에 의하여 특정 상품에 한하여 발행된다. 검사증명서는 통상적으로 제3자인 지정검사기관이 검사하고 발행하는 것이지만, 계약내용에 따라 제조업자가 검사하고 발행하는 것도 있다. 신용장상에는 위와 같은 문언으로 기재된다.

㉙ 선적전검사증명서(Pre-shipment Inspection Certificate)

:46A Documents Required　　　요구서류
+Pre-shipment Inspection certificate issued by JCIC. *JCIC*에 의하여 발행된 선적전검사증명서

선적전검사증명서(Pre-shipment Inspection Certificate)는 수입국정부가 자국으로 수입되는 물품에 대하여 선적전에 SGS나 GESCO와 같은 공인된 민간의 국제검사기관에 검사를 받도록 요구함으로써 이들 검사기관이 물품을 선적전에 검사하고 발행한 검사증명서로서 신용장에는 위와 같은 문언으로 기재된다.

㉚ 품질 및 수량증명서(Certificate of quality and quantity)

:46A Documents Required 요구서류
+1 original certificate of quality and quantity issued by manufacturer or commodity inspection bureau.　제조업자 또는 상품검사국에 의하여 발행된 품질 및 수량증명서 원본 1통

품질 및 수량증명서(Certificate of quality and quantity)은 공인된 전문검사기관이 개개의 물품의 품질 및 물품 전체의 총중량과 용적을 계량하고 발급해 주는 서류로서, 신용장상에는 위와 같은 문언으로 기재된다.

③ 품질증명서(Certificate of quality)

:46A Documents Required 요구서류
+Certificate of quality in 6 originals issued by the manufacturer.
제조업자에 의하여 발행된 품질증명서 원본 6통

품질증명서(Certificate of quality)는 공인된 품질검사기관이 수출입물품의 품질수준이 어느 정도인지를 검사한 후 그 결과를 증명하는 서류로서, 신용장상에는 위와 같은 문언으로 기재된다.

③ 중량 및 용적증명서(certificate of weight and measurement)

:46A Documents Required 요구서류
+Certificate of quantity/weight in 6 originals issued by the manufacturer.
제조업자에 의하여 발행된 수량/중량증명서 원본 6통

중량 및 용적증명서(certificate of weight and measurement)는 공인된 전문검량업자(public weigher; sworn measurer)가 개개의 물품 및 물품 전체의 총중량과 용적을 계량하고 발급해 주는 서류로서, 신용장상에는 위와 같은 문언으로 기재된다.

③ 포장 및 중량명세서(Packing list and weight memo)

:46A Documents Required 요구서류
+Packing list/weight memo in 3 copies indicating quantity/gross and net weight of each package and packing conditions.
수량/각각의 포장의 총중량 및 순중량과 포장상태를 표시하고 있는 포장명세서/중량명세서 3통

포장 및 중량명세서(Packing list and weight memo)는 포장명세서의 일종으로서, 물품의 수량, 포장의 총중량 및 순중량, 용적, 포장상태 등을 명기한 서류로서, 신용장상에는 위와 같은 문언으로 기재된다.

③ 위생증명서(Certificate of Health)

:46A Documents Required 요구서류
+Health certificate issued by the official government organization
공식적인 정부기구에 의하여 발행된 위생증명서 2통

위생증명서(Certificate of Health; sanitary certificate; veterinary certificate; hygienic certificate)[45]는 식료품, 육류, 동식물, 약품류, 화장품 등을 수출하는 경우에 수출국의 위생검사당국이 무균, 무해임을 입증하거나 또는 수입국의 보건당국에서 정한 기준

에 합치된다는 것을 입증한 증명서로서, 신용장상에는 위와 같은 문언으로 기재된다.

㉟ 식물위생증명서(Certificate of phytosanitary)

:46A Documents Required 요구서류
+Phytosanitary certificate in 2 copies. 식물위생증명서 2통

식물위생증명서(Certificate of phytosanitary)[46]는 종자식물, 양치식물, 이끼식물, 버섯류, 이들의 씨앗, 과실 등을 수출하는 경우에 식물의 병충해가 수입국에 유입되고 만연되는 것을 방지할 목적으로 수출국의 식물검역당국이 수출하는 식물을 소독하였다는 것을 입증하고 발행하는 증명서로서, 신용장상에는 위와 같은 문언으로 기재된다.

㊱ 훈증증명서(Certificate of fumigation)

:46A Documents Required 요구서류
+Fumigation certificate in 2 originals issued by government. 정부에 의하여 발행된 훈증증명서 원본 2통

훈증증명서 또는 신고서(Certificate of fumigation; declaration of fumigation)[47]는 목재재료를 사용한 팔레트나 포장의 경우 외래의 기생충이 목재에 붙어 유입되는 것을 방지할 목적으로 목재의 포장재료가 훈증 등의 방법으로 완전히 방부처리되었음을 증명하는 것으로서, 신용장상에는 위와 같은 문언으로 기재된다.

㊲ 분석증명서(Certificate of analysis)

:46A Documents Required 요구서류
+certificate of analysis, in one original and 1 copy 분석증명서 원본 1통 및 사본 1통

분석증명서(certificate of analysis)는 종종 수입업자 또는 정부당국에 의하여 요구되는 검사증명서의 일종이며, 주로 광산물이나 의약품을 수출하는 경우에 공인된 검사기관이 그 물품의 순도나 함유성분이 어느 정도이고 구성원소 등이 무엇인지를 분석한 후 그 결과를 증명하는 서류로서, 신용장상에는 위와 같은 문언으로 기재된다.

㊳ 수익자증명서(Beneficiary's certificate)

:46A Documents Required 요구서류
+Beneficiary's certificate certifying that 1/3 original B/L with extra documents have been dispatched to the applicant directly via DHL within 48 hours with DHL receipt submitted after shipment. 추가서류와 함께 선하증권 원본 3통 중 1통이 선적 후 제출된 DHL수령증과 함께 48시간 이내에 DHL을 통하여 직접 발행의뢰인에게 발송되었음을 증명하는 수익자증명서

---

45) [쌔너테어리] 위생의, 위생상의; [붸러러네어리] 수의의, 수의학에 관한, 수의사; [하이쥐에닉] 위생적인, 위생학의, 건강에 좋은
46) [파이토우쌔너테어리] (특히 농산물에 관한) 식물위생의
47) [퓨머게이션] 훈증, 연기로 그을림.

수익자증명서(Beneficiary's certificate)는 수익자(수출업자)가 수입업자에 의하여 요구된 사항 등을 이행하였음을 입증하고 발행하는 서류로서, 특별히 정해진 양식이 없으며, 신용장상에는 위와 같은 문언으로 기재된다.

⑹ 추가조건에 관한 사항

추가조건(Additional conditions)란에는 신용장에 따라 다르지만, 신용장표준 양식에 기재되지 못한 사항이 주로 기재된다. 추가조건란에는 서류의 기재사항, 서류의 송부방법, 운송서류의 수리요건, 보험부보의 지시사항, 환어음의 지시사항, 기한부환어음의 이자부담자의 지정, 매입은행의 지정, 신용장양도의 허용, 특정선박편의 지정, 불일치수수료, 상환청구방법, 준거문언, 수량 및 금액의 과부족용인조항, 은행비용의 부담 등이 기재된다.

㉟ 서류의 기재사항

:47A: Additional Conditions 추가조건
+Each documents of presentation must be indicated the credit number of the issuing bank and the number of the advising bank. 각각의 제시서류는 발행은행의 신용장번호와 통지은행번호를 표시해야 함

추가조건(Additional conditions)란에는 제시되어야 하는 서류에 기재되어야 하는 사항을 요구하는 문언이 기재될 수 있는데, 신용장상에는 위와 같은 문언으로 기재된다.

㊵ 서류의 송부방법

:47A: Additional Conditions 추가조건
+All documents must be forwarded to Bank of China, Shanghai branch 200 Yin Cheng Rd(c), Shanghai 200120, China in one lot by courier service or speed post. 모든 서류는 특송 또는 속달우편에 의하여 한세트로 중국 상하이 200120 인첸로 200에 소재하는 중국은행 상하이지점에 송부되어야 한다.

추가조건란에는 제시되어야 하는 서류의 송부방법이 기재될 수 있는데, 신용장상에는 위와 같은 문언으로 기재된다.

㊶ 운송서류의 수리요건

:47A: Additional Conditions 추가조건
+Surrendered B/L is acceptable 반납선화증권 수리가능

추가조건란에는 제시되어야 하는 운송서류의 수리요건이 기재될 수 있는데, 신용장상에는 위와 같은 문언으로 기재된다.

㊷ 보험부보의 지시사항

:47A: Additional Conditions 추가조건
+Insurance is to be effected by buyer. 보험은 매수인에 의하여 이행되어야 한다.

추가조건란에는 보험부보와 관련된 지시사항이 기재될 수 있는데, 신용장상에는 위와 같은 문언으로 기재된다.

㊸ 환어음의 지시사항

:47A: Additional Conditions 추가조건
+Drafts are to be marked as drawn under this documentary credit
환어음은 이 화환신용장에 의하여 발행된 대로 표기되어야 한다.

추가조건란에는 환어음과 관련된 지시사항이 기재될 수 있는데, 신용장상에는 위와 같은 문언으로 기재된다.

㊹ 기한부환어음의 이자부담자의 지정

:47A: Additional Conditions   추가조건
+ Discount charges are for buyer's account. 할인요금은 매수인의 비용으로 한다.

추가조건란에는 기한부신용장의 이자부담자를 지정하는 문언이 기재될 수 있는데, 신용장상에는 위와 같은 문언으로 기재된다.

㊺ 매입은행의 지정

:47A: Additional Conditions 추가조건
+Negotiations under this credit are restricted to the advising bank only.
이 신용장에 의한 매입은 통지은행으로만 제한된다.

추가조건란에는 매입은행을 지정하는 문언이 기재될 수 있는데, 이와 같이 환어음의 매입을 특정은행으로 제한한 것을 특정신용장 또는 매입제한신용장이라고 한다. 이 경우에는 신용장에 기재된 특정은행을 통해서만 매입이 행해져야 하며, 특정은행이 아닌 은행에 매입이 행해진 경우에는 다시 특정은행으로 재매입(renegotiation)하여야 한다. 신용장상에는 위와 같은 문언으로 기재된다.

㊻ 신용장양도의 허용

:47A: Additional Conditions 추가조건
+This credit is transferable. 이 신용장은 양도할 수 있다.

추가조건란에는 신용장을 다른 제3자에게 양도할 수 있는 문언이 기재될 수 있는데, 신용장상에는 위와 같은 문언으로 기재된다.

㊼ 특정선박편의 지정

:47A: Additional Conditions 추가조건
+Shipments must be effected by Korea Flag Vessel only.
선적은 한국국적의 선박에 의해서만 이행되어야 한다.

추가조건란에는 물품이 특정선박에 적재될 수 있다는 문언이 기재될 수 있는데, 신용장상에는 위와 같은 문언으로 기재된다.

㉘ 불일치수수료

:47A: Additional Conditions 추가조건
+A discrepancy fee equal to USD 60 will be deducted from the payment for each set of documents containing discrepancy(ies). 미화 60달러에 상당하는 불일치수수료는 불일치를 포함하는 각각의 서류의 세트에 대한 지급으로부터 공제된다.

추가조건란에는 불일치수수료의 지급방법이 기재될 수 있는데, 신용장상에는 위와 같은 문언으로 기재된다.

㉙ 상환청구방법

:47A: Additional Conditions 추가조건
+Claims for reimbursement will be made on the L/C applicant.
상환청구는 신용장발행의뢰인 앞으로 행해져야 한다.

추가조건란에는 상환청구방법이 기재될 수 있는데, 신용장상에는 위와 같은 문언으로 기재된다.

㉚ 준거문언

:47A: Additional Conditions 추가조건
+This credit is subject to the ICC UCP 600. 이 신용장은 ICC UCP 600에 따른다.

추가조건란에는 준거문언이 기재될 수 있는데, 신용장상에는 위와 같은 문언으로 기재된다.

㉛ 수량 및 금액과부족용인조항

:47A: Additional Conditions 추가조건
+5 percent more or less in quantity is acceptable. 5%의 수량과부족은 수리가능

추가조건란에는 수량 및 금액과부족용인조항이 기재될 수 있는데, 신용장상에는 위와 같은 문언으로 기재된다.

㉜ 은행비용의 부담

:47A: Additional Conditions 추가조건
+All banking charges outside the issuing bank are for applicant's account.
발행은행 이외의 모든 은행비용은 발행의뢰인의 부담이다.

추가조건란에는 은행비용의 부담과 관련된 문언이 기재될 수 있는데, 신용장상에는 위와 같은 문언으로 기재된다.

(7) 기타 기재사항

그 밖의 기재사항은 다음과 같다.

(53) 비용(Charge)

:71B charge : All banking commissions and charges including reimbursement charges outside U.S.A. are for account of beneficiary.
비용 : 미국이외의 상환비용을 포함하는 모든 은행수수료 및 비용은 수익자의 부담이다.

임의기재사항인 비용(charge)은 모든 은행비용 및 수수료를 누가 부담하여야 하는지를 기재하는 것으로서, 신용장에는 위와 같이 기재된다.

(54) 제시기일(Period for Presentation)

:48 : Period for Presentation : Documents to be presented within 21 days after the date of shipment but within the validity of the credit.
제시기일 : 서류는 선적일 후 21일 이내에 그러나 신용장의 유효기일 내에 제시되어야 한다.

임의기재사항인 제시기일(Period for Presentation)은 수익자가 신용장에 의한 대금지급을 받기 위하여 은행에 서류를 제시하여야 하는 기일로서, 신용장에는 제시기일이 위와 같이 기재된다.

한편, 운송서류는 서류제시기간에 대하여 아무런 표시가 없는 경우에는, 선적일(선적일에 대한 표시가 없는 경우 서류의 발행일) 이후 21일 이내에 제시되어야 한다. 따라서, 선적일 이후 21일 이후에 제시되는 운송서류에 대하여도 수리가능하도록 하기 위해서는 다음과 같이 표현하여야 한다.

"Documents presented later than 21 days after the date of issuance of the transport document(s) acceptable"(서류는 수리가능한 운송서류의 발행일 이후 21일 보다 더 늦게 제시될 수 있다)

(55) 확인지시(Confirmation Instructions)

:49 Confirmation Instructions : Without 확인지시 : 없음

필수기재사항인 확인지시(Confirmation Instructions)는 발행은행이 통지은행 등의 제3은행에게 "확인의 추가(confirm)", "확인의 추가가능(may add)" 또는 "확인의 추가지시 없음(without)" 등의 내용을 지시하는 것으로서, 신용장에는 위와 같이 기재된다. 즉, 신용장에 확인을 추가하지 않는 경우에는 "without"로 기재되며, 확인을 추가하는 경우에는 신용장상에는 "confirm"으로 기재되는데, 이것은 신용장의 요건이 아니라 요청에 불과하다. 따라서, 통지은행은 확인을 추가하는 것을 거절할 수 있으며, 거절하는 경우에는 지급확약을 하지 않고 신용장을 단순히 통지하게 된다. 하지만, 통지은

행이 확인을 추가하는 경우에는 서류송부장에 "We hereby confirm this credit and thereby undertake that all drafts drawn under, and in strict compliance with the terms stated therein (and any further terms stated herein) will be duly honored on presentation and delivery of documents as specified, if presented, at this office on or before the expiry date"와 같이 기재하여 수익자에게 통지하게 된다.

ⓝ 상환은행(Reimbursement bank)

:53a Reimbursement bank : Star Bank N.A. NEW YORK   상환은행 : 뉴욕, 스타은행

임의기재사항인 상환은행(reimbursement bank)은 발행은행이 매입은행 등의 지정은 행에게 매입대금 등을 상환(reimbursement)하는 경우에 발행은행을 대신하여 매입대 금 등을 상환하는 은행으로서, 신용장에는 위와 같이 기재된다.

ⓝ 지급/인수/매입은행에 대한 지시(Instructions to the paying/accepting/negotiating bank)

:78 instructions to the paying/accepting/negotiating bank : 지급/인수/매입은행에 대한 지시
+Drafts must be sent to drawee bank for your reimbursement and all documents to us by
  courier service in one lot.
환어음은 귀행의 상환을 위하여 지급은행에게 송부되어야 하며 모든 서류는 /세트로 특송에 의하여 당행에 송부되어야 한다.

임의기재사항인 지급/인수/매입은행에 대한 지시(Instructions to the paying/accepting/negoiating bank)란은 발행은행이 지급/인수/매입은행에게 지시하는 사항을 기재하는 란으로서, 환어음의 매입방법, 이중매입방지문언, 서류송부방법, 대금상환방법, 발행 은행의 지급확약, 불일치서류의 처리방법, 수수료부담자, 통지지시 등이 기재된다.

㉮ 환어음의 매입방법

:78 instructions to the paying/accepting/negotiating bank : 지급/인수/매입은행에 대한 지시
+Drafts must be sent to drawee bank for your reimbursement and all documents to us by
  courier service in one lot. 환어음은 귀행의 상환을 위하여 지급은행에게 송부되어야 하며
                모든 서류는 /세트로 특송에 의하여 당행에 송부되어야 한다.

지급/인수/매입은행에 대한 지시란에는 환어음의 매입방법이 기재될 수 있는데, 신 용장에는 위와 같이 기재된다.

㉯ 이중매입방지문언

:78 instructions to the paying/accepting/negotiating bank : 지급/인수/매입은행에 대한 지시
+Drafts must be sent to drawee bank for your reimbursement and all documents to us by
  courier service in one lot. 환어음은 귀행의 상환을 위하여 지급은행에게 송부되어야 하며
                모든 서류는 /세트로 특송에 의하여 당행에 송부되어야 한다.

지급/인수/매입은행에 대한 지시란에 기재될 수 있는 이중매입방지문언은 사무착

오의 방지 또는 선의의 제3자를 보호하기 위하여, 즉 동일한 하나의 신용장을 가지고 서류 등을 위조·변조하여 이중으로 매입할 가능성을 배제하기 위하여 매입은행이 매입을 행하였을 때에는 그 사실을 신용장원본의 뒷면에 매입표시를 하도록 매입은행에게 지시하는 문언으로서, 신용장에는 위와 같이 기재된다.

㉓ 서류송부방법

:78 instructions to the paying/accepting/negotiating bank : 지급/인수/매입은행에 대한 지시
+Drafts must be sent to drawee bank for your reimbursement and all documents to us by courier service in one lot. 환어음은 귀행의 상환을 위하여 지급은행에게 송부되어야 하며 모든 서류는 /세트로 특송에 의하여 당행에 송부되어야 한다.

지급/인수/매입은행에 대한 지시란에는 지급은행, 인수은행 또는 매입은행에게 제시된 서류를 발행은행에게 송부하는 방법이 기재될 수 있는데, 신용장에는 위와 같이 기재된다.

㉔ 대금상환방법

:78 instructions to the paying/accepting/negotiating bank : 지급/인수/매입은행에 대한 지시
+After receipt of beneficiary's draft and documents in compliance with the terms of credit, we shall remit the proceeds to the bank designated by negotiation bank. 신용장의 조건에 일치하는 수익자의 환어음 및 서류의 수령 후에, 당행은 매입은행에 의하여 지정된 은행에게 대금을 송금한다.

지급/인수/매입은행에 대한 지시란에는 대금상환방법이 기재될 수 있는데, 신용장에는 위와 같이 기재된다.

㉕ 발행은행의 지급확약

:78 instructions to the paying/accepting/negotiating bank : 지급/인수/매입은행에 대한 지시
+We hereby engage with drawers, endorsers and/or bona fide holders that draft drawn and negotiated in conformity with terms of this credit will be duly accepted on presentation and paid at maturity at our office당행은 이 신용장의 조건에 일치하여 발행되고 매입된 환어음이 제시시에 정히 인수되고 당행에서 만기일에 지급될 것이라는 것을 어음발행인, 배서인 및/또는 선의의 소지인에게 이에 확약한다.

지급/인수/매입은행에 대한 지시란에는 발행은행의 지급확약문언이 기재되는데, 취소불능신용장은 신용장상에 보증확약 문언을 구체적으로 기입하지 않아도 신용장통일규칙에 준하는 이상 신용장 조건에 일치하는 어음에 대하여 발행은행은 지급, 인수 또는 매입을 하여야 한다는 원칙이 있지만, 신용장에는 위와 같이 기재된다.

㉖ 불일치서류의 처리방법

:78 instructions to the paying/accepting/negotiating bank : 지급/인수/매입은행에 대한 지시
+If we give notice stating all discrepancies in respect of which we refuse the documents, we shall hold the documents at your disposal, but if we do not receive your instructions for returning the documents when the applicant waives the discrepancies, we shall release the documents to the applicant accordingly. 당행이 서류를 거절하는 모든 불일치를 명기하는 통지를 행하는 경우에는, 당행은 귀행의 처분으로 그 서류를 보관한다. 하지만, 발행의뢰인이 불일치를 포기할 때 당행이 그 서류의 반송을 위한 귀사의 지시를 수신하지 못한 경우에는, 당행은 발행의뢰인에게 그 서류를 인도한다.

지급/인수/매입은행에 대한 지시란에는 불일치서류의 처리방법이 기재될 수 있는데, 신용장에는 위와 같이 기재된다.

ⓐ 수수료부담자

:78 instructions to the paying/accepting/negotiating bank : 지급/인수/매입은행에 대한 지시
+Remittance comm. and cable charge are for account of beneficiary.
송금수수료와 전신료는 수익자의 부담이다.

지급/인수/매입은행에 대한 지시란에는 수수료부담자가 기재될 수 있는데, 신용장에는 위와 같이 기재된다.

ⓐ 통지지시

:78 instructions to the paying/accepting/negotiating bank : 지급/인수/매입은행에 대한 지시
+Please advise this L/C to beneficiary ASAP. 이 신용장을 가능한 한 빨리 수익자에게 통지하시오

지급/인수/매입은행에 대한 지시란에는 발행은행이 통지은행으로 하여금 수익자에게 신용장을 통지하도록 요구하는 문언이 기재될 수 있는데, 신용장에는 위와 같이 기재된다.

58 통지은행(Advised Though Bank)

:57a Advised Through Bank : IBKOKRSEXXX　　통지은행 : IBKOKRSEXXX

임의기재사항인 통지은행(Advised Though Bank; Advising bank)은 발행은행부터 송부받은 신용장을 수익자에게 통지하는 은행으로서, 신용장에는 통지은행의 SWIFT코드(BIS) 및/또는 이름과 주소가 위와 같이 기재된다.

59 추가정보(Sender to Receiver Information)

:72 Sender to Receiver Information : Subject to UCP(2007 Revision) ICC Publication No.600.
수신자에 대한 송신자 정보(추가정보) : ICC 출판물번호 제600호 UCP(2007년 개정)에 따른다.

수신자에 대한 송신자의 정보(Sender to Receiver Information; 추가정보)란에는 준거문언 등이 위와 같이 기재된다.

제6절 신용장거래의 실무

Ⅰ. 신용장의 발행

1. 신용장발행의 의의

신용장의 발행이란 발행은행이 발행의뢰인의 요청과 지시에 따라 수익자에게 조건부로 대금지급을 확약하는 증서를 발행하는 것으로서, 신용장의 발행은 발행은행의 입장에서는 지급, 인수 또는 매입은행에 대하여는 우발채무(contingent liability)가 발생하고, 발행의뢰인에 대하여는 우발채권(customer's liability)이 발생하게 된다.

즉, 신용장을 발행하는 것은 발행은행의 입장에서는 발행의뢰인을 위한 일종의 여신행위[48]이기 때문에, 발행은행은 신용장을 발행할 때에는, 발행의뢰인의 채무불이행에 대비하기 위하여 발행의뢰인의 신용상태 및 담보능력 등을 충분히 고려하여야 하고, 신용장 조건에 따라 지급, 인수 또는 매입을 행하는 은행에 대하여도 대금지급에 따른 자금운용 계획을 수립하여야 한다. 한편, 수익자의 입장에서는 비록 신용장이 매매당사자 간의 매매계약에 근거하여 발행되었다고 하더라도, 신용장의 독립추상성의 원칙에 따라 일단 신용장이 발행되면 매매계약과 독립된 청구권을 갖게 되므로, 신용장조건에 일치하는 서류를 제시함으로써 발행은행의 지급, 인수 또는 매입에 대한 이행을 보장받게 된다.

2. 신용장발행의 절차

신용장의 발행절차를 살펴보면 다음과 같다.

---

48) 여신은 신용을 제공하는 것(신용공여)을 말한다.

① 수입계약체결과 수입승인 수입업자는 매매계약 체결 후, 필요한 경우 수입승인기관 및 요건확인기관으로부터 각각 수입승인[49] 및/또는 요건확인을 받는다.

② 신용장발행을 위한 수입거래약정 수입업자(발행의뢰인)는 신용장발행의뢰시 발행은행과 별도의 여신거래약정을 체결하여야 한다. 즉, 은행은 신용장을 발행하기 전에 발행의뢰인의 신용상태에 따라 현금이나 담보의 차입을 요구하게 되고, 담보제공 한도와 보증인의 자격 및 보증한도는 신용장의 거래금액에 따라 다소 차이가 있다.

③ 신용장발행신청서의 제출 발행의뢰인은 발행은행에게 소정의 발행수수료와 발행에 대한 현금담보로서의 수입보증금을 납부하고 신용장발행신청서를 작성하여 구비서류와 함께 발행은행에 제출한다.

④ 신용장발행신청서의 심사 및 신용장의 발행 발행은행은 신용장발행신청서의 기재내용을 검토한 후, 수입신용장을 발행한다.

3. 신용장의 발행방법

매수인(발행의뢰인)의 의뢰를 받은 거래은행(발행은행)은 매수인의 신용상태에 문제가 없다는 것을 확인하고 신용장을 발행한다. 신용장은 매수인의 의뢰에 따라 발행은행으로부터 통지은행을 경유하여 수익자에게 송부된다. 즉, 수입신용장의 발행방법은 우편에 의한 방법(Mail Credit)과 전송에 의한 방법(teletransmission Credit)으로 구분되며, 전송에 의한 발행방법은 약식전신(Short Cable), 정식전신(Full Cable), 암호(cypher), 유사신용장(similar credit) 및 SWIFT에 의한 발행방법이 있다. 현재 가장 많이 사용되고 있는 방법이 SWIFT[50]에 의한 발행방법이다.

---

49) 2019년 현재 수입승인대상품목은 항공기 및 동부분품이며, 나머지 모든 품목에 대하여는 수입승인을 받을 필요가 없다.

50) SWIFT는 "세계은행간금융통신협회(Society for Worldwide Interbank Financial Telecommunication)"의 약칭으로서, 대부분의 신용장은 SWIFT 시스템의 "M700"형식에 의하여 발행되고 있다. SWIFT에 의하여 신용장이 발행되는 경우에는 표준화된 통일양식을 사용하기 때문에 시간과 비용이 크게 절약된다. SWIFT는 세계은행들을 컴퓨터와 전용회선을 연결하여 국제금융 및 외환거래를 신속, 정확, 안전하게 처리하기 위하여 1973년 15개국 239개 은행이 벨기에 브뤼셀에서 설립한 비영리단체로서, 현재 189개국 7000여개의 금융기관이 이용하고 있으며, 국제자금결제의 90% 이상을 장악하고 있다.

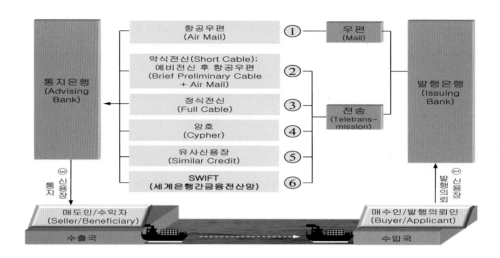

발행은행이 신용장을 발행하여 통지은행에 송부하는 방법은 신용장을 발행신청할 때 발행의뢰인(매수인)이 매매계약에 기초하여 신청한다. 발행의뢰인은 선적기일이 임박하여 신용장의 발행을 신청하는 경우에는 우편에 비하여 비용이 많이 들더라도 신속하게 송부할 수 있는 전송에 의한 발행방법을 선택하게 될 것이다.

Ⅱ. 신용장의 통지 및 확인

1. 신용장의 통지

(1) 신용장의 통지방법

신용장의 통지(advice)란 외국환은행(통지은행)의 해외지점 또는 환거래은행(발행은행)이 발행하여 송부하여 온 신용장을 발행은행의 요청에 따라 통지은행이 수익자에게 그 내도사실을 알리고 신용장을 교부하는 업무를 말한다. 이 경우, 통지은행은 통지한 신용장의 매입 또는 지급을 확약하는 것이 아니라 중계은행으로서의 기능만 수행하게 된다.

발행은행이 수익자에게 신용장을 통지하는 방법은 ① 직접 수익자에게 통지하거나 전달하는 방법(직접통지), ② 수익자 소재지의 자신의 본지점이나 환거래은행을 통하여 수익자에게 통지하도록 하는 방법(간접통지)이 있다. 실무에서는 간접통지방법이 대부분 이용되고 있으며, 직접통지방법은 수익자가 신용장의 진위여부를 파악하는 것이 어렵기 때문에 거의 이용되지 않고 있다.

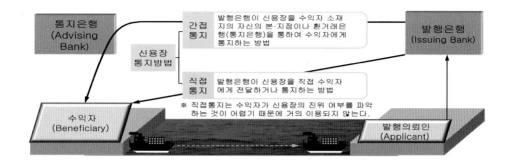

(2) 신용장의 통지절차

통지은행은 자행의 해외지점 또는 환거래은행이 발행하여 송부하여 온 신용장을 접수한 후 다음과 같은 절차에 따라 수익자에게 신용장의 내도사실을 통지하고 그 신용장을 교부한다.

2. 신용장의 확인

(1) 신용장의 확인의 의의

신용장의 확인(Confirmation)은 발행은행의 확약에 추가하여 일치하는 제시를 지급이행 또는 매입할 확인은행의 확약을 말한다.[51] 즉, 확인은 발행은행이 지급이행(지급·연지급·인수)을 확약하고 있는 취소불능신용장에 대하여 발행은행의 환거래은행인 제3의 은행이 발행은행의 요청이나 수권에 따라 발행은행의 대금지급확약과 독립된 별개의 지급이행(지급·연지급·인수) 또는 매입을 추가적으로 확약(definite undertaking)하는 것을 말한다. 이와 같이 신용장에 확인을 추가한 은행을 확인은행이라고 하며, 이러한 확인은행은 수익자에 대하여는 발행은행과 별도의 독립적인 채무를 부담하게 된다. 즉, 확인은행은 발행은행과는 독립된 별개의 대금지급확약을 한 것이므로 발행은행이 지급불능의 사태에 직면하지 않더라도 대금지급의무를 이행하여야 한다.

참고로, 수권되지 않은 확인(Silent Confirmation; unauthorised confirmation)은 발행은행에 의하여 확인을 추가하는 것이 수권되지 않았음에도 불구하고, 어떤 은행이 신용장에 "확인을 추가하는" 것을 수익자와 합의한 것을 말한다. 즉, 이것은 발행은행에 의하여 확인을 추가하는 것이 수권되지 않은 은행이 수익자와 합의하여 신용장에 확인을 추가한 것을 말한다. 수권되지 않은 확인(silent confirmation)을 약속하는 은행과 수익자간에 체결된 합의는 발행은행의 신용장의 위임(credit mandate) 및 UCP의 범위를 벗어난 것으로 본다. 그러나, 이러한 확인은, 신용장의 위임의 범위를 벗어나더라

---

51) UCP 600 제2조 제6문.

도 특정지역의 광범위한 관행이고, UCP가 이를 금지하더라도 막을 수 없다.

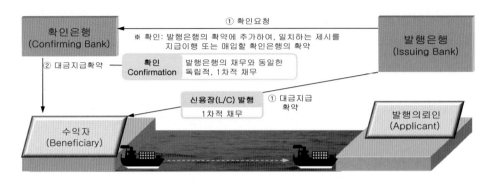

(2) 신용장 확인의 절차

신용장의 확인절차를 살펴보면 다음과 같다.

① 확인의 요청　발행의뢰인은 신용장발행신청서상에 확인요청의 뜻을 명기하여 신청함으로써, 발행은행으로 하여금 제3의 은행을 확인은행으로 하여 신용장을 발행하도록 요청하게 된다.

② 확인의 실행　발행은행으로부터 확인을 요청받은 특정은행은 발행은행의 지급능력이나 발행은행의 소재국의 정치상황 등을 고려하여 확인의 실행여부(확인의 거절, 확인의 실행 또는 조건부 확인의 실행)를 결정하게 된다.

3. 신용장의 수령 및 점검

(1) 신용장의 수령시기

신용장의 수령은 수익자가 통지은행을 통하여 신용장을 수령하는 것으로서, 수익자는 매매계약이 체결되자마자 신용장을 수령할 수 있다면 거래은행으로부터 무역금융의 수혜를 받아 생산에 필요한 원자재를 확보하는데 원활하게 사용할 수 있다. 따라서, 수익자가 신용장의 빠른 수령을 원하는 경우에는, 매매계약을 체결할 때 신용장의 발행일이나 통지은행의 통지일로부터 XX일 이내로 선적일(shipping date; S/D)을 약정하거나, 또는 신용장이 XX일 이내에 통지은행에 도착하는 것을 조건으로 XX일 이내로 선적일을 약정하되, 그 약정기일까지 통지은행에 도착하지 않는다면 신용장이 통지은행에 도착한 날로부터 XX일 이내로 선적일이 자동 연장된다는 방식으로 약정하여야 할 것이다.

(2) 신용장의 수령시 검토사항

수익자가 통지은행으로부터 신용장을 수령한 경우에는, ① 신용장의 진위성의 재확인, ② 발행은행의 신용상태의 확인, ③ 신용장의 형식요건의 구비확인, ④ 신용장과 계약내용과의 일치여부의 확인, ⑤ 기재사항의 상호모순의 확인, ⑥ 이행불가능한 조건의 확인 등을 검토하여야 한다.

III. 신용장의 조건변경, 취소 및 양도

1. 신용장의 조건변경 및 취소

(1) 신용장의 조건변경 및 취소의 의의

수익자는 신용장의 조건을 이행할 수 없을 경우에 발행의뢰인에게 요청함으로써 이에 동의한 발행의뢰인의 요구에 의하여 발행은행이 신용장조건의 변경(amendment) 또는 취소(cancellation)를 발행하게 된다.

신용장의 조건변경(L/C amendment)은 이미 발행된 신용장조건을 다른 조건으로 변경하는 것, 즉 원신용장(original credit) 내용의 전부를 무효화하지 않고 그 일부를 변경, 추가 또는 삭제하는 것을 말하고, 취소(cancellation)는 이미 발행된 신용장의 내용을 철회하여 유효기간 내에 그 효력을 무효화시키는 것을 말한다.

한편, 취소불능신용장의 조건변경이나 취소는 발행은행, 확인은행(확인신용장의 경우) 및 수익자라고 하는 소위 신용장관계당사자 전원의 합의가 있는 경우에만 그 효력이 발생하게 된다. 발행은행의 지급확약과 직접적인 관련이 없는 통지은행, 지급·인수·매입은행 등의 중간은행(intermediary bank)은 관계당사자에 포함되지 않는다.

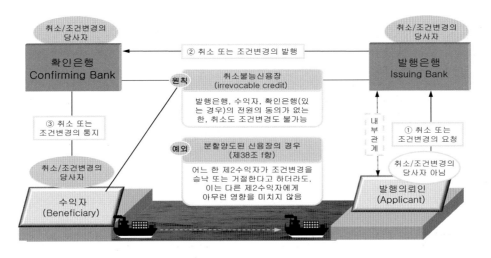

(2) 신용장의 조건변경 및 취소의 절차

신용장의 조건변경은 1회에 한정되지 않고 무제한으로 행해질 수 있지만, 조건변경서의 발행은 신용장발행은행만이 할 수 있다. 따라서 조건변경의 절차는 수익자가 발행의뢰인에게 요청함으로써 발행의뢰인이 발행은행으로 하여금 수익자에게 조건변경서를 발행하는 방법이 일반적이지만, 발행의뢰인이 수익자와의 사전교섭 없이 발행은행으로 하여금 수익자에게 조건변경서를 발행하도록 요청하는 방법도 있다.

한편, 취소불능 신용장을 취소하는 절차는 발행의뢰인이 발행은행에게 신용장의 취소를 요청하면, 발행은행은 통지은행을 경유하여 신용장의 취소의 통지를 하게 되고, 수익자가 이에 동의함으로써 신용장이 취소되고 발행은행은 원신용장을 회수하게 된다.

2. 신용장의 양도

(1) 신용장의 양도의 의의

신용장의 양도(transfer)는 양도가능신용장(transferable credit) 상의 수익자의 권리의 전부 또는 일부를 최초의 수익자(제1수익자; first beneficiary)가 자신이 지시하는 제3자(제2수익자; second beneficiary)에게 양도하는 것을 말한다. 신용장상에 "양도가능(transferable)"이라는 명시적인 문언이 있는 경우에만 양도가능하고, 양도를 취급할 수 있는 은행은 양도은행으로 수권된 은행에서만 가능하다.

신용장의 양도가 행해지는 경우에는, 제2수익자(양수인)는 환어음 및 서류를 제시하고 지급을 요구할 권리를 획득할 수 있다는 장점이 있는 반면, 매수인(원신용장의 발행의뢰인)은 자신에게 알려질 수 없고 거래관계가 없었던 제3자로부터 물품을 수취하는 위험을 인수한다는 단점이 있다.[52]

(2) 양도의 요건

신용장을 양도하기 위한 요건을 살펴보면 다음과 같다.

첫째, 발행은행에 의하여 신용장상에 "양도가능(transferable)"이라는 명시적인 문언이 있어야 한다. 따라서, "양도가능(transferable)"이라는 문언이 있는 경우에만 양도가능신용장이고, 이와 유사한 다른 어떠한 표현도 신용장을 양도가능한 것으로 하지 못한다.

둘째, 신용장을 양도하는 지정은행(양도은행), 또는 모든 은행에서 사용될 수 있는 신용장의 경우에는 발행은행에 의하여 양도은행으로 특별히 수권된 은행만이 양도할 수 있으며, 발행은행은 양도은행일 수 있다.

---

52) Charles del Busto, ICC Guide to Documentary Credit Operations for the UCP 500, ICC Publishing S.A., 1994, p.52

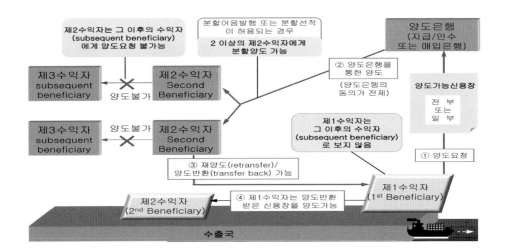

셋째, 제2수익자 이후의 어떠한 수익자에게도 양도될 수 없다. 분할어음발행 또는 분할선적이 허용되는 한, 신용장금액을 분할하여 다수의 제2수익자에게 양도될 수 있으며, 각 분할양도의 총액은 원신용장의 금액을 초과할 수 없다. 즉, 제1수익자가 다수의 제2수익자에게 양도하는 것은 가능하지만, 제2수익자가 이를 다시 제3자(subsequent beneficiary)에게 양도하는 것은 금지된다. 따라서 양도의 권리는 수익자만이 가지고 있는 것이며, 제2수익자는 복수로 존재할 수 있는 것이다.

넷째, 신용장에 별도의 명시가 없는 한, 동일국내는 물론 제3국으로의 양도가 가능하다.

다섯째, 양도은행이 합의한 범위와 방법에 의해서만 양도될 수 있다.

여섯째, 원신용장(original L/C)의 조건과 동일한 조건으로 양도되어야 한다. 다만, 금액, 기간, 부보비율, 발행의뢰인의 명의 등에 대하여는 원신용장의 조건을 변경하여 양도할 수 있다.[53]

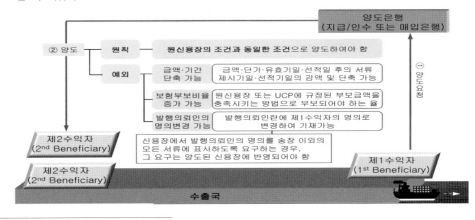

---

53) 신용장의 조건을 변경할 수 없도록 하는 이유는 수입업자를 보호하기 위한 것이다. 따라서, 수입업자에게 지장을 주지 않는 금액이나 기한의 감액 또는 단축은 허용되는 것이다.

⑶ 신용장양도의 절차

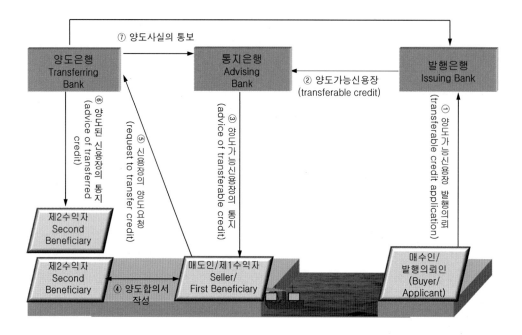

신용장양도의 절차를 살펴보면 다음과 같다.

① 발행의뢰인은 발행은행에게 수출업자를 수익자로 하는 양도가능신용장을 발행
   하도록 의뢰한다.

② 발행은행은 양도가능신용장을 발행하여 통지은행에 송부한다.

③ 통지은행은 수익자에게 양도가능신용장을 통지함으로써 수익자는 양도가능신용
   장을 수취하게 된다.

④ 원수익자(제1수익자)와 제2수익자는 양도합의서를 작성한다. 양도합의서는 양도
   의뢰서에 제1수익자와 제2수익자가 함께 서명하거나, 또는 제1수익자가 제2수익
   자와 체결한 계약서나 청약서를 첨부하는 방법으로 행해진다.

⑤ 제1수익자는 지정된 양도은행에 양도를 의뢰하고 양도수수료를 납부한다. 양도
   를 의뢰하는 경우에는 원신용장을 첨부한다.

⑥ 양도은행은 제1수익자에 의한 양도의뢰서의 내용에 따라 원신용장 원본에 양도
   사실을 명기한 후 제2수익자에게 양도통지서(transfer advice)를 교부한다.

⑦ 양도은행은 발행은행, 결제은행, 통지은행 등 관련은행에게 양도사실을 통보
   한다.

제7절 기타 대금결제방법

Ⅰ. 송금방식

1. 송금방식의 의의

(1) 송금방식의 개념

송금결제방식(remittance base)은 수출업자가 물품을 인도하기 전, 인도와 동시, 또는 인도한 후에 수입업자가 수출업자에게 대금을 송금하여 결제하는 방식으로서, 그 지급시기에 따라, 다음의 그림과 같이 구분될 수 있다. 참고로, 사전송금방식(advance remittance)은 단순송금방식 또는 사전현금지급(cash in advance)방식이라고도 하며, 단순송금방식이라는 용어는 종전의 대외무역법령에서 사용되던 용어이다.

(2) 송금방법

사전 또는 사후송금방식에는 어떠한 송금수단을 사용하는지 여부에 따라 다음의 3가지 방법으로 구분된다. 즉, 송금방식에는 전신송금환, 우편송금환, 송금수표와 같이 송금환이라는 지급수단을 사용하게 된다.

이 경우, 송금환이란 수취인에 대하여 일정한 금액의 지급을 은행에게 위탁하는 지급지시서(payment order)로서, 전신송금환은 지급지시가 전신으로 통지되는 것이고, 우편송금환은 지급지시서가 우편으로 송부되는 것을 말한다.

송금수단	전신송금환(T/T; Telegraphic Transfer)	수취인에 대하여 일정금액의 지급을 은행에게 전신으로 위탁하는 지급지시서(payment order)
	우편송금환(M/T; Mail Transfer)	수취인에 대하여 일정금액의 지급을 은행에게 우편으로 위탁하는 지급지시서(payment order)
	송금수표(D/D; Demand Draft)	수취인에 대하여 일정금액의 지급을 은행에게 위탁하는 유가증권(money order)

2. 사전송금방식

(1) 전신송금환방식

전신송금환(Telegraphic Transfer; Telecommunicated Transfer; T/T)은 수입업자로부터 송금의뢰를 받은 은행(송금은행)이 수출국에 소재하는 자신의 본·지점 또는 환거래은행(지급은행)으로 하여금 일정한 금액을 수취인(수출업자)에게 지급하도록 전신으로 지시하는 것을 말한다. 전신송금환은 지급지시(payment order)가 우편으로 발행되는 우편송금환에 비하여 송금과정이 신속하고 편리하며, 환율변동의 위험이나 송금환의 분실 또는 도난의 위험이 적기 때문에 가장 안전한 송금방식으로서, 우편송금환방식보다 거액의 송금이나 긴급을 요하는 송금 등에 많이 이용된다. 수출업자로서는 신속하게 대금을 수취할 수 있으며, 대고객 전신환매입률의 적용을 받게 되어 유리하지만, 수입업자로서는 전신료부담이 증가되어 불리하게 된다.

송금방식의 결제과정에 있어서, 송금은행과 지급은행이 무예치환거래은행(Non-Depositary Correspondent Bank)관계일 경우에는, 대금결제를 위하여 송금은행과 예치환거래은행(Depositary Correspondent Bank)관계에 있는 결제은행을 개입시키게 되고, 송금은행과

● 전신송금 및 우편송금방식의 결제과정

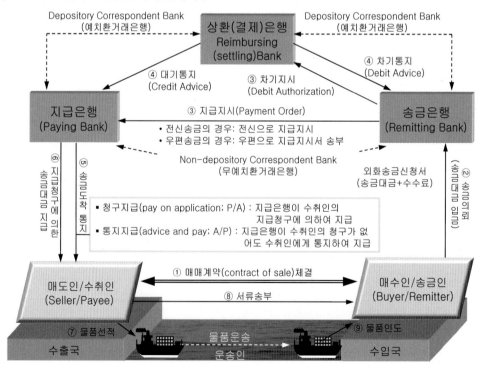

지급은행이 예치환거래은행(Depositary Correspondent Bank)[54]인 경우에는 결제은행이 필요 없게 된다. 따라서, 본절에서는 결제은행이 개입되는 경우와 그렇지 않는 경우를 모두 이해하기 위하여 전신송금환 및 우편송금환방식에서는 결제은행이 개입되는 경우를, 송금수표방식에서는 결제은행이 개입되지 않는 경우를 예로 들어 설명한다. 송금방식의 결제과정에 있어서, 송금은행과 지급은행이 무예치환거래은행(Non-Depositary Correspondent Bank)관계일 경우에는, 대금결제를 위하여 송금은행과 예치환거래은행(Depositary Correspondent Bank)관계에 있는 결제은행을 개입시키게 되고, 송금은행과 지급은행이 예치환거래은행(Depositary Correspondent Bank)[55]인 경우에는 결제은행이 필요 없게 된다. 따라서, 본절에서는 결제은행이 개입되는 경우와 그렇지 않는 경우를 모두 이해하기 위하여 전신송금환 및 우편송금환방식에서는 결제은행이 개입되는 경우를, 송금수표방식에서는 결제은행이 개입되지 않는 경우를 예로 들어 설명한다.

전신송금환 및 우편송금환의 대금결제과정은 다음과 같다.

① 수출업자와 수입업자는 대금결제방법으로서 전신송금환(T/T) 또는 우편송금환(M/T)방식에 의하여 대금지급이 이루어지도록 물품매매계약을 체결한다.

② 송금인(매수인)은 거래 외국환은행(송금은행)에게 송금대금을 입금하면서 송금을 의뢰한다.

③ 송금은행은 수출국에 있는 환거래은행(지급은행)에게 T/T 혹은 M/T 방식으로 지급지시서(Payment Order)를 송부한다. T/T 방식일 경우에는 전신으로 지급지시를 행하고, M/T 방식일 경우에는 우편으로 지급지시서를 송부한다.

③ 한편, 송금은행은 지급은행에 지급지시를 행함과 동시에 결제은행에게 차기지시(Debit Authorization)를 한다.

---

54) 환거래은행(Correspondent Bank)은 예치환거래은행과 무예치환거래은행으로 구분된다. ① 예치환거래은행(Depositary Correspondent Bank)은 상대방거래은행에 자기은행명의의 당좌계정(예치금계정, Current Account)을 두고 이 계정을 통하여 외화자금을 지급 또는 영수하는 경우를 말한다. 예치환거래은행의 대상이 되는 은행은 주로 뉴욕, 런던 등의 국제금융중심지에 소재하는 은행이 된다. ② 무예치환거래은행(Non-depositary Correspondent Bank)은 상대방거래은행에 당좌계정을 두고 있지 않기 때문에 송금에 관한 지급위탁, 환어음의 추심위탁, 신용장의 통지 또는 매입의 수권 등의 일반적인 환거래관계를 가지는 경우를 말한다.

55) 환거래은행(Correspondent Bank)은 예치환거래은행과 무예치환거래은행으로 구분된다. ① 예치환거래은행(Depositary Correspondent Bank)은 상대방거래은행에 자기은행명의의 당좌계정(예치금계정, Current Account)을 두고 이 계정을 통하여 외화자금을 지급 또는 영수하는 경우를 말한다. 예치환거래은행의 대상이 되는 은행은 주로 뉴욕, 런던 등의 국제금융중심지에 소재하는 은행이 된다. ② 무예치환거래은행(Non-depositary Correspondent Bank)은 상대방거래은행에 당좌계정을 두고 있지 않기 때문에 송금에 관한 지급위탁, 환어음의 추심위탁, 신용장의 통지 또는 매입의 수권 등의 일반적인 환거래관계를 가지는 경우를 말한다.

④ 결제은행은 송금은행의 차기지시에 의하여 송금은행의 당좌예치계정을 차기하여 지급은행의 계정에 대기하고, 송금은행에게는 차기통지(Debit Advice), 지급은행에게는 대기통지(Credit Advice)를 한다.

⑤ 지급은행은 수취인(수출업자)에게 송금도착의 통지를 한다.

⑥ 지급은행은 수취인이 지급청구하는 경우 수취인에게 송금대금을 지급하거나 매도인의 은행계정의 대변에 지급한다.

⑦ 수취인은 약정된 물품을 선적하고, 운송인으로부터 운송서류를 교부받는다. 교부받은 운송서류가 선화증권과 같이 유통성 운송서류(권리증권)인 경우에는 이를 수입업자에게 송부한다. 만일 항공 또는 해상화물운송장과 같이 비유통성 운송서류인 경우에는 이를 송부할 필요가 없다.

⑧ 수입업자(송금인)는 물품을 인수한다. 수입업자는 물품을 인수할 때 수출업자로부터 송부받은 선화증권과 같은 유통성 운송서류를 운송인에게 제시한다. 다만, 비유통성 운송서류가 발급된 경우에는 이를 제시할 필요가 없다.

(2) 우편송금환방식

우편송금환(Mail Transfer; M/T)은 우편송금환은 대금의 지급지시(payment order)를 전신으로 하는 전신송금환과 달리, 대금의 지급지시를 우편으로 지급인(지급은행)에게 통지하는 것이다. 송금은행이 수출국의 지급은행에게 직접 지급지시서를 우편으로 송부하기 때문에 송금수표와 달리 수입업자(송금인)가 우송도중의 분실에 대한 위험을 부담하지 않지만, 전신송금환에 비하여 지급지시서의 우송기간이 길어 환율변동에 따른 위험이 존재하기 때문에 소액이나 신속을 요하지 않는 송금에 주로 이용된다.

(3) 송금수표방식

송금수표(Demand Draft; D/D)방식은 수입업자로부터 송금의뢰를 받은 은행(송금은행)이 수출국에 소재하는 자신의 본·지점 또는 환거래은행(지급은행)을 지급인으로 하는 송금수표를 발행하여 수입업자(송금인)에게 교부하여 주면 송금인은 수출업자(수취인)에게 그 수표를 송부하고, 수표를 송부받은 수취인이 이를 수출지의 지급은행에 제시하면 지급은행이 송금은행에서 미리 송부되어 온 수표발행통지서와 대조하고 수취인에게 지급하는 것을 말한다. 이 방식은 송금은행에 의하여 발행된 송금수표가 보관 또는 우송도중에 분실될 경우 그 책임을 수입업자(송금인)이 전적으로 부담하여야 할 뿐만 아니라, 지급은행이 지급을 거절할 수 있는 위험이 발생하거나 또는 송금수표가 우송되는 동안 환율변동에 따른 환위험이 발생할 수 있기 때문에 소액의 물품거래에 주로 이용된다.

● 송금수표방식의 결제과정

① 수출업자와 수입업자는 대금결제방법으로서 송금수표(D/D)방식에 의하여 대금 지급이 이루어지도록 물품매매계약을 체결한다.

② 송금인(수입업자)은 거래 외국환은행(송금은행)에게 송금대금을 입금하면서 외화표시 송금수표의 발행을 의뢰한다.

③ 송금은행은 수출국에 있는 환거래은행을 지급은행으로 하여 송금수표를 발행한 후 송금인(수입업자)에게 교부한다.

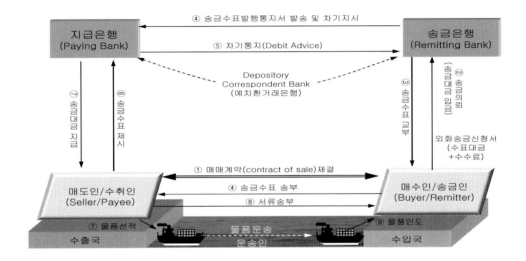

④ 송금인은 교부받은 송금수표를 수출업자(수취인)에게 송부하고, 송금은행은 수출국의 환거래은행(지급은행)에게 송금수표의 발행통지서를 발송하고 차기지시(Debit Authorization)를 한다.

⑤ 지급은행은 송금은행의 계정에서 자신의 계정으로 차기하고, 송금은행에게 차기통지(Debit Advice)를 한다.

⑥ 수출업자(수취인)은 송금인으로부터 송부받은 송금수표를 지급은행에 제시한다.

⑦ 지급은행은 송금수표 발행통지서와 송금수표를 대조·확인한 후 수취인에게 송금대금을 지급한다.

⑧ 수취인이 약정된 물품을 선적하고, ⑨ 수입업자(송금인)가 물품을 인수하는 과정은 전신송금환, 우편송금환 및 송금수표방식이 모두 동일하다.

3. 대금상환도방식

대금상환도방식은 물품 또는 서류가 인도될 때, 또는 인도된 후에 수입업자가 물품대금을 지급하는 방식으로서, 대금교환의 대상에 따라 물품의 인도와 동시에 대금을 지급하는 현품인도지급(COD)과 서류와 상환으로 대금을 지급하는 서류상환지급(CAD)으로 구분된다. 이 방식은 종전의 「대외무역법」에서는 대금교환도조건이라고도 하였었다.

(1) 현품인도지급

현품인도지급(Cash on Delivery; COD)[56]은 수출업자가 물품을 선적하고 선적서류를 수입국에 있는 수출업자의 해외지점이나 대리인 또는 수입업자의 거래은행에 송부하고, 물품이 목적지에 도착하면 수입업자가 직접 물품을 검사한 후에 물품을 인수함과 동시에 대금을 현금으로 지급하는 방식을 말한다. 이 방식은 국내의 물품매매에 주로 이용되는 방식이지만, 무역거래에서는 귀금속류 등의 고가품, 또는 동일제품이라도 제품의 색상·가공방법·순도 등에 따라 가격차이가 발생하는 물품으로서 직접 물품을 검사를 하기 전에는 품질 등을 정확히 파악하기 어려운 경우에 주로 이용되며, 수입지에 수출업자의 대리인(수출업자의 해외지점·지사대리점·현지법인 등)이 있는 경우에 이용될 수 있다. 수출업자의 대리인이 있는 경우에는 일반물품의 거래도 가능하다.

수입업자의 입장에서는 수입대금을 결제하기 전에 물품의 품질이나 수량 등을 직접 검사할 수 있다는 장점이 있다. 반면, 물품이 수입국에 도착하여 창고에 입고된 후 수입업자가 물품검사를 완료하면 수출업자의 대리인이 지급받은 후 수출업자에게 송금해 주기 때문에 물품의 인도로부터 대금지급이 행해질 때까지의 기간이 오래 걸린다는 단점이 있다. 또한, 물품이 수입국에 도착하였더라도 수입업자가 대금지급을 거절하는 경우에는, 수출업자는 대금지급을 받을 수 없다는 단점이 있다.

현품인도지급(COD)의 경우, 물품인도시기는 매매계약체결시 합의한 장소 또는 매수인이 지정한 장소에서 물품을 인도한 때이며, 대금지급장소는 물품인도장소이다.

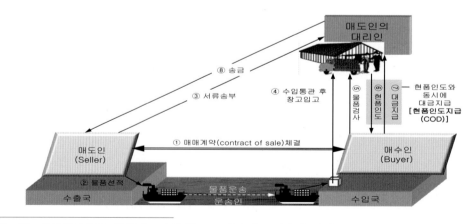

56) 이는 현물상환방식, 물품인도결제 등으로 해석되는 경우가 있다.

① 수출업자와 수입업자는 대금결제방법으로서 현품인도지급(COD)방식에 의하여 대금지급이 이루어지도록 물품매매계약을 체결한다.

② 수출업자는 수출물품을 통관한 후 이를 선적한다.

③ 수출업자는 수입국에 있는 자신의 대리인에게 운송서류를 송부한다(선화증권 등의 운송서류는 통상적으로 수출업자 대리인 등의 지시식으로 발행된다).

④ 수입국에 있는 수출업자의 대리인은 수출업자로부터 송부받은 운송서류를 운송인에게 제시하여 물품을 인수한 후 이 물품을 수입통관한 후 창고에 입고시킨다.

⑤ 수입업자는 수출업자의 대리인의 입회하에 물품을 검사한다.

⑥ 수입업자는 수출업자의 대리인으로부터 물품을 인도받는다.

⑦ 수입업자는 물품을 인도받음과 동시에 수출업자의 대리인에게 대금을 결제한다.

⑧ 수출업자의 대리인은 수입업자로부터 결제받은 대금을 수출업자에게 송금한다.

⑵ 서류상환지급

서류상환지급(Cash against Documents; CAD)은 수출업자가 선적과 동시에 선적지에 있는 수입업자의 대리인이나 지사 또는 거래은행으로부터 선적서류와 상환으로 대금을 지급받는 방식(Cash against Documents at the place and time of shipment)을 말한다. 즉, 수출업자가 물품을 선적하고 수출국에 있는 수입업자의 대리인이나 지사 또는 거래은행에 선적서류를 제시하면 그 대리인 또는 거래은행이 이와 상환으로 대금을 현금으로 지급하는 방식을 말한다. 수출국에 수입업자의 대리인이나 지사가 없는 경우에 수입업자의 거래은행이 선적서류와 상환으로 대금을 지급하게 되는 CAD방식은 D/P방식과 유사하기 때문에 이를 유럽식 D/P방식이라고도 한다. 다만, D/P방식은 환어음결제방식이기 때문에 환어음을 발행·추심함으로써 추심에 관한 통일규칙을 따르지만, CAD방식은 송금방식이기 때문에 수입업자는 대금결제를 위하여 선적서류를 수령한 후 은행을 통하여 물품대금을 송금하게 된다.

이 방식은 원칙적으로 수출국에 수입업자를 대신하여 대금을 결제할 대리인이나 은행이 있을 경우에만 사용될 수 있기 때문에 공장인도(EXW) 등과 같이 가격이 싼 경우에 특약함으로써 주로 사용된다. 한편, 서류 등을 송부받은 수입업자의 거래은행이 서류와 상환으로 대금을 결제하는 경우에도 사용될 수 있다.

수출업자의 입장에서는 물품을 선적한 후에 수출국에 있는 수입업자의 대리인에게 선적서류를 제시하는 즉시 대금을 회수할 수 있다는 장점이 있다. 반면, 신용상태가 불량한 수입업자 또는 그 대리인이 대금지급을 지연 또는 거절하는 경우에는, 이미 선적한 물품에 대한 대금회수의 지연 또는 불능의 위험이 상존하게 되는 단점이 있다. 한편, 수입업자의 입장에서는 대금지급 후에 나중에 물품을 인도받을 수 있기 때문에 불리할 수 있으며, 수출국에 상주하는 자신의 대리인이 선적 전에 물품을 검사하는 경우도 있지만, 수출업자가 송부하는 서류만으로 대금을 결제하는 경우에는 수출업자가 계약에 일치하는 물품을 제대로 선적하였는지 여부에 대하여 확신할 수 없다는 단점이 있다. 또한 수출국에 있는 수입업자의 대리인과 수출업자가 서로 공모하여 선적되지 않은 물품에 대하여 대금지급을 한다면 수입업자로서는 피해를 입을 수 있다는 단점이 있다.

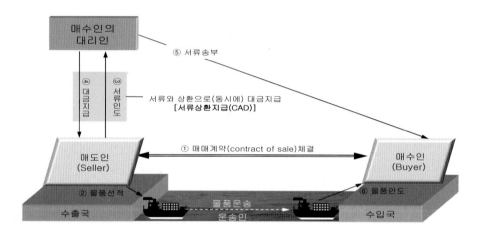

① 수출업자와 수입업자는 대금결제방법으로서 서류상환지급(COD)방식에 의하여 대금지급이 이루어지도록 물품매매계약을 체결한다.
② 수출업자는 수출물품을 통관한 후 이를 선적한다.
③ 수출업자는 수출국에 있는 수입업자의 대리인에게 서류를 인도한다.
④ 수입업자의 대리인은 서류와 상환으로 수출업자에게 대금을 결제한다.
⑤ 수입업자의 대리인은 수입업자에게 서류를 송부한다.
⑥ 수입업자는 자신의 대리인으로부터 송부받은 서류를 가지고 물품의 인수 및 수입통관을 이행한다.

4. 사후송금방식

사후송금(later remittance)방식은 수출업자가 계약물품을 인도한 후에 수입업자로부터 물품대금을 송금받는 것으로서, 사전송금방식과 정반대의 경우를 말한다. 수출업자로서는 물품을 선적한 후에 수출대금을 지급받기 때문에 대금회수불능의 위험에 노출된다는 불리한 점이 있다. 반면, 수입업자로서는 물품을 인도받은 후에 대금을 지급하기 때문에 물품인도를 받지 못할 위험이 회피된다는 장점이 있다. 사후송금방식은 수입업자가 수출업자를 신뢰할 수 없거나, 수출국의 정치·경제상황이 불안정하거나, 또는 수출업자가 통제할 수 없는 사건에 기인하여 물품인도의 지연 또는 불능이 발생할 가능성이 있는 경우에 주로 사용될 수 있다.

II. 추심방식

1. 추심방식의 의의

추심(collection)은 은행이 접수된 지시에 따라 ① 지급 및/또는 인수를 받거나, 또는 ② 지급 및/또는 인수와 상환으로 서류를 인도하거나, 또는 ③ 기타의 조건으로 서류를 인도하기 위하여 금융서류(financial documents)와 상업서류(commercial documents)를 취급하는 것을 의미한다. 여기에서 금융서류는 환어음(bill of exchange)·약속어음(promissory notes)·수표(checks)·금전의 지급을 받기 위하여 사용되는 이와 유사한 기타의 증서를 말하고, 상업서류는 송장(invoice)·운송서류(transport documents)·권리증권(documents of title)·그 밖의 금융서류가 아닌 일체의 서류를 말한다. 추심은 무화환추심(clean collection)과 화환추심(clean collection)으로 구분된다.[57]

무화환추심은 상업서류가 첨부되지 않은 금융서류의 추심을 의미하고, 화환추심은 상업서류가 첨부된 금융서류의 추심과 금융서류가 첨부되지 않은 상업서류의 추심을 의미한다.[58] 화환추심 중에서, 상업서류가 첨부된 금융서류의 추심(이하 "추심결제방식"이라고 한다)은 결제기간에 따라 지급인도조건(documents against payment; D/P)과 인수인도조건(documents against acceptance; D/A)으로 구분되고, 금융서류가 첨부되지 않은 상업서류의 추심에는 서류상환지급(cash against documents; CAD)이 있다.

---

57) ICC, Uniform Rules for Collections(URC 522), 1995 Revision, Article 2.
58) ICC, Uniform Rules for Collections(URC 522), 1995 Revision, Article 2.

지급인도조건(documents against payment: D/P)은 어음의 지급과 상환으로만 수입업자에게 서류가 인도되는 것(documents are released to the importer only against payment)으로서, 일람출급추심(sight collection)이라고도 한다.

⑺ D/P at sight

지급인도조건(D/P)은 D/P at sight를 의미하는데, D/P at sight라는 표현은 D/P Usance와 구분하기 위한 것이다. 즉, 이 조건은 수출업자가 수출물품을 선적하고 수입업자를 지급인으로 하는 일람출급화환어음(At Sight Bill)을 발행하여 선적서류와 함께 거래은행(추심의뢰은행)에 추심을 의뢰하고 추심의뢰은행이 이를 수입지의 추심은행(수입업자의 거래은행) 앞으로 어음대금을 추심하면 추심은행은 수입업자(어음지급인)에게 환어음을 제시하여 수입업자의 대금지급과 동시에 선적서류를 수입업자에게 인도하고 그 대금을 추심의뢰은행(수출업자의 거래은행)에 송금하여 수출업자가 수출대금을 영수하는 거래방식을 말한다.

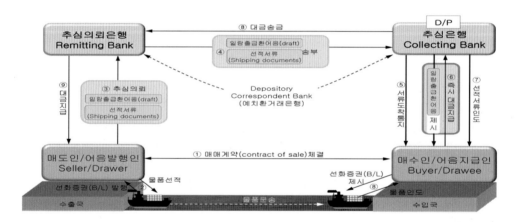

① 수출업자와 수입업자는 신용장이 없는 추심방식(collection)으로서, D/P방식의 대금결제조건으로 매매계약을 체결한다.

② 수출업자는 매매계약에 일치하는 물품을 수출통관한 후 약정된 기한내에 물품을 선적하고, 운송인으로부터 선화증권을 발행받는다.

③ 수출업자는 일람출급환어음(sight bill)을 수입업자를 지급인(drawee)으로 하여 발행하고, 이 환어음에 자신이 발행한 상업송장과 운송인으로부터 발행받은 선화증권 등 기타 선적서류를 첨부하여 자신의 거래은행(추심의뢰은행; remitting bank)으로 하여금 수입업자의 거래은행(추심은행; collecting bank)에 환어음대금을 추심하도록 요청한다.

④ 수출업자의 거래은행(추심의뢰은행)은 추심에 필요한 모든 지시사항을 기재한 추심의뢰서(collection order)를 작성하고, 이 의뢰서에 수출업자로부터 받은 환어음과 선적서류를 첨부하여 수입업자의 거래은행(추심은행)에 송부하고 수입업자에게 추심하도록 요청한다.

⑤ 수입업자의 거래은행(추심은행)은 환어음과 선적서류를 접수하는 즉시 수입업자에게 선적서류가 도착하였다는 통지서(arrival notice)를 발송하고 환어음의 대금을 지급하여 줄 것을 요청한다.

⑥ 수입업자는 환어음의 대금을 지급한다.

⑦ 추심은행은 환어음의 대금을 지급받음과 동시에 수입업자에게 선적서류를 인도한다.

⑧ 수입업자의 거래은행(추심은행)은 수입업자로부터 지급받은 어음대금을 추심의뢰서에 명기된 대로 수출업자의 거래은행(추심의뢰은행)에 송금한다. 한편, 수입업자는 선적서류를 가지고 수입통관절차를 거친 다음, 운송인에게 선화증권을 제시하고 물품을 수령한다.

⑨ 수출업자의 거래은행(추심의뢰은행)은 수출업자에게 어음대금을 지급한다.

(나) D/P Usance

D/P Usance는 D/P거래의 한 형태로서, 수입업자의 거래은행(추심은행)이 서류도착 즉시 수입업자에게 서류를 인도하는 것이 아니라 명시된 기간(예를 들면, D/P 30 days)이 경과한 후에 수입업자에게 수입대금을 지급받고 서류를 인도해 주는 방식을 말한다. 이는 수입업자의 자금부담을 경감시켜 주기 위하여 서류가 물품보다 일찍 목적지에 도착한 경우라도, 은행은 물품의 도착에 맞추어 어음의 지급을 받음과 동시에 서류를 인도하는 것이다.

예를 들면, 4월 10일(선화증권의 발행일)에 물품이 수출업자에 의하여 선적되고, 4월 20일에 서류가 추심의뢰은행을 통하여 추심은행(수입업자의 거래은행)에 도착되고, 5월 10일에 물품이 수입항에 도착하는 경우를 가정해 보자. 이 경우, 환어음 및 서류가 추심은행(수입업자의 거래은행)에 도착하는 것은 10일이 소요되고, 물품이 선적된 후 목적항에 도착하는 것은 30일이 소요됨으로써, 수입항에 물품이 도착하는 것이 수입지의 은행에 서류가 도착하는 것보다 훨씬 늦어지게 된다(20일간의 차이).

이 실례에서 볼 때, D/P at sight의 경우에는, 수입업자는 4월 20일(환어음 및 서류도착일)에 환어음의 지급과 동시에 서류를 인도받았으나, 물품이 도착할 때까지 기다리고 있다가 5월 10일에 운송인에게 서류(선화증권)를 제시하고 물품을 인도받게 됨으로써, 대금지급에서 물품인수일까지의 20일 동안 자금을 부담하게 된다. 한편, D/A의 경우에는, 수입업자가 4월 20일(환어음 및 서류도착일)에 환어음의 인수와 동시에 서류를 인도받았으나, 물품이 도착할 때까지 기다리고 있다가 5월 10일에 운송인에게 서류(선화증권)를 제시하고 물품을 인도받아 대금을 지급하게 됨으로써, 수출업자 또는 수입업자 중의 어느 하나가 환어음의 인수일로부터 대금지급일까지의 20일 동안의 이자를 부담하게 된다.

그러나, "D/P at 30 days after B/L date"와 같은 D/P Usance인 경우에는, 수입업자는 선화증권의 발행일(선적일) 이후 30일이 되는 날에 대금지급을 행하게 된다. 따라서, D/P Usance의 경우에는, 수입업자 입장에서는 4월 10일에 서류가 도착하더라도 대금을 지급하지 않고 있다가, 5월 10일에 물품이 도착하자마자 은행에 환어음의 지급과 동시에 서류를 인도받은 후 운송인에게 서류(선화증권)를 제시하여 물품을 인도받게 된다.

이와 같이, D/P at Sight의 경우에는 수입업자가 대금지급에서 물품인수까지의 20일 기간동안의 자금을 부담하고, D/A의 경우에는 수출업자 또는 수입업자 중의 어느 하나가 환어음의 인수일로부터 대금지급일까지의 20일 동안의 이자를 부담하게 된다. 그러나, D/P Usance의 경우에는 수입업자가 물품의 도착일에 대금지급과 동시에 물품을 인도받을 수 있으므로 이 기간동안(20일)의 자금 및 이자부담은 발생하지 않는다. 따라서 D/P Usance는 D/P at Sight에서의 수입업자의 자금부담 및 D/A에서의 이자부담을 회피하기 위해서 탄생된 것이라고 할 수 있다.

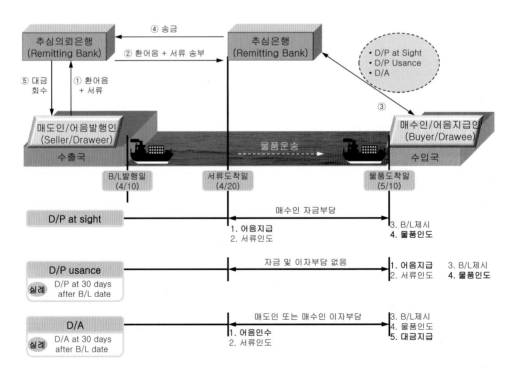

(2) 인수인도조건

인수인도조건(documents against acceptance; D/A)은 서류가 환어음의 인수와 상환으로만 수입업자에게 인도되는 것(documents are released to the importer only against acceptance of a draft)으로서, 기간추심(term collection)이라고도 한다. 즉, 수입업자는 장래의 확정된 일자에 지급해야 할 의무의 인수와 교환으로 서류를 획득할 수 있다.

이 조건은 수출업자가 수출물품을 선적하고 수입업자를 지급인으로 하는 기한부화환어음(Usance Bill)을 발행하여 선적서류와 함께 거래은행(추심의뢰은행)에 추심을 의뢰하고 추심의뢰은행이 이를 수입지의 추심은행(수입업자의 거래은행) 앞으로 어음대금을 추심하면 추심은행은 수입업자(어음지급인)에게 환어음을 제시하여 수입업자가 어음상에 "Accept"라는 표시와 함께 서명하고 환어음을 인수함과 동시에 수입업자에게 선적서류를 인도하고 어음의 만기일에 수입업자로부터 대금을 받아 추심의뢰은행(수출업자의 거래은행)에 송금하여 수출업자가 수출대금을 영수하는 거래방식을 말한다.

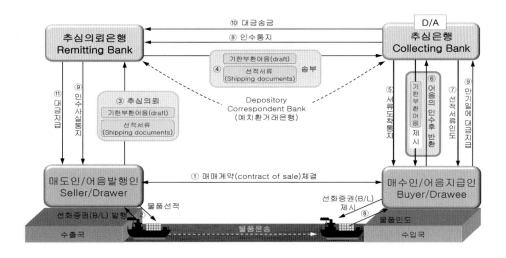

① 수출업자와 수입업자는 신용장이 없는 추심방식(collection)으로서, D/A방식의 대금결제조건으로 매매계약을 체결한다.
② 수출업자는 매매계약에 일치하는 물품을 수출통관한 후 약정된 기한내에 물품을 선적하고, 운송인으로부터 선화증권을 발행받는다.
③ 수출업자는 기한부 환어음(usance bill)을 수입업자를 지급인(drawee)으로 하여 발행하고, 이 환어음에 자신이 발행한 상업송장과 운송인으로부터 발행받은 선화증권 등 기타 선적서류를 첨부하여 자신의 거래은행(추심의뢰은행; remitting bank)으로 하여금 수입업자의 거래은행(추심은행; collecting bank)에 환어음대금을 추심하도록 요청한다.

④ 수출업자의 거래은행(추심의뢰은행)은 추심에 필요한 모든 지시사항을 기재한 추심의뢰서(collection order)를 작성하고, 이 의뢰서에 수출업자로부터 받은 환어음과 선적서류를 첨부하여 수입업자의 거래은행(추심은행)에 송부하고 수입업자에게 추심하도록 요청한다.

⑤ 수입업자의 거래은행(추심은행)은 환어음과 선적서류를 접수하는 즉시 수입업자에게 선적서류가 도착하였다는 통지서(arrival notice)를 발송하고 환어음의 대금을 지급하여 줄 것을 요청한다.

⑥ 수입업자는 환어음을 인수한다. 여기에서, 인수란 환어음의 지급인이 어음만기일에 어음금액의 지급을 약속하는 것을 말한다.

⑦ 추심은행은 환어음을 인수함과 동시에 수입업자에게 선적서류를 인도한다.

⑧ 수입업자의 거래은행(추심은행)은 추심의뢰은행에게 인수사실을 통지한다. 한편, 수입업자는 선적서류를 가지고 수입통관절차를 거친 다음, 운송인에게 선화증권을 제시하고 물품을 수령한다.

⑨ 수출업자의 거래은행(추심의뢰은행)은 수출업자에게 인수사실을 통지한다. 한편, 수입업자는 어음만기일에 자신의 거래은행(추심은행)에 어음대금을 지급한다.

⑩ 수입업자의 거래은행(추심은행)은 수입업자로부터 지급받은 어음대금을 추심의뢰서에 명기된 대로 수출업자의 거래은행(추심의뢰은행)에 송금한다.

⑪ 수출업자의 거래은행(추심의뢰은행)은 수출업자에게 어음대금을 지급한다.

III. 국제팩토링방식

국제팩토링(international factoring)은 대리인에 속하는 팩토링회사(factor)가 수출업자와 수입업자 사이에 개입하여 수입업자에 대한 신용조사 및 신용위험의 인수, 수출업자에 대한 금융제공, 대금회수, 기타 업무처리의 대행 등의 서비스를 제공하는 것으로서, 수출업자에게는 수출대금의 지급을 보증하고 수입업자에게는 신용을 공여하는 무신용장방식의 새로운 무역거래기법이다. 즉, 국제팩토링하에서 수출국에 소재하는 팩토링회사인 수출팩터(export factor)는 수출업자에게 대금지급확약과 전도금융을 제공하고, 수입국에 소재하는 팩토링회사인 수입팩터(import factor)는 수입업자에 대한 신용조사, 수출채권의 관리 및 수입업자로부터의 대금회수 등의 서비스를 제공하고 있다. 국제팩토링은 수출측면에서 볼 때에는 수출팩토링이라고 하고 수입측면에서 볼 때에는 수입팩토링이라고 하며, 국제팩토링업무가 원활히 진행되기 위해서는 수출팩터와 수입팩터간에 유기적인 정보교환이 행해져야 한다.

이와 같이 국제팩토링방식을 이용하는 경우에는, 수출업자는 팩토링회사로부터 수출대금의 지급을 보증받을 수 있을 뿐만 아니라 외상매출채권을 팩토링회사(수출팩터)에게 매각함으로써 전도금융을 받을 수 있기 때문에 자금부담을 경감시킬 수 있으며, 수입업자는 팩토링회사의 신용을 이용하여 기한부조건으로 수입할 수 있기 때문에 자금이 부족하거나 신용이 낮은 경우에도 수입이 가능하게 된다.

또한, 국제팩토링방식은 여러 당사자가 관련되어 거래형태가 다소 복잡한 신용장방식과는 달리 하나의 팩토링회사가 수출업자와 수입업자를 관리할 수 있어 그 거래과정이 매우 간편하며, 대금회수에 대한 확실한 보장이 없는 추심결제방식(D/P, D/A조건)에 비하여 수출대금회수가 보다 확실하다. 이러한 장점으로 인하여 국제팩토링방식은 담보력이나 자금력이 부족한 중소기업들이 중소규모의 무역거래를 할 때 주로 이용되며 미국과 유럽 등의 선진국에서 많이 활용되고 있다.

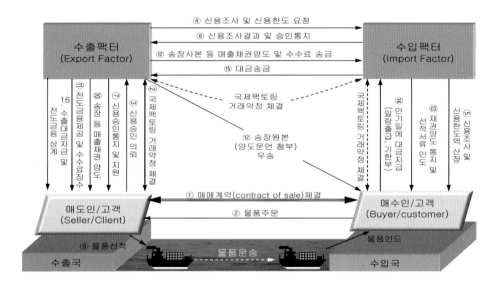

① 수출업자는 수입업자로부터 물품주문을 받는다.
② 수출업자는 수출팩터에게 국제팩토링거래의 가능성을 상담한 후, 수출팩터와 국제팩토링거래약정을 체결한다.
③ 수출업자는 수출팩터에게 수입업자에 대한 신용조사를 신용승인신청서(수출팩터의 소정양식; Credit Approval Request; CAR))에 의하여 의뢰한다.
④ 수출팩터는 수입국의 거래처인 수입팩터에게 수출업자가 요청한 수입업자에 대한 신용조사 및 수입팩터가 지급확약할 수 있는 신용한도를 요청한다.
⑤ 수입팩터는 객관적 자료 또는 접촉을 통하여 수입업자의 신용상태를 조사하고 수입업자에게 제공할 수 있는 신용한도액을 산정한다.

⑥ 수입팩터는 신용조사의 결과(신용상태에 관한 분석자료), 신용한도액(지급보증한도액) 및 신용승인을 수출팩터에게 통지한다.

⑦ 수출팩터는 수입팩터로부터 신용승인통지를 접수하는 즉시 이를 검토하고 수출업자에게 통지하며, 팩토링방식으로 수출할 수 있도록 지원한다.

⑧ 수출업자는 신용승인내용의 범위내에서 수입업자와 국제팩토링방식에 의한 매매계약을 체결한다.

⑨ 수출업자는 신용승인내용의 범위내에서 매매계약상의 선적기간 내에 계약물품을 선적한다.

⑩ 수출업자는 송장의 원본(original invoice) 등 매출채권을 수출팩터에게 양도하고 전도금융을 요청한다.

⑪ 수출팩터는 수출업자로부터 제시받은 선적서류를 확인한 후 수출채권을 매입하고 송장금액의 범위내에서 수출업자에게 전도금융(수출대금 금융지원)을 제공한다. 이로써 수출업자는 자신이 양도한 매출채권의 만기일 이전에 그 대금을 수출팩터로부터 전도받게 된다.

⑫ 수출팩터는 송장의 원본 및 사본에 채권양도문언을 첨부하여, 원본은 수입업자에게 우송하고 사본은 수입팩터에게 양도한다.

⑬ 수입팩터는 수입업자에게 채권양도의 통지를 하고, 수입업자가 물품을 인도받을 수 있도록 선화증권 등의 선적서류를 수입업자에게 인도한다.

⑭ 수입업자는 만기일에 수입대금을 수입팩터에게 지급한다.

⑮ 수입팩터는 수입업자로부터 지급받은 수입대금을 수출팩터에게 송금한다.

⑯ 수출팩터는 수입팩터로부터 송금되어온 수출대금을 수출업자에게 지급한다. 이 때 수출팩터는 수출업자에게 전도금융한 금액(전도융자금액)과 수입팩터로부터 송금되어온 수출대금을 서로 상계한다.

Ⅳ. 포페이팅

포페이팅(Forfaiting)이란 현금을 대가로 채권을 포기 또는 양도한다는 프랑스어의 "forfait(포기하다)"에서 유래된 용어로서, 포페이터(forfaitor)가 물품이나 서비스의 연불수출거래에 따른 환어음 또는 약속어음을 수출업자 또는 이전의 소지인에게 상환청구권59)을 행사하지 않는 조건(without recourse)으로 고정이자율로 할인·매입하는 수출무역금융의 한 형태를 말한다. 즉, 포페이팅이란 권리의 포기, 즉 상환청구권의 포기가 전제되는 것으로서, 수출업자가 연불수출계약에 따라 물품을 수출하고 받은 환어음 또는 약속어음을 포페이터가 상환청구 없이 할인·매입하여 신용판매를 현찰판매로 환원시키는 금융기법을 말한다. 따라서, 포페이터가 상환청구권을 포기하는 조건으로 환어음 또는 약속어음 등의 채권을 매입함으로써 어음의 최종소지인이 모든 손실을 부담하는 것으로 되기 때문에 어음의 배서인인 수출업자로서는 수입업자의 대금지급의 불이행이나 지급지연 등의 위험을 방지할 수 있다.

● 포페이팅과 팩토링의 비교

구 분	포페이팅	팩토링
주요대상	약속어음, 환어음 등 유통증권 (negotiable instrument)	외상매출채권 등 비유통증권 (non-negotiable instrument)
대상채권의 성격	개별적으로 확정된 매출채권	현재뿐만 아니라 장래에 발생할 매출채권까지 포함한 포괄적이고 계속적인 채권의 매매
지원금액	계약금액의 100% 지원	계약금액의 80%정도 지원
지원거래의 성격	·중장기금융(1~10년) ·거액의 자본재 ·국제무역거래	·단기금융(30~120일) ·소액의 소비재(10만달러이내) ·국내물품 판매거래
대상품목	자본재	소비재
업무의 수행 범위	채권의 할인매입과 관련된 제한된 업무수행	추심업무 등 부대서비스를 포함한 포괄적 업무수행
위험담보책임	·신용위험: 포페이터 부담 ·비상위험: 포페이터 부담	·신용위험: 팩터 부담 ·비상위험: 수출업자 부담
거래의 비밀성	거래의 비밀성이 보장됨 (포페이팅 관련 당사자들에 대한 정보를 비밀로 하는 것이 관례)	거래의 비밀성이 보장되지 않음 (팩터가 매출채권의 매입을 수입업자에게 통지하는 경우가 일반적임)

결국 매매당사자가 포페이팅을 이용하는 경우에는, 보증은행이 지급보증하기 때문에 수입업자로서는 거액의 물품을 연불조건으로 수입할 수 있고 수출업자로서는 대금회수불능의 위험에서 벗어날 수 있다. 또한, 수출업자는 국내 환가료보다 낮은 금리로 이용할 수 있고, 연불조건의 외상수출이라 하더라도 포페이터로부터 일람출급조건의 수출과 같이 즉시 지급받을 수 있고, 신용장매입은행의 여신한도가 부족하여

---

59) 상환청구권 또는 소구권(The Right of Recourse)이란 약속어음 또는 환어음의 지급인이 만기에 어음금액의 지급을 이행하지 않을 경우에, 어음의 최종소지인이 그 어음의 작성이나 유통에 관여한 자, 즉 환어음의 발행인, 환어음이나 약속어음의 배서인 등에 대하여 어음금액 기타의 비용의 변제를 구하는 것을 말한다.

환어음의 매입이 거절되더라도 포피팅을 통한 매입방법을 강구할 수 있다. 그러나, 신용위험과 대금회수에 따른 위험 때문에 일반금융에 비하여 수수료가 높고, 소액거래이기 때문에 외상수입기간의 이자율이 일반 연지급거래에 비하여 높고, 수입업자의 신용이 약한 경우에는 이용하기 어렵다.

포페이팅거래에 사용되는 보증서에는 지급보증서, 유통증권보증(Aval; 어음상의 지급보증), 신용장 등이 있는데, 이 중에서 보증서로서 가장 많이 사용되는 것은 신용장이다. 여기에서는 기한부신용장방식에 의한 포페이팅의 거래절차를 설명하고자 한다.

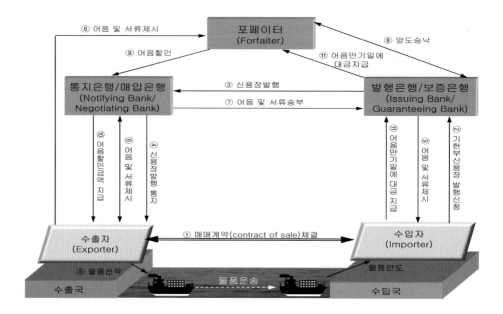

① 수출업자는 수입업자와 포페이팅방식에 의한 무역계약을 체결한다.
② 수입업자는 자신의 거래은행(발행은행)에게 기한부 신용장의 발행을 지시한다.
③ 발행은행은 수출업자의 거래은행에게 수출업자를 수익자로 하여 신용장을 발행한다.
④ 수출업자의 거래은행은 수출업자에게 신용장발행을 통지한다.
⑤ 수출업자는 수입업자에게 계약물품을 선적한다.
⑥ 수출업자는 자신의 거래은행에게 어음인수를 위한 관련 서류를 제시한다. 또한, 수출업자는 포페이터가 요구한 서류를 포페이터에게 제시하고 어음할인을 요청한다.
⑦ 수출업자의 거래은행은 발행은행에게 서류를 송부한다.
⑧ 포페이터와 발행은행(수입업자의 거래은행)은 양도승낙(acknowledge of assignment)을 한다.
⑨ 포페이터는 수출업자의 거래은행에게 어음할인을 한다.
⑩ 수출업자의 거래은행은 어음할인된 금액을 수출업자에게 지급한다.

⑪ 발행은행(수입업자의 거래은행)은 어음만기일에 포페이터에게 대금을 지급하고, 수입업자는 발행은행에게 대금을 지급한다.

V. 상호계산

상호계산(교호계산)은 본사와 해외지점·현지법인·관계회사 간의 복수의 무역거래에 있어서 본·지점 간의 계정의 대차기에 의한 결제를 행하는 방법으로서, 사무의 간소화뿐만 아니라 은행을 일체 경유하지 않기 때문에 은행수수료를 절약할 수 있다는 장점이 있다. 또한, 현실의 자금을 이동시키지 않기 때문에 자금의 효율적인 운용이 가능하다.

VI. 전자결제방식

전자결제(Electromic payment)란 전자적 수단을 이용하여 물품이나 서비스의 대가를 지급 및 결제[60]하는 것을 말한다. 광의로는, 물품이나 서비스의 구입에 따른 대금결제나 자금이체 등을 인터넷. PC통신, EDI 등과 같은 정보기술을 이용하여 컴퓨터로 처리하는 것을 말한다. 협의로는, 인터넷의 가상상점에서 물품이나 서비스를 구입한 후 가상상점과 계약된 은행이나 신용카드회사와 온라인 결제를 통해서 대금을 지급하는 것을 말한다. 또한, 전자결제시스템(Electronic Payment System; EPS)은 전자결제를 하기 위해 구축된 시스템 혹은 온라인으로 지급하는 어떤 방식[61]으로서, 인터넷상거래를 이용하여 인터넷 쇼핑몰(Shopping Mall)에서 물품을 구입한 후 가상쇼핑몰과 계약이 체결된 은행간에 온라인을 통하여 결제대금이 지급되는 시스템을 말한다. 이 시스템에는 전자결제수단, 운영네트워크 및 이와 관련된 모든 제도적인 장치가 포함된다.

전자상거래의 도입으로 대금결제관행에도 변화가 발생함으로써, 국제상거래에서는

---

60) 경제주체간의 채권 및 채무관계에서 대금지급을 행하는 행위를 지급(payment)이라고 한다면, 그 대금지급의 과정을 결제(settlement)라고 할 수 있다. 즉, 결제(settlement)란 기업과 개인간 (또는 기업간)에 행해진 상거래에서 발생한 채권·채무관계의 성립과 동시에 경제적 가치를 채무자로부터 채권자에게 이전하여 그 채권·채무관계를 해소시키는 행위를 말한다; 정영화·남인석, 전자상거래법, 다산출판사, 2000, p.189.

61) Andrew Dahl & Leslie Lesnick, Internet Commerce, New Riders, 1996, p.77.

전신송금환(T/T)·우편송금환(M/T)·송금수표(D/D)와 같은 단순송금방식(Remittance), 현금결제방식(COD)과 서류결제방식(CAD), 지급인도조건(D/P)·인수인도조건(D/A)과 같은 추심결제방식, 신용장(Letter of Credit)방식 등의 대금결제수단이 신용카드(Credit Card), 전자화폐(Electronic Cash), 전자자금이체(EFT; Electronic Fund Transfer), 무역카드(TradeCard), SWIFT의 전자신용장(Electronic L/C), 볼레로 시스템 등의 전자결제시스템으로 전환되어 그 활용을 증대시키기 위한 노력이 진행되고 있는 실정이다.

1. 무역카드(TradeCard)

⑴ 무역카드의 의의

무역카드는 인터넷상에서 매수인과 매도인이 국제무역거래를 안전하게 이행하고 결제하도록 하는 기업간 전자상거래 기반구조로서, 기존의 신용장거래가 갖는 단점을 지적하고 이를 극복하기 위해 전자적인 계약체결 및 계약이행의 전자적 점검을 통해 새로운 무역관습을 구현하려는 것이며, 무역거래을 이행하고 결제하기 위하여 안전성, 신뢰성, 비용효과 및 사용자 편의의 해결책을 제공하는 것이다.[62] 즉, 무역카드는 전통적인 신용장을 대체하여 수출입 서류의 전송과 대금결제방법을 통합하여 One-stop Service가 가능하도록 전자화하려는 사업으로 수출입을 대행하는 형태이며 중소기업에게 맞는 시스템이다.[63]

이 시스템은 세계무역센터협회(WTCA)[64]가 개발한 전자무역방식으로서, 온라인상에서 수출업자와 수입업자가 전자문서로 계약서를 작성할 경우 선적서류 등 관련 무역서류를 자동으로 작성, 처리할 뿐만 아니라 무역금융·보험, 대금결제, 물류 등 수출입 전과정을 처리하는 자동화 인터넷 무역서비스다. 미국에 본사를 두고 있는 무역카드는 그 동안 지적되었던 신용장 방식 무역의 비효율성을 개선시키기 위해서 무역서류의 전자화 및 서류점검절차를 자동화해 신용장을 대체하는 전자결제시스템으로서, 신용장 발행은행의 서류점검에 해당하는 기능을 트레이드카드 시스템이 수행하고 은행은 단순히 자금 공여만을 담당하게 된다.

---

62) http://www.tradecard.com/resources/faqs.html
63) 한국전자거래진흥원, B2B 무역결제 워킹그룹, 2002.1, p.20.
64) WTCA는 전세계로부터 수출업자, 수입업자 및 서비스 제공자를 모집함으로써 국제무역을 촉진하기 위하여 1970년에 창립된 민간부문 세계 최대의 무역기구이다. 현재 100개 이상의 국가에 337개 이상의 세계무역센터가 회원으로 가입하고 있으며 산하 회원업체가 50만개사에 달하고 있다. 한국무역협회는 지난 1972년 회원으로 가입되었다.

⑵ 무역카드의 서비스내용

무역카드사는 대금결제서비스와 관련하여 자동승인지급(AAP; Auto Approved Payment)방식, 매수인승인지급(BAP; Buyer Approved Payment)방식, 송장제시(IP: Invoice Presentation)방식 등의 서비스를 제공하고 있다.

㈎ 자동승인지급(AAP)방식

자동승인지급(AAP; Auto Approved Payment)방식은 TradeCard사의 제휴기관인 Coface로부터 매수인의 신용평가를 받아서 매수인에게 대금지급의 보증을 제공하는 방법으로서, TradeCard사가 제공하는 가장 전형적인 전자결제방법이다.

이 방식은 매도인이 매수인에 의해서 작성되어 TradeCard사로 전송된 구매주문서를 승인함으로써 시작되고, 거래에 필요한 각종 서류가 TradeCard사로 전송되면, TradeCard사의 데이터 일치성 점검엔진은 이들 서류를 자동으로 점검하여 서류의 일치성이 확인되면 자동으로 결제금융기관인 Tomas Cook을 통하여 매수인의 계정에서 차기(debit)하여 매도인의 계정으로 대기(credit)함으로써 대금지급이 완료된다. 이 방식은 Coface라는 지급보증기관이 매수인의 지급을 보증한다는 점에서는 기존의 신용장방식과 유사하다고 할 수 있다.[65]

㈏ 매수인승인지급(BAP)방식

매수인승인지급(BAP; Buyer Approved Payment)방식은 자동승인지급(AAP)방식과 거의 유사하지만, 지급할 때의 최종결정은 매수인이 하도록 설계되어 있는 방식이다.[66] 즉, 이 방식은 AAP방식에서 파생된 것으로서, 거래에 수반된 각종 서류가 TradeCard사의 데이터 일치성 점검엔진을 통하여 모든 일치성 요건이 충족되더라도 매수인이 지급인증서류에 승인하여야만 대금지급이 행해지는 방식이다. 데이터 일치성 점검엔진에 의하여 모든 일치성 요건이 충족되는 경우, AAP방식에서는 TradeCard사가 지급절차를 시작하는 반면, BAP방식에서는 매수인이 지급인증서류를 승인하여야만 지급절차가 시작된다. 이 방식은 현행의 사후송금방식(open account)의 처리기능과 거의 동일한 방식으로서, 매수인이 언제 얼마를 지급할 것인지를 결정하게 된다.

㈐ 송장제시(IP)방식

송장제시(IP: Invoice Presentation)방식은 국내외에서 선적된 물품 또는 부여된 서비

---

65) 이 점에 있어서, AAP방식은 매수인이 지급하지 못한 경우에 지급보증기관이 지급하는 것이므로 지급보증기관이 2차적 채무를 부담하는 반면, 신용장방식은 매수인의 지급여부와 관계없이 신용장의 발행은행이 1차적인 채무를 부담한다는 것에 차이가 있다.

66) http://www.tradecard.com/Product/TransactionTypes.html

스에 대하여 송장을 보내기 위하여 사용되는 방식으로서, 지급보증이나 데이터 일치성을 필요로 하지 않기 때문에 다른 방식보다 신속하고 용이한 거래절차를 제공한다.

이 방식은 매도인이 TradeCard의 시스템에서 송장을 생성함으로써 시작하며, 송장이 완성되면 송장에 전달된 세부사항을 매수인에게 제공하는 지급승인서류가 생성된다. 이 경우 매수인이 그 특정 송장에 관하여 지급금액과 지급시기를 최종적으로 결정하면, 매수인의 계정은 약정된 지급일자에 차기(debit)된다.

(3) 무역카드의 거래절차

무역카드에 의한 무역거래에 참여하는 자는 매수인, 매도인 및 서비스제공자로서, 무역카드에 의한 무역거래절차를 크게 세 가지 단계로 구분할 수 있다. 1단계는 무역카드를 사용하려는 사용자들이 사용자 신청을 하는 단계이고, 2단계는 신용공여한도를 설정하는 단계이며, 3단계는 무역카드 시스템에 의한 무역거래의 이행단계이다.

(가) 사용자신청

특허받은 무역카드의 거래시스템을 이용하기 위해서는 매수인과 매도인은 무역카드의 회원으로 승인을 받아야 한다. 즉, 매수인과 매도인은 무역카드 거래시스템을 이용하기 위하여 온라인 신청서를 작성한 후 무역카드로부터 회원승인을 받는다. 사용자들은 최초의 "사용자계약(User Agreement)"에 잉크로 서명한 뒤 이후에는 전자서명을 이용하면 된다.

① 매수인과 매도인은 무역카드가 당사자 또는 거래상대방이 거래를 수행하고 있는 국가를 지원하고 있는지를 확인하고, 요구된 거래와 금융정보를 수집한 후, 신청서를 작성한다(무역카드 회원신청처리과정에 대한 상세한 명세는 신청서 부문을 참조할 것).[67]

② 매수인과 매도인은 우편이나 온라인으로 신청할 수 있으며, 무역카드 회원서비스의 도움으로 신청할 수도 있다. 신청처리에 소요되는 기간은 약 1-2주가 될 것이며, 회원승인과 동시에 회원자격과 교육자료를 받게 된다.

③ 무역카드의 비용으로서, 250달러의 년회비와 함께, 10만달러 이하의 무역거래인 경우에는 건당 150달러의 고정 수수료를 내면 제반 거래가 가능하며, 10만달러 초과인 경우에는 차등적인 수수료가 부가된다.

(나) 신용한도의 설정

매수인은 거래를 시작하기 전에 지급보증기관에 신용평가를 신청하고, 신용한도를

---

67) http://www.tradecard.com/resources/faqs.html

배정받는다.[68] 현재 지급보증기관으로는 프랑스의 신용보험회사인 Coface가 참여하고 있다. Coface는 @rating 서비스를 통하여 매수인을 평가하고, 매수인의 @rating 한도까지 송장의 금액만큼 매도인에게 지급보증(Assurance of Payment)을 부여한다. 매수인이 지급을 불이행하는 경우에, Coface는 부보된 선적금액까지 매도인에게 상환한다(Coface @rating에 대한 명세는 www. cofacerating.com을 참조할 것).

한편, 결제금융기관은 토마스 쿡(Tomas Cook)이 담당한다. 결제금융기관인 토마스쿡이 선적 후 15일 이내에 대금을 지급하지 못하면 지급보증기관인 Coface가 대신 지급하도록 되어 있다. 또한, 매도인은 제3의 신용보험자로부터 지급보증을 받을 수도 있다.

● AAP방식에 의한 무역거래절차

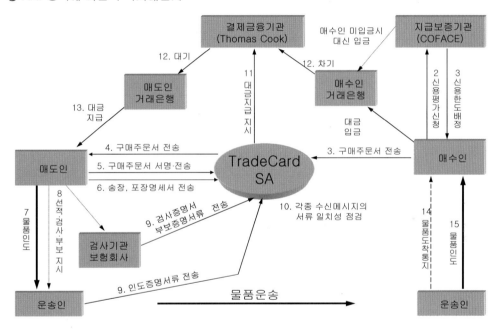

(다) 무역거래의 이행

매도인과 매수인은 무역거래의 조건을 협상 및 합의한 후, 무역카드 시스템에 의하여 합의한 무역거래를 이행하기 위해서는 다음의 절차에 따른다.

① 매수인은 계약조건(매도인이 승인 또는 협상할 수 있는 계약조건)이 명시된 구매주문서(Purchase Order; P/O)[69]를 작성해서 디지털서명을 첨부하여 무역카드사

---

68) 자동승인지급(AAP) 및 매수인승인지급(BAP)방식에서는 지급보증기관으로부터 신용한도를 배정받아야 하지만, 송장제시(IP)방식에서는 지급보증이 필요하지 않다.

69) 이 서류는 매도인이 승인하거나 협상할 수 있는 계약조건을 명시하고 있다. 구매주문서는 무

의 중앙처리장치(System Administrator; SA)로 송신한다.

② 무역카드의 SA는 구매주문서를 안전한 독점 데이터베이스(proprietary database)에 저장한 후, 구매주문서의 기재내용과 함께 매수인의 거래은행을 통해 신용한도를 검토한 후 구매주문의 사실을 매도인에게 통지한다.

③ 매도인은 이를 확인하여 전자서명후 트레이트카드 SA로 송신함으로써 무역계약을 체결시킨다.

④ 무역카드는 독점데이터베이스에 승인된 구매주문서를 저장한다. 양자간에 상담이 성립한다면, 매도인은 정식으로 구매계약의 조건을 승인하고, 구매주문서는 무역카드의 안전한 독점 데이터베이스(secure and proprietary database)에 전자적으로 저장된다.

⑤ 매도인은 TradeCard SA에 선적지시서(선적, 보험, 검사관련 지시서)를 발송한다.

⑥ 매도인은 전자파일에 의하거나 무역카드가 제공하는 도구(tool)를 이용하여 무역카드 시스템에 송장과 포장명세서를 저장시킴으로써, 송장과 포장명세서를 무역카드에 제공한다.

⑦ 운송주선인은 전자서명된 최종 운송서류[70]를 작성해 무역카드 시스템으로 송신한다. 필요한 경우(구매주문서에서 검사 또는 보험부보를 요구한 경우), 검정회사는 물품을 검정한 내용을, 화물보험자(적화보험자)는 화물보험(적화보험)의 부보내용을 TradeCard SA에 송신한다.

⑧ 무역카드는 제3자 물류제공자로부터 인도의 증거를 전자적으로 획득한다.

⑨ TradeCard SA는 운송서류를 비롯한 다른 전자식 서류들과 POPFI[71]를 대조·점검한다.

⑩ TradeCard SA는 서류가 일치하는 경우, 신용공여기관에게 대금지급을 할 것을 수권한다. 만일 기한부지급인 경우에는 해당 지급만기일까지 지급지시를 보류한다.

⑪ 신용공여기관은 매수인의 거래은행에서 매수인이 사전에 입금한 자금을 차기(Debit)하여 수출업자의 거래은행에 대기(Credit)한다.

⑫ 매수인이 수입대금을 신용공여기관에 상환하면 거래한도가 회복된다.

⑬ 매수인은 전자운송서류를 선박회사에 제시하여 수입물품을 인도받는다.

역카드의 안전한 독점 데이터베이스에 전자적으로 저장되고, 구매주문서로부터의 데이터는 모든 거래서류상의 정보가 유효하고 안전하다는 것을 보증하는데 사용되고 있다. 이 시스템은 송장과 구매주문서를 자동적으로 생성한다.

70) 이 운송서류는 매도인의 물품인도의 사실을 증명할 수 있는 서류로서, 전자해상화물운송장, 전자항공화물운송장 또는 전자선화증권 등이다.

71) Purchase Order/Pro Forma Invoice(구매주문서/견적송장)의 약자로 매도인과 매수인간의 전자거래계약서가 된다.

2. 볼레로 시스템

(1) 볼레로시스템의 의의

무역거래에서의 볼레로(Bolero)는 "Bill Of Landing for EuROpe(유럽을 위한 선화증권)" 또는 "Bill Of Lading Electronic Registry Organization(선화증권 전자등록기구)"의 약어다. 볼레로 시스템은 기존 무역절차를 인정하는 대신 선화증권 등의 모든 무역서류를 전자문서화 함으로써 무역업자, 은행, 보험사, 선박회사, 세관, 항만당국 등의 모든 무역관련 당사자들이 무역관련 서류나 자료를 인터넷을 통하여 디지털 전송방식으로 교환할 수 있도록 하고, 이에 따른 안정성 및 신뢰성을 검증해 전자무역거래를 뒷받침해주는 국제전자무역시스템이다. 현재는 선화증권 뿐만 아니라 모든 무역서류를 전자적으로 유통시킬 수 있도록 네트워크를 제공하고 전자서명의 인증기관역할을 담당하는 것으로 발전되어 있다.

즉, 볼레로 프로젝트는 1994년부터 1995년에 걸쳐 실증실험을 행하고 그 성공을 답습한 후, 1998년 4월에는 SWIFT(세계은행간금융통신협회; Society for Worldwide Interbank Financial Telecommunication)와 TT클럽(Through Transport Club)[72]이 각각 50%(각각 1,000만 달러)의 지분을 출자하여 볼레로 운영회사(Bolero Operation Ltd.)를 설립하였다. 그 후, 동사는 명칭을 볼레로 인터네셔널사(Bolero International Ltd.)[73]로 개칭하고, 무역서류의 무서류화(paperless)를 실현하기 위한 기반으로서 1999년 9월 27일부터 Bolero.net[74]을 개시하고, 인터넷을 경유하더라도 전자서류를 안전하고 확실하게 송수신할 수 있는 메시징 서비스와 유가증권인 선화증권을 전자화하고 그 소유권이전을 관리하는 권리등록(Title Registry) 서비스를 개시했다. 즉, 볼레로넷(bolero.net)은 SWIFT와 TT클럽이 주축이 돼 컨소시엄 형태로 구성된 전자결제 업체이며 국제적인 무역

---

72) SWIFT는 73년 15개국 239개 은행이 창립해 현재 189개국 7000여개의 금융기관이 이용하고 있으며, 현재 국제자금결제의 90% 이상을 장악하고 있다. TT클럽은 해운업계의 상호보험조합으로서, 세계 80여개국의 운송업자, 운송주선인, 항만당국 등이 회원으로 참여하고 있으며 컨테이너 선단의 2/3, 1725개의 항만시설, 5890사의 운송업자에 대한 보험을 담당하고 있다. 이들 두 기관들에 가입된 1만2천5백 회원사들은 다시 국제무역을 하는 전세계 거의 모든 회사와 거래를 할 수 있게 된다; 전순환, 사이버무역시대에 있어서 볼레로 선화증권상의 권리등록, 정보학연구, 제3권 제4호, 2000.12, p.77.

73) 볼레로 인터네셔널사(Bolero International)는 당분간 볼레로 시스템의 소유자이거나 관리자, 또는 그 권리의 계승자를 말한다; bolero.net, Bolero RuleBook, Part 1.1(14).

74) bolero.net은 볼레로인터네셔널사의 거래명칭이다. 볼레로넷은 네트워크를 통해서 전자화된 무역절차서비스를 제공하는 것으로서, 영국 런던의 본사 외에 뉴욕, 도쿄, 프랑크프루트, 파리, 홍콩, 싱가포르, 파리에 지사를 두고 있다. 이는 볼레로 프로젝트에 대하여 95년 7월부터 3개월간의 법적, 기술적 타당성 검토를 위한 테스트를 거친 후 전세계 18개 무역권에 대한 법률분석을 완료하고 시범서비스 기간을 거쳐 1999년 9월 27일 상용서비스를 개시하였다. 우리나라의 삼성전자와 한빛은행을 포함한 전세계 50여개 업체가 회원사로 참여하고 있다.

절차전자화 서비스의 제공회사인 Bolero International Ltd.의 서비스명이다. 볼레로넷은 1999년 1월부터 3월까지 기존 종이문서 체제와 병행하면서 실제로 시범서비스를 운영한 후 동년 9월부터 상용서비스를 개시함으로써 모든 무역서류의 전자화를 추진하고 있다.

(2) 볼레로시스템의 구조

(가) 중앙메시징플랫폼(CMP)

중앙메시징플랫폼(Core Messaging Platform; CMP)은 볼레로사용자, 볼레로 인터네셔널 및 볼레로 협회간에 볼레로 사용자에게 그리고 볼레로 사용자로부터 특정 전자메시지를 송신하기 위한 시스템이다. 또한 이것은 일단 송신된 메시지의 수신확인과 추적(tracking)을 제공한다.[75] 또한, 중앙메시징플랫폼은 권리등록기(Title Registry)로 정보를 송신한다. 메시지는 송신자의 선택으로 "서류(Documents)"라고 부르는 추가된 정보의 단위 또는 "첨부서류(attachments)"를 포함할 수 있다.

(나) 권리등록기(CMP)

권리등록기(Title Registry)는 볼레로 인터네셔널사(Bolero International)에 의해 운영되고, ① 볼레로 선화증권의 소지권(Holdership)과 이전에 관한 기능을 이행하기 위한 수단, ② 현재의 볼레로 선화증권의 상태에 대한 기록, ③ 그러한 볼레로 선화증권과의 거래의 감사추적을 제공하는 응용프로그램을 의미한다.[76] 즉, 권리등록기는 볼레로 선화증권에 관하여 사용자의 권리와 의무에 관한 메시지에 있어서 특별한 지시로 작성된 정보의 데이터베이스이다. 권리등록기의 일반적인 목적은 전통적인 종이 선화증권의 기능을 전자적으로 구현하는 것이다.

(다) SURF

SURF(Settlement Utility for Managing Risk and Finance)는 중앙메시징플랫폼에 연결된 부가가치서비스로서, 시스템의 사용자에게 자동화된 서류일치점검 및 화환무역결제와 관련된 흐름을 관리하기 위한 도구를 제공한다. 그 서비스는 매수인, 매도인 및 은행간의 다양한 위험이전의 정도를 지원하고 청산결제에서 보다 복잡한 신용장까지의 거래를 지원한다.[77] 이러한 SURF는 중앙메시징플랫폼(CMP) 및 권리등록기(TR)와 상

---

75) 보다 엄밀하게, 중앙메시징플랫폼은 일단 송신된 메시지를 기록하고 저장하기 위한 데이터베이스와 연결된 운송메시지에 대한 특별한 우편 서버이다. 그것은 RIDs를 점검하기 위하여 사용자 데이터베이스와 밀접하게 작동한다.

76) Bolero RuleBook 1.1 (53).

77) http://www.bolero.net/japan/bolero%surf.pdf

호작용으로 그 기능을 수행하고 있으며, ① 자동서류일치성점검, ② 권리등록기와 통합, ③ 판매자금융의 다양한 형식의 지원, ④ 일련의 법적 구속력있는 규칙에 의한 적용, ④ 일괄처리의 준비, ⑤ UCP 500과의 일치성을 가능하게 하고, ⑥ SWIFT 전자지급플러스의 표준 및 거래프로토콜과 일치 등의 주요 특징을 가지고 있다.[78]

⑷ SURF의 운용프로세스

SURF의 거래과정은 SURF계약의 체결, 은행의 지급확약, 무역서류의 준비, 서류의 제시, 일치의 통지 및 서류의 인도, 물품의 도착통지, 선화증권의 제시의 순으로 이어진다. 즉, ① 매수인과 매도인이 매매성립시에 그 결제에 대하여 SURF를 사용하기로 합의하고, SURF데이터베이스 속에 계약조건을 맡긴다. ② 일방이 자신의 은행에 대하여 상대방으로의 채무보증을 요청(매수인측이 은행에 요청)한다. ③ 매도인은 물품을 발송하고, 필요한 무역 및 운송절차서류를 SURF에 제공한다. ④ SURF는 계약조건과의 일치를 확인하고 매수인에게 통지함으로써, 지급의무가 발생한다. ⑤ 매수인은 자신의 은행에 결제를 수배한다(SWIFT를 통해서 자동결제). ⑥ 은행은 SURF에 결제완료를 보고한다. ⑦ SURF는 무역서류를 매수인에게 인도한다. 이러한 SUFR의 운용프로세스를 구체적으로 살펴보면 다음과 같다.[79]

㈎ SURF 계약의 체결

첫째, 무역거래과정은 매수인과 매도인간의 상거래계약의 체결로 시작한다. 상거래계약은 수많은 다른 방법으로 체결될 수 있다. 그것이 체결되는 과정은 SURF에 중요하지 않다. 즉, 여기에서는 ① 매수인은 매도인에게 전자구매주문서를 송신하고, ② 매도인은 전자주문확인서로 응답한다.

둘째, SURF 결제과정은 SURF로 SURF 청약을 로그함으로써 시작한다. SURF 청약은 신용장발행신청서와 유사한 전자서류이다. 그것은 계약당사자, 거래되는 물품, 요구된 무역서류 및 형식 및 지급시기에 대한 정보를 포함하고 있다. 화환결제의 경우에 있어서, 이 SURF 청약서류는 은행으로부터 지급확약을 위한 요건을 명시할 것이다. 은행의 확약은 매도인의 일치하는 무역서류의 제시를 조건으로 한다. 즉, 여기에서는 ③ 매수인은 SURF 청약을 하고, ④ SURF는 인수를 위하여 매도인에게 청약을 발송한다.

셋째, 매도인은 SURF 청약을 수신한다면, 청약의 승낙, 청약의 거절, 반대청약의 이행 중에서 선택권을 가진다. 매도인이 청약을 승낙한다면, 그 지위는 변경되고 그것

---

78) http://www.bolero.net/downloads/surf.pdf; 2003.11.
79) http://www.bolero.net/downloads/surf.pdf; 2003.11.

은 SURF 계약이 된다. 즉, 여기에서는 ⑤ 매도인은 청약의 승낙을 행하고, ⑥ 매수인은 매도인의 승낙을 통지받는다.

● SURF의 계약체결절차

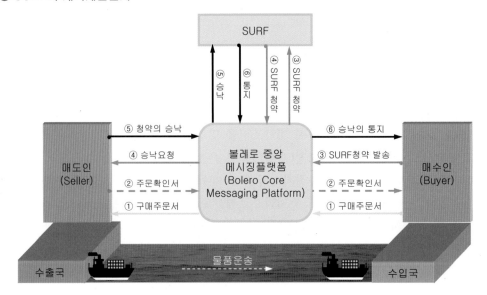

(나) 은행의 지급확약과 서류의 준비

넷째, 일단 SURF 계약이 체결된다면, SURF는 매수인-통상적으로 매수인의 은행에 의하여 지정된 당사자로부터 지급확약의 획득과정을 자동적으로 시작한다. 즉, 여기에서는 ⑥ SURF는 매수인의 은행에게 지급확약을 위한 요청을 송신한다. 그 요청은 SURF 계약의 사본을 포함한다. 매수인의 은행이 SURF로부터 요청을 수신하는 경우에는, 그것은 응답을 위하여 확정된 일자의 수를 가질 것이다. ⑦ SURF가 지급확약을 수신하는 경우에는, 그 시스템은 내용을 확인하고 그것이 매도인에 의해 승인된 은행에 의하여 발행되었음을 확실히 한다. ⑧ 지급확약이 SURF의 조건에 일치한다면, 그것은 매도인에게 발송될 것이다.

다섯째, 검사증명서와 같은 서류는 외부당사자의 관련을 필요로 한다. 이들 일부의 서류, 예를 들면 상업송장 및 포장명세서는 매도인 자신에 의하여 준비될 것이다. SURF 결제하에서, 매도인은 물품이 매수인의 요구에 일치한다는 것을 입증하기 위하여 일련의 무역서류를 제공하여야 한다. 즉, 여기에서는 ⑨ 매도인은 볼레로 코어메시징플랫폼을 통하여 검사기관에 검사를 요청하고, ⑩ 검사기관은 코어메시징플랫폼을 통하여 검사증명서를 매도인에게 발급한다.

● 지급확약서의 취득 및 서류의 준비절차

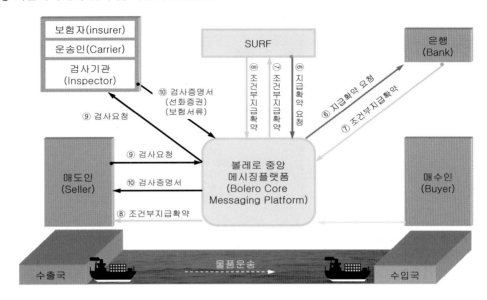

(다) 서류의 제시와 물품인도

여섯째, 매도인이 서류를 제시하는 단계이다. 즉, 여기에서는, ⑪ 매도인이 모든 요구된 무역서류를 수집한 경우에는, 매도인은 이를 SURF에 제시한다. 일련의 서류가 선화증권을 포함하고 있는 경우에는, 매도인은 물품의 관리를 양도함으로써 SURF를 소지인으로 하여야 한다.

일곱째, 일치의 통지 및 서류를 인도하는 단계이다. 즉, 여기에서는, ⑫ 매수인의 은행으로부터 매도인으로의 자금의 이체는 기존의 은행시스템을 통하여 취급된다. 그리고 SURF 계약에 지정된 당사자(이 경우, 매수인)에게 서류를 인도한다. 서류가 일치하는 경우에는, SURF는 매도인과 매수인의 은행에게 통지하고, 서류가 불일치하는 경우에는, 불일치보고서는 요구된 변경을 이행하기 위하여 매도인에게, 또는 만일 명시된다면, 불일치를 수리하기 위하여 매수인 및 매수인의 은행에 제시되고 송신된다. SUFR는 SURF 계약의 내용에 기초하고 있는 서류를 확인한다.

● 서류의 제시에서 화물인도지시서의 제시까지의 절차

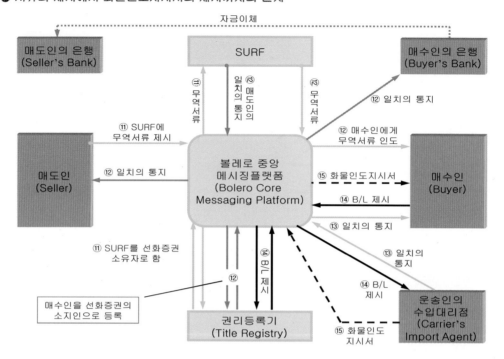

SURF는 ㉮ 제품명세·수량·단가 및 인코텀즈를 포함하는 품목정보, 권리등록정보를 포함하는 요구된 서류, 수령·적재·양륙 및 인도에 대한 정보의 발송, 지급 및 최종일의 조건 등과 같은 상세한 일치성 점검과, ㉯ 불일치목록(List of discrepancies), 불일치의 위치(Location of discrepancies) 등의 구조화된(boleroXML) 불일치보고서를 제공한다.

여덟째, 물품의 도착통지의 단계이다. 즉, 여기에서는, ⑬ 물품이 목적지에 도착하는 경우, 운송인의 수입대리인은 매수인에게 통지한다.

아홉째, 선화증권의 제시와 화물인도지시서를 발행하는 단계이다. 즉, 여기에서는, ⑭ 매수인은 물품의 인도를 수취하기 위하여 권리등록기를 통하여 운송인의 수입대리인에게 선화증권을 제출하여야 하고, ⑮ 운송인의 수입대리인은 선화증권과 교환으로 물품을 인수하는 것을 확실하게 하기 위하여 매수인에게 화물인도지시서를 발행한다.

(5) SURF에 의한 지급방법

SURF가 지원하는 결제방법으로는 청산계정(Open Account), 선지급(Advance Payment), 화환추심(Documentary Collections), 화환신용장(Documentary Credits), 보증신용장(Standby Letters of Credits)이 있으며, 이상을 기초로 전 26종류의 기본결제유형을 규정하고, 분

할선적과 분할지급에도 대응하고 있다. 즉, SURF는 이러한 모든 결제방법의 기능적 등가물을 지원하고 보다 더 많은 국제무역거래의 새로운 결제방법의 발전을 허용하도록 융통성을 제공한다. 여기에서는 신용장결제방식에 따른 결제과정을 살펴보면 다음의 그림과 같다.

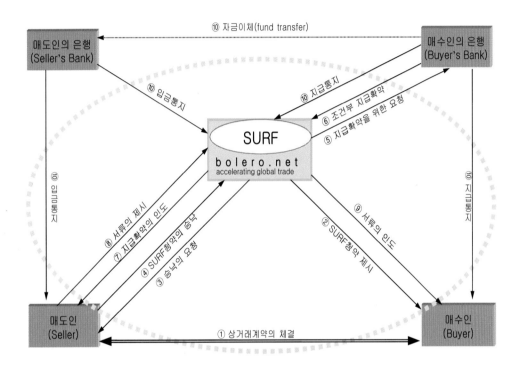

Chapter

09

Trade Business

수출입승인,
요건확인 및 물품의 확보

수출입승인, 요건 확인 및 물품의 확보

Chapter 09

제 1 절   수출입품목의 관리

Ⅰ. 수출입품목의 관리체계의 개요

1. 수출입품목의 관리체계

수출입품목에 대한 관리는 수출 또는 수입에 대한 직접규제방식으로서 개별품목의 수출입제한여부에 대한 종합관리체제이다. 따라서 수출 또는 수입을 하려는 자는 해당품목의 수출, 수입승인이전에 해당품목의 수출입이 규제되는지의 여부에 대하여 사전에 점검한 후 만일 동품목이 규제조치에 해당할 경우 이 규제를 해제할 수 있는 요건을 갖추어야 적법하게 수출입할 수 있다.

● 품목관리체계

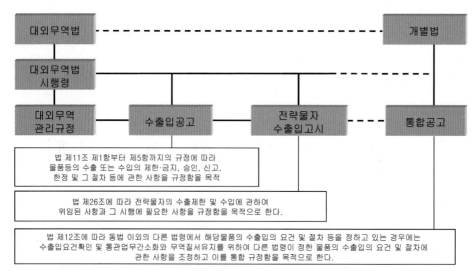

수출입품목에 대한 관리는 수출입공고를 통하여 이루어진다. 수출입품목관리의 공고체계는 「대외무역법」에 근거한 수출입공고 및 전략물자수출입고시, 그리고 개별법에 따른 제한내용을 취합해서 공고하는 통합공고로 이루어져 있다.

물품등의 수출 또는 수입과 관련한 품목관리공고 중 「대외무역법」에 따른 수출입공고는 경제정책목표의 달성을 위한 규제라 할 수 있다. 그러나 통합공고는 경제외적 목적을 달성하기 위한 공고이므로, 통합공고상의 수입규제는 WTO규정에서도 용인된다.

2. 수출입공고

수출입공고란 산업통상자원부장관이 승인대상물품등의 품목별 수량·금액·규격 및 수출 또는 수입지역 등의 한정 등 물품등의 수출 또는 수입의 제한 및 절차 등을 정하여 공고하는 것으로서, 수출입품목관리를 위한 기본공고라고 할 수 있다. 한편, 2002년 1월 1일부터는 수출입별도공고를 폐지하고 수출입별도공고상의 제한내용을 수출입공고로 통폐합하였다.

수출입공고에는 ㉮ 헌법에 의하여 체결·공포된 조약이나 일반적으로 승인된 국제법규상의 의무이행을 위하여 산업통상자원부장관이 지정·고시하는 물품등, ㉯ 생물자원보호를 위하여 산업통상자원부장관이 지정·고시하는 물품등, ㉰ 교역상대국과의 경제협력증진을 위하여 산업통상자원부장관이 지정·고시하는 물품등, ㉱ 방위산업용 원료·기재, 항공기 및 동 부분품 기타 원활한 물자수급·과학기술의 발전 및 통상·산업정책상 필요하다고 인정하여 산업통상자원부장관이 해당품목을 관장하는 관계행정기관의 장과 협의를 거쳐 지정·고시하는 물품등이 포함된다. 이와 같이 산업통상자원부장관이 지정·고시하는 물품등을 수출 또는 수입하려는 자는 수출입승인기관의 장으로부터 수출입승인을 받아야만 수출입이 가능하게 된다.

그리고 수출입공고와 통합공고는 상호독립적이므로 수출입공고에서 제한품목이 아니라 할지라도 통합공고에서 수출입을 제한하고 있는 경우에는 이를 배제할 수 없다. 즉, 양공고체계에 따른 제한내용을 동시에 충족해야 한다.

3. 전략물자 수출입고시

전략물자수출입고시란 산업통상자원부장관이 품목 및 규격, 수출이 제한되는 지역, 수출허가 및 수입증명서의 발급에 관한 절차, 기타 수출 및 수입에 관한 사항 등 전략물자의 수출제한 및 수입에 관하여 위임된 사항과 그 시행에 관하여 필요한 사항 등을 관계중앙행정기관의 장과 협의를 거친 후 정하여 공고하는 것이다. 따라서 산업통상자원부장관이 국제평화 및 안정유지, 국가안보를 위하여 필요하다고 인정하여 관계중앙행기관의 장과 협의를 거친 후 이를 정하여 전략물자수출입고시를 통하여 고시하는 물품, 즉 전략물자를 수출하려는 자는 전략물자의 유형에 따라 산업통상자원부장관, 원자력안전위원회 위원장 또는 방위사업청장으로부터 허가를 받아야만 수출이 가능하게 된다.

4. 통합공고

통합공고란 산업통상자원부장관이 수출·수입요령의 제정 또는 개정내용을 관계행정기관의 장으로부터 제출받아 그 수출·수입요령을 통합하여 공고하는 것으로서, 「대외무역법」 제12조에 따라 「대외무역법」 외의 다른 법령에 해당물품에 대한 수출입의 요건 및 절차 등을 정하고 있는 경우에 수출입요건 확인 및 통관업무의 간소화와 무역질서유지를 위하여 다른 법령이 정한 물품의 수출 또는 수입의 요건 및 절차에 관한 사항을 조정하고 이를 통합하여 규정함을 목적으로 한다. 통합공고에는 수입물량규제보다는 품질검사, 형식승인 등 절차상의 요건확인을 통한 규제가 대부분이다.

수출입공고에서는 수출입을 제한하고 있지 않는 품목이라도 공중도덕보호, 국민보건 및 안전보호, 사회질서유지, 문화재보호, 환경보호 등을 위하여 해당품목을 관장하는 61개 개별법1)에서 수출입을 제한하고 있는 경우에는 동 개별법상의 제한요건을

---

1) 통합공고상에서 해당물품의 수출입요건 및 절차 등을 통합하여 규정할 법령은 다음과 같다(통합공고 제3조). 1. 약사법, 2. 마약류관리에 관한 법률, 3. 화장품법, 4. 식품위생법, 5. 검역법, 6. 화학물질 관리법, 7. 화학물질의 등록 및 평가 등에 관한 법률, 8. 양곡관리법, 9. 비료관리법, 10. 농약관리법, 11. 가축전염병예방법, 12. 식물방역법, 13. 종자산업법, 14. 축산법, 15. 품질경영및공산품안전관리법, 16. 전기용품안전관리법, 17. 계량에관한법률, 18. 석유및석유대체연료사업법, 19. 원자력안전법, 20. 전파법, 21. 야생생물 보호 및 관리에 관한 법률, 22. 폐기물의 국가간 이동 및 그 처리에 관한 법률, 23. 대기환경보전법, 24. 소음·진동관리법, 25. 자동차관리법, 26. 산업안전보건법, 27. 오존층보호를 위한 특정물질의 제조규정 등에 관한 법률, 28. 건설기계관리법, 29. 먹는물관리법, 30. 자원의 절약과 재활용촉진에 관한 법률, 31. 화학무기·생물무기의 금지와 특정화학물질·생물작용제 등의 제조·수출입 규제 등에 관한 법률, 32. 축산물 위생관리법, 33. 건강기능식품에 관한 법률, 34. 농수산물품질관리법, 35. 방위사업법, 36. 수산업법, 37. 고압가스안전관리법, 38. 영화 및 비디오물의 진흥에 관한 법률, 39. 게임산업진흥에 관한 법률, 40. 음악산업진흥에 관한 법률, 41. 하수도법, 42. 주세법, 43. 지방세법, 44. 총포·도검·화약류 등의 안전관리에 관한 법률, 45. 출판및인쇄진흥법, 46. 의료기기법, 47. 인체조직안전및관리등에 관한 법률, 48. 수산생물질병 관리법, 49. 사료관리법, 50. 생물다양성 보전 및 이용에 관한 법률, 51. 폐기물관리법, 52. 전기·전자제품 및 자동차의 자원순환에관한 법률, 53. 액화석유의 안전관리 및 사업법, 54. 목재의 지속가능한 이용에 관한 법률, 55. 농수산생명자원의 보존·관리 및 이용에 관한 법률, 56. 기타 특정물품의 수출입절차 또는 요령을 정한 법률 및 국제협약, 57. 수입식품안전관리특별법, 58. 어린이제품안전특별법, 59. 위생용품 관리법, 60. 에너지이용 합리화법, 61. 잔류성유

충족해야만 수출입할 수 있다. 즉, 통합공고상의 요건확인품목이라 하더라도, 수출입 공고상의 제한품목이 아니면 수출입승인대상에 포함되지 않는다. 이러한 경우에는 해당 개별법에서 정하고 있는 요건확인을 받은 후 세관에 수출입신고하여 수출입을 이행하면 된다.

II. 수출입공고상의 품목관리

1. 수출입공고상의 품목분류방식

수출입공고상의 품목분류는 1971년까지는 SITC(Standard International Trade Classification) 방식이 사용되었으며, 1971년도 상반기부터 BTN(Brussels Tariff Nomenclature)방식이 사용되어 오다가, 1976년에 BTN의 명칭이 CCCN(Customs Cooperation Council Nomenclature) 으로 변경됨으로써 1977년 상반기부터는 CCCN방식을 사용하였으나, 1983년에 HS협약이 채택되고 1987년에 HS협약이 발효됨에 따라, 1988년 1월 1일부터 현재까지 HS(Harmonized System)방식을 채택·사용하고 있다.

HS(Harmonized Commodity Description and Coding System; Harmonized System; 국제 통일상품분류제도; 조화제도)는 CCCN에 비하여 무역통계의 수집·비교·분석을 용이하게 하고 국제교섭에 필요한 정확하고 비교 가능한 데이터수집을 용이하게 하여 원활한 국제무역을 증진시킬 수 있다고 인정되어 1988년부터 우리나라(1988년 1월 1일부터 이를 채택·시행)를 비롯한 세계의 주요 무역국가들이 이 분류방식을 채택·시행하고 있다.[2] 우리나라에서 HSK(Harmonized System of Korea)를 사용하고 있는데, 이것은 HS협약에 따른 HS품목분류표 6단위 코드를 국제적 필요에 의해 10단위로 세분화한 관세·통계통합품목분류표로서 기획재정부고시로 운용중이다.

기오염물질 관리법

[2] HS협약은 관세협력이사회(CCC)가 품목분류를 통일하여 국제무역을 증진시킬 목적으로 제정한 국제적인 통일품목분류체계로서 HS협약체약국 103개국을 포함한 전세계 170여개국이 사용중이며, 우리나라는 현재 10단위 11,176개(6단위 5,113개)로 운영중이다.

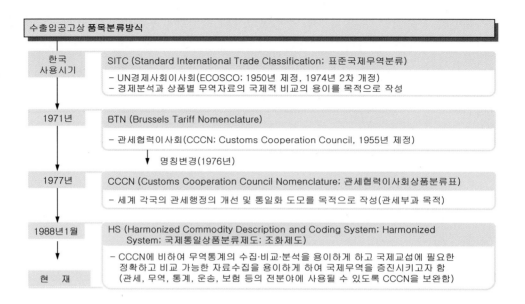

수출입공고상 **품목분류방식**	
한국 사용시기	**SITC (Standard International Trade Classification; 표준국제무역분류)**
	– UN경제사회이사회(ECOSCO; 1950년 제정, 1974년 2차 개정) – 경제분석과 상품별 무역자료의 국제적 비교의 용이를 목적으로 작성
1971년	**BTN (Brussels Tariff Nomenclature)**
	– 관세협력이사회(CCCN; Customs Cooperation Council, 1955년 제정)
	명칭변경(1976년)
1977년	**CCCN (Customs Cooperation Council Nomenclature; 관세협력이사회상품분류표)**
	– 세계 각국의 관세행정의 개선 및 통일화 도모를 목적으로 작성(관세부과 목적)
1988년1월	**HS (Harmonized Commodity Description and Coding System; Harmonized System; 국제통일상품분류제도; 조화제도)**
현 재	– CCCN에 비하여 무역통계의 수집·비교·분석을 용이하게 하고 국제교섭에 필요한 정확하고 비교 가능한 자료수집을 용이하게 하여 국제무역을 증진시키고자 함 (관세, 무역, 통계, 운송, 보험 등의 전분야에 사용될 수 있도록 CCCN을 보완함)

2. 수출입공고상의 품목표시방법

우리나라는 GATT에 가입(1967년 4월)하면서 1967년 7월 25일부터 수출입품목관리체계를 허용품목 표시제(Positive List System)에서 불허품목 표시제(Nagative List System)로 전환하였다. 따라서 품목별로 수출입을 금지하거나 제한하고 있지 않으면 자유롭게 수출입할 수 있다.

허용품목 표시제(Positive List System)는 자국의 산업보호 등을 위하여 수출입공고에 수출 또는 수입이 허용되는 품목만을 표시하고 여기에 표시되지 않은 기타의 품목은 원칙적으로 수출 또는 수입이 제한 또는 금지되도록 하는 수출입공고의 품목표시방법이다.

불허품목 표시제(Negative List System)는 수출입공고에 수출 또는 수입의 제한 내지 금지품목만으로 표시하고 여기에 표시되지 않은 기타 품목은 수출 또는 수입이 허용되도록 하는 수출입공고의 품목표시방법이다.

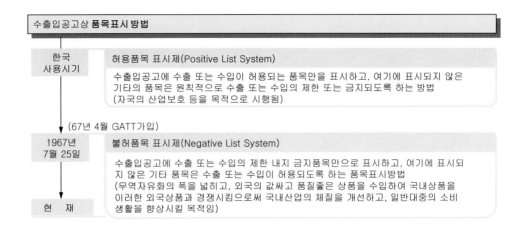

수출입공고상 **품목표시 방법**	
한국 사용시기	허용품목 표시제(Positive List System)
	수출입공고에 수출 또는 수입이 허용되는 품목만을 표시하고, 여기에 표시되지 않은 기타의 품목은 원칙적으로 수출 또는 수입의 제한 또는 금지되도록 하는 방법 (자국의 산업보호 등을 목적으로 시행됨)
(67년 4월 GATT가입)	
1967년 7월 25일	불허품목 표시제(Negative List System)
	수출입공고에 수출 또는 수입의 제한 내지 금지품목만으로 표시하고, 여기에 표시되지 않은 기타 품목은 수출 또는 수입이 허용되도록 하는 품목표시방법 (무역자유화의 폭을 넓히고, 외국의 값싸고 품질좋은 상품을 수입하여 국내상품을 이러한 외국상품과 경쟁시킴으로써 국내산업의 체질을 개선하고, 일반대중의 소비생활을 향상시킬 목적임)
현 재	

3. 수출입공고상의 품목관리

2019년 현재 수출입공고상의 품목은 수출금지품목, 수출제한품목(수출승인품목) 및 수입제한품목(수입승인품목)으로 분류되어 있으며,[3] 수출금지품목은 별표 1에, 수출제한품목은 별표 2에, 수입제한품목은 별표 3에 각각 그 금지 및 제한되는 품목이 게기되어 있다.

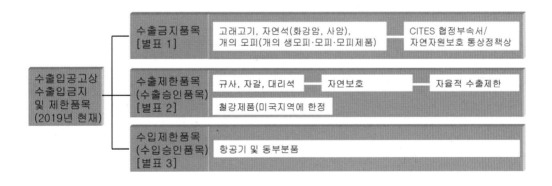

수출입공고상 수출금지 및 제한품목 (2019년 현재)	수출금지품목 [별표 1]	고래고기, 자연석(화강암, 사암), 개의 모피(개의 생모피·모피·모피제품)	CITES 협정부속서/ 자연자원보호 통상정책상
	수출제한품목 (수출승인품목) [별표 2]	규사, 자갈, 대리석 ─ 자연보호 ─ 자율적 수출제한	
		철강제품(미국지역에 한정)	
	수입제한품목 (수입승인품목) [별표 3]	항공기 및 동부분품	

---

3) 1997년 이전까지의 수출입공고상의 품목은 금지품목(Prohibited Item), 제한승인품목(Restricted Approval Item), 자동승인품목(Automatic Approval Item)으로 구분되어 있었으나, 1997년 대외무역법 개정시부터는 자동승인품목, 제한승인품목이라는 명칭은 사용하지 않고 있다.

[수출입공고 별표 1]**수출금지품목**

H S	품 목	수 출 요 령
0208 40 : (생 략)	기타의 육과 식용설육(신선·냉장 또는 냉동한 것에 한한다) 고래, 돌고래류(고래목의 포유동물) 및 바다소(바다소목의 포유동물)의 것 : (생 략)	다음의 것은 수출할 수 없음. ① 고래고기 : (생 략)

[수출입공고 별표 2]**수출제한품목**

H S	품 목	수 출 요 령
2505 10 90 : (생 략)	천연모래(착색된 것인지의 여부를 불문하며, 제26류의 금속을 함유하는 모래를 제외한다) 규 사 기 타 : (생 략)	다음의 것은 한국골재협회의 승인을 받아 수출할 수 있음. ① 규산분(SiO$_2$)이 90% 이하의 것 : (생 략)

[수출입공고 별표 3]**수입제한품목**

H S	품 목	수 입 요 령
3920.99.1000 4011.30.0000 : (생 략)	플라스틱제의 기타 판, 쉬트, 필름, 박 또는 스트립(셀룰라가 아닌 것으로서 기타 재료로 보강, 적층, 지지 또는 이와 유사하게 결합되지 아니하는 것) 중 항공기용의 것 고무제의 공기타이어(신품) 중 항공기용의 것 : (생 략)	한국항공우주산업진흥협회의 승인을 받아 수입할 수 있음 : (생 략)

제2절 수출입승인

I. 수출입승인의 개요

1. 수출입승인의 의의

수출입승인이란 대금결제사항이 제외된 상태로 수출입공고에 의해 수출입이 제한되는 물품등을 수출입이 가능하게 되도록 허가하여 주는 절차라고 할 수 있다. 즉, 수출입승인은 상대적 금지에서만 가능한 것이며 절대적 금지(국가의 기밀을 누설하는 물품, 유가증권 위조, 국헌을 문란하게 하는 물품 등)는 어떠한 경우에도 수출입승인을 할 수 없다.

결과적으로 수출입승인은 수출입이 제한되는 물품만을 그 대상으로 하는 것이므로 수출입이 제한되지 않는 대부분의 품목에 대하여는 사전에 승인을 받지 않고 무역거래자가 자기책임하에 자유롭게 수출입을 이행한다.

2. 수출입승인의 대상물품 및 승인기관

수출입승인대상물품은 산업통상자원부장관이 헌법에 의하여 체결·공포된 조약과 일반적으로 승인된 국제법규에 따른 의무의 이행, 생물자원의 보호 등을 위하여 지정하는 물품으로서, 수출입승인면제대상물품, 중계무역물품, 외국인수수입물품, 외국인도수출물품, 선용품4)을 제외한 ① 수출입공고상의 제한품목 ② 수출입공고상의 제한품목을 외화획득용 원료·기재로 수입하는 물품을 말한다. 현행 수출입공고에 따른 수출 또는 수입승인대상물품 및 그 승인기관은 다음의 표와 같다.

---

4) "선용품"이란 음료, 식품, 연료, 소모품, 밧줄, 수리용예비부분품 및 부속품, 집기 이와 유사한 물품으로서 해당 선박에서만 사용되는 것을 말하고, "기용품"이란 선용품에 준하는 물품으로서 해당 항공기에서만 사용되는 것을 말한다(관세법 제2조 제9호 및 제10호).

● 수출승인기관(2019년 현재)

수출제한품목(수출승인대상물품)			수 출 승 인 기 관
HS류별	품 목 코 드	품 목	
25류	2505, 2517	규사, 자갈, 대리석	한국골재협회
72류	7206~7229	철강제품	한국철강협회 (미국지역에 한정)
73류	7301, 7302, 7304, 7305		

수입제한품목(수입승인대상물품)			수 입 승 인 기 관
HS류별	품 목 코 드	품 목	
39류	3920	항공기 및 동부분품	한국항공우주산업진흥협회
40류	4011~013, 4016		
70류	7007		
84류	8407, 8409, 8411~8414, 8421, 8466, 8483		
85류	8511, 8526, 8544		
88류	8801, 8802		
90류	9014, 9032		
94류	9401		

II. 수출입승인의 내용

수출입승인대상물품을 수출입하려는 자는 물품등의 수출·수입의 승인을 얻기 위하여 수출입승인기관의 장에게 신청하여야 하며, 신청을 받은 수출입승인기관의 장은 수출입승인요건에 충족된다면 그 승인의 유효기간(원칙적으로 1년)을 정하여 수출입을 승인하여야 한다. 수출입승인의 신청 및 승인에 대하여는 다음의 표에 구체적으로 설명되어 있다.

● 수출입승인

수출입승인 대상물품등	① 헌법에 따라 체결·공포된 조약이나 일반적으로 승인된 국제법규에 따른 의무를 이행하기 위하여 산업통상자원부장관이 지정·고시하는 물품등 ② 생물자원을 보호하기 위하여 산업통상자원부장관이 지정·고시하는 물품등 ③ 교역상대국과의 경제협력을 증진하기 위하여 산업통상자원부장관이 지정·고시하는 물품등 ④ 방위산업용 원료·기재, 항공기 및 그 부분품, 그 밖에 원활한 물자 수급과 과학기술의 발전 및 통상·산업정책상 필요하다고 인정하여 산업통상자원부장관이 해당 품목을 관장하는 관계 행정기관의 장과 협의를 거쳐 지정·고시하는 물품등		수출입 공고
수출입승인 기관	수출입공고에서 산업통상자원부장관이 지정·고시한 기관·단체의 장		
수출입승인 신청서류	① 수출입승인신청서 4부[업체용, 세관용, 승인기관용(산업통상자원부용) 및 사본(신청자가 신청한 경우에 한한다)] ② 수출신용장·수출계약서 또는 주문서(수출의 경우) ③ 수입계약서 또는 물품등매도확약서(수입의 경우) ④ 수출 또는 수입대행계약서(공급자와 수출자가 다른 경우 및 실수요자와 수입자가 다른 경우) ⑤ 수출입공고에서 규정한 요건을 충족하는 서류(단, 해당 승인기관에서 승인요건의 충족여부를 확인할 수 있는 경우 제외)		
수출입승인 요건	수출입하려는 자	승인을 받을 수 있는 자격이 있는 자일 것	
	수출입하려는 물품등	수출입공고 및 이 규정에 따른 승인요건을 충족한 물품등일 것	
	수출입하려는 물품등의 품목 분류번호	품목분류번호(HS)의 적용이 적정할 것	
수출입승인 서 발급	수출입승인요건에 합당한 경우	수출입승인기관이 수출입승인서 발급(단, 수출입물품등을 분할하여 발급 가능)	
기타 수출입승인	2이상의 수출입 승인	각각 독립적 승인을 받아야 함(두번째 이후 승인기관의 장은 수출입승인서상 여백에 승인사항 표시)	
	전략물자의 수출허가 플랜트수출의 승인	전략물자수출허가, 상황허가 또는 플랜트수출승인을 받은 자는 수출승인을 받은 것으로 간주	
수출입승인 유효기간	원칙	1년(대통령령으로 정하는 바에 따라 1년을 초과하지 않는 범위에서 산업부장관의 승인을 받아 연장 가능)	
	예외	다음의 어느 하나에 해당하는 경우 해당 물품등의 수출이나 수입 승인의 유효기간을 1년 미만으로 하거나 최장 2년의 범위에서 설정 가능[다만, 전략물자의 수출허가의 유효기간이 2년을 초과하는 경우에는 그 기간까지 수출 승인의 유효기간을 정할 수 있다]	
		① 국내의 물가안정이나 수급 조정을 위하여 수출 또는 수입 승인의 유효기간을 1년 보다 단축할 필요가 있는 경우 ② 수출입계약 체결 후 물품등의 제조·가공 기간이 1년을 초과하는 경우 ③ 수출입계약 체결 후 물품등이 1년 이내에 선적되거나 도착하기 어려운 경우 ④ 위의 ①부터 ③까지의 규정 외에 수출입 물품등의 인도 조건 및 거래의 특성을 고려하여 수출 또는 수입 승인의 유효기간을 1년보다 단축하거나 늘릴 필요가 있다고 인정되는 경우	
수출입승인 위반	승인대상물품등을 승인 또는 변경승인을 받지 않거나 거짓이나 그 밖의 부정한 방법으로 승인 또는 변경승인을 받거나 그 승인 또는 변경승인을 면제받고 물품등을 수출 또는 수입한 자: 3년 이하의 징역 또는 3천만원 이하의 벌금		

한편, 수출입승인을 받은 내용 중에서 변경이 일어나는 경우에는 승인사항의 경중에 따라 변경승인대상과 신고대상으로 나누어 각각 변경승인이나 신고를 하여야 한다. 수출입승인상의 변경승인 및 신고대상, 변경승인신청, 변경승인요건 및 확인에 대하여는 다음의 표에 구체적으로 설명되어 있다.

● 수출입 승인사항의 변경

변경승인대상	중요한 사항	• 물품등의 수량·가격 • 수출입당사자에 관한 사항(당사자의 변경은 파산 등 불가피한 경우에 신청한 것일 것)
변경신고대상	경미한 사항	• 원산지·도착항(수출의 경우)·규격 • 수출입 물품등의 용도(승인용도가 지정된 경우) • 승인조건
변경승인기관	당초 승인한 기관의 장	
변경승인 신청기간	원 칙	수출입승인의 유효기간내
	예 외	수입의 경우 수입대금을 지급하고 선적서류를 인수한 후 수입승인사항의 변경은 유효기간경과후에도 가능
변경승인 신청서류	① 당초 승인을 받은 수출입승인서 또는 수출입승인사항변경승인·신고신청서 ② 변경사실을 증명하는 서류	
변경승인요건	① 수출입승인을 받은 후에 수출입공고에서 수출·수입을 제한하는 사항이 추가된 품목으로서 관계기관의 장의 허가 등을 추가로 요하는 품목일 때에는 그 허가 등을 받았을 것 ② 수출물품등의 단가를 인하하거나 수입물품등의 단가를 인상하는 내용의 수출 또는 수입 승인사항의 변경은 다음의 어느 하나에 해당하는 경우일 것 　㉮ 거래상대방의 파산 또는 지급거절 등이 현지의 거래은행, 상공회의소 또는 공공기관에 의하여 객관적으로 확인되는 경우에 수출물품등을 제3자에게 전매하는 경우 　㉯ 물품등의 성질과 국제거래관행상 승인시점에 단가를 확정할 수 없는 경우 　㉰ 그밖에 급격한 시장상황의 변화등 변경사유가 불가피하다고 인정되는 경우 ③ 변경하려는 내용이 수출신용장, 수출입계약서, 주문서, 물품등매도확약서 등에 명시되어 있을 것. 다만, 수출신용장 등에 명시를 요하지 아니하는 경미한 사항일 경우에는 그러하지 아니하다. ④ 수출대상국가의 변경은 수출제한 사유 등을 고려할 때 타국으로 변경하여도 지장이 없을 것	

III. 수출입승인의 면제

수출입승인대상물품등을 수출입하려는 자는 수출입승인기관으로부터 수출입승인을 받아야만 수출입 할 수 있다. 그러나 소액거래품, 거래의 성질, 외교상의 이유, 출입국인의 휴대물품 등의 특수성 때문에 수출입절차의 간편, 신속과 편의를 도모해 주기 위하여 무역관리의 완화 내지 그 적용상의 특례를 인정할 필요가 있다. 즉, 긴급을 요하는 물품등 기타 수출 또는 수입절차를 간소화하기 위한 물품 등의 수출 또는 수입에 대하여는 수출입승인을 받지 않고 수출입할 수 있다. 이와 같이 수출입승인이 면제되는 수출입의 범위에 대하여 수출승인과 수입승인의 면제대상으로 나누어 살펴보면 다음의 표와 같다.[5]

● 수출입승인의 면제대상물품

수출승인 면제대상물품	① 외교관 기타 산업통상자원부장관이 정하는 자의 특정물품 ② 긴급을 요하는 물품 ③ 무역거래를 원활히 하기 위하여 수출하는 물품등 ④ 무상으로 수출하는 물품 등 ⑤ 특정지역에 대하여 수출하는 물품 등 ⑥ 공공성을 가지는 물품 등 ⑦ 기타 상행위 이외의 목적으로 수출하는 물품 ⑧ 해외이주자의 해외이주시 반출하는 물품
수입승인 면제대상물품	① 외교관 기타 산업통상자원부장관이 정하는 자의 특정물품 ② 긴급을 요하는 물품 ③ 무역거래를 원활히 하기 위하여 수입하는 물품등 ④ 무상으로 수입하는 물품 등 ⑤ 특정지역으로부터 수입하는 물품 등 ⑥ 공공성을 가지는 물품 등 ⑦ 기타 상행위 이외의 목적으로 수입하는 물품 ⑧ 외국환거래가 수반되지 아니하는 물품

---

5) 수출입승인면제대상물품에 대하여는 대외무역관리규정 별표 3과 별표 4에 상세하게 열거되어 있다.

수출입승인(신청)서
Export-Import License(Application)

처리기간 : 1일
Handling Time : 1 Day

① 수출입자 (Ex-Importer)	무역업신고번호 (Trade Business Code)			⑥ 신용장 또는 계약서번호 (L/C or Contract No.)		
상호, 주소, 성명 (Name of Firm, Address, Name of Rep.)						
(서명 또는 인) (Signature)						
② 위탁자 (Requester)	사업자등록번호 (Business No.)		수 출 (Export)	⑦ 금 액 (Total Amount)		
상호, 주소, 성명 (Name of Firm, Address, Name of Rep.)				⑧ 결제기간 (Period of Payment)		
(서명 또는 인) (Signature)				⑨ 가격조건 (Terms of Payment)		
	수 출 (Export)	수 입 (Import)				
③ 원산지 (Origin)			수 입 (Import)	⑩ 금 액 (Total Amount)		
④ 선적항 (Port of Loading)				⑪ 결제기간 (Period of Payment)		
⑤ 도착항 (Port of Dispatch)				⑫ 가격조건 (Terms of Payment)		

수출물품의 명세

⑬ HS부호 (HS Code)	⑭ 품명 및 규격 (Description/Size)	⑮ 단위 및 수량 (Unit/Quantity)	⑯ 단 가 (Unit Price)	⑰ 금 액 (Amount)

수입물품의 명세

⑱ HS부호 (HS Code)	⑲ 품명 및 규격 (Description/Size)	⑳ 단위 및 수량 (Unit/Quantity)	㉑ 단 가 (Unit Price)	㉒ 금 액 (Amount)

㉓ 승인기관 기재란(Remarks to be filled out by an Approval Agency)
㉔ 유효기간(Period of Approval)
㉕ 승인번호(Approval No.)
㉖ 승인기관 관리번호(No. of an Approval Agency)

㉗ 위의 신청사항을 「대외무역법」 제11조제2항 및 동법 시행령 제18조제1항에 따라 승인합니다.
　(The undersigned hereby approves the above-mentioned goods in accordance with Article 14(2) of the Foreign Trade Act and Article 26(1) of the Enforcement Decree of the said Act.)

년　월　일

승인권자　　　(인)

※ 승인기관이 2이상인 경우 ㉓ - ㉖의 기재사항은 이면에 기재하도록 합니다.
※ 이 서식에 따른 승인과는 별도로 대금결제에 관한 사항에 대하여는 외국환거래법령이 정하는 바에 따라야 합니다.

2812-281-01811민
'98.1.12. 승인

210mm × 297mm
일반용지 60g/㎡

제3절 수출입요건확인

Ⅰ. 수출입요건확인의 개요

수출입업자는 물품을 수출 또는 수입하기 전에 그 수출입대상물품이 통합공고에 따른 요건확인품목인 경우에는 요건확인기관에 수출입요건확인을 신청하여 요건확인을 받아야 한다. 그러나 요건확인품목인 아닌 경우에는 요건확인을 받을 필요가 없으므로 요건확인은 필요한 경우에만 받게 되어 있다.

1. 수출입요건확인의 의의

요건확인은 통합공고에 의하여 수출입이 제한되는 물품등을 수출입이 가능하게 되도록 허가하여 주는 절차로서, 수출입요건확인기관이 통합공고상의 61개 개별법에 의하여 수출입이 제한되는 물품인 요건확인품목에 대하여 수출입 통관전후에 허가, 추천, 신고, 검사, 검정, 시험방법, 형식승인 등을 행하는 것을 말한다.

(1) 수출입요건확인의 대상품목

수출입요건확인의 대상은 통합공고상의 별표 1(수출요령)과 별표 2(수입요령)에서 제한되는 품목인 수출입요건확인품목과 별도규정품목이다.

① 요건확인품목: 수출입요령에서 주무부처의 장 또는 관련단체의 장으로부터 허가, 추천, 신고, 검사, 검정, 시험방법, 형식승인 등을 받도록 한 물품을 말한다(통합공고 제2조).

② 별도규정품목: 통합공고 별표 1, 2의 수출입요령에 게기되지 않은 경우라도 수출입의 요건확인이 필요한 품목으로서, 통합공고 제8조에 규정되어 있는 마약 및 향정신성의약품, 대마, 마약류의 원료물질, 식품류, 검역물품, 통관제한품목, 보호문화재, 방산물자, 농약 또는 원제, 화학물질(화학물질확인명세서제출대상화학물질, 등록대상화학물질, 등록면제대상화학물질), 유독물질, 제한금지물질, 이식용 수산생물 검역물품, 축산물류, 중국·베트남·유럽연합 및 러시아 등지로 수출하고자 하는 수산물, 건강기능식품, 수입금지물건 및 수산생물 검역물품, 미국에 수출하고자 하는 패류, 식물검역대상물품, 국제적 멸종위기종, 위생용품, 잔류성오염물질 등이다.

(2) 수출입요건확인의 면제대상품목

수출입요건확인의 면제대상은 통합공고상의 요건면제물품이다. 즉, "요건면제물품"이란 수출입시 통합공고 또는 통합공고상의 61개 개별법(제3조 제1항의 법령)에 따라 수출입 요건 및 절차의 적용이 면제되는 물품을 말한다(통합공고 제2조).

(3) 수출입요건확인의 불필요품목

통합공고 제6조 제1항에 의하면, 통합공고상의 별표 1, 2에서 요건확인품목으로 게기되지 아니한 물품 또는 대상품목의 지정이 용도기준으로 된 경우에 해당 용도 이외의 물품은 제8조에 별도로 정한 물품, 대외무역관리규정 및 수출입공고 등에서 다른 규정이 없는 한 요건확인의 절차를 거치지 아니한다. 다만, 요건확인 대상물품의 지정이 용도기준인지 여부가 불명확한 경우에는 산업통상자원부장관이 주무부처의 장 및 관세청장과 협의하여 결정한다.

2. 수출입요건의 확인기관 및 면제확인기관

(1) 수출입요건확인기관

통합공고 제2조에 따르면, "수출입요건확인기관"이란 수출입 통관전후에 허가, 추천, 신고, 검사, 검정, 시험방법, 형식승인 등의 수출입을 위한 요건 확인서를 발급하는 주무부처 또는 관련단체를 말한다.

(2) 수출입요건면제확인기관

통합공고 제2조에 따르면, "요건면제확인기관"이란 통합공고 및 통합공고상의 61개 개별법(제3조 제1항의 법령)에 따라 관계행정기관의 장이 별표 2에 규정된 수입요령의 적용면제를 확인하도록 지정한 기관을 말한다. 다만, 요건면제확인기관이 별도로 지정되지 아니한 경우에는 해당물품의 요건확인기관을 요건면제확인기관으로 본다.

3. 요건확인의 신청

통합공고 제11조에 따르면, 이 고시가 정한 요건확인품목의 수출입을 위해 요건확인기관에 제출해야 할 구비서류는 다음과 같다. 다만, 무역정책상 필요에 의해 전부 또는 일부를 전자문서로 제출할 수 있으며, 일부를 추가하거나 생략할 수 있다.

공 통 구 비 서 류	관련법령에 따른 서류
1. 수출입 요건확인신청서 또는 표준통관예정정보고서 각 3부 2. 수입계약서 또는 물품매도확약서 사본1부(수입의 경우) 3. 수출신용장 또는 수출계약서 사본1부(수출의 경우) 4. 수출입 대행계약서 사본 1부(수출입대행시에 한함)	1. 해당품목에 적용되는 법령 및 이 고시의 품목별 수출입요령에 게기된 요건 및 절차에 관련된 서류 등

Ⅱ. 수출입의 요건면제

1. 요건면제수출입의 요건면제

통합공고에 따른 요건확인 품목이라도 ① 외화획득용 원료·기재의 수입물품, ②

중계무역물품, 외국인수수입물품, 외국인도수출물품, 선(기)용품, ③ 「대외무역법 시행령」 제19조에 따른 사유에 해당하는 경우, ④ 통합공고상의 61개 개별법에서 요건확인 면제 사유에 해당하는 경우의 하나에 해당하는 경우에는 이 고시가 정한 요건 및 절차를 거치지 아니하고 수출입할 수 있다.[6]

2. 요건면제수입확인의 신청

(1) 수출용 요건면제물품의 수입신청

통합공고 제13조에 따르면, 요건면제조건이 수출용인 물품을 수입하려는 자는 별지 제1호 서식에 따른 요건면제수입확인신청서[업체용, 요건면제확인기관용, 세관용 및 사본(신청자가 신청한 경우에 한함)]에 요건면제확인기관의 장의 확인을 받아야 한다.

(2) 수출용 이외의 요건면제물품의 수입신청

수출용 이외의 요건면제물품을 수입하려는 자는 요건 면제수입확인신청서[업체용, 요건확인기관용, 세관용 및 사본(신청자가 신청한 경우에 한함)]에 다음의 서류를 첨부하여 요건면제확인기관의 장에게 신청하여야 한다.
① 수입계약서 또는 물품매도확약서
② 요건면제사유에 해당함을 증명할 수 있는 서류

3. 요건면제수입확인서의 발급

요건면제확인기관의 장은 요건면제수입확인 신청이 요건면제사유에 해당하는 경우 요건면제수입확인서를 발급하여야 하는 바, 수입물품을 분할하여 통관하려는 경우에는 세관용 요건면제수입확인서를 분할하여 발급할 수 있으며, 수출용 원자재의 것으로 동일회사, 동일제품 등을 반복적으로 수입하는 경우에는 요건면제수입확인서를 일괄적으로 발급할 수 있다.

---

[6] 다만, ① 마약류 관리에 관한 법률, ② 식물방역법, ③ 총포·도검·화약류등단속법, ④ 폐기물의 국가간 이동 및 그 처리에 관한법률, ⑤ 오존층 보호를 위한 특정물질의 제조규제 등에 관한 법률, ⑥ 가축전염병예방법, ⑦ 야생동물보호 및 관리에 관한 법률, ⑧ 양곡관리법, ⑨ 약사법(식품의약품안전처장이 지정하는 오·남용우려의약품에 한함. 다만, 자가치료 목적으로 처방전을 세관장에 제출하는 경우에는 그러하지 아니함), ⑩ 화학물질관리법, ⑪ 화학물질의 등록 및 평가 등에 관한 법률, ⑫ 수입식품안전관리 특별법, ⑬ 전기용품안전관리법, ⑭ 수산생물질병 관리법, ⑮ 생물다양성 보전 및 이용에 관한 법률, ⑯ 폐기물 관리법, ⑰ 전기·전자제품 및 자동차의 자원순환에관한 법률, ⑱ 방위사업법, ⑲ 어린이제품안전특별법, ⑳ 위생용품 관리법의 적용을 받는 물품은 그러하지 아니한다; 요건면제 대하여는 통합공고 제12조에 규정되어 있다.

제4절 수출입물품의 확보

Ⅰ. 수출물품확보의 의의

1. 수출물품의 방법

수출신용장을 수취한 수출업자는 수출승인대상물품인 경우에는 수출승인기관으로
부터 수출승인을 받은 후 수출물품을 확보하여야 한다.

수출물품을 확보하는 방법에는 수출업자가 ① 물품공급업자로부터 구매한 수출용
원자재 또는 외화획득용 원료를 가지고 자신의 공장에서 직접 수출물품을 제조·생산
하는 방법, ② 수출물품(수출용 완제품)을 구매하는 방법이 있다.

첫째, 수출업자가 자신의 공장에서 직접 수출물품을 제조·생산하는 경우에는 그
제조·가공에 소요되는 원료(수출용 원자재 또는 외화획득용 원료)를 확보하여야 하

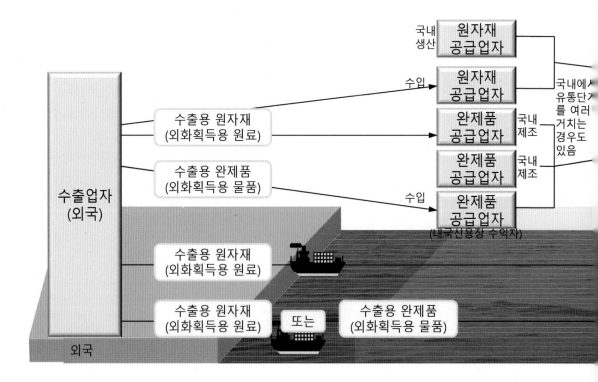

는데, 이러한 원료(원자재)를 확보하는 방법에는 원료를 국내에서 구매하는 방법과 외국에서 구매하는 방법이 있다. 수출업자가 수출물품의 제조·가공에 소요되는 원료 (수출용 원자재 또는 외화획득용 원료)를 국내에서 구매하는 방법에는 무역금융관련 규정상의 내국신용장에 따른 구매방법과 대외무역법령상의 구매확인서에 따른 구매 방법이 있으며, 외국으로부터 수입한 원자재이거나 국내에서 생산된 원자재이거나를 불문하고 수출용 원자재 또는 외화획득용 원료로서 내국신용장 또는 구매확인서에 의하여 구매할 수 있다.

둘째, 수출물품(수출용 완제품)을 구매하는 방법에는 국내에서 구매하는 방법과 외 국에서 구매하는 방법이 있다. 수출물품(수출용 완제품)을 국내에서 구매하는 방법에 는 무역금융관련규정상의 내국신용장에 따른 구매방법과 대외무역법령상의 구매확인 서에 따른 구매방법이 있다. 내국신용장에 따른 구매의 경우에는 국내에서 생산된 수 출용 완제품을 구매하는 경우에만 가능하고, 구매확인서에 따른 구매의 경우에는 외국 으로부터 수입한 완제품이거나 국내에서 생산된 완제품이거나를 불문하고 구매가 가 능하다.

참고로, 내국신용장의 개설 및 구매확인서의 발급의 대상이 되는 물품과 관련하여,

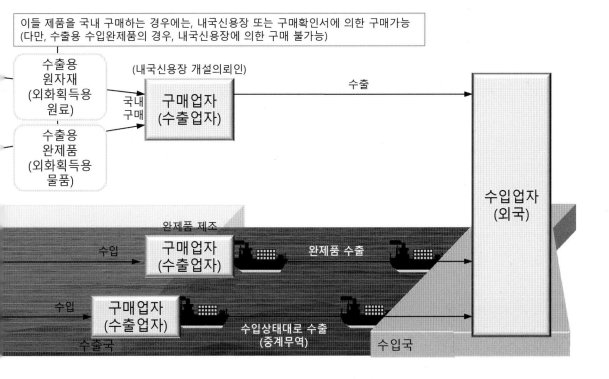

내국신용장의 경우에는 수출용 원자재 또는 수출용 완제품이라고 용어를 사용하고 있고, 구매확인서의 경우에는 외화획득용 원료 또는 외화획득용 물품이라는 용어를 사용하고 있으며, 관세환급의 경우에는 수출용 원재료라는 용어를 사용하고 있다. 내국신용장과 관련된 규정인 무역금융 취급세칙상의 "수출용 원자재 또는 완제품"은 수출할 목적을 가진 물품이라는 점을 강조한 반면, 구매확인서와 관련된 규정인 대외무역법령상의 외화획득용 원료 또는 물품[7]은 외화획득을 목적으로 하는 물품이라는 점을 강조한 것이라고 할 수 있다. 대외무역법령상의 외화획득의 범위에는 수출뿐만 아니라, 군납, 관광, 용역 및 건설의 해외진출 등이 포함되어 있기 때문에 수출만을 강조한 규정과는 약간 다르다고 할 수 있다. 그러나, 이들 용어는 관련된 각각의 규정의 목적에 따라 그 표현을 다르게 한 것이기 때문에 수출을 위한 목적이라는 점에서는 동일한 의미를 가진 의미로 보더라도 무방할 것이다. 즉, 외화획득용 원료는 수출용 원재료 또는 수출용 원자재와 동의어로 사용될 수 있으며, 외화획득용 물품은 수출용 완제품과 동의어로 사용될 수 있다고 생각된다.

한편, 외국환은행에 내국신용장의 개설을 의뢰하거나 구매확인서의 발급을 신청할 수 있는 자는 국내에서 수출용 원자재(외화획득용 원료) 또는 수출용 완제품(외화획득용 물품)을 구매하려는 자이며, 이미 수출용 원자재(외화획득용 원료) 또는 수출용 완제품(외화획득용 물품)을 구매한 자의 경우에는 구매확인서의 발급신청은 가능하지만, 내국신용장의 개설의뢰는 가능하지 않다.[8]

---

7) 대외무역법에서는 외화획득용 원료·기재란 외화획득용 원료, 외화획득용 시설기재 및 외화획득용 제품이라고 규정하면서도, 내국신용장의 개설 및 구매확인서의 발급과 관련하여서는 외화획득용 원료 또는 외화획득용 물품이라는 용어를 사용하고 있고, 외화획득용 제품이라는 용어를 사용하고 있지 않다. 즉, 원료 또는 완제품이 외화획득용으로 사용된다면 그 구매장소가 국내이거나 외국이거나를 불문하고 구매확인서의 발급이 가능하기 때문에 외화획득용 제품이라는 용어대신에 외화획득용 물품이라는 용어를 사용하는 것이 적당하다. 왜냐하면, 대외무역법 시행령 제2조의 규정에 따라, 외화획득용 원료는 외화획득에 제공되는 물품을 생산하는데 필요한 원자재 등을 의미하기 때문에 그 구매장소가 국내이거나 외국이거나를 불문하고 사용될 수 있지만, 외화획득용 제품은 수입한 후 생산과정을 거치지 아니하는 상태로 외화획득에 제공되는 물품을 의미하는 것이므로 외국에서 완제품을 구매하는 경우에는 사용될 수 있는 용어이지만, 국내에서 완제품을 구매하는 경우에는 사용될 수 없기 때문이다. 따라서, 완제품이 물품의 수출 등 외화획득을 위하여 사용되는 경우, 그 완제품이 외국에서 수입되는 경우뿐만 아니라 국내에서 구매되는 경우도 있기 때문에 외화획득용 제품이라는 용어의 사용은 적당하지 않은 것이다.
8) 대외무역관리규정 제36조, 한국은행 금융중개지원대출관련 무역금융지원 프로그램 운용세칙(2014.8.20 개정) 제12조 및 무역금융 프로그램 운용절차(2014.8.28 개정) 제17조.

2. 수출물품의 국내구매

수출용 완제품 및 그 생산에 소요되는 원자재(수출용 원자재 또는 외화획득용 원료)를 국내에서 구매하는 방법에는 무역금융관련규정상의 내국신용장에 따른 구매방법과 대외무역법령상의 구매확인서에 따른 구매방법이 있다.

II. 내국신용장에 따른 구매

1. 내국신용장의 의의

(1) 내국신용장의 개념

내국신용장(Local L/C)은 외국으로부터 수출신용장을 받은 수출업자(신용장기준금융) 또는 과거 수출실적이 있는 수출업자(실적기준금융)가 국내에서 수출용 수입원자재 또는 수출용 원자재를 구매하여 수출물품을 제조한 후 이를 외국에 수출하거나, 또는 수출용 완제품을 구매하여 이를 외국에 수출하려는 경우에, 이들 수출업자의 개설의뢰를 받은 거래외국환은행이 수출용 수입원자재 또는 국내에서 생산된 수출용 원자재나 완제품의 국내공급업자(유통업자 포함)를 수익자로 하여 그 공급업자에게 지급보증하는 국내용 신용장을 말한다. 한편, 수출업자가 아닌 국내의 물품구매업자가 국내의 물품공급업자로부터 수출용 수입원자재, 수출용 원자재 또는 수출용 완제품을 구매하여 이를 또 다른 구매업자에게 공급하는 경우에도 그 구매업자의 개설의뢰를 받은 거래외국환은행은 물품공급업자를 수익자(수혜자)로 하여 내국신용장을 개설할 수 있다.

이 경우, 내국신용장을 개설받은 수익자인 국내의 수출용 원자재 또는 완제품의 공급업자는 해당 내국신용장을 근거로 수출용 원자재 및 완제품을 구매하기 위하여 또 다른 내국신용장의 개설을 신청할 수 있으며, 수익자가 내국신용장에 의하여 공급한 실적은 융자대상수출실적으로 인정된다.[9] 이러한 내국신용장(Local L/C)은 독립추상

---

9) 내국신용장에 관하여는 "한국은행 금융중개지원대출관련 무역금융지원 프로그램 운용세칙(이하, 무역금융 프로그램 운영세칙이라 함)"과 "한국은행 금융중개지원대출관련 무역금융지원 프로그램 운용세칙(이하, 무역금융 프로그램 운용절차라 함)"에 규정되어 있으며, 이들 규정에서는 개설이라는 용어를 사용하고 있다. 따라서, 신용장과 관련하여 보편적으로 사용되고 있는 화환신용장통일규칙에서는 "개설(open)" 대신에 "발행(issue)"이라는 표현을 사용하고 있더라도, "개설(open)"과 "발행(issue)"은 동일한 의미이기 때문에, 본서에서는 내국신용장의 경우 무역금융 취급세칙 및 절차에 규정되어 있는 "개설"이라는 표현을 그대로 사용하고자 한다.

성이 있는 수출신용장(Master L/C)과 동일하지만, 개설의뢰인과 수혜자(수익자)가 모두 국내업자라는 점에서 수출신용장과 다르다.

● 수출신용장과 내국신용장의 비교

구분	수출신용장	내국신용장
거래당사자	외국의 수입업자와 국내의 수출업자간	국내업체간
은행의 지급보증여부	은행의 지급보증	은행의 지급보증
신용장 관계당사자	발행의뢰인, 수익자, 발행은행, 통지은행, 매입은행, 확인은행, 인수은행, 지급은행 등	발행(개설)의뢰인, 수익자(수혜자), 발행(개설)은행, 매입은행, 추심의뢰은행 등
관련법규	국제상업회의소(ICC) 제정, 화환신용장에 관한 통일규칙 및 관례	무역금융관련규정(한국은행 총액한도 대출관련 무역금융 취급세칙 및 절차)
발행신청 및 발행의 방법	-	전자무역기반시설을 이용한 전자무역문서(전자문서교환방식)로만 가능

(2) 내국신용장의 기능

개설의뢰인인 물품구매자로서는 수출용 원자재 또는 완제품을 간편하게 조달할 수 있으며, 내국신용장어음의 결제자금으로 원자재금융 차입 또는 은행의 지급보증이 가능하게 된다. 한편, 수혜자인 물품공급자로서는 물품공급실적을 「대외무역법」상의 수출실적과 일반수출입금융의 융자대상으로 인정받을 수 있으며, 은행이 지급보증하기 때문에 물품공급대금의 회수가 보장되며, 부가가치세 영세율의 적용과 관세환급[10] 등 다양한 혜택을 받을 수 있다.

● 내국신용장의 기능

개설의뢰인(물품구매자)	수혜자(물품공급자)
① 수출용원자재 또는 완제품의 간편 조달 ② 내국신용장 어음의 결제자금으로 원자재금융 차입가능 ③ 은행의 지급보증 가능 ④ 결제자금 부담의 경감 ⑤ 물품확보의 예측	① 「대외무역법」상 수출실적으로 인정 ② 일반수출입금융의 융자대상으로 인정 ③ 은행의 지급보증으로 물품공급 대금의 회수 보장 ④ 부가가치세 영세율 적용 ⑤ 관세환급 가능

---

10) 관세환급은 수출물품의 제조에 소요된 원자재의 수입시에 납부한 관세 등을 이 원자재를 가공하여 생산한 수출물품의 수출시에 수출자 등에게 되돌려 주는 것을 말한다.

2. 내국신용장의 종류

내국신용장은 공급물품에 따라 원자재내국신용장, 완제품내국신용장, 임가공내국신용장으로, 표시통화에 따라 원화표시 외화부기 내국신용장, 외화표시 내국신용장, 원화표시 내국신용장으로, 지급기일에 따라 일람출급 내국신용장과 기한부 내국신용장으로, 기타 전자문서교환방식 내국신용장으로 구분된다.

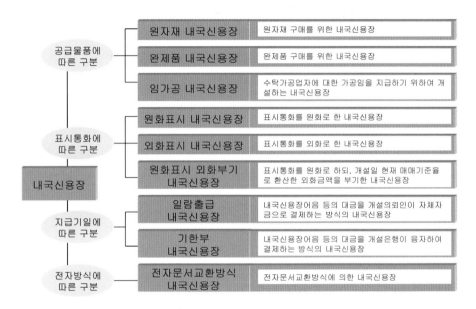

3. 내국신용장의 당사자와 거래절차

(1) 내국신용장의 당사자

(가) 개설의뢰인

개설의뢰인은 해외의 수입업자로부터 수출신용장을 받는 등 융자대상증빙을 보유하고 있거나 또는 과거수출실적을 보유하고 있는 국내의 수출업자로서, 그 수출신용장 및 과거수출실적을 근거로 국내에서 수출용 수입원자재, 수출용 원자재 또는 완제품을 구매하는 자이거나, 또는 이미 국내에서 내국신용장을 개설받은 국내업체로서 그 내국신용장을 근거로 수출용 수입원자재, 수출용 원자재 또는 완제품을 구매하는 자를 말한다.

(나) 개설은행

개설은행은 개설의뢰인인 수출업자 등의 거래은행으로서 개설의뢰인의 요청과 지시에 따라 내국신용장의 수익자에게 내국신용장을 개설하고 그 대금지급을 확약하는 자로서, 개설된 내국신용장에 의하여 정당하게 물품이 공급되었을 때 대금지급의무를 부담하는 은행을 말한다.

(다) 수익자(수혜자)

수익자(수혜자)는 내국신용장의 혜택을 받는 자로서 원신용장의 수익자가 누리는 혜택을 받을 수 있다. 즉, 수익자는 수출용 수입원자재, 수출용 원자재 또는 수출용 완제품의 공급업자로서, 해당 내국신용장의 공급대상물품을 생산하거나 가공할 능력을 가진 국내의 물품공급업자, 다른 국내제조업자로부터 물품을 구매하여 국내공급을 하는 자, 외국의 원자재 공급업자로부터 원자재를 수입하여 국내공급하는 자를 말한다.

(라) 매입은행과 추심의뢰은행

매입은행은 수익자가 내국신용장에 의하여 물품을 공급을 완료한 후 발행한 어음을 매입 또는 추심을 의뢰하는 경우 이를 매입하는 은행을 말하며, 어음을 매입하지 않고 이를 개설은행에 추심의뢰한 후 대금결제가 이루지면 그 때 수익자에게 어음금액을 상환하는 은행을 추심의뢰은행이라고 한다.

(2) 내국신용장의 거래절차

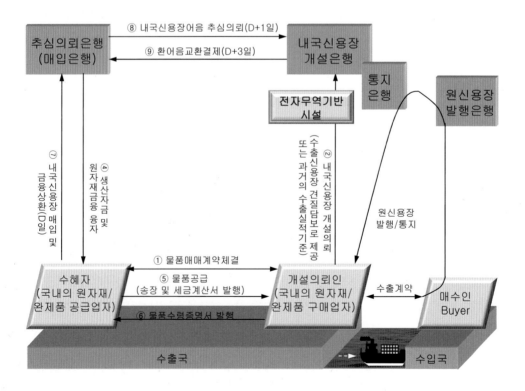

388

① 국내 수출용 원자재 또는 완제품의 구매업자인 내국신용장의 개설의뢰인(통상 수출업자)은 그 원자재 또는 완제품의 공급업자인 내국신용장의 수혜자(수익자)와 물품매매계약을 체결한다.

② 물품구매업자인 수출업자(개설의뢰인)는 자신의 거래외국환은행에 내국신용장의 개설을 의뢰한다. 이 경우, 개설의뢰인은 외국으로부터 받은 수출신용장을 견질담보로 제공하거나(신용장기준금융), 또는 과거 수출실적(실적기준금융)에 따라 내국신용장을 「전자무역 촉진에 관한 법률」에서 정하는 바에 따라 전자무역기반시설을 이용한 전자무역문서(전자문서교환방식)로 개설의뢰한다.

③ 개설은행은 국내의 물품공급업자인 수혜자(수익자)에게 내국신용장의 개설을 전자문서교환방식으로 통지한다.

④ 국내의 물품공급업자(수혜자)는 거래외국환은행(추심의뢰은행)에 생산자금 및 원자재의 무역금융을 신청한다.

⑤ 국내의 물품공급업자(수혜자)는 약정일에 계약물품을 물품구매업자(개설의뢰인)에게 공급하고, 송장과 세금계산서를 발행해 준다.

⑥ 국내의 물품구매업자(개설의뢰인)는 물품공급업자(수혜자)로부터 물품을 공급받고 물품수령증명서를 발급해 준다.

⑦ 국내의 물품공급업자(수혜자)는 거래외국환은행(추심의뢰은행)에게 내국신용장의 매입을 요청하고 무역금융대금을 상환한다.

⑧ 내국신용장의 매입을 요청받은 거래외국환은행(추심의뢰은행)은 내국신용장의 개설은행에 내국신용장의 어음추심을 의뢰한다.

⑨ 내국신용장의 개설은행은 거래외국환은행(추심의뢰은행)에 내국신용장어음을 결제한다. 물론 국내의 물품구매업자(개설의뢰인)는 내국신용장의 개설은행으로부터 물품자금을 융자받고 매입대금을 결제한다.

4. 내국신용장의 취급절차

(1) 내국신용장의 개설

(가) 내국신용장의 개설대상

내국신용장의 개설대상은 다음과 같다. 다만, 내국신용장 개설이전에 이미 물품공급이 완료된 부분에 대하여는 해당 물품대금결제를 의한 내국신용장을 개설할 수 없다.[11]

---

11) 한국은행 금융중개지원대출관련 무역금융지원 프로그램 운용세칙(2014.8.20 개정) 제12조 및 무역금융 프로그램 운용절차(2014.8.28 개정) 제17조.

① 수출업자   외국환은행은 수출용 수입원자재와 국내에서 생산된 수출용원자재 또는 완제품을 구매(임가공위탁을 포함)하고자 하는 업체의 신청을 받아 내국신용장을 개설할 수 있다. 내국신용장의 개설신청과 내국신용장 개설은 「전자무역촉진에 관한 법률」에서 정하는 바에 따라 전자무역기반시설을 이용한 전자무역문서(전자문서교환방식)로 하여야 한다.

② 내국신용장 수혜자   내국신용장 수혜자는 해당 내국신용장을 근거로 수출용 원자재 및 완제품을 구매하기 위하여 또다른 내국신용장의 개설을 의뢰할 수 있다.

③ 임가공위탁업자   수출입업자가 원자재 및 완제품을 임가공계약에 따라 위탁생산하고자 하는 경우 해당 수탁가공업자에 대한 가공임을 지급하기 위하여 내국신용장(이하 "원자재임가공 내국신용장" 및 "완제품임가공 내국신용장"이라 한다)을 개설할 수 있다.

④ 기타   국내업자간의 매매계약에 따라 국외에서 어획물을 수집하여 직접 수출하는 경우라도 동 거래의 특수성에 비추어 내국신용장을 개설할 수 있다. 또한, 선수금영수조건 수출신용장 등의 경우 동 수출신용장 등을 근거로 해당 원자재 및 완제품 조달을 위하여 내국신용장을 개설할 수 있다. 다만, 원자재자금 및 완제품구매자금의 융자금액은 동 선수금을 제외한 금액 범위로 한다.

(나) 내국신용장의 개설신청

내국신용장의 개설이란 내국신용장의 개설의뢰인의 신청에 의하여 거래외국환은행(개설은행)이 수혜자에게 대내의 대금지급을 확약하는 것으로서, 매입은행에 대한 우발채무의 발생으로 개설의뢰인에게는 여신행위를 제공하는 것으로 된다. 즉, 개설은행은 개설의뢰인과의 별도의 약정에 의하여 내국신용장을 개설하게 되는 것이기 때문에 개설의뢰인은 내국신용장의 개설신청시 내국신용장개설신청서에 다음의 서류를 첨부하여 외국환은행(개설은행)에 제출하여야 한다.

① 공급자발행 물품매도(수탁가공 포함) 확약서[다만, 실적기준금융 이용업체의 신청으로 내국신용장을 개설하는 경우에는 예외로 한다]
② 해당 내국신용장의 개설근거가 되는 원수출신용장 등[다만, 개설의뢰인이 실적기준금융 이용업체(실적기준 포괄금융 이용업체 포함)인 경우에는 예외로 한다]
③ 수혜자 입증서류(최초 거래시)
④ 대행계약서(신용장 기준 완제품 대행 시)
⑤ 양도담보계약서

㈐ 내국신용장의 개설한도 및 금액

원자재내국신용장(원자재 구매를 위한 내국신용장) 또는 완제품내국신용장(완제품 구매를 위한 내국신용장)은 수출신용장 등의 금액 또는 외국환은행이 정하는 원자재자금 및 완제품구매자금의 융자 범위에서 개설할 수 있다. 또한, 수출용 원자재를 구매하기 위한 내국신용장의 개설금액에는 해당 공급물품의 제조·가공에 투입된 수입원자재 및 수입원자재와 관련된 관세 등 제공과금 부담액을 포함할 수 있다.[12]

㈑ 내국신용장의 개설근거 및 용도의 표시

내국신용장을 개설한 외국환은행은 해당 내국신용장의 앞면에 〈별표〉에 따라 동 내국신용장 개설근거가 된 원수출신용장 등의 내용과 내국신용장의 용도를 나타내는 문언을 표시하여야 한다.[13] 내국신용장의 개설근거가 실적기준일 때에는 융자대상 수출실적이 필요하며, 신용장기준일 때에는 수출신용장(Master L/C), 수출계약서, 외화표시 물품공급계약서 또는 다른 내국신용장이 필요하게 된다.

---

12) 무역금융지원 프로그램 운용세칙(2014.8.20 개정) 제13조 및 무역금융 프로그램 운용절차 (2014.8.28 개정) 제19조.
13) 무역금융 프로그램 운용절차(2014.8.28 개정) 제20조.

[별표] 내국신용장의 개설근거별 용도표시방법

개 설 근 거	용 도	표시방법		비 고
		표 시 문 언	표시장소	
Ⅰ. 원자재내국신용장^{주)}				
1. 신용장기준원자재 자금이용업체 및 신용장기준포괄금 융이용업체의 개설의뢰분	1. 원자재구매	원자재	"용도"란	"원수출신용장내용"란에 원수출신용장 등의 내용 기재
	2. 원자재임가공위탁	원자재임가공 완제품임가공	〃 〃	〃 〃
2. 실적기준원자재자 금이용업체 및 실 적기준포괄금융 이용업체의 개설 의뢰분	1. 원자재구매	원자재(실적)	〃	
	2. 원자재 임가공위탁	원자재임가공 (실적)	〃	
	3. 완제품 임가공위탁	완제품임가공 (실적)	〃	
Ⅱ. 완제품내국신용장				
1. 신용장기준완제품 구매자금이용업체 의 개설의뢰분	1. 완제품구매	완제품	〃	"원수출신용장내용"란에 원수출신용장 등의 내용 기재
	2. 수출대행	완제품 (수출대행)	〃	〃
2. 실적기준완제품구 매자금이용업체의 개설의뢰분	1. 완제품구매	완제품(실적)	〃	
	2. 수출대행	완제품(수출 대행)(실적)	〃	

주 : 위탁가공무역에 소요되는 국산원자재를 내국신용장에 의해 구입하는 경우는 현행 표시문언인 "원자재"앞에
     "(위탁가공)"이라 표시
자료: 한국은행 금융중개지원대출관련 무역금융지원 프로그램 운용절차 별표

(2) 내국신용장의 조건

외국환은행은 개설의뢰인의 내국신용장 개설신청 내용이 다음의 조건에 일치하는
경우에 한정하여 내국신용장을 개설할 수 있다. 다만, 이렇게 개설된 내국신용장의
조건은 다음의 규정에 위배되지 않는 범위 내에서 그 내국신용장의 관계당사자(개설
의뢰인, 수혜자 및 개설은행) 전원의 합의에 의해서만 변경할 수 있다.[14)]

① 형식요건 양도가 불가능한 취소불능신용장일 것

② 표시통화 원화, 외화, 또는 원화로 하되 개설일 현재 매매기준율로 환산한 외화

---

14) 무역금융지원 프로그램 운용세칙(2014.8.20 개정) 제14조.

금액을 부기의 하나로 하는 것일 것

③ 내국신용장금액 물품대금 전액으로 하고, 제2호 다목에 따른 내국신용장의 경우 금액은 부기외화금액을 판매대금추심의뢰서의 매입일(추심시는 추심의뢰일) 현재의 매매기준율로 환산한 금액으로 하는 것일 것

④ 물품인도기일 대응수출 또는 물품공급이 원활히 이행되는데 지장이 없도록 책정된 것일 것

⑤ 유효기일 물품의 인도기일에 최장 10일을 더한 기일 이내일 것(다만, 원수출신용장 등을 근거로 하여 개설되는 내국신용장의 유효기일은 대응되는 원수출신용장 등의 선적 또는 인도기일 이전이어야 한다).

⑥ 서류제시기간 물품수령증명서 발급일로부터 최장 5영업일 범위내에서 책정된 것일 것

⑦ 판매대금추심의뢰서의 형식 개설의뢰인을 지급인으로 하고, 개설은행을 지급장소로 하며 일람출급식일 것.

⑧ 판매대금추심의뢰서의 대금결제방식 개설의뢰인이 자체자금으로 결제(일람출급 내국신용장)하거나 개설은행이 융자하여 결제(기한부 내국신용장)하는 방식일 것.

⑨ 판매대금추심의뢰서의 발행조건 원수출신용장 매입조건부 결제 등 수혜자에게 불리한 조건이 아닐 것(다만, 선박 또는 「대외무역법」에서 정하는 플랜트의 수출을 위하여 개설되는 완제품내국신용장의 경우에는 원수출신용장 등의 대금결제조건에 따른 제조공정별 분할지급조건으로 할 수 있다).

⑩ 위의 ①부터 ⑨까지에서 정하는 사항 외의 조건에 관하여는 국제상업회의소(ICC) 제정 「화환신용장에 관한 통일규칙 및 관례」를 준용한다는 문언이 기재된 것일 것.

(3) 내국신용장의 통지

내국신용장을 개설한 외국환은행은 내국신용장을 전자문서로 개설하였다는 사실을 내국신용장 수혜자에게 통지하고, 개설된 내국신용장을 수혜자에게 전자문서교환방식으로 전달하여야 한다.[15]

(4) 내국신용장의 조건변경 및 취소

내국신용장의 조건변경이란 이미 개설된 내국신용장의 내용을 변경하는 것으로서, 내국신용장의 각 조건에 위반하지 않는 범위에서 관계당사자(개설의뢰인, 수혜자 및 개설은행) 전원의 합의에 의해서만 변경할 수 있다. 또한, 내국신용장의 취소란 신용장의 유효기일 이내에 미사용한 내국신용장 지급보증 잔액을 관계당사자 전원(개설의뢰인, 수혜자 및 개설은행)의 합의가 있는 경우에만 그 취소가 가능하게 된다. 다

---

15) 무역금융지원 프로그램 운용세칙(2014.8.20 개정) 제15조.

만, 동 내국신용장을 근거로 또 다른 내국신용장이 발행된 경우에는 당사자 전원의 합의가 있더라도 동 내국신용장을 취소할 수 없다. 내국신용장의 조건변경을 신청할 때 필요한 서류는 다음과 같다.

① 내국신용장 조건변경신청서
② 조건변경동의서(개설의뢰인 및 수혜자의 쌍방 합의)
③ 변경대상 내국신용장 원본
④ 변경대상 내국신용장의 개설근거가 된 수출신용장 등(신용장기준금융인 경우)

(5) 내국신용장어음의 매입 및 추심

내국신용장어음의 매입(Local Nego)은 내국신용장의 수혜자가 물품공급을 완료한 후에 환어음에 관련서류를 첨부하여 거래외국환은행(매입은행)에 매입의뢰함으로써 거래외국환은행이 수익자의 환어음을 매입하고 수익자에게 매입대금을 지급하는 것을 말한다.

무역금융지원 프로그램 운용절차(2014.8.28 개정) 제21조에서는 외국환은행이 전자문서교환방식 내국신용장에 따라 전자적 형태로 작성·전송된 판매대금추심의뢰서의 추심 또는 결제 시 전송받아야 할 전자문서는 다음 각 호와 같다고 규정하고 있다.

① 판매대금추심의뢰서〈별지 제4-1호 서식〉,
② 물품수령증명서〈별지 제4-3호 서식〉, 다만, 물품수령증명서는 공급자발행 세금계산서 건별로 발급되어야 한다. 이 단서에도 불구하고 내국신용장에 명시된 조건에 따라 수출용원자재 또는 완제품을 분할 공급받는 경우에는 매 반월 또는 월을 단위로 하는 경우에 한정하여 동 기간 중 분할 공급 시마다 교부된 세금계산서상의 공급가액을 일괄하여 하나의 물품수령증명서를 발급할 수 있다.
③ 「부가가치세법」 상 전송가능한 공급자발행 세금계산서. 다만, 세금계산서의 교부대상과 내국신용장의 개설의뢰인은 일치하여야 하며, 완제품내국신용장의 수혜자가 수출대행위탁자인 경우 등 「부가가치세법」에서 정한 세금계산서 발급 대상이 아닌 경우에는 물품명세가 기재된 송장으로 갈음할 수 있다.

상기의 규정에도 불구하고, "세칙 제14조 제1항 제9호 단서(선박 또는 「대외무역법」에서 정하는 산업설비의 수출을 위하여 개설되는 완제품내국신용장의 경우에는 원수출신용장 등의 대금결제조건에 따른 제조공정별 분할지급조건으로 할 수 있다)"에 따라 개설된 완제품내국신용장인 경우에는 다음 각 호의 전자문서 또는 서류를 전송받거나 징구하여야 한다. 다만, 계약체결 시 수령하는 금액에 대하여는 제3호 및 제4호에 따른 서류 징구를 아니할 수 있으며, 물품인도 시 수령하는 금액에 대하여는 제1항의 전자문서 또는 서류를 전송받거나 징구하여야 한다.

① 판매대금추심의뢰서〈별지 제4-1호 서식〉

② 개설은행이 발급한 원수출신용장 등의 대금입금증명서

③ 개설의뢰인이 발급한 공정 또는 제조확인서

④ 공급자발행 세금계산서

[별지 제4-3호 서식] 무역금융지원 프로그램 운용절차

취소불능 내국신용장

전자문서 번호   :   통지일자 :
-------------------- 〈 개 설 내 역 〉--------------------
개설은행   :
개설일자   :
신용장번호   :
개설의뢰인(상호, 주소, 대표자, 전화번호, 사업자등록번호) :
수혜자(상호, 주소, 대표자, 전화번호, 사업자등록번호)   :
내국신용장 종류   :
개설외화금액   :
개설원화금액   :
매매기준율   :
물품매도확약서 번호 :
물품인도기일   :
유효기일   :
제출서류   :   물품수령증명서   통
                          공급자발행 세금계산서 사본   통
                          공급자발행 물품매도확약서 사본   통
                          본 내국신용장 사본   통

기타 구비서류

> 당행은 귀하(사)가 위 금액의 범위에서 상기의 서류를 첨부하여 물품대금 전액의 일람출급식 판매대금추심의뢰서를 발행할 수 있는 취소불능내국신용장을 개설합니다. 당행은 이 신용장에 의하여 발행된 판매대금추심의뢰서가 당행에 제시된 때에는 이를 이의없이 지급할 것을 판매대금추심의뢰서의 발행인에게 확약합니다.

대표공급물품명   :   (HS부호 :   )
분할인도 허용여부 :
서류제시기간   : 물품수령증명서 발급일로부터   영업일 이내
개설근거별 용도   :
기타   :
-------------------- 〈원수출신용장 등 내역〉--------------------
개설근거서류 종류 :
신용장(계약서) 번호 :
-------------------- 〈발신기관 전자서명〉--------------------
발신기관 전자서명   :

> 1. 이 전자문서는 「전자무역 촉진에 관한 법률」에 따라 발행된 내국신용장으로서 이 문서를 전송받은 개설의뢰인 또는 수혜자는 같은 법률 시행규정 제12조제3항의 별표4에 따라 신용장 여백에 정당발급문서임을 표시하는 적색 고무인을 날인하여야 합니다.
> 2. 이 신용장에 관한 사항은 다른 특별한 규정이 없는 한 국제상공회의소 제정 화환신용장 통일규칙 및 관례에 따릅니다.

⑹ 판매대금추심의뢰서에 따른 결제

전자문서교환방식 내국신용장을 개설한 은행은 다음의 어느 하나에 해당하는 지급거절사유가 있는 경우를 제외하고는 지급제시를 받은 날로부터 3영업일 이내에 판매대금추심의뢰서에 따라 결제하여야 한다. 또한, 개설은행은 다음의 어느 하나에 해당하는 지급거절사유가 있는 경우라도 그 내국신용장의 관계당사자 전원이 동의하는 경우에는 그 판매대금추심의뢰서에 따라 결제할 수 있다.[16]

① 판매대금추심의뢰서의 추심의뢰일이 전자문서교환방식 내국신용장의 유효기일을 경과한 경우

② 전자문서교환방식 물품수령증명서상의 물품명세가 전자문서교환방식 내국신용장상의 대표물품명세와 불일치한 경우

③ 판매대금추심의뢰서와 전자문서교환방식 물품수령증명서가 전자문서교환방식 내국신용장상의 기타 조건 등과 불일치한 경우

III. 구매확인서에 따른 구매

1. 구매확인서의 의의

"구매확인서"란 외화획득용 원료·기재를 구매하려는 경우 또는 구매한 경우 외국환은행의 장 또는 "전자무역기반사업자"(「전자무역촉진에 관한 법률」 제6조에 따라 산업통상자원부장관이 지정한 전자무역기반사업자)가 내국신용장에 준하여 발급하는 증서(구매한 경우에는 구매확인서 신청인이 세금계산서를 발급받아 「부가가치세법 시행규칙」 제9조의2에서 정한 기한 내, 즉 과세기간 종료 후 20일 이내에 신청하여 발급받은 증서에 한한다)를 말한다.[17] 즉, 구매확인서란 수출용 물품 등의 외화획득용 원료·기재(원자재, 부품, 완제품)를 구매하려거나 구매한 자의 전자적 발급신청에 의하여 외국환은행의 장 또는 전자무역기반사업자(KTNET)가 이러한 원료·기재가 국내에서 조달되었음을 확인하고 내국신용장에 의하여 준하여 발급하는 서류로서, 발급신청은 외화획득용 원료·기재를 구매하기 전(사전발급)이거나 또는 외화획득용 원료·기재를 구매한 후 세금계산서를 발급받아 「부가가치세법 시행규칙」 제9조의2에서 정한 기한 내(과세기간 종료 후 20일 이내)에 행해져야 한다. 이러한 구매확인서는 ① 「대외무역

---

16) 무역금융지원 프로그램 운용세칙(2014.8.20 개정) 제16조 제1항 및 제2항.
17) 대외무역관리규정 제2조 18호.

법」상 융자대상 수출실적인정, ② 부가가치세 영세율 적용, ③ 관세환급, ④ 외화획득용 원료의 사후관리시 공급이행으로 인정을 목적으로 사용되며, 실무적으로는 구매확인서보다 용도가 더 다양하고 혜택이 많은 내국신용장을 이용하고 있으나 내국신용장 발행한도가 부족하여 내국신용장을 발행할 수 없는 경우에 구매확인서를 주로 이용하고 있다.

산업통상자원부가 2011년 1월 3일에 구매확인서의 은행창구를 통한 발급(off-line)을 폐지하고 구매확인서의 전자발급을 의무화하는 구매확인서 전자(on-line)발급의 전면 시행을 위한 「대외무역관리규정」을 개정·고시함에 따라, 외국환은행의 창구발급과 전자무역기반사업자의 전자(on-line)발급으로 이원화되어 있었던 구매확인서의 발급은 6개월의 유예기간을 거쳐 2011년 7월 1일부터 전자발급으로 단일화되었다. 따라서, 2011년 7월 1일부터 구매확인서는 uTradeHub(전자무역기반사업자인 KTNET이 운영하는 국가 전자무역시스템) 또는 각 사업자가 발급기관과 직접 연계한 내부전산시스템(ERP) 등을 통하여 전자적(on-line)으로만 발급되고 있다. 그러나 구매확인서를 발급받으려는 자가 전산설비를 갖추지 못하였거나 기타 부득이한 사유로 전자문서를 작성하지 못하는 경우를 위하여 구매확인서 발급신청인이 전자무역기반사업자에게 위탁하여 신청할 수 있도록 「대외무역관리규정」 제38조에서 규정하고 있다.

● 내국신용장과 구매확인서의 비교

구분			내국신용장	구매확인서
차이점	관련법규		무역금융관련규정(한국은행 금융중개지원대출관련 무역금융지원 프로그램 운용세칙 및 절차)	「대외무역법」과 「전자무역촉진에 관한 법률」
	지급보증		발행은행의 지급보증	발급은행의 지급보증 없음
	발행(발급)기관		외국환은행	외국환은행 또는 전자무역기반사업자
	발행(발급)조건		보유 신용장 또는 무역금융 융자한도 내에서 개설 (무역금융수혜대상임)	업체의 거래증빙서류 보유 범위내에서 제한 없이 발급(발급근거 확인) (무역금융수혜대상 아님)
	발행(발급)근거	신용장기준	① 수출신용장 ② 수출계약서 ③ 외화표시물품공급계약서 ④ 외화표시건설용역공급계약서 ⑤ 다른 내국신용장 ⑥ 실적기준금융 수혜업체의 과거 수출실적에 따른 금융한도	① 수출신용장 ② 수출계약서(D/P, D/A) ③ 외화매입(예치)증명서(외화획득 이행 관련 대금임이 관계서류에 의해 확인되는 경우에 한함) ④ 내국신용장 ⑤ 구매확인서 ⑥ 수출신고필증(외화획득용 원료·기재를 구매한 자가 신청한 경우, 즉 사후발급에만 해당한다) ⑦ 외화획득에 제공되는 물품등을 생산하기 위한 경우임을 입증할 수 있는 서류
		실적기준	융자대상 수출실적	
	거래대상물품 및 용도		수출용 원자재 또는 완제품의 국내구매에 사용	외화획득용 원료·기재의 국내구매에 사용
	공급실적의 수출실적 인정		무역금융규정 및 대외무역관리규정상의 공급자의 수출실적으로 인정	대외무역관리규정상의 공급자의 수출실적으로 인정
유사점	발행(발급)회수		차수 제한 없이 발급 가능	
	부가가치세		영세율(zero tax rate) 적용	
	용도		외화획득용 원료·기재(수출용 원자재 및 완제품)의 국내 구매에 사용	
	관세환급		관세환급 가능	

2. 구매확인서의 종류

(1) 사전발급 구매확인서

사전발급 구매확인서는 국내에서 외화획득용 원료 또는 물품을 구매하려는 자의 신청에 의하여 외국환은행의 장 또는 전자무역기반사업자가 그 물품의 구매 전에 발급하는 것으로서, 그 절차는 다음의 그림과 같다.

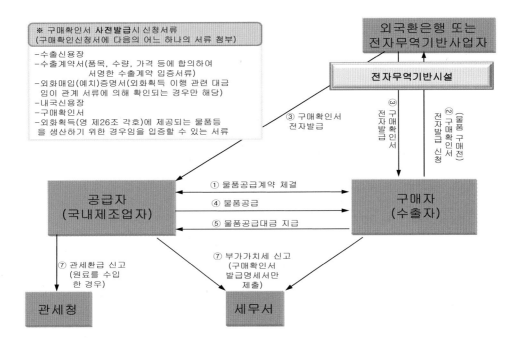

(2) 사후발급 구매확인서

사후발급 구매확인서는 국내에서 외화획득용 원료 또는 물품을 이미 구매한 자의 신청에 의하여 외국환은행의 장 또는 전자무역기반사업자가 그 물품의 구매 전에 발급하는 것으로서, 그 절차는 다음의 그림과 같다.[18]

---

18) 2003년 2월 대외무역관리규정의 개정에 따라, 그 동안 내국신용장 발급규정인 "무역금융 취급세칙"에 따라 금지되었던 구매확인서의 사후발급이 부가가치세법시행규칙 제9조의 2에서 정한 기한내(물품공급시기가 속하는 분기종료후 20일)에 가능해졌다. 다만, 무분별한 사후발급을 예방하기 위하여 물품공급시 발행하는 세금계산서상의 물품 수량·가격 등과 일치하는 물품수령확인서가 있어야만 사후발급을 인정해 주는 것으로 하였다. 그러나, 지금까지 구매확인서를 사후 발급신청할 때 물품수령확인서와 세금계산서를 첨부하도록 되어 있었지만, 2005년 1월 개정시에는 세금계산서만으로도 거래사실의 입증이 가능하므로 구매확인서의 발급을 개선하기 위하여 첨부서류에서 물품수령확인서를 제외하도록 하였다.

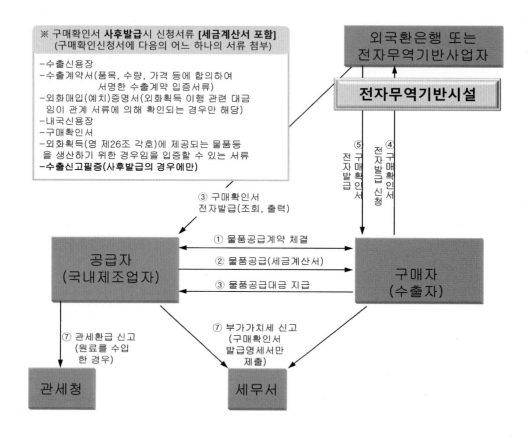

3. 구매확인서의 발급

(1) 구매확인서의 발급신청

국매확인서를 발급받으려는 자는 구매확인신청서에 다음의 서류를 첨부하여 산업통상자원부장관(외국환은행의 장 및 전자무역기반사업자에게 위탁)에게 제출하여야하는 바, 구매확인서를 발급받으려는 자는 구매확인신청서를 「전자무역촉진에 관한법률」 제12조에서 정하는 바에 따른 전자무역문서로 작성하여 외국환은행의 장 또는전자무역기반사업자에게 제출하여야 하고, 다음의 ②(제36조 제2항 각호)의 어느 하나에 해당하는 서류를 동법(전자무역촉진에 관한 법률) 제19조에서 정하는 바에 따라제출하여야 한다.19)

① 구매자·공급자에 관한 서류 및 외화획득용 원료·기재의 가격·수량 등에 관한서류[구매확인서를 발급받으려는 자가 "구매확인신청서"(별지 제13호 서식에 의

---

19) 「대외무역법 시행령」 제31조 제1항 및 대외무역관리규정 제36조 제1항·제2항.

400

한 외화획득용원료·기재구매확인신청서)를 「전자무역촉진에 관한 법률」 제12호[20])에서 정하는 바에 따라 전자무역문서로 작성하여 외국환은행의 장 또는 전자무역기반사업자에게 제출하는 경우에는 구매자·공급자에 관한 서류 및 외화획득용 원료·기재의 가격·수량 등에 관한 서류가 첨부된 것으로 본다. 따라서 이 서류는 구매확인신청서에 첨부된 것으로 보기 때문에 별도로 제출될 필요가 없다.

② 법 제16조 제1항에 따른 외화획득용 원료·기재라는 사실을 증명하는 서류로서 산업통상자원부장관이 정하여 고시하는 다음의 하나의 서류

   ㉮ 수출신용장

   ㉯ 수출계약서(품목·수량·가격 등에 합의하여 서명한 수출계약 입증서류)

   ㉰ 외화매입(예치)증명서(외화획득 이행 관련 대금임이 관계서류에 의해 확인되는 경우만 해당)

   ㉱ 내국신용장

   ㉲ 구매확인서

   ㉳ 수출신고필증(외화획득용 원료·기재를 구매한 자가 신청한 경우, 즉 사후발급의 경우에만 해당한다)

   ㉴ "다음의 외화획득의 범위"(영 제26조 각 호)에 따른 외화획득에 제공되는 물품등을 생산하기 위한 경우임을 입증할 수 있는 서류

      ㉠ 수출

      ㉡ 주한 국제연합군이나 그 밖의 외국군 기관에 대한 물품등의 매도

      ㉢ 관광

      ㉣ 용역 및 건설의 해외진출

      ㉤ 국내에서 물품등을 매도하는 것으로서 산업통상자원부장관이 정하여 고시하는 기준에 해당하는 것(관리규정 제31조 참조)

(2) 구매확인서의 발급방법

구매확인서의 발급신청을 받은 외국환은행의 장 또는 전자무역기반사업자는 신청인이 구매하려는 원료·기재가 외화획득의 범위에 해당하는지의 여부를 위의 ②의 신청서류를 확인하여 발급여부를 결정한 후 구매확인서를 발급하여야 하며, 외화획득

---

20) 무역업자와 무역관계기관은 전자무역문서를 사용하여 무역업무를 하려는 경우에는 전자무역기반시설을 이용할 수 있다. 다만, 전자무역방식으로 「대외무역법 제18조」에 따른 구매확인서 발급업무를 하는 경우에는 전자무역기반시설을 통하여야 한다(「전자무역촉진에 관한 법률」 제12조 제1항).

용원료·기재구매확인서(별지 제13-1호 서식)를 전자무역문서로 발급하고 신청한 자에게 발급 사실을 알릴 때 승인번호, 개설 및 통지일자, 발신기관 전자서명 등 최소한의 사항만 알릴 수 있다. 구매확인서는 다음과 같은 2차 구매확인서의 발급, 재발급 등도 행해지게 된다.[21]

① 외국환은행의 장 또는 전자무역기반사업자는 발급된 구매확인서에 의하여 2차 구매확인서를 발급할 수 있으며 외화획득용 원료·기재의 제조·가공·유통(완제품의 유통 포함)과정이 여러 단계인 경우에는 각 단계별로 순차로 발급할 수 있다.

② 구매확인서를 발급한 후 신청 첨부서류의 외화획득용 원료·기재의 내용 변경 등으로 이미 발급받은 구매확인서와 내용이 상이하여 재발급을 요청하는 경우에는 새로운 구매확인서를 발급할 수 있다.

(3) 구매확인서의 사후관리

외국환은행의 장 또는 전자무역기반사업자는 구매확인서를 발급받은 자에 대하여는 외화획득용 원료·기재의 구매여부에 대하여 사후관리를 하여야 한다.[22]

---

21) 구매확인서의 발급방법에 대하여는 「대외무역법 시행령」 제37조 참조.
22) 대외무역법 제18조 제2항.

외화획득용원료·기재구매확인신청서

① 구매자
- (상호)
- (주소)
- (성명)
- (사업자등록번호)

② 공급자
- (상호)
- (주소)
- (성명)
- (사업자등록번호)

1. 구매원료·기재의 내용

③ HS부호	④ 품명 및 규격	⑤ 단위 및 수량	⑥ 구매일	⑦ 단가	⑧ 금액	⑨ 비고

2. 외화획득용 원료·기재라는 사실을 증명하는 서류

⑩ 서류명 및 번호	⑪ HS부호	⑫ 품명 및 규격	⑬ 금액	⑭ 선적기일	⑮ 발급기관명

3. 세금계산서(외화획득용 원료·기재를 구매한 자가 신청하는 경우에만 해당)

⑯ 세금계산서 번호	⑰ 작성일자	⑱ 공급가액	⑲ 세액	⑳ 품목	㉑ 규격	㉒ 수량

㉓ 구매원료·기재의 용도명세 : 원자재구매, 원자재 임가공위탁, 완제품 임가공위탁, 완제품구매, 수출대행 등 해당용도를 표시하되, 위탁가공무역에 소요되는 국산원자재를 구입하는 경우 "(위탁가공)" 문구를 추가표시

* 한국은행 총액한도대출관련 무역금융 취급절차상의 용도표시 준용

위의 사항을 대외무역법 제18조에 따라 신청합니다.

신청일자   년   월   일
신 청 자
전자서명

* ③은 HS부호 또는 자사관리코드 중 어느 하나를 반드시 기재하여야 합니다.
⑳ 내지㉒은 1.구매원료·기재의 내용과 금액이 다른 경우에는 반드시 기재하여야 합니다.

210mm × 297mm
일반용지 60g/㎡

제5절 수출입자금의 확보(무역금융)

Ⅰ. 무역금융의 개요

1. 무역금융의 의의

무역금융은 무역거래와 관련하여 발생하는 모든 금융으로서, 무역거래 또는 이와 관련된 국내거래 및 해외 현지거래의 각종 단계에서 무역거래자가 필요로 하는 각종 자금을 적기에 지원하는 금융제도를 말한다.

무역금융제도는 1961년 2월 금융통화 운영위원회가 제정한 수출금융규정을 시작으로 수차례 개정되어 왔다. 즉, 무역금융제도는 정부가 수출업자를 비롯한 관련 당사자들에게 필요한 자금을 정책적으로 금융지원함으로써 수출경쟁력의 강화와 수출의 증대를 도모하기 위하여 도입·시행되어 왔다. 그러나 무역금융이 투기성자금으로 활용되거나 대외교역량의 증대에 따른 통화량 팽창의 요인으로 작용되었으며, WTO에서 무역금융을 정부의 보조금으로 규정하여 그 사용을 제한함에 따라 무역금융은 정부의 특혜금융의 차원을 벗어나 무역거래에 필요한 각종 자금을 융자해 주는 상업적 차원의 금융으로 그 성격이 변하지 않을 수 없게 되었다.

구 분			종 류
국내금융	금융중개지원대출관련 무역금융 (수출금융)		- 신용장기준 용도별금융 - 실적기준 용도별금융 - 신용장기준 포괄금융 - 실적기준 포괄금융
			- 내국신용장제도
	기타 무역금융	수출금융	- 무역어음제도 - 수출환어음담보대출 - 기한부 원화 수출환어음담보대출 - 연불수출금융
		수입금융	- 내국수입유전스 - 외화대출 중 외화획득용 시설재 수입자금
해외금융			- 수출선수금 - D/A조건 수입 - 연지급조건 수입신용장 발행 - 현지금융

따라서 현재 시행되고 있는 총액한도 무역금융은 1994년 2월 금융통화 운영위원회에 의해 제정된 "한국은행 금융기관의 대출규정"을 근거로 한국은행총재가 제정한 "한국은행총액한도 대출관련 무역금융취급세칙" 및 "한국은행총액한도 대출관련 무역금융취급절차"(이하, "무역금융 취급세칙" 및 "무역금융 취급절차"라 한다)의 규정에 따라 외국환은행이 제공하는 금융제도이다. 이러한 총액한도 무역금융은 정책적 차원의 무역금융으로서 협의의 무역금융이라고 하며, 광의의 무역금융에는 국내금융과 해외금융으로 구분되는데, 국내금융에는 총액한도 무역금융과 상업적 차원의 일반금융이 포함된다.

2. 무역금융의 종류

첫째, 무역금융은 그 이용되는 장소에 따라 국내금융과 국제금융으로 구분된다.

① 국내금융 국내에서 이용되는 무역금융으로서, 각종 금융기관이 수출지원을 위하여 수출업자 등의 무역거래자에게 제공하는 금융을 말한다. 이러한 국내금융에는 총액한도 무역금융, 무역어음제도, 내국신용장제도, 수출환어음담보대출, 기한부 원화 수출환어음담보대출, 내국수입유전스, 연불수출금융, 외화대출 중 외화획득용 시설재 수입자금 등이 있다.

② 해외금융 해외로부터 제공되는 여신으로서, 단기성 무역금융의 일종이다. 이러한 해외금융에는 수출선수금, D/A조건 수입, 연지급조건 수입신용장 발행, 현지금융 등이 있다.

둘째, 무역금융은 수출입주체에 따라 수출금융과 수입금융으로 구분된다.

① 수출금융(export financing) 수출업자가 물품의 수출에 소요되는 자금을 금융기관으로부터 공여받는 것으로서, 원자재의 구매에서 대금회수까지의 기간동안 소요되는 단기무역관련자금, 또는 중장기 연불방식에 따른 자본재의 수출에 소요되는 자금을 공여받는 것을 말한다.

② 수입금융(import financing) 수입업자가 물품의 수입에 소요되는 자금을 금융기관으로부터 공여받는 것으로서, 수입업자가 물품을 인수한 후 수입지의 국내에서 판매한 대금을 회수할 때까지 소요되는 자금을 공여받는 것을 말한다. 소비재의 단기수입관련자금, 자본재의 중장기 연불방식에 따른 수입관련자금뿐만 아니라, 수출용 원자재의 수입에 필요한 자금도 이에 해당된다.

셋째, 무역금융은 금융지원방식에 따라 정책금융과 일반금융으로 구분된다.

① 일반금융 금융기관이 자체자금 및 외부조달자금(한국은행 및 기금차입금 제외)으로 금융을 제공하는 것으로서, 개별금융기관의 자금사정이나 국내여신 공급계

획 등에 따라 지원규모가 제한된다.

② 정책금융 금융기관이 개별기업에게 제공한 무역금융의 취급액의 일정비율을 한국은행으로부터 차입받을 수 있는 것으로서, 개별 외국환은행의 자금사정에 구애받는 일반금융과 달리 융자취급이 용이하고 저리로 융자받을 수 있기 때문에 자금량과 금리면에서 우대된다.

넷째, 무역금융은 금융기간에 따라 단기금융과 중장기금융으로 구분된다.

① 단기무역금융 1년 이내의 금융으로서, 대부분의 소비재가 이에 해당된다.

② 중장기무역금융 1년 내지 5년 이상기간동안의 금융을 말하는데, 이 중에서 중기무역금융은 1년 내지 5년 사이의 기간 동안의 금융으로서 일반자본재의 연불수출입에 소요되는 금융을, 장기무역금융은 5년 이상의 연불기간 동안의 금융으로서 선박, 항공기, 플랜트 등 대규모 자본재의 연불수출입에 소요되는 금융을 말한다.

다섯째, 무역금융은 선적의 전후에 따라, 선적전금융과 선적후금융으로 구분된다.

① 선적전금융 원자재의 구매, 생산, 저장에 소요되는 자금을 물품의 선적전에 수출업자에게 공여하는 것을 말한다.

② 선적후금융 물품이 선적된 후 수입업자로부터 대금이 회수될 때까지의 기간동안 소요되는 자금을 공여하는 것을 말한다.

II. 국내금융

1. 금융중개지원대출관련 무역금융

(1) 금융중개지원대출관련 무역금융의 의의

금융중개지원대출관련 무역금융은 우리나라의 무역규모가 팽창함에 따라 무역금융 등의 정책금융을 취급하는 일반 금융기관의 자금만으로는 충분한 금융지원이 어렵기 때문에 한국은행이 이들 금융기관으로 하여금 한국은행으로부터의 대출을 통하여 무역금융을 제공할 수 있도록 지원하는 수출지원정책적 성격의 무역금융이다. 이것은 물품이나 용역 등의 수출에 직·간접적으로 참여하는 무역거래자를 대상으로 선적 전에 지원되는 단기성 무역금융의 일종이다.

이러한 금융중개지원대출관련 무역금융은 무역금융지원 프로그램 한도 배정에 반영하는 금융기관의 무역관련대출로서, 무역금융지원 프로그램 운용세칙에서 정하는 바에 따라 금융기관이 취급한 원화대출을 말한다. 이것은 금융통화운영위원회가 제정한 「한국은행의 금융기관대출규정」 제3장 및 한국은행총재가 결재한 「금융중개지원대출관련 무역금융지원 프로그램 운용세칙 」 및 「동 운용절차」에 의하여 시행되고 있는 것이다.

(2) 금융중개지원대출관련 무역금융의 종류

금융중개지원대출관련 무역금융은 자금용도의 구분의 유무에 따라, 자금용도를 구분하여 취급하는 "용도별금융"과 자금용도의 구분 없이 일괄하여 취급하는 "포괄금융"으로 구분되며, 융자방법에 따라, 신용장기준금융과 실적기준금융으로 구분된다.

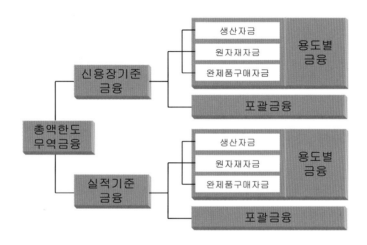

⑺ 용도별금융

용도별금융은 자금용도를 생산자금, 원자재자금, 완제품구매자금으로 구분하여 취급하는 금융을 말하는 것으로서, 그 취급은 다음과 같다.[23]

① 생산자금　국내에서 수출용 완제품 또는 원자재를 제조・가공・개발하거나 용역을 수출(외국인에게 대한 국내에서의 용역 수출 포함)하기 위해 소요되는 자금을 말한다. 또한, 중고품, 농수산물 및 자가생산한 원자재 등과 같이 상거래 관례상 내국신용장으로 조달하기 곤란한 수출용 원자재 및 완제품을 구매하는데 소요되는 자금은 생산자금으로 융자할 수 있다. 이러한 생산자금에는 수출용 중고품의 수리 및 수출용 농수산물의 비축에 필요한 자금을 포함할 수 있다.

② 원자재자금　수출용 원자재를 해외로부터 수입하거나 내국신용장에 따라 구매하

---

23) 한국은행 금융중개지원대출관련 무역금융지원 프로그램 운용세칙(2014.8.20 개정) 제6조 제2항 및 동 운용절차(2014.8.28 개정) 제14조 제3항부터 제6항까지.

는 데 소요되는 자금을 말한다. 선수출 후수입을 위하여 개설된 수입신용장은 원자재자금의 융자대상이 되지 아니한다. 다만, 수출(외화표시 물품공급 포함)대금이 입금되지 아니한 경우에는 해당 수출대금의 입금 시까지 이미 개설된 수입신용장에 대하여 원자재자금을 취급할 수 있다. 또한, 수입화물운임에 대하여 원자재자금을 별도로 취급하는 경우의 융자대상금액은 해당 선박회사 또는 대리점이 발급한 운임증명서의 운임금액을 기준으로 한다.

③ 완제품구매자금 국내에서 생산된 수출용 완제품을 내국신용장에 따라 구매하는 데 소요되는 자금을 말한다.

(나) 포괄금융

포괄금융은 자금용도를 구분하지 않고 일괄하여 취급하는 금융으로서, 전년도(1월 1일부터 12월 31일까지를 기준으로 함) 또는 과거 1년간 수출실적이 미화 2억 「달러」 미만인 업체에 대하여 자금용도의 구분 없이 취급되는 자금을 말한다.[24]

① 포괄금융 이용업체의 선정

포괄금융을 이용하려는 업체는 주거래외국환은행(해당 업체의 수출실적 관리 등을 담당할 외국환은행으로서, 1개 영업점을 기준으로 함)을 지정하여야 하는 반면, 세칙 제6조제3항에 따른 요건에 해당하는 업체의 신청에 따라 동 업체를 포괄금융 이용업체로 선정할 수 있다. 다만, 수출실적 보유기간이 1년 미만인 신규업체는 동 기간 동안의 수출실적이 미화 2억 「달러」 미만인 경우에만 포괄금융 이용업체로 선정할 수 있다. 이렇게 선정된 포괄금융 이용업체의 자격은 매년 1월중에 전년도 수출실적을 기준으로 주거래외국환은행에 의하여 재심사되어 선정된다.

또한, 주거래외국환은행이 포괄금융 이용업체를 선정한 경우에는 동 사실을 부거래외국환은행(해당 업체가 무역금융 및 무역금융관련 지급보증을 이용하고 있는 다른 외국환은행)에 지체 없이 통보하여야 하고, 이를 통보받은 부거래외국환은행은 해당 업체에 대한 무역금융 및 지급보증을 취급하여야 한다.

② 포괄금융 이용업체의 선정취소

주거래외국환은행이 포괄금융 이용업체의 선정을 취소한 경우에는 동 사실을 지체 없이 해당 업체의 부거래외국환은행에 통보하여야 한다.

---

24) 포괄금융이용업체의 선정 및 그 취소에 관하여는 무역금융 프로그램 운용절차(2014.8.28 개정) 제5조 참조.

㈐ 신용장기준금융

신용장기준금융은 자금별 또는 업체별(포괄금융의 경우) 수출업자가 보유하고 있는 수출신용장 등(수출신용장, 수출계약서, 내국신용장 및 구매확인서)의 융자대상금액 범위 내에서 매 건별로 대출금 및 지급보증을 수출입절차에 맞게 취급하고 해당 수출대금으로 융자금을 회수하는 방식을 말한다.

㈑ 실적기준금융

실적기준금융은 업체별 과거 수출실적만을 기준으로 각 자금별 융자한도를 설정하여 동 한도 범위내에서 대출금 및 지급보증을 취급하되 소정융자기간 만료일에 융자금을 회수하는 방식을 말한다.

① 실적기준금융의 융자대상수출실적의 인정금액

실적기준금융의 융자대상이 되는 수출실적은 본선인도(FOB)가격을 기준으로 하며 (다만, 전자적 형태의 무체물 수출실적은 대외무역관리규정에서 정하는 수출실적 인정금액을 기준으로 한다), 무역어음이 인수취급된 수출신용장 등에 따른 수출실적은 해당 인수취급분을 제외한 부분만을 융자대상 수출실적에 포함한다. 또한, 위탁가공무역(대외무역관리규정상의 위탁가공무역)의 경우 융자대상 수출실적은 위탁가공무역에 소요되는 국산원자재를 무상으로 수출한 실적으로 한다(다만, 가공물품을 현지 또는 제3국으로 수출하는 경우만 해당하며, 국산원자재를 구매하여 가공하지 않고 수출한 실적은 생산자금 및 포괄금융 융자한도의 산정대상이 되는 수출실적에서 제외한다). 그리고 구매확인서에 따른 수출실적은 융자한도관리 외국환은행이 해당 업체로부터 징구하는 구매확인서 및 세금계산서상의 금액을 기준으로 하며, 제6조 제3호에 따른 국제기구 발급 구매주문서의 수출실적에 대해서는 제1항을 준용한다.[25]

② 실적기준금융의 융자대상수출실적의 인정시점

본선인도(FOB)가격을 기준으로 하는 융자대상수출실적의 수출방식별 인정시점에 대하여는, ㉮ 수출신용장 및 내국신용장의 경우에는 해당 수출환어음 또는 내국신용장 판매대금추심의뢰서가 매입 또는 추심의뢰된 때, ㉯ 수출계약서 및 외화표시물품공급계약서의 경우에는 해당 수출 또는 공급대금이 입금된 때(다만, 선수금영수방식 수출의 경우에는 동 수출이 이행된 때), ㉰ 구매확인서의 경우에는 해당 물품관련 세금계산서가 발급된 때로 한다. 상기의 수출환어음 또는 내국신용장 판매대금추심의뢰서의 매입금액 또는 추심의뢰금액 중 소정기일까지 미회수되어 부도처리한 부분은

---

25) 실적기준금융의 융자대상수출실적의 인정금액 및 인정시점, 실적기준금융의 취급제한에 관하여는 무역금융 프로그램 운용절차(2014.8.28 개정) 제7조, 제10조 및 제15조 참조.

부도발생월의 매입실적에서 차감하고, 부도처리 후 입금된 부분은 해당 입금월의 매입실적에 재산입하여야 한다.

③ 실적기준금융의 취급제한

실적기준금융의 경우, 하나의 수출신용장 등과 관련된 무역금융의 취급 및 수출대금의 영수는 동일한 외국환은행을 통하여 이루어져야 하며, 실적기준금융 이용업체 및 포괄금융 이용업체가 발행한 수출환어음 또는 내국신용장 판매대금추심의뢰서의 매입과 추심은 동 업체에 대한 융자취급은행을 통하여 이루어져야 한다. 이러한 규정을 위반하여 수출 또는 공급대금을 영수한 실적은 해당 업체의 수출실적에 포함하지 아니한다.

● 무역금융 융자금의 종류

구 분	종 류	내 용
용도별 금융	생산자금	국내에서 수출용 완제품 또는 원자재를 제조 가공하거나 개발하는 데 소요되는 자금
	원자재 자금	수출용 원자재를 해외로부터 수입하거나 내국신용장에 의하여 구매하는 데 소요되는 자금
	완제품 구매자금	국내에서 생산된 수출용 완제품을 내국신용장에 의하여 구매하는 데 소요되는 자금
포괄 금융	정의	일정한 요건을 갖춘 자가 생산품 직수출업체에 대하여 수출품의 생산에 필요한 자금을 융자함에 있어 자금용도의 구분없이 일괄적으로 지원하는 자금
	대상업체	- 전년도 또는 과거 1년간 수출실적이 미화 2억불 미만인 업체 - 주채무계열 소속 기업체, 부도거래처, 폐업업체가 아닐 것
	선정	- 수출실적관리를 담당할 주거래은행을 지정 하여야 함. - 주거래은행은 이용업체의 자격을 매년 1월 중에 전년도 수출실적을 기준으로 재심사,선정함. - 포괄금융 이용업체로 선정된 후 융자대상 수출실적이 미화 2억불을 초과하더라도 다음 해 1월까지는 유효함.

(4) 금융중개지원대출관련 무역금융의 융자대상

(가) 융자대상

금융중개지원대출관련 무역금융의 대상이 될 수 있는 자는 다음과 같다.[26]

① 수출신용장 또는 지급인도(D/P)와 인수인도(D/A) 조건 및 그 밖의 수출관련계약서(이하 "수출계약서"라 한다)에 따라 물품(「대외무역법」에서 정하는 전자적

---

26) 무역금융지원 프로그램 운용세칙(2014.8.20 개정) 제5조 및 무역금융 프로그램 운용절차 (2014.8.28 개정) 제6조.

형태의 무체물을 포함한다. 이하 같다), 건설 및 용역을 수출하거나 국내 공급하려는 자

② 내국신용장 또는 구매확인서(「대외무역법」에 따른 외화획득용 원료·물품 등 구매확인서)에 의하여 수출용 완제품 또는 원자재를 공급(수탁가공 포함)하려는 자

③ 상기 ① 및 ②에서 정한 방식에 따른 "수출실적"(수출 또는 공급실적)이 있는 자로서 동 수출실적을 기준으로 융자를 받으려는 자

④ 그 밖에 외화획득, 수출증대 등을 위하여 한국은행 통화정책국장이 정한 자. 즉, 이 규정에 따라 무역금융 융자대상에 포함되는 자는 다음과 같다.

㉮ 그 밖에 외화획득, 수출증대 등을 위하여 다음의 하나에 해당하는 "외화표시 물품공급계약서"(외화 또는 원화표시 물품공급계약서)에 따라 물품, 건설 및 용역을 수출하거나 또는 국내 공급하려는 자

㉠ 외국정부, 외국공공기관 또는 국제기구와 체결된 물품, 건설 및 용역공급계약서

㉡ 선박건조공급(개조공급 포함) 및 「대외무역법」에서 정한 플랜트의 수출을 위한 계약서

㉢ 정부, 지방자치단체 또는 정부투자기관이 외국으로부터 받은 차관자금에 의한 국제경쟁입찰에 따라 국내에서 유상으로 물품, 건설 및 용역을 공급하기 위하여 체결된 계약서

㉣ 「한국국제협력단법」에 따른 한국국제협력단이 같은 법 제7조에 따른 사업을 위하여 물자, 용역 및 공사 등을 외국에 무상으로 원조하는 경우 동 물자, 용역 및 공사에 관한 계약서

㉯ 「관세법」에 따라 설치된 보세판매장에서 자가생산품을 외국인에게 외화로 판매한 실적이 있거나 외항항공, 외항해상운송 또는 선박수리업체로서 과거 외화입금실적이 있는 경우 동 외화판매실적 및 외화입금실적을 기준으로 융자를 받으려는 자

㉰ 다음의 어느 하나에 해당하는 국제기구 발급 구매주문서(Purchase Order)를 보유한 자

㉠ 수출거래 당사자, 물품거래 조건 등의 기재 등을 통하여 은행이 발급사실을 확인한 국제기구 발급 구매주문서

㉡ 한국무역보험공사가 보증서를 제공한 국제기구 발급 구매주문서

⑷ 융자제외대상

금융중개지원대출관련 무역금융의 융자대상에서 제외되는 경우는 ① 중계무역방식

에 따른 수출, ② 주채무계열 소속 기업체, ③ 부도거래처, ④ 폐업업체 등이다. 즉, 금융중개지원대출관련 무역금융은 「중소기업기본법」 제2조 및 같은 법 시행령 제3조에 따른 중소기업에 대한 대출로 한다. 다만, 다음의 어느 하나에 해당하는 무역금융 취급실적은 무역금융지원 프로그램별 한도 배정에 반영하지 아니한다.[27]

① 「은행업감독규정」 제79조 제1항에서 정하는 주채무계열 소속 기업체에 대한 무역관련대출

② 「신용정보 관리규약」에 따라 최종부도거래처로 분류된 기업체에 대한 무역관련대출

③ 폐업업체에 대한 무역관련대출

그러나, 은행이 자기자금으로 일반대출금리를 적용한 무역금융을 지원하는 경우에는 한국은행의 금융중개지원대출관련 무역금융과 관계없이 융자가 가능하다.

⑸ 금융중개지원대출관련 무역금융의 융자한도

무역금융지원 프로그램 운용세칙 제8조 및 동 취급절차 제11조, 제13조, 제14조 제1항·제2항에서는 금융중개지원대출관련 무역금융의 융자한도에 대하여 규정하고 있다. 즉, 실적기준금융을 이용하는 업체의 융자한도에 대하여, 외국환은행은 해당 업체의 과거 수출실적 등을 감안하여 산정하되, 용도별금융의 경우에는 자금(생산자금, 원자재자금, 완제품구매자금)별로, 포괄금융의 경우에는 업체별로 융자한도를 산정하여야 한다. 이러한 융자한도에는 해당 원자재의 일람출급 수입신용장개설분[지급인도조건 및 대금교환도조건(CAD 및 COD)에 따른 수입의 경우에는 수입승인분, 수입계약서 또는 물품매도확약서상의 수입금액과 내국신용장 개설분을 포함한다. 또한, 수입대행업체가 실수요자를 위하여 수출용 원자재의 수입신용장을 개설 의뢰하는 경우에는 해당 수입신용장의 개설액과 동 수입대금의 결제를 위한 원자재자금의 융자취급액은 실수요자의 원자재자금 한도관리대상에 포함하여야 한다.

또한, 원자재자금 및 완제품구매자금의 경우 해당 수입신용장 또는 내국신용장이 융자한도 범위에서 개설된 경우에는 해당 어음 등의 결제시점에서 융자한도가 부족하더라도 융자할 수 있으며, 외국환은행은 업체가 융자방법을 변경하는 경우 융자방법의 변경시점에서 기취급된 대출금 및 지급보증잔액이 융자방법 변경 대상자금의 융자한도를 이미 초과한 경우에는 소정 융자한도내로 축소될 때까지 신규 금융을 취급할 수 없다.

---

27) 무역금융지원 프로그램 운용세칙(2014.8.20 개정) 제2조 제2항 및 제5조 제2항 참조.

(6) 금융중개지원대출관련 무역금융의 융자금액

무역금융지원 프로그램 운용세칙 제9조 및 동 운용절차 제8조에서는, 다음과 같이 금융중개지원대출관련 무역금융의 융자금액을 신용장기준금융의 융자금액과 실적기준금융의 융자금액으로, 실적기준금융의 융자금액은 다시 생산자금 및 포괄금융의 융자금액과 원자재자금 및 완제품구매자금으로 구분하여 규정하고 있다.

㈎ 신용장기준금융의 융자금액

신용장기준금융 이용업체에 대한 신용장기준의 융자금액은 해당 이용업체가 보유한 수출신용장 등의 외화금액에 "평균매매기준율"(외국환거래규정에서 정하는 매매기준율의 융자취급일전월 평균환율)을 곱한 금액 범위에서 다음과 같이 융자한다.

① 수출신용장 등의 융자대상금액 또는 국제기구 발급 구매주문서의 융자대상금액은 해당 수출신용장 등의 금액 중에서 본선인도(FOB)가격을 기준으로 한다(전자적 형태의 무체물 수출의 경우에는 신용장 등의 금액을 기준으로 함).

② 선수금영수조건 수출신용장 등의 융자대상금액은 해당 수출신용장 등의 금액에서 이미 영수한 선수금을 차감한 금액을 기준으로 한다.

③ 무역어음이 인수취급된 수출신용장 등의 경우 융자대상금액은 해당 인수취급액을 차감한 금액을 기준으로 한다.

④ 회전신용장의 경우 융자대상금액은 해당 신용장의 액면금액을 초과할 수 없다.

⑤ 위탁가공무역방식 수출신용장 등의 경우 융자대상금액은 위탁가공무역에 소요되는 국산원자재를 무상으로 수출하는 금액 범위로 한다(다만, 가공물품을 현지 또는 제3국으로 수출하는 경우만 해당하며, 국산원자재를 구매하여 가공하지 않고 수출하는 경우에는 생산자금 및 포괄금융 융자대상에서 제외한다).

⑥ 수출대금을 수입대금과 상계처리하는 경우 동 수출대금은 융자대상 수출실적에서 차감한다.

㈏ 실적기준금융의 융자금액

실적기준금융 이용업체에 대한 실적기준금융의 융자금액은 다음의 금액 범위에서 융자한다.

① 생산자금 및 포괄금융　제8조의 융자한도에 평균매매기준율을 곱한 금액

② 원자재자금 및 완제품구매자금　내국신용장에 의하여 발행된 판매대금추심의뢰서, 수입어음 및 수입대금(수입화물운임포함)의 외화금액에 평균매매기준율을 곱한 금액(다만, 판매대금추심의뢰서의 금액이 원화로만 표시되어 있는 경우에는 동 금액으로 한다).

무역금융지원 프로그램 운용세칙 제10조 및 제11조에 의하면, 금융중개지원대출관련 무역금융의 융자기간은 자금소요기간 등을 감안하여 외국환은행이 정하고, 그 융자시기에 대하여 다음과 같이 규정하고 있다.

① 생산자금 및 포괄금융 필요시 수시로 융자할 수 있다.

② 원자재금융 선적서류나 물품의 인수와 동시에 수입어음을 결제하거나 수입대금을 지급할 때 또는 판매대금추심의뢰서를 결제할 때 융자한다(다만, 수입화물운임을 따로 지급하는 경우 동 운임은 이를 지급할 때 융자할 수 있다).

③ 완제품구매자금 판매대금추심의뢰서를 결제할 때 융자한다.

위의 ② 및 ③에도 불구하고 내국신용장 및 수출용원자재에 대한 일람불 수입신용장과 관련된 지급보증대지급금을 상환하기 위하여 원자재자금 및 완제품구매자금을 융자할 수 있다.

2. 수출무역금융

⑴ 무역어음제도

무역어음은 수출신용장, 수출계약서(수출신용장결제조건부 수출계약서 포함), 내국신용장, 외화표시물품공급계약서 또는 과거 수출실적을 근거로 발행된 환어음[28]으로서, 실제의 수출거래와 결부되어 발행되기 때문에 투기적 목적의 금융자금이 아니다. 즉, 무역어음은 실제의 수출계약을 이행하는데 사용된 후 수출환어음의 매입자금 등으로 단기간에 금융자금의 상환에 충당되는 자동변제의 성격을 가지고 있다. 이러한 무역어음제도는 수출신용장 등을 수취한 수출업자 또는 과거 수출실적을 보유한 주채무계열 소속 기업체(금융중개지원대출관련 무역금융을 이용할 수 없는 주채무계열 소속 기업체)가 수출물품을 제조·가공하여 선적하기까지 소요되는 자금을 무역어음을 발행하여 조달하는 선적전금융으로서, 수출업자가 발행한 어음을 금융기관이 자체자금으로 인수하고 인수된 무역어음을 중개하는 기관(dealer)의 할인, 매각을 통하여 무역투자가에게 매출(유통)하고 어음의 만기시에 수출환어음매입대금 또는 수출대금 등으로 무역어음을 결제하는 것을 말한다.

무역어음제도는 수출업자가 필요로 하는 수출자금을 다양한 경로를 통하여 원활히 조달하고 일반투자가에게 높은 수익성과 어음유통의 자유로움 등을 도모하기 위하여 1989년 8월 1일에 최초로 도입한 비정책적인 무역금융제도로서, 이 제도는 수출자금

---

28) 한국은행의 금융기관 여신운영세칙 제10조 제1항.

을 선적전에 조달하는 선적전금융이라는 점에서는 일반수출입금융과 유사하지만, 무역어음을 발행함으로써 이를 금융기관의 자체자금 또는 할인·매입하여 일반투자가에게 재매각하여 조달된 자금(민간자본)을 재원으로 한다는 점에서 한국은행의 재원으로 그 자금의 일부가 조달되는 일반수출입금융과는 차이가 있다.

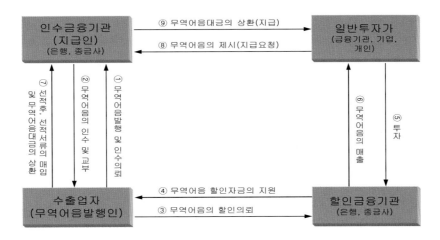

무역어음의 유통과정을 살펴보면 다음과 같다.
① 수출업자는 수출신용장 등을 증빙근거로 기한부무역어음을 발행하고, 이 어음의 지급을 보증하기 위하여 인수금융기관에 인수를 의뢰한다.
② 인수금융기관은 수출업자의 무역어음을 인수한 후, 인수한 어음을 수출업자에게 교부한다.
③ 수출업자는 인수받은 무역어음을 할인금융기관(중개기관)에게 매각(할인의뢰)한다.
④ 할인금융기관은 수출업자에게 어음할인(매각)자금을 지원한다.
⑤ 일반투자가는 할인금융기관에 투자한다.
⑥ 할인금융기관은 할인매입한 무역어음을 일반투자가에게 매출한다.
⑦ 수출업자는 무역어음의 할인에 의하여 조달된 자금으로 수출물품을 제조·가공하여 선적한 후, 매입은행(인수금융기관)으로부터 선적서류를 매입하여 받은 수출대금으로 무역어음대금을 결제한다.
⑧ 일반투자가는 무역어음의 만기일에 인수금융기관에게 무역어음을 제시한다.
⑨ 인수금융기관은 일반투자가에게 무역어음대금을 상환한다.

(2) 수출환어음담보대출(수출환어음 매입제도)

㈎ 수출환어음담보대출의 의의
수출환어음 담보대출은 한국은행이 외국환은행에 대하여 수출환어음을 담보로 대출하는 것으로서, 한국은행이 화환신용장 또는 인수인도(D/A)조건에 의하여 발행된 수출업자의 기한부수출환어음을 매입한 외국환은행에게 이 수출환어음을 담보로 외화로 대출하는 것을 말한다. 이는 기한부수출환어음을 매입한 외국환은행의 추심전매입에 따른 자금부담을 완화시켜 줌으로써 외국환은행으로서는 수출업자의 기한부수출환어음을 자금부담없이 추심전매입하는 것이 가능하고, 수출업자로서는 기한부수출환어음에 의한 수출이라 하더라도 일람출급환어음과 마찬가지로 선적후 즉시 수출대금을 회수할 수 있다는 장점이 있다.

즉, 수출업자가 신용장 또는 D/A조건에 의한 기한부수출환어음을 발행하는 경우에는 원칙적으로 환어음의 만기일에 수출대금을 회수할 수 있지만, 수출업자의 거래은행(매입은행)은 수출업자의 자금부담을 경감시키기 위하여 어음만기일까지의 이자를 할인해서 미리 수출업자에게 수출대금을 지급한 후 어음만기일에 발행은행 또는 수입업자로부터 매입대금을 상환받게 된다. 이 경우, 어음매입은행은 수출업자에게 매입대금을 지급한 때로부터 발행은행 또는 수입업자로부터 매입대금을 상환받을 때까지 자금부담을 가지게 된다. 따라서, 한국은행이 매입은행에 의해 매입된 수출환어음을 담보로 그 환어음금액만큼 매입은행에게 대출해 준다면 매입은행의 자금부담이 경감될 수 있을 것이다. 이와 같이 한국은행의 대출로 매입은행의 자금부담이 경감됨으로써 매입은행은 수출업자의 기한부수출환어음의 매입이 용이하게 할 수 있을 것이고, 이에 따라 수출업자는 매입은행으로부터 무역금융의 혜택을 받을 수 있게 되는 것이다.

수출환어음 담보대출은 수출에 관한 선적후금융의 지원을 원활히 함으로써 수출증대에 기여하기 위하여 한국은행이 외국환은행에 의하여 매입된 외화표시 수출환어음을 담보로 하여 이를 매입한 외국환은행에게 외화로 대출하는 것으로서, 1975년 10월 16일에 금융통화운영위원회가 제정하고 수차례 개정한 "수출환어음 담보대출 취급규정", "취급세칙" 및 "취급절차"에 의하여 지원되는 무역금융이다.

(나) 수출환어음담보대출의 융자대상

수출환어음 담보대출의 융자대상은 국내에 본점을 둔 외국환은행이 한국은행의 대출일로부터 1년 이내에 만기가 도래하는 ① 화환신용장에 의하여 국내 중소기업이 발행한 기한부 수출환어음, ② 국내 중소기업이 발행한 무신용장 방식의 인수인도조건 수출환어음으로서, 한국수출입은행법에 의하여 융자대상이 될 수 있는 어음은 제외된다.[29]

여기에서, 중소기업은 "계열기업군 소속기업체"(은행업감독규정 제79조 제1항에서

---

29) 수출환어음 담보대출 취급규정 제3조 제1항 및 취급세칙 제9조.

정하는 계열기업군 중 상위 30대 계열기업군 소속기업체)를 제외한 중소기업에 대한 여신운용세칙 제2조 제1항의 중소기업을 말한다.[30]

㈐ 수출환어음담보대출의 주요내용

한국은행의 외국환은행에 대한 수출환어음 담보대출의 주요내용을 살펴보면 다음과 같다.[31]

● 수출환어음 담보대출의 주요내용

구 분	내 용
융자통화	융자대상어음의 표시통화에 불구하고 미달러화로 한다
융자금리	외국환은행의 평균 수출환어음매입 환가료율에서 취급비용 등을 차감한 율 (융자금리는 한국은행이 매월 산정하여 융자대상은행앞으로 통보함)
융자대상어음의 건당금액	미화 2만달러이상
융자기간	융자일로부터 1년이내(다만, 융자대상어음의 지급기일이 확정되어 있는 경우에는 동 지급기 일까지로 하며 지급기일이 확정되어 있지 아니하는 경우에는 그 지급예정일까지로 한다. 이 경우, 지급예정일은 외국환은행의 어음매입일로부터 기산하여 해당어음기간에 우편일수(12일)를 가산한 날로 한다)
융자금액	해당 융자대상어음 금액
융자금의 상환	융자를 받은 외국환은행은 융자기간 만료일(1년 이내)에 융자금액을 외화로 상환하여야 한다. 이 경우, 한국은행은 융자금액을 해당 융자대상은행 명의의 외화예금계정(또는 원화예금계정)을 차기하여 회수한다. 다만, 외국환은행이 융자기간 이전에 융자금액을 상환할 경우(융자대상어음을 만기전에 자금화한 경우, 또는 융자대상어음에 대하여 인수 또는 지급거절 등의 추심불능사유가 발생되거나 또는 확정된 경우)에는 즉시 한국은행에 기한전 상환신청을 하고 상환하여야 한다. 이 경우, 한국은행은 상환일로부터 융자기일까지의 대출이자를 환급한다.
융자대상은행	국내에 본점을 둔 외국환은행

(3) 한국수출입은행의 수출금융

한국수출입은행의 무역금융의 개념 및 종류는 다음 표와 같다.[32]

---

30) 수출환어음 담보대출 취급세칙 제2조 제1항.
31) 수출환어음 담보대출 취급규정 제3조부터 제8조까지, 취급세칙 제2조부터 제9조까지.
32) http://www.koreaexim.go.kr/kr/work/banking/loan/intro.jsp

	상품명	주요내용
수출 관련 대출	수출촉진 자금	내수에서 수출로 전환하거나 수출확대를 추진하는 기업을 대상으로 시설투자, 기술개발 및 해외시장개척활동자금 등을 지원
	수출성장 자금	물품 등의 수출에 필요한 자금을 과거 수출실적 범위 내에서 일괄 지원
	수출이행 자금	수출계약별로 수출목적물의 제작이행 및 대금회수시까지 필요한 자금을 지원
	수출기반 자금	국내기업으로부터 물품 등을 구매하는 외국인 등 수출 관련 거래에 기여하는 자를 대상으로 수입결제자금, 시설·운영자금 등을 지원
수입 관련 대출	수입자금	국민 생활의 안정, 고용증대 및 수출촉진 등에 기여하는 물품 등의 수입자금 지원
	수입기반 자금	수입자금 지원대상자의 수입거래에 기여하는 자를 대상으로 시설·운영자금 등을 지원
해외 사업 관련 대출	해외투자 자금	국내기업이 외국법인에 자본금을 출자하거나 국내기업이 출자한 외국법인에 대여금을 주는데 필요한 자금을 지원
	해외사업 자금	국내기업이 해외에 현지법인의 설립 없이 외국에서 사업을 영위할 경우에 필요한 설비의 신설·확충 또는 운영에 필요한 자금을 지원
	현지법인 사업자금	국내모기업의 해외자회사가 해외에서 사업을 영위하는데 필요한 시설·투자 또는 운영자금 등을 지원
	해외사업 활성화자금	국내기업, 해외자회사 등이 추진하는 해외사업 관련 거래상대방 등 해외사업활성화에 기여하는 자를 대상으로 시설·운영자금 등을 지원

3. 수입무역금융

(1) 외화대출

외화대출은 물품의 수입 또는 용역비 지급과 관련된 대외외화 결제자금, 해외직접투자자금, 국산기계구입자금 등의 소요자금을 10년 이내의 장기의 저리로 융자해 주는 제도를 말한다.

즉, 외화대출은 일반운전자금, 물품수입자금, 대외용역비 지급자금, 해외직접투자자금, 외화차입금 상환자금 등의 운전자금대출과 일반시설자금대출, 시설재수입자금, 외화차입금(시설자금)상환자금 등의 시설자금대출로 구분된다. 대출기한은 운전자금대출의 경우 3년 이내, 시설자금대출의 경우 10년 이내이며, 대출한도는 운전자금대출의 경우 매출액 등을 고려한 은행의 대출가능금액 범위 내이며, 시설자금대출의 경우 총 소요자금의 80%(중소기업의 경우 90%) 범위 내이다.[33] 외국환은행이 거주자 또

---

33) http://www.kbstar.com

는 비거주자에게 외화대출을 할 경우에는 허가 및 신고를 요하지 아니한다. 다만, 외국환은행이 거주자로부터 보증 또는 담보를 제공받아 비거주자에게 외화대출(① 한국수출입은행장이 기획재정부장관의 승인을 받은 업무계획범위 내에서 한국수출입은행법에 의해 지원하는 외국법인에 대한 사업자금 대출 및 외국정부 등에 대한 대출, 또는 ② 한국수출보험공사사장이 산업통상자원부장관의 승인을 받은 업무계획범위 내에서 수출보험법에 의해 지원하는 수출보험에 부보한 외국법인에 대한 사업자금 대출 및 외국정부 등에 대한 대출은 제외한다)을 하는 경우에는 대출을 받고자 하는 비거주자가 한국은행총재의 허가를 받아야 한다(외국환거래규정 제2-6조).

(2) 수입결제자금대출

수입결제자금대출은 수입자금을 외화 및 원화대출로 자동결제하는 제도로서, 무역금융지원대상이 아닌 일반재용 일람출급수입신용장(at sight L/C), D/P 및 송금방식수입관련 결제자금 외화대출 및 원화대출을 말한다. 대출대상은 30대 주채무계열 소속 기업을 제외한 모든 사업자이며, 대출금액은 최저 미화 1만불 이상 또는 최저 1천만원 이상으로 수입결제자금 범위내이며, 대출기간은 수입결제 후 합리적인 회수기간 이내이다.[34]

제6절 물품검사, 포장 및 화인

Ⅰ. 물품검사

수출국에서 행해지는 수출물품의 검사는 검사의 원인에 따라, 임의검사(사적검사)와 강제검사(공적검사)로 구분할 수 있으며, 임의검사는 매도인에 의한 자체검사와 매수인의 요구에 의한 검사로 구분되고, 강제검사는 수출국당국의 명령에 의한 검사와 수입국당국의 명령에 의한 검사(선적전검사)로 구분된다. 또한, 수출물품의 검사는 검사인에 따라 매도인의 검사, 매수인 또는 그 대리인의 검사, 정부검사 및 국제검사기관의 검사로, 검사장소에 따라 선적지검사와 도착지검사(Destination Inspection; DI)[35]로 구분될 수 있다.

---

34) http://www.keb.co.kr

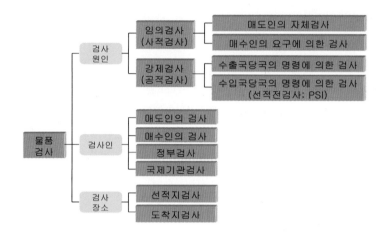

1. 임의검사

(1) 매도인의 자체검사

매도인에 의한 자체검사는 매도인이 수출물품을 제조완료한 후, 수출물품의 대외성가 및 품질향상 뿐만 아니라 매매계약에 일치하는 물품을 인도하기 위하여 수출물품이 매매계약에서 요구하는 품질수준에 일치하는지 여부를 검사하는 것을 말한다. 매도인의 입장에서는 수출물품이 매매계약에서 요구하는 품질수준과 불일치하는 경우 매도인은 품질조건의 위반으로 인하여 대금지급을 받지 못할 수 있는 상황에 처하게 된다. 따라서, 매도인은 매매계약의 위반으로 인하여 대금지급을 받지 못하는 상황을 회피하기 위하여 자체적으로 수출물품을 검사할 필요가 있다.

(2) 매수인의 요구에 의한 검사

매수인의 요구에 의한 검사(Buyer's Inspection)는 수입국당국의 개입 없이 매수인 자신에 의하여 요구되는 검사를 말한다. 이는 매도인이 선적을 위하여 계약과 일치하는 물품을 인도할 것을 의심할 어떤 이유를 매수인이 가지고 있는 경우에 주로 행해질 수 있다. 이러한 검사는 주로 석유, 광석, 식량 또는 목재 등의 물품이 매매계약과 일치하고 있는지 여부를 확인하기 위하여 사용된다. 참고로, 신용장 상의 "Pre-shipment Inspection Certificate issued by beneficiary regarding quality, quantity and other specification(품질, 수량 및 기타 명세에 대하여 수익자에 의하여 발행된 선적전검사증명서)"라는 문언은 매수인의 요구에 의한 검사를 표시한 문언이다.

---

35) 도착지 검사(Destination Inspection; DI)란 물품의 검사가 선적 전에 수출국(선적지)에서 이루어지는 선적전검사(PSI)와 반대로, 물품이 수입국에 도착한 후 이루어지는 검사를 말한다.

2. 강제검사

(1) 수출국당국의 명령에 의한 강제검사(선적전검사)

수출국당국의 명령에 의한 강제검사는 수출국당국이 특정 수출물품에 대하여 강제적으로 검사를 행하도록 하고 그 검사에 합격한 경우에만 수출이 가능하게 하는 것을 말한다.

우리나라의 경우, 종전에는 수출검사법(수출품품질향상에 관한 법률로 명칭변경)에 의하여 검사대상으로 지정된 물품의 경우에는 수출검사의 합격을 받아야만 수출이 가능하였지만, 수출검사법과 수출품품질향상에 관한 법률이 폐지됨으로써 이들 법률에 의한 강제검사는 존재하지 않게 되었다. 이들 법률의 폐지는 우리나라 수출물품의 품질이 전반적으로 우수해지면서 강제검사의 필요성이 없어진 것에 기인한다고 볼 수 있다.

검사비용과 관련하여, 수출국당국의 명령에 의하여 검사가 행해지는 경우에는 별도의 합의가 없는 한, 인코텀즈의 EXW규칙에서는 매수인이 그 검사비용을 부담하지만, EXW규칙 이외의 나머지 모든 규칙에서는 그 검사비용을 매도인이 부담할 것을 요구하고 있다.

(2) 수입국당국의 명령에 의한 강제검사(선적전검사)

(가) 수입국의 명령에 의한 선적전검사의 의의

선적전검사(Pre-shipment Inspection; PSI)는 수입국정부가 자국으로 수입되는 물품에 대하여 선적전에 SGS나 GESCO와 같은 공인된 민간의 국제검사기관에 의하여 검사받도록 요구함으로써 행해지는 검사를 말한다. 이는 매수인이 당국으로부터의 허가 또는 인가를 필요로 하는 경우 물품이 계약과 일치하고 있다는 것을 확실하게 하기 위하여 요구될 수 있다. 이러한 상황에서는 당국이 검사를 명령하고 일반적으로 그것을 수행하기 위하여 독립된 검사기관을 고용한다.[36]

선적전검사는 1965년부터 아프리카, 아시아 및 중남미 등의 정부의 요청에 의하여 행해져 왔으며, 현재 양 30여개의 국가에서 이용하고 있다. 선적전검사를 요구하는 대표적인 수입국은 인도, 인도네시아, 필리핀, 방글라데시, 부르키나파소, 캄보디아, 사우디아라비아, 이란, 이라크, 우즈베키스탄, 모리타니, 니제르, 수단, 스리랑카, 탄자니아, 토고, 콩고, 세네갈, 카메룬, 나이지리아, 앙골라, 알제리, 멕시코, 큐바, 아이티, 베네수엘라 등이며, 대표적인 검사기관은 SGS(Societe Generale de Surreillance; 본사 스

---

36) 전순환(역), 인코텀즈 2000에 관한 ICC지침, 두남출판사, 2002, p.95.

위스), BIVAC(Bureau Veritas; 본사 프랑스), OMIC(Overseas Marine & Cargo Inspection Corp.; 본사 일본), 코테크나(Cotecna Inspection S.A.; 본사 스위스). 등이 있다. 이러한 선적전검사기관의 대부분은 세계무역기구(World Trade Organization; WTO)에 규정되어 있는 선적전검사에 관한 협정(Agreement on Pre-Shipment Inspection), 1994년 GATT 제7조의 이행에 관한 협정(Agreement on Implementation of Article VII of the GATT 1994) 및 국제검정기관연맹(International Federation of Inspection Agencies; IFIA)의 Code of Practice에 준하여 선적전검사업무를 수행하고 있다.

즉, 선적전검사(Preshipment Inspection; PSI)란 수입국 정부로부터 위임받은 전문검사기관[37]이 수출국에서 물품을 선적하기 직전에 수입국 정부나 수입업자를 대신하여 수입물품의 품질과 수량을 검사하고 수입물품의 거래가격이 원산지에서 일반적으로 통용되는 수출시장가격과 일치하는지 여부를 평가하는 활동을 말한다. 이는 주로 개도국의 정부나 기업들이 물품을 수입할 때 수입물품에 대하여 선적전에 전체적인 강제적 검사를 행하는 것으로서, 품질검사(Verification of Quality), 수량검사(Verification of Quantity), 가격평가 (Verification of Price), HS Code 분류(Customs Classification of goods) 등이 행해진다.

이러한 선적전검사의 비용은 DDP규칙을 제외하고는수입업자가 부담하며, 선적전검사 대상물품을 검사 없이 선적하는 경우에는 수입지에서 현지검사가 필요할 뿐만 아니라 벌금의 징수가능성도 높기 때문에 수출지에서 검사를 행하여야 하며, 검사조건은 현지정세에 따라 변경되는 경우가 있기 때문에 최신정보에 대하여는 지정검사기관에 문의하는 것이 바람직하다.

참고로, "Pre-shipment Inspection for quality, quantity, description, classification and price should be carried out by COTECNA INSPECTION S.A. The final invoice and packing list should be endorsed by COTECNA INSPECTION S.A. with the number and date of issuance of the Clean Report of Findings(CRF).[품질, 수량, 명세, 분류 및 가격에 대한 선적전검사는 코테크나에 의하여 수행되어야 한다. 최종송장 및 포장명세서에는 검사증명서(CRF)의 번호 및 발행일과 함께 코테크나에 의하여 배서되어야 한다.)"라는 문언은 선적전검사와 관련된 신용장 상의 문언이다.

(나) 수입국의 명령에 의한 선적전검사의 목적
수입국당국의 명령에 의한 선적전검사는 다음과 같은 목적으로 행해지고 있다.
첫째, 선적전검사의 결과는 수입국에서의 수입통관 및 관세평가(Customs Valuation)[38]의 자료로 이용된다. 즉, 수입물품에 대하여 선적전에 그 내용을 검사함으로써

---

37) 선적전검사기관은 수입국 정부와의 계약체결 또는 수입국 정부의 위임에 의하여 수출업자가 수출하는 물품에 대하여 수출국내에서 선적전에 검사를 실시하는 기관을 말한다.

수입물품의 품질과 수량이 당초의 수입허가내역과 일치하는지 여부를 사전에 확인할 수 있고, 수입가격이 수출국 현지 또는 국제시장에서 일반적으로 통용되는 수출가격과 일치하는지 여부를 확인함으로써 수출입 거래당사자 간의 거래가격 조작으로 인한 외화도피나 관세평가의 왜곡을 방지할 수 있다.[39]

둘째, 선적전검사는 해상사기를 회피하는 수단으로 될 수 있다. 몇 개의 악명 높은 사건에서, 사기적인 매도인은 화물이나 본선이 존재하지 않았더라도 화물과 본선에 관한 서류를 제출함으로써 화환신용장하에서 지급을 받을 수 있었다. 이러한 사건에서, 선적전검사가 행해졌다면, 결과는 전혀 다르게 나타났을 것이다. 이러한 선적전검사는 통상적으로 매수인을 위하여 수행되기 때문에, 인코텀즈의 각각의 거래규칙의 B9조는 별도의 합의가 없는 한, 매수인에게 비용을 지급할 것을 요구하고 있다. 일반적으로 검사에 관한 계약의 규정은 매수인이 검사비용을 지급하도록 요구하고 있지만, 검사의 결과, 물품이 계약을 충족시키는 상태가 아니라는 것을 나타내고 있는 경우에는 매도인이 검사비용의 전부 또는 일부를 지급하도록 요구할 수 있을 것이다.

이러한 선적전검사의 목적에도 불구하고, 선적전검사기관이 물품의 가격을 지나치게 높게 판정하는 경우에는 관세부담이 높은 수입업자로서는 물품인수를 거절하거나 물품반송(ship back)의 사태를 야기할 수 있다는 문제점이 제기될 수 있다.

㈐ 수입국의 명령에 의한 선적전검사의 절차

수입국당국의 명령에 의한 선적전검사는 수입국에 따라 법령이나 대상화물이 다르며, 검사내용에 따라 필요서류, 검사절차에 차이가 있을 수 있으며, 검사기관에 따라 검사의 절차, 통지처, 검사증명서의 내용, 처리방법에 차이가 있을 수 있다. 선적전검사기관은 수입국의 정부나 중앙은행으로 지정되는 경우가 많기 때문에 그 지정된 검사기관으로부터 검사를 받아야 한다. 선적전검사는 통상적으로 다음과 같은 절차로 행해진다.

---

38) 선적전검사기관은 관세평가(Customs Valuation)를 위하여 동일하거나 유사한 물품의 거래가격을 제공하고 검사대상물품에 대한 가장 적합한 추정 가격을 제공한다.

39) 선적전검사제도는 선적전검사기관이 행하는 가격판정, 수량판정, 관세율적용 등에 있어서 수출자가 불만이 있어 선적전검사기관에 이의신청을 할 경우에도 수입국정부의 기준이라는 이유로 책임을 회피하는 경우가 있어 분쟁이 빈발하게 된다. 이에 따라 우리나라 대외무역법에서는 수출자와 선적전검사기관의 양자의 입장을 중립적으로 판단할 수 있도록 국내적 제도적 장치를 마련하였다.

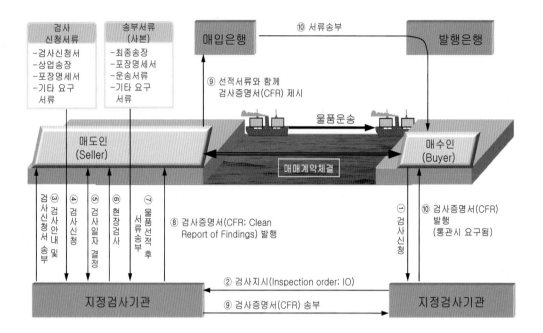

① 매수인이 수입지에서의 수입절차의 일환으로서 지정검사기관에게 선적전검사를 신청한다.

② 수입지의 지정검사기관은 선적전검사 대상화물이라고 판명되면 해당 자료를 수출지의 검사기관에게 송부함으로써 검사의 지시(Inspection order; IO)를 행한다.

③ 수출지의 검사기관은 동 지시에 기초하여 검사관리번호, 정보제공 등의 검사의 안내 및 검사신청서(Request for Inspection; RFI)를 매도인에게 송부한다.

④ 매도인은 검사의 안내 및 검사신청서(Request for Inspection; RFI)를 수령한 후, 검사신청서에 검사장소, 검사희망일, 기타 사항 등의 필요사항을 기입한 다음, 다음의 서류를 첨부하여 검사를 신청한다.
  - 검사기관을 지정한 신용장 사본(신용장거래의 경우)
  - 상업송장(Commercial Invoice) 또는 견적송장(Proforma Invoice)/구매주문서(Purchase Order) 또는 계약서(Contract sheet)
  - 포장명세서(Packing List)
  - 기타 물품정보명세 또는 검사요구사항에 관련된 서류(도면, 사내검사기록 등)
  - 기타 수입국에 따라 요구될 수 있는 서류

⑤ 수출지의 검사기관은 매도인으로부터 검사신청서를 접수한 후 매도인과 검사에 대하여 구체적으로 합의하여 검사일자를 결정한다.

⑥ 검사는 공장 또는 공항이나 항구의 창고 등 미리 예정된 장소에서 원칙적으로

모든 현품을 검사하는 현장검사의 행태로 행해진다. 검사는 매수인이 신청한 내용이나 수량이 선적되는지를 검사하는 현물검사와 적정한 관세를 징수하기 위하여 송장금액(invoice value)을 사정하는 가격사정이 행해진다. 컨테이너만재화물(FCL)의 경우에는 물품이 컨테이너에 적입되는 작업 중에 검사가 행해지고, 검사종료 후, 검사원은 검사기관의 금속봉인(Metal seal)을 컨테이너에 붙인다. 참고로, 물품검사에 불합격하거나, 물품이나 컨테이너가 준비되지 않아 검사에 차질이 발생하거나, 또는 매도인의 사정으로 재검사(re-inspection)가 행해지는 경우의 비용은 매도인이 부담하여야 한다.

⑦ 매도인은 물품의 선적 후, 수출지의 검사기관에게 최종송장(Final Invoice), 포장명세서(Packing List), 운송서류(선화증권 또는 항공화물운송장 등), 수출신고필증, 기타 서류(시험성적서, 각종 증명서 등)의 사본을 송부한다. 참고로, L/C결제상 최종서류에 배서가 필요한 경우에는 수출지의 검사기관에 Certified Invoice의 발행을 신청한다.

⑧ 수출지의 검사기관은 서류심사 후, 매도인에게 검사증명서(Clean Report of Findings; CFR)를 발행한다. L/C 결제의 경우, 매도인은 선적서류와 함께 검사증명서를 매입은행에 제출한다.

⑨ 수출지의 검사기관은 수입통관시 요구되는 검사증명서를 수입지의 검사기관에 송부한다.

⑩ 수입지의 검사기관은 매수인에게도 통관시 요구되는 검사증명서를 발행한다.

3. 수출물품의 검사비용

수출물품의 검사비용은 매도인과 매수인간의 합의에 의하여 결정되는 것이지만, 매도인과 매수인이 인코텀즈의 어떤 규칙으로 매매계약을 체결하는지에 따라 수출물품의 검사비용을 누가 부담하여야 하는지가 결정되는 것이다.

즉, EXW규칙의 매도인의 의무 A9조에서는 "매도인은 물품을 매수인의 임의처분상태로 놓아두는데 필요한 검사업무(예를 들면, 품질, 용적, 중량, 개수의 검사 등)의 모든 비용을 지급하여야 한다"고 규정하고, 매수인의 의무 B9조에서는 "매도인이 수출국당국에 의하여 명령받는 검사를 포함해서, 선적전검사의 비용을 지급하여야 한다"고 규정하고 있다. 따라서 매도인과 매수인이 EXW규칙으로 매매계약을 체결한 경우에는 자체검사의 비용은 매도인이 부담하여야 하지만, 수출국당국의 명령에 의한 선적전검사 및 수입국당국의 명령에 의한 선적전검사의 비용은 매수인이 부담하여야 한다.

반면, DDP규칙의 매도인의 의무 A9조에서는 "매도인은 수출국 또는 수입국의 당국이 명령한 선적전검사의 비용뿐만 아니라, A4에 따라 물품을 인도하기 위하여 필요한 검사업무(예를 들면, 품질, 용적, 중량, 개수의 검사)의 비용을 지급하여야 한다"고 규정하고, 매수인의 의무 B9조에서는 "매수인은 매도인에 대하여 수출국 또는 수입국의 당국이 명령한 모든 강행적인 선적전검사의 비용을 지급할 의무가 없다."고 규정하고 있다. 따라서 매도인과 매수인이 DDP규칙으로 매매계약을 체결한 경우에는 자체검사, 수출국당국의 명령에 의한 선적전검사 및 수입국당국의 명령에 의한 선적전검사의 비용은 모두 매도인이 부담하여야 한다.

한편, EXW와 DDP규칙을 제외한 나머지 모든 조건의 매도인의 의무 A9조에서는 "매도인은 물품을 인도하는데 필요한 검사업무(예를 들면, 품질, 용적, 중량, 개수의 검사 등)의 모든 비용을 지급하여야 한다"고 규정하고, 매수인의 의무 B9조에서는 "매수인은 그러한 검사가 수출국당국에 의하여 명령되는 경우를 제외하고, 선적전 검사 비용을 지급하여야 한다"고 규정하고 있다. 따라서 매도인과 매수인이 EXW와 DDP규칙 이외의 다른 조건으로 매매계약을 체결한 경우에는 자체검사 및 수출국당국의 명령에 의한 선적전검사의 비용은 매도인이 부담하여야 하지만, 수입국당국의 명령에 의한 선적전검사의 비용은 매수인이 부담하여야 한다.

결과적으로, 이러한 검사비용은 "수익자부담의 원칙"[40]에 따라 결정된다고 볼 수 있다. 즉, 자체검사는 매도인이 매매계약에 일치하는 물품을 제공하기 위하여 스스로 검사하는 것이기 때문에 매도인이 그 비용을 부담하여야 한다. 그러나 수출국 또는 수입국당국의 명령에 의한 선적전검사의 경우에는 수익자가 부담하는 것이 원칙이다. 원칙적으로, 수출국당국의 명령에 의한 선적전검사의 비용은 매도인이 부담하여야 하고, 수입국당국의 명령에 의한 선적전검사의 비용은 매수인이 부담하여야 한다. 그러나, 예외적으로 수출국 또는 수입국당국의 명령에 의한 선적전검사의 비용은 EXW규칙의 경우에는 매수인이, DDP규칙의 경우에는 매도인이 부담한다.

---

40) "수익자부담의 원칙"이란 혜택을 받는 자가 비용을 부담하여야 한다는 것으로서, 물품의 수출에 따른 혜택은 매도인이, 물품의 수입에 따른 혜택은 매수인이 받는 것이므로 물품을 수출하기 위하여 매매계약과의 일치여부를 자체적으로 검사하는 것과 수출국당국의 명령에 의하여 강행적으로 이행하여야 하는 선적전검사의 비용은 매도인이 부담하고, 물품을 수입하기 위하여 수입국당국의 명령에 의하여 강행적으로 이행하여야 하는 선적전검사의 비용은 매수인이 부담하여야 한다는 원칙을 말한다.

구 분		EXW	EXW 이외의 모든 규칙	DDP
매도인에 의한 자체검사			매도인 비용부담	
매수인의 요구에 의한 검사			매도인 비용부담	
강제검사 (수익자 부담의 원칙)	수출국당국의 명령에 의한 선적전검사	매수인 비용부담	매도인 비용부담	매도인 비용부담
	수입국당국의 명령에 의한 선적전검사	매수인 비용부담	매수인 비용부담	매도인 비용부담

Ⅱ. 포장 및 화인

수출업자는 물품검사가 완료되면, 운송중의 물품의 멸실 또는 손상을 방지하기 위하여 적절한 재료 및 용기 등을 이용하여 그 가치와 상태를 유지하기 위해 이에 따른 기술을 사용하여 물품을 보호하는 포장(packing)을 한 다음, 외부포장에 매매계약에서 체결된 조건대로 화인(shipping marks)을 표시하여야 한다. 이와 같이 물품을 제조하여 매매계약에 일치하는지 여부를 점검하기 위하여 물품검사를 완료한 후, 매매계약에 일치하는 물품을 포장하고 그 외부포장에 화인을 표시함으로써 물품의 인도를 위한 준비를 완료하게 되는 것이다. 포장업무를 포장회사에 의뢰하는 경우에는 포장 후 상자에 표시할 화인과 포장이 여러 개일 경우에 포장별로 어떻게 작업을 해야 할지에 대한 작업지시를 한다.

참고로, 포장 및 화인의 방법에 대하여는 "제6장 제7절 포장 및 화인조건"에서 구체적으로 설명하였으므로 제6장 제7절을 참조하면 된다.

Chapter

10

T r a d e B u s i n e s s

국제물품운송

국제물품운송

제 1절 국제운송

I. 국제운송의 의의

1. 국제운송의 개념

운송(Transportation)은 사람이나 물품의 형태나 성질을 물리적 또는 화학적으로 변화시키지 않은 채, 어떤 장소에서 다른 장소로 이동하는 것으로서, 물품의 이동에 따른 대가를 수반하는 유상의 운송만이 국제운송(International transportation)[1]의 대상이 된다.

또한, 운송은 3대 요소는 신속성, 안전성, 경제성이다. 즉, 어떠한 방법이든 확실하고 안전하게, 저렴하고 신속하게, 쾌적한 상태로 행하여지는 것이 중요하다.

한편, 무역은 주계약인 무역계약의 성립에 따라 종속계약인 운송계약과 보험계약이 체결된다. 무역상품을 매매의 목적지까지 안전하게 인도하기 위해서는 그 상품을 운송하는 수단이 필요하게 된다. 즉, 운송이란 사람이나 화물을 1개의 지점에서 다른 지점으로 이동시키는 것이고, 운송수단으로서는 사람, 말, 소, 화차와 같은 원시적인 것으로부터 발달해서 철도, 선박, 자동차, 항공기로 되었다.

2. 국제운송의 형태

국제물품운송의 형태는 ① 운송의 이행을 위해 체결되는 계약이 1개 또는 2개 이상인가, ② 운송의 이행을 위해 사용되는 운송수단이 1종류 또는 2종류 이상인가, 그리고 ③ 운송의 이행과정에서 운송인의 책임이 분할되어 있는가 또는 일관되어 있는가 등의 기준에 따라 크게 단독운송과 통운송으로 구분된다. 단독운송은 다시 해상운송

---

1) 국제운송이란 사람이나 재화의 이동이 국제간에 이루어지는 것을 말한다.

(내륙수로운송 포함), 항공운송, 육상운송(도로운송, 철도운송)으로 구분되고, 통운송(through transport)은 다시 단순통운송(unimodal transport)과 복합운송(multimodal transport)으로 구분된다.

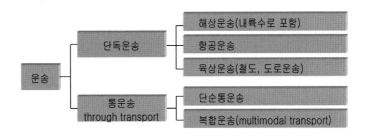

II. 운송형태별 운송서류 및 국제법규

해상운송의 경우에는, 선박회사 등의 해상운송인(ocean carrier)이 화주로부터 물품을 수령한 후 선화증권(Bill of Lading; B/L) 또는 해상화물운송장(Sea Waybill; SWB) 등의 해상운송서류(Ocean Transport Document)를 발행한다. 이 경우, 해상운송인과 화주간의 책임관계를 규율하는 선화증권관련 국제조약 및 규칙에는 헤이그규칙(Hague Rules), 헤이그-비스비규칙(Hague-Visby Rules), 함부르크규칙(Hamburg Rules), 로테르담규칙(Rotterdam) 및 전자선화증권에 관한 CMI규칙(CMI Rules for Electronic B/L, 1990)이 있으며, 해상화물운송장 관련 국제규칙으로는 해상화물운송장에 관한 CMI통일규칙(CMI Uniform Rules for Sea Waybill, 1990)이 있다.

항공운송의 경우에는, 항공회사 등의 항공운송인(air carrier)이 화주로부터 물품을 수령한 후 항공화물운송장이라는 항공운송서류를 발행하며, 항공운송인과 화주간의 책임관계를 규율하는 항공화물운송장관련 국제조약 및 법규에는 바르샤바조약(Warsaw Convention), 헤이그 의정서(Hague Protocol), 몬트리올 협정(Montreal Agreement), 과다라하라 조약(Guadalajala Convention), 과테말라 의정서(Guatemala Protocol)가 있다.

육상운송의 경우에는 철도나 트럭운송회사 등의 육상운송인(overland carrier)이 화주로부터 물품을 수령한 후 도로화물수취증(Road Consignment Note), 철도화물수취증(Railroad Consignment Note) 등의 육상운송서류를 발행한다. 이 경우 육상운송인과 화주간의 책임관계를 규율하는 도로운송관련 국제조약에는 CMR조약(국제물품도로운송조약)이 있고, 철도운송관련 국제조약에는 CIM조약(국제물품철도운송조약)이 있다.

복합운송의 경우에는 복합운송인(multimodal transport operator)이 화주로부터 물품을 수탁하고 복합운송서류(Multimodal Transport Document)를 발행한다. 이 경우, 복합운송인과 화주간의 책임관계를 규율하는 복합운송관련 국제조약 및 규칙에는 국제물품복합운송에 관한 UN협약, ICC복합운송서류에 관한 통일규칙 및 UNCTAD/ICC복합운송서류에 관한 통일규칙이 있다.

제2절 해상운송

Ⅰ. 해상운송의 의의와 형태

1. 해상운송의 의의

해운 또는 해상운송(shipping; carriage by sea; ocean transportation)이란 해상에서 선박이나 기타의 운송수단을 사용하여 인간이나 화물을 장소적·공간적으로 이동시키는 현상을 말한다. 즉, 해상에서 선박을 이용하여 사람이나 화물을 운송하고 그 대가로서 운임을 받는 상행위를 말한다.

특 성	내 용
운송의 안전성	조선기술 및 전자기기 부문의 발달은 선박의 위험율을 감소시키고, 선박의 위험율이 감소된 만큼 선박에 적재된 화물은 안전하게 운송될 수 있다.
운송비의 저렴성	해상운송비는 항공기, 철도, 기타의 운송수단에 비하여 저렴하다.
대량운송	선박은 철도운송보다도 훨씬 더 많은 양의 화물을 운송할 수 있기 때문에 대량운송의 표본이라 할 수 있다.
원거리 운송	항공운송과 마찬가지로, 해상운송의 경우에도 5대양 6대주의 해상과 대륙을 잇는 장거리운송에 이용될 수 있다.
자유로운 운송로	해운은 바다라는 천연의 통로를 자유롭게 이용할 수 있으므로 운송로의 제한을 받지 않고 세계 각국의 영해와 항구를 자유롭게 항해할 수 있다.
국제성	외국의 항만에 선박이 자유롭게 출입함으로써, 해운시장이 국제적으로 형성되어 치열한 경쟁을 하고 있어 국제성을 가지고 있다.
저속성	선박을 이용하여 해상으로 운송되기 때문에 운송속도가 느리다.

2. 해상운송의 형태

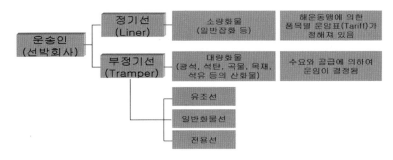

(1) 정기선운송

정기선(liner)은 화물의 다과에 관계없이 동일항로를 규칙·반복적으로 운항하는 선박을 말한다. 이는 사전에 작성·공표된 공정운임(tariff)과 운항일정(sailing schedule)에 따라 특정항로(route)만을 왕복운항하고, 불특정다수 화주의 소량화물, 공산품 등의 일반화물(general cargo)이나 포장화물(packaged cargo)을 운송한다.

해상운송의 초기단계에서는 주로 부정기선의 운송이었지만, 공산품 교역의 확대와 조선·항해기술의 발달로 첨단장비를 갖춘 선박이 정기항로에 정기선으로 취항하게 되었으며, 특히 컨테이너의 출현으로 정기선 운항이 점차 세계해운의 주류를 이루고 있는 실정이다. 정기선운송의 특성을 보면 다음과 같다.

첫째, 특정항로에 여러 척의 선박을 배선하여 반복운항(repeated sailing)하고, 선박의 각 기항지에서 운항일정을 미리 공표하기 때문에 화주는 화물의 일정에 적합한 선박을 쉽게 선정하여 적기에 화물의 인도·인수를 할 수 있다.

둘째, 정기선운송은 항해의 규칙성으로 인해 화물의 다과에 관계없이 특정항로에 많은 선박을 투입하고, 이러한 선박의 운항에 필요한 제반시설, 즉 선박건조, 육상터미널, 운송장비의 설치비용 및 제반시설 운영비 등 막대한 비용이 소요된다.

셋째, 공시된 운임표(tariff)에 따라 동일선박에 동종의 화물이 운송되면 모든 화주에게 동일한 운임이 적용되는 되므로 운임은 안정되어 있지만 부정기선처럼 자유롭게 운임을 결정할 수 없고, 부정기선에 비해 비교적 비싼운임을 적용된다.

(2) 부정기선운송

부정기선(tramper)은 선박자체를 의미하는 것이 아니라, 정해진 항로를 규칙적으로 운항하는 정기선과는 달리, 일정한 항로나 화주가 있는 것이 아니고 화물이 있을 때마다 또는 화주의 요구가 있을 때만 화주와 용선계약을 체결하고 화물이나 항로에 따라 배선하므로 불규칙한 운항형태를 취한다.

부정기선의 화물은 주로 원유, 석탄, 광석, 곡물, 비료, 시멘트, 원목, 철강, 중량화물 등 저가의 대량 산화물(운임부담력이 약한 화물)의 경우에 이용되며, 이러한 화물의 성질 또는 형태에 적합하도록 특수한 시설을 갖춘 특수전용선을 이용해야 한다.

특수 전용선에는 원유, 중유, 휘발유 등을 운송하는 유조선(oil tanker), 생선, 과일, 야채 등을 운송하는 냉동선(refrigerated ship), 목재 전용선(lumber carrier), 자동차 전용선(car carrier), 곡물을 운반하는 전용선 등이 있다. 전용선은 그 특성상 장기용선계약이 되지 않는 한 시장성이 약하기 때문에 철광석과 석유(ore/oil), 석유와 산화물(oil/bulk), 자동차와 철화물(car/bulk) 등을 선적할 수 있도록 설계된 겸용선(combined carrier)이 등장하여 부정기선의 일익을 담당하고 있다.

부정기선(tramper)의 특징은 ① 고정된 운항일정과 항로가 없어 항로의 선택이 자유롭고, ② 운송의 주요 대상은 대량의 산화물(bulk cargo)이고, ③ 운임이 그 당시의 수요와 공급에 의한 완전경쟁으로 운임률이 결정되며, ④ 선복의 공급이 물동량변화에 대해 매우 비탄력적이기 때문에 선복수급이 불균형하게 된다.

● 정기선운송과 부정기선운송의 비교

구 분	정기선운송	부정기선운송
선 박	정기선(주로 컨테이너선), 고가, 구조복잡	부정기선(주로 전용선, 겸용선), 저가, 구조단순
조 직	대형조직	소형조직
운항형태	규칙성, 반복성(고정된 항로, 정해진 운항일정에 따라 반복적·규칙적 운항)	불규칙성(지역별, 시기별 불규칙적 운항, 항로 및 운항일정이 정해져 있지 않음)
운 임	공정/표정운임(tariff; 사전에 작성·공표된 운임)	변동운임(수요와 공급에 의한 완전경쟁으로 운임률 결정)
화 물	불특정다수 화주의 소량화물, 공산품 등의 일반화물(general cargo)이나 포장화물(packaged cargo), 컨테이너화물 등	단일 화주의 대량의 산화물(원유, 석탄, 광석, 곡물, 비료, 시멘트, 원목, 철강 등)
화물가치	고가	저가
운송계약	개품운송계약(선화증권)	용선운송계약(용선계약서)
여객취급	제한적으로 취급(Car-Ferry)	전혀 취급하지 않음

II. 정기선운송

1. 정기선과 개품운송계약

(1) 개품운송계약의 의의

개품운송계약(Contract of Afferightment in a General Ship)은 운송인인 선박회사가 다수의 송화인으로부터 개개의 화물의 운송을 개별적으로 인수하는 계약으로서, 운송형태는 통상 선박회사가 불특정 다수의 송화인으로부터 화물운송을 위탁받아 이들 화물을 혼재하여 운송하는 형태이고, 정기항로에 취항하는 정기선이 일반적으로 이용되고 있다.

(2) 개품운송계약의 체결

개품운송계약에 있어서 매매당사자 간의 특별한 합의가 없는 한, 인코텀즈의 정형거래조건에 따라 운송계약을 체결할 의무가 결정된다. 즉, FOB규칙에서는 수입업자가 운송계약을 체결해야 하고, CFR 및 CIF규칙에서는 수출업자가 운송계약을 체결해야 한다.

CFR 또는 CIF규칙의 경우에 있어서는, 매도인(송화인)은 수출물품을 운송하기 위하여 화물의 성질, 수량 및 선적기일에 따라 정기선 또는 부정기선 중에서 적당한 선복(Ship's space)[2]을 찾아서 운송계약을 체결해야 한다.

즉, 송화인 또는 그 대리인은 선박회사의 배선표(Shipping Schedule)를 참조하거나 또는 각 항로별 선박명과 입항예정일(Estimated Time of Arrival; ETA) 및 출항예정일(Estimated Time of Departure; ETD)을 참조하여 선적화물의 준비상황, 매매계약상의 선적기일, 화물의 특성과 이에 필요한 선박의 설비, 선박회사의 사업기반, 선박의 성능 등을 고려하여, 어느 선박에 선적할 것인지를 점검한 후, 운송인(선박회사 또는 그 지점, 사무소, 대리점)에게 선복을 신청하는 선적요청서(shipping request; S/R)를 제출하거나 또는 구두·전화, 기타의 방법으로 화물의 운송을 신청한다. 이에 운송인이 이것을 승낙(booking)함으로써 운송계약이 성립된다. 여기에서 booking이란 운송인이 화주의 선복신청을 승낙한 후 선복원부(space book)에 기입하는 것을 말한다. 운송계약이 성립하면 운송인은 송화인에게 선복예약서(booking note; 선복확정서)를 교부한다.

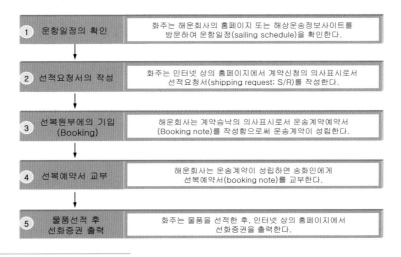

1	운항일정의 확인	화주는 해운회사의 홈페이지 또는 해상운송정보사이트를 방문하여 운항일정(sailing schedule)을 확인한다.
2	선적요청서의 작성	화주는 인터넷 상의 홈페이지에서 계약신청의 의사표시로서 선적요청서(shipping request; S/R)를 작성한다.
3	선복원부에의 기입 (Booking)	해운회사는 계약승낙의 의사표시로서 운송계약예약서 (Booking note)를 작성함으로써 운송계약이 성립한다.
4	선복예약서 교부	해운회사는 운송계약이 성립하면 송화인에게 선복예약서(booking note)를 교부한다.
5	물품선적 후 선화증권 출력	화주는 물품을 선적한 후, 인터넷 상의 홈페이지에서 선화증권을 출력한다.

---

2) 선복(ship's space)이란 선박에 물품을 적재할 수 있는 공간을 말한다.

운송계약은 법률상으로 일정한 형식을 필요로 하지 않는 불요식계약이므로 구두만으로 계약이 성립되며 계약서는 필요가 없지만, 선적 후 발행되는 선화증권(bill of lading :B/L)이 이 계약의 존재 및 계약내용을 입증하고 관계 당사자는 여기에 구속을 받는다. 즉, 실무상으로는 송화인의 선적요청서, 선박회사의 선적지시서(shipping order : S/O)나 본선수취증(mate's receipt :M/R), 선화증권 등 문서에 의에 확인되고 있다.

선적요청서(Shipping Request ; S/R)

Shipper	▽ PAN OCEAN BULK CARRIERS, LTD.		
	SEOUL	BUSAN	INCHON
Consignee	Tel: 777-8981-5	Tel:44-1591-4	Tel:72-5246
	22-6811-9	KUNSAN 72-4301	
	22-5566	Tel:2-3539 72-4235	
	22-8924	2-2859	
Notify Party	777-4826		
	Telex 23511, 23512		

S/O No.	B/L No.

Vessel	Voyage No.	Shipment expiring date on L/C
Port of Loading	Port of Discharge	Final destination
B/L to be issued at	Bill of lading required : original copy	

Marks and Numbers	No.of Pkgs.	Description of Goods	Gross Weight	Measurement

Freight & Charges	Revenue Tons	Rate Per	Prepaid	Collect

Accepted	Please arrange to ship cargoes as described above:
_____ 20 _____	Applicant Add : (Tel) Name :
PAN OCEAN BULK CARRIERS, LTD. By : _____	Forwarder at the port of loading Add : (Tel) Name :

2. 정기선운임의 산정기준

정기선운임의 산정기준은 용적 또는 중량이 되며, 귀금속 등의 고가품일 경우에는 가격이나 개수기준, 중량보다 부피가 큰 용적화물(measurement cargo)일 경우에는 용적을 기준으로 운임을 산출한다.

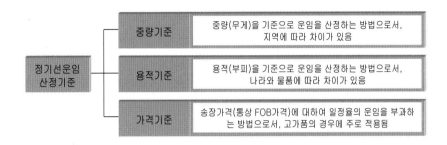

(1) 중량기준

중량운임은 1,000kg을 1 Metric ton(M/T)으로 하는 중량을 기준으로 운임을 산정하는 방법으로서, 지역에 따라 차이가 있다.

사용지역	단 위	실중량
영국 및 영연방국	Long ton = Gross ton(영국 ton)	2,240lbs = 1,016kg
미국 및 중남미제국	Short ton = Net ton(미국 ton)	2,000lbs = 906kg
유럽대륙	Metric ton(M/T) = Kilo ton	2,204lbs = 1,000kg
동남아제국	Piculs	2,000lbs = 15piculs

(2) 용적기준

용적운임은 1입방미터(1m³)를 1톤으로 하는 용적톤(Measurement ton)을 기준으로 운임을 산정하는 방법으로서, 나라와 물품에 따라 차이가 있다.

(3) 가격기준

종가운임(ad valorem rate)은 고가품일 경우에 용적 및 중량에 관계없이 송장가격(통상 FOB가격)에 대해서 일정율의 운임이 부과되며, 일반 화물의 운임보다 비싸다. 고가품은 그 보관방법이나 적재장소 등에 특별한 주의가 필요하고, 손해에 대한 배상액이 고액이기 때문에 일반화물의 운임보다 비싸다.

III. 정기선과 해운동맹

1. 해운동맹의 의의

(1) 해운동맹의 정의와 목적

해운동맹(shipping conference; shipping ring; freight conference; liner conference)은 특정항로에 정기선을 취항시키고 있는 2개 이상의 선사가 상호 독립성을 유지하면서 대내적으로는 과당경쟁의 규제·예방과 운임률의 안정을 기하고, 대외적으로는 독점력을 강화하여 회원사 상호간의 경제적 지위를 향상·유지시킬 목적으로 운임, 기항지와 배선수, 적취비율(share), 기타 운송조건에 관해 협정 또는 계약을 체결한 국제해운 카르텔을 말한다. 이것을 운임동맹(freight conference) 또는 항로동맹(navigation conference)이라고도 한다.

해운동맹의 목적은 가맹선사(member) 상호간의 운임, 기항지, 배선수, 적취비율(share) 등을 협정함으로써 부당경쟁을 피하고 비동맹선과의 경쟁에 공동대처하며 일정한 운임률을 안정적으로 유지함으로써 유리한 지위를 차지하려는 것이다.

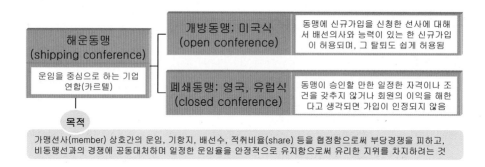

(2) 정기선시장과 해운동맹의 동향

국제해상운송이 급격하게 발달함에 따라 동일항로에 취항하는 선사들의 수가 증가하고 운임경쟁이 치열해짐에 따라 저운임 등에 의한 출혈경쟁으로 도산하는 선사가 속출하게 되었다. 자구책의 일환으로 선사 스스로 도입한 제도가 해운동맹이며 1875년 8월 최초로 영국-캘커타항로에 P&O사와 5개 선사가 해운동맹을 결성한 이후 브라질항로(1895), 중국항로(1897), 남미동안항로(1904) 등에 해운동맹이 존재하였다.

해운동맹의 결성과 그 변화하는 과정을 중심으로 정기선시장의 동향을 살펴보면 다음과 같다.

㈎ 과거의 정기선시장(1950~1995)

1950년대에서 1995년사이에는 동맹선과 맹외선의 대립으로 시작하였다. 동맹선사는 운임, 운송빈도, 운송량은 규제에 의하여 제한을 받아왔지만, 안정경영의 준수는 용이하였다. 한편, 맹외선은 운임, 운송빈도, 운송량, 시장을 모두 스스로 개척하고, 개별기업단위의 경영으로 운송활동을 하였다. 그러나 해운공맹이 기능한 시기는 항로에 따라 다르지만 1980년대 전반까지이었다. 해운동맹의 가맹선사는 1980년 전반까지는 주로 유럽, 미국, 일본이고, 아시아국가의 가맹은 시기와 국가, 선사에 따라 다르다. 즉, 가맹선사는 유럽, 미국, 일본이었고, 맹외선사는 한국, 대만, 홍콩, 싱가폴, 중국, 말레이시아, 이스라엘 등이다.[3]

㈏ 현재의 정기선시장(1995~2015)

이 시기는 동맹선사와 맹외선사에 의한 경쟁시대로부터 공동형으로 근접하는 상태로 변화하고 있다. 구주항로에서는 해운동맹이 존재하면서 동맹선과 맹외선의 대립이 격화하였지만, 태평양항로와 대서양항로에서는 해운동맹이 존재하지 않는다. 그 대신에 해운동맹에 관한 새로운 수단으로서 운임교섭을 중심으로 하는 협의기구가 설립되어 시장의 동향, 운임의 동향(인상수준)에 대하여 협의하고 있다. 이 경우, 정기선 기업의 목표는 주로 서비스의 질적향상, 집화경쟁, 채산의 유지, 안정운송의 확보라는 4가지 점으로 집약된다.[4]

다시 말하면, 1998년 미국의 해운개혁법에 따라 TWRA(Transpacific Westbound Rate Agreement; 북미수입항로)와 ANERA(Asia North America Eastboud Rate Agreement; 북미수출항로)가 폐지되는 등 북미항로에서는 동맹이 사실상 붕괴되었다. 또한, 2008년 10월 18일 유럽연합(EU)이 해운동맹에 대한 독점금지 면제조항의 철폐와 함께 정기선 해운동맹을 금지함에 따라 FEFC(Far Eastern Freight Conference; 유럽항로)는 2008년 10월에 해산되었다.

즉, 컨테이너화의 진전과 1984년 해운법에 의한 해운동맹의 약체화에 따라, 맹외선사의 시장점유율이 크게 되고, 해운동맹이 맹외선의 활동을 저지하는 것은 매우 곤란하게 되었다. 해운동맹은 맹외선사가 취항하는 항로에서 대부분의 선사가 참가하는 형태의 항로안정화협정(stabilization Agreement)을 결성하였다. 항로안정화협정은 항로의 수급동향 등의 정보교환을 행함과 동시에 운임수급 및 할증료에 관한 지침을 결정하는 것 등에 의하여 항로를 안정화시키는 것이 목적으로 되어 있다.

---

3) 山岸寬, 海運規制措置とわが国海運の現狀, http://www.jftc.go.jp.
4) 山岸寬, 海運規制措置とわが国海運の現狀, http://www.jftc.go.jp.

2. 해운동맹의 종류

(1) 신규가입의 자유성에 따른 분류

해운동맹은 동맹과 선사와의 관계라는 관점에서 가입과 탈퇴 자유의 유무에 따라 개방동맹(open conference)과 폐쇄동맹(closed conference)으로 구분된다.

(2) 취임항로별 운임동맹, 협의기구 및 제휴협정의 종류

우리나라와 관련된 주요 해운동맹, 협의기구 및 제휴협정을 살펴보면 다음과 같다.

(가) 북미항로

① TSA

TSA(Transpacific Stabilization Agreement; 태평양항로안정화협정)는 1989년 3월에 Non-ANERA 선사의 활약으로 태평양항로(E/B) 경쟁과열, 교역 및 서비스의 안정 도모, 효율적인 운임체계 확립과 운송/운영의 효율성 증대를 목적으로 결성되었으며, 취항항로는 극동(Far East)에서 미대륙, 알라스카, 푸에르토리코 및 미국 Virgin Island이며, 회원선사로는 APL, MAERSK, CMA-CGM, COSCO, Hanjin, Hyundai, MSC, ZIM, NYK, K-LINE, OOCL, HAPAG-LLOYD, Evergreen, YMLYang Ming Line), CSNA 등의 선사가 있다.

② WTSA

WTSA(Westbound Transpacific Stabilization Agreement; 태평양서향항로 안정화협정)는 1991년 5월 4일에 TWRA의 시장질서유지 기능상실, TSA 결성에 따른 WEST BOUND 협의체 필요, TWRA와의 협조 및 선사간 협의를 통한 GRI 추진, 항로안정화 도모를 목적으로 결성되었으며, 취항항로는 미대륙, 알라스카, 푸에르토리코 및 미국 Virgin Island에서 극동(Far East)이며, 회원선사로는 Cosco, Evergreen, Hanjin, Hapag-Lloyd, Hyundai, K-Line, OOCL, Yang Ming등의 선사가 있다.

WTSA는 각 회원사가 협정의 대표를 임명하고, 모든 지침은 회원사에게 자발적이고 비구속적이다. 미연방해사위원회(FMC) 또는 아시아 정부에 Tariff를 신고하지 않으며, 회원사를 대신하여 운임률 또는 서비스계약을 협상하지 않는다. 1998년 해운개혁법 (Ocean Shipping Reform Act)에 따라 WTSA회원사는 기밀의 서비스계약의 대부분의 조건을 발표하도록 요구될 수 없다. WTSA는 회원사를 대신하여 시장과 상품조사를 맡는다.

③ CTSA

CTSA(Canada Transpacific Stabilization Agreement; 캐나다태평양항로안정화협정)는 취항항로는 극동에서 캐나다의 지점 또는 항구 또는 미국항구를 경유하는 캐나다의 지점까지이며, 회원선사로는 COSCO Container Lines, Ltd., Evergreen Marine Corp. (Taiwan) Ltd., Hapag-Lloyd Container Linie, Hyundai Merchant Marine Co., Ltd., Kawasaki Kisen Kaisha, Ltd. (K Line), Nippon Yusen Kaisha (NYK Line), Orient Overseas Container Line, Inc., Yangming Marine Transport Corporation, ZIM Integrated Shipping Services (ZIM) 등이 있다.

④ CWTSA

CWTSA(Canada Westbound Transpacific Stabilization Agreement; 캐나다서향태평양항로안정화협정)는 취항항로는 캐나다의 지점 또는 항구 또는 미국항구를 경유하는 캐나다의 지점에서 극동까지이며, 회원선사로는 COSCO Container Lines, Ltd., Evergreen Marine Corp. (Taiwan) Ltd., Hapag-Lloyd Container Linie, Hyundai Merchant Marine Co., Ltd., Kawasaki Kisen Kaisha, Ltd. (K Line), Orient Overseas Container Line, Inc. 등이 있다.

(나) 오세아니아항로

① ANZESC·ANSCON

ANZESC(Australian and New Zealand/Eastern Shipping Conference; 호주·뉴질랜드/극동해운동맹)·ANSCON(Australia Northbound Shipping Conference; 호주북향해운동맹)은 1991년 7월에 엔고에 따른 물량감소에 따른 운항합리화를 목적으로 결성되었으며, 회원선사로는 ANL, "K" Line, MOL, NYK, OOCL, ZIM 등이 있다.

② TFA

TFA(Australia/North &East Asia Trade Facilitation Agreement)는 무역실무법(현재는 2010년 경쟁 및 소비자법률) 제10부에 따라 1998년 5월에 등록되었으며, 오스트레일리아에서 동북아시아까지 효율적이고 경제적인 해운서비스를 촉진할 목적을 가지고 있다. 회원선사로는 COSCO Container Lines Co Ltd, Kawasaki Kisen Kaisha Ltd, Mitsui O.S.K. Lines Ltd, Nippon Yusen Kabushiki Kaisha, Orient Overseas Container Line, MSC Mediterranean Shipping Co. S.A., Hyundai Merchant Marine, Hamburg Sudamerikanische Dampschiffahrts-Gellschaft KG, China Shipping Container Lines Co Ltd 등이 있다.

③ AADA

AADA(Asia-Australia Discussion Agreement; 아시아-호주운임협정)는 취항항로는 한국, 일본, 홍콩, 중국, 대만 및 필리핀에서 호주이다. 회원선사로는 ANL Container Line Ltd., Kawasaki Kisen Kaisha, Ltd., Mitsui O.S.K. Lines, Ltd., Nippon Yusen Kaisha, Orient Overseas Container Line, Ltd., China Shipping Container Lines Co., Ltd., COSCO Container Lines, Ltd., Evergreen Marine Corp. (Taiwan) Ltd. 등이다.

④ ANZDA

ANZDA(Asia New Zeal Land Discussion Agreement)는 취항항로는 동북아시아(한국, 일본, 대만, 중국, 홍콩)와 동남아시아(싱가폴, 말레이시아, 인도네시아, 필리핀, 태국, 베트남)에서 뉴질랜드까지 및 그 반대의 항로이며, 회원선사로는 CMA CGM, COSCO Container Lines, Ltd., Hamburg Sud, Maersk Line, Mitsui O.S.K. Lines, Ltd., Nippon Yusen Kaisha, Orient Overseas Container Line, Ltd., Pacific International Lines Pte Ltd., Swire Shipping 등이 있다.

㈐ 동남아항로

① IADA

IADA(Intra Asia Disussion Agreement; 아시아역내항로 운임협정)는 1992년 2월 25일에 상호협정 및 합의를 통한 아주 역내 선사의 수익성 제고, SVC 개선, 항로안정화 도모, 선사간 협의창구 마련으로 시장상황에 대한 공동대처를 모색할 목적으로 결성되었으며, 발착항로는 한국, 일본, 필리핀, 대만, 중국, 홍콩, 미얀마, 브루나이, 싱가폴, 말레이시아, 인도네시아, 태국, 캄보디아, 베트남 등이다.

회원선사로는 ANL, APL, Biendong, Cheng Lie, China Shipping, CMA CGM, Coscon, Emirates, Evergreen, Gold Star, Gemadept, Hanjin, Hapag-Lloyd, Heung-A, Hyundai, Interasia, "K" Line, KMTC, MCC Transport, NYK, OOCL, PIL, RCL, Samudera, Sinokor, SITC, UASC, Wan Hai, Yang Ming 등이 있다.

② 동남아정기선사협의회

동남아정기선사협의회(동남아항로)는 1979년 10월 1일에 동남아정기선사간 과당경쟁 방지, 안정적 서비스 제공에 의한 교역증대를 목적으로 결성되었으며, 회원선사로는 한진해운, 현대상선, 고려해운, STX팬오션, 장금상선, 흥아해운, 남성해운, 양해해운(2011년 가입) 등이 있다.

③ 한/인니운임동맹

한/인니운임동맹(인도네시아항로)은 1981년 9월 1일에 해운협정 체결전에 민간해운 교류를 통한 교역증대를 목적으로 결성되었으며, 회원선사로는 동남아해운, 흥아해운, ADMIRAL, DJKARTA, KARAMA, GESURI, SAMUDERA, TRIKORA 등이 있다.

④ KNFC(한국근해수송협의회)

KNFC(Korea Nearsea Freight Conference; 한국근해수송협의회)는 한일항로이며, 1991년 11월 1일에 안정적 선복량공급으로 수출입화물의 운송원활화, 적정운임률을 통한 한일항로의 질서유지, 한일간의 교역을 촉진할 목적으로 결성되었으며, 회원선사로는 고려해운, 남성해운, 동남아해운, 동영해운, 동진상선, 범주해운, 양해해운, 장금상선, 천경해운, 태영상선, 팬스타라인닷컴(Pan Star), 한진해운, 흥아해운, COSCO Korea, SINOTRANS, STX Pan Ocean 등이 있다.

⑤ YLSC(황해정기선사협의회)

YLSC(Yellow Sea Liner's Committee; 황해정기선사협의회)는 한중항로이며, 1994년 7월 1일에 과당경쟁방지, 중국에 대한 정보의 통일집약, 직항로 개설에 따른 안정서비스 제공에 의한 교역증대를 목적으로 결성되었으며, 회원선사로는 China Shipping, CK Line, Co-Heung, Coscon, CQH Line, CSC Line, DDCL, Dong Young, EAS Datong, Hanjin, Han Sung, Heung-A, Hyundai, KMTC, Namsung, NBOS Line, New Orient Lines, Pan Continental, STX Pan Ocean, Sinokor, Sinotrans 등이 있다.

㈔ 중동항로

① IRA

IRA(Informal Rate Agreement)은 취항항로는 Japan, Korea, PRC, Hong Kong,Taiwan, Vietnam, Thailand, Philippines, Singapore, West Malaysia, Indonesia and ports in the Middle East Gulf (including ports in the UAE, Bahrain, Qatar, Kuwait, Iran, Iraq, Oman and Saudi Arab ports on the Gulf)으로서, 1993년 초에 운임인상을 위한 기존동맹과 비동맹선사간 의견차이를 해소할 목적으로 결성되었으며, 회원선사로는 AMERICAN PRESIDENT LINES, LTD., CHINA SHIPPING CONTAINER LINES CO., LTD, CMA CGM &ANL, COSCO CONTAINER LINES, CSAV NORASIA LINER SERVICES, EVERGREEN LINE, HAPAG-LLOYD AG, HAFIZ DARYA SHIPPING LINES, HANJIN SHIPPING CO., LTD , HYUNDAI MERCHANT MARINE, MEDITERRANEAN SHIPPING COMPANY, NIPPON YUSEN KAISHA, ORIENT OVERSEAS CONTAINER LINE LTD, PACIFIC INTERNATIONAL LINES (PTE) LTD, UNITED ARAB SHIPPING CO. (S.A.G.), WAN HAI LINES LTD., YANGMING MARINE TRANSPORT CORP., T.S. Lines Ltd. 등이 있다.

② IRSA

IRSA(Informal Red Sea Agreement)은 취항항로는 한국, 일본, 중국, 홍콩, 대만, 싱가폴, 서말레이시아, 태국, 필리핀, 인도네시아, 베트남 및 홍해 국가(이집트, 요르단, 사우디아라비아, 예맨, 지부티)으로서, 회원선사로는 AMERICAN PRESIDENT LINES, LTD, CMA CGM &ANL, COSCO CONTAINER LINES, CSAV NORASIA LINER SERVICES, EVERGREEN LINE, HANJIN SHIPPING CO., LTD, HAPAG-LLOYD AG, PACIFIC INTERNATIONAL LINES, UNITED ARAB SHIPPING CO., YANGMING MARINE TRANSPORT

CORP. 등이 있다.

③ ISAA

ISAA(Informal South Asia Agreement)는 취항항로는 한국, 일본, 중국, 홍콩, 대만, 베트남, 태국, 필리핀, 싱가폴, 서말레이시아, 인도네시아, 파키스탄, 스리랑카 및 방글라데시로서, 회원선사로는 AMERICAN PRESIDENT LINES, LTD, CMA CGM &ANL, COSCO CONTAINER LINES, CHENG LIE NAVIGATION CO., LTD, EVERGREEN LINE, HANJIN SHIPPING CO., LTD, HAPAG-LLOYD AG, HYUNDAI MERCHANT MARINE, KOREA MARINE TRANSPORT CO. LTD., NIPPON YUSEN KAISHA, ORIENT OVERSEAS CONTAINER LINE LTD, PACIFIC INTERNATIONAL LINES (PTE) LTD, RCL FEEDER PTE LTD., THE SHIPPING CORPORATION OF INDIA LTD, SAMUDERA SHIPPING LINE, UNITED ARAB SHIPPING CO. (S.A.G.), WAN HAI LINES LTD., YANGMING MARINE TRANSPORT CORP., T.S. Lines Ltd. 등이 있다.

(마) 아프리카항로

① WAFENS

WAFENS(West Africa Far East Freight Conference)는 나이지리아, 베냉, 토고, 가나, 아이보리 코우스트(코트디부아르의 옛이름), 리베리아, 시에라리온, 기니, 기니비사우, 잠비아, 세네갈에서 극동까지이며, 회원선사로는 COSCO Shipping Co., Ltd., Gold Star Line, Ltd. 등이 있다.

(바) 기타 제휴협정

대표적인 제휴협정(Alliance)은 G6 Alliance(아시아-유럽항로), CKYH the green alliance 등으로서, 항로의 선박배정, 터미널, 장비, 서비스 등을 공동으로 이용한다.

① WG6 제휴협정(G6 Alliance)

G6 제휴협정(G6 Alliance; 아시아-유럽항로)은 1998년 1월에 결성된 TNWA(The New World Alliance)와 1996년 1월에 결성된 GA(Grand Alliance)가 2011년 12월에 결성하여 아시아·유럽·지중해 지역에 총 7개 항로에 대하여 조인트서비스를 실시하고 있는 것으로서, TNWA 소속의 현대상선(Hyundai Merchant Marine Co.; 한국), APL(싱가포르, 6위), MOL(Mitsui O.S.K. Lines Ltd.; 일본, 10위)과 GA 소속의 하팍로이드(Hapag-Lloyd, 독일, 4위), NYK(Nippon Yusen Kaisha; 일본, 12위), OOCL(Orient Overseas Container Line; 홍콩, 13위) 등 6개 글로벌 컨테이너선사들의 협력체이다. 기항지로서는 아시아는 한국(부산과 광양), 중국(상하이, 닝보 등 8개 항구), 유럽은 영국(사우샘프턴, 탬즈포트), 독일(함부르크, 브레머하펜), 네덜란드(로테르담), 프랑스(르아브르), 발틱지역

은 폴란드 그단스크와 스웨덴 고텐부르크, 지중해는 이탈리아(제노바), 프랑스(포쉬르메르), 스페인(바로셀로나, 발렌시아), 이집트(다미에타), 흑해는 터키(이스탄불), 우크라이나(오데사), 이스라엘(아슈도드), 중동 및 아프리카 지역은 사우디아라비아(제다), 아랍에미리트(제벨알리), 오만(살랄라), 이집트(포트사이드), 모르코(탕헤르), 스리랑카(콜롬보) 등이다. 또한, 2013년 5월에는 아시아-북미동안 항로까지 서비스를 확대하였으며, 2014년 2분기부터는 아시아-북미서안, 대서양 항로를 추가함으로써 운영노선의 수는 29개이며 공동운항 선박의 수는 240여척이 되었다.

② CKYHE alliance

CKYH the green alliance는 COSCO(중국), K-line(일본), 양밍(대만), 한진해운(한국)의 협력체로서, 2012년에 한진해운이 소속된 United Alliance가 해산되고, 그 다음 년도인 2013년 1월에 출범하였다.

CKYH alliance가 세계 4위 선사인 대만의 에버그린(evergreen)과 손잡고 2014년 3월 1일에 CKYHE alliance를 출범시켰으며, 지중해를 포함한 아시아-유럽항로에 총 109척의 선박을 투입하여 총 10개의 노선으로 서비스를 대폭 확대하였다. 참여선사는 기존의 4개에 에버그린이 추가됨으로써 5개 선사이다.

③ P3 Network

P3 Network는 세계 최대의 얼라이언스로서, Maer나, MSC, CMA, CGM의 협력체이며, 아시아-유럽항로, 태평양횡단황로 및 대서양항로 2개 노선에 255척의 선박을 투입하였다.

3. 해운동맹의 운영

해운동맹은 대내적으로는 동맹내부간의 경쟁을 최소화하기 위하여 운임협정(rate agreement), 배선협정(sailing agreement), 공동계산협정(pool agreement) 등의 방법을 채택하고 있으며, 대외적으로는 맹외선사(outsider)의 활동을 억제하기 위하여 맹외대항선(fighting ship)을 운영하는 한편 한편 화주들을 동맹에 구속하기 위한 각종 계약제도를 실시하고 있다.

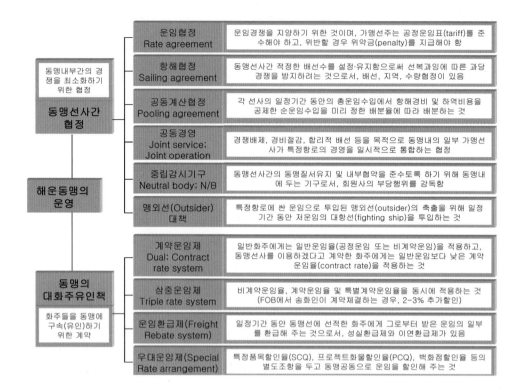

동맹선사간 협정 (동맹내부간의 경쟁을 최소화하기 위한 협정)	운임협정 Rate agreement	운임경쟁을 지양하기 위한 것이며, 가맹선주는 공정운임표(tariff)를 준수해야 하고, 위반할 경우 위약금(penalty)를 지급해야 함
	항해협정 Sailing agreement	동맹선사간 적정한 배선수를 설정·유지함으로써 선복과잉에 따른 과당경쟁을 방지하려는 것으로서, 배선, 지역, 수량협정이 있음
	공동계산협정 Pooling agreement	각 선사의 일정기간 동안의 총운임수입에서 항해경비 및 하역비용을 공제한 순운임수입을 미리 정한 배분율에 따라 배분하는 것
	공동경영 Joint service; Joint operation	경쟁배제, 경비절감, 합리적 배선 등을 목적으로 동맹내의 일부 가맹선사가 특정항로의 경영을 일시적으로 통합하는 협정
	중립감시기구 Neutral body; N/B	동맹선사간의 동맹질서유지 및 내부협약을 준수토록 하기 위해 동맹내에 두는 기구로서, 회원사의 부당행위를 감독함
	맹외선(Outsider) 대책	특정항로에 싼 운임으로 투입된 맹외선(outsider)의 축출을 위해 일정기간 동안 저운임의 대항선(fighting ship)을 투입하는 것
동맹의 대화주유인책 (화주들을 동맹에 구속(유인)하기 위한 계약)	계약운임제 Dual; Contract rate system	일반화주에게는 일반운임율(공정운임 또는 비계약운임)을 적용하고, 동맹선사를 이용하겠다고 계약한 화주에게는 일반운임보다 낮은 계약운임율(contract rate)을 적용하는 것
	삼중운임제 Triple rate system	비계약운임율, 계약운임율 및 특별계약운임율을 동시에 적용하는 것 (FOB에서 송화인이 계약체결하는 경우, 2~3% 추가할인)
	운임환급제(Freight Rebate system)	일정기간 동안 동맹선에 선적한 화주에게 그로부터 받은 운임의 일부를 환급해 주는 것으로서, 성실환급제와 이연환급제가 있음
	우대운임제(Special Rate arrangement)	특정품목할인율(SCQ), 프로젝트화물할인율(PCQ), 백화점할인율 등의 별도조항을 두고 동맹공동으로 운임을 할인해 주는 것

(표 왼쪽 최상단: 해운동맹의 운영)

(1) 동맹멤버간의 협정

(가) 운임협정(Rate Agreement)

운임협정은 해운동맹에 공통되는 기본적인 협정으로서 운임경쟁을 지양하는 것이 목적이다. 이 협정에는 운임수준을 정하는 방법(fixed rate agreement), 운임의 최저수준만을 정하는 방법(minimum rate agreement), 항로사정에 따라 운임률을 정하지 않는 자유품목(Open Rate)이 있으며, 어떠한 방법도 실질적인 효과에는 변함이 없다.

이와 같이 운임률을 정해 공표하는 것을 公定 또는 表定運賃表(tariff)라 하는데, 가맹선주는 협정된 공정운임표(Tariff)를 준수해야 하며, 이를 위반할 경우에는 위약금(penalty)을 지급해야 한다. 운임률의 변경은 동맹의 총회에서 결정하게 된다.

(나) 항해협정(Sailing Agreement)

항해협정은 동맹선사간에 적정한 배선수를 설정·유지함으로써 선복과잉에 의한 과당경쟁을 방지하려는 것으로 단순한 운임협정보다 강화된 경쟁방지수단이다. 이는 특정항로상의 배선선복량을 동맹선사별로 할당하고, 발착일시 등 항해수의 제한(배선협정), 발항지 및 기항지의 제한(지역협정), 적취화물의 종류나 수량에 대한 제한(수량협정) 등을 협정하고, 초과분에 대하여는 위약금(penalty)을 부과한다.

㈐ 공동계산협정(Pooling Agreement)

공동계산협정은 동맹선사간의 이해조화, 구속력 강화 및 집화경쟁의 격화를 방지하기 위하여 각선사가 특정항로에서 일정기간동안 벌어 들인 운임에서 소정의 항해경비 및 하역비용 등을 공제하고 나머지 순운임수입을 미리 정한 배분율(pool point)[5]에 따라 배분하는 운임공동계산제(Freight pool)와 물량을 기준으로 하는 Tonnage Pool이 있다.

㈑ 공동경영(Joint Service; Joint operation)

공동경영은 경쟁배제, 경비절감, 합리적 배선 등을 목적으로 동맹내의 몇몇 가맹선사가 특정항로의 경영을 일시적으로 통합하는 협정이다. 이 경우 동맹선사는 각자의 독립성을 유지하면서 특정항로의 선박 및 시설 등을 특정 동맹선사에 위탁하는 방법과 경영의 일부분씩을 각사가 분담하는 방법이 있으며, 수익은 매결산기마다 정해진 비율에 따라 배분한다.

㈒ 중립감시기구(Netural Body; N/B)

중립감시기구는 동맹선사간의 동맹질서유지 및 내부협약을 준수토록 하기 위해 동맹내에 두고 있는 기구로서, 회원사의 부당행위(malpractice)를 감독하고, 위반시에는 이를 적발하여 범칙금(penalty)을 부과한다.

㈓ 맹외선(Outsider)대책

통상적으로 동맹에 가입하지 않은 맹외선(outsider) 또는 비동맹선(nonconference)은 동맹선(member liner)에 대항하기 위하여 동맹선의 운임보다 10-20%의 싼 운임으로 정기항로에 운항한다. 이러한 경우 특정항로에서 맹외선의 축출을 위해 맹외선이 취항하는 항구에 일정기간동안 대항선(fighting ship)을 투입, 채산을 무시한 저운임으로 맹외선을 공격하여 맹외선의 취항을 단념케 하려는 방법을 채택한다.

(2) 해운동맹의 대화주유인책

단일운임(Single Rate)은 동맹의 품목별 기본운임으로서, 공정운임률(tariff)을 말하며, 화주를 유인하기 위하여 경우에 따라서는 다음과 같이 탄력적으로 운용한다.

㈎ 계약운임제(Dual or Contract Rate System)

계약운임제는 일반화주에게는 일반운임률(공정운임률), 즉 비계약운임률(non-contract

---

5) 각 동맹사의 과거의 실적에 따라 정한 비율로서, 보통 6개월 또는 1년을 기준으로 정산한다.

rate)을 적용하고, 동맹선에만 선적하겠다는 계약을 체결한 화주에게는 일반운임률 (non-contract rate)보다 낮은 운임률, 즉 계약운임률(contract rate)을 적용하는 제도로서, 이중운임제라고도 한다.

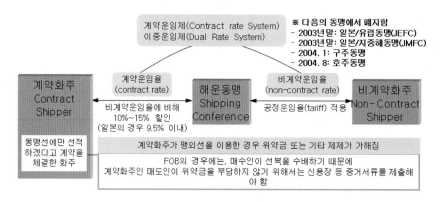

(나) 삼중운임제(Three Tier Rate; Three Decker; Triple Rate System)

삼중운임제는 비동맹선과의 경쟁에서 화주를 충분히 확보하기 어려운 경우 계약운임 률과 비계약운임률 이외에 특별계약운임률을 추가하여 이 3가지 운임률을 동시에 적용 하는 제도로서, 예를 들어 FOB계약에서 매수인의 요구에 따라 비동맹선을 이용해야 되 는 경우에도, 송화인이 동맹선을 이용하면 계약운임률의 약 2-3%의 추가할인을 받게 된다.

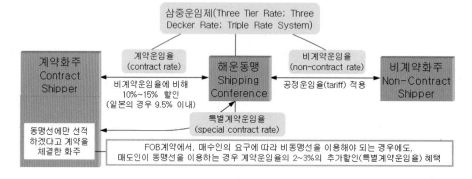

(다) 운임환급제(Freight Rebate System)

운임환급제는 일정기간동안 동맹선에 선적한 화주에게 그로부터 받은 운임의 일부 를 환급해주는 동맹선사의 일방적인 의사에 의한 특혜를 말한다.

① 성실환급제(Fidelity Rebate System; FRS)

성실환급제는 화주가 동맹과 미리 계약을 맺지 않고도 일정기간동안(4개월) 동맹선 을 이용했다는 선적명세서(loyalty declaration)를 제시, 리베이트를 요청하면 운임의 일 정율(약 9.5%의 범위내)을 환급하는 제도로서, DRS와 달리 일정계산기간(account period)이 지난 후에는 유보기간(deferred period)없이 즉시 지급한다.

여기에서 계산기간은 화주가 동맹선에 선적한 일정기간을 의미하고, 유보기간은 계산기간이 지난후 동맹선에 선적해야 하는 일정기간을 의미한다.

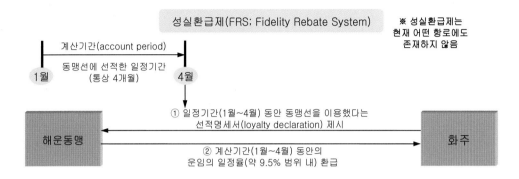

② 이연환급제(Deferred Rebate System; DRS)

이연환급제는 FRS보다 환급시기가 한 기간 늦어지는 제도로서, 화주가 일정기간(통상 6개월)을 동맹선에만 선적하고 계속해서 다음의 일정기간에도 동맹선에만 선적할 경우에 한해서 화주에게 앞의 기간의 운임의 일정율을 환급해 주게 된다.

예를 들면 A기간(계산기간)의 운임에 대해 환급받을려면 B기간(유보기간)에도 동맹선을 이용해야 하고, B기간(계산기간)의 운임에 대해 환급을 받으려면 C기간(유보기간)에도 동맹선을 이용해야 한다. 이 제도는 운임을 환급받기 위해서는 계속하여 동맹선을 이용해야 하기 때문에 화주를 계속해서 구속하게 된다.

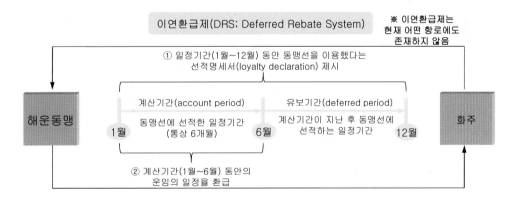

㈜ 우대운임제(Special Rate Arrangement)

우대운임제는 미신해운법의 우대운송계약(Service Contract; S/C), 기간별 물량별 운임률(Time Volume Rate; TVR)과 같이 구주운임동맹(FEFC)이 공정운임표(tariff)에 반송화물, 전시회용품, 자선품 등의 특정품목에 할인해 주는 특정품목할인율(special commodity quotation; SCQ), 프로젝트화물 할인율(project cargo quotation; PCQ), 백화점 할인율(department store arrangement) 등의 별도조항을 두고 동맹공동으로 운임을 할인해 주는 제도를 말한다.

IV. 부정기선운송

1. 부정기선과 용선운송계약

(1) 용선운송계약의 의의

용선운송계약(contract of affreightment by charter party; contract of sea carriage by charter party)이란 해상운송인(선주)이 항해의 전기간 또는 항해에 대하여 일정한 기간동안 선복의 일부 또는 전부를 제공하여 물품을 운송하기로 약정하고, 용선자(charterer)가 그 보수로서 운임을 지급하기로 약정하는 계약을 말한다.

용선계약은 크게 선복의 일부를 빌리는 일부용선계약(partial charter)과 전부를 빌리는 전부용선계약(whole charter)으로 구분되며, 전부용선계약은 용선형태에 따라 다시 ① 항해용선계약(voyage charter), ② 기간(정기)용선계약(time charter), ③ 나용선계약(bareboat charter) 혹은 선박임대차계약(demise charter)으로 구분된다.

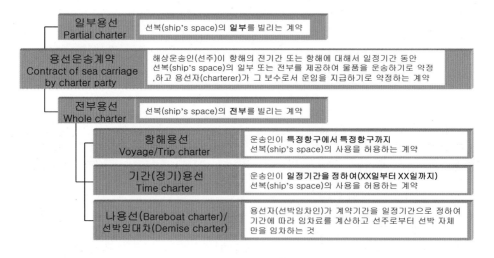

(개) 일부용선계약(partial charter)

일부용선계약(partial charter)은 용선운송계약시에 선복의 일부를 빌리는 경우에 체결되는 계약을 말한다.

450

⒣ 전부용선계약(whole charter)

전부용선계약(whole charter)은 용선계약시에 선복의 전부를 빌리는 경우에 체결되는 계약을 말한다.

① 항해용선계약(voyage or trip charter)

항해용선계약(voyage or trip charter)은 특정항구에서 특정항구까지를 서로가 합의한 운송조건으로 만선화물 또는 부분화물의 운송을 위해 운송인(선주)이 용선자(화주)에게 선복의 사용을 허용하는 계약을 말한다.

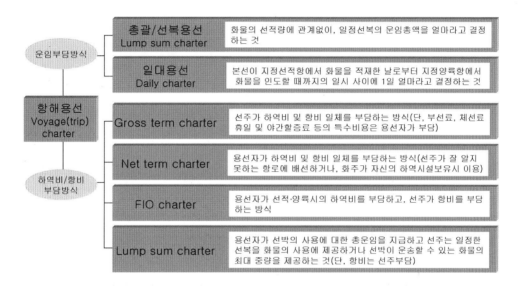

통상적으로 항해용선계약은 운임을 톤당 얼마로 하여 화물의 실제선적량에 따라 책정하지만, 항해용선계약의 변형으로서 운임결정방식에 따라 총괄용선계약(lump-sum charter)과 일대용선계약(daily charter)으로 구분되고, 하역비, 항비 등의 운임을 선주와 용선자 중 누가 부담하는지에 따라 gross term charter, net term charter, F.I.O charter 및 Lump-sum charter로 구분된다.

② 기간(정기)용선계약(time charter)

기간 또는 정기용선계약(time charter)은 일정기간을 정하여 용선하는 계약으로서, 용선자(화주)가 일정기간 연속해서 대량화물을 운송할 필요가 있을 경우에 주로 이용된다.

선주는 일체의 선박부속용구를 갖추고 선원을 승선시키는 등 선박의 운항상태를 갖추어 선박을 소정의 항구에서 용선자에게 인도하고, 선원의 급료, 식료, 보험료, 수선비 및 본선에 관한 제세금 등 통상의 선비를 부담한다. 반면 용선자는 선주에게 용선료(charterage)를 지급하고, 연료비, 항비 등의 운항비를 부담한다.

③ 나용선계약(bare boat charter; demise charter)

나용선계약(bare boat charter; demise charter)는 용선자(선박임차인)가 계약기간을 일정 기간으로 정하여 기간에 따라 임차료를 계산하고 선박소유자로부터 선박 자체만을 임차 하여 선장, 선원, 항비, 수선비 및 보험료 등 모두를 용선자가 부담하는 경우를 말한다.

(2) 용선운송계약의 체결

용선계약은 화물운송을 위한 선복(ship's space)을 구하는 화주(용선자; charterer)와 선복의 제공자인 선주간에 직접 체결되는 경우도 있지만, 통상적으로 용선중개인 (charter broker)을 통해서 체결된다.

용선계약은 다음에 설명하는 것처럼, 조회(inquiry) → 확정청약(firm offer) → 반대 청약(counter offer) → 승낙(acceptance) → 선복확정서(fixture note)의 작성 → 용선계 약서(charter party; C/P)의 작성의 순으로 이루어진다.

용선계약을 체결하기 위하여 먼저 화주는 자기의 화물을 운송할 선박을 수배하기 위하여 용선중개인(charter broker)을 통하여 화물의 수량, 선적항, 양륙항, 선적의 시 기, 운임 등 모든 조건에 적합한 선박을 주선해 주도록 중개를 의뢰한다. 화주의 의뢰 를 받은 중개인은 화주의 제조건에 적합한 선복의 유무를 선박회사에 조회(Inquiry)하 게 된다. 조회(Inquiry)를 받은 선박회사는 화주가 요구하는 제 조건과 운항채산을 검 토한 후, 계약에 필요한 제조건 및 유효기간을 명시하여 화주에게 용선계약의 체결을 신청하게 된다. 이를 선복을 위한 확정청약(Firm offer)이라 한다.

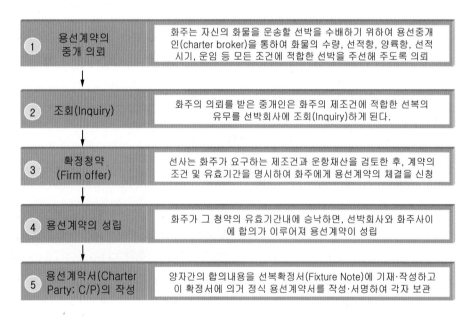

1	용선계약의 중개 의뢰	화주는 자신의 화물을 운송할 선박을 수배하기 위하여 용선중개인(charter broker)을 통하여 화물의 수량, 선적항, 양륙항, 선적 시기, 운임 등 모든 조건에 적합한 선박을 주선해 주도록 의뢰
2	조회(Inquiry)	화주의 의뢰를 받은 중개인은 화주의 제조건에 적합한 선복의 유무를 선박회사에 조회(Inquiry)하게 된다.
3	확정청약 (Firm offer)	선사는 화주가 요구하는 제조건과 운항채산을 검토한 후, 계약의 조건 및 유효기간을 명시하여 화주에게 용선계약의 체결을 신청
4	용선계약의 성립	화주가 그 청약의 유효기간내에 승낙하면, 선박회사와 화주사이 에 합의가 이루어져 용선계약이 성립
5	용선계약서(Charter Party; C/P)의 작성	양자간의 합의내용을 선복확정서(Fixture Note)에 기재·작성하고 이 확정서에 의거 정식 용선계약서를 작성·서명하여 각자 보관

선박회사가 제시한 유효기간내에 화주가 그 청약을 승낙하는 의사를 표시하면 선박회사와 화주사이에 합의가 이루어져 용선계약이 성립하게 된다. 양자간에 합의된 계약의 주요 조항을 선복확정서(fixture note)에 기재·작성한 후, 화주, 선주 및 중개인 등의 계약당사자가 각각 서명하여 한 통씩 보관한다. 선복확정서에 의거 정식 용선계약서(Charter Party; C/P)를 작성한 후, 계약당사자가 각각 서명하여 한 통씩 보관한다.

2. 부정기선의 운임단위

운임은 일반상품의 가격에 해당되며, 선복의 수급(물동량과 선복량)에 따라 선주가 전 비용을 부담하고도 적정이윤을 얻을 수 있는 선에서 결정된다. 이와 같이 운임은 통상적으로 물동량과 선박의 적재능력에 따라 산출되는 바, 선박의 적재능력은 중량과 용적의 양면에서 제한을 받으므로 화물의 성격에 따라 운임단위(freight basis)가 달라진다.

중량을 기준으로 운임이 결정되는 경우는 철강, 시멘트, 철광석 등의 중량화물(weight cargo)이고, 용적을 기준으로 운임이 결정되는 경우는 원면, 양모, 목재 및 자동차, 가구, 구조물 등의 용적화물(measurement cargo)이다. 기타 고가화물인 경우에는 용적이나 중량을 기준으로 하지 않고 상품 가격을 근거로 한 종가운임(ad valorem freight)이 적용된다.

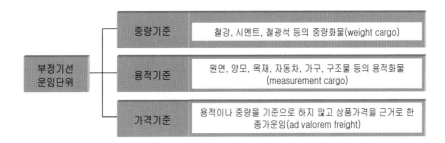

3. 항해용선의 주요내용

(1) 하역비부담조건

하역이란 선박 등으로 운송되는 물품의 적재(loading), 적부(stowage), 양륙(unloading; discharging) 등의 작업을 총칭하는 것을 말하고, 선내하역이란 물품이 선창에 내려진 후에 행해지는 적부(stowage), 정리(trim), 결박(lashing) 등의 작업을 말한다. 물품의 적재, 양륙뿐만 아니라 물품이 선창에 내려진 후에 행해지는 선내하역의 비용(선내하역비)의 부담자가 문제로 되는 경우가 많다.

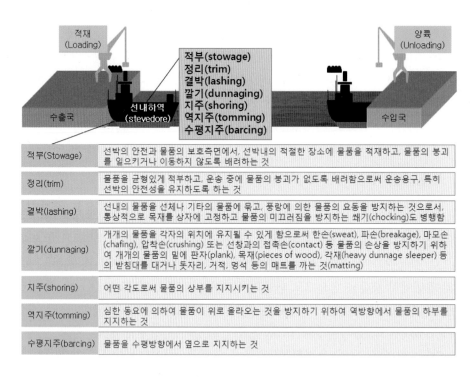

적부(Stowage)	선박의 안전과 물품의 보호측면에서, 선박내의 적절한 장소에 물품을 적재하고, 물품의 붕괴를 일으키거나 이동하지 않도록 배려하는 것
정리(trim)	물품을 균형있게 적부하고, 운송 중에 물품의 붕괴가 없도록 배려함으로써 운송용구, 특히 선박의 안전성을 유지하도록 하는 것
결박(lashing)	선내의 물품을 선체나 기타의 물품에 묶고, 풍랑에 의한 물품의 요동을 방지하는 것으로서, 통상적으로 목재를 상자에 고정하고 물품의 미끄러짐을 방지하는 쐐기(chocking)도 병행함
깔기(dunnaging)	개개의 물품을 각자의 위치에 유지될 수 있게 함으로써 한손(sweat), 파손(breakage), 마모손(chafing), 압착손(crushing) 또는 선창과의 접촉손(contact) 등 물품의 손상을 방지하기 위하여 개개의 물품의 밑에 판자(plank), 목재(pieces of wood), 각재(heavy dunnage sleeper) 등의 받침대를 대거나 돗자리, 거적, 멍석 등의 매트를 까는 것(matting)
지주(shoring)	어떤 각도로써 물품의 상부를 지지시키는 것
역지주(tomming)	심한 동요에 의하여 물품이 위로 올라오는 것을 방지하기 위하여 역방향에서 물품의 하부를 지지하는 것
수평지주(barcing)	물품을 수평방향에서 옆으로 지지하는 것

적부(stowage)는 선박의 안전과 물품의 보호측면에서, 선박내의 적절한 장소에 물품을 적재하고, 물품의 붕괴를 일으키거나 이동하지 않도록 배려하는 것이고, 정리(trimming)는 물품을 균형있게 적부하고, 운송 중에 물품의 붕괴가 없도록 배려함으로써 운송용구, 특히 선박의 안전성을 유지하도록 하는 것이고, 결박(lashing)은 선내의 물품을 선체나 기타의 물품에 묶고, 풍랑에 의한 물품의 요동을 방지하는 것으로서, 통상적으로 목재를 상자에 고정하고 물품의 미끄러짐을 방지하는 쐐기(chocking)도 병행하게 된다.[6]

참고로, 깔기(dunnaging)는 개개의 물품을 각자의 위치에 유지될 수 있게 함으로써 한손(sweat), 파손(breakage), 마모손(chafing), 압착손(crushing) 또는 선창과의 접촉손(contact) 등 물품의 손상을 방지하기 위하여 개개의 물품의 밑에 판자(plank), 목재(pieces of wood), 각재(heavy dunnage sleeper) 등의 받침대를 대거나 돗자리, 거적, 멍석 등의 매트를 까는 것(matting)을 말하고, 지주(shoring)는 어떤 각도로써 물품의 상부를 지지시키는 것을 말하고, 역지주(tomming)는 심한 동요에 의하여 물품이 위로 올라오는 것을 방지하기 위하여 역방향에서 물품의 하부를 지지하는 것을 말하고, 수평지주(barcing)는 물품을 수평방향에서 옆으로 지지하는 것을 말한다.

적재, 적부, 양륙 등의 선내하역비(stevedore)[7]를 선주와 화주(용선자) 중 누가 부담

---

6) 新掘聰, 實戰 貿易取引, 日本經濟新聞, 1998, p.80.

해야 하는지를 명시해야 하는데, 선내하역비 부담조건은 다음과 같다.

① 정기선조건(Liner or Berth Terms)　적재 및 양륙시 모두 선주가 부담하는 조건으로서, 정기선운송에 사용된다. 정기선운송의 경우에는 화주가 지급한 운임에 선적, 양륙 등의 하역비용이 모두 포함되어 있기 때문에 선적과 양륙에 소요되는 비용은 선주가 부담하는 것이다.

② 적재양륙무책(F.I.O.; Free In and Out)　적재(In) 및 양륙(Out)시 모두 화주가 부담하는 조건이다. 여기에서 "Free"는 선주가 선내하역비를 부담하지 않는 것을 의미하고, "In"은 선적시를 의미하고,, "Out"은 양륙시를 의미한다.

③ 적재무책(F.I.; Free In)　적재시는 화주가 부담하고 양륙시는 선주가 부담하는 조건이다.

④ 양륙무책(F.O.; Free Out)　F.I.와는 반대로 적재시는 선주가 부담하고 양륙시는 화주가 부담하는 조건이다.

⑤ 적재양륙 및 적부무책(F.I.O.S; Free In, Out and Stowage)　적재(In), 양륙(Out) 및 적부(Stowage)시 모두 화주가 부담하는 조건이다.

⑥ 적재양륙적부 및 정리무책(F.I.O.S.T; Free In, Out, Stowage and Trimming)　적재(In), 양륙(Out), 적부(Stowage) 및 정리(Trimming)시 모두 화주가 부담하는 조건이다.

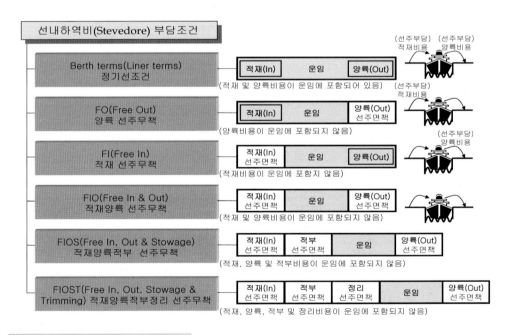

---

7) 한편, 용선자의 하역비(charterers' stevedore)는 시멘트, 광석, 소금 등과 같이 용선자측이 숙련 인부를 사용하여 하역(적재와 양륙)을 해야 할 필요가 있을 경우에 용선자가 지정하여 사용하는 선내하역인부(stevedore)를 말한다.

(2) **정박기간의 표시**

　정박기간(Laydays; Laytime)이란 화주가 계약화물의 전량을 용선한 선박에 적재 또는 양륙할 수 있도록 그 선박을 선적항 또는 양륙항에 정박시킬 수 있는 기간을 말한다. 계약당사자는 서로 약정한 정박기간을 용선계약서에 기재하고, 화주가 약정된 정박기간내에 하역을 끝내지 못하여 그 기간을 초과한 경우에는 그 초과 정박기간에 대해 체선료(demurrage)를 지급하여야 하고, 반대로 약정된 정박기간보다 빨리 하역을 종료하면 조출료(despatch money)를 받게 된다.

　정박기간의 약정방법에는 화물의 종류, 적양지의 상황 및 관습에 따라 다음의 3종류가 사용된다.

① 관습적 조속하역(Customary Quick Despatch; CQD) : 해당 항구의 관습적 하역방법 및 하역능력에 따라 가능한 한 빨리 적재 및 양륙을 실시하는 조건을 말한다. 이 조건에서 불가항력에 의한 하역불능은 정박기간에서 공제하고, 일요일·공휴일이나 야간작업에 대해서는 특약이 없는 한 관습에 따른다.

② 연속 24시간(Running Laydays) : 우천, 스트라이크, 기타 불가항력 등 어떠한 원인에도 관계없이 하역의 개시시로부터 종료시까지의 모든 날짜를 정박기간에 산입하는 방법이다. 일요일이나 공휴일 제외라는 명시가 없는 한 정박기간에 산입되고, 야간하역은 화주의 이익을 위한 것이므로 야간 하역에 따른 초과시간(over time) 등의 모든 비용은 화주가 부담한다. 일반적으로 1일 몇 톤이라고 기재하여 1일의 책임수량을 표시한다.

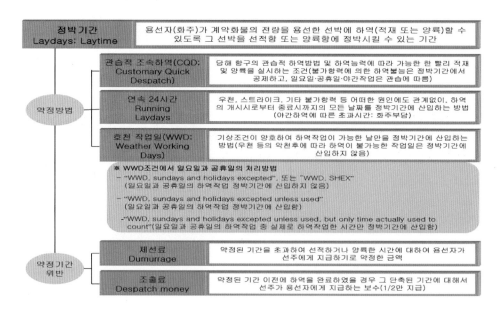

③ 호천 작업일(Weather Working Days; W.W.D.) 기상조건이 양호하여 하역작업이 가능한 날만을 정박기간에 산입하는 방법으로서, 우천 등의 악천후에 기인하여 하역이 불가능한 작업일은 정박기간에 산입되지 않는다. 화물의 종류에 따라 하역가능한 기상조건의 적용이 달라지기 때문에 이러한 문제를 해결하기 위해서는 선장과 화주가 협의하여 결정하는 것이 바람직하다. 이 조건에서 일요일이나 공휴일의 처리방법과 관련하여, "WWD, sundays and holidays excepted" 또는 "WWD, SHEX"는 일요일과 공휴일의 하역작업을 정박기간에 산입하지 않는 방법이고, "WWD, sundays and holidays excepted unless used"는 일요일과 공휴일의 하역작업을 정박기간에 산입하는 방법이고, "WWD, sundays and holidays excepted unless used, but only time actually used to count"는 일요일과 공휴일의 하역작업을 정박기간에 산입할 때, 실제로 하역작업한 시간만을 산입하는 방법이다.

V. 컨테이너운송

1. 컨테이너운송의 의의

(1) 컨테이너의 정의

컨테이너(container)는 화물운송 도중 화물의 이적없이 일관운송을 실현시킨 혁신적인 운송도구로서, 운송, 하역의 단위로서 일관운송을 가능하게 하며 용적, 형상 등이 각종 운송기관에서 사용하기에 적합하며 운송설비의 일부로서 반복사용 가능한 내구성이 있는 용기이다.

(2) 컨테이너운송의 이점

컨테이너화는 운송의 3대원칙인 경제성, 신속성, 안전성의 장점을 가지고 있어 물적유통부문의 포장, 운송, 하역 및 보관 등 운송의 전과정에 있어 혁신적인 운송도구로써 국제간 화물운송의 주종을 담당하고 있으며, 국내물류와 국제물류의 연결, 국제복합일관운송의 실현 등 무역에 있어서 다음과 같은 이점을 제공하고 있다.

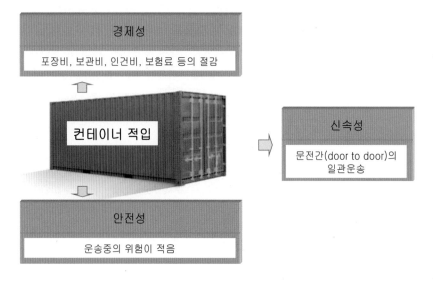

① 경제성 컨테이너는 그 자체의 포장역할로 포장비의 절감, 화물취급의 편리성과 운송의 신속성에 따른 해상 및 육상운임의 절감, 하역작업의 기계화와 간소화에 따른 인건비 등의 하역비의 절감을 실현할 수 있으며, CY 및 CFS 자체가 통관화물에 대한 보세창고의 역할하기 때문에 화물의 통관을 위한 별도의 창고비를 지출할 필요가 없어 보관비를 절감할 수 있으며, 사무절차의 간소화, 기계화에 따른 사무비, 인건비등 모든 비용을 절감할 수 있다.

② 신속성 해상운송과 부대운송과의 원만한 연결과 환적시의 하역시간을 단축함으로써 운송기간을 단축할 수 있으며, 사무절차의 간소화 및 일관운송에 따른 불필요한 단계를 제거함으로써 운송서류를 간소화할 수 있다.

③ 안전성 컨테이너 자체가 견고하고 밀폐되어 있어 하역작업상의 안전과 더불어 화물운송중의 위험에 대해 안전을 기할 수 있다.

(4) 컨테이너의 종류

컨테이너는 크기에 따라 20 피트 컨테이너(twenty-foot equivalent unit; TEU)와 40 피트 컨테이너(forty-foot equivalent unit; FEU)로 구분되며, TEU는 물동량의 산출을 위한 표준적인 단위로 사용되고 있으며, 컨테이너선의 적재능력을 표시하는 기준으로도 사용된다. 또한, 컨테이너는 재질에 따라, 철재를 사용하여 제작된 철재 컨테이너(Steel Container), 알루미늄을 사용하여 제작된 알루미늄 컨테이너(Aluminium Container), FRP를 합판 표면에 접착제로 붙인 강화플라스틱 컨테이너(Fiber Glass Reinforced Plastic Container)로 구분될 수 있다.

한편, 컨테이너는 용도에 따라 크게 표준컨테이너(standard container or dry van), 온도조절 컨테이너(thermal container), 그리고 특수컨테이너(special container)로 분류된다.

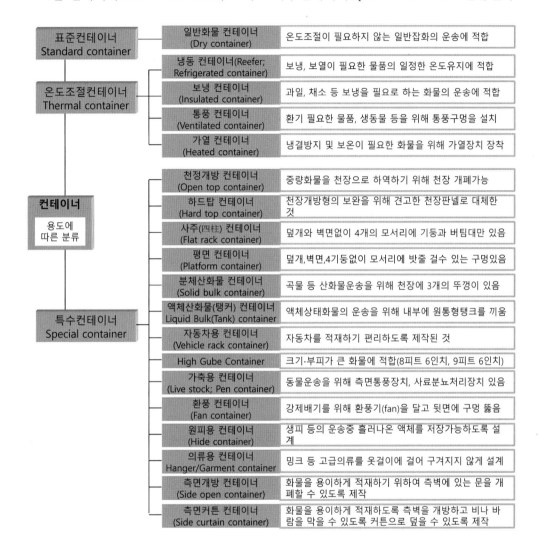

(가) 표준컨테이너(Dry Container)

표준컨테이너는 온도조절이 필요하지 않는 일반잡화의 운송에 적합한 가장 보편적인 컨테이너이다.

(나) 온도조절 컨테이너

온도조절 컨테이너는 온도관리를 필요로 하는 냉동품, 냉장품, 보온품 등의 화물을 운송하기 위해 각면이 단열되어 있는 다음의 컨테이너를 말한다.

① 냉동 컨테이너(Reefer or Refrigerated Container) 과일, 야채, 생선, 육류 등의 보냉이나 보열이 필요한 물품을 일정한 온도를 유지하여 운송하기 위해 제작된 컨테이너로서, +26℃에서 -28℃까지의 임의로 온도를 조절할 수 있다.

② 보냉 컨테이너(Insulated Container) 과일, 채소 등 보냉을 필요로 하는 화물을 운송하기 위하여 외벽에 보온재를 넣어 보냉 성능을 유지하고 있는 컨테이너를 말한다.

③ 통풍 컨테이너(Ventilated or Vent Container) 과실, 야채, 식료품 등과 같이 냉장할 필요는 없으나 환기가 필요한 화물, 생동물 등을 운송하기 위하여 통풍 구멍을 설치한 컨테이너를 말한다.

(다) 특수 컨테이너

① 천장개방 컨테이너(Open Top Container) 파이프, 목재 등의 장척화물이나 동제품, 기계류 등의 중량화물 등 천장으로 하역하는 것이 편리한 화물을 운송하기 위하여 컨테이너 천정을 개폐할 수 있도록 천막용 덮개(Canvas Cover)로 되어 있는 컨테이너를 말한다.

② 하드탑 컨테이너(Hard Top Container) 방수성이 나쁜 천장개방 컨테이너(Open top Container)를 보완하기 위하여 천장부분의 천막용 덮개(Canvas Cover)를 견고한 천장 판넬(Roof panel)로 대체한 컨테이너를 말한다.

③ 사주 컨테이너(Flat Rack Container) 기계류, 강재, 전주, 목재, 파이프 드럼 등의 화물을 운송하기 위하여 표준컨테이너(Dry Container)의 지붕과 벽을 제거한 것으로서, 덮개와 벽면이 없이 강도가 높은 바닥(Floor)과 4개의 모서리에 기둥과 버팀대만을 남겨 둔 컨테이너를 말한다.

④ 평면 컨테이너(Platform Container) 사주 컨테이너(Flat Rack Container)와 마찬가지로 중량화물이나 장척화물을 운송하기 위하여 사주 컨테이너의 네 기둥을 없앤 것과 같은 모양으로서, 모서리에 밧줄(Sling)을 걸 수 있는 구멍(Hole)이 있는 컨테이너를 말한다.

⑤ 벌크 컨테이너(Solid Bulk Container) 맥아, 소맥분이나 가축사료 등 입자나 가루로 되어 있는 산화물의 운송을 위하여 천정에 세 개의 뚜껑이 달려있는 컨테이너를 말한다.

⑥ 탱크 컨테이너(Tank Container) 유류, 술, 화학품 등의 액상화물을 운송하기 위하여 내부에 원통형의 탱크를 끼운 컨테이너를 말한다.

⑦ 자동차용 컨테이너(Vehicle Rack Container) 자동차를 적재하기 편리하도록 제작된 것으로서, 통상 2단으로 되어 있다.

⑧ 가축용 컨테이너(Live Stock Container) 살아있는 동물의 운송에 편리하도록 설계된 컨테이너로서, 측벽은 금속망으로 만들어서 통풍이 잘되게 하고, 사육을 위해 사

료나 분뇨의 처리장치가 되어 있다.

⑨ 팬 컨테이너(Fan Container) 생동물을 운반하기 위하여 표준 컨테이너(Dry Container)의 문 쪽에 강제 배기시킬 수 있는 환풍기(Fan)를 달고 그 반대 쪽인 뒷면(Rear Side)에는 구멍을 뚫어 공기가 공급되도록 한 컨테이너를 말한다.

⑩ 하이드 컨테이너(Hide Container) 생피나 액즙 등의 습한 화물을 운송하기 위하여 운송기간중에 흘러나온 액체를 저장할 수 있도록 설계된 컨테이너를 말한다.

⑪ 의류용 컨테이너(Hanger Container) 정장 신사복, 숙녀복 및 실크, 밍크 등의 고급 의류를 옷걸이에 걸어 구겨지지 않게 운송되도록 설계된 컨테이너를 말한다.

⑫ 틸테이너(Tiltainer) 화물을 용이하게 적재하기 위하여 천정과 측벽이 개방되어 있는 컨테이너로서, 천정이나 측벽에는 커버를 둘러서 비나 바람을 막을 수 있도록 되어 있으며, 주로 open top container에 적합한 화물이 적재된다.

2. 컨테이너선

컨테이너선은 선형에 따라 혼재형(Conventional Ship), 분재형(Semi-Container Ship), 전용형(Full-Container Ship), 바지운반선(Barge Carrier Ship)으로 구분되고, 하역장비의 유무에 따라 크레인장착 컨테이너선(Geared Contrainer Ship)와 크레인미장착 컨테이너선(Gearless Container Ship)으로 구분된다. 또한, 하역방식에 따라 LO/LO선(Lift on/Lift off), RO/RO선(Roll on/Roll off), FO/FO선(Float on/Float off; LASH)으로 구분된다.

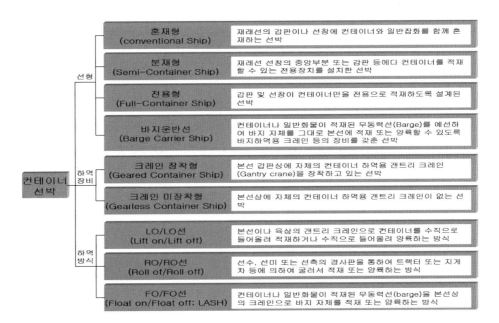

3. 컨테이너터미널과 내륙컨테이너기지

(1) 컨테이너터미널

컨테이너 터미널(Container Terminal)은 컨테이너 화물의 본선하역, 보관, 육상운송 기관에의 컨테이너 및 컨테이너화물의 인수·인도를 행하는 장소로서, 해상 및 육상의 접점인 부두에 위치하고 있다. 컨테이너 터미널은 화물의 하역이나 인도작업을 원활하게 하기 위하여 다음과 같은 시설을 갖추고 있다.

① 안벽(Berth) 선박을 접안시킬 수 있는 장소, 즉 항만내에서 선박을 계선시킬 수 있는 시설을 갖춘 접안장소를 말한다.

② 적양장(Apron) 부두 안벽에 접한 야드의 일부분으로 바다 위의 선박과 가장 가까이 접한 곳이며 폭은 갠트리크레인이나 하역기기의 종류에 따라 결정되지만 일반적으로 약 30-50m정도이다. 여기에는 캔트리크레인이 설치되어 있어 컨테이너의 적재 및 양륙이 이루어진다.

③ 마샬링야드(Marshalling Yard) 마샬링야드는 적재할 컨테이너나 양륙완료된 컨테이너를 정렬 및 보관하는 장소로서 적양장(Apron)과 인접하고 있다.

④ 컨테이너장치장(컨테이너야적장, Container Yard; CY) 컨테이너 한 개를 가득 채운 만재화물(FCL; Full Container Load)을 인수, 인도하고 보관하는 장소로서, 실무상으로는 Marshalling Yard, 적양장(Apron), CFS 등을 포함한 컨테이너 터미널의 의미로도 사용되고 있지만, 엄밀히 말하면 CY는 컨테이너 터미널의 일부이다. CY운영인(CY Operator)은 컨테이너의 관리, 이동, 본선에의 선적, 본선으로부터의 양륙을 행한다.[8]

⑤ 컨테이너조작장(컨테이너화물집화소, Container Freight Station; CFS) 화주의 의뢰를 받은 선사가 컨테이너 한 개를 채울 수 없는 소량화물(LCL; Less than Container Load)을 인수, 인도하고 보관하거나 컨테이너에 적입(Stuffing; Vanning) 또는 적출(Unstuffing; Devanning)작업을 행하는 장소를 말한다.

⑥ 사무소(Administration Office) 터미널 제시설을 관리·운영하는 장소로서, 통상적으로 터미널 입구에 설치된다.

⑦ 관제탑(Control Tower) 컨테이너 야드 전체가 내려다 보이는 곳에 위치하여, 본선 하역작업에 대한 계획, 지시, 감독과 컨테이너 야드 내의 배치계획 등의 지시·감독과 같이 컨테이너장치장(CY)의 작업을 통제하는 사령실로서 관제시설(control center)이라고도 부른다.

---

8) 부산항의 컨테이너 터미널(BOTOC)안에 있는 5, 6부두의 CY는 부두내 컨테이너장치장(On-Dock CY)이라고 부르며 컨테이너 터미널과 떨어져 있는 수영이나 감만 등지에 따로 설치된 CY는 부두밖 컨테이너장치장(Off-Dock CY)이라고 부른다.

⑧ 컨테이너정비소(Maintenance Shop) : 터미널에 있는 각종 하역기기나 운송 관련기기를 점검, 수리, 정비하기 위한 작업장소를 말한다.

⑨ 출입문(CY Gate) : FCL화물이나 공컨테이너 등 터미널을 출입하는 컨테이너가 통과하는 출입구로서, 주로 컨테이너의 이상유무, 통관봉인(seal)의 유무, 컨테이너 중량, 컨테이너화물의 인수에 필요한 서류 등의 확인이 행해진다.

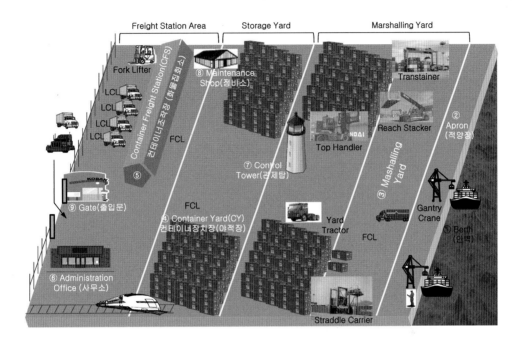

(2) 내륙컨테이너기지(ICD)

내륙컨테이너기지(ICD; Inland Clearance Depot; Inland Container Depot)는 내륙에 설치되어 있는 컨테이너통관기지로서, 일명 내륙데포 또는 내륙에 있는 항구(Inland Dry Port)라고도 한다. UNCTAD에 의하면 ICD는 "항만 혹은 공항이 아닌 공용내륙시설(common-user inland facility)로서, 공적기구(public authority)의 지위를 지니고 있으며, 공정설비를 갖추고, 여러 내륙운송형태에 의해 미통관된 상태에서 이송된 여러 가지 종류의 화물(컨테이너 포함)의 일시저장과 취급에 대한 서비스를 제공하고 있으며 세관의 통제하에 통관과 수출, 그밖에 즉시연계운송을 위한 일시적 장치, 창고보관, 일시상륙, 재수출 등을 담당하는 대리인들이 있는 곳"으로 정의되고 있다.[9]

---

9) UNCTAD, Multimodal Transport Workshop Handbook, 1987, ch. Ⅳ. p.19; 전일수, 국제복합운송시스템, 21세기한국연구재단, 1997, pp.348-349.

4. 컨테이너운송의 형태

컨테이너운송의 형태는 화물의 양이나 목적지 또는 집화방식에 따라 다르다. 즉, 화물이 컨테이너 한 개를 채우지 못하는 소량화물(less than container load; LCL)인가, 또는 컨테이너 한 개에 만재되는 만재화물(full container load; FCL)인가에 따라 결정된다.

(1) CY/CY(FCL/FCL; Door to Door)

CY/CY방식은 컨테이너의 장점을 최대로 활용한 방식으로서, 송화인의 생산공장 또는 창고에서 컨테이너에 만재한 화물(FCL)을 선적항 및 양륙항을 통과 최종목적지의 수화인의 창고까지 컨테이너의 개폐 없이 그대로 일관운송된다.

운송의 3대요소인 신속성, 안전성, 경제성을 최대한 충족할 수 있으며, 송화인과 수화인이 각각 1인이므로 가장 단순한 운송방식이다. 또한 화물의 혼재가 필요 없기 때문에 화물이 손상을 입을 염려가 없다.

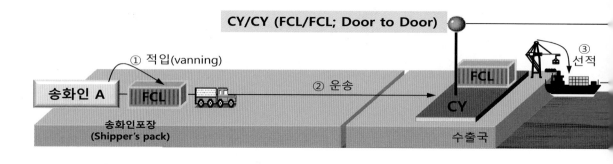

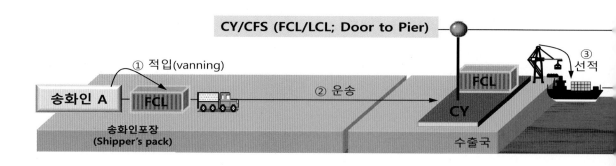

(2) CY/CFS(FCL/LCL; Door to Pier)

　CY/CFS방식은 송화인의 생산공장 또는 창고에서 컨테이너에 만재한 화물(FCL)을 선적항의 CY를 통과 목적항에 도착하면 CFS에서 컨테이너로부터 화물을 적출하여 분류한 다음 여러 명의 수화인에게 인도한다.

　이 방식은 단일의 수출업자가 1개 수입국의 다수의 수입업자에게 일시에 화물을 운송하고자 할 때 이용되고, 화주는 선적지의 창고로부터 수입항의 CFS까지 운임을 지급하면 된다.

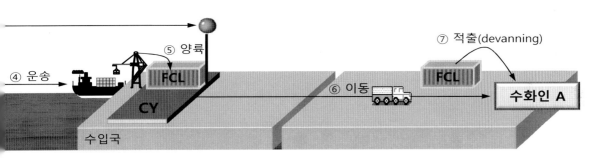

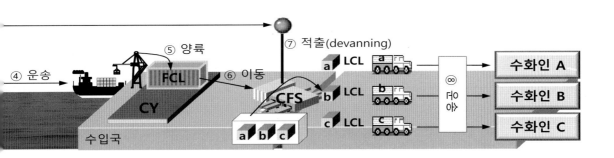

CFS/CY방식은 다수의 송화인으로부터 소량화물(LCL)을 CFS에서 인도받아 컨테이너에 혼재(consolidation)하여 만재화물(FCL)로 만들고 선적항 및 양륙항을 거쳐 단일의 수화인의 공장 또는 창고에까지 운송하는 방식이다.

이 방식은 단일의 수입업자가 1개국의 여러 수출업자로부터 물품을 수입할 때 이용되며, 화주는 선적항의 CFS로부터의 해상운임과 도착항으로부터 최종 목적지인 수화인의 창고까지의 운임을 지급하면 된다.

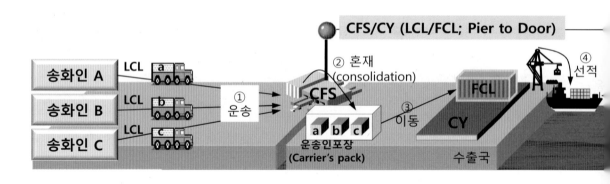

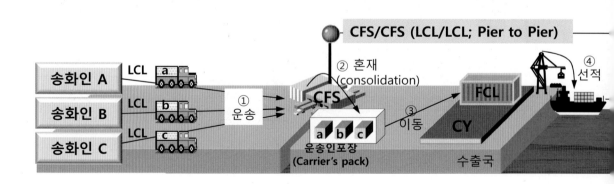

(4) CFS/CFS(LCL/LCL; Pier to Pier)

CFS/CFS방식은 컨테이너 운송의 가장 초보적인 형태로서, 다수의 송화인으로부터 소량화물(LCL)을 CFS에서 인도받아 컨테이너에 혼재(consolidation)하여 만재화물(FCL)을 만들고 선적항 및 양륙항을 거쳐 CFS에서 컨테이너로부터 화물을 적출하여 분류한 다음 여러 명의 수화인에게 인도한다.

이 방식은 다수의 송화인으로부터 소량화물을 집화하여 목적지별로 분류하여 컨테이너로 운송하고 이를 목적지에서 다수의 수화인에게 인도할 때 이용되며, 화주는 선적항과 양륙항까지의 해상운임만 지급하면 된다.

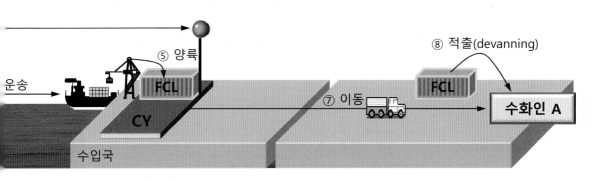

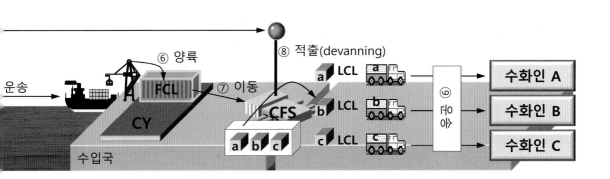

5. 컨테이너운송과 국제협약

(1) CCC협약

컨테이너통관협약(CCC; Customs Convention on Container 1956)은 1956년 유럽경제위원회에서 채택한 것으로 컨테이너자체가 국경 세관을 통관할 때 당사국간의 관세 및 통관방법 등을 협약·시행하여 할 필요성에 따라 탄생되었다. 이 협약의 주요 내용은 ① 일시적으로 수입된 컨테이너를 재수출조건으로 면세하고, ② 국제보세운송에 있어서 협약체결국 정부의 세관의 봉인(seal)을 존중하는 것 등을 규정하고 있다.

그 후 컨테이너화와 운송기술의 혁신 등 국제운송체제의 발전에 보조를 맞추기 위해 UN과 국제해사기구(IMCO)에서는 범세계적으로 통용가능한 수정안을 만들고, 1975년 12월 새로운 CCC협약을 발효시켰다. 우리 나라는 1973년에 조건부 서명을 한 후 1981년 10월 국회의 비준 동의를 받아 정식으로 가입하였다.

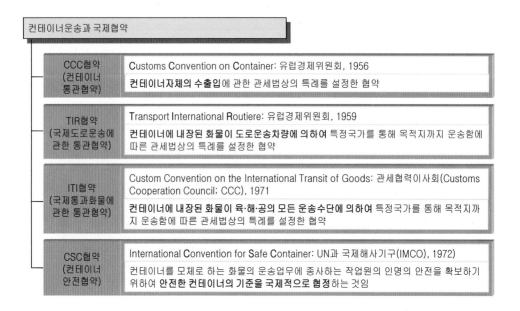

(2) TIR협약

TIR(Transport International Routiere)협약은 1959년 유럽경제위원회가 작성한 "Coustoms Convention on the International Transport of Good under Cover of TIR Carnets"(국제도로운송증권에 의해 담보되는 화물의 국제운송에 관한 통관협약)의 약칭으로서, 1959년에 유럽경제위원회가 도로운송차량에 의한 화물의 국제운송을 용이하게 하기 위해 채택하고, 1981년에 국제적으로 발효되었다. 또한 유럽경제위원회는 컨테이너화의 진전에 따라 새로운 TIR조약을 1975년 채택하고, 1978년 3월에 발효되었다. 우리 나라는 1981년 10월에 국회의 비준 동의를 받아 정식으로 가입하였다.

CCC 협약이 컨테이너 자체의 수출입에 관한 「관세법」상의 특례를 설정한 협약이라면, TIR협약은 컨테이너 속에 내장된 화물이 특정 국가를 통하여 목적지까지 운송함에 따른 「관세법」상의 특례를 규정하고 있다. 이 협약의 주요내용은 체약국은 도로운송차량에 의하여 운송되는 컨테이너화물에 대해서는 일정 조건하에 경유지 세관에서의 수입세나 수출세의 납부 또는 공탁을 면제하고, 경유지세관에서의 세관검사는 원칙적으로 면제된다.

(3) ITI협약

국제통과화물에 관한 통관협약(Custom Convention on the International Transit of Goods; ITI)은 1971년에 관세협력이사회(Customs Cooperation Council; CCC)에 의하여 채택되었으며, 각종 운송기기에 의한 육·해·공의 모든 운송수단을 대상으로 하고 있다는 점에서 컨테이너의 도로운송에만 적용되는 TIR협약과 차이가 있다.

(4) CSC협약

컨테이너 안전협약(International Convention for Safe Container; CSC)은 1972년에 UN과 국제해사기구(IMCO)가 합동으로 컨테이너 회의에서 채택하고, 1977년 9월 6일에 발효되었으며, 우리나라는 1979년 12월에 가입하였다.

CSC협약의 목적은 컨테이너를 모체로 하는 화물의 운송업무에 종사하는 작업원의 인명의 안전을 확보하기 위하여 안전한 컨테이너의 기준을 국제적으로 협정하는 것이었다. 이 조약에서 규정되어 있는 ISO규격에 기초하는 컨테이너는 ① 국제적인 공통기준에 합치하는 것, ② 컨테이너자체의 취급, 내용화물의 컨테이너로의 적부, 컨테이너와 그 화물을 일체화한 컨테이너운송의 모든 국면에 있어서 관계자의 인명의 안전을 확보하는 것, ③ 각국정부는 일정의 공적자격을 가진 전문기관을 통해서, 컨테이너의 구조요건, 안전성의 시험 및 보수점검을 실시하는 것, ④ 구조요건, 안전성 및 보수점검에 합격한 컨테이너에는 "안전승인판"(Safety Approval Plate)을 개개의 컨테이너의 국제유통상의 패스포트로서 취부하는 것 등의 조건을 충족시켜야 한다.

제3절 항공운송

Ⅰ. 항공운송의 개요

1. 항공운송의 의의

항공운송(air transportation; carriage by air)은 항공기의 항복(plane's space)에 여객과 화물을 탑재하고 국내외의 공항(air port)에서 공로(air route)로 다른 공항까지 운항하는 최신식 운송시스템으로서, 신속성과 안전성을 최우선으로 하는 운송방법을 말한다.

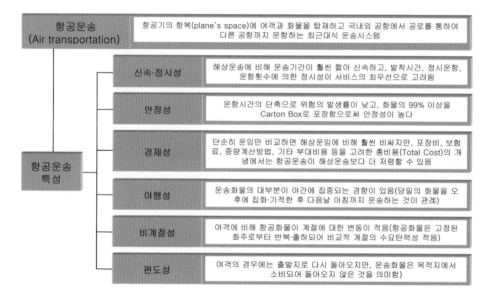

항공운송 (Air transportation)		항공기의 항복(plane's space)에 여객과 화물을 탑재하고 국내외 공항에서 공로를 통하여 다른 공항까지 운항하는 최근대식 운송시스템
항공운송 특성	신속·정시성	해상운송에 비해 운송기간이 훨씬 짧아 신속하고, 발착시간, 정시운항, 운항횟수에 의한 정시성이 서비스의 최우선으로 고려됨
	안전성	운항시간의 단축으로 위험의 발생률이 낮고, 화물의 99% 이상을 Carton Box로 포장함으로써 안전성이 높다
	경제성	단순히 운임만 비교하면 해상운임에 비해 훨씬 비싸지만, 포장비, 보험료, 중량계산방법, 기타 부대비용 등을 고려한 총비용(Total Cost)의 개념에서는 항공운송이 해상운송보다 더 저렴할 수 있음
	야행성	운송화물의 대부분이 야간에 집중되는 경향이 있음(당일의 화물을 오후에 집화·기적한 후 다음날 아침까지 운송하는 것이 관례)
	비계절성	여객에 비해 항공화물이 계절에 대한 변동이 적음(항공화물은 고정된 화주로부터 반복·출하되어 비교적 계절의 수요탄력성 적음)
	편도성	여객의 경우에는 출발지로 다시 돌아오지만, 운송화물은 목적지에서 소비되어 돌아오지 않은 것을 의미함

2. 항공화물운송의 특성

항공운송은 해상이나 육상운송과 비교해 볼 때, 다음과 같은 운송상 특성을 가지고 있다. 즉, 항공기에 의한 물품의 운송은 해상운송에 비해 운송기간이 짧은 것이 특징이다. 그러나, 항공운송은 비용이 많이 들기 때문에 높은 운임부담을 견딜 수 있는 물품만 이용할 수 있다. 가격이 높은 귀금속, 전자부품, 신선을 요하는 생선식품, 시간이 급한 서류나 의약품 등이 항공운송의 중요한 대상물품이다. 또한, 항공운송은 이용할 수 있는 항공기가 거의 매일 있기 때문에 해상운송에 비하여 간단히 운송을 수배할 수 있으며, 다음과 같은 특성을 가지고 있다.

① 신속·정시성 항공운송은 해상운송에 비해 운송기간(Transit Time)이 훨씬 짧아 신속하고, 발착시간, 정시운항(on-time operation), 운항횟수(frquency)에 의한 정시성이 서비스의 최우선으로 고려되고 있다.

② 안정성 해상운송은 장기간 운송으로 인한 원형변질, 파도, 태풍 등에 기인한 충격에 의한 화물손상, 해수에 의한 침식 또는 부식의 가능성이 높은 반면, 항공운송은 운항시간의 단축으로 위험의 발생율이 낮고, Wooden Box를 많이 사용하는 해상운송에 비해 화물의 99%이상을 Carton Box로 포장하므로 안정성이 높다.

③ 경제성 단순히 운임만을 비교하면 항공운임은 해상운임에 비해 훨씬 비싸기 때문에 항공운송을 기피한다. 그러나 포장비, 보험료, 중량계산방법, 기타 부대비용 등을 고려한 총비용(Total Cost)개념으로 볼 때는 항공운송이 해상운송보다 더 저렴할 수도 있기 때문에 항공운송의 수요가 점차 증가하고 있다.

④ 야행성 운송화물의 대부분이 야간에 집중되는 경향을 의미하는 것으로서, 당일의 화물을 오후에 집화·기적한 후 다음날 아침까지 운송하는 형식이 관례화 되어 있는 것을 말한다.

⑤ 비계절성 여객에 비해 항공화물이 계절에 대한 변동이 적다는 것을 의미하는 것으로서, 항공화물이 고정된 화주로부터 반복적으로 출하되어 비교적 계절에 따른 수요의 탄력성이 적은 것을 말한다.

⑥ 편도성 여객의 경우에는 출발지로 다시 돌아오지만, 운송화물은 목적지에서 소비되어 돌아오지 않는 것을 의미한다.

II. 항공운송사업

항공운송사업은 타인의 수요에 의하여 항공기를 사용하여 유상으로 여객 또는 화물을 운송하는 사업으로서, 정기항공운송사업과 부정기항송운송사업으로 구분된다.[10] 이외에도, 항공운송사업은 항공화물 운송대리점(Air Cargo Agent), 항공화물운송주선업(Consolidator; Air Freight Forwarder) 및 국제특송서비스(International Courier Service)로 구분된다. 미국의 경우에는 혼재업자와 대리점을 구분하지 않고 Air Freight Forwarder라 한다.

한편, 항공운송은 항공회사가 운송을 인수하는 직송화물과 혼재업자가 운송을 인수하는 혼재화물로 구분된다.

---

10) 항공법 제2조 제26호.

| 항공운송 | 직송화물
(straight cargo) | 항공회사가 운송을 인수하는 것 |
| | 혼재화물
(break bulk cargo) | 혼재업자가 운송을 인수하는 것 |

1. 정기항공운송사업

정기항공운송사업은 한 지점과 다른 지점사이에 노선을 정하고 정기적으로 항공기를 운항하는 항공운송사업을 말한다.[11] 즉, 정기항공운송사업은 항공기를 사용하여 1개의 지점과 다른 지점간에 노선을 정하여 일정일시에 정기적으로 운송하는 것을 말한다. 해상운송의 정기선에 의한 운송과 동일한 운송이다.

세계의 항공회사는 일부의 예외를 제외하고는 IATA(국제항공운송협회)에 가맹하고 있으며, IATA가 규정한 운임과 운송약관에 따라, 항공운송을 행하고 있다.

2. 부정기항공운송사업

부정기항공운송사업은 정기항공운송사업외의 항공운송사업을 말한다.[12] 즉, 부정기항공운송사업은 운송화물이 있는 경우에는 세계의 어디 곳이나 가는 항공기에 의한 운송을 말한다. 해상운송의 부정기전에 의한 운송과 동일한 운송이다.

부정기항공기에 의한 용선운송은 정기항공기로 화물을 운송할 수 없을 때, 항복(plain's space)를 빌려서 운송하는 것을 말한다. 대량의 화물을 운송할 때, 다른 화물과 함께 운송할 수 없을 때 등에 이용한다. 해상운송에 있어서 용선운송은 선복(ship's space)의 전부 또는 일부를 빌려서 화물을 운송하는 것이지만, 항공기에 의한 용선운송은 항복(plane's space)의 전부를 빌려야 한다. 정기항공기는 IATA가 정한 운임에 의하여 화물의 운송을 행하지만, 부정기항공기에 의한 용선운송은 화물운송의 수요에 따라 운임이 정해진다.

3. 항공화물 운송대리점

항공화물 운송대리점(Air Cargo Agent)은 항공회사를 위하여 항공기에 의한 운송계약을 대리하여 체결하는 자를 말한다. 즉, 항공사 또는 총대리점(general sales agent)

---

11) 항공법 제2조 제27호.
12) 항공법 제2조 제28호.

을 대리하여 항공사의 운송약관, 규칙, 운임표(Tariff) 및 일정에 따라 항공화물을 판매하고, 항공화물운송장(AWB)을 발행하며 이에 부수되는 업무를 수행하여 그 대가로서 항공회사로부터 소정의 수수료(commission; 운임의 5%)를 받는 사업을 말한다.

항공화물운송대리점은 대리인으로서 항공회사를 대신하여 화주와 운송계약을 체결하고, 항공화물운송장(AWB)을 발행한다. 항공회사에 화물을 인도한 후의 운송에 관한 책임은 모두 항공회사에 있다.

각각의 항공회사가 세계의 항공화물의 집화, 포장, 통관절차, 배송 등을 스스로 행하는 것은 매우 번거로운 일이다. IATA가 각각의 현지에서 우수한 능력을 가진 대리점을 선정하는 것으로 하고 있는 것은 항공회사의 서비스 전체를 보다 잘하기 위함이다. 항공화물운송대리점은 항공회사의 대리점이기 이전에 IATA의 대리점인 것이다. 대리점은 IATA가맹의 항공회사와 동일한 조건으로 대리점업무를 행하여야 한다. 대리점은 특정항공회사와 다른 내용·조건의 대리점계약을 체결할 수 없는 것이다. 또한, 혼재업자는 항공화물운송대리점의 자격도 가지고 있는 것이 보통이다. IATA대리점은 어떤 항공회사와도 대리점계약을 체결할 수 있다. 일반적으로는 많은 항공회사의 대리점으로 되어 있고, 어떤 항공회사로부터 수취하는 보수도 화주로부터 수취하는 운임의 5%이다.[13]

4. 항공화물운송주선업(혼재업자)

(1) 항공화물운송주선인

항공화물운송주선업(Air Freight Forwarder)은 타인의 수요에 응하여 자기의 명의로 항공운송사업자(Air Carrier)의 항공기를 이용하여 타인의 화물을 유상으로 혼재(consolidate)하여 운송하여 주는 사업을 말하고, 항공화물운송주선인의 영업형태가 개개의 소량화물을 집화혼재하여 항공회사에 대량의 혼재화물(consolidated cargo)로 판매하기 때문에 혼재업자(consolidator)라고도 한다 따라서 혼재업자는 운송인이고 화주이면서 동시에 화물집화업자라고 할 수 있다.

항공화물운송주선인(Air Freight Forwarder)은 사업영역에 따라 단순히 계약운송인으로서 운송만 책임지는 경우와 운송외에 항공사와 화주의 대리업무, 통관, 육상집배, 보관 등의 부수업무까지도 책임을 지는 경우로 구분된다.

---

13) 髙橋靖治, 貿易の取引と實務, 東京リーガルマインド, 2003, pp.226-227.

● 대리점 및 혼재업자의 업무비교

	대리점(Agent)	혼재업자(Consolidator)
Tariff	항공사 Tariff 사용	자체 Tariff 사용
운송약관	항공사 약관에 준함	자체 약관에 준함
수화인	매 건당 consignee가 됨 (Master AWB)	Break Bulk Agent가 Consignee가 됨 (Break Bulk Reforwarding)
이 익	IATA 5% 또는 기타 수수료를 받는다.	항공운임 중량절감에 의한 화주 수령금과 항공지급운임과의 차액을 이익으로 하거나 IATA 5% 수수료를 받는다.
AWB	항공사 Master AWB 사용	자체 House AWB 사용

(2) 혼재화물인수대리점

혼재화물인수대리점(Break Bulk Agent)은 목적지에서 혼재화물을 분류해야 하는 경우에 혼재업자로부터 목적지에서 혼재화물의 분류·처리를 위탁받은 혼재업자의 현지법인이나 대리점을 말한다.

혼재화물인수대리점은 혼재화물이 목적지에 도착하면 항공사로부터 항공화물운송장을 받아 첨부된 혼재항공화물운송장(house air waybill)별로 화물을 수화인 단위로 분류(devanning)한 후 각 수화인에게 항공화물의 도착을 통지하고, 통관절차를 대행한 다음 각 수화인에게 화물을 인도한다. 운임후불인 경우에는 수화인으로부터 운임을 징수하고, 징수된 운임은 출발지의 혼재업자에게 신속하게 송금한다. 수수료는 일정기간 단위로 상호 정산한다. 또한 혼재항공화물운송장상의 최종 목적지가 이원지역일 경우에는 항공화물운송장을 발행하여 최종목적지까지의 운송을 주선하는 업무도 담당하고 있다.

5. 국제특송서비스(International Courier Service)

(1) 국제특송서비스의 의의

국제특송서비스란 외국의 업체와 계약을 체결하여 상업서류 및 소형·경량물품을 항공기를 이용해 문전에서 문전(door to door)까지 수취·배달해 주는 서비스로서, 상업서류 및 이에 부수되는 소량화물송달(small package; SP)서비스를 말한다.[14] 즉, 국

---

14) 특송업에 대하여는 국제적으로 특별히 용어가 통일되어 있지 않은 상태로 특송업체, 국제택배업, 국제항공택배업, 상업서류송달업, Courier Express, Air Express 등으로 다양하게 표현되고 있으나, 여기에서는 특송업자로 표기하기로 한다.

제특송서비스는 ① 계약서, 기술관계서류, 각종 데이타, 사양서, 목록, 은행관계 서류, 수출화물의 선적서류, 증권류, 도면, 설계도, 자기 테이프, 컴퓨터 테이프, 팜플렛, 사진, 보도용 원고 등 우편법에 제한적용을 받지 않는 상업서류 및 이에 수반되는 ② 상품견본, 시험견본, 제작용 견본, 선물품, 카탈로그(catalogue), 인쇄물, 부속부품, 기계의 대체품, 소량의 장식품 등의 중량 45kg 이하의 시장가치가 없는 소량, 소형, 경량의 일반화물 등의 소량화물(small package)을 급송하는 서비스를 말한다.

특송업자에 대하여는, 특송물품수입통관사무처리에 관한 고시 제1-2조 제1호에서는 "특급탁송업체(특송업체)란 외국무역선·외국무역기 또는 국경출입차량을 이용하여 상업서류 또는 그 밖의 견품 등을 송달하는 것을 업으로 하는 자로서 관세법 제222조 제1항 제5호에 따라 세관장에게 등록된 업체를 말한다"고 규정하고 있으며, 항공법 제2조 제33호에서는 상업서류송달업이란 타인의 수요에 응하여 유상으로 수출입등에 관한 서류와 그에 부수되는 견본품을 항공기를 이용하여 송달하는 사업이라고 정의하고 있다. 이들 규정에 따라, 특송업체나 상업서류송달업은 동일한 업무를 취급하고 있음을 알 수 있다.

원래, 국제택배업과 특송화물운송업과의 차이는 국제택배업이 택배업자 또는 상업서류송달업자인 포워더들의 사업인 반면, 특송화물운송업은 항공사의 운송사업이었으나, 국제택배업자들이 항공운송업을 겸하는 통합 캐리어가 되고, 특송화물운송업자들은 airport-to-airport에서 door-to-door 서비스를 제공함에 따라 통상 같은 개념으로 사용되고 있다.15)

일본의 경우, 특송물품을 운송하는 업을 국제택배편이란 용어로 사용하고 있으며, 화물의 형태에 따라 특송업자(Courier)와 소화물배상화물(Small Package Delivery)로 구분된다. 한편, 미국의 경우, 특송화물운영업자 또는 운송인(Express consignment operator or carrier)은 화물의 집화에서부터 배송에 이르는 전과정을 면밀하게 통합되는 관리체제하에서 복합운송을 포함한 어떠한 운송수단을 통해 특급상업서비스(special express commercial service)를 제공하는 자라고 한다.

국제특송서비스의 대표적인 기업들에는 DHL Corporation, Federal Express Corporation, United Parcel Service(UPS), Emery Worldwide, Air Express International, Burlington Air Express, World Courier등이 있으며, 항공회사인 NWA, PWA, UAL 등도 상업서류송달 및 소량화물송달서비스를 행하고 있다.

---

15) 김제철, 예충열, 항공화물수송부문의 경쟁력 강화방안, 교통개발연구원, 2002.11, p.60.

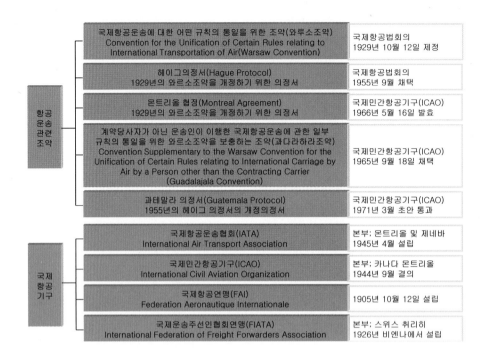

국제항공운송에 대한 어떤 규칙의 통일을 위한 조약(와루소조약) Convention for the Unification of Certain Rules relating to International Transportation of Air(Warsaw Convention)	국제항공법회의 1929년 10월 12일 제정
헤이그의정서(Hague Protocol) 1929년의 와르소조약을 개정하기 위한 의정서	국제항공법회의 1955년 9월 채택
몬트리올 협정(Montreal Agreement) 1929년의 와르소조약을 개정하기 위한 의정서	국제민간항공기구(ICAO) 1966년 5월 16일 발효
계약당사자가 아닌 운송인이 이행한 국제항공운송에 관한 일부 규칙의 통일을 위한 와르소조약을 보충하는 조약(과다라하라조약) Convention Supplementary to the Warsaw Convention for the Unification of Certain Rules relating to International Carriage by Air by a Person other than the Contracting Carrier (Guadalajala Convention)	국제민간항공기구(ICAO) 1965년 9월 18일 채택
과테말라 의정서(Guatemala Protocol) 1955년의 헤이그 의정서의 개정의정서	국제민간항공기구(ICAO) 1971년 3월 초안 통과
국제항공운송협회(IATA) International Air Transport Association	본부: 몬트리올 및 제네바 1945년 4월 설립
국제민간항공기구(ICAO) International Civil Aviation Organization	본부: 카나다 몬트리올 1944년 9월 결의
국제항공연맹(FAI) Federation Aeronautique Internationale	1905년 10월 12일 설립
국제운송주선인협회연맹(FIATA) International Federation of Freight Forwarders Association	본부: 스위스 취리히 1926년 비엔나에서 설립

III. 국제항공기구 및 항공관련조약

1. 항공운송관련조약

(1) 바르샤바 조약(Warsaw Convention)

바르샤바조약(Warsaw Convention)은 항공운송이 국제적인 운송수단으로 발전함에
따라 항공업무의 국제적인 협조·통일화가 요구되어 1929년 10월 12일 바르샤바(Warsaw)
의 제2회 국제항공법회의(International Conference on Air Law)에서 체결되었으며, 정식
명칭은 "국제항공운송에 관한 통일조약"(The Convention for the Unification of Certain
Rules relating to International Transportation of Air)이다. 한국은 가입하지 않았다.

본 조약은 항공운송인의 책임에 대한 통일된 규칙을 제정하였는데, 그 주요내용을
보면 다음과 같다.

① 운송인은 여객운송시 항공기내 또는 승강중에 발생한 승객의 사망, 부상등에 대
하여 배상할 책임을 진다(제17조).

② 운송인은 화물(수화물포함)운송시 화물의 파괴(destruction), 멸실(loss)·손상(damage)
에 대하여 배상하여야 한다(제18조 1항).

③ 운송인은 여객, 화물 및 수화물(위탁수화물, 휴대수화물)의 지연(delay)으로 인해 발생한 손해에 대하여 책임을 진다(제19조).

(2) 헤이그 의정서(Hague Protocol)

국제항공운송의 발달과 항공기술의 발달에 따라 바르샤바 조약의 항공운송인의 책임한도액은 현실에 맞지 않게 되었다. 이에 1955년 9월 헤이그(Hague)의 국제외교회의에서 1929년의 바르샤바 조약을 개정하기 위한 의정서를 채택하였다.

본 의정서의 의의는 운송인에 대한 책임한도액을 현실을 반영하여 바르샤바 조약의 2배로 인상하였다는 점이다.

(3) 몬트리올 협정(Montreal Agreement)

1955년 헤이그 의정서의 여객에 대한 운송인의 책임한도액이 적다는 이유로, 미국은 1965년에 폴란드 정부에 바르샤바 조약의 탈퇴를 통고하였다. 이에 국제민간항공기구(ICAO)는 미국의 탈퇴를 막기 위해 여객에 대한 운송인의 책임한도액에 관한 특별회의를 가졌으나 합의에 도달하지 못하였다. 결국 국제항공운송협회(IATA)는 미국을 출발, 도착, 경유하는 주요항공사들을 몬트리올에 소집하여 협정을 맺고, 1966년 5월 13일 미국 민간항공국(civil Aeronautics Board)의 승인을 받아 5월 16일자로 발효되었다. 이 협정을 몬트리올 협정이라고 한다.

몬트리올 협정의 주요내용을 살펴보면 다음과 같다.

① 여객에 대한 책임한도를 소송비 및 제비용을 포함하는 경우에는 US＄75,000의 소송비 및 제비용에 대한 별도 규정을 두고 있는 국가에서는 US＄58,000로 인상하였다.

② 바르샤바 조약과 그 개정조약(헤이그 의정서)이 운송인의 책임에 대하여 추정과실주의를 취하고 있는 반면, 이 협정은 절대책임(absolute liability)주의를 채택하였다.

③ 항공운송인은 원조약 제20조 1항의 운송인의 면책에 관한 규정을 원용할 수 없다.

한편, 1998년 6월 14일자로 발효된 몬트리올 의정서(Motereal Protocol No.4)에서의 대표적인 내용은 국제선 항공화물에 대한 항공회사의 배상한도액이 kg당 프랑tm 금프랑 250(약 US＄ 20)에서 비교적 유동성이 적은 국제통화기금(IMF)의 특별인출권 17SDR로 변경되었다는 점이다. 즉, 송화인이 화물에 대한 운송가격을 별도로 신고하지 않는 한 kg당 17SDR이 항공회사의 배상한도액이 된 셈이다.

(4) 과다라하라 조약(Guadalajala Convention)

ICAO의 법률위원회는 항공기의 임대차(hire)의 증가에 따라 새로운 조약의 필요성을 느껴 1965년 9월 18일 멕시코의 과다라하라(Guadalajala)에서 개최된 외교회의

(diplomatic conference)에서 과다라하라 조약을 채택하였다. 본 조약의 정식명칭은 "계약당사자가 아닌 운송인이 이행한 국제항공운송에 관한 일부규칙의 통일을 위한 바르샤바조약을 보충하는 조약"(Convention Supplementary to the Warsaw Convention for the Unification of Certain Rules relating to International Carriage by Air by a Person other than the Contracting Carrier)으로서, 1964년 5월 1일 발효되었으나, 우리나라와 미국 등은 아직 가입하지 않고 있다.

(5) 과테말라 의정서(Guatemala Protocol)

1965년 7월의 국제민간항공기구(ICAO) 총회에서 책임한도액의 개정 필요성이 제기되어 법률위원회가 초안을 작성하여, 1971년 2-3월에 개최된 과테말라(Guatemala) 외교회의에서 통과시킨 것이 과테말라 의정서이다. 본 의정서는 1955년 헤이그 의정서의 개정의정서로서 아직 발효되지 않고 있으며, 주요 내용은 승객의 사상에 대한 운송인의 절대책임, 책임한도액의 절대성, 한도액의 정기적 자동수정, 화해촉진조항의 신설 등이다.

2. 국제항공기구

국제항공운송과 관련된 기구로는 국제항공운송협회(IATA)와 국제민간항공기구(ICAO)가 있다. 참고로, 국제항공연맹(FAI)은 국제항공스포츠와 관련된 기구이며, 국제운송주선인협회연맹(FIATA)[16]은 운송주선인업의 이익을 국제적으로 보호하고 운송주선인조직과 관련업체들의 협조관계를 유지시키는데 그 목적을 둔 단체이다.

(1) 국제항공운송협회(IATA)

국제항공운송협회(IATA; International Air Transport Association)는 국제정기항공사가 중심이 되어 설립한 순수민간단체로서, 세계항공운송의 각종 절차와 규정을 심의·제정·결의한다. 이는 1945년 4월에 설립되었으며, 본부는 캐나다의 몬트리올(Montreal), 스위스의 제네바(Geneva) 및 싱가폴에 두고 있다. 가입항공회사는 2001년 현재 276개사이며, 우리나라의 대한항공은 1989년 1월 1일에 정회원, 아시아나항공이 2002년 5월에 정회원으로 가입하였다.

IATA의 설립목적은 국제간의 운임, 운항, 정비, 정산업무 등 상업적, 기술적 활동으로서, 안전하고 경제적인 항공운송사업의 발달과 제반문제의 연구, 민간항공운송기업간의 협력증진, ICAO나 기타 국제기구와의 협력증진 등을 목적으로 한다.

---

16) 국제운송주선인협회연맹(FIATA; International Federation of Freight Forwarders Association)은 1926년 오스트리아의 비엔나(Vienna)에서 설립된 국가별 운송주선인협회와 개별운송주선인으로 구성된 국제민간기구이다.

국제민간항공기구(ICAO; International Civil Aviation Organization)는 국제항공의 안정성확보와 항공질서 감시를 위한 관리기구로서, 1944년 9월의 시카고회의 (Chicago Conference)에 의하여 설립되었다. 본부는 캐나다의 몬트리올(Montreal)에 있으며, ICAO의 가맹국수는 2004년 1월 현재 188개국이고, 한국은 1952년 12월에 가입하여, 2001년 10월에 상임이사국이 되었다.

ICAO의 설립목적은 국제민간항공의 발전, 항공기의 설계 및 운항기술의 장려, 공항 및 항공보안시설의 장려, 안전·정확·능률·경제적인 항공운송의 촉진, 과당경쟁의 방지, 체약국의 국제항공기업육성에 대한 공정한 기회부여, 비행의 안전증진, 국제민간항공의 전문분야에 대한 발전을 조장하는데 있다.

제4절 복합운송

Ⅰ. 복합운송의 의의

1. 복합운송의 개념

복합운송(multimodal transport; combined transport)[17]이란 특정 운송품이 하나의 운송계약하에 서로 다른 2종류 이상의 운송수단(선박, 철도, 트럭, 항공기)에 의해 운송구간을 결합하고 2지점 상호간을 통하여 일관된 운송서비스를 제공하는 형태이다. 즉, 단일의 운송계약하에서 화물의 운송을 다른 복수의 운송수단을 결합해서 적출지에서 목적지까지 일관해서 행하는 것으로서, 이것이 국제적으로 행해지는 경우가 국제복합운송이다.[18]

---

17) 복합운송을 의미하는 "combined transport"라는 단어는 UCP 500에서는 삭제되었으나, UCP 600에서 다시 표기하고 있다.
18) 新堀聰, 貿易取引入門, 日本經濟新聞社, 1992, p.345.

참고로, 단일의 운송계약하에서 복수의 운송인이 관여하는 운송을 통운송(Through Transport)이라 하고, 이 통운송의 각 구간이 동일 운송수단에 의해 행해지는 경우를 단순통운송, 다른 종류의 운송수단(선박/철도/트럭/항공기)에 의해서 행하는 것을 복합운송(Multimodal Transport)이라 하고, 이 복합운송이 2개 이상의 나라에 걸치는 경우를 국제복합운송이라 한다.[19] 복합운송은 통운송의 일종으로 보아야 하지만, 통운송과 복합운송의 상이한 점은 통운송에 있어서 운송방식의 결합형태는 동종 또는 이종운송수단이든지 관계없으나 복합운송에서는 반드시 이종 운송수단의 결합에 의해서 이루어져야 하고 복합운송인 1인에게 전운송구간의 책임을 집중시킬 수 있다는 것이다. 복합운송은 일반적으로 컨테이너를 이용하는 운송이지만, 컨테이너를 이용하지 않더라도 하나의 운송계약에 의하여 적어도 2이상의 상이한 운송수단이 결합하여 행해지는 운송은 복합운송이다.[20]

2. 복합운송의 요건

복합운송은 "일관운송책임인수"(Single Liability), "통운임제시"(Through Rate), "복합운송증권의 발행"(Combined Transport Bill of Lading; CT B/L), "운송방식의 다양성"이라는 기본개념에 의해 특징지워진다. 이러한 복합운송의 특성은 다음과 같다.[21]

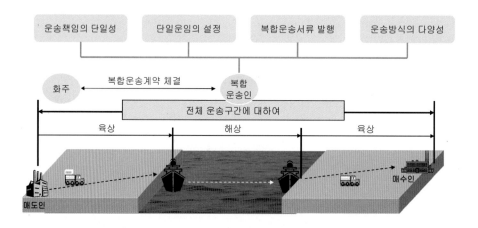

---

19) 後藤茂之, 國際複合運送の發展と運送責任の考察--物流革命に對する法制面の遲れから生ずる諸問題, 損害保險硏究 第53卷 第3號, 損害保險事業硏究所, 1991, p.79.
20) 컨테이너운송과 복합운송은 같은 의미로 이해되고 있으나, 이는 전혀 별개의 개념으로 컨테이너운송이 용기에 의한 운송을 뜻하는 하드웨어적 개념이라면 복합운송은 재래식 단편운송체제(segment transport system)를 일관운송체제(door to door transport system)로 바꾼 소프트웨어적 개념이라는 점에서 차이가 있다.
21) 日本海運集會所, 海運, 1983, pp.12-13; 한국국제복합운송업협회, 복운협 12년사, 1990, pp.26-27.

① 운송책임의 단일성 국제복합운송의 "운송책임"에 관해서는 운송범위와 관련해 당연히 복합운송인이 화주와 체결한 복합운송계약으로 커버되는 전운송과정에 걸쳐 화물운송상의 위험에 대해 "일원적"으로 책임을 지게된다. 즉, 운송수단을 가지지 않은 운송인인 경우에도 전운송구간에 걸쳐 화주에 대하여 중개인이 아닌 주체(principal)로서 단일책임을 부담한다.

② 단일운임의 설정 복합운송인은 복합운송의 서비스 대가로서 각 운송구간마다 분할된 것이 아닌 전 운송구간이 단일화된 운임을 부과한다. 전운송구간에 대한 책임이 복합운송인에게 집중되어 있으므로 이에 대한 반대급부도 하나로 통합되는 것이다.

③ 복합운송서류의 발행 복합운송의 경우에는 물품이 복합운송인에게 수탁[22]된 지점에서, 복합운송인은 화주에 대하여 전 운송구간을 나타내는 유가증권으로서의 복합운송서류를 발행하게 된다. 복합운송서류의 발행은 법적으로 화주에 대한 운송책임을 단일화시킨 결과이며 운송책임의 단일성과 표리의 관계를 이루는 것이다.

④ 운송방식의 다양성 복합운송은 반드시 두가지 이상 서로 다른 운송방식에 의하여 물품이 운송된다. 이 때 운송방식은 운송인의 다수가 중심이 되는 것이 아니라 운송수단의 종류가 문제가 되며 이러한 운송방식은 각각 다른 법적 규제를 받는 것이라야 한다.

3. 복합운송인

복합운송인(Multimodal Transport Operator; MTO)은 국제복합운송인은 이종운송수단을 결합하여 송화인을 상대로 복합운송계약을 체결한 계약의 당사자로서 2국 이상을 운송하는 운송인이다.[23] 즉, 복합운송인이란 스스로 또는 자신의 대리인을 통해서 복합운송계약을 체결하고 송화인이나 운송인의 대리인이 아닌 주체(하청운송인이 아님)로서 행동하고 그 계약의 이행에 대해 책임을 지는 자로서[24], 다음과 같이 구분된다.

① 실제운송인(Actual Carrier)형 자신이 직접 선박, 트럭, 항공기 등의 운송수단을 보유하면서 복합운송인의 역할을 수행하는 운송인으로서, 선박회사, 철도회사, 트럭회사 및 항공회사 등은 실제운송인에 해당된다.

② 계약운송인(Contracting Carrier)형 선박, 트럭, 항공기 등의 운송수단을 직접 보유하

---

22) 수탁(taking in charge)이란 복합운송인이 일정한 운송수단에 선적할 예정으로 물품을 수취하여 보관하고 있는 상태를 말한다.

23) 복합운송인은 TCM 조약안에서는 CTO(combined transport operator), UN국제물품복합운송조약 및 UNCTAD/ICC 복합운송증권규칙에서는 MTO(multimodal transport operator), 미국에서는 ITO(intermodal transport operator)로 명명하고 있다.

24) UN국제물품복합운송조약 제1조 제2항.

지 않으면서도 실제운송인처럼 운송의 주체자로서의 화물의 인수에서 인도까지 각 운송단계를 유기적으로 조직함으로써 복합운송인의 기능과 책임을 다하는 운송인을 말한다. 여기에는 해상운송주선인, 항공운송주선인, 통관업자 등이 해당되는데, 이들 중에서 해상운송주선인이 가장 대표적인 운송인이 된다.

운송주선인(Freight Forwarder)은 계약운송인형 복합운송인으로서, 실제운송인에 대해서는 화주의 입장으로, 화주에게는 운송인의 입장으로 책임과 의무를 수행한다.

③ 무선박운송인(Non-Vessel Operating Common Carrier; NVOCC)형 계약운송인인 운송주선인(Freight Forwarder)을 법적으로 실체화시킨 것으로서, 자기 스스로 선박을 직접 운항하지 않으면서 해상운송인, 즉 VOCC(Vessel Operating Common Carrier)에 대해서는 화주의 입장으로 화주에 대해서는 Common Carrier의 입장이 되는 운송인을 말한다.

II. 복합운송의 경로와 복합운송관련법규

1. 복합운송의 경로

(1) 해육복합운송

해육복합운송은 선박을 이용한 해상운송수단과 철도 또는 트럭 등을 이용한 육상운송수단이 결합되어 이루어지는 운송방식으로서, ① 해상경로를 중심으로 내륙운송과 결합되는 방식과 ② Land Bridge방식에 의한 대륙횡단철도와의 제휴에 의한 방식으로 구분할 수 있다. 우리나라에서 목적지별로 복합운송이 가능한 경로를 살펴보면 다음과 같다.

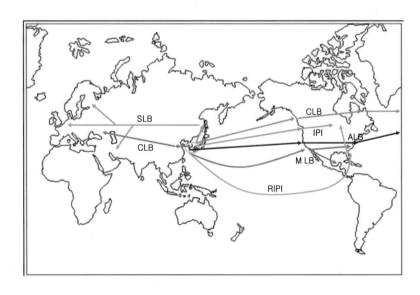

① 시베리아 랜드 브리지(Siberia Land Bridge; SLB) 시베리아 대륙횡단철도를 이용하여 극동지역의 한국, 일본 등에서 유럽이나 중동까지 화물을 운송하는 방식이다. 이는 극동지역의 항만에서 선적된 화물을 러시아의 나호트카(Nakhodka)나 보스토치니(Vostochny)항까지는 컨테이너선에 의해 해상운송된 후, 거기에서 러시아국내를 경유하여 동유럽까지 시베리아 철도로 운송하고, 그 후는 유럽의 철도나 트럭으로 운송하거나, 또는 러시아국내의 철도를 남하하여 중동까지 운송하는 방식을 말한다.[25]

② 차이나 랜드 브리지(China Land Bridge; CLB) 중국대륙철도와 실크로드(Silk Road)를 이용하여 극동지역의 한국, 일본 등에서 유럽까지 화물을 운송하는 방식이다.

③ ALB(American Land Briage) 한국 등의 극동지역에서 미국대륙을 횡단하여 유럽까지 화물을 운송하는 방식으로서, 1972년 미국의 Seatrain사가 처음으로 개설하였다. 이는 한국, 일본 등의 극동지역의 항만에서 선적된 화물을 북미서안까지는 컨테이너선에 의해 해상운송된 후, 북미대륙의 횡단철도를 이용하여 북미동안의 항만까지 육상운송되고, 거기에서 다시 해상운송으로 유럽지역의 항만 또는 유럽내륙까지 컨테이너를 이용한 일관운송하는 방식을 말한다. 이 경우 북미대륙을 횡단하는 철도는 이단적열차(double stack train; DST)가 이용되고 있다.

④ CLB(Canada Land Bridge) 미국대륙의 횡단철도를 이용하는 American Land Bridge와 달리 캐나다 국내를 통과하는 철도를 이용하는 것으로서, 1979년 일본의 운송주선인인 三菱倉庫가 시베리아 랜드 브리지에 대항하기 위하여 개발한 극동/유럽간 컨테이너 복합일관운송방식이다.

⑤ MLB(Mini-Land Bridge) 한국 등의 극동지역에서 미국대륙을 횡단하여 북미동안이나 멕시코만의 항만까지 화물을 운송하는 방식으로서, ALB의 개설과 병행하여 1972년 미국의 Seatrain사가 개설하였다. 이는 한국, 일본 등의 극동지역의 항만에서 선적된 화물을 북미서안까지는 선박에 의해 해상운송된 후, 북미대륙의 횡단철도를 이용하여 북미동안이나 멕시코만의 항만까지 육상운송되는 운송방식을 말한다.

⑥ IPI(Interior Point Intermodal; Micro Bridge Service) 북미동안까지 운송하는 MLB와 달리, 한국 등의 극동지역에서 미국내륙의 주요도시까지 화물을 운송하는 방식을 말한다. 이는 미국내륙을 목적지로 하여 한국, 일본 등의 극동지역의 항만에서 선적된 화물을 북미서안까지는 선박에 의해 해상운송된 후, 북미대륙의 횡단철

---

25) 이 경로는 1926년에 처음 개발되어 TransSiberian Land Bridge(TSL), Trans-Siberian Container Service(TSCS), Trans-Siberian Railway(TSR) 등의 이름으로 불리워졌다. 이를 이용한 극동과 유럽간의 운송은 2차세계대전으로 중단되었다가 1967년에 재개되었으나 본격적인 운송서비스는 1971년 3월부터 제공되었다.

도를 이용하여 미국 주요 내륙지점의 철도터미널 또는 내륙컨테이너터미널(선사의 CY/CFS)에서 화물의 인도가 행해지는 복합운송방식을 말한다.

⑦ RIPI(Reverse Interior Point Intermodal) 1980년에 IPI서비스에 대응하여 All Water Service를 하는 선사인 UN Lines와 Maersk 등이 한국, 일본 등의 극동지역의 항만에서 선적된 화물을 파나마운하를 통과하여 북미동안 또는 멕시코만의 항만까지 해상운송하고, 미국 주요 내륙지점의 철도터미널 또는 선사의 CY/CFS까지 철도운송으로 역으로 거슬러 올라가 화물의 인도를 행하는 복합운송방식이다.

⑧ OCP(Overland Common Point) 한국, 일본 등의 극동지역의 항만에서 선적된 화물을 북미서안의 항만까지 해상운송한 후 OCP지역(록키산맥 동쪽의 원격지 내륙지점)까지 육상으로 운송되는 복합운송방식으로서, 북미서안 또는 멕시코만의 항만을 경유하는 화물의 운임과 경쟁할 수 있도록 OCP운임은 미국의 국내운임보다 싸게 책정하고 있다.

(2) 해공복합운송

해공복합운송(Sea and Air)은 해상운송의 경제성과 항공운송의 신속성이 결합된 운송방식으로서, 그 경로는 다음과 같다.

① 북미경유의 해공복합운송 미국서안을 중계지점으로 한국에서 유럽, 중남미 등까지 항공운송하는 복합운송을 말한다. 이는 한국, 일본 등의 극동지역의 항만에서 컨테이너선으로 북미서안의 항만까지 해상운송하고, 항만에서 양륙된 화물을 항공회사가 국제공항까지 트럭으로 운송한 후 공항에서 항공기에 탑재한 후 유럽이나 중남미 각 지역의 공항까지 항공운송하는 방식이다.

② 동남아·중동경유의 해공복합운송 홍콩, 싱카폴, 듀바이 등을 중계지점으로 한국에서 유럽, 중동, 아프리카 등까지 항공운송하는 복합운송을 말한다. 이는 한국, 일본 등의 극동지역의 항만에서 컨테이너선으로 홍콩, 방콕, 싱가폴, 듀바이 등의 동남아시아 국가의 항만까지 해상운송하고, 항만에서 양륙된 화물을 항공회사가 국제공항까지 트럭으로 운송한 후 공항에서 항공기에 탑재한 후 유럽이나 중남미 각 지역의 공항까지 항공운송하는 방식이다.

2. 복합운송관련법규

(1) UN국제물품복합운송조약

UN국제물품복합운송조약(United Nations Convention on International Multimodal Transport of Goods, 1980)은 1980년 5월 24일 제네바에서 개최된 UNCTAD의 전권회의에 서 조

약초안에 대하여 북구제국의 일부 기타제국의 지지를 얻으면서, 우선 각 개발도상국들을 아시아, 아프리카, 라틴아메리카 등 3개 지역으로 나누어 지역별로 의견을 조정한 다음 다시 그룹회의에서 초안을 전체적으로 일괄합의하는 컨센서스(consensus)26) 방식에 의해 성립되었다.

이 조약은 그 내용에 있어서 약간의 공법문제(개발도상국이 국제복합운송으로의 사업참가의 가능성을 확보하고, 또 화주로서의 이익을 옹호하기 위하여 조약에 포함된 공법상의 정책과제)에 관한 규정을 포함할 뿐 아니라, 사법문제(복합운송인의 책임, 복합운송서류의 기재사항, 조약의 적용범위와 강행성 등의 기본적 문제)에 있어서도 책임내용 등 선진국 입장에서 만족스럽지 못한 것으로 문제가 많고, 복합운송의 이상을 추구한 나머지 현실기반을 무시하고 전 운송구간 단일책임체계(Uniform System)에 각 운송구간 이종책임체계(Network System)를 첨부한 전 운송구간 변형단일책임체계(Modified Uniform System)로 복합운송인의 책임을 채택함으로써 발효요건인 30개국의 비준을 얻지 못하고 있는 실정이다.

(2) ICC복합운송서류에 관한 통일규칙

국제복합운송의 진행과 함께, 복합운송서류의 원활한 유통을 도모하는 것이 중요한 과제로 되어 왔지만, 1972년 11월의 국제컨테이너운송회의에서 TCM조약안이 백지환원됨에 따라 통일적 국제조약의 조기성립이 기대될 수 없었다. 이에 따라, 실무계를 대표하는 국제상업회의소(ICC)는 1973년 초두에서 작업부회를 설치하고, 복합운송서류(CT Document)를 은행이 매입가능한 것으로서 인정하기 위한 전제조건으로서 민간에 의한 국제적 통일규칙의 작성을 개시하고, 73년 11월에 TCM조약안에 정해져 있는 복합운송서류의 상업적 요건을 기초로 한 "복합운송서류에 관한 통일규칙"(Uniform Rules for a Combined Transport Document, 1973)을 공표했다. 그리고 지연에 대한 책임에 따른 실제상의 문제를 고려해서 약간 수정중, 많은 국가들이 이 규칙의 채택을 거부하여 1975년에 수정안(ICC Publication No.298)이 발표되었다.27)

이는 선화증권을 중심으로 한 종래의 신용장거래에 대하여 새로운 문제점을 제기한 복합운송서류에 관하여 신용장통일규칙에 필요한 수정을 가하여 수리가능한 운송서류로서 할당해 왔던 종래의 여러 조건을 완화하고 은행매입의 전제조건으로써 운

---

26) 의견일치(consensus)방식이란 UN회의의 독특한 방식으로 1국 1표에 의한 찬부의 투표를 행하지 않고, 안건을 먼저 채택하고, 그 후 동안건에 반대하는 나라의 대표가 각각 자국의 반대의견을 표명하는 방식이다.

27) Samir Mankababy, The Multimodal Transport of Goods Convention: A Challenge to Unimodal transport Conventions, The International and Comparative Law Quarterly, Vol.32, Part I, Jan., 1983, p.122.

송인의 복합운송서류의 발행책임을 명확히 하기 위해 이를 복합운송통일규칙에 준거하도록 한 것이다. 이 규칙은 10개 항목에 19개 규칙으로 구성되어 있다.

(3) UNCTAD/ICC 복합운송서류에 관한 통일규칙

복합운송서류에 관한 ICC의 통일규칙(ICC Publication No. 298)은 국제해사위원회(CMI)의 동경규칙(Tokyo Rules)과 UNIDROIT가 작성한 TCM 조약안을 기초로 제정되어 세계적으로 널리 사용되어 왔다. 전술한 바와 같이 발틱국제해운동맹 및 FIATA 복합운송증권 등에 표준약관으로 널리 사용되어 왔으나 당초 1980년의 UN국제복합운송조약의 발효를 앞두고 UNCTAD의 해운위원회는 UNCTAD 사무국이 거래당사자 및 국제기구와 긴밀히 협조하여 헤이그규칙, 헤이그-비스비규칙은 물론 FIATA B/L이나 ICC통일규칙과 같은 현행 서류를 기초로 하여 복합운송서류에 관한 규정을 제정할 것을 지시하였다.

이에 따라 UNCTAD 사무국은 상거래 당사자들과 접촉을 지속하였으며, 새로운 규칙을 제정하기 위하여 1988년에 UNCTAD/ICC 합동작업반이 조직되어 복합운송에 관한 헤이그규칙과 헤이그-비스비규칙을 기초로 한 것으로 국제무역업계의 다양한 의견을 반영하기 위하여 3년간의 긴 작업과정을 거쳐 제정되었으며, 1992년 1월 1일부터 시행되고 있다.[28]

3. 복합운송에 적용되는 강행법규

유럽제국에 의하여 채택된 국제도로물품운송조약(CMR)과 국제물품철도운송조약(CIM)은 이미 발효되어 있고, 이들 조약이 체약국에서 도로운송 또는 철도운송에 대한 강행법규로 되어 있다.

(1) CMR조약

유럽제국의 국제도로운송은 1956년 제네바에서 서명된 CMR조약(convention relative au contract de transport international de marchandise par route; Convention on the Contract for the International Carriage of Goods by Road)의 규제를 받도록 되어 있다. 본 조약은 1961년 7월 2일에 발효해서 EC제국 뿐만 아니라 구소련, 폴랜드 등 동구제국을 포함하는 24개국에서 발효하고 있다. 1978년 7월 책임제한금액을 SDR로 변경하는 의정서에 의해 개정되어, 1980년 12월 28일에 발효했지만, 개정조약의 가맹국은 독일, 서독, 프랑스, 이탈리아 등의 13개국으로 되어 있다.

---

28) 한국국제복합운송업협회, 복합운송의 이론과 실제, 1995, p.150.

운송인은 상품교환가격 또는 시장가격에 의거해서 배상의무를 지지만, 그 책임은 멸실·손상을 입은 화물의 총중량의 1kg당 8.33 SDR을 한도로 하고 있다. 또한 본조약은 화물의 운송이고, 트럭·트레일러 등에 의한 도로운송일 것, 출발지와 도착지가 2개국에 걸치고, 그 중 적어도 1개국이 체약국일 것에 적합한 운송에 적용된다. 그러나 만일 화물의 손해나 지연이 도로운송인의 책임이 아니라 다른 운송수단에 의해 발생된 것으로 판명되면 도로운송인의 책임은 다른 운송수단에 관한 조약에 따라 결정된다.

(2) CIM조약

철도운송은 육상이 국경으로 되어 있는 유럽국가들 사이에서 많이 이용되고 있으며, 이 경우 준거법으로 적용되는 CIM조약(Convention Internationale Concernant le Transport des Marchandises par Chemins de fer 1970; International Convention concerning the Carriage of Goods by Rail)은 1952년 10월에 작성되어 1970년 2월에 개정되었다.

1980년 5월 9일 스위스의 베른에서 국제철도운송조약(The Convention concerning International Carriage by Rail; COTIF)이 조인되고, 이 조약의 부속서 B로서, 국제철도물품운송조약(Uniform Rules concerning the Contract on the International Transport of Goods by Rail)이 제정되었지만, 이 규칙은 CIM을 약간 개정한 신CIM이라고도 한다. COTIF에 가맹하는 것은 1970년의 구CIM을 폐기하고, 1980년 신CIM에 가맹하는 것을 의미하고 있다. COTIF의 가맹국은 EC제국의 알바니아, 불가리아 등을 포함하는 21개국이고, 구CIM 가맹국은 33개국이다.

본 조약에서는 철도화물운송에 대한 운송계약의 체결, 계약이행, 운송인의 책임, 당사자 간의 법률관계와 재판관할법원에 대하여 규정하고 있으며, 운송인은 상품교환가격 또는 시장가격에 의거해서 배상의무를 진다. 단, 총중량의 1kg당 17SDR을 한도로 한다. 또한 CIM에서 인정하는 운송서류는 철도화물수취증이며, 그 내용은 매우 포괄적이지만 이것은 권리증권은 아니다.

물품의 하역과 운송서류

제1절 물품의 하역

I. 하역의 의의와 종류

1. 하역의 의의

하역(cargo-working)이란 선박 등으로 운송되는 물품의 적재, 적부, 양륙 등의 일체의 작업을 말한다.

하역은 화물을 본선(기)에서 양륙하여 하선(기)장소에 반입하는 하선(기)작업 또는 화물을 선적지보세구역에서 반출하여 본선(기)에 옮겨놓는 적재작업을 말한다. 여기에서 하선(기)장소란 화물을 선박 또는 항공기로부터 양륙하여 반입할 수 있는 보세구역을 말한다.[1]

2. 하역의 종류

하역은 하역장소에 따라 철도, 트럭, 항공기 등의 육상하역과 선박의 해상운송에 수반되는 항만하역으로 구분되며, 물품의 이동방향에 따라 선적(적재)과 양륙으로 구분된다.

항만하역은 물품인수도의 경계에 따라 선내하역과 연안하역으로, 본선의 정박(계류)장소에 따라 접안하역(계선하역)과 해상하역(박지하역)으로 구분되며, 접안하역은 다시 경안하역과 부선하역의 구분된다.

한편, 항만하역은 물품의 종류(종류, 수량, 크기, 무게, 성질 등)에 따라, 포장물품 등을 낱개로 취급하는 개별하역, 팔레트나 컨테이너에 실어서 운반하는 유닛로드(Unit load)하역, 곡물·광석·시멘트 등의 산화물을 취급하는 벌크하역 등으로도 구분되며, 하역기계의 사용유무에 따라, 인력하역과 기계하역으로 구분되는데, 기계하역은 다시 기계의 종류에 따라 컨베이어 하역, 지게차하역, 크레인하역으로 구분되기도 한다.

---

1) 관세청, 보세화물입출항하선하기 및 적재에 관한 고시 제1-0-2조.

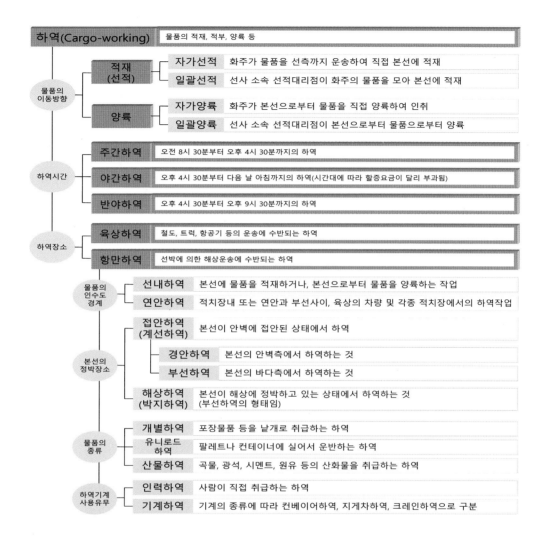

(1) 선내하역과 연안하역

선내하역은 선박의 내부에서 물품을 적재 또는 양륙하는 작업을, 연안하역은 선박 내부를 제외한 적치장내 또는 연안과 부선 사이, 육상의 차량 및 각종 적치장에서의 하역작업을 말하며, 부두, 창고의 물품운송이나 창고에 반입하는 작업도 포함된다.

(2) 접안하역과 해상하역

(가) 접안하역

접안하역(계선하역)은 본선이 안벽에 접안되어 있는 상태로 하역하는 것으로서, 해상하역에 비하여 신속하고 안전하고 경제적이다. 이 접안하역은 경안하역과 부선하역으로 구분된다.

경안하역(works alongside pier)은 본선의 안벽측에서 하역하는 것으로서, 컨테이너 운송에서는 모두 이 방식을 사용한다. 즉, 정기선운송의 대부분은 접안하역이며, 접안하역 중에서도 경안하역이 보통이다. 부선하역은 물품을 본선의 바다측으로부터 부선에 양륙하거나, 또는 부선으로부터 본선에 적재하는 것을 말한다.

(나) 해상하역

해상하역(박지하역)은 본선이 해상에 정박하고 있는 상태에서 하역하는 것으로서, 해상연안의 수심이 얕거나 본선이 접안할 수 있는 시설이 없는 경우 부선을 이용하여 이루어지는 하역작업을 말한다. 이것은 부선하역의 형태로 행해진다.

(3) 적재와 양륙

하역은 물품의 이동방향에 따라, 본선에 물품을 적재하는 적재하역(적하, 적재 또는 선적), 본선으로부터 물품을 인취하는 양륙하역(양하 또는 양륙)으로 구분된다.

(가) 적재(loading)

적재(loading)는 물품을 본선에 싣는 것으로서, 물품의 적재주체에 따라 자가적재와 일괄적재의 2가지 방법으로 구분된다. 자가적재와 일괄적재는 누가 물품을 본선에 적재하는지에 대하여 차이가 있을 뿐이다.

① 자가적재(직적) 화주가 물품을 선측까지 운송하여 직접 본선에 적재(인도)하는 방법으로서, 대량의 물품을 선적하는 경우에 주로 이용된다. 실제로는 화주의 대리인인 운송주선인이 대행하고 있다. 즉, 화주가 자신의 책임하에 운송주선인에게 의뢰하여 물품을 선측까지 운송하여 직접 본선에 인도하는 방법을 말한다.

접안선박에 자가선적하는 경우에는, 원칙적으로 본선의 해상측으로부터 적재한다. 물품을 부선을 이용하여 본선측으로 운반하여 본선에 인도한다. 적재시에는 본선측과 화주측의 검수인(Checker)이 입회하고, M/R이 발행되기까지의 사정은 일괄선적의 경우와 동일하다.

② 일괄적재(총적) 선박회사 소속의 선적대리점(Shipping Agent)이 화주의 대리인인 운송주선인으로부터 수취한 많은 물품을 모아서 선박에 적재하는 방법을 말한다. 이 방법은 소량의 일반물품의 경우에 경제적이고 이용하기 쉽기 때문에 개품운송의 경우에 주로 사용된다. 여기에서 선적대리점(Shipping Agent)은 일괄양륙의 경우에는 양륙대리점(Landing Agent)이다.

(나) 양륙(Unloading; Discharge)

양륙(Unloading; Discharge)은 물품을 본선으로부터 내리는 것으로서, 물품의 양륙주체에 따라 자가양륙과 일괄양륙의 2가지 방법으로 구분된다.

① 자가양륙 수화인이 부선으로 직접 선측(Ship's side)에서 인취하는 것으로서, 해상 하역 뿐만 아니라 접안하역의 경우에도 인정되지만, 부선에 의하여 해상으로부터 인취하는 것을 의미하기 때문에, 경안하역의 경우에는 자가양륙할 수 없다.

② 일괄양륙 선박회사가 지정한 양륙대리인(Landing Agent; Stevedore, 즉 선내하역업자를 겸하고 있음)이 다수 화주의 화물을 일단 전부 양륙하여 보세구역 또는 보세구역외 장치장소에 반입하고 거기에서 각 수화인에게 물품을 인도하는 방법을 말한다. 일괄양륙은 접안하역이나 해상하역이 모두 가능하며, 접안하역시 경안하역뿐만 아니라 부선하역도 행해진다.

II. 하역절차

1. 개품운송계약에 의한 하역

(1) 개품운송계약에 의한 선적절차

재래선에 의한 선적과 컨테이너선에 의한 선적으로 구분되는데, 컨테이너에 의한 선적절차는 컨테이너운송에서 설명하기로 하고, 여기에서는 재래선에 의한 선적절차를 설명하고자 한다.

㈎ 적화예약목록 송부

운송계약이 성립되고 난 후 선박회사는 적화예약목록을 작성하여 송화인과 본선에 통지한다. 적화예약목록(Booking List)은 선박회사가 작성하여 본선과 하역업자에게 통지하는 집화된 화물의 명세표로서 본선에서는 이에 따라 집화계획을 수립하고 반입되는 화물을 수취하게 된다.

㈏ 용적·중량증명서 발행의뢰

선박회사는 검량회사에 용적·중량증명서(certificate of measurement and weight)의 발행을 요구하게 된다. 검량(weighting and measuring)은 화물의 무게와 부피를 계산 또는 증명하는 것으로서, 수출통관을 하기 위한 장치장소에서 받는다. 그러나 공인검량인에 의해 선적시에 입회한 공인검량인이 운임이나 항비 등의 산출자료로서 발행하는 용적·중량증명서는 일명 Surveyor's Report라고도 부른다.

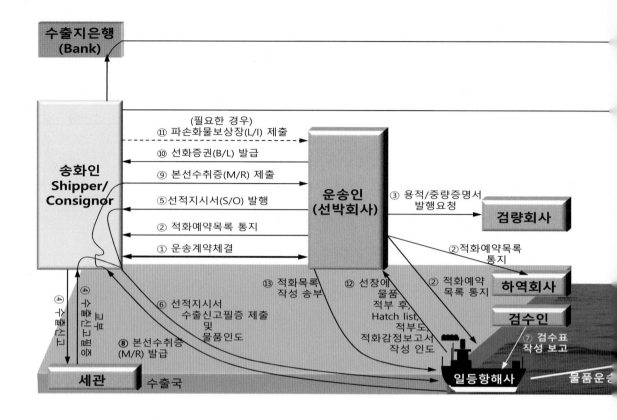

(다) 수출통관

화주는 화물을 제조공장의 창고 등에 장치한 후 EDI로 수출신고를 하여 세관으로부터 수출신고수리를 받게 된다. 다만, 수출물품이 서류제출대상이거나 물품검사대상인 경우에는 서류제출 후 서류심사 또는 물품검사를 받은 후 수출신고수리를 받게 된다. 수출신고수리를 받은 물품은 선적항으로 운송되어 선적되고, 세관에서는 물품의 선적을 확인하게 된다.

(라) 선적지시서의 교부

선박회사는 화주의 요청에 따라 화주에게 선적지시서(shipping order; S/O)를 발행하는데, 선적지시서란 선박회사가 계약화물을 선박에 적재하여 목적지까지 운송할 것을 선장에게 서면으로 지시하는 것으로 화물의 명세, 화물의 중량이나 용적, 송화인의 성명, 선적항 및 양륙항이 기재되어야 한다.

(마) 선적 및 검수

화주 또는 그 대리인인 화물운송주선업자[2]는, 일괄선적의 경우에는 선박회사와 계

494

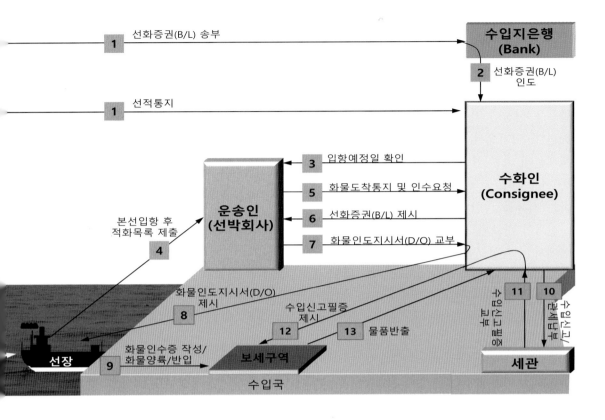

약을 체결한 선적대리점(shipping agent)이 지정하는 창고 또는 적양장(Apron)에 반입한 다음, 선박회사로부터 받은 선적지시서(S/O)와 서명이 없는 본선수취증(Mate's receipt; M/R) 및 수출신고필증을 선적대리점에 인도한다. 선적대리점은 물품을 선측으로 운반하여 Sling에 적재하여 하역용 갈고리(Hook)에 걸어서 인도한 다음, 그 대리점이 직접 적재하거나, 또는 선내하역업자(Stevedore)로 하여금 적재하도록 한다.

본선적재는 선적지시서와 수출신고필증의 대조확인후 행해진다. 선적이 끝나면, 선적지시서(S/O)대로 정확히 선적되었는지를 확인하기 위하여 선박회사측(Ship side)과 화주측(Dock side)의 쌍방의 검수사(검수인, tally man; Checker)의 입회하에 화물의 수량과 상태를 조사하여 그 결과를 검수표(tally sheet)로 작성한다. 양 검수인이 상대방의 검수표를 대조하여 쌍방의 합의된 내용을 본선측의 검수인이 선적지시서(S/O)와 본선수취증(M/R)에 기입한 후 이를 일등항해사(chief mate; chief officer)에게

---

2) 화물운송주선업자(외국업자의 지점 또는 대리점 포함)가 수출입화물을 취급하려는 때에는 해운법이나 화물유통촉진법 등에 의한 등록필증과 법인의 경우 법인등기부등본을 첨부하여 주사업장 관할지세관장에게 화물운송주선업자 신고를 하여야 한다; 관세청, 보세화물입출항하선하기및적재에관한고시, 제5-1-3조.

제출한다.

㈐ 본선수취증과 선화증권의 발급

일등항해사는 이의가 없는 경우 본선수취증(M/R)에 서명하여 검수인에게 교부하고, 물품을 선창에 적부시킨다. 선창내로의 적부는 선내하역업자(stevedore)에 의하여 행해진다. 여기에서, 본선수취증(Mate's Receipt; M/R)은 본선의 일등항해사(chief mate)가 재래선에 의한 선적을 완료한 후 화물의 수령을 증명하기 위하여 송화인에게 발행하는 서류로서, 송화인이 해상운송인으로부터 선화증권을 교부받기 위하여 제출하여야 하는 서류를 말한다.

선적이 완료된 경우, 현재는 종전과 달리 세관공무원의 부족으로 세관공무원이 본선에서 수출신고필증에 선적확인을 하는 것은 불가능하기 때문에 검수인이 일등항해사의 서명이 있는 본선수취증(M/R)과 수출신고필증을 가지고 세관에 가서 수출신고필증에 선적확인을 받은 다음, 이들 서류를 관세사에게 인도한다. 수출신고필증은 수출업자가 보존하고, 본선수취증은 선화증권의 발행을 위하여 사용한다. 즉, 화주는 본선수취증(M/R)을 교부받은 다음 운임선지급인 경우에는 운임을 지급하고 이 본선수취증(M/R)을 선박회사에 제출하고, 이와 상환으로 선박회사로부터 B/L을 교부받는다.

㈑ 파손화물보상장의 발행

양측의 검수인은 선적지시서에 기재된 내용과 적부된 화물이 불일치하거나, 화물이나 포장에 이상이 있는 경우에는 검수표의 비고(Remarks)란에 그 내용이 기재되고, 본선의 일등항해사는 검수표의 비고(Remarks)란의 내용이 기입된 본선수취증(M/R)을 서명하여 교부하게 되는데, 이를 고장부수취증이라 한다. 이 고장부수취증에 의하여 발행된 선화증권은 고장부선화증권이 된다. 이 고장부선화증권은 신용장거래에 있어서 화환취결의 담보서류로서 부적절하기 때문에 완전한 화물로 교환하여 재선적하거나 또는 송화인은 선박회사와 교섭하여 선박회사 소정양식의 파손화물보상장(L/I; letter of indemnity)을 제공하고, 무고장선화증권을 발급받아야 한다.

이때 파손화물보상장은 선적된 화물이 후일 문제가 되더라도 선박회사(운송인)에 책임을 전가시키지 않겠다는 취지를 서약한 각서로서, 송화인이 본선수취증상의 비고(remark)란에 기재된 하자로 인하여 운송중의 물품이 손상되어 운송인이 수화인에게 손해배상을 하게 된다면 송화인이 책임지고 운송인에게 손해배상액을 보상하겠다는 것을 약속하는 것이다.

⑺ 기타

본선은 선적완료 후 hatch list, 적부도(stowage plan), 선복보고서, 적화감정보고서 등을 작성하여 선박회사에 인도하고, 선박회사는 적화목록(manifest; M/F)을 작성하여 본선과 대리점에 송부한다. 또한 선박회사는 운임표와 선적사고화물목록을 작성하여 양륙지에 송부한다. 여기에서, hatch list는 각 선창에 적재된 화물의 종류와 수량을 기재한 일람표이고, 적부도(stowage plan)는 본선에 화물을 적재하기 위한 적부설계도이고, 적화목록(manifest; M/F): 화물을 선적완료 후 선화증권사본을 기초로 하여 본선이나 선사 또는 선적지대리점에서 작성한 적재화물의 명세표로서, 통관시 화물의 단속이나 과세의 기초가 된다.[3]

⑵ 개품운송계약에 의한 양륙절차

⑺ 수입화물의 도착통지

본선이 수입항에 입항하면 그 본선이 소속된 선박회사 또는 그 대리점은 선화증권에 화물도착통지처(notify party)가 기재되어 있는 경우에 수화인에게 본선의 도착사실을 통지하고 화물의 인수를 요청한다. 그러나 지시식으로 발행되는 선화증권에는 수화인명이 기재되어 있지 않기 때문에 수입업자가 자진해서 문의할 필요가 있다.

⑷ 화물인도지시서 발급

수화인은 송화인(또는 은행)으로부터 입수한 선화증권을 선박회사에 제출한다. 이에 선박회사는 사전에 본선의 선장으로부터 제출된 적화목록(manifest; M/F)과 화물의 품명, 개수, 중량, 화인 및 화물번호 등을 조회하고, 착지급운임(Freight Collect)의 경우에는 운임의 지급을 받고 선화증권 배면에 수화인의 배서와 동시에 「화물을 인도하였음」이라고 기입하고 선주 또는 그 대표자가 서명한다. 이 선화증권과 상환으로 선박회사는 화물인도지시서(delivery order; D/O)를 교부한다.

---

3) 적화목록은 선화증권 또는 항공화물운송장의 내역을 적화목록 작성요령에 따라 기재한 선박 또는 항공기의 화물적재목록을 말하며 화물운송주선업자가 작성한 경우에는 혼재화물적화목록이라 한다. 적화목록 작성책임자는 수출입물품을 집화·운송하는 운항선사와 항공사, 공동배선의 경우에는 선박 또는 항공기의 선복을 용선한 선박회사 또는 그 대리점, 항공사 또는 그 대리점, 혼재화물의 경우에는 화물운송주선업자 또는 그 대리점이다(보세화물입출항하선하기및적재에관한고시 제1-0-2조).

본선수취증(Mate's Receipt; M/R)

Shipper	▼ PAN OCEAN BULK CARRIERS, LTD.		
Consignee	SEOUL	BUSAN	INCHON
	Tel: 777-8981-5	Tel:44-1591-4	Tel:72-5246
	22-6811-9	KUNSAN 72-4301	
Notify Party	22-5566	Tel:2-3539 72-4235	
	22-8924	2-2859	
	777-4826		
	Telex 23511, 23512		

Vessel	Voyage No.		S/O No.	B/L No
Port of Loading	Port of Discharge		Final destination	

The undermentioned cargo in apparent good order and condition unless otherwise noted below

Marks and Numbers	No.of Pkgs.	Description of Goods	Gross Weight	Measurement

Remark

This receipt is given subject to all the conditi   ons of our principals Bill of Lading

RECEIVED ON BOARD

By: _____

No. of packages _____

Stowed in hatch No. _____

Date _____

PAN OCEAN BULK CARRIERS, LTD.

By _____

Dhief Officer

화물인도지시서(delivery order; D/O)는 해상운송인(선박회사 또는 그 대리점)이 수화인 등 선화증권의 소지인으로부터 선화증권 또는 수입화물선취보증장(L/G)의 제시를 받은 경우, 선화증권과 상환으로 그 제시인에게 교부하는 서류로서, 이 화물인도지시서를 지참한 수화인에게 화물을 인도해 주도록 물품보관자(재래화물의 경우 본선의 선장, 컨테이너화물의 경우 CY/CFS의 운영인)에게 지시하는 서류이다.

(다) 수입화물의 양륙

수화인은 선박회사로부터 발급받은 화물인도지시서를 본선에 제출한다. 화물인도지시서에 의해 본선으로부터 화물 양륙시 세관원이나 검수인은 본선의 적화목록과 대조하여 화물의 이상여부를 기재한 화물인수증(cargo boat note)을 작성하고, 화물을 양륙한다.

(라) 수입화물선취보증장(L/G)인도

한편, 본선이 입항후 화물은 양륙되었지만 환어음이나 운송서류가 수입지의 은행에 도착하지 않은 경우에는 화환관계은행을 보증인으로 하고 선화증권은 도착 즉시로 선박회사에 인도하겠으며, 이에 의한 모든 사고는 보증은행이나 수화인이 단독 또는 연대로 책임을 부담하겠다고 서약한 수입화물선취보증장(latter of guarantee : L/G)을 선박회사에 제출하고 화물의 인도를 받을 수 있다. 즉, 선박회사는 수화인과 은행이 공동으로 서명한 수입화물선취보증서를 받고 화물을 인도지시서를 발행하게 되는 것이다.

(마) 수입통관

보세구역에 반입된 양륙화물에 대하여 화주는 세관에 수입신고서(import declaration)를 제출하여 심사를 받고 관세납부 후 수입신고필증을 취득한다.

2. 컨테이너화물의 하역

(1) 컨테이너화물의 선적절차

화주가 선적요청서(S/R)를 작성하여 선사에 제출하고, 선사는 화주로부터 S/R에 기초하여 선복예약서(booking note)를 작성, 이들을 집계하고, 예약일람표(booking list)를 작성한 후, booking list를 자사 또는 계약 터미널에 송부, 공컨테이너의 반출 및 적입 컨테이너의 반입준비를 시킨다.

화주가 수출품을 생산하고 난 후 선적하기 위하여는 선적지 개항까지 국내운송(예를 들면 인천항에서 부산항까지)절차를 거치게 되는데, 이에 대한 경로는 도로, 철도,

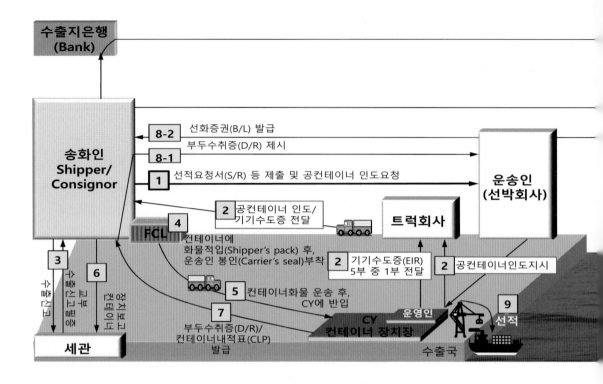

연안운송 등에 의한다.

　컨테이너선적의 경우에는 FCL화물 또는 LCL화물에 따라 반입장소, 검량시기 및 통관수속시점 등이 다르다. 즉, FCL화물인 경우에는 화주의 공장 또는 창고 등에서 바로 컨테이너에 적재한 후 CFS에 반입하고, LCL화물인 경우에는 CFS에서 목적지 및 적입의 적합성을 고려하여 타화물과 혼재한다. 내륙데포에 집화된 화물은 컨테이너 전용열차로 컨테이너 터미널(Container Terminal)에 운송된다.

⑺ FCL(Full Container Load)운송

① 화주는 선적의뢰시 선적요청서(Shipping Request : S/R)를 비롯한 포장명세서(P/L), 상업송장(C/I) 등의 서류를 제출하고, 공컨테이너(empty container)의 인도를 요청하면서 인도시간, 장소 등을 통지한다.

② 선사의 대리인인 CY 운영인(CY Operator)이 트럭회사에 공컨테이너의 인도를 지시하고, 기기수도증(Equipment Interchange Receipt : EIR) 5부를 작성하여 이 중 1

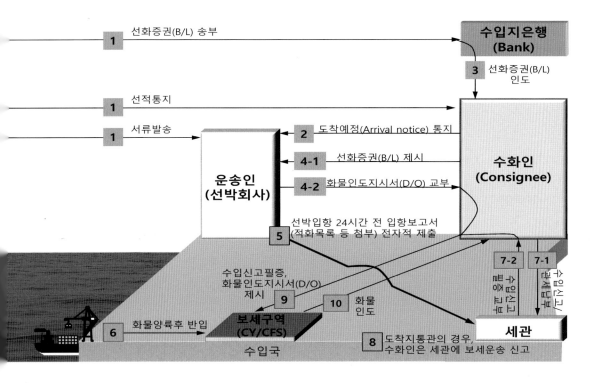

부를 트럭기사를 통해 화주에게 전달한다.

③ 화주는 공컨테이너를 인도받고 세관에 수출통관을 요청한다. 통관(수출신고)은 원칙적으로 장치장소에 장치한 후이지만 상품 제조전에 수출신고하고자 할 경우 제조·가공 완료예정일 기준으로 수출신고가 가능하다.

④ 화주는 수출통관이 완료된 후 수출신고필증이 발급되면 자기공장에서 자기의 책임하에 컨테이너에 화물을 적입(shipper's pack)하고, 공컨테이너 투입시 함께 전달된 운송인봉인(carrier's seal)을 직접 컨테이너에 부착한다.

⑤ 화주는 선박회사가 지정한 CY로 컨테이너화물을 운송한 후 CY 운영인(CY Operator)에게 직접 인도·반입한다. 이 경우 선박회사와 화주의 책임의 분기점은 CY에의 인도시점이다. 예를 들면, 부산지역으로 운송된 컨테이너는 일단 부산지역 ODCY에 반입된다. 컨테이너를 곧바로 BCTOC나 PECT에 반입하지 않는 것은 컨테이너 터미널(컨테이너 전용부두)의 과부족으로 인해 모든 컨테이너를 Marshalling Yard에 장치할 수 없기 때문이다.

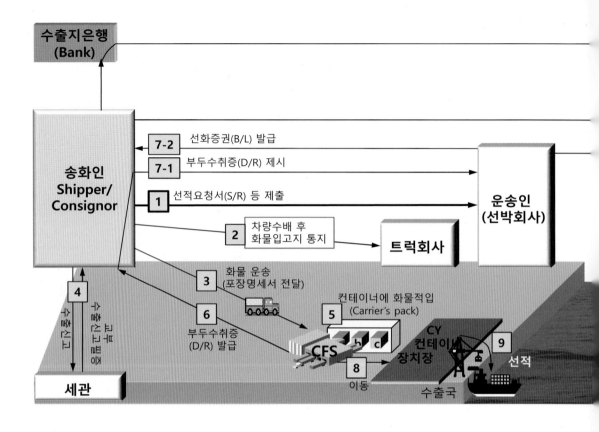

⑥ 화주는 컨테이너화물을 ODCY에 반입한 후 CY 담당자(CY Clerk)로부터 수출신고
서에 장치확인을 받아 관할세관에 컨테이너화물의 도착보고를 한다.

⑦ ODCY에 반입된 화물은 BCTOC(PECT)반입이 결정되면 ODCY에 있는 각 선사의
업무담당자(LineClerk)는 컨테이너와 함께 접수된 수출신고필증을 확인한 후
BCTOC(PECT) Gate에 제출한 반입계(gate-in slip)를 작성하여 해당 트럭기사편으
로 전달한다. 이 때 ODCY에서 BCTOC Marshalling Yard까지의 단거리 운송을
Shuttle Drayage라 한다. 한편, 화주가 적재된 컨테이너를 CY에서 CY 운영인에게
인도할 때 선박회사의 대리인인 CY 운영인은 화주가 제출한 서류와 선박회사로
부터 송부받은 booking list 및 컨테이너에 적입된 화물과 대조한 후 부두수취증
(Dock Receipt)을 발행하여 컨테이너내적표(container load plan; CLP)와 함께 화주
에게 교부한다.

⑧ 화주는 이 D/R과 상환으로 선사로부터 수취선화증권인 컨테이너선화증권(container

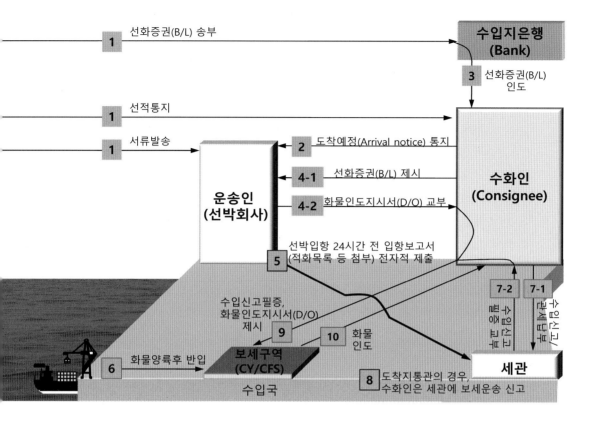

B/L)을 받게 된다.

⑨ BCTOC(PECT)에 반입된 컨테이너는 작업절차를 거쳐서 해당선박에 선적된다.

(나) LCL(Less than Container Load)운송

LCL은 20′ 또는 40′ 컨테이너 1대에 채울만한 물량이 되지 못하기 때문에 FCL과 같이 컨테이너 Door운송(공컨테이너의 화주공장 투입)과정이 필요없이 Loose Cargo(일반화물) 상태로 트럭에 실려 운송인(대부분 Freight Forwarder)이 지정한 선적항지역의 CFS로 운송된다.

화주의 수출화물이 LCL인 경우 일반적으로 화주가 직접 일반차량(트럭)을 수배하여 운송주선인이 지정한 CY/CFS까지 운송하고 있으나 운임상의 혜택과 동일지역행 화물의 혼재를 용이하게 하기 위해 차량수배도 운송주선인을 이용하는 것이 유리하다.

① 선적의뢰시 선적요청서(S/R)를 비롯한 포장명세서, 상업송장 등의 서류를 제출한다.

② 화주가 직접 공로운송에 이용될 차량을 수배할 경우 운송주선인(Forwarder)으로 부터 CY(엄밀히 CFS) 및 관할세관을 통보받고, 사전에 트럭기사에게 화물의 입 고지와 담당자를 자세히 알려준다.

③ 여러 화주의 소량화물을 실은 트럭은 각 화물들의 최종 목적지에 따라 여러 CFS(화주가 선적의뢰한 운송주선인의 사용 CFS)를 돌게 된다. 이 때 화주는 반 드시 포장명세서를 트럭기사편으로 CY(CFS) 담당자에게 전달해야 한다.

④ CY(CFS)에 도착(장치)한 다음 CY 담당자(CY Clerk)로부터 보세구역 장치확인을 받은 후 관세사 사무소를 통하여(경우에 따라서는 통관업무를 대행해 주는 운송 주선인을 이용) 관할세관에 수출신고를 한다.

⑤ 운송주선인은 사전에 선박회사에 공컨테이너 투입을 요청하고 입고된 화물에 대하여 Tally, Measuring, Weighing 등 제반준비를 끝낸다. 수출신고필증이 발급 되면 CFS 운영인(CFS Operator)는 CLP(Container Load Plan : 컨테이너 내부 적부 도)에 따라 화주별·목적지별로 화물을 혼재(carrier's pack)한 후 컨테이너에 적 입한다. 화주와 선박회사간의 책임의 분기점은 CFS에의 인도시점이다.

⑥ 혼재된 컨테이너는 FCL과 마찬가지로 CY 운영인에게 인도되어 일시 장착된 후 셔틀운송으로 Marshalling Yard에서 선적을 기다리게 된다.

⑦ BCTOC에 반입된 컨테이너는 작업절차를 거쳐서 해당선박에 선적된다.

한편, LCL화물을 FCL화물의 경우와 같이 검량 및 통관이 끝나고 CFS에 반입하는 경 우에는 화물에 부두수취증(D/R)을 첨부하여 CFS 운영인에게 인도하면 CFS 운영인은 화물을 목적지별·화물종류별로 분류하여 여러 화주의 화물을 혼재한 후 컨테이너선 화증권을 발행하여 화주에게 교부한다. 그러나 LCL화물을 CFS에 반입한 후 검량 및 통관하는 경우에는 반입한 후 수출신고를 하고 통관수속을 취해야 한다. 통관이 끝나 면 화물을 CFS 운영인에게 인도하고 부두수취증(D/R)을 교부받아 컨테이너선화증권 을 발급받는다.

(2) 컨테이너화물의 양륙절차

수입화물이 목적항(수입항)에 도착하게 되면 운송인(선사 또는 운송주선인의 대리 점)은 수입화주에게 화물도착통지(arrival notice)를 하게 되며, 화주는 은행에 수입대 금을 지급하고 선적서류를 인수받아 수입통관절차를 밟게 된다.

FCL은 부두에서 양륙되어 수입업자의 문전(창고 또는 공장)까지 도착되는 과정은 보세운송을 통한 도착지 통관인 경우와 부두의 보세장치장에서 통관하여 일반운송되 는 양륙지통관 등 두 가지로 나누어지며, LCL은 반드시 양륙지통관을 거쳐 일반화물 상태로 화주의 문전에 도달하게 된다.

① 수출지에 있는 운송인은 목적지에 있는 운송인(선박회사 지점, 대리점 또는 포워더의 파트너)에게 선적서류를 발송한다.

② 수입화주(수화인)의 신속한 화물인수 준비를 위해 해당선박 도착전에 도착통지(Arrival Notice)를 한다.

③ 도착지 운송인으로부터 화물의 도착통지를 받은 화주는 L/C 발행은행에 수입대금을 지급하고 수출지 운송인이 발행하여 수출지의 매입은행을 통해 제시된 선화증권 원본(Original B/L)을 받는다.

④ 선화증권 원본(Original B/L)을 회수한 화주는 운송인에게 운임(운임후지급의 경우) 및 부대비용을 지급하고 이 선화증권과 상환으로 화물인도지시서(Delivery order; D/O)를 받는다.

⑤ 선사는 선박의 입항 24시간 전에 적화목록 등을 첨부한 입항보고서를 전자문서로 작성하여 관할세관장에게 제출한다.

⑥ 세관으로부터 하선신고수리를 전자문서로 통보받은 선사 또는 그 위임을 받은 하역업자는 3일 이내에 컨테이너를 취급할 수 있는 시설이 있는 부두내 또는 부두밖 컨테이너 보세장치장(냉동컨테이너로부터 화물을 적출하여 반입을 원하는 냉동컨테이너화물의 경우 냉동시설을 갖춘 보세구역)에 반입한다.

⑦ 수입신고(통관)는 화주, 관세사, 통관취급법인, 관세법인의 명의로 하여야 하며 법에 의하여 등록된 관세사를 채용하여 관세사 명의로 수입신고를 할 수 있다.

⑧ FCL을 도착지(화주 문전)에서 통관하고자 할 경우 보세운송을 통하여 이루어지는데, 보세운송을 하려는 화주, 보세운송업자 또는 관세사는 전자문서로 작성한 "보세운송신고서"를 세관화물정보시스템에 전송한다.

⑨ 수입신고수리를 받은 후 화주는 컨테이너보세장치장(CY/CFS)에 수입신고필증 및 화물인도지시서(D/O)를 제시하고 CY(CFS)에서는 화물인도지시서의 소지인(수화인)에게 화물을 인도한다.

제2절 물품의 운송과 운송서류

Ⅰ. 운송서류의 개요

1. 운송서류의 의의

운송서류(transport document)는 운송인이 화주와 운송계약을 체결하고 물품을 본선적재, 발송 또는 수탁하였음을 증명하기 위하여 발급하는 서류로서, 운송방식이나 운송수단의 종류에 따라 다양하다.

2. 운송서류의 종류

신용장통일규칙(UCP 600) 제19조부터 제25조까지의 규정에서는 운송방식이나 운송수단에 따라 운송서류를 복합운송서류(multimodal transport document), 해상선화증권(ocean bill of lading), 비유통성 해상화물운송장(non-negotiable sea waybill), 용선계약선화증권(charter party bill of lading), 항공운송서류(air waybill), 도로·철도 또는 내륙수로 운송서류(road, rail or inland waterway transport documents), 특송화물수령증 및 우편수령증(courier and post receipt) 등으로 구분하여 수리요건을 규정하고 있다.

참고로, 운송주선인이 운송계약에 간접적으로 관계하여 발행하는 각종 서류, 예를 들면 ISBP 745 A18 a)항에 표시된 "운송주선인의 수령증명서(Forwarder's Certificate of Receipt; FCR)", "운송주선인의 선적증명서(Forwarder's Certificate of Shipment)", "운송주선인의 운송증명서(Forwarder's Certificate of Transport; FCT)", "운송주선인의 화물수령증(Forwarder's Cargo Receipt)"은 운송서류가 아니다. 다만, 운송주선인이 운송인·복합운송인이라는 것(실제운송인으로서가 아니라, 계약운송인으로 되는 것이 보통이다)을 표시하고 발행하고 서명한 서류는 운송서류로서 인정된다.

Ⅱ. 해상운송서류

1. 선화증권의 의의

선화증권(bill of lading: B/L)은 운송인이 물품의 수취 또는 선적을 증명함과 동시에 목적지에서 이 증권과 상환으로 물품을 인도할 것을 확약하고 그 물품의 운송조건을 기재한 물권적 유가증권이다. 즉, 선화증권은 운송인이 송화인으로부터 위탁받은 물품을 선적 또는 선적을 위하여 그 증권에 기재된 대로 수취하였음을 증명하는 것이고, 권리증권으로서 배서·교부에 의하여 양도가 가능함은 물론 그 화물을 지정된 목적지까지 운송하여 그곳에서 화물을 선화증권의 정당한 소지인에게 인도할 것을 약정한 유가증권이다. 정당한 소지인이 증권상의 권리를 행사하고 그 물품의 인도를 청구하기 위해서는 증권을 제시해야 한다.

이러한 선화증권은 ① 해상운송계약의 추정적 증거, ② 운송인의 화물수령 또는 선적을 증명하는 증거, ③ 운송인이 그 증권과 상환으로 소지인에게 운송화물을 인도해 줄 것을 약정하고 있는, 즉 인도청구권을 표창하고 있는 권리증권으로서의 기능을 수행하고 있다.

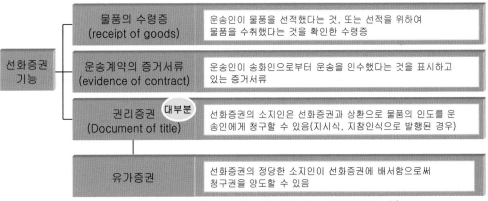

(영미에서는 권리증권, 한국, 일본 등에서는 유가증권이라고 함)

① Shipper/Exporter	⑩ B/L No.
EUN SUNG CORPORATION 1410-3, SHINRIM-DONG, KWANAK-KU, SEOUL, KOREA	PCSLBOL103960122

PEGASUS CONTAINER SERVICE

DAE WOO SHIPPING CO., LTD

② Consignee
TO ORDER

Received by the Carrier from the Shipper in apparent good order and condition unless otherwise indicated herein the Goods, or the container(s) or package(s) said to contain the cargo herein mentioned, to be carried subject to all terms and conditions provided for on the face and back of this Bill of Lading by the vessel named herein or any substitute at the Carrier's option and/or other means of transport, from the place of receipt or the port of loading to the port of discharge or the place of delivery shown herein and there to be delivered unto order of assigns. If required by the Carrier, this Bill of Lading duly endorsed must be surrendered in exchange for the Goods or delivery order.

③ Notify Party
SHIGEMATSU CO., LTD.
1-2-8, HIGASHI-NAKAHAMA
JYOTO-KU, OSAKA, JAPAN

④ Pre-carriage by ⑦ Place of Receipt
BUSAN CFS

In accepting this bill of Lading, the Merchant (as defined by Article 1 on the back hereof) agrees to be bound by all the stipulations, exceptions, terms and conditions on the face and back hereof, whether written, typed, stamped or printed, as fully as if signed by the Merchant, any local custom or privilege to the contrary notwithstanding, and agrees that all agreements or freight engagements for and in connection with the carriage of the Goods are superseded by this Bill of Lading.

⑤ Ocean Vessel	⑧ Voyage No	⑪ Flag	⑬ Place of Delivery
MINT QUICK	602E	KOREA	OSAKA CFS

⑥ Port of Loading	⑨ Port of Discharge	⑫ Final Destination
BUSAN, KOREA	OSAKA JAPAN	

⑭ Container No.	⑮ Seal No. Marks & Nos.	⑯ No. of Containers or Pkgs	⑰ Description of Goods	⑱ Gross Weight	⑲ Measurement
			788,00KGS 14,085CBM		

FRONT & BACK
S.T(IN DIA)
OSAKA
ITEM NO :
Q'TY : 12 IN BOX
C/T NO : 107-146
MAKE IN KOREA
BOTH SIDE
USE NO HOOKS
SIDE UP
HANDLE WITH CARE
DO NOT STEP ON

40 CTNS
SAID TO CONTAIN;

5,760PCS (480DOZ) OF
HAT

L/C NO. : 03-21-02690

FREIGHT COLLECT

SAY ; FORTY (40) CARTONS ONLY.

⑳ Total Number of Containers or Packages(in words)

㉑ Freight & Charges	㉒ Revenue Tons		㉓ Rate	㉔ Per	㉕ Prepaid	㉖ Collect
O/FREIGHT	14,085	CBM	24,75			USD 348,60
C.A.F.	29,60	(%)	348,60			USD 103,18
C.F.S.	14,085	CBM	4,500		WON 63,382	
C.F.S.	14,085	CBM	3,800,00			JYE 53,523,00
C.H.C.	14,085	CBM	3,500		WON 49,297	
C.H.C.	14,085	CBM	600,00			JYE 8,451,00
					USD TOTAL :	451,78

㉗ Freight Prepaid at	㉙ Freight Payable at DESTINATION	㉛ Place of Issue SEOUL, KOREA
㉘ Total Prepaid	㉚ No. of Original B/L THREE(3)	㉜ Date of Issue JAN. 22, 1996

Laden on Board the Vessel ㉝ Date JAN. 22, 1996 ㉞ By	㉟ DAE WOO SHIPPING CO., LTD.

508

2. 선화증권에 관한 국제조약

선화증권과 관련된 법률로서는 미국의 국내법인 하터법을 비롯하여 헤이그규칙(브뤼셀, 1924.8.25.), 헤이그비스비규칙(헤이그규칙의 의정서; 1968), 함부르크규칙(1978.3.31.), 로테르담규칙(2008.12.11.)과 같은 조약으로 발전되어 왔다.

● 선화증권에 관한 국제조약

약칭		정식명칭 및 주요 내용
헤이그규칙 (Hague Rules) 1924년 8월 국제해사위원회(CMI)	명칭	선화증권에 관한 약간의 규칙의 통일을 위한 국제조약(International Convention for the Unification of Certain Rules Relating to Bills of Lading); 일명, 선화증권통일조약
	내용	헤이그규칙은 선화증권상의 운송인의 면책약관의 제한을 중심으로 해상운송계약법의 주요한 점을 거의 모두 규정하고 있는 것으로서, 운송인의 최소한의 의무, 최대한의 면책 및 책임한도를 명확하게 한 것이라고 할 수 있다.
헤이그비스비규칙 (Hague-Visby Rules) 1968년 2월 국제해사위원회(CMI)	명칭	1924년 브뤼셀에서 서명된 선화증권에 관한 약간의 규칙통일을 위한 국제조약을 개정하는 의정서(Protocol to amend the International Convention for the Unification of certain Rules of Law relating to the Bills of Lading signed Brussels on 25th August 1924)
	내용	헤이그비스비규칙은 헤이그규칙의 채택이래 인플레이션 및 평가절하에 의한 경제상황의 변화, 컨테이너의 출현에 의한 운송방법의 변화 등을 해운 및 무역의 실정에 적합하게 반영한 것이다(이는 헤이그규칙의 결함을 보완하고 시대에 적합하도록 개정한 개정판).
함부르크규칙 (Hamburg Rules) 1978년 3월 UN국제무역법위원회 (UNCITRAL)	명칭	UN해상물품운송에 관한 조약(United Nations Convention on the Carriage of Goods by Sea)
	내용	함부르크규칙은 헤이그규칙이나 헤이그비스비 규칙과 달리 운송물에 대한 해상운송인의 강행법적인 책임을 가중 강화한 것으로 볼 수 있다(이는 헤이그규칙의 원칙을 근본적으로 바꾸고 새로운 질서를 수립하기 위한 조약).
로테르담규칙 (Rotterdam Rules) 2008년 12월 UN국제무역법위원회 (UNCITRAL)	명칭	전부 또는 일부가 해상운송인 국제물품운송계약에 관한 UN조약(United Nations Convention on Contracts for the International Carriage of Goods Wholly or Partly by Sea)
	내용	이 조약은 국제해상구간(international sea leg)을 포함하는 문전간운송을 위한 계약에 따른 송화인, 운송인 및 수화인의 권리와 의무를 규율하는 통일된 현대의 법제도로서, 종전의 헤이그규칙(브뤼셀, 1924.8.25.), 헤이그비스비규칙(헤이그규칙의 의정서), 함부르크규칙(1978.3.31.)의 국제해상물품에 관한 국제조약에 대한 현대적 대안을 제시하고 있다. [발효의 요건은 20개국이 비준(또는 승낙, 승인, 가맹)한 시점부터 1년 후이다]

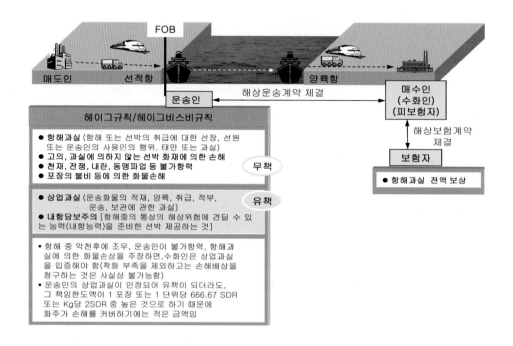

3. 선화증권의 종류

(1) 선적선화증권과 수취선화증권

(가) 선적선화증권 (Shipped or On Board B/L)

선적선화증권(Shipped B/L)은 본선상에 물품이 적재되었다는 것을 확인하고 발행하는 선화증권으로서, 증권면에 "shipped in apparent good order and condition on board the vessel...(본선에 외관상 양호한 상태로 선적되었음)" 또는 "loaded in apparent good order and condition on board the vessel...(본선에 외관상 양호한 상태로 적재되었음)"과 같이 기재되어 있어 실질적으로 물품의 선적완료를 표시한 것을 말한다. 미국에서는 이것을 "본선적재선화증권(On board bill of Lading)"이라고 한다.

시간적으로 선적전에 발행된 수취선화증권의 경우, "Loaded on board; Dated......"와 같이 선적후에 적재완료되었다는 문언과 일자를 기입하고 발행자가 서명하는 것을 "본선적재표기(on board notation 또는 on board endorsement)"라고 하고, 수취선화증권에 이러한 문언이 기재되면 실질적으로 선적선화증권으로 전환된다. 본선적재표기가 있는 이러한 선화증권을 본선적재표기 선화증권(On Board Endorsement B/L)이라고 하고, 이것은 선적선화증권(Shipped B/L)으로서 취급된다. 컨테이너선적의 경우에는 이러한 형태를 취한다.

구　분	종　류
선적여부에 의한 구분	선적선화증권(On Board or Shipped B/L) 수취선화증권(Received B/L)
하자표시 유무에 의한 구분	무고장선화증권(Clean or Unclaused B/L) 고장부선화증권(Foul, Unclean, Dirty or Claused B/L)
수화인표시 유무에 의한 구분	기명식선화증권(Straight or Consigned B/L) 지시식선화증권(Order B/L) 지참인식선화증권(Bearer B/L)
유통성여부에 의한 구분	유통성선화증권(Negotiable B/L) 비유통성선화증권(Non-Negotiable B/L)
무역의 유무에 의한 구분	해양선화증권(Ocean B/L) 내국선화증권(Local B/L)
양식에 의한 구분	정식선화증권(Long Form B/L) 약식선화증권(Short Form B/L)
운송계약형태에 의한 구분	정기선선화증권(Liner B/L) 용선계약선화증권(Charter Party B/L)
환적여부에 의한 구분	직접선화증권(Direct B/L) 환적선화증권(Transhipment B/L)
발행인에 의한 구분	집단선화증권(Groupage B/L) 혼재선화증권(House B/L or Forwarder's B/L)
운송수단의 결합형태에 의한 구분	통선화증권(Through B/L) 복합운송선화증권(Multimodal or Combined B/L)
신속 운송용 선화증권	목적지선화증권(Destination B/L) 반납선화증권(Surrender B/L)
중계무역용 선화증권	제3자선화증권(Third Party B/L) 스위치선화증권(Switch B/L)
기　타	컨테이너선화증권(Contrainer B/L) 적색선화증권(Red B/L) 부서부선화증권(Counter-sign B/L) 기한경과선화증권(Stale B/L) 선선화증권(Back dated or Back dating B/L) 양륙항선택선화증권(Optional B/L) 갑판적재선화증권(On Deck B/L) 범선적재선화증권(B/L covering shipment by sailing vessel)

(내) 수취선화증권(Received B/L)

수취선화증권(Received B/L)은 지정선박이 아직 부두에 정박하지 않았거나 입항조차 하지 않았을 경우 선박회사가 자신의 부두창고 또는 부두장치장에서 물품을 수령한 후 선적전에 발행하는 선화증권으로서, 일종의 부두수취증(dock receipt) 또는 창고

수취증(warehouse receipt)이다. 이는 증권면에 "Received in apparent good order and condition... for shipment on board the vessel(본선에 선적을 위하여 외관상 양호한 상태로 수취되었음)"과 같이 선적을 위하여 물품을 수령했다는 취지가 기재되어 있다.[4] CFS 또는 CY에서 선박회사에 물품이 인도된 경우에 발행되는 컨테이너 선화증권이나 미국에서 원면을 수출할 때 사용되는 Custody B/L과 Port B/L도 수취선화증권의 일종이다. 즉, 선적될 물품이 운송인에게 인도되었지만, 선박이 입항하기 전에 발행되면 Custody B/L이고, 선박이 입항한 후에 발행되면 Port B/L이다.

(2) 무고장선화증권과 고장부선화증권

(가) 무고장선화증권(Clean or Unclaused B/L)

무고장선화증권은 물품의 본선적재시에 물품의 상태가 양호하고 신고수량대로 선적되어 선화증권의 비고란(remarks)에 운송물의 수량이나 포장상태 등에 관하여 이상이 있음을 나타내는 단서나 유보사항을 기재하지 않고 발행한 것으로서 완전 또는 무담보선화증권이라고도 한다. 이는 증권면에 "Shipped on board in apparent good order and condition(외관상 양호한 상태로 본선에 선적되었음)"과 같이 양호한 상태로 선적했다는 취지가 기재되어 있다.

신용장통일규칙에서는 무고장선화증권만을 수리가 가능하도록 규정하고 있으나, 운송물품의 내용표시가 없이 "shipper's load and count(송화인의 적재 및 수량확인)" 또는 "said by shipper to contain(송화인의 신고내용에 따름)"과 같은 부지약관(unknown clauses)이 있는 컨테이너 선화증권의 경우에도 무고장선화증권으로 간주하여 은행에서 수리하고 있다.

(나) 고장부선화증권(Foul, Dirty, Unclean or Claused B/L)

고장부선화증권은 선박회사가 물품을 인수할 당시 파손, 유손 등 포장상태가 불완전하거나 수량이 부족하여 이러한 사실을 비고란(remarks)에 기재한 선화증권으로서, 증권면의 비고란에는 "10 bags torn"(10자루 찢김), "10 cases broken"(10상자 파손), "10 packages short in dispute"(10개 부족 논의중) 등과 같이 운송물의 외관과 수량에 이상

---

4) 참고로, 예정표시선화증권(Intended clause B/L)은 운송선박(Carrying vessel), 적재항(port of loading) 또는 양륙항(port of discharge)이 확정되지 않고 "예정된(intended)"라고 표시된 상태로 발급된 선화증권으로서, 이러한 선화증권이 발급된 경우에는 본선적재가 이루어지지 않고 물품이 수취된 상태에서 발급된 것으로서, 수취선화증권의 일종이다. 그러나, 선박이나 적재항 앞에 "예정된(intended)"이라는 문언이 있는 선화증권이라 하더라도, 본선적재표기(on board notation)와 "실제의 적재항"이 표시되어 있는 경우에는 본선적재선화증권(On Board B/L)으로 전환되기 때문에 신용장거래에서 수리될 수 있다.

이 있음을 특별히 기재하고 있다.[5]

고장부선화증권은 신용장에 별도의 명시가 없는 한 수리되지 않기 때문에 화주인 수출업자는 지적된 고장물품을 대체시키거나 재포장하여야 하지만, 시간적으로 여유가 없을 경우에는 선박회사에 수출업자와 은행을 연대보증인으로 한 소정양식의 파손화물보상장(letter of indemnity; L/I)을 제출하고 무고장선화증권을 발급받는 것이 실무적인 관행으로 되어 있다.

(3) 기명식선화증권과 지시식선화증권

(가) 기명식선화증권(Straight or Consigned B/L)

기명식선화증권은 선화증권의 수화인(consignee)란에 물품의 수취인으로서 수입업자나 은행 등의 특정인의 성명이나 상호가 기재된 선화증권으로서, 선화증권에 기명된 특정인만이 물품을 인수할 수 있기 때문에 운송중 물품의 전매나 유통이 제한을 받는 비유통증권이며 배서양도할 수 없다. 그러나 우리나라 상법 제820조 및 제130조에서는 기명식 선화증권도 배서금지의 문구가 없는 한 배서에 의하여 양도할 수 있도록 규정하고 있다. 또한 미국연방화물증권법에 의하면 기명식선화증권에는 "non-negotiable" 또는 "not negotiable"(유통불능)이라고 기재되어야 하며, 기명식선화증권은 유통할 수 없지만 배서에 의해 양도할 수 있고, 양도가 행해질 때는 그 취지를 운송인에게 통지해야 한다.

기명식선화증권은 물품의 소유권이 그 특정인에게 귀속되기 때문에 대금이 선불된 경우나 신용장에서 요구하고 있는 경우 또는 이사물품이나 개인용품을 발송하는 경우에 주로 이용되며, 선박회사는 선화증권의 제시없이도 선화증권에 기명된 수화인임을 확인하면 물품을 인도하게 된다.

(나) 지시식선화증권(Order B/L)

지시식선화증권은 선화증권의 수화인(consignee)란에 특정인을 기재하지 않고 단순히 "to order", "to order of shipper", 또는 "to order of xx bank"라고 되어 있는 것으로서, 유통을 목적으로 한 선화증권을 말한다. 지시식 선화증권은 화환취결시 이면에 백지배서(blank endorsement)를 함으로써 그 증권에 기재되어 있는 물품을 지배하는 권리를 이전시킬 수 있다.

(다) 지참인식선화증권(bearer B/L)

지참인식선화증권은 선화증권의 수화인(consignee)란에 "bearer" 또는 "to bearer"로

---

5) 면책을 강조하는 소위 "General Remarks"가 비고(Remarks)란에 기재되어 있는 경우에는 물품 또는 포장에 하자가 있다는 것을 명확하게 표시한 것이 아니므로 고장부선화증권이 아니다.

기재하거나 수화인란을 공란으로 두는 것으로서, 소지인식 또는 무기명식선화증권이라고도 한다. 선화증권의 소지인이 수화인으로 되며, 선화증권의 단순한 인도로 양도할 수 있다.

(4) 유통성선화증권과 비유통성선화증권

(가) 유통성선화증권(Negotiable B/L)

유통성선화증권은 증권으로 표시된 권리가 소지인 또는 증권면에 지정되어 있는 자의 지시인에게 배서 또는 교부로 자유롭게 양도될 수 있다는 취지가 명시되어 있는 선화증권으로서, 지시식 선화증권이나 지참인식 선화증권이 여기에 해당된다. 선박회사가 발행하는 선화증권의 원본(original)만이 물품과 상환이 가능하며 은행도 이들 원본만을 정당한 선화증권으로 인정하여 매입하게 된다.

(나) 비유통성선화증권(Non-Negotiable B/L)

비유통성선화증권은 권리의 양도나 유통이 불가능한 선화증권으로서, 기명식 선화증권이 여기에 해당된다. 원본 이외의 모든 선화증권 사본에는 "Nonnegotiable(유통불능)"이라는 도장이 찍혀 있으며, 이들 사본으로는 화물상환이 되지 않고 은행에서도 매입하지 않는다.

(5) 해양선화증권과 내국선화증권

(가) 해양선화증권(Ocean B/L)

해상 또는 해양선화증권이란 물품이 한 나라의 영해를 벗어나는 국외의 해상운송의 경우에 발행되는 선화증권으로 무역거래에 이용된다.

(나) 내국선화증권(Local B/L)

내국선화증권 또는 구간선화증권이란 ① 통운송의 경우에 제2의 운송인이 자신의 운송구간에 대하여 발행하는 선화증권, 또는 ② 국제해상운송에 접속하는 운송의 경우, 즉 국내의 해상운송에서 발행되는 선화증권을 말한다.

(6) 정식선화증권과 약식선화증권

(가) 정식선화증권(Long Form B/L; Regular B/L)

정식선화증권은 증권의 표면약관과 선박회사의 면책약관을 전부 기재한 이면약관이 갖추어져 있는 선화증권으로서, 규격이 너무 커서 보통 이용되지 않고, 대신에 약식선화증권이 많이 이용되고 있다.

⑷ 약식선화증권(Short Form B/L)

약식선화증권(Short Form B/L)은 절차의 간소화를 위해서 필수기재사항은 모두 기재되어 있으나, 선화증권의 이면약관이 생략된 것을 약식선화증권이라 한다. 약식선화증권에는 분쟁이 발생하면 원래의 선화증권인 정식선화증권(Long Form B/L)의 약관에 따른다는 문언이 기재되어 있다. 법적효력은 정식선화증권(Long Form B/L)과 동일하므로, 신용장거래에서 수리가능한 서류로 되어 있다.

(7) 정기선선화증권과 용선계약선화증권

① 정기선선화증권(Liner B/L) 정기선(liner)에 의한 개품운송계약하에서 정기선박회사가 발행하는 선화증권을 말한다.

② 용선계약선화증권(Charter Party B/L) 화주가 대량화물을 운송하기 위하여 특정항해(voyage) 또는 일정기간(time)동안 부정기선(tramper)을 용선하는 경우, 화주와 선박회사 사이에 체결된 용선계약(charter party)에 의하여 발행된 선화증권을 말한다.

(8) 직접선화증권과 환적선화증권

① 직접선화증권(Direct B/L) 운송도중에 다른 항구에 기항하지 않고 관습적 항로(customary route)를 따라 목적지로 직행하는 직항선(direct vessel)에 선적하고 발행하는 선화증권으로서, 환적이 허용되지 않는다.

② 환적선화증권(Transhipment B/L) 물품을 목적지까지 운송도중 중간항에서 다른 선박에 환적하여 최종 목적지까지 운송할 때 발행되는 선화증권으로서, 증권상에 환적이 기재된다.

(9) 집단선화증권과 혼재선화증권

① 집단선화증권(Groupage B/L) 운송할 화물이 한 컨테이너를 채울 수 없는 소량화물(LCL cargo)인 경우 운송주선인(freight forwarder) 또는 NVOCC (Non-Vessel Operating Common Carrier)가 동일한 목적지로 가는 화물을 혼재(consolidation)하여 하나의 Group으로 만들어 선적할 때 선박회사가 운송주선인에게 발행하는 선화증권을 말한다.

② 혼재 또는 운송주선인선화증권(House or Forwarder's B/L) 혼재를 주선한 운송주선인이 운송인으로부터 원선화증권(Master B/L)[6]을 발급받고 각 화주들에게 발행해

주는 선화증권을 말한다.

③ FIATA 복합운송 선화증권(FIATA Combined Tranport B/L)　혼재선화증권의 일종으로 서, 국제운송주선인연맹(International Federation of Forwarding Agent's Association : FIATA)이 발행한 선화증권을 말한다.

(10) 통선화증권과 복합운송선화증권

① 통선화증권(Through B/L)　해상을 포함하는 2개 이상의 운송수단을 이용하여 운송 물품을 목적지까지 운송하는데 최초의 운송인인 선주가 다른 선박회사의 선박을 이용하거나 해운과 육운을 교대로 이용할 경우 최초의 운송인이 전구간의 운송 에 대하여 책임을 지고 발행하는 운송증권을 말한다.

② 복합운송선화증권(Combined or Multimodal Transport B/L)　수출국의 물품 인수장소로 부터 수입국의 인도장소까지 해상·육상·항공 중 적어도 두가지 이상의 이종 운 송수단을 이용하여 운송되는 경우에 복합운송인(Combined or Multimodal Transport Operator)이 전 구간의 운송에 대하여 책임을 지고 발행하는 운송증권으로서, 복 합운송증권과 달리 반드시 해상운송이 포함되어야 한다.

(11) 목적지선화증권과 반납선화증권

① 목적지선화증권(Destination B/L)　목적지선화증권은 운송인이 송화인의 요구에 따 라 선적지에서 발행하는 대신에 목적지 또는 송화인이 희망하는 장소(송화인의 대리인측 또는 송화인의 거래은행의 본지점이나 환거래은행중 수화인과 동일한 지역에 소재하는 거래은행)에서 발행하여 물품을 인수하는데 편의를 제공하는 선화증권 또는 기타 운송증권을 말한다. 서류보다 물품이 빨리 목적지에 도착하 는 경우에 이용가치가 있으나, 매도인 자신에 의한 양도는 불가능하다.

② 반납선화증권(Surrender B/L)　반납선화증권은 수화인이 양륙항에서 물품을 신속하 게 인수할 수 있도록 송화인이 선적항에서 선화증권 원본(Original B/L)을 선박회 사에 반납하는 것을 의미한다. 엄밀하게 말하자면, Surrender B/L이란 B/L의 종류 를 말하는 것이 아니라, "B/L을 Surrender한다"고 하는 표현이 적절할 것이다. 이 는 송화인이 B/L을 수화인에게 보내는 절차를 생략하기 위하여 선박회사나 운송 주선인(freight forwarder)에게 B/L을 반납하는 것을 말한다. 송화인은 선박회사에 B/L을 반납할 때 선화증권상에 배서하여야 한다.

---

6) 원선화증권(Master B/L)은 실제로 물품을 운송하는 선박회사(carrier)가 발행하는 가장 일반적인 선화증권이다.

⑿ **제3자선화증권과 스위치선화증권**

① 제3자선화증권(Third Party or Neutral B/L) 선화증권상에 표시되는 송화인은 통상 신용장의 수익자이지만 수출입거래의 매매당사자가 아닌 제3자(Third party)가 송화인이 되는 경우에 발행되는 선화증권으로서, 중계무역에서 주로 이용된다. 예를 들면, 한국이 중국으로부터 물품을 수입하여 일본에 수출하지만 물품은 중국에서 일본으로 직접 운송되는 중계무역의 경우, 신용장상의 수익자는 한국의 수출업자이지만, 실제로 수출물품은 중국에서 선적되므로 선화증권상의 송화인란에는 중국에 있는 제3자가 기재된다.

② 스위치선화증권(Switch B/L) 선화증권상에 "교환(Switch)"이라는 문언이 있는 것으로서, 신용장이나 무역관계서류상의 조건을 충족시킬 목적으로 최초의 수출항(선적항)이나 최종 수입항(양륙항)이 아닌 중계(제3국)항에 있는 중계인의 명의로 전환(Switch)한 선화증권을 말한다. 이것은 선적항에서 반납(Surrender)된 선화증권에 의하여 수출국(중계국)의 선박회사가 발행하는 선화증권의 원본으로서, 중계무역에 주로 사용되며, 선적항의 선박회사와 스위치선화증권을 발행하는 선박회사 간에 신뢰관계가 있는 경우에 발행된다.

⒀ **기타**

① 컨테이너선화증권(Container B/L) 화물이 CFS 또는 CY에서 선박회사에 의해 수령되었을 때에 선박회사에 의해서 발행되는 선화증권으로서, 컨테이너화물이 CFS 또는 CY에 반입된다면 부두수취증(Dock Receipt: D/R)이 교부되고 부두수취증과 상환으로 컨테이너 선화증권이 발행된다.

② 적색선화증권(Red B/L; Insured B/L) 선화증권과 보험증권을 결합시킨 것으로서, 이 증권에 기재된 물품이 항해중에 사고가 발생하는 경우 손해보상을 받을 수 있으며, 선화증권에 부보 내용을 표시하는 문언이 붉은 색으로 되어 있기 때문에 Red B/L이라고 부르게 되었다.

③ 부서부선화증권(Counter-sign B/L) 도착지에서 수화인이 운임 또는 채무액을 선박회사에 지급하면 물품을 인도하기 전에 선박회사의 책임자가 결제완료의 증명으로서 선화증권에 "Please deliver upon endorsement"라고 기재하고 서명(부서)한 선화증권을 말한다.

④ 기한경과선화증권(Stale B/L; 지연선화증권) 선적일로부터 21일이 경과한 선화증권으로서, 신용장에 별도의 명시가 없는 한, 이 선화증권은 수리가 거절된다.

⑤ 선선화증권(소급일자선화증권, Back dated or Back dating B/L) 물품이 실제로 본선상에 적재완료된 일자가 아니라 그 이전의 일자로 발행된 선화증권을 말한다.

⑥ 양륙항선택선화증권(Optional B/L) 양륙항선택화물(optional cargo)인 경우에 발행되는 선화증권을 말한다.

⑦ 갑판적재선화증권(On Deck B/L) 물품이 특약에 의하여 본선의 갑판위에 적재하였다는 것을 증명하는 선화증권을 말한다.

⑧ 범선적재선화증권(B/L covering shipment by sailing vessel) 물품이 돛에 의해서만 추진되는 운송선박(범선)에 적재되고 난 후에 발행되는 선화증권을 말한다.

3. 기타 해상운송서류

(1) 선화증권의 위기

선화증권의 위기(The B/L Crisis)란 현대의 해상운송의 신속화에 의해 선화증권이 수화인에게 도착하는 것이 운송품의 도착보다도 늦는 경우가 빈번해서 그러한 경우 운송품의 인도가 행해질 때까지 쓸모없는 시간이 낭비됨으로써 수화인도 해상운송인도 곤란하다는 상황을 가리킨다.[7] 즉, 본선이 이미 도착하고 있는데 선화증권이 도착하지 않은 경우, 서류가 도착하기를 기다리는 것은 본선의 체선비용을 고려할 때 비현실적일 뿐만 아니라 선박회사가 이러한 체선비용을 회피하기 위하여 화물을 양륙해서 육상의 창고에 보관한다는 것도 보관료가 많이 들기 때문에 비현실적이다.

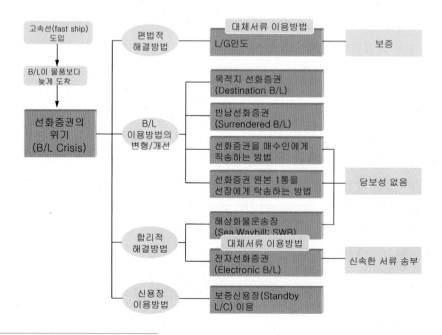

---

7) 江頭憲治郎, "海上運送狀と電子式運送書類"『日本海法會誌』復刊 32號, 勁草書房, 1988. p.4.

현재의 무역관습은 선화증권의 제시를 절대적으로 요구하고 있기 때문에 양륙지에서 운송서류보다 화물이 먼저 도착하는 경우, 수화인은 화물을 신속하게 인수할 수 없고, 운송인은 대고객 서비스향상에 역행하게 되는 결과가 된다.

선화증권의 위기를 해결하기 위해 현재 실무적으로 광범위하게 사용되고 있는 L/G 인도에 있어서는 선박회사가 어려운 입장에 처하게 된다. 이러한 어려움을 구제할 수 있는 방법으로 제시될 수 있는 것은 해상화물운송장과 전자선화증권의 도입이다.

(가) L/G인도

수입화물선취보증장(Letter of Guarantee; L/G)이란 화물이 이미 목적지에 도착되어 있지만 선화증권이 도착하지 않아 수입업자가 도착화물을 인수하지 못하거나 하나의 선화증권을 분할하여 화물을 인수하려는 경우에 발행은행에서 수입화물선취보증장을 발급받아 이를 제출하고 화물을 인수할 수 있는데 수입화물선취보증장은 선박회사가 입게 될지도 모르는 손해를 보상해주겠다는 보상각서라고 할 수 있다.[8] 즉, 운송인은 원본의 선화증권과 상환으로 물품을 인도하는 경우에만 법적으로 보호받을 수 있기 때문에, 별도의 규정이 없는 한, 선화증권 없이 물품을 인도한 운송인은 책임을 면할 수 없는 위험한 상황에 처하게 될 수도 있다.

(나) 선화증권을 매수인에게 직송하는 방법

이 방법은 신용장상의 선화증권을 매수인에게 직송하고 화환어음에 첨부하는 선적서류 중에 선화증권의 사본도 수리하도록 규정하는 것이다. 이러한 방법으로 매도인은 선적후 은행을 경유하지 않고 즉시 선화증권을 매수인에게 직접 송부할 수 있기 때문에 선화증권이 본선보다 목적지에 빨리 도착할 수 있고 매수인은 L/G인도절차의 수행없이 화물을 인수할 수 있다. 또 선화증권이 지시식으로 발행되는 경우 매수인은 선화증권의 배서양도로 화물을 전매할 수가 있기 때문에 매수인의 입장에서는 매우 편리한 방법이라고 할 수 있다. 그러나 이 방법은 매도인은 물품선적후 선화증권을 매수인에게 직송하는 관계로 담보권을 확보할 수 없기 때문에 매수인의 대금지급에 대한 불안을 해소할 수 있는 경우에만 사용될 수 있다.[9]

(다) 선화증권 원본 1통을 선장에게 탁송하는 방법

송화인이 선화증권 원본 중 1통을 화물을 운송하는 본선의 선장에게 탁송하여 선장이 수화인에게 선화증권을 전달하여 수화인이 화물을 인수할 수 있도록 하는 방법이다. 이

---

8) 김선광, 무역사례연구, 동성사, 1992, p.194.
9) 新堀聰, 貿易去來の理論と實踐, 三嶺書房, 1993, pp.163-164.

러한 방법으로 선화증권은 본선과 동시에 목적지에 도달할 수 있기 때문에 수화인은 화물을 신속하게 인수할 수 있다. 그러나 이 방법이 이용되는 경우, 선화증권은 본선과 함께 목적지에 도착할 수 있어 수화인은 선장으로부터 1통을 수취하는 즉시 화물을 인수할 수 있는 반면, 나머지 2통은 화환어음에 첨부되어 은행을 경유하여 대금결제에 사용된다. 은행은 나머지 2통만으로 담보가치가 없기 때문에 송화인을 신용할 수 있는 경우에만 이와 같은 어음매입에 응하게 된다. 이 방법으로 수화인의 입장에서 신속하게 화물을 인수할 수 있기 때문에 편리하지만 선사의 입장에서는 위험이 수반된다.10)

(2) 해상화물운송장

해상화물운송장(Sea-Waybill)이란, 해상운송인이 운송품의 수취를 증명하고 운송인수조건을 알기 위한 목적으로 송화인에 대해서 발행하는 서류이지만 선화증권과 달리 운송품인도청구권을 상징하는 유가증권이 아니기 때문에 양도성이 없는 것이다.11) 즉, 해상화물운송장은 운송인에 의한 물품의 인도 또는 적재를 입증하는 비유통서류이며, 그것에 의해서 운송인은 물품을 서류에 기재된 수화인에게 인도할 의무를 진다.12)

해상화물운송장은 유가증권이 아니다. 유통성이 없고, 배서하여 양도하는 것이 아니기 때문에 화물의 운송중에 화물운송장을 양도하여 화물을 전매할 수 없으며, 담보로서의 가치도 없다. 이러한 해상화물운송장은 ① 해상화물운송장이라는 서류의 제출없이도 물품의 인도·인수가 가능하며, ② 유통성이 없기 때문에 도난이나 분실의 염려가 없고 분실에 따른 위험이나 복잡한 절차가 필요하지 않으며, ③ 항해중의 전매가 예상되지 않는다거나 또는 상대방을 신용하기 때문에 담보권을 유보할 필요가 없는 경우에도 사용될 수 있다는 장점이 있다. 그러나 ① 권리증권이 아니므로 항해중에 증권을 이전함으로써 물품의 전매나 담보가 불가능하며, ② 목적지에 물품이 도착하여 수화인이 인도를 청구할 때까지 송화인은 자유로이 수화인을 변경할 수 있으므로 환어음이 매입되기 위해서는 수입지의 은행을 수화인으로 하든지 운송품처분불능조항을 삽입해야 한다는 단점이 있다.

(3) 전자선화증권

전자선화증권(Electronic Bill of Lading)은 운송인이 선화증권의 내용을 전자적 방법

---

10) 上揭書, pp.164-167.
11) 江頭憲治郎, 前揭書, p.3.
12) Alan Mitchelhill, Bills od lading Law and Practice, London New York Chapman and Hall, 2nd. ed., 1990. p.46

으로 작성, 저장한 후 송화인에게 전송하는 형식의 선화증권으로서, 지금까지 개발된 전자선화증권 중에서 가장 이상적이며, 보편적인 것을 소개하면 다음과 같다.

(가) CMI규칙상의 전자선화증권

전자선화증권(Electronic Bill of Lading)이란 종이 선화증권을 발행하는 대신에 그 내용을 구성하는 정보를 전자식 방법으로 운송인의 컴퓨터에 보관하고 선박회사와 송화인(매도인) 혹은 양수인(매수인 또는 지시인)이 서로 EDI(Electronic Data Interchange)[13] 메시지를 전송하고[14] 권리의 증명으로서 '개인키'(private key ; 비밀번호)[15]를 사용함으로써 물품에 대한 지배권 및 처분권의 권리를 그 권리자의 지시에 따라 수화인에게 그 정보를 전송하는 형식의 선화증권을 말한다.[16]

CMI규칙에 있어서는, 송화인과 운송인은 선화증권을 전자적으로 송신하기로 약정하고 CMI규칙을 적용하기로 합의하는 교환계약을 체결한 다음, 운송인은 송화인의 선복예약서(booking note)를 확인하고, 선복예약서를 작성함으로써 운송계약을 체결하게 된다. 운송계약이 체결된 이후에 선화증권이 양도되는 절차를 보면 다음과 같다 (여기에서, 선박회사는 송화인, 매입은행, 발행은행 등과 교환계약을 체결하는 것을 전제로 한다).

(나) 볼레로의 전자선화증권

볼레로 선화증권(Bolero Bill of Lading)은 볼레로인터내셔널사[17]에 의해서 개발된 것으로서, "관련 권리등록기록과 함께 BBL 원문(BBL text)"[18]으로 정의되어 있다. 즉, 볼레로 선화증권은 종이매체를 전자적 기록으로 대체하고 있으면서 선화증권의 전통적인 거래의 의미와 기능을 보유하고 있다. 볼레로 선화증권은 선화증권의 주요 원문을 포함하고 있는 서류이며, BBL 원문에 관한 거래정보로 구성되어 있는 전자적 기록

---

13) EDI(전자문서교환)는 거래당사자가 인편이나 우편에 의존하는 종이서류 대신 컴퓨터가 읽을 수 있도록 서로 합의하여 표준화된 자료인 전자문서를 데이터통신망을 통해 컴퓨터와 컴퓨터간에 교환하여 재입력 과정없이 직접 업무에 활용할 수 있도록 하는 새로운 정보전달방식을 말한다.

14) 新堀 聰. いわめる電子式船荷證券について, 國際商事法務, Vol..19, No.8, 1991, p.1007.

15) 개인키란 전송의 진정성(authenticity) 및 무결성(integrity)을 보증하기 위하여 당사자 간에 합의한 숫자 또는 문자를 조합시킨 암호번호이다; 전자선화증권에 관한 CMI규칙 제2조 f항.

16) 日本貿易關係手續簡素化協會, 貿易手續のEDI化に係る法的問題, JASTPRO 91-19, 1991, p.17.

17) 볼레로넷(bolero.net)은 SWIFT와 TT클럽이 주축이 돼 컴소시엄 형태로 구성된 전자결제 업체이며 국제적인 무역절차전자화 서비스의 제공회사인 Bolero International Ltd.의 서비스명이다. 볼레로넷은 1999년 1월부터 3월까지 기존 종이문서 체제와 병행하면서 실제로 시범서비스를 운영한 후 동년 9월부터 상용서비스를 개시함으로써 모든 무역서류의 전자화를 추진하고 있다. 볼레로넷 서비스의 상용화로 수출입업체는 무역서류를 들고 은행이나 보험·해운회사 등에 가지 않고 사무실에서 인터넷으로 서류전송부터 최종결제까지 처리할 수 있는 시대가 도래한 것이다.

18) bolero.net, Bolero RuleBook Part 1.1.(11).

이다. 볼레로 선화증권은 전통적인 종이 선화증권에 대한 전자적인 대안으로서, 그 선화증권이 발행된 후에 그 선화증권에 영향을 미치는 거래(배서 등)를 기록하는 중앙등록기(central registry)의 기록에 링크된 전자서류이다.

(다) uTradehub 전자선화증권

uTradehub 전자선화증권(e-B/L)이란 uTradehub(전자무역기반시설)가 운송인으로부터 전자적으로 수신한 선화증권에 대하여 그 소유권은 권리등록소(Title Registry)에 등록하고 그 원본은 전자무역문서보관소(uTrade Document Repository)에 보관한 후 그 소유권의 변경을 통하여 전자적으로 유통시키는 선화증권을 말한다. 이와 같이, 선화증권의 발급과 유통이 전자화됨에 따라, 물리적 이동이 요구되는 종이선화증권에 비해 무역업자로서는 매입기간의 단축, 전자매입(e-Nego)에 따른 수출대금의 조기회수 등 시간적·비용적·업무적으로 부담이 감소될 수 있다는 장점이 있다.

III. 항공운송서류

1. 항공화물운송장의 의의

항공화물운송장(Air Waybill; Air Consignment Note)이란 화물의 항공운송에 있어서 항공운송인의 청구에 의해서 송화인이 작성·교부하는 항공운송물품에 관한 사항을 기재한 서면을 말한다.

물품의 항공운송에 있어서 항공운송인의 청구에 따라 송화인이 작성·제출하는 것이 원칙이지만, 통상적으로 항공사나 항공사의 권한을 위임받은 항공화물대리점이나 혼재업자에 의하여 발행된다. 즉, 항공화물의 운송은 직송화물의 운송(항공회사에 의한 항공운송)과 혼재화물의 운송(혼재업자에 의한 항공운송)으로 구분된다. 항공회사가 발행하는 항공화물운송장을 항공사발행 항공화물운송장(Master Air Waybill)이라 하고, 혼재업자가 혼재화물을 구성하는 개별 송화인의 화물에 대해서 발행하는 항공화물운송장을 혼재항공화물운송장(House Air Waybill)이라고 한다.

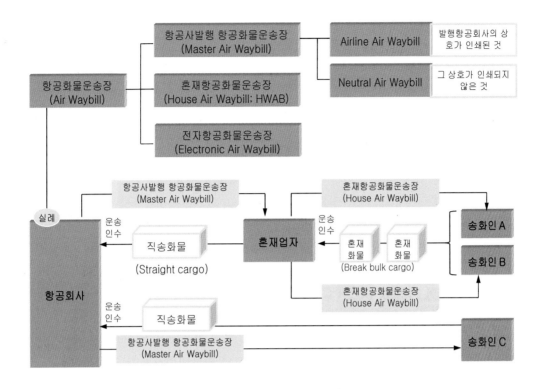

(1) 직송화물의 항공화물운송장

무역거래의 물품을 항공기로 운송하는 경우에는, 항공회사에 물품의 운송을 의뢰한다. 실제로는 항공회사의 영업업무를 대리하고 있는 항공화물대리점에 운송을 의뢰하고, 물품을 인도한다. 항공화물대리점은 수취한 물품의 포장상태가 정상적인지를 확인하고 행선지를 표시하여 항공회사에 인도한다. 화주에 대하여는 운송을 인수한 항공회사의 대리점으로서, 그 항공회사의 명의로 항공화물운송장(Air Waybill)을 발행한다.

(2) 혼재화물의 항공화물운송장

혼재업자는 많은 화주로부터 집화한 개개의 화물을 하나로 정리하여 혼재운송을 하지만, 개개의 화물 각각에 대하여 항공화물운송장을 발행한다. 따라서, 혼재운송의 경우, 개개의 화물 각각에 대하여 혼재업자의 항공화물운송장이 발행되고, 하나의 혼재화물 전체에 대하여 항공회사의 항공화물운송장이 발행된다. 이들 2종류의 항공화물운송장을 구별하기 위하여 항공회사발행의 항공화물운송장을 항공사발행 항공화물운송장(Master Air Waybill)이라 한다. 혼재업자발행의 혼재항공화물운송장(HAWB)이나 항공회사발행의 항공화물운송장은 기능이 동일하고 기재내용도 동일하다.

2. 항공화물운송장의 발행방식

국제항공운송협회(IATA)는 하나의 항공화물운송장으로 화물의 국적이 다른 여러 항공회사에 의하여 출발지에서 도착지까지 원활·신속하게 운송될 수 있도록 항공화물운송장의 양식(form)과 발행방식을 세부적으로 통일하고 표준화하여 전 IATA회원 항공사가 의무적으로 사용하도록 규정하고 있다. IATA 비회원사도 회원사들과의 연대운송을 위하여 대부분 이 양식을 사용하고 있다.

항공화물운송장은 각 항공회사가 독자적으로 디자인한 양식이 사용되고 있으나 기본적으로는 IATA 항공화물운송장의 양식에 따르고 있으며, 항공화물운송장은 원본 3통과 부본(dummy air waybill) 6통으로 구성되는 것을 원칙으로 하고 각 항공사에 따라 부본을 5통까지 추가할 수 있다. 그러나 항공화물운송장의 각 원본과 사본은 선화증권과 달리 그 용도(사용처)가 특정되어 있어 용도에 따라 원본이나 부본을 뜯어 사용할 수 있으며, 식별이 용이하도록 색용지를 사용하고 있다.

항공화물운송장의 원본(Original) 3통은 발행하였을 때에 송화인용(청색)으로서 1통, 발행항공회사용(녹색)으로서 1통, 화물이 목적지에 도착하였을 때 화물과 함께 인도하는 수화인용(적색)이 1통이다. 사본은 발행한 항공화물대리점용이나 목적지에 도착한 화물의 인수용 등으로 사용된다.

번 호		색	용 도	기 능
원본	1	녹색	발행항공사용 (for issuing carrier)	발행항공사가 운임이나 기타 회계처리를 위해 사용, 송화인과 항공사간에 운송계약이 성립함을 증명하는 서류
	2	적색	수화인용 (for consignee)	화물과 함께 목적지에 보내 수화인에게 인도됨
	3	청색	송화인용 (for shipper)	출발지에서 송화인으로부터 항공회사가 화물을 수취하였다는 수령증 및 운송계약을 체결하였다는 증거서류
부본	4	황색	화물인도 항공회사용 (delivery receipt)	도착지에서 수화인이 화물인수시에 서명하고 인도 항공회사에 돌려주는 화물인도증명서 및 운송계약이행 증거서류
	5	백색	도착지 공항용 (for airport of destination)	화물과 함께 도착지 공항에 보내져(보통 세관 관계업무를 위해서)사용됨
	6		세번째 항공회사용 (for third carrier)	운송에 참가한 항공회사가 운임 정산을 위하여 사용함
	7		두번째 항공회사용 (for second carrier)	
	8		첫번째 항공회사용 (for first carrier)	
	9		발행 대리점용 (for agent)	발행 대리점의 보관용
	10~12		예비용 (extra copy)	필요에 따라 사용

3. 항공화물운송장과 선화증권의 비교

항공화물운송장은 선화증권과 동일하게 항공회사가 운송을 위하여 수령한 물품의 수령증이고, 운송계약의 증거서류이다. 그러나 물품에 대한 인도청구권을 가지는 유가증권은 아니다. 즉, 항공화물운송장이나 선화증권은 송화인과 운송인간에 운송계약이 체결되었다는 것을 증명하는 증거서류이며, 송화인으로부터 운송화물을 수취하였다는 것을 증명하는 수취증이라는 점에서는 동일하지만, 항공화물운송장이 권리증권이 아니라는 점에서는 차이점이 있다.

항공화물운송장(Air Waybill)	선화증권(Bill of Lading)
유가증권이 아닌 단순한 화물수취증 비유통성(Non-Negotiable) 기명식 수취식(창고에서 수취하고 AWB발행) 상환증권이 아님 송화인이 작성	유가증권 유통성(Negotiable) 지시식(무기명식) 선적식(본선 선적후 B/L발행) 상환증권 운송인이 작성

● 항공화물운송장

| Shipper's Name and Address.
② | Shipper's Account Number
③ | Not negotiable
Air Waybill **K◯REAN AIR**
(Air Consignment note)
Issued by
KOREAN AIR LINES CO., LTD. CABLE ADDRESS: "KOREANAIRLINES" C.P.O BOX 864
41·3 SŌSOMUN-DONG. CHUNG-GU. SEOUL.
KOREA
Copies 1, 2 and 3 of this Air Waybill are originals and have the same validity |

Consignee's Name and Address
④ | Consignee's Account Number
⑤

It is agreed that the goods described herein are accepted in apparant good order and condition (except as noted) for carriage SUBJECT TO THE CONDITIONS OF CONTRACT ON THE REVERSE HEREOF. THE SHIPPER'S ATTENTION IS DRAWN TO THE NOTICE CONCERNING CARRIER'S LIMITATION OF LIABILITY. Shipper may increase such limitation of liability by declaring a higher value for carriage and paying a supplemental charge if required.

☎ Telephone:

Issuing Carrier's Agent Name and City
⑥

Accounting Information

Agent's IATA Code
⑦   Account No.
⑧

⑩

Airport of Departure (Addr of First Carrier) and Requested Routing
⑨

| to | By First Carrier Routing and Destination to | by to | by | Currency
⑫ | CHGS Code
⑬ | WT/VAL
PPD COLL
⑭ | Other
PPD COLL
⑮ | Declared Value for Carriage
⑯ | Declared Value Customs
⑰ |

⑪

| Airport of Destination
⑱ | Flight/DATe
⑲ | (For Carrier Use Only)
Flight/Date | Amount of Insurance
⑳ | INSURANCE·It Carrier offers insurance, and such insurance is requested in accordance with conditions on reverse hereof, indicate amount to be insured in figures in box marked 'amount of insurance' |

Handling Information
㉑

(For USA only) These commodities licensed by U.S. for ultimate destination...Diversion contrary to U.s. law is prohibited.

No of Pieces RCP ㉒	Gross Weight	kg to	Rate Class commodity Iltem No. (e) (f)	Chargeable Weight	Rate / Charge	Total	Nature and Quantity of Goods (inct. Dimensions or Volume)
(a)	(d)			(g)	(h)	(i)	(j)
(c)							
(b)							

| Prepade | Weight Charge
㉓ | Collect | Other Charges
㉕ |

Valuation Charge
㉔

Tax

Total Other Charges Due Agent
(a)

㉖ Total Other Charges Due Carrier
(b)

Shipper certifies that the particulars on the face hereof are correct and that insofar as any part of the consignment contains dangerous goods, such part is property described by name and is in proper condition for carriage by air according to the applicable Dangerous Goods Regulations

㉙

....
Signature of Shipper or His Agent

| Total Prepaid
㉗ | Total Collect
㉘ | ㉚ |

Currency Cionversion Rates   cc Charges in Dest. Cuurency

....

Executed on   (Date)   at   (place)   Signature of Issuing Carrier
or Its Agent

| For Carriers Use Only at Destination | Charges at Destination | Total Collect Charges | **180-8052   0005** |

526

IV. 복합운송서류

1. 복합운송서류의 의의

"복합운송서류(Combined or Multimodal Transport Document)"란 복합운송인이 운송계약 및 운송해야하는 물품을 자기의 관리하에 둔 것을 증명하고, 동계약의 조건에 따라서 물품을 인도한다는 취지의 약속을 증명하는 서류를 말한다. 요컨대 복합운송인이 송화인과 체결한 복합운송계약 및 해당계약에 의해 운송을 약속한 물품의 수취를 증명한 서류이다.

따라서 서류면에 완전한 표제, 예를 들면 "Multimodal Transport bill of Lading" 등의 표제를 게재하고 있더라도 운송계약을 증명하지 않고, 단순히 화주의 대리인으로서 화주의 지시에 따라서 본선으로 수배하는 것을 약속하고, 운송조건은 본선의 선화증권의 약관에 의한다는 취지를 표시하고 있는 것은 복합운송서류가 아니다.

통선화증권(Through Bill of lading)은 원래는 해상운송이 몇개의 단계에 걸쳐서 복수의 운송인에 의해서 담당되는 통운송의 경우에 최초의 운송인이 전운송구간에 대해서 발행하는 선화증권을 말했지만, 현재로서는 몇개의 단계중 하나가 해상운송이라면 다른 단계가 트럭·철도·항공기 등 다른 운송수단에 의한 복합운송의 경우에도 지장이 없다고 생각된다. 이 경우의 통선화증권을 복합운송선화증권(Combined or Multimodal Transport B/L)이라고 한다.

복합운송선화증권은 복합운송서류의 하나이지만, 이외에도 해상운송 이외의 운송수단의 결합에 의한 복합운송서류(예를 들면 육 → 공 → 육 등)가 있을 수 있으며, 또한 컨테이너선화증권(Container Bill of lading)은 해상운송에만 한정된 단순한 선화증권 또는 통선화증권인 것도 있지만, 컨테이너는 복합운송에 자주 사용되기 때문에 복합운송선화증권이라고 하는 것도 많을 것이다. 이들 운송서류의 상호관계는 다음 그림과 같다.

2. 복합운송서류의 기능

복합운송서류는 선화증권이 가지고 있는 기능인 운송계약증거로서의 기능, 수령증으로서의 기능 및 권리증권의 기능[19]을 모두 갖추고 있다고 할 수 있다.

첫째, 복합운송서류를 발행함으로써, 복합운송인은 자신이 운임지급에 대해서 협정된 장소에서 또다른 장소까지 그리고 자신에 의해서 부담되는 책임과 자신의 표준운송조건에 따라 물품을 운송할 것이라는 것을 인정함으로써, 복합운송서류는 복합운송계약의 증거로서의 기능을 가진다.

둘째, 복합운송서류를 발행함으로써 복합운송인은 자신이 그 서류에 규정되어 있는 수량, 중량, 명세, 하인대로 물품을 수령 및 수취해왔다는 것을 인정함으로써 복합운송서류는 확인된 물품의 복합운송인에 의한 수령증으로서의 기능을 가진다.

셋째, 복합운송서류는 유통성 또는 비유통성으로 발행될 수 있으나, 물품에 대한 권리증권으로 작성되는 유통성의 경우에는 그 서류는 상징적으로 물품을 대표한다. 물품에 있어서 권리는 서류를 이전함으로써 또 다른 자에게 이전될 수 있다.

3. 기타 복합운송에 사용되는 서류

FIATA가 제정한 운송주선인의 운송증명서(FCT; forwarder's certificate of transport), 운송주선인의 수취증명서(FCR; forwarder's certificate of receipt)는 운송서류의 개념에 포함될 수 없는 단순한 화물수취증에 불과하다. 이들은 운송주선인 스스로가 운송구간에 대해서의 운송책임을 지지 않는 점에서 유가증권성을 가지지 않아 복합운송서류로 인정되고 있지 않다.

운송주선인의 화물수취증(Forwarder's Cargo Receipt), 본선수취증(Mates receipts), 혼재업자수취증(consolidator's receipt) 등은 운송서류가 아니다.[20]

(1) 운송주선인의 운송증명서(FCT)

운송주선인의 운송증명서(FCT; forwarder's certificate of transport)는 운송주선인이 송화인의 지시에 따라 운송품을 수취하고, 동시에 목적지에 있어서 자기의 대리인을 통해서 서류와 상환으로 수화인 또는 서류소지인에게 운송품을 인도하기 위한 수배를 행하는 것을 서류상 약속한다. 그러나 운송인으로서는 행동하지 않기 때문에 운송중의 손해에 대해서는 일체 책임을 지지 않는다는 취지를 명시하고 있는 것이다.

---

19) A. Mitchelhill, Bills of Lading: Law and Practice, Chapman and Hall, 1982, p.21.
20) IFSA, SBPED, Forwarder's cargo receipt, mates receipts, consolidator's receipt.

(2) 운송주선인의 수취증명서(FCR)

운송주선인의 수취증명서(FCR; forwarder's certificate of receipt)은 운송주선인이 단순히 화주의 지시에 따라 특정 수화인에게 해당 운송품을 수취하고, 그 운송을 위한 수배를 나타내는 것에 그치는 것이다.

V. 기타 운송서류

1. 도로화물수취증(Road Consignment Note)

도로화물수취증(Road Consignment Note; 도로화물탁송장, 도로화물상환증, 도로화물수탁서)은 통상 3통 작성하여 송화인과 수화인이 각각 1통씩 보관하고 나머지는 화물과 함께 수화인에게 송부한다. 이 서류는 운송계약체결과 화물수령의 추정적 증거(prima facie evidence)가 되며, 비유통증권으로 권리증권이 아니다. 그렇기 때문에 발급되지 않았거나 분실된 경우라도 운송계약의 효력에 영향을 미치지 못하게 된다.

이 서류에는 운송화물에 관한 내용이 기재되어 있어야 하며, 송화인이 불충분(inadequacy)하거나 부정확한(inaccuracy) 정보를 제공함으로써 발생한 손해나 비용에 대하여 책임을 져야 한다. 또한 송화인이 서류상에 "본 운송은 CMR조약에 따른다"라는 명시를 하지 않은 경우에는 그 누락에 따른 손해에 대하여 책임을 져야 한다.

2. 철도화물수취증(Railway Consignment Note)

철도화물수취증(Railway Consignment Note; 철도화물탁송장, 철도화물상환증, 철도화물수탁서)은 일종의 화물위탁서로서 불어로 "recepiases de chemin de fer"라고 부른다. 송화인이 운송을 위탁하면 운송인은 그것을 수탁한 취지를 표시하여 복수로 발행한다. 한편, Railway B/L은 형식상의 요건이 선화증권과 유사하고, 선화증권이 갖는 채권적 효력, 처분증권성 및 물권적 효력을 갖고 있다.

3. 특송화물수령증과 우편수령증

(1) 특송화물수령증

특송화물수령증(Courier Receipt)은 특송업자가 상업서류 및 소형경량물품을 항공기를 이용한 문전간(door to door)운송을 위하여 이를 송화인으로부터 수령하고 발행하는 수령증이다.

우편수령증(Post Receipt)은 우체국이 송화인으로부터 소화물을 수령하여 외국에 발송하고 발행하는 수령증으로서, 항공화물운송장과 동일한 성질을 지니고 있다. 이를 우송증명서(Certificate of Posting) 또는 소포수령증(Parcel Receipt)이라고도 한다.

소포수령증(Parcel Receipt)은 운송인이 최저운임을 부과하는 기준에도 미치지 않는 소량화물에 대하여 선화증권이나 항공화물운송장 대신에 발행하는 운송서류이다. 이 것은 비유통성 운송서류이지만 기재사항 및 운송계약 당사자의 권리·의무에 대하여는 선화증권과 동일하다. 즉, 소포수령증에서는 화물을 소포(Parcel)로서 취급한다.

예를 들면, 해상운송에 있어서, 운송인은 송화인의 청구가 있다면 최저한도에 미달하는 소량화물에 대하여도 최저운임(Minimum freight; Payment in full)을 받고 선화증권을 발행한다. 그러나 소포(parcel)처럼 용적이나 중량이 적어 최저운임에도 미치지 못하는 경우에는 소포운임(parcel freight)을 받고 선화증권 대신에 소포수령증(Parcel Receipt)을 발행한다.

이 소포수령증은 담보성이 없는 비유통성이기 때문에 화환을 추심하는 경우에는 이용하기가 어렵게 된다. 그렇다고 하여, 유통성이 있는 선화증권을 발행받기 위하여 운송인에게 최저운임을 지급하는 것은 원가에 대하여 운임비중이 클 것이고, 소포우편(Parcel Post)으로 운송하는 경우에도 운임비중은 더욱 클 것이다. 따라서 이 소포수령증은 견본·표본과 같은 소량화물이나 긴급을 요하는 화물의 발송에 주로 이용된다. 한편, 국제특송서비스(Courier Service)의 발달로 이러한 소형화물은 소형포장물(small pracel; SP화물)로서 항공운송에 이용되기도 한다.

단순한 수령증에 불과한 우편수령증이 신용장거래에서 이용되는 경우에는, 신용장통일규칙(UCP 600) 제25조에 의하여 신용장상의 특별지시(Special Instructions)란에 다음과 같은 문언으로 소포수령증을 수리한다고 명기하고, 발행은행을 수화인으로 지정하는 것이 바람직하다. 즉, 소포수령증에는 소포의 수화인을 발행은행으로 하고, 발행의뢰인, 신용장번호 등을 기재한다.

"Receipt for air(sea) parcels received consigned to xx Bank(Issuing Bank) instead of AWB(B/L) is acceptable(항공화물운송장(선화증권)을 대신하여 xx은행(발행은행)에 탁송된 항공(해상) 소포수령증은 수리될 수 있다)."

무역관련보험

무역관련보험  Chapter 12

제1절 해상보험의 기초

I. 해상보험의 의의

해상보험(Marine Insurance)이란 선박의 운항 또는 선박에 의한 화물의 운송 등 항해사업에 따른 사고에 의해서 선박 또는 화물이 입은 손해를 보상하는 보험으로서, 해상보험이 발생하는 대상이 선박일 경우에는 선박보험(marine hull insurance)이고 그 대상이 화물일 경우에는 화물보험(적화보험; marine cargo insurance)[1]이 된다.

영국해상보험법(marine insurance act; MIA) 제1조에서는 "해상보험계약이란 보험자가 피보험자에 대해 그 계약에 의거하여 합의한 방법 및 범위내에서 해상손해, 즉 항해사업에 수반된 손해를 보상할 것을 인수하는 계약"이라고 규정하고 있다.

이론적으로 해상보험계약(contract of marine insurance)은 손해보상계약(contract of

---

1) 화물보험은 우리나라에서는 적화보험이라고 한다. "화물(cargo)"은 운송의 대상이 되는 물품을 의미하는데, 보험 부문에서만 보험의 대상이 되는 화물은 운송수단에 "적재된 화물"이라는 의미에서 "적화(cargo)"라고 번역하여 사용하고 있다. 하지만, 현대의 화물을 대상으로 하는 보험은 화물이 운송수단에 적재되었을 때뿐만 아니라 화물의 전운송과정 중에서 보관, 적재, 양륙, 환적 등 운송수단에 적재되지 않은 동안의 물품의 멸실 또는 손상의 위험까지도 모두 담보하고 있기 때문에 적재된 화물의 의미인 적화라는 표현은 적절하지 않다고 생각된다.

indemnity)으로서 보험료(premium)라는 일정금액의 지급을 대가로 보험자는 해상위험 (marine perils)에 기인해서 생긴 멸실 또는 손상에 대하여 피보험자에게 손해보상할 것을 합의하는 것이다.

II. 해상보험의 주요용어

1. 보험계약의 당사자

(1) 보험자

보험자(Insurer, Assurer, Underwriter)는 피보험자에게 손해를 보상할 것을 인수하는 당사자, 즉 보험계약체결시에 위험부담을 인수하는 자로서, 보험계약자로부터 보험료를 받는 대신에 보험기간 중 보험사고가 발생할 경우 보험금을 지급할 것을 약속한 자를 말한다. 즉, 보험자는 우연한 사고에 의하여 손해를 입은 피보험자에게 손해의 정도에 따라 일정한 금액의 보험금을 지급하여 손해를 보상하지만, 이에 대하여 일정금액의 보험료를 징수하는 자를 말한다. 여기에서 "Underwriter"라는 호칭은 보험자가 통상적으로 보험증권 하단에 서명한다는 사실에 유래하고 있다.

영국에서는 Lloyd's와 같은 개인보험업자도 있지만, 우리나라에서는 주식회사 형태의 보험자만을 인정하고 있다.

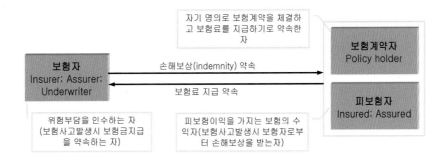

(2) 보험계약자

보험계약자(Policy holder)는 자기명의로 보험계약을 체결하고 보험료를 지급하기로 약속한 자를 말한다.

(3) 피보험자

피보험자(Insured, Assured)는 피보험이익을 가지고 있는 보험의 수익자, 즉 피보험이익의 주체로서 보험사고가 발생한 경우에 보험자로부터 손해보상을 받는 자를 말한다.

보험계약자와 피보험자는 동일인이 될 수도 있으나 타인을 위하여 보험계약을 체결하는 경우나 보험계약을 체결한 후에 타인에게 양도하는 경우에는 양자가 상이하게 된다. 예를 들면, CIF 또는 CIP규칙으로 물품매매계약을 체결한 매도인은 매수인을 위하여 해상보험계약을 체결할 의무를 부담하기 때문에 보험계약자에 해당되지만, 손해가 발생한 경우에 보험자로부터부터 손해보상을 받는 것은 매수인이기 때문에 매수인이 피보험자에 해당된다.

2. 보험의 목적물

보험의 목적물(피보험목적물; Subject-matter Insured)은 보험에 부보된 재산 또는 물품 자체, 즉 위험으로 인하여 손해나 경제상의 불이익이 발생하게 되는 대상(객체)로서, 선박, 화물 및 이것에 준하는 유체물 등을 말한다.

3. 보험가액과 보험금액

(1) 보험가액

보험가액(Insurable Value)은 보험의 목적물, 즉 피보험이익을 금전으로 평가한 금액으로서, 사고가 발생한 경우에 피보험자가 손해보상을 받게 되는 최고한도액을 말한다. 이는 보험의 대상으로 되는 보험의 목적물의 가치로서, 구체적으로는 보험부보의 대상인 화물(적화)이나 선박을 보험에 부보한 때의 금액을 말한다.

보험가액은 객관적으로 정확히 계산하는 것이 어려운 경우도 있기 때문에 법률에 의하여 기준이 정해져 있는데, 이를 법정보험가액(Legal Insured Value)이라고 부른다. 무역거래에 있어서 해상보험의 경우, 보험가액은 보험의 목적물의 원가에 선적 및 보험에 관한 비용을 가산한 금액이 법정보험가액으로 된다. 법정보험가액은 내용적으로는 CIF가격상당액을 의미하고 있다. 실제로는 보험가액을 체결할 때, 보험자와 피보험자간에 보험가액을 협정하는데, 이를 협정보험가액(Agreed Insured Value)이라고 한다. 보험가액은 보험계약시에 계약당사자 간에 이미 결정되어 있기 때문에 이와 같이 보험가액이 협정된 보험증권을 기평가보험증권(Valued Policy)이라고 한다. 보험사고가 발생한 경우, 보험금의 계산은 협정보험가액을 기준으로 행하게 된다. 보험가액은 구체적으로는 송장의 CIF가액을 기준으로 매수인의 희망이익을 가산한 금액으로 하는 것이 보통이다.

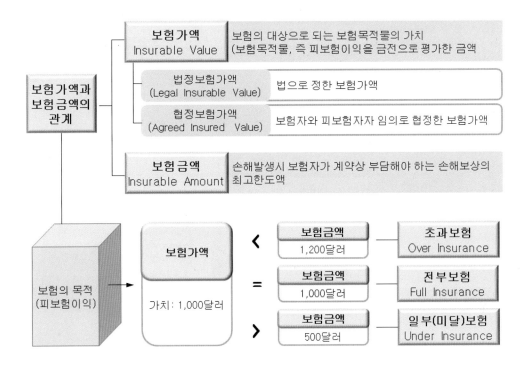

(2) 보험금액

　보험금액(Insured Amount)은 손해가 발생한 경우에 보험자가 계약상 부담해야 하는 손해보상의 최고한도액을 말한다. 즉, 보험금액은 1회의 사고에 대하여 보험자가 손해보상책임을 부담하는 금액의 최고한도액을 말한다. 보험금액은 사고가 발생한 경우에 받게 되는 최고한도액으로서, 통상적으로 보험가액과 동일한 금액으로 한다. 왜냐하면, 보험금액이 보험가액을 초과하는 경우에는 초과된 부분은 자동적으로 무효가 되기 때문이다.

　보험가액은 보험금액과의 관계에서 다음과 같이 구분될 수 있다.

① 전부보험(Full Insurance)　보험금액이 보험가액과 동일한 금액인 경우로서, 해상보험은 협정보험가액에 근거하고 있고, 보험증권의 금액이 화환어음의 금액과도 관련되어 있기 때문에 전부보험이 원칙이다.

② 일부보험(Under Insurance)　보험금액이 보험가액에 미달하는 경우로서, 보험자의 보상책임(지급되는 보험금의 금액)은 손해액에 대하여 보험금액의 보험가액에 대한 비율을 곱한 것으로 된다.

③ 초과보험(Over Insurance)　보험금액이 보험가액을 초과하는 경우로서, 보험가액을 초과하는 부분은 무효로 되기 때문에 보험금지급의 계산대상으로 되지 않는다.

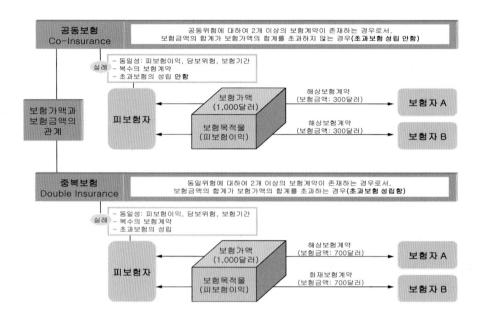

4. 보험금과 보험료

보험금(Claim Amount)은 보험사고가 발생한 경우에 보험자가 보험증권에서 합의한 바에 따라 피보험자에게 지급하는 손해보상액을 말한다.

보험료(Premium)는 피보험위험으로 인하여 발생한 손해를 보험자로부터 보상받는 대가로 보험계약자가 보험자에게 지급하는 수수료를 말한다. 즉, 보험자가 피보험자에 대하여 손해보상을 인수하는 대가(consideration)를 말한다.

5. 보험기간과 보험계약기간

보험기간(duration of insurance)은 보험자의 위험부담책임의 개시시로부터 그 종료시까지의 위험부담책임의 존속기간, 즉 보험자의 위험부담의 시간적 한계를 의미하는 것으로 위험기간(duration of risk)이라고도 한다.

보험계약기간(duration of policy)은 보험기간의 개시여부에 관계없이 보험계약이 유효하게 존속하는 기간을 말한다.

보험기간과 보험계약기간은 일반적으로 일치하지만 소급보험과 예정보험(open cover)의 경우에는 일치하지 않는 경우도 있다. 예를 들면, 수입화물의 선적일자가 9월 1일이고 최종목적항의 입항일이 9월 30일인데 9월 15일에 보험계약을 체결하게 되면 보험계약의 효력은 9월 1일부터 소급하여 발생하므로 보험계약기간은 15일간에 불과하지만 보험기간은 30일간이 된다.

III. 피보험이익

1. 피보험이익의 의의와 요건

피보험이익(insurable interest)이란 피보험자(경우에 따라서는 보험증권의 양수인)가 보험의 목적물(subject-matter insured)에 대하여 가지는 권리 또는 이익으로서, 화물, 선박 등 보험의 목적물의 멸실 또는 손상에 의해서 경제적 손실을 입을 우려가 있는 피보험자와 보험의 목적과의 경제적 이해관계를 말한다.

"이익이 없으면 보험도 없다(no interest, no insurance)"라고 하는 법언에서 보는 바와 같이 피보험이익이 없다면 보험의 목적에 손상이 있더라도 보험계약은 무효로 되기 때문에 보험금은 지급되지 않는다.

예를 들면, 물품의 주인은 운송중의 사고로 물품이 멸실한다면 경제적인 손해를 입는다. 보험의 목적물인 물품에 대하여 물품의 주인은 물품의 소유자라고 하는 관계, 즉 피보험이익을 가지고 있다. 물품의 주인이 보험을 부보하고, 사고가 발생한다면 보험금을 수령할 수 있다. 그러나, 물품의 주인이 아닌 제3자가 물품에 대하여 보험을 부보한 경우에는, 이 제3자는 물품에 대하여 아무런 관계가 없기 때문에(피보험이익이 없음), 설령 사고가 발생하더라도 보험금을 지급되지 않는다. 트럭운송업자와 같은 물품의 운송인의 경우에도 물품에 사고가 발생한다면 운임수입이 없어지는 것 이외에도, 운송중의 사고에 대하여 책임을 가지고 손해배상금을 지급하여야 할지도 모르기 때문에 물품에 대하여 보험을 부보한다. 운송인은 물품을 안전하게 운송하여야 한다. 즉, 운송인은 사고가 발생하면 물품의 소유자에게 손해를 배상하여야 한다는 관계(피보험이익)가 있는 것이다.

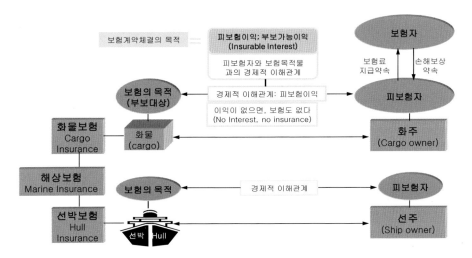

보험계약이 유효하게 성립하려면 다음과 같은 피보험이익의 요건을 반드시 갖추어야 한다.

① 적법성 : 피보험이익이 보험계약상의 보호를 받기 위해서는 적법한 것이어야 한다. 즉, 피보험이익은 법의 금지규정이나 공서양속, 기타 사회질서에 위반되지 않는 것으로서, 밀무역에 종사하는 선박의 보험이나 공서양속에 위반되는 서적, 도화, 밀수행위, 도박, 탈세 등과 관련된 화물의 보험 등은 법의 보호를 받지 못하므로 유효한 피보험이익이 될 수 없다.

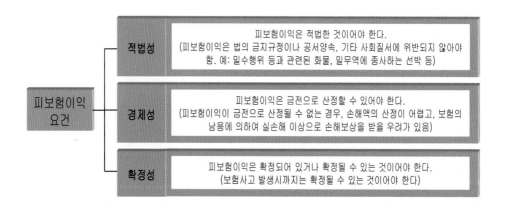

② 경제성 : 보험사고발생시 보험자가 보상하는 급부는 경제적인 급부이므로 피보험이익은 금전적으로 산정할 수 있는 이익, 즉 경제적이익이 있어야 한다. 피보험이익이 금전으로 산정될 수 없다면 손해액을 산정할 수 없고, 보험의 남용에 의하여 실손해 이상으로 손해보상을 받을 우려가 있게 된다.

③ 확정성 : 피보험이익은 확정되어 있거나 확정될 수 있는 것이어야 한다. 즉, 피보험이익은 반드시 계약체결 당시에 현존하고 그 귀속이 확정되어 있어야 하는 것은 아니지만 늦어도 보험사고발생시까지는 확정될 수 있는 것이어야 한다. 만일 보험사고 발생시까지 피보험이익이 확정되지 않는다면 손해를 확정할 수 없으므로 보험자가 손해보상을 할 수 없게 된다.

2. 피보험이익의 종류

피보험자와 보험의 목적과의 이해관계의 발생이유 또는 배경이 다르기 때문에 피보험이익의 종류도 다르다. 피보험이익은 크게 적극재산에 관한 이익과 소극재산에 관한 이익으로 구분한다.

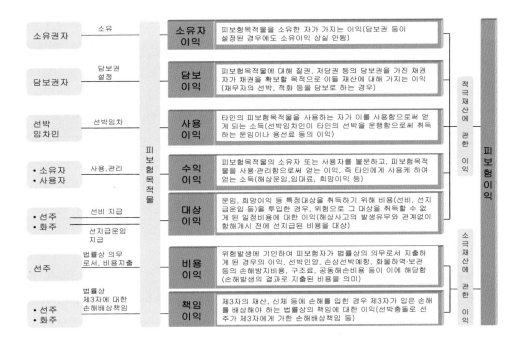

① 소유자이익　보험의 목적물을 소유한 자가 가지는 이익을 말한다. 즉, 선박에 대해서는 선주, 화물에 대해서는 화주가 소유권을 가지고 있으므로, 선주와 화주는 선박이나 화물에 대하여 각각의 소유자이익을 가지게 된다. 또한 보험목적물의 소유권이 저당권 등의 물권 또는 채권에 의하여 일정한 제한을 받고 있는 경우라 하더라도 소유자가 보험의 목적에 대하여 전적인 책임을 지고 있는 한 소유자이익을 상실하지 않는다.

② 담보이익　채권자가 자기의 채권을 확보하기 위하여 채무자의 선박이나 화물(적화)을 담보로 하는 경우, 즉 보험의 목적물에 대해서 질권, 저당권 등의 담보물권을 가진 채권자가 채권을 확보할 목적으로 이들 재산에 대하여 가지는 이익을 말한다.

③ 사용이익　사용이익은 타인의 재산을 사용하는 자가 그 사용물에 대하여 가지는 피보험이익으로서, 보험의 목적물을 스스로 사용함으로써 얻게 되는 소득을 말한다. 용선자 또는 선박임차인(charterer)이 타인의 선박을 운행함으로써 취득하는 운임이나 용선료 등에 대한 이익이 여기에 해당된다.

④ 수익이익　보험의 목적물의 소유자 또는 사용자를 불문하고 보험의 목적물을 사용·관리함으로써 얻어지는 이익으로서, 보험의 목적물을 타인이 사용하게 함으로써 얻게 되는 소득을 말한다. 해상운임, 임대료, 희망이익, 보수수수료 등이 여기에 해당된다.

⑤ 대상이익　특정한 대상(운임, 희망이익 등)을 취득할 목적으로 비용(선비, 선지급운임 등)을 투입한 경우 해상위험으로 인하여 그 대상을 취득을 할 수 없게 된

일정비용에 대한 이익을 말한다. 예를 들면, 선박이 전손한 경우에 선박과 함께 상실된 비용, 즉 선주가 운임을 취득하기 위하여 지출한 선비, 화주가 희망이익을 취득하기 위하여 선불한 운임 등이 여기에 해당된다.

⑥ 비용이익 위험의 발생에 기인하여 피보험자가 법률상의 의무로서 비용을 지출하게 된 경우의 피보험이익을 말한다. 예를 들면, 해난으로 인한 선박의 인양, 손상선박의 예항, 화물의 하역·보관 등 손해방지비용이나 구조료, 손해조사비용, 공동해손비용 등이 여기에 해당된다. 대상이익은 해상사고의 발생유무와 관계없이 항해개시 전에 선지급된 것이지만, 비용이익은 손해사고발생의 결과로 지출된 것을 말한다.

⑦ 책임이익 보험사고의 발생으로 인하여 피보험자가 제3자의 재산, 생명 또는 신체에 손해를 입힌 경우 제3자가 입은 손해를 배상하여야 하는 법률상 책임에 대한 피보험이익을 말한다. 예를 들면, 선박의 충돌로 인하여 가해선주가 제3자에게 가한 손해를 부담해야 하는 배상책임, 생산자가 제품의 결함으로 제3자에게 가한 손해를 부담해야 하는 배상책임, 위탁한 화물에 대한 선주 또는 운송인의 손해배상책임, 타인의 물품을 보관하는 창고업자의 배상책임 등이 여기에 해당된다.

IV. 해상손해

해상손해는 해상위험에 의하여 발생한 손해를 말한다. 즉, 위험발생의 객체인 보험의 목적의 손상 또는 멸실로 인하여 피보험자가 입은 경제상의 불이익, 즉 피보험이익이 소멸 또는 감소하는 것을 말한다.

즉, 해상손해란 항해사업(marine adventure)에 관련된 화물, 선박 또는 기타의 보험목적물이 해상위험의 발생으로 인하여 피보험이익의 전부 또는 일부가 멸실 또는 손상되어 피보험자에게 경제적 불이익을 초래하는 것이다. 또한, 해상에서 발생한 손해만을 의미하는 것이 아니라 해상항행에 부수되는 내수 및 육상의 손해까지 포함하고 있으며, 보험목적물에 대한 손해와 같은 물적손해(physical loss) 뿐만 아니라 비용손해와 배상책임손해까지도 포함하고 있다.

1. 물적손해

물적손해(Physical Loss)는 선박, 화물(적화) 등의 보험의 목적의 멸실 또는 손상 그 자체에 의한 손해를 말한다. 이는 실체적 손해라고도 하며, 보험의 목적의 멸실 또는 손상으로 인한 직접손해이다.

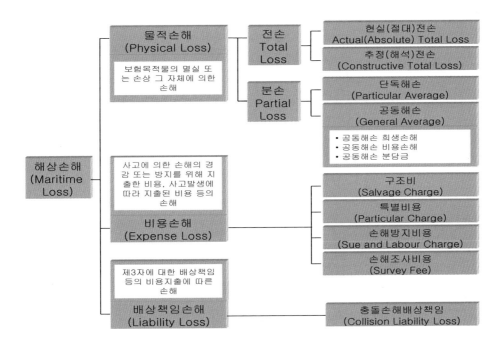

(1) 전손

전손(Total Loss)은 보험사고가 발생하여 피보험이익이 전부 멸실(전멸)된 상태로서, 현실전손과 추정전손이 여기에 해당된다.

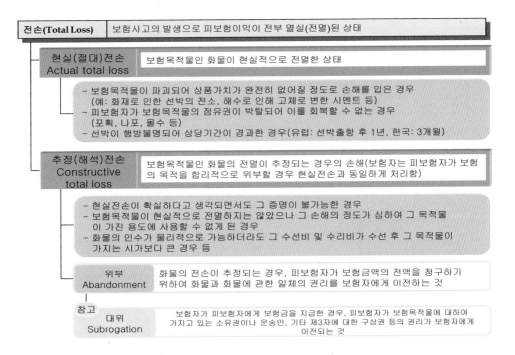

(가) 현실전손

현실전손(actual total loss) 또는 절대전손(absolute total loss)은 보험의 목적인 화물이 현실적으로 전멸한 상태로서, 화재로 인한 선박의 전소, 해수로 인해 고체로 변한 시멘트 등과 같이 보험의 목적이 파괴되어 상품가치가 완전히 없어질 정도로 손해를 입었을 경우, 포획, 나포, 몰수 등과 같이 피보험자가 보험의 목적의 점유권이 박탈되어 이를 회복할 수 없는 경우, 선박이 행방불명되어 상당기간이 경과한 경우 등을 말한다.

(나) 추정전손

추정전손(constructive total loss) 또는 해석전손은 보험의 목적인 화물의 전멸이 추정되는 경우의 손해를 말한다. 예를 들면, ① 현실전손이 확실하다고 생각되면서도 그 증명이 불가능하거나, ② 보험의 목적이 현실적으로 전멸하지는 않았으나 그 손해의 정도가 심하여 종래 그 목적물이 가진 용도에 사용할 수 없게 되었거나, 또는 ③ 화물의 인수가 물리적으로 가능하더라도 그 수선비 및 수리비가 수선후 그 목적물이 가지는 시가보다 큰 경우 등은 전손으로 본다. 추정전손의 경우, 보험자는 피보험자가 보험의 목적을 합리적으로 위부(Abandonment)하는 것을 조건으로 이를 현실전손과 동일하게 처리한다. 추정전손은 보험의 목적을 보험자에게 정당하게 위부함으로써 성립되며 만약 위부하지 않을 경우에는 분손으로 처리된다.

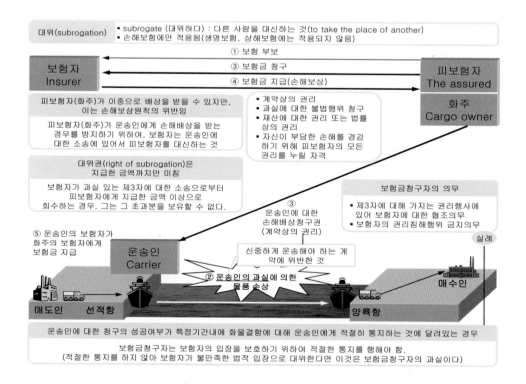

여기에서 위부(Abandonment)는 해상보험에서 운송중의 사고에 의하여 화물의 전손이 추정(추정전손)되는 경우에, 피보험자가 보험금액의 전액을 청구하기 위하여 화물과 화물에 관한 일체의 권리를 보험자에게 이전하는 것을 말한다.

참고로, 대위(Subrogation)는 보험자가 피보험자에게 보험금을 지급한 경우, 피보험자가 보험목적물에 대하여 가지고 있는 소유권이나 또는 운송인, 기타 제3자에 대한 구상권 등의 권리가 보험자에게 이전되는 것을 말한다.

(2) 분손

분손(Partial Loss)은 전손에 대응하는 것으로서, 피보험이익이 일부 멸실되거나 손상된 경우를 말한다. 단독해손과 공동해손이 여기에 해당된다. 해상손해(해손)가 발생한 경우에, 그 손해를 단독으로 부담하느냐, 이해관계자가 공동으로 분담하느냐에 따라 단독해손과 공동해손으로 구분된다.

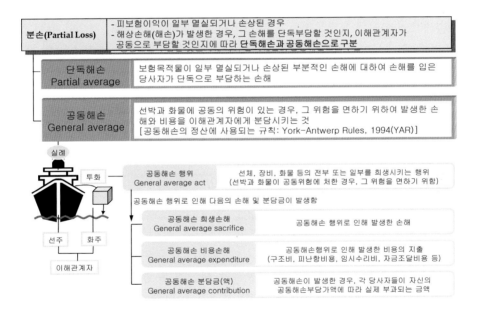

(개) 단독해손

단독해손(particular average)은 보험의 목적이 일부 멸실되거나 손상된 부분적인 손해에 대하여 손해를 입은 당사자가 단독으로 부담하는 손해로서, 공동해손에 대응하는 개념이다.

(내) 공동해손

공동해손(general average)은 선박과 화물에 공동의 위험이 있는 경우, 그 위험을 면하기 위하여 발생한 손해와 비용을 이해관계자에게 분담시키는 것을 말한다. 즉, 선박이나 화물이 해난에 직면하게 될 경우 이로부터 벗어나기 위하여 고의 또는 합리적으로 취해진 공동해손행위로 인하여 발생한 손해 또는 공동해손행위의 직접적인 결과로 발생하는 비용 등을 이해관계자가 공동으로 분담하는 손해를 말한다.

예를 들면, 화물을 만재한 선박이 폭풍우를 만나서 침몰의 위험이 있는 경우, 선박 및 화물의 공동의 안전을 위하여 선장의 판단으로 ① 화물, 연료, 삭구, 의장품, 저장품 등을 바다 속에 던지는 투화, ② 선박의 침몰을 피하기 위하여 선박을 얕은 여울에 올려놓거나 또는 의도적으로 선박의 아래 부분에 구멍을 뚫는 것은 공동해손행위이며, 이러한 공동해손행위로 인하여 발생한 희생손해, 즉 공동해손희생손해는 선박회사와 화주가 공동으로 분담한다. 또한, 폭풍우를 피해서 피난한 경우에 피난항에서의 화물의 일시양륙비용 등은 공동해손비용으로서 이해관계자에 의하여 분담된다.

2. 비용손해

비용손해(Expenses)는 보험목적물인 화물이 담보위험에 처해 있는 경우와 같이 화물에 손해가 없더라도, 사고에 의한 손해를 경감 또는 방지하기 위하여 지출한 비용, 또는 사고의 발생에 따라 지출된 비용 등의 손해를 말한다. 비용손해는 다음과 같이 구분된다.

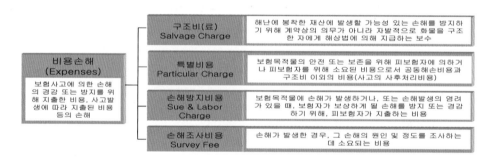

① 구조비(료)(Salvage Charge) 해난에 봉착한 재산에 발생할 가능성 있는 손해를 방지하기 위하여 계약상의 의무에 의한 구조가 아니라 자발적으로 화물을 구조한 자에게 해상법에 의하여 지급하는 보수를 말한다.

② 특별비용(Particular Charge) 보험의 목적인 화물의 안전 또는 보존을 위하여 피보험자에 의해서 또는 피보험자를 위하여 소요된 비용으로서 공동해손비용과 구조료 이외의 비용을 말한다. 즉, 보험사고가 발생한 경우에 사고의 사후처리로서 처리된 비용을 말한다.

③ 손해방지비용(Sue & Labour Charge) 보험의 목적인 화물에 손해가 발생하거나 또는 손해발생의 염려가 있을 때, 보험자가 보상하게 될 손해를 방지 또는 경감을 위하여 피보험자, 그 사용인 또는 대리인이 정당하고 합리적인 조치를 취하기

위하여 지출하는 비용을 말한다.

④ 손해조사비용(Survey Fee) 손해가 발생하였을 경우에 그 손해의 원인 및 정도를 조사하는데 소요되는 비용을 말한다.

3. 배상책임손해

배상책임손해(Liability Loss)는 선박충돌손해배상책임, 공동해손의 분담책임 등 비용의 지출에 따른 손해로서, 선박충돌손해배상책임은 선원의 과실에 의하여 피보험선박이 타 선박과의 충돌로 인하여 상대선박의 선주 및 그 선박의 화주에 대하여 피보험자가 책임을 져야 하는 손해를 말한다.

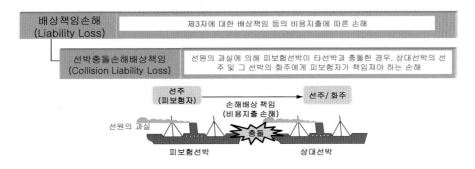

제2절 해상보험증권

I. 해상보험증권의 의의

해상화물보험증권(해상적화보험증권; Marine Cargo Insurance Policy)은 국제무역거래의 화물을 대상으로 하는 해상보험증권으로서 영문으로 발행되고, 보험금의 청구가 행해지는 경우, 영국의 법률과 관습에 따르는 것이 기재되어 있다.

II. 해상보험증권의 양식

해상보험증권은 200년 이상 동안 Lloyd's SG보험증권과 ILU의 회사용보험증권이 사용되어 왔으며, 1982년부터는 신양식의 보험증권이 제정되어 사용되고 있다.

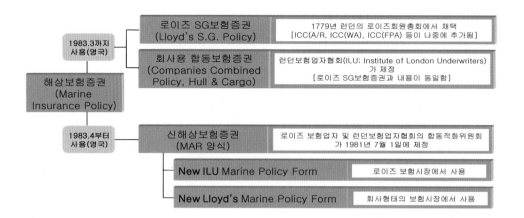

1. 로이즈 S.G. 보험증권

로이즈SG보험증권(Lloyd's S.G. Policy)은 로이즈의 표준양식보험증권[Standard SG Policy Form, Hull(or Freight) and Cargo]으로서, 1779년에 최초로 작성되었다. 이 증권은 그 전신을 포함한다면 약 400년에 걸쳐 사용되어 온 것이다.

대부분의 국가들은 1779년 런던의 로이즈회원총회에서 채택된 로이즈 SG 보험증권의 양식(구양식)을 거의 그대로 사용하고 있다. 여기에서 S.G는 선박(S; Ship)과 물품(G; Goods)을 의미하는 것으로서, 선박보험과 화물보험(적화보험)을 동일한 하나의 양식으로 인수하는 것이다.

로이즈 SG 보험증권의 표면에는 200년 전부터 기재되어 있었던 전통적인 내용의 본문에 나중에 추가된 약관이 기재되어 있으며 이를 표면약관이라 한다. 또한, 보험증권의 이면에는 나중에 추가된 약관, 즉 런던보험업자협회가 제정한 협회화물약관의 전위험담보약관(All Risks), 분손담보약관(WA), 분손부담보약관(FPA) 등이 인쇄되어 있으며, 이를 이면약관이라 한다. 이면약관은 시대의 흐름에 맞게 추가된 새로운 약관이고 그 이전부터 있는 표면약관에 우선해서 적용된다. 예를 들면, 보험기간을 "화물의 선적에서 양륙까지"라는 규정은 표면약관에 기재되어 있고, "창고에서 창고까지"라는 창고간약관이 이면약관에 규정되어 있는 경우에는, 창고간약관이 우선해서 적용된다. 1963년 협화화물(적화)약관은 SG보험증권에 첨부되어 사용되어 왔었다.

2. ILU의 회사용 보험증권

ILU의 회사용 보험증권은 런던보험업자협회(Institute of London Underwriters; ILU)가 제정한 회사용 합동보험증권(Companies Combined Policy, Hull and Cargo)으로서, 그

내용은 로이즈 SG보험증권과 동일하다.

3. 1982년 보험증권(MAR 보험증권)

신해상보험증권(MAR 양식)은 로이즈 보험업자(Lloyd,s Underwriter) 및 런던보험업자협회(ILU)의 합동화물위원회(Joint Cargo Committee)가 UNCTAD의 해상보험에 관한 보고서에 따라 1981년 7월 1일에 제정한 표준해상보험증권으로서, 로이즈 보험시장에서 사용되는 "New ILU Marine Policy Form"과 회사형태의 보험시장에서 사용되는 "New Lloyd's Marine Policy Form"가 있다. 이 두 가지 양식은 계약실무면에서의 약간의 차이를 제외하고는 본질적으로 동일하며, 이러한 양식의 보험증권이 제정됨에 따라 이에 적합하도록 협회화물약관(협회적화약관)도 재정비된 것이다.

영국에서는 1983년 3월말까지 로이즈 SG보험증권의 사용을 전면 중지하고, 1983년 4월 1일부터는 이 신양식을 로이즈 S.G.보험증권을 대신하여 전면적으로 사용하고 있다. 우리나라에서는 1983년 3월 1일부터는 로이즈 S.G.보험증권과 함께 이 신양식을 사용하고 있다. 로이즈SG보험증권상의 문언은 과거 3,000개 이상의 영국판례에 따라 그 일자일구에 대한 해석이 확립되어 있기 때문에 보험자는 안심하고 이 보험증권을 사용할 수 있는 것이다. 1982년(2009년 개정) 신협회화물(적화)약관은 MAR 보험증권에 첨부되어 사용되고 있다.

III. 해상화물보험증권약관

1. 화물보험계약

국제무역에 있어서 매도인으로부터 매수인에게 물품이 인도되기 위해서는 물품에 대한 운송이 필요하고, 이러한 운송의 목적물인 동시에 위험발생의 객체인 물품의 운송에 있어서 해상운송이 절대적으로 높은 비중을 차지해 왔으며, 현재로서도 그 비중은 상당히 높다.

국제무역에 있어서는 물품이 운송 또는 보관중에 멸실, 손상 또는 지연에 의하여 물적 손해를 입을 수 있는 위험이 상존하게 되는데, 이러한 위험은 국제무역의 원활한 수행에 장애요인이 되는 바, 이 장애요인을 제거하기 위해 위험에 대한 책임을 분산시키고 있다. 그러나 이 위험은 일차적으로 운송인이 부담한다. 즉, 해상운송계약에 의해서 운송인이 물품의 손해에 대하여 운송과 보관을 위탁받은 이상 손해배상책임을 지고 있다. 그러나 화주가 직접 물품을 운송하지 않는 이상 해상운송인에게 물품을 위탁한 이후의 해상위험에 대해서는 직접적으로 관여하기 어려울 뿐만 아니라 운송계약상 운송인의 면책사유나 비록 운송인이 책임을 질 경우에도 책임한도액의 실손보상액의 미달 등으로 운송도중에 발생한 손해에 대해서 해상운송인으로부터 손해배상을 받는 데는 한계가 존재하게 된다. 이러한 한계로 인해 경제적 불이익을 입을 가능성이 있는 화주는 이러한 손해를 배상받기 위해서 화물보험계약(적화보험계약)을 체결함으로써 화물보험자(적화보험자)에게 그 책임의 일부를 전가시키게 된다. 그렇다고 하더라도 운송인과 보험자로부터 손해배상이나 손해보상을 받을 수 없는 나머지 부분이 존재하므로 이 부분은 화주 스스로가 책임질 수밖에 없다.

화주가 보험자와 해상화물보험계약을 체결할 경우에는 담보위험, 손해보상의 범위, 보험기간 등에 관심을 가지게 된다. 이들에 관한 표준보험약관으로서, 현재 활용되고 있는 것이 런던보험업자협회(Institute of London Underwriter; ILU)가 제정하고 런던보험업자협회(Institute of London Underwriter; ILU)와 국제보험인수협회(International Underwriting Association of London; IUA)가 2009년에 개정한 협회화물약관(협회적화약관)[2]이다.

참고로, 2009년 런던보험업자협회(ILU)와 국제보험인수협회(IUA)가 개정한 협회화물약관은 다음과 같다.

런던보험업자협회(ILU) 및 국제보험인수협회(IUA) : 2009년 개정 협회화물약관 (협회적화약관)	
① Institute Cargo Clauses(A), (B) 및 (C) 협회화물약관(A), (B) 및 (C) ② Institute War Clauses(Cargo) 협회전쟁약관(화물) ③ Institute Strikes Clauses(Cargo) 협회동맹파업약관(화물) * 시행일: 2009년 1월 1일　　　　해상보험	⑤ Institute Cargo Clauses(Air) 협회화물약관(항공) ⑥ Institute War Clauses(Air Cargo) 협회전쟁약관(항공화물) ⑦ Institute Strikes Clauses(Air Cargo) 협회동맹파업약관(항공화물) * 시행일: 2009년 1월 1일　　　　항공보험
④ Termination of Transit Clause(Terrorism) 운송종료약관(폭력주의): 신설 * 시행일: 2009년 1월 1일	⑧ Institute War Clauses(sendings by post) 협회전쟁약관(우편물) 　　　　　　　　　　　　　　우편물 * 시행일: 2009년 3월 1일

---

2) 협회화물약관은 우리나라에서는 협회적화약관이라고 한다. "화물(cargo)"은 운송의 대상의 되는 물품을 의미하는데, 보험 부문에서만 보험의 대상이 되는 화물은 운송수단에 "적재된 화물"이라는 의미에서 "적화(cargo)"라고 번역하여 사용하고 있다. 하지만, 현대의 화물을 대상으로 하는 보험은 화물이 운송수단에 적재되었을 때뿐만 아니라 화물의 전운송과정 중에서 보관, 적재, 양륙, 환적 등 운송수단에 적재되지 않은 동안의 물품의 멸실 또는 손상의 위험까지도 모두 담보하고 있기 때문에 적재된 화물의 의미인 적화라는 표현은 적절하지 않다고 생각된다.

2. 해상화물보험약관

● 1982년(2009년 개정) 협회화물약관의 구성

구 분	조항 번호	조 항 명		
담보위험 (RISKS COVERED)	1 2 3	위험(Risks) 공동해손(General Average) 쌍방과실충돌조항(Both to Blame Collision Clause)		
면책 (EXCLUSIONS)		1982년		2009년
	4 5 6 7	일반면책조항 불내항·부적합면책조항 전쟁위험면책조항 동맹파업위험면책조항		조항명만 삭제됨
위험기간 (DURATION)	8 9 10	운송조항(Transit Clause) 운송계약종료(Termination of Contract of Carriage) 항행변경(Change of Voyage)		
보험금청구 (CLAIMS)	11 12 13 14	피보험이익(Insurable Interest) 계반비용(Forwarding Charges) 추정전손(Constructive Total Loss) 증액(Increased Value)		
보험이익 (BENEFIT OF INSURANCE)		1982년		2009년
	15	보험이익불공여조항		조항명만 삭제됨
손해의 경감 (MINIMIZING LOSSES)	16 17	피보험자의무(Duty of Assured) 포기(Waiver)		
지연의 회피 (AVOIDANCE OF DELAY)		1982년		2009년
	18	신속조치조항		조항명만 삭제됨
법률과 관행 (LAW AND PRACTICE)	19	영국의 법률과 관행조항		조항명만 삭제됨

　화물보험의 특별약관인 협회화물약관(협회적화약관)은 1963년의 구협회화물약관으로서 ① ICC(A/R), ② ICC(WA), ③ ICC(FPA)조건이 있으며, 1982년에 제정되고 2009년에 개정된 신협회화물약관으로서 그 기본조건은 다음과 같다.

① Institute cargo clause(A); ICC(A)

② Institute cargo clause(B); ICC(B)

③ Institute cargo clause(C); ICC(C)

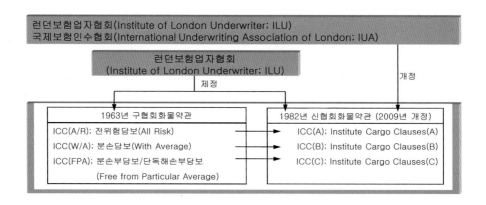

● ICC (A), (B) 및 (C) 조건 비교

	위험의 종류	포괄 책임 A	열거 책임 B	열거 책임 C	약관 조항
담 보 위 험	○ 다음의 위험에 합리적으로 기인하는 보험목적물의 멸실 또는 손상				
	1. 화재 또는 폭발	○	○	○	
	2. 본선 또는 부선의 좌초·교사·침몰 또는 전복	○	○	○	
	3. 육상운송용구의 전복 또는 탈선	○	○	○	
	4. 본선·부선 또는 운송용구의 물이외의 타물체와의 충돌 또는 접촉	○	○	○	
	5. 조난항에서의 화물의 양륙	○	○	○	
	6. 지진·분화 또는 낙뢰	○	○	×	
	○ 다음의 위험으로 인하여 발생한 보험목적물의 멸실 또는 손상				
	1. 공동해손희생	○	○	○	1조
	2. 투화	○	○	○	
	3. 갑판유실	○	○	×	
	4. 본선·부선·선창·운송용구·컨테이너 또는 보관장소에 해수·호수· 하천수의 유입	○ ○	○ ○	× ×	
	○ 본선 또는 부선에 적재 또는 이들로부터의 양륙 중 수몰 또는 낙 하한 포장단위당 전손	○	○	×	
	○ 상기 이외의 보험목적물에서 발생한 일체의 멸실 또는 손상	○	×	×	
	○ 공동해손 및 구조비(면책위험과 관련된 것 제외)	○	○	○	2조
	○ 쌍방과실충돌	○	○	○	3조
면 책 위 험	1. 피보험자의 고의의 위법행위에 기인하는 멸실·손상 또는 비용	×	×	×	
	2. 보험목적물의 통상의 누손, 중량 또는 용적의 통상의 감소, 통상의 자연소모	×	×	×	
	3. 보험목적물의 포장 또는 준비의 불완전 또는 부적합으로 인하여 발생 한 멸실·손상 또는 비용(다만, 그 포장 또는 준비가 피보험자 또는 그 사용인에 의하여 행해지는 경우 또는 이 보험의 개시 전에 행해지는 경우에 한함; 이 조항에서 포장은 컨테이너에 적부하는 것을 포함하 고, 사용인은 독립계약자를 포함하지 않음)	×	×	×	4조

면책위험					
	4. 보험목적물의 고유의 하자 또는 성질로 인하여 발생한 멸실·손상 또는 비용	×	×	×	
	5. 담보위험에 의한 지연이라도 지연으로 인하여 발생한 멸실·손상 또는 비용(위의 제2조에 따라 지급해야 할 비용은 제외함)	×	×	×	
	6. 본선의 소유자·관리자·용선자 또는 운항자의 지급불능 또는 금융상의 채무불이행으로 인하여 발생한 멸실·손상 또는 비용(다만, 보험목적물의 본선 상에 적재 시에 피보험자가, 그러한 지급불능 또는 금융상의 채무불이행이, 그 항해의 통상의 수행을 방지할 수 있다는 것을 알고 있거나, 또는 통상의 업무과정상 알았어야 하는 경우에만 한정됨; 이 면책규정은 보험계약이 어떤 구속력 있는 계약에 따라 선의로 보험목적물을 구매하였거나 또는 구매하기로 합의하고 이 보험에 의해 보험금을 청구하는 자에게 양도된 경우에는 적용되지 않음)	×	×	×	4조
	7. 보험목적물에 대한 어떤 자의 불법행위에 의한 고의적인 손상 또는 파괴	○	×	×	
	8. 원자력 또는 원자핵의 분열 및/또는 융합 또는 그 밖에 이와 유사한 반응 또는 방사능 또는 방사성물질을 사용하는 무기 또는 장치의 사용으로 인하여 직접 또는 간접적으로 발생하거나 또는 이로부터 발생하는 멸실·손상 또는 비용	×	×	×	
	9. 선박, 부선의 불내항 및 부적합 ① 어떠한 경우에도 이 보험은 다음의 사유로부터 발생하는 멸실·손상 또는 비용을 담보하지 아니한다. - 본선 또는 부선의 불내항 또는 보험목적물의 안전한 운송을 위한 본선 또는 부선의 부적합. (다만, 보험목적물이 이에 적재된 때에, 피보험자가 그러한 불내항 또는 부적합을 알고 있는 경우에만 한정한다; 이 면책규정은 보험계약이 어떤 구속력 있는 계약에 따라 선의로 보험의 목적물을 구매하였거나 또는 구매하기로 합의하고 보험금을 청구하는 자에게 양도된 경우에는 적용되지 않음) - 보험목적물의 안전한 운송을 위한 컨테이너 또는 운송용구의 부적합, (다만 이의 적재가 이 보험의 개시 전에 행해지는 경우, 또는 피보험자 또는 그 사용인에 의하여 행해지고 그러한 자가 적재 시에 그러한 부적합을 알고 있는 경우에만 한정한다.) ② 보험자는 선박의 내항성 및 보험목적물을 목적지로 운송하기 위한 선박의 적합성에 대한 묵시담보의 위반에 대하여 권리를 포기한다.	×	×	×	5조
	10. 전쟁위험(특약으로 부보 가능) ① 전쟁·내란·혁명·모반·반란, 또는 이로부터 발생하는 국내투쟁, 또는 교전국에 의하거나 또는 교전국에 대한 적대행위 ② 포획·나포·구속·억지 또는 억류(해적을 제외한다), 및 그러한 행위의 결과 또는 그러한 행위를 하려는 기도 [B, C약관은 **해적 면책**] ③ 유기된 기뢰·어뢰·폭탄 또는 그 밖의 유기된 전쟁무기	×	×	×	6조

면 책 위 험	11. 동맹파업위험(특약으로 부보가능) ① 동맹파업자, 직장폐쇄노동자, 또는 노동쟁의, 폭동 또는 소요에 가담한 자로 인하여 발생하는 것 ② 스트라이크, 직장폐쇄, 노동쟁의, 폭동 또는 소요로부터 발생하는 것 ③ 폭력주의의 행위, 즉 합법적 또는 비합법적으로 설립된 일체의 정체를, 무력 또는 폭력에 의하여 전복 또는 지배하기 위하여 지시된 활동을 수행하는 조직을 대신하여 행동하거나, 또는 그 조직과 관련하여 행동하는 자의 행위로 인하여 발생하는 것 ④ 정치적, 이념적 또는 종교적 동기로부터 행동하는 자의 행위로 인하여 발생하는 것	×	×	×	7조

* ○표시는 담보된다는 것을, ×표시는 면책된다는 것을 표시함.

ICC(A)는 전위험담보조건(All Risks; A/R)의 변형으로서, 전위험을 담보하는 조건이므로 보험료가 가장 높다. ICC(B)와 (C)는 각각 분손담보조건(With Average; W.A.), 분손부담보조건(Free From Particular Average: F.P.A.)에 상당하는 것으로서, 보험증권상에 열거된 위험만을 담보하는 조건이므로 (A)조건에 비해 보험료가 싸다.

● ICC (A/R), (WA) 및 (FPA) 조건 비교

해손 종류	손해 종류	담보범위의 내용	보험조건의 종류		
공동 해손	공동 해손	·공동해손희생손해　　　　　·공동해손비용 ·공동해손분담금	FPA 분 손 부 담 보	WA 분 손 담 보	A/R 전 위 험 담 보
단독 해손	전손	·현실전손　　　　　·추정전손			
	특정 분손	·침몰, 좌초, 대화재의 발생 ·충돌, 폭발, 화재 및 피난항에서의 양륙에 합리적으로 기인하는 손해 ·적재·양륙·환적중의 포장 단위당의 전손			
	비용 손해	·손해방지비용, 기타 특별비용(피난항 등에서의 양륙, 보관, 환적, 계속운송 등의 비용) ·구조료, 부대비용			
	기타 분손	·특정분손 이외의 분손(조수, 고조, 파도, 홍수에 의한 손해, 갑판유실, 악천후에 의한 분손). 단, 소손해면책조건의 적용도 가능			
	각종 부가위험	·각종 부가위험을 일괄담보 ·소손해면책비율의 적용은 없음			
추가 보험	동맹파업위험				
	전쟁위험담보				

이들 세 가지 기본약관은 제1조의 위험조항만이 다를 뿐이고 그 내용이 모두 동일한 19개조로 구성되어 있다. 즉, 제1조는 위험조항(Risks Clause)으로 각 조건별 멸실과 손

상에 대하여 보상범위를 나열하고 있다. 제2조와 3조에서는 각각 면책위험을 제외한 공동해손과 쌍방과실충돌 손해에 대한 보상범위를 정하고 있다. 제4조에서 7조까지는 보험자 면책사항으로 일반면책 8가지와 선박의 불내항(선박의 불감항; unseaworthiness of ship)과 화물의 부적합(unfitness of cargo)면책, 전쟁위험에 의한 면책과 동맹파업으로 인한 면책 등이 각각 포함되어 있다. 단, 면책위험 중에서 전쟁위험과 동맹파업위험은 협회전쟁약관과 협회동맹파업약관을 특약함으로써 부보가 가능하다.

IV. 해상화물보험증권의 보험시기와 종기

1. 보험의 시기

2009년 개정 협회화물약관(협회적화약관) 제8조 및 협회동맹파업약관 제5조의 운송조항(Transit Clause)에서는 보험기간의 시기에 대하여 "이 보험은 보험목적물이 창고 또는 보관장소(보험계약에서 지정된 장소)에서 운송의 개시를 위하여 운송차량 또는 그 밖의 운송용구에 즉시 적재할 목적으로 최초로 이동된 때로부터 개시한다"고 규정하고 있다.

● 해상위험 및 동맹파업위험·전쟁위험 등의 보험기간

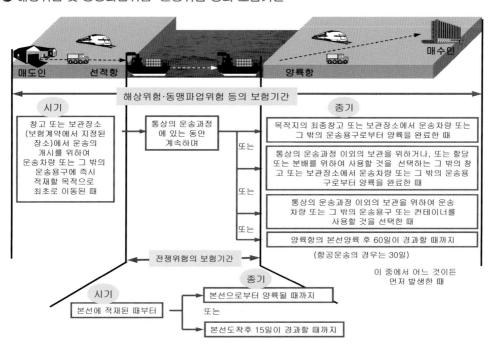

운송조항에서 보험자의 책임이 개시되는 시점은 운송의 개시를 위하여 보험계약에서 지정된 창고 또는 보관장소에서 운송차량 또는 그 밖의 운송용구에 즉시 적재할 목적으로 최초로 이동된 때이다. 1982년 협회화물약관 및 협회동맹파업약관의 운송조항에서는 창고안에서 화물이 이동되거나 운송용구에 적재되었더라도 결코 떠났다고 할 수 없기 때문에 보험자의 책임은 개시되지 않는다.[3] 그러나, 2009년 개정 협회화물약관 및 협회동맹파업약관의 운송조항에서는 화물이 창고를 출발하기 전부터 보험자의 책임이 개시되는 것으로 보험자의 책임기간이 확대되었다고 볼 수 있다. 즉, 창고안에서 운송차량에 또는 그 밖의 운송용구에 즉시 적재할 목적으로 최초로 이동되는 순간부터 보험자의 책임은 개시된다.

● 1982년과 2009년 협회화물약관 및 협회동맹파업약관의 보험시기

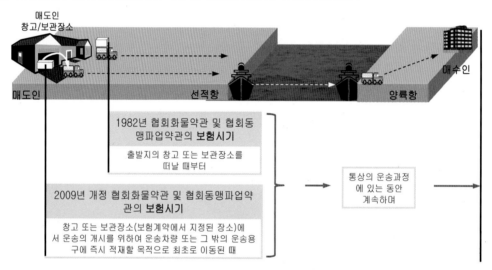

또한, 화물이 "통상의 운송과정(ordinary course of transit)"에 있는 동안에만 위험이 계속된다. 즉, 화물이 통상의 운송과정에 있을 때에 한해서만 보험계약상 보호받을 수 있는 것이다.

2. 보험의 종기

보험기간의 종기는 화물이 ① 이 보험계약에서 지정된 목적지의 최종창고 또는 보관장소에서 운송차량 또는 그 밖의 운송용구로부터 양륙을 완료한 때, ② 이 보험계

---

3) R.H. Brown, Analsis of Marine Insurance Clauses, London: Witherby & Co. Ltd., 1982, p.18.

약에서 지정된 목적지에 도착하기 전이거나 그 목적지에 있는지를 불문하고, 피보험자 또는 그 사용인이, 통상의 운송과정 이외의 보관을 위하거나, 또는 할당 또는 분배를 위하여 사용할 것을 선택하는 그 밖의 창고 또는 보관장소에서 운송차량 또는 그 밖의 운송용구로부터 양륙을 완료한 때, ③ 피보험자 또는 그 사용인이 통상의 운송과정 이외의 보관을 위하여 운송차량 또는 그 밖의 운송용구 또는 컨테이너를 사용할 것을 선택한 때, 또는 ④ 최종양륙항에서 항양선박으로부터 보험목적물의 양륙완료 후 60일이 경과한 때 중의 어느 것이든 먼저 발생한 때이다. 즉, ①, ② 및 ③은 장소적 종료사유이고, ④는 시간적 종료사유라고 할 수 있는데, 장소적 종료사유가 시간적 종료사유를 초과하는 경우에는 시간적 종료사유가 우선한다는 것일 뿐, 화물이 최종 양륙항에서 양륙된 후 60일까지를 어느 경우에도 담보해 주는 것은 아니다.

● 2009년 개정 협회화물약관 및 협회동맹파업약관의 보험종기

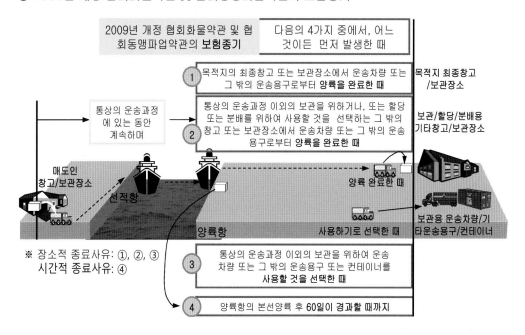

참고로, 상기의 경우는 해상위험이나 동맹파업위험에 적용되는 것이다. 그러나, 전쟁위험에 대하여는 이와 다른 원칙으로서, 2009년 개정 협회전쟁약관 제5조의 운송약관에서는 화물이 육상에 있는 동안은 담보되지 않고, 화물이 본선에 적재된 때부터 양륙될 때(또는 본선최종양륙항 도착 후 15일이 경과한 때 중의 어느 것이든 먼저 발생한 때)까지를 보험기간으로 규정하고 있다.

V. 해상운송과 해상보험의 관계

　화주는 운송인과 운송계약이 체결되어 있더라도 해상운송 중의 물품의 멸실 또는 손상의 위험에 대하여 해상보험에 부보한다. 화주와 운송인 간의 해상물품운송계약에 의하여 해상운송 중의 물품의 멸실 또는 손상에 대하여는 운송인이 원칙적으로 화주에게 손해배상의 책임이 있지만, 헤이그비스비규칙에 의하면, 항해과실, 고의나 과실에 의하지 않는 선박 화재에 의한 손해, 천재·전쟁·내란·동맹파업 등의 불가항력, 포장의 불비 등에 의한 화물손해에 대하여는 운송인이 화주에게 손해배상의 책임을 지지 않는다. 또한, 상업과실이나 내항담보의 위반의 경우에는 운송인이 화주에게 손해배상의 책임을 부담하지만, 운송인이 항해 중 악천후에 조우하여 불가항력이나 항해과실에 의한 화물손상을 주장한다면 수화인은 상업과실을 입증해야 하지만 이를 입증하는 것은 쉽지 않기 때문에 착화부족을 제외하고는 손해배상을 청구하는 것은 사실상 불가능하고, 운송인의 상업과실이 인정되어 유책이 되더라도 운송인의 책임한도액이 1포장 또는 1 단위당 666.67 SDR 또는 kg당 2 SDR 중 높은 것으로 하기 때문에 화주가 손해를 커버하기에는 적은 금액이다. 이와 같이 운송인이 화주에게 책임을 부담하지 않는 손해 뿐만 아니라 그 책임을 부담하더라도 입증이 곤란하거나 손해배상액이 적기 때문에 화주로서는 운송인으로부터 손해배상을 받을 수 없는 물품의 멸실 또는 손상의 위험에 대하여 해상보험으로 커버할 필요성이 있게 된다. 즉, 화주가 해상화물(적화)보험자와 협회화물(적화)약관(ICC) (A), (B) 조건 중에서 하나의 조건으로 보험계약을 체결한다면, 운송인의 면책으로 되어 있는 항해과실, 화재, 상업과실 및 특약하는 경우의 전쟁 및 동맹파업 위험에 대하여 보험자로부터 손해보상을 받을 수 있게 된다. 이와 같이 화주는 운송인의 면책으로 되어 있는 위험에 대하여 해상보험에 부보함으로써 운송인으로부터는 손해배상을 받지 못하지만 보험자로부터 손해보상을 받을 수 있게 되는 것이다. 또한, 해상운송 중의 물품의 멸실 또는 손상이 운송인의 유책사유인지 무책사유인지에 대하여 화주와 운송인 간에 분쟁이 있는 경우에는 소송 등에 따른 분쟁의 해결에 시간이 많이 소요되지만, 해상보험에 부보되어 있고 그 멸실 또는 손상의 위험이 담보위험에 의한 것이라면 화주인 피보험자는 보험자로부터 즉시 손해보상을 받을 수 있다.

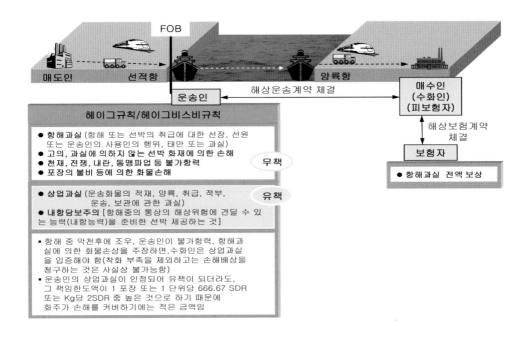

제3절 항공운송과 보험

항공화물에 관한 보험으로는 항공화물보험(항공적화보험), 항공화물화주보험, 항공화물배상책임보험 등 3가지가 있는데, 항공화물보험과 항공화물화주보험은 화주보호를 위한 것이고, 항공화물배상책임보험은 화물자체가 아니라 항공운송인을 보호하기 위한 것이다.

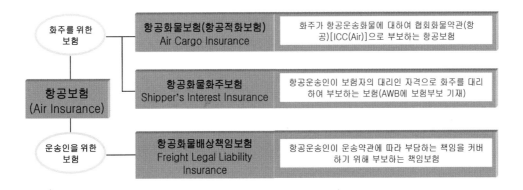

Ⅰ. 항공화물보험

1. 항공화물보험의 의의

항공화물보험(항공적화보험)은 운송 중의 화물이 우연한 사고로 인하여 멸실 또는 손상된 경우에 화주(송화인 또는 수화인)가 입은 손해를 보상하기 위하여 화주(송화인 또는 수화인)가 부보하는 보험이다.

즉, 항공운송인은 위탁받은 운송품에 대하여 운송계약에 정해진 대로 고의 또는 과실에 의해서 화물이 멸실 또는 손상된 경우에는 화주(송화인 또는 수화인) 또는 기타 손해배상청구권자에게 원칙적으로 손해배상을 해야 하지만, 항공운송인의 과실이 없거나 또는 항공운송인의 면책에 해당되는 경우에는 화주는 항공운송인으로부터 손해배상을 받을 수 없게 된다. 화물을 항공운송하는 경우에도 해상운송처럼 화주는 항공화물보험(항공적화보험)을 부보함으로써 항공운송인이 면책되는 경우에는 보험자로부터 손해보상을 받을 수 있게 된다.

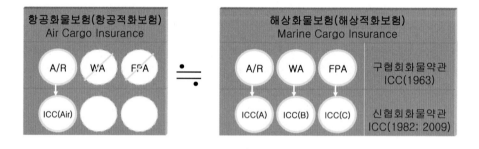

항공기 사고가 발생한다면, 대부분의 경우 모든 화물이 전손의 상태로 되기 때문에 항공화물은 전위험(All Risks)의 조건으로 부보된다. 즉, 항공화물에 대하여는 협회화물약관을 특화한 협회화물약관(전위험)[ICC(All Risks)]이나 협회화물약관(항공화물)[ICC(Air Cargo)]이 적용되어 영국 해상보험법(MIA)이 적용되지 않고 비해상(non-marine)에 관한 법률이 적용되며, 우편물에는 적용되지 않는다. 그러나 실제로 항공화물보험은 해상보험으로 부보하는 것이 관례이고 해상보험의 법률 및 원칙이 적용된다. 협회화물약관(항공화물)으로 부보하는 경우에는 전쟁위험과 동맹파업위험은 면책되므로 이들 위험을 담보하기 위해서는 Institute War Clause(Air Cargo) 및 Institute Strikes Clauses(Air Cargo)로 특약해야 한다.

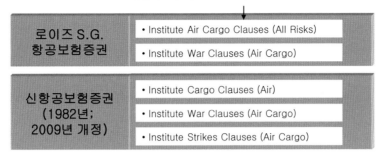

동맹파업위험(Strikes Risk)은 여기에 포함되어 있음

| 로이즈 S.G.
항공보험증권 | • Institute Air Cargo Clauses (All Risks) |
| | • Institute War Clauses (Air Cargo) |

신항공보험증권 (1982년; 2009년 개정)	• Institute Cargo Clauses (Air)
	• Institute War Clauses (Air Cargo)
	• Institute Strikes Clauses (Air Cargo)

각각의 해상화물보험(해상적화보험)과 동일한 내용으로 되어 있음

2. 항공화물보험의 보험기간

항공화물보험(항공적화보험)의 경우에 보험자가 담보하는 보험기간은 해상운송의 경우와 대부분 동일하지만, 보험기간의 종기에 있어서 해상운송의 경우에는 목적항에 도착한 선박으로부터 양륙 후 60일 되어 있는 반면, 항공운송의 경우에는 항공기로부터 양륙 후 30일이 경과된다면 그 때에 보험은 종료한다.

한편, 전쟁위험의 보험기간은 해상운송의 경우와 동일하다. 즉, 화물이 항공기에 적재되어 있는 동안만 담보된다. 항공기에 적재되기 전이나 또는 항공기로부터 양륙된 후와 같이 화물이 육상에 있는 동안은 담보되지 않는다.

II. 항공화물화주보험

항공화물화주보험(shipper's interest insurance; SII)은 항공운송인이 보험회사의 대리점 자격으로 스스로 보험을 수배할 능력이 없는 일반 화주를 대리하여 부보해 주는 일종의 화물보험으로서, 화물이 운송중 손상을 입은 경우에는 항공운송인과 보험자 간에 체결된 보험계약의 내용에 따라 화주가 보험회사에 직접 보험금을 청구하거나 또는 항공운송인에게 청구하여 보상받을 수 있다.

즉, 항공화물운송장으로 운송되는 화물에 대하여 항공사와 보험회사간에 미리 포괄적인 예정보험계약(open policy)을 체결해 두었기 때문에 송화인이 화물을 항공회사에 인도할 때 항공화물운송장에 보험금액(insurance amount), 보험료(insurance premium) 등의 필요한 사항을 기재하여 항공사에 접수함으로써 송화인을 피보험자로 하여 부보된다. 보험료는 항공운임의 정산시에 운임과 함께 납부하며, 운임이 도착지공항에서 착지급되는 조건의 운송인 경우에는 착지급조건으로 보험료를 지급할 수 있다. 그리고 송화인은 보험회사로부터 별도의 증권을 발급받는 것이 아니라 항공사에서 발급하는 송화인용 항공화물운송장의 원본을 보험증권으로 사용한다.

본 보험의 담보조건에 대하여 항공기사고는 대부분 항공기체와 함께 탑재화물이 전손이 되므로, 원칙적으로 항공화물보험(항공적화보험)과 마찬가지로 화물의 종류에 관계없이 보험의 목적의 멸실 또는 손상의 일체의 위험을 담보하는 전위험담보조건으로 부보된다. 한편, 화물보험(적화보험)의 경우에는 특정품목의 사고발생 가능성이 높은 손해에 대해서는 면책되거나 또는 별도의 추가 보험료를 부담하여야 하지만, 항공화물화주보험은 이러한 별도의 면책규정없이 동일한 요율로 전위험을 담보하고 있다.

그러나 항공화물화주보험은 화물보험(적화보험)과 마찬가지로 지연, 보험의 목적의 고유의 결함 또는 성질에 근인하는 멸실·손상 또는 비용은 보상하지 않으며, 전쟁이나 스트라이크위험은 특약으로 담보가 가능하다.

본 보험의 보험금액은 항공화물운송장의 보험란에 기재된 금액으로서, 화물의 현실가격의 110%를 초과할 수 없고, 보험요율은 절차의 간소화를 위하여 항공사의 화물운임률에 따라 자동적으로 정해진다. 또한 보험기간은 항공사 또는 대리점이 화물을 수령하고 항공화물운송장에 해당 화물의 명세를 기입하였을 때부터 통상의 운송과정을 거쳐 도착지에서 화물이 수화인에게 인도되거나 또는 수화인이 지정한 장소에 도착할 때까지이다.

항공화물화주보험은 보험예약신청서를 보험회사에 직접 제출할 필요없이 항공사의 창구에서 화물을 예약함과 동시에 부보절차가 끝나기 때문에 가입절차자 간편·신속하다. 또한, 항공화물보험에 비하여 보상범위도 넓으며 정밀기계류, 유리 및 요업제품 등은 화물보험에 비해 보험료도 저렴하다. 그러나 보험금액이 비싼 특수 화물의 경우에는 화주가 직접 보험을 부보하는 것이 바람직할 것이다.

III. 항공화물배상책임보험

화물배상책임보험(Freight Legal Liability Insurance)은 항공운송인이 과실책임주의에 입각하여 운송약관에 따라 부담하는 책임을 커버하기 위하여 부보하는 계속적·포괄적 보험이며, 특약베이스로 행해진다.

즉, 항공운송인은 위탁받은 화물에 대해 발생한 손해가 과실책임의 원칙에 따라 자기 또는 사용인의 과실에 의해서 생긴 경우에는 화주에 대해서 배상책임을 부담해야 하고, 또한 화주가 항공화물에 대하여 항공화물보험이나 화주보험을 부보한 경우에 화물에 손해가 생긴 때에는 화주는 보험금을 수취할 수 있지만, 그 손해가 항공운송인의 과실에 기초한 것일 때에는 보험금을 화주에게 지급한 보험회사는 항공운송인에 대하여 구상권을 행사하게 된다. 이러한 결과를 예상해서 항공운송인은 해상보험회사와 항공화물배상책임보험계약을 체결함으로써 자신이 부담해야 하는 배상책임액을 책임보험회사가 부담하게 된다.

제4절 복합운송과 보험

국제복합운송과 관련된 보험계약은 다음과 같다.
① 컨테이너보험
  ㉮ 컨테이너자체보험
  ㉯ 컨테이너 소유자 또는 임차인(복합운송인 또는 실제운송인)이 부보하는 제3자에 대한 컨테이너에 의한 손해배상책임보험
  ㉰ 컨테이너 운영자(복합운송인 또는 실제운송인)이 부보하는 화물배상책임보험
② 화물보험(적화보험), 즉 화주가 부보하는 화물보험(주로 컨테이너에 적입한 화물의 보험)

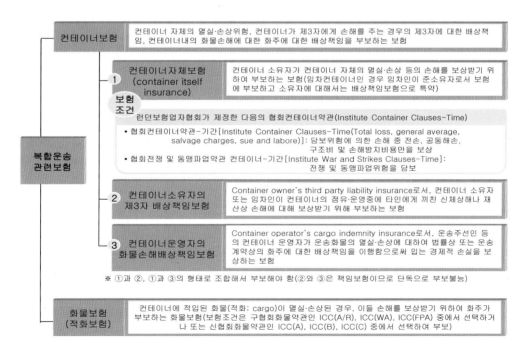

Ⅰ. 컨테이너 보험

1. 컨테이너보험의 의의

컨테이너보험이란 컨테이너 자체의 멸실·손상위험, 컨테이너가 제3자에게 손해를 주는 경우의 제3자에 대한 배상책임, 컨테이너내의 화물손해에 대한 화주에 대한 배상책임을 부보하는 보험이라고 할 수 있다.

즉, 국제복합운송은 컨테이너운송를 전제로 하고 있으므로 복합운송인으로서는 선박, 트럭, 철도 등의 운송수단의 소유의 유무보다도 화물의 unit road에 불가결한 컨테이너의 운영(소유·임차·이용 등)의 가부가 중요하게 된다. 따라서, 컨테이너 소유자나 임차인은 컨테이너 운영중에 발생하는 컨테이너 자체의 멸실·손상위험에 대하여 부보하여야 한다. 한편, 컨테이너가 제3자에게 손해를 줄 경우 법률상의 배상책임을 부담해야 하는 컨테이너 소유자는 제3자에 대한 배상책임을, 컨테이너 내의 화물에 손해가 발생할 경우 컨테이너운송에 따른 법률상 또는 운송계약상의 배상책임을 부담해야 하는 컨테이너 운영자는 화주에 대한 화물손해 배상책임을 보험으로 담보할 필요가 있다.

2. 컨테이너보험의 종류

컨테이너보험이란 ① 컨테이너 자체보험(container itself insurance; itself or box or van insurance), ② 컨테이너 소유자(임차인 포함)의 제3자에 대한 배상책임보험(container owner's third party liability insurance; TLP), ③ 컨테이너 운영자의 화물손해 배상책임보험(container operator's cargo indemnity insurance; cargo indemnity)등을 포괄한 조합보험을 말한다.

이들 세 가지 보험을 일괄하여 1개의 증권(blacket policy)으로 인수할 수 있으며, 잔해제거·소독·검역비용의 특약담보(special cover for wreck removal, disinfection and quarantine expense)도 가능하다. 또한, 손해보험과 책임보험과의 불가분의 관계에서 볼 때, ①의 컨테이너 자체보험은 단독으로 부보할 수 있지만, 책임보험인 ②와 ③은 단독으로 부보할 수 없다. 즉, ②와 ③의 책임보험은 책임보험의 기초가 되는 컨테이너 자체보험과 조합으로 부보해야 하므로, ①과 ②, ①과 ③의 형태로 조합해서 부보되어야 한다.

(1) 컨테이너 자체보험

컨테이너 자체보험(container itself insurance)은 컨테이너 소유자가 컨테이너 자체의 멸실·손상에 의한 손해를 보상받기 위하여 부보하는 보험으로서, 컨테이너보험의 주종을 이루고 있다. 임차 컨테이너(lease container)인 경우에는 임차인(lessee)이 준소유자로서 보험에 부보하고 소유자에 대해서는 배상책임보험을 특약으로 부보하게 된다.

담보조건으로는 런던보험업자협회가 제정한 협회컨테이너약관이 있는데, 협회컨테이너약관-기간(전손, 공동해손, 구조, 구조비, 손해방지)[Institute Container Clauses-Time(total loss, general average, salvage, salvage charges, sue and labour)]은 담보위험에서 생긴 손해 중에 전손, 공동해손, 구조, 구조비 및 손해방지비용만을 보상하고, 협회전쟁 및 동맹파업약관(컨테이너-기간)[Institute Container Clauses-Time(all risks)]은 전쟁 및 동맹파업위험을 담보한다.

(2) 컨테이너 소유자의 제3자에 대한 배상책임보험

컨테이너 소유자의 제3자에 대한 배상책임보험은 컨테이너의 소유자 또는 임차인이 컨테이너의 점유·운영중에 타인에게 끼친 신체적 상해나 재산상의 손해에 대하여 보상받기 위하여 부보하는 보험이다.

손해배상에 필요한 전액을 보험으로 보상함은 물론 이와 관련된 소송비용, 조정비용 등이 보상되지만, 피보험자인 컨테이너 소유자의 고의 또는 중과실, 전쟁·폭동·반란·동맹파업·지진·분화 등의 천재지변이나 방사능 오염 등에 의한 손해는 보상되지 않는다.

(3) 컨테이너 운영자의 화물손해배상책임보험

컨테이너 운영자의 화물손해배상책임보험(container operator's cargo indemnity insurance)은 컨테이너 운영자(Freight Forwarder 등의 운송인)가 컨테이너 운송화물의 멸실·손상에 대하여 법률상 또는 운송계약상의 화주에 대한 배상책임을 이행함으로써 입는 경제적 손실을 보상하는 보험이다.

II. 화물보험

복합운송인이 국제복합운송에 의해 다른 운송구간·운송수단을 연결해서 일관된 운송책임을 화주에 대해서 부담함으로써 국제물류의 합리성, 경제성, 신속성, 안전성을 도모한다고 하는 이념은 해상화물보험(해상적화보험)에 있어서 담보위험계속의 원칙이나 이념과 일맥상통하고 있으며, 이는 해육복합위험담보(1906년 영국해상보험법 제2조 제2항)의 규정 및 협회화물약관(협회적화약관) 중의 운송조항(transit clause)에 관철되어 있다.

즉, 복합운송의 발달로 복합운송인에게 운송책임의 집중과 강화는 물론 운송계약상 복합운송인의 책임체제가 일원적으로 확립되어 있기 때문에 화주는 손해가 어떤 구간에서 발생했는가를 불문하고, 모든 단일책임부담자인 복합운송인에게 구상해서 복합운송인으로부터 보상받을 수 있어서 화물보험의 비중은 점차 감소될 것이라고 예상할 수도 있다. 그러나 ① 화주로서는 손해의 원인 및 손해발생구간의 규명 및 입증에 따른 문제를 해결하는데 어려움이 따르고, ② 복합운송인에게 직접 구상권을 행사해야 하는 화주로서는 직접구상에 따른 비용의 증가와 절차상의 어려움이 따르고, ③ 복합운송인의 귀책사유로 인한 손해발생인 경우에도 복합운송인의 책임부담액이 일정한 한도로 제한되어 있기 때문에 완전한 손해배상을 받을 수 없고, ④ 복합운송인의 책임기간이 일정하게 제한되어 있고, ⑤ 복합운송인의 면책사유에 의해 손해가 발생한 경우에는 화주는 복합운송인으로부터 손해배상을 받을 수 없게 된다는 점 등으로 인하여 화물보험(적화보험)은 여전히 필요하게 된다.

1963년의 협회화물약관(협회적화약관) 전손담보(A/R), 분손담보(WA), 분손부담보(FPA)에 대응하는 것으로서 1982년 1월 1일자로 협회화물약관 (A), (B), (C), 협회전쟁약관 및 협회동맹파업약관 등이 제정되고 2009년에 개정되었다. 또한, 컨테이너운송 및 복합운송과 관련이 있는 새로운 약관이 포함되었다.

① 협회화물약관 제4조 제3항 1963년의 협회화물약관(협회적화약관)에서는 불충분한 포장에 대한 규정이 명시되어 있지 않았던 것을 1982년 및 2009년 개정 협회화물약관(협회적화약관)에서는 별도로 신설하여 면책의 범위를 불충분한 포장에서 보험의 목적물의 불충분하거나 부적합한 준비 또는 위험개시 전의 컨테이너에의 적부까지 확대하고 있다. 이는 컨테이너를 외장적인 포장용구로 간주하고 있다고 해석될 수 있는 것이다.

② 협회화물약관 제5조 제1항 2009년 개정 협회화물약관 (A), (B) 및 (C)의 제5조 제1항 제2호는 컨테이너 또는 운송용구에 대하여는 컨테이너[4] 또는 운송용구의 부적합[5]으로 인하여 발생한 손해까지도 면책으로 규정하고 있다. 다만, 이 면책사항

---

4) "리프트밴(liftvan)"이라는 용어는 1982년 협회화물약관에서 규정되어 있었으나, 2009년 협회화물 약관의 개정 시에는 이 "리프트밴(liftvan)"이라는 용어가 잘 사용되지 않는 이유로 삭제하였다.

5) 컨테이너의 적합성이란 컨테이너자체의 완전성, 컨테이너와 내용화물과의 적합성, 운송중의 자

은 화주가 화물적재시 그 부적합성을 알고 관여한 경우에만 적용된다.

③ 협회화물약관 제1조 제1항 2009년 개정 협회화물약관 (B) 및 (C)의 제1조 제1항에서 "육상운송용구의 전복 또는 탈선"과 "지진·분화·낙뢰"를 담보위험으로 명시하고 있다는 것은 해·육복합운송을 수용하기 위한 규정이라 할 수 있다.

제5절 무역보험

I. 무역보험의 의의

1. 무역보험의 개념

무역보험은 무역거래에 수반되는 각종 위험 중에서 수출업자가 물품을 수출하고 수출대금을 지급받지 못하거나 수출금융을 제공한 금융기관이 대출금을 회수하지 못하는 경우, 또는 수입업자가 해외 수출업자의 계약불이행으로 적기에 화물을 인도받지 못하거나 선지급금을 회수하지 못하는 경우에 발생하는 손실을 보상해 주는 보험으로서, 무역업자가 안심하고 수출 및 수입업무에 전념할 수 있게 하는 등 수출 및 수입진흥을 도모하기 위하여 한국무역보험공사가 무역보험법에 의하여 운영하고 있는 비영리정책보험을 말한다. 이러한 무역보험은 수출보험과 수입보험으로 구분된다.

수출보험은 수출거래에 수반되는 각종 위험 중에서 수입국의 외환거래의 제한이나 금지, 전쟁 등의 비상위험이나 수입업자의 계약파기, 파산, 지급불능 또는 거절 등의 신용위험과 같이 통상의 운송보험으로 담보할 수 없는 위험에 대하여 수출업자, 생산자 또는 수출자금을 대출해 준 금융기관이 입게 되는 불의의 손실을 보상해 주는 보험을 말하고, 수입보험은 수입업자가 해외 수출업자의 계약불이행으로 적기에 화물을 인도받지 못하거나 선지급금을 회수하지 못하는 경우에 발생하는 손실을 보상해 주거나, 또는 국내 수입업자의 자금조달을 지원하는 보험을 말한다.

연조건, 사회조건 등의 각종 리스크에 견디는 것 등의 적합성을 말한다.

종목			한국무역보험공사의 현행 약관	최근개정일
수출보험	단기성보험	단기수출보험	단기수출보험약관(선적전)	2012. 4. 1.
			단기수출보험(선적후-일반수출거래 등)	2016.12.23.
			단기수출보험 포괄보험특약	
			단기수출보험 준포괄보험특약	2013. 3. 1.
			단기수출보험약관(전자무역)	2012. 4. 1.
			단기수출보험(전자무역) 신용카드 결제방식 포괄보험특약	2010. 7. 6.
			단기수출보험(구매자신용) 약관	
			단기수출보험(포페이팅) 약관	2012. 4. 1.
			단기수출보험(포페이팅) 포괄보험특약	2010. 7. 6.
			단기수출보험약관(본지사금융)	
			단기수출보험(수출채권유동화) 약관	2014. 5.30.
			단기수출보험(수출채권유동화) 재판매특약	2014. 7. 1.
			단기수출보험(농수산물패키지) 약관	2016. 4. 1.
			단기수출보험(중소중견Plus+) 약관	2013. 3.18.
			단기수출보험(중소중견Plus+)약관 무역클레임 위험담보 특약	
			단기수출보험(중소중견Plus+)약관 수입국 위험담보 특약	
	중장기성보험	중장기수출보험	중장기수출보험(선적전) 약관	2016. 7. 29.
			중장기수출보험(공급자신용·선적후) 약관	
			중장기수출보험약관(구매자신용·표준형)	2015.12.30.
			중장기수출보험약관(구매자신용·표준이상형)	
			중장기수출보험약관(구매자신용·채권)	2015.12.30.
		수출보증보험	수출보증보험약관(금융기관용)	2013. 7. 3.
			수출보증보험약관(수출자용)	2010. 7. 6.
		해외공사보험	해외공사보험(장비) 약관	2016. 7.29.
			해외공사보험(건설·기술용역) 약관	

종목			한국무역보험공사의 현행 약관	최근개정일
수출보험	중장기성보험	해외투자보험	해외투자보험약관(주식등)	2018. 9.21.
			해외투자보험(대출금) 약관	
			해외투자보험(보증채무) 약관	2016. 7.29.
			해외투자보험(투자금융)약관	
			해외투자보험(투자금융) 약정서	2010. 7. 6.
		해외사업금융보험	해외사업금융보험약관	2015.12.30.
		서비스종합보험	서비스종합보험(일시결제방식) 약관	2016. 9.23.
			서비스종합보험(일시결제방식) POOLING 특약	2010. 2.12.
			서비스종합보험(기성고·연불방식) 약관	2016. 9.23
			서비스종합보험(Running Royalty) 약관	2012. 4. 1.
			유망서비스수출지원 특약	2016. 9.23.
		이자율변동보험	이자율변동보험 약관(Syndicated Loan)	2010. 7. 6.
			이자율변동보험 약관(Single Loan)	
		수출기반보험	수출기반보험약관	2016. 7.29.
		환변동보험	환변동보험(선물환방식) 약관	2010. 7. 6.
	기타보험	탄소종합보험	탄소종합보험 특약(해외투자(주식등))	2010. 7. 6.
			탄소종합보험 특약(해외투자(보증채무))	
			탄소종합보험 특약(해외투자(대출금))	
			탄소종합보험 특약(해외투자(투자금융))	
			탄소종합보험 특약(수출보증(수출자용))	
			탄소종합보험 특약(수출보증(금융기관용))	
			탄소종합보험 특약(해외사업금융)	
		녹색산업종합보험	녹색산업종합보험 특약	2012. 4. 1.
		해외자원개발펀드보험	해외자원개발펀드보험(융자등) 약관	2010. 7. 6.
			해외자원개발펀드보험(주식등) 약관	
			해외자원개발펀드보험(수익권등) 약관	
		부품·소재신뢰성보험	부품·소재신뢰성보험약관	2010. 7. 6.
수출보험	수출신용보증	수출신용보증	수출신용보증(선적전)·수출용원자재 수입신용보증약관	2018. 2. 1.
			수출신용보증(선적후)약관	2016.10. 4.
			수출신용보증(Nego) 약관	
			수출납품대금 현금결제 특약	2012. 4. 1.
			수출신용보증(제작자금) 약관	2012.11.30.
			수출신용보증(제작자금-Pooling) 특약	2009. 6.25.
수입보험	수입보험	수입보험	수입보험(수입자용)약관	2012. 4. 1.
			수입보험(수입자용) POOLING 특약	2010. 7. 6.
			수입보험(금융기관용) 약관	2018. 7.11.

우리나라는 1962년의 제1차 경제개발 5개년 계획에 의한 수출진흥정책의 추진을 시작으로 경공업중심의 수출구조에서 거액과 장기간의 대금회수를 필요로 하는 중화학공업중심의 수출구조로 변화되어 왔으며, 이에 따라 수출규모가 비약적으로 증대되고 수출시장이 다변화되는 등 눈부신 경제성장을 달성할 수 있게 되었다. 즉, 1964년 1억달러를 돌파한 이래로 1977년에는 100억달러, 1995년에는 1,000억달러, 2004년에는 2,000억달러, 2006년에는 3,000억달러를 돌파하였고, 2012년에는 수출규모는 5,479억달러를, 수출과 수입을 합친 무역액은 1조 675억달러(세계 8위)로 1조달러를 달성하였다. 2018년에는 수출규모는 6,048억달러, 수입규모는 5,352억달러로 수출과 수입을 합친 무역액은 1조 140억달러를 달성하였다. 수출규모면에서는 세계 10위권 내의 무역대국으로 성장하게 되었지만, 이에 수반하여 수출대금의 회수불능의 위험이 증가된다는 문제에 봉착하게 되었다. 수출을 통한 지속적인 경제성장을 이룩하기 위해서는 이러한 수출대금의 회수불능 등의 위험으로부터 수출업자 또는 이들 수출업자를 지원한 금융기관이 입은 손실을 보상할 수 있는 제도적 장치의 도입이 필요하게 된 것이다.

따라서 우리나라는 1968년 12월 31일 수출보험법을 제정하여 법률 제2063호로 공포하였고, 수출보험업무는 1968년 2월 18일 수출보험의 운영주체는 정부이면서 그 운영업무만 대한재보험공사가 대행하는 체제로 개시되었다. 수출보험법은 공포된 후 여러 차례의 개정을 거친 후, 2010년 4월 5일(법률 제10228호; 2010년 7월 6일 시행)의 개정 법률에서 무역보험법으로 변경하였다. 한국수출보험공사는 대한재보험공사와 한국수출입은행의 정부 대행체제를 거쳐 1992년 7월 7일에 설립되어 수출보험사업의 독립전담기관 체제를 확립하였다. 한국수출보험공사는 2010년 7월 7일부터 한국무역보험공사로 개명하였다.

2. 무역보험의 종류

2019년 2월 현재 한국무역보험공사의 무역보험은 15개의 수출보험(수출신용보증 포함)과 1개의 수입보험으로 구성되어 있다. 수출보험은 수출거래기간에 따라 단기성보험, 중장기성보험, 환변동보험, 기타보험, 수출신용보증으로 구분할 수 있다. 단기성보험은 결제기간 2년 이내의 수출거래를 대상으로 인수하는 수출보험으로서, 단기수출보험이 있다. 중장기보험은 결제기간 2년 초과의 수출거래를 대상으로 인수하는 수출보험으로서, 중장기수출보험, 수출보증보험, 해외공사보험, 해외투자보험, 해외사업금융보험, 서비스종합보험, 이자율변동보험, 수출기반보험이 있다. 이외에도, 환변동보험, 기타보험(탄소종합보험, 녹색산업 종합보험, 해외자원개발 펀드보험, 부품·소재신뢰성보험), 수출신용보증이 있다.

3. 무역보험의 담보위험

(1) 비상위험

비상위험(Political Risk)은 전쟁, 내란, 혁명, 환거래제한 또는 모라토리움 선언 등과 같이 무역계약 당사자에게 책임을 돌릴 수 없는 위험을 말한다. 비상위험이 발생하는 경우에는, 국내의 수출업자로서는 수출불능이나 수출대금 회수불능 등의 손실이, 국내의 수입업자로서는 수입불능이나 선급금 회수불능 등의 손실이 발생할 수 있다.

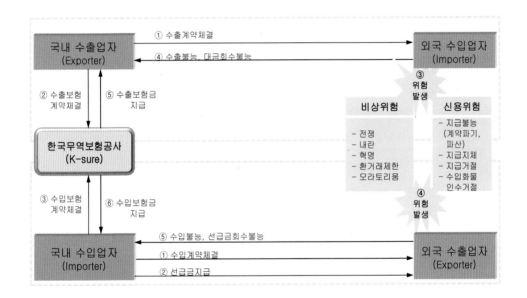

(2) 신용위험

신용위험은 무역업자에 관련된 위험으로서, 해외 수입업자의 계약파기, 파산, 대금지급지연 또는 거절 등 수출대금의 지급책임을 부담하는 해외의 수입업자 또는 신용장발행은행 등이 자신들의 귀책사유로 인하여 당연히 이행하여야 할 대금지급의무를 이행하지 않거나 태만히 하는 경우[6], 또는 해외의 수출업자가 자신의 귀책사유로 인하여 당연히 이행하여야 할 물품인도의무를 이행하지 않거나 태만히 하는 경우에 발생하는 위험을 말한다. 신용위험이 발생하는 경우에는, 국내의 수출업자로서는 수출불능이나 수출대금 회수불능 등의 손실이, 국내의 수입업자로서는 수입불능이나 선급금 회수불능 등의 손실이 발생할 수 있다.

---

6) 이러한 신용위험은 수출대금의 미지급사유에 따라 지급불능(insolvency), 지급거절(repudiation), 지급지체(protracted-default), 인수거절(non-acceptance)로 구분될 수 있다.

● 수출대금 미지급의 사유[7]

미지급 사유	내용
지급불능 (Insolvency)	지급수단의 계속적인 부족으로 인하여 수입자가 채무를 순조롭게 변제할 수 없는 상태를 말하며, 수입자의 파산 등 법률상의 지급불능과 강제관리 등 사실상의 지급불능으로 구분된다.
지급거절 (repudiation)	수입자가 채무자체를 인정하지 않고 고의적으로 대금지급을 거절하는 것으로서, 채무이행의 의무를 인정하지 않는다는 점에서 채무를 이행하지 못하거나 채무자의 의무를 수행하지 못할 때 발생하는 지급지체와는 구분된다.
지급지체 (protracted-default)	수입자가 상품을 인수한 후 지급거절의 의사표시 없이 대금지급을 태만히 하는 경우를 말한다.
인수거절 (non-acceptance)	상품 또는 환어음에 대한 수입자의 인수거절을 말한다.

Ⅱ. 종목별 수출보험의 내용

종목		주 요 내 용
단기 성보 험	단기수출보험	수출대금의 결제기간이 2년 이내인 수출계약을 체결한 후 수출이 불가능하게 되거나 수출대금을 받을 수 없는 경우의 손실을 보상
중장 기성 보험	중장기수출보험	결제기간이 2년을 초과하는 수출계약을 체결한 후 수출이 불가능하게 되거나 수출대금을 받을 수 없는 경우에 입게 되는 손실을 보상
	수출보증보험	금융기관이 해외공사계약 또는 수출계약과 관련하여 수입자에게 보증서(Bond)를 발급후, 보증채무를 이행시에 발생하는 손실을 보상
	해외공사보험	해외건설공사등의 기성고방식 또는 연불수출방식 수출에서 수출대금의 미회수 또는 투입장비의 권리상실등으로 입게되는 손실을 보상
	해외투자보험	주식취득 등 해외투자 후 원리금, 배당금 등을 회수할 수 없게 될 경우 이를 보상
	해외사업금융 보험	국내외 금융기관이 수출증진, 외화획득 효과가 있을 것으로 예상되는 해외사업에 자금을 대출하고 회수하지 못하는 경우의 손실을 보상
	서비스종합보 험	국내 서비스사업자가 서비스를 의뢰한 해외수입자에게 서비스를 제공하고 수입국 또는 수입자 책임으로 서비스대금을 받지 못하는 경우의 손실을 보상
	이자율변동보 험	금융기관의 조달금리(변동금리)와 수출자금 제공금리(고정금리)간 차이로 인해 발생하는 손실을 보상 (이익은 환수)
	수출기반보험	금융기관이 국적외항선사 또는 국적외항선사의 해외현지법인(SPC포함) 에게 상환기간 2년 초과의 선박 구매자금을 대출하고 대출원리금을 회수할 수 없게 된 경우에 발생하는 손실을 보상

---

7) 한국무역보험공사, 더넓은 세상으로, 수출보험과 함께; http://www.keic.or.kr.

종목		주 요 내 용
환변 동보 험	환변동보험	수출업체에 일정환율을 보장해 준 후 수출대금 입금 또는 결제시점 환율과 비교하여 환차손 발생시 보상하고 환차익 발생시 환수
기타 보험	탄소종합보험	교토의정서에서 정하고 있는 탄소배출권 획득사업을 위한 투자, 금융, 보증 과정에서 발생할 수 있는 손실을 종합적으로 담보하는 보험
	녹색산업종합 보험	지원가능한 특약항목을 『녹색산업종합보험』 형태로 제정하고, 녹색산업에 해당되는 경우 기존이용 보험약관에 수출기업이 선택한 특약을 추가하여 우대하는 제도
	해외자원개발 펀드보험	해외자원개발사업에 투자하여 발생할수 있는 손실을 보상하는 보험 (수출보험기금과 별도로 투자위험보증계정 운영)
	부품·소재 신뢰성보험	국산 부품·소재를 사용하는 기업에게 제품의 신뢰성과 관련된 재산적 피해를 담보
수출 신용 보증	선적후보증	수출입자가 수출입계약과 관련하여 금융기관 등으로부터 대출을 받거나 환어음 매각에 따른 금융기관앞 수출금융채무를 공사가 연대보증
수입 보험	수입보험	국내수입기업이 선급금 지급조건 수입거래에서 비상위험 또는 신용위험으로 인해 선급금을 회수할 수 없게 된 경우에 발생하는 손실을 보상하는 제도

자료 : 한국무역보험공사; http://www.ksure.or.kr

관세와 수출입물품의 통관

관세와 수출입 물품의 통관

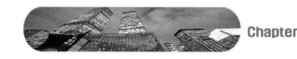

Chapter 13

제1절 관세제도

I. 관세의 의의와 종류

1. 관세의 의의

관세(Customs; Customs duties; tariff)는 국가가 재정수입을 얻기 위하여 관세영역을 출입하는 물품에 대하여 법률이나 조약에 의거하여 징수하는 금전적 급부이다.

2. 관세의 종류

(1) 과세기회에 따른 구분

관세는 과세기회에 따라 수출관세와 수입관세로 구분된다.

① 수출관세(Export Duties) 내국물품이 외국에 수출될 때 부과되는 관세로서, 재정수입확보, 전략물자와 자국산업에 필요한 원료 등의 확보, 국내가격상승의 방지 등을 위하여 부과된다. 브라질의 커피, 스페인의 코르크, 필리핀의 원목 등과 같이 후진국 등이 주로 재정수입확보를 목적으로 부과한다.

② 수입관세(Import Duties) 외국물품이 국내로 수입될 때 부과되는 관세를 말한다. 대부분의 국가들이 수입물품에 관세를 부과하며, 우리나라도 「관세법」에 의하여 수입물품에는 관세를 부과한다.

③ 통과관세(Transit Duties) 관세영역을 통과하는 물품에 대하여 부과되는 관세를 말한다. 현재 GATT협정에 의하여 통과관세의 부과는 금지되어 있다.

(2) 과세목적에 따른 구분

관세는 과세목적에 따라 재정관세와 보호관세로 구분된다.

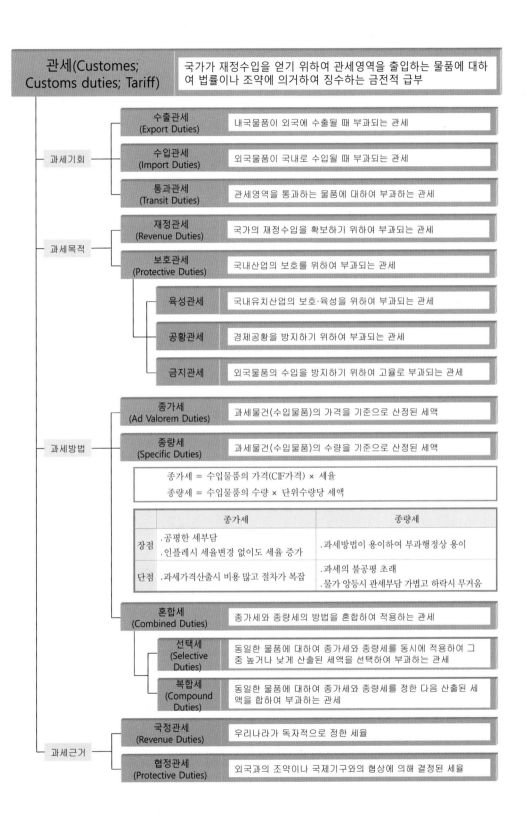

| 관세(Customes;
Customs duties; Tariff) | 국가가 재정수입을 얻기 위하여 관세영역을 출입하는 물품에 대하여 법률이나 조약에 의거하여 징수하는 금전적 급부 |

과세기회

수출관세 (Export Duties)	내국물품이 외국에 수출될 때 부과되는 관세
수입관세 (Import Duties)	외국물품이 국내로 수입될 때 부과되는 관세
통과관세 (Transit Duties)	관세영역을 통과하는 물품에 대하여 부과하는 관세

과세목적

| 재정관세
(Revenue Duties) | 국가의 재정수입을 확보하기 위하여 부과되는 관세 |
| 보호관세
(Protective Duties) | 국내산업의 보호를 위하여 부과되는 관세 |

육성관세	국내유치산업의 보호·육성을 위하여 부과되는 관세
공황관세	경제공황을 방지하기 위하여 부과되는 관세
금지관세	외국물품의 수입을 방지하기 위하여 고율로 부과되는 관세

과세방법

| 종가세
(Ad Valorem Duties) | 과세물건(수입물품)의 가격을 기준으로 산정된 세액 |
| 종량세
(Specific Duties) | 과세물건(수입물품)의 수량을 기준으로 산정된 세액 |

종가세 = 수입물품의 가격(CIF가격) × 세율
종량세 = 수입물품의 수량 × 단위수량당 세액

	종가세	종량세
장점	.공평한 세부담 .인플레시 세율변경 없이도 세율 증가	.과세방법이 용이하여 부과행정상 용이
단점	.과세가격산출시 비용 많고 절차가 복잡	.과세의 불공평 초래 .물가 앙등시 관세부담 가볍고 하락시 무거움

| 혼합세
(Combined Duties) | 종가세와 종량세의 방법을 혼합하여 적용하는 관세 |

| 선택세
(Selective
Duties) | 동일한 물품에 대하여 종가세와 종량세를 동시에 적용하여 그 중 높거나 낮게 산출된 세액을 선택하여 부과하는 관세 |
| 복합세
(Compound
Duties) | 동일한 물품에 대하여 종가세와 종량세를 정한 다음 산출된 세액을 합하여 부과하는 관세 |

과세근거

| 국정관세
(Revenue Duties) | 우리나라가 독자적으로 정한 세율 |
| 협정관세
(Protective Duties) | 외국과의 조약이나 국제기구와의 협상에 의해 결정된 세율 |

① 재정관세(Revenue Duties) 국가의 재정수입을 확보하기 위하여 부과되는 관세를 말한다. 재정관세는 국내생산이 거의 불가능하여 부득이 수입에 의존할 수 밖에 없는 경우, 수입을 억제할 필요는 없으나 권장할 가치가 없는 물품, 이미 국내산업이 확립되어 더 이상 보호할 필요가 없을 경우에 주로 부과된다.

② 보호관세(Protective Duties) 국내산업의 보호를 위하여 부과되는 관세로서, 후진국은 유치산업을, 선진국은 사양 및 정책산업을 보호하기 위하여 주로 부과된다. 보호관세는 국내유치산업을 보호·육성하기 위하여 수입물품에 부과되는 육성관세, 물가나 외환가치의 하락국이 경제공황을 방지하기 위하여 수입물품에 부과하는 공황관세, 외국물품의 수입을 금지하기 위하여 고율의 관세를 부과하는 금지관세로 구분될 수 있다.

(3) 과세방법에 따른 구분

관세는 과세방법에 따라 종가세, 종량세 및 혼합세로 구분된다.

① 종가세(Ad valorem Duties) 과세물건(수입물품)의 가격을 기준으로 산정된 세액을 말한다.

② 종량세(Specific Duties) 과세물건(수입물품)의 수량을 기준으로 산정된 세액을 말한다. 현행의 관세율은 대부분 종가세율이 적용되고 있지만, 원유, 설탕, 필름 등에 대하여는 종량세율이 적용되고 있다.

③ 혼합세 종가세와 종량세가 동시에 적용되거나 혼합되어 산출된 세액으로 부과하는 방법으로서, 선택세와 복합세로 구분된다.

  ㉮ 선택세(Selective Duties) : 동일한 품목에 대하여 종가세와 종량세를 동시에 적용하여 그 중 높거나 또는 낮게 산출되는 세액을 선택하여 부과하는 관세를 말한다.

  ㉯ 복합세(Compound Duties) : 동일한 품목에 대하여 종가세와 종량세를 정한 다음 산출된 세액을 합하여 부과하는 관세를 말한다. 현행의 관세율표상에는 복합세를 부과하는 품목은 한 품목도 없다.

(4) 과세근거에 따른 구분

㉮ 국정관세

국정관세는 우리나라가 독자적으로 정한 세율로서 다음과 같이 구분된다.

① 기본세율 「관세법」 별표 관세율표상의 기본세율로서, 국회의 입법을 통하여 제정된다.

② 잠정세율 「관세법」 별표 관세율표상에 기본세율과 함께 표시되어 있는 것으로서, 일시적으로 기본세율을 적용할 수 없는 경우에 적용되며, 국회의 승인을 받

아 확정된다. 별표 관세율표중 잠정세율의 적용을 받는 물품에 대하여는 대통령령이 정하는 바에 따라 그 물품의 전부 또는 일부에 대하여 잠정세율의 적용을 정지하거나 기본세율과의 세율차를 좁히도록 잠정세율을 올릴거나 내릴 수 있다.[1]

③ 탄력관세율 급변하는 국내외 정치·경제적 여건에 신속하게 대처할 목적으로 국회의 심의·의결을 거쳐 관세율을 결정 또는 변경하는 것이 아니라 행정부가 세율을 탄력적으로 변경·운영할 수 있도록 하고 있는 것이다. 즉, 기본세율을 변경하지 않고 정책목적에 따라 법률에서 정하여진 범위내에서 세율을 임시적으로 적용하는 것이다. 탄력관세율은 「관세법」 제51조에서 제77조까지의 규정에 따라 대통령령 또는 기획재정부령으로 정하는 세율로서, 현재 우리나라에서 시행되고 있는 탄력관세는 덤핑방지관세, 상계관세, 보복관세, 긴급관세, 특정국물품긴급관세, 농림축산물에 대한 특별긴급관세, 조정관세, 할당관세, 계절관세, 편익관세가 있다.

④ 환급에 갈음하여 인하한 관세율(환특세율) 수출용 원재료 중에서 대부분 수출용으로만 사용될 것으로 예상되는 특정물품에 대하여 기본세율보다 낮은 세율을 적용하고, 추후 그 원재료를 가지고 수출을 이행한 후에는 환급을 하지 않도록 하고 있는데, 이러한 품목에 적용되는 세율을 말하며, 환특세율이라고도 한다.

⑤ 간이세율 관세·임시수입부가세 및 내국세의 세율을 기초로 하여 정한 단일세율을 적용하여 과세의 간소화를 통해 국민의 편의를 도모하기 위하여 여행자 휴대품 또는 우편물 등에 대하여 적용되는 세율이다.

(나) 협정관세

협정관세율은 외국과의 조약이나 국제기구와의 협상에 의하여 결정된 관세율로서, ① WTO 일반양허세율, ② WTO 개발도상국간 양허세율, ③ ESCAP 개발도상국간 양허세율, ④ GSTP에 의한 양허세율, ⑤ 쌍무협정에 따른 양허세율 등이 있다.

(다) 기타

① 국제협력관세 정부가 우리나라의 대외무역의 증진을 위하여 필요하다고 인정되는 때에 특정국가 또는 국제기구와 관세에 관한 협상을 수행하여 기본관세율의 50/100의 범위 내에서 관세를 양허하는 것을 말한다.

② 일반특혜관세 특정 개발도상국을 원산지로 하는 물품(특혜대상물품)에 대하여 기본세율보다 낮은 세율의 관세를 부과하는 것을 말한다.

---

[1] 관세법 제50조 제4항.

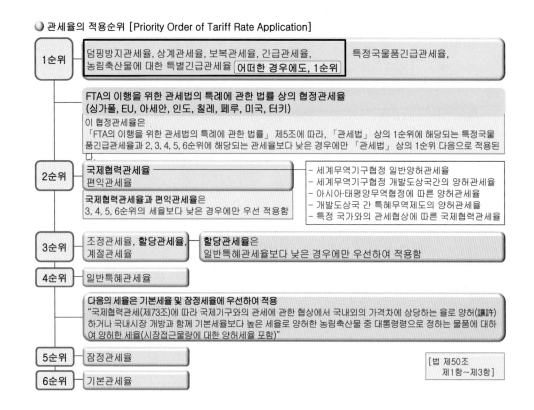

● 관세율의 적용순위 [Priority Order of Tariff Rate Application]

1순위 : 덤핑방지관세율, 상계관세율, 보복관세율, 긴급관세율, 농림축산물에 대한 특별긴급관세율 [어떠한 경우에도, 1순위] / 특정국물품긴급관세율,

2순위 :
FTA의 이행을 위한 관세법의 특례에 관한 법률 상의 협정관세율
(싱가폴, EU, 아세안, 인도, 칠레, 페루, 미국, 터키)
이 협정관세율은
「FTA의 이행을 위한 관세법의 특례에 관한 법률」 제5조에 따라, 「관세법」 상의 1순위에 해당되는 특정국물품긴급관세율과 2, 3, 4, 5, 6순위에 해당되는 관세율보다 낮은 경우에만 「관세법」 상의 1순위 다음으로 적용된다.

국제협력관세율
편익관세율
국제협력관세율과 편익관세율은
3, 4, 5, 6순위의 세율보다 낮은 경우에만 우선 적용함

- 세계무역기구협정 일반양허관세율
- 세계무역기구협정 개발도상국간의 양허관세율
- 아시아·태평양무역협정에 따른 양허관세율
- 개발도상국 간 특혜무역제도의 양허관세율
- 특정 국가와의 관세협상에 따른 국제협력관세율

3순위 : 조정관세율, 할당관세율, 계절관세율 / 할당관세율은 일반특혜관세율보다 낮은 경우에만 우선하여 적용함

4순위 : 일반특혜관세율

다음의 세율은 기본세율 및 잠정세율에 우선하여 적용
"국제협력관세(제73조)에 따라 국제기구와의 관세에 관한 협상에서 국내외의 가격차에 상당하는 율로 양허(讓許)하거나 국내시장 개방과 함께 기본세율보다 높은 세율로 양허한 농림축산물 중 대통령령으로 정하는 물품에 대하여 양허한 세율(시장접근물량에 대한 양허세율 포함)"

[법 제50조 제1항~제3항]

5순위 : 잠정관세율

6순위 : 기본관세율

II. 탄력관세제도

1. 탄력관세제도의 의의와 기능

탄력관세제도는 급변하는 국내외 정치·경제적 여건에 신속하게 대처할 목적으로 국회의 심의·의결을 거쳐 관세율을 결정 또는 변경하는 것이 아니라 행정부가 세율을 탄력적으로 변경·운영할 수 있도록 하고 있는 것이다. 즉, 기본세율을 변경하지 않고 정책목적에 따라 법률에서 정하여진 범위 내에서 세율을 임시적으로 적용하는 것이다. 이러한 탄력관세제도는 다음과 같은 기능을 가지고 있다.

① 국내산업의 보호 탄력관세제도는 수입물품의 가격하락에 따른 수입증대로 인하여 야기되는 국제수지의 악화 및 외국상품의 국내시장확대를 방지함으로써 국내산업을 보호할 수 있다. 덤핑방지관세, 상계관세, 보복관세 등이 국내산업을 보호하기 위한 탄력관세제도라고 할 수 있다.

② 국내물가의 안정 탄력관세제도는 국내공급이 부족하여 국내가격이 폭등하는 경우

에 수입을 증가시켜 국내물가를 안정시킬 수 있다. 할당관세, 계절관세 등이 국내물가의 안정을 도모하기 위한 탄력관세제도라고 할 수 있다.

③ 주요자원의 안정적 확보　탄력관세제도는 수입물품에 기본세율보다 낮은 세율을 부과함으로써 필요한 주요자원을 안정적으로 확보할 수 있다. 할당관세 등이 주요자원의 안정적 확보를 위한 탄력관세제도라고 할 수 있다.

④ 세율의 불균형 시정　탄력관세제도는 산업구조의 급격한 변동으로 품목간의 세율을 조정할 필요가 있을 때 세율의 불균형을 시정할 수 있다. 조정관세, 할당관세 등이 세율의 불균형을 시정하기 위한 탄력관세제도라고 할 수 있다.

2. 탄력관세제도의 종류

현재 우리나라 「관세법」 하에서 시행되고 있는 탄력관세는 다음과 같다.

탄력관세제도	급변하는 국내외 정치·경제적 여건에 신속하게 대처할 목적으로 국회의 심의·의결을 거쳐 관세율을 결정 또는 변경하는 것이 아니라 행정부가 세율을 탄력적으로 변경·운영할 수 있도록 하고 있는 것 [기본세율을 변경하지 않고 정책목적에 따라 법률에서 정하여진 범위 내에서 세율을 임시적으로 적용하는 것]
덤핑방지관세 (Anti-Dumping Duties)	외국물품이 정상가격 이하로 수입되어 국내산업에 피해를 야기시킨 경우에 정상가격과 덤핑가격의 차이에 상당하는 금액이하를 부과하는 관세
상계관세 (Countervailing Duties)	보조금을 받은 물품의 수입으로 인하여 실질적인 피해를 입은 국내산업을 보호하기 위하여 보조금등에 상당하는 금액이하를 부과하는 관세
보복관세 (Retaliatory Duties)	교역상대국이 우리 수출물품에 대한 관세 등의 차별조치로 우리의 이익이 침해되는 경우 그 나라에서 수입되는 물품에 대하여 피해상당액의 범위안에서 부과하는 관세
긴급관세 (Emergency Duties)	특정물품의 수입증가로 동종 또는 직접 경쟁관계에 있는 국내산업이 심각한 피해를 입거나 입을 우려가 있는 경우 피해를 방지하거나 치유하기 위하여 부과하는 관세
특정국물품긴급관세 (Duties)	특정국물품의 수입증가가 국내시장의 교란의 원인이 되는 등의 경우에 피해를 구제하거나 방지하기 위하여 부과하는 관세
농림축산물에 대한 특별긴급관세	국내외 가격차에 상당하는 율로 양허한 농림축산물의 수입물량이 급증하거나 수입가격이 하락하는 때에 양허한 세율을 초과하여 부과하는 관세
조정관세 (Adjusted Duties)	산업구조의 변동 등으로 물품간의 세율이 현저히 불균형하여 이를 시정할 필요가 있는 등의 경우에 부과하는 관세
할당관세 (Quota Duties)	원활한 물자수급 또는 산업의 경쟁력 강화를 위하여 특정물품의 수입을 촉진시킬 필요가 있거나 특정물품의 수입을 억제할 필요가 있을 때 부과하는 관세
계절관세 (Seasonal Duties)	가격이 계절에 따라 현저하게 차이가 있는 물품으로서 동종물품 등의 수입으로 국내시장이 교란될 우려가 있는 경우에 이를 방지하기 위하여 부과하는 관세
편익관세 (Beneficial Duties)	관세에 관한 조약에 의한 편익을 받지 않는 나라의 생산물이 수입될 때 그 나라와 물품을 지정하여 기존 외국과의 편익의 한도내에서 관세의 편익을 부여하는 것

(1) 덤핑방지관세

덤핑방지관세(Anti-dumping duties)란 외국의 물품이 정상가격이하로 수입되어 국내산업에 피해를 야기 시킨 경우에 정상가격과 덤핑가격과의 차액에 상당하는 금액이하의 관세를 추가로 부과함으로써 국내산업을 보호하기 위한 것이다.

(2) 상계관세

상계관세(Countervailing Duties)란 대통령령이 정하는 자 또는 주무부장관의 부과요청이 있는 경우로서 "보조금등"(외국에서 제조·생산 또는 수출에 관하여 직접·간접으로 보조금 또는 장려금)을 받은 물품의 수입으로 인하여 "실질적인 피해등"(① 국내산업이 실질적인 피해를 받거나 받을 우려가 있는 경우 또는 ② 국내산업의 발전이 실질적으로 지연된 경우의 하나에 해당하는 것)으로 조사를 통하여 확인되고, 해당 국내산업을 보호할 필요가 있다고 인정되는 경우에는 기획재정부령으로 그 물품과 수출자 또는 수출국을 지정하여 그 물품에 대하여 해당 보조금 등의 금액이하의 관세를 추가하여 부과하는 관세를 말한다.

(3) 보복관세

보복관세(Retaliatory Duties)란 교역상대국이 우리나라의 수출물품 등에 대하여 관세 또는 무역에 관한 국제협정이나 양자 간의 협정 등에 규정된 우리나라의 권익을 부인하거나 제한하는 경우, 그 밖에 우리나라에 대하여 부당 또는 차별적인 조치를 하는 경우에 해당하는 행위를 하여 우리나라의 무역이익이 침해되는 경우에 그 나라로부터 수입되는 물품에 대하여 피해상당액의 범위에서 부과하는 관세를 말한다.

● 탄력관세제도의 부과요건과 세율변경범위

구분	부과요건	세율변경범위
덤핑방지관세	- 외국의 물품이 정상가격이하로 수입된 경우 - 그 수입으로 인하여 국내산업이 "실질적인 피해 등"을 입은 사실이 조사를 통하여 확인된 경우 - 해당 국내산업을 보호할 필요가 있다고 인정되는 경우	기본세율+덤핑차액에 상당하는 금액이하의 금액
상계관세	- 외국에서 제조·생산 또는 수출에 관하여 직접 또는 간접으로 보조금 또는 장려금을 받은 물품이 수입된 경우 - 국내산업이 실질적인 피해 등을 입은 사실이 조사를 통하여 확인된 경우 - 해당 국내산업을 보호할 필요가 있다고 인정되는 경우	기본세율+보조금 등의 금액이하의 금액
보복관세	교역상대국이 우리나라의 수출물품 등에 대하여, 다음의 행위를 하여 우리나라의 무역이익이 침해되는 경우에 그 나라로부터 수입되는 물품 - 관세 또는 무역에 관한 국제협정이나 양자 간의 협정 등에 규정된 우리나라의 권익을 부인하거나 제한하는 경우 - 그 밖에 우리나라에 대해 부당 또는 차별적 조치를 취하는 경우	피해상당액의 범위내
긴급관세	- 특정물품의 수입증가로 인하여 국내산업이 심각한 피해등을 입은 사실이 조사를 통하여 확인된 경우 - 해당 국내산업을 보호할 필요가 있다고 인정될 때	피해의 방지·치유 및 조정의 촉진에 필요한 범위내
특정국물품 긴급관세	국제조약 또는 일반적인 국제법규에 따라 허용되는 한도에서 "특정국물품"(홍콩 및 마카오를 제외한 중화인민공화국을 원산지로 하는 물품)이 다음의 하나에 해당하는 것으로 조사를 통하여 확인된 경우 - 해당 물품의 수입증가가 국내시장의 교란 또는 교란우려의 중대한 원인이 되는 경우 - 세계무역기구 회원국이 해당 물품의 수입증가에 대하여 자국의 피해를 구제하거나 방지하기 위하여 한 조치로 인하여 중대한 무역전환이 발생하여 해당 물품이 우리나라로 수입되거나 수입될 우려가 있는 경우	피해를 구제하거나 방지하기 위하여 필요한 범위내
농림축산물에 대한 특별긴급관세	국제관세협력의 규정에 따라 국내외가격차에 상당한 율로 양허한 농림축산물의 수입물량이 급증하거나 수입가격이 하락하는 경우	- 물량기준: 양허세율+(양허세율×1/3) - 가격기준: 양허세율+대통령령이 정한 비율에 따른 산출금액
조정관세	- 산업구조의 변동 등으로 물품 간의 세율 불균형이 심하여 이를 시정할 필요가 있는 경우 - 국민보건·환경보전·소비자보호 등을 위하여 필요한 경우 - 국내에서 개발된 물품을 일정 기간 보호할 필요가 있는 경우 - 농림축산물 등 국제경쟁력이 취약한 물품의 수입증가로 인하여 국내시장이 교란되거나 산업기반이 붕괴될 우려가 있어 이를 시정하거나 방지할 필요가 있는 경우	- 원칙 : 기본세율+(100/100 - 기본세율) - 예외 : 농림축수산물은 국내의 가격차에 상당하는 율의 범위내

구분		부과요건	세율변경범위
할당관세	할인	- 원활환 물자수급 또는 산업의 경쟁력 강화를 위하여 특정물품의 수입을 촉진할 필요가 있는 경우 - 수입가격이 급등한 물품 또는 이를 원재료로 한 제품의 국내가격을 안정시키기 위하여 필요한 경우 - 유사물품 간의 세율이 현저히 불균형하여 이를 시정할 필요가 있는 경우	기본세율-40/100
	할증	특정물품의 수입을 억제할 필요가 있을 경우(일정한 수량을 초과하여 수입되는 분)	- 기본세율+40/100 - 농림축수산물: 기본세율+동종물품 등의 국내외가격차에 상당한 율의 범위내
계절관세		계절에 따라 가격의 차이가 심한 물품으로서 동종물품·유사물품 또는 대체물품의 수입으로 인하여 국내시장이 교란되거나 생산 기반이 붕괴될 우려가 있을 때	인상: 국내외가격차에 상당한 율의 범위내에서 기본관세율보다 높게 인하: 기본세율-기본세율의 40/100의 범위내의 율
편익관세		관세에 관한 조약에 따른 편익을 받지 아니하는 나라의 생산물로서 우리나라에 수입될 때 대통령령으로 그 나라와 물품을 지정(시행령 별표1)한 경우	원칙 : 해당 양허표에 규정된 세율

⑷ 긴급관세

긴급관세(Emergency Tariff)란 특정물품의 수입증가로 인하여 동종물품 또는 직접적인 경쟁관계에 있는 물품을 생산하는 국내산업이 심각한 피해를 받거나 받을 우려가 있음이 조사를 통하여 확인되고 해당 국내산업을 보호할 필요가 있다고 인정되는 경우에 해당 물품에 대하여 심각한 피해등을 방지하거나 치유하고 조정을 촉진하기 위하여 필요한 범위에서 추가하여 부과하는 관세를 말한다.

⑸ 특정국물품긴급관세

"특정국물품긴급관세"란 국제조약 또는 일반적인 국제법규에 따라 허용되는 한도에서 "특정국물품"(홍콩이나 마카오를 제외한 중화인민공화국이 정하는 국가를 원산지로 하는 물품)이 ① 해당 물품의 수입증가가 국내시장의 교란 또는 교란우려의 중대한 원인이 되는 경우, ② 세계무역기구 회원국이 해당 물품의 수입증가에 대하여 자국의 피해를 구제하거나 방지하기 위하여 한 조치로 인하여 중대한 무역전환이 발생하여 해당 물품이 우리나라로 수입되거나 수입될 우려가 있는 경우에 해당하는 것으로 조사를 통하여 확인된 경우에 피해를 구제하거나 방지하기 위하여 필요한 범위에서 추가하여 부과하는 관세를 말한다.

⑹ 농림축산물에 대한 특별긴급관세

농림축산물에 대한 특별긴급관세(Special Emergency Tariff on Agricultural, Forest and Live-stock Products)란 국내외가격차에 상당한 율로 양허한 농림축산물의 수입물량이 급증하거나 수입가격이 하락하는 경우에 대통령령으로 정하는 바에 따라 양허한 세율을 초과하여 부과하는 관세를 말한다.

⑺ 조정관세

조정관세(Adjusted Duties)란 산업구조의 변동 등으로 물품간의 세율이 현저히 불균형하여 이를 시정할 필요가 있는 경우, 국민보건·환경보전·소비자보호등을 위하여 필요한 경우, 국내에서 개발된 물품을 일정 기간 보호할 필요가 있는 경우, 농림축수산물 등 국제경쟁력이 취약한 물품의 수입증가로 인하여 국내시장이 교란되거나 산업기반이 붕괴될 우려가 있어 이를 시정 또는 방지할 필요가 있는 경우에 100분의 100에서 해당 물품의 기본세율을 뺀 율을 기본세율에 더한 율의 범위에서 부과하는 관세를 말한다.

⑻ 할당관세

할당관세(Quota Tariff)란 원활한 물자수급 또는 산업의 경쟁력 강화를 위하여 특정 물품의 수입을 촉진시킬 필요가 있는 경우, 수입가격이 급등한 물품 또는 이를 원재료로 한 제품의 국내가격을 안정시키기 위하여 필요한 경우, 유사물품 간의 세율이 현저히 불균형하여 이를 시정할 필요가 있는 경우에 40/100의 범위의 율을 기본세율에서 빼고 부과하거나, 또는 특정물품의 수입을 억제할 필요가 있는 경우에 일정한 수량을 초과하여 수입되는 분에 대하여 40/100의 범위의 율을 기본세율에 더하여 부과하는 관세를 말한다(다만, 농림축수산물인 경우에는 기본세율에 동종물품·유사물품 또는 대체물품의 국내외 가격차에 상당하는 율을 더한 율의 범위에서 관세를 부과할 수 있다).

⑼ 계절관세

계절관세(Seasonal Duties)란 계절에 따라 가격의 차이가 심한 물품으로서 동종물품·유사물품 또는 대체물품의 수입으로 인하여 국내시장이 교란되거나 생산 기반이 붕괴될 우려가 있는 때에 계절에 따라 해당 물품의 국내외 가격차에 상당한 율의 범위에서 기본세율보다 높게 부과하거나 기본세율에 40/100의 범위의 율을 기본세율에서 빼고 부과하는 관세를 말한다.

⑽ 편익관세

편익관세(Beneficial Tariff)란 관세에 관한 조약에 따른 편익을 받지 아니하는 나라의 생산물로서 우리나라에 수입되는 물품에 대하여 이미 체결된 외국과의 조약에 따른 편익의 한도에서 관세에 관한 편익을 부여하는 것을 말한다.

III. 과세요건

과세요건이란 세금을 부과하는데 갖추어야 할 몇 가지 조건으로서, 이러한 요건을 갖춘 경우에만 국가는 세금을 받을 수 있는 조세채권이 발생하고, 그 상대방은 세금을 내야 할 조세채무가 발생한다. 관세의 과세요건은 과세물건(과세객체, 과세대상), 납세의무자(과세주체), 세율 및 과세표준의 네 가지가 있다.

◐ 과세요건

1. 과세물건

과세물건은 과세의 대상이 되는 것으로서, 과세의 객체라고도 한다. 「관세법」 제14조에서는 "수입물품에는 관세를 부과한다"고 규정함으로써, 관세의 과세물건은 수입물품이다. 즉, 우리나라는 수입물품을 과세대상으로 하기 때문에 수입물품에만 관세를 부과하고, 수출물품에는 관세를 부과하지 않는다.

과세물건의 확정시기는 어느 시점에서의 물품의 성질과 수량을 가지고 과세할 것인가 하는 것으로서, 관세는 원칙적으로 "수입신고"(입항전수입신고를 포함)를 하는 때의 물품의 성질과 그 수량에 따라 부과한다.[2] 따라서, 과세물건의 확정시기는 원칙적으로 수입신고시점이 된다.

---

2) 관세법 제16조.

2. 납세의무자

관세납부의무자는 관세를 납부할 법률상의 의무를 부담하는 자로서, 수입신고를 한 물품에 대하여는 그 물품을 수입한 화주는 관세의 납세의무자가 되지만, 화주가 불분명한 때에는, ① 수입을 위탁받아 수입업체가 대행수입한 물품인 경우에는 그 물품의 수입을 위탁한 자, ② 수입을 위탁받아 수입업체가 대행수입한 물품이 아닌 경우에는 대통령령으로 정하는 상업서류(㉮ 송품장, ㉯ 선화증권 또는 항공화물운송장)에 기재된 수화인, ③ 수입물품을 수입신고 전에 양도한 경우에는 그 양수인이 관세의 납세의무자가 된다. 그러나 수입신고가 수리된 물품 또는 수입신고수리 전 반출승인을 받아 반출된 물품에 대하여 납부하였거나 납부하여야 할 관세액에 미치지 못하는 경우 해당 물품을 수입한 화주의 주소 및 거소가 분명하지 아니하거나 수입신고인이 화주를 명백히 하지 못하는 경우에는 그 신고인이 해당 물품을 수입한 화주와 연대하여 해당 관세를 납부하여야 한다.[3]

이와 같이, 원칙적 납세의무자는 물품을 수입한 화주이며, 연대납세의무자는 물품을 수입신고할 수 있는 관세사, 통관취급법인, 관세법인이 된다. 그러나 화주가 직접 수입신고한 경우에는 수입신고인이 화주이므로 연대납세의무자는 존재할 수 없다. 이외에도 특별납부의무자와 기타 납부의무자가 있다.

3. 세율

세율은 세액을 결정함에 있어서 과세표준에 대하여 적용되는 비율을 말한다. 즉, 세액은 과세표준에 일정한 비율을 곱함으로써 산출된다. 이 때 과세표준에 적용되는 비율을 세율이라고 한다. 납부세액결정의 기초가 되는 관세율표를 「관세법」의 별표로 정해서 운영하고 있다.

---

3) 관세법 제19조 제1항 제1호.

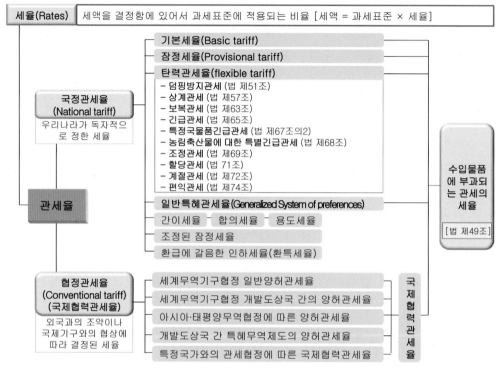

● 수입물품에 부과되는 관세의 세율(rates of customs duties levied on imported goods)

세율(Rates) 세액을 결정함에 있어서 과세표준에 적용되는 비율 [세액 = 과세표준 × 세율]

관세율

국정관세율(National tariff) — 우리나라가 독자적으로 정한 세율
- 기본세율(Basic tariff)
- 잠정세율(Provisional tariff)
- 탄력관세율(flexible tariff)
  - 덤핑방지관세 (법 제51조)
  - 상계관세 (법 제57조)
  - 보복관세 (법 제63조)
  - 긴급관세 (법 제65조)
  - 특정국물품긴급관세 (법 제67조의2)
  - 농림축산물에 대한 특별긴급관세 (법 제68조)
  - 조정관세 (법 제69조)
  - 할당관세 (법 71조)
  - 계절관세 (법 제72조)
  - 편익관세 (법 제74조)
- 일반특혜관세율(Generalized System of preferences)
- 간이세율 · 합의세율 · 용도세율
- 조정된 잠정세율
- 환급에 갈음한 인하세율(환특세율)

협정관세율(Conventional tariff)(국제협력관세율) — 외국과의 조약이나 국제기구와의 협상에 따라 결정된 세율
- 세계무역기구협정 일반양허관세율 — 국제협력관세율
- 세계무역기구협정 개발도상국 간의 양허관세율 — 국제협력관세율
- 아시아·태평양무역협정에 따른 양허관세율 — 국제협력관세율
- 개발도상국 간 특혜무역제도의 양허관세율 — 국제협력관세율
- 특정국가와의 관세협정에 따른 국제협력관세율 — 국제협력관세율

수입물품에 부과되는 관세의 세율 [법 제49조]

4. 과세표준

(1) 과세표준의 의의

과세표준은 세액결정의 기준이 되는 과세물건의 가격 또는 수량으로서, 세액은 과세표준(가격 또는 수량) × 세율로 결정되기 때문에 과세표준은 세율과 함께 세액결정의 요인이 된다. 과세물건(수입물품)의 가격을 기준으로 하여 세액이 결정되는 것을 종가세, 과세물건(수입물품)의 수량을 기준으로 하여 세액이 결정되는 것을 종량세라 한다.

(2) 과세가격의 의의 및 결정

과세가격이란 종가세의 표준이 되는 수입물품의 가격을 의미한다. 즉, 현행의 관세율표에는 대부분이 종가세 품목이므로, 관세의 과세표준이란 주로 종가세의 과세표준이 되는 과세가격을 의미한다고 볼 수 있다. 과세가격은 시간, 장소 및 거래수량에 따라 달라지며, 어떤 가격을 표준으로 할 것인가의 어려움이 있기 때문에 과세가격에 대하여는 「관세법」에서 상세하게 규정하고 있다.

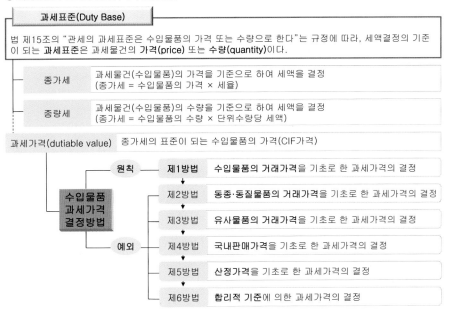

○ 과세표준의 의의와 과세가격의 결정방법

과세표준(Duty Base)

법 제15조의 "관세의 과세표준은 수입물품의 가격 또는 수량으로 한다"는 규정에 따라, 세액결정의 기준이 되는 **과세표준**은 과세물건의 **가격(price)** 또는 **수량(quantity)**이다.

종가세	과세물건(수입물품)의 가격을 기준으로 하여 세액을 결정 (종가세 = 수입물품의 가격 × 세율)
종량세	과세물건(수입물품)의 수량을 기준으로 하여 세액을 결정 (종가세 = 수입물품의 수량 × 단위수량당 세액)

과세가격(dutiable value)   종가세의 표준이 되는 수입물품의 가격(CIF가격)

수입물품 과세가격 결정방법

원칙 → 제1방법 | 수입물품의 거래가격을 기초로 한 과세가격의 결정
제2방법 | 동종·동질물품의 거래가격을 기초로 한 과세가격의 결정
제3방법 | 유사물품의 거래가격을 기초로 한 과세가격의 결정
예외 → 제4방법 | 국내판매가격을 기초로 한 과세가격의 결정
제5방법 | 산정가격을 기초로 한 과세가격의 결정
제6방법 | 합리적 기준에 의한 과세가격의 결정

수입물품의 과세가격은 우리나라에 수출하기 위하여 판매되는 물품에 대하여 구매자가 실제로 지급하였거나 지급하여야 할 가격에 특정금액을 더하여 조정한 거래가격으로 한다. 다만, 금액을 더할 때에는 객관적이고 수량화할 수 있는 자료에 근거하여야 하며, 이러한 자료가 없는 경우에는 이 조에 규정된 방법으로 과세가격을 결정하지 아니하고, "동종·동질물품의 거래가격을 기초로 한 과세가격의 결정", "유사물품의 거래가격을 기초로 한 과세가격의 결정", "국내판매가격을 기초로 한 과세가격의 결정", "산정가격을 기초로 한 과세가격의 결정", "합리적 기준에 따른 과세가격의 결정"(법 제31조부터 제35조까지의 규정) 방법으로 과세가격을 결정한다.[4] 즉, 수입물품의 과세가격은 다음을 기초로 하여 결정한다.

IV. 관세의 과세와 징수

1. 관세의 산정

수입물품에는 관세를 부과한다. 이 경우, 관세액은 수입물품의 가격(종가세), 수입

---

4) 관세법 제30조 제1항.

물품의 수량(종량세), 또는 이들을 동시에 적용하는 방법(선택세)으로 산정하며, 관세의 부과시에는 관세 이외에 부가가치세·특별소비세·주세·교육세·교통세 및 농어촌특별세 등의 내국세가 부과된다.

2. 관세의 납부

(1) 신고납부방식

신고납부란 관세의 납세의무자가 수입신고시에 스스로 과세표준 및 납부세액 등을 결정하여 세관장에게 신고하여 납부하는 제도로서, 자진신고납부제도라고도 한다. 이 경우, 관세의 납부기한은 납세신고 수리일 부터 15일 이내이며, 세관장이 고지하는 물품, 즉 부과고지 대상물품을 제외한 모든 수입물품이 신고납부의 대상물품이 된다. 관세 등의 납부는 원칙적으로 신고납부방식이 적용된다.

(2) 부과고지방식

부과고지란 납세의무자가 세액을 정확하게 결정할 수 없는 물품 등에 대하여 세관장이 세액을 결정하여 고지하고 납세의무자가 고지된 세액을 소정의 기일내에 납부하는 제도로서, 신고납부방식으로 예외로서 부과고지제도를 이용한다. 이 경우, 관세의 납부기한은 납세고지를 받은 날부터 15일 이내이다.

관세를 부과징수하는 경우에는 납세신고를 하는 것이 원칙이지만, 다음의 하나에 해당하는 경우에는 세관장이 관세를 부과·징수한다.[5]

① "과세물건 확정시기의 예외적인 다음의 경우(법 제16조 제1호부터 제6호까지 및 제8호부터 제11호까지)"에 해당되어 관세를 징수하는 경우

㉮ 하역허가의 내용대로 운송수단에 적재되지 아니한 외국물품인 선(기)용품과 외국무역선(기)안에서 판매할 물품

㉯ 보세구역에서의 보수작업이 곤란하다고 세관장이 인정하는 때에 기간 및 장소를 지정받아 보세구역 밖에서 하는 보수작업을 승인받은 물품

㉰ 보세구역에 장치되어 멸실되거나 폐기된 외국물품

㉱ 보세공장 외 작업, 보세건설장 외 작업, 또는 종합보세구역 외 작업을 허가받거나 신고한 물품

㉲ 보세운송을 신고하거나 승인받은 후 지정된 기간 내에 목적지에 도착하지 아니한 외국물품

---

5) 관세법 제39조 제1항 및 관세법시행규칙 제9조.

ⓑ 수입신고가 수리되기 전에 소비하거나 사용하는 물품

ⓢ 우편으로 수입되는 물품

ⓐ 도난물품 또는 분실물품

ⓙ 「관세법」에 따라 매각되는 물품

ⓒ 수입신고를 하지 아니하고 수입된 물품(위의 ㉮부터 ㉗까지에 규정된 것 제외)

② 보세건설장에서 건설된 시설로서 수입신고가 수리되기 전에 가동된 경우

③ 보세구역(보세구역 외 장치를 허가받은 장소를 포함)에 반입된 물품이 수입신고 가 수리되기 전에 반출된 경우

④ 납세의무자가 관세청장이 정하는 사유로 과세가격이나 관세율 등을 결정하기 곤란하여 부과고지를 요청하는 경우

⑤ 수입신고전에 운송수단·관세통로·하역통로 또는 이 법에 따른 장치장소로부터 즉시 반출한 물품을 반출 후 10일 이내에 수입신고를 하지 아니하여 관세를 징 수하는 경우

⑥ 그 밖에 납세신고가 부적당한 것으로서 세관장이 관세를 부과고지하는 다음의 물품

㉮ 여행자 또는 승무원의 휴대품 및 별송품

㉯ 우편물(수출입승인을 받은 우편물 제외)

㉰ 법령에 따라 세관장이 관세를 부과·징수하는 물품

㉱ 그 밖에 납세신고가 부적당한 것으로서 관세청장이 지정하는 물품

3. 세액심사 및 자율심사

(1) 세액심사

세관장은 납세신고를 받으면 수입신고서에 기재된 사항과 「관세법」에 따른 확인사 항 등을 심사하되, 신고한 세액에 대하여는 수입신고를 수리한 후에 심사한다. 즉, 신 고한 세액에 대하여는 수입신고를 수리한 후에 심사하는 것이 원칙이지만, 관세채권 의 확보가 곤란하거나, 수입신고를 수리한 후 세액심사를 하는 것이 적당하지 아니하 다고 인정하여 "기획재정부령이 정하는 다음의 물품"의 경우에는 수입신고를 수리하 기 전에 이를 심사한다. 다만, ①, ②에 규정된 물품의 감면 또는 분할납부의 적정 여 부에 대한 심사는 수입신고수리 전에 하고, 과세가격 및 세율 등에 대한 심사는 수입 신고수리 후에 한다.[6]

---

6) 관세법 제38조 제2항 및 시행규칙 제8조 제1항 및 제2항.

① 법률 또는 조약에 따라 관세 또는 내국세를 감면받으려는 물품

② 관세를 분할납부하려는 물품

③ 관세를 체납하고 있는 자가 신고하는 물품(체납액이 10만원 미만이거나 체납기간 7일 이내에 수입신고하는 경우를 제외한다)

④ 납세자의 성실성 등을 참작하여 관세청장이 정하는 기준에 해당하는 불성실신고인이 신고하는 물품

⑤ 물품의 가격변동이 큰 물품 기타 수입신고수리 후에 세액을 심사하는 것이 적합하지 아니하다고 인정하여 관세청장이 정하는 물품

(2) 자율심사

세관장은 납세실적과 수입규모 등을 고려하여 관세청장이 정하는 요건을 갖춘 자가 신청할 때에는 "자율심사"(납세신고한 세액을 자체적으로 심사)하게 할 수 있다. 이 경우 해당 납세의무자는 자율심사한 결과를 세관장에게 제출하여야 한다.[7]

4. 세액납부

납세의무자는 신고납부에 따른 납세신고를 한 경우 납세신고 수리일부터(부과고지에 따른 납세고지를 한 경우 납세고지를 받은 날부터, 수입신고전의 물품반출에 따른 수입신고전 즉시반출신고를 한 경우 수입신고일부터) 15일 이내에 해당 세액을 세관장에게 납부하여야 한다. 그럼에도 불구하고 납세의무자는 수입신고가 수리되기 전에 해당 세액을 납부할 수 있다.[8]

5. 과세전 적부심사

과세전적부심사제도는 납세자의 실질적인 권리구제를 위하여 세관장이 납세액의 부족을 이유로 세액을 경정하여 부족분을 징수하려는 때 사전에 그 사실을 납세자에게 통지하도록 하고, 그 통지를 받은 납세자가 세액경정에 대하여 이의가 있는 경우에는 과세의 적법성 여부를 심사청구할 수 있도록 2000년 1월 1일부터 도입된 제도이다.

---

7) 관세법 제38조 제3항.
8) 관세법 제9조 제1항 및 제2항.

제2절 수출입물품의 통관

통관(Customs Clearance)이란 「관세법」에 따른 절차를 이행하여 물품을 수출·수입 또는 반송하는 것을 말한다.[9] 물품을 수출 또는 수입하려는 경우에는 통관절차를 거쳐야 한다. 이러한 통관절차는 수출·수입 및 반송통관, 간이통관으로 구분할 수 있다. 즉, 물품을 수출·수입 및 반송하려는 경우에는 해당 물품의 품명·규격·수량 및 가격 기타 대통령령이 정하는 사항을 세관장에게 신고하는 것이 원칙이지만, 휴대품이나 우편물 등의 물품의 경우에는 그 신고를 생략하게 하거나 간이한 방법으로 신고하게 할 수 있다.

통관은 통관절차의 편의성 및 특수성에 따라 일반수출입통관, 간이수출입통관 및 특별수출입통관으로, 물품의 대금결제방식에 따라 유환수출입통관과 무환수출입통관으로, 관세의 부과방식에 따라 신고납부수입통관과 부과고지수입통관으로 구분된다. 여기에서 일반수출입통관은 화물의 이동경로에 따라 수입통관, 반송통관 및 수출통관으로 구분된다.

◐ 통관의 의의 및 수출입통관의 종류

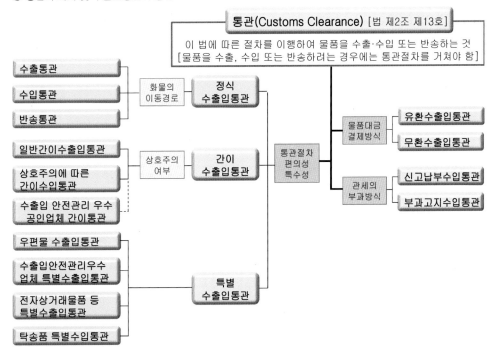

---

9) 관세법 제2조 제13호.

Ⅰ. 수출통관

1. 수출통관의 의의

수출통관절차는 수출신고인이 수출하려는 물품을 세관에 수출신고한 후 신고수리를 받아 물품을 외국무역선(기)에 적재하기까지의 일련의 절차로서, 정식수출통관절차와 간이수출통관절차로 구분된다.[10]

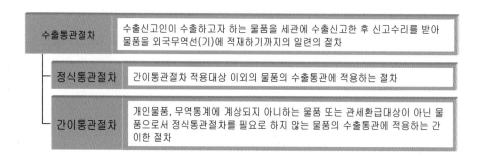

① 정식수출통관절차 간이통관절차 적용대상 이외의 물품의 수출통관에 적용하는 절차를 말한다.
② 간이통관절차 개인용품, 무역통계에 계상되지 아니하는 물품 또는 관세환급대상이 아닌 물품으로서 정식통관절차를 필요로 하지 않는 물품의 수출통관에 적용하는 간이한 절차를 말한다.

2. 수출통관절차

수출통관절차에 대하여 선박 또는 항공기에 물품을 적재하기 전에 수출통관절차를 이행하는 것이 일반적이므로, 적재(출항)전 정식수출통관절차를 중심으로 살펴보고자 한다.

---

10) 관세청, 2018년 3월 5일 개정 수출통관사무처리에 관한 고시, 제2조 제3호 및 제4호.

수출통관절차

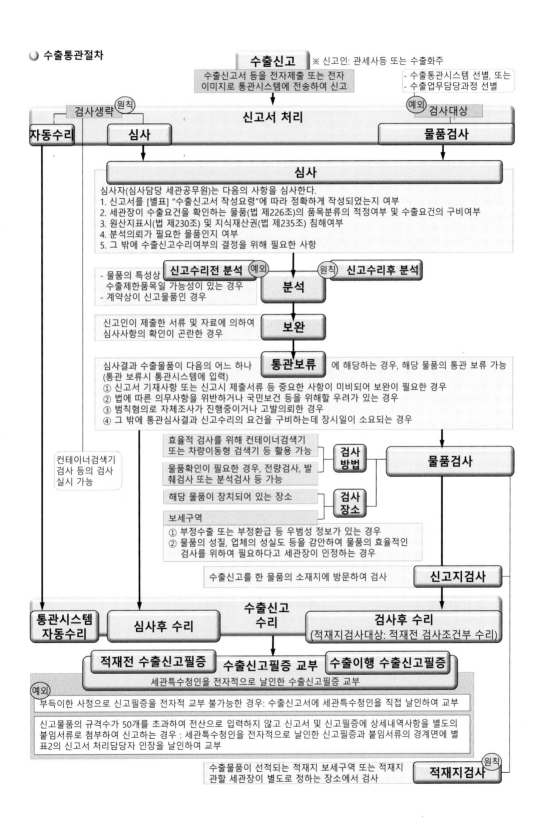

수출신고 ※ 신고인: 관세사등 또는 수출화주

수출신고서 등을 전자제출 또는 전자 이미지로 통관시스템에 전송하여 신고

- 수출통관시스템 선별, 또는
- 수출업무담당과정 선별

신고서 처리

검사생략 (원칙)

자동수리 **심사**

(예외) 검사대상

물품검사

심사

심사자(심사담당 세관공무원)는 다음의 사항을 심사한다.
1. 신고서를 [별표] "수출신고서 작성요령"에 따라 정확하게 작성되었는지 여부
2. 세관장이 수출요건을 확인하는 물품(법 제226조)의 품목분류의 적정여부 및 수출요건의 구비여부
3. 원산지표시(법 제230조) 및 지식재산권(법 제235조) 침해여부
4. 분석의뢰가 필요한 물품인지 여부
5. 그 밖에 수출신고수리여부의 결정을 위해 필요한 사항

- 물품의 특성상 수출제한품목일 가능성이 있는 경우
- 계약상이 신고물품인 경우

신고수리전 분석 (예외) (원칙) **신고수리후 분석**

분석

신고인이 제출한 서류 및 자료에 의하여 심사사항의 확인이 곤란한 경우

보완

심사결과 수출물품이 다음의 어느 하나 **통관보류** 에 해당하는 경우, 해당 물품의 통관 보류 가능
(통관 보류시 통관시스템에 입력)
① 신고서 기재사항 또는 신고시 제출서류 등 중요한 사항이 미비되어 보완이 필요한 경우
② 법에 따른 의무사항을 위반하거나 국민보건 등을 위해할 우려가 있는 경우
③ 범칙혐의로 자체조사가 진행중이거나 고발의뢰한 경우
④ 그 밖에 통관심사결과 신고수리의 요건을 구비하는데 장시일이 소요되는 경우

효율적 검사를 위해 컨테이너검색기 또는 차량이동형 검색기 등 활용 가능

물품확인이 필요한 경우, 전량검사, 발췌검사 또는 분석검사 등 가능

검사 방법

물품검사

컨테이너검색기 검사 등의 검사 실시 가능

해당 물품이 장치되어 있는 장소

검사 장소

보세구역
① 부정수출 또는 부정환급 등 우범성 정보가 있는 경우
② 물품의 성질, 업체의 성실도 등을 감안하여 물품의 효율적인 검사를 위하여 필요하다고 세관장이 인정하는 경우

수출신고를 한 물품의 소재지에 방문하여 검사

신고지검사

통관시스템 자동수리 **심사후 수리**

수출신고 수리

검사후 수리
(적재지검사대상: 적재전 검사조건부 수리)

적재전 수출신고필증 **수출신고필증 교부** **수출이행 수출신고필증**

세관특수청인을 전자적으로 날인한 수출신고필증 교부

(예외)
부득이한 사정으로 신고필증을 전자적 교부 불가능한 경우: 수출신고서에 세관특수청인을 직접 날인하여 교부

신고물품의 규격수가 50개를 초과하여 전산으로 입력하지 않고 신고서 및 신고필증에 상세내역사항을 별도의 붙임서류로 첨부하여 신고하는 경우 : 세관특수청인을 전자적으로 날인한 신고필증과 붙임서류의 경계면에 별표2의 신고서 처리담당자 인장을 날인하여 교부

수출물품이 선적되는 적재지 보세구역 또는 적재지 관할 세관장이 별도로 정하는 장소에서 검사

(원칙) **적재지검사**

(1) 수출신고

㈎ 적재전 수출신고

수출신고는 원칙적으로 수출물품을 선박에 적재하기 전에 행하여야 하는 것으로서, 선적하기 전 30일 이내에 행하여야 한다. 왜냐하면, 수출신고인은 수출신고필증을 받은 후 30일 이내에 선적하여야 하기 때문이다. 적재전 수출신고에 대한 내용은 다음과 같다.[11]

수출화주 또는 관세사(관세사, 관세법인, 통관취급법인)는 그 자신의 명의로 원칙적으로 해당 물품을 적재하기 전까지 수출신고서를 작성하여 전자적인 방식으로 해당 물품이 장치된 물품소재지를 관할하는 세관장에게 수출신고를 한다. 이와 같이, 수출신고는 수출신고인이 전자문서로 작성된 수출신고서 등 신고자료와 함께 송품장 등 관련서류를 전자제출하거나 전자이미지로 통관시스템에 전송[12]하는 방식으로 행해지고(전자제출 또는 전자이미지로 전송할 수 없는 수출신고건에 대하여는 서류로 제출 가능), 수출신고의 효력발생시점은 전송된 신고자료가 통관시스템에 접수된 시점으로 한다.

한편, 전자제출 또는 전자이미지로 전송할 수 없는 서류제출대상물품(다음의 어느 하나에 해당하는 물품)에 대하여는 수출신고인은 신고자료(신고구분은 '서류제출'로 기재) 등을 통관시스템에 전송한 후 수출신고서(별지 제1호 서식) 및 해당 구비서류를 세관장에게 제출하여야 한다. 이러한 구비서류는 사본(FAX, COPY)을 제출 할 수 있다. 서류제출대상 중 선적일정 촉박 등 긴급한 경우에는 신고서 및 첨부서류를 FAX로 제출하여 우선통관할 수 있으며, 이 경우 익일 세관근무시간내에 정식신고서류를 제출하여야 한다. 다만, 선적일정 촉박의 사유로 인한 우선통관은 선박회사 등의 선적일정표 기타 사실을 증빙할 수 있는 서류로 확인된 경우에 한한다.

① 관세법 제226조와 「관세법 제226조의 규정에 의한 세관장확인물품 및 확인방법 지정고시」 제7조제1항에 따른 수출물품 : 각 개별법령별 요건확인 서류(단, 수출요건내역을 전산망으로 확인할 수 없는 경우에 한함)

② 계약내용과 상이하여 재수출하는 물품 또는 재수출조건부로 수입통관되어 수출하는 물품 : 계약상이 및 재수출조건부 수출 심사에 필요한 서류(다만, 재수출조건부 수출의 경우 단순반복 사용을 위한 포장용기는 제외)

③ 수출자가 재수입시 관세 등의 감면, 환급 또는 사후관리 등을 위하여 서류제출

---

11) 관세청, 2018년 3월 5일 개정 수출통관사무처리에 관한 고시, 제4조부터 제8조까지.
12) "전자이미지 전송"이란 수출신고시 제출하여야 하는 서류를 스캔 등의 방법으로 전자이미지화하여 전자통관시스템으로 전송하는 것을 말한다; (2018년 3월 5일 개정 수출통관사무처리에 관한 고시, 제2조 제11호 및 제7조의2).

로 신고하거나 세관검사를 요청하는 물품 : 각 사실관계 확인 서류(다만, 단순반복 사용을 위한 포장용기는 제외)

④ 수출통관시스템에서 서류제출대상으로 통보된 물품 : 제11조에 따른 수출신고 심사에 필요한 서류 등

한편, 종합인증우수업체로 공인받은 수출업체가 전사적 자원관리시스템(ERP시스템)을 활용하여 종합인증우수업체로 공인받은 신고인을 통하여 수출신고하는 때에는 관세법 제327조 제2항에 의한 전산처리설비를 이용하여 전자적으로 송품장(별지 제11호 서식)을 제출할 수 있다.

또한, 수출신고는 분할적재물품이나 동시포장물품의 경우를 제외하고는, 해당 물품을 외국으로 반출하려는 선박 또는 항공기의 적재단위(S/R 또는 S/O, B/L 또는 AWB)별로 하여야 한다.

● **수출통관의 흐름과 수출신고 시기**

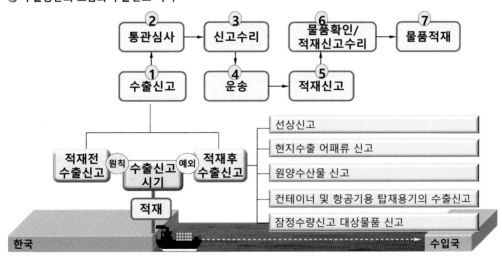

㈏ 적재후 수출신고

수출신고는 수출물품의 특성에 따라 물품의 적재 후에 행해지는 다음의 5가지 경우도 있다.[13]

① 선상신고 다음의 물품 등의 경우에는 물품을 선적한 후 선상에서 수출신고를 할 수 있으며, 선상수출신고를 하려는 자는 사전에 수출신고수리전적재허가(신청)서[별지 제8호 서식]를 세관장에 제출하고 허가를 받아야 한다(세관장은 수출물품의 특성을 감안하여 1년의 범위 내에서 일괄하여 허가할 수 있다).

㉮ 선적한 후 공인검정기관의 검정서(survey report)에 의하여 수출물품의 수량을

---

13) 관세청, 2018년 3월 5일 개정 수출통관사무처리에 관한 고시, 제32조부터 제35조까지.

확인하는 물품(예: 산물[14) 및 광산물)

      Ⓒ 물품의 신선도 유지 등의 사유로 선상수출신고가 불가피하다고 인정되는 물품(예: 내항선에 적재된 수산물을 다른 선박으로 이적하지 아니한 상태로 외국무역선으로 자격변경하여 출항하려는 경우)

      Ⓓ 자동차운반전용선박에 적재하여 수출하는 신품자동차

② 현지수출 어패류 신고　어패류를 출항허가를 받은 운반선에 의하여 현지에서 수출하는 것이 부득이한 경우, 수출 후 대금결제 전까지 출항허가를 받은 세관장에게 신고자료를 전송하고, 신고서류에 화물수취증(Cargo Receipt)과 같이 수출실적을 증명하는 서류를 첨부하여 수출신고한다.

③ 보세판매장 수출신고　관세법 제196조에 따른 보세판매장에서 외국인에게 국내에서 생산(제조·가공·조립·수리·재생 또는 개조하는 것을 말한다. 이하 같다)된 물품을 판매하는 경우 보세판매장 운영인은 별표 수출신고서 작성요령 ⑴갸 항에 따라 수출신고서 기재항목 중 일부 항목을 기재하지 아니할 수 있다. 다만, 제7조제2항 각 호에 해당하는 물품은 제외한다.

④ 원양수산물 신고　우리나라 선박이 공해에서 채포한 수산물을 현지에서 판매하는 경우에는, 수출자가 수출 후 대금결제 전까지 수출실적보고서(수출신고서 양식 사용)에 화물수취증(Cargo Receipt), 선화증권(B/L), 최종결제서(Final or Fish Settlement) 등의 수출사실을 증명하는 서류를 첨부하여 한국원양산업협회를 경유하여 서울세관장에게 전송하여 수출신고한다.

⑤ 잠정수량신고·잠정가격신고 대상물품의 수출신고　배관 등 고정운반설비를 이용하여 적재하는 경우 또는 제조공정상의 이유 및 국제원자재 시세에 따른 금액이 사후에 확정되어 수출신고시에 수량이나 가격 확정이 곤란한 물품 중 다음의 어느 하나에 해당하는 물품, 즉 ㈝ 가스, ㈞ 액체, ㈟ 전기, ㈠ HS 제50류부터 제60류까지 중 직물 및 편물, ㈡ HS 71류부터 83류까지의 귀금속 및 비금속제 물품, ㈢ 그 밖에 계약의 내용이나 거래의 특성상 잠정수량 또는 잠정가격으로 신고하는 것이 불가피하다고 세관장이 인정하는 물품을 수출하려는 자는 별지 제1호서식에 의거 수출신고시에 적재예정수량 및 금액을 신고하고, 적재완료일로부터 수량의 경우 5일, 금액의 경우 60일이 경과하기 전까지 별지 제2호 서식에 의거 실제 공급한 수량 및 금액을 신고할 수 있다.

---

14)　산물(산화물; Bulk cargo)란 곡물, 원유, 광산물 등 무포장 상태로 운송되는 화물을 말한다. 즉, 2011년 11월 25일 개정 관세청보세화물입출항하선하기및적재에관한고시 제2조 제9호에서는 "산물이란 일정한 포장용기로 포장되지 않은 상태에서 운송되는 물품으로서 수량관리가 불가능한 물품을 말한다"고 규정하고 있다.

(2) 수출신고수리여부 결정과 수출신고필증 발급

(가) 신고서의 처리

수출신고물품에 대한 신고서는 자동수리[15], 심사, 물품검사 중 하나의 방법으로 처리된다. 이렇게 결정된 처리방법은 수출업무담당과장에 의하여 변경될 수 있으며, 이 경우 수출업무담당과장은 변경된 사항을 시스템에 정정등록한다. 수출업무담당과장은 서류제출없는 신고물품의 신고사항을 검토한 결과 심사 또는 물품검사가 필요하다고 판단되는 경우에는 서류제출대상으로 선별하고, 다음의 서류의 제출을 요구할 수 있다. 다만, 다음의 서류를 종합인증우수업체로 공인받은 수출업체가 ERP시스템(전사적 자원관리시스템)을 활용하여 종합인증우수업체로 공인받은 신고인을 통하여 수출신고시 법 제327조제2항의 규정에 의한 전산처리설비를 이용하여 전자제출하였거나 전자이미지 전송한 경우에는 서류제출을 생략할 수 있다.[16]

① 관세법 제226조와 「관세법 제226조의 규정에 의한 세관장확인물품 및 확인방법 지정고시」 제7조제1항에 따른 수출물품 : 각 개별법령별 요건확인 서류(단, 수출요건내역을 전산망으로 확인할 수 없는 경우에 한함)

② 계약내용과 상이하여 재수출하는 물품 또는 재수출조건부로 수입통관되어 수출하는 물품 : 계약상이 및 재수출조건부 수출 심사에 필요한 서류(다만, 재수출조건부 수출의 경우 단순반복 사용을 위한 포장용기는 제외)

③ 수출자가 재수입시 관세 등의 감면, 환급 또는 사후관리 등을 위하여 서류제출로 신고하거나 세관검사를 요청하는 물품 : 각 사실관계 확인 서류(다만, 단순반복 사용을 위한 포장용기는 제외)

④ 수출통관시스템에서 서류제출대상으로 통보된 물품 : 제11조에 따른 수출신고 심사에 필요한 서류 등

첫째, 자동수리대상의 경우에는 별도의 세관 신고없이 수출통관시스템에서 자동으로 즉시 수출신고가 수리되어 수출신고인에게 전자적인 방식으로 수출신고필증이 발급된다.

둘째, 심사대상 또는 물품검사대상의 경우에는 수출신고가 수리되지 않고, ① 수출통관시스템에 제출된 수출신고자료에 의하여 심사로 처리 또는 물품검사대상으로 선별되거나, 또는 ② 수출업무담당과장이 서류제출없는 신고물품의 신고사항을 검토한 결과 심사 또는 물품검사가 필요하다고 판단하는 경우 서류제출대상으로 선별되어 서류의 제출이 요구되거나 물품검사대상으로 선별될 수 있다(심사대상은 심사후 수

---

15) "자동수리"란 수출신고를 하면 별도의 세관 심사없이 수출통관시스템에서 자동으로 즉시 신고수리하는 것을 말한다: 관세청, 2018년 3월 5일 개정 수출통관사무처리에 관한 고시, 제2조 제1호.

16) 관세청, 2018년 3월 5일 개정 수출통관사무처리에 관한 고시 제10조.

리, 검사대상은 검사후 수리. 다만, 적재지검사대상은 수출물품을 적재하기 전에 검사를 받는 조건으로 신고를 수리할 수 있다).

결과적으로 수출신고는 대부분이 자동수리가 되어 수출신고필증이 발급됨으로써 통관절차가 완료되지만, 예외적으로 심사 또는 물품검사의 경우에는 그 다음의 통관절차가 진행된다.

(나) 심사, 분석 및 보완요구

수출신고의 심사, 신고물품의 분석 및 보완요구에 관한 내용은 다음과 같다.[17]

① 심사 "심사"란 신고된 세번과 신고가격 등 신고사항의 적정여부, 법령에 의한 수출요건의 충족여부 등을 확인하기 위하여 관련 서류나 분석결과를 검토하는 것으로서, 세관의 심사자는 다음의 사항을 심사한다.
  ㉮ 신고서가 [별표] "수출신고서 작성요령"에 따라 정확하게 작성되었는지 여부
  ㉯ 「관세법」 제226조에 따라 세관장이 수출요건을 확인하는 물품의 품목분류의 적정여부 및 수출요건의 구비여부
  ㉰ 원산지 표시(「관세법」 제230조) 및 지식재산권 침해(「관세법」 제235조) 여부
  ㉱ 분석의뢰가 필요한 물품인지 여부
  ㉲ 그 밖에 수출신고수리여부를 결정하기 위하여 필요한 사항
② 분석 세관의 수출업무담당과장은 신고물품을 물리적, 화학적 실험에 의하여 그 내용을 확인하여야 하는 등 전문적인 지식과 기술이 필요한 때에는 세관분석실에 분석의뢰하거나 해당 물품에 관한 전문가의 의견을 받아 처리할 수 있다. 분석은 신고수리 후 분석을 원칙으로 하지만, ㉮ 물품의 특성상 수출제한품목일 가능성이 있는 경우, 또는 ㉯ 계약상이 신고물품인 경우에는 신고수리 전에 분석한다.
③ 보완 세관의 수출업무담당과장은 신고인이 제출한 서류 및 자료에 의하여 심사사항의 확인이 곤란한 경우에는, 보완요구할 사항을 통관시스템에 입력하고 보완요구서(별지 제9호 서식)를 신고인에게 통보한다.

(다) 물품검사

물품검사는 수출신고된 물품이외에 은닉된 물품이 있는지 여부와 수출신고사항과 현품의 일치여부를 확인하는 것을 말한다. 물품검사는 생략하는 것이 원칙이지만, 예외적으로, 수출통관시스템에 제출된 수출신고자료에 의하여 선별되거나 또는 신고서처리방법의 결정시(수출업무담당과장이 서류제출없는 신고물품의 신고사항을 검토한 결과 물품검사가 필요하다고 판단되는 경우) 물품검사로 선별된다. 한편, 물품검사

---

17) 관세청, 2018년 3월 5일 개정 수출통관사무처리에 관한 고시, 제2조 제7호·제8호 및 제11조부터 제14조까지.

생략대상으로 수출신고수리된 물품이라 하더라도, 적재지 관할 세관장이 필요하다고 인정하는 경우에는 컨테이너검색기검사 등의 검사를 실시할 수 있다. 수출물품에 대한 검사를 실시하는 경우 심사하며, 물품검사의 시기, 장소, 방법 등에 대하여 살펴보면 다음과 같다.[18]

① 검사시기 수출물품의 검사는 신고수리 후 적재지에서 검사하는 것을 원칙으로 하지만(적재지검사), 적재지검사가 부적절하다고 판단되는 물품이나 반송물품, 계약상이물품, 재수출물품 및 원상태수출물품, 국제우편운송 수출물품 등은 신고지 세관에서 물품검사를 실시할 수 있다(신고지검사).[19]

② 검사장소 수출신고물품에 대한 검사는 원칙적으로 해당 물품이 장치되어 있는 장소에서 행해지지만, ㉮ 부정수출 또는 부정환급 등 우범성 정보가 있는 경우, 또는 ㉯ 물품의 성질, 업체의 성실도 등을 감안하여 물품의 효율적인 검사를 위하여 필요하다고 세관장이 인정하는 경우에는 물품을 보세구역에 반입하게 한 후 검사할 수 있다.

③ 검사방법 검사방법에는 ㉮ 컨테이너검색기 또는 차량이동형검색기 등을 활용하여 검사할 수 있는 방법과 ㉯ 물품확인이 필요한 경우에 실시하는 전량검사, 발췌검사 또는 분석검사 등의 방법이 있다.

㈃ 수출신고필증 발급

① 자동수리대상은 통관시스템에서 자동으로 신고수리하고, ② 심사대상은 심사후 수리하고, ③ 검사대상은 검사후 수리한다(다만, 적재전검사대상은 수출물품을 적재하기 전에 검사를 받는 조건으로 신고를 수리할 수 있다).

세관장은 수출신고를 수리한 때에는 세관특수청인을 전자적으로 날인한 수출신고필증을 교부하되, 적재전 수출신고필증과 수출이행 수출신고필증을 구분하여 교부할 수 있다. 다만, "수출이행 수출신고필증"은 출항이 완료된 이후에 교부한다. 세관장에 의하여 교부된 신고필증이 통관시스템에 보관된 전자문서의 내용과 상이한 경우에는 통관시스템에 보관된 전자문서의 내용을 원본으로 한다. 수출신고필증이 발급되면 수출통관절차는 완료된다.[20]

---

18) 관세청, 2018년 3월 5일 개정 수출통관사무처리에 관한 고시, 제2조 제8호·제9호·제10호 및 제16조부터 제20조까지.
19) "적재지검사"란 수출물품이 선적(이하 기적을 포함)되는 적재지 보세구역 또는 적재지 관할 세관장이 별도로 정하는 장소에서 검사하는 것을 말하고, "신고지검사"란 수출신고를 한 물품의 소재지에 방문하여 검사하는 것을 말한다.
20) 관세청, 2018년 3월 5일 개정 수출통관사무처리에 관한 고시, 제21조 및 제22조.

(3) 운송

화주는 수출신고필증을 받은 후 적재항 또는 적재공항까지 물품을 운송한다. 수출신고가 수리된 물품은 다음의 경우를 제외하고는 보세운송절차를 생략한다.[21]

① 반송 절차에 관한 고시에 따라 외국으로 반출하는 물품
② 보세전시장에서 전시 후 반송되는 물품
③ 보세판매장에서 판매 후 반송되는 물품
④ 여행자 휴대품 중 반송되는 물품
⑤ 보세공장 및 자유무역지역에서 제조·가공하여 수출하는 물품
⑥ 수출조건으로 판매된 몰수품 또는 국고귀속된 물품

(4) 적재신고

수출물품을 선박이나 항공기에 적재하려는 자(외국무역선(기)를 운항하는 운항선사 및 항공사와 같은 적화목록제출의무자)는 물품이 선적지 공항만내(ODCY 포함)에 장치된 후 물품을 적재하기 전에 "물품목록"(출항적화목록으로 갈음)을 출항지세관장에게 전자문서로 제출하여 적재신고를 하여야 한다. 물품목록은 제출시기는 해상화물의 경우에는 선박적재 24시간 전까지(근거리지역은 선박적재 전으로서 선박출항 30분 전까지, 산화물·환적화물·공컨테이너·기타 적재 24시간 전까지 제출하기 곤란하다고 세관장이 인정하는 물품 등은 선박출항 전까지, 선상 수출신고 대상화물은 선박출항 익일 24시까지)까지, 항공화물의 경우에는 항공기 적재 전으로서 항공기 출항 30분전까지이다.[22]

(5) 물품확인 및 적재신고수리

세관장은 적재신고를 받은 물품에 대하여 전산시스템으로 수출검사대상 여부를 확인 후 자동으로 적재신고수리하되, 수출신고사항과의 이상유무 등에 대하여 세관공무원의 확인이 필요하다고 판단되는 물품은 선별하여 확인할 수 있다.

적화목록제출의무자는 적재신고시 신고내역 중 수출검사대상으로 선별된 수출신고건이 있는지 여부를 확인하고, 선별된 물품이 있는 경우 세관공무원의 검사를 받은 후 적재하여야 한다. 이 경우, 화주, 적화목록제출의무자 및 하역회사 등은 세관공무원의 물품확인에 적극 협조하여야 한다.[23]

---

21) 관세청, 2018년 10월 2일 개정 보세운송에 관한 고시, 제46조.
22) 관세청, 2018년 12월 26일 개정 보세화물입출항하선하기및적재에관한고시, 제37조.
23) 관세청, 2018년 12월 26일 개정 보세화물입출항하선하기및적재에관한고시, 제39조.

(6) 물품적재

수출자는 수출신고가 수리된 물품을 수출신고가 수리된 날부터 30일 이내에 우리나라와 외국 간을 왕래하는 운송수단에 적재하여야 한다. 다만, 출항 또는 적재일정 변경 등 부득이한 사유로 인하여 적재기간을 연장하려는 자는 변경전 적재기간 내에 통관지 세관장에게 적재기간연장승인(신청)서[별지 제5호 서식]를 제출하여야 한다.[24]

(7) 적재결과이상보고서 제출(이상이 있는 경우)

선사나 항공사는 적재결과 물품이 적화목록과 상이할 때에는 적재완료 다음날까지 적재결과이상보고서[별지 제19호 서식]를 작성하여 세관장에게 제출하여야 한다.[25]

II. 수입물품의 통관

1. 수입통관의 의의

수입통관절차는 수입신고인이 수입하려는 물품을 보세구역에 장치하고 세관에 수입신고한 후 신고수리를 받아 보세구역으로부터 물품을 반출하기까지의 일련의 절차로서, 일반수입통관절차, 간이수입통관절차, 특정물품의 수입통관절차로 구분된다.

① 정식수입통관절차 간이통관절차 적용대상 이외의 물품의 수출통관에 적용하는 절차를 말한다.

② 간이수입통관절차 개인용품, 무역통계에 계상되지 아니하는 물품 또는 관세환급대상이 아닌 물품으로서 정식통관절차를 필요로 하지 않는 물품의 수출통관에 적용하는 간이한 절차를 말한다.

③ 특정물품의 수입통관절차 고철 및 비금속설, 해체용선박, 수입 외국간행물, 공동어업사업에 의하여 반입되는 수산물, 외국무역선에서 수거된 폐유, 수입쇠고기 및 관련제품, 그 밖의 특정물품(선박·항공기, 액체화물, 연속공급물품)의 수입통관에 적용하는 절차를 말한다.

---

24) 관세청, 2018년 3월 5일 개정 수출통관사무처리에관한고시, 제45조.
25) 관세청, 2018년 12월 26일 개정 보세화물입출항하선하기및적재에관한고시, 제42조 제2항.

수입통관절차	수입신고인이 수입하려는 물품을 보세구역에 장치하고 세관에 수입신고한 후 신고수리를 받아 보세구역에서 물품을 반출하기까지의 일련의 절차
정식통관절차	간이통관절차 및 특정물품통관절차 적용대상 이외의 물품의 수입통관에 적용하는 절차
간이통관절차	개인물품, 무역통계에 계상되지 아니하는 물품 또는 관세환급대상이 아닌 물품으로서 정식통관절차를 필요로 하지 않는 물품의 수입통관에 적용하는 간이한 절차
특정물품 수입통관절차	고철 및 비금속설, 해체용선박, 수입 외국간행물, 공동어업사업에 의하여 반입되는 수산물, 외국무역선에서 수거된 폐유, 수입쇠고기 및 관련제품, 그 밖의 특정물품(선박·항공기, 액체화물, 연속공급물품)의 수입통관에 적용하는 절차

2. 수입통관의 준비

(1) 적화목록의 제출

선장 또는 기장 등은 외국무역선 또는 외국무역기가 개항에 입항하였을 때에는 선용품 또는 기용품목록, 여객명부, 승무원명부, 승무원휴대품목록과 적화목록을 첨부하여 지체없이 세관장에게 입항보고를 하여야 한다.

적화목록(Manifest)은 외국무역기의 경우에는 항공기가 입항하기 4시간 전까지(특송화물의 경우 1시간 전까지) 항공기 입항예정지 세관장에게 전자문서로 제출되어야 하고, 외국무역선의 경우에는 적재항에서 화물이 선박에 적재되기 24시간 전까지(중국, 일본, 대만, 홍콩, 러시아, 극동지역 등 근거리지역의 경우에는 적재항에서 선박이 출항하기 전까지, 산화물의 경우에는 선박이 입항하기 4시간 전까지) 선박 입항예정지 세관장에게 전자문서로 제출되어야 한다. 적화목록을 제출 받은 화물관리 세관공무원은 적하목록 기재사항에 관한 형식적 요건을 심사한다.[26]

(2) 수입물품의 양륙

운항선사 또는 그 위임을 받은 하역업체가 화물을 하선하려는 때에는 Master B/L 단위의 적화목록을 기준으로 하선장소를 기재한 하선신고서[별지 제10호 서식]를 세관장에게 전자문서로 제출하고, 세관은 하선신고내용이 적화목록과 일치하는지 여부와 하선장소의 적정성 여부 등을 심사한 후 세관화물정보시스템에 하선신고수리사실을

---

26) 적화목록이란 선사 또는 항공사가 Master B/L의 내역을 기재한 선박 또는 항공기의 화물적재목록을 말하며, 화물운송주선업자가 House B/L의 내역을 기재한 경우에는 "혼재화물적하목록"이라 한다: 관세청, 2018년 12월 26일 개정 보세화물입출항하선하기및적재에관한고시, 제2조 제1항, 제8조, 제10조, 제21조 및 제23조.

등록하고 신고인, 관련하역업자 및 보세구역 등에 전자문서로 통보한다.

하선신고를 한 자는 입항일(외항에서 입항수속을 한 경우 접안일)로부터 컨테이너화물의 경우에는 3일, 원목·곡물·원유 등 산물의 경우에는 10일 이내에 해당 물품을 하선장소로 반입하여야 한다. 하선장소는 컨테이너화물의 경우에는 컨테이너를 취급할 수 있는 시설이 있는 부두내 또는 부두밖 컨테이너 보세장치장(CFS를 포함하는 CY), 냉동컨테이너화물의 경우에는 화주가 냉동컨테이너로부터 화물을 적출하여 반입을 원하는 경우 냉동시설을 갖춘 보세구역, 산물 등 기타 화물의 경우에는 부두내 보세구역, 액체·분말 등의 형태로 본선에서 탱크·사이로 등 특수저장시설로 직송되는 물품의 경우에는 해당 저장시설을 갖춘 보세구역에 한하며, 부두내에 보세구역이 없는 세관의 경우에는 관할구역내 보세구역 중 세관장이 지정하는 장소로 한다.

하선신고를 한 자는 하선결과 물품이 적화목록과 상이할 때에는 하선작업완료 후 다음날까지 전자문서로 작성된 하선결과보고서[별지 제14호 서식]를 작성하여 세관장에게 전자문서로 제출한다. 이 경우 선사와의 계약에 따라 검수(검정)업자가 물품검수(검정)를 한 경우에는 검수(검정)업자가 전자문서로 작성된 하선결과보고서를 세관장에게 제출한다.[27]

(3) 보세운송

물품이 부두밖 ODCY(Off Dock Container Yard)로 이송되고, 그 일부가 다시 일반보세창고로 이송되어 통관되는 경우에는 부두에서 보세구역(ODCY 또는 보세창고)까지 보세운송(수입통관 미필상태로 운송)하여야 한다.

따라서, 보세운송신고 또는 승인신청은 보세운송하려는 화물이 장치되어 있거나 입항예정인 보세구역을 관할하는 세관(발송지세관) 또는 보세운송 물품의 도착지보세구역을 관할하는 세관(도착지세관)의 장에게 한다. 보세운송물품은 신고수리(승인)일로부터 해상화물의 경우 10일(항공화물은 5일)까지 목적지에 도착하여야 한다.[28]

한편, 입항전 또는 하선(기)전에 수입신고가 되거나 보세운송신고가 된 물품은 보세구역에 반입함이 없이 부두 또는 공항 내에서 보세운송 또는 통관절차와 검사절차를 수행하도록 하여야 한다(이 경우 본·부선통관 목적으로 입항전 수입신고를 한 물품은 본·부선 내에서 통관절차와 검사절차를 수행하도록 하여야 한다.[29]

---

27) 관세청, 2018년 12월 26일 개정 보세화물입출항하선하기및적재에관한고시, 제15조부터 제19조까지.
28) 관세청, 2018년 10월 2일 개정 보세운송에 관한 고시, 제2조 및 제6조.
29) 관세청, 2018년 10월 2일 개정 보세화물관리에관한고시, 제4조 제2항 제1호.

● 수입통관의 준비와 수입통관절차

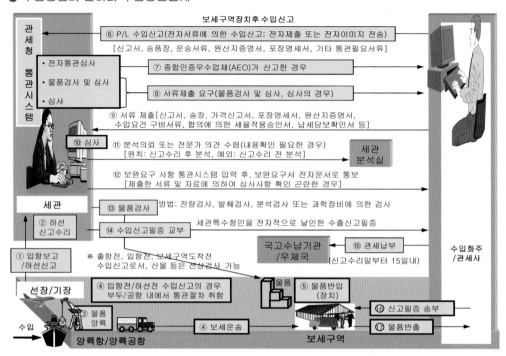

2. 수입물품과 보세구역

수출물품의 경우에는 수입물품과 달리 장치장소에 대한 제한이 없기 때문에 보세구역이 아닌 다른 장소에 물품을 장치하고 수출통관을 이행하더라도 보세구역외 장치의 허가를 받을 필요가 없다. 그러나 수입물품의 경우에는 원칙적으로 보세구역에 물품을 장치한 후에 수입통관을 이행하여야 한다. 따라서 수입통관절차를 살펴보기 전에 먼저 보세구역에 대하여 살펴보아야 한다.

보세구역(Bonded Area)은 수입신고가 수리되기 전의 상태인 외국물품(보세화물)을 반입, 장치, 가공, 전시, 건설 또는 판매하거나, 통관절차를 이행하려는 내국물품을 장치할 수 있는 장소 또는 구역으로서, 지정보세구역, 특허보세구역 및 종합보세구역으로 구분된다. 지정보세구역에는 지정장치장과 세관검사장이 있으며, 특허보세구역에는 보세창고, 보세공장, 보세전시장, 보세건설장 및 보세판매장이 있다.

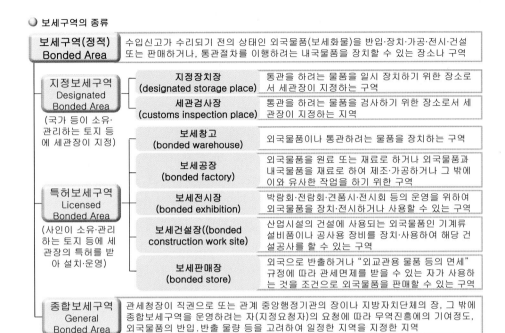

● 보세구역의 종류

보세구역(정적) Bonded Area	수입신고가 수리되기 전의 상태인 외국물품(보세화물)을 반입·장치·가공·전시·건설 또는 판매하거나, 통관절차를 이행하려는 내국물품을 장치할 수 있는 장소나 구역	
지정보세구역 Designated Bonded Area (국가 등이 소유· 관리하는 토지 등 에 세관장이 지정)	지정장치장 (designated storage place)	통관을 하려는 물품을 일시 장치하기 위한 장소로 서 세관장이 지정하는 구역
	세관검사장 (customs inspection place)	통관을 하려는 물품을 검사하기 위한 장소로서 세 관장이 지정하는 지역
특허보세구역 Licensed Bonded Area (사인이 소유·관리 하는 토지 등에 세 관장의 특허를 받 아 설치·운영)	보세창고 (bonded warehouse)	외국물품이나 통관하려는 물품을 장치하는 구역
	보세공장 (bonded factory)	외국물품을 원료 또는 재료로 하거나 외국물품과 내국물품을 재료로 하여 제조·가공하거나 그 밖에 이와 유사한 작업을 하기 위한 구역
	보세전시장 (bonded exhibition)	박람회·전람회·견품시·전시회 등의 운영을 위하여 외국물품을 장치·전시하거나 사용할 수 있는 구역
	보세건설장((bonded construction work site)	산업시설의 건설에 사용되는 외국물품인 기계류 설비품이나 공사용 장비를 장치·사용하여 해당 건 설공사를 할 수 있는 구역
	보세판매장 (bonded store)	외국으로 반출하거나 "외교관용 물품 등의 면세" 규정에 따라 관세면제를 받을 수 있는 자가 사용하 는 것을 조건으로 외국물품을 판매할 수 있는 구역
종합보세구역 General Bonded Area	관세청장이 직권으로 또는 관계 중앙행정기관의 장이나 지방자치단체의 장, 그 밖에 종합보세구역을 운영하려는 자(지정요청자)의 요청에 따라 무역진흥에의 기여정도, 외국물품의 반입.반출 물량 등을 고려하여 일정한 지역을 지정한 지역	

(1) 지정보세구역(Designated Bonded Area)

지정보세구역(Designated Bonded Area)은 국가, 지방자치단체, 공항시설 또는 항만
시설을 관리하는 법인이 소유하거나 관리하는 토지등(토지·건물 또는 그 밖의 시설)
중에서 세관장이 지정한 구역으로서, 다음과 같이 구분된다.

① 지정장치장 통관을 하려는 물품을 일시장치하기 위한 장소로서 세관장이 지정하
는 구역으로 한다.[30]

② 세관검사장 통관하려는 물품을 검사하기 위한 장소로서 세관장이 지정하는 지역
으로 한다.[31]

(2) 특허보세구역(Licensed Bonded Area)

특허보세구역(Licensed Bonded Area)은 사인이 소유 또는 관리하는 토지, 건물, 시설
등에 대하여 세관장의 특허를 받아서 설치·운영하는 보세구역을 말한다. 특허보세구
역에는 보세창고, 보세공장, 보세전시장, 보세건설장, 보세판매장이 있으며, 또한, 그
설치·운영의 형태에 따라 영업용보세구역과 자가용보세구역으로 구분할 수 있다. 영

---

30) 관세법 제169조.
31) 관세법 제173조 제1항.

업용보세구역은 타인의 물품을 장치하기 위한 보세구역을 말하고, 자가용보세구역은 운영인의 물품을 장치하기 위한 보세구역을 말한다.

① 보세창고(Bonded Warehouse) 외국물품이나 통관을 하려는 물품을 장치하는 구역을 말한다. 보세창고는 외국으로부터 보세상태로 물품을 반입하여 이를 개장, 분할, 구역 등의 보수작업을 거친 후 제3국으로 다시 수출하거나 상거래 시기에 맞추어 반출하려는 경우에 주로 이용된다.

② 보세공장(Bonded Factory) 외국물품을 원료 또는 재료로 하거나 또는 외국물품과 내국물품을 원료 또는 재료로 하여 제조·가공하거나 그 밖에 이와 유사한 작업을 하기 위한 구역을 말한다. 즉, 보세공장은 가공무역을 진흥시키기 위하여 외국으로부터 원재료를 들여와서 이를 보세상태로 공장에 반입하여 가공·제조한 후 다시 외국에 수출하는 것을 말한다. 보세공장은 수출용 보세공장과 내수용 보세공장, 수출·내수겸용 보세공장 등으로 구분할 수 있다.

㉮ 수출용 보세공장 : 외국물품을 원료 또는 재료로 하거나 또는 내·외국물품을 원재료로 하여 제조·가공한 물품을 수출(반송)하는 보세공장을 말한다.

㉯ 내수용 보세공장 : 외국물품을 원료 또는 재료로 하거나 또는 내·외국물품을 원재료로 하여 제조·가공한 물품을 국내로 수입하는 보세공장을 말한다.

㉰ 내수·수출겸용 보세공장 : 외국물품을 원료 또는 재료로 하거나 또는 내·외국물품을 원재료로 하여 제조·가공한 물품을 수출하거나 또는 국내로 수입하는 것이 모두 가능한 보세공장이다.

③ 보세전시장(Bonded Exhibition) 박람회·전람회·견품시·전시회 등의 운영을 위하여 외국물품을 장치·전시하거나 사용할 수 있는 구역을 말한다.

④ 보세건설장(Bonded Construction Work Site) 산업시설의 건설에 사용되는 외국물품인 기계류 설비품이나 공사용 장비를 장치·사용하여 해당 건설공사를 할 수 있는 구역을 말한다.

⑤ 보세판매장(Bonded Store) 외국으로 반출하거나 "외교관용 물품등의 면세"의 규정에 따라 관세의 면제를 받을 수 있는 자가 사용하는 것을 조건으로 외국물품을 판매할 수 있는 구역을 말한다.

(3) 종합보세구역(General Bonded Area)

종합보세구역(General Bonded Area)은 관세청장이 직권으로 또는 관계 중앙행정기관의 장이나 지방자치단체의 장, 그 밖에 종합보세구역을 운영하려는 자(지정요청자)의 요청에 따라 무역진흥에의 기여정도, 외국물품의 반입·반출 물량 등을 고려하여 일정한 지역을 지정한 지역을 말한다. 이 지역에서는 외국물품을 통관되지 않은 상태로 장치, 보관, 제조, 전시, 건설, 판매하는 것이 가능하다. 즉, 「관세법」 제197조 제2항에서는 종합보세구역에서는 "종합보세기능"(보세창고·보세공장·보세전시장·보세건설장 또는 보세판매장의 기능 중 둘 이상의 기능)을 종합적으로 수행할 수 있다고 규정하고 있다.

3. 수입통관절차

(1) 수입신고

(가) 수입신고시기

수입신고는 통상적으로 수출물품을 적재한 선박 또는 항공기가 입항한 다음 보세구역에 물품을 장치한 후 수입신고를 행하지만, 예외적으로 보세구역에 물품을 장치하기 전에 출항전수입신고, 입항전수입신고, 보세구역도착전 수입신고를 행할 수 있다. 즉, 수입하려는 자는 출항전 신고, 입항전 신고, 보세구역도착전 신고, 보세구역장치후 신고 중에서 필요에 따라 신고방법을 선택하여 수입신고할 수 있다.[32]

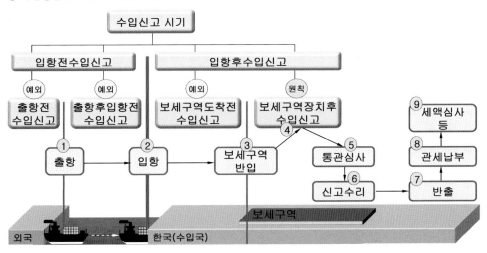

● 수입통관의 흐름과 수입신고 시기

① 출항전 수입신고   출항전 수입신고는 수입물품을 선(기)적한 선박 등(선박 또는 항공기)가 해당 물품을 적재한 항구나 공항에서 출항하기 전에 수입신고를 하는 것으로서, 항공기로 수입되는 물품이나 일본, 중국, 대만, 홍콩으로부터 선박으로 수입되는 물품은 운송기간이 짧아 입항전 수입신고를 할 기간이 없기 때문에 해당 물품을 적재한 항구나 공항에서 해당 물품을 선(기)적한 선박 등(선박 또는

---

32) 관세청, 2018년 12월 11일 개정 수입통관사무처리에 관한 고시, 제3조, 제6조, 제7조 및 제8조.

항공기)이 출항하기 전에도 수입신고를 할 수 있도록 규정한 것이다.

② 입항전 수입신고 입항전 수입신고는 수입하려는 물품의 신속한 통관이 필요한 경우에 해당 물품을 선(기)적한 선박 등(선박 또는 항공기)이 물품을 적재한 항구나 공항에서 출항한 후 입항(항공화물은 하기신고시점, 해상화물은 하선신고시점을 기준으로 함)하기 전에 수입신고를 하는 것으로서, 입항전수입신고가 된 물품은 우리나라에 도착된 것으로 본다.

출항전이나 입항전 수입신고는 수입물품을 적재한 선박 등의 입항예정지를 관할하는 세관장에게 해당 물품을 적재한 선박 등(선박 또는 항공기)이 우리나라에 입항하기 5일전(항공기의 경우 1일전)부터 할 수 있으나, 다음의 물품은 해당 선박 등이 우리나라에 입항한 후에 수입신고하여야 하는 물품(입항후 수입신고물품), 즉 출항전 또는 입항전수입신고가 불가능한 물품이다.

㉮ 세율이 인상되거나 새로운 수입요건을 갖추도록 요구하는 법령이 적용되거나 적용될 예정인 물품

㉯ 농·수·축산물이나 그 가공품으로서 수입신고하는 때와 입항하는 때의 물품의 관세율표 번호 10단위가 변경되는 물품

㉰ 농·수·축산물이나 그 가공품으로서 수입신고하는 때와 입항하는 때의 과세단위(수량이나 중량)가 변경되는 물품

③ 보세구역도착전 수입신고 보세구역도착전 수입신고는 수입물품을 적재한 선박이나 항공기가 입항하여 해당 물품을 통관하기 위하여 반입하려는 보세구역(부두 밖 컨테이너 보세창고 및 컨테이너 내륙통관기지를 포함)에 도착하기 전에 수입신고하는 것으로서, 해당 물품이 도착할 보세구역을 관할하는 세관장에게 수입신고하여야 한다.

④ 보세구역장치후 수입신고 보세구역장치후 수입신고는 수입물품을 보세구역에 장치한 후 수입신고를 하는 것으로서, 수입물품의 보세구역장치 여부는 보세구역운영인 등이 물품반입내역을 전산입력함으로 수입신고시에 전산으로 자동확인된다. 수입신고는 해당 물품이 장치된 보세구역을 관할하는 세관장에게 하여야 한다.

(나) 수입신고

수입화주 또는 관세사(관세사, 관세법인, 통관취급법인)는 그 자신의 명의로 수입신고서 작성요령(별지 제1-2호 서식)에 따라 기재한 수입신고서를 첨부서류 없이 전자자료교환(EDI)방식 또는 인터넷방식으로 국가관세종합정보망의 전산처리설비를 이용하여 전송하는 것(P/L 신고; Paperless 신고)을 원칙으로 한다. 수입신고의 효력발생시점은 전송된 신고자료가 통관 시스템에 접수된 시점을 원칙으로 한다.[33]

한편, 전자통관심사 대상물품은 보세구역 도착전신고나 보세구역 장치후신고 중에서 선택하여 수입신고할 수 있다. "전자통관심사"란 일정한 기준에 해당하는 성실업체가 수입신고하는 특정물품에 대하여 통관시스템에서 전자적 방식으로 심사하는 것을 말한다. 전자통관심사는 종합인증우수업체(Authorized Economic Operator; AEO)로 공인받은 수입업체가 수입하는 물품과, 거래형태 등에 따라 반복적으로 수입신고하는 물품(서류제출대상물품, 세관장확인대상물품 및 그 밖에 관세청장이 전자통관심사가 적합하지 않다고 인정하는 물품 제외)에 대하여 적용하는 것을 원칙으로 한다. 다만, 업체의 신고성실도 등을 고려하여 필요하다고 인정하는 경우에는 관세청장이 따로 적용기준을 정하여 적용할 수 있다.[34]

(2) 수입신고수리여부 결정과 수입신고필증 발급

(가) 신고서의 처리

수입신고된 물품에 대한 신고서의 처리방법, 신고사항의 검토, 신고사항의 통보 및 제출서류에 대한 규정은 다음과 같다.[35]

수입신고된 물품에 대한 신고서는 ① 물품검사 및 심사, ② 심사, ③ 전자통관심사 중 하나의 방법으로 처리된다. 이와 같이 결정된 처리방법 중 ① 물품검사 및 심사와 ② 심사에 해당하는 신고서에 대하여는 수입신고처리 주무나 담당과장이 신고 물품에 대한 검사정보 등을 고려하여 신고서 처리방법을 변경할 수 있다. 또한, 세관장은 P/L신고물품의 신고사항을 검토한 결과 신고서에 의한 심사나 물품검사가 필요하다고 판단되는 경우에는 제15조에 따른 서류의 제출을 요구할 수 있다. 이 경우 서류제출대상으로 변경된 사실을 신고인에게 통보한다. 또한, 세관장은 이상없이 전송된 신고자료에 대하여는 수입신고일에 다음의 사항을 신고인에게 통보한다.

① 접수여부와 서류제출대상 여부[36]

---

33) 관세청, 2018년 12월 11일 개정 수입통관사무처리에 관한 고시, 제9조부터 제12조까지.

34) 관세청, 2018년 12월 11일 개정 수입통관사무처리에 관한 고시, 제3조 제9호, 제63조 및 제65조.

35) 관세청, 2018년 12월 11일 개정 수입통관사무처리에 관한 고시, 제12조, 제14조, 제15조, 제21조 및 제22조.

36) 전산시스템에 의하여 서류(전자서류, 종이서류 포함) 제출대상으로 선별되는 물품은 ① 사전세액심사 대상물품, ② 부과고지대상물품, ③ 합의세율 적용신청물품, ④ 할당·양허관세 신청물품 중 세율추천기관으로부터 세율추천을 증명하는 서류를 통관시스템에서 전자문서로 전송받을 수 없는 물품, ⑤ 세관장확인물품 중 요건확인기관으로부터 요건구비를 증명하는 서류를 통관시스템에서 전자문서로 전송받을 수 없는 물품 ⑥ 원산지증명서류 제출대상물품(개성공업지구로부터 반입되는 임가공물 제외), ⑦ 검사대상으로 선별된 물품, ⑧ 신고취하거나 신고각하된 후 다시 수입신고하는 물품, ⑨ 보세건설장에서의 수입물품·신고수리전반출승인물품·보세판매장반입물품과 선(기)용품 수입물품(무역통계부호표상의 수입관리 종류별 부호가 G, J, L, M, P, T, H,

② 검사대상 여부[37]

③ 신고납부대상물품의 경우 납부서번호

④ 자동배부의 경우 신고서처리담당직원의 부호(P/L신고건의 경우 해당되지 않음)

한편, 수입신고인은 서류제출대상으로 선별된 수입신고건에 대하여는 수입신고서에 다음의 서류를 스캔 등의 방법으로 전자이미지화하거나 제14조에 따른 무역서류(송장, 선화증권(항공화물운송장 포함), 원산지증명서, 포장명세서)의 전자제출을 이용하여 통관시스템에 전송하는 것을 원칙으로 한다. 킴벌리프로세스증명서 제출대상물품(원본) 등의 하나에 해당하여 종이서류를 제출하여야 하는 경우에는 이들 서류는 원본이나 수입화주가 원본대조필한 사본(원본제출대상은 제외)을 제출하여야 하며, 세관장이 필요로 하는 경우 신고수리전이거나 신고수리후 원본의 제출을 요구할 수 있다.

① 송장. 다만, 잠정가격으로 수입신고할 때 송장이 해외에서 도착하지 아니한 경우에는 계약서(송장은 확정가격신고시 제출)

② 가격신고서(해당 물품에 한하며, 전산으로 확인가능한 경우에는 서류제출대상에서 제외)

③ 선화증권(B/L) 부본 또는 항공화물운송장(AWB) 부본

④ 포장명세서[포장박스별로 품명(규격)·수량을 기재해야 하며, 세관장이 필요 없다고 인정하는 경우 제외]

⑤ 원산지증명서(해당물품에 한함)

⑥ 「관세법 제226조에 따른 세관장 확인물품 및 확인방법 지정고시」 제3조에 따른 수입요건 구비서류(해당물품에 한함)

⑦ 관세감면(분납)/용도세율적용신청서(별지 제9호 서식)(해당물품에 한함)

⑧ 합의에 의한 세율적용승인(신청)서(별지 제29호 서식)

⑨ 지방세법시행령 제71조에 따른 담배소비세 납세담보확인서(해당물품에 한함)

⑩ 할당·양허관세 및 세율추천 증명서류 및 종축·치어의 번식·양식용 해당 세율 증명서류(동 내용을 전산으로 확인할 수 없는 경우에 한함)

⑪ 「지방세법 시행령」 제134조의2에 따른 자동차세 납세담보확인서(해당물품에 한함)

W, N, O, C, S에 해당하는 물품), ⑩ 일시수입통관증서(ATA Carnet)에 의하여 수입하는 물품, ⑪ 수입신고서 기재사항중 품명·규격의 일부만 기재한 물품, ⑫ 지방세법시행령 제71조에 따른 담배소비세 납세담보확인서 제출대상물품, ⑬ 다이아몬드 원석(HS 7010.10, 7102.21, 7102.31), ⑭ 관리대상화물 검사결과 이상이 있는 물품, ⑮ 같은 컨테이너에 화주가 다른 선화증권(B/L)이 혼재되어 있으나 부두직통관을 신청한 물품, ⑯ 그 밖에 관세청장이나 세관장이 서류제출이 필요하다고 인정하는 물품; 관세청, 2018년 12월 11일 개정 수입통관사무처리에 관한 고시, 제13조 제1항.

37) 수입신고물품 중 검사대상은 수입신고자료 접수 시 통관시스템에 의해 선별하거나, 수입신고서처리방법 결정 시 세관공무원에 의해 선별한다. 다만, 수입신고전물품반출신고하는 물품은 반출신고시 검사대상을 선별한다; 관세청, 2018년 12월 11일 개정 수입통관사무처리에 관한 고시, 제28조 제1항.

(내) 심사, 분석 및 보완요구

수입신고의 심사, 신고물품의 분석 및 보완요구에 관한 내용은 다음과 같다.[38]

① 심사   심사는 신고된 세번·세율과 과세가격 등 신고사항의 적정여부와 법령에 따른 수입요건의 충족여부 등을 확인하기 위하여 관련 서류나 분석결과를 검토하는 것으로서, 수입과의 심사자는 다음의 사항을 심사하며, 수입과장은 신고인이나 화주의 법규준수도를 고려하여 필요한 경우에는 심사를 생략하거나 간이한 방법으로 심사할 수 있다.

　㉮ 제출서류의 구비 및 신고서의 기재사항과 일치하는지 여부

　㉯ 신고서를 수입신고서작성요령에 따라 정확하게 작성하였는지 여부

　㉰ 분석의뢰 필요성 유무

　㉱ 사전세액심사 대상물품의 품목분류, 세율, 과세가격, 세액, 감면·분납신청의 적정여부

　㉲ 탄력관세율, 국제협력관세율, 일반특혜관세율을 적용받는 물품의 품목분류 및 관세율 적용의 적정 여부

　㉳ 용도세율 적용신청물품의 품목분류 및 용도세율 적용신청의 적정 여부

　㉴ 세관장이 수입요건을 확인하는 물품의 품목분류의 적정여부, 용도의 신고여부 및 수입요건의 구비여부

　㉵ 원산지표시대상물품의 원산지표시와 품질 등 허위·오인표시 및 지식재산권 침해여부

　㉶ 법령에 따른 감면신청서 및 세율적용추천서의 구비여부

　㉷ 전산에서 제공하는 화물정보 및 C/S정보와 수입신고내용의 비교·확인

　㉠ 검사대상물품의 품목분류 및 세율의 적정여부

　㉡ B/L분할신고된 물품이 징수금액 최저한 미만인지 여부

　㉢ 자유무역협정에 따른 협정세율 적용신청의 적정 여부

　㉣ 그 밖에 수입신고수리여부를 결정하기 위하여 필요한 사항

② 분석   수입과장은 신고물품이 물리적, 화학적 실험에 의하여 그 내용을 확인하여야 하는 등 전문적인 지식과 기술을 요하는 경우에는, 세관분석실에 분석의뢰하거나 해당 물품에 관한 전문가의 의견을 받아 처리할 수 있다. 분석은 신고수리후 분석을 원칙으로 하지만, 다음의 어느 하나에 해당하는 경우에는 신고수리전에 분석한다.

　㉮ 관세채권의 확보가 곤란할 것으로 예상되는 경우

　㉯ 물품의 특성상 수입제한품목일 가능성이 있는 경우

---

38) 관세청, 2018년 12월 11일 개정 수입통관사무처리에 관한 고시, 제3조 제5호, 제22조, 제23조 및 제25조.

ⓓ 사전세액심사대상물품으로서 세액심사를 위하여 분석이 필요한 경우

③ 보완 수입과장은 다음의 어느 하나와 같이 신고인이 제출한 서류와 자료에 의하여 심사사항의 확인이 곤란한 경우에는, 보완요구할 사항을 통관시스템에 입력하고 보완요구서(별지 제2호 서식)를 신고인에게 전자문서로 통보하여야 한다.

㉮ 신고서 항목의 기재사항이 미비된 경우(정정보완 요구)

㉯ 신고서 심사결과 첨부서류가 누락되었거나 증빙자료의 보완이 필요한 경우(서류보완 요구)

㉰ P/L신고를 서류제출신고로 변경하고자 하는 경우(서류제출 변경 요구)

⒟ 물품검사

물품검사는 수입신고된 물품이외에 은닉된 물품이 있는지 여부와 수입신고사항과 현품의 일치여부를 확인하는 것으로서, 수입신고자료 접수시 통관시스템에 의하여 물품검사로 선별되거나, 신고서 처리방법 결정시(수입신고처리 주무 또는 담당과장이 물품검사와 심사, 또는 심사에 해당하는 신고서에 대하여 신고물품에 대한 검사정보 등을 고려한 결과 물품검사가 필요하다고 판단되는 경우) 세관공무원에 의하여 물품검사로 선별되거나, 또는 수입신고전물품반출신고하는 물품은 반출신고시 물품검사 대상으로 선별된다. 물품검사의 장소 및 방법을 살펴보면 다음과 같다.[39]

① 검사장소 출항전신고·입항전신고한 물품이거나 보세구역도착전 신고물품으로서 정부에서 직접 수입하는 군수품과 물자수급계획상 긴급도입 물품과 선상에서의 검사가 가능하다고 세관장이 인정하는 물품은 선상에 적재한 상태로 검사(선상검사)할 수 있다.

② 검사방법 검사방법에는 전량검사, 발췌검사, 분석검사나 과학장비에 의한 검사가 있다. 우범성 정보가 있는 물품, 전량검사대상물품이거나 그 밖에 수량과다 등으로 과장이 복수검사를 지시한 경우에는 2인 이상의 검사자를 지정하여 검사를 실시할 수 있다. 한편, 전자통관심사 대상물품에 대한 검사는 무작위선별검사를 원칙으로 한다.

⒠ 신고수리 및 신고필증발급

세관장은 수입신고를 수리하고 수입신고필증을 교부하는데, 그 내용을 살펴보면 다음과 같다.[40]

① 신고수리 세관장은 수입신고한 내용을 심사한 후 신고수리하는 것을 원칙으로 한다. 다만, ㉮ 출항전 신고나 입항전 신고물품은 적하목록 심사가 완료된 때(다

---

39) 관세청, 2018년 12월 11일 개정 수입통관사무처리에 관한 고시, 제3조 제6호, 제28조, 제30조, 제32조 및 제66조.
40) 관세청, 2018년 12월 11일 개정 수입통관사무처리에 관한 고시, 제35조부터 제37조까지.

만, 수입신고전에 적하목록 심사가 완료된 때에는 수입신고 심사가 완료된 때), ⑭ 보세구역 도착전 신고물품은 보세운송 도착보고된 때(하역절차에 따라 하역 장소로 반입되는 때에는 반입신고된 때) 신고수리한다. 이러한 규정에도 불구하고, 세관장이 검사대상으로 선별하거나 관리대상화물로 선별한 경우에는 해당 물품검사가 종료된 후에 수리한다.

② 담보제공 세관장은 「관세법」 제248조 제2항과 「관세 등에 대한 담보제공과 정산 제도 운영에 관한 고시」에 따라 관세 등에 상당하는 담보를 제공하여야 하는 물품에 대하여는 담보가 제공된 경우에 수입신고를 수리한다.

③ 신고필증교부 세관장은 수입신고를 수리한 때에는 「세관특수청인에 관한 규정(기획재정부훈령)」에 따른 세관특수청인을 전자적으로 날인한 신고필증을 교부하되, ㉮ 부득이한 사정으로 신고필증을 전자적으로 교부할 수 없는 경우에는 수입신고서에 세관특수청인을 직접 찍어서 교부하고, ㉯ 신고물품의 규격수가 99개를 초과하여 전산으로 입력하지 않고 신고서와 신고필증에 상세내용을 별도의 붙임서류로 첨부하여 신고하는 경우에는 세관특수청인을 전자적으로 날인한 신고필증과 붙임서류의 경계면에 [별표3]의 신고서 처리담당자 인장을 찍어서 교부한다. 세관장에 의하여 교부된 신고필증이 통관시스템에 보관된 전자문서의 내용과 상이한 경우에는 통관시스템에 보관된 전자문서의 내용을 원본으로 한다.

④ 신고수리의 효력 신고수리의 효력발생시점은 통관시스템을 통하여 신고인에게 신고수리가 되었음을 통보한 시점으로 하지만, 수작업에 의하여 신고수리하는 때에는 신고인에게 신고필증을 교부한 시점으로 한다.

(3) 관세납부

수입신고한 물품의 수입화주는 그 물품에 대한 관세 등의 납세의무자가 된다. 관세 등의 납부를 신고납부와 부과고지로 구분하여 살펴보면 다음과 같다.[41]

① 신고납부 납세신고를 한 자(납세의무자)는 수입신고가 수리된 날로부터 15일 이내에 통관시스템에서 부여한 납부서 번호와 세액을 기재한 납부서(별지 제5호 서식)와 함께 관세 등을 국고수납은행이나 우체국에 납부하여야 한다. 납세의무자는 수입신고가 수리되기 전에도 "수입신고가 수리된 후의 관세납부"와 동일한 절차에 따라 납부서를 출력하여 세액을 납부할 수 있다.

② 부과고지 납세의무자는 세관장으로부터 납부고지서(별지 제8호 서식)를 받은 날로부터 15일 이내에 해당 세액을 국고수납기관이나 우체국에 납부하여야 한다.

---

41) 관세청, 20118년 12월 11일 개정 수입통관사무처리에 관한 고시, 제45조 및 제56조.

(4) 물품반출

수입신고인이 수입신고필증(FAX, COPY)을 보세구역에 송부하면, 보세구역에서는 신고수리여부를 전산조회한 후 물품을 반출하게 된다. 즉, 보세구역에 반입된 물품이 수입신고가 수리된 때에는 원칙적으로 그 수리일로부터 15일 이내에 해당 보세구역에서 반출하여야 한다(위반시 해당 수입화주 조사 후 과태료에 처함). 따라서, "운영인(특허보세구역 운영인, 지정보세구역 화물관리인, 보세구역외장치의 허가를 받은 자, 검역물품의 관리인)"은 수입신고수리된 물품의 반출요청을 받은 때에는 "세관화물정보시스템(적하목록, 적재·하선(기), 보세운송신고, 보세구역 반출입 등의 자료를 관리하는 세관운영시스템)"의 반출승인정보를 확인한 후 이상이 없는 경우 반출 전에 반출신고서를 전자문서로 제출하여야 한다. 다만, 자가용보세창고에 반입되어 수입신고수리된 화물은 반출신고를 생략한다.[42]

제3절 수출입물품의 원산지제도

Ⅰ. 수출입물품의 원산지제도

1. 원산지제도의 의의

원산지(Origin of goods)란 특정물품이 성장(growth), 생산(production), 제조(manufacture) 또는 가공(processing)된 지역이나 국가 또는 물품의 국적을 말하는 것으로서, 자본의 투자국·디자인수행국·기술의 제공국·상표의 소유국 등과는 무관한 개념이다. 일반적으로 정치적 실체를 지닌 국가를 원산지로 할 수 있으며, 사이판 등과 같이 국경선 밖에 있는 보호령, 홍콩 등과 같이 독립된 관세영역이나 자치권을 보유한 지역, 스코틀랜드와 같이 국제상거래 관행상 지역명이 원산지로 인정되는 지역 등도 원산지가 될 수 있다.

원산지제도는 수출입물품의 원산지규정(원산지의 판정·확인) 및 원산지표시에 관한 제반 규율체계로서, 1991년 7월 1일부터 「대외무역법」에 도입되어 시행되고 있다. 즉, 수출입물품의 원산지가 어느 국가인지를 판정·확인·표시하는 제도로서, 원산지규정(원산지의 판정과 확인)과 원산지표시제도로 구분할 수 있다.

---

42) 관세청, 2018년 10월 2일 개정 보세화물관리에관한고시, 제3조 제2호 및 제6호, 제10조.

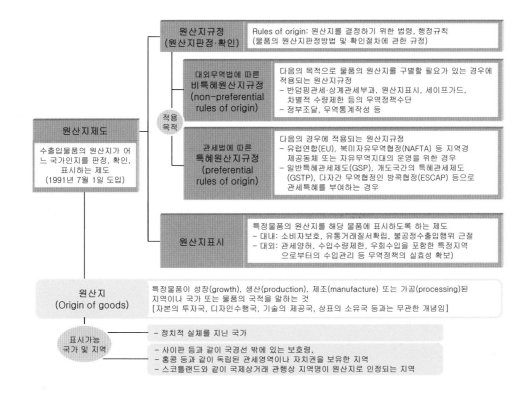

(1) 원산지규정의 의의

원산지규정(Rules of Origin)이란 원산지 국가를 결정하기 위한 법령이나 행정규칙으로서, 물품의 원산지판정방법 및 확인절차에 관한 규정을 말한다. 현재 국제적으로 통일된 원산지규정이 없기 때문에 개별국가별로 원산지규정을 운영하고 있는 실정이다. 우리나라의 경우, 원산지규정은 적용목적에 따라 「대외무역법」에 의한 특혜원산지규정과 「관세법」에 의한 비특혜원산지규정으로 구분되는데, 그 정의를 살펴보면 다음과 같다.[43]

① 비특혜원산지규정(non-preferential rules of origin) 반덤핑관세·상계관세부과, 원산지 표시, 세이프가드, 차별적 수량제한 등의 무역정책수단과 정부조달, 무역통계작성 등에 있어서 물품의 원산지를 구별할 필요가 있는 경우 적용되는 원산지 규정을 말한다.

② 특혜원산지규정(preferential rules of origin) 유럽연합(EU), 북미자유무역협정(NAFTA) 등 지역경제공동체 또는 자유무역지대의 운영이나 일반특혜관세제도(GSP), 개도국간의 특혜관세제도(GSTP), 다자간 무역협정인 방콕협정(ESCAP) 등으로 관세특혜를 부여하는 경우에 적용되는 원산지규정을 말한다.

---

43) 산업자원부, 원산지 표시제도 주요내용, 2003.6.

(2) 원산지표시의 의의

원산지표시(Marks of Origin)란 특정물품의 원산지를 해당물품에 표시하도록 하는 제도로서, 수출입물품에 원산지를 표시토록 함으로써 소비자에게 정확한 상품정보제공 등을 통하여 국내소비자보호 및 유통거래질서를 확립하고, 국제적으로 인정되는 원산지적용기준을 마련하여 수출 또는 수입하는 물품에 원산지표시를 명확히 함으로써 불공정수출입행위를 근절하는데 주된 목적이 있다. 또한, 대외적으로는 관세의 양허, 수입수량의 제한, 우회수입을 포함한 특정지역으로부터의 수입관리 등 무역정책의 실효성을 확보하기 위한 것이다.

원산지표시는 제품가격이나 이미지와 직결되므로 소비자행동 및 기업의 마케팅전략에도 영향을 미치게 된다. 즉, 동일한 브랜드인 경우에도 원산지가 어디인지에 따라 가격에 차이가 있다.

II. 수출입물품의 원산지표시

원산지표시는 원산지국가를 수출입물품에 인쇄, 라벨, 주조 등의 방법으로 보기 쉽고 견고하게 표시하는 것을 말한다. 이러한 원산지표시와 관련하여, 본 절에서 살펴보는 것과 같이 수출물품에 대한 원산지표시규정은 그 방법만 규정하고 있을 뿐, 대부분이 수입물품에 대한 원산지표시규정으로 이루어져 있다.

1. 원산지표시대상 및 면제대상물품

(1) 원산지표시대상물품

원산지표시대상물품이란 산업통상자원부장관이 공정한 거래질서의 확립과 생산자 및 소비자 보호를 도모하기 위하여 원산지를 표시하여야 하는 대상으로 공고한 물품으로서, 대외무역관리규정 별표 8에 게기된 수입물품을 말한다. 따라서 원산지표시대상물품으로 지정된 물품을 수출 또는 수입하려는 자는 그 물품에 대하여 원산지의 표시를 하여야 한다.

2015년 현재 원산지표시대상물품은 일반 소비자가 직접, 구매 사용하는 품목으로서 HS4단위를 기준으로 653개 품목(농산물 169개, 공산품 484개로 전체품목 1,244개의 52.5%)을 대상으로 하고 있다. 원산지표시를 할 범위는 해당 수입물품 및 재사용이 가능한 포장용품 또는 해당 수입품과 구분판매가 가능한 부속품 및 부분품 등 부장품까지 포함하고 있다.

전체 품목 : 1,244 (HS 4단위 기준)	원산지 표시대상 품목 : 653 (52.5%)	농산물	169(25.9%)
		공산품	484(74.1%)

자료 : 산업통상자원부

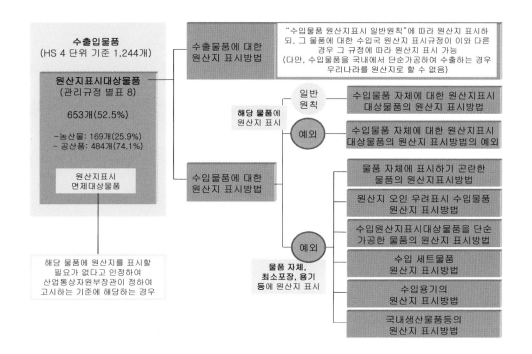

(2) 원산지표시면제대상물품

원산지표시대상물품으로 지정되어 있더라도, 즉 물품 또는 포장·용기에 원산지를 표시하여야 하는 수입물품이 다음의 하나에 해당되는 경우에는 원산지표시를 하지 아니할 수 있다.[44]

① ① 외화획득용 원료 및 시설기재로 수입되는 물품

② 개인에게 무상 송부된 탁송품, 별송품 또는 여행자 휴대품

③ 수입 후 실질적 변형을 일으키는 제조공정에 투입되는 부품 및 원재료로서 실수요자가 직접 수입하는 경우(실수요자를 위하여 수입을 대행하는 경우를 포함)

④ 판매 또는 임대목적에 제공되지 않는 물품으로서 실수요자가 직접 수입하는 경우. 다만, 제조에 사용할 목적으로 수입되는 제조용 시설 및 기자재(부분품 및 예비용 부품을 포함)는 수입을 대행하는 경우 인정할 수 있다.

---

44) 대외무역관리규정 제82조 제1항.

⑤ 연구개발용품으로서 실수요자가 수입하는 경우(실수요자를 위하여 수입을 대행하는 경우를 포함)

⑥ 견본품(진열·판매용이 아닌 것에 한함) 및 수입된 물품의 하자보수용 물품

⑦ 보세운송, 환적 등에 의하여 우리나라를 단순히 경유하는 통과화물

⑧ 재수출조건부 면세 대상 물품 등 일시 수입물품

⑨ 우리나라에서 수출된 후 재수입되는 물품

⑩ 외교관 면세 대상 물품

⑪ 개인이 자가소비용으로 수입하는 물품으로서 세관장이 타당하다고 인정하는 물품

⑫ 그 밖에 관세청장이 산업통상자원부장관과 협의하여 타당하다고 인정하는 물품

2. 수입물품에 대한 원산지표시방법

(1) 수입물품 자체에 대한 원산지표시방법의 일반원칙과 예외

(가) 수입물품 자체에 대한 원산지 표시방법의 일반원칙

원산지표시대상물품을 수입하려는 자는 다음의 방법에 따라 해당 물품에 원산지를 표시하여야 한다.[45]

① 한글·한문 또는 영문으로 표시할 것

   ㉮ "원산지: 국명" 또는 "국명 산(産)"

   ㉯ "Made in 국명" 또는 "Product of 국명"

   ㉰ "made by 물품 제조자의 회사명, 주소, 국명"[46]

   ㉱ "Country of Origin : 국명"

   ㉲ "수출입 물품의 원산지 판정기준"의 원산지와 동일한 경우로서 국제상거래관행상 타당한 것으로 관세청장이 인정하는 방식

② 최종 구매자가 쉽게 판독할 수 있는 활자체로 표시할 것

   즉, 수입 물품의 원산지는 최종 구매자가 해당 물품의 원산지를 쉽게 판독할 수 있는 크기의 활자체로 표시하여야 한다.

③ 식별하기 쉬운 위치에 표시할 것

   즉, 수입 물품의 원산지는 최종 구매자가 정상적인 물품구매과정에서 원산지표

---

45) 대외무역법 시행령 제56조 제1항 및 대외무역관리규정 제76조 제1항~제7항.

46) 2005년 1월 개정시에는 수출자나 판매자를 제조자인 것처럼 기재하여 원산지를 속이고자 하는 사례를 방지하고 원산지 파악을 용이하게 하기 위하여 "물품 제조자의 회사명, 주소, 국명" 앞에 "Made by" 또는 이와 유사한 문구가 추가된 경우에만 적정한 원산지 표시로 인정하였다; 지식경제부 보도자료, 2005.1.14.

시를 발견할 수 있도록 식별하기 용이한 곳에 표시하여야 한다.

④ 표시된 원산지가 쉽게 지워지거나 떨어지지 아니하는 방법으로 표시할 것 즉, 표시된 원산지는 쉽게 지워지지 않으며 물품(또는 포장·용기)에서 쉽게 떨어지지 않아야 한다.

⑤ 수입 물품의 원산지는 제조단계에서 인쇄(printing), 등사(stenciling), 낙인(branding), 주조(molding), 식각(etching), 박음질(stitching) 또는 이와 유사한 방식으로 원산지를 표시하는 것을 원칙으로 한다. 다만, 물품의 특성상 위와 같은 방식으로 표시하는 것이 부적합 또는 곤란하거나 물품을 훼손할 우려가 있는 경우에는 날인(stamping), 라벨(label), 스티커(sticker), 꼬리표(tag)를 사용하여 표시할 수 있다.[47]

⑥ 최종 구매자가 수입 물품의 원산지를 오인할 우려가 없는 경우에는 다음과 같이 통상적으로 널리 사용되고 있는 국가명이나 지역명 등을 사용하여 원산지를 표시할 수 있다.

    ㉮ United States of America를 "USA"로

    ㉯ Switzerland를 "Swiss"로

    ㉰ Netherlands를 Holland로

    ㉱ United Kingdom of Great Britain and Northern Ireland를 UK 또는 GB로

    ㉲ UK의 England, Scotland, Wales, Northern Ireland

    ㉳ 그 밖에 관세청장이 산업통상자원부장관과 협의하여 타당하다고 인정하는 국가나 지역명[48]

⑦ 「품질경영 및 공산품안전관리법」, 「식품위생법」 등 다른 법령에서 원산지표시 방법 등을 정하고 있는 경우에는 이를 적용할 수 있다.

---

47) printing(프린팅), stenciling(스텐썰링), branding(브랜딩), molding(모울딩), etching(에칭), stiching (스띠칭), stamping(스땜핑), sticker(스띠컬), tag(택)

48) "JPN"(일본), "PROC"(중국)는 허용되지 않는다.

수입물품 자체의 원산지 표시방법

원칙	원산지표시대상물품 (물품 자체에 표시)	수입물품의 자체에 대한 원산지표시 일반원칙

원산지표시대상물품 (물품 자체에 표시)

① 한글, 한문 또는 영문으로 표시할 것

② 최종구매자가 쉽게 판독할 수 있는 활자체로 표시할 것

③ 식별하기 쉬운 위치에 표시할 것

④ 표시된 원산지가 쉽게 지워지거나 떨어지지 않는 방법으로 표시할 것

수입물품의 자체에 대한 원산지표시 일반원칙

① 다음의 하나의 방식으로 한글, 한자 또는 영문으로 표시 가능
- ㉮ "원산지 : 국명" 또는 "국명 산(産)"
- ㉯ "Made in 국명" 또는 "Product of 국명"
- ㉰ "made by 물품 제조자의 회사명, 주소, 국명"
- ㉱ "Country of Origin : 국명"
- ㉲ "수출입 물품의 원산지 판정기준"(영 제61조)의 원산지와 동일한 경우로서 국제상거래관행상 타당한 것으로 관세청장이 인정하는 방식

② 수입 물품의 원산지는 최종구매자가 해당 물품의 원산지를 쉽게 판독할 수 있는 크기의 활자체로 표시하여야 한다.

③ 수입 물품의 원산지는 최종 구매자가 정상적인 물품구매과정에서 원산지표시를 발견할 수 있도록 식별하기 용이한 곳에 표시하여야 한다

④ 표시된 원산지는 쉽게 지워지지 않으며 물품(또는 포장, 용기)에서 쉽게 떨어지지 않아야 한다.

⑤ 수입 물품의 원산지는 제조단계에서 인쇄(printing), 등사(stenciling), 낙인(branding), 주조(molding), 식각(etching), 박음질(stitching) 또는 이와 유사한 방식으로 원산지를 표시하는 것을 원칙으로 한다. 다만, 물품의 특성상 위와 같은 방식으로 표시하는 것이 부적합/곤란하거나 물품을 훼손할 우려가 있는 경우에는 날인(stamping), 라벨(label), 스티커(sticker), 꼬리표(tag)를 사용하여 표시 가능

⑥ 최종구매자가 수입 물품의 원산지를 오인할 우려가 없는 경우에는 통상적으로 널리 사용되고 있는 국가명이나 지역명 등을 사용하여 원산지를 표시 가능
- ㉮ United States of America를 "USA"로, ㉯ Switzerland를 "Swiss"로, ㉰ Netherlands를 Holland로, ㉱ United Kingdom of Great Britain and Northern Ireland를 UK 또는 GB로 ㉲ UK의 England, Scotland, Wales, Northern Ireland, ㉳ 그 밖에 관세청장이 산업통상자원부장관과 협의하여 타당하다고 인정하는 국가나 지역명

⑦ 「품질경영 및 공산품안전관리법」, 「식품위생법」 등 다른 법령에서 원산지 표시방법을 정하고 있는 경우에는 이를 적용할 수 있다.

예외 — 수입물품 자체에 대한 원산지표시의 예외

수입물품의 크기가 작은 경우
[수입물품의 크기가 작아 위의 "①의 ㉮ ~㉱의 방식"으로 해당 물품의 원산지를 표시할 수 없는 경우]

국명만을 표시 가능

물품별 제조공정상의 특성을 반영한 보조표시
[최종구매자가 수입물품의 원산지를 오인할 우려가 없도록 표시하는 전제하에 위의 "①의 ㉮ ~㉱의 방식" 과 병기하여 물품별 제조공정상의 다양한 특성을 반영할 수 있도록 다음의 예시에 따라 보조표시 가능]

㉮ "Designed in 국명", "Fashioned in 국명", "Moded in 국명", "styled in 국명", "Licensed by 국명", "Finished in 국명"....

㉯ 그 밖에 관세청장이 위의 ㉮에 준하여 타당하다고 인정한 보조표시 방식

원산지를 특정하기 어려운 물품
[수출국에서의 주요 부분품의 단순 결합물품, 원재료의 단순 혼합물품, 중고물품으로 원산지를 특정하기 어려운 물품은 다음과 같이 원산지 표시 가능]

㉮ 단순 조립물품 : "Organized in 국명(부분품별 원산지 나열)"

㉯ 단순 혼합물품 : "Mixed in 국명(원재료별 원산지 나열)"

㉰ 중고물품 : "Imported from 국명"

(나) 수입물품 자체에 대한 원산지표시방법의 예외

"수입물품 자체에 대한 원산지 표시방법의 일반원칙"(제1항)에 규정된 것외에 수입물품의 원산지 표시방법에 관하여 필요한 사항은 산업통상자원부장관이 정하여 고시한다. 다만, 수입물품을 관장하는 중앙행정기관의 장은 소비자를 보호하기 위하여 필요한 경우에는 산업통상자원부장관과 협의하여 해당 물품의 원산지 표시에 관한 세부적인 사항을 따로 정하여 고시할 수 있다(영 제56조 제3항).

① 수입물품의 크기가 작은 경우

수입 물품의 크기가 작아 "다음의 방식"(제76조 제1항 제1호부터 제4호까지의 방식)으로 해당 물품의 원산지를 표시할 수 없을 경우에는 국명만을 표시할 수 있다(규정 제76조의2 제1항).

㉮ "원산지: 국명" 또는 "국명 산(産)"

㉯ "Made in 국명" 또는 "Product of 국명"

㉰ "made by 물품 제조자의 회사명, 주소, 국명"[49]

㉱ "Country of Origin : 국명"

② 물품별 제조공정상의 특성을 반영한 보조표시

최종구매자가 수입물품의 원산지를 오인할 우려가 없도록 표시하는 전제하에 "위의 원산지표시"(제76조 제1항 제1호부터 제4호까지의 원산지표시)와 병기하여 물품별 제조공정상의 다양한 특성을 반영할 수 있도록 다음의 예시에 따라 보조표시를 할 수 있다(규정 제76조의2 제2항).

㉮ "Designed in 국명", "Fashioned in 국명", "Moded in 국명", "styled in 국명", "Licensed by 국명", "Finished in 국명"….[50]

㉯ 그 밖에 관세청장이 위의 ㉮에 준하여 타당하다고 인정한 보조표시 방식

③ 원산지를 특정하기 어려운 물품

수출국에서의 주요 부분품의 단순 결합물품, 원재료의 단순 혼합물품, 중고물품으로 원산지를 특정하기 어려운 물품은 다음과 같이 원산지를 표시할 수 있다(규정 제76조의2 제3항).

㉮ 단순 조립물품 : "Organized in 국명(부분품별 원산지 나열)"

---

49) 2005년 1월 개정시에는 수출자나 판매자를 제조자인 것처럼 기재하여 원산지를 속이고자 하는 사례를 방지하고 원산지 파악을 용이하게 하기 위하여 "물품 제조자의 회사명, 주소, 국명" 앞에 "Made by" 또는 이와 유사한 문구가 추가된 경우에만 적정한 원산지 표시로 인정하였다; 산업통상자원부 보도자료, 2005.1.14.

50) 번역은 다음과 같다: "Designed in~"(디자인드 인; ~에서 디자인된), "Fashioned in~"(패션드 인; ~에서 유행된), "Moded in~", "styled in~"(스타일드 인; ~에서 유행된), "Licensed by~"(라이썬스트 인; ~에 의하여 허가된), "Finished in~"(피니쉬트 인; ~에서 완성된)

㉯ 단순 혼합물품 : "Mixed in 국명(원재료별 원산지 나열)"
㉰ 중고물품 : "Imported from 국명"[51]

(2) 기타 수입물품의 원산지표시방법

위의 "수입물품 자체에 대한 원산지표시방법의 일반원칙"(해당 물품에 원산지를 표시하는 방법)에 대한 예외로서, 소비자를 보호하기 위하여 필요한 경우 다음과 같은 예외적인 원산지표시방법(해당 물품 또는 해당 물품의 최소포장·용기 등에 원산지를 표시하는 방법)을 적용한다.

 기타 수입물품의 원산지표시방법

물품 자체에 표시하기 곤란한 물품의 원산지표시방법
[해당 물품에 원산지를 표시하는 것이 곤란하다고 인정되는 다음의 경우]

① 해당 물품에 원산지를 표시하는 것이 불가능한 경우
② 원산지표시로 인해 해당물품이 크게 훼손되는 경우(예: 당구공, 콘택즈렌즈,포장하지 않은 집적회로 등)
③ 원산지표시로 인하여 해당 물품의 가치가 실질적으로 저하되는 경우
④ 원산지 표시의 비용이 해당 물품의 수입을 막을 정도로 과도한 경우(예: 물품값보다 표시비용이 더 많이 드는 경우 등)
⑤ 상거래관행상 최종 구매자에게 포장·용기에 봉인되어 판매되는 물품 또는 봉인되지는 않았으나 포장·용기를 뜯지 않고 판매되는 물품(예: 비누,칫솔,VIDEO TAPE 등)
⑥ 실질적변형을 일으키는 제조공정에 투입되는 부품과 원재료를 수입후 실수요자에게 직접 공급하는 경우
⑦ 물품의 외관상 원산지의 오인 가능성이 적은 경우(예 : 두리안, 오렌지, 바나나와 같은 과일·채소 등)
⑧ 관세청장이 산업통상자원부장관과 협의하여 타당하다고 인정하는 물품

수입물품 자체의 원산지표시방법의 일반원칙에 따라, 해당 물품의 **최소포장 또는 용기 등**에 원산지 표시 가능

다음의 물품

- 원산지오인 우려수입물품
- 수입된 원산지표시대상물품을 단순 가공한 물품
- 수입 세트물품
- 수입용기
- 국내생산물품등

수입물품 자체의 원산지표시방법의 일반원칙 또는 기타의 방법에 따라, **해당 물품, 최소포장 또는 용기 등**에 원산지 표시 가능

㈎ 물품 자체에 표시하기 곤란한 물품의 원산지표시방법

원산지 표시단위는 최소 포장단위로 해당 수입물품의 현품에 표시하는 것이 원칙이다. 즉, 원산지표시대상물품에 대하여는 해당 물품에 원산지를 표시해야 하는 것이 원칙이지만, 이러한 원칙에도 불구하고, 해당 물품에 원산지를 표시하는 것이 곤란하다고 인정되는 다음의 어느 하나에 해당되는 경우에는 해당 물품에 원산지를 표시하

---

51) 번역은 다음과 같다: "Organized in~"(올거나이즈드 in; ~에서 디자인된), "Mixed in~"(믹스트 인; ~에서 유행된), "Imported from~"(임폴틴 프람; ~로부터 수입된)

지 않고 해당 물품의 최소포장, 용기 등에 수입물품의 원산지표시를 할 수 있다[52].

① 해당 물품에 원산지를 표시하는 것이 불가능한 경우[53]

② 원산지표시로 인하여 해당 물품이 크게 훼손되는 경우(예: 당구공, 콘택즈렌즈, 포장하지 않은 집적회로 등)

③ 원산지표시로 인하여 해당 물품의 가치가 실질적으로 저하되는 경우[54]

④ 원산지 표시의 비용이 해당 물품의 수입을 막을 정도로 과도한 경우(예: 물품값보다 표시비용이 더 많이 드는 경우 등)

⑤ 상거래 관행상 최종 구매자에게 포장, 용기에 봉인되어 판매되는 물품 또는 봉인되지는 않았으나 포장, 용기를 뜯지 않고 판매되는 물품(예: 비누, 칫솔, VIDEO TAPE 등)

⑥ 실질적 변형을 일으키는 제조공정에 투입되는 부품 및 원재료를 수입 후 실수요자에게 직접 공급하는 경우

⑦ 물품의 외관상 원산지의 오인 가능성이 적은 경우(예 : 두리안, 오렌지, 바나나와 같은 과일·채소 등)

⑧ 관세청장이 산업통상자원부장관과 협의하여 타당하다고 인정하는 물품

(나) 원산지오인 우려 표시물품의 원산지표시방법

원산지오인 우려 표시물품[55]은 해당 물품 또는 포장·용기의 전면에 "수입물품의 원산지표시의 일반원칙"에 따라 원산지를 표시하여야 하며, 물품의 특성상 전후면의 구별이 어렵거나 전면에 표시하기 어려운 경우 등에는 원산지 오인을 초래하는 표시와 가까운 곳에 표시하여야 한다. 다만, 해당물품에 원산지가 적합하게 표시되어 있고, 최종판매단계에서 진열된 물품 등을 통하여 최종구매자가 원산지 확인이 가능하며, 국제 상거래 관행상 통용되는 방법으로 원산지를 표시하는 경우 세관장은 산업통상자원부장관과 협의하여 포장·용기에 표시된 원산지가 원산지 오인을 초래하는 표시와 가깝지 않은 곳에 있어도 원산지 오인이 없는 것으로 볼 수 있다.[56]

한편, 원산지오인 우려 표시물품에 해당되는 수입 물품을 판매하는 자는 판매 또는

---

52) 대외무역관리규정 제75조.
53) 예: 냉동옥수수, 밀가루, 주류 등
54) 예: 귀걸이 등 패션상품(단, 라벨, 스티커 등 제품에 손상을 주지 않는 방법으로 표시가 가능한 경우 이와 같은 방법으로 표시)
55) 원산지오인 우려 표시물품이란 원산지표시대상물품이 ① 주문자 상표부착(OEM)방식에 의해 생산된 수입물품의 원산지와 주문자가 위치한 국명이 상이하여 최종구매자가 해당 물품의 원산지를 오인할 우려가 있는 물품, 또는 ② 물품 또는 포장·용기에 현저하게 표시되어 있는 상호·상표·지역·국가 또는 언어명이 수입물품의 원산지와 상이하여 최종구매자가 해당 물품의 원산지를 오인할 우려가 있는 물품을 말한다.
56) 대외무역관리규정 제77조 제2항.

진열시 소비자가 알아볼 수 있도록 상품에 표시된 원산지와는 별도로 스티커, 푯말 등을 이용하여 원산지를 표시하여야 한다[57].

원산지오인 우려표시물품 / **원산지 표시방법**
원산지표시대상물품이 다음의 어느 하나에 해당하는 물품
① 주문자 상표부착(OEM)방식에 의해 생산된 수입 물품의 원산지와 주문자가 위치한 국명이 상이하여 최종 구매자가 해당물품의 원산지를 오인할 우려가 있는 물품, 또는
② 물품 또는 포장·용기에 현저하게 표시되어 있는 상호·상표·지역·국가 또는 언어명이 수입 물품의 원산지와 상이하여 최종 구매자가 해당 물품의 원산지를 오인할 우려가 있는 물품

원칙 해당 물품 또는 포장, 용기의 전면에
수입물품 자체의 원산지표시의 일반원칙에 따라 원산지 표시

예외 물품의 특성상 전후면의 구별이 어렵거나 전면에 표시하기 어려운 경우 등
원산지 오인을 초래하는 표시와 가까운 곳에 원산지 표시
(다만, 해당물품에 원산지가 적합하게 표시되어 있고, 최종판매단계에서 진열된 물품 등을 통하여 최종구매자가 원산지 확인이 가능하며, 국제 상거래 관행상 통용되는 방법으로 원산지를 표시하는 경우 세관장은 산업통상자원부장관과 협의하여 포장·용기에 표시된 원산지가 원산지 오인을 초래하는 표시와 가깝지 않은 곳에 있어도 원산지 오인이 없는 것으로 볼 수 있다)

예외 물품의 판매자
판매 또는 진열시 소비자가 알아볼 수 있도록 상품에 표시된 원산지와는 별도로 스티커, 푯말 등을 이용하여 원산지 표시

㈐ 원산지표시대상물품을 단순가공한 물품의 원산지표시방법

원산지표시대상물품을 수입한 후 단순한 가공활동을 수행하여 국산품으로 판매하는 것을 방지하기 위하여 단순가공물품에 대한 원산지표시의무를 부과하고 있다. 즉, 수입된 원산지표시대상물품에 대하여 대통령령으로 정하는 단순한 가공활동을 거침으로써 해당 물품의 원산지 표시를 손상하거나 변형한 자(무역거래자 또는 물품등의 판매업자에 대하여 제4항[58])이 적용되는 경우는 제외한다)는 그 단순 가공한 물품등에 당초의 원산지를 표시하여야 한다.[59] 여기에서, "대통령령으로 정하는 단순한 가공활동"이란 판매목적의 물품포장 활동, 상품성 유지를 위한 단순한 작업 활동 등 물품의 본질적 특성을 부여하기에 부족한 가공활동을 말하며, 그 가공활동의 구체적인 범위는 관계 중앙행정기관의 장과 협의하여 산업통상자원부장관이 정하여 고시하며, 단순한 가공활동의 구체적인 사항은 대외무역관리규정 제85조 제8항 각호를 준용한다.[60]

---

57) 대외무역관리규정 제77조 제3항.
58) 원산지의 거짓으로 표시하거나 또는 오인하게 하는 표시를 하는 행위, 원산지표시를 손상 또는 변경하는 행위, 원산지표시대상물품에 대하여 원산지표시를 하지 아니하는 행위를 한 무역거래자 또는 물품등의 판매업자에게는 이 규정이 적용되지 않는다.
59) 「대외무역법」 제33조 제2항.
60) 「대외무역법 시행령」 제55조 제2항 및 대외무역관리규정 제75조 제3항.

수입된 원산지표시대상 물품을 단순가공한 물품	수입 물품의 원산지를 변경할 수 없을 정도의 단순한 가공활동의 수행 결과, 원산지 표시가 손상되거나 변형된 물품

원산지 표시 방법	수입된 원산지표시대상물품에 대하여 대통령령으로 정하는 단순한 가공활동을 거침으로써 해당 물품의 원산지 표시를 손상하거나 변형한 자 원산지를 거짓 또는 오인하게 표시하는 행위, 원산지표시를 손상 또는 변경하는 행위, 원산지 표시대상물품에 원산지표시를 하지 않은 행위를 한 무역거래자 또는 물품등의 판매업자에 대 하여는 이 규정이 적용되지 않음

그 단순 가공한 물품등에 당초의 원산지를 표시

원산지표시대상물품이 수입된 후, 최종 구매자가 구매하기 이전에
국내에서 단순 제조, 가공처리되어 수입 물품의 **원산지가 은폐, 제거되거나 은폐, 제거될 우려가 있는 물품**

제조, 가공업자(수입자가 제조업자인 경우를 포함함)는
완성 가공품에 수입 물품의 원산지가 분명하게 나타나도록 원산지를 표시

원산지표시대상물품이 대형 포장 형태로 수입된 후에 최종구매자가 구매하기 이전에
국내에서 소매단위로 재포장되어 판매되는 물품(예: 화장품 등)

재포장 판매업자(수입자가 판매업자인 경우 포함)는
재포장용기에 수입물품의 원산지가 분명하게 나타나도록 원산지 표시

원산지표시대상물품이 대형 포장 형태로 수입된 후에 최종구매자가 구매하기 이전에
국내에서 소매단위로 재포장되지 않고 낱개 또는 산물로 판매되는 경우(예: 농수산물 등)

재포장 판매업자(수입자가 판매업자인 경우 포함)는
물품 또는 판매용기, 판매장소에 스티커 부착, 푯말부착 등의 방법으로 수입품의 원산지 표시

원산지표시대상 물품이 수입된 후 최종구매자가 구매하기 전에
다른 물품과 결합되어 판매되는 경우(예: 바이올린과 바이올린케이스, 라이터와 라이터케이스)

제조, 가공업자(수입자가 제조업자인 경우 포함)는
수입된 해당 물품의 원산지가 분명하게 나타나도록 **"(해당 물품명)의 원산지: 국명"**의 형태로 원산지 표시

그 밖의 경우(다음의 규정을 준용함)

"수입 물품의 원산지표시대상물품등"(제75조), "수입물품 원산지표시의 일반원칙"(제76조),
"원산지오인 우려 표시물품의 원산지 표시"(제77조), "수입 세트물품의 원산지표시"(제79조),
"수입용기의 원산지 표시"(제80조) 및 "수입 물품 원산지 표시방법의 세부사항"(제81조)

따라서, 단순한 가공활동을 거침으로써 원산지 표시가 손상되거나 변형된 물품의 원산지표시는 다음의 어느 하나의 방법에 따라 원산지를 표시하여야 한다.[61]

① 원산지표시대상물품이 수입된 후, 최종 구매자가 구매하기 이전에 국내에서 단순 제조·가공처리되어 수입 물품의 원산지가 은폐·제거되거나 은폐·제거될 우려가 있는 물품의 경우에는 제조·가공업자(수입자가 제조업자인 경우를 포함한다)는 완성 가공품에 수입 물품의 원산지가 분명하게 나타나도록 원산지를 표시하여야 한다.

② 원산지표시대상물품이 대형 포장 형태로 수입된 후에 최종구매자가 구매하기 이전에 국내에서 소매단위로 재포장되어 판매되는 물품[62]인 경우에는 재포장 판매업자(수입자가 판매업자인 경우를 포함한다)는 재포장용기에 수입물품의 원산지가 분명하게 나타나도록 원산지를 표시하여야 한다. 재포장되지 않고 낱개 또는 산물로 판매되는 경우[63]에도 물품 또는 판매용기·판매장소에 스티커

---

61) 대외무역관리규정 제78조 제1항 본문.
62) 예: 화장품 등
63) 예: 농수산물 등

부착, 푯말부착 등의 방법으로 수입품의 원산지를 표시하여야 한다.

③ 원산지표시대상 물품이 수입된 후에 최종 구매자가 구매하기 이전에 다른 물품과 결합되어 판매되는 경우(예: 바이올린과 바이올린케이스, 라이터와 라이터케이스 등)에는 제조·가공업자(수입자가 제조업자인 경우를 포함한다)는 수입된 해당 물품의 원산지가 분명하게 나타나도록 "(해당 물품명)의 원산지: 국명"의 형태로 원산지를 표시하여야 한다.[64]

㈆ 수입 세트물품의 원산지표시방법

수입 세트물품에 해당되는 원산지 표시대상은 관세청장이 정하는 바, 이러한 수입 세트물품의 경우 해당 세트물품을 구성하는 개별 물품들의 원산지가 동일하고 최종 구매자에게 세트물품으로 판매되는 경우에는 개별 물품에 원산지를 표시하지 아니하고 그 물품의 포장·용기에 원산지를 표시할 수 있다. 또한 수입 세트물품을 구성하는 개별 물품들의 원산지가 2개국 이상인 경우에는 개별 물품에 각각의 원산지를 표시하고, 해당 세트 물품의 포장·용기에는 개별 물품의 원산지를 모두 나열·표시하여야 한다(예: Made in China, Taiwan, ...).[65]

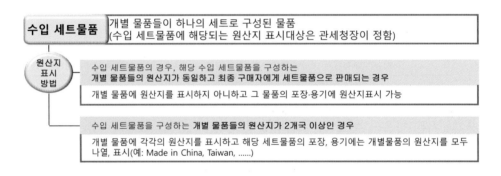

㈇ 용기수입물품의 원산지표시방법

관세율표에 따라 용기로 별도 분류되어 수입되는 물품의 경우에는 용기에 "(용기명)의 원산지: (국명)"에 상응하는 표시를 하여야 한다(예: "Bottle made in 국명"). 위 규정에도 불구하고 1회 사용으로 폐기되는 용기의 경우에는 최소 판매단위의 포장에 용기의 원산지를 표시할 수 있으며, 실수요자가 이들 물품을 수입하는 경우에는 용기의 원산지를 표시하지 않아도 무방하다.[66]

---

64) 라이터는 중국산, 라이터케이스는 일본산인 경우, 라이터케이스에는 "Case Made in Japan"과 같이 원산지를 표시한다.
65) 대외무역관리규정 제79조.
66) 대외무역관리규정 제80조.

● 수입용기의 원산지표시방법

	채워진 상태로 수입	빈 상태로 수입
재사용가능 용기	내용물품과 수입용기의 원산지를 용기에 각각 표시("Content made in 국명", "Bottle made in 국명")	해당 수입용기의 원산지를 용기에 표시 ("Bottle made in 국명")
1회용 용기	해당 내용물품의 원산지를 용기에 표시("Made in 국명")	해당 수입용기의 최소판매단위의 포장에 원산지 표시("Bottle made in 국명"). 다만, 실수요자가 수입하는 경우 표시 면제함

㈎ 국내생산물품등의 원산지표시방법

"국내생산물품등"이란 수입원료를 사용하여 국내에서 생산되어 국내에서 유통되거나 판매되는 물품등으로서, 국내생산물품등의 원산지를 우리나라로 볼 수 있는 경우에는 "원산지표시방법의 일반원칙"에 따라 원산지를 표시할 수 있으며, 수입원료를 사용한 국내생산물품 중 원산지를 우리나라로 볼 수 없는 경우에는 다음의 방법에 따라 원산지를 표시할 수 있다.[67]

① 우리나라를 "가공국" 또는 "조립국"으로 표시하되 원료 또는 부품의 원산지를 동일한 크기와 방법으로 병행하여 표시(예: "조립국 : 한국(부품의 원산지 : 중국)")

② 위의 ①의 원료나 부품이 1개국의 생산품인 경우에는 "원료(또는 부품)의 원산지 : 국명"을 표시

---

67) 대외무역관리규정 제86조 제5항.

③ 위의 ①의 원료나 부품이 2개국 이상(우리나라를 포함)에서 생산된 경우에는 완성품의 제조원가의 재료비에서 차지하는 구성비율이 높은 순으로 2개 이상의 원산지를 각각의 구성비율과 함께 표시(예 : "원료 (또는 부품)의 원산지 : 국명(○%), 국명(○%)")

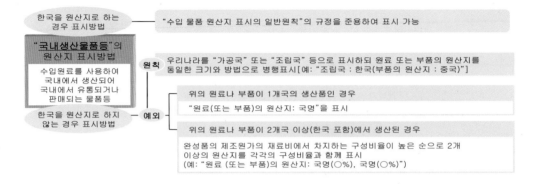

3. 수출물품에 대한 원산지표시방법

수출물품에 대하여 원산지를 표시하는 경우에는 "수입물품의 원산지표시방법"에 따라 원산지를 표시하되, 그 물품에 대한 수입국의 원산지표시규정이 이와 다르게 표시하도록 되어 있는 경우에는 그 규정에 따라 원산지 표시를 할 수 있다. 다만, 수입한 물품에 대하여 국내에서 단순한 가공활동을 거쳐 수출하는 경우에는 우리나라를 원산지로 표시하여서는 아니된다.[68]

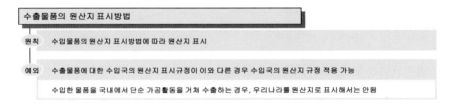

III. 수출입물품의 원산지판정

원산지판정은 A국이 생산한 물품을 C국이 수입하는 것과 같이 특정물품의 생산에 1개국이 관련된 경우이거나, 또는 A국이 B국으로부터 부품을 수입하여 생산한 물품을 C국이 수입하는 것과 같이 특정물품의 생산에 2개국이 관련된 경우, 이들 물품의 원산지가 어느 국가인지를 결정하는 것을 말한다.

---

68) 대외무역법시행령 제56조 제5항.

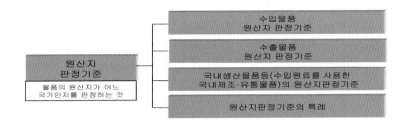

1. 수입물품의 원산지 판정기준

"원산지기준"이란 해당 수출품의 수출국을 원산지국가로 인정할 것인지 여부를 결정하는 요건으로서 일반적으로 가공공정기준 및 부가가치기준으로 구분하고 있으며, 수출품의 원자재 전량이 수출국내에서 획득, 제조, 가공된 수출품은 당연히 수출국이 원산지 국가가 된다.[69] 원산지기준은 원료를 글로벌 소싱(global sourcing)하거나 글로벌 제품생산(global manufacture)이 이루어지는 경우에 그 의미를 가질 수 있다.

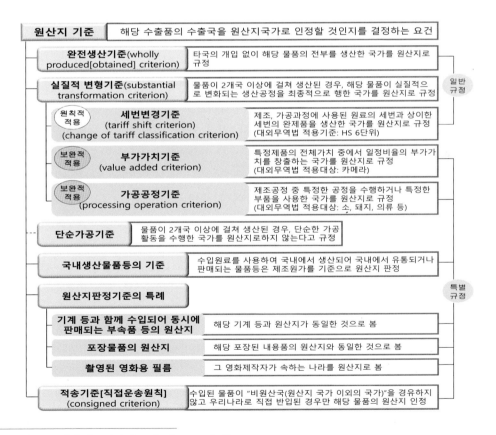

---

69) 수출물품원산지증명발급규정 제1-3조 제2항.

(1) 완전생산기준

완전생산의 기준(wholly produced criterion)은 어떤 물품이 타국의 개입 없이 전적으로 한 나라 내에서만 획득·생산되는 경우와 같이 해당 물품의 전부를 생산한 국가를 원산지로 보는 기준이다. "완전생산물품"[70]이란 수출입물품의 전부가 하나의 국가에서 채취 또는 생산된 물품으로서, 그 국가를 해당 물품의 원산지로 한다.[71]

(2) 실질적 변형의 기준

실질적 변형의 기준(substantial transformation criterion)은 물품이 2개국 이상에 걸쳐 생산된 경우 해당 물품이 실질적으로 변화되는 생산공정을 최종적으로 행한 국가를 원산지로 보는 기준을 말한다. 즉, 어떤 동물의 출생국과 사육국이 다른 경우, 또는 여러 나라의 부품을 사용하여 생산한 경우와 같이 생산에 2개국 이상이 관여하는 경우에는 실질적 변형기준을 적용하여 원산지를 결정한다.[72] 이 기준은 보다 구체적이고 비교적 집행이 용이하도록 세번변경기준(change of tariff classification criterion; tariff shift criterion)과 부가가치기준(value added criterion), 가공공정기준(processing operation criterion) 등으로 운영되고 있다. 여기에서 세번변경기준과 가공공정기준은 기술적인 기준이며, 부가가치기준은 경제적인 기준이라 할 수 있다.

위의 규정에 의하면, 대외무역법령에서는 실질적 변형이 행해지는 경우, 원칙적으로 세번변경기준(HS 6단위변경)이 적용되고, 예외적으로 부가가치기준(카메라), 가공공정기준(주요부품 또는 주요공정기준; 소, 돼지, 기타 가축, 의류 등)이 보완적으로 적용되고 있다.

① 세번변경기준(change of tariff classification criterion; tariff shift criterion) 제조·가공과정에 사용된 원료(input)의 세번과 상이한 세번(HS 6단위 기준)의 완제품(output)을 생산한 국가를 원산지로 보는 기준으로서, 누구든지 객관적인 HS 세번만 알

---

70) 완전생산물품은 농수산물, 동식물, 지하자원 등의 천연생산품이나 이들 천연생산품만을 원재료로 하여 한 나라에서 제조한 물품(예를 들면, 뉴질랜드에서 자란 양에서 양모를 채취하여 이를 원료로 하여 뉴질랜드에서 제조한 직물) 등을 말한다.

71) 대외무역관리규정 제85조 제1항.

72) "실질적 변형"이란 최종적으로 실질적 변형을 행하여 그 물품의 본질적 특성을 부여하는 활동으로서, 해당국에서의 제조·가공과정을 통하여 원재료의 세번과 상이한 세번(대외무역법: HS 6단위기준)의 제품을 생산하는 것(단, 세번 변경 여부의 적용에 있어서 관세율표의 해석에 관한 통칙 제2호 가목을 예외적용하여 미조립 완성품은 HS 세번의 변경이 없어도 임가공국을 원산지로 한다)을 말하는데, 수출입물품의 생산·제조·가공과정에 2이상의 국가가 관련된 경우에는 "실질적 변형"을 수행한 국가를 그 물품의 원산지로 한다. 이러한 실질적 변형에도 불구하고, 산업통상자원부장관이 별도로 정하는 물품(즉, 별표 69)에 대하여는 부가가치, 주요부품 또는 주요공정 등에 의하여 해당 물품의 원산지를 판정한다; 대외무역관리규정 제85조 제2항 및 제4항.

면 판정이 가능한 기준이다. 예를 들면, A국이 B국으로부터 유리섬유(HS 7019.00)를 수입하여 제조·가공과정을 통하여 직물(HS 4016.00)을 생산한 경우에는 B국을 원산지로 한다.

② 부가가치기준(value added criterion)　특정 제품의 전체가치 중에서 일정비율 이상의 부가가치를 창출하는 국가를 원산지로 보는 기준으로서, 세번변경이 실질적 변형을 반영하지 못하는 경우 또는 주요부품이나 주요공정을 특정하기 어려운 경우에 주로 사용된다. 이 경우, 일정비율 이상의 부가가치를 창출한 국가에서 실질적 변형이 일어난 것으로 본다.

③ 가공공정기준(processing operation criterion)　가장 객관적인 기준으로 제조공정 중 특정한 공정을 수행하거나 특정한 부품을 사용한 국가를 원산지로 하는 기준이다.[73] 예를 들면, 커피의 경우에는 볶음공정을 수행한 국가를 원산지로 보며, TV의 경우에는 브라운관(CRT)을 생산한 국가를 원산지로 본다. 현행 「대외무역법」은 재단한 직물을 봉제하여 완성한 의류의 경우 재단공정을 수행한 국가를 원산지로 인정하고 있다.

(3) 단순한 가공활동의 기준

수출입물품의 생산·제조·가공과정에 2이상의 국가가 관련된 경우 "단순한 가공활동"을 수행하는 국가를 원산지로 하여서는 안된다. 여기서 "단순한 가공활동"이란 다음의 하나에 해당하는 것으로서, 단순한 가공활동을 수행하는 국가에는 원산지를 부여하지 아니한다.[74]

① 운송 또는 보관 목적으로 물품을 양호한 상태로 보존하기 위해 행하는 가공활동
② 선적 또는 운송을 용이하게 하기 위한 가공활동
③ 판매목적으로 물품의 포장등과 관련된 활동
④ 제조·가공결과 HS 6단위가 변경되는 경우라도, ㉠ 통풍, ㉡ 건조 또는 단순가열(볶거나 굽는 것 포함), ㉢ 냉동, 냉장, ㉣ 손상부위의 제거, 이물질 제거, 세척, ㉤ 기름칠, 녹방지 또는 보호를 위한 도색, 도장, ㉥ 거르기 또는 선별(sifting or screening), ㉦ 정리(sorting), 분류 또는 등급선정(classifying or grading), ㉧ 시험 또는 측정, ㉨ 표시나 라벨의 수정 또는 선명화, ㉩ 가수, 희석, 흡습, 가염, 가당, 전리(ionizing), ㉪ 각피(husking), 탈각(shelling or unshelling), 씨제거 및 신선 또는 냉장육류의 냉동, 단순 절단 및 단순혼합, ㉫ 별표 9에서 정한 HS 01류의 가축을 수입하여 해당국에서 도축하는 경우 같은 별표에서 정한 품목별 사육기간 미

---

73) 산업자원부, 원산지 표시제도 주요내용, 2003.6.
74) 대외무역관리규정 제85조 제8항.

만의 기간 동안 해당국에서 사육한 가축의 도축(slaughtering), ㉕ 펴기(spreading out), 압착(crushing), ㉖ 앞의 ㉮부터 ㉕까지의 규정에 준하는 가공으로서 산업통상자원부장관이 별도로 판정하는 단순한 가공활동, 즉 이러한 가공의 하나에 해당되는 가공과 이들이 결합되는 가공은 단순한 가공활동의 범위에 포함된다. 예를 들면, 고사리(HS 070900)가 건조되어 건고사리(HS 071290)로 되는 경우이다.

2. 수입원료를 사용한 국내생산물품등의 원산지판정기준

"국내생산물품등"(수입원료를 사용하여 국내에서 생산되어 국내에서 유통되거나 판매되는 물품등)의 원산지기준이란 원료나 부품을 수입하여 국내에서 완제품을 생산할 경우 어떤 조건을 충족해야 한국산으로 표시할 수 있는가에 대한 품목별 기준을 말한다. 현재 "국내생산물품등"의 원산지기준의 대상이 되는 품목은 "수입 물품 원산지표시대상물품"(별표 8) 중 ㉮ 국내수입 후 단순한 가공활동을 한 물품(제85조 제8항), ㉯ 1류~24류(농수산물·식품), 30류(의료용품), 33류(향료·화장품), 48류(지와 판지), 49류(서적·신문·인쇄물), 50류~58류(섬유), 70류(유리), 72류(철강), 87류(8701-8708의 일반차량), 89류(선박)에 해당되지 않는 물품, 즉 가죽제품, 모피제품, 목제품, 의류, 신발, 모자, 우산, 도자기제품, 장식용품, 안정기·램프, 광학기기, 압력계, 가구, 조명기구, 완구, 낚시용품, 문구류·라이터 등 소비자 피해가 발생한 소비재품목으로서, 이들 품목이 다음의 어느 하나에 해당하는 경우 우리나라를 원산지로 하는 물품으로 본다. 다만, 천일염[75]은 외국산 원재료가 사용되지 않고 제조되어야 우리나라를 원산지로 본다[76]

① 우리나라에서 제조·가공과정을 통해 수입원료의 세번과 상이한 세번(HS 6단위 기준)의 물품을 생산하거나 세번 HS 4단위에 해당하는 물품의 세번이 HS 6단위에서 전혀 분류되지 아니한 물품으로, 해당 물품의 총 제조원가 중 수입원료의 수입가격(CIF가격 기준)을 공제한 금액이 총 제조원가의 51% 이상인 경우

② 우리나라에서 제85조 제8항의 단순한 가공활동이 아닌 제조·가공과정을 통해 제1호의 세번 변경이 안된 물품을 최종적으로 생산하고, 해당 물품의 총 제조원가 중 수입원료의 수입가격(CIF가격 기준)을 공제한 금액이 총 제조원가의 85% 이상인 경우

---

75) "천일(天日)염"이란 염전에서 바닷물을 자연 증발시켜 제조하는 염을 말한다(염관리법 제2조 제4호).

76) 대외무역관리규정 제86조 제1항, 제2항 및 제3항.

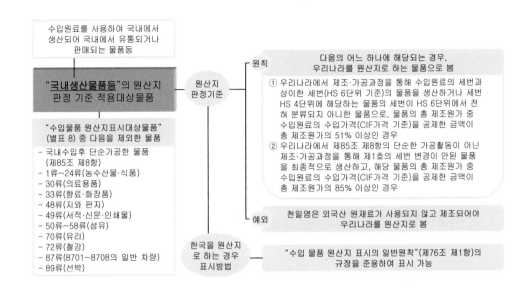

3. 원산지판정기준의 특례

원산지판정기준의 특례에 대한 규정은 다음과 같다.[77]

① 기계·기구·장치 또는 차량에 사용되는 부속품으로 해당 기계 등과 함께 수입되어 판매되는 표준부속품의 원산지는 해당 기계 등의 원산지와 동일한 것으로 본다.

② 포장용품의 경우 내수용의 원산지와 동일한 것으로 보나 관세율표상 포장용품과 내용품이 각각 별개의 수입품으로 분류되는 품목은 별도의 원산지를 구분 적용한다.

③ 촬영된 영화필름의 경우에 제3국에서 촬영된 것이라도 그 영화제작자가 속하는 국가를 원산지로 본다.

IV. 원산지의 확인

원산지확인은 통합공고에 의한 수입제한물품, 원산지표시 위반물품 등을 단속하기 위하여 원산지증명서 등 관련 자료의 제출을 받는 것을 말한다.

---

77) 대외무역관리규정 제87조.

1. 수입물품의 원산지증명서 등의 제출

(1) 수입물품의 원산지증명서 등의 제출

원산지를 확인하여야 할 물품을 수입하는 자는 수입신고전까지 원산지증명서[78]등 관계자료를 제출하고 확인을 받아야 하는데, 수입시 원산지증명서를 제출하여야 하는 경우는 다음과 같다.[79]

① 통합공고에 의하여 특정지역으로부터 수입이 제한되는 물품

② 원산지 허위표시, 오인·혼동표시 등을 확인하기 위하여 세관장이 필요하다고 인정하는 물품

③ 그 밖에 법령에 의하여 원산지 확인이 필요한 물품

(2) 수입물품의 원산지증명서 등의 제출면제

원산지확인물품에 대하여는 수입신고전까지 원산지증명서를 제출하여야 하지만 다음의 경우는 예외로 한다.[80]

① 과세가격(종량세의 경우에는 이를 「관세법」 제15조[81]의 규정에 준하여 산출한 가격)이 15만원 이하인 물품

② 우편물(「관세법」 제258조 제2항[82]에 해당하는 것을 제외한다.)

③ 개인에게 무상 송부된 탁송품·별송품[83] 또는 여행자의 휴대품

④ 재수출조건부 면세대상물품등 일시 수입물품

⑤ 보세운송, 환적 등에 의하여 우리나라를 단순히 경유하는 통과화물

⑥ 물품의 종류, 성질, 형상 또는 그 상표, 생산국명, 제조자 등에 의하여 원산지가 인정되는 물품

⑦ 그 밖에 관세청장이 산업통상자원부장관과 협의하여 타당하다고 인정하는 물품

---

78) 원산지증명서(Certificate of Origin; C/O)란 수입통관 또는 수출대금의 결제시 구비서류의 하나로서 해당 물품이 해당국에서 생산, 제조 또는 가공되었다는 사실을 증명하는 서류이다.

79) 대외무역관리규정 제91조.

80) 대외무역관리규정 제92조.

81) 관세의 과세표준은 수입물품의 가격 또는 수량으로 한다(관세법 제15조)

82) 우편물이 「대외무역법」 제14조에 따른 수출입의 승인을 받은 것이거나 기타 대통령령이 정하는 기준에 해당하는 것인 때에는 해당 우편물의 수취인 또는 발송인은 제241조에 따른 신고를 하여야 한다(관세법 제258조 제2항).

83) 탁송품이란 외국의 친지 등이 송부하여 주는 물품을 말하고, 별송품이란 여행자가 외국에서 취득한 물품을 휴대하여 반입하지 않고 별도로 송부하는 물품을 말한다.

2. 원산지확인에 있어서의 직접운송원칙

원산지증명서에 의한 원산지 인정은 해당 원산국에서 직접 우리나라로 운송, 반입된 물품에 한하여 적용하며, 제3국을 경유한 때에는 이를 증명하는 별도의 서류를 제출하여 확인받아야 한다.

즉, 수입물품의 원산지는 그 물품이 "비원산국"(원산지국가 이외의 국가)을 경유하지 아니하고 원산지국가로부터 직접 우리나라로 운송반입된 물품에만 해당 물품의 원산지를 인정한다. 그러나 다음의 하나에 해당하는 경우에는 해당 물품이 비원산국의 보세구역 등에서 세관감시하에 환적 또는 일시장치 등이 이루어지고, 이들 이외의 다른 행위가 없었음이 인정되는 경우에만 이를 우리나라로 직접운송된 물품으로 보며, 이러한 물품의 경우에는 관세청장이 정하는 서류를 원산지증명서와 함께 세관장에게 제출하여야 한다.[84)]

① 지리적 또는 운송상의 이유로 비원산국에서 환적 또는 일시장치가 이루어진 물품의 경우
② 박람회, 전시회 기타 이에 준하는 행사에 전시하기 위하여 비원산국으로 수출하였던 물품으로서 해당 물품의 전시목적에 사용 후 우리나라로 수출한 물품의 경우

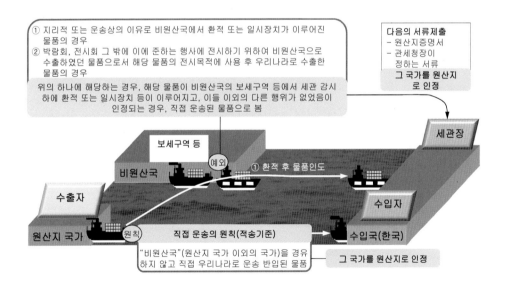

---

84) 대외무역관리규정 제93조.

환어음과 무역결제서류에 의한 대금 회수

제1절 환어음

Ⅰ. 환어음의 의의

어음은 일정한 금액의 지급을 목적으로 발행되는 유가증권의 일종으로서, 환어음 (bill of exchange; draft)과 약속어음(promissory note)이 있다. 환어음은 무역거래에 있어서 매도인과 매수인 간의 대금지급에 널리 쓰이고 있는 결제수단으로서, 추심결제 (D/P, D/A), 신용장결제 등의 무역대금결제에는 일반적으로 환어음에 선화증권 등의 선적서류(Shipping Documents)가 첨부된 화환어음(Documentary Bill)이 이용되고 있다.[1]

1. 환어음의 개념

환어음(draft; bill of exchange)[2]은 채권자인 발행인(drawer)이 채무자인 지급인(drawee)에게 일정금액의 지급을 위탁하는 형식의 유가증권으로서, 지급청구서(demand for payment)의 역할을 하는 것이다. 즉, 환어음은 어음작성자(발행인)가 제3자(지급인)에 대하여 어음에 기재된 일정한 금액을 일정한 기일에 어음상의 권리자(수취인 또는 지시인)에게 지급할 것을 위탁하는 유가증권을 말한다. 여기에서, 수취인(payee)은 지급인이 지급한 어음금액을 수취하는 자를 말한다.

따라서 무역거래에 있어서, 수출업자가 결제통화를 미달러로 하여 10만달러의 물품을 수출하는 경우에, 대금회수를 위하여 수출업자(발행인)가 발행하는 환어음의 기본적 내용은 다음과 같다.

---

1) 다만, 신용장방식에서 지급 또는 연지급신용장에서는 환어음 없이 선적서류만 제시된다.
2) Bill of Exchange를 단순히 Bill이라고 약칭하는 경우가 많다.

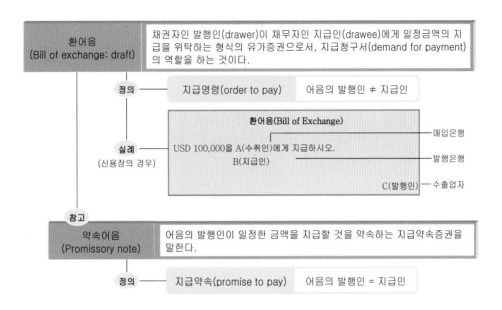

● 환어음·약속어음·수표의 비교[3]

구분		환어음	약속어음	수표
증권의 성격		지급위탁증권	지급위탁증권	지급위탁증권
수단		신용수단	지급수단	지급수단
관계당사자		발행인·수취인·지급인 (3인)	발행인·지급인 (2인)	발행인·수취인[1]·지급인(3인)
발행 및 제시		채권자(수출상)→채무자(지급인)	채무자→채권자	채무자→채권자
발행통수		복본(set)	단본(sole)	복본(set)[2]
지급기일		일람출급, 기한부	기한부[3]	일람출급
인수제도		있음	없음	있음
담보서류유무		있음	없음	없음
시효[4]	채권소멸	만기일로부터 3년	좌동	제시기간 경과후 6월
	대소지인소구권	거절증서일자 후 1년	좌동	
	대배서인소구권	어음환수일로부터 6월	좌동	

1) 수표는 어음의 경우와 달리 수취인의 표시가 반드시 있어야 하는 것은 아니다.
2) 수표의 복본발행은 국제간에 지급되는 경우만 해당된다. 한국수표법 제48조.
3) 그러나 만기의 기재가 없는 때에는 일람출급의 약속어음으로 본다; 한국어음법 제76조 제2항.
4) 한국어음법 제70조 및 한국수표법 제51조. 단, 수표의 경우 지급보증한 지급인에 대한 채권소멸시효는 수표 청구권제시기간 경과 후 1년이다.

---

3) 강원진, 무역결제론, 박영사, 2004, p.232.

한편, 수표는 발행인이 제3자(은행)에게 지급을 위탁하는 증권을 말하고, 약속어음 (promissory note)은 어음의 발행인이 일정한 금액을 지급할 것을 약속하는 지급약속 증권을 말한다. 즉, 약속어음은 채무자(발행인)가 채권자(지급인)에게 일정한 금액을 지급할 것을 약속하는 것을 말한다. 따라서 약속어음은 지급약속(promise to pay)이므로 어음의 발행인과 지급인이 동일하지만, 환어음은 지급명령(order to pay)이므로 어음의 발행인과 지급인이 다르다. 결국, 약속어음은 발행인이 지급할 것을 약속하는 것인 반면, 무역거래에서 사용되는 환어음은 수출업자(발행인)가 발행하고, 발행인 이외의 제3자(수입업자 또는 신용장발행은행)가 지급한다.

2. 환어음의 당사자

환어음의 당사자는 다음과 같다.
① 발행인(drawer) 환어음을 발행하고 서명하는 자로서 채권자인 수출업자를 말한다. 신용장거래에서 환어음의 발행인은 신용장상의 수익자이며, 양도가 행해진 신용장의 경우에는 제2수익자(양수인)가 된다. 환어음은 발행인의 서명날인(signature)이 있어야 유효하다.
예를 들면, 어음발행인인 수출업자는 추심결제방식 또는 신용장방식에서 계약 물품을 선적한 후 수출대금의 회수를 위하여 수입업자 또는 신용장발행은행을 지급인으로 하여 환어음을 발행하고 선적서류를 첨부하여 지급인에게 제시하거나, 또는 매입은행에 매입함으로써 수출대금을 지급받게 된다.

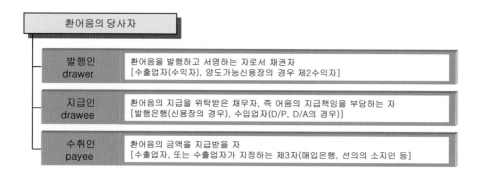

② 지급인(drawee) 환어음의 지급을 위탁받은 채무자로서 신용장발행은행 또는 수입업자를 말한다. 즉, 지급인은 어음의 지급책임을 부담하는 채무자로서, 신용장방식에서는 신용장발행은행, 추심결제방식(D/P, D/A)에서는 수입업자가 된다.
③ 수취인(payee) 환어음금액의 지급을 받을 자로서 어음발행인 또는 그가 지정하

는 제3자를 말한다. 즉, 수취인은 어음발행인인 수출업자가 될 수도 있고, 어음을 매입한 매입은행 또는 어음을 소지한 선의의 소지인(bona-fide holder)이 될 수도 있다. 따라서 환어음발행인과 수취인은 동일할 수도 있고, 동일하지 않을 수도 있다.

3. 환어음의 종류

환어음은 일반적으로 어음의 발행지와 지급지가 동일한 경우에는 내국환어음(inland bill), 어음의 발행지와 지급지가 다른 경우에는 외국환어음(foreign bill)이라고 한다.4) 외국환어음이 무역거래의 대상이 된다.

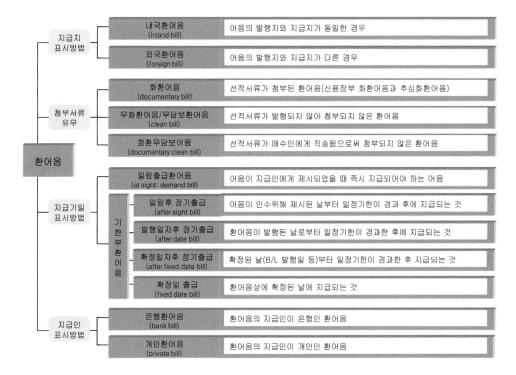

(1) 첨부서류의 유무에 따른 분류

① 화환어음(documentary bill) 선적서류가 첨부된 환어음을 말한다. 즉, 화환어음은 매도인이 발행인, 매수인이 지급인, 외국환은행이 수취인으로 되어 있는 환어음으로서, 선적서류(상업송장, 운송서류, 보험증권, 기타 요구서류) 중에서 운송중

---

4) 영국 Bill of Exchange Act 1882, Article 4(1); 미국 Uniform Negotiable Instruments Law, 1896, Article 129; Uniform Commercial Code §3-501(3).

의 물품을 상징하는 운송서류(즉, 선화증권)가 환어음의 담보물이 된다. 무역거래에서 환어음이라고 하면, 일반적으로 이 화환어음을 의미한다. 이는 다음과 같이 구분된다.

㉮ 신용장부 화환어음(documentary bill of exchange with letter of credit) : 신용장거래에서 사용되는 화환어음을 말한다.

㉯ 화환추심어음(bill of documentary collection): 추심결제방식(D/P, D/A)에서 추심을 위하여 발행된 환어음을 말한다.

② 무화환어음(무담보어음; clean bill) 선적서류가 첨부되지 않은 환어음을 말한다.

③ 화환무담보어음(Documentary Clean Bill) 매수인에게의 직송으로 선적서류가 첨부되지 않은 환어음으로서, 무담보어음(Clean Bill)과 구별된다.

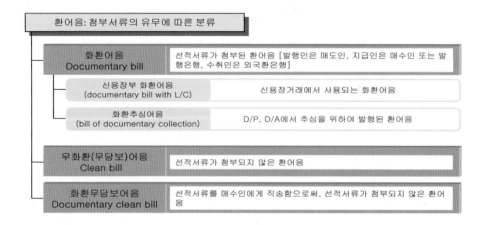

(2) 지급기일(만기일)에 따른 분류

만기(Maturity)는 어음금액이 지급될 날을 의미하는 것으로서, 어음상에 기재된 일자를 말하며, 지급기일(Date of Maturity; Due Date)이라고도 한다. 환어음은 만기일(어음의 지급기일)에 따라 일람출급환어음(at sight bill)과 기한부환어음(usance bill)으로 구분되고, 기한부환어음은 일람후 정기출급환어음(after sight bill), 발행일자후 정기출급환어음(after date bill), 확정일출급환어음(fixed date bill)으로 구분된다.[5]

무역에서 사용되는 것은 대부분이 일람출급환어음(어음면에 "at sight(일람출급)"로 표시된다)과 일람 후 정기출급환어음(어음면에 "at 90 days after sight(일람 후 90일 출급)" 등으로 표시된다)이다. 만기일의 기재가 없는 경우에는 일람출급으로 간주된다.

---

5) 우리나라 어음법 제33조에서는 "환어음은 일람출급, 일람후 정기출급, 발행일자후 정기출급, 확정일출급의 하나로 발행할 수 있으며, 이와 다른 만기 또는 분할출급의 환어음은 무효로 한다"고 규정하고 있다.

일람출급환어음의 경우에는 지급(payment)이라는 용어를 사용하고, 기한부환어음의 경우에는 어음을 인수(acceptance)한다는 용어를 사용하고 있는데, 어음의 인수(acceptance)는 지급인이 어음만기일에 어음금액의 지급을 행할 것을 약속하는 서명행위를 말하며, 대부분의 경우 인수인이 만기일에 지급인이 된다.

⑺ 일람출급환어음(at sight bill)

일람출급환어음(at sight bill) 또는 요구불어음(demand bill): 어음이 지급인에게 제시되었을 때 즉시 지급되어야 하는 어음을 말한다. 만기일의 표시가 없는 것은 일람출급으로 간주되기 때문에 일람출급환어음은 "at xx days after sight"로 표시된다. 일람출급의 환어음은 제시된 때 만기로 된다.[6] 즉, 어음이 지급인에게 제시(presentation)된 날이 만기이고, 즉시 어음금액이 지급된다. 국제무역에 있어서, 수출업자가 발행하는 환어음이 일람출급인 경우에는, 제시는 어느 때라도 상관없지만, 수입지의 추심은행이 어음제시를 받는다면, 지급인인 수입업자는 즉시 어음금액의 지급에 응하여야 한다.

⑻ 기한부환어음(usance bill)

기한부환어음(usance bill; time bill; term bill)은 어음이 지급인에게 제시되었을 때 즉시 지급되는 것이 아니라 일정기간이 경과한 후에 지급되어야 하는 어음을 말한다. 즉, 어음이 제시되었을 때 일람후(after sight) 또는 발행일자후(after date) 30일 또는 90일이라고 하는 일정기간 내에 지급되어야 하는 어음을 말한다. 기한부어음을 사용하는 경우에는 수입업자가 수입물품을 처분한 후 그 판매대금으로 어음만기일이 되었을 때 어음금액을 지급할 수 있다는 이점이 있다.

기한부환어음에서는 어음의 인수행위가 수반되어야 하는데, 인수(acceptance)[7]는 기한부어음이 어음지급인에게 제시되었을 때 만기일에 지급하겠다는 약속으로 어음상에 서명하는 행위를 말한다. 기한부환어음의 만기일의 계산은 일람후(after sight)조건의 어음인 경우에는 인수를 위하여 제시가 행해진 날의 다음 날부터 기산하여 어음기간의 일수가 만기일로 된다.

---

6) 어음법 제34조.
7) 우리나라 어음법 제25조에서는 어음의 인수방식과 관련하여, "인수"는 환어음에 기재하여야 한다. 인수는 "인수" 기타 이와 동일한 의의가 있는 문자로 표시하고 지급인이 기명날인 또는 서명을 하여야 한다. 어음의 표면에 지급인의 단순한 기명날인 또는 서명이 있으면 이를 인수로 본다. 일람후 정기출급의 어음 또는 특별한 기재에 의하여 일정한 기간내에 인수를 위한 제시를 하여야 할 어음에 있어서는 소지인이 제시일자의 기재를 청구한 경우외에는 인수에는 인수일자를 기재하여야 한다, 일자의 기재가 없는 때에는 소지인은 배서인과 발행인에 대한 청구권을 보전하기 위하여는 적법한 시기에 작성시킨 거절증서에 의하여 그 기재가 없었음을 증명하여야 한다"고 규정하고 있다.

국제무역에 있어서, 수출업자가 발행한 어음의 기한부어음인 경우, 예를 들면 일람 후 90일 출급(at 90 days after sight)조건인 경우에는, 추심은행으로부터 어음이 제시된 다음날로부터 기산하여 90일 이후가 만기이고, 그 만기일에 어음대금을 지급하는 것이므로 수입업자로서는 자금을 회전할 수 있다는 장점이 있다.

① 일람 후 정기출급환어음(after sight bill)

일람후 정기출급환어음(after sight bill; bill payable at a fixed period after sight)은 환어음이 인수를 위하여 제시된 날로부터 일정기간이 경과한 후에 지급되는 것을 말한다. 통상적으로 "30 days after sight(30 d/s)"의 경우에는 제시된 날로부터 30일이 경과한 후에 지급되고, "60 days after sight(60 d/s)"의 경우에는 제시된 날로부터 60일이 경과한 후에 지급된다.

일람후 정기출급의 환어음의 만기는 인수의 일자 또는 거절증서의 일자에 의하여 정하며, 인수일자의 기재가 없고 거절증서도 작성하지 아니한 경우에는 인수인에 대한 관계에서 인수제시기간의 말일에 인수한 것으로 본다.[8]

② 발행일자 후 정기출급환어음(after date bill)

발행일자후 정기출급환어음(after date bill; bill payable at a fixed period after date)은 환어음이 발행된 날로부터 일정기간이 경과한 후에 지급되는 것을 말한다. 통상적으로 "30 days after date(30d/d)"의 경우에는 환어음이 발행된 날로부터 30일이 경과한 후에 지급되고, "60 days after date(60d/d)"의 경우에는 환어음이 발행된 날로부터 60일이 경과한 후에 지급된다. 여기서 일자(date)는 환어음의 발행일자를 말한다.

환어음은 발행되고 나서 우송된 후에 제시되기 때문에, 동일한 30일 기한부환어음이라 하더라도, 일람후 정기출급(after sight)은 발행일자후 정기출급(after date)보다 우편일수만큼 늦어진다. 즉, 일람후 정기출급은 해당 어음이 제시되고 난 후 결제일이 확정되는 반면, 발행일자후 정기출급은 어음발행시에 결제일이 확정된다.

---

8) 어음법 제35조.

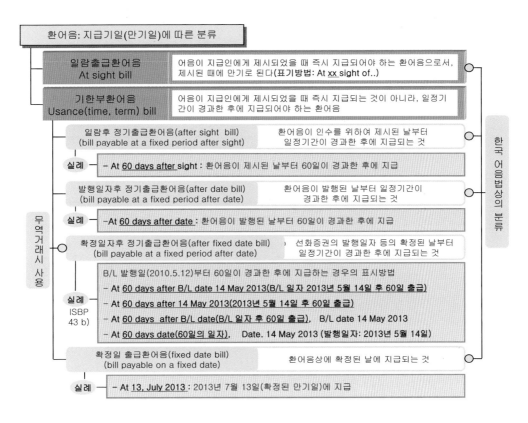

③ 확정일자후 정기출급(after fixed date bill)

확정일자후 정기출급환어음(after fixed date bill; bill payable at a fixed period after fixed date)은 선화증권의 발행일자 등의 확정된 날부터 일정기간이 경과한 후에 지급되는 것을 말한다. 통상적으로 "at 30 days after B/L date"의 경우에는 선화증권이 발행된 날로부터 30일이 경과한 후에 지급된다. 여기에서 확정일자란 선화증권이 발행일자를 말한다. "60 days after bill of lading date 14 May 2013"의 경우에는 선화증권이 발행된 2013년 5월 14일 이후 60일이 경과한 날에 지급되고, "60 days after 14 May 2013"의 경우에는 2013년 5월 14일 이후 60일이 경과한 날에 지급되고, "60 days after bill of lading date, bill of lading date 14 May 2013"의 경우에는 선화증권이 발행된 날로부터 60일이 경과한 날에 지급되는데 선화증권의 발행일자는 2013년 5월 14일이라고 표현하는 방법이다.

④ 확정일출급환어음(fixed date bill)

확정일출급환어음(fixed date bill; bill payable on a fixed date)은 환어음상에 확정된 날에 지급되는 것을 말한다. 통상적으로 "on 13, July 2013"의 경우에는 확정된 만기일(2013년 7월 13일)에 지급된다.

(3) 지급인에 따른 분류

환어음은 환어음상에 기재된 지급인(drawee)에 따라 은행환어음(bank bill), 개인환어음(private bill)으로 구분된다. 지급인은 환어음에 대하여 지급을 위탁받은 자를 말한다.

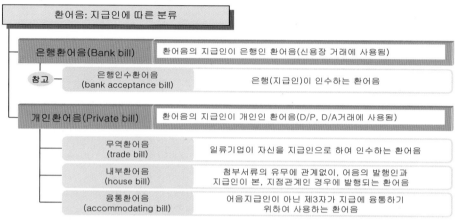

환어음: 지급인에 따른 분류

| 은행환어음(Bank bill) | 환어음의 지급인이 은행인 환어음(신용장 거래에 사용됨) |
| 참고 — 은행인수환어음(bank acceptance bill) | 은행(지급인)이 인수하는 환어음 |

개인환어음(Private bill)	환어음의 지급인이 개인인 환어음(D/P, D/A거래에 사용됨)
무역환어음(trade bill)	일류기업이 자신을 지급인으로 하여 인수하는 환어음
내부환어음(house bill)	첨부서류의 유무에 관계없이, 어음의 발행인과 지급인이 본, 지점관계인 경우에 발행되는 환어음
융통환어음(accommodating bill)	어음지급인이 아닌 제3자가 지급에 융통하기 위하여 사용하는 환어음

신용장거래에서, 발행의뢰인을 지급인으로 하는 환어음은 신용장에 의한 발행은행의 지급의무를 규율하는 증서가 아니라, 발행은행에 의한 사용을 목적으로 하는 융통환어음임

㈎ 은행환어음

은행환어음(bank bill)은 환어음의 지급인이 은행인 환어음을 말한다. 환어음의 부도여부는 지급인에 의하여 좌우되기 때문에 은행을 지급인으로 하는 은행환어음의 경우에는 일반적으로 개인환어음에 비하여 안정성이 높아 금융할인시장에서 우대받게 된다. 신용장거래에서는 환어음의 지급인이 은행이므로 은행환어음이 사용된다.

한편, 은행인수환어음(bank acceptance bill)은 은행환어음의 일종으로서 환어음의 지급인인 은행이 인수하는 환어음을 말한다.

㈏ 개인환어음

개인환어음(private bill)은 환어음의 지급인이 개인인 환어음을 말한다. 추심결제방식(D/P, D/A)에서는 환어음의 지급인이 개인인 수입업자이므로 개인환어음이 사용된다.

개인환어음에는 ① 일류의 기업(commercial firm)이 자신을 지급인으로 하여 인수한 무역환어음(trade bill), ② 첨부서류의 유무에 관계없이 어음의 발행인과 지급인이 본·지점관계인 경우에 발행되는 House Bill, ③ 어음지급인이 아닌 제3자가 지급에 융통하기 위하여 사용하는 융통환어음(accommodating draft)이 있다. 예를 들면, 융통환어음은 신용장거래에 있어서, 발행의뢰인을 지급인으로 하는 환어음은 화환신용장에 의한 발행은행의 지급의무를 규율하는 "증서"가 아니라, 발행은행에 의한 사용을 목적으로 하는 "융통환어음"으로 해석되는 것이다.[9] 참고로, 하우스 페이퍼(House Paper)는 동일한 그룹내에 있는 기업간에 당사자의 일방은 발행인이 되고, 상대방은 인수인이 되는 환어음을 말한다. 하우스 페이퍼의 예로서는 자회사가 발행한 어음을 모회사가 인수하는 경우를 들 수 있다.

(4) 수취인에 따른 분류

환어음은 수취인(payee)의 표시방법에 따라 기명식, 지시식 및 무기명식으로 구분된다. 수취인은 환어음금액의 지급을 받을 자를 말한다.

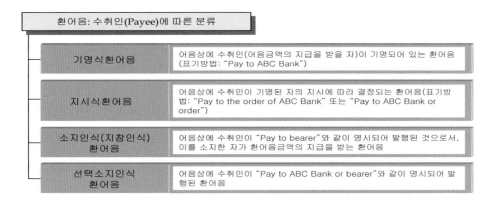

① 기명식환어음 환어음상의 수취인이 "Pay to ABC Bank"와 같이 명시되어 발행된 것으로서, 이에 기명된 자가 환어음금액의 지급을 받을 자(payable to a specified person)가 된다.

② 지시식환어음 환어음상의 수취인이 "Pay to the order of ABC Bank" 또는 "Pay to ABC Bank or order"와 같이 명시되어 발행된 것으로서, 이에 기명된 자의 지시에 따라 환어음의 지급인(payable to the order of a specified person or payable to order)이 결정된다. 지식식환어음에 있어서, 기명지시식은 "Pay to the order of ABC Bank"와 같이 명시되고, 선택지시식은 "Pay to ABC Bank or order"와 같이 명시되어 발행된다. 지시식환어음은 유통가능한 것으로서 환어음상의 배서와 인도에 의하여 양도되며, 신용장에서 요구되는 대부분의 환어음이 이에 해당된다.

③ 소지인식환어음(지참인식환어음) 환어음상의 수취인이 "Pay to bearer"와 같이 명시되어 발행된 것으로서, 이를 소지한 자가 환어음금액의 지급을 받을 자(payable to bearer)가 된다. 이 환어음의 소지인(bearer)이 지급청구권을 가지며, 그 소지인은 환어음의 단순한 인도만으로 이를 양도할 수 있다.

④ 선택소지인식환어음(기명소지인식; 선택무기명식) 환어음상의 수취인이 "Pay to ABC Bank or bearer"와 같이 명시되어 발행된 것을 말한다.

---

9) Gary Collyer & Ron Katz ed., Collected Opinions 1995-2001, R 205, Ref 25, ICC Banking Commission.

⑸ 상환청구여부에 따른 분류

① 상환청구가능환어음(with recourse bill) 환어음의 지급인이 환어음에 대한 지급을 거절한 경우에 환어음을 매입한 선의의 소지인(bona fide holder)이 어음발행인에게 어음대금의 상환을 청구할 수 있는 환어음을 말한다.

② 상환청구불능환어음(without recourse bill) 환어음의 지급인이 환어음에 대한 지급을 거절한 경우에 환어음을 매입한 선의의 소지인(bona fide holder)이 어음발행인에게 어음대금의 상환을 청구할 수 없는 환어음을 말한다. 우리나라의 환어음법에서는 모든 환어음이 상환청구할 수 있게 되어 있으므로 상환청구불능환어음이라하더라도, 상환청구가 가능하다.

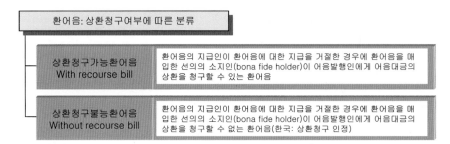

⑹ 발행통수에 따른 분류

① 단일어음(sole bill; 단독어음) 1통만 발행되는 환어음을 말한다.

② 복본어음(set bill; 조어음) 2통 이상 발행되는 어음으로서, 각각의 어음에는 "first", "second"와 같이 복본번호가 표시된다. 동일한 내용의 환어음이 2통 이상 발행되는 이유는 무역거래에서 선적서류를 첨부한 환어음이 우송중에 분실되거나 지연됨으로써 발생되는 어음유통상의 장해를 방지하기 위한 것이다. 이와 같이, 환어음은 통상적으로 동일한 내용의 환어음이 2통 발행되기 때문에 각각의 환어음에 번호를 붙여야 한다. 이러한 번호가 없으면 복본으로 발행되더라도 별개의 환어음으로 간주되어 2통이 각각 독립적으로 유통될 수 있다. 이러한 복본어음의 경우, 제1환어음에는 선적서류의 원본(original)이 첨부되고, 제2환어음에는 부본(duplicate)이 첨부되어 수출지의 은행에서 수입지의 은행까지 각각 다른 항공우편으로 우송된다.

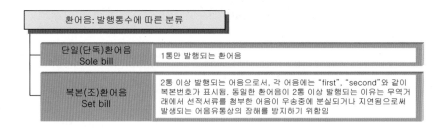

4. 환어음과 준거법

국제간의 환어음 거래에 적용되는 법률로는 1882년 영국 환어음법(Bill of Exchange Act, 1882), 미국 통일상법전(Uniform Commercial Code) 제3편 상업서류(Article 3 Commercial Paper), 우리나라 어음법 제1편(환어음) 등이 있으며, 또한 환어음에 의한 지급인도(Documents against Payment; D/P)조건와 인수인도(Documents against Acceptance; D/A)조건에 적용되는 규칙으로는 국제상업회의소(International Chamber of Commerce; ICC)가 1995년 개정한 추심에 관한 통일규칙(Uniform Rules for Collection; URC 522)가 있다.

II. 환어음과 대금결제방법

매매당사자인 매도인과 매수인은 매매계약체결시에 환어음의 사용과 관련하여 신용장으로 할 것인지, 또는 신용장이 없는 D/P나 D/A로 할 것인지 여부에 대하여 미리 약정하여야 한다.

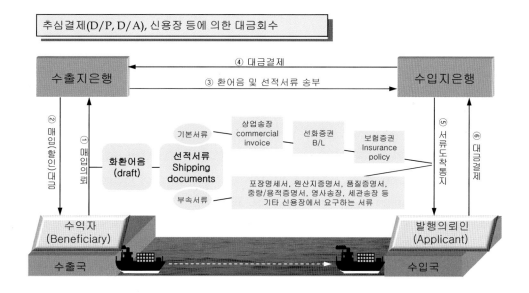

1. 환어음과 신용장과의 관계

신용장거래에 있어서 수출업자는 수출대금을 회수하기 위하여 환어음뿐만 아니라 선화증권 기타 선적서류가 첨부된 소위 화환어음을 발행한 다음, 화환어음을 거래은행인 외국환은행에 그 매입을 의뢰한다. 매입에 응하는 경우, 은행은 외화(달러)표시

어음금액을 원화로 환산하여 지급한다. 이것을 어음매입(negotiation)이라고 하고, 이 은행을 어음매입은행(negotiating bank)이라고 한다.

이와 같이, 은행이 어음매입에 응하는 경우를 추심전매입(bill bought; bill purchased; B/P)이라고 하는데, 은행은 수입업자(지급인)의 신용상태가 불량한 경우 등에는 어음매입에 응하지 않는다. 이러한 경우에는 추심후지급(bill for collection; BC)이 이용될 수 있다. 추심후지급은 은행이 어음을 매입하지 않고 수입업자에 대한 어음의 추심을 인수하고, 어음이 실제로 수입업자에 의하여 인수·지급된 후에 어음대금의 지급을 행하는 것을 말한다. 어음의 매입은 은행의 여신행위이기 때문에, 이와 같이 행동하는 것은 당연하다고 할 것이다. 그러나 신용장거래에 있어서 수출업자가 신용장을 입수하고 있는 경우에는, 신용장발행은행이 환어음의 인수·지급을 보증하기 때문에 수출업자로부터 환어음의 매입을 의뢰받은 은행은 그 환어음을 매입하게 될 것이다.

따라서 환어음의 당사자는 구체적으로는 발행인이 수출업자, 지급인은 수입업자, 수취인은 어음매입은행(수출업자에게 어음대금을 지급하는 은행)이 되지만, 신용장거래에 있어서는, 신용장상에 지급인을 구체적으로 명기하여야 한다. 일반적으로 신용장상에 구체적으로 명기되는 지급인은 신용장발행은행 또는 그 지점이거나 환거래은행(외국환거래를 중심으로 하는 업무제휴계약을 체결한 은행)이 된다.

2. 환어음과 추심방식과의 관계

환어음의 만기일과 관련하여, D/P조건은 일람출급환어음의 사용을 당연한 전제로 하여 "D/P at sight"로 표시하지만, 기한부환어음이 사용될 수도 있기 때문에 이러한 경우에는 "D/P 30 days after sight", "D/P 30 days after B/L date" 등과 같이 표시한다. 반면, D/A조건은 기한부환어음을 사용하는 것으로서, ① "D/A 30 days after sight", ② "D/A 30 days after B/L date", ③ "D/A 30 days after the arrival of the goods" 또는 "D/A 30 days after the arrival of the vessel" 등으로 표시한다. 기한부환어음은 D/P나 D/A조건에서 모두 사용될 수 있기 때문에, 환어음상에 D/P인지 D/A인지를 명시하여야 한다. 즉, D/P방식은 D/P at sight방식과 D/P usance방식으로 구분된다. D/P at sight방식은 흔히 말하는 D/P방식을 말하고, D/P usnace방식은 추심은행에 환어음 및 서류가 도착하는 즉시 어음의 지급이 행해지는 것이 아니라, 도착 후 일정기간이 지난 후에 어음대금이 지급되고 서류가 인도되는 것으로서, D/A방식과도 다른 것이다.(구체적인 설명은 제8장 제7절 Ⅱ를 참조할 것)

D/P어음은 어음기한이 도래할 무렵에 물품이 도착하는 경우에 주로 이용되는 것이지만, 많은 국가의 수입업자는 물품이 도착할 때까지 지급하지 않는다. 즉, 수입업자가 어음대금을 지급하였음에도, 일정한 기간이 지난 후에 물품이 도착한다면, 어음지

급일로부터 물품도착일까지의 기간동안 수입업자가 자금을 부담하여야 하기 때문에, 자금사정이 좋지 않은 경우에는 물품거래를 지연시키게 되는 것이다. 이러한 거래관습은 중남미에서 보편화되어 있다. 이와 같이 D/P Usance는 물품의 도착일에 맞추어 어음대금을 지급하기 위하여 주로 사용되는 것으로서, 어음상에 "D/P 30 days after sight", "D/P 30 days after B/L date" 등으로 표시된다. 이러한 표시가 있는 D/P Usance 조건은 모두 D/A로 해석하여야 한다.

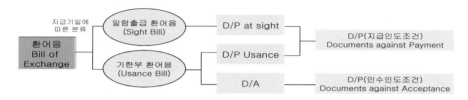

매매당사자는 D/P나 D/A 중에서 어느 것으로 할 것인지를 결정함에 있어서, D/P는 수출업자로서는 안전한 것이지만, 수입업자로서는 신용장과 달리 물품이 도착하더라도 수입담보화물대도(T/R)의하여 대도를 받을 수 없으므로 불편할 것이다. 따라서, 매매당사자는 상대방의 신용, 시장의 관습, 경쟁관계 등을 고려하여 결제방법을 선택하여야 할 것이다.

III. 환어음의 기재사항과 작성방법

환어음은 요식증권이고 엄격한 형식이 요구되는 유가증권이므로 그 형식은 기재사항에 의하여 결정된다. 즉, 환어음의 기재사항은 필수기재사항과 임의기재사항으로 구분된다.

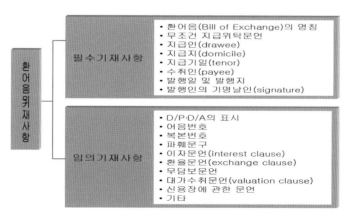

필수기재사항(환어음의 요건)은 환어음상에 반드시 기재하여야 하는 사항을 말하며, 어느 하나가 누락되더라도 환어음으로서의 법적효력이나 구속력을 갖지 못하므로 주의하여 기재하여야 한다. 또한, 임의기재사항은 환어음상에 기재하지 않더라도 어음이 무효로 되지 않는 일정한 사항을 말하며, 필수기재사항과는 달리 어음의 효력에는 영향을 미치지 않지만 어음의 성격이나 내용을 명확히 표시하기 위한 기재사항에 해당한다.

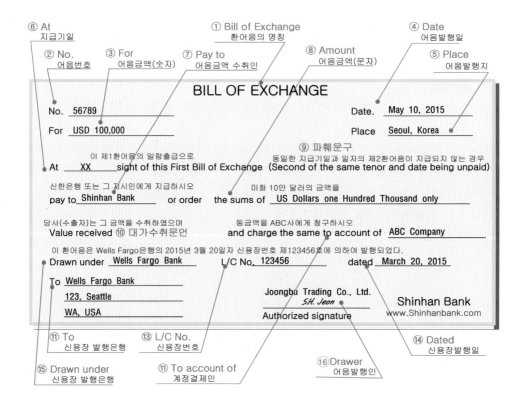

1. 필수기재사항

(1) 환어음의 명칭

환어음임을 표시하기 위하여 환어음상에는 "환어음(bi11 of exchange)"이라는 문언이 표시되어야 한다. 환어음임을 표시하는 것은 어음행위자에게 어음행위를 한다는 것을 인식시켜주고 어음의 위조에 대응하기 위한 것이다.

국제무역의 경우에는 환어음의 상단에 "Bill of Exchange"로 표시하고, 환어음의 1부 발행되는 경우에는 "Sole Bill of Exchange", 환어음이 2부 이상 발행될 경우에는 정본과 부본을 구별하기 위하여 "First Bill of Exchange", "Second Bill of Exchange" 등으로 각각 표시한다.

(2) 무조건 지급위탁문언

환어음상에는 아무런 조건 없이 일정한 금액을 지급하라는 위탁문언(unconditional order in writing)이 표시되어야 한다. 환어음상에 일정금액을 지급한다는 의미의 "pay to ……the sum of……"의 문언이 이에 해당되며, "Pay to" 다음에는 수취인을, "the sum of" 다음에는 지급통화와 함께 착오방지를 위하여 금액을 문자와 숫자로 병기하는 것이 일반적이다. 문자와 숫자의 금액이 차이가 있는 경우에는 문자금액을 환어음금액으로 한다. 통화는 단일통화로 기재하여야 하며, 금액은 상업송장금액과 일치하여야 하며, 신용장거래에서는 신용장금액을 초과할 수 없다. 즉, 신용장에 "100% of invoice value", "full invoice value" 등과 같이 상업송장금액의 전액과 일치하는 어음을 발행하도록 하는 것이 일반적이다. 그러나, 신용장에 "……available by your draft at sight for 90% of the invoice value" 등과 같이 상업송장금액의 100% 이하로 어음을 발행하도록 요구하는 경우에는 그 조건을 충족시켜야 한다.

(3) 지급인

환어음은 지급위탁증권이므로 환어음상에는 지급인(Drawee)의 표시가 있어야 한다.[10] 지급인(drawee)은 어음의 지급을 위탁받은 채무자(the person to whom the bill is addressed)로서, 환어음상의 좌측 하단의 "To" 다음에 기재되며, D/P 또는 D/A거래에서는 수입업자, 신용장거래에서는 발행은행 또는 제3의 은행(상환은행)이 된다. 통상적으로 신용장상에는 지급인을 "……your drafts at sight drawn on ABC Bank"와 같이 표시하며, "on" 다음에 기재된 은행이 지급인이 되고, "on"은 "……를 지급인으로 하여"라고 해석한다.

(4) 지급지

어음지급지(domicile)는 환어음금액이 지급되어야 하는 장소로서, 환어음상의 좌측 하단의 "To" 다음에 지급인명과 함께 기재된다. 즉, 지급지는 통상적으로 지급인명과 함께 표시된 지급인의 주소로서 대신할 수 있으며, 실제로 존재하는 도시명의 표시만으로도 충분하다. 영미법에서는 지급지의 표시는 임의기재사항이다.

(5) 지급기일

어음지급기일(tenor)은 어음금액이 지급될 날로서, 환어음상의 "at ……sight of"의 문언이 이에 해당되며, "at" 다음에 지급기일이 기재된다. 어음지급기일은 ① 일람출급(at sight)과 기한부(usance)로 구분되며, 기한부는 다시 ② 일람후 정기출급(after sight),

---

10) 추심에 관한 통일규칙(Uniform Rules for Collections; URC 522) 제4조 b항에서는 환어음지급인의 정식명칭, 제시가 행해질 환어음지급지 등이 표시되어야 한다고 규정하고 있다.

③ 발행일자후 정기출급(after date), ④ 확정일자후 정기출급(after fixed date), ⑤ 확정일출급(fixed date)으로 구분된다.

① 일람출급(at sight) : 환어음이 지급인에게 제시되었을 때 즉시 지급되어야 하는 것으로서, 환어음상에는 "at xx sight"로 기재하여 "at" 다음에 xx로 표시하거나 또는 지급기일의 일자에 대하여 아무런 표시를 하지 않는다.

② 일람후 정기출급(at xx days after sight; at xx months after sight) : 환어음이 인수를 위하여 제시된 날로부터 일정기간이 경과한 후에 지급되는 것으로서, 환어음상에서는 "at 60 days after sight" 등과 같이 "at" 다음에 지급기일의 일자를 표시한다.

③ 발행일자후 정기출급(at xx days after date; at xx months after date): 환어음이 발행된 날로부터 일정기간이 경과한 후에 지급되는 것으로서, 환어음상에서는 "at 60 days after date"와 같이 "at" 다음에 지급기일의 일자를 표시한다.

④ 확정일자후 정기출급(at xx days after B/L date; at xx months after B/L date): 선화증권 등의 서류가 발행된 날로부터 일정기간이 경과한 후에 지급되는 것으로서, "at 30 days after B/L date" 등과 같이 "at" 다음에 지급기일의 일자를 표시한다.

⑤ 확정일출급(on a fixed date): 환어음상에 확정된 날에 지급되는 것으로서, 환어음상에서는 "on 20, May 2013"와 같이 확정된 지급기일의 일자를 표시한다.

한편, 어음금액의 분할지급(partial payment)은 지급지에서 허용하고 있는 경우에는 유효하지만,[11] 우리나라에서는 무효이다. 또한 영국과 아일랜드를 지급지로 하는 경우에는 만기일에 3일간의 지급유예기일(grace period)이 인정되고 있다.

(6) 수취인

수취인(payee)은 환어음금액의 지급을 받을 자이며, 발행인이 지정하는 제3자로서 통상적으로 매입은행이 된다. 환어음상에는 "pay to" 다음에 수취인이 기재되며, 수취인을 표시하는 방법에는 다음의 4가지가 있다.

① 기명식   환어음상의 수취인이 "Pay to ABC Bank"와 같이 명시되어 발행된 것을 말한다.

② 지시식   환어음상의 수취인이 "Pay to the order of ABC Bank" 또는 "Pay to ABC Bank or order"와 같이 명시되어 발행된 것을 말한다.

③ 소지인식(지참인식)   환어음상의 수취인이 "Pay to bearer"와 같이 명시되어 발행된 것을 말한다.

---

11) 추심에 관한 통일규칙(Uniform Rules for Collections; URC 522) 제19조 a항에서는 "무화환추심에 있어서 분할지급은 지급지의 유효한 법률에 의하여 허용되는 경우 그 범위와 조건에 따라 인정될 수 있다"고 규정하고 있다.

④ 선택소지인식(기명소지인식)   환어음상의 수취인이 "Pay to ABC Bank or bearer"와 같이 명시되어 발행된 것을 말한다.

(7) 발행일 및 발행지

환어음의 발행일 및 발행지는 환어음의 우측 상단에 기재된다. 환어음의 발행일은 환어음이 발행된 날이며, 신용장거래에서 환어음은 신용장유효기일 이내에 발행되어야 한다. 또한, 환어음의 발행지는 환어음이 발행된 장소로서 실제로 발행된 장소와 일치할 필요는 없으며, "Seoul, Korea"와 같이 도시명의 표시만으로도 충분하다.

(8) 발행인의 기명날인

환어음의 발행인(drawer)은 환어음을 발행하는 채권자인 수출업자로서, 신용장거래에서는 수익자, 양도가 행해진 신용장의 경우에는 제2수익자(양수인)이다. 환어음상의 우측 하단에는 발행인의 기명날인이 있어야 한다. 우리나라의 경우, 기명날인은 외국환거래약정시 발행인(수출업자)이 은행에 제출한 서명감과 일치하여야 한다.

2. 임의기재사항

(9) D/P·D/A의 표시

환어음상에 장래의 일자에 지급된다는 것을 명기하고 있더라도 D/P인지 D/A인지를 명기하지 않은 경우에는 D/P로 간주[12]되기 때문에 이를 명기하는 것이 바람직하다.

(10) 어음번호

어음번호는 후일의 참조를 위하여 기재하는 것으로서 특별한 의미가 없기 때문에 이것은 기재되지 않더라도 아무런 지장이 없다. 환어음의 좌측 상단에 기재된다.

(11) 복본번호

환어음은 통상적으로 동일한 내용의 환어음이 2통 발행되기 때문에 각각의 환어음에 번호를 붙여야 한다. 이러한 번호가 없으면 복본으로 발행되더라도 별개의 환어음

---

12) 추심에 관한 통일규칙(URC 522) 제7조 b항에서는 "추심이 장래의 일자에 지급될 수 있는 환어음을 포함하고 있는 경우에는 추심지시서는 상업서류가 지급인에게 지급(D/P) 또는 인수(D/A) 중 어느 조건으로 인도되어야 하는지를 명기하여야 한다. 그러한 명시가 없는 경우에는, 상업서류는 지급과 상환으로만 인도되어야 하며, 서류인도의 지연에 기인하는 어떠한 결과에 대하여도 추심은행은 책임을 부담하지 아니한다"고 규정하고 있다.

으로 간주되어 2통이 각각 독립적으로 유통될 수 있다.

(12) 파훼문구

파훼문구는 동일한 내용의 어음이 2통 이상 발행된 복본어음(set bill)의 경우, 각각의 어음이 동일한 법적 효력을 가지고 있지만, 어느 1통에 대하여 지급이 완료되면 다른 것은 자동적으로 무효가 된다고 하는 것이다. 파훼문구는 이중지급을 방지하기 위한 것으로서, 제1환어음(First Bill of Exchange)에는 "second of the same tenor and date being unpaid(동 어음의 지급기일 및 일자의 제2환어음에 대하여 지급이 이루어지지 않은 경우)"의 문언이 기재되고, 제2환어음(Second Bill of Exchange)에는 "first of the same tenor and date being unpaid(동 어음의 지급기일 및 일자의 제1환어음에 대하여 지급이 이루어지지 않은 경우)"의 문언이 기재된다.

(13) 이자문언(Interest clauses)

이자부어음(interest bill)은 이자문언(interest clauses)이 기재된 환어음으로서, 지급인으로 하여금 기산일로부터 지급일간에 일정율의 이자를 지급하도록 하는 문언이 기재된 환어음을 말한다. 이자문언은 환어음의 여백에 표시하며, 어음상에 기산일이 없는 경우에는 어음발행일을 어음기산일로 본다.

일람출급 및 일람후 정기출의 경우에만 이자문언이 기재되고, 확정일출급 또는 발행일자후 정기출급의 경우에는 사전에 이자를 계산해서 어음금액을 결정하기 때문에 이자문언의 기재가 필요 없다.

(14) 환율문언(exchange clauses)

환율문언은 환어음에 적용될 환율을 표시한 문언으로서, 어음발행인이 지급지의 통화가 아닌 발행국의 통화로 지급받고자 하는 경우에 이에 따른 환율의 적용을 위하여 환어음상에 기재되는 문언을 말한다.

예를 들면, 환어음상에 "payable with exchange and stamps as per endorsement"와 같은 환율문언의 기재가 있는 경우에는, endorsement에 표시된 환율에 의하여 교환된다. 이 경우, 그 금액은 어음발행국의 통화로 환어음상에 표시된 환어음금액과 동일하게 된다.

(15) 무담보문언

무담보문언은 지급을 담보하지 않는다는 문언으로서, 환어음상의 여백에는 어음지급인이 인수 또는 지급불능이 되더라도 발행인에게 상환청구할 수 없다는 취지의 "without recourse to drawer(발행인에게 상환청구 없이)"라는 문언이 표시된다.

(16) 대가수취문언

대가수취문언(valuation clause)은 법률상 가치 있는 약인(valuable considerable)으로서, 환어음상에는 문자로 표시된 환어음금액 다음에 "value received"라는 문언과 "charge the same to account of......"라는 문언으로 기재된다.

여기에서, "대가수취(value received)"는 어떤 상업거래의 가치에 대한 결제임을 표시하는 문언으로서 어음발행인이 법률상 가치 있는 약인, 즉 대가를 수령하였다는 것을 말하며, 이 문언은 환어음이 어음발행인의 수령증으로 사용되었던 사실에 의하여 관습적으로 기재된다. "account of..." 이하에 기재되는 자로부터 차기하라는 의미로서 신용장 상의 accountee가 기재된다.

(17) 신용장에 관한 문언

신용장거래에 의한 환어음인 경우에는 환어음상에 신용장발행은행, 신용장번호 및 신용장발행일자를 기재함으로써 해당 환어음이 특정한 신용장에 의하여 발행되었음을 나타내는 것이다.

환어음상에는 "Drawn under … L/C No. … dated …"로 기재된다. 즉, "Drawn under" 다음에는 신용장발행은행을 기재하며 D/P나 D/P의 경우에는 공란으로 두거나 또는 계약서상의 지정은행을 기재한다. "L/C No." 다음에는 신용장번호를 기재하며 D/P나 D/A의 경우에는 계약서번호를 기재한다. "dated" 다음에는 신용장발행일자를 기재한다.

(18) 기타

이외에도 수출업자가 환어음금액의 전액을 아무런 손해 없이 지급받기 위하여 환어음상에 삽입되는 문언은 다음과 같다.

① payable without loss in exchange.

② payable with approved banker's check on London(or New York) for full face value.

③ payable at the collecting bank's selling rate for sight draft on London (or New York) at the date of maturity.

제2절 무역결제서류

Ⅰ. 무역결제서류의 의의

1. 무역결제서류의 개념과 종류

(1) 무역결제서류의 개념

신용장통일규칙(UCP 600)에서는 선적서류라는 명칭을 사용하지 않고, 단순히 서류(documents) 또는 요구된 서류(documents required)라고 하는 표현만을 사용하고 제17조부터 제28조까지에 환어음을 제외한 모든 서류(운송서류를 포함)를 규정하고 있다. 따라서 ISBP 745 A19항에서는 "선적서류(shipping document)"는 UCP 600에 정의되어 있지 않기 때문에 사용되어서는 안된다고 규정하면서도, 신용장에서 사용되는 경우, 그 의미는 명백하게 되어야 하며, 그 의미가 명백하지 않은 경우에는, 국제표준은행관행에 기초하여, "선적서류(shipping documents)는 환어음, 서류의 송부를 증명하는 전송보고서 및 특송화물수령증, 우편수령증 또는 우송증명서를 제외한 신용장에 의하여 요구된 모든 서류를 말한다"[1]고 규정하고 있는 것이다.

즉, 선적서류는 무역대금결제와 관련된 포괄적인 서류라고 하는 개념에 비추어 "무역결제서류"라고 표시할 수 있다. 그렇다고 운송서류(transport documents)가 모든 결제서류를 의미하는 것은 아니다. 왜냐하면, 신용장통일규칙에서도 운송서류는 선화증권, 해상화물운송장, 항공화물운송장, 복합운송서류 등과 같이 본선적재, 발송 또는 수탁 등 물품인도의 증거서류만을 의미하고 있으며, 보험서류(insurance documents), 원산지증명서(certificate of origin), 상업송장(commercial invoice) 등을 운송서류로 부를 수는 없기 때문이다. 또한, 신용장통일규칙(UCP 600) 제6조 c항에서는 "발행의뢰인을 지급인으로 하여 발행된 환어음에 의하여 사용될 수 있는 신용장은 발행되어서는 아니된다"고 규정함으로써, UCP 500에서 이러한 환어음을 추가서류로 본다고 규정하였던 것이 삭제되었다.

한편, 추심에 관한 통일규칙에서는 서류란 금융서류(환어음·약속어음·수표 또는 기타 금전의 지급을 받기 위하여 사용되는 기타 이와 유사한 증서) 및/또는 상업서류

---

1) ISBP 745(국제표준은행관행) A19항.

(송장·운송서류·권리증권 또는 이와 유사한 서류 또는 기타 금융서류가 아닌 일체의 서류)를 의미한다고 규정하고 있다.[2] 추심에 관한 통일규칙에 비추어 볼 때, 선적서류는 환어음 등의 금융서류(financial documents)를 제외한 상업서류(commercial documents)를 의미한다고 볼 수 있다.

(2) 무역결제서류의 종류

(가) 기본서류와 부속서류

무역결제서류는 어느 거래의 경우에나 반드시 필요한 기본서류와 필요한 경우에만 요구되는 부속서류(임의서류)로 구분된다. 기본서류는 물품의 내용·명세·계산 관계를 기재한 상업송장(Commercial Invoice), 물품의 본선적재·발송·수탁을 증명하는 운송서류(선화증권 등), 물품의 운송중의 해상위험에 의한 손해를 보상하는 보험서류(보험증권 또는 증명서)로 구성되어 있다. 대금결제시 환어음에 첨부되는 기본서류는 계약조건에 따라 달라진다. 즉, CIF규칙에서 기본서류는 상업송장, 운송서류(선화증권 등), 보험서류(보험증권 또는 증명서)로 구성된다. 그러나 FOB규칙에서 기본서류는 상업송장, 운송서류(선화증권 등)로 구성된다. 왜냐하면, 매수인이 보험에 부보해야 하는 FOB규칙에서는 매도인이 보험서류(보험증권 또는 증명서)를 매수인에게 제시할 필요가 없기 때문이다. 기본서류와 부속서류는 다음의 그림과 같다.

---

2) ICC, Uniform Rules for Collections(URC 522), 1995 Revision, Article 2 b.

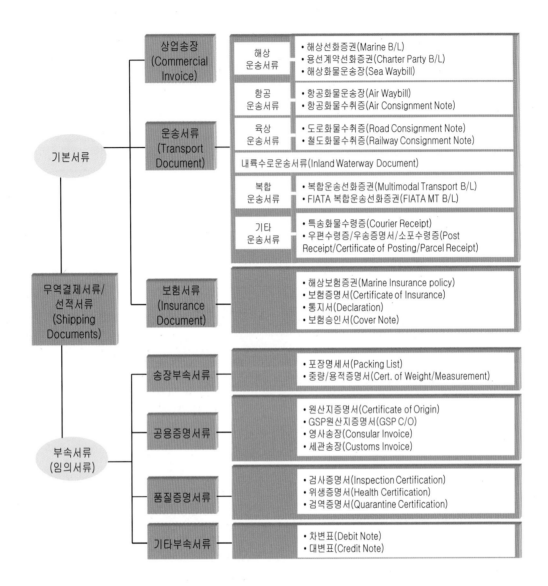

(나) 서류작성자에 따른 구분

작성자	서　류
수출업자	환어음(Bill of Exchange; Drafts), 상업송장(Commercial Invoice), 포장명세서(Packing List)
운송인	해상선화증권(Marine/Ocean B/L), 해상화물운송장(Sea Waybill), 항공화물운송장(Air Waybill), 항공화물수취증(Air Consignment Note), 도로화물수취증(Road Consignment Note), 철도화물수취증(Railway Consignment Note), 내륙수로운송서류(Inland Warterway Transport Document), 복합운송선화증권(Multimodal Transport B/L), FIATA 복합운송선화증권(FIATA Combined Transport B/L), 우편수령증(Post Receipt), 우송증명서(Certificate of Posting), 특송화물수령증(Courier Receipt)
보험자	해상보험증권(Marine Insurance Policy), 보험증명서(Certificate of Insurance), 통지서(Declaration)
대한상공회의소	원산지증명서(Certificate of Origine), GSP원산지증명서(Generalized Systems of Preferences Certificate of Origin)
검사기관	중량/용적증명서(Certificate of Weight/Measurement), 검사증명서(Inspection Certificate), 위생증명서(Health Certificate), 검역증명서(Quarantine Certificate)
수출국 주재 수입국 영사관	영사송장(Consular Invoice)
	세관송장(Customs Invoice)
	차변표(Debit Note), 대변표(Credit Note)

2. 서류의 원본과 사본

복사기 등에 의하여 작성된 서류가 사본이라 하더라도, 일정요건을 구비한 경우에는, 이를 서류의 원본으로서 수리한다는 취지의 내용이 1983년 개정 신용장통일규칙(ICC Publication No. 400)의 제22조에 도입되었으며, UCP 500 제20조 b항은 서류의 원본 및 서명에 관하여 규정하고 있다. 또한, UCP 500의 제정 이후에, 서류의 원본 및 서명에 관한 UCP 500 제20조 b항의 규정은 ICC의 정책성명서(Policy Statement)인 『UCP 500 제20조 b항의 문맥에 있어서 서류의 "원본"의 결정, 1999년 7월 29일자 ICC 출판물번호 470/871(Rev.)(The determination of an "original" document in the context of UCP sub-Article 20(b)), Document n° 470/871 Rev., 29 July 1999)』 및 『2002년의 국제표준은행관행(ISBP)』에 의하여 보다 구체적이고 명확하게 되었으며, UCP 600 제17조는 이러한 UCP 500, ICC Policy Statement(정책성명서) 및 ISBP의 원본 및 사본서류의 규정을 구체적으로 보완하여 규정하고 있다.

(1) 서류의 작성과 서명방법

서류를 작성하는 방법은 백지용지 또는 원본용지에 수기, 타이핑, 인쇄, 모사전송기에 의한 작성, 컴퓨터에 서류내용을 입력한 후 프린트기로 출력하거나, 또는 이러한 서류를 백지용지 또는 원본용지에 사진복사하거나 또는 카본복사지로 작성하거나, 모사전송기로 작성하는 경우, 또는 이러한 서류를 모사전송기로 송부하는 경우 등이 있다.

일반적으로 서류가 원본인지 사본인지의 여부는 서류발행인의 의도에 따르기 때문에 서류발행인이 원본서류로서 발행할 의도를 가지고 발행하였다면 원본서류로 인정되는 것이 일반원칙이다. 서류는 수기(handwriting signature), 모사서명(facsimile signature), 천공서명(perforated signature), 스탬프(stamp), 상징(symbol) 또는 기타 모든 기계적 또는 전자적 인증방법(mechanical or electronic method of authentication)에 의하여 서명될 수 있다.[3]

수기서명(signature by handwriting)은 서류의 작성자가 손으로 행하는 서명방법을 말하고, 모사서명(facsimile signature)은 모사전송기(telefax machine)에 의하여 전송된 서명이 아니라, 레이저 프린트기, 인쇄기 등에 의하여 미리 인쇄된 서명을 말하고, 천공서명(perforated signature)은 일정한 형태의 구멍을 뚫어 행하는 서명을 말하고, 스탬프(stamp)는 검인, 고무인(고무도장), 소인 그 자체 또는 이를 찍는 것으로서, 타인, 압인 등으로 번역되어 사용되고 있다. 상징(symbol)은 아시아 국가에서 사용되고 있는 관인(chop marks) 등을 말한다.

또한, 인증(authentication)은 "어떤 메시지가 발신자로부터 온 것임을 그 메시지의 수신자에게 확신시키게 하는 물리적, 전자적, 기타의 방법에 의하여 메시지에 표시하는 것이다"라고 정의되고 있다.[4]

(2) 원본과 사본의 결정방법

일반적으로 서류가 원본인지 사본인지의 여부는 서류발행인의 의도에 따르기 때문에 서류발행인이 원본서류로서 발행할 의도를 가지고 발행하였다면 원본서류로 인정되는 것이 일반원칙이다. UCP 600 제17조 c항, ICC 정책성명서(Policy Statement)[5] 및 ISBP의 규정에 따른 서류의 원본과 사본의 결정방법으로서, "고객의 사본(customer's copy)" 또는 "송화인의 사본(shipper's copy)"의 기재가 있는 서류는 원본임을 부인도

---

3) 신용장통일규칙(UCP 600) 제3조 제3문.

4) Bernard Wheble, Documentary Credits UCP 1974/1983 Revisions Compared and Explained, ICC Publication No. 411, 1984, p.42.

5) 1994년 9월에 발행된 4가지 견해서는 UCP 500하에서 적용되는 것을 조건으로 발행되었기 때문에, 이들 견해서는 UCP 600하에서는 적용될 수 없을 것이며, 원본서류의 결정을 포함하는 결정의 본질은 UCP 600의 본문에 포함되었다고 UCP 600의 서문에서 밝히고 있다.

긍정도 하지 않지만, 다음의 하나에 해당되는 경우에는 그 서류는 원본 또는 사본으로서 취급된다.

㈎ 서류의 원본

서류를 원본으로서 취급하는 경우는 다음과 같다.

① "원본(original)"의 기재가 있는 것. 다만, 그 기재가 제시된 해당 서류에 적용되지 않는 것으로 보일 때(예를 들면, 그 서류가 원본으로 기재된 원본서류의 사진사본인 것으로 보일 때)를 제외.[6]

② "원본(original)"이라는 단어가 스탬프되어 있는 것

③ "부본원본(duplicate original)"의 표시가 있는 것

④ "제3본(third of three)"의 표시가 있는 것

⑤ 2통 이상의 원본으로 발행된 서류에 "원본" 표시가 없더라도, "정부본(duplicate)", "제3본(triplicate)", "제1원본(first original)", "제2원본(second original)" 등의 표시가 있는 것

⑥ 서류발행인이 자필로 기재, 타자, 천공 또는 스탬프한 것으로 보이는 것

⑦ 서류발행인의 원본용지에 작성된 것으로 보이는 것. 여기에서, 원본용지(original stationery)는 서류발행인의 상호가 미리인쇄된 용지를 말한다.

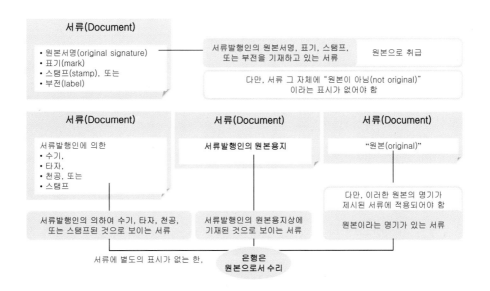

---

6) 원본이라는 표시가 있더라도, 예외적으로 원본으로 취급될 수 없는 경우는 서류에 원본이라고 표시한 후에 그 서류를 복사한 것이다. 이 경우, 원본이 표시되어 있는 서류를 다시 복사한 것이므로 원본의 표시가 있더라도 원본이 될 수 없다. 그러나, 서류발행인이 서류를 복사한 후 그 서류에 원본을 표시하는 경우에는 원본으로 취급될 수 있다. 예를 들면, 서류발행인이 레이저프린트기로 출력한 서류를 복사기로 복사한 다음 그 서류에 원본을 표시하는 경우에는, 그 서류는 원본으로 취급될 수 있다.

⑧ 서류발행인이 수기서명한 것으로 보이는 것(그 일부 또는 기타 모든 구성요소가 복사기, 자동화 또는 전산화된 시스템에 의하여 작성된 것이든, 사전인쇄된 것이든, 탄소복사된 것이든 관계없이 원본으로 간주됨)

⑨ 서류발행인의 모사서명이 기재된 것으로 보이는 것

⑩ 다른 서류의 사진복사본으로 보이더라도, 서류발행인이 자신의 손으로 사진복사하여 완성한 것으로 보이는 것으로서 사본의 표시가 없는 것

⑪ 백지용지가 아니라 원본용지 상에 원문을 사진복사하여 작성한 것으로 보이는 것

(나) 서류의 사본

서류를 사본으로서 취급하는 경우는 다음과 같다.

① "사본(copy)"의 기재가 있는 것

② "원본"이라는 기재가 있더라도, 다른 서류의 사진복사본으로 보이고, 제시된 서류에 원본이라는 기재가 적용되지 않는 것으로 보이는 것

③ "다른 서류의 진정한 사본"이라는 표시가 있는 것

④ "다른 서류가 유일한 원본"이라는 표시가 있는 것

⑤ "다른 서류의 사진복사본"으로 보이는 것

⑥ 원본용지상에 사진사본을 손으로 작성함으로써 완성되지 않는 것으로서 기타 서류의 사본으로 보이는 것

⑦ 원본용지상에 사진사본을 사진복사함으로써 완성되지 않은 것으로서 기타 서류의 사진복사본으로 보이는 것

⑧ 은행의 모사전송기(telexfax)에서 출력된 서류

⑨ 모사전송기로 작성된 것으로 보이는 것

(3) 원본 및 사본의 제시방법

(가) 서류의 원본제시의 원칙과 통수

신용장에서 제시를 요구하고 있는 서류에 대하여는, 신용장이 서류 사본의 제시를 허용하고 있는 특별한 경우를 제외하고는, 원본이 적어도 1통 제시되어야 한다. 신용장 또는 UCP 600에 제시될 통수가 요구되어 있는 경우에는, 그 요구된 통수이어야 한다. 운송서류 또는 보험서류가 몇 통의 원본이 발행되었는지를 표시하고 있는 때에는, 그 H12항 및 J7 c)항에 명기된 것을 제외하고는, 그 서류상에 명기된 원본의 수가 제시되어야 한다.[7]

---

7) UCP 600 제17조 및 ISBP A29 a)항 및 b)항 참조.

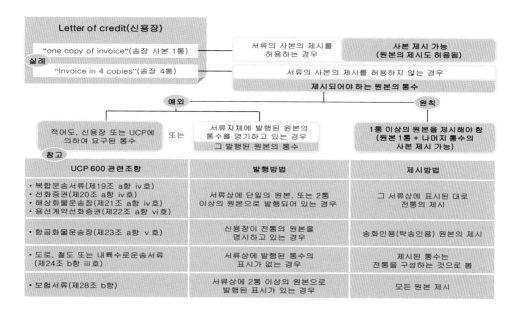

(나) 제시되어야 하는 서류 원본 및 사본의 통수

신용장이 서류의 제시를 요구할 때, 제시되어야 하는 원본과 사본의 통수를 살펴보면 다음과 같다.[8]

첫째, 신용장이 통수에 대하여 특별히 정함이 없거나, 또는 서류 1통을 요구하고 있는 경우에는, 원본 1통을 요구하고 있는 것으로 해석된다. 구체적으로는 "송장(invoice)", "one invoice(1통의 송장)", "invoice in 1 copy(송장 1통)" 또는 "invoice-1 copy(송장-1통)" 등의 표현은 송장 원본 1통을 요구하는 것으로 보기 때문에 사본이 아니라 원본 1통을 제시하여야 한다.

둘째, 신용장이 수통의 서류를 요구하고 있는 경우에는, 서류자체에 별도의 표시가 없는 한, 원본 1통과 나머지 통수의 사본의 제시에 의하여 충족된다. 예를 들면, 신용장이 "2통(in duplicate)", "2부(in two fold)", "2통(in two copies)" 등과 같이 요구하고 있는 경우에는 원본 1통과 사본 1통을 제시하여야 하고, 신용장이 "송장 4통(Invoice in 4 copies)", "송장 4통(Invoice in 4 fold)"과 같이 요구하고 있는 경우에는, 송장 원본 1통과 나머지 통수의 송장 사본을 제시하는 것으로 충족된다. 즉, "copy"라는 단어의 의미는 "사본"이라는 의미가 있지만, "통수"라는 의미도 있다. 따라서, 여기에서 "in 4 copies"라는 표현의 copy는 "사본"이라는 의미가 아니라, "통수"라는 의미이다. 따라서 여기에서 요구하고 있는 것은 송장 4통이고, 원본인지 사본인지에 대하여는 언급하고 있지 않더라도, 송장 원본 1통과 나머지 통수의 송장 사본을 제시하는 것으로 충족되는 것이다.

---

8) UCP 600 제17조 e)항 및 ISBP 745 A29 d)항 참조.

셋째, "송장의 사진복사본(photocopy of invoice)" 또는 "송장의 사본(copy of invoice)"은 1통의 사진복사본 또는 사본, 또는 금지되지 않는 때에는, 1통의 송장원본에 의하여 충족된다.

넷째, "서명된 송장의 사진복사본(photocopy of a signed invoice)"은 명백히 서명된 원본 송장의 1통의 사진복사본 또는 사본, 또는 금지되지 않는 때에는, 서명된 1통의 송장 원본에 의하여 충족된다.

● 서류의 원본과 사본의 표시 및 제시방법

통수	표시방법			제시방법
	• Invoice(송장)			원본 1통
1통	• One Invoice(1통의 송장) • Invoice in 1 copy(송장 1통)	• Original(원본)	• in 1 fold (1부)	
2통	• Invoice in 2 copies(송장 2통)	• in duplicate(2통)	• in 2 fold	적어도 원본 1통 + 나머지 통수의 사본
3통	• Invoice in 3 copies(송장 3통)	• in triplicate(3통)	• in 3 fold	
4통	• Invoice in 4 copies(송장 4통)	• in quadruplicate(4통)	• in 4 fold	
5통	• Invoice in 5 copies(송장 5통)	• in quintuplicate(5통)	• in 5 fold	
6통	• Invoice in 6 copies(송장 6통)	• in sextuplicate(6통)	• in 6 fold	
7통	• Invoice in 7 copies(송장 7통)	• in septuplicate(7통)	• in 7 fold	
8통	• Invoice in 8 copies(송장 8통)	• in octuplicate(8통)	• in 8 fold	
기타	• One copy of invoice(1통의 송장 사본)			송장의 사본 1통 (사본 대신 원본을 수리하는 것이 표준은행관행임)

• "copy"는 "사본" 또는 "통수"로 번역되기 때문에, "One copy"는 1통의 사본, "in one copy"는 1통을 의미함
• "duplicate"은 동일한 서류 2통 중의 다른 하나의 "원본"을 의미하고, "in duplicate"은 2통을 의미함

(대) 전자기록의 제시통수

UCP 또는 eUCP 신용장이 하나 또는 그 이상의 전자기록의 원본 또는 사본의 제시를 요구하고 있는 경우에는 하나의 전자기록의 제시에 의하여 충족된다.[9]

II. 상업송장

1. 상업송장의 의의와 기능

송장(invoice)은 일반적으로 매매의 대상으로서 선적된 물품의 명칭, 수량, 단가, 가격, 품질, CIF 등의 정형거래조건, 중량 등을 상세하고 명확하게 기재한 서류이고, 매도인과 매수인의 매매계약을 기초로 하여 매도인이 매수인에게 작성된 것을 말한다. 이 송장에 의하여 매수인은 매도인이 매매계약을 이행했는지의 여부를 확인할 수 있

---

9) eUCP 제e-8조 참조.

다. 또한 매매당사자 이외의 은행, 세관 등의 제3자도 거래당사자의 구체적인 내용을 알 수 있다. 은행이 지정은행, 발행은행 등의 신용장의 관계당사자인 경우에는 송장의 기재와 신용장조건을 대조함으로써 송장의 기재내용이 신용장조건을 충족하는지의 여부를 확인할 수 있다.[10]

상업송장(commercial invoice; I/V)은 수출물품의 명세와 가격계산 등을 정확하게 기재한 것으로서, 매도인이 매매계약의 조건을 정당하게 이행하였음을 매수인에게 증명하기 위한 서류를 말한다. 즉, 상업송장은 물품명세서, 가격계산서 및 대금청구서로서, 선적되는 물품의 명칭 및 규격, 수량, 단가, 금액, 화인 등이 기재된다. 이러한 상업송장은 다음과 같은 기능을 가지고 있다.

상업송장 (commercial invoice)	수출물품 등의 명세와 가격계산 등을 정확하게 기재한 것으로서, 매도인이 매매계약의 조건을 정당하게 이행하였음을 매수인에게 증명하기 위한 서류(물품명세서, 가격계산서 및 대금청구서의 역할을 함)
계약과의 일치증명서	매도인이 인도한 물품이 계약에 일치한다는 것을 입증하는 서류
물품명세서	선적된 물품에 대한 명세서
가격계산서/ 대금청구서	계약물품의 가격을 계산하고 계산된 대금을 청구하는 서류
무역금융의 필수서류	무역금융에서 담보물의 명세 및 대금을 구체적으로 명기하고 있는 서류
세관신고서류	수입업자가 화물을 수취하는 경우에는 화물수취안내서이며, 수입지의 세관이 과세가격을 산정하는 경우에는 과세가격산정에 필요한 서류

① 계약과의 일치증명서 상업송장은 매도인이 인도한 물품이 계약에 일치한다는 것을 입증하는 서류이다. 즉, 매도인은 매매계약 상의 물품의 명세, 수량, 단가 및 금액 등이 상업송장 상의 그것과 일치함으로써 매매계약에 일치하는 물품을 인도하였음을 입증할 수 있는 것이다.

② 물품명세서 상업송장은 선적된 물품에 대한 명세서이다. 즉, 상업송장에는 물품의 명칭 및 규격, 수량, 단가, 금액, 화인 등 물품에 대한 명세가 모두 기재되어야 한다.

③ 가격계산서 및 대금청구서 상업송장은 계약물품의 가격을 계산하고, 계산된 대금을 청구하는 서류이다. 즉, 상업송장의 발행금액은 선적된 물품의 금액을 명기한 것이므로 환어음(bill of exchange)의 발행금액과 일치하여야 한다.

④ 무역금융의 필수서류 상업송장은 무역금융에서 담보물의 명세 및 대금을 구체적으로 명기하고 있는 서류이다. 즉, 매입은행이 수출업자에 의하여 발행된 환어음을 매입하거나, 또는 수입지의 은행이 수입업자에게 대도(trust receipt; T/R)를

---

10) 飯田 勝人, "ISBP(國際標準銀行實務)の解說-荷爲替信用狀に基づく書類の點檢"-, (株)東京リサ-チインタ-ナショナル, 2003, p.89

통하여 수입물품을 인도하는 경우에는, 화환어음의 담보로서 담보물의 명세나 대금을 구체적으로 명기하고 있는 상업송장이 포함되어야 한다.

⑤ 세관신고서류　상업송장은 수입업자가 화물을 수취하는 경우에는 화물수취안내서이며, 수입지의 세관이 과세가격을 산정하는 경우에는 과세가격산정에 필요한 서류이다.

2. 상업송장의 종류

송장은 그 용도(사용목적)에 따라 상업송장(commercial invoice)과 공용송장(official invoice)으로 구분된다. 상업송장은 상거래용으로 작성되는 것이고, 공용송장은 영사관이나 세관용으로 작성되는 것이다.

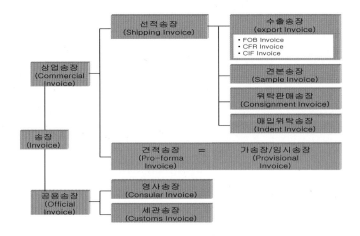

(1) 상업송장

㈎ 선적송장

선적송장(shipping invoice)은 실제로 선적한 물품의 명세를 기재한 송장으로서, 수출송장, 위탁판매송장, 매입위탁송장, 견본송장 등으로 구분된다.

① 수출송장(export invoice)　수출업자가 수입업자에게 물품을 수출(매매)하는 경우에 작성하는 송장으로서, 매매송장(sales invoice)이라고도 한다. 이는 거래조건에 따라 FOB송장(FOB invoice), CFR송장(CFR invoice), CIF송장(CIF invoice) 등으로 구분된다.

② 견본송장(sample invoice)　수출업자가 수입업자에게 견본을 송부하는 경우에 품질, 규격 등의 견본의 명세와 가격을 작성하는 송장을 말한다. 송부되는 견품이 유상인 경우에는 "sample of commercial value(유상견품)", 무상인 경우에는 "sample of no value(무상견품)"으로 송장에 표시해 두는 것이 바람직하다.

③ 위탁판매송장(consignment invoice)　위탁자인 수출업자가 수탁자인 수입업자에게

위탁판매하는 경우에 작성하는 송장으로서, 자신의 위험과 비용으로 송부하고 판매수수료를 지급해야 하는 것을 말한다. 이 송장에는 CIF & C(운임, 보험료 및 수수료포함)규칙 등이 표시된다.

④ 구매(매입)위탁송장(indent invoice)[11] 수출업자가 수입업자로부터 물품의 매입을 위탁받는 경우에 매입위탁을 받은 수출업자가 수입업자의 매입대리인으로서 물품을 선적할 때 작성하는 송장을 말한다.

㈏ 견적송장 또는 가송장

견적송장(pro-forma invoice) 또는 가송장(임시송장, provisional invoice)은 수출업자가 거래를 유발하기 위한 수단으로, 또는 수입허가나 외환배정 등을 받을 필요가 있는 수입업자의 요청에 의하여 장차 판매할 물품에 대하여 물품을 실제로 선적하지 않고 가격을 계산하여 작성하여 송부하는 송장을 말한다. 즉, 견적송장 또는 가송장은 매매계약이 체결되기 전에 수출업자가 수입업자에게 송부하는 것이므로 송장에 표시된 물품가격 등에 대하여 법적 구속력이 없으며, 선적물품에 대한 증거가 될 수 없다. 따라서 매매계약이 체결된 후에 실제로 선적되는 물품을 근거로 작성되는 선적송장(shipping invoice)의 가격과 견본송장의 가격은 일치하지 않을 수 있다.

(2) 공용송장

공용송장(official invoice)은 상업송장의 진실성을 증명하기 위하여 그 내용에 관하여 관계기관의 증명을 받도록 하는 송장으로서, 영사송장과 세관송장이 있다.

① 영사송장(consular invoice)[12] 수출국에 주재하고 있는 수입국의 영사가 송장기재가격의 정당성을 심사한 후에 작성하거나 사증(visa)한 것으로서, 수입물품가격을 높게 조작(over-invoicing)함에 따른 수입업자의 외화도피 또는 수입물품가격을 낮게 조작(under-invoicing)함에 따른 수입업자의 관세포탈 등을 방지하기 위하여, 또는 후진국의 경우에 수출국 주재 공관의 사증료 징수를 통한 수입을 증대시킬 목적으로 사용된다. 영사송장은 중남미, 중동국가 등에서 요구하고 있다.

② 세관송장(customs invoice) 영사송장과 거의 동일한 목적으로 작성되는 것이지만, 영사가 작성하거나 사증하는 영사송장과 달리 수입국이 규정한 특정양식의 송장에 수출업자가 직접 작성하는 것으로서, 과세가격기준의 결정, 덤핑유무의 판정, 쿼터품목의 통관기준량의 계산, 수입통계 등의 목적으로 사용된다. 세관송장은 캐나다, 호주, 뉴질랜드 등에서 요구하고 있으며, 그 양식은 국가별로 다르다.

---

11) [인텐트] 주문하다, [해안선]에 들쭉날쭉 굽어들다
12) [칸썰럴] 영사의, 영사관의; consular office = consulate[칸썰럴] 영사관

● Commercial Invoice(상업송장)

① Seller / Shipper / Exporter	⑦ Invoice No. & date
	⑧ LC No. & date
② Consignee	⑨ Buyer(if other than consignee)
③ Depature date	⑩ Other reference
④ Vessel / Flight ⑤ From	
⑥ To	⑪ Terms of delivery and payment

⑫ Shipping Marks / Numbers of PKAGS	⑬ Description of Goods	⑭ Quantity/Unit	⑮Unit-price	⑯ Amount

⑰ Signed by

C.P.O.BOX   :
Cable Address :
Telex Code   :
Telephone No   :

III. 운송서류

운송서류(transport document)는 운송인이 화주와 운송계약을 체결하고 물품을 본선 적재, 발송 또는 수탁하였음을 증명하기 위하여 발급하는 서류로서, 운송방식이나 운송수단의 종류에 따라 다양하다. 즉, 신용장통일규칙(UCP 600)에서는 운송방식이나 운송수단에 따라 운송서류를 복합운송서류(multimodal transport document), 선화증권 (bill of lading), 비유통성 해상화물운송장(non-negotiable sea waybill), 용선계약선화증 권(charter party bill of lading), 항공운송서류(air transport document), 도로·철도 또는 내륙수로 운송서류(road, rail or inland waterway transport documents), 특송화물수령증·우편수령증 또는 우송증명서(courier receipt, post receipt or certificate of posting) 등으로 구분하여 수리요건을 규정하고 있다.

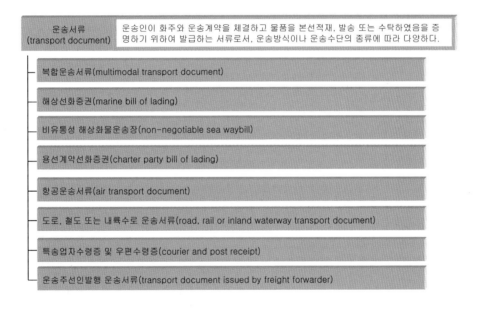

참고로, 운송주선인이 운송계약에 간접적으로 관계하여 발행하는 각종 서류, 예를 들면 ISBP 745 A18 a)항에 표시된 "운송주선인의 수령증명서(Forwarder's Certificate of Receipt; FCR)", "운송주선인의 선적증명서(Forwarder's Certificate of Shipment)", "운송주선인의 운송증명서(Forwarder's Certificate of Transport; FCT)", "운송주선인의 화물수령증(Forwarder's Cargo Receipt)"은 운송서류가 아니다. 다만, 운송주선인이 운송인·복합운송인이라는 것(실제운송인으로서가 아니라, 계약운송인으로 되는 것이 보통이다)을 표시하고 발행하고 서명한 서류는 운송서류로서 인정된다.

운송서류에 관하여는 이미 제11장 제2절 "물품의 운송과 운송서류"에서 자세히 설명하였으므로 제11장을 참조하면 된다.

IV. 보험서류

보험서류(insurance documents)는 물품이 운송되는 도중에 해난이나 기타의 위험으로 인하여 입게 될 손해에 대하여 화주에 의하여 부보된 보험에 대하여 보험자가 발급하는 증거서류를 말한다. 신용장거래에서는 해상화물보험(해상적화보험)의 성립을 증명하는 서류를 총칭하여 보험서류라고 한다.

인코텀즈의 11가지 규칙 중에서 CIF 또는 CIP규칙에서는 매도인이 적화보험(화물보험)을 부보하고 보험서류를 매수인에게 제공할 의무가 있다. 따라서 CIF 또는 CIP규칙의 경우에 보험서류는 상업송장, 운송서류와 마찬가지로 매도인이 필수적으로 구비해야 하는 기본서류 중의 하나에 해당된다.

보험서류 (insurance document)	물품이 운송되는 도중에 해난이나 기타의 위험으로 인하여 입게 될 손해에 대하여 화주에 의하여 부보된 보험에 대하여 보험자가 발급하는 증거서류
보험증권 (insurance policy)	보험자가 보험계약의 내용을 기재하고 서명하여 피보험자에게 교부하는 서면으로서, 보험계약의 성립 및 그 내용을 증명하기 위한 증권증권을 말한다.
보험증명서 (insurance certificate)	보험증권과 동일한 효력을 가지고 있지만 보험증권의 기재내용을 간략하게 기재한 서식으로서, 포괄예정보험의 경우에 물품이 개별적으로 포괄보험에 부보되어 있음을 증명하는 것을 말한다.
보험승인서 (insurance cover note)	보험중개인이 피보험자로부터 보험료를 징수하는 경우 보험료를 받았다는 사실을 증명하고 보험자와 보험계약을 체결하겠다는 각서로서 발급하는 서류를 말한다(신용장거래에서 수리되지 않는 보험서류임).
추인장 (endorsement; rider; addendum)	보험증권을 발행한 후에 어떤 사정으로 계약내용에 변경이 발생하였으나 보험증권을 회수하고 재발행할 수 없는 경우에 보험증권의 내용에 변경.추가.삭제를 위하여 발행되는 증거서류

또한, 신용장거래에서 수리되는 보험서류는 보험증권(insurance policy)과 보험증명서(certificate of insurance)이다.

① 보험증권(insurance policy; I/P) 보험자가 보험계약의 내용을 기재하고 서명하여 피보험자에게 교부하는 서면으로서, 보험계약의 성립 및 그 내용을 증명하기 위한

증거증권을 말한다. 즉, 보험증권은 보험자가 피보험자와 개별적으로 화물보험(적화보험)계약을 체결하는 경우에 보험자가 발급하는 증권으로서, 통상적으로 배서 또는 교부에 의하여 그 권리가 양도된다.

보험증권은 보험계약성립의 증거, 선적서류로서의 기능 및 보험금청구시의 제출서류로서, 보험계약체결시의 고지사항이 명확한지의 여부에 따라 확정보험증권과 예정보험증권으로 구분된다.

㉮ 확정보험증권(definite policy) : 계약체결시의 고지사항이 모두 명확하게 기재되어 있는 보험증권을 말한다. 확정보험증권의 경우에는 보험가액이 협정된 기평가보험증권(unvalued policy)이 발행된다.

㉯ 예정보험증권 : 부보하려는 화물의 명세(品名, 수량, 포장), 보험금액, 보험조건, 선박명 등이 미확정인 경우에 선적을 예정하고 있는 수량 및 예정보험금액에 대하여 보험자가 피보험자와 예정보험계약을 체결하고 발행하는 보험증권을 말한다. 이것은 개개의 선박이나 매매계약마다 청약에 의하여 발행되는 개별예정보험증권(Provisional Policy)과 장래의 선적에 대한 포괄적인 계약에 의하여 발행되는 포괄예정보험증권(Open Policy)으로 구분된다.

② 보험증명서(insurance certificate) 또는 통지서(declaration)　보험증권과 동일한 효력을 가지고 있지만 보험증권의 기재내용을 간략하게 기재한 서식을 말한다. 즉, 이는 동일한 물품을 동일한 지역에 반복해서 선적될 때 이용되는 포괄예정보험(open cover)이 체결되어 있는 경우에 물품이 개별적으로 포괄보험에 부보되어 있음을 증명하는 것을 말한다.

③ 보험인수증(보험승인서; 보험승낙서; 부보각서; insurance cover note)　보험중개인(insurance broker)이 피보험자로부터 보험료를 징수하는 경우 보험료를 받았다는 사실을 증명하고 보험자와 보험계약을 체결하겠다는 각서로서 발급하는 서류를 말한다. 신용장거래에서는 은행은 특별한 약정이 없는 한 원칙적으로 보험인수증을 수리하지 않는다.

④ 추인장(Endorsement; Rider; Addendum)　보험증권을 발행한 후에 어떤 사정으로 계약내용에 변경이 발생하였으나 보험증권을 회수하고 재발행할 수 없는 경우에 보험증권의 내용에 변경·추가·삭제를 위하여 발행되는 증거서류를 말한다.

● 해상보험증권

MARINE CARGO INSURANCE POLICY
THE KORYO FIRE & MARINE INSURANCE CO., LTD.

Address: 145, Naesoo-Dong, Chongro-Ku, Seoul, Korea.   K.P.O. BOX 295
Telephone : 722-4254~9, 725-0385~9 Cable : PRFIRE SEOUL   Telex : K2832

Policy No.	Assured(s), etc.
Claim, if any, payable at/in	Ref. No
	Amount insured hereunder

Survey should be approved by		Conditions and Warranties
Local Vessel or Conveyance	Form(interior port or place of loading)	
Ship or Vessel	Sailing on or about	
at and from	transhipped at	
arrived at	thence to	
Subject-matter Insured		
Marks and Numbers as per Invoice No. specified above		

Place and Date singed in

Numbers of Policies issued

IMPORTANT

PROCEDURE IN THE EVENT OF LOSS OR DAMAGE FOR WHICH UNDERWRITERS MAY BE LIABLE
LIABILITY OF CARRIERS, BAILEES OR OTHER THIRD PARTIES

It is the duty of the Assured their Agents, in all cases, to take such measures as may be reasonable for the purpose of averting or minimizing a loss and to ensure that all rights against Carriers, Bailees or other third parties are properly preserved and exercised. In particular, the Assured or their Agents are required :

1. To claim immediately on the Carriers, Port Authorities or other Bailees for any missing packages.
2. In no circumstances, except under written protest, to give clean receipts where goods are in doubtful condition.
3. When delivery is made by Container, to ensure that the Container and its seals are examined immediately by their responsible official.
   If the Container is delivered damaged or with seals broken or missing or with seals other than as stated in the shipping documents, to clause the delivery receipt accordingly and retain all defective or irregular seals for subsequent identification.
4. To apply immediately for survey by Carriers' or other Bailees' Representatives if any loss or damage be apparent and claim on the Carriers or other Bailees for any actual loss or damage found at such survey.
5. To give notice in writing to the Carriers or other Bailees within 3 days of delivery if the loss or damage was not apparent at the time of taking delivery.
NOTE : The Consignees or their Agents are recommended to make themselves familiar with the Regulations of the Port Authorities at the port of discharge.

INSTRUCTIONS FOR SURVEY

In the event of loss or damage which may involve a claim under this insurance, immediate notice of such loss or damage should be given to and a Survey Report obtained from this Company's Office or Agents Specified in this Policy or Certificate.

DOCUMENTATION OF CLAIMS

To enable claims to be dealt with promptly, the Assured or their Agents are advised to submit all available supporting documents without delay, including when applicable :

1. Original policy or certificate of insurance.
2. Original or certified copy of shipping invoices, together with shipping specification and/or weight notes.
3. Original or certified copy of Bill of Lading and/or other contract of carriage.
4. Survey report or other documentary evidence to show the extent of the loss or damage.
5. Landing account and weight notes at of discharge and final destination.
6. Correspondence exchanged with the Carriers and other Parties regarding their liability of the loss or damage.
☞ In the event of loss or damage arising under this Policy, no claims will be admitted unless a survey has been held with the approval of this Company's office or Agents specified in this policy

Notwithstanding anything contained herein or attached hereto to the contrary, this insurance is understood and agreed to be subject to English law and practice only as to liability for and settlement of any and all claims.

This insurance does not cover any loss or damage to the property which at the time of the happening of such loss or damage in insured by or would but for the existence of this Policy be insured by any fire or other insurance policy or policies except in respect of any excess beyond the amount which would have been payable under the fire or other insurance policy or policies had this insurance not been effected.

We, (   ) Hereby agree, in consideration of the payment to us by or on behalf of the Assured of the premium as arranged, to insure against loss damage liability or expense to the extent and in the manner herein provided.

In witness whereof, I the Undersigned of (   ) on behalf of the said Company have subscribed My Name in the place specified as above to the policies, the issued numbers thereof being specified as above, of the same tenor and date, one of which being accomplished, the others to be void, as of the date specified as above.

For (   )

AUTHORIZED SIGNATORY

674

포 장 명 세 서
(PACKING LIST)

① Shipper/Exporter	⑧ No. & date of invoice
	⑨ Remarks :

② For account & risk of Messrs.

③ Notify party

④ Port of loading	⑤ Final destination
⑥ Carrier	⑦ Sailing on or about

⑩ Marks & numbers of PKGS.	⑪ Description of goods	⑫ Quantity	⑬ Net weight	⑭ Gross weight	⑮ Measurement

⑯　P.O. Box　　　:
　　Cable address :
　　Telex code　　:
　　Telephone No. :

⑰ Signed by ＿＿＿＿＿＿＿＿＿＿＿＿＿
Manager

Ⅴ. 기타서류

기타 무역결제서류	
포장명세서 (packing list)	상업송장의 보충서류로서, 수출업자가 포장된 물품의 순중량, 총중량, 용적, 포장의 형태·내용명세·개수·기호, 화인 등을 기재하여 작성한 서류
원산지증명서 (certificate of origin)	수입통관 또는 수입대금의 결제시 구비서류의 하나로서 당해 물품이 당해국에서 생산, 제조 또는 가공되었다는 사실을 증명하는 서류이다(수출입의 품목에 따라 수출품 원산지증명서와 수입품 원산지증명서로 구분됨).
위생증명서 (certificate of health)	식료품, 육류, 동식물, 약품류, 화장품 등을 수출하는 경우에 수출국의 위생검사 당국이 무균, 무해임을 입증하거나 또는 수입국의 보건당국에서 정한 기준에 합치된다는 것을 입증한 서류이다.
검역증명서 (certificate of quarantine)	위생증명서의 일종으로서, 동식물을 수출하는 경우에 세균의 전염을 예방하기 위하여 물품을 수출국의 고립된 일정한 장소에 일정기간 동안 장치하고 소독 등 방역·검역을 실시하고 발급해 주는 서류이다.
품질증명서 (certificate of quality)	검사증명서의 일종으로서, 공인된 품질검사기관이 수출입물품의 품질수준이 어느 정도인지를 검사한 후 그 결과를 증명하는 서류를 말한다.
분석증명서 (certificate of analysis)	검사증명서의 일종으로서, 주로 광산물이나 의약품을 수출하는 경우에 공인된 검사기관이 그 물품의 순도나 함유성분이 어느 정도이고 구성원소 등이 무엇인지를 분석한 후 그 결과를 증명하는 서류를 말한다.
수익자증명서 (beneficiary's certificate)	수익자(수출업자)가 수입업자에 의하여 요구된 사항 등을 이행하였음을 입증하는 서류로서, 수익자가 발행하며, 특별히 정해진 양식이 없다.
대변표 (credit note)	송장의 가격이나 비용이 잘못 또는 과대로 계상되거나, 또는 판매대리점에 판매수수료를 통지하는 등 당방에 지급(또는 반환)의무가 발생한 경우에, 그 전표(note)의 발행인이 그 상대방에 대하여 지급계정이 있음을 통지하는 것으로서, 그 금액을 지급인계정의 대변(credit side)에 기장하는 것을 말한다.
차변표 (debit note)	그 전표(note)의 발행인이 지급인에게 이에 기재된 금액의 채권을 가진다는 취지의 통지서로서, 그 금액을 지급인계정의 차변(debit side)에 기장하는 것

1. 포장명세서

포장명세서(packing list)는 상업송장의 보충서류로서, 수출업자가 포장된 물품의 순중량(net weight), 총중량(gorss weight), 용적(measurement), 포장의 형태·내용명세·개수·기호, 화인(shipping marks) 등을 기재하여 작성한 서류를 말한다. 포장명세서는 선적물품의 명세 및 포장과 관련하여 각 규격별, 단위별로 구체적으로 명기하고 있으며, 대금관련사항이 명기되어 있지 않다는 점을 제외하고는 상업송장과 별다른 차이점이 없다.

2. 원산지증명서

(1) 원산지증명서의 정의

원산지증명서(Certificate of Origin; C/O)란 수입통관 또는 수출대금의 결제시 구비서류의 하나로서 해당 물품이 해당국에서 생산, 제조 또는 가공되었다는 사실을 증명하는 서류이다. 원산지증명서는 ① 특정국가나 지역으로부터 수입을 금지 또는 제한하기 위한 정책적 목적, ② 호혜통상협정이 체결된 국가 간의 수입물품에 대한 협정세율의 적용을 위한 관세의 감면혜택의 부여목적, ③ 선진국의 대개발도상국에 대한 특혜관세의 공여 목적, ④ 기타 국별 수입통계의 목적으로 발급되는 경우 등이 있다.

(2) 원산지증명서의 종류

(가) 수출품원산지증명서

수출품 원산지증명서는 수출품이 우리나라에서 재배, 사육, 제조 또는 가공된 것임을 증명하는 문서[13]로서, "일반수출품 원산지증명서"와 "관세양허대상 수출품 원산지증명서[일반특혜관세제도(GSP)[14], GATT 개발도상국간 관세양허협정, 아시아 - 태평양 무역협정(APTA), 개발도상국간 특혜무역제도(GSTP)에 관한 협정 및 자유무역협정(FTA) 등에 의한 수출품의 원산지증명서]"로 구분된다.[15]

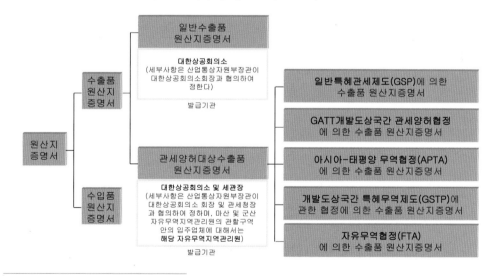

---

13) 수출물품원산지증명발급규정 제1-3조
14) 일반특혜관세제도(Generalized System of Preferences; GSP)란 선진국이 개발도상국의 수출증대 및 공업화의 촉진을 위해 개발도상국으로부터 수입되는 농수산물, 공산품의 제품 또는 반제품에 대하여 조건없이 일방적으로 무관세를 적용하거나 저율의 관세를 부과하는 관세상의 특혜를 말한다.
15) 수출물품원산지증명발급규정 제1-2조.

① 일반수출품 원산지증명서 관세양허대상이 아닌 유상 또는 무상으로 수출하는 모든 물품에 대하여 발급하는 원산지증명서를 말한다.

② 일반특혜관세(GSP) 원산지증명서 각 일반특혜관세공여국에서 정한 일반특혜관세대상품목에 대하여 발급하는 원산지증명서를 말한다.

③ GATT 개발도상국간 관세양허수출품의 원산지증명서 GATT 개발도상국간 관세양허협정의 협정국에서 정한 국별 관세양허품목에 대하여 발급하는 원산지증명서를 말한다.

④ 아시아-태평양 무역협정(APTA 협정)에 의한 관세양허대상 수출품의 원산지증명서 아시아-태평양 무역협정(Asia-Pacific Trade Agreement; APTA 협정)의 협정국에서 정한 국별 관세양허대상품목에 대하여 발급하는 원산지증명서를 말한다.

⑤ 개발도상국간 특혜무역제도(GSTP)에 관한 협정에 의한 관세양허수출품의 원산지증명서 개발도상국간 특혜무역제도(GSTP)에 관한 협정의 협정국에서 정한 관세양허대상품목에 대하여 발급하는 원산지증명서를 말한다.

⑥ 자유무역협정(FTA)에 의한 관세양허 수출품의 원산지 증명서 우리나라를 원산지로 하는 수출물품에 대하여 대한민국정부와 상대국 정부간의 자유무역협정에서 양허한 품목에 대하여 발급하는 원산지증명서를 말한다.

(나) 수입품원산지증명서

수입품 원산지증명서는 수입품이 해당국에서 재배, 사육, 제조 또는 가공된 것임을 증명하는 문서를 말한다.

THE KOREA CHAMBER OF COMMERCE & INDUSTRY

1. Exporter (Name, address, country)	ORIGINAL **CERTIFICATE OF ORIGIN** issued by THE KOREA CHAMBER OF COMMERCE & INDUSTRY Seoul, Republic of Korea
2. Consignee (Name, address, country)	3. Country of Origin
4. Transport details	5. Remarks

6. Marks & numbers; number and kind of packages; description of goods	7. Quantity

8. Declaration by the Exporter	9. Certification
The undersigned, as an authorized signatory, hereby declares that the avove-mentioned goods were produced or manufactured in the country shown in box 3. (Signature) (Name)	The undersigned authority hereby certifies that the goods described above originate in the country shown in box 3 to the best of its knowledge and belief. .... Authorized Signatory Certificate No.

3. 검사증명서(inspection certificate)

검사증명서(Certificate of Inspection ; Inspection Certificate)는 수출물품이 매매계약이나 수출입국이 미리 정하고 있는 품질조건이나 규격에 합치하고 있다는 것을 수출국의 공적 검사기관이 검사하고 발행하는 것으로서, 수입업자의 요구에 의하여 특정 상품에 한하여 발행된다. 검사증명서는 통상적으로 제3자인 지정검사기관이 검사하고 발행하는 것이지만, 계약내용에 따라 제조업자가 검사하고 발행하는 것도 있다.

검사증명서에는 농산물검사소의 검사증명서나 수산물검사소의 검사증명서, 중량 및 용적증명서(certificate of Weight and measurement), 수량증명서(certificate of quantity) 등이 있으며, 품질증명서나 분석증명서도 검사증명서의 일종이다.

4. 중량 및 용적증명서(certificate of weight and measurement)

중량 및 용적증명서(certificate of weight and measurement)는 공인된 전문검량업자(public weigher; sworn measurer)가 개개의 물품 및 물품 전체의 총중량과 용적을 계량하고 발급해 주는 서류를 말한다. 이것은 선내적부, 하역료·보관료계산, 운임계산의 기초가 된다. 또한, 중량 및 용적명세서(List of weight and measurement)는 상업송장의 기재내용을 확인할 목적으로 요구하는 보충서류로서, 개개의 물품 및 물품 전체의 총중량과 용적을 계량하고 발급하는 것이다.

5. 기타 각종서류

기타 각종서류는 다음과 같다.
① 위생증명서(certificate of health; sanitary certificate; veterinary certificate; hygienic certificate)[16] 식료품, 육류, 동식물, 약품류, 화장품 등을 수출하는 경우에 수출국의 위생검사당국이 무균, 무해임을 입증하거나 또는 수입국의 보건당국에서 정한 기준에 합치된다는 것을 입증한 증명서이다.
② 식물위생증명서(certificate of phytosanitary)[17] 종자식물, 양치식물, 이끼식물, 버섯류, 이들의 씨앗, 과실 등을 수출하는 경우에 식물의 병충해가 수입국에 유입되고 만연되는 것을 방지할 목적으로 수출국의 식물검역당국이 수출하는 식물을 소

---

16) [쌔너테어리] 위생의, 위생상의; [붸러러네어리] 수의의, 수의학에 관한, 수의사; [하이쥐에닉] 위생적인, 위생학의, 건강에 좋은
17) [파이토우쌔너테어리] (특히 농산물에 관한) 식물위생의

독하였다는 것을 입증하고 발행하는 증명서를 말한다.

③ 검역증명서(certificate of quarantine)18) 위생증명서의 일종으로서, 동식물을 수출하는 경우에 세균의 전염을 예방하기 위하여 물품을 수출국의 고립된 일정한 장소에 일정기간동안 장치하고 소독 등 방역·검역을 실시하고 발급해 주는 서류이며, 미국, 브라질, 파나마 등의 수출에 주로 요구된다.

④ 훈증증명서 또는 신고서(certificate of fumigation; declaration of fumigation)19) 목재재료를 사용한 팔레트나 포장의 경우 외래의 기생충이 목재에 붙어 유입되는 것을 방지할 목적으로 목재의 포장재료가 훈증 등의 방법으로 완전히 방부처리되었음을 증명하는 것을 말한다.

⑤ 품질증명서(certificate of quality) 검사증명서의 일종으로서, 공인된 품질검사기관이 수출입물품의 품질수준이 어느 정도인지를 검사한 후 그 결과를 증명하는 서류를 말한다.

⑥ 분석증명서(certificate of analysis) 종종 수입업자 또는 정부당국에 의하여 요구되는 검사증명서의 일종으로서, 주로 광산물이나 의약품을 수출하는 경우에 공인된 검사기관이 그 물품의 순도나 함유성분이 어느 정도이고 구성원소 등이 무엇인지를 분석한 후 그 결과를 증명하는 서류를 말한다.

⑦ 수익자증명서(beneficiary's certificate) 수익자(수출업자)가 수입업자에 의하여 요구된 사항 등을 이행하였음을 입증하는 서류로서, 수익자가 발행하며 특별히 정해진 양식이 없다.

⑧ 대변표(Credit Note; C/N) 송장의 가격이나 비용이 잘못 또는 과대로 계상되거나, 또는 판매대리점에 판매수수료를 통지하는 등 당방에 지급(또는 반환)의무가 발생한 경우에 그 전표(note)의 발행인이 그 상대방에 대하여 지급계정이 있음을 통지하는 것으로서, 그 금액을 지급인계정의 대변(Credit Side)에 기장하는 것을 말한다.

⑨ 차변표(Debit Note; D/N) 그 전표(note)의 발행자가 지급인에게 이에 기재된 금액의 채권을 가진다는 취지의 통지서로서, 그 금액을 지급인계정의 차변(Debit Side)에 기입하는 것을 말한다. 발행자의 앞에 To라는 단어를 기재하고(이것은 Debit to의 의미), 적요에는 Dr. to라고 작성한 다음 그 명세를 기재한다. 이러한 Debit Note의 발행이 몇 번 행해지고, 상당금액에 달한 경우에는 Clean Bill을 발행하여 은행을 통하여 추심하거나, 또는 송금받는 것이 보통이다.

---

18) [쿠어런틴-] 검역, 검역소, (방역을 위한) 격리, 교통[통신] 차단
19) [퓨머게이션] 훈증, 연기로 그을림.

⑩ 자유매매증명서(Certificate of Free Sale) 물품이 통상적으로 open market에서 판매되고 원산지국가의 regulatory 당국에 의하여 승인되었다는 증거로서 일부 국가에서 요구되는 증명서를 말한다.

⑪ 원산지명세서(Declaration of Origin) 상업송장 또는 기타 물품관련 모든 서류상의 제조업자, 생산업자, 공급업자, 수출업자 또는 기타 행위능력자에 의한 수출과 관련하여 행해진 물품의 원산지에 관한 적당한 명세서를 말한다.

⑫ 선박등급증명서(Certificate of Classification) 선박등급협회(Classification Society)가 등록되는 선박의 등급을 명기하여 발행하는 증명서를 말한다.

Chapter

15

무역계약의 종료와 상사중재

무역계약의 종료와 상사중재

Chapter 15

제1절 무역계약종료와 계약위반의 구제방법

Ⅰ. 무역계약의 종료와 계약위반

1. 무역계약의 종료

무역계약의 종료는 당사자 간의 물품매매계약의 관계가 일정한 사유로 인하여 그 효력이 종료되는 것으로서, 무역계약은 계약당사자가 약정된 제반의무사항을 완전히 이행함으로써 종료되는 것이 가장 이상적이지만, 당사자 간의 합의, 계약위반 등에 의하여 종료되는 경우도 있다. 계약의 완전한 이행이나 당사자 간의 합의와 같이 계약이 원만히 종료되는 경우에는 당사자는 아무런 문제없이 계약관계로부터 벗어난다. 그러나, 이행거절, 이행태만, 이행불능 등과 같은 계약위반에 의하여 계약이 해제되는 경우에는 분쟁이 발생함으로써 최종적으로는 중재 또는 소송에 의한 분쟁해결 방법을 통하여 계약이 종료되며, 이 경우 귀책사유가 있는 당사자는 손해를 입은 상대방에게 손해배상의 의무를 부담하여야 한다.

① 이행에 의한 종료(discharge by performance) 계약당사자 간의 계약상의 의무가 완전히 이행되었을 때 계약이 종료하는 것으로서, 계약내용과 일치되도록 엄밀하고 정확히 이행되어야 한다. 즉, 무역계약은 양당사자가 상호 의무를 부담하는 쌍무계약이므로 일방의 당사자는 채무를 이행하였으나 그 상대방이 자신의 채무를 이행하지 않은 경우 무역계약은 종료되지 않는다.

② 합의에 의한 종료(discharge by agreement) 계약당사자가 상호간의 합의에 의하여 계약을 소멸시키는 것으로서, 파산이나 합병 등의 사유가 발생하였을 때 당사자가 계약을 해제하거나 또는 별도의 의사표시 없이 계약이 종료되도록 계약체결시에 약정한 경우에는 그 사유가 발생한 시점에서 계약이 종료되는 것을 말한다.

③ 계약위반에 의한 종료(discharge by breach)　일방의 계약당사자가 자신의 귀책사유로 계약내용에 일치된 이행을 하지 않음으로써 그 상대방의 계약해제의 의사표시에 의하여 계약이 종료되는 것을 말한다. 즉, 일방의 당사자가 자신의 귀책사유로 중대한 또는 본질적인 계약위반을 한 경우 그 상대방은 위반당사자에게 계약해제의 의사표시를 함으로써 계약을 종료시킬 수 있다.

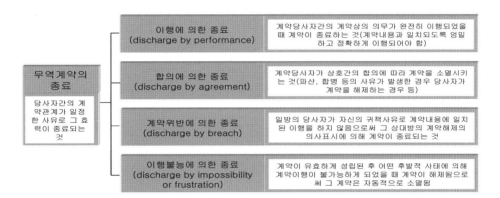

④ 이행불능에 의한 종료(discharge by impossibility or frustration)　계약이 유효하게 성립된 후 어떤 후발적 사태에 의하여 계약이행이 불가능하게 되었을 때 계약이 해제됨으로써 그 계약은 자동적으로 종료된다. 이행불능은 당사자에게 귀책사유가 있는지의 여부에 따라 계약위반의 여부가 결정된다. 따라서 이행불능에 대하여는 계약위반의 유형에서 자세히 설명하기로 한다.

2. 계약위반의 유형

계약위반(breach of contract)은 계약당사자가 자신의 귀책사유로 계약내용을 이행하지 않거나 또는 불일치하게 이행한 것으로서, 해당 계약상의 명시적 또는 묵시적 약정, 계약내용에 적용되는 각종 조약 등의 강행법규, 국제상관습, 해당 계약의 취지 등에 적합한 의무이행을 하지 않은 것을 말한다. 즉, 무역계약의 경우에는 매도인의 물품인도의무 또는 매수인의 대금지급의무가 이행되지 않거나 또는 이들 의무가 계약내용에 불일치하게 이행된 경우에 계약위반이 발생하게 된다. 이러한 계약위반이라는 용어는 영미법에서 사용하는 개념이며, 대륙법(한국민법 포함)에서는 계약위반을 채무불이행(non-performance) 또는 계약불이행(non-fulfillment of contract)이라고 한다.

(1) 계약위반의 발생원인에 따른 분류

계약위반의 유형에 대하여 그 발생원인에 따라, 영미법에서는 이행태만, 이행불능,

이행거절로, 대륙법(한국민법 포함)에서는 이행지체(채무자지체 포함), 이행불능, 불완전이행으로, 비엔나협약에서는 영미법의 개념을 기초로 대륙법과의 조화를 위하여 이행지체와 이행불능을 동일하게 취급하고 있으며, 불완전이행에 해당하는 물품의 계약부적합책임(대륙법의 하자담보책임)으로 구분하여 규정하고 있다.

구분	영미법	대륙법(한국민법)	비엔나협약
계약위반 유형	이행태만	이행지체 (채무자지체 포함)	이행지체
	이행불능	이행불능	이행불능
	이행거절		물품의 계약부적합책임(대륙법계의 하자담보책임)
		불완전이행	

⑺ 이행태만

이행태만(failure to perform)은 대륙법계의 이행지체와 유사한 것으로서, 당사자가 계약을 이행할 수 있음에도 불구하고 그 이행기간에 이행하지 않고 고의 또는 과실에 의하여 이행을 태만히 하여 계약목적이 달성되지 못한 것을 말한다. 이행태만은 계약위반의 가장 일반적인 형태로서, 피해당사자에게는 계약해제권 및 손해배상청구권이 인정된다.

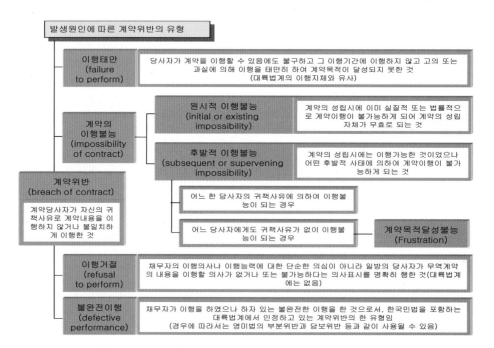

⑼ 이행불능

계약의 이행불능(impossibility of contract)은 계약의 성립시에 이미 실질적 또는 법률적으로 계약이행이 불가능하게 되어 계약의 성립자체가 무효로 되는 원시적 이행불능 (initial or existing impossibility)[1]과 계약의 성립시에는 이행가능한 것이었으나 어떤 후발적 사태에 의하여 계약이행이 불가능하게 되는 후발적 이행불능(subsequent or supervening impossibility)이 있다. 후발적 이행불능은 다시 ① 어느 한 당사자의 귀책사유에 의하여 이행불능이 되는 경우와 ② 어느 당사자에게도 귀책사유가 없이 이행불능이 되는 경우(Frustration)로 구분된다. 후발적 이행불능은 일반적으로 당사자에게 귀책사유가 없는 경우를 의미하지만, 채무자의 귀책사유에 의하여 후발적 이행불능이 발생하는 경우에는 이행의 절대적인 불가능이 아니라 상대적인 불가능이므로 피해당사자는 귀책사유가 있는 상대방에게 손해배상을 청구하거나 계약을 해제할 수 있다.

여기에서, 계약목적의 달성불능 또는 계약의 좌절(Frustration)은 계약의 후발적 이행불능에 의하여 계약이 자동적으로 소멸하는 것으로서, 계약이 유효하게 성립되었더라도 당사자의 고의나 과실 없이 계약상의 의무를 실질적·법률적으로 이행할 수 없는 것을 말한다. 이는 계약의 성립시에는 가능하였으나 계약의 성립 후에 채무자의 귀책이 아닌 사유로 의무이행이 불가능하게 되는 것으로서, 이러한 사유로 계약상의 의무를 이행할 수 없는 경우 계약이 자동적으로 소멸되는 것을 말한다.

이와 같이, 계약이 성립된 후 어떤 사정변경(change of circumstance)의 발생으로 인하여 후발적으로 불법으로 되어 계약이행이 불가능하게 되는 계약목적의 달성불능 (Frustration)에 관하여는, 이에 대한 정확한 해석이나 정의는 국제적으로 통일화 되어 있지 않지만, 오늘날 각국의 법규는 이러한 경우 어떠한 당사자도 의무로부터 면제된다는 규정이나 조항을 마련하고 있는 실정이다. 이행불능의 성립에 대하여는 획일적인 기준이 없기 때문에 개별의 재판 등의 판단(지정된 준거법에 기초하여)에 위임되어 있다. 따라서 이행불능(Frustration)의 경우에는 계약서에 불가항력조항(force majeure clause) 등을 삽입함으로써 불가항력에 의하여 계약이 불능으로 되더라도 그 계약불이행의 책임을 부담하지 않도록 한다.

(다) 이행거절

이행거절(refusal to perform; renunciation; repudiation)은 채무자의 이행의사나 이행능력에 대한 단순한 의심이 아니라 일방의 당사자가 무역계약의 내용을 이행할 의사가 없거나 또는 불가능하다는 의사표시를 명확히 행한 것을 말한다. 일방의 당사자가 이행거절을 하였더라도, 그 상대방이 이를 계약위반으로 인정하겠다는 의사표시를

---

[1] 계약의 성립당시 또는 그 이전에 발생한 원시적 이행불능의 경우에는 그 계약은 무효가 되어 이에 대한 법률상의 책임이 어느 누구에게도 없기 때문에 채무불이행으로 인한 손해배상의 문제가 발생하지 않는다.

통지하였을 때 이에 따른 계약해제권이나 손해배상청구권이 인정되지만, 이를 인정하지 않고 계약이행을 요구할 수도 있다.

이행거절은 대륙법계에는 없는 것으로서, 영미법에서는 이행을 거절한 당사자에게 이행기까지 기다리거나 또는 자신의 변제를 제공해야 하는 불합리한 낭비를 제거하기 위해서 계약위반의 한 유형으로 인정하고 있다.

㈜ 불완전이행

불완전이행(defective performance)은 채무자가 이행을 하였으나 하자있는 불완전한 이행을 한 것으로서, 한국민법을 포함하는 대륙법계에서 인정하고 있는 계약위반의 한 유형이다. 불완전이행(defective performance)은 경우에 따라서는 영미법의 부분위반(partial breach) 및 담보위반(breach of warranty) 등과 같이 사용될 수도 있다.

(2) 계약위반의 경중에 따른 분류

계약위반은 계약위반의 경중에 따라 전부위반(total breach)과 일부위반(partial breach), 또는 조건위반(breach of condition)과 담보(보증)위반(breach of warranty), 또는 본질적(기본적) 계약위반(fundamental breach of contract)과 비본질적 계약위반으로 구분되는데, 그 명칭만 다를 뿐 그 개념은 거의 동일하다. 비엔나협약에서 규정하고 있는 본질적·비본질적 계약위반의 개념은 영미법상의 조건위반과 담보(보증)위반, 전부위반과 부분위반 등의 개념에서 유래한 것이기 때문에 본질적 계약위반은 조건위반으로 보아 계약도 해제할 수 있고 손해배상도 청구할 수 있으나, 비본질적 계약위반은 담보(보증)위반으로 보아 계약은 해제할 수 없고 손해배상만 청구할 수 있다. 즉, 전부위반, 조건위반 및 본질적 위반의 경우에는 계약도 해제할 수 있고 손해배상을 청구할 수 있지만, 일부위반, 담보위반 및 비본질적 위반의 경우에는 계약은 해제할 수 없고 계약위반으로 발생한 손해배상만을 청구할 수 있다.

경중에 따른 계약위반의 유형			
	미국의 Restatement	영국물품매매법 (SGA)	비엔나협약 (UNCISG)
전부 또는 중요한 사항의 위반 - 계약해제 가능, - 손해배상청구 가능	전부위반 (total breach)	조건위반 (breach of condition)	본질적(기본적) 위반 (fundamental breach)
일부 또는 경미한 사항의 위반 -계약해제 불능, - 손해배상청구 가능	일부위반 (partial breach)	담보(보증)위반 (breach of warranty)	비본질적 위반

688

㈎ 전부위반과 일부위반

전부위반(total breach)은 계약의 중요한 사항의 위반을 말하고, 일부위반(partial breach)은 계약의 경미한 사항의 위반을 말한다.

㈏ 조건위반과 담보위반

조건위반(breach of condition)은 계약의 본질적(fundamental or material) 또는 중요한 사항의 위반을 말하고, 담보(보증)위반(breach of warranty)은 계약의 종속적(collateral) 또는 경미한 사항의 위반을 말한다. 영국물품매매법 제62조에서는 "담보(warranty)란 매매계약의 목적물에 대한 합의로서, 계약의 주목적에 부수하는 것"이라고 규정하고 있다.

㈐ 본질적 위반과 비본질적 위반

본질적 또는 기본적 계약위반(fundamental breach of contract)은 상대방이 계약상 기대하는 권리를 가지는 것을 실질적으로 박탈하는 손해(detriment)를 초래하는 계약위반을 말한다.[2] 본질적 계약위반이 있는 경우에는 피해를 입은 당사자는 계약의 무효를 선언할 수 있지만, 본질적 계약위반이 아니라면 기타의 구제방법에 따라야 한다.

비본질적 또는 경미한 계약위반은 본질적 계약위반과 대비되는 것으로서, 본질적 계약위반이 아닌 경우를 말한다. 계약위반이 본질적인지 그렇지 않은 비본질적인지의 여부는 계약위반의 경중을 정확히 판단하여 결정할 문제이지만, 그 구분은 어렵게 되어 있다.

Ⅱ. 무역계약당사자의 구제방법

구제방법(remedy)은 일정한 권리가 침해당하는 경우에 그러한 침해를 방지, 시정 또는 보상하게 하는 것을 말한다. 이러한 구제방법은 매수인의 구제방법(buyer's remedy)과 매도인의 구제방법(seller's remedy)으로 구분되는데, 매수인의 구제방법(buyer's remedy)은 그 구제방법이 매수인을 위한 것이고, 매도인의 구제방법(seller's remedy)은 그 구제방법이 매도인을 위한 것이다.

---

2) 비엔나협약 제25조.

국제물품매매계약에 관한 UN협약(비엔나협약)[3]에서는 매수인의 구제와 매도인의 구제에 대하여 규정하고 있다. 즉, 매도인의 계약위반에 대한 매수인의 구제로서, 대체품인도청구권 및 하자보완청구권을 포함하는 특정이행(제46조), 추가기간지정권(제47조), 계약해제권(제49조), 대금감액청구권(제50조), 손해배상청구권(제45조) 등을 규정하고 있으며, 이들을 선택적 또는 경우에 따라서는 중복적으로 허용한다. 또한, 매수인의 계약위반에 대한 매도인의 구제로서, 대금지급청구권 및 물품인도수령청구권을 포함하는 특정이행(제62조), 계약해제권(제64조) 및 손해배상청구권(제61조), 추가기간지정권(제63조), 물품명세확정권(제65조)을 규정하고 있다.

매도인의의무 (비엔나협약)		위반	매수인의구제방법 (비엔나협약)			
	물품인도 (제30조)			주요 구제방법	특정이행 - 대체품인도청구권 - 하자보완청구권	제46조
	물품에 관한 서류인도(교부) (제30조)				계약해제권	제49조
	물품의 소유권의 이전 (제30조)				손해배상청구권	제45조
					대금감액청구권	제50조
				보조적 규정	추가기간지정권	제47조
					인도기일 후의 보완	제48조
					물품의 일부의 불일치	제45조
					조기인도와 초과수량인도	제52조

매수인의의무 (비엔나협약)		위반	매도인의구제방법 (비엔나협약)			
	물품대금지급 (제53조)			주요 구제방법	특정이행 - 대금지급청구권 - 물품인도수령청구권	제62조
	물품인도의 수령 (제53조)				계약해제권	제64조
					손해배상청구권	제61조
				보조적 규정	추가기간지정권	제63조
					물품명세확정권	제65조

1. 매수인의 구제방법

비엔나협약에서는 매도인의 기본적인 의무로서 물품의 인도, 이에 관련된 서류의 교부, 소유권의 이전을 명기하고 있다(제30조). 특히 물품의 계약적합성(제34조-제44조), 인도시기와 장소(제31조-제34조)에 대한 상세한 규정을 두고 있다. 이외에도 매도인의 의무에 관한 사항(예를 들면 운송방법이나 운송서류의 교부방법, 소유권의 이전

---

3) 비엔나협약은 매매계약의 성립 및 효력, 당사자(매도인과 매수인)의 권리·의무에 대하여만 적용되며, 계약의 유효성, 매매목적물의 소유권의 이전의 효과 등은 적용하지 않는다.

에 관계하는 것)은 개개의 계약이나 상관습에 위임하는 자세이다.

이러한 매도인의 본질적인 의무가 위반된 경우, 다음과 같이 매수인의 구제조치가 인정되고 있다. 매수인의 구제방법에 대하여는 비엔나협약 제46조부터 제52조까지에 규정되어 있으며, 이들 구제방법과 제45조에 규정되어 있는 손해배상청구권의 관계에 대하여는 매수인은 기타 구제방법에 대한 권리를 행사함으로써 손해배상을 청구할 권리를 상실하지 않는다. 또한, 손해배상액의 산정에 관하여는 매도인과 매수인의 의무에 공통되는 것으로서 제74조부터 제77조까지에 규정되어 있다.

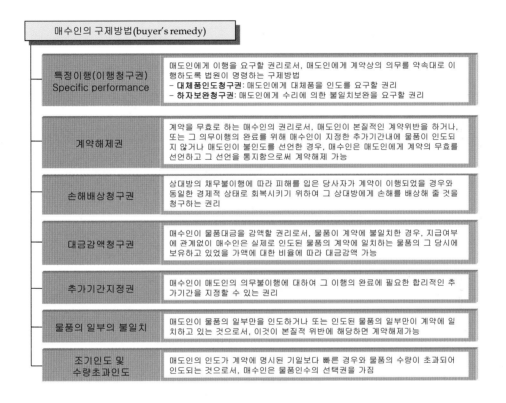

(1) 특정이행(이행청구권)

특정이행(specific performance)은 매도인에 의한 이행을 요구할 권리(right to compel performance)로서, 매도인에게 계약상의 의무를 약속대로 이행하도록 법원이 명령하는 구제방법을 말한다. 이것은 원래 영미법상의 용어로서, 매도인이 계약의무를 이행하지 못한 경우에는, 계약 및 비엔나협약하에서 매도인으로 하여금 대체품을 인도하게 하거나(대체품인도청구권), 불일치의 하자(결함)를 보완하게 하도록(하자보완청구권) 요구할 수 있다.

① 대체품의 인도청구권 매수인이 매도인에게 대체품의 인도를 요구할 수 있는 권리(right to require delivery of substitute goods)로서, 매도인에 의하여 인도된 물품이

계약에 일치(적합)하지 않는 경우에 매수인은 이러한 불일치(부적합)가 계약의 본질적 위반(fundamental breach)을 구성하는 경우에만 대체품의 인도를 요구할 수 있다. 대체품의 청구는 물품의 하자(결함)에 대하여 매도인에게 행해지는 통지와 연계하여 그로부터 합리적인 기간내에 행해진 경우에 한하여 이러한 권리를 인정하고 있다.

② 하자보완청구권   매수인이 매도인에게 수리에 의한 불일치의 보완을 요구할 수 있는 권리(right to require the seller to remedy the lack of conformity by repair)로서, 매도인에 의하여 인도된 물품이 계약에 일치하지 않는 경우에 매수인은 주변의 상황에 비추어 불합리하지 않는 한, 수리(repair)에 의하여 불일치를 보완하는 것을 매도인에게 요구할 수 있다. 수리의 청구는 대체품의 청구와 동일하게 행하여야 한다.

(2) 계약해제권

계약해제권은 계약을 무효(avoidance of the contract)로 하는 매수인의 권리로서, 매도인의 계약위반이 본질적인 위반이거나, 또는 매도인의 의무이행의 완료를 위하여 매수인에 의하여 지정된 추가기간내에 물품이 인도되지 않았거나 매도인이 인도하지 않겠다고 선언한 경우에 매수인은 매도인에게 계약의 무효를 선언(declaration)하고 그 선언을 통지함으로써 계약을 해제할 수 있다.

(3) 손해배상청구권

손해배상청구권은 상대방의 채무불이행에 따라 피해를 입은 당사자가 계약이 이행되었을 경우와 동일한 경제적 상태로 회복시키기 위하여 그 상대방에게 손해를 배상해 줄 것을 청구하는 권리를 말한다. 즉, 매수인이 매도인의 계약위반에 대하여 이익의 상실을 포함하여 그 계약위반의 결과로서 입은 손실에 상당하는 금액만큼 매도인에게 청구할 수 있는 권리를 말한다.

(4) 대금감액청구권

대금감액청구권은 매수인이 물품의 대금을 감액할 권리(right to reduce the price for the goods)로서, 물품이 계약에 일치하지 않은 경우에 대금지급여부와 관계없이 매수인은 실제로 인도된 물품의 인도당시의 가액이 계약에 일치하는 물품이었더라면 그 당시에 보유하고 있었을 가액에 대한 비율에 따라 대금을 감액할 수 있다. 그러나, 비엔나협약 제37조 또는 제48조의 규정에 따라 계약위반을 보완하거나, 또는 매수인이 이들 규정에 따라 매도인의 이행을 거절하는 경우에는 매수인은 대금을 감액할 수 없다.

(5) 추가기간지정권

추가기간지정권은 매수인이 매도인의 의무불이행에 대하여 그 이행의 완료에 필요한 합리적인 추가기간을 지정할 수 있는 권리로서, 매수인은 매도인의 거부통지가 없는 한 추가기간중에는 계약위반에 대한 어떠한 구제수단도 강구할 수 없다. 그러나 매수인은 매도인이 그 추가기간내에 물품을 인도하지 못하였거나 또는 그 추가기간내에 인도하지 않겠다고 미리 선언한 경우에는 계약의 해제와 동시에 손해배상을 청구할 수 있다.

(6) 물품의 일부의 불일치

물품의 일부의 불일치는 매도인이 물품의 일부만을 인도하거나 또는 인도된 물품의 일부만이 계약에 일치하고 있는 것으로서, 이러한 경우에는 결여되어 있는 부분 또는 일치하지 않는 부분에 대해서 제46조부터 제50조까지의 규정이 적용된다. 즉, 물품의 일부가 결여되어 있거나 또는 일부에 하자가 있는 것이 계약전체에 비추어 본질적 위반인 경우에는 계약전체를 무효로 할 수 있지만, 그렇지 않은 경우에는 계약 전체를 무효로 하는 것은 허용되지 않고, 계약의 일부에 대하여 계약해제권(제49조)의 요건이 충족되어 있다면 그 부분만이 무효로 될 수 있다.

(7) 조기인도 및 수량초과인도

조기인도는 매도인의 인도가 조기에 인도되는 것으로서, 매도인이 계약에 명시된 기일보다 빨리 물품을 인도하는 경우에는 매수인은 인도를 수취할 수도 있고 거절할 수도 있다. 예를 들면, 계약상의 인도문언이 "During May, 2015"로 기간을 한정하고 있는 경우에 4월에 인도한다면 조기인도가 되지만, "not later than May 31, 2015"로 명시되어 있다면 아무런 문제가 발생하지 않는다.

수량초과인도는 물품의 수량이 초과되어 인도되는 것으로서, 매도인이 계약수량보다 많은 수량의 물품을 인도하는 경우에는 매수인은 초과수량의 인도를 수취할 수도 있고 거절할 수도 있지만, 초과수량의 전부 또는 일부를 수취하는 경우에는 계약에 정해진 비율에 따라 대금을 지급하여야 한다.

2. 매도인의 구제방법

비엔나협약에서는 매수인의 기본적인 의무로서, 대금의 지급의무(obligation to pay the price for the goods)와 물품인도의 수령의무(obligation to take delivery of the goods)를 들고 있다. 매수인의 의무내에서 최대의 의무는 지급이기 때문에 매수인에 대하여 지급을 가능하게 하는 조치를 하는 것과 필요한 절차를 지키는 것을 의무로 부과하고 있다(제54조).

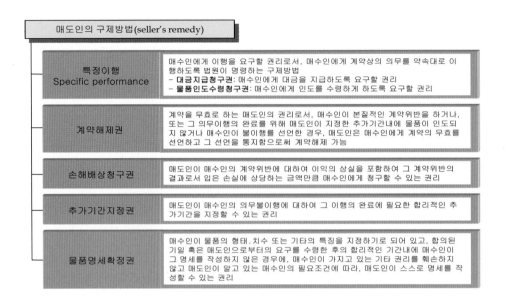

매도인의 구제방법(seller's remedy)	
특정이행 Specific performance	매수인에게 이행을 요구할 권리로서, 매수인에게 계약상의 의무를 약속대로 이행하도록 법원이 명령하는 구제방법 - **대금지급청구권**: 매수인에게 대금을 지급하도록 요구할 권리 - **물품인도수령청구권**: 매수인에게 인도를 수령하게 하도록 요구할 권리
계약해제권	계약을 무효로 하는 매도인의 권리로서, 매수인이 본질적인 계약위반을 하거나, 또는 그 의무이행의 완료를 위해 매도인이 지정한 추가기간내에 물품이 인도되지 않거나 매수인이 불이행를 선언한 경우, 매도인은 매수인에게 계약의 무효를 선언하고 그 선언을 통지함으로써 계약해제 가능
손해배상청구권	매도인이 매수인의 계약위반에 대하여 이익의 상실을 포함하여 그 계약위반의 결과로서 입은 손실에 상당하는 금액만큼 매수인에게 청구할 수 있는 권리
추가기간지정권	매도인이 매수인의 의무불이행에 대하여 그 이행의 완료에 필요한 합리적인 추가기간을 지정할 수 있는 권리
물품명세확정권	매수인이 물품의 형태. 치수 또는 기타의 특징을 지정하기로 되어 있고, 합의된 기일 혹은 매도인으로부터의 요구를 수령한 후의 합리적인 기간내에 매수인이 그 명세를 작성하지 않은 경우에, 매수인이 가지고 있는 기타 권리를 훼손하지 않고 매도인이 알고 있는 매수인의 필요조건에 따라, 매도인이 스스로 명세를 작성할 수 있는 권리

(1) 특정이행

특정이행(specific performance)은 매수인에 의한 이행을 요구할 권리(right to compel performance)로서, 매수인에게 계약상의 의무를 약속대로 이행하도록 법원이 명령하는 구제방법을 말한다. 이것은 원래 영미법상의 용어로서, 매수인이 계약의무를 이행하지 못한 경우에는, 계약 및 비엔나협약하에서 매수인으로 하여금 대금을 지급하게 하거나(대금지급청구권), 인도를 수령하게 하거나(물품인도수령청구권), 또는 기타 의무를 이행하도록 요구할 수 있다.

(2) 계약해제권

계약해제권은 계약을 무효(avoidance of the contract)로 하는 매도인의 권리로서, 매수인의 계약위반이 본질적 위반이거나, 또는 매수인의 의무이행의 완료를 위하여 매도인에 의하여 지정된 추가기간내에 대금지급의무나 물품인도의 수령의무가 이행되지 않았거나 매수인이 이행하지 않겠다고 선언한 경우에 매도인은 매수인에게 계약의 무효를 선언(declaration)하고 그 선언을 통지함으로써 계약을 해제할 수 있다.

(3) 손해배상청구권

손해배상청구권은 매도인이 매수인의 계약위반에 대하여 이익의 상실을 포함하여 그 계약위반의 결과로서 입은 손실에 상당하는 금액만큼 매수인에게 청구할 수 있는 권리를 말한다. 즉, 매도인은 매수인의 계약위반에 대하여 이행청구권, 계약해제권, 기타 구제방법을 행사함과 동시에 그 계약위반에 따라 발생한 손해를 배상할 것을 청구할 수 있다.

⑷ 추가기간지정권

추가기간지정권은 매도인이 매수인의 의무불이행에 대하여 그 이행의 완료에 필요한 합리적인 추가기간을 지정할 수 있는 권리를 말한다. 즉, 매수인이 대금지급 또는 물품의 수령을 이행하지 않고 매도인이 추가적인 최종이행기간을 매수인에게 통지한 경우에, 매수인이 그 기간내에 의무를 이행하지 않거나 또는 이행하지 않겠다고 선언한 때에는 매도인은 계약의 무효를 선언할 수 있다. 이 경우에는, 본질적 위반이 아니더라도 매도인은 계약을 무효로 할 수 있다. 즉, 매도인의 추가기간의 지정 및 그 기간내의 불이행에 대한 계약해제는 대금지급이나 물품수령의무의 경우에만 가능하고 매수인의 다른 의무불이행에 대하여는 그 위반이 본질적인 위반인 경우에만 계약을 해제할 수 있다.

⑸ 물품명세확정권

물품명세확정권은 매수인이 물품의 형태·치수 또는 기타의 특징을 지정하기로 되어 있고, 합의된 기일 혹은 매도인으로부터의 요구를 수령한 후의 합리적인 기간내에 매수인이 그 명세를 작성하지 않은 경우에, 매수인이 가지고 있는 기타 권리를 훼손하지 않고 매도인이 알고 있는 매수인의 필요조건에 따라, 매도인이 스스로 명세를 작성할 수 있는 권리를 말한다.

제2절 무역클레임

Ⅰ. 무역클레임의 개요

1. 클레임의 의의와 종류

클레임(claim)은 당연한 권리로서의 요구, 청구 또는 주장으로서, 손해배상청구, 손해배상청구금액, 또는 기타 의무이행의 청구를 말한다. 무역거래에서 클레임은 금액을 명시하여 손해배상을 청구하는 것이라고 할 수 있다.

이러한 클레임은 불평(complaint)이나 분쟁(dispute)과 구분되는 것이다. 불평(complaint)은 손해배상을 청구하는 것까지는 아니더라도 불만의 의사를 표시하는 것이지만, 그 불만의 정도가 과도하다면 손해배상의 청구로 된다. 예를 들면, 매수인이 수취한 물품에 불만이 있는 경우, 다음의 물품인도부터 이를 시정해 줄 것을 요구하였지만 매도인이 이를 전혀 개선하고자 하지 않는다면 시정요구를 몇 번 반복하게 되고, 이러한 불만의 반복이 계속 축적된다면 클레임으로 될 수도 있을 것이다. 또한, 분쟁(dispute)은 청구인(claimant; complainant)이 제기한 클레임을 피청구인(claimee; respondent)이 인정하지 않음으로써 발생하는 다툼을 말한다. 상습적으로 클레임을 제기하는 자를 "claim merchant"라고 한다.

동일한 거래선과의 무역거래는 계속해서 진행되는 것이 상호 이익을 발생시킬 수 있기 때문에, 거래선으로부터 제기된 불평 또는 클레임은 제품의 품질개선 또는 업무 개선을 위한 제안이나 아이디어라는 생각을 가지고 당사자 간에 상호 타협하는 것이 거래의 장래를 위하여 바람직할 것이다.

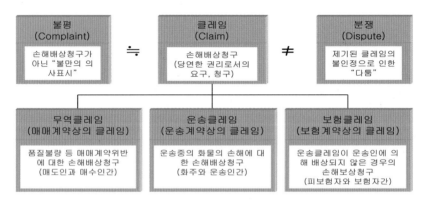

국제무역거래에서 사용되는 클레임은 무역클레임(매매클레임), 운송클레임 및 보험 클레임으로 구분된다.

① 무역클레임(business claim; sales contractual claim) 품질불량 등 매매계약위반에 대한 손해배상청구로서, 계약당사자의 일방이 계약내용에 따른 이행을 하지 않은 경우에 손해를 입은 당사자가 위반당사자에 대하여 손해배상을 청구하는 것을 말한다.

② 운송클레임(transportation claim) 운송중의 화물의 손해에 대한 손해배상청구(claim on damaged or lost cargo)로서, 화물에 대한 손해가 운송중의 사고로 인하여 발생한 경우에 피해자인 화주가 운송인에게 손해배상을 청구하는 것을 말한다. 즉, 운송클레임은 무역거래의 화물의 운송중에 발생한 화물의 멸실, 손상 또는 인도지연(연착)에 대하여 수화인(매수인)이 운송인에게 제기하는 손해배상의 청구를 말한다. 운송클레임에는 운송인에 의한 화물의 수령, 적재, 양륙, 적부, 인도에 의하여 발생한 것이나 운송인이 화물의 보관중에 일어난 사고에 의한 것 등도 포함된다. 예를 들면, 환적(transhipment), 적부불량(bad stowage), 취급불량(bad handling), 분실(missing), 도난(pilferage), 파손(Breakage) 등이 이에 해당된다.

③ 보험클레임(insurance claim)　운송클레임이 운송인에 의하여 배상되지 않은 경우의 손해보상(보험금)의 청구로서, 화물에 대한 손해가 운송중의 사고로 인하여 발생하고 그 손해가 운송인에 의하여 배상되지 않는 경우에 피해자인 화주(피보험자)가 보험자에게 손해보상을 청구하는 것을 말한다. 즉, 보험클레임은 운송중의 화물이 멸실 또는 손상되었을 때, 그 멸실 또는 손상이 보험에 의하여 담보되는 사고인 경우 피보험자(화주)가 보험자에게 행하는 손해보상(보험금)의 청구를 말한다. 보험클레임은 계약불이행 등 보험자의 책임에 대한 손해배상의 청구가 아니라, 사전에 계약된 보험사고가 발생함으로써 손해보상(보험금)을 청구하는 것을 말한다.

2. 무역클레임의 종류

(1) 발생원인에 따른 분류

무역클레임은 당사자의 일방이 상대방에게 제기할 수 있지만, 매도인의 부주의 또는 고의에 의하여 매수인이 매도인에게 제기하는 것이 대부분이다. 이 경우, 매도인의 무지, 부주의 또는 고의나 악의에 의하여 계약이 성실히 이행되지 않은 경우에 매수인이 매도인에게 클레임을 제기하는 것을 매수인의 클레임(buyer's claim)이라 하고, 매도인이 매수인에게 클레임을 제기하는 것을 매도인의 클레임(seller's claim)이라고 한다. 즉, 매수인의 클레임은 수입을 위하여 도착한 화물이 계약에 위반된 물품(위약품)이거나 불량품인 경우, 매수인이 매도인에게 손해배상을 청구하는 것으로서 매도인의 계약불이행에 대한 보상의 청구이다. 이러한 매수인의 클레임을 그 발생원인에 따라 분류해 보면 다음과 같다.

무역클레임: 발생원인에 따른 분류	
품질에 관한 클레임	품질불량(inferior quality), 품질상이(different quality), 저등급(inferior grade), 이품혼입(different quality mixed), 변질(deterioration), 변색(discoloration) 등이 있으며, 무역클레임 중에서 가장 기본적이고 가장 많은 건수를 차지
수량에 관한 클레임	계약상품의 수량이 실제로 도착된 상품의 수량과 차이가 있는 경우에 제기되는 것으로서, 선적부족(short shipment), 양륙부족(short landing), 수량감소(diminution), 중량부족(short weight) 등이 있다. 주로 선적수량의 부족이 원인이며, 양륙수량의 기록 등의 객관적인 사실에 의하여 증명 가능
포장 및 화인에 관한 클레임	포장불완전(incomplete packing), 포장불충분(insufficient packing), 포장불량(wrong packing; inferior packing), 부정포장(false packing), 포장결함(defective package), 화인누락(no mark) 등이 있다.
선적에 관한 클레임	물품의 선적시기가 예정보다 늦어져서 매수인이 판매시기를 상실함으로써, 또는 매도인이 고의적으로 선적을 이행하지 않음으로써 매수인에 의하여 제기되는 것으로서, 지연선적(delayed shipment), 선적불이행(non-delivery) 등이 있다.
결제에 관한 클레임	물품이 제대로 도착한 경우에 매수인이 각종 이유로 대금지급을 지연시키거나 대금을 지급하지 않음으로써 주로 매도인에 의하여 제기되는 것으로서, 지급지연, 대금미지급(non-payment) 등이 이에 해당된다.

⑺ 품질에 관한 클레임

품질에 관한 클레임에는 품질불량(inferior quality), 품질상이(different quality), 저등급(inferior grade), 이품혼입(different quality mixed), 변질(deterioration), 변색(discoloration) 등이 있으며, 무역클레임 중에서 가장 기본적이고 가장 많은 건수를 차지하고 있다. 품질불량(inferior quality)은 제품의 성능이 불량하거나 도장이 곧바로 벗겨지는 것 등을 말하며, 품질상이(different quality)는 제품의 규격이나 색상, 크기가 다른 것을 말한다.

㈏ 수량에 관한 클레임

수량에 관한 클레임은 계약상품의 수량이 실제로 도착된 상품의 수량과 차이가 있는 경우에 제기되는 것으로서, 선적부족(short shipment), 양륙부족(short landing), 수량감소(diminution), 중량부족(short weight) 등이 있다. 이것은 주로 선적수량의 부족이 원인이며, 양륙수량의 기록 등의 객관적인 사실에 의하여 증명될 수 있기 때문에 해결되기 쉽다. 물품이 선적되었음에도 불구하고 도착되지 않은 수량이 있는 경우에는 각 사안에 따라 다르게 처리될 수 있다.

㈐ 포장 및 화인에 관한 클레임

포장 및 화인에 관한 클레임에는 포장불완전(incomplete packing), 포장불충분(insufficient packing), 포장불량(wrong packing; inferior packing), 부정포장(false packing), 포장결함(defective package), 화인누락(no mark) 등이 있다. 정밀기계 등과 같이 파괴 또는 손상되기 쉬운 물품은 운송중에 외부의 힘이 가해지지 않도록 주의하여 포장될 필요가 있다.

㈑ 선적에 관한 클레임

선적에 관한 클레임은 물품의 선적시기가 예정보다 늦어져서 매수인이 판매시기를 상실함으로써, 또는 매도인이 고의적으로 선적을 이행하지 않음으로써 매수인에 의하여 제기되는 것으로서, 지연선적(delayed shipment), 선적불이행(non-delivery) 등이 있다.

㈒ 결제에 관한 클레임

결제에 관한 클레임은 물품이 제대로 도착한 경우에 매수인이 각종 이유로 대금지급을 지연시키거나 대금을 지급하지 않음으로써 주로 매도인에 의하여 제기되는 것으로서, 지급지연, 대금미지급(non-payment) 등이 이에 해당된다.

(2) 성질에 따른 분류

무역클레임: 성질에 따른 분류	
일반적 클레임	무역거래를 이행하는 과정에서 매매당사자의 일방의 과실 또는 태만 등으로 발생하는 클레임
Market 클레임	시장상황이 좋지 않은 경우 사소한 하자를 이유로 매수인으로부터 받게 되는 부당한 클레임으로서, 무역계약이 성립한 후에 수입국의 시장가격폭락으로 손해를 입을 것으로 예상되는 경우 품질이 불량하다거나 서류상에 하자가 있다는 등과 같이 매도인의 경미한 과실을 이유로 대금의 감액을 요구하거나 또는 대금지급을 거절하게 된다.
계획적 클레임	매매당사자의 고의에 의한 클레임으로서, 주로 신용도가 낮은 악질적인 당사자가 그 상대방으로 하여금 계약이행에 지장을 일으키도록 교묘한 술책을 사용하여 제기하는 클레임

(가) 일반적 클레임

일반적 클레임은 무역거래를 이행하는 과정에서 매매당사자의 일방의 과실 또는 태만 등으로 발생하는 클레임을 말한다.

(나) Market Claim

Market Claim은 시장상황이 좋지 않은 경우 사소한 하자를 이유로 매수인으로부터 받게 되는 부당한 클레임으로서, 무역계약이 성립한 후에 수입국의 시장가격폭락으로 손해를 입을 것으로 예상되는 경우 품질이 불량하다거나 서류상에 하자가 있다는 등과 같이 매도인의 경미한 과실을 이유로 대금의 감액을 요구하거나 또는 대금지급을 거절하게 된다. 즉, 계약성립 후 그 상품의 가격이 급격히 하락하는 경우, 매수인이 손실을 최소화하기 위하여 불평하면서 가격인하를 요구하는 경우가 여기에 해당된다. 이 경우, 매수인이 제기하는 클레임은 손해배상의 청구가 아니라 지급거절이다. 평소에는 관습적으로 묵인되었던 사소한 하자라도 불경기가 되면 클레임의 제기사유가 될 수 있다. 이러한 클레임은 부당하기 때문에 응할 필요가 없지만 그 부당성을 판단하는 것은 쉽지 않을 수 있다.

(다) 계획적 클레임

계획적 또는 의도적 클레임은 매매당사자의 고의에 의한 클레임으로서, 주로 신용도가 낮은 악질적인 당사자가 그 상대방으로 하여금 계약이행에 지장을 일으키도록 교묘한 술책을 사용하여 제기하는 클레임을 말한다.

3. 무역클레임의 발생원인과 예방책

(1) 무역클레임의 발생원인

(가) 상대방의 신용불량

무역클레임은 거래상대방의 신용이 불량하여 자신의 의무를 이행하지 않거나 그 이행이 불성실한 경우에 발생할 수 있다.

(나) 계약성립의 유효성

무역클레임은 무역계약의 체결과정에서 과실, 사기, 착오, 강박, 부주의 등에 의하거나, 청약(offer)과 승낙(acceptance)에 의한 계약성립요건의 법리를 잘 이해하지 못함으로써 발생할 수 있다. 즉, 청약과 승낙의 법리는 조약이나 각국의 국내법에 따라 그 법적 효력이 상이하기 때문에 청약과 승낙의 문언이나 그 유효기일을 잘못 해석함으로써 클레임이 발생할 수 있다.

(다) 계약내용의 불충분

무역클레임은 당사자 간에 합의된 계약내용이 불충한 경우에 발생할 수 있다. 즉, 매매당사자가 계약을 체결할 때 품질조건, 수량조건, 선적조건, 가격조건, 결제조건, 포장조건, 보험조건, 분쟁해결조건 등을 명확히 합의하지 않는다면, 그 해석의 상이함으로 인하여 클레임이 제기될 수 있다.

(라) 계약이행의 불충분

무역클레임은 매매당사자가 자신의 의무를 완전하게 이행하지 못하였거나 이행하지 않은 경우에 발생할 수 있다. 즉, 매도인이 품질이 불량하거나 상이한 물품을 인도하거나, 수량이 부족한 물품을 인도하거나, 포장이 불완전하거나 불충분한 물품을 인도하거나, 예정보다 늦게 물품을 인도하거나, 물품을 인도하지 않는 등 매도인의 인도의무를 불완전하게 이행하거나 이행하지 않았다면 클레임이 발생될 수 있다. 매수인의 경우에도 대금지급과 관련된 의무이행을 제대로 이행하지 못한다면 클레임이 발생될 수 있다.

(마) 국제무역법규 등의 이해부족

무역클레임은 ① 국제무역법규 및 상관습의 준거원칙을 잘 이해하지 못하거나, ② 상대방국가의 법규를 잘 이해하지 못하거나, ③ 무역운송 및 보험관련 법규를 잘 이해하지 못한 경우에 발생할 수 있다.

㉟ 무역실무지식의 부족

무역클레임은 당사자가 ① 국가마다 서로 그 해석기준이 상이한 수량의 척도단위(도량형)를 잘 이해하지 못하거나, ② 언어의 상이함으로 인하여 당사자 간에 주고 받는 서신에 사용되는 용어를 명확하게 이해하지 못하거나, ③ 무역사무절차를 잘 알지 못하여 계약이행이 불가능 또는 불충분하게 된 경우에 발생할 수 있다.

(2) 무역클레임의 예방책

무역클레임이 발생하는 경우에는 당사자는 자신의 신용이 실추될 뿐만 아니라 막대한 경제적 손실을 입게 되기 때문에 계약조건이 완전히 준수되고 클레임이 제기되지 않도록 그 예방에 최선의 주의와 노력을 기울여야 한다.

(개) 철저한 사전신용조사

일방의 당사자가 계약을 성실히 준수하고 실행하더라도 그 상대방이 그렇게 하지 않는 경우에는 클레임이 제기될 수 있다. 따라서 거래의 상대방이 계약을 성실히 준수하고 실행할 수 있는지의 여부는 거래성격(character), 자본금(capital), 영업능력(capacity) 등에 의하여 결정될 수 있기 때문에 사전에 상대방의 신용을 철저히 조사함으로써 성실한 거래상대방을 선정하는 것이 중요하다. 이러한 신용조사는 거래를 개시할 때에도 중요하지만, 계속해서 거래하고 있는 상대방에 대하여도 정기적으로 조사할 필요가 있다. 왜냐하면, 어떤 기업이라도 현재의 상황이 항상 명백히 동일할 수는 없기 때문이다.

(내) 계약서의 정확한 작성

청약과 승낙에 의하여 계약이 성립된다면 당사자는 그 계약내용을 계약서에 작성하고 상호 확인할 필요가 있다. 계약은 구두로도 성립하기 때문에 그 계약내용을 서면으로 작성해 두지 않는다면 당사자 상호간에 오해가 발생하여 클레임이 제기될 수 있다.

(대) 계약조건의 성실한 이행

당사자가 서면으로 작성하고 상호 확인한 계약조건을 성실히 이행하는 것은 무역클레임을 예방하는데 도움이 된다. 즉, 매도인은 자신의 물품인도의무를 성실히 이행하기 위하여 품질조건 등의 계약조건을 충분히 인지한 후 물품이 목적지까지 안전하게 도착할 수 있도록 포장에 충분한 주의를 기울이고 계약에 명시된 기간내에 선적을 이행하여야 한다.

(래) 국제무역법규와 관습의 충분한 이해

국제무역은 언어, 법률, 관습 등이 상이한 국가 간에 행해지는 거래이기 때문에 비엔나협약, 신용장통일규칙, Incoterms 등과 같이 무역거래에 적용되는 법규 및 상관습을 충분히 이해하고 클레임의 소지를 사전에 제거하는 것은 클레임의 사전예방에 도움이 될 것이다.

4. 무역클레임의 제기

손해를 입은 당사자는 클레임을 유발시킨 당사자에게 클레임을 제기하고 구상권을 행사하여야 한다. 즉, 클레임을 제기하는 자는 매매계약에 약정된 기간이 있다면 그 기간내에, 약정된 기간이 없다면 국제규칙, 상관습, 각국이 법률이 정하는 기간내에 클레임을 유발시킨 당사자를 상대로 적절한 절차에 따라 클레임을 제기하여야 한다.

(1) 클레임의 제기기간

클레임의 제기기간은 "클레임을 제기할 수 있는 권리의 행사예정기간"으로서, 정해진 기간이 경과하면 법률적인 구상권이 상실되기 때문에 일종의 면책조항과 같은 성질을 가진다. 이 클레임의 제기기간은 매매계약상의 클레임조항(claim clause)에 따라 결정되지만, 계약서에 이를 명시하지 않은 경우에는 계약의 준거법에 따라 결정된다.

첫째, 매매계약상에 클레임조항이 있는 경우로서, 클레임조항에는 대부분 클레임의 제기기간뿐만 아니라 클레임제기시의 구비서류, 클레임의 해결방법 등이 명기된다.

둘째, 매매계약상에 클레임조항이 없는 경우로서, 클레임의 제기기간에 대하여 적용되는 준거법의 내용은 다음과 같다.

① 한국 상법 제69조에서는 매수인은 물품을 수령한 즉시 지체없이 이를 검사하고 하자 또는 수량부족을 발견한 때에는 즉시 매도인에게 통지하여야 하며(즉시 발견할 수 없는 하자가 있는 경우에는 6월 이내의 발견도 인정), 일본 상법 제526조도 즉시 검사하여 이를 즉시 통지하도록 규정하고 있다.

② 미국통일상법전 제2-606조에서는 매수인이 합리적인 기간내(within a reasonable time)에 물품검사와 이에 따른 하자를 통지할 것을 규정하고 있으며, 영국물품매매법 제34조와 제35조에서도 합리적인 기간내에 물품검사와 이에 따른 하자를 통지할 것을 규정하고 있다.

③ Warsaw Oxford Rules for CIF Contract(1932) 제19조에서는 매수인이 합리적인 기간내의 물품검사의 완료 후 3일 이내에 통지하도록 규정하고 있다.

④ 비엔나협약 제38조 및 제39조에서는 매수인이 상황에 따라 "실행가능한 단기간내"에 물품을 검사하고 계약에 부적합함을 발견하거나 발견했어야 하는 때로부터 "합리적 기간내"에 통지하여야 하며, 이들 기간은 매수인이 물품을 실제로 인도받은 날로부터 2년을 초과하지 못하도록 규정하고 있다.

구　분	클레임 제기기간
한국상법(제69조)	발견즉시 통지(즉시발견이 곤란한 하자가 있는 경우 6개월의 기간 인정)
일본상법(제526조)	즉시 검사후 즉시 하자통지
미국통일상법전(제2-606조) 영국물품매매법 (제34조 및 제35조)	합리적 기간내 물품검사 및 하자통지
Warsaw-Oxford Rules for CIF Contract(제19조)	합리적 기간내 물품검사 및 검사완료 후 3일이내 하자통지
비엔나협약 (제38조 및 제39조)	실행가능한 단기간내 검사 및 합리적 기간내 하자통지(최대소 멸시효기간 2년)

(2) 클레임당사자의 확정

당사자의 일방이 클레임을 제기할 사유를 발견한 경우에는, 클레임의 발생원인을 분석하고 그에 따른 책임당사자를 결정함과 동시에 그 책임당사자와의 계약관계 및 위반한 계약내용도 파악하고 있어야 한다. 왜냐하면, 클레임의 책임당사자를 잘못 선정한다면 클레임을 제기하더라도 아무런 효력이 없기 때문이다. 무역거래에서 클레임의 당사자는 매매당사자로서 매도인과 매수인이 대부분이다. 그러나 운송인, 보험자, 은행 등의 제3자가 클레임의 당사자가 될 수도 있다. 예를 들면, 매도인의 입장에서는 거래상대방인 매수인뿐만 아니라, 운송인, 보험자, 은행 등의 제3자 중에서 클레임의 당사자를 결정하고, 매수인의 입장에서는 거래상대방인 매도인뿐만 아니라, 운송인, 보험자, 은행 등의 제3자 중에서 클레임의 당사자를 결정할 수 있다.

무역거래에서 발생하는 클레임은 무역클레임, 운송클레임, 보험클레임 등이 있다. 무역클레임의 경우에는 매도인이 매수인을 상대로 클레임을 제기하는 경우도 있지만, 매수인이 매도인을 상대로 클레임을 제기하는 것이 대부분이다. 운송클레임의 경우에는 화주(수출입업자)가 운송인을 상대로 클레임을 제기하고, 보험클레임의 경우에는 피보험자(수출입업자)가 보험자를 상대로 클레임을 제기하게 된다.

(3) 클레임의 통지와 제기

㈎ 클레임의 통지

매수인은 매도인인으로부터 수령한 물품을 검사한 결과 하자 또는 수량의 부족 등 계약과 부적합함을 발견함으로써 클레임의 사유가 확정되는 경우에는 클레임제기의 의사표시, 클레임의 주요내용 등을 요약한 클레임통지서를 매도인에게 전신으로 송부한다.

(나) 클레임의 제기

매수인은 클레임통지서를 전신으로 송부한 후 곧바로 클레임의 내용을 상세히 기술한 클레임진술서에 손해명세서, 검사보고서, 기타 증빙서류를 첨부하여 우편으로 송부한다.

① 클레임진술서는 클레임의 대상, 클레임의 원인, 클레임의 해결방법 등을 명시한 서류로서, 이 서류를 작성할 때에는, 불만사항의 통보에 대한 유감의 표시와 함께, 클레임의 사실 또는 원인을 그 발생순서에 따라 기재하고, 아울러 상대방과의 계속적인 거래관계를 유지하고 싶다는 의사를 표시하는 것이 좋을 것이다.

② 손해명세서는 상대방에게 손해배상을 청구할 때 필요한 서류로서, 이 서류에는 송장가액, 손해배상금액, 실제 손실내역 및 부대비용 등이 명시된다.

③ 검사보고서(surveyor's report)는 검정기관이 물품검사의 결과를 입증하기 위하여 발급한 서류로서, 매수인은 이러한 검사보고서에 기재된 하자내용을 근거로 클레임제기의 정당성을 주장할 수 있으며, 하자내용이 보다 객관적이고 효과적으로 입증되기 위해서는 국제적으로 권위있는 검정기관으로부터 발급받아야 한다.

(4) 클레임의 수락 또는 거절

일방의 당사자가 거래당사자로부터 클레임을 제기받은 경우에는, 제기된 클레임의 내용과 구체적인 요구사항을 충분히 검토한 후, 상대방에게 그 클레임의 수락 또는 거절의 의사표시 등 해결방안을 신속하게 통지한다.

(가) 클레임내용의 검토

클레임의 정당성 여부 및 해결방안의 강구를 위하여 우선적으로 검토되어야 할 클레임의 내용은 다음과 같다.

① 본인이 클레임의 책임당사자인지의 여부

② 클레임이 적절한 기간내에 적절한 방법대로 행해졌는지의 여부 및 이를 입증하기 위하여 첨부된 증빙서류가 객관성을 가지고 있는지의 여부

③ 클레임이 해당계약의 특성을 충분히 감안하고, 하자의 정도가 계약상 또는 관습상 허용되는지의 여부

④ 상대방의 손해배상청구내용 및 그 증빙서류의 내용, 그리고 손해배상청구금액의 산출근거가 합리적인지의 여부

(나) 해결방안의 통지

클레임의 내용과 구체적인 요구사항을 충분히 검토한 결과, 상대방의 클레임이 정

당하다고 생각되면 신속하게 클레임의 내용을 수락함과 동시에 그 해결방안을 제시함으로써 당사자 간의 합의에 의하여 우호적으로 해결될 수 있도록 노력하여야 한다. 왜냐하면 클레임에 의한 분쟁이 우호적으로 해결되지 않는다면 상대방과의 거래관계가 지속될 수 없기 때문이다.

그러나 상대방의 클레임의 내용이 약정된 내용과 다르거나 부당한 경우, 또는 상대방의 의도가 분명하지 않고 사소한 하자에 의한 클레임인 경우에는 신속하게 항변자료를 첨부하여 거절의 의사표시를 분명히 하여야 한다. 이러한 경우, 계속적인 거래를 통하여 해결하겠다거나 또는 손해배상을 할 용의가 있다는 등의 애매모호한 의사표시는 상대방의 클레임을 인정한다는 의사표시로 간주될 수 있다는 것에 유의하여야 한다.

II. 무역클레임의 해결방법

무역거래에 있어서 분쟁해결의 최선의 방법은 분쟁발생의 예방(prevention of legal disputes)이다. 그러나, 분쟁이 발생한 경우에는 당사자 간에 해결하거나 또는 제3자의 개입을 통하여 그 분쟁을 해결할 수 있다. 따라서, 무역분쟁을 해결하는 방법으로는 예방 → 협상(Negotiation) → 알선(Mediation) → 조정(Conciliation) → 중재(Arbitration) 또는 소송(Litigation)의 순으로 이루어지게 된다.[4] 즉, 무역분쟁의 해결방법으로는 당사자 간에 자주적으로 해결하는 "화해", 공정한 제3자에게 의뢰하여 해결하는 "알선", "조정", "중재", 재판에 제소하여 해결하는 "소송"에 의한 방법이 있다.

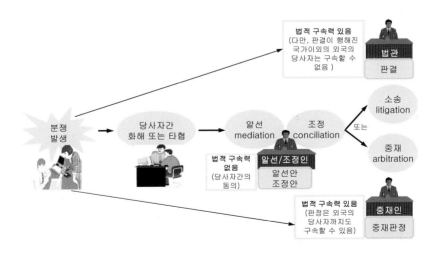

---

4) 중재는 재판보다 낫고 조정은 중재보다 나으며 분쟁의 예방은 조정보다 낫다.

이와 같이 분쟁해결의 최종적인 방법으로 이용되는 것에는 소송이 있지만, 소송은 급격히 증대되는 전문적이고 기술적인 분야의 모든 분쟁을 수용하는데 한계가 있다. 따라서 최근에는 소송이외의 분쟁해결방법인 대체적분쟁해결 또는 소송외분쟁해결(Alternative Dispute Resolution; ADR)제도의 활용이 증대되고 있는 실정이다. 즉, 대체적분쟁해결제도는 사법적 절차에 수반되는 시간이나 비용의 낭비를 경감하기 위하여 법원 밖에서 분쟁을 해결하는 방법으로서, 소송 이외의 모든 분쟁해결방법이 여기에 해당되며, 그 중에서 무역거래에서 가장 대표적인 분쟁해결방법은 중재라고 할 수 있다.

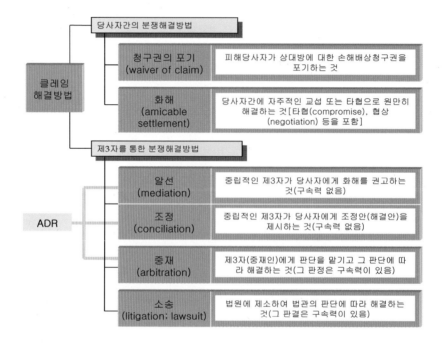

1. 매매당사자 간의 분쟁해결방법

매매당사자 간의 분쟁해결방법으로서는 ① 일방의 당사자가 상대방에 대한 손해배상청구권을 포기하는 경우와 ② 당사자 간에 직접 교섭하여 우호적으로 해결하는 방법(협상)을 들 수 있다.

이와 같이 분쟁이 발생한 경우에는 당사자 간에 해결하는 것이 가장 바람직하다. 왜냐 하면, 분쟁당사자는 무역분쟁의 발생원인과 상황 등 그 내용을 누구보다도 잘 알고 있으며, 자신의 입장에서 충분한 이유가 있다고 생각하더라도, 상대방과의 장래의 거래관계를 충분히 고려하여 양보(concession), 화해(amicable settlement), 타협(compromise), 협상(negotiation)으로서 해결할 수 있기 때문이다.

(1) 청구권의 포기(waiver of claim)

청구권의 포기는 상대방과의 장래의 거래관계를 고려하거나 상대방의 사전 또는 즉각적인 손해배상 제의가 있는 경우에 피해당사자가 상대방에게 손해를 배상받을 수 있는 권리인 청구권을 행사하지 않는 것을 말한다. 이는 경미한 사항의 클레임인 경우에 장래의 거래에 클레임이 발생하지 않도록 주의를 촉구하는 단순한 경고의 의미를 가지고 있다.

(2) 타협 또는 화해(compromise, amicable settlement)

타협 또는 화해(compromise or amicable settlement)는 매매계약당사자 간의 직접적인 교섭, 즉 쌍방의 타협으로 분쟁을 원만하게 해결하는 것으로서, 거의 대부분의 분쟁은 이 방법에 의하여 해결되고 있으며, 가장 바람직한 해결방법이다. 이것은 계약서를 포함하는 각종 경과자료를 가능한 한 많이 수집·분석하고 냉정하게 판단하여 호의적으로 해결하는 방법으로서, 분쟁해결에 필요한 시간이나 비용이 다른 방법과 비교해 볼 때 매우 적게 드는 방법이다.

또한, 협상(negotiation)은 분쟁해결에 있어서는 과거의 사실관계에서 발생한 분쟁을 독립적으로 해결하는 방법으로서, 단순한 설득이나 대화로만 인식되어서는 안된다. 이 방법은 제3자의 개입 없이 당사자 간에 분쟁이 해결된다는 점에서 효율적이며, 모든 분쟁해결에 있어서 기본적으로 필요한 절차이다.

2. 제3자를 통한 분쟁해결방법

분쟁이 당사자 간에 화해로서 원만하게 해결되지 않는 경우(예를 들면, 쌍방의 주장이 대립되거나, 쌍방 또는 일방의 감정이 악화되어 냉정한 판단을 할 수 없거나, 또는 상대방이 무성의한 경우 등)에는, 분쟁해결을 위한 다음단계로서는 당사자 이외의 중립적인 제3자가 개입하는 것이 생각될 수 있다.

(1) 알선(Mediation)

알선(Mediation)은 당사자 간에 원만한 분쟁해결이 어렵고 중재합의도 없는 경우, 그 분쟁해결을 위하여 상공회의소나 상사중재원 등과 같이 경험과 지식이 풍부하고 공정한 제3자(알선인)가 분쟁당사자(disputing parties)의 일방의 요청에 의하여 분쟁사건에 직접 개입하여 분쟁이 원만하게 해결될 수 있도록 권고(recommendation)하는 방법이다. 알선인(mediator)은 해결안의 제시 없이 단순히 해결의 실마리만을 제공한다.

(2) 조정(conciliation)

조정(conciliation)은 당사자 간의 합의에 의하여 선임된 조정인(conciliator)이 쌍방의 주장이나 제출된 증거서류 등에 기초하여 조정안을 작성하고 조정안이 당사자 및 상대국의 동의에 의하여 해결되도록 하는 방법이다. 조정안이 당사자의 쌍방에 의하여 받아들여진다면 그 효력이 발생하게 되어 양자를 구속하지만, 어떠한 당사자도 조정안을 승낙할 의무도 없기 때문에 양당사자가 모두 승낙하지 않는다면 조정은 성립되지 않는다. 즉, 조정은 알선과 마찬가지로 강제력이 없기 때문에 당사자가 합의하지 않는다면, 분쟁을 해결할 수 없다. 실제로는 양당사자의 의견이 일치하지 않는 경우가 많다.

이러한 조정에는 중재절자 중에 실시되는 조정(중재조정), 재판절차 중에 실시되는 조정(재판조정), 조정기관에 의한 조정(기관조정) 등이 있다.

(3) 중재(arbitration)

중재(Arbitration)는 당사자 간의 합의로 사법상의 분쟁(disputes in private laws)을 법원의 재판(judgment of a court)에 의하지 아니하고 중재인의 판정(award of an arbitrator or arbitrators)에 의하여 해결하는 절차를 말한다.[5] 즉, 중재는 당사자 간의 합의에 의하여 사인간의 분쟁을 법원의 판결에 의하지 아니하고 제3자인 중재인을 선임하여 그 분쟁을 중재인의 판정에 맡기고 그 판정에 양당사자가 절대 복종함으로써 최종적으로 분쟁을 해결하는 방법이다. 다시 말하면, 중재는 당사자 간의 합의하에 선정된 중재인에게 분쟁의 해결 일체를 맡기는 방법으로서, 알선이나 조정과 달리 그 판정(award)은 법정 구속력이 있다. 따라서, 중재판정의 내용을 이행하지 않을 경우에는 법원에서 집행판결을 받아 강제집행을 행할 수 있다.

중재판정 (Arbitral award)	국제협약(뉴욕협약)에 따라 외국에서도 강제집행이 가능

따라서 중재는 ① 당사자 간에 중재합의가 있어야 하고, ② 중재인의 판정에 절대 복종하여야 하며, ③ 그 판정의 효력은 당사자 간에는 법원의 확정판결과 동일하므로 강제성을 가지며, ④ 뉴욕협약에 가입한 국가 간에는 그 집행을 보장하고 승인하기 때문에 그 효력이 외국에까지 미칠 수 있다.

한편, 중재는 ① 제3자의 개입에 의한 분쟁해결의 방법, ② 소송에 비하여 신속하고 비공식적인 분쟁해결의 방법, ③ 단심제로서 상소절차가 없다는 점에서는 조정과 유사하다. 그러나, 중재는 중재인이 제시한 중재판정을 당사자가 거부할 수 없는 반면

---

5) 중재법 제3조 제1호.

에, 조정은 조정인이 제시한 조정안을 수락할 것인지의 여부에 대하여 당사자의 자유의사에 따른다는 것에 차이가 있다. 따라서, 중재의 경우에는 당사자의 일방이 중재판정에 따르지 않을 때에는 법원에 신청하여 상대방에게 강제집행을 할 수 있다.

(4) 소송(litigation; lawsuit)

소송(litigation; lawsuit)은 분쟁당사자의 일방이 법원에 제소함으로써 국가공권력 또는 법원의 판결(Judgment)에 의하여 클레임을 강제적으로 해결하는 분쟁해결방법이다. 즉, 분쟁당사자 간에 분쟁을 해결할 수 없는 경우에 법원에 제소하여 법관의 판결에 의하여 해결하는 방법을 말한다.

처음부터 소송을 제기하는 경우도 있지만, 알선이나 조정 등에 의하여 분쟁이 해결되지 않은 경우에 소송에 제기하는 경우도 있다. 법원에 제소하는 경우에는 거래상대방의 동의는 필요 없지만, 분쟁당사자의 일방은 국제적인 법원 등이 없기 때문에 자국 또는 상대방국가의 법원에 소송을 제기하게 된다.[6) 재판에 승소하였더라도 상대방이 판결대로 실행하지 않는다면 분쟁은 해결되지 않는다. 한국의 법률은 한국의 국내에서만 적용되기 때문에 자국의 법원에서 소송을 제기하여 외국의 거래상대방에 대한 손해배상청구권을 인정받았다고 하더라도, 그 법의 효력이 자국내에만 미치기 때문에 직접 집행할 수 없게 된다.

제3절 상사중재제도

Ⅰ. 상사중재의 개요

1. 상사중재의 의의

중재(Arbitration)는 당사자 간의 합의로 사법상의 분쟁(disputes in private laws)을 법원의 재판(judgment of a court)에 의하지 아니하고 중재인의 판정(award of an arbitrator

---

6) 소송의 경우, 자국의 법원에 소송을 제기하는 것(자국지주의)과 상대국의 법원에 소송을 제기하는 것(피고지주의)이 있는데, 자국지주의는 집행에 문제가 있고, 피고지주의는 외국에서의 소송에서 법체계가 언어가 상이하고, 변호사비용 또는 재판비용이 많이 든다는 문제가 있다.

or arbitrators)에 의하여 해결하는 절차를 말한다.[7] 즉, 중재는 당사자 간의 합의에 의하여 사인간의 분쟁을 법원의 판결에 의하지 아니하고 제3자인 중재인을 선임하여 그 분쟁을 중재인의 판정에 맡기고 그 판정에 양당사자가 절대 복종함으로써 최종적으로 분쟁을 해결하는 방법이다. 다시 말하면, 중재는 당사자 간의 자발적인 합의에 의하여 선정된 중재인에게 분쟁의 해결 일체를 맡기는 방법으로서, 알선이나 조정과 달리 그 판정(award)은 법정 구속력이 있다. 따라서 중재판정의 내용을 이행하지 않을 경우에는 법원에서 집행판결을 받아 강제집행을 행할 수 있다.

분쟁해결의 최종적인 방법으로 이용되는 것에는 소송이 있지만, 소송은 급격히 증대되는 전문적이고 기술적인 분야의 모든 분쟁을 수용하는데 한계가 있다. 따라서, 최근에는 소송이외의 분쟁해결방법인 대체적분쟁해결 또는 소송외분쟁해결(Alternative Dispute Resolution; ADR)제도의 활용이 증대되고 있는 실정이다. 즉, 대체적 분쟁해결제도는 사법적 절차에 수반되는 시간이나 비용의 낭비를 경감하기 위하여 법원 밖에서 분쟁을 해결하는 방법으로서, 소송 이외의 모든 분쟁해결방법이 여기에 해당되며, 그 중에서도 무역거래에서 가장 대표적인 분쟁해결방법은 중재라고 할 수 있다.

일반적으로 중재는 소송(litigation)보다 낫고 조정(conciliation)은 중재보다 나으며, 분쟁의 예방은 조정보다 낫다고 한다. 즉, 분쟁에 당면한 경험이 있는 무역업자라고 한다면, 많은 시간과 비용을 요하는 소송에 의하여 그 분쟁을 해결하는 것이 실익이 있을 것인지에 대하여 심사숙고하게 될 것이다. 따라서, 소송에 비하여 저렴한 비용으로 신속하게 분쟁을 해결할 수 있고, 공정하고 합리적이면서도 절차가 편리하고 기밀이 보장되는 분쟁해결방법을 소망하게 되었으며, 그러한 소망의 결과로서 상사중재(commercial arbitration)가 탄생되었다고 볼 수 있다.

예를 들면, A사와 B사간의 거래에서 분쟁이 발생하고, 그 분쟁의 해결을 위하여 A사와 B사의 쌍방이 C(중재인)의 판정에 따른다고 하는 것이다. 그리고 그 C의 판정(중재판정)에는 법률에 의하여 확정판결과 동일한 효력이 인정되고 있다. 따라서, 예를 들면, C가 "A사는 B사에 대하여 3천만 달러를 지급할 것"이라고 중재판정을 하였음에도 불구하고, A사가 이를 임의로 이행하지 않는 경우에는 B는 법원의 강제집행 절차에 의하여 A사의 재산으로부터 3천만 달러의 지급을 받을 수 있게 된다. 한편, A사와 B사간에 중재합의가 있음에도 불구하고, A사가 법원에 제소한 경우에는 B사가 그 중재합의 존재를 주장한다면 한국 또는 일본에서는 소송은 각하되고, 미국에서는 소송절차의 정지(stay)가 인정된다. 이와 같이 중재는 소송을 대신하는 분쟁해결제도라고 생각된다.

---

7) 중재법 제3조 제1호.

2. 중재의 종류

상사중재는 국내중재와 국제중재로 나눈다. 국내중재는 국내에 주된 영업소나 주소를 두고 있는 당사자 간의 중재를 말하며, 국제중재는 위의 국내중재를 제외한 중재를 말한다.[8]

3. 상사중재제도의 특징

상사중재제도는 소송과 마찬가지로 강제적 분쟁해결수단이라고 할 수 있다. 다만, 소송과의 본질적인 차이는 중재가 소송과 달리 당사자의 합의에 의하여 창설된 사적분쟁해결기관인 중재원에 의하여 행해지고, 자주적인 분쟁해결을 목적으로 하는 제도라는 것이다.

① 당사자가 선택한 전문가에 의한 판단　중재는 원칙적으로 당사자가 자유의사에 의하여 합의한 결과로서, 분쟁을 해결하는 당사자인 중재인을 자유롭게 선택할 수 있기 때문에 , 분쟁의 내용에 적합한 전문가에 의한 판단이 기대될 수 있다.

② 평화적인 분위기에서 진행　소송이 당사자의 일방의 제소(complaint)나 소환(summons) 등의 강제수단에 의하여 강압적인 분위기에서 진행되는 반면, 중재는 분쟁당사자 상호간의 합의를 바탕으로 평화로운 분위기에서 진행된다.

③ 비공개　일반적으로 중재에서의 절차는 당사자 간의 의사를 존중하여 비공개이며, 중재판정도 당사자의 합의가 없는 한 공표되지 않는다. 즉, 중재에서는 심문절차나 판정문에 대하여 비공개를 원칙으로 하고 있으므로 기업의 영업상의 비밀이 누설되지 않는다.

④ 신속성(speediness)　중재는 재판과 달리 상소도 없고, 일심에 한정되어 있으며, 당사자의 합의에 의하여 중재판정을 해야 하는 기간을 정할 수 있기 때문에 분쟁이 해결되기까지의 시간은 많이 걸리지 않는다. 즉, 통상적인 기간으로서, 최단기간은 1개월, 최장기간은 1년 이내에 이루어진다. 특히, 우리나라의 경우에는 "중재가 개시된 날부터 3월 이내"로 규정함으로써 신속성을 강조하고 있다.

⑤ 경제성　중재는 분쟁해결에 소요되는 시간이 단축되고 그 전문성으로 인하여 비용이 매우 저렴하다.

⑥ 국제성　중재는 1958년의 "외국중재판정의 승인 및 집행에 관한 협약(United Nations Convention on the Recognition and Enfircement of Foreign Arbitral Award)", 일명 "뉴욕협약(New York Convention)"이 존재하고, 현재로서는 우리나라를 포함한 146개국의 국가가 체약국으로 되어 있기 때문에, 중재판정을 외국에서 집행하는 것은

---

8) 중재규칙 제2조.

매우 용이하다고 할 수 있다. 즉, 뉴욕협약은 체약국의 상호원칙에 따라, 가입국은 타국의 중재판정을 승인하고 그 집행을 보장한다는 내용으로 되어 있으며, 우리나라도 1973년에 이 협약에 가입함으로써 외국에서 내려진 중재판정도 국내에서 집행이 가능하고, 국내에서 내려진 중재판정도 외국에서 강제집행이 가능하다.

● 소송과 중재의 비교

	소 송	중 재
중립적인 제3자	재판관 : 당사자가 선택하지 않음	중재인 : 당사자가 분쟁의 사안에 따라 자유롭게 선택
절차 및 판정의 공개여부	공개	비공개
단계	3심제 - 장점 : 상소가능 - 단점 : 장기성, 비경제성	1심제 : - 장점 : 신속성, 경제성 - 단점 : 상소불능
판정의 효력	판결의 국제적 강제에 관한 다수 국간 조약의 부존재	뉴욕조약에 의한 중재판정의 국제적 강제력

4. 중재절차

중재절차(arbitral proceedings)는 당사자의 중재신청에서부터 중재기관이 중재판정을 행할 때까지의 일련의 절차를 말하는 것으로서, 중재법 제20조에 따라, 당사자는 중재절차에 관하여 합의할 수 있다(다만, 중재법의 강행규정에 반하는 경우는 제외한다). 중재절차에 관한 합의가 없는 경우에는 중재판정부(Arbitral Tribunal)가 이 법에 따라 적절한 방식으로 중재절차를 진행할 수 있다. 이 경우 중재판정부는 증거능력, 증거의 관련성 및 증명력에 관하여 판단할 권한을 가진다.

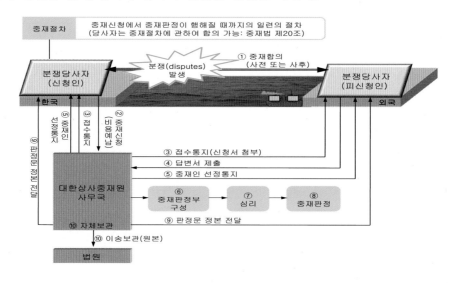

II. 중재합의

1. 중재합의와 중재조항

중재는 당사자의 합의를 기반으로 하기 때문에, 중재를 시작하기 위해서는 당사자에 의한 중재합의가 반드시 필요하다.

(1) 중재합의의 의의

중재합의(중재계약, arbitration agreement)는 계약상의 분쟁인지의 여부에 관계없이 일정한 법률관계(certain legal relationships)에 관하여 당사자 간에 이미 발생하였거나 장래 발생할 수 있는 분쟁의 전부 또는 일부(all or part of certain disputes)를 중재(arbitration)에 의하여 해결하도록 하는 당사자 간의 합의(agreement by the parties)를 말한다.[9] 즉, 중재합의는 분쟁을 중재에 의하여 해결하기로 하는 합의로서, 중재계약이라고도 하며, 중재합의가 있어야만 중재신청이 가능하게 된다.

(2) 중재조항

(가) 국문중재조항

국문으로 작성된 중재합의의 예로서, 대한상사중재원이 추천하는 대표적인 중재조항(standard arbitration clause)은 다음과 같다.

"이 계약으로부터 또는 이 계약과 관련하여 또는 이 계약의 불이행으로 말미암아 당사자 간에 발생하는 모든 분쟁, 논쟁 또는 의견차이는 대한민국 서울특별시에서 대한상사중재원의 상사중재규칙 및 대한민국법에 따라 중재인에 의하여 최종결의로 해결한다. 중재인(들)에 의하여 내려지는 판정은 최종적인 것으로 당사자 쌍방에 대하여 구속력을 가진다."

(나) 영문중재조항

영문으로 작성된 중재합의의 예로서, 대한상사중재원이 추천하는 대표적인 표준중재조항(standard arbitration clause)은 다음과 같다.

---

9) 중재법 제3조 제2호.

> "All disputes, controversies, or differences which may arise between the parties, out of or in relation to or in connection with this contract, or for the breach thereof, shall be finally settled by arbitration in Seoul, Korea in accordance with the Commercial Arbitration Rules of the Korean Commercial Arbitration Board and under the Laws of Korea, The award rendered by the arbitrator(s) shall be final and binding upon both parties concerned(이 계약으로부터 또는 이 계약과 관련하여 또는 이 계약의 불이행으로 말미암아 당사자 간에 발생하는 모든 분쟁, 논쟁 또는 의견차이는 대한민국 서울특별시에서 대한상사중재원의 상사중재규칙 및 대한민국 법에 따라 중재인에 의하여 최종결의로 해결한다. 중재인(들)에 의하여 내려지는 판정은 최종적인 것으로 당사자 쌍방에 대하여 구속력을 가진다.)."

또한, 국제적으로 가장 많이 활용되고 있는 국제상업회의소(ICC)의 중재재판소가 추천하는 대표적인 중재조항은 다음과 같다.

> "All disputes arising out of or in connection with the present contract shall be finally settled under the Rules of Arbitration or the International Chamber of Commerce by one or more arbitrators appointed in accordance with the said Rules(이 계약으로부터 또는 이 계약과 관련해서 발생하는 모든 분쟁은 국제상업회의소의 중재규칙에 따라 임명된 1명 또는 복수의 중재인에 의하여 국제상업회의소 중재규칙에 의거하여 최종적으로 해결한다.)."

한편, 중재인의 선정, 신청서·항변서 등의 서면제출 등 절차에 지장이 없도록 UNCITRAL 중재규칙을 이용하는 중재조항의 경우는 다음과 같다.

> "Any disputes, controversy or claim arising out of or relating to this contract, or the breach, termination or invalidity thereof, shall be settled by arbitration in accordance with the UNCITRAL Arbitration Rules as at present in force.(이 계약으로부터 또는 이 계약과 관련해서 발생하는 모든 분쟁, 논쟁 또는 청구, 또는 이 계약의 위반, 종료 또는 유효성은 현재 유효한 UNCITRAL 중재규칙에 따라 중재에 의하여 해결한다)"

2. 중재합의의 종류

(1) 사전중재합의

사전중재합의는 중재의 대상이 되는 분쟁이 발생하기 전에 미리 합의해 두는 방식으로서, 매매계약을 체결할 때 계약서상에 중재조항(arbitration clause)을 삽입하는 방식으로 합의한다.

(2) 사후중재합의

사후중재합의는 이미 발생한 분쟁을 중재로 해결하기 위하여 합의하는 방식으로서, 사후중재합의만을 인정하고 있는 국가는 도미니카나 중남미 일부국가, 포르투칼 등이다.

사후중재합의를 하려는 경우, 즉 분쟁이 발생한 후에 중재합의를 하려는 경우에는, 상호불신이나 의사교환의 단절로 중재합의에 동의하지 않거나, 동의하는데 시간이 지체되어 분쟁해결이 지연되는 경우가 많기 때문에, 매매계약을 체결할 때 계약서상에 중재조항(arbitration clause)을 삽입하는 사전중재합의가 바람직하다.

(3) 선택적 중재합의

선택적 중재합의는 그 정의에 관하여 국제법이나 국내법상 아무런 규정이 없지만, 일반적으로 소송과 중재를 선택적 분쟁해결방법으로 규정한 것으로서, 소송 또는 중재를 선택적으로 이용할 수 있도록 규정하거나, 또는 선택적으로 중재를 이용할 수 있도록 규정하고 있는 중재합의를 말한다. 이는 대등적 선택조항과 예비적 선택조항으로 구분되는데, 대등적 선택조항은 중재와 재판을 대등적 선택관계로 규정한 조항을 말하고, 예비적 선택조항은 중재와 재판을 예비적 선택관계로 규정한 조항을 말한다.

3. 중재합의의 유효요건과 효력

(1) 중재합의의 유효요건

중재합의는 독립된 합의(separate agreement) 또는 계약 중 중재조항(arbitration clause in a contract)의 형식으로 체결할 수 있으며, 서면(in writing)으로 하여야 한다. 즉, 우리나라 중재법 제8조에서는 ① 당사자들이 서명한 문서에 중재합의가 포함되어 있는 경우, ② 서신(letters)·전보(telegrams)·전신(telex) 및 모사전송 기타 통신수단에 의하여 교환된 문서에 중재합의가 포함되어 있는 경우, ③ 일방 당사자가 당사자 간에 교환된 문서의 내용에 중재합의가 있는 것을 주장하고 상대방 당사자가 이를 다투지 아니하는 경우에는 서면에 의한 중재합의(arbitration agreement in writing)로 볼 수 있으며, 계약이 중재조항(arbitration clause)을 포함한 문서를 인용하고 있는 경우에는 중재합의가 있는 것으로 본다(다만, 그 계약이 서면으로 작성되고 중재조항을 그 계약의 일부로 하고 있는 경우에 한한다)고 규정함으로써 중재합의의 서면주의를 명문화하고 있다.

(2) 중재합의의 효력(Effect of the Arbitration Agreement)

중재계약이 있음에도 일방의 당사자가 법원에 소송에 제기하는 경우에는 상대방이 중재계약의 존재를 법원에 항변으로 주장한다면, 법원은 직소금지의 원칙에 따라 이를 각하하고 중재로 해결하도록 명령한다.[10]

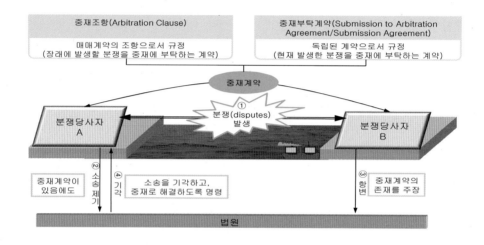

4. 중재합의와 중재지의 결정

중재합의(arbitration agreement)에 의하여 중재지(place of arbitration)가 결정된다면 그 장소의 법률(중재법)에 준거하고, 그 장소가 중재절차 및 중재판정지로 되는 것이 일반적인 해석이다. 그러나 매매계약에서 준거법조항 없이 중재조항만이 있는 경우에는, 분쟁이 발생하여 중재에 회부되기까지 준거법이 결정되어야 한다. 중재합의시에는 중재지, 중재기관, 준거법 등을 명확히 명시하는 것이 바람직하다. 중재지를 결정하는 방법은 다음과 같다.

---

10) 중재법 제9조에서는 "중재합의의 대상인 분쟁에 관하여 소가 제기된 경우에 피고가 중재합의가 있다는 항변(抗辯)을 하였을 때에는 법원은 그 소를 각하(却下)하여야 한다. 다만, 중재합의가 없거나 무효이거나 효력을 상실하였거나 그 이행이 불가능한 경우에는 그러하지 아니하다. 피고는 제1항의 항변을 본안(本案)에 관한 최초의 변론을 할 때까지 하여야 한다. 중재합의의 대상인 분쟁에 관하여 소가 법원에 계속(繫屬) 중인 경우에도 중재판정부는 중재절차를 개시 또는 진행하거나 중재판정을 내릴 수 있다"고 규정하고 있다.

(1) 당사국방식

당사국방식은 당사자의 소속국(자국 또는 상대국)을 중재지로 결정하는 방법을 말한다.

(2) 제3국방식

제3국방식은 당사자의 소속국에서 본 제3국(중립국)을 중재지로 결정하는 방법을 말한다.

(3) 피고지주의(Cross방식)

피고지주의(Cross방식)는 자국의 당사자가 제기하는 경우에는 상대국을, 상대국의 당사자가 제기하는 경우에는 자국을 중재지로 결정하는 방법을 말한다. 즉, 절차의 공평성을 확보하기 위하여 "원고는 피고의 법정지에 따른다"고 하는 국제재판관할의 규칙을 중재에 적용한 것으로서, 다음과 같이 당사자의 일방(신청인)이 상대방(피신청인)의 소재지를 중재지로 결정하는 방법이다.

> "All disputes, controversies, or differences which may arise between the parties hereto, out of or in relation to or in connection with this Agreement shall be finally settled by arbitration <u>in Seoul, Korea</u> in accordance with the Commercial Arbitration Rules of the Korean Commercial Arbitration Board and under the Laws of Korea <u>if Yamato Corporation requests the arbitration</u> or <u>in Tokyo, Japan</u> in accordance with the Commercial Arbitration Rules of the Japan Commercial Arbitration Association <u>if Joongbu Trading Company requests the arbitration</u> (이 계약으로부터 또는 이 합의와 관련하여 당사자 간에 발생하는 모든 분쟁, 논쟁 또는 의견 차이는 <u>야마토상사가 중재를 신청하는 경우</u>에는 대한상사중재원의 상사중재규칙 및 대한민국 법에 따라 <u>대한민국 서울특별시에서</u>, 또는 <u>중부무역상사가 중재를 신청하는 경우</u>에는 일본상사중재협회의 상사중재규칙에 따라 <u>일본 동경에서</u> 중재에 의하여 최종적으로 해결한다."

한편, 양당사자가 소속된 국가의 중재기관 간에 체결된 상사중재협정11)이 피고지주의를 채택하고 있는 경우 이러한 피고지주의를 채택하고 있는 중재협정에 따르겠다는 중재조항에 합의함으로써 피신청인의 국가를 중재지로 결정하는 방법이 있다. 다

---

11) 상사중재협정은 국제법상의 협정이 아니라, 기업 간에 체결된 업무협력협정과 동일한 사적인 약속이다. 상사중재협정은 중재지의 결정에 대하여 당사자의 합의가 없는 경우, ① 자국의 당사자가 제기하는 경우에는 상대국을, 상대국의 당사자가 제기하는 경우에는 자국을 중재지로 결정하도록 하는 것(피고지주의)도 있고, ② 제3자에게 중재지의 결정을 위탁하는 것(합동위원회방식)도 있다. 또한 상사중재협정은 중재조항에 대한 아무런 규정이 없는 것도 있다.

음의 중재조항은 피고지주의를 채택하고 있는 한일상사중재협정[12])에 따르겠다는 취지가 있는 중재조항의 예이다.

> "All disputes, controversies, or differences which may arise between the parties, out of or in relation to or in connection with this contract, or the breach thereof, shall be finally settled by arbitration pursuant to the Korean-Japan Commercial Arbitration Agreement, dated October 26, 1974 by which each party hereto is bound(이 계약으로부터 또는 이 계약과 관련하여 또는 이 계약의 불이행으로 말미암아 당사자 간에 발생하는 모든 분쟁, 논쟁 또는 의견차이는 1973년 10월 26일자 한일상사중재협정에 따라 중재에 의하여 최종적으로 해결하며, 당사자들은 이에 구속을 받는다)"

⑷ 자국지주의

자국지주의는 자국의 당사자가 제기하는 경우에는 자국을, 상대국의 당사자가 제기하는 경우에는 상대국을 중재지로 결정하는 방법을 말한다.

⑸ 합동위원회방식

합동위원회방식은 제3자에게 중재지의 결정을 위탁하는 방식으로서, 자국의 중재기관과 상대국의 중재기관 간에 체결된 상사중재협정 상의 합동위원회에게 중재지의 결정을 위탁하는 방식이다. 즉, 계약체결시에 중재지를 결정하지 않고, 자국의 중재기관과 상대국의 중재기관 간에 체결된 중재협정(한미상사중재협정 등) 상의 합동위원회에게 중재지의 결정을 위탁하는 방식이다.

종전의 대한상사중재협회(현재 대한상사중재원으로 개칭)와 미국중재협회(AAA) 간에 1974년 12월 1일에 체결된 한미상사중재협정(Korean-U.S Commercial Arbitration Association)은 중재지의 결정에 대하여 당사자 간에 합의가 없는 경우, 제3자가 중재지를 결정하고, 그 결정된 중재지 국가의 중재기관에 의한 중재에 의하여 분쟁을 해결한다는 것을 규정하고 있다. 한미상사중재협정을 포함하고 있는 추천중재조항의 예를 보면 다음과 같다.

---

12) 한일상사중재협정 제1조 후단에서는 "중재장소가 당사자에 의하여 지정되지 아니하거나, 또는 양 협회 중 어느 쪽인가 당사자중의 어느 일방으로부터 중재신청을 접수한 날로부터 28일 이내에 당사자가 합의하지 아니하는 경우에는, 중재장소는 피신청인의 나라로 한다. 그러나, 양 협회는 당사자 중의 어느 일방으로부터 양 협회 중 어느 쪽인가에 대하여 신청이 있으면, 중재장소를 신청인의 나라로 할 것을 합의할 수 있으며, 양 협회간의 그러한 합의는 당사자를 구속한다. 전기의 신청일로부터 28일 이내에 양 협회간의 합의가 이루어지기 아니한 경우에는, 중재장소는 피신청인의 나라로 한다"고 규정하고 있다.

> "All disputes, controversies, or differences which may arise between the parties, out of or in relation to or in connection with this contract, or the breach thereof, shall be finally settled by arbitration pursuant to the U.S-Korean Commercial Arbitration Agreement, dated December 1, 1974 by which each party hereto is bound(이 계약으로부터 또는 이 계약과 관련하여 또는 이 계약의 불이행으로 말미암아 당사자 간에 발생하는 모든 분쟁, 논쟁 또는 의견차이는 1974년 12월 1일자 한미상사중재협정에 따라 중재에 의하여 최종적으로 해결하며, 당사자들은 이에 구속을 받는다)"

상기의 중재조항이 한미상사중재협정에 따라 중재에 의하여 해결한다고 규정하고 있기 때문에 한미상사중재협정의 규정을 살펴볼 필요가 있다. 즉, 한미상사중재협정의 규정에 따르면, 중재를 신청하는 당사자가 우리나라 기업인 경우에는 중재장소가 계약에 지정되어 있지 않거나 또는 그 장소를 합의할 수 없다는 것을 대한상사중재협회(현재 대한상사중재원)에 통지하면, 중재지를 결정하기 위하여 합동위원회(통칭, 서울합동중재위원회)를 구성한다. 이 합동위원회는 대한상사중재원과 미국중재협회(AAA)가 각각 선임한 2인의 위원 및 그 선임된 2인의 위원이 다시 선임한 제3의 위원의 합계 3인의 위원으로 구성된다. 합동위원회는 해당 사안에 적절하다고 생각하는 중재지를 결정하고, 결정된 중재지의 국가가 한국인 경우에는, 중재는 대한상사중재원의 중재규칙에 따라 행해진다. 한편, 중재를 신청하는 당사자가 미국 기업인 경우에는 중재장소가 계약에 지정되어 있지 않거나 또는 그 장소를 합의할 수 없다는 것을 미국중재협회(AAA)에 통지하면, 서울합동중재위원회와 달리 뉴욕에 설치되어 있는 합동중재위원회(통칭, 뉴욕합동중재위원회)는 중재지를 결정하고, 결정된 중재지의 국가가 미국인 경우에는 중재는 미국중재협회(AAA)의 중재규칙에 따라 행해진다.

III. 중재신청 및 답변서 제출

1. 중재신청 및 비용예납

(1) 중재신청(Request for Arbitration)

중재를 신청하려는 당사자는 대한상사중재원의 본부(서울)나 지역본부(부산)의 사무국에 중재비용과 함께 서류를 작성·제출하여야 한다. 중재절차 개시일은 어떠한 경우에나 신청서가 사무국에 접수된 일자로 한다.[13]

---

13) 국제상사중재규칙 제8조 제1항 전단 및 제2항

⑺ 신청서류

신청인은 "이 규칙 제4조에서 요구하는 수의 사본(각 당사자에게 1부, 각 중재인에게 1부 및 사무국에 1부를 제공하기에 충분한 수의 사본)"을 제출하여야 한다.[14]

① 다음의 사항이 기재 또는 첨부된 중재신청서

　　㉮ 신청인의 성명, 주소, 팩스번호, 전화번호

　　㉯ 신청인에 대한 기재 - 신청인이 회사인 경우 그 설립지와 회사 형태, 개인인 경우 국적과 주된 거주지 또는 근무지

　　㉰ 중재 상대방(피신청인)의 성명, 주소, 국가번호와 지역번호를 포함하는 전화번호와 팩스번호

　　㉱ 청구의 원인이 된 분쟁의 성격과 상황에 관한 기술

　　㉲ 중재 신청취지

　　㉳ 중재절차에 관하여 당사자가 이미 합의한 사항 또는 신청인이 제안하고자 하는 사항(중재지, 중재언어, 준거법, 중재인의 수, 중재인의 자격과 성명 등)에 대한 기술

　　㉴ 중재합의에서 당사자의 중재인 선정을 요하는 경우, 신청인이 선정하는 중재인의 성명, 주소, 전화번호, 팩스번호, 이메일 주소

　　㉵ 신청인이 원용한 서면 중재조항 또는 별도의 서면 중재합의 등 관련 계약서

　　㉶ 대리인의 성명, 주소, 팩스번호, 전화번호

② 중재합의서(원본 또는 사본)

③ 신청의 원인사실을 입증하는 서증(원본 또는 사본)

④ 대리인이 신청시 그 위임장

⑤ 신청인 및 피신청인 법인 등기부등본(개인은 주민등록등본)

⑻ 중재비용의 예납

중재의 신청인(claimant)은 중재신청서를 작성하여 신청할 때 대한상사중재원의 사무국(Secretariat)에 중재비용을 미리 예납(advance payment)하여야 하며, 중재비용의 부담비율은 중재판정부에 의한 판정에서 정해진다. 여기에서, 중재비용(arbitration costs)이란 일방 당사자가 분쟁의 최종 해결을 위하여 중재의 신청에서부터 판정이 내려질 때까지 소요되는 일체의 비용으로서, 요금, 경비, 수당으로 구분된다.

즉, 신청인(claimant)이 신청요금을 납입하지 않을 경우 대한상사중재원은 중재절차를 진행하지 않기 때문에 신청인은 제출일 당시 시행 중인 "별표 I(신청요금과 관리요금에 관한 규정)"에 따른 신청요금(2015년 현재 100만원)을 납입하여야 한다. 신청요금은 반환되지 않는다.[15]

---

14) 국제상사중재규칙 제8조 제4항.

⑵ 중재신청의 접수사실의 통지

대한상사중재원의 사무국(Secretariat)은 충분한 수의 신청서 사본이 제출되고, 중재합의서·중재신청서·중재신청의 취지를 입증하는 서류의 유무·위임장(대리인이 선임된 경우에만) 등이 적합하다고 판단되고, 필요한 예납이 이루어진 경우에는, 그 신청을 접수한 후, 중재신청서의 접수사실과 접수일자를 신청인과 피신청인에게 통지함과 동시에, 피신청인이 답변서를 제출할 수 있도록 신청서 및 첨부서류의 사본을 피신청인에게 송부하여야 한다.16)

2. 답변서 제출 또는 반대신청

⑴ 답변서 제출

피신청인(respondent)은 대한상사중재원의 사무국으로부터 신청인의 중재신청서를 수령한 날로부터 30일(국내중재의 경우 15일) 이내에 다음의 사항이 기재된 답변서(reply)를 대한상사중재원의 사무국에 제출하여야 한다. 답변서는 "이 규칙 제4조에 규정된 수의 사본(각 당사자에게 1부, 각 중재인에게 1부 및 사무국에 1부를 제공하기에 충분한 수의 사본)"을 사무국에 제출하여야 한다.17) 사무국은 답변이 적합한 경우 이를 접수하고 양당사자에게 접수사실을 통지한다.

① 피신청인의 성명, 주소, 팩스번호, 전화번호
② 피신청인에 대한 기재 – 피신청인이 회사인 경우 그 설립지와 회사 형태, 개인인 경우 국적과 주된 거주지 또는 근무지
③ 신청인이 신청서에 기재한 청구의 전부 또는 일부에 대한 인정여부 및 신청서에 기재된 신청취지에 대한 답변
④ 신청인의 제안 및 이 규칙 제11조와 제12조에 따른 중재인의 수와 선정에 관한 의견, 필요한 경우 중재인의 선정
⑤ 중재지, 준거법 및 중재언어에 대한 의견
⑥ 중재합의에서 당사자의 중재인 선정을 요하는 경우, 피신청인이 선정하는 중재인의 성명, 주소, 전화번호, 팩스번호, 이메일 주소
⑦ 대리인의 성명, 주소, 팩스번호, 전화번호

---

15) 국제상사중재규칙 제8조 제4항 및 별표 Ⅰ.
16) 국제상사중재규칙 제8조 제1항 및 제5항.
17) 국제상사중재규칙 제9조 제1항 및 제3항.

(2) 반대신청

반대신청(counterclaims)이란 피신청인이 동일한 사안에 대하여 중재신청을 하는 것으로서, 답변서(reply)와 함께 제출되어야 한다. 반대신청에는 다음의 사항이 기재되어야 하며, 반대신청의 원인은 신청인(claimant)과 피신청인(respondent) 사이의 중재합의에 기초하여야 한다.[18]

① 반대신청의 원인이 된 분쟁의 성질과 상황에 대한 기술
② 반대신청취지(가능한 한도 내에서 반대청구금액 포함)

IV. 중재판정부의 구성과 중재심리

1. 중재판정부의 구성

"중재판정부(Arbitral Tribunal)"란 중재절차를 진행하고 중재판정을 내리는 단독중재인(sole arbitrator) 또는 여러 명의 중재인으로 구성되는 중재인단을 말하며, "중재판정부"에는 1인의 중재인으로 구성된 중재판정부와 복수의 중재인으로 구성된 중재판정부가 모두 포함된다.[19]

(1) 중재인의 수

대한상사중재원의 중재규칙에 따른 중재사건은 단독 중재인(sole arbitrator) 또는 3인의 중재인(three arbitrators)의 심리(hearings)로 결정한다. 중재인의 수에 관하여 당사자들간의 합의가 존재하지 않는 경우 단독 중재인이 선정된다. 그러나 어느 쪽 당사자라도 신청서가 상대방 당사자에게 송달된 날로부터 30일 이내에 사무국에 3인의 중재인에 의할 것을 신청하면, 사무국이 분쟁의 규모, 복잡성 및 기타 요소들을 고려하여 적절하다고 판단하는 경우에는 당사자들에게 통지하고 3인의 중재인을 지명한다.[20]

(2) 중재인의 선정(Nomination of an arbitrator)

중재인은 분쟁당사자의 합의에 의하여 선정되거나 대한상사중재원에서 추천한 중재인 후보 중에서 선임된다.

---

18) 국제중재규칙 제9조 제4항.
19) 중재법 제2조 제1호 및 국제중재규칙 제2조 제1호.
20) 국제중재규칙 제11조.

㈎ 당사자의 합의에 의한 선정

단독 중재인(sole arbitrator)은 피신청인이 중재신청서를 수령한 날 또는 대한상사중재원의 사무국이 단독 중재인에 의할 것임을 결정한 날로부터 30일 이내에 당사자에 의하여 선정되고, 3인 중재인(three arbitrators)은 신청인과 피신청인에 의하여 각각 1인이 선정되고, 양 당사자에 의하여 선정된 2인의 중재인의 합의에 의하여 중재판정부의 의장(chairman)이 되는 제3의 중재인(third arbitrator)이 선정된다. 당사자가 중재인을 선정하는 경우에는 신청인은 중재신청서에서(또는 사무국이 허용한 연장기간 내에), 피신청인은 답변서에서(또는 사무국이 허용한 연장기간 내에) 각각 선정한다.[21] 선정방법은 당사자가 중재인으로부터 직접 중재인취임수락서를 받아서 제출하여야 한다.[22]

㈏ 대한상사중재원에 의한 선정

당사자들이 합동으로 단독 중재인을 선정하지 못하는 경우, 각각의 당사자가 자신의 중재인을 선정하지 못한 경우 또는 각각의 당사자에 의하여 선정된 2인 중재인이 두번째 중재인의 선정일로부터 30일 이내에 의장으로 활동할 제3의 중재인을 선정하지 못하는 경우에는 대한상사중재원의 사무국이 이를 선정한다.[23] 선정방법은 대한상사중재원의 사무국이 중재인 명부 중에서 5인 또는 10인의 후보자를 선정 후 당사자에게 명단을 보내고, 당사자는 동 명단에 자신이 희망하는 순위를 의장중재인과 기타 중재인란에 번호를 기재하여 후보자명단수령일로부터 30일(국내중재: 15일) 이내에 반송하여야 한다. 사무국은 양당사자의 순위를 집계한 후 희망순위가 가장 높은 사람(1~3인)으로부터 취임수락서를 받아 선정하게 되고 중재판정부가 구성되면 중재인과 양당사자에게 중재인 선정사실과 제1차 심리기일을 서면으로 통지한다.[24]

2. 중재심리

중재판정부는 심리(hearings)의 일시와 장소를 결정한 후 그 심리의 일시와 장소에 당사자들이 출석할 수 있도록 당사자에게 적절한 통지를 한다. 중재판정부(arbitral tribunal)는 양당사자에게 심리를 시작하기 전에 주장, 증거방법, 상대방 주장에 대한 의견을 기재한 준비서면을 제출하게 할 수 있다. 심리절차는 비공개를 원칙으로 하

---

21) 국제중재규칙 제12조.
22) http://www.kcab.or.kr
23) 국제중재규칙 제12조.
24) http://www.kcab.or.kr

며, 중재판정부는 당사자를 직접 심리한 후 당사자가 주장 및 입증을 다하였다고 인정할 때에는 심리의 종결(closure of hearings)을 선언하여야 한다.[25]

V. 중재판정

1. 중재판정의 기한 및 의사결정

중재판정부(arbitral tribunal)는 모든 당사자들이 달리 합의하지 않는 한 최종서면의 제출일과 심리의 종결일 중 나중의 날짜로부터 45일 이내에 판정(award)을 내려야 한다. 판정 또는 결정은 복수의 중재인(more than one arbitrator)의 합의에 의하여 행해지지만, 특정 쟁점에 관하여 합의하지 못하는 경우에는 중재인 과반수의 결의에 따르되, 그러한 결의가 성립되지 않는 쟁점에 대하여는 의장 중재인의 결정에 따른다.[26]

2. 중재판정의 형식

중재판정부는 판정을 서면으로(in writing) 하고, 당사자들이 달리 합의하지 않는 한, 판정에 그 이유를 기재하여야 한다. 중재판정문에는 판정일자를 기재하고, 중재판정부 전원이 서명한다. 과반수에 미달하는 일부 중재인이 중재판정문에 서명하기를 거부하거나 서명하지 못하는 경우에는 다른 중재인이 그 사유를 기재하고 서명하여야 한다. 중재판정은 중재지에서 중재판정문에 기재된 일자에 내려진 것으로 본다.[27]

3. 중재판정의 송달

대한상사중재원의 사무국은 판정의 정본을 당사자 또는 대리인에게 최후로 알려진 주소에 등기우편(배달증명)으로 발송하거나 직접 교부한다. 판정의 정본을 당사자에게 송달한 후 이의 수령을 확인하는 우편물 배달증명서가 도착하면, 사무국은 판정문 원본과 송달의 증서를 첨부하여 관할법원에 이송보관한다.[28]

---

25) http://www.kcab.or.kr
26) 국제중재규칙 제30조 및 제33조.
27) 국제중재규칙 제31조 제1항 및 제2항.
28) http://www.kcab.or.kr

4. 중재판정의 효력

모든 판정은 종국적이며 당사자들을 구속한다. 당사자들은 판정을 지체 없이 이행하여야 한다.[29] 즉, 중재판정의 효력(effect of the award)은 법원의 확정판결과 동일하며, 외국중재판정의 승인 및 집행에 관한 UN협약(뉴욕협약)에 따라 외국에서도 중재판정의 승인(recognition) 및 집행(execution)이 보장된다.

VI. 중재판정의 승인과 집행

1. 중재판정의 승인과 집행에 관한 국내법규

우리나라의 경우 중재판정의 승인(recognition)과 집행(execution)에 관한 법규에는 국제상사중재에 관한 UNCITRAL 모델법(UNCITRAL Model Law on International Commercial Arbitration, 1985년 제정, 2006년 개정)[30]을 수용한 중재법 이외에, 민사소송법과 민사집행법이 있다. 참고로 중재절차에 관한 규칙으로는 ICC 중재규칙(Rules of Arbitration of the International Chamber of Commerce, 1998), 대한상사중재원의 국제중재규칙(대법원 승인)이 있다.

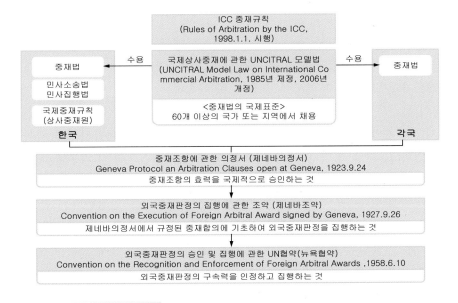

---

29) 국제중재규칙 제31조 제3항.
30) UNCITRAL 모델법은 중재법의 국제표준으로서 현재 60개 이상의 국가나 지역에서 채용하고 있다.

2. 중재판정의 승인 및 집행에 관한 다자간 조약

중재에 관한 조약으로는 ① 1923년의 중재조항에 관한 의정서(제네바의정서), ② 1927년 9월 26일에 제네바에서 서명된 외국중재판정의 집행에 관한 조약(제네바조약), ③ 1958년 6월 10일 뉴욕에서 채택된 외국중재판정의 승인 및 집행에 관한 UN협약(뉴욕협약)이 있다.

(1) 제네바의정서

중재조항에 관한 의정서(제네바의정서; Geneva Protocol an Arbitration Clauses open at Geneva on September 24, 1923)는 1923년 9월 24일에 제네바에서 중재조항의 효력을 국제적으로 승인하는 것을 목적으로 하여 작성된 조약이다. 즉, 이 조약은 현재 또는 장래에 발생할 수 있는 분쟁을 중재로 해결한다는 취지의 중재합의의 유효성에 대하여 체약국 간의 중재합의의 효력을 국제적으로 승인하고 자국 영역 내에서 행해진 중재판정을 집행하는 등의 체약국 간의 의무에 관하여 규정하고 있다.

(2) 제네바조약

외국중재판정의 집행에 관한 조약(제네바조약; Convention on the Execution of Foreign Arbitral Award signed by Geneva on September 26, 1927)은 1927년 2월 26일에 제네바에서 제네바의정서에서 규정된 중재합의에 기초하여 외국중재판정의 집행을 목적하여 작성된 조약이다. 즉, 이 조약은 국제연맹이 중심이 되어 당시의 각국의 법제사정이 허락되는 범위 내에서 체약국 상호간에 중재판정을 유효하게 하고, 외국중재판정에 강제집행력을 부여하는 것을 상호 약속하는 것이다. 이 조약의 적용범위는 체약국의 하나의 영역에서 행해지고, 체약국의 하나의 재판권에 따르는 자 간에 행해진 중재에만 한정된다는 제한이 있었다. 제네바의정서는 중재합의의 효력을 국제적으로 승인하고, 자국 영역 내에서 행해진 중재판정을 집행하는 의무를 체약국 간에 의무화하였지만, 외국에서 행해진 중재판정의 체약국 간의 집행을 의무화한 조약은 아니기 때문에 제네바조약은 외국중재판정에 강제집행력을 인정한다는 점에서 큰 진전을 보인 것으로 되어 국제중재를 실제 효과가 있는 것으로 하였다.[31]

이 조약은 적용범위나 집행요건에 제한이 많고 실무의 요청에 충분히 부응하지 못하였다. 이러한 제네바조약의 문제점을 개선하기 위하여 뉴욕협약이 탄생된 것이다.

---

31) 浅田福一, 國際商事仲裁の新展開, 大阪明浄大學紀要 第5号, p.8.

(3) 뉴욕협약

외국중재판정의 승인 및 집행에 관한 UN협약(뉴욕협약; Convention on the Recognition and Enforcement of Foreign Arbitral Awards done at New York on June 10, 1958)은 국제 연합(UN)이 1958년 6월 10일에 국제상거래의 활성화를 목적으로 외국중재판정(집행 국이 아닌 다른 체약국 영토 내에서 내려진 중재판정)의 구속력을 인정하고 집행하기 위하여 뉴욕에서 국제적으로 체결한 협약을 말한다. 이 협약은 중재합의의 효력을 승 인함과 동시에 외국중재판정의 승인 및 집행의 요건을 규정하고 있는 것으로서 16개 조항으로 구성되어 있다. 이 협약에는 2015년 현재 우리나라를 포함한 146개국이 가 입되어 있으며, 우리나라는 1973년 5월 9일에 42번째로 가입하면서, 이 협약은 ① 한 국법상 상사분쟁에만 적용되며, ② 외국중재판정에 대하여는 이 협약의 체약국에만 적용될 것이라고 유보선언하였다.

3. 중재판정의 승인과 집행

중재의 경우, 분쟁당사자는 중재합의에 따라 중재기관에 중재신청을 하고 중재기관으 로부터 중재판정을 받게 된다. 이러한 중재판정에 대하여 일방의 당사자가 외국에 있는 상대방에게 그 판정을 이행하도록 요구하였으나, 상대방이 그 판정을 이행하지 않는 경 우에는, 그 관할권이 있는 집행법원에 중재판정의 집행을 신청하게 된다. 그러면 그 관할법원은 자국의 당사자에게 뉴욕협약에 따라 강제집행하는 절차를 진행하게 된다.

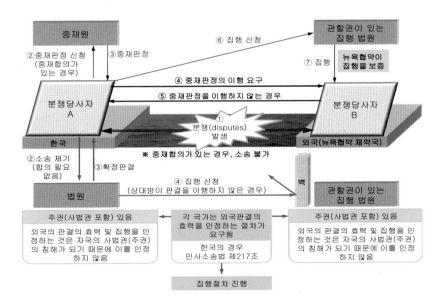

한편, 소송의 경우에는, 일방의 당사자의 일방적인 소송의 제기에 따라 법원으로부터 확정판결을 받게 된다. 이러한 확정판결에 대하여 일방의 당사자가 외국에 있는 상대방에게 그 판결을 이행하도록 요구하였으나, 상대방이 그 판결을 이행하지 않는 경우에는, 그 관할권이 있는 집행법원에 확정판결의 집행을 신청할지도 모른다. 그러나 그 관할법원은 그러한 집행신청을 받아들이지 않는다. 왜냐하면 각 국가는 각각 주권을 가지고 있으며 그 주권에는 사법권이 포함되기 때문이다. 따라서 각 국가는 외국의 판결의 효력을 자국에서 인정하지 않을 뿐만 아니라, 외국의 판결의 집행도 인정하지 않는다. 이것을 인정한다는 것은 자국의 사법권을 침해하는 것이고, 사법권의 침해는 결국 주권침해에 해당되기 때문이다. 이와 같이 자국의 확정판결을 외국에서 집행한다는 것은 사법권의 침해, 즉 주권의 침해에 해당되기 때문에 우선 각 국가에서 외국 판결의 효력을 인정하는 절차가 요구되며, 그 다음에 집행절차를 진행할 수 있다.

우리나라 민사소송법 제217조[32]에서는 외국판결의 효력에 관하여 다음과 같이 규정하고 있다.

제217조(외국판결의 효력) 외국법원의 확정판결은 다음 각호의 요건을 모두 갖추어야 효력이 인정된다.
1. 대한민국의 법령 또는 조약에 따른 국제재판관할의 원칙상 그 외국법원의 국제재판관할권이 인정될 것
2. 패소한 피고가 소장 또는 이에 준하는 서면 및 기일통지서나 명령을 적법한 방식에 따라 방어에 필요한 시간여유를 두고 송달받았거나(공시송달이나 이와 비슷한 송달에 의한 경우를 제외한다) 송달받지 아니하였더라도 소송에 응하였을 것
3. 그 판결의 효력을 인정하는 것이 대한민국의 선량한 풍속이나 그 밖의 사회질서에 어긋나지 아니할 것
4. 상호보증이 있을 것

---

(1) 외국중재판정의 승인과 집행의 요건

뉴욕협약 제4조의 입증책임전환에 따르면, 집행신청인이 다음의 서류를 집행법원에 제출하는 경우에는 승인과 집행요건을 구비하게 된다.

① 인증된 중재판정 원본 또는 등본

② 중재합의 원본 또는 그 인증된 등본

③ 위 각 문서에 대하여 공적인 또는 선서한 번역인이나 외교관에 의하여 인증된 번역본

---

32) 일본의 민사소송법 제118조에서도 이와 동일하게 규정하고 있다.

⑵ 외국중재판정의 집행거부의 사유

중재판정은 자국에서 집행하는 경우와 외국에서 집행하는 경우로 구분되는데, 자국 내에서 행해진 중재판정을 자국 내에서 강제집행하는 경우에는 일정한 법의 요건만 구비된다면 그 집행에 문제가 없다. 그러나 자국 내에서 행해진 중재판정을 외국에서 강제집행하는 경우에는 공공질서 위반 등 여러 가지 거부사유가 있다.

① 분쟁의 대상인 사항이 그 국가(집행국)의 법령에 따라 중재에 의한 해결이 불가능한 것일 것

② 중재판정의 승인 및 집행이 그 국가(집행국)의 공공질서에 반하는 것(뉴욕협약 제5조 제2항)

여기에서 집행거부사유로서 공공질서란 영미법계의 개념으로서 대륙법계의 공서양속과 동일한 개념으로서 사용되고 있다. 공공질서가 확대해석된다면 집행거부가 남용되어 국제상사중재제도의 존립에 위해를 가할 수 있기 때문에 세계 각국의 법원은 공공질서의 개념을 제한적으로 해석하고 있다. 공공질서에 반하는 것으로는 전쟁, 해적행위원조(aid of priacy), 테러, 집단살해(genocied), 노예매매(slavery) 또는 인종차별(racial discrimination) 등이 국제적인 콘센서스가 형성되어 왔다.[33]

---

33) Alan Redfern, Martin Hunter, Law and Practice of International Commercial Arbitration, 2nd edition, Sweet & Maxwell, 1991, p.146; 김경배, 뉴욕협약의 집행거부사유에 관한 대법원 판례, 중재, 2004. 가을, p.148.

Appendix

Incoterms® 2010

by the International Chamber of Commerce(ICC)

국제상거래조건 2010

국제상업회의소(ICC)

ICC rules for the use of domestic and International trade terms

국내 및 국제정형거래조건의 사용을 위한 ICC규칙

전 순 환 역

제1절 무역의 의의와 대상

제2절 무역의 형태

INTRODUCTION(서문)

The Incoterms®[1] rules explain a set of three-letter trade terms reflecting business-to-business practice in contracts for the sale of goods. The Incoterms rules describe mainly the tasks, costs and risks involved in the delivery of goods from sellers to buyers.

인코텀즈®[2] 규칙은 물품매매계약에서 비즈니스 간의 관행을 반영하고 있는 일련의 세 가지 문자의 거래조건을 설명하고 있다. 인코텀즈 규칙은 주로 매도인으로부터 매수인으로의 물품의 인도에 관련된 업무, 비용 및 위험을 기술하고 있다.

How to use the Incoterms® 2010 rules
인코텀즈® 2010 규칙의 사용법

1. Incorporate the Incoterms® 2010 rules into your contract of sale
(매매계약에 인코텀즈® 2010 규칙을 삽입하시오)

If you want the Incoterms® 2010 rules to apply to your contract, you should make this clear in the contract, through such words as, "[the chosen Incoterms rule including the named place, followed by] Incoterms® 2010."

당신이 인코텀즈® 2010 규칙을 자신의 계약에 적용하기를 원하는 경우에는, "[선택된 인코텀즈 규칙에 지정된 장소를 포함하고, 그 다음에] Incoterms® 2010"과 같은 단어를 통하여 자신의 계약에 이를 명확히 하여야 한다.

2. Choose the appropriate Incoterms rule
(적당한 인코텀즈 규칙을 선택하시오)

The chosen Incoterms rule needs to be appropriate to the goods, to the means of their transport, and above all to whether the parties intend to put additional obligations, for example such as the obligation to organize carriage or insurance, on the seller or on the buyer. The Guidance Note to each Incoterms rule contains information that is particularly helpful when making this choice. Whichever Incoterms rule is chosen, the parties should be aware that the interpretation of their contract may well be influenced by customs particular to the port or place being used.

선택된 인코텀즈 규칙은 물품, 그 운송수단에 적합하고, 그리고 특히 당사자가 추가의무, 예를 들면, 운송 또는 보험을 수배할 의무를 매도인측 또는 매수인측에 부담시키려는지 여부에 적합하게 할 필요가 있다. 각각의 인코텀즈 규칙에 대한 지침문은 이 선택을 할 때 특히 유익한 정보를 포함하고 있다. 어떤 인코텀즈 규칙이 선택되더라도, 당사자는 자신들의 계약의 해석이 사용되고 있는 항구 또는 장소만의 특유한 관습에 의하여 영향을 받을 수 있다는 것을 알고 있어야 한다.

---

1) "Incoterms" is a registered trademark of the International Chamber of Commerce.
2) "인코텀즈"는 국제상업회의소의 등록상표이다.

3. Specify your place or port as precisely as possible
(당신의 장소 또는 항구를 가능한 한 정확하게 명시하시오)

The chosen Incoterms rule can work only if the parties name a place or port, and will work best if the parties specify the place or port as precisely as possible.
선택된 인코텀즈 규칙은 당사자가 장소 또는 항구를 지정하는 경우에만 기능할 수 있고, 당사자가 장소 또는 항구를 가능한 한 정확하게 명시하는 경우에는 가장 잘 기능할 것이다.

A good example of such precision would be:
"FCA 38 Cours Albert 1er, Paris, France Incoterms® 2010".
그러한 정확성의 좋은 예는 다음과 같다:
"FCA 프랑스 파리 알버트 1가 38번지 인코텀즈® 2010"

Under the Incoterms rules Ex Works (EXW), Free Carrier (FCA), Delivered at terminal (DAT), Delivered at Place (DAP), Delivered Duty Paid (DDP), Free Alongside Ship (FAS), and Free on Board (FOB), the named place is the place where delivery takes place and where risk passes from the seller to the buyer. Under the Incoterms rules Carriage Paid to (CPT), Carriage and Insurance Paid to (CIP), Cost and Freight (CFR) and Cost, Insurance and Freight (CIF), the named place differs from the place of delivery. Under these four Incoterms rules, the named place is the place of destination to which carriage is paid. Indications as to place or destination can helpfully be further specified by stating a precise point in that place or destination in order to avoid doubt or argument.
인코텀즈 규칙의 공장인도(EXW), 운송인인도(FCA), 터미널인도(DAT), 장소인도(DAP), 관세지급인도(DDP), 선측인도(FAS) 및 본선인도(FOB) 하에서, 지정장소는 인도가 발생하고 위험이 매도인으로부터 매수인에게 이전하는 장소이다. 인코텀즈 규칙의 운송비지급(CPT), 운송비보험료지급(CIP), 운임포함(CFR) 및 운임보험료포함(CIF) 하에서, 지정장소는 인도장소와 다르다. 이러한 4가지 인코텀즈 규칙 하에서, 지정장소는 운송비가 지급되는 목적지이다. 장소 또는 목적지에 관한 지시는 불확실 또는 논쟁을 회피하기 위하여 그 장소 또는 목적지에 있는 정확한 지점을 명기함으로써 보다 유용하게 특정될 수 있다.

4. Remember that Incoterms rules do not give you a complete contract of sale
(인코텀즈 규칙은 당신에게 완전한 매매계약을 제공하지 아니한다는 것을 기억하시오)

Incoterms rules do say which party to the sale contract has the obligation to make carriage or insurance arrangements, when the seller delivers the goods to the buyer, and which costs each party is responsible for. Incoterms rules, however, say nothing about the price to be paid or the method of its payment. Neither do they deal with the transfer of ownership of the goods, or the consequences of a breach of contract. These matters are normally dealt with through express terms in the contract of sale or in the law governing that contract. The parties should be aware that mandatory local law may override any aspect of the sale contract, including the chosen Incoterms rule.
인코텀즈 규칙은 매도인이 물품을 매수인에게 인도할 때, 어떤 매매계약의 당사자가 운송 또는 보험 약정을 체결할 의무를 부담하고 있는지, 그리고 각각의 당사자가 어떤 비용에 대하여 책임을 부담하는

지를 설명하고 있다. 그러나 인코텀즈 규칙은 지급되어야 하는 대금 또는 그 지급방법에 대하여는 어떠한 설명도 하지 않고 있다. 인코텀즈 규칙은 물품의 소유권의 이전, 또는 계약위반의 결과를 취급하지 않고 있다. 이러한 사항은 통상적으로 매매계약의 명시적인 조건을 통하여 또는 그 계약을 규율하는 법률에서 취급되고 있다. 당사자는 강행적인 국내법이 선택된 인코텀즈 규칙을 포함하는 매매계약의 어떠한 견해보다도 우선할 수 있다는 것을 알고 있어야 한다.

Main features of the Incoterms® 2010 rules
(인코텀즈® 2010 규칙의 주요 특징)

1. Two new Incoterms rules - DAT and DAP - have replaced the Incoterms 2000 rules DAF, DES, DEQ and DDU

   (2가지 새로운 인코텀즈 규칙 - DAT와 DAP- 은 인코텀즈 2000 규칙의 DAF, DES, DEQ 및 DDU를 대체하였다)

The number of Incoterms rules has been reduced from 13 to 11. This has been achieved by substituting two new rules that may be used irrespective of the agreed mode of transport - DAT, Delivered at Terminal, and DAP, Delivered at Place - for the Incoterms 2000 rules DAF, DES, DEQ and DDU.
인코텀즈 규칙의 수는 13개에서 11개로 감소되었다. 이것은 인코텀즈 2000 규칙의 DAF, DES, DEQ 및 DDU를 합의된 운송방식에 관계없이 사용될 수 있는 새로운 2가지 규칙(DAT, 즉 터미널인도와 DAP, 즉 목적지인도)으로 대체함으로써 달성되었다.

Under both new rules, delivery occurs at a named destination: in DAT, at the buyer's disposal unloaded from the arriving vehicle (as under the former DEQ rule); in DAP, likewise at the buyer's disposal, but ready for unloading (as under the former DAF, DES and DDU rules).
두 가지 새로운 규칙 하에서, 인도는 지정된 목적지에서 이루어진다: 즉, DAT에서는 (이전의 DEQ 규칙과 동일하게) 도착하는 운송수단으로부터 양륙되어 매수인의 임의처분상태로; 마찬가지로 DAP에서도 (이전의 DAF, DES 및 DDU 규칙과 동일하게) 매수인의 임의처분상태이지만, 양륙할 준비가 된 상태로 이루어진다.

The new rules make the Incoterms 2000 rules DES and DEQ superfluous. The named terminal in DAT may well be in a port, and DAT can therefore safely be used in cases where the Incoterms 2000 rule DEQ once was. Likewise, the arriving "vehicle" under DAP may well be a ship and the named place of destination may well be a port: consequently, DAP can safely be used in cases where the Incoterms 2000 rule DES once was. These new rules, like their predecessors, are "delivered", with the seller bearing all the costs (other than those related to import clearance, where applicable) and risks involved in bringing the goods to the named place of destination.
새로운 규칙은 인코텀즈 2000 규칙의 DES 및 DEQ를 불필요하게 한다. DAT에서 지정된 터미널은 아마도 어떤 항구에 있을 것이고, 따라서 DAT는 이전의 인코텀즈 2000 규칙의 DEQ가 사용되었던 경우에도 안전하게 사용될 수 있다. 마찬가지로, DAP 하에서 도착하는 "차량"은 아마도 선박일 것이고, 지정된 목적지는 아마도 항구일 것이다: 결과적으로, DAP는 이전의 인코텀즈 2000 규칙의 DES가 사용되었던 경우에도 안전하게 사용될 수 있다. 이러한 새로운 규칙은 이전의 규칙과 동일하게 매도인으로서는 물품을 지정된 목적지까지 운송하는 것에 관련된 비용(적용할 수 있는 경우에는, 수입통관에 관련된 비용 이외의)과 위험을 부담하는 "양륙지인도(deliveried)"이다.

2. Classification of the 11 Incoterms® 2010 rules
인코텀즈® 2010 규칙의 분류

The 11 Incoterms® 2010 rules are presented in two distinct classes:
11가지 인코텀즈® 2010규칙은 두가지 분명한 분류로 제시된다:

RULES FOR ANY MODE OR MODES OF TRANSPORT
모든 단수 또는 복수의 운송방식을 위한 규칙

EXW	EX WORKS	공장인도
FCA	FREE CARRIER	운송인인도
CPT	CARRIAGE PAID TO	운송비지급
CIP	CARRIAGE AND INSURANCE PAID TO	운송비보험료지급
DAT	DELIVERED AT TERMINAL	터미널인도
DAP	DELIVERED AT PLACE	목적지인도
DDP	DELIVERED DUTY PAID	관세지급인도

RULES FOR SEA AND INLAND WATERWAY TRANSPORT
해상 및 내륙수로운송을 위한 규칙

FAS	FREE ALONGSIDE SHIP	선측인도
FOB	FREE ON BOARD	본선인도
CFR	COST AND FREIGHT	운임포함
CIF	COST INSURANCE AND FREIGHT	운임보험료포함

The first class includes the seven Incoterms® 2010 rules that can be used irrespective of the mode of transport selected and irrespective of whether one or more than one mode of transport is employed. EXW, FCA, CPT, CIP, DAT, DAP and DDP belong to this class. They can be used even when there is no maritime transport at all. It is important to remember, however, that these rules can be used in cases where a ship is used for part of the carriage.
첫 번째 분류는 선택된 운송방식에 관계없이 그리고 한 가지 또는 두 가지 이상의 운송방식이 사용되는지 여부에 관계없이 사용될 수 있는 7가지 인코텀즈® 2010 규칙을 포함하고 있다. EXW, FCA, CPT, CIP, DAT, DAP 및 DDP가 이 분류에 속한다. 이러한 규칙은 해상운송이 전혀 없는 경우조차도 사용될 수 있다. 그러나 이러한 규칙은 선박이 운송의 일부분을 위하여 사용되는 경우에도 사용될 수 있다는 것을 기억하는 것이 중요하다.

In the second class of Incoterms® 2010 rules, the point of delivery and the place to which the goods are carried to the buyer are both ports, hence the label "sea and inland waterway" rules. FAS, FOB, CFR and CIF belong to this class. Under the last three Incoterms rules, all mention of the ship's rail as the point of delivery has been omitted in preference for the goods being delivered when they are "on board" the vessel. This more closely reflects modern commercial reality and avoids the rather dated image of the risk swinging to and fro across an imaginary perpendicular line.

인코텀즈® 2010 규칙의 두 번째 분류에서는, 인도지점과 물품이 매수인에게 운송되는 장소는 모두 항구이고, 따라서 "해상 및 내륙수로"라는 표제가 있는 규칙이다. FAS, FOB, CFR 및 CIF는 이 분류에 해당한다. 마지막 3가지 인코텀즈 규칙 하에서는, 인도지점으로서 본선의 난간의 모든 언급은 물품이 본선의 "선상"에 있을 때 인도되는 물품을 선호하여 삭제되었다. 이것은 현대의 상거래현실을 보다 엄밀하게 반영하고 있고 위험이 가상의 수직선을 횡단하여 이리저리 흔들리는 구시대의 이미지를 회피하고 있다.

3. Rules for domestic and international trade (국내 및 국제거래를 위한 규칙)

Incoterms rules have traditionally been used in international sale contracts where goods pass across national borders. In various areas of the world, however, trade blocs, like the European Union, have made border formalities between different countries less significant. Consequently, the subtitle of the Incoterms® 2010 rules formally recognizes that they are available for application to both international and domestic sale contracts. As a result, the Incoterms® 2010 rules clearly state in a number of places that the obligation to comply with export/import formalities exists only where applicable.

인코텀즈 규칙은 전통적으로 물품이 국경을 통과하는 국제매매계약에 사용되어 왔다. 그러나 세계의 다양한 지역에서 유럽연합과 같은 무역블럭은 상이한 국가 간의 국경절차를 보다 중요하지 않게 하고 있다. 따라서 인코텀즈® 2010 규칙의 부제는 이 규칙이 국제 및 국내매매계약에 모두 적용되기 위하여 사용될 수 있다고 공식적으로 인정하고 있다. 결과적으로 인코텀즈® 2010 규칙은 수출/수입 절차에 따를 의무가 적용할 수 있는 경우에만 존재한다는 것을 많은 부분에서 명확히 설명하고 있다.

Two developments have persuaded ICC that a movement in this direction is timely. Firstly, traders commonly use Incoterms rules for purely domestic sale contracts. The second reason is the greater willingness in the United States to use Incoterms rules in domestic trade rather than the former Uniform Commercial Code shipment and delivery terms.

두 가지의 발전은 이러한 방향으로 이동하는 것이 시기적절하다고 ICC를 설득하였다. 첫째, 무역업자는 통상적으로 인코텀즈 규칙을 순수하게 국내매매계약을 위하여 사용하고 있다. 두 번째의 이유는 이전의 통일상법전의 선적 및 인도조건보다는 오히려 인코텀즈 규칙을 국내거래에 사용하려는 의욕이 미국에서 한층 더 고조되었다.

4. Guidance Notes(지침문)

Before each Incoterms® 2010 rule you will find a Guidance Note. The Guidance Notes explain the fundamentals of each Incoterms rule, such as when it should be used, when risk passes, and how costs are allocated between seller and buyer. The Guidance Notes are not part of the actual Incoterms® 2010 rules, but are intended to help the user accurately and efficiently steer towards the appropriate Incoterms rule for a particular transaction.

각각의 인코텀즈® 2010 규칙의 앞에는 지침문이 있다. 지침문은 각각의 인코텀즈 규칙의 기본적인 사항, 예를 들면, 언제 이 규칙이 사용되어야 하고, 언제 위험이 이전하고, 비용이 매도인과 매수인 간에 어떻게 분배되는지를 설명하고 있다. 지침문은 실제적인 인코텀즈® 2010 규칙의 일부는 아니지만, 사용자를 특정 거래에 적당한 인코텀즈 규칙으로 정확하고 효율적으로 안내하는 것을 도우려고 하고 있다.

5. Electronic communication(전자통신)

Previous versions of Incoterms rules have specified those documents that could be replaced by EDI messages. Articles A1/B1 of the Incoterms® 2010 rules, however, now give electronic means of communication the same effect as paper communication, as long as the parties so agree or where customary. This formulation facilitates the evolution of new electronic procedures throughout the lifetime of the Incoterms® 2010 rules.

인코텀즈 규칙의 이전판은 EDI메시지에 의하여 대체될 수 있는 서류를 명시하였다. 그러나 인코텀즈® 2010 규칙의 A1/B1조는 당사자가 그렇게 합의하거나 또는 관습적인 경우에 한하여 종이에 의한 통신과 동일한 효과를 전자통신수단에 현재 부여하고 있다. 이 공식은 인코텀즈® 2010 규칙의 유효기간 동안 새로운 전자절차의 발전을 용이하게 하고 있다.

6. Insurance cover(보험담보)

The Incoterms® 2010 rules are the first version of the Incoterms rules since the revision of the Institute Cargo Clauses and take account of alterations made to those clauses. The Incoterms® 2010 rules place information duties relating to insurance in articles A3/B3, which deal with contracts of carriage and insurance. These provisions have been moved from the more generic articles found in articles A10/B10 of the Incoterms 2000 rules. The language in articles A3/B3 relating to insurance has also been altered with a view to clarifying the parties' obligations in this regard.

인코텀즈® 2010 규칙은 협회화물약관의 개정 이후 인코텀즈의 최초판이고 그 약관에 행해진 변경을 고려하고 있다. 인코텀즈® 2010 규칙은 운송 및 보험계약을 취급하고 있는 A3/B3조에서 보험에 관한 정보의무를 규정하고 있다. 이 규정은 인코텀즈 2000 규칙의 A10/B/10조에서 발견된 한층 일반적인 조항으로부터 이동되었다. 또한 보험에 관한 A3/B3조의 표현은 이 점에 있어서 당사자의 의무를 명확히 하기 위하여 변경되었다.

7. Security-related clearances and information required for such clearances (보안관련 통관 및 그러한 통관을 위하여 요구되는 정보)

There is heightened concern nowadays about security in the movement of goods, requiring verification that the goods do not pose a threat to life or property for reasons other than their inherent nature. Therefore, the incoterms® 2010 rules have allocated obligations between the buyer and seller to obtain or to render assistance in obtaining security-related clearances, such as chain-of-custody information, in articles A2/B2 and A10/B10 of various Incoterms rules.

최근 물품의 이동에 있어서 보안에 대한 관심이 높고, 물품이 고유의 성질 이외의 이유로 생명 또는 재산을 위협하지 아니한다는 검증을 요구하고 있다. 따라서 인코텀즈® 2010 규칙은 다양한 인코텀즈 규칙의 A2/B2 및 A10/B10조의 일련의 관리정보와 같은 보안관련 통관을 취득함에 있어서 협조를 받거나 또는 제공할 의무를 매수인과 매도인 간에 분배하고 있다.

8. Terminal handling charges(터미널취급비용)

Under Incoterms rules CPT, CIP, CFR, CIF, DAT, DAP, and DDP, the seller must make arrangements for the carriage of the goods to the agreed destination. While the freight is paid by the seller, it is actually paid for by the buyer as freight costs are normally included by the seller in the total selling price. The carriage costs will sometimes include the costs of handling and moving the goods within port or container terminal facilities and the carrier or terminal operator may well charge these costs of the buyer who receives the goods. In these circumstances, the buyer will want to avoid paying for the same service twice: once to the seller as part of the total selling price and once independently to the carrier or the terminal operator. The Incoterms® 2010 rules seek to avoid this happening by clearly allocating such costs in articles A6/B6 of the relevant Incoterms rules.

인코텀즈 규칙의 CPT, CIP, CFR, CIF, DAT, DAP 및 DDP 하에서는, 매도인은 합의된 목적지까지 물품의 운송을 위한 약정을 체결하여야 한다. 운임은 매도인에 의하여 지급되지만, 그 운임은 운임의 비용이 통상적으로 매도인에 의하여 총매매가격에 포함되기 때문에 실제로는 매수인을 위하여 매수인에 의하여 지급된다. 운송의 비용은 때때로 항구 또는 컨테이너터미널 시설 내에서 물품을 취급하고 이동하는 비용을 포함하고 있으며 운송인 또는 터미널운영인이 물품을 수령하는 매수인에게 이러한 비용을 청구하는 것은 당연하다. 이러한 상황에서, 매수인은 동일한 서비스를 두 번, 즉 한번은 총매매가격의 일부분으로서 매도인에게, 그리고 한번은 운송인 또는 터미널운영인에게 개별적으로 지급하는 것을 회피하려고 할 것이다. 인코텀즈® 2010 규칙은 관련 인코텀즈 규칙의 A6/B6조에서 그러한 비용을 명확히 할당함으로써 이러한 상황을 회피하려고 한다.

9. String sales(연속매매)

In the sale of commodities, as opposed to the sale of manufactured goods, cargo is frequently sold several times during transit "down a string". When this happens, a seller in the middle of the string does not 'ship' the goods because these have already been shipped by the first seller in the string. The seller in the middle of the string therefore performs its obligations towards its buyer not by shipping the goods, but by "procuring" goods that have been shipped. For clarification purposes, Incoterms® 2010 rules include the obligation to "procure goods shipped" as an alternative to the obligation to ship goods in the relevant Incoterms rules.

제품의 매매와 반대로 1차산품의 매매에서는, 화물은 운송 중에 "끈을 따라" 수차례 매각된다. 이것이 발생하는 때에는, 끈의 중간의 매도인은 물품이 끈의 최초의 매도인에 의하여 이미 선적되었기 때문에 물품을 '선적'하지 않는다. 따라서 끈의 중간의 매도인은 물품을 선적하는 것이 아니라 선적된 물품을 "조달"함으로써 자신의 매수인에 대한 의무를 이행한다. 이 점을 명확히 하기 위하여, 인코텀즈® 2010 규칙은 관련 인코텀즈 규칙의 물품을 선적할 의무에 대한 대안으로서 "선적된 물품을 조달"할 의무를 포함하고 있다.

Variants of Incoterms rules(인코텀즈 규칙의 변형)

Sometimes the parties want to alter an Incoterms rule. The Incoterms® 2010 rules do not prohibit such alteration, but there are dangers in so doing. In order to avoid any unwelcome surprises, the parties would need to make the intended effect of such alterations extremely clear in their contract. Thus, for example, if the allocation of costs in the Incoterms® 2010 rules is altered in the contract, the parties should also clearly state whether they intend to vary the point at which the risk passes from seller to buyer.

때때로 당사자는 인코텀즈 규칙을 변경하고 싶어 한다. 인코텀즈® 2010 규칙은 그러한 변경을 금지하지 않지만, 그렇게 하는 것은 위험이 있다. 환영받지 못하는 뜻밖의 일을 회피하기 위해서는 당사자는 자신들의 계약에서 의도된 그러한 변경의 효과를 극히 명확히 하여야 할 필요가 있을 것이다. 따라서, 예를 들면, 인코텀즈® 2010 규칙상의 비용의 분배가 그 계약에서 변경되는 경우에는, 당사자는 위험이 매도인으로부터 매수인에게 이전하는 지점을 변경할 의도가 있는지를 또한 명확히 명기하여야 한다.

Status of this introduction(이 서문의 지위)

This introduction gives general information on the use and interpretation of the Incoterms® 2010 rules, but does not form part of those rules.

이 서문은 인코텀즈® 2010 규칙의 사용과 해석에 관한 종합적인 정보를 제공하고 있지만, 이 규칙의 일부를 형성하지는 아니한다.

Explanation of terms used in the Incoterms® 2010 rules (인코텀즈® 2010 규칙에서 사용된 용어의 설명)

As in the Incoterms 2000 rules, the seller's and buyer's obligations are presented in mirror fashion, reflecting under column A the seller's obligations and under column B the buyer's obligations. These obligations can be carried out personally by the seller or the buyer or sometimes, subject to terms in the contract or the applicable law, through intermediaries such as carriers, freight forwarders or other persons nominated by the seller or the buyer for a specific purpose.

인코텀즈 2000 규칙에서와 같이, 매도인과 매수인의 의무는 A란의 매도인의 의무 및 B란의 매수인의 의무를 반영하면서 거울방식으로 제시되었다. 이러한 의무는 매도인 또는 매수인에 의하여 직접 수행되거나 또는 때때로 계약 또는 준거법의 조건에 따라 운송인, 운송주선인 또는 특정 목적을 위하여 매도인 또는 매수인에 의하여 지명된 기타 당사자와 같은 중계인을 통하여 수행될 수 있다.

The text of the Incoterms® 2010 rules is meant to be self-explanatory. However, in order to assist users the following text sets out guidance as to the sense in which selected terms are used throughout the document.

인코텀즈® 2010 규칙의 본문은 설명이 필요 없는 것을 의도하였다. 그러나 사용자를 돕기 위하여 다음의 내용은 선택된 용어가 이 문서를 통하여 사용되고 있는 의무에 대하여 지침을 시도하고 있다.

Carrier: For the purposes of the Incoterms© 2010 rules, the carrier is the party with whom carriage is contracted.

운송인: 인코텀즈® 2010 규칙에 있어서, 운송인은 운송이 계약되는 당사자이다.

Customs formalities: These are requirements to be met in order to comply with any applicable customs regulations and may include documentary, security, information or physical inspection obligations.

통관절차: 이것은 모든 적용가능한 통관규정에 일치시키기 위하여 충족되어야 하는 요건이며 서류, 보안, 정보 또는 물리적 검사의무를 포함할 수 있다.

Delivery: This concept has multiple meanings in trade law and practice, but in the Incoterms® 2010 rules, it is used to indicate where the risk of loss of or damage to the goods passes from the seller to the buyer.

인도: 이 개념은 무역법률 및 관행에 있어서 다양한 의미를 가지고 있지만, 인코텀즈® 2010 규칙에서는 물품의 멸실 또는 손상의 위험이 매도인으로부터 매수인에게 이전하는 경우를 표시하기 위하여 사용되고 있다.

Delivery document: This phrase is now used as the heading to article A8. It means a document used to prove that delivery has occurred. For many of the Incoterms® 2010 rules, the delivery document is a transport document or corresponding electronic record. However, with EXW FCA, FAS and FOB, the delivery document may simply be a receipt. A delivery document may also have other functions, for example as part of the mechanism for payment.

인도서류: 이 문구는 현재 A8조의 표제로서 사용되고 있다. 이것은 인도가 발생하였다는 것을 입증하기 위하여 사용되는 서류를 말한다. 대부분의 인코텀즈® 2010에 있어서, 인도서류는 운송서류 또는 이에 상응하는 전자기록이다. 그러나 EXW, FCA, FAS 및 FOB에서는 인도서류는 단순히 수령증일 수 있다. 또한 인도서류는 예를 들면, 지급을 위한 메커니즘의 일부로서 다른 기능을 가질 수 있다.

Electronic record or procedure: A set of information constituted of one or more electronic messages and, where applicable, being functionally equivalent with the corresponding paper document.

전자기록 또는 절차: 하나 또는 그 이상의 전자메시지로 구성되고, 적용할 수 있는 경우에는 해당하는 종이서류와 기능적으로 동등한 일련의 정보.

Packaging: This word is used for different purposes:

포장: 이 단어는 다양한 목적을 위하여 사용되고 있다:

1. The packaging of the goods to comply with any requirements under the contract of sale.(매매계약의 요건에 일치시키기 위한 물품의 포장)

2. The packaging of the goods so that they are fit for transportation.(운송에 적합하게 하기 위한 물품의 포장)

3. The stowage of the packaged goods within a container or other means of transport.(컨테이너 또는 기타 운송수단 내에 포장된 물품의 적부)

In the Incoterms® 2010 rules, packaging means both the first and second of the above. The Incoterms® 2010 rules do not deal with the parties' obligations for stowage within a container and therefore, where relevant, the parties should deal with this in the sale contract.

인코텀즈® 2010 규칙에서, 포장은 상기의 1과 2를 모두 말한다. 인코텀즈® 2010 규칙은 컨테이너 내의 적부에 대한 당사자의 의무를 취급하고 있지 않으며, 따라서 관련된 경우에는 당사자는 매매계약에서 이를 취급하여야 한다.

RULES FOR ANY

MODE OR

MODES OF

TRANSPORT

모든 단수 또는

복수의 운송방식을

위한 규칙

EXW
공장인도 **EX WORKS**

EXW (insert named place of delivery) Incoterms® 2010

EXW (지정인도장소 삽입) Incoterms® 2010

GUIDANCE NOTE(지침문)

This rule may be used irrespective of the mode of transport selected and may also be used where more than one mode of transport is employed. It is suitable for domestic trade, while FCA is usually more appropriate for international trade.

이 규칙은 선택된 운송방식에 관계없이 사용될 수 있으며 또한 두 가지 이상의 운송방식이 사용되는 경우에도 사용될 수 있다. 이 규칙은 국내거래에 적합하다. 반면, FCA는 통상적으로 국제거래에 더 적합하다.

"Ex Works" means that the seller delivers when it places the goods at the disposal of the buyer at the seller's premises or at another named place (i.e., works, factory, warehouse, etc.). The seller does not need to load the goods on any collecting vehicle, nor does it need to clear the goods for export, where such clearance is applicable.

"공장인도"란 매도인이 매도인의 구내 또는 기타 지정된 장소(즉, 공장, 작업장, 창고 등)에서 물품을 매수인의 임의처분상태로 놓아두었을 때 매도인이 인도하는 것을 말한다. 매도인은 수취용 차량에 물품을 적재할 필요가 없으며, 수출통관이 적용될 수 있는 경우에도 수출을 위하여 물품을 통관할 필요가 없다.

The parties are well advised to specify as clearly as possible the point within the named place of delivery, as the costs and risks to that point are for the account of the seller. The buyer bears all costs and risks involved in taking the goods from the agreed point, if any, at the named place of delivery.

당사자는 그 지점까지의 비용과 위험이 매도인의 부담이기 때문에 지정된 인도장소 내의 지점을 가능한 한 명확히 명시하는 것이 현명하다. 매수인은 지정된 인도장소의 합의된 지점(있는 경우)으로부터 물품을 수취하는 것에 관련된 모든 비용과 위험을 부담한다.

EXW represents the minimum obligation for the seller. The rule should be used with care as:

EXW는 매도인에게는 최소한의 의무를 나타낸다. 이 규칙은 다음의 이유 때문에 신중히 사용되어야 한다:

a) The seller has no obligation to the buyer to load the goods, even though in practice the seller may be in a better position to do so. If the seller does load the goods, it does so at the buyer's risk and expense. In cases where the seller is in a better position to load the goods, FCA, which obliges the seller to do so at its own risk and expense, is usually more appropriate.

실무상, 매도인이 그렇게 하는 것이 더 좋은 입장이 될 수 있더라도, 매도인은 매수인에 대하여 물품을 적재할 의무가 없다. 매도인이 물품을 적재하는 경우에는, 매도인은 매수인의 위험과 비용으로 그렇게 한다. 매도인이 물품을 적재하기에 보다 좋은 입장에 있는 경우에는, 매도인이 자신의 위험과 비용으로 그렇게 할 의무를 부담하는 FCA가 통상적으로 더 적당하다.

b) A buyer who buys from a seller on an EXW basis for export needs to be aware that the seller has an obligation to provide only such assistance as the buyer may require to effect that export: the seller is not bound to organize the export clearance. Buyers are therefore well advised not to use EXW if they cannot directly or indirectly obtain export clearance.

수출을 위하여 EXW기반으로 매도인으로부터 구매하는 매수인은 매수인이 그 수출을 이행하도록 요구할 수 있는 협조만을 매도인이 제공할 의무를 부담한다는 것을 알고 있을 필요가 있다: 즉, 매도인은 수출통관을 수배할 의무가 없다. 따라서 매수인은 자신이 직접 또는 간접적으로 수출통관을 취득할 수 없는 경우에는 EXW를 사용하지 아니하는 것이 현명하다.

c) The buyer has limited obligations to provide to the seller any information regarding the export of the goods. However, the seller may need this information for, e.g., taxation or reporting purposes.

매수인은 물품의 수출에 관한 모든 정보를 매도인에게 제공함에 있어 한정된 의무를 부담한다. 그러나 매도인은 예를 들면 조세 또는 신고목적으로 이 정보를 필요로 할 수 있다.

A   THE SELLER'S OBLIGATIONS(매도인의 의무)

B   THE BUYER's OBLIGATIONS(매수인의 의무)

A1   General obligations of the seller(매도인의 일반의무)

The seller must provide the goods and the commercial invoice in conformity with the contract of sale and any other evidence of conformity that may be required by the contract.

매도인은 매매계약에 일치하는 물품과 상업송장 및 계약에서 요구될 수 있는 기타 모든 일치의 증거를 제공하여야 한다.

Any document referred to in A1-A10 may be an equivalent electronic record or procedure if agreed between the parties or customary.

A1-A10에 언급된 모든 서류는 당사자 간에 합의되거나 또는 관습적인 경우에는 동등한 전자기록 또는 절차일 수 있다.

B1   General obligations of the buyer(매수인의 일반의무)

The buyer must pay the price of the goods as provided in the contract of sale.

매수인은 매매계약에 규정된 대로 물품의 대금을 지급하여야 한다.

Any document referred to in Bl-B10 may be an equivalent electronic record or procedure if agreed between the parties or customary.

B1-B10에 언급된 모든 서류는 당사자 간에 합의되거나 또는 관습적인 경우에는 동등한 전자기록 또는 절차일 수 있다.

A2   Licences, authorizations, security clearances and other formalities
(허가, 인가, 보안통관 및 기타 절차)

Where applicable, the seller must provide the buyer, at the buyer's request, risk and expense, assistance in obtaining any export licence, or other official authorization necessary for the export of the goods.

적용할 수 있는 경우에는, 매도인은 매수인의 요청에 따라, 매수인의 위험과 비용으로 모든 수출허가, 또는 물품의 수출을 위하여 필요한 기타 공적 인가를 취득하는데 매수인에게 협조를 제공하여야 한다.

Where applicable, the seller must provide, at the buyer's request, risk and expense, any information in the possession of the seller that is required for the security clearance of the goods.

적용할 수 있는 경우에는, 매도인은 매수인의 요청에 따라, 매수인의 위험과 비용으로 물품의 보안통관을 위하여 요구되고 매도인이 소유하고 있는 모든 정보를 제공하여야 한다.

B2 Licences, authorizations, security clearances and other formalities (허가, 인가, 보안통관 및 기타 절차)

Where applicable, it is up to the buyer to obtain, at its own risk and expense, any export and import licence or other official authorization and carry out all customs formalities for the export of the goods. 적용할 수 있는 경우에는, 자신의 위험과 비용으로, 모든 수출 및 수입허가 또는 기타 공적 인가를 취득하고 물품의 수출을 위하여 모든 통관절차를 수행하는 것은 매수인의 책임이다.

A3 Contracts of carriage and insurance(운송 및 보험계약)

a) Contract of carriage (운송계약)

The seller has no obligation to the buyer to make a contract of carriage.
매도인은 매수인에 대하여 운송계약을 체결할 의무가 없다.

b) Contract of insurance(보험계약)

The seller has no obligation to the buyer to make a contract of insurance. However, the seller must provide the buyer, at the buyer's request, risk and expense (if any), with information that the buyer needs for obtaining insurance.
매도인은 매수인에 대하여 보험계약을 체결할 의무가 없다. 그러나 매도인은 매수인의 요청에 따라, 매수인의 위험과 비용으로(있는 경우) 매수인이 보험을 취득하기 위하여 필요로 하는 정보를 매수인에게 제공하여야 한다.

B3 Contracts of carriage and insurance(운송 및 보험계약)

a) Contract of carriage (운송계약)

The buyer has no obligation to the seller to make a contract of carriage.
매수인은 매도인에 대하여 운송계약을 체결할 의무가 없다.

b) Contract of insurance(보험계약)

The buyer has no obligation to the seller to make a contract of insurance.
매수인은 매도인에 대하여 보험계약을 체결할 의무가 없다.

A4 Delivery(인도)

The seller must deliver the goods by placing them at the disposal of the buyer at the agreed point, if any, at the named place of delivery, not loaded on any collecting vehicle. If no specific point has been agreed within the named place of delivery, and if there are several points available, the seller may select the point that best suits its purpose. The seller must deliver the goods on the agreed date or within the agreed period.
매도인은 지정된 인도장소의 합의된 지점(있는 경우)에서 물품을 수취용 차량에 적재하지 아니하고 매수인의 임의처분상태로 놓아둠으로써 물품을 인도하여야 한다. 특정 지점이 지정된 인도장소 내에서 합의되어 있지 아니한 경우, 그리고 이용될 수 있는 지점이 여러 개 있는 경우에는, 매도인은 자신의 목적에 가장 적합한 지점을 선택할 수 있다. 매도인은 합의된 일자에 또는 합의된 기간 내에 물품을 인도하여야 한다.

B4 Taking delivery(인도의 수취)

The buyer must take delivery of the goods when A4 and A7 have been complied with.

매수인은 A4 및 A7이 이행되었을 때 물품의 인도를 수취하여야 한다.

A5 Transfer of risks(위험의 이전)

The seller bears all risks of loss of or damage to the goods until they have been delivered in accordance with A4 with the exception of loss or damage in the circumstances described in B5.

매도인은 B5에서 설명된 상황의 멸실 또는 손상을 제외하고는 물품이 A4에 따라 인도될 때까지 물품의 멸실 또는 손상의 모든 위험을 부담한다.

B5 Transfer of risks(위험의 이전)

The buyer bears all risks of loss of or damage to the goods from the time they have been delivered as envisaged in A4.

매수인은 물품이 A4에서 예상된 대로 인도된 때부터 물품의 멸실 또는 손상의 모든 위험을 부담한다.

If the buyer fails to give notice in accordance with B7, then the buyer bears all risks of loss of or damage to the goods from the agreed date or the expiry date of the agreed period for delivery, provided that the goods have been clearly identified as the contract goods.

매수인이 B7에 따라 통지를 하지 아니한 경우에는, 매수인은 인도를 위하여 합의된 일자 또는 합의된 기간의 만기일로부터 물품의 멸실 또는 손상의 모든 위험을 부담한다. 다만, 그 물품은 계약물품으로서 명확히 특정되어 있는 것을 조건으로 한다.

A6 Allocation of costs(비용의 분배)

The seller must pay all costs relating to the goods until they have been delivered in accordance with A4, other than those payable by the buyer as envisaged in B6.

매도인은 B6에서 예상된 대로 매수인에 의하여 지급되어야 하는 비용이외의, 물품이 A4에 따라 인도될 때까지 물품에 관한 모든 비용을 지급하여야 한다.

B6 Allocation of costs(비용의 분배)

The buyer must:

a) pay all costs relating to the goods from the time they have been delivered as envisaged in A4;

매수인은:

물품이 A4에서 예상된 대로 인도된 때부터 물품에 관한 모든 비용을 지급하여야 한다;

b) pay any additional costs incurred by failing either to take delivery of the goods when they have been placed at its disposal or to give appropriate notice in accordance with B7, provided that the goods have been clearly identified as the contract goods;

물품이 매수인의 임의처분상태로 놓여진 때에 물품의 인도를 수취하지 아니하거나 또는 B7에 따라 적절한 통지를 하지 아니함으로써 발생된 모든 추가비용을 지급하여야 한다. 다만 그 물품은 계약물품으로서 명확히 특정되어야 한다;

c) pay, where applicable, all duties, taxes and other charges, as well as the costs of carrying out customs formalities payable upon export; and
적용할 수 있는 경우에는, 수출시에 지급되어야 하는 통관절차를 수행하는 비용뿐만 아니라, 모든 관세, 조세 및 기타 요금을 지급하여야 한다; 그리고

d) reimburse all costs and charges incurred by the seller in providing assistance as envisaged in A2.
A2에서 예상된 대로 협조를 제공함에 있어서 매도인이 부담한 모든 비용과 요금을 상환하여야 한다.

A7 Notices to the buyer(매수인에 대한 통지)

The seller must give the buyer any notice needed to enable the buyer to take delivery of the goods.
매도인은 매수인이 물품의 인도를 수취할 수 있도록 하기 위하여 필요한 모든 통지를 매수인에게 하여야 한다.

B7 Notices to the seller(매도인에 대한 통지)

The buyer must, whenever it is entitled to determine the time within an agreed period and/or the point of taking delivery within the named place, give the seller sufficient notice thereof.
매수인은 합의된 기간 내의 시기 및/또는 지정된 장소 내의 인도의 수취지점을 결정할 권한이 있는 때에는 이에 대한 충분한 통지를 매도인에게 하여야 한다.

A8 Delivery document(인도서류)

The seller has no obligation to the buyer.
매도인은 매수인에 대하여 의무가 없다.

B8 Proof of delivery(인도의 증거)

The buyer must provide the seller with appropriate evidence of having taken delivery.
매수인은 인도를 수취하였다는 적절한 증거를 매도인에게 제공하여야 한다.

A9 Checking-packaging-marking(검사·포장·화인)

The seller must pay the costs of those checking operations (such as checking quality, measuring, weighing, counting) that are necessary for the purpose of delivering the goods in accordance with A4.
매도인은 A4에 따라 물품을 인도하기 위하여 필요한 검사업무(예를 들면, 품질, 용적, 중량, 개수의 검사)의 비용을 지급하여야 한다.

The seller must, at its own expense, package the goods, unless it is usual for the particular trade to transport the type of goods sold unpackaged. The seller may package the goods in the manner appropriate for their transport, unless the buyer has notified the seller of specific packaging requirements before the contract of sale is concluded. Packaging is to be marked appropriately.

매도인은 매각된 유형의 물품을 포장 없이 운송하는 것이 특정거래에서 관습이 아닌 한, 자신의 비용으로 물품을 포장하여야 한다. 매도인은 매수인이 매매계약의 체결 전에 특정 포장요건을 매도인에게 통지하지 아니한 한, 물품의 운송을 위하여 적절한 방법으로 물품을 포장할 수 있다. 포장에는 적절한 화인을 하여야 한다.

B9 Inspection of goods(물품의 검사)

The buyer must pay the costs of any mandatory pre-shipment inspection, including inspection mandated by the authorities of the country of export.

매수인은 수출국의 당국이 명령한 검사를 포함하여, 모든 강행적인 선적전검사의 비용을 지급하여야 한다.

A10 Assistance with information and related costs
(정보에 따른 협조 및 관련 비용)

The seller must, where applicable, in a timely manner, provide to or render assistance in obtaining for the buyer, at the buyer's request, risk and expense, any documents and information, including security-related information, that the buyer needs for the export and/or import of the goods and/or for their transport to the final destination.

매도인은 적용할 수 있는 경우에는, 적기에, 매수인의 요청에 따라, 매수인의 위험과 비용으로, 매수인이 물품의 수출 및/또는 수입을 위하여 및/또는 최종 목적지까지 물품의 운송을 위하여 필요로 하는, 보안관련 정보를 포함하는 모든 서류와 정보를 매수인에게 제공하거나 또는 이를 매수인을 위하여 취득하는데 협조를 제공하여야 한다.

B10 Assistance with information and related costs
(정보에 따른 협조 및 관련 비용)

The buyer must, in a timely manner, advise the seller of any security information requirements so that the seller may comply with A10.

매수인은, 적기에, 매도인이 A10에 따를 수 있도록 모든 보안정보요건을 매도인에게 통지하여야 한다.

The buyer must reimburse the seller for all costs and charges incurred by the seller in providing or rendering assistance in obtaining documents and information as envisaged in A10.

매수인은 A10에서 예상된 대로 서류와 정보를 제공하거나 또는 이를 취득하는데 협조를 제공함에 있어서 매도인이 부담한 모든 비용과 요금을 매도인에게 상환하여야 한다.

FCA
운송인인도 **FREE CARRIER**

FCA (insert named place of delivery) Incoterms® 2010
FCA (지정인도장소 삽입) 인코텀즈® 2010

GUIDANCE NOTE(지침문)

This rule may be used irrespective of the mode of transport selected and may also be used where more than one mode of transport is employed.
이 규칙은 선택된 운송방식에 관계없이 사용될 수 있으며 또한 두 가지 이상의 운송방식이 사용되는 경우에도 사용될 수 있다.

"Free Carrier" means that the seller delivers the goods to the carrier or another person nominated by the buyer at the seller's premises or another named place. The parties are well advised to specify as clearly as possible the point within the named place of delivery, as the risk passes to the buyer at that point.
"운송인인도"란 매도인이 매도인의 구내 또는 기타 지정된 장소에서 매수인에 의하여 지정된 운송인 또는 기타의 자에게 물품을 인도하는 것을 말한다. 당사자는 위험이 그 지점에서 매수인에게 이전하기 때문에 지정된 인도장소 내의 지점을 가능한 한 명확히 명시하는 것이 현명하다.

If the parties intend to deliver the goods at the seller's premises, they should identify the address of those premises as the named place of delivery. If, on the other hand, the parties intend the goods to be delivered at another place, they must identify a different specific place of delivery.
당사자가 매도인의 구내에서 물품을 인도하려는 경우에는, 지정된 인도장소로서 그 구내의 주소를 특정하여야 한다. 한편, 당사자가 기타 장소에서 물품을 인도하려는 경우에는, 다른 특정 인도장소를 특정하여야 한다.

FCA requires the seller to clear the goods for export, where applicable. However, the seller has no obligation to clear the goods for import, pay any import duty or carry out any import customs formalities.
FCA는 적용할 수 있는 경우에는, 매도인이 수출을 위하여 물품을 통관할 것을 요구하고 있다. 그러나 매도인은 수입을 위하여 물품을 통관하거나, 수입관세를 지급하거나 또는 수입통관절차를 수행할 의무가 없다.

A THE SELLER'S OBLIGATIONS(매도인의 의무)
B THE BUYER'S OBLIGATIONS(매수인의 의무)

A1 General obligations of the seller(매도인의 일반의무)

The seller must provide the goods and the commercial invoice in conformity with the contract of sale and any other evidence of conformity that may be required by the contract.

매도인은 매매계약에 일치하는 물품과 상업송장 및 계약에서 요구될 수 있는 기타 모든 일치의 증거를 제공하여야 한다.

Any document referred to in A1-A10 may be an equivalent electronic record or procedure if agreed between the parties or customary.

A1-A10에 언급된 모든 서류는 당사자 간에 합의되거나 또는 관습적인 경우에는 동등한 전자 기록 또는 절차일 수 있다.

B1 General obligations of the buyer(매수인의 일반의무)

The buyer must pay the price of the goods as provided in the contract of sale.

매수인은 매매계약에 규정된 대로 물품의 대금을 지급하여야 한다.

Any document referred to in Bl-B10 may be an equivalent electronic record or procedure if agreed between the parties or customary.

B1-B10에 언급된 모든 서류는 당사자 간에 합의되거나 또는 관습적인 경우에는 동등한 전자 기록 또는 절차일 수 있다.

A2 Licences, authorizations, security clearances and other formalities
(허가, 인가, 보안통관 및 기타 절차)

Where applicable, the seller must obtain, at its own risk and expense, any export licence or other official authorization and carry out all customs formalities necessary for the export of the goods.

적용할 수 있는 경우에는, 매도인은 자신의 위험과 비용으로 모든 수출허가 또는 기타 공적 인가를 취득하고 물품의 수출을 위하여 필요한 모든 통관절차를 수행하여야 한다.

B2 Licences, authorizations, security clearances and other formalities
(허가, 인가, 보안통관 및 기타 절차)

Where applicable, it is up to the buyer to obtain, at its own risk and expense, any import licence or other official authorization and carry out all customs formalities for the import of the goods and for their transport through any country.

적용할 수 있는 경우에는, 자신의 위험과 비용으로, 모든 수입허가 또는 기타 공적 인가를 취득하고 물품의 수입을 위하여 그리고 타국을 통과하는 물품의 운송을 위하여 모든 통관절차를 수행하는 것은 매수인의 책임이다.

A3 Contracts of carriage and insurance(운송 및 보험계약)

a) Contract of carriage(운송계약)

The seller has no obligation to the buyer to make a contract of carriage. However, if requested by the buyer or if it is commercial practice and the buyer does not give an instruction to the contrary in due time, the seller may contract for carriage on usual terms at the buyer's risk and expense. In either case, the seller may decline to make the contract of carriage and, if it does, shall promptly notify the buyer.

매도인은 매수인에 대하여 운송계약을 체결할 의무가 없다. 그러나 매수인이 요청하는 경우 또는 그것이 상관행이고 매수인이 적기에 반대의 지시를 하지 않는 경우에는 매도인은 매수인의 위험과 비용으로 통상적인 조건의 운송계약을 체결할 수 있다. 어떠한 경우에도, 매도인은 운송계약의 체결을 거절할 수 있으며, 그러한 경우에는 매수인에게 즉시 통지하여야 한다.

b) Contract of insurance(보험계약)

The seller has no obligation to the buyer to make a contract of insurance. However, the seller must provide the buyer, at the buyer's request, risk and expense (if any), with information that the buyer needs for obtaining insurance.

매도인은 매수인에 대하여 보험계약을 체결할 의무가 없다. 그러나 매도인은 매수인의 요청에 따라, 매수인의 위험과 비용으로(있는 경우) 매수인이 보험을 취득하기 위하여 필요로 하는 정보를 매수인에게 제공하여야 한다.

B3 Contracts of carriage and insurance(운송 및 보험계약)

a) Contract of carriage(운송계약)

The buyer must contract at its own expense for the carriage of the goods from the named place of delivery, except when the contract of carriage is made by the seller as provided for in A3 a).

매수인은 자신의 비용으로 지정된 인도장소로부터 물품의 운송계약을 체결하여야 한다. 다만, A3 a)에 규정된 대로 운송계약이 매도인에 의하여 체결되는 경우를 제외한다.

b) Contract of insurance(보험계약)

The buyer has no obligation to the seller to make a contract of insurance.

매수인은 매도인에 대하여 보험계약을 체결할 의무가 없다.

A4 Delivery(인도)

The seller must deliver the goods to the carrier or another person nominated by the buyer at the agreed point, if any, at the named place on the agreed date or within the agreed period.

매도인은 합의된 일자에 또는 합의된 기간 내에 지정된 장소의 합의된 지점(있는 경우)에서 매수인이 지정한 운송인 또는 기타의 자에게 물품을 인도하여야 한다.

Delivery is completed(인도는 다음의 시점에 완료된다):

a) If the named place is the seller's premises, when the goods have been loaded on the means of transport provided by the buyer.

지정된 장소가 매도인의 구내인 경우에는, 물품이 매수인에 의하여 제공된 운송수단 위에 적재되었을 때

b) In any other case, when the goods are placed at the disposal of the carrier or another person nominated by the buyer on the seller's means of transport ready for unloading.
기타 모든 경우에는, 물품이 양륙준비가 된 매도인의 운송수단 위에 매수인에 의하여 지정된 운송인 또는 기타의 자의 임의처분상태로 놓여졌을 때

If no specific point has been notified by the buyer under B7 d) within the named place of delivery, and if there are several points available, the seller may select the point that best suits its purpose.
특정 지점이 지정된 인도장소 내에서 B7 d)에 따라 매수인에 의하여 통지되지 아니한 경우, 그리고 이용될 수 있는 지점이 여러 개 있는 경우에는, 매도인은 자신의 목적에 가장 적합한 지점을 선택할 수 있다.

Unless the buyer notifies the seller otherwise, the seller may delivery the goods for carriage in such a manner as the quantity and/or nature of the goods may require.
매수인이 매도인에게 별도로 통지하지 아니한 경우에는, 매도인은 물품의 수량 및/또는 성질이 필요로 하는 방법으로 운송을 위하여 물품을 인도하여야 한다.

B4 Taking delivery(인도의 수취)

The buyer must take delivery of the goods when they have been delivered as envisaged in A4.
매수인은 물품이 A4에서 예상된 대로 인도되었을 때 물품의 인도를 수취하여야 한다.

A5 Transfer of risks(위험의 이전)

The seller bears all risks of loss of or damage to the goods until they have been delivered in accordance with A4, with the exception of loss or damage in the circumstances described in B5.
매도인은 B5에서 설명된 상황의 멸실 또는 손상을 제외하고는, 물품이 A4에 따라 인도될 때까지 물품의 멸실 또는 손상의 모든 위험을 부담한다.

B5 Transfer of risks(위험의 이전)

The buyer bears all risks of loss of or damage to the goods from the time they have been delivered as envisaged in A4.
매수인은 물품이 A4에서 예상된 대로 인도된 때부터 물품의 멸실 또는 손상의 모든 위험을 부담한다.

If
a) the buyer fails in accordance with B7 to notify the nomination of a carrier or another person as envisaged in A4 or to give notice; or
만일
매수인이 A4에서 예상된 대로 운송인 또는 기타의 자의 지정을 B7에 따라 통지하지 아니하거나 또는 B7에 따라 통지하지 아니하는 경우에는; 또는

b) the carrier or person nominated by the buyer as envisaged in A4 falls to take the goods into its charge,

A4에서 예상된 대로 매수인에 의하여 지정된 운송인 또는 기타의 자가 자신의 비용으로 물품을 수취하지 아니하는 경우에는,

then, the buyer bears all risks of loss of or damage to the goods:

매수인은 다음의 시점부터 물품의 멸실 또는 손상의 모든 위험을 부담한다:

(i) from the agreed date, or in the absence of an agreed date,

합의된 일자로부터, 또는 합의된 일자가 없는 경우에는,

(ii) from the date notified by the seller under A7 within the agreed period; or, if no such date has been notified,

합의된 기간 내에 A7에 따라 매도인에 의하여 통지된 일자로부터; 또는, 그러한 일자가 통지되지 아니한 경우에는,

(iii) from the expiry date of any agreed period for delivery,

인도를 위하여 합의된 기간의 만기일로부터

provided that the goods have been clearly identified as the contract goods.

다만, 그 물품은 계약물품으로서 명확히 특정되어 있는 것을 조건으로 한다.

A6 Allocation of costs(비용의 분배)

The seller must pay

a) all costs relating to the goods until they have been delivered in accordance with A4, other than those payable by the buyer as envisaged in B6; and

매도인은 다음의 비용을 지급하여야 한다.

B6에서 예상된 대로 매수인에 의하여 지급되어야 하는 비용이외의, 물품이 A4에 따라 인도될 때까지 물품에 관한 모든 비용; 그리고

b) where applicable, the costs of customs formalities necessary for export, as well as all duties, taxes, and other charges payable upon export.

적용할 수 있는 경우에는, 수출시에 지급되어야 하는 모든 관세, 조세 및 기타 요금뿐만 아니라, 수출을 위하여 필요한 통관절차의 비용.

B6 Allocation of costs(비용의 분배)

The buyer must pay

a) all costs relating to the goods from the time they have been delivered as envisaged in A4, except, where applicable, the costs of customs formalities necessary for export, as well as all duties, taxes, and other charges payable upon export as referred to in A6 b);

매수인은 다음의 비용을 지급하여야 한다.

물품이 A4에서 예상된 대로 인도된 때부터 물품에 관한 모든 비용, 다만 적용할 수 있는 경우에는, A6 b)에 언급된 대로 수출시에 지급되어야 하는 모든 관세, 조세 및 기타 요금뿐만 아니라 수출을 위하여 필요한 통관절차의 비용을 제외한다.

b) any additional costs incurred, either because:

다음의 사유로 발생하는 모든 추가비용

(i) the buyer fails to nominated a carrier or another person as envisaged in A4, or

매수인이 A4에서 예상된 대로 운송인 또는 기타의 자를 지정하지 아니하는 경우, 또는

(ii) the carrier or person nominated by the buyer as envisaged in A4 fails to take the goods into its charge, or

A4에서 예상된 대로 매수인에 의하여 지정된 운송인 또는 기타의 자가 자신의 비용으로 물품을 수취하지 아니하는 경우, 또는

(iii) the buyer has failed to give appropriate notice in accordance with B7.

매수인이 B7에 따라 적절한 통지를 하지 아니한 경우.

provided that the goods have been clearly identified as the contract goods; and

다만 그 물품은 계약물품으로서 명확히 특정되어야 한다; 그리고

c) where applicable, all duties, taxes and other charges as well as the costs of carrying out customs formalities payable upon import of the goods and the costs for their transport through any country.

적용할 수 있는 경우에는, 물품의 수입시에 지급되어야 하는 통관절차를 수행하는 비용뿐만 아니라 모든 관세, 조세 및 기타 요금 그리고 타국을 통과하는 물품의 운송을 위한 비용.

A7 Notices to the buyer(매수인에 대한 통지)

The seller must, at the buyer's risk and expense, give the buyer sufficient notice either that the goods have been delivered in accordance with A4 or that the carrier or another person nominated by the buyer has failed to take the goods within the time agreed.

매도인은 매수인의 위험과 비용으로, 물품이 A4에 따라 인도되었다는 사실 또는 매수인에 의하여 지정된 운송인 또는 기타의 자가 합의된 시기 내에 물품을 수취하지 아니하였다는 사실에 대한 충분한 통지를 매수인에게 하여야 한다.

B7 Notices to the seller(매도인에 대한 통지)

The buyer must notify the seller of

a) the name of the carrier or another person nominated as envisaged in A4 within sufficient time as to enable the seller to deliver the goods in accordance with that article;

매수인은 다음의 사항을 매도인에게 통지하여야 한다.

매도인이 A4에 따라 물품을 인도할 수 있도록 충분한 시기 내에 A4에 따라 지정된 운송인 또는 기타의 자의 명칭;

b) where necessary, the selected time within the period agreed for delivery when the carrier or person nominated will take the goods;

필요한 경우에는, 지정된 운송인 또는 기타의 자가 물품을 수취할 때 인도를 위하여 합의된 기간 내의 선택된 시기;

c) the mode of transport to be used by the person nominated; and
지정된 자에 의하여 사용되는 운송방식; 그리고

d) the point of taking delivery within the named place.
지정된 장소 내에서 인도의 수취 지점.

A8 Delivery document(인도서류)

The seller must provide the buyer, at the seller's expense, with the usual proof that the goods have been delivered in accordance with A4.
매도인은 매도인의 비용으로 물품이 A4에 따라 인도되었다는 통상적인 증거를 매수인에게 제공하여야 한다.

The seller must provide assistance to the buyer, at the buyer's request, risk and expense, in obtaining a transport document.
매도인은 매수인의 요청에 따라, 매수인의 위험과 비용으로 운송서류를 취득하는데 매수인에게 협조를 제공하여야 한다.

B8 Proof of delivery(인도의 증거)

The buyer must accept the proof of delivery provided as envisaged in A8.
매수인은 A8에서 예상된 대로 제공된 인도의 증거를 수리하여야 한다.

A9 Checking-packaging-marking(검사·포장·화인)

The seller must pay the costs of those checking operations (such as checking quality, measuring, weighing, counting) that are necessary for the purpose of delivering the goods in accordance with A4, as well as the cost of any pre-shipment inspection mandated by the authority of the country of export.
매도인은 수출국의 당국이 명령한 선적전검사의 비용뿐만 아니라, A4에 따라 물품을 인도하기 위하여 필요한 검사업무(예를 들면, 품질, 용적, 중량, 개수의 검사)의 비용을 지급하여야 한다.

The seller must, at its own expense, package the goods, unless it is usual for the particular trade to transport the type of goods sold unpackaged. The seller may package the goods in the manner appropriate for their transport, unless the buyer has notified the seller of specific packaging requirements before the contract of sale is concluded. Packaging is to be marked appropriately.
매도인은 매각된 유형의 물품을 포장 없이 운송하는 것이 특정거래에서 관습이 아닌 한, 자신의 비용으로 물품을 포장하여야 한다. 매도인은 매수인이 매매계약의 체결 전에 특정 포장요건을 매도인에게 통지하지 아니한 한, 물품의 운송을 위하여 적절한 방법으로 물품을 포장할 수 있다. 포장에는 적절한 화인을 하여야 한다.

B9 Inspection of goods(물품의 검사)

The buyer must pay the costs of any mandatory pre-shipment inspection, except when such inspection is mandated by the authorities of the country of export.

매수인은 모든 강행적인 선적전검사의 비용을 지급하여야 한다. 다만, 그러한 검사가 수출국의 당국에 의하여 명령된 경우를 제외한다.

A10 Assistance with information and related costs
(정보에 따른 협조 및 관련 비용)

The seller must, where applicable, in a timely manner, provide to or render assistance in obtaining for the buyer, at the buyer's request, risk and expense, any documents and information, including security-related information, that the buyer needs for the import of the goods and/or for their transport to the final destination.
매도인은 적용할 수 있는 경우에는, 적기에, 매수인의 요청에 따라, 매수인의 위험과 비용으로, 매수인이 물품의 수입을 위하여 및/또는 최종 목적지까지 물품의 운송을 위하여 필요로 하는, 보안관련 정보를 포함하는 모든 서류와 정보를 매수인에게 제공하거나 또는 이를 매수인을 위하여 취득하는데 협조를 제공하여야 한다.

The seller must reimburse the buyer for all costs and charges incurred by the buyer in providing or rendering assistance in obtaining documents and information as envisaged in B10.
매도인은 B10에서 예상된 대로 서류와 정보를 제공하거나 또는 이를 취득하는데 협조를 제공함에 있어서 매수인이 부담한 모든 비용과 요금을 매수인에게 상환하여야 한다.

B10 Assistance with information and related costs
(정보에 따른 협조 및 관련 비용)

The buyer must, in a timely manner, advise the seller of any security information requirements so that the seller may comply with A10.
매수인은, 적기에, 매도인이 A10에 따를 수 있도록 모든 보안정보요건을 매도인에게 통지하여야 한다.

The buyer must reimburse the seller for all costs and charges incurred by the seller in providing or rendering assistance in obtaining documents and information as envisaged in A10.
매수인은 A10에서 예상된 대로 서류와 정보를 제공하거나 또는 이를 취득하는데 협조를 제공함에 있어서 매도인이 부담한 모든 비용과 요금을 매도인에게 상환하여야 한다.

The buyer must, where applicable, in a timely manner, provide to or render assistance in obtaining for the seller, at the seller's request, risk and expense, any documents and information, including security-related information, that the seller needs for the transport and export of the goods and for their transport through any country.
매수인은 적용할 수 있는 경우에는, 적기에, 매도인의 요청에 따라, 매도인의 위험과 비용으로, 매도인이 물품의 운송과 수출을 위하여 그리고 타국을 통과하는 물품의 운송을 위하여 필요로 하는, 보안관련 정보를 포함하는 모든 서류와 정보를 매도인에게 제공하거나 또는 이를 매도인을 위하여 취득하는데 협조를 제공하여야 한다.

부록 757

GUIDANCE NOTE(지침문)

This rule may be used irrespective of the mode of transport selected and may also be used where more than one mode of transport is employed.
이 규칙은 선택된 운송방식에 관계없이 사용될 수 있으며 또한 두 가지 이상의 운송방식이 사용되는 경우에도 사용될 수 있다.

"Carriage Paid to" means that the seller delivers the goods to the carrier or another person nominated by the seller at an agreed place (if any such place is agreed between the parties) and that the seller must contract for and pay the costs of carriage necessary to bring the goods to the named place of destination.
"운송비지급"이란 매도인이 합의된 장소(그러한 장소가 당사자 간에 합의된 경우)에서 매도인에 의하여 지정된 운송인 또는 기타의 자에게 물품을 인도하는 것과 매도인이 지정된 목적지까지 물품을 운송하기 위하여 필요한 운송비용에 대하여 계약을 체결하고 그 운송비용을 지급하여야 하는 것을 말한다.

When CPT, CIP, CFR or CIF are used, the seller fulfils its obligation to deliver when it hands the goods over to the carrier and not when the goods reach the place of destination.
CPT, CIP, CFR 또는 CIF가 사용될 때에는, 물품이 목적지에 도착할 때가 아니라 매도인이 운송인에게 물품을 인도할 때 매도인은 인도할 자신의 의무를 이행한다.

This rule has two critical points, because risk passes and costs are transferred at different places. The parties are well advised to identify as precisely as possible in the contract both the place of delivery, where the risk passes to the buyer, and the named place of destination to which the seller must contract for carriage. If several carriers are used for the carriage to the agreed destination and the parties do not agree on a specific point of delivery, the default position is that risk passes when the goods have been delivered to the first carrier at a point entirely of the seller's choosing and over which the buyer has no control. Should the parties wish the risk to pass at a later stage (e.g., at an ocean port or an airport), they need to specify this in their contract of sale.

이 규칙은 위험이 이전하고 비용이 다른 장소에서 이전되기 때문에 두 가지 분기점을 가지고 있다. 당사자는 위험이 매수인에게 이전하는 인도장소와 매도인이 운송계약을 체결하여야 하는 지정된 목적지 모두를 계약에서 가능한 한 정확히 특정하는 것이 현명하다. 여러 운송인이 합의된 목적지까지의 운송을 위하여 사용되고 당사자가 특정 인도지점을 합의하지 아니하는 경우에는, 기본적인 입장은 위험은 전적으로 매도인이 선택하고 매수인이 통제할 수 없는 어떤 지점에서 물품이 최초의 운송인에게 인도된 때 이전한다는 것이다. 당사자가 위험이 나중의 단계에서(예를 들면, 해항 또는 공항에서) 이전하는 것을 원하는 경우에는, 당사자는 매매계약에서 이를 명시할 필요가 있다.

The parties are also well advised to identify as precisely as possible the point within the agreed place of destination, as the costs to that point are for the account of the seller. The seller is advised to procure contracts of carriage that match this choice precisely. If the seller incurs costs under its contract of carriage related to unloading at the named place of destination, the seller is not entitled to recover such costs from the buyer unless otherwise agreed between the parties.

또한 당사자는 그 지점까지의 비용이 매도인의 부담이기 때문에 합의된 목적지 내의 지점을 가능한 한 명확히 특정하는 것이 현명하다. 매도인은 이 선택과 정확히 일치하는 운송계약을 취득하도록 권고된다. 매도인이 지정된 목적지에서 양륙에 관하여 운송계약에서 비용을 부담하는 경우에는, 당사자 간에 별도의 합의가 없는 한 매도인은 매수인으로부터 그러한 비용을 회수할 권리가 없다.

CPT requires the seller to clear the goods for export, where applicable. However, the seller has no obligation to clear the goods for import, pay any import duty or carry out any import customs formalities.

CPT는 적용할 수 있는 경우에는, 매도인이 수출을 위하여 물품을 통관할 것을 요구하고 있다. 그러나 매도인은 수입을 위하여 물품을 통관하거나, 수입관세를 지급하거나 또는 수입통관절차를 수행할 의무가 없다.

A THE SELLER'S OBLIGATIONS(매도인의 의무)

B THE BUYER'S OBLIGATIONS(매수인의 의무)

A1   General obligations of the seller(매도인의 일반의무)

The seller must provide the goods and the commercial invoice in conformity with the contract of sale and any other evidence of conformity that may be required by the contract.

매도인은 매매계약에 일치하는 물품과 상업송장 및 계약에서 요구될 수 있는 기타 모든 일치의 증거를 제공하여야 한다.

Any document referred to in A1-A10 may be an equivalent electronic record or procedure if agreed between the parties or customary.

A1-A10에 언급된 모든 서류는 당사자 간에 합의되거나 또는 관습적인 경우에는 동등한 전자기록 또는 절차일 수 있다.

B1   General obligations of the buyer(매수인의 일반의무)

The buyer must pay the price of the goods as provided in the contract of sale.

매수인은 매매계약에 규정된 대로 물품의 대금을 지급하여야 한다.

Any document referred to in Bl-B10 may be an equivalent electronic record or procedure if agreed between the parties or customary.

B1-B10에 언급된 모든 서류는 당사자 간에 합의되거나 또는 관습적인 경우에는 동등한 전자기록 또는 절차일 수 있다.

A2   Licences, authorizations, security clearances and other formalities

(허가, 인가, 보안통관 및 기타 절차)

Where applicable, the seller must obtain, at its own risk and expense, any export licence or other official authorization and carry out all customs formalities necessary for the export of the goods, and for their transport through any country prior to delivery.

적용할 수 있는 경우에는, 매도인은 자신의 위험과 비용으로 모든 수출허가 또는 기타 공적 인가를 취득하고, 물품의 수출을 위하여 그리고 인도 전에 모든 국가를 통과하는 물품의 운송을 위하여 필요한 모든 통관절차를 수행하여야 한다.

B2   Licences, authorizations, security clearances and other formalities

(허가, 인가, 보안통관 및 기타 절차)

Where applicable, it is up to the buyer to obtain, at its own risk and expense, any import licence or other official authorization and carry out all customs formalities for the import of the goods and for their transport through any country.

적용할 수 있는 경우에는, 자신의 위험과 비용으로, 모든 수입허가 또는 기타 공적 인가를 취득하고 물품의 수입을 위하여 그리고 타국을 통과하는 물품의 운송을 위하여 모든 통관절차를 수행하는 것은 매수인의 책임이다.

A3 Contracts of carriage and insurance(운송 및 보험계약)

a) Contract of carriage(운송계약)

The seller must contract or procure a contract for the carriage of the goods from the agreed point of delivery, if any, at the place of delivery to the named place of destination or, if agreed, any point at that place. The contract of carriage must be made on usual terms at the seller's expense and provide for carriage by the usual route and in a customary manner. If a specific point is not agreed or is not determined by practice, the seller may select the point of delivery and the point at the named place of destination that best suit its purpose.

매도인은 인도장소의 합의된 인도지점(있는 경우)으로부터 지정된 목적지 또는 합의가 있는 경우 그 목적지의 어떤 지점까지 물품의 운송을 위하여 계약을 체결하거나 또는 계약을 조달하여야 한다. 운송계약은 매도인의 비용으로 통상적인 조건으로 체결되어야 하고 통상적인 항로 및 관습적인 방법으로의 운송을 규정하여야 한다. 특정 지점이 합의되어 있지 아니하거나 또는 관행에 의하여 결정되어 있지 아니한 경우에는, 매도인은 자신의 목적에 가장 적합한 인도지점 및 지정된 목적지의 지점을 선택할 수 있다.

b) Contract of insurance(보험계약)

The seller has no obligation to the buyer to make a contract of insurance. However, the seller must provide the buyer, at the buyer's request, risk and expense (if any), with information that the buyer needs for obtaining insurance.

매도인은 매수인에 대하여 보험계약을 체결할 의무가 없다. 그러나 매도인은 매수인의 요청에 따라, 매수인의 위험과 비용으로(있는 경우) 매수인이 보험을 취득하기 위하여 필요로 하는 정보를 매수인에게 제공하여야 한다.

B3 Contracts of carriage and insurance(운송 및 보험계약)

a) Contract of carriage(운송계약)

The buyer has no obligation to the seller to make a contract of carriage.

매수인은 매도인에 대하여 운송계약을 체결할 의무가 없다.

b) Contract of insurance(보험계약)

The buyer has no obligation to the seller to make a contract of insurance. However, the buyer must provide the seller, upon request, with the necessary information for obtaining insurance.

매수인은 매도인에 대하여 보험계약을 체결할 의무가 없다. 그러나 매수인은 요청이 있는 경우, 보험취득을 위하여 필요한 정보를 매도인에게 제공하여야 한다.

A4 Delivery(인도)

The seller must deliver the goods by handing them over to the carrier contracted in accordance with A3 on the agreed date or within the agreed period.

매도인은 합의된 일자에 또는 합의된 기간 내에 A3에 따라 계약된 운송인에게 물품을 인도함으로써 물품을 인도하여야 한다.

B4 Taking delivery(인도의 수취)

The buyer must take delivery of the goods when they have been delivered as envisaged in A4 and receive them from the carrier at the named place of destination.

매수인은 물품이 A4에서 예상된 대로 인도되었을 때 물품의 인도를 수취하고 지정된 목적지에서 운송인으로부터 물품을 수령하여야 한다.

A5 Transfer of risks(위험의 이전)

The seller bears all risks of loss of or damage to the goods until they have been delivered in accordance with A4, with the exception of loss or damage in the circumstances described in B5.

매도인은 B5에서 설명된 상황의 멸실 또는 손상을 제외하고는, 물품이 A4에 따라 인도될 때까지 물품의 멸실 또는 손상의 모든 위험을 부담한다.

B5 Transfer of risks(위험의 이전)

The buyer bears all risks of loss of or damage to the goods from the time they have been delivered as envisaged in A4.

매수인은 물품이 A4에서 예상된 대로 인도된 때부터 물품의 멸실 또는 손상의 모든 위험을 부담한다.

If the buyer fails to give notice in accordance with B7, it must bear all risks of loss of or damage to the goods from the agreed date or the expiry date of the agreed period for delivery, provided that the goods have been clearly identified as the contract goods.

매수인이 B7에 따라 통지를 하지 아니한 경우에는, 매수인은 인도를 위하여 합의된 일자 또는 합의된 기간의 만기일로부터 물품의 멸실 또는 손상의 모든 위험을 부담하여야 한다. 다만, 그 물품은 계약물품으로서 명확히 특정되어 있는 것을 조건으로 한다.

A6 Allocation of costs(비용의 분배)

The seller must pay

a) all costs relating to the goods until they have been delivered in accordance with A4, other than those payable by the buyer as envisaged in B6;

매도인은 다음의 비용을 지급하여야 한다.

B6에서 예상된 대로 매수인에 의하여 지급되어야 하는 비용이외의, 물품이 A4에 따라 인도될 때까지 물품에 관한 모든 비용;

b) the freight and all other costs resulting from A3 a), including the costs of loading the goods and any charges for unloading at the place of destination that were for the seller's account under the contract of carriage; and

물품의 적재비용 및 운송계약에서 매도인의 부담으로 되어 있는 목적지에서의 모든 양륙비용을 포함하는 A3 a)로 인하여 발생하는 운임 및 기타 모든 비용; 그리고

c) where applicable, the costs of customs formalities necessary for export, as well as all duties, taxes and other charges payable upon export, and the costs for their transport through any country that were for the seller's account under the contract of carriage.

적용할 수 있는 경우에는, 수출시에 지급되어야 하는 모든 관세, 조세 및 기타 요금뿐만 아니라, 수출을 위하여 필요한 통관절차의 비용, 그리고 운송계약에서 매도인의 부담으로 되어 있

는 타국을 통과하는 물품의 운송을 위한 비용.

B6 Allocation of costs(비용의 분배)

The buyer must, subject to the provisions of A3 a), pay

a) all costs relating to the goods from the time they have been delivered as envisaged in A4, except, where applicable, the costs of customs formalities necessary for export, as well as all duties, taxes, and other charges payable upon export as referred to in A6 c);

매수인은 A3 a)의 규정에 따르지만, 다음의 비용을 지급하여야 한다.

물품이 A4에서 예상된 대로 인도된 때부터 물품에 관한 모든 비용, 다만 적용할 수 있는 경우에는, A6 c)에 언급된 대로 수출시에 지급되어야 하는 모든 관세, 조세 및 기타 요금뿐만 아니라 수출을 위하여 필요한 통관절차의 비용을 제외한다.

b) all costs and charges relating to the goods while in transit until their arrival at the agreed place of destination, unless such costs and charges were for the seller's account under the contract of carriage;

물품이 합의된 목적지에 도착할 때까지의 운송 중의 물품에 관한 모든 비용 및 요금, 다만 그러한 비용과 요금이 운송계약에서 매도인의 부담으로 되어 있지 아니하는 경우에만 해당한다;

c) unloading costs, unless such costs were for the seller's account under the contract of carriage;

양륙비용, 다만 운송계약에 따라 매도인의 부담으로 되어 있지 아니하는 경우에만 해당한다;

d) any additional costs incurred if the buyer fails to give notice in accordance with B7, from the agreed date or the expiry date of the agreed period for dispatch, provided that the goods have been clearly identified as the contract goods; and

발송을 위하여 합의된 일자 또는 합의된 기간의 만기일로부터 매수인이 B7에 따라 통지를 하지 아니한 경우에 발생된 모든 추가비용. 다만 그 물품은 계약물품으로서 명확히 특정되어야 한다; 그리고

e) where applicable, all duties, taxes and other charges, as well as the costs of carrying out customs formalities payable upon import of the goods and the costs for their transport through any country, unless included within the cost of the contract of carriage.

적용할 수 있는 경우에는, 물품의 수입시에 지급되어야 하는 통관절차를 수행하는 비용뿐만 아니라, 모든 관세, 조세 및 기타 요금 그리고 운송계약의 비용에 포함되어 있지 아니하는 한 타국을 통과하는 물품의 운송을 위한 비용.

A7 Notices to the buyer(매수인에 대한 통지)

The seller must notify the buyer that the goods have been delivered in accordance with A4.

매도인은 물품이 A4에 따라 인도되었다는 사실을 매수인에게 통지하여야 한다.

The seller must give the buyer any notice needed in order to allow the buyer to take measures that are normally necessary to enable the buyer to take the goods.

매도인은 매수인이 물품을 수취하는데 일반적으로 필요한 조치를 취하도록 하기 위하여 필요한 모든 통지를 매수인에게 하여야 한다.

B7 Notices to the seller(매도인에 대한 통지)

The buyer must, whenever it is entitled to determine the time for dispatching the goods and/or the named place of destination or the point of receiving the goods within that place, give the seller sufficient notice thereof.

매수인은 물품의 발송시기 및/또는 지정된 목적지 또는 그 목적지 내의 물품의 수령지점을 결정할 권한이 있는 때에는 이에 대한 충분한 통지를 매도인에게 하여야 한다.

A8   Delivery document(인도서류)

If customary or at the buyer's request, the seller must provide the buyer, at the seller's expense, with the usual transport document[s] for the transport contracted in accordance with A3.

관습적인 경우 또는 매수인의 요청이 있는 경우에는, 매도인은 매도인의 비용으로 A3에 따라 계약된 운송을 위한 통상적인 운송서류[들]을 매수인에게 제공하여야 한다.

This transport document must cover the contract goods and be dated within the period agreed for shipment. If agreed or customary, the document must also enable the buyer to claim the goods from the carrier at the named place of destination and enable the buyer to sell the goods in transit by the transfer of the document to a subsequent buyer or by notification to the carrier.

이 운송서류는 계약물품을 대상으로 하여야 하며 선적을 위하여 합의된 기간 내의 일자를 표시하고 있어야 한다. 또한, 합의가 있는 경우 또는 관습적인 경우에는, 그 서류는 매수인이 지정된 목적지에서 운송인에게 물품을 청구할 수 있도록 하여야 하며, 매수인이 후속의 매수인에게 그 서류를 양도함으로써 또는 운송인에게 통지함으로써 운송 중의 물품을 매각할 수 있도록 하여야 한다.

When such a transport document is issued in negotiable form and in several originals, a full set of originals must be presented to the buyer.

그러한 운송서류가 유통성 형식 및 여러 통의 원본으로 발행되는 때에는, 원본의 전통이 매수인에게 제시되어야 한다.

B8   Proof of delivery(인도의 증거)

The buyer must accept the transport document provided as envisaged in A8 if it is in conformity with the contract.

매수인은 A8에서 예상된 대로 제공된 운송서류가 계약에 일치하는 경우에는 그 운송서류를 수리하여야 한다.

A9   Checking-packaging-marking(검사·포장·화인)

The seller must pay the costs of those checking operations (such as checking quality, measuring, weighing, counting) that are necessary for the purpose of delivering the goods in accordance with A4, as well as the cost of any pre-shipment inspection mandated by the authority of the country of export.

매도인은 수출국의 당국이 명령한 선적전검사의 비용뿐만 아니라, A4에 따라 물품을 인도하기 위하여 필요한 검사업무(예를 들면, 품질, 용적, 중량, 개수의 검사)의 비용을 지급하여야 한다.

The seller must, at its own expense, package the goods, unless it is usual for the particular trade to transport the type of goods sold unpackaged. The seller may package the goods in the manner appropriate for their transport, unless the buyer has notified the seller of specific packaging requirements before the contract of sale is concluded. Packaging is to be marked appropriately.

매도인은 매각된 유형의 물품을 포장 없이 운송하는 것이 특정거래에서 관습이 아닌 한, 자신의 비용으로 물품을 포장하여야 한다. 매도인은 매수인이 매매계약의 체결 전에 특정 포장요 건을 매도인에게 통지하지 아니한 한, 물품의 운송을 위하여 적절한 방법으로 물품을 포장할 수 있다. 포장에는 적절한 화인을 하여야 한다.

B9 Inspection of goods(물품의 검사)

The buyer must pay the costs of any mandatory pre-shipment inspection, except when such inspection is mandated by the authorities of the country of export.
매수인은 모든 강행적인 선적전검사의 비용을 지급하여야 한다. 다만, 그러한 검사가 수출국 의 당국에 의하여 명령된 경우를 제외한다.

A10 Assistance with information and related costs(정보에 따른 협조 및 관련 비용)

The seller must, where applicable, in a timely manner, provide to or render assistance in obtaining for the buyer, at the buyer's request, risk and expense, any documents and information, including security-related information, that the buyer needs for the import of the goods and/or for their transport to the final destination.
매도인은 적용할 수 있는 경우에는, 적기에, 매수인의 요청에 따라, 매수인의 위험과 비용으 로, 매수인이 물품의 수입을 위하여 및/또는 최종 목적지까지 물품의 운송을 위하여 필요로 하는, 보안관련 정보를 포함하는 모든 서류와 정보를 매수인에게 제공하거나 또는 이를 매수 인을 위하여 취득하는데 협조를 제공하여야 한다.

The seller must reimburse the buyer for all costs and charges incurred by the buyer in providing or rendering assistance in obtaining documents and information as envisaged in B10.
매도인은 B10에서 예상된 대로 서류와 정보를 제공하거나 또는 이를 취득하는데 협조를 제공 함에 있어서 매수인이 부담한 모든 비용과 요금을 매수인에게 상환하여야 한다.

B10 Assistance with information and related costs(정보에 따른 협조 및 관련 비용)

The buyer must, in a timely manner, advise the seller of any security information requirements so that the seller may comply with A10.
매수인은, 적기에, 매도인이 A10에 따를 수 있도록 모든 보안정보요건을 매도인에게 통지하여야 한다.

The buyer must reimburse the seller for all costs and charges incurred by the seller in providing or rendering assistance in obtaining documents and information as envisaged in A10.
매수인은 A10에서 예상된 대로 서류와 정보를 제공하거나 또는 이를 취득하는데 협조를 제공 함에 있어서 매도인이 부담한 모든 비용과 요금을 매도인에게 상환하여야 한다.

The buyer must, where applicable, in a timely manner, provide to or render assistance in obtaining for the seller, at the seller's request, risk and expense, any documents and information, including security-related information, that the seller needs for the transport and export of the goods and for their transport through any country.
매수인은 적용할 수 있는 경우에는, 적기에, 매도인의 요청에 따라, 매도인의 위험과 비용으 로, 매도인이 물품의 운송과 수출을 위하여 그리고 타국을 통과하는 물품의 운송을 위하여 필 요로 하는, 보안관련 정보를 포함하는 모든 서류와 정보를 매도인에게 제공하거나 또는 이를 매도인을 위하여 취득하는데 협조를 제공하여야 한다.

운송비보험료지급

CIP

CARRIAGE AND INSURANCE PAID TO

CIP (insert named place of destination) Incoterms® 2010

CIP (지정목적지 삽입) 인코텀즈® 2010

GUIDANCE NOTE(지침문)

This rule may be used irrespective of the mode of transport selected and may also be used where more than one mode of transport is employed.

이 규칙은 선택된 운송방식에 관계없이 사용될 수 있으며 또한 두 가지 이상의 운송방식이 사용되는 경우에도 사용될 수 있다.

"Carriage and Insurance Paid to" means that the seller delivers the goods to the carrier or another person nominated by the seller at an agreed place (if any such place is agreed between the parties) and that the seller must contract for and pay the costs of carriage necessary to bring the goods to the named place of destination.

"운송비보험료지급"이란 매도인이 합의된 장소(그러한 장소가 당사자 간에 합의된 경우)에서 매도인에 의하여 지정된 운송인 또는 기타의 자에게 물품을 인도하는 것과 매도인이 지정된 목적지까지 물품을 운송하기 위하여 필요한 운송비용에 대하여 계약을 체결하고 그 운송비용을 지급하여야 하는 것을 말한다.

The seller also contracts for insurance cover against the buyer's risk of loss of or damage to the goods during the carriage. The buyer should note that under CIP the seller is required to obtain insurance only on minimum cover. Should the buyer wish to have more insurance protection, it will need either to agree as much expressly with the seller or to make its own extra insurance arrangements.

또한 매도인은 운송 중의 물품의 멸실 또는 손상에 대한 매수인의 위험에 대하여 보험담보를 위한 계약을 체결한다. 매수인은 CIP 하에서 매도인이 최소담보로만 보험을 취득하도록 요구된다는 것을 유의하여야 한다. 매수인이 그 이상의 보험의 보호를 받기를 원하는 경우에는, 매수인은 매도인과 보상의 정도를 명시적으로 합의하거나 또는 자신의 추가보험약정을 체결할 필요가 있다.

When CPT, CIP, CFR or CIF are used, the seller fulfils its obligation to deliver when it hands the goods over to the carrier and not when the goods reach the place of destination.

CPT, CIP, CFR 또는 CIF가 사용될 때에는, 물품이 목적지에 도착할 때가 아니라 매도인이 운송인에

766

게 물품을 인도할 때 매도인은 인도할 자신의 의무를 이행한다.

This rule has two critical points, because risk passes and costs are transferred at different places. The parties are well advised to identify as precisely as possible in the contract both the place of delivery, where the risk passes to the buyer, and the named place of destination to which the seller must contract for carriage. If several carriers are used for the carriage to the agreed destination and the parties do not agree on a specific point of delivery, the default position is that risk passes when the goods have been delivered to the first carrier at a point entirely of the seller's choosing and over which the buyer has no control. Should the parties wish the risk to pass at a later stage (e.g., at an ocean port or an airport), they need to specify this in their contract of sale.

이 규칙은 위험이 이전하고 비용이 다른 장소에서 이전되기 때문에 두 가지 분기점을 가지고 있다. 당사자는 위험이 매수인에게 이전하는 인도장소와 매도인이 운송계약을 체결하여야 하는 지정된 목적지 모두를 계약에서 가능한 한 정확히 특정하는 것이 현명하다. 여러 운송인이 합의된 목적지까지의 운송을 위하여 사용되고 당사자가 특정 인도지점을 합의하지 아니하는 경우에는, 기본적인 입장은 위험은 전적으로 매도인이 선택하고 매수인이 통제할 수 없는 어떤 지점에서 물품이 최초의 운송인에게 인도된 때 이전한다는 것이다. 당사자가 위험이 나중의 단계에서(예를 들면, 해항 또는 공항에서) 이전하는 것을 원하는 경우에는, 당사자는 매매계약에서 이를 명시할 필요가 있다.

The parties are also well advised to identify as precisely as possible the point within the agreed place of destination, as the costs to that point are for the account of the seller. The seller is advised to procure contracts of carriage that match this choice precisely. If the seller incurs costs under its contract of carriage related to unloading at the named place of destination, the seller is not entitled to recover such costs from the buyer unless otherwise agreed between the parties.

또한 당사자는 그 지점까지의 비용이 매도인의 부담이기 때문에 합의된 목적지 내의 지점을 가능한 한 명확히 특정하는 것이 현명하다. 매도인은 이 선택과 정확히 일치하는 운송계약을 취득하도록 권고된다. 매도인이 지정된 목적지에서 양륙에 관하여 운송계약에서 비용을 부담하는 경우에는, 당사자 간에 별도의 합의가 없는 한 매도인은 매수인으로부터 그러한 비용을 회수할 권리가 없다.

CIP requires the seller to clear the goods for export, where applicable. However, the seller has no obligation to clear the goods for import, pay any import duty or carry out any import customs formalities.

CIP는 적용할 수 있는 경우에는, 매도인이 수출을 위하여 물품을 통관할 것을 요구하고 있다. 그러나 매도인은 수입을 위하여 물품을 통관하거나, 수입관세를 지급하거나 또는 수입통관절차를 수행할 의무가 없다.

A THE SELLER'S OBLIGATIONS(매도인의 의무)

B THE BUYER'S OBLIGATIONS(매수인의 의무)

A1 General obligations of the seller(매도인의 일반의무)

The seller must provide the goods and the commercial invoice in conformity with the contract of sale and any other evidence of conformity that may be required by the contract.
매도인은 매매계약에 일치하는 물품과 상업송장 및 계약에서 요구될 수 있는 기타 모든 일치의 증거를 제공하여야 한다.

Any document referred to in A1-A10 may be an equivalent electronic record or procedure if agreed between the parties or customary.
A1-A10에 언급된 모든 서류는 당사자 간에 합의되거나 또는 관습적인 경우에는 동등한 전자기록 또는 절차일 수 있다.

B1 General obligations of the buyer(매수인의 일반의무)

The buyer must pay the price of the goods as provided in the contract of sale.
매수인은 매매계약에 규정된 대로 물품의 대금을 지급하여야 한다.

Any document referred to in Bl-B10 may be an equivalent electronic record or procedure if agreed between the parties or customary.
B1-B10에 언급된 모든 서류는 당사자 간에 합의되거나 또는 관습적인 경우에는 동등한 전자기록 또는 절차일 수 있다.

A2 Licences, authorizations, security clearances and other formalities
(허가, 인가, 보안통관 및 기타 절차)

Where applicable, the seller must obtain, at its own risk and expense, any export licence or other official authorization and carry out all customs formalities necessary for the export of the goods, and for their transport through any country prior to delivery.
적용할 수 있는 경우에는, 매도인은 자신의 위험과 비용으로 모든 수출허가 또는 기타 공적 인가를 취득하고, 물품의 수출을 위하여 그리고 인도 전에 모든 국가를 통과하는 물품의 운송을 위하여 필요한 모든 통관절차를 수행하여야 한다.

B2 Licences, authorizations, security clearances and other formalities
(허가, 인가, 보안통관 및 기타 절차)

Where applicable, it is up to the buyer to obtain, at its own risk and expense, any import licence or other official authorization and carry out all customs formalities for the import of the goods and for their transport through any country.
적용할 수 있는 경우에는, 자신의 위험과 비용으로, 모든 수입허가 또는 기타 공적 인가를 취득하고 물품의 수입을 위하여 그리고 타국을 통과하는 물품의 운송을 위하여 모든 통관절차를 수행하는 것은 매수인의 책임이다.

A3 Contracts of carriage and insurance(운송 및 보험계약)

a) Contract of carriage(운송계약)

The seller must contract or procure a contract for the carriage of the goods from the agreed point of delivery, if any, at the place of delivery to the named place of destination or, if agreed, any point at that place. The contract of carriage must be made on usual terms at the seller's expense and provide for carriage by the usual route and in a customary manner. If a specific point is not agreed or is not determined by practice, the seller may select the point of delivery and the point at the named place of destination that best suit its purpose.

매도인은 인도장소의 합의된 인도지점(있는 경우)으로부터 지정된 목적지 또는 합의가 있는 경우 그 목적지의 어떤 지점까지 물품의 운송을 위하여 계약을 체결하거나 또는 계약을 조달하여야 한다. 운송계약은 매도인의 비용으로 통상적인 조건으로 체결되어야 하고 통상적인 항로 및 관습적인 방법으로의 운송을 규정하여야 한다. 특정 지점이 합의되어 있지 아니하거나 또는 관행에 의하여 결정되어 있지 아니한 경우에는, 매도인은 자신의 목적에 가장 적합한 인도지점 및 지정된 목적지의 지점을 선택할 수 있다.

b) Contract of insurance(보험계약)

The seller must obtain, at its own expense, cargo insurance complying at least with the minimum cover provided by Clauses (C) of the Institute Cargo Clauses (LMA/IUA) or any similar clauses. The insurance shall be contracted with underwriters or an insurance company of good repute and entitle the buyer, or any other person having an insurable interest in the goods, to claim directly from the insurer.

매도인은, 자신의 비용으로, 적어도 협회화물약관(로이즈시장협회/런던국제보험업자협회)의 (C) 약관 또는 이와 유사한 약관에 의하여 규정된 최소담보에 일치하는 화물보험을 취득하여야 한다. 보험은 평판이 좋은 보험업자 또는 보험회사와 계약되어야 하고, 매수인 또는 물품에 피보험이익을 가지고 있는 기타 모든 자가 보험자로부터 직접 보험금을 청구할 수 있도록 권리를 부여하여야 한다.

When required by the buyer, the seller shall, subject to the buyer providing any necessary information requested by the seller, provide at the buyer's expense any additional cover, if procurable, such as cover as provided by Clauses (A) or (B) of the Institute Cargo Clauses (LMA/IUA) or any similar clauses and/or cover complying with the Institute War Clauses and/or institute Strikes Clauses (LMA/IUA) or any similar clauses.

매수인이 요청하는 경우에는, 매도인은 매수인이 매도인에 의하여 요청된 필요한 모든 정보를 제공하는 것을 조건으로, 취득할 수 있다면, 협회화물약관(로이즈시장협회/런던국제보험업자협회)의 (A) 또는 (B) 약관 또는 이와 유사한 약관에 의하여 규정된 것과 같은 담보 및/또는 협회전쟁약관 및/또는 협회동맹파업약관(로이즈시장협회/런던국제보험업자협회) 또는 이와 유사한 약관에 일치하는 담보 등의, 모든 추가담보를 매수인의 비용으로 제공하여야 한다.

The insurance shall cover, at a minimum, the price provided in the contract plus 10% (i.e., 110%)

and shall be in the currency of the contract.

보험은, 최소한으로, 계약에서 규정된 금액에 10%를 가산한 금액(즉 110%)을 담보하여야 하고 계약 상의 통화이어야 한다.

The insurance shall cover the goods from the point of delivery set out in A4 and A5 to at least the named place of destination.

보험은 A4 및 A5에서 설명된 인도지점으로부터 적어도 지정된 목적지까지 물품을 담보하여야 한다.

The seller must provide the buyer with the insurance policy or other evidence of insurance cover.

매도인은 보험증권 또는 기타 보험담보의 증거를 매수인에게 제공하여야 한다.

Moreover, the seller must provide the buyer, at the buyer's request, risk, and expense (if any), with information that the buyer needs to procure any additional insurance.

더구나, 매도인은 매수인의 요청에 따라, 매수인의 위험과 비용으로(있는 경우), 매수인이 모든 추가보험을 취득하기 위하여 필요로 하는 정보를 매수인에게 제공하여야 한다.

B3 Contracts of carriage and insurance(운송 및 보험계약)

a) Contract of carriage(운송계약)

The buyer has no obligation to the seller to make a contract of carriage.

매수인은 매도인에 대하여 운송계약을 체결할 의무가 없다.

b) Contract of insurance(보험계약)

The buyer has no obligation to the seller to make a contract of insurance. However, the buyer must provide the seller, upon request, with any information necessary for the seller to procure any additional insurance requested by the buyer as envisaged in A3 b).

매수인은 매도인에 대하여 보험계약을 체결할 의무가 없다. 그러나 매수인은 요청이 있는 경우, A3 b)에서 예상된 대로 매도인이 매수인에 의하여 요청된 모든 추가보험을 취득하기 위하여 필요한 모든 정보를 매도인에게 제공하여야 한다.

A4 Delivery(인도)

The seller must deliver the goods by handing them over to the carrier contracted in accordance with A3 on the agreed date or within the agreed period.

매도인은 합의된 일자에 또는 합의된 기간 내에 A3에 따라 계약된 운송인에게 물품을 인도함으로써 물품을 인도하여야 한다.

B4 Taking delivery(인도의 수취)

The buyer must take delivery of the goods when they have been delivered as envisaged in A4 and receive them from the carrier at the named place of destination.

매수인은 물품이 A4에서 예상된 대로 인도되었을 때 물품의 인도를 수취하고 지정된 목적지에서 운송인으로부터 물품을 수령하여야 한다.

A5 Transfer of risks(위험의 이전)

The seller bears all risks of loss of or damage to the goods until they have been delivered in accordance with A4, with the exception of loss or damage in the circumstances described in B5.
매도인은 B5에서 설명된 상황의 멸실 또는 손상을 제외하고는, 물품이 A4에 따라 인도될 때까지 물품의 멸실 또는 손상의 모든 위험을 부담한다.

B5 Transfer of risks(위험의 이전)

The buyer bears all risks of loss of or damage to the goods from the time they have been delivered as envisaged in A4.
매수인은 물품이 A4에서 예상된 대로 인도된 때부터 물품의 멸실 또는 손상의 모든 위험을 부담한다.

If the buyer fails to give notice in accordance with B7, it must bear all risks of loss of or damage to the goods from the agreed date or the expiry date of the agreed period for delivery, provided that the goods have been clearly identified as the contract goods.
매수인이 B7에 따라 통지를 하지 아니한 경우에는, 매수인은 인도를 위하여 합의된 일자 또는 합의된 기간의 만기일로부터 물품의 멸실 또는 손상의 모든 위험을 부담하여야 한다. 다만, 그 물품은 계약물품으로서 명확히 특정되어 있는 것을 조건으로 한다.

A6 Allocation of costs(비용의 분배)

The seller must pay
a) all costs relating to the goods until they have been delivered in accordance with A4, other than those payable by the buyer as envisaged in B6;
매도인은 다음의 비용을 지급하여야 한다.
B6에서 예상된 대로 매수인에 의하여 지급되어야 하는 비용이외의, 물품이 A4에 따라 인도될 때까지 물품에 관한 모든 비용;

b) the freight and all other costs resulting from A3 a), including the costs of loading the goods and any charges for unloading at the place of destination that were for the seller's account under the contract of carriage; and
물품의 적재비용 및 운송계약에서 매도인의 부담으로 되어 있는 목적지에서의 모든 양륙비용을 포함하는 A3 a)로 인하여 발생하는 운임 및 기타 모든 비용; 그리고

c) the costs of insurance resulting from A3 b); and
A3 b)로 인하여 발생하는 보험비용; 그리고

d) where applicable, the costs of customs formalities necessary for export, as well as all duties, taxes and other charges payable upon export, and the costs for their transport through any country that were for the seller's account under the contract of carriage.
적용할 수 있는 경우에는, 수출시에 지급되어야 하는 모든 관세, 조세 및 기타 요금뿐만 아니라, 수출을 위하여 필요한 통관절차의 비용, 그리고 운송계약에서 매도인의 부담으로 되어 있는 타국을 통과하는 물품의 운송을 위한 비용.

B6 Allocation of costs(비용의 분배)

The buyer must, subject to the provisions of A3 a), pay

a) all costs relating to the goods from the time they have been delivered as envisaged in A4, except, where applicable, the costs of customs formalities necessary for export, as well as all duties, taxes, and other charges payable upon export as referred to in A6 c);

매수인은 A3 a)의 규정에 따르지만, 다음의 비용을 지급하여야 한다.

물품이 A4에서 예상된 대로 인도된 때부터 물품에 관한 모든 비용, 다만 적용할 수 있는 경우에는, A6 c)에 언급된 대로 수출시에 지급되어야 하는 모든 관세, 조세 및 기타 요금뿐만 아니라 수출을 위하여 필요한 통관절차의 비용을 제외한다.

b) all costs and charges relating to the goods while in transit until their arrival at the agreed place of destination, unless such costs and charges were for the seller's account under the contract of carriage;

물품이 합의된 목적지에 도착할 때까지의 운송 중의 물품에 관한 모든 비용 및 요금, 다만 그러한 비용과 요금이 운송계약에서 매도인의 부담으로 되어 있지 아니하는 경우에만 해당한다;

c) unloading costs, unless such costs were for the seller's account under the contract of carriage;

양륙비용, 다만 운송계약에 따라 매도인의 부담으로 되어 있지 아니하는 경우에만 해당한다;

d) any additional costs incurred if the buyer fails to give notice in accordance with B7, from the agreed date or the expiry date of the agreed period for dispatch, provided that the goods have been clearly identified as the contract goods; and

발송을 위하여 합의된 일자 또는 합의된 기간의 만기일로부터 매수인이 B7에 따라 통지를 하지 아니한 경우에 발생된 모든 추가비용. 다만 그 물품은 계약물품으로서 명확히 특정되어야 한다; 그리고

e) where applicable, all duties, taxes and other charges, as well as the costs of carrying out customs formalities payable upon import of the goods and the costs for their transport through any country, unless included within the cost of the contract of carriage.

적용할 수 있는 경우에는, 물품의 수입시에 지급되어야 하는 통관절차를 수행하는 비용뿐만 아니라, 모든 관세, 조세 및 기타 요금 그리고 운송계약의 비용에 포함되어 있지 아니하는 한 타국을 통과하는 물품의 운송을 위한 비용.

f) the costs of any additional insurance procured at the buyer's request under A3 and B3.

A3 및 B3에 따라 매수인의 요청으로 취득된 추가보험의 비용.

A7 Notices to the buyer(매수인에 대한 통지)

The seller must notify the buyer that the goods have been delivered in accordance with A4.

매도인은 물품이 A4에 따라 인도되었다는 사실을 매수인에게 통지하여야 한다.

The seller must give the buyer any notice needed in order to allow the buyer to take measures that are normally necessary to enable the buyer to take the goods.

매도인은 매수인이 물품을 수취하는데 일반적으로 필요한 조치를 취하도록 하기 위하여 필요한 모든 통지를 매수인에게 하여야 한다.

B7 Notices to the seller(매도인에 대한 통지)

The buyer must, whenever it is entitled to determine the time for dispatching the goods and/or the named place of destination or the point of receiving the goods within that place, give the seller sufficient notice thereof.

매수인은 물품의 발송시기 및/또는 지정된 목적지 또는 그 목적지 내의 물품의 수령지점을 결정할 권한이 있는 때에는 이에 대한 충분한 통지를 매도인에게 하여야 한다.

A8 Delivery document(인도서류)

If customary or at the buyer's request, the seller must provide the buyer, at the seller's expense, with the usual transport document[s] for the transport contracted in accordance with A3.

관습적인 경우 또는 매수인의 요청이 있는 경우에는, 매도인은 매도인의 비용으로 A3에 따라 계약된 운송을 위한 통상적인 운송서류[들]을 매수인에게 제공하여야 한다.

This transport document must cover the contract goods and be dated within the period agreed for shipment. If agreed or customary, the document must also enable the buyer to claim the goods from the carrier at the named place of destination and enable the buyer to sell the goods in transit by the transfer of the document to a subsequent buyer or by notification to the carrier.

이 운송서류는 계약물품을 대상으로 하여야 하며 선적을 위하여 합의된 기간 내의 일자를 표시하고 있어야 한다. 또한, 합의가 있는 경우 또는 관습적인 경우에는, 그 서류는 매수인이 지정된 목적지에서 운송인에게 물품을 청구할 수 있도록 하여야 하며, 매수인이 후속의 매수인에게 그 서류를 양도함으로써 또는 운송인에게 통지함으로써 운송 중의 물품을 매각할 수 있도록 하여야 한다.

When such a transport document is issued in negotiable form and in several originals, a full set of originals must be presented to the buyer.

그러한 운송서류가 유통성 형식 및 여러 통의 원본으로 발행되는 때에는, 원본의 전통이 매수인에게 제시되어야 한다.

B8 Proof of delivery(인도의 증거)

The buyer must accept the transport document provided as envisaged in A8 if it is in conformity with the contract.

매수인은 A8에서 예상된 대로 제공된 운송서류가 계약에 일치하는 경우에는 그 운송서류를 수리하여야 한다.

A9 Checking-packaging-marking(검사 · 포장 · 화인)

The seller must pay the costs of those checking operations (such as checking quality, measuring, weighing, counting) that are necessary for the purpose of delivering the goods in accordance with

A4 as well as the cost of any pre-shipment inspection mandated by the authority of the country of export.

매도인은 수출국의 당국이 명령한 선적전검사의 비용뿐만 아니라, A4에 따라 물품을 인도하기 위하여 필요한 검사업무(예를 들면, 품질, 용적, 중량, 개수의 검사)의 비용을 지급하여야 한다.

The seller must, at its own expense, package the goods, unless it is usual for the particular trade to transport the type of goods sold unpackaged. The seller may package the goods in the manner appropriate for their transport, unless the buyer has notified the seller of specific packaging requirements before the contract of sale is concluded. Packaging is to be marked appropriately.

매도인은 매각된 유형의 물품을 포장 없이 운송하는 것이 특정거래에서 관습이 아닌 한, 자신의 비용으로 물품을 포장하여야 한다. 매도인은 매수인이 매매계약의 체결 전에 특정 포장요건을 매도인에게 통지하지 아니한 한, 물품의 운송을 위하여 적절한 방법으로 물품을 포장할 수 있다. 포장에는 적절한 화인을 하여야 한다.

B9 Inspection of goods(물품의 검사)

The buyer must pay the costs of any mandatory pre-shipment inspection, except when such inspection is mandated by the authorities of the country of export.

매수인은 모든 강행적인 선적전검사의 비용을 지급하여야 한다. 다만, 그러한 검사가 수출국의 당국에 의하여 명령된 경우를 제외한다.

A10 Assistance with information and related costs
(정보에 따른 협조 및 관련 비용)

The seller must, where applicable, in a timely manner, provide to or render assistance in obtaining for the buyer, at the buyer's request, risk and expense, any documents and information, including security-related information, that the buyer needs for the import of the goods and/or for their transport to the final destination.

매도인은 적용할 수 있는 경우에는, 적기에, 매수인의 요청에 따라, 매수인의 위험과 비용으로, 매수인이 물품의 수입을 위하여 및/또는 최종 목적지까지 물품의 운송을 위하여 필요로 하는, 보안관련 정보를 포함하는 모든 서류와 정보를 매수인에게 제공하거나 또는 이를 매수인을 위하여 취득하는데 협조를 제공하여야 한다.

The seller must reimburse the buyer for all costs and charges incurred by the buyer in providing or rendering assistance in obtaining documents and information as envisaged in B10.

매도인은 B10에서 예상된 대로 서류와 정보를 제공하거나 또는 이를 취득하는데 협조를 제공함에 있어서 매수인이 부담한 모든 비용과 요금을 매수인에게 상환하여야 한다.

B10 Assistance with information and related costs
(정보에 따른 협조 및 관련 비용)

The buyer must, in a timely manner, advise the seller of any security information requirements so that the seller may comply with A10.

매수인은, 적기에, 매도인이 A10에 따를 수 있도록 모든 보안정보요건을 매도인에게 통지하여야 한다.

The buyer must reimburse the seller for all costs and charges incurred by the seller in providing or rendering assistance in obtaining documents and information as envisaged in A10.
매수인은 A10에서 예상된 대로 서류와 정보를 제공하거나 또는 이를 취득하는데 협조를 제공함에 있어서 매도인이 부담한 모든 비용과 요금을 매도인에게 상환하여야 한다.

The buyer must, where applicable, in a timely manner, provide to or render assistance in obtaining for the seller, at the seller's request, risk and expense, any documents and information, including security-related information, that the seller needs for the transport and export of the goods and for their transport through any country.
매수인은 적용할 수 있는 경우에는, 적기에, 매도인의 요청에 따라, 매도인의 위험과 비용으로, 매도인이 물품의 운송과 수출을 위하여 그리고 타국을 통과하는 물품의 운송을 위하여 필요로 하는, 보안관련 정보를 포함하는 모든 서류와 정보를 매도인에게 제공하거나 또는 이를 매도인을 위하여 취득하는데 협조를 제공하여야 한다.

CIP

터미널인도

DAT
DELIVERED AT TERMINAL

DAT (insert named terminal at port or place of destination) Incoterms® 2010
DAT (지정목적항 또는 목적지의 터미널 삽입) 인코텀즈® 2010

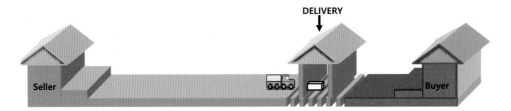

DELIVERY

Seller   Buyer

GUIDANCE NOTE(지침문)

This rule may be used irrespective of the mode of transport selected and may also be used where more than one mode of transport is employed.
이 규칙은 선택된 운송방식에 관계없이 사용될 수 있으며 또한 두 가지 이상의 운송방식이 사용되는 경우에도 사용될 수 있다.

"Delivered at Terminal" means that the seller delivers when the goods, once unloaded from the arriving means of transport, are placed at the disposal of the buyer at a named terminal at the named port or place of destination. "Terminal" includes any place, whether covered or not, such as a quay, warehouse, container yard or road, rail or air cargo terminal. The seller bears all risks involved in bringing the goods to and unloading them at the terminal at the named port or place of destination.
"터미널인도"란 지정된 목적항 또는 목적지의 지정된 터미널에서 물품이 도착하는 운송수단으로부터 일단 양륙되어 매수인의 임의처분상태로 놓여졌을 때 매도인이 인도하는 것을 말한다. "터미널"이란 지붕이 있는지 여부에 관계없이, 부두, 창고, 컨테이너장치장 또는 도로·철도 또는 항공화물터미널과 같은 모든 장소를 포함한다. 매도인은 지정된 목적항 또는 목적지의 터미널까지 물품을 운송하는 것과 그 터미널에서 물품을 양륙하는 것에 관련된 모든 위험을 부담한다.

The parties are well advised to specify as clearly as possible the terminal and, if possible, a specific point within the terminal at the agreed port or place of destination, as the risks to that point are for the account of the seller. The seller is advised to procure a contract of carriage that matches this choice precisely.
당사자는 그 지점까지의 위험이 매도인의 부담이기 때문에 합의된 목적항 또는 목적지에서의 터미널 및 가능한 경우 그 터미널 내의 특정 지점을 가능한 한 명확히 명시하는 것이 현명하다. 매도인은 이 선택과 정확히 일치하는 운송계약을 취득하도록 권고된다.

Moreover, if the parties intend the seller to bear the risks and costs involved in transporting and

handling the goods from the terminal to another place, then the DAP or DDP rules should be used.
더구나 당사자가 터미널에서 다른 장소까지 물품을 운송하고 취급하는 것에 관련된 위험과 비용을 매도인에게 부담시키려는 경우에는, DAP 또는 DDP규칙이 사용되어야 한다.

DAT requires the seller to clear the goods for export, where applicable. However, the seller has no obligation to clear the goods for import, pay any import duty or carry out any import customs formalities.
DAT는 적용할 수 있는 경우에는, 매도인이 수출을 위하여 물품을 통관할 것을 요구하고 있다. 그러나 매도인은 수입을 위하여 물품을 통관하거나, 수입관세를 지급하거나 또는 수입통관절차를 수행할 의무가 없다.

DAT

A THE SELLER'S OBLIGATIONS(매도인의 의무)
B THE BUYER'S OBLIGATIONS(매수인의 의무)

A1 General obligations of the seller(매도인의 일반의무)

The seller must provide the goods and the commercial invoice in conformity with the contract of sale and any other evidence of conformity that may be required by the contract.
매도인은 매매계약에 일치하는 물품과 상업송장 및 계약에서 요구될 수 있는 기타 모든 일치의 증거를 제공하여야 한다.

Any document referred to in A1-A10 may be an equivalent electronic record or procedure if agreed between the parties or customary.
A1-A10에 언급된 모든 서류는 당사자 간에 합의되거나 또는 관습적인 경우에는 동등한 전자기록 또는 절차일 수 있다.

B1 General obligations of the buyer(매수인의 일반의무)

The buyer must pay the price of the goods as provided in the contract of sale.
매수인은 매매계약에 규정된 대로 물품의 대금을 지급하여야 한다.

Any document referred to in Bl-B10 may be an equivalent electronic record or procedure if agreed between the parties or customary.
B1-B10에 언급된 모든 서류는 당사자 간에 합의되거나 또는 관습적인 경우에는 동등한 전자기록 또는 절차일 수 있다.

A2 Licences, authorizations, security clearances and other formalities
(허가, 인가, 보안통관 및 기타 절차)

Where applicable, the seller must obtain, at its own risk and expense, any export licence and other official authorization and carry out all customs formalities necessary for the export of the goods and for their transport through any country prior to delivery.
적용할 수 있는 경우에는, 매도인은 자신의 위험과 비용으로 모든 수출허가 및 기타 공적 인가를 취득하고, 물품의 수출을 위하여 그리고 인도 전에 모든 국가를 통과하는 물품의 운송을 위하여 필요한 모든 통관절차를 수행하여야 한다.

B2 Licences, authorizations, security clearances and other formalities
(허가, 인가, 보안통관 및 기타 절차)

Where applicable, the buyer must obtain, at its own risk and expense, any import licence or other official authorization and carry out all customs formalities for the import of the goods.
적용할 수 있는 경우에는, 매수인은 자신의 위험과 비용으로, 모든 수입허가 또는 기타 공적 인가를 취득하고 물품의 수입을 위하여 모든 통관절차를 수행하여야 한다.

A3 Contracts of carriage and insurance(운송 및 보험계약)

a) Contract of carriage(운송계약)

The seller must contract at its own expense for the carriage of the goods to the named terminal at the agreed port or place of destination. If a specific terminal is not agreed or is not determined by practice, the seller may select the terminal at the agreed port or place of destination that best suits its purpose.

매도인은 자신의 비용으로 합의된 목적항 또는 목적지의 지정된 터미널까지 물품의 운송계약을 체결하여야 한다. 특정 터미널이 합의되어 있지 아니하거나 또는 관행에 의하여 결정되어 있지 아니한 경우에는, 매도인은 자신의 목적에 가장 적합한 합의된 목적항 또는 목적지의 터미널을 선택할 수 있다.

b) Contract of insurance(보험계약)

The seller has no obligation to the buyer to make a contract of insurance. However, the seller must provide the buyer, at the buyer's request, risk and expense (if any), with information that the buyer needs for obtaining insurance.

매도인은 매수인에 대하여 보험계약을 체결할 의무가 없다. 그러나 매도인은 매수인의 요청에 따라, 매수인의 위험과 비용으로(있는 경우) 매수인이 보험을 취득하기 위하여 필요로 하는 정보를 매수인에게 제공하여야 한다.

B3 Contracts of carriage and insurance(운송 및 보험계약)

a) Contract of carriage(운송계약)

The buyer has no obligation to the seller to make a contract of carriage.

매수인은 매도인에 대하여 운송계약을 체결할 의무가 없다.

b) Contract of insurance(보험계약)

The buyer has no obligation to the seller to make a contract of insurance. However, the buyer must provide the seller, upon request, with the necessary information for obtaining insurance.

매수인은 매도인에 대하여 보험계약을 체결할 의무가 없다. 그러나 매수인은 요청이 있는 경우, 보험취득을 위한 필요한 정보를 매도인에게 제공하여야 한다.

A4 Delivery(인도)

The seller must unload the goods from the arriving means of transport and must then deliver them by placing them at the disposal of the buyer at the named terminal referred to in A3 a) at the port or place of destination on the agreed date or within the agreed period.

매도인은 도착하는 운송수단으로부터 물품을 양륙하여야 하고, 합의된 일자에 또는 합의된 기간 내에 목적항 또는 목적지에서 A3 a)에 언급된 지정된 터미널에서 물품을 매수인의 임의처분상태로 놓아둠으로써 물품을 인도하여야 한다.

B4 Taking delivery(인도의 수취)

The buyer must take delivery of the goods when they have been delivered as envisaged in A4.

매수인은 물품이 A4에서 예상된 대로 인도되었을 때 물품의 인도를 수취하여야 한다.

A5 Transfer of risks(위험의 이전)

The seller bears all risks of loss of or damage to the goods until they have been delivered in accordance with A4, with the exception of loss or damage in the circumstances described in B5.

매도인은 B5에서 설명된 상황의 멸실 또는 손상을 제외하고는, 물품이 A4에 따라 인도될 때까지 물품의 멸실 또는 손상의 모든 위험을 부담한다.

B5 Transfer of risks(위험의 이전)

The buyer bears all risks of loss of or damage to the goods from the time they have been delivered as envisaged in A4.

매수인은 물품이 A4에서 예상된 대로 인도된 때부터 물품의 멸실 또는 손상의 모든 위험을 부담한다.

If
a) the buyer fails to fulfil its obligations in accordance with B2, then it bears all resulting risks of loss of or damage to the goods; or

만일
매수인이 B2에 따라 자신의 의무를 이행하지 아니한 경우에는, 매수인은 그로 인하여 발생한 물품의 멸실 또는 손상의 모든 위험을 부담하거나; 또는

b) the buyer fails to give notice in accordance with B7, then it bears all risks of loss of or damage to the goods from the agreed date or the expiry date of the agreed period for delivery,

매수인이 B7에 따라 통지를 하지 아니한 경우에는, 매수인은 인도를 위하여 합의된 일자 또는 합의된 기간의 만기일로부터 물품의 멸실 또는 손상의 모든 위험을 부담한다.

provided that the goods have been clearly identified as the contract goods.

다만, 그 물품은 계약물품으로서 명확히 특정되어 있는 것을 조건으로 한다.

A6 Allocation of costs(비용의 분배)

The seller must pay
a) in addition to costs resulting from A3 a), all costs relating to the goods until they have been delivered in accordance with A4, other than those payable by the buyer as envisaged in B6;

매도인은 다음의 비용을 지급하여야 한다.
A3 a)로 인하여 발생하는 비용에 추가하여, B6에서 예상된 대로 매수인에 의하여 지급되어야 하는 비용이외의, 물품이 A4에 따라 인도될 때까지 물품에 관한 모든 비용;

b) where applicable, the costs of customs formalities necessary for export as well as all duties, taxes and other charges payable upon export and the costs for their transport through any country, prior to delivery in accordance with A4.

적용할 수 있는 경우에는, A4에 따라 인도하기 전에, 수출시에 지급되어야 하는 모든 관세, 조세 및 기타 요금뿐만 아니라 수출을 위하여 필요한 통관절차의 비용 및 타국을 통과하는 물품의 운송을 위한 비용.

B6 Allocation of costs(비용의 분배)

The buyer must pay

a) all costs relating to the goods from the time they have been delivered as envisaged in A4;

매수인은 다음의 비용을 지급하여야 한다.

물품이 A4에서 예상된 대로 인도된 때부터 물품에 관한 모든 비용;

b) any additional costs incurred by the seller if the buyer fails to fulfil its obligations in accordance with B2, or to give notice in accordance with B7, provided that the goods have been clearly identified as the contract goods; and

매수인이 B2에 따라 자신의 의무를 이행하지 아니하거나 또는 B7에 따라 통지를 하지 아니한 경우 매도인이 부담한 모든 추가비용. 다만 그 물품은 계약물품으로서 명확히 특정되어야 한다.

c) where applicable, the costs of customs formalities as well as all duties, taxes and other charges payable upon import of the goods.

적용할 수 있는 경우에는, 물품의 수입시에 지급되어야 하는 모든 관세, 조세 및 기타 요금뿐만 아니라, 통관절차의 비용.

A7 Notices to the buyer(매수인에 대한 통지)

The seller must give the buyer any notice needed in order to allow the buyer to take measures that are normally necessary to enable the buyer to take delivery of the goods.

매도인은 매수인이 물품의 인도를 수취하는데 일반적으로 필요한 조치를 취하도록 하기 위하여 필요한 모든 통지를 매수인에게 하여야 한다.

B7 Notices to the seller(매도인에 대한 통지)

The buyer must, whenever it is entitled to determine the time within an agreed period and/or the point of taking delivery at the named terminal, give the seller sufficient notice thereof.

매수인은 합의된 기간 내의 시기 및/또는 지정된 터미널에서의 인도의 수취지점을 결정할 권한이 있는 때에는 이에 대한 충분한 통지를 매도인에게 하여야 한다.

A8 Delivery document(인도서류)

The seller must provide the buyer, at the seller's expense, with a document enabling the buyer to take delivery of the goods as envisaged in A4/B4.

매도인은 매도인의 비용으로 매수인이 A4/B4에서 예상된 대로 물품의 인도를 수취할 수 있도록 하는 서류를 매수인에게 제공하여야 한다.

B8 Proof of delivery(인도의 증거)

The buyer must accept the delivery document provided as envisaged in A8.

매수인은 A8에서 예상된 대로 제공된 인도서류를 수리하여야 한다.

A9 Checking-packaging-marking(검사 · 포장 · 화인)

The seller must pay the costs of those checking operations (such as checking quality, measuring, weighing, counting) that are necessary for the purpose of delivering the goods in accordance with A4 as well, as the cost of any pre-shipment inspection mandated by the authority of the country of export.

매도인은 수출국의 당국이 명령한 선적전검사의 비용뿐만 아니라, A4에 따라 물품을 인도하기 위하여 필요한 검사업무(예를 들면, 품질, 용적, 중량, 개수의 검사)의 비용을 지급하여야 한다.

The seller must, at its own expense, package the goods, unless it is usual for the particular trade to transport the type of goods sold unpackaged. The seller may package the goods in the manner appropriate for their transport, unless the buyer has notified the seller of specific packaging requirements before the contract of sale is concluded. Packaging is to be marked appropriately.

매도인은 매각된 유형의 물품을 포장 없이 운송하는 것이 특정거래에서 관습이 아닌 한, 자신의 비용으로 물품을 포장하여야 한다. 매도인은 매수인이 매매계약의 체결 전에 특정 포장요건을 매도인에게 통지하지 아니한 한, 물품의 운송을 위하여 적절한 방법으로 물품을 포장할 수 있다. 포장에는 적절한 화인을 하여야 한다.

B9 Inspection of goods(물품의 검사)

The buyer must pay the costs of any mandatory pre-shipment inspection, except when such inspection is mandated by the authorities of the country of export.

매수인은 모든 강행적인 선적전검사의 비용을 지급하여야 한다. 다만, 그러한 검사가 수출국의 당국에 의하여 명령된 경우를 제외한다.

A10 Assistance with information and related costs
(정보에 따른 협조 및 관련 비용)

The seller must, where applicable, in a timely manner, provide to or render assistance in obtaining for the buyer, at the buyer's request, risk and expense, any documents and information, including security-related information, that the buyer needs for the import of the goods and/or for their transport to the final destination.

매도인은 적용할 수 있는 경우에는, 적기에, 매수인의 요청에 따라, 매수인의 위험과 비용으로, 매수인이 물품의 수입을 위하여 및/또는 최종 목적지까지 물품의 운송을 위하여 필요로 하는, 보안관련 정보를 포함하는 모든 서류와 정보를 매수인에게 제공하거나 또는 이를 매수인을 위하여 취득하는데 협조를 제공하여야 한다.

The seller must reimburse the buyer for all costs and charges incurred by the buyer in providing or rendering assistance in obtaining documents and information as envisaged in B10.

매도인은 B10에서 예상된 대로 서류와 정보를 제공하거나 또는 이를 취득하는데 협조를 제공함에 있어서 매수인이 부담한 모든 비용과 요금을 매수인에게 상환하여야 한다.

B10 Assistance with information and related costs(정보에 따른 협조 및 관련 비용)

The buyer must, in a timely manner, advise the seller of any security information requirements so that the seller may comply with A10.

매수인은, 적기에, 매도인이 A10에 따를 수 있도록 모든 보안정보요건을 매도인에게 통지하여야 한다.

The buyer must reimburse the seller for all costs and charges incurred by the seller in providing or rendering assistance in obtaining documents and information as envisaged in A10.

매수인은 A10에서 예상된 대로 서류와 정보를 제공하거나 또는 이를 취득하는데 협조를 제공함에 있어서 매도인이 부담한 모든 비용과 요금을 매도인에게 상환하여야 한다.

The buyer must, where applicable, in a timely manner, provide to or render assistance in obtaining for the seller, at the seller's request, risk and expense, any documents and information, including security-related information, that the seller needs for the transport and export of the goods and for their transport through any country.

매수인은 적용할 수 있는 경우에는, 적기에, 매도인의 요청에 따라, 매도인의 위험과 비용으로, 매도인이 물품의 운송과 수출을 위하여 그리고 타국을 통과하는 물품의 운송을 위하여 필요로 하는, 보안관련 정보를 포함하는 모든 서류와 정보를 매도인에게 제공하거나 또는 이를 매도인을 위하여 취득하는데 협조를 제공하여야 한다.

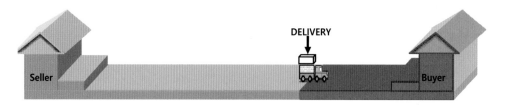

DAP
목적지인도
DELIVERED AT PLACE

DAP (insert named place of destination) Incoterms® 2010
DAP (지정목적지 삽입) 인코텀즈® 2010

GUIDANCE NOTE(지침문)

This rule may be used irrespective of the mode of transport selected and may also be used where more than one mode of transport is employed.
이 규칙은 선택된 운송방식에 관계없이 사용될 수 있으며 또한 두 가지 이상의 운송방식이 사용되는 경우에도 사용될 수 있다.

"Delivered at Place" means that the seller delivers when the goods are placed at the disposal of the buyer on the arriving means of transport ready for unloading at the named place of destination. The seller bears all risks involved in bringing the goods to the named place.
"목적지인도"란 지정된 목적지에서 양륙할 준비가 된 도착하는 운송수단 위에 물품이 매수인의 임의처분상태로 놓여졌을 때 매도인이 인도하는 것을 말한다. 매도인은 지정된 장소까지 물품을 운송하는 것에 관련된 모든 위험을 부담한다.

The parties are well advised to specify as clearly as possible the point within the agreed place of destination, as the risks to that point are for the account of the seller. The seller is advised to procure contracts of carriage that match this choice precisely. If the seller incurs costs under its contract of carriage related to unloading at the place of destination, the seller is not entitled to recover such costs from the buyer unless otherwise agreed between the parties.
당사자는 그 지점까지의 위험이 매도인의 부담이기 때문에 합의된 목적지 내의 지점을 가능한 한 명확히 명시하는 것이 현명하다. 매도인은 이 선택과 정확히 일치하는 운송계약을 취득하도록 권고된다. 매도인이 목적지에서 양륙에 관련된 비용을 운송계약에서 부담하는 경우에는, 매도인은 당사자간에 별도의 합의가 없는 한 매수인으로부터 그러한 비용을 회수할 권리가 없다.

DAP requires the seller to clear the goods for export, where applicable. However, the seller has no obligation to clear the goods for import, pay any import duty or carry out any import customs formalities. If the parties wish the seller to clear the goods for import, pay any import duty and carry out any import customs formalities, the DDP term should be used.

DAP는 적용할 수 있는 경우에는 매도인이 수출을 위하여 물품을 통관할 것을 요구하고 있다. 그러나 매도인은 수입을 위하여 물품을 통관하거나, 수입관세를 지급하거나 또는 수입통관절차를 수행할 의무가 없다. 당사자가 매도인에게 수입을 위하여 물품을 통관하고, 수입관세를 지급하고 수입통관절차를 수행시키려는 경우에는, DDP가 사용되어야 한다.

DAP

A THE SELLER'S OBLIGATIONS(매도인의 의무)
B THE BUYER'S OBLIGATIONS(매수인의 의무)

A1 General obligations of the seller(매도인의 일반의무)

The seller must provide the goods and the commercial invoice in conformity with the contract of sale and any other evidence of conformity that may be required by the contract.

매도인은 매매계약에 일치하는 물품과 상업송장 및 계약에서 요구될 수 있는 기타 모든 일치의 증거를 제공하여야 한다.

Any document referred to in A1-A10 may be an equivalent electronic record or procedure if agreed between the parties or customary.

A1-A10에 언급된 모든 서류는 당사자 간에 합의되거나 또는 관습적인 경우에는 동등한 전자기록 또는 절차일 수 있다.

B1 General obligations of the buyer(매수인의 일반의무)

The buyer must pay the price of the goods as provided in the contract of sale.

매수인은 매매계약에 규정된 대로 물품의 대금을 지급하여야 한다.

Any document referred to in Bl-B10 may be an equivalent electronic record or procedure if agreed between the parties or customary.

B1-B10에 언급된 모든 서류는 당사자 간에 합의되거나 또는 관습적인 경우에는 동등한 전자기록 또는 절차일 수 있다.

A2 Licences, authorizations, security clearances and other formalities
(허가, 인가, 보안통관 및 기타 절차)

Where applicable, the seller must obtain, at its own risk and expense, any export licence and other official authorization and carry out all customs formalities necessary for the export of the goods and for their transport through any country prior to delivery.

적용할 수 있는 경우에는, 매도인은 자신의 위험과 비용으로 모든 수출허가 및 기타 공적 인가를 취득하고, 물품의 수출을 위하여 그리고 인도 전에 모든 국가를 통과하는 물품의 운송을 위하여 필요한 모든 통관절차를 수행하여야 한다.

B2 Licences, authorizations, security clearances and other formalities
(허가, 인가, 보안통관 및 기타 절차)

Where applicable, the buyer must obtain, at its own risk and expense, any import licence or other official authorization and carry out all customs formalities for the import of the goods.

적용할 수 있는 경우에는, 매수인은 자신의 위험과 비용으로, 모든 수입허가 또는 기타 공적 인가를 취득하고 물품의 수입을 위하여 모든 통관절차를 수행하여야 한다.

A3 Contracts of carriage and insurance(운송 및 보험계약)

a) Contract of carriage(운송계약)

The seller must contract at its own expense for the carriage of the goods to the named place of destination or to the agreed point, if any, at the named place of destination. If a specific point is not agreed or is not determined by practice, the seller may select the point at the named place of destination that best suits its purpose.

매도인은 자신의 비용으로 지정된 목적지 또는 있는 경우 지정된 목적지의 합의된 지점까지 물품의 운송계약을 체결하여야 한다. 특정 지점이 합의되어 있지 아니하거나 또는 관행에 의하여 결정되어 있지 아니한 경우에는, 매도인은 자신의 목적에 가장 적합한 지정된 목적지의 지점을 선택할 수 있다.

b) Contract of insurance(보험계약)

The seller has no obligation to the buyer to make a contract of insurance. However, the seller must provide the buyer, at the buyer's request, risk and expense (if any), with information that the buyer needs for obtaining insurance.

매도인은 매수인에 대하여 보험계약을 체결할 의무가 없다. 그러나 매도인은 매수인의 요청에 따라, 매수인의 위험과 비용으로(있는 경우) 매수인이 보험을 취득하기 위하여 필요로 하는 정보를 매수인에게 제공하여야 한다.

B3 Contracts of carriage and insurance(운송 및 보험계약)

a) Contract of carriage(운송계약)

The buyer has no obligation to the seller to make a contract of carriage.

매수인은 매도인에 대하여 운송계약을 체결할 의무가 없다.

b) Contract of insurance(보험계약)

The buyer has no obligation to the seller to make a contract of insurance. However, the buyer must provide the seller, upon request, with the necessary information for obtaining insurance.

매수인은 매도인에 대하여 보험계약을 체결할 의무가 없다. 그러나 매수인은 요청이 있는 경우, 보험취득을 위한 필요한 정보를 매도인에게 제공하여야 한다.

A4 Delivery(인도)

The seller must deliver the goods by placing them at the disposal of the buyer on the arriving means of transport ready for unloading at the agreed point, if any, at the named place of destination on the agreed date or within the agreed period.

매도인은 합의된 일자에 또는 합의된 기간 내에 지정된 목적지의 합의된 지점(있는 경우)에서 양륙준비가 된 도착하는 운송수단 위에 물품을 매수인의 임의처분상태로 놓아둠으로써 물품을 인도하여야 한다.

B4 Taking delivery(인도의 수취)

The buyer must take delivery of the goods when they have been delivered as envisaged in A4.

매수인은 물품이 A4에서 예상된 대로 인도되었을 때 물품의 인도를 수취하여야 한다.

A5 Transfer of risks(위험의 이전)

The seller bears all risks of loss of or damage to the goods until they have been delivered in accordance with A4, with the exception of loss or damage in the circumstances described in B5.
매도인은 B5에서 설명된 상황의 멸실 또는 손상을 제외하고는, 물품이 A4에 따라 인도될 때까지 물품의 멸실 또는 손상의 모든 위험을 부담한다.

B5 Transfer of risks(위험의 이전)

The buyer bears all risks of loss of or damage to the goods from the time they have been delivered as envisaged in A4.
매수인은 물품이 A4에서 예상된 대로 인도된 때부터 물품의 멸실 또는 손상의 모든 위험을 부담한다.

If
a) the buyer fails to fulfil its obligations in accordance with B2, then it bears all resulting risks of loss of or damage to the goods; or
만일
매수인이 B2에 따라 자신의 의무를 이행하지 아니한 경우에는, 매수인은 그로 인하여 발생한 물품의 멸실 또는 손상의 모든 위험을 부담하거나; 또는

b) the buyer fails to give notice in accordance with B7, then it bears all risks of loss of or damage to the goods from the agreed date or the expiry date of the agreed period for delivery,
매수인이 B7에 따라 통지를 하지 아니한 경우에는, 매수인은 인도를 위하여 합의된 일자 또는 합의된 기간의 만기일로부터 물품의 멸실 또는 손상의 모든 위험을 부담한다.

provided that the goods have been clearly identified as the contract goods.
다만, 그 물품은 계약물품으로서 명확히 특정되어 있는 것을 조건으로 한다.

A6 Allocation of costs(비용의 분배)

The seller must pay
a) in addition to costs resulting from A3 a), all costs relating to the goods until they have been delivered in accordance with A4, other than those payable by the buyer as envisaged in B6;
매도인은 다음의 비용을 지급하여야 한다.
A3 a)로 인하여 발생하는 비용에 추가하여, B6에서 예상된 대로 매수인에 의하여 지급되어야 하는 비용이외의, 물품이 A4에 따라 인도될 때까지 물품에 관한 모든 비용;

b) any charges for unloading at the place of destination that were for the seller's account under the contract of carriage; and
운송계약에서 매도인의 부담으로 되어 있는 목적지에서의 모든 양륙비용; 그리고

c) where applicable, the costs of customs formalities necessary for export as well as all duties, taxes and other charges payable upon export and the costs for their transport through any country, prior to delivery in accordance with A4.

적용할 수 있는 경우에는, A4에 따라 인도하기 전에, 수출시에 지급되어야 하는 모든 관세, 조세 및 기타 요금뿐만 아니라 수출을 위하여 필요한 통관절차의 비용 및 타국을 통과하는 물품의 운송을 위한 비용.

B6 Allocation of costs(비용의 분배)

The buyer must pay

a) all costs relating to the goods from the time they have been delivered as envisaged in A4;

매수인은 다음의 비용을 지급하여야 한다.

물품이 A4에서 예상된 대로 인도된 때부터 물품에 관한 모든 비용;

b) all costs of unloading necessary to take delivery of the goods from the arriving means of transport at the named place of destination, unless such costs were for the seller's account under the contract of carriage;

지정된 목적지에서 도착하는 운송수단으로부터 물품의 인도를 수취하기 위하여 필요한 모든 양륙비용, 다만 그러한 비용이 운송계약에서 매도인의 부담으로 되어 있지 아니한 경우에만 한정한다; 그리고

c) any additional costs incurred by the seller if the buyer fails to fulfil its obligations in accordance with B2 or to give notice in accordance with B7, provided that the goods have been clearly identified as the contract goods; and

매수인이 B2에 따라 자신의 의무를 이행하지 아니하거나 또는 B7에 따라 통지를 하지 아니한 경우 매도인이 부담한 모든 추가비용. 다만 그 물품은 계약물품으로서 명확히 특정되어야 한다.

d) where applicable, the costs of customs formalities, as well as all duties, taxes and other charges payable upon import of the goods.

적용할 수 있는 경우에는, 물품의 수입시에 지급되어야 하는 모든 관세, 조세 및 기타 요금뿐만 아니라, 통관절차의 비용.

A7 Notices to the buyer(매수인에 대한 통지)

The seller must give the buyer any notice needed in order to allow the buyer to take measures that are normally necessary to enable the buyer to take delivery of the goods.

매도인은 매수인이 물품의 인도를 수취하는데 일반적으로 필요한 조치를 취하도록 하기 위하여 필요한 모든 통지를 매수인에게 하여야 한다.

B7 Notices to the seller(매도인에 대한 통지)

The buyer must, whenever it is entitled to determine the time within an agreed period and/or the point of taking delivery within the named place of destination, give the seller sufficient notice thereof.

매수인은 합의된 기간 내의 시기 및/또는 지정된 목적지 내의 인도의 수취지점을 결정할 권한이 있는 때에는 이에 대한 충분한 통지를 매도인에게 하여야 한다.

A8 Delivery document(인도서류)

The seller must provide the buyer, at the seller's expense, with a document enabling the buyer to take delivery of the goods as envisaged in A4/B4.

매도인은 매도인의 비용으로 매수인이 A4/B4에서 예상된 대로 물품의 인도를 수취할 수 있도록 하는 서류를 매수인에게 제공하여야 한다.

B8 Proof of delivery(인도의 증거)

The buyer must accept the delivery document provided as envisaged in A8.

매수인은 A8에서 예상된 대로 제공된 인도서류를 수리하여야 한다.

A9 Checking-packaging-marking(검사·포장·화인)

DAP

The seller must pay the costs of those checking operations (such as checking quality, measuring, weighing, counting) that are necessary for the purpose of delivering the goods in accordance with A4 as well, as the cost of any pre-shipment inspection mandated by the authority of the country of export.

매도인은 수출국의 당국이 명령한 선적전검사의 비용뿐만 아니라, A4에 따라 물품을 인도하기 위하여 필요한 검사업무(예를 들면, 품질, 용적, 중량, 개수의 검사)의 비용을 지급하여야 한다.

The seller must, at its own expense, package the goods, unless it is usual for the particular trade to transport the type of goods sold unpackaged. The seller may package the goods in the manner appropriate for their transport, unless the buyer has notified the seller of specific packaging requirements before the contract of sale is concluded. Packaging is to be marked appropriately.

매도인은 매각된 유형의 물품을 포장 없이 운송하는 것이 특정거래에서 관습이 아닌 한, 자신의 비용으로 물품을 포장하여야 한다. 매도인은 매수인이 매매계약의 체결 전에 특정 포장요건을 매도인에게 통지하지 아니한 한, 물품의 운송을 위하여 적절한 방법으로 물품을 포장할 수 있다. 포장에는 적절한 화인을 하여야 한다.

B9 Inspection of goods(물품의 검사)

The buyer must pay the costs of any mandatory pre-shipment inspection, except when such inspection is mandated by the authorities of the country of export.

매수인은 모든 강행적인 선적전검사의 비용을 지급하여야 한다. 다만, 그러한 검사가 수출국의 당국에 의하여 명령된 경우를 제외한다.

A10 Assistance with information and related costs (정보에 따른 협조 및 관련 비용)

The seller must, where applicable, in a timely manner, provide to or render assistance in obtaining for the buyer, at the buyer's request, risk and expense, any documents and information, including security-related information, that the buyer needs for the import of the goods and/or for their transport to the final destination.

매도인은 적용할 수 있는 경우에는, 적기에, 매수인의 요청에 따라, 매수인의 위험과 비용으로, 매수인이 물품의 수입을 위하여 및/또는 최종 목적지까지 물품의 운송을 위하여 필요로 하는, 보안관련 정보를 포함하는 모든 서류와 정보를 매수인에게 제공하거나 또는 이를 매수인을 위하여 취득하는데 협조를 제공하여야 한다.

The seller must reimburse the buyer for all costs and charges incurred by the buyer in providing or rendering assistance in obtaining documents and information as envisaged in B10.
매도인은 B10에서 예상된 대로 서류와 정보를 제공하거나 또는 이를 취득하는데 협조를 제공함에 있어서 매수인이 부담한 모든 비용과 요금을 매수인에게 상환하여야 한다.

B10 Assistance with information and related costs
(정보에 따른 협조 및 관련 비용)

The buyer must, in a timely manner, advise the seller of any security information requirements so that the seller may comply with A10.
매수인은, 적기에, 매도인이 A10에 따를 수 있도록 모든 보안정보요건을 매도인에게 통지하여야 한다.

The buyer must reimburse the seller for all costs and charges incurred by the seller in providing or rendering assistance in obtaining documents and information as envisaged in A10.
매수인은 A10에서 예상된 대로 서류와 정보를 제공하거나 또는 이를 취득하는데 협조를 제공함에 있어서 매도인이 부담한 모든 비용과 요금을 매도인에게 상환하여야 한다.

The buyer must, where applicable, in a timely manner, provide to or render assistance in obtaining for the seller, at the seller's request, risk and expense, any documents and information, including security-related information, that the seller needs for the transport and export of the goods and for their transport through any country.
매수인은 적용할 수 있는 경우에는, 적기에, 매도인의 요청에 따라, 매도인의 위험과 비용으로, 매도인이 물품의 운송과 수출을 위하여 그리고 타국을 통과하는 물품의 운송을 위하여 필요로 하는, 보안관련 정보를 포함하는 모든 서류와 정보를 매도인에게 제공하거나 또는 이를 매도인을 위하여 취득하는데 협조를 제공하여야 한다.

DAP

DDP

관세지급인도

DELIVERED DUTY PAID

DDP (insert named place of destination) Incoterms® 2010
DDP (지정목적지 삽입) 인코텀즈® 2010

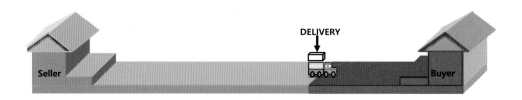

GUIDANCE NOTE(지침문)

This rule may be used irrespective of the mode of transport selected and may also be used where more than one mode of transport is employed.
이 규칙은 선택된 운송방식에 관계없이 사용될 수 있으며 또한 두 가지 이상의 운송방식이 사용되는 경우에도 사용될 수 있다.

"Delivered Duty Paid" means that the seller delivers the goods when the goods are placed at the disposal of the buyer, cleared for import on the arriving means of transport ready for unloading at the named place of destination. The seller bears all the costs and risks involved in bringing the goods to the place of destination and has an obligation to clear the goods not only for export but also for import, to pay any duty for both export and import and to carry out all customs formalities.
"관세지급인도"란 지정된 목적지에서 양륙할 준비가 된 도착하는 운송수단 위에 물품이 수입을 위하여 통관되고 매수인의 임의처분상태로 놓여 졌을 때 매도인이 물품을 인도하는 것을 말한다. 매도인은 목적지까지 물품을 운송하는 것에 관련된 모든 비용과 위험을 부담하고 수출뿐만 아니라 수입을 위하여 물품을 통관하고 수출과 수입 모두를 위한 관세를 지급하고 모든 통관절차를 수행할 의무가 있다.

DDP represents the maximum obligation for the seller.
DDP는 매도인에게는 최대한의 의무를 나타낸다.

The parties are well advised to specify as clearly as possible the point within the agreed place of destination, as the costs and risks to that point are for the account of the seller. The seller is advised to procure contracts of carriage that match this choice precisely. If the seller incurs costs under its contract of carriage related to unloading at the place of destination, the seller is not entitled to recover such costs from the buyer unless otherwise agreed between the parties.
당사자는 그 지점까지의 비용과 위험이 매도인의 부담이기 때문에 합의된 목적지 내의 지점을 가능한 한 명확히 명시하는 것이 현명하다. 매도인은 이 선택과 정확히 일치하는 운송계약을 취득하도록 권고된다. 매도인이 목적지에서 양륙에 관련된 비용을 운송계약에서 부담하는 경우에는, 매도인은 당사자 간에 별도의 합의가 없는 한 매수인으로부터 그러한 비용을 회수할 권리가 없다.

The parties are well advised not to use DDP if the seller is unable directly or indirectly to obtain import clearance.
매도인이 직접 또는 간접적으로 수입통관을 받을 수 없는 경우에는, 당사자는 DDP를 사용하지 아니하는 것이 현명하다.

If the parties wish the buyer to bear all risks and costs of import clearance, the DAP rule should be used.
당사자가 수입통관의 모든 위험과 비용을 매수인에게 부담시키려는 경우에는, DAP규칙이 사용되어야 한다.

Any VAT or other taxes payable upon import are for the seller's account unless expressly agreed otherwise in the sale contract.
수입시에 지급되어야 하는 모든 부가가치세(VAT) 또는 기타 조세는 매매계약에서 별도의 명시적인 합의가 없는 한 매도인의 부담이다.

DDP

A THE SELLER'S OBLIGATIONS(매도인의 의무)
B THE BUYER'S OBLIGATIONS(매수인의 의무)

A1 General obligations of the seller(매도인의 일반의무)

The seller must provide the goods and the commercial invoice in conformity with the contract of sale and any other evidence of conformity that may be required by the contract.
매도인은 매매계약에 일치하는 물품과 상업송장 및 계약에서 요구될 수 있는 기타 모든 일치의 증거를 제공하여야 한다.

Any document referred to in A1-A10 may be an equivalent electronic record or procedure if agreed between the parties or customary.
A1-A10에 언급된 모든 서류는 당사자 간에 합의되거나 또는 관습적인 경우에는 동등한 전자기록 또는 절차일 수 있다.

B1 General obligations of the buyer(매수인의 일반의무)

The buyer must pay the price of the goods as provided in the contract of sale.
매수인은 매매계약에 규정된 대로 물품의 대금을 지급하여야 한다.

Any document referred to in Bl-B10 may be an equivalent electronic record or procedure if agreed between the parties or customary.
B1-B10에 언급된 모든 서류는 당사자 간에 합의되거나 또는 관습적인 경우에는 동등한 전자기록 또는 절차일 수 있다.

A2 Licences, authorizations, security clearances and other formalities
(허가, 인가, 보안통관 및 기타 절차)

Where applicable, the seller must obtain, at its own risk and expense, any export and import licence and other official authorization and carry out all customs formalities necessary for the export of the goods, and for their transport through any country and for their import.
적용할 수 있는 경우에는, 매도인은 자신의 위험과 비용으로 모든 수출과 수입허가 및 기타 공적 인가를 취득하고, 물품의 수출을 위하여, 모든 국가를 통과하는 물품의 운송을 위하여, 그리고 물품의 수입을 위하여 필요한 모든 통관절차를 수행하여야 한다.

B2 Licences, authorizations, security clearances and other formalities
(허가, 인가, 보안통관 및 기타 절차)

Where applicable, the buyer must provided, assistance to the seller, at the seller's request, risk and expense, in obtaining any import licence or other official authorization for the import of the goods.
적용할 수 있는 경우에는, 매수인은 매도인의 요청에 따라 매도인의 위험과 비용으로, 모든 수입허가 또는 물품의 수입을 위하여 기타 공적 인가를 취득하는데 매도인에게 협조를 제공하여야 한다.

A3 Contracts of carriage and insurance(운송 및 보험계약)

a) Contract of carriage(운송계약)

The seller must contract at its own expense for the carriage of the goods to the named place of destination or to the agreed point, if any, at the named place of destination. If a specific point is not agreed or is not determined by practice, the seller may select the point at the named place of destination that best suits its purpose.

매도인은 자신의 비용으로 지정된 목적지 또는 있는 경우 지정된 목적지의 합의된 지점까지 물품의 운송계약을 체결하여야 한다. 특정 지점이 합의되어 있지 아니하거나 또는 관행에 의하여 결정되어 있지 아니한 경우에는, 매도인은 자신의 목적에 가장 적합한 지정된 목적지의 지점을 선택할 수 있다.

b) Contract of insurance(보험계약)

The seller has no obligation to the buyer to make a contract of insurance. However, the seller must provide the buyer, at the buyer's request, risk and expense (if any), with information that the buyer needs for obtaining insurance.

매도인은 매수인에 대하여 보험계약을 체결할 의무가 없다. 그러나 매도인은 매수인의 요청에 따라, 매수인의 위험과 비용으로(있는 경우) 매수인이 보험을 취득하기 위하여 필요로 하는 정보를 매수인에게 제공하여야 한다.

B3 Contracts of carriage and insurance(운송 및 보험계약)

a) Contract of carriage(운송계약)

The buyer has no obligation to the seller to make a contract of carriage.

매수인은 매도인에 대하여 운송계약을 체결할 의무가 없다.

b) Contract of insurance(보험계약)

The buyer has no obligation to the seller to make a contract of insurance. However, the buyer must provide the seller, upon request, with the necessary information for obtaining insurance.

매수인은 매도인에 대하여 보험계약을 체결할 의무가 없다. 그러나 매수인은 요청이 있는 경우, 보험취득을 위한 필요한 정보를 매도인에게 제공하여야 한다.

A4 Delivery(인도)

The seller must deliver the goods by placing them at the disposal of the buyer on the arriving means of transport ready for unloading at the agreed point, if any, at the named place of destination on the agreed date or within the agreed period.

매도인은 합의된 일자에 또는 합의된 기간 내에 지정된 목적지의 합의된 지점(있는 경우)에서 양륙준비가 된 도착하는 운송수단 위에 물품을 매수인의 임의처분상태로 놓아둠으로써 물품을 인도하여야 한다.

B4 Taking delivery(인도의 수취)

The buyer must take delivery of the goods when they have been delivered as envisaged in A4.

매수인은 물품이 A4에서 예상된 대로 인도되었을 때 물품의 인도를 수취하여야 한다.

A5 Transfer of risks(위험의 이전)

The seller bears all risks of loss of or damage to the goods until they have been delivered in accordance with A4, with the exception of loss or damage in the circumstances described in B5.

매도인은 B5에서 설명된 상황의 멸실 또는 손상을 제외하고는, 물품이 A4에 따라 인도될 때까지 물품의 멸실 또는 손상의 모든 위험을 부담한다.

B5 Transfer of risks(위험의 이전)

The buyer bears all risks of loss of or damage to the goods from the time they have been delivered as envisaged in A4.

매수인은 물품이 A4에서 예상된 대로 인도된 때부터 물품의 멸실 또는 손상의 모든 위험을 부담한다.

If

a) the buyer fails to fulfil its obligations in accordance with B2, then it bears all resulting risks of loss of or damage to the goods; or

만일

매수인이 B2에 따라 자신의 의무를 이행하지 아니한 경우에는, 매수인은 그로 인하여 발생한 물품의 멸실 또는 손상의 모든 위험을 부담하거나; 또는

b) the buyer fails to give notice in accordance with B7, then it bears all risks of loss of or damage to the goods from the agreed date or the expiry date of the agreed period for delivery,

매수인이 B7에 따라 통지를 하지 아니한 경우에는, 매수인은 인도를 위하여 합의된 일자 또는 합의된 기간의 만기일로부터 물품의 멸실 또는 손상의 모든 위험을 부담한다.

provided that the goods have been clearly identified as the contract goods.

다만, 그 물품은 계약물품으로서 명확히 특정되어 있는 것을 조건으로 한다.

A6 Allocation of costs(비용의 분배)

The seller must pay

a) in addition to costs resulting from A3 a), all costs relating to the goods until they have been delivered in accordance with A4, other than those payable by the buyer as envisaged in B6;

매도인은 다음의 비용을 지급하여야 한다.

A3 a)로 인하여 발생하는 비용에 추가하여, B6에서 예상된 대로 매수인에 의하여 지급되어야 하는 비용이외의, 물품이 A4에 따라 인도될 때까지 물품에 관한 모든 비용;

b) any charges for unloading at the place of destination that were for the seller's account under the contract of carriage; and

운송계약에서 매도인의 부담으로 되어 있는 목적지에서의 모든 양륙비용; 그리고

c) where applicable, the costs of customs formalities necessary for export and import as well as all duties, taxes and other charges payable upon export and import of the goods, and the costs for their transport through any country prior to delivery in accordance with A4.

적용할 수 있는 경우에는, 물품의 수출 및 수입시에 지급되어야 하는 모든 관세, 조세 및 기타 요금뿐만 아니라, 수출 및 수입을 위하여 필요한 통관절차의 비용, 그리고 A4에 따라 인도하기 전에 타국을 통과하는 물품의 운송을 위한 비용.

B6 Allocation of costs(비용의 분배)

The buyer must pay

a) all costs relating to the goods from the time they have been delivered as envisaged in A4;

매수인은 다음의 비용을 지급하여야 한다.

물품이 A4에서 예상된 대로 인도된 때부터 물품에 관한 모든 비용;

b) all costs of unloading necessary to take delivery of the goods from the arriving means of transport at the named place of destination, unless such costs were for the seller's account under the contract of carriage; and

지정된 목적지에서 도착하는 운송수단으로부터 물품의 인도를 수취하기 위하여 필요한 모든 양륙비용, 다만 그러한 비용이 운송계약에서 매도인의 부담으로 되어 있지 아니한 경우에만 해당한다; 그리고

c) any additional costs incurred if it fails to fulfil its obligations in accordance with B2 or to give notice in accordance with B7, provided that the goods have been clearly identified as the contract goods.

매수인이 B2에 따라 자신의 의무를 이행하지 아니하거나 또는 B7에 따라 통지를 하지 아니한 경우 발생된 모든 추가비용. 다만 그 물품은 계약물품으로서 명확히 특정되어야 한다.

A7 Notices to the buyer(매수인에 대한 통지)

The seller must give the buyer any notice needed in order to allow the buyer to take measures that are normally necessary to enable the buyer to take delivery of the goods.

매도인은 매수인이 물품의 인도를 수취하는데 일반적으로 필요한 조치를 취하도록 하기 위하여 필요한 모든 통지를 매수인에게 하여야 한다.

B7 Notices to the seller(매도인에 대한 통지)

The buyer must, whenever it is entitled to determine the time within an agreed period and/or the point of taking delivery within the named place of destination, give the seller sufficient notice thereof.

매수인은 합의된 기간 내의 시기 및/또는 지정된 목적지 내의 인도의 수취지점을 결정할 권한이 있는 때에는 이에 대한 충분한 통지를 매도인에게 하여야 한다.

A8 Delivery document(인도서류)

The seller must provide the buyer, at the seller's expense, with a document enabling the buyer to take delivery of the goods as envisaged in A4/B4.

매도인은 매도인의 비용으로 매수인이 A4/B4에서 예상된 대로 물품의 인도를 수취할 수 있도

DDP

록 하는 서류를 매수인에게 제공하여야 한다.

B8 Proof of delivery(인도의 증거)

The buyer must accept the proof of delivery provided as envisaged in A8.
매수인은 A8에서 예상된 대로 제공된 인도의 증거를 수리하여야 한다.

A9 Checking-packaging-marking(검사·포장·화인)

The seller must pay the costs of those checking operations (such as checking quality, measuring, weighing, counting) that are necessary for the purpose of delivering the goods in accordance with A4 as well, as the cost of any pre-shipment inspection mandated by the authority of the country of export or of import.
매도인은 수출국 또는 수입국의 당국이 명령한 선적전검사의 비용뿐만 아니라, A4에 따라 물품을 인도하기 위하여 필요한 검사업무(예를 들면, 품질, 용적, 중량, 개수의 검사)의 비용을 지급하여야 한다.

The seller must, at its own expense, package the goods, unless it is usual for the particular trade to transport the type of goods sold unpackaged. The seller may package the goods in the manner appropriate for their transport, unless the buyer has notified the seller of specific packaging requirements before the contract of sale is concluded. Packaging is to be marked appropriately.
매도인은 매각된 유형의 물품을 포장 없이 운송하는 것이 특정거래에서 관습이 아닌 한, 자신의 비용으로 물품을 포장하여야 한다. 매도인은 매수인이 매매계약의 체결 전에 특정 포장요건을 매도인에게 통지하지 아니한 한, 물품의 운송을 위하여 적절한 방법으로 물품을 포장할 수 있다. 포장에는 적절한 화인을 하여야 한다.

B9 Inspection of goods(물품의 검사)

The buyer has no obligation to the seller to pay the costs of any mandatory pre-shipment inspection mandated by the authorities of the country of export or of import.
매수인은 매도인에 대하여 수출국 또는 수입국의 당국이 명령한 모든 강행적인 선적전검사의 비용을 지급할 의무가 없다.

A10 Assistance with information and related costs (정보에 따른 협조 및 관련 비용)

The seller must, where applicable, in a timely manner, provide to or render assistance in obtaining for the buyer, at the buyer's request, risk and expense, any documents and information, including security-related information, that the buyer needs for the transport of the goods to the final destination, where applicable, from the named place of destination.
매도인은 적용할 수 있는 경우에는, 적기에, 매수인의 요청에 따라, 매수인의 위험과 비용으로, 매수인이 지정된 목적지로부터, 적용할 수 있는 경우에는, 최종 목적지까지 물품의 운송을 위하여 필요로 하는, 보안관련 정보를 포함하는 모든 서류와 정보를 매수인에게 제공하거나 또는 이를 매수인을 위하여 취득하는데 협조를 제공하여야 한다.

The seller must reimburse the buyer for all costs and charges incurred by the buyer in providing or rendering assistance in obtaining documents and information as envisaged in B10.
매도인은 B10에서 예상된 대로 서류와 정보를 제공하거나 또는 이를 취득하는데 협조를 제공함에 있어서 매수인이 부담한 모든 비용과 요금을 매수인에게 상환하여야 한다.

B10 Assistance with information and related costs(정보에 따른 협조 및 관련 비용)

The buyer must, in a timely manner, advise the seller of any security information requirements so that the seller may comply with A10.
매수인은, 적기에, 매도인이 A10에 따를 수 있도록 모든 보안정보요건을 매도인에게 통지하여야 한다.

The buyer must reimburse the seller for all costs and charges incurred by the seller in providing or rendering assistance in obtaining documents and information as envisaged in A10.
매수인은 A10에서 예상된 대로 서류와 정보를 제공하거나 또는 이를 취득하는데 협조를 제공함에 있어서 매도인이 부담한 모든 비용과 요금을 매도인에게 상환하여야 한다.

The buyer must, where applicable, in a timely manner, provide to or render assistance in obtaining for the seller, at the seller's request, risk and expense, any documents and information, including security-related information, that the seller needs for the transport, export and import of the goods and for their transport through any country.
매수인은 적용할 수 있는 경우에는, 적기에, 매도인의 요청에 따라, 매도인의 위험과 비용으로, 매도인이 물품의 운송, 수출과 수입을 위하여 그리고 타국을 통과하는 물품의 운송을 위하여 필요로 하는, 보안관련 정보를 포함하는 모든 서류와 정보를 매도인에게 제공하거나 또는 이를 매도인을 위하여 취득하는데 협조를 제공하여야 한다.

RULES FOR SEA
AND INLAND
WATERWAY
TRANSPORT

해상 및
내륙수로
운송을 위한
규칙

선측인도 **FAS**

FREE ALONGSIDE SHIP

FAS (insert named port of shipment) Incoterms® 2010

FAS (지정선적항 삽입) 인코텀즈® 2010

GUIDANCE NOTE(지침문)

This rule is to be used only for sea or inland waterway transport.
이 규칙은 해상 또는 내륙수로운송만을 위하여 사용되어야 한다.

"Free Alongside Ship" means that the seller delivers when the goods are placed alongside the vessel (e.g., on a quay or a barge) nominated by the buyer at the named port of shipment. The risk of loss of or damage to the goods passes when the goods are alongside the ship, and the buyer bears all costs from that moment onwards.
"선측인도"란 물품이 지정된 선적항에서 매수인에 의하여 지정된 선측에(예를 들면, 부두 또는 부선 상에) 놓여졌을 때 매도인이 인도하는 것을 말한다. 물품의 멸실 또는 손상의 위험은 물품이 선측에 있을 때 이전하고, 매수인은 그 순간부터 모든 비용을 부담한다.

The parties are well advised to specify as clearly as possible the loading point at the named port of shipment, as the costs and risks to that point are for the account of the seller and these costs and associated handling charges may vary according to the practice of the port.
당사자는 지정된 선적항의 적재지점을 가능한 한 명확히 명시하는 것이 현명하다. 왜냐하면, 그 지점까지의 비용과 위험이 매도인의 부담이고 이러한 비용과 이와 관련된 취급비용이 항구의 관행에 따라 다를 수 있기 때문이다.

The seller is required either to deliver the goods alongside the ship or to procure goods already so delivered for shipment. The reference to "procure" here caters for multiple sales down a chain ('string sales'), particularly common in the commodity trades.
매도인은 본선의 선측에서 물품을 인도하거나 또는 선적을 위하여 이미 그렇게 인도된 물품을 조달하도록 요구된다. 여기에서 "조달"에 대하여 언급하는 것은 특히 1차산품 거래에서 일반적인 연쇄적으로 행해지는 다수의 매매('연속매매')에 부응하기 위한 것이다.

Where the goods are in containers, it is typical for the seller to hand the goods over to the carrier at a terminal and not alongside the vessel. In such situations, the FAS rule would be inappropriate, and the FCA rule should he used.

물품이 컨테이너에 적입되어 있는 경우에는, 매도인은 본선의 선측이 아니라 터미널에서 운송인에게 물품을 인도하는 것이 전형적이다. 그러한 상황에서는, FAS규칙은 부적당하고, FCA규칙이 사용되어야 한다.

FAS requires the seller to clear the goods for export, where applicable. However, the seller has no obligation to clear the goods for import, pay any import duty or carry out any import customs formalities.

FAS는 적용할 수 있는 경우에는, 매도인이 수출을 위하여 물품을 통관할 것을 요구하고 있다. 그러나 매도인은 수입을 위하여 물품을 통관하거나, 수입관세를 지급하거나 또는 수입통관절차를 수행할 의무가 없다.

FAS

A THE SELLER'S OBLIGATIONS(매도인의 의무)
B THE BUYER'S OBLIGATIONS(매수인의 의무)

A1 General obligations of the seller(매도인의 일반의무)

The seller must provide the goods and the commercial invoice in conformity with the contract of sale and any other evidence of conformity that may be required by the contract.
매도인은 매매계약에 일치하는 물품과 상업송장 및 계약에서 요구될 수 있는 기타 모든 일치의 증거를 제공하여야 한다.

Any document referred to in A1-A10 may be an equivalent electronic record or procedure if agreed between the parties or customary.
A1-A10에 언급된 모든 서류는 당사자 간에 합의되거나 또는 관습적인 경우에는 동등한 전자기록 또는 절차일 수 있다.

B1 General obligations of the buyer(매수인의 일반의무)

The buyer must pay the price of the goods as provided in the contract of sale.
매수인은 매매계약에 규정된 대로 물품의 대금을 지급하여야 한다.

Any document referred to in Bl-B10 may be an equivalent electronic record or procedure if agreed between the parties or customary.
B1-B10에 언급된 모든 서류는 당사자 간에 합의되거나 또는 관습적인 경우에는 동등한 전자기록 또는 절차일 수 있다.

A2 Licences, authorizations, security clearances and other formalities
(허가, 인가, 보안통관 및 기타 절차)

Where applicable, the seller must obtain, at its own risk and expense, any export licence or other official authorization and carry out all customs formalities necessary for the export of the goods.
적용할 수 있는 경우에는, 매도인은 자신의 위험과 비용으로 모든 수출허가 또는 기타 공적 인가를 취득하고 물품의 수출을 위하여 필요한 모든 통관절차를 수행하여야 한다.

B2 Licences, authorizations, security clearances and other formalities
(허가, 인가, 보안통관 및 기타 절차)

Where applicable, it is up to the buyer to obtain, at its own risk and expense, any import licence or other official authorization and carry out all customs formalities for the import of the goods and for their transport through any country.
적용할 수 있는 경우에는, 자신의 위험과 비용으로, 모든 수입허가 또는 기타 공적 인가를 취득하고 물품의 수입을 위하여 그리고 타국을 통과하는 물품의 운송을 위하여 모든 통관절차를 수행하는 것은 매수인의 책임이다.

A3 Contracts of carriage and insurance(운송 및 보험계약)

a) Contract of carriage(운송계약)

The seller has no obligation to the buyer to make a contract of carriage. However, if requested by the buyer or if it is commercial practice and the buyer does not give an instruction to the contrary in due time, the seller may contract for carriage on usual terms at the buyer's risk and expense. In either case, the seller may decline to make the contract of carriage and, if it does, shall promptly notify the buyer.

매도인은 매수인에 대하여 운송계약을 체결할 의무가 없다. 그러나 매수인이 요청하는 경우 또는 그것이 상관행이고 매수인이 적기에 반대의 지시를 하지 않는 경우에는 매도인은 매수인의 위험과 비용으로 통상적인 조건의 운송계약을 체결할 수 있다. 어떠한 경우에도, 매도인은 운송계약의 체결을 거절할 수 있으며, 그러한 경우에는 매수인에게 즉시 통지하여야 한다.

b) Contract of insurance(보험계약)

The seller has no obligation to the buyer to make a contract of insurance. However, the seller must provide the buyer, at the buyer's request, risk and expense (if any), with information that the buyer needs for obtaining insurance.

매도인은 매수인에 대하여 보험계약을 체결할 의무가 없다. 그러나 매도인은 매수인의 요청에 따라, 매수인의 위험과 비용으로(있는 경우) 매수인이 보험을 취득하기 위하여 필요로 하는 정보를 매수인에게 제공하여야 한다.

B3 Contracts of carriage and insurance(운송 및 보험계약)

a) Contract of carriage(운송계약)

The buyer must contract at its own expense for the carriage of the goods from the named port of shipment, except when the contract of carriage is made by the seller as provided for in A3 a).

매수인은 자신의 비용으로 지정된 선적항으로부터 물품의 운송계약을 체결하여야 한다. 다만, A3 a)에 규정된 대로 운송계약이 매도인에 의하여 체결되는 경우를 제외한다.

b) Contract of insurance(보험계약)

The buyer has no obligation to the seller to make a contract of insurance.

매수인은 매도인에 대하여 보험계약을 체결할 의무가 없다.

A4 Delivery(인도)

The seller must deliver the goods either by placing them alongside the ship nominated by the buyer at the loading point, if any, indicated by the buyer at the named port of shipment or by procuring the goods so delivered. In either case, the seller must deliver the goods on the agreed date or within the agreed period and in the manner customary at the port.

매도인은 지정된 선적항에서 매수인에 의하여 지시된 적재지점(있는 경우)에서 매수인에 의하여 지정된 본선의 선측에 물품을 놓아두거나 또는 그렇게 인도된 물품을 조달함으로써 물품을 인도하여야 한다. 어떠한 경우에도, 매도인은 합의된 일자에 또는 합의된 기간 내에 그리고 그 항구의 관습적인 방법으로 물품을 인도하여야 한다.

If no specific loading point has been indicated by the buyer, the seller may select the point within the named port of shipment that best suits its purpose. If the parties have agreed that delivery

should take place within a period, the buyer has the option to choose the date within that period.
특정 적재지점이 매수인에 의하여 지시되지 아니한 경우에는, 매도인은 자신의 목적에 가장 적합한 지정된 선적항 내의 지점을 선택할 수 있다. 인도가 어떤 기간 내에 행해져야 한다고 당사자가 합의한 경우에는, 매수인은 그 기간 내의 일자를 결정할 선택권을 가진다.

B4 Taking delivery(인도의 수취)

The buyer must take delivery of the goods when they have been delivered as envisaged in A4.
매수인은 물품이 A4에서 예상된 대로 인도되었을 때 물품의 인도를 수취하여야 한다.

A5 Transfer of risks(위험의 이전)

The seller bears all risks of loss of or damage to the goods until they have been delivered in accordance with A4, with the exception of loss or damage in the circumstances described in B5.
매도인은 B5에서 설명된 상황의 멸실 또는 손상을 제외하고는, 물품이 A4에 따라 인도될 때까지 물품의 멸실 또는 손상의 모든 위험을 부담한다.

B5 Transfer of risks(위험의 이전)

The buyer bears all risks of loss of or damage to the goods from the time they have been delivered as envisaged in A4.
매수인은 물품이 A4에서 예상된 대로 인도된 때부터 물품의 멸실 또는 손상의 모든 위험을 부담한다.

If
a) the buyer fails to give notice in accordance with B7; or
만일
매수인이 B7에 따라 통지를 하지 아니하는 경우에는; 또는

b) the vessel nominated by the buyer fails to arrive on time, or fails to take the goods or closes for cargo earlier than the time notified in accordance with B7;
매수인에 의하여 지정된 본선이 예정대로 도착하지 아니하거나, 또는 물품을 수취하지 아니하거나, 또는 B7에 따라 통지된 시간보다 일찍 화물인수를 마감하는 경우에는;

then the buyer bears all risks of loss of or damage to the goods from the agreed date or the expiry date of the agreed period for delivery, provided that the goods have been clearly identified as the contract goods.
매수인은 인도를 위하여 합의된 일자 또는 합의된 기간의 만기일로부터 물품의 멸실 또는 손상의 모든 위험을 부담한다. 다만, 그 물품은 계약물품으로서 명확히 특정되어 있는 것을 조건으로 한다.

A6 Allocation of costs(비용의 분배)

The seller must pay
a) all costs relating to the goods until they have been delivered in accordance with A4, other than those payable by the buyer as envisaged in B6; and

매도인은 다음의 비용을 지급하여야 한다.

B6에서 예상된 대로 매수인에 의하여 지급되어야 하는 비용이외의, 물품이 A4에 따라 인도될 때까지 물품에 관한 모든 비용; 그리고

b) where applicable, the costs of customs formalities necessary for export as well as all duties, taxes, and other charges payable upon export.

적용할 수 있는 경우에는, 수출시에 지급되어야 하는 모든 관세, 조세 및 기타 요금뿐만 아니라, 수출을 위하여 필요한 통관절차의 비용.

B6　Allocation of costs(비용의 분배)

The buyer must pay

a) all costs relating to the goods from the time they have been delivered as envisaged in A4, except, where applicable, the costs of customs formalities necessary for export as well as all duties, taxes, and other charges payable upon export as referred to in A6 b);

매수인은 다음의 비용을 지급하여야 한다.

물품이 A4에서 예상된 대로 인도된 때부터 물품에 관한 모든 비용, 다만 적용할 수 있는 경우에는, A6 b)에 언급된 대로 수출시에 지급되어야 하는 모든 관세, 조세 및 기타 요금뿐만 아니라 수출을 위하여 필요한 통관절차의 비용을 제외한다.

b) any additional costs incurred, either because:

다음의 사유로 발생하는 모든 추가비용

(i) the buyer has failed to give appropriate notice in accordance with B7, or

　　매수인이 B7에 따라 적절한 통지를 하지 아니한 경우, 또는

(ii) the vessel nominated by the buyer fails to arrive on time, is unable to take the goods, or closes for cargo earlier than the time notified in accordance with B7,

　　매수인에 의하여 지정된 본선이 예정대로 도착하지 아니하거나, 물품을 수취할 수 없거나, 또는 B7에 따라 통지된 시간보다 일찍 화물인수를 마감하는 경우;

provided that the goods have been clearly identified as the contract goods; and

다만 그 물품은 계약물품으로서 명확히 특정되어야 한다; 그리고

c) where applicable, all duties, taxes and other charges, as well as the costs of carrying out customs formalities payable upon import of the goods and the costs for their transport through any country.

c) 적용할 수 있는 경우에는, 물품의 수입시에 지급되어야 하는 통관절차를 수행하는 비용뿐만 아니라 모든 관세, 조세 및 기타 요금 그리고 타국을 통과하는 물품의 운송을 위한 비용.

A7　Notices to the buyer(매수인에 대한 통지)

The seller must, at the buyer's risk and expense, give the buyer sufficient notice either that the goods have been delivered in accordance with A4 or that the vessel has failed to take the goods within the time agreed.

매도인은 매수인의 위험과 비용으로, 물품이 A4에 따라 인도되었다는 사실 또는 본선이 합의된 시기 내에 물품을 수취하지 아니하였다는 사실에 대한 충분한 통지를 매수인에게 하여야 한다.

B7 Notices to the seller(매도인에 대한 통지)

The buyer must give the seller sufficient notice of the vessel name, loading point and, where necessary, the selected delivery time within the agreed period.
매수인은 본선명, 적재지점 및 필요한 경우에는 합의된 기간 내의 선택된 인도시기에 대한 충분한 통지를 매도인에게 하여야 한다.

A8 Delivery document(인도서류)

The seller must provide the buyer, at the seller's expense, with the usual proof that the goods have been delivered in accordance with A4.
매도인은 매도인의 비용으로 물품이 A4에 따라 인도되었다는 통상적인 증거를 매수인에게 제공하여야 한다.

Unless such proof is a transport document, the seller must provide assistance to the buyer, at the buyer's request, risk and expense, in obtaining a transport document.
그러한 증거가 운송서류가 아닌 한, 매도인은 매수인의 요청에 따라, 매수인의 위험과 비용으로 운송서류를 취득하는데 매수인에게 협조를 제공하여야 한다.

B8 Proof of delivery(인도의 증거)

The buyer must accept the proof of delivery provided as envisaged in A8.
매수인은 A8에서 예상된 대로 제공된 인도의 증거를 수리하여야 한다.

A9 Checking-packaging-marking(검사·포장·화인)

The seller must pay the costs of those checking operations (such as checking quality, measuring, weighing, counting) that are necessary for the purpose of delivering the goods in accordance with A4 as well, as the cost of any pre-shipment inspection mandated by the authority of the country of export.
매도인은 수출국의 당국이 명령한 선적전검사의 비용뿐만 아니라, A4에 따라 물품을 인도하기 위하여 필요한 검사업무(예를 들면, 품질, 용적, 중량, 개수의 검사)의 비용을 지급하여야 한다.

The seller must, at its own expense, package the goods, unless it is usual for the particular trade to transport the type of goods sold unpackaged. The seller may package the goods in the manner appropriate for their transport, unless the buyer has notified the seller of specific packaging requirements before the contract of sale is concluded. Packaging is to be marked appropriately.
매도인은 매각된 유형의 물품을 포장 없이 운송하는 것이 특정거래에서 관습이 아닌 한, 자신의 비용으로 물품을 포장하여야 한다. 매도인은 매수인이 매매계약의 체결 전에 특정 포장요건을 매도인에게 통지하지 아니한 한, 물품의 운송을 위하여 적절한 방법으로 물품을 포장할 수 있다. 포장에는 적절한 화인을 하여야 한다.

B9 Inspection of goods(물품의 검사)

The buyer must pay the costs of any mandatory pre-shipment inspection, except when such inspection is mandated by the authorities of the country of export.

매수인은 모든 강행적인 선적전검사의 비용을 지급하여야 한다. 다만, 그러한 검사가 수출국의 당국에 의하여 명령된 경우를 제외한다.

A10 Assistance with information and related costs(정보에 따른 협조 및 관련 비용)

The seller must, where applicable, in a timely manner, provide to or render assistance in obtaining for the buyer, at the buyer's request, risk and expense, any documents and information, including security-related information, that the buyer needs for the import of the goods and/or for their transport to the final destination.

매도인은 적용할 수 있는 경우에는, 적기에, 매수인의 요청에 따라, 매수인의 위험과 비용으로, 매수인이 물품의 수입을 위하여 및/또는 최종 목적지까지 물품의 운송을 위하여 필요로 하는, 보안관련 정보를 포함하는 모든 서류와 정보를 매수인에게 제공하거나 또는 이를 매수인을 위하여 취득하는데 협조를 제공하여야 한다.

The seller must reimburse the buyer for all costs and charges incurred by the buyer in providing or rendering assistance in obtaining documents and information as envisaged in B10.

매도인은 B10에서 예상된 대로 서류와 정보를 제공하거나 또는 이를 취득하는데 협조를 제공함에 있어서 매수인이 부담한 모든 비용과 요금을 매수인에게 상환하여야 한다.

B10 Assistance with information and related costs(정보에 따른 협조 및 관련 비용)

The buyer must, in a timely manner, advise the seller of any security information requirements so that the seller may comply with A10.

매수인은, 적기에, 매도인이 A10에 따를 수 있도록 모든 보안정보요건을 매도인에게 통지하여야 한다.

The buyer must reimburse the seller for all costs and charges incurred by the seller in providing or rendering assistance in obtaining documents and information as envisaged in A10.

매수인은 A10에서 예상된 대로 서류와 정보를 제공하거나 또는 이를 취득하는데 협조를 제공함에 있어서 매도인이 부담한 모든 비용과 요금을 매도인에게 상환하여야 한다.

The buyer must, where applicable, in a timely manner, provide to or render assistance in obtaining for the seller, at the seller's request, risk and expense, any documents and information, including security-related information, that the seller needs for the transport and export of the goods and for their transport through any country.

매수인은 적용할 수 있는 경우에는, 적기에, 매도인의 요청에 따라, 매도인의 위험과 비용으로, 매도인이 물품의 운송과 수출을 위하여 그리고 타국을 통과하는 물품의 운송을 위하여 필요로 하는, 보안관련 정보를 포함하는 모든 서류와 정보를 매도인에게 제공하거나 또는 이를 매도인을 위하여 취득하는데 협조를 제공하여야 한다.

FAS

FOB (insert named port of shipment) Incoterms® 2010
FOB (지정선적항 삽입) 인코텀즈® 2010

GUIDANCE NOTE(지침문)

This rule is to be used only for sea or inland waterway transport.
이 규칙은 해상 또는 내륙수로운송만을 위하여 사용되어야 한다.

"Free on Board" means that the seller delivers the goods on board the vessel nominated by the buyer at the named port of shipment or procures the goods already so delivered. The risk of loss of or damage to the goods passes when the goods are on board the vessel, and the buyer bears all costs from that moment onwards.
"본선인도"란 매도인이 지정된 선적항에서 매수인에 의하여 지정된 본선의 선상에서 물품을 인도하거나 또는 이미 그렇게 인도된 물품을 조달하는 것을 말한다. 물품의 멸실 또는 손상의 위험은 물품이 본선의 선상에 있을 때 이전하고, 매수인은 그 순간부터 모든 비용을 부담한다.

The seller is required either to deliver the goods on board the vessel or to procure goods already so delivered for shipment. The reference to "procure" here caters for multiple sales down a chain ('string sales'), particularly common in the commodity trades.
매도인은 본선의 선상에서 물품을 인도하거나 또는 선적을 위하여 이미 그렇게 인도된 물품을 조달하도록 요구된다. 여기에서 "조달"에 대하여 언급하는 것은 특히 1차산품 거래에서 일반적인 연쇄적으로 행해지는 다수의 매매('연속매매')에 부응하기 위한 것이다.

FOB may not be appropriate where goods are handed over to the carrier before they are on board the vessel, for example goods in containers, which are typically delivered at a terminal. In such situations, the FCA rule should be used.
FOB는 물품이 본선의 선상에 놓여지기 전에 운송인에게 인도되는 경우에는, 예를 들면 전형적으로 터미널에서 인도되는 컨테이너물품의 경우에는 적당하지 아니할 수 있다. 그러한 상황에서는 FCA 규칙이 사용되어야 한다.

FOB requires the seller to clear the goods for export, where applicable. However, the seller has no obligation to clear the goods for import, pay any import duty or carry out any import customs formalities.

FOB는 적용할 수 있는 경우에는, 매도인이 수출을 위하여 물품을 통관할 것을 요구하고 있다. 그러나 매도인은 수입을 위하여 물품을 통관하거나, 수입관세를 지급하거나 또는 수입통관절차를 수행할 의무가 없다.

FOB

A THE SELLER'S OBLIGATIONS(매도인의 의무)
B THE BUYER'S OBLIGATIONS(매수인의 의무)

A1 General obligations of the seller(매도인의 일반의무)

The seller must provide the goods and the commercial invoice in conformity with the contract of sale and any other evidence of conformity that may be required by the contract.
매도인은 매매계약에 일치하는 물품과 상업송장 및 계약에서 요구될 수 있는 기타 모든 일치의 증거를 제공하여야 한다.

Any document referred to in A1-A10 may be an equivalent electronic record or procedure if agreed between the parties or customary.
A1-A10에 언급된 모든 서류는 당사자 간에 합의되거나 또는 관습적인 경우에는 동등한 전자기록 또는 절차일 수 있다.

B1 General obligations of the buyer(매수인의 일반의무)

The buyer must pay the price of the goods as provided in the contract of sale.
매수인은 매매계약에 규정된 대로 물품의 대금을 지급하여야 한다.

Any document referred to in Bl-B10 may be an equivalent electronic record or procedure if agreed between the parties or customary.
B1-B10에 언급된 모든 서류는 당사자 간에 합의되거나 또는 관습적인 경우에는 동등한 전자기록 또는 절차일 수 있다.

A2 Licences, authorizations, security clearances and other formalities
(허가, 인가, 보안통관 및 기타 절차)

Where applicable, the seller must obtain, at its own risk and expense, any export licence or other official authorization and carry out all customs formalities necessary for the export of the goods.
적용할 수 있는 경우에는, 매도인은 자신의 위험과 비용으로 모든 수출허가 또는 기타 공적 인가를 취득하고 물품의 수출을 위하여 필요한 모든 통관절차를 수행하여야 한다.

B2 Licences, authorizations, security clearances and other formalities
(허가, 인가, 보안통관 및 기타 절차)

Where applicable, it is up to the buyer to obtain, at its own risk and expense, any import licence or other official authorization and carry out all customs formalities for the import of the goods and for their transport through any country.
적용할 수 있는 경우에는, 자신의 위험과 비용으로, 모든 수입허가 또는 기타 공적 인가를 취득하고 물품의 수입을 위하여 그리고 타국을 통과하는 물품의 운송을 위하여 모든 통관절차를 수행하는 것은 매수인의 책임이다.

FOB

A3　Contracts of carriage and insurance(운송 및 보험계약)

a) Contract of carriage(운송계약)

The seller has no obligation to the buyer to make a contract of carriage. However, if requested by the buyer or if it is commercial practice and the buyer does not give an instruction to the contrary in due time, the seller may contract for carriage on usual terms at the buyer's risk and expense. In either case, the seller may decline to make the contract of carriage and, if it does, shall promptly notify the buyer.

매도인은 매수인에 대하여 운송계약을 체결할 의무가 없다. 그러나 매수인이 요청하는 경우 또는 그것이 상관행이고 매수인이 적기에 반대의 지시를 하지 않는 경우에는 매도인은 매수인의 위험과 비용으로 통상적인 조건의 운송계약을 체결할 수 있다. 어떠한 경우에도, 매도인은 운송계약의 체결을 거절할 수 있으며, 그러한 경우에는 매수인에게 즉시 통지하여야 한다.

b) Contract of insurance(보험계약)

The seller has no obligation to the buyer to make a contract of insurance. However, the seller must provide the buyer, at the buyer's request, risk and expense (if any), with information that the buyer needs for obtaining insurance.

매도인은 매수인에 대하여 보험계약을 체결할 의무가 없다. 그러나 매도인은 매수인의 요청에 따라, 매수인의 위험과 비용으로(있는 경우) 매수인이 보험을 취득하기 위하여 필요로 하는 정보를 매수인에게 제공하여야 한다.

FOB

B3　Contracts of carriage and insurance(운송 및 보험계약)

a) Contract of carriage(운송계약)

The buyer must contract at its own expense for the carriage of the goods from the named port of shipment, except when the contract of carriage is made by the seller as provided for in A3 a).

매수인은 자신의 비용으로 지정된 선적항으로부터 물품의 운송계약을 체결하여야 한다. 다만, A3 a)에 규정된 대로 운송계약이 매도인에 의하여 체결되는 경우를 제외한다.

b) Contract of insurance(보험계약)

The buyer has no obligation to the seller to make a contract of insurance.

매수인은 매도인에 대하여 보험계약을 체결할 의무가 없다.

A4　Delivery(인도)

The seller must deliver the goods either by placing them on board the vessel nominated by the buyer at the loading point, if any, indicated by the buyer at the named port of shipment or by procuring the goods so delivered. In either case, the seller must deliver the goods on the agreed date or within the agreed period and in the manner customary at the port.

매도인은 지정된 선적항에서 매수인에 의하여 지시된 적재지점(있는 경우)에서 매수인에 의하여 지정된 본선의 선상에 물품을 놓아두거나 또는 그렇게 인도된 물품을 조달함으로써 물품을 인도하여야 한다. 어떠한 경우에도, 매도인은 합의된 일자에 또는 합의된 기간 내에 그리고 그 항구의 관습적인 방법으로 물품을 인도하여야 한다.

If no specific loading point has been indicated by the buyer, the seller may select the point within the named port of shipment that best suits its purpose.

특정 적재지점이 매수인에 의하여 지시되지 아니한 경우에는, 매도인은 자신의 목적에 가장 적합한 지정된 선적항 내의 지점을 선택할 수 있다.

B4 Taking delivery(인도의 수취)

The buyer must take delivery of the goods when they have been delivered as envisaged in A4.

매수인은 물품이 A4에서 예상된 대로 인도되었을 때 물품의 인도를 수취하여야 한다.

A5 Transfer of risks(위험의 이전)

The seller bears all risks of loss of or damage to the goods until they have been delivered in accordance with A4, with the exception of loss or damage in the circumstances described in B5.

매도인은 B5에서 설명된 상황의 멸실 또는 손상을 제외하고는, 물품이 A4에 따라 인도될 때까지 물품의 멸실 또는 손상의 모든 위험을 부담한다.

B5 Transfer of risks(위험의 이전)

The buyer bears all risks of loss of or damage to the goods from the time they have been delivered as envisaged in A4.

매수인은 물품이 A4에서 예상된 대로 인도된 때부터 물품의 멸실 또는 손상의 모든 위험을 부담한다.

If

a) the buyer fails to notify the nomination of a vessel in accordance with B7; or

만일

매수인이 B7에 따라 본선의 지정을 통지하지 아니하는 경우에는; 또는

b) the vessel nominated by the buyer fails to arrive on time to enable the seller to comply with A4, is unable to take the goods, or closes for cargo earlier than the time notified in accordance with B7;

매수인이 지정한 본선이 매도인에게 A4에 따르는 것을 가능하게 하기 위하여 예정대로 도착하지 아니하거나, 또는 물품을 수취할 수 없거나, 또는 B7에 따라 통지된 시간보다 일찍 화물 인수를 마감하는 경우에는;

then, the buyer bears all risks of loss of or damage to the goods:

매수인은 다음의 시점부터 물품의 멸실 또는 손상의 모든 위험을 부담한다:

(i) from the agreed date, or in the absence of an agreed date,

합의된 일자로부터, 또는 합의된 일자가 없는 경우에는,

(ii) from the date notified by the seller under A7 within the agreed period, or, if no such date has been notified,

합의된 기간 내에 A7에 따라 매도인에 의하여 통지된 일자로부터; 또는, 그러한 일자가 통지되지 아니한 경우에는,

(iii) from the expiry date of any agreed period for delivery,

인도를 위하여 합의된 기간의 만기일로부터

provided that the goods have been clearly identified as the contract goods.

다만, 그 물품은 계약물품으로서 명확히 특정되어 있는 것을 조건으로 한다.

A6 Allocation of costs(비용의 분배)

The seller must pay

a) all costs relating to the goods until they have been delivered in accordance with A4, other than those payable by the buyer as envisaged in B6; and

매도인은 다음의 비용을 지급하여야 한다.

B6에서 예상된 대로 매수인에 의하여 지급되어야 하는 비용이외의, 물품이 A4에 따라 인도될 때까지 물품에 관한 모든 비용; 그리고

b) where applicable, the costs of customs formalities necessary for export as well as all duties, taxes and other charges payable upon export.

적용할 수 있는 경우에는, 수출시에 지급되어야 하는 모든 관세, 조세 및 기타 요금뿐만 아니라, 수출을 위하여 필요한 통관절차의 비용.

B6 Allocation of costs(비용의 분배)

The buyer must pay

a) all costs relating to the goods from the time they have been delivered as envisaged in A4, except, where applicable, the costs of customs formalities necessary for export, as well as all duties, taxes and other charges payable upon export as referred to in A6 b);

매수인은 다음의 비용을 지급하여야 한다.

물품이 A4에서 예상된 대로 인도된 때부터 물품에 관한 모든 비용, 다만 적용할 수 있는 경우에는, A6 b)에 언급된 대로 수출시에 지급되어야 하는 모든 관세, 조세 및 기타 요금뿐만 아니라 수출을 위하여 필요한 통관절차의 비용을 제외한다.

b) any additional costs incurred, either because:

다음의 사유로 발생하는 모든 추가비용

(i) the buyer has failed to give appropriate notice in accordance with B7, or

　　매수인이 B7에 따라 적절한 통지를 하지 아니한 경우, 또는

(ii) the vessel nominated by the buyer fails to arrive on time, is unable to take the goods, or closes for cargo earlier than the time notified in accordance with B7,

　　매수인에 의하여 지정된 본선이 예정대로 도착하지 아니하거나, 물품을 수취할 수 없거나, 또는 B7에 따라 통지된 시간보다 일찍 화물인수를 마감하는 경우;

provided that the goods have been clearly identified as the contract goods; and

다만 그 물품은 계약물품으로서 명확히 특정되어야 한다; 그리고

c) where applicable, all duties, taxes and other charges, as well as the costs of carrying out customs formalities payable upon import of the goods and the costs for their transport through any country.

적용할 수 있는 경우에는, 물품의 수입시에 지급되어야 하는 통관절차를 수행하는 비용뿐만 아니라 모든 관세, 조세 및 기타 요금 그리고 타국을 통과하는 물품의 운송을 위한 비용.

A7 Notices to the buyer(매수인에 대한 통지)

The seller must, at the buyer's risk and expense, give the buyer sufficient notice either that the goods have been delivered in accordance with A4 or that the vessel has failed to take the goods within the time agreed.

매도인은 매수인의 위험과 비용으로, 물품이 A4에 따라 인도되었다는 사실 또는 본선이 합의된 시기 내에 물품을 수취하지 아니하였다는 사실에 대한 충분한 통지를 매수인에게 하여야 한다.

B7 Notices to the seller(매도인에 대한 통지)

The buyer must give the seller sufficient notice of the vessel name, loading point and, where necessary, the selected delivery time within the agreed period.

매수인은 본선명, 적재지점 및 필요한 경우에는 합의된 기간 내의 선택된 인도시기에 대한 충분한 통지를 매도인에게 하여야 한다.

A8 Delivery document(인도서류)

The seller must provide the buyer, at the seller's expense, with the usual proof that the goods have been delivered in accordance with A4.

매도인은 매도인의 비용으로 물품이 A4에 따라 인도되었다는 통상적인 증거를 매수인에게 제공하여야 한다.

Unless such proof is a transport document, the seller must provide assistance to the buyer, at the buyer's request, risk and expense, in obtaining a transport document.

그러한 증거가 운송서류가 아닌 한, 매도인은 매수인의 요청에 따라, 매수인의 위험과 비용으로 운송서류를 취득하는데 매수인에게 협조를 제공하여야 한다.

B8 Proof of delivery(인도의 증거)

The buyer must accept the proof of delivery provided as envisaged in A8.

매수인은 A8에서 예상된 대로 제공된 인도의 증거를 수리하여야 한다.

A9 Checking-packaging-marking(검사·포장·화인)

The seller must pay the costs of those checking operations (such as checking quality, measuring, weighing, counting) that are necessary for the purpose of delivering the goods in accordance with A4 as well, as the cost of any pre-shipment inspection mandated by the authority of the country of export.

매도인은 수출국의 당국이 명령한 선적전검사의 비용뿐만 아니라, A4에 따라 물품을 인도하기 위하여 필요한 검사업무(예를 들면, 품질, 용적, 중량, 개수의 검사)의 비용을 지급하여야 한다.

The seller must, at its own expense, package the goods, unless it is usual for the particular trade to transport the type of goods sold unpackaged. The seller may package the goods in the manner appropriate for their transport, unless the buyer has notified the seller of specific packaging requirements before the contract of sale is concluded. Packaging is to be marked appropriately.

매도인은 매각된 유형의 물품을 포장 없이 운송하는 것이 특정거래에서 관습이 아닌 한, 자신의 비용으로 물품을 포장하여야 한다. 매도인은 매수인이 매매계약의 체결 전에 특정 포장요건을 매도인에게 통지하지 아니한 한, 물품의 운송을 위하여 적절한 방법으로 물품을 포장할 수 있다. 포장에는 적절한 화인을 하여야 한다.

B9 Inspection of goods(물품의 검사)

The buyer must pay the costs of any mandatory pre-shipment inspection, except when such inspection is mandated by the authorities of the country of export.

매수인은 모든 강행적인 선적전검사의 비용을 지급하여야 한다. 다만, 그러한 검사가 수출국의 당국에 의하여 명령된 경우를 제외한다.

A10 Assistance with information and related costs(정보에 따른 협조 및 관련 비용)

The seller must, where applicable, in a timely manner, provide to or render assistance in obtaining for the buyer, at the buyer's request, risk and expense, any documents and information, including security-related information, that the buyer needs for the import of the goods and/or for their transport to the final destination.

매도인은 적용할 수 있는 경우에는, 적기에, 매수인의 요청에 따라, 매수인의 위험과 비용으로, 매수인이 물품의 수입을 위하여 및/또는 최종 목적지까지 물품의 운송을 위하여 필요로 하는, 보안관련 정보를 포함하는 모든 서류와 정보를 매수인에게 제공하거나 또는 이를 매수인을 위하여 취득하는데 협조를 제공하여야 한다.

The seller must reimburse the buyer for all costs and charges incurred by the buyer in providing or rendering assistance in obtaining documents and information as envisaged in B10.

매도인은 B10에서 예상된 대로 서류와 정보를 제공하거나 또는 이를 취득하는데 협조를 제공함에 있어서 매수인이 부담한 모든 비용과 요금을 매수인에게 상환하여야 한다.

B10 Assistance with information and related costs(정보에 따른 협조 및 관련 비용)

The buyer must, in a timely manner, advise the seller of any security information requirements so that the seller may comply with A10.

매수인은, 적기에, 매도인이 A10에 따를 수 있도록 모든 보안정보요건을 매도인에게 통지하여야 한다.

The buyer must reimburse the seller for all costs and charges incurred by the seller in providing or rendering assistance in obtaining documents and information as envisaged in A10.

매수인은 A10에서 예상된 대로 서류와 정보를 제공하거나 또는 이를 취득하는데 협조를 제공함에 있어서 매도인이 부담한 모든 비용과 요금을 매도인에게 상환하여야 한다.

The buyer must, where applicable, in a timely manner, provide to or render assistance in obtaining for the seller, at the seller's request, risk and expense, any documents and information, including security-related information, that the seller needs for the transport and export of the goods and for their transport through any country.

매수인은 적용할 수 있는 경우에는, 적기에, 매도인의 요청에 따라, 매도인의 위험과 비용으로, 매도인이 물품의 운송과 수출을 위하여 그리고 타국을 통과하는 물품의 운송을 위하여 필요로 하는, 보안관련 정보를 포함하는 모든 서류와 정보를 매도인에게 제공하거나 또는 이를 매도인을 위하여 취득하는데 협조를 제공하여야 한다.

CFR
COST AND FREIGHT

CFR (insert named port of destination) Incoterms® 2010
CFR (지정목적항 삽입) 인코텀즈® 2010

DELIVERY

Seller

Buyer

CFR

GUIDANCE NOTE(지침문)

This rule is to be used only for sea or inland waterway transport.
이 규칙은 해상 또는 내륙수로운송만을 위하여 사용되어야 한다.

"Cost and Freight" means that the seller delivers the goods on board the vessel or procures the goods already so delivered. The risk of loss of or damage to the goods passes when the goods are on board the vessel. The seller must contract for and pay the costs and freight necessary to bring the goods to the named port of destination.
"운임포함"이란 매도인이 본선의 선상에서 물품을 인도하거나 또는 이미 그렇게 인도된 물품을 조달하는 것을 말한다. 물품의 멸실 또는 손상의 위험은 물품이 본선의 선상에 있을 때 이전한다. 매도인은 지정된 목적항까지 물품을 운송하기 위하여 필요한 비용과 운임에 대하여 계약을 체결하고 그 비용과 운임을 지급하여야 한다.

When CPT, CIP, CFR or CIF are used, the seller fulfils its obligation to deliver when it hands the goods over to the carrier in the manner specified in the chosen rule and not when the goods reach the place of destination.
CPT, CIP, CFR 또는 CIF가 사용될 때에는, 물품이 목적지에 도착할 때가 아니라 매도인이 선택된 규칙에서 명시된 방법으로 운송인에게 물품을 인도할 때 매도인은 인도할 자신의 의무를 이행한다.

This rule has two critical points, because risk passes and costs are transferred at different places. While the contract will always specify a destination port, it might not specify the port of shipment, which is where risk passes to the buyer. If the shipment port is of particular interest to the buyer, the parties are well advised to identify it as precisely as possible in the contract.
이 규칙은 위험이 이전하고 비용이 다른 장소에서 이전되기 때문에 두 가지 분기점을 가지고 있다. 계약은 항상 목적항을 명시할 것이지만, 위험이 매수인에게 이전하는 장소인 선적항을 명시하지 아니할 수 있다. 선적항이 매수인에게 특히 관심이 있는 경우에는, 당사자는 계약에서 가능한 한 명확히 이를 특정하는 것이 현명하다.

The parties are well advised to identify as precisely as possible the point at the agreed port of destination, as the costs to that point are for the account of the seller. The seller is advised to procure contracts of carriage that match this choice precisely. If the seller incurs costs under its contract of carriage related to unloading at the specified point at the port of destination, the seller is not entitled to recover such costs from the buyer unless otherwise agreed between the parties.
당사자는 그 지점까지의 비용이 매도인의 부담이기 때문에 합의된 목적항에서 지점을 가능한 한 명확히 특정하는 것이 현명하다. 매도인은 이 선택과 정확히 일치하는 운송계약을 취득하도록 권고된다. 매도인이 목적항의 특정 지점에서 양륙에 관하여 운송계약에서 비용을 부담하는 경우에는, 당사자 간에 별도의 합의가 없는 한 매도인은 매수인으로부터 그러한 비용을 회수할 권리가 없다.

The seller is required either to deliver the goods on board the vessel or to procure goods already so delivered for shipment to the destination. In addition the seller is required either to make a contract of carriage or to procure such a contract. The reference to "procure" here caters for multiple sales down a chain ('string sales'), particularly common in the commodity trades.
매도인은 본선의 선상에서 물품을 인도하거나 또는 목적지까지 선적을 위하여 이미 그렇게 인도된 물품을 조달하도록 요구된다. 또한 매도인은 운송계약을 체결하거나 또는 그러한 운송계약을 조달하도록 요구된다. 여기에서 "조달"에 대하여 언급하는 것은 특히 1차산품 거래에서 일반적인 연쇄적으로 행해지는 다수의 매매('연속매매')에 부응하기 위한 것이다.

CFR may not be appropriate where goods are handed over to the carrier before they are on board the vessel, for example goods in containers, which are typically delivered at a terminal. In such circumstances, the CPT rule should be used.
CFR은 물품이 본선의 선상에 놓여지기 전에 운송인에게 인도되는 경우에는, 예를 들면 전형적으로 터미널에서 인도되는 컨테이너물품의 경우에는 적당하지 아니할 수 있다. 그러한 상황에서는 CPT 규칙이 사용되어야 한다.

CFR requires the seller to clear the goods for export, where applicable. However, the seller has no obligation to clear the goods for import, pay any import duty or carry out any import customs formalities.
CFR은 적용할 수 있는 경우에는, 매도인이 수출을 위하여 물품을 통관할 것을 요구하고 있다. 그러나 매도인은 수입을 위하여 물품을 통관하거나, 수입관세를 지급하거나 또는 수입통관절차를 수행할 의무가 없다.

CFR

A THE SELLER'S OBLIGATIONS(매도인의 의무)
B THE BUYER'S OBLIGATIONS(매수인의 의무)

A1 General obligations of the seller(매도인의 일반의무)

The seller must provide the goods and the commercial invoice in conformity with the contract of sale and any other evidence of conformity that may be required by the contract.
매도인은 매매계약에 일치하는 물품과 상업송장 및 계약에서 요구될 수 있는 기타 모든 일치의 증거를 제공하여야 한다.

Any document referred to in A1-A10 may be an equivalent electronic record or procedure if agreed between the parties or customary.
A1-A10에 언급된 모든 서류는 당사자 간에 합의되거나 또는 관습적인 경우에는 동등한 전자 기록 또는 절차일 수 있다.

B1 General obligations of the buyer(매수인의 일반의무)

The buyer must pay the price of the goods as provided in the contract of sale.
매수인은 매매계약에 규정된 대로 물품의 대금을 지급하여야 한다.

Any document referred to in Bl-B10 may be an equivalent electronic record or procedure if agreed between the parties or customary.
B1-B10에 언급된 모든 서류는 당사자 간에 합의되거나 또는 관습적인 경우에는 동등한 전자 기록 또는 절차일 수 있다.

A2 Licences, authorizations, security clearances and other formalities
(허가, 인가, 보안통관 및 기타 절차)

Where applicable, the seller must obtain, at its own risk and expense, any export licence or other official authorization and carry out all customs formalities necessary for the export of the goods.
적용할 수 있는 경우에는, 매도인은 자신의 위험과 비용으로 모든 수출허가 또는 기타 공적 인가를 취득하고 물품의 수출을 위하여 필요한 모든 통관절차를 수행하여야 한다.

B2 Licences, authorizations, security clearances and other formalities
(허가, 인가, 보안통관 및 기타 절차)

Where applicable, it is up to the buyer to obtain, at its own risk and expense, any import licence or other official authorization and carry out all customs formalities for the import of the goods and for their transport through any country.
적용할 수 있는 경우에는, 자신의 위험과 비용으로, 모든 수입허가 또는 기타 공적 인가를 취득하고 물품의 수입을 위하여 그리고 타국을 통과하는 물품의 운송을 위하여 모든 통관절차를 수행하는 것은 매수인의 책임이다.

A3 Contracts of carriage and insurance(운송 및 보험계약)

a) Contract of carriage(운송계약)

The seller must contract or procure a contract for the carriage of the goods from the agreed point of delivery, if any, at the place of delivery to the named port of destination or, if agreed, any point at that port. The contract of carriage must be made on usual terms at the seller's expense and provide for carriage by the usual route in a vessel of the type normally used for the transport of the type of goods sold.

매도인은 인도장소의 합의된 인도지점(있는 경우)으로부터 지정된 목적항 또는 합의가 있는 경우 그 목적항의 어떤 지점까지 물품의 운송을 위하여 계약을 체결하거나 또는 계약을 조달하여야 한다. 운송계약은 매도인의 비용으로 통상적인 조건으로 체결되어야 하고 매각된 유형의 물품의 운송을 위하여 일반적으로 사용되고 있는 유형의 본선으로 통상적인 항로에 의한 운송을 규정하여야 한다.

b) Contract of insurance(보험계약)

The seller has no obligation to the buyer to make a contract of insurance. However, the seller must provide the buyer, at the buyer's request, risk and expense (if any), with information that the buyer needs for obtaining insurance.

매도인은 매수인에 대하여 보험계약을 체결할 의무가 없다. 하지만, 매도인은 매수인의 요청에 따라, 매수인의 위험과 비용으로(있는 경우) 매수인이 보험을 취득하기 위하여 필요로 하는 정보를 매수인에게 제공하여야 한다.

B3 Contracts of carriage and insurance(운송 및 보험계약)

a) Contract of carriage(운송계약)

The buyer has no obligation to the seller to make a contract of carriage.

매수인은 매도인에 대하여 운송계약을 체결할 의무가 없다.

b) Contract of insurance(보험계약)

The buyer has no obligation to the seller to make a contract of insurance. However, the buyer must provide the seller, upon request, with the necessary information for obtaining insurance.

매수인은 매도인에 대하여 보험계약을 체결할 의무가 없다. 그러나 매수인은 요청이 있는 경우, 보험취득을 위한 필요한 정보를 매도인에게 제공하여야 한다.

A4 Delivery(인도)

The seller must deliver the goods either by placing them on board the vessel or by procuring the goods so delivered. In either case, the seller must deliver the goods on the agreed date or within the agreed period and in the manner customary at the port.

매도인은 본선의 선상에 물품을 놓아두거나 또는 그렇게 인도된 물품을 조달함으로써 물품을 인도하여야 한다. 어떠한 경우에도, 매도인은 합의된 일자에 또는 합의된 기간 내에 그리고 그 항구의 관습적인 방법으로 물품을 인도하여야 한다.

B4 Taking delivery(인도의 수취)

The buyer must take delivery of the goods when they have been delivered as envisaged in A4 and

CFR

receive them from the carrier at the named port of destination.

매수인은 물품이 A4에서 예상된 대로 인도되었을 때 물품의 인도를 수취하여야 하고 지정된 목적항에서 운송인으로부터 물품을 수령하여야 한다.

A5 Transfer of risks(위험의 이전)

The seller bears all risks of loss of or damage to the goods until they have been delivered in accordance with A4, with the exception of loss or damage in the circumstances described in B5.

매도인은 B5에서 설명된 상황의 멸실 또는 손상을 제외하고는, 물품이 A4에 따라 인도될 때까지 물품의 멸실 또는 손상의 모든 위험을 부담한다.

B5 Transfer of risks(위험의 이전)

The buyer bears all risks of loss of or damage to the goods from the time they have been delivered as envisaged in A4.

매수인은 물품이 A4에서 예상된 대로 인도된 때부터 물품의 멸실 또는 손상의 모든 위험을 부담한다.

If the buyer fails to give notice in accordance with B7, it bears all risks of loss of or damage to the goods from the agreed date or the expiry date of the agreed period for shipment, provided that the goods have been clearly identified as the contract goods.

매수인이 B7에 따라 통지를 하지 아니한 경우에는, 매수인은 선적을 위하여 합의된 일자 또는 합의된 기간의 만기일로부터 물품의 멸실 또는 손상의 모든 위험을 부담한다. 다만, 그 물품은 계약물품으로서 명확히 특정되어 있는 것을 조건으로 한다.

A6 Allocation of costs(비용의 분배)

The seller must pay

a) all costs relating to the goods until they have been delivered in accordance with A4, other than those payable by the buyer as envisaged in B6;

매도인은 다음의 비용을 지급하여야 한다.

B6에서 예상된 대로 매수인에 의하여 지급되어야 하는 비용이외의, 물품이 A4에 따라 인도될 때까지 물품에 관한 모든 비용;

b) the freight and all other costs resulting from A3 a), including the costs of loading the goods on board and any charges for unloading at the agreed port of discharge that were for the seller's account under the contract of carriage; and

본선상에 물품을 적재하는 비용 및 운송계약에서 매도인의 부담으로 되어 있는 합의된 목적항에서의 모든 양륙비용을 포함하는 A3 a)로 인하여 발생하는 운임 및 기타 모든 비용; 그리고

c) where applicable, the costs of customs formalities necessary for export as well as all duties, taxes and other charges payable upon export, and the costs for their transport through any country that were for the seller's account under the contract of carriage.

적용할 수 있는 경우에는, 수출시에 지급되어야 하는 모든 관세, 조세 및 기타 요금뿐만 아니라, 수출을 위하여 필요한 통관절차의 비용, 그리고 운송계약에서 매도인의 부담으로 되어 있는 타국을 통과하는 물품의 운송을 위한 비용.

B6 Allocation of costs(비용의 분배)

The buyer must, subject to the provisions of A3 a), pay

a) all costs relating to the goods from the time they have been delivered as envisaged in A4, except, where applicable, the costs of customs formalities necessary for export, as well as all duties, taxes, and other charges payable upon export as referred to in A6 c);

매수인은 A3 a)의 규정을 따르지만, 다음의 비용을 지급하여야 한다.

물품이 A4에서 예상된 대로 인도된 때부터 물품에 관한 모든 비용, 다만 적용할 수 있는 경우에는, A6 c)에 언급된 대로 수출시에 지급되어야 하는 모든 관세, 조세 및 기타 요금뿐만 아니라 수출을 위하여 필요한 통관절차의 비용을 제외한다.

b) all costs and charges relating to the goods while in transit until their arrival at the port of destination, unless such costs and charges were for the seller's account under the contract of carriage;

물품이 목적항에 도착할 때까지의 운송 중의 물품에 관한 모든 비용과 요금, 다만 그러한 비용과 요금이 운송계약에서 매도인의 부담으로 되어 있지 아니한 경우에만 해당한다;

c) unloading costs, including lighterage and wharfage charges, unless such costs and charges were for the seller's account under the contract of carriage;

부선료와 부두사용료를 포함한 양륙비용, 다만 그러한 비용과 요금이 운송계약에서 매도인의 부담으로 되어 있지 아니한 경우에만 해당한다;

d) any additional costs incurred if the buyer fails to give notice in accordance with B7, from the agreed date or the expiry date of the agreed period for shipment, provided that the goods have been clearly identified as the contract goods; and

선적을 위하여 합의된 일자 또는 합의된 기간의 만기일로부터 매수인이 B7에 따라 통지를 하지 아니한 경우에 발생된 모든 추가비용. 다만 그 물품은 계약물품으로서 명확히 특정되어야 한다; 그리고

e) where applicable, all duties, taxes and other charges, as well as the costs of carrying out customs formalities payable upon import of the goods and the costs for their transport through any country, unless included within the cost of the contract of carriage.

적용할 수 있는 경우에는, 물품의 수입시에 지급되어야 하는 통관절차를 수행하는 비용뿐만 아니라, 모든 관세, 조세 및 기타 요금 그리고 운송계약의 비용에 포함되어 있지 아니하는 한 타국을 통과하는 물품의 운송을 위한 비용.

A7 Notices to the buyer(매수인에 대한 통지)

The seller must give the buyer any notice needed in order to allow the buyer to take measures that are normally necessary to enable the buyer to take the goods.

매도인은 매수인이 물품을 수취하는데 일반적으로 필요한 조치를 취하도록 하기 위하여 필요한 모든 통지를 매수인에게 하여야 한다.

B7 Notices to the seller(매도인에 대한 통지)

The buyer must, whenever it is entitled to determine the time for shipping the goods and/or the point of receiving the goods within the named port of destination, give the seller sufficient notice thereof.

매수인은 물품의 선적시기 및/또는 지정된 목적항 내의 물품의 수령지점을 결정할 권한이 있는 때에는 이에 대한 충분한 통지를 매도인에게 하여야 한다.

A8 Delivery document(인도서류)

The seller must, at its own expense, provide the buyer, without delay with the usual transport document for the agreed port of destination.

매도인은 자신의 비용으로 합의된 목적항을 위한 통상적인 운송서류를 지체없이 매수인에게 제공하여야 한다.

This transport document must cover the contract goods, be dated within the period agreed for shipment, enable the buyer to claim the goods from the carrier at the port of destination and, unless otherwise agreed, enable the buyer to sell the goods in transit by the transfer of the document to a subsequent buyer or by notification to the carrier.

이 운송서류는 계약물품을 대상으로 하여야 하며, 선적을 위하여 합의된 기간 내의 일자를 표시하고 있어야 하며, 매수인이 목적항에서 운송인에게 물품을 청구할 수 있도록 하여야 하며, 그리고 별도의 합의가 없는 한, 매수인이 후속의 매수인에게 그 서류를 양도함으로써 또는 운송인에게 통지함으로써 운송 중의 물품을 매각할 수 있도록 하여야 한다.

When such a transport document is issued in negotiable form and in several originals, a full set of originals must be presented to the buyer.

그러한 운송서류가 유통성 형식 및 여러 통의 원본으로 발행되는 때에는, 원본의 전통이 매수인에게 제시되어야 한다.

B8 Proof of delivery(인도의 증거)

The buyer must accept the transport document provided as envisaged in A8 if it is in conformity with the contract.

매수인은 A8에서 예상된 대로 제공된 운송서류가 계약에 일치하는 경우에는 그 운송서류를 수리하여야 한다.

A9 Checking-packaging-marking(검사·포장·화인)

The seller must pay the costs of those checking operations (such as checking quality, measuring, weighing, counting) that are necessary for the purpose of delivering the goods in accordance with A4 as well, as the cost of any pre-shipment inspection mandated by the authority of the country of export.

매도인은 수출국의 당국이 명령한 선적전검사의 비용뿐만 아니라, A4에 따라 물품을 인도하기 위하여 필요한 검사업무(예를 들면, 품질, 용적, 중량, 개수의 검사)의 비용을 지급하여야 한다.

The seller must, at its own expense, package the goods, unless it is usual for the particular trade to transport the type of goods sold unpackaged. The seller may package the goods in the manner appropriate for their transport, unless the buyer has notified the seller of specific packaging requirements before the contract of sale is concluded. Packaging is to be marked appropriately.

매도인은 매각된 유형의 물품을 포장 없이 운송하는 것이 특정거래에서 관습이 아닌 한, 자신의 비용으로 물품을 포장하여야 한다. 매도인은 매수인이 매매계약의 체결 전에 특정 포장요건을 매도인에게 통지하지 아니한 한, 물품의 운송을 위하여 적절한 방법으로 물품을 포장할 수 있다. 포장에는 적절한 화인을 하여야 한다.

B9 Inspection of goods(물품의 검사)

The buyer must pay the costs of any mandatory pre-shipment inspection, except when such inspection is mandated by the authorities of the country of export.

매수인은 모든 강행적인 선적전검사의 비용을 지급하여야 한다. 다만, 그러한 검사가 수출국의 당국에 의하여 명령된 경우를 제외한다.

A10 Assistance with information and related costs(정보에 따른 협조 및 관련 비용)

The seller must, where applicable, in a timely manner, provide to or render assistance in obtaining for the buyer, at the buyer's request, risk and expense, any documents and information, including security-related information, that the buyer needs for the import of the goods and/or for their transport to the final destination.

매도인은 적용할 수 있는 경우에는, 적기에, 매수인의 요청에 따라, 매수인의 위험과 비용으로, 매수인이 물품의 수입을 위하여 및/또는 최종 목적지까지 물품의 운송을 위하여 필요로 하는, 보안관련 정보를 포함하는 모든 서류와 정보를 매수인에게 제공하거나 또는 이를 매수인을 위하여 취득하는데 협조를 제공하여야 한다.

The seller must reimburse the buyer for all costs and charges incurred by the buyer in providing or rendering assistance in obtaining documents and information as envisaged in B10.

매도인은 B10에서 예상된 대로 서류와 정보를 제공하거나 또는 이를 취득하는데 협조를 제공함에 있어서 매수인이 부담한 모든 비용과 요금을 매수인에게 상환하여야 한다.

CFR

B10 Assistance with information and related costs(정보에 따른 협조 및 관련 비용)

The buyer must, in a timely manner, advise the seller of any security information requirements so that the seller may comply with A10.

매수인은, 적기에, 매도인이 A10에 따를 수 있도록 모든 보안정보요건을 매도인에게 통지하여야 한다.

The buyer must reimburse the seller for all costs and charges incurred by the seller in providing or rendering assistance in obtaining documents and information as envisaged in A10.

매수인은 A10에서 예상된 대로 서류와 정보를 제공하거나 또는 이를 취득하는데 협조를 제공함에 있어서 매도인이 부담한 모든 비용과 요금을 매도인에게 상환하여야 한다.

The buyer must, where applicable, in a timely manner, provide to or render assistance in obtaining for the seller, at the seller's request, risk and expense, any documents and information, including security-related information, that the seller needs for the transport and export of the goods and for their transport through any country.

매수인은 적용할 수 있는 경우에는, 적기에, 매도인의 요청에 따라, 매도인의 위험과 비용으로, 매도인이 물품의 운송과 수출을 위하여 그리고 타국을 통과하는 물품의 운송을 위하여 필요로 하는, 보안관련 정보를 포함하는 모든 서류와 정보를 매도인에게 제공하거나 또는 이를 매도인을 위하여 취득하는데 협조를 제공하여야 한다.

CIF

운임보험료포함
COST, INSURANCE AND FREIGHT

CIF (insert named port of destination) Incoterms® 2010
CIF (지정목적항 삽입) 인코텀즈® 2010

CIF

GUIDANCE NOTE(지침문)

This rule is to be used only for sea or inland waterway transport.
이 규칙은 해상 또는 내륙수로운송만을 위하여 사용되어야 한다.

"Cost, Insurance and Freight" means that the seller delivers the goods on board the vessel or procures the goods already so delivered. The risk of loss of or damage to the goods passes when the goods are on board the vessel. The seller must contract for and pay the costs and freight necessary to bring the goods to the named port of destination.
"운임보험료포함"이란 매도인이 본선의 선상에서 물품을 인도하거나 또는 이미 그렇게 인도된 물품을 조달하는 것을 말한다. 물품의 멸실 또는 손상의 위험은 물품이 본선의 선상에 있을 때 이전한다. 매도인은 지정된 목적항까지 물품을 운송하기 위하여 필요한 비용과 운임에 대하여 계약을 체결하고 그 비용과 운임을 지급하여야 한다.

The seller also contracts for insurance cover against the buyer's risk of loss of or damage to the goods during the carriage. The buyer should note that under CIF the seller is required to obtain insurance only on minimum cover. Should the buyer wish to have more insurance protection, it will need either to agree as much expressly with the seller or to make its own extra insurance arrangements.
또한 매도인은 운송 중의 물품의 멸실 또는 손상에 대한 매수인의 위험에 대하여 보험담보를 위한 계약을 체결한다. 매수인은 CIF 하에서 매도인이 최소담보로만 보험을 취득하도록 요구된다는 것을 유의하여야 한다. 매수인이 그 이상의 보험의 보호를 받기를 원하는 경우에는, 매수인은 매도인과 보상의 정도를 명시적으로 합의하거나 또는 그 자신의 추가보험약정을 체결할 필요가 있을 것이다.

When CPT, CIP, CFR, or CIF are used, the seller fulfils its obligation to deliver when it hands the goods over to the carrier in the manner specified in the chosen rule and not when the goods reach the place of destination.
CPT, CIP, CFR 또는 CIF가 사용될 때에는, 물품이 목적지에 도착할 때가 아니라 매도인이 선택된 규칙에서 명시된 방법으로 운송인에게 물품을 인도할 때 매도인은 인도할 자신의 의무를 이행한다.

826

This rule has two critical points, because risk passes and costs are transferred at different places. While the contract will always specify a destination port, it might not specify the port of shipment, which is where risk passes to the buyer. If the shipment port is of particular interest to the buyer, the parties are well advised to identify it as precisely as possible in the contract.

이 규칙은 위험이 이전하고 비용이 다른 장소에서 이전되기 때문에 두 가지 분기점을 가지고 있다. 계약은 항상 목적항을 명시할 것이지만, 위험이 매수인에게 이전하는 장소인 선적항을 명시하지 아니할 수 있다. 선적항이 매수인에게 특히 관심이 있는 경우에는, 당사자는 계약에서 가능한 한 명확히 이를 특정하는 것이 현명하다.

The parties are well advised to identify as precisely as possible the point at the agreed port of destination, as the costs to that point are for the account of the seller. The seller is advised to procure contracts of carriage that match this choice precisely. If the seller incurs costs under its contract of carriage related to unloading at the specified point at the port of destination, the seller is not entitled to recover such costs from the buyer unless otherwise agreed between the parties.

당사자는 그 지점까지의 비용이 매도인의 부담이기 때문에 합의된 목적항에서 지점을 가능한 한 명확히 특정하는 것이 현명하다. 매도인은 이 선택과 정확히 일치하는 운송계약을 취득하도록 권고된다. 매도인이 목적항의 특정 지점에서 양륙에 관하여 운송계약에서 비용을 부담하는 경우에는, 당사자 간에 별도의 합의가 없는 한 매도인은 매수인으로부터 그러한 비용을 회수할 권리가 없다.

The seller is required either to deliver the goods on hoard the vessel or to procure goods already so delivered for shipment to the destination. In addition the seller is required either to make a contract of carriage or to procure such a contract. The reference to "procure" here caters for multiple sales down a chain ('string sales'), particularly common in the commodity trades.

매도인은 본선의 선상에서 물품을 인도하거나 또는 목적지까지 선적을 위하여 이미 그렇게 인도된 물품을 조달하도록 요구된다. 또한 매도인은 운송계약을 체결하거나 또는 그러한 운송계약을 조달하도록 요구된다. 여기에서 "조달"에 대하여 언급하는 것은 특히 1차산품 거래에서 일반적인 연쇄적으로 행해지는 다수의 매매('연속매매')에 부응하기 위한 것이다.

CIF may not be appropriate where goods are handed over to the carrier before they are on board the vessel, for example goods in containers, which are typically delivered at a terminal. In such circumstances, the CIP rule should he used.

CIF는 물품이 본선의 선상에 놓여지기 전에 운송인에게 인도되는 경우에는, 예를 들면 전형적으로 터미널에서 인도되는 컨테이너물품의 경우에는 적당하지 아니할 수 있다. 그러한 상황에서는 CIP 규칙이 사용되어야 한다.

CIF requires the seller to clear the goods for export, where applicable. However, the seller has no obligation to clear the goods for import, pay any import duty or carry out any import customs formalities.

CIF는 적용할 수 있는 경우에는, 매도인이 수출을 위하여 물품을 통관할 것을 요구하고 있다. 그러나 매도인은 수입을 위하여 물품을 통관하거나, 수입관세를 지급하거나 또는 수입통관절차를 수행할 의무가 없다.

CIF

A THE SELLER'S OBLIGATIONS(매도인의 의무)

B THE BUYER'S OBLIGATIONS(매수인의 의무)

A1 General obligations of the seller(매도인의 일반의무)

The seller must provide the goods and the commercial invoice in conformity with the contract of sale and any other evidence of conformity that may be required by the contract.

매도인은 매매계약에 일치하는 물품과 상업송장 및 계약에서 요구될 수 있는 기타 모든 일치의 증거를 제공하여야 한다.

Any document referred to in A1-A10 may be an equivalent electronic record or procedure if agreed between the parties or customary.

A1-A10에 언급된 모든 서류는 당사자 간에 합의되거나 또는 관습적인 경우에는 동등한 전자기록 또는 절차일 수 있다.

B1 General obligations of the buyer(매수인의 일반의무)

The buyer must pay the price of the goods as provided in the contract of sale.

매수인은 매매계약에 규정된 대로 물품의 대금을 지급하여야 한다.

Any document referred to in Bl-B10 may be an equivalent electronic record or procedure if agreed between the parties or customary.

B1-B10에 언급된 모든 서류는 당사자 간에 합의되거나 또는 관습적인 경우에는 동등한 전자기록 또는 절차일 수 있다.

A2 Licences, authorizations, security clearances and other formalities
(허가, 인가, 보안통관 및 기타 절차)

Where applicable, the seller must obtain, at its own risk and expense, any export licence or other official authorization and carry out all customs formalities necessary for the export of the goods.

적용할 수 있는 경우에는, 매도인은 자신의 위험과 비용으로 모든 수출허가 또는 기타 공적 인가를 취득하고 물품의 수출을 위하여 필요한 모든 통관절차를 수행하여야 한다.

B2 Licences, authorizations, security clearances and other formalities
(허가, 인가, 보안통관 및 기타 절차)

Where applicable, it is up to the buyer to obtain, at its own risk and expense, any import licence or other official authorization and carry out all customs formalities for the import of the goods and for their transport through any country.

적용할 수 있는 경우에는, 자신의 위험과 비용으로, 모든 수입허가 또는 기타 공적 인가를 취득하고 물품의 수입을 위하여 그리고 타국을 통과하는 물품의 운송을 위하여 모든 통관절차를 수행하는 것은 매수인의 책임이다.

A3 Contracts of carriage and insurance(운송 및 보험계약)

a) Contract of carriage(운송계약)

The seller must contract or procure a contract for the carriage of the goods from the agreed point of delivery, if any, at the place of delivery to the named port of destination or, if agreed, any point at that port. The contract of carriage must be made on usual terms at the seller's expense and provide for carriage by the usual route in a vessel of the type normally used for the transport of the type of goods sold.

매도인은 인도장소의 합의된 인도지점(있는 경우)으로부터 지정된 목적항 또는 합의가 있는 경우 그 목적항의 어떤 지점까지 물품의 운송을 위하여 계약을 체결하거나 또는 계약을 조달하여야 한다. 운송계약은 매도인의 비용으로 통상적인 조건으로 체결되어야 하고 매각된 유형의 물품의 운송을 위하여 일반적으로 사용되고 있는 유형의 본선으로 통상적인 항로에 의한 운송을 규정하여야 한다.

b) Contract of insurance(보험계약)

The seller must obtain, at its own expense, cargo insurance complying at least with the minimum cover provided by Clauses (C) of the Institute Cargo Clauses (LMA/IUA) or any similar clauses. The insurance shall be contracted with underwriters or an insurance company of good repute and entitle the buyer, or any other person having an insurable interest in the goods, to claim directly from the insurer.

매도인은, 자신의 비용으로, 적어도 협회화물약관(로이즈시장협회/런던국제보험업자협회)의 (C) 약관 또는 이와 유사한 약관에 의하여 규정된 최소담보에 일치하는 화물보험을 취득하여야 한다. 보험은 평판이 좋은 보험업자 또는 보험회사와 계약되어야 하고, 매수인 또는 물품에 피보험이익을 가지고 있는 기타 모든 자가 보험자로부터 직접 보험금을 청구할 수 있도록 권리를 부여하여야 한다.

CIF

When required by the buyer, the seller shall, subject to the buyer providing any necessary information requested by the seller, provide at the buyer's expense any additional cover, if procurable, such as cover as provided by Clauses (A) or (B) of the Institute Cargo Clauses (LMA/IUA) or any similar clauses and/or cover complying with the Institute War Clauses and/or institute Strikes Clauses (LMA/IUA) or any similar clauses.

매수인이 요청하는 경우에는, 매도인은 매수인이 매도인에 의하여 요청된 필요한 모든 정보를 제공하는 것을 조건으로, 취득할 수 있다면, 협회화물약관(로이즈시장협회/런던국제보험업자협회)의 (A) 또는 (B) 약관 또는 이와 유사한 약관에 의하여 규정된 것과 같은 담보 및/또는 협회전쟁약관 및/또는 협회동맹파업약관(로이즈시장협회/런던국제보험업자협회) 또는 이와 유사한 약관에 일치하는 담보 등의, 모든 추가담보를 매수인의 비용으로 제공하여야 한다.

The insurance shall cover, at a minimum, the price provided in the contract plus 10% (i.e., 110%) and shall be in the currency of the contract.

보험은, 최소한으로, 계약에서 규정된 금액에 10%를 가산한 금액(즉 110%)을 담보하여야 하고 계약 상의 통화이어야 한다.

The insurance shall cover the goods from the point of delivery set out in A4 and A5 to at least the named port of destination.

보험은 A4 및 A5에서 설명된 인도지점으로부터 적어도 지정된 목적항까지 물품을 담보하여야 한다.

The seller must provide the buyer with the insurance policy or other evidence of insurance cover.
매도인은 보험증권 또는 기타 보험담보의 증거를 매수인에게 제공하여야 한다.

Moreover, the seller must provide the buyer, at the buyer's request, risk, and expense (if any), with information that the buyer needs to procure any additional insurance.
더구나, 매도인은 매수인의 요청에 따라, 매수인의 위험과 비용으로(있는 경우), 매수인이 모든 추가보험을 취득하기 위하여 필요로 하는 정보를 매수인에게 제공하여야 한다.

B3   Contracts of carriage and insurance(운송 및 보험계약)

a) Contract of carriage(운송계약)

The buyer has no obligation to the seller to make a contract of carriage.
매수인은 매도인에 대하여 운송계약을 체결할 의무가 없다.

b) Contract of insurance(보험계약)

The buyer has no obligation to the seller to make a contract of insurance. However, the buyer must provide the seller, upon request, with any information necessary for the seller to procure any additional insurance requested by the buyer as envisaged in A3 b).
매수인은 매도인에 대하여 보험계약을 체결할 의무가 없다. 그러나 매수인은 요청이 있는 경우, A3 b)에서 예상된 대로 매도인이 매수인에 의하여 요청된 모든 추가보험을 취득하기 위하여 필요한 모든 정보를 매도인에게 제공하여야 한다.

A4   Delivery(인도)

The seller must deliver the goods either by placing them on board the vessel or by procuring the goods so delivered. In either case, the seller must deliver the goods on the agreed date or within the agreed period and in the manner customary at the port.
매도인은 본선의 선상에 물품을 놓아두거나 또는 그렇게 인도된 물품을 조달함으로써 물품을 인도하여야 한다. 어떠한 경우에도, 매도인은 합의된 일자에 또는 합의된 기간 내에 그리고 그 항구의 관습적인 방법으로 물품을 인도하여야 한다.

B4   Taking delivery(인도의 수취)

The buyer must take delivery of the goods when they have been delivered as envisaged in A4 and receive them from the carrier at the named port of destination.
매수인은 물품이 A4에서 예상된 대로 인도되었을 때 물품의 인도를 수취하여야 하고 지정된 목적항에서 운송인으로부터 물품을 수령하여야 한다.

A5   Transfer of risks(위험의 이전)

The seller bears all risks of loss of or damage to the goods until they have been delivered in accordance with A4, with the exception of loss or damage in the circumstances described in B5.
매도인은 B5에서 설명된 상황의 멸실 또는 손상을 제외하고는, 물품이 A4에 따라 인도될 때까지 물품의 멸실 또는 손상의 모든 위험을 부담한다.

B5 Transfer of risks(위험의 이전)

The buyer bears all risks of loss of or damage to the goods from the time they have been delivered as envisaged in A4.

매수인은 물품이 A4에서 예상된 대로 인도된 때부터 물품의 멸실 또는 손상의 모든 위험을 부담한다.

If the buyer fails to give notice in accordance with B7, it bears all risks of loss of or damage to the goods from the agreed date or the expiry date of the agreed period for shipment, provided that the goods have been clearly identified as the contract goods.

매수인이 B7에 따라 통지를 하지 아니한 경우에는, 매수인은 선적을 위하여 합의된 일자 또는 합의된 기간의 만기일로부터 물품의 멸실 또는 손상의 모든 위험을 부담한다. 다만, 그 물품은 계약물품으로서 명확히 특정되어 있는 것을 조건으로 한다.

A6 Allocation of costs(비용의 분배)

The seller must pay

a) all costs relating to the goods until they have been delivered in accordance with A4, other than those payable by the buyer as envisaged in B6;

매도인은 다음의 비용을 지급하여야 한다.

B6에서 예상된 대로 매수인에 의하여 지급되어야 하는 비용이외의, 물품이 A4에 따라 인도될 때까지 물품에 관한 모든 비용;

b) the freight and all other costs resulting from A3 a), including the costs of loading the goods on board and any charges for unloading at the agreed port of discharge that were for the seller's account under the contract of carriage; and

본선상에 물품을 적재하는 비용 및 운송계약에서 매도인의 부담으로 되어 있는 합의된 목적항에서의 모든 양륙비용을 포함하는 A3 a)로 인하여 발생하는 운임 및 기타 모든 비용; 그리고

c) the costs of insurance resulting from A3 b); and

A3 b)로 인하여 발생하는 보험비용; 그리고

d) where applicable, the costs of customs formalities necessary for export as well as all duties, taxes and other charges payable upon export, and the costs for their transport through any country that were for the seller's account under the contract of carriage.

적용할 수 있는 경우에는, 수출시에 지급되어야 하는 모든 관세, 조세 및 기타 요금뿐만 아니라, 수출을 위하여 필요한 통관절차의 비용, 그리고 운송계약에서 매도인의 부담으로 되어 있는 타국을 통과하는 물품의 운송을 위한 비용.

B6 Allocation of costs(비용의 분배)

The buyer must, subject to the provisions of A3 a), pay

a) all costs relating to the goods from the time they have been delivered as envisaged in A4, except, where applicable, the costs of customs formalities necessary for export, as well as all duties, taxes, and other charges payable upon export as referred to in A6 c);

CIF

매수인은 A3 a)의 규정을 따르지만, 다음의 비용을 지급하여야 한다.
물품이 A4에서 예상된 대로 인도된 때부터 물품에 관한 모든 비용, 다만 적용할 수 있는 경우에는, A6 c)에 언급된 대로 수출시에 지급되어야 하는 모든 관세, 조세 및 기타 요금뿐만 아니라 수출을 위하여 필요한 통관절차의 비용을 제외한다.

b) all costs and charges relating to the goods while in transit until their arrival at the port of destination, unless such costs and charges were for the seller's account under the contract of carriage;
물품이 목적항에 도착할 때까지의 운송 중의 물품에 관한 모든 비용과 요금, 다만 그러한 비용과 요금이 운송계약에서 매도인의 부담으로 되어 있지 아니한 경우에만 해당한다;

c) unloading costs, including lighterage and wharfage charges, unless such costs and charges were for the seller's account under the contract of carriage;
부선료와 부두사용료를 포함한 양륙비용, 다만 그러한 비용과 요금이 운송계약에서 매도인의 부담으로 되어 있지 아니한 경우에만 해당한다;

d) any additional costs incurred if the buyer fails to give notice in accordance with B7, from the agreed date or the expiry date of the agreed period for shipment, provided that the goods have been clearly identified as the contract goods; and
선적을 위하여 합의된 일자 또는 합의된 기간의 만기일로부터 매수인이 B7에 따라 통지를 하지 아니한 경우에 발생된 모든 추가비용. 다만 그 물품은 계약물품으로서 명확히 특정되어야 한다; 그리고

e) where applicable, all duties, taxes and other charges, as well as the costs of carrying out customs formalities payable upon import of the goods and the costs for their transport through any country, unless included within the cost of the contract of carriage.
적용할 수 있는 경우에는, 물품의 수입시에 지급되어야 하는 통관절차를 수행하는 비용뿐만 아니라, 모든 관세, 조세 및 기타 요금 그리고 운송계약의 비용에 포함되어 있지 아니하는 한 타국을 통과하는 물품의 운송을 위한 비용.

f) the costs of any additional insurance procured at the buyer's request under A3 b) and B3 b).
A3 b) 및 B3 b)에 따라 매수인의 요청으로 취득된 추가보험의 비용.

A7 Notices to the buyer(매수인에 대한 통지)

The seller must give the buyer any notice needed in order to allow the buyer to take measures that are normally necessary to enable the buyer to take the goods.
매도인은 매수인이 물품을 수취하는데 일반적으로 필요한 조치를 취하도록 하기 위하여 필요한 모든 통지를 매수인에게 하여야 한다.

B7 Notices to the seller(매도인에 대한 통지)

The buyer must, whenever it is entitled to determine the time for shipping the goods and/or the point of receiving the goods within the named port of destination, give the seller sufficient notice thereof.
매수인은 물품의 선적시기 및/또는 지정된 목적항 내의 물품의 수령지점을 결정할 권한이 있는 때에는 이에 대한 충분한 통지를 매도인에게 하여야 한다.

CIF

A8 Delivery document(인도서류)

The seller must, at its own expense provide the buyer, without delay with the usual transport document for the agreed port of destination.

매도인은 자신의 비용으로 합의된 목적항을 위한 통상적인 운송서류를 지체없이 매수인에게 제공하여야 한다.

This transport document must cover the contract goods, be dated within the period agreed for shipment, enable the buyer to claim the goods from the carrier at the port of destination and, unless otherwise agreed, enable the buyer to sell the goods in transit by the transfer of the document to a subsequent buyer or by notification to the carrier.

이 운송서류는 계약물품을 대상으로 하여야 하며, 선적을 위하여 합의된 기간 내의 일자를 표시하고 있어야 하며, 매수인이 목적항에서 운송인에게 물품을 청구할 수 있도록 하여야 하며, 그리고 별도의 합의가 없는 한, 매수인이 후속의 매수인에게 그 서류를 양도함으로써 또는 운송인에게 통지함으로써 운송 중의 물품을 매각할 수 있도록 하여야 한다.

When such a transport document is issued in negotiable form and in several originals, a full set of originals must be presented to the buyer.

그러한 운송서류가 유통성 형식 및 여러 통의 원본으로 발행되는 때에는, 원본의 전통이 매수인에게 제시되어야 한다.

B8 Proof of delivery(인도의 증거)

The buyer must accept the transport document provided as envisaged in A8 if it is in conformity with the contract.

매수인은 A8에서 예상된 대로 제공된 운송서류가 계약에 일치하는 경우에는 그 운송서류를 수리하여야 한다.

A9 Checking-packaging-marking(검사·포장·화인)

The seller must pay the costs of those checking operations (such as checking quality, measuring, weighing, counting) that are necessary for the purpose of delivering the goods in accordance with A4 as well, as the cost of any pre-shipment inspection mandated by the authority of the country of export.

매도인은 수출국의 당국이 명령한 선적전검사의 비용뿐만 아니라, A4에 따라 물품을 인도하기 위하여 필요한 검사업무(예를 들면, 품질, 용적, 중량, 개수의 검사)의 비용을 지급하여야 한다.

The seller must, at its own expense, package the goods, unless it is usual for the particular trade to transport the type of goods sold unpackaged. The seller may package the goods in the manner appropriate for their transport, unless the buyer has notified the seller of specific packaging requirements before the contract of sale is concluded. Packaging is to be marked appropriately.

매도인은 매각된 유형의 물품을 포장 없이 운송하는 것이 특정거래에서 관습이 아닌 한, 자신의 비용으로 물품을 포장하여야 한다. 매도인은 매수인이 매매계약의 체결 전에 특정 포장요건을 매도인에게 통지하지 아니한 한, 물품의 운송을 위하여 적절한 방법으로 물품을 포장할 수 있다. 포장에는 적절한 화인을 하여야 한다.

B9 Inspection of goods(물품의 검사)

The buyer must pay the costs of any mandatory pre-shipment inspection, except when such inspection is mandated by the authorities of the country of export.

매수인은 모든 강행적인 선적전검사의 비용을 지급하여야 한다. 다만, 그러한 검사가 수출국의 당국에 의하여 명령된 경우를 제외한다.

A10 Assistance with information and related costs(정보에 따른 협조 및 관련 비용)

The seller must, where applicable, in a timely manner, provide to or render assistance in obtaining for the buyer, at the buyer's request, risk and expense, any documents and information, including security-related information, that the buyer needs for the import of the goods and/or for their transport to the final destination.

매도인은 적용할 수 있는 경우에는, 적기에, 매수인의 요청에 따라, 매수인의 위험과 비용으로, 매수인이 물품의 수입을 위하여 및/또는 최종 목적지까지 물품의 운송을 위하여 필요로 하는, 보안관련 정보를 포함하는 모든 서류와 정보를 매수인에게 제공하거나 또는 이를 매수인을 위하여 취득하는데 협조를 제공하여야 한다.

The seller must reimburse the buyer for all costs and charges incurred by the buyer in providing or rendering assistance in obtaining documents and information as envisaged in B10.

매도인은 B10에서 예상된 대로 서류와 정보를 제공하거나 또는 이를 취득하는데 협조를 제공함에 있어서 매수인이 부담한 모든 비용과 요금을 매수인에게 상환하여야 한다.

B10 Assistance with information and related costs(정보에 따른 협조 및 관련 비용)

The buyer must, in a timely manner, advise the seller of any security information requirements so that the seller may comply with A10.

매수인은, 적기에, 매도인이 A10에 따를 수 있도록 모든 보안정보요건을 매도인에게 통지하여야 한다.

The buyer must reimburse the seller for all costs and charges incurred by the seller in providing or rendering assistance in obtaining documents and information as envisaged in A10.

매수인은 A10에서 예상된 대로 서류와 정보를 제공하거나 또는 이를 취득하는데 협조를 제공함에 있어서 매도인이 부담한 모든 비용과 요금을 매도인에게 상환하여야 한다.

The buyer must, where applicable, in a timely manner, provide to or render assistance in obtaining for the seller, at the seller's request, risk and expense, any documents and information, including security-related information, that the seller needs for the transport and export of the goods and for their transport through any country.

매수인은 적용할 수 있는 경우에는, 적기에, 매도인의 요청에 따라, 매도인의 위험과 비용으로, 매도인이 물품의 운송과 수출을 위하여 그리고 타국을 통과하는 물품의 운송을 위하여 필요로 하는, 보안관련 정보를 포함하는 모든 서류와 정보를 매도인에게 제공하거나 또는 이를 매도인을 위하여 취득하는데 협조를 제공하여야 한다.

CIF

찾아보기

○

ㅋ

기타

C

D

O

Q

R

S

저자 약력

전순환
· 건국대학교 무역학과 졸업(상학사)
· 동 대학원 무역학과 졸업(경제학석사)
· 동 대학원 무역학과 졸업(경제학박사)
· Drexel University Exchange Professor
· 강남대학교 무역학과 강사
· 건국대학교 무역학과 강사
· 배재대학교 무역학과 강사
· 한국방송대학교 무역학과 강사
· 한국무역협회 무역아카데미 강사
· 관세청 전문기능자격시험 출제위원
· 관세청 관세사자격시험 선정위원
· 관세청 관세사자격시험 출제위원
· 관세청 관세사자격심의위원회 위원
· 관세청 전문관자격시험 출제·선정위원
· 관세청 무역영어자격시험 출제·선정위원
· 물류관리사자격시험 선정위원
· 한국관세학회 총무이사 겸 사무국장
· 한국상품학회 총무이사 겸 사무국장
· 국제무역학회 이사
· 한국정보기술전략혁신학회 부회장
(현) 중부대학교 국제통상학과 교수
　　(사)한국무역학회 회장
　　(사)한국무역연구원 원장
　　국제글로벌경영무역학회(IAGBT) 이사장
　　관세청 관세국경관리연수원 외래교수
　　관세청 관세사자격시험 출제위원
　　한국창업정보학회 이사장
　　아시아무역학회 이사장
　　한국관세학회 부회장
　　한국국제상학회 부회장
　　한국통상정보학회 부회장
　　국제e-Business학회 부회장
　　한국상품학회 부회장

■ 주요저서
· 대외무역법 제15개정판, 한올출판사
· 외국환거래법 제4개정판, 한올출판사
· 관세법 제4개정판, 한올출판사
· 국제운송물류론 제6개정판, 한올출판사
· 정형거래조건의 해석에 관한 국제규칙, 한올출판사
· 전자상거래 관련법규, 한올출판사
· 디지털시대 세계무역(공저), 무역경영사
· 무역실무연습(공저), 청목출판사
· 사이버무역, 신성출판사
· Incoterms 2000에 관한 ICC 지침(역), 두남출판사
· 신용장분쟁사례, 신성출판사
· 신용장통일규칙(UCP 500), 한올출판사
· 신용장통일규칙(UCP 600), 한올출판사
· 무역실무(제5개정판), 한올출판사
· 무역결제론, 한올출판사
· Incoterms 2010, 한올출판사

■ 주요용역
· 선진 무역환경에 적합한 대외무역법령 정비 연구
  (책임연구), 2007, 산업자원부
· 대외무역법령의 기업친화적인 정비 연구
  (책임연구), 2008, 지식경제부
· 선진무역환경조성을 위한 무역제도 개선방안 연구
  (공동연구), 2009, 지식경제부
· 평택·당진항 물동량 및 중부권 관세행정 수요 증가
  에 따른 세관운영 방안, 2018, 평택직할세관

무역실무 (제5개정판)

2006년 1월 15일 초판1쇄 발행
2019년 3월 15일 개정5쇄 발행

저　자　전 순 환
펴낸이　임 순 재
펴낸곳　**(주)한올출판사**
　　　　등록 제11-403호
　　　　1 2 1 - 8 4 9
　　　　주　소　서울시 마포구 모래내로 83(성산동, 한올빌딩 3층)
　　　　전　화　(02)376-4298(대표)
　　　　팩　스　(02)302-8073
　　　　홈페이지　www.hanol.co.kr
　　　　e-메일　hanol@hanol.co.kr